MANUEL ENCYCLOPÉDIQUE

THÉORIQUE ET PRATIQUE

DES JUGES DE PAIX.

I

Tout exemplaire non revêtu des signatures de l'Auteur et des Editeurs sera réputé contrefait.

PARIS.—Imprimerie de COSSE et J. DUMAINE, rue Christine, 2.

MANUEL ENCYCLOPÉDIQUE

THÉORIQUE ET PRATIQUE

DES JUGES DE PAIX

DE LEURS SUPPLÉANTS ET GREFFIERS

DES

NOTAIRES, AVOUÉS, HUISSIERS, ETC.

OU

TRAITÉ PRATIQUE ET RAISONNÉ

Des Principes généraux et spéciaux de droit civil et criminel, des Règles de compétence, de procédure civile, criminelle et de simple police, du Tarif des droits de timbre, d'enregistrement, de greffe, d'hypothèque et des Amendes de Contraventions en ces matières; au courant de la législation et de la jurisprudence jusqu'en octobre 1865,

Avec les **FORMULES** de tous les actes

EXTRA-JUDICIAIRES ET JUDICIAIRES, PLACÉES A LA SUITE DE CHAQUE TITRE;

Troisième édition, entièrement refondue

PAR **J.-E. ALLAIN**,

JUGE DE PAIX RETRAITÉ.

TOME PREMIER.

PARIS,

IMPRIMERIE ET LIBRAIRIE GÉNERALE DE JURISPRUDENCE

COSSE, MARCHAL ET Cie, IMPRIMEURS-ÉDITEURS,

LIBRAIRES DE LA COUR DE CASSATION,

Place Dauphine, 27.

1866

PRÉFACE DE LA DEUXIÈME ÉDITION.

Erudimini qui judicatis.

L'institution de la justice de paix est la base de la justice en France : aussi, le juge de paix doit-il allier à une vie irréprochable des qualités éminentes, une intégrité reconnue, un jugement supérieur, et joindre à l'expérience la science des formes et des lois : droit civil, droit criminel, etc....

Si, en principe, il ne lui est jamais permis de suppléer à la loi, son droit, comme son devoir, est de l'expliquer, de l'interpréter, d'en saisir et d'en observer l'esprit, pour en faire aux parties une juste application ; ses actes extra-judiciaires doivent être rédigés et ses jugements rendus en termes propres, clairs, précis, positifs, et doivent être motivés avec justesse, quelquefois avec force, toujours avec conscience et avec mesure.

C'est dans le but de faciliter à nos collègues, et aux officiers ministériels auxquels s'adresse le titre de notre *Manuel encyclopédique*, l'accomplissement de cet important et difficile devoir, dans l'intérêt d'une justice prompte et éclairée, telle que l'exigent les besoins de la société, que nous avons employé vingt années d'expérience et d'un travail consciencieux à codifier la législation, la jurisprudence et la doctrine sur toutes les matières de leur compétence judiciaire et extrajudiciaire, civile et criminelle, à construire, en un mot, une sorte de *corpus juris, jurisprudentiæ et doctrinæ*, à l'usage des juges de paix, greffiers, huissiers et autres officiers ministériels.

Nous avons combiné et coordonné la jurisprudence et la doctrine, ces deux sources d'interprétation de la loi, de manière qu'elles se prêtent un mutuel appui et suppléent chacune à ce qui peut manquer à l'autre pour appuyer chaque solution, chaque système, auquel nous nous arrêtons.

Nous avons consulté et mis à contribution nos meilleurs auteurs, anciens et modernes, toutes les fois que l'occasion s'en est présentée ; c'est un acte de reconnaissance et de justice que nous nous plaisons à leur rendre ici, acte qui ne coûte rien à celui qui borne toutes ses prétentions à être utile à ses collègues et à ses concitoyens.

Nous n'entrerons pas ici dans le développement des matières traitées dans notre *Manuel encyclopédique* : les développements de son titre et trois tables méthodiques et analytiques, qui sont le complément de chaque volume, en expliquent suffisamment l'ensemble et le système.

Puisse l'utilité de notre travail répondre à notre laborieuse persévérance ! C'est là notre plus grand désir, notre seule ambition.

ALLAIN.

AVIS SUR LA TROISIÈME ÉDITION.

Cette édition, entièrement refondue, est classée dans un ordre plus logique et plus méthodique que celles qui l'ont précédée.

Toutes les matières y ont été développées dans des proportions considérables, notamment : le *droit civil et criminel*, la *compétence*, la *procédure* et les *formules*.

Ces augmentations, nous pouvons l'affirmer, font de notre *Manuel* un ouvrage nouveau et infiniment supérieur à nos premiers travaux, accueillis cependant avec une faveur dont nous pourrions être fier.

Aussi est-ce avec une entière confiance que nous offrons à nos anciens collègues le fruit de trente-quatre années de magistrature laborieusement employées. — Qu'ils nous permettent de leur dédier notre livre comme un souvenir de confraternité.

ALLAIN.

AVIS IMPORTANT.

D'après l'art. 1033 du Code de procédure civile, modifié par l'art. 4 de la loi du 3 mai 1862, on doit substituer *cinq* myriamètres à trois pour le délai d'augmentation, dans cet article, et en généraliser la disposition, liv. Ier, tit. III, p. 134 et suiv., et liv. II, tit. XII, p. 828 et 849, et ailleurs où la même erreur existerait. Voy. au surplus, cette loi, modificative de plusieurs autres articles du Code de procédure civile., *Bull. offic.*, n° 10,228.

MANUEL ENCYCLOPÉDIQUE

THÉORIQUE ET PRATIQUE

DES JUGES DE PAIX

DE

LEURS SUPPLÉANTS

GREFFIERS ET HUISSIERS AUDIENCIERS.

NOTIONS PRÉLIMINAIRES.

CHAP. Ier. — DES JUGES DE PAIX ET DE LEURS SUPPLÉANTS. — CE QU'ILS SONT. — LEURS ATTRIBUTIONS.

1. Le juge de paix est un magistrat de paix et de famille, essentiellement conciliateur ; c'est un père au milieu de ses enfants, et dont les soins constants doivent tendre à assurer le bonheur de tous. Son but principal doit être d'imposer, par la seule puissance de ses sages conseils, le respect des droits et l'exécution des obligations.

Ses fonctions consistent, au civil, à juger sommairement, sans ministère d'avoué, des contestations qui, à raison de leur nature spéciale, peuvent être mieux apaisées par le juge de la localité ; à concilier les parties, s'il est possible, sur toutes les affaires civiles non dispensées du préliminaire de conciliation ; à présider les délibérations dans lesquelles se débattent les intérêts des mineurs, des interdits, etc., et parfois aussi de délicates questions de famille ; à assister, dans l'intérêt des incapables et des absents, aux opérations de scellés qui ne sauraient exiger de sa part trop de soin, de prudence, de discernement et de savoir, et même à remplir certains actes de juridiction purement gracieuse ; enfin, au criminel, à juger certaines contraventions dont la connaissance lui est attribuée soit par le Code d'instruction criminelle, soit par des lois spéciales, et à remplir, dans les cas prévus par les lois, les importantes et délicates fonctions d'officier de police judiciaire.

Le juge de paix doit, comme on voit, pour pouvoir s'acquitter dignement d'aussi importantes fonctions, joindre à l'expérience des hommes et des choses, la connaissance du droit civil et criminel, de ses principes, de ses règles, etc.

SECT. Ire. — *Historique.* — *Institution.* — *Mode et conditions de nomination des juges de paix et de leurs suppléants.*

2. La justice de paix, création de l'Assemblée constituante, fut l'un des premiers bienfaits de la révolution de 1789. « Généralement désirée, demandée par le plus grand nombre des cahiers, réclamée comme l'un des plus grands biens qui pût être fait aux utiles habitants des campagnes, » cette magistrature populaire fut instituée par le décret des 16-24 août 1790, et elle prit dans notre nouvelle organisation judiciaire la place des anciennes juridictions seigneuriales.

3. Certains auteurs ont cherché l'origine de cette institution dans celle des *civitatis defensorum* de la loi romaine, ou des juges nomades des comtés anglais, se fondant sur ce que le défenseur du peuple, *defensor civitatis*, les juges pédanés, *judices pedanei*, les centeniers chez les Francs, les auditeurs au Châtelet de Paris, les officiers aux bailliages et sénéchaussées du royaume, les juges de paix d'outre-Manche, et les juges de paix de France ont tous une origine commune et analogue : les progrès de ces différents peuples dans la civilisation et dans le droit civil; le même motif : une justice prompte et peu coûteuse, rapprochée du lieu du litige et à portée des parties.

Mais, malgré cette similitude d'origine et de motifs, la justice de paix, telle qu'elle est sortie des mains de la Constituante, est l'œuvre des temps modernes, et n'a rien emprunté, soit à la législation de Rome, soit aux coutumes de l'Angleterre. C'est vainement qu'on prétendrait établir le contraire.

4. Cette justice de famille, protectrice de tous les droits, était appelée à rendre et a rendu, en effet, de nombreux services. Mais Thouret ne se faisait-il pas illusion quand il proclamait, du haut de la tribune nationale, « qu'il fallait que

tout homme de bien, pour peu qu'il eût d'expérience et d'usage, pût être juge de paix? »

C'était là évidemment une décevante utopie, même à la naissance de l'institution, bien que les matières à juger fussent limitées, les attributions restreintes, et que des lois spéciales, en dehors du droit commun, n'eussent pas encore agrandi le domaine de la juridiction nouvelle. — V. *infrà*, *Compét. extrajud.*, et tome 2, *Compét. judiciaire.*

5. La division territoriale, adoptée par l'Assemblée constituante, a servi de base à la distribution des justices de paix par canton. Considérable d'abord, le nombre en fut réduit, par la loi du 8 vent. an IX, à 3,000 au moins et 3,600 au plus; il n'est plus aujourd'hui que de 2,847.

6. Suivant la loi du 24 août 1790, le juge de paix ne pouvait juger seul; il fallait qu'il fût assisté de deux prud'hommes assesseurs dans l'exercice de sa juridiction. La loi du 28 ventôse an IX, art. 1er, a supprimé les assesseurs et ordonné, art. 2, que chaque juge de paix remplirait seul toutes les fonctions qui lui sont attribuées.

En cas de maladie, absence ou autre empêchement du juge de paix, ses fonctions sont exercées par un suppléant: à cet effet, chaque juge de paix a deux suppléants, désignés par premier et second (L. précitée, art. 3 et 4).

7. Si le juge de paix et ses suppléants se trouvent accidentellement dans l'impossibilité absolue, pour quelque cause que ce soit, de remplir leurs fonctions, le tribunal de première instance, dans l'arrondissement duquel est située la justice de paix, renvoie les parties devant le juge de paix du canton le plus voisin, à la demande de la partie la plus diligente, sur simple requête, et d'après les conclusions du procureur impérial, parties présentes ou dûment appelées (L. 16 vent. an XII, art. 1 et 2).

8. Le mode de nomination des juges de paix et de leurs suppléants a beaucoup varié, ainsi que la durée de leurs fonctions.

Décennales sous l'empire du Sénatus-consulte du 16 therm. an X, elles sont aujourd'hui à vie et révocables. Arg. Charte de 1830; Constitutions de 1848 et 1852.

9. Les conditions exigées pour être nommé juge de paix sont: 1° l'âge de trente ans (Constitution, 5 fruct. an III, article 209). En Algérie, les juges de paix peuvent être nommés à vingt-cinq ans: mais ils doivent être licenciés en droit (Ord. 26 sept.-8 oct. 1842, art. 23); 2° la qualité de citoyen fran-

çais (L. 16-24 août 1790, tit. 3, art. 3). Aucune condition légale de capacité n'est requise en France.

10. Les juges suppléants sont soumis aux mêmes conditions d'aptitude.

11. Les juges de paix et leurs suppléants sont nommés par l'Empereur (Sénatus-consulte, 14 janv. 1852, art. 6).

12. Leur installation a lieu par la lecture de l'extrait de la minute, constatant la prestation de serment, faite par le greffier à une audience tenue par un suppléant. Le greffier dresse procès-verbal de l'installation. — Quand il s'agit de l'installation d'un suppléant, c'est le juge de paix qui tient l'audience.

13. Les juges de paix et leurs suppléants ne peuvent, à peine d'une amende de 16 francs à 150 francs et de la nullité de leurs actes et jugements, entrer en fonctions qu'après avoir prêté serment à l'une des audiences du tribunal de première instance de leur arrondissement (C. pén., art.196 ; L. 28 vent. an IX, art. 8 ; D. 24 mess. an XII, art. 2; L.31 août 1830, art. 1er).

14. Le serment qu'ils doivent prêter aujourd'hui est politique et professionnel. Ce double serment est ainsi conçu : « Je jure obéissance à la Constitution et fidélité à l'Empereur. » (Sénatus-consulte, 23 déc. 1852, art. 16). « Je jure aussi et promets de bien et fidèlement remplir mes fonctions et de me conduire en tout comme un bon et loyal magistrat » (Décret, 22 mars 1852, art. 8).

15. Les fonctions de juge de paix sont incompatibles avec celles : 1° de maire ou adjoint, de préfet, de sous-préfet, de conseiller de préfecture (L. 6-27 mars 1791, art. 1er ; 24 vend. an III, art. 1er. — 16 juin 1808 ; 21 mars 1831, art. 6) ; — 2° de juge de 1re instance et de commerce, de conseiller à la Cour d'appel ou à la Cour de cassation et du ministère public (LL. précitées de 1791 et de l'an III) ; — 3° de greffier, d'avoué ou d'huissier (*ibid.*) ; — 4° de membre des administrations forestières, de receveur de l'enregistrement, d'employé des douanes, postes et messageries, de comptable public (L. 24 vend. an III, art. 2) ; — 5° d'ecclésiastique (L. 11 sept. 1790, art. 1er) ; 6° de notaire (L. 24 vend. an III, art. 2 ; 25 vent. an XI, art. 7) ; 7° d'avocat (Ord. 20 nov. 1822, art. 42).

16. Quoique les incompatibilités ne puissent pas s'appliquer par analogie, cependant les convenances exigent que les juges de paix s'abstiennent de tout ce qui est défendu aux

avocats, par exemple de tout emploi à gages, agence d'affaires ou négoce quelconque (Arg. ord. 20 nov. 1822).

Mais ils peuvent être membres des conseils municipaux, des conseils d'arrondissement et des conseils généraux de département (L. 21 mars 1831, art. 11, 15, 16).

17. Quant aux suppléants, ils ne sont pas soumis aux mêmes incapacités que les juges de paix, leurs fonctions n'étant pas habituelles ni rétribuées.

Ils peuvent, en conséquence, cumuler avec leurs fonctions celles de notaire (Lett. min., 22 janv. 1827), d'avocat, avoué, instituteur même salarié, de maire ou adjoint (L. 21 mars 1831, art. 7).

Mais ils ne peuvent être ni huissiers, ni greffiers près le tribunal auquel ils sont attachés, ni même percepteurs des contributions.

SECT. II. — *Devoirs. — Attributions. — Droits et prérogatives des juges de paix et de leurs suppléants.*

18. Le juge de paix est tenu de résider dans le canton (L. 22 sept. 1790, art. 3).

En cas de non-résidence ou d'absence longue, il est réputé démissionnaire (L. 28 flor. an X, art. 8).

19. L'absence du juge de paix et de ses suppléants non autorisée, équivaut à démission (*Ibid.*, art. 9).

Quand l'absence ne doit durer qu'un mois, c'est le procureur impérial de l'arrondissement qui est chargé de délivrer le congé. Au delà de ce temps, c'est le ministre de la justice. — Pour obtenir congé, le juge de paix doit justifier d'un certificat du premier ou du second suppléant constatant que le service public ne souffrira pas de son absence : et *vice versâ*, pour les suppléants (L. 28 flor. an X, art. 9 et 10, et 20 avril 1810, art. 48).

20. Le costume des juges de paix et de leurs suppléants est le même que celui des juges des tribunaux de 1re instance (Arr. 2 niv. an XI, art. 7). — En Algérie, les juges de paix portent également ce costume (Ord. 6 sept.-8 oct. 1842, article 25). — Il est de rigueur toutes les fois que le juge de paix ou ses suppléants sont dans l'exercice de leurs fonctions, et particulièrement lorsqu'ils tiennent l'audience (Arr. 2 niv. an XI, art. 1er et 7 ; circ. minist. 7 juin 1826).

21. Les tribunaux d'arrondissement peuvent infliger des peines disciplinaires aux juges de paix qui compromettraient

la dignité de leur caractère. Ces peines sont : 1° la censure simple ; 2° la censure avec réprimande, qui entraîne la privation du traitement pendant un mois ; 3° la suspension provisoire qui entraîne aussi la privation du traitement pendant toute sa durée (L. 20 avr. 1810, art. 50). Mais avant de recevoir leur exécution, les décisions prises contre les juges de paix par les tribunaux d'arrondissement doivent être transmises par le procureur impérial au procureur général, qui les soumet à l'approbation de la Cour d'appel (même loi, art. 51). Dans tous les cas, le procureur général est tenu de rendre compte de la décision de la Cour au garde des sceaux, qui peut l'approuver, la modifier ou l'annuler (même loi, art. 56 et 58).

22. Le juge de paix doit indiquer au moins deux audiences par semaine ; il peut juger tous les jours de la semaine, même ceux des dimanches et fêtes, le matin et l'après-midi (C. proc., art. 8), si ce n'est toutefois pendant l'heure du service divin.

L'audience ne peut être tenue qu'au chef-lieu du canton (L. 29 vent. an IX ; circ. minist. 30 août 1844 et 23 avr. 1822. CARRÉ et CHAUVEAU, *Proc. civ.*, n° 37). Elle est essentiellement publique ; cependant le huis clos peut être ordonné si les débats doivent être scandaleux, mais à la charge par le juge de paix d'en donner avis et d'en rendre compte au procureur impérial (C. proc. civ., art. 87. — CARRÉ, *Quest.*, 41 *bis*).

Hors le cas prévu par l'art. 87 précité, le jugement rendu à huis clos doit être déclaré nul ; car il y aurait violation, non d'une formalité de procédure, mais d'un principe constitutionnel et excès de pouvoir (CARRÉ, *Quest.*, 41 *ter*).

Au surplus, l'audience peut être tenue chez le juge de paix, pourvu que les portes soient ouvertes (C. proc., art. 8) ; mais ce n'est qu'autant qu'il réside dans le chef-lieu du canton, suivant une décision du ministre de la justice, du 11 avr. 1807.

23. Aux termes de l'art. 3, ord. du 5 nov. 1823, le juge de paix doit, dans les cinq premiers jours de chaque mois, faire le récolement des minutes sur les répertoires, et constater par un procès-verbal, qu'il est tenu de transmettre au procureur impérial, l'état matériel et la situation des feuilles d'audience et de toutes les autres minutes d'actes reçus et passés au greffe durant le mois précédent.

Il doit également, à chaque trimestre, et plus souvent s'il le juge convenable, vérifier et arrêter le registre des déboursés et émoluments perçus par son greffier, et en constater l'état par un procès-verbal qu'il est tenu de transmettre au procureur impérial près le tribunal de première instance de son arrondissement (Ord. 17 juill. 1825).

24. La commune, chef-lieu de canton, est chargée de pourvoir aux frais du loyer ou de réparation du local de la justice de paix, ainsi qu'à ceux d'achat et d'entretien de son mobilier (L. 18 juill. 1837, art. 30, n° 10).

Quant aux frais de chauffage et d'éclairage du prétoire, ces dépenses sont à la charge du département (L. 10 mai 1838, art. 12, n° 8).

25. Les juges de paix ont aujourd'hui un traitement fixe, proportionnel à la classe à laquelle ils appartiennent. Une indemnité de transport leur est due quand ils se déplacent à plus de 5 kilomètres du chef-lieu de canton (L. 21 juin 1845, art. 1er) ; elle est de 5 fr., en cas de transport à plus de 5 kilomètres du chef-lieu de canton ; de 6 fr., en cas d'un transport à plus d'un myriamètre. Si les opérations durent plus d'un jour, l'indemnité est fixée, suivant la distance, à 5 ou 6 fr. par jour (Ord. 6 décembre 1845).

Le traitement des juges démissionnaires ou admis à la retraite court jusqu'au jour de l'installation de leur successeur, s'ils continuent leurs fonctions jusqu'à ce moment, ou s'ils ne cessent de les remplir que pour cause d'infirmités graves (D. 30 janv. 1811, art. 28 ; L. 9 juin 1853, art. 25).

Dans le cas contraire, ou lorsqu'une place est vacante par la mort du titulaire, la partie du traitement qui doit être distribuée en droit d'assistance, est payée au suppléant qui remplit la place par intérim, comme elle l'aurait été au titulaire. Le surplus reste au trésor public, comme fonds de vacance de place (*Ibid.*).

Il en est de même dans le cas où le juge de paix a encouru la peine de la privation de son traitement (*Ibid.*, art. 28, 29 et 30).

26. Aucun traitement n'est alloué aux suppléants. D'après l'art. 14, L. 6-7 mars 1791, le juge de paix qui était plus de huit jours consécutifs sans remplir ses fonctions devait remettre à l'assesseur qui l'avait remplacé la portion correspondante de son traitement ; mais, aujourd'hui, le juge de paix, absent en vertu d'un congé, n'en touche pas moins son traitement, sans même que le suppléant ait droit à une indemnité (Inst. minist., 16 nov. 1822, art. 10). Ce n'est que dans le cas où l'absence n'est pas autorisée que la moitié de la part proportionnelle du traitement appartient au suppléant (L. 20 avril 1810, art. 48). Hors cette circonstance, le suppléant ne

reçoit aucune somme comme rémunération de ses services. Seulement, l'indemnité de transport lui est due comme au juge de paix, et dans les mêmes circonstances (*Ibid.*); mais jamais suppléant n'a usé de ce droit, à ma connaissance.

27. Les juges de paix ont droit à une pension de retraite à soixante ans d'âge et après trente ans de services effectifs, dont au moins dix dans l'ordre judiciaire (Ord. 23 sept. 1824 ; L. 9 juin 1863, art. 5).

Aussi est-il fait sur leur traitement une retenue annuelle de 5 p. cent. La retenue du premier mois de leur traitement, lors de leur nomination, et celle opérée pendant le premier mois de toutes les augmentations de traitement obtenues, soit dans les mêmes fonctions, soit par suite de promotion à une place supérieure, leur sont encore imposées pour la caisse de retraite (Ord. 24 févr. 1832, art. 1er ; L. 9 juin 1853, art. 3).

28. Dans les cérémonies publiques, les juges de paix se rendent chez la personne qui doit occuper le premier rang et marchent après les membres des tribunaux de 1re instance, le corps municipal, les officiers d'état-major de la place et les chambres du tribunal de commerce, et avant les commissaires de police. Ils n'ont pas droit à une escorte (D. 24 messid. an XI, art. 7).

29. Le juge de paix ou ses suppléants à son défaut, à charge par eux d'énoncer qu'ils remplacent le juge de paix, jouissent de la franchise des lettres pour les besoins du service avec le ministre de la justice, le procureur général, le procureur impérial et le juge d'instruction (Ord. 17 mai 1844 ; 14 déc. 1825, art. 9).

La correspondance ne peut avoir lieu que sous bandes n'excédant pas le tiers de la surface des lettres ou paquets, et portant sur l'adresse la signature du magistrat, écrite de sa main au-dessous de la désignation de ses fonctions (*Ibid.*, art. 25).

Lorsque c'est un suppléant qui correspond, il énonce sur le paquet qu'il remplit par *intérim* les fonctions auxquelles le contre-seing est attribué (Ord. 14 nov. 1825, art. 9).

30. Les dépositions des témoins entendus en vertu d'une commission rogatoire doivent être transmises closes et cachetées au juge d'instruction (C. inst. crim., art. 84). En ce cas, on énonce dans le contre-seing la nécessité de clore (Circ, minist. just. 22 mai 1834),

31. La correspondance est encore autorisée de juge de

paix à juge de paix et avec les maires dans tout le ressort de la Cour d'appel (Décis. minist. des finances, 7 août 1834).

32. Les lettres ainsi expédiées en franchise sont remises au directeur du bureau de poste. Jetées dans la boîte, elles seraient taxées. (Ord. 17 nov. 1844, art. 28).

33. Les juges de paix reçoivent gratuitement un exemplaire du *Bulletin des lois* (L. 12 vend. an XII, art. 4). Cet exemplaire reste au greffe à perpétuelle demeure. (*Ibid.*, art. 7 ; D. 30 mars 1808, art. 93). L'art. 12 de la loi du 10 mai 1838 en met les frais de reliure à la charge du département.

34. Comme celle des autres juridictions, la compétence des juges de paix a plusieurs acceptions et se présente à l'esprit sous plusieurs faces. Elle signifie, en général, la mesure du pouvoir départi par la loi à chaque fonctionnaire public. Dans un sens moins étendu, c'est le droit que la loi défère au juge d'exercer sa juridiction sur certaines matières qu'elle détermine.

Il y a une corrélation nécessaire entre la juridiction et la compétence : l'une suppose l'autre. Aussi, trouve-t-on toujours la compétence à côté de la juridiction ; mais ce n'est pas une raison pour les confondre.

En effet, la juridiction (du mot latin *jus dicere*) est le pouvoir de juger, et la compétence (du mot latin *competere*) est la mesure de ce pouvoir.

35. Les juges de paix sont investis tout à la fois d'une juridiction contentieuse ou compétence judiciaire, et d'une juridiction non contentieuse ou compétence extrajudiciaire tant en matière civile qu'en matière criminelle, selon qu'elle a rapport aux matières ou contentieuses ou non contentieuses ou gracieuses, ou civiles ou criminelles.

36. Réglée d'abord par la loi du 16-24 août 1790, tit. 3, et par quelques lois particulières, postérieures, leur compétence judiciaire en matière civile est aujourd'hui fixée par les lois des 24 août 1790 ; 14 fructidor an III, et ordonnance du 17 déc. 1814 ; 2 vendémiaire an VIII, et ord. du 9 nov. 1814 ; 25 mai 1826, art. 15 ; 25 mai 1838 et 2 mai 1855.

En matière criminelle, elle est déterminée par les art. 48 et suiv., 138 et suiv. du C. d'inst. crim., et 1 à 6, 463 à 484 du C. pén.

37. Quant à la compétence extrajudiciaire civile des juges de paix, elle s'étend à une foule de dispositions éparses dans notre législation,

La plus importante est, sans contredit, la conciliation dans toutes les affaires de la compétence des tribunaux civils de première instance, qui, par leur nature et d'après l'état et les qualités des parties, peuvent être la matière d'une transaction (C. Nap., art. 48).

38. Le juge de paix est en outre chargé :

1° — Par le Code Napoléon :

De délivrer des actes de notoriété en cas de mariage pour suppléer au défaut d'acte de naissance (C. Nap., art. 70, 71) ou d'actes respectueux (C. Nap., art. 155) ;

D'assister à l'inventaire du mobilier et des titres des absents (C. Nap., art. 126) ;

De recevoir exclusivement les actes d'adoption, de tutelle officieuse (C. Nap., art. 353, 363) et d'émancipation (C. Nap., art. 477, 478) ;

De convoquer et de présider les conseils de famille des mineurs, des absents, des interdits, des sourds, dans les cas prévus par les art. 142, 160, 175, 318, 361, 393, 395, 404, 405, 417, 420, 431, 446, 454, 457, 461, 463, 464, 467, 468, 478, 480, 483, 484, 485, 493, 505, 511, 936, 2141 du Code Nap., ainsi que pour la nomination des curateurs aux substitutions, pour la réduction de l'hypothèque générale des femmes mariées, dans le cas des art. 1055, 1056 et 2144 du même Code ;

De recevoir le serment de l'expert qui estime les meubles appartenant à l'enfant mineur, et que les père et mère préfèrent conserver en nature conformément à l'art. 543 du C. Nap. ;

De recevoir les testaments au cas de peste ou autre maladie contagieuse (C. Nap., art. 985 et 986) ;

De dresser procès-verbal du refus ou retardement des conservateurs, soit de faire les transcriptions des actes de mutation, ou les inscriptions des droits hypothécaires, soit de délivrer les certificats requis au bureau des hypothèques (C. Nap. art. 2199).

— 2° Par le Code de procédure civile :

De concilier les différends dont le jugement est réservé aux tribunaux civils (C. proc., art. 48 et suiv.) ;

De donner le visa exigé par l'art. 69 du Code de proc. ;

De recevoir le serment des experts dans le cas de l'art. 305 du Code de proc. ;

D'ordonner une saisie-gagerie sur un débiteur forain (C. proc., art. 822) ;

De recevoir la déclaration affirmative du tiers saisi domicilié dans son ressort et hors la ville où siége le tribunal (C. proc., art. 571) ;

D'assister à l'ouverture des portes en matière de saisie-exécution ; d'apposer, s'il en est requis, le scellé sur les papiers trouvés dans les pièces ou meubles ainsi ouverts ; de nommer un gérant à l'exploitation, en cas de saisie d'animaux ou d'ustensiles destinés à la culture (C. proc., art. 587, 591, 594) ;

D'ordonner l'arrestation d'un débiteur contraignable par corps, lorsqu'il est trouvé dans une maison quelconque, et d'assister à l'arrestation ou de déléguer un commissaire de police (C. proc., art. 781, § 5, modifié par l'art 1er de la loi du 26 mars 1855) ;

D'exécuter les délégations judiciaires à l'effet de recevoir une caution, de procéder à une enquête, à un interrogatoire sur faits et articles, à une prestation de serment, soit d'experts, soit des parties, et généralement de faire une opération quelconque en vertu d'un jugement, etc. (C. proc., art. 255, 305, 326 et 1035) ;

D'apposer et de lever les scellés après décès, ou dans les autres cas où il y a lieu à apposition de scellés (C. proc., art. 907 et suiv. ; 932 et suiv.) ;

De dresser les procès-verbaux de carence dans le cas de l'art. 924 du Code de proc.

— 3° Par le Code de commerce :

D'exécuter les délégations des tribunaux de commerce à l'effet de vérifier les livres d'un commerçant et de dresser procès-verbal de leur contenu (C. comm., art. 16) ;

De nommer, à défaut du président du tribunal de commerce, des experts, à l'effet de vérifier et constater l'état des objets transportés en cas de refus ou de contestation pour la réception des colis (C. comm., art. 106) ;

D'autoriser, à défaut du tribunal de commerce, dans son ressort, le capitaine de navire à emprunter la somme nécessaire pour le radoub ou l'achat de victuailles dans le cas de l'art. 234 du Code de comm. ;

De recevoir, en cas d'abandon d'un navire ou de relâche forcée, le rapport des capitaines dans les lieux où il n'y a pas de tribunal de commerce (C. comm., art. 242, 243 et 245) ;

De nommer, en vertu de l'art. 414 du Code de comm., les

experts chargés d'estimer l'état des pertes et dommages éprouvés par un navire par suite du jet à la mer ;

De procéder à l'apposition et à la levée des scellés en cas de faillite ; d'extraire des scellés les livres de commerce, etc., et d'assister à l'inventaire qu'il signe (le juge de paix) à chaque vacation (C. comm., art. 457, 458, 468, 471, 480 et 522) ;

— 4° Par le Code forestier :

De recevoir le serment des facteurs ou gardes-vente (C. for., art. 31) ;

D'assister à l'introduction, dans l'intérieur des maisons et enclos, des gardes champêtres et forestiers en recherche d'un délit (C. for., art. 161 et 162) ;

D'interroger tout inconnu arrêté en flagrant délit et conduit devant lui par les gardes forestiers (C. for., art. 163) ;

De donner mainlevée provisoire des objets saisis, à la charge du paiement des frais de séquestre, et moyennant une bonne et solvable caution, et de statuer sur la solvabilité de la caution en cas de contestation (C. for., art. 168) ;

D'ordonner la vente des bestiaux saisis, s'ils ne sont pas réclamés dans les cinq jours qui suivent le séquestre (Même Code, art. 169 ; L. sur la pêche fluviale, 15 avril 1829, art. 44) ;

— 5° Par des lois ou ordonnances spéciales :

De recevoir le serment des gardes champêtres des communes et des particuliers (L. 28 sept. 1791, tit. 1er, sect. 7, art. 5) ; et l'affirmation de leurs procès-verbaux (L. 28 sept. 1791, art. 6) ;

De recevoir l'affirmation des procès-verbaux, 1° des gardes forestiers (C. for., art. 167 et 169) ; — 2° des préposés des douanes, des contributions indirectes et des octrois (L.L. 9 flor. an VII, tit. 4, article 10 ; 27 frim. an VIII, art. 8, et D. 1er germ. an XIII, art. 25) ; — 3° des procès-verbaux des agents en matière de grande voirie, de navigation intérieure, péage et pêche fluviale (Arrêté, 8 prair. an XI, art. 26 ; D. 1er août 1810, art. 3 ; L. 15 avril 1829, art. 44) ; — 4° des agents de surveillance et gardes assermentés des appareils et bateaux à vapeur (L. 21 juill. 1850) ; — 5° des rapports ou procès-verbaux constatant les infractions au décret relatif à la pêche du hareng (Déc. 28 mars 1852, art. 10) ; — 6° des gardes maritimes et des gendarmes de la marine (L. 9 juin 1852, art. 17 ; Déc. 19 mars 1852) ; — 7° des agents assermentés des lignes télégraphiques (Déc. 27 déc. 1852) ; — 8° de la gendarmerie en matière de grande voirie et sur la police du roulage (Déc. 1er mars ; 11 avril 1854, ch. 4, sect. 1re, art. 491 ; mais ce décret ainsi que les lois et décrets antérieurs se trouvent aujourd'hui abrogés par la loi du 17 juill. 1856) ;

De visiter les établissements publics ou privés consacrés aux aliénés (L. 30 juin 1838, art. 4...) ;

De dresser les actes de notoriété ou certificats de propriété et d'individualité pour parvenir : 1° au remboursement d'un cautionnement après décès (D. 18 sept. 1806, art. 1er) ; — 2° au paiement de pensions sur l'Etat (L. 16 germ. an III, tit. 4, art. 6 ; D. 1er juill. 1809 ; L. 17 avril 1822, art. 8) ; — 3° au remboursement de rentes sur l'Etat (D. 26 fruct. an XIII, art. 2) ; — 4° aux mutations de rentes sur l'Etat (D. 28 flor. an VII, art. 6) ;

De donner un visa d'attestation dans le cas de l'art. 1er du D. du 23 sept. 1806 ;

De coter et parapher sans frais les répertoires et registres du greffier (V. *inf.*, tit. 1er, nos 224 et suiv.) ; les répertoires des huissiers de son ressort (L.L. 18 oct. 1790 ; 22 frim. an VII, art. 52 ; D. 18 juin 1813, art. 46 ; ord. 28 juin 1832, art. 3) ; ceux des préposés et receveur des douanes ; les portatifs et autres journaux des employés des contributions indirectes ; ceux des débitants de boissons, pour recevoir les exercices des employés ; ceux des directeurs des messageries (D. 6 août 1791, tit. 13, art. 27 et 28 ; 28 avril 1816, art. 55 et 251) ; de coter, parapher et viser les répertoires non sujets au timbre des sociétés, compagnies d'assurances maritimes et autres (L. sur le timbre des 7-22 mars et 5 juin 1850, art. 35 et 44) ;

De rendre exécutoires les contraintes décernées en matière de douanes, d'enregistrement, de contributions indirectes, d'octroi, de pesage et de mesurage, et contre les percepteurs redevables (L. 22 août 1791, tit. 13, art. 32 ; Cass., 7 fruct. an X ; L. 22 frim. an VII, art. 64 ; arr. 16 therm. an VIII, art. 33 ; D. 1er germ. an XIII, art. 43 et 44, 15 nov. 1810 et 26 sept. 1811) ;

De délivrer exécutoire : 1° pour les frais d'échenillage des arbres (L. 6 vent. an IV, art. 6 et 7) ; — 2° pour avances des droits d'enregistrement et de timbre faites par les notaires, greffiers, huissiers et autres officiers publics pour leurs clients, sauf au tribunal civil de première instance à statuer sur l'opposition (L. 22 frim. an VII, art. 30, 67 et 58) ;

D'enjoindre aux receveurs de l'enregistrement de délivrer à d'autres qu'aux parties intéressées un extrait de leurs registres (L. 22 frim. an VII, art. 58) ;

De requérir de tout individu qui expose en vente des marchandises, la justification de sa patente (L. 25 avril 1844, art. 27) ;

D'ordonner : 1° la vente d'objets saisis en contravention aux lois et règlements sur l'octroi (Ord. 9 déc. 1814, art. 75); — 2° la vente de poisson saisi (L. sur la pêche fluviale, 15 avril 1829, art. 42...) ;

De saisir, dans les lieux où il n'y a pas de commissaire de police, à la requête des auteurs ou compositeurs et autres, de leurs héritiers ou représentants, les contrefaçons de leurs ouvrages (L.L. 19 juill. 1793, art. 3 et 25 prair. an III) ;

De procéder, en présence des proposés de l'enregistrement et des entrepreneurs des messageries et de roulage, à l'ouverture et à l'inventaire des ballots, malles, caisses et paquets qui doivent être vendus aux enchères, n'ayant pas été réclamés dans les six mois (D. 13 août 1810, art. 3 ; C. comm., art. 106) ;

D'assister les employés des contributions indirectes dans les visites qu'ils peuvent faire en cas de suspicion de fraude, dans l'intérieur de l'habitation des débitants et autres (L. 8 sept. 1814, art. 134) ;

D'assister à l'ouverture des ballots ou caisses, restés un an entier dans les bureaux des douanes faute de déclaration régulière, et à l'inventaire des effets qu'ils contiennent, et que la douane fait ensuite vendre (L. 21 août 1792, tit. 9, art. 3) ;

D'assister aux perquisitions faites au domicile des individus prévenus de postulation (D. 19 juill. 1810, art. 6) ;

D'ordonner la levée des scellés apposés sur les objets appartenant à des tiers, et réclamés par ceux-ci, ainsi que la remise desdits objets, titres, papiers, etc., s'il (le juge de paix) en est requis par toutes les parties, c'est-à-dire si la propriété n'est pas contestée (L. 6 pluviôse an II...) ;

De recevoir le serment des experts dans les causes relatives à l'enregistrement, devant quelque tribunal que la demande soit portée ; de nommer le tiers expert dans le cas où la régie de l'enregistrement demande une expertise, pour l'évaluation des immeubles transmis à titre onéreux ou gratuit (L.L. 22 frim. an VII, art. 18 et 15 nov. 1808) ;

De nommer un ou trois experts chargés de rechercher et constater les vices rédhibitoires, et de recevoir leur serment (L. 28 mai 1838, art. 5);

De recevoir, dans les lieux où il n'y a pas de tribunal de commerce, les procès-verbaux dressés par les capitaines de navires en conformité de l'art. 225 du Code de comm., à la charge par lui (le juge de paix) d'envoyer ces pièces dans les vingt-quatre heures au président du tribunal de commerce le plus voisin (Ord. 11 nov. 1826);

De recevoir le serment des employés des diverses administrations que la loi assujettit au serment, et qui ne résident pas dans le lieu où siége le tribunal de première instance (L.L. 28 sept. 1791, tit. 1er, sect. 17, art. 5; 16 thermid. an IV; arr. 7 brum. an IX, art. 2; D. 17 mai 1809, art. 38 et 39; Ord. 14 août 1816, art. 30). A l'exception toutefois des agents de l'administration forestière qui, d'après l'art. 5 du Code forestier, ne peuvent prêter serment que devant le tribunal de leur résidence;

De vérifier dans son ressort, sur la délégation du procureur impérial, les registres de l'état civil de l'année courante (Ord. 26 nov. 1823);

De dresser procès-verbal de la prise de possession par le nouveau titulaire des biens meubles et immeubles d'un archevêché ou évêché, et d'apposer les scellés après le décès du titulaire (D. 6 nov. 1813, art. 16, 18, 19, 37, 46). La même formalité avait également lieu pour la prise de possession des biens d'une cure; mais ce soin regarde aujourd'hui le bureau des marguilliers (Ord. 13 mars 1832, art. 1er). Toutefois, l'apposition des scellés est de rigueur (Même D., art. 16, 18 et 19);

D'avertir la régie de l'enregistrement et des domaines de toutes appositions de scellés par lui faites dans l'intérêt d'héritiers inconnus (Inst. min., 23 fruct. an VII);

De recevoir de tout armateur la déclaration de propriété d'un bâtiment avant de le lancer à la mer (L. 21-24 sept. 1793, art. 2);

D'apposer d'office les scellés après le décès des militaires et officiers de santé (L. 11 vent. et 16 fruct. an II); d'un officier supérieur de toute arme, d'un commissaire ordonnateur, inspecteur aux revues, officier de santé en chef des armées, retirés ou en activité de service, sur les papiers, cartes, plans et mémoires militaires autres que ceux dont le décédé est l'auteur, et d'en instruire de suite le général, commandant la division militaire, et le ministre de la guerre (Arr. 13 niv. an x, art. 1er) ; d'un notaire ou autre possesseur de minutes, sur ces minutes et répertoires jusqu'à ce qu'un autre notaire en ait été provisoirement chargé par ordonnance du président du tribunal de sa résidence, et de procéder à la levée de ces scellés d'après la prescription des arrêtés et lois précités ;

De présider la commission cantonale chargée de dresser les listes préparatoires du jury (L. 4 juin 1853, art. 8 et 9), et de concourir à la formation de la liste d'arrondissement, sous la présidence du préfet dans le chef-lieu du département, et du sous-préfet dans les autres arrondissements (L. 4 juin 1853, art. 11).

Le plus ancien des juges de paix de chaque arrondissement est appelé à faire partie du comité chargé de surveiller et d'encourager l'instruction primaire (L. 28 juin 1843, art. 10).

De connaître de l'appel des décisions des maires, en matière électorale (L. 15 mars 1849 ; Déc. 2 fév. 1852, art. 22) ;

De donner un visa d'approbation dans le cas de l'art. 6 de la loi du 10 déc. 1850 ; d'inviter, dans le cas d'assistance judiciaire, le syndic des huissiers à désigner un huissier (L. 22 janv. 1851, art. 13, §§ 1 et 4) ; — et d'accorder l'autorisation exigée par l'art. 3 de la loi du 18 juin 1850 sur les caisses de retraite ou rentes viagères pour la vieillesse, dans les cas voulus par ledit article ; — de délivrer au mineur qui n'a ni père ni mère, ni tuteur, l'autorisation exigée par l'art. 6 du décret du 27 mars 1851, sur les caisses de retraite ; — et d'enjoindre aux greffiers de délivrer gratuitement les actes et expéditions réclamés par l'individu admis à jouir du bénéfice de l'assistance judiciaire (Même L., art. 16) ;

De désigner un expert à l'effet de constater l'état des terrains à drainer (L. 17 juill. 1856, art. 6).

CHAP. II. — DES GREFFIERS. — CE QU'ILS SONT. — PRINCIPALES FONCTIONS. — HISTORIQUE.

39. Les greffiers de justice de paix sont des officiers publics institués auprès des tribunaux de paix, et dont la principale fonction consiste à assister le juge de paix dans tous les actes

de son ministère, à écrire ces mêmes actes, à en garder minute, et à en délivrer des expéditions.

40. L'origine des charges de greffier remonte à une antiquité très-reculée ; on peut la reporter à la première création des tribunaux. — Chez les Grecs, on n'admettait en qualité de greffiers que des personnes d'une fidélité et d'une capacité reconnues (LAROCHEFLAVIN, *des Parlements*, chap. 8 et 9 ; GUYOT, *Rép.*, v° *Greffe*).

A Rome, la profession de greffier fut d'abord exercée par des esclaves, puis par des affranchis ; on les appelait indistinctement *scribæ*, *tabularii*. Ce ne fut qu'à dater du règne des empereurs Honorius et Arcadius que les places de greffier furent occupées par des personnes libres.

En France, sous les rois de la 3e race, les juges avaient coutume de donner les commissions de greffier à leurs clercs ; de là le mot de *clergie* que l'on trouve dans plusieurs anciennes ordonnances et qui fut remplacé par celui de *greffe* par une ordonnance de Charles V du mois de mars 1356.

41. Dans le principe, les greffes n'étaient que de simples commissions révocables *ad nutum*. Philippe le Bel défendit aux justiciers de délivrer à l'avenir de semblables commissions dans les juridictions royales. Philippe le Long, quelques années après, déclara que les commissions de greffier faisaient partie du domaine ; puis ces emplois furent donnés à ferme.

Dans la suite (1521), les greffiers furent constitués par François Ier en titre d'office ; ainsi, après n'avoir été d'abord que de simples secrétaires, les greffiers devinrent de véritables fonctionnaires ayant un caractère public.

L'édit de François Ier, qui érigea les greffes en titre d'office, ne fut pas d'abord bien sérieusement exécuté ; on continua pendant longtemps encore de donner les greffes à ferme ; mais, sous Henri III, on réunit ces offices au domaine, et on les vendit avec faculté de rachat ; enfin, on les rendit héréditaires.

Dans le dernier état de la législation qui précéda la révolution de 1789, on divisait, en général, tous les greffes en deux classes ; les uns casuels et les autres domaniaux. Ces derniers seuls étaient héréditaires.

42. Les offices de greffier furent supprimés, avec les anciens tribunaux, par la loi du 7 sept. 1790 ; mais les fonctions de greffier furent maintenues dans les nouveaux tribunaux, et notamment lors de la réorganisation de l'an VIII.

43. « De toutes les fonctions qui entrent dans l'ordre de

l'administration de la justice, dit Domat (*Droit public*, liv. II, tit. 5, sect. 1re), il n'y en a point qui aient autant de liaison aux fonctions de juges que celles des greffiers : car ils doivent écrire ce qui est dicté ou prononcé par les juges et demeurer dépositaires des arrêts, jugements et autres actes qui doivent subsister, et en délivrer des expéditions aux parties ; c'est leur seing qui fait la preuve de la vérité de ce qu'ils signent. »

44. La loi du 28 avril 1816, art. 91, a compris les greffiers dans la classe des fonctionnaires et officiers publics qui peuvent transmettre leur charge et exercer le droit de présentation.

45. Un greffier est attaché à chaque justice de paix (L. 6 mars 1791). Il est nécessairement greffier du tribunal de simple police. Mais, dans les villes où il existe plusieurs justices de paix, le tribunal de simple police est distinct de ces tribunaux et a son greffier particulier (L. 28 flor. an X, art. 12 et 14).

46. Les lois des 16-24 août 1790, tit. 9, art. 5 ; 6-27 mars 1791, art. 4 ; 28 frim. an V et 27 germ. an VIII avaient attribué aux juges de paix la nomination de leurs greffiers ; mais cette nomination ne leur appartient plus. Elle a été déférée au chef de l'Etat par l'art. 3, L. 28 flor. an X.

Ils sont évidemment des fonctionnaires publics : mais ils ne doivent pas être regardés comme des agents du Gouvernement, et ils peuvent être poursuivis pour des faits relatifs à leurs fonctions, sans l'autorisation préalable du Conseil d'Etat. L'art. 75 de la constitution du 22 frim. an VIII ne leur est en aucun cas applicable (Cass., 26 déc. 1807.S.7.T. 2.32 ; Favard, v° *Greffier*, n° 5 ; Merlin, *Rép.*, n° 6 ; Carré, *Comp.*, n° 143).

47. Les greffiers prêtent serment devant le juge de paix du canton où ils sont attachés. L'art. 5, tit. 9, L. 16-24 août 1790, qui le voulait ainsi, n'a pas été abrogé par la loi du 28 flor. an X, ni par les lois postérieures (Carré, *Just. de paix*, t. 1er, n° 331). Cependant il n'en est plus ainsi depuis la constitution de 1852, encore bien qu'elle soit muette à cet égard. Ils prêtent aujourd'hui serment devant le tribunal civil de première instance de l'arrondissement auquel ils ressortissent. Ainsi le veulent et l'entendent le président et le procureur impérial.

Ils doivent résider au chef-lieu même du canton (L. 12 sept. 1791 ; Décis. min. de la just. du 27 oct. 1827).

Cette obligation s'étend même aux commis greffiers (D. 30 mars 1808 ; Carré, *Just. de paix*, t. 1er, n° 339).

48. Chaque greffier a le droit d'avoir « un commis greffier, révocable suivant son bon plaisir, pour tenir la plume aux audiences, signer les expéditions, et généralement pour remplir toutes ses fonctions » (Lett. du grand juge du 24 pluv. an XII). L'administration regarde comme étant encore en vigueur l'art. 2, tit. 9, L. 24 août 1790 portant que les commis greffiers seront âgés de 25 ans au moins.

49. Le traitement du commis est à la charge du greffier, qui est responsable de tout ce qui concerne sa gestion.

Il doit être agréé par le juge de paix et prêter serment entre les mains de ce magistrat avant d'entrer en fonctions (Lett. du grand juge, 28 pluv. an XII).

50. En cas d'absence ou d'empêchement du greffier et du commis greffier, le juge de paix peut confier temporairement à un commis greffier de son choix celles des fonctions qui ne peuvent être remplies par eux (Cass., 6 nov. 1817, J. P., CARRÉ, t. 1er, n° 334).

Les fonctions du commis greffier ainsi nommé par le juge de paix sont essentiellement temporaires. Il y a lieu à nouveau serment de sa part toutes les fois qu'un empêchement nouveau du greffier et de son commis oblige le juge de paix à les remplacer (CAROU, t. 1er, n° 11).

51. Le droit de réprimander ou d'avertir le greffier appartient au juge de paix (Art. 62, L. 20 avril 1810 ; CAROU, t. 1er, n° 12 ; CARRÉ, t. 1er, n° 521).

Ainsi, le fait d'un greffier d'avoir forcé les produits de son greffe et manqué de respect à son juge de paix ne peut faire l'objet d'une action disciplinaire portée devant le tribunal de 1re instance (Cass., 4 nov. 1823).

Le juge de paix exerce les mêmes droits à l'égard du commis-greffier. Il y a même raison (Voir d'ailleurs l'art. 58, D. 6 juill. 1810 ; J. P. *Rép.*, G. T. 8, 210).

M. Carou pense cependant que le juge de paix, au lieu de dénoncer, le cas échéant, son greffier au ministre de la justice, comme le prescrit la dernière partie de l'art. 62, L. 20 avril 1810, peut et même doit adresser sa dénonciation au président du tribunal civil, qui la porte, s'il y a lieu, à la connaissance du ministre de la justice. Tel est également notre avis.

Le ministre peut prononcer la destitution du greffier (Art. 92, L. 27 vent. an VIII ; art. 91, L. 28 avril 1816).

52. Les greffiers de justice de paix portent le même costume que les juges, mais sans bords à la toque (D. 2 niv. an XI,

art. 7). Les commis greffiers tenant la plume portent la toge fermée sans simarre (Même décret, art. 5).

SECT. Ire.—*Admission aux fonctions de greffier.*

53. Pour être admis aux fonctions de greffier de justice de paix, il faut : 1° être âgé de 25 ans accomplis (L. 16 vent. an XI, art. 1er) ;—2° jouir de l'exercice des droits civils et de citoyen;

— 3° Avoir satisfait aux lois sur le recrutement (L. 25 mai 1832, art. 2 et 48) ;

— 4° Justifier, autant que possible, avoir travaillé, soit dans une étude d'avoué ou de notaire, soit chez un receveur d'enregistrement (JOYE, *Alm. de la Magist. et du Barreau*, p. 132);

— 5° Être présenté à la nomination du chef de l'Etat par le titulaire, sa veuve, ses héritiers ou ayants cause, à moins qu'il n'y ait une vacance (L. 28 avril 1816, art. 91) ;

— 6° Justifier, avant d'entrer en exercice, du cautionnement exigé et de l'acquit des droits d'enregistrement (L. 28 avr. 1816, art. 91, 96). — Ce cautionnement, fixé d'abord par l'article 3, L. 28 flor. an X, à 4,800 fr. à Paris ; 3,600 fr. à Bordeaux, Lyon, Marseille, puis déclaré variable, suivant la population, dans toutes les autres localités, depuis 2,400 fr. jusqu'à 400 fr. et élevé d'un tiers par la loi du 2 vent. an XIII, est aujourd'hui déterminé par la loi du 28 juin 1816. Il est de 10,000 fr. pour Paris ; de 6,000 fr. pour Bordeaux, Lyon, Marseille ; de 4,000 fr., dans les communes de 50,001 à 100,000 habitants ; 3,000 fr., dans les communes de 30,001 à 50,000 habitants ; 2,400 fr., dans les communes de 10,001 à 30,000 habitants ; 1,800 fr., dans les communes de 3,001 à 10,000 habitants ; et enfin 1,200 fr., dans les communes de 3,000 habitants et au-dessous.

Le cautionnement des greffiers des tribunaux de simple police est supérieur d'un quart à celui des greffiers de justice de paix de leur résidence (Art. 1er, Ord. 9-14 oct. 1816; art. 14, L. 28 flor. an X) ;

— 7° Prêter serment. Ce serment est le même que celui des autres fonctionnaires publics.

54. Lorsqu'il s'agit de pourvoir au greffe d'une justice de paix, l'instruction est faite par le procureur impérial, qui en communique le résultat au garde des sceaux par l'intermédiaire du procureur général de son ressort.

55. En cas de vacance de la place de greffier, le commis assermenté n'est pas appelé de *plein droit* à tenir le greffe

pendant la vacance : aucune loi ne lui confère cette prérogative ; c'est au tribunal qu'il appartient de commettre qui il juge convenable (CARRÉ, n° 147).

SECT. II.—*Fonctions.—Incompatibilités.*

56. Les fonctions de greffier consistent : à écrire et à rédiger sous la dictée du juge de paix (Décis. min., 11 nov. 1808, S.9, 12), qui doit toujours en être assisté (C. proc., art. 1040) à peine de nullité de l'acte.

Spécialement, le greffier doit : 1° accompagner le juge paix, toutes les fois qu'il se transporte sur les lieux contentieux, et y apporter la minute du jugement préparatoire (C. proc., art. 30) ; — 2° dresser sous sa signature et sous celle du juge le procès-verbal de l'audition des témoins (C. proc., art. 39) ; — 3° dresser aussi procès-verbal de la visite des lieux contentieux, par le juge accompagné des experts (C. proc., art. 45) ; — 4° recevoir et communiquer au juge de paix les actes de récusation (C. proc., art. 45) ; — 5° écrire et signer la rédaction du rapport des experts qui ont opéré dans le canton, s'ils ne savent pas tous écrire (C. proc., art. 317) ; — 6° garder, jusqu'à la levée des scellés, les clefs des serrures sur lesquelles ils sont apposés, à charge de mentionner dans le procès-verbal la remise qui en a été faite, et sous la prohibition, également faite au juge, d'aller dans la maison, à peine d'interdiction, à moins qu'il n'en soit requis ou que son transport n'ait été précédé d'une ordonnance motivée (C. proc., art. 915) ; — 7° assister le juge des référés en matière de scellés. (Décis. min., 27 sept. 1808) ; — 8° recevoir et viser les exploits d'opposition aux levées de scellés qui lui sont notifiés, dans le cas où les parties ne l'auraient pas fait par déclaration sur le procès-verbal (C. proc. civ., art. 926 et 1039).

57. En matière d'apposition de scellés, le juge de paix peut confier au greffier le soin de placer les bandes et d'y apposer l'empreinte du sceau. La loi veut seulement que ce magistrat préside à l'opération (Metz, 6 juin 1821), et la surveille avec soin, car lui seul est responsable.

Il est tenu de faire, dans les vingt-quatre heures de leur apposition, la déclaration au greffe du tribunal de première instance de l'arrondissement, dans les communes où la population est de 20,000 âmes et au-dessus, que les scellés ont été apposés à un domicile, conformément à l'art. 925, C. proc. civ.

Cette déclaration comprend : 1° les noms et les demeures des personnes sur les effets desquelles le scellé a été apposé ;

— 2° le nom et la demeure du juge qui a fait l'apposition ; — 3° le jour et l'heure où elle a été faite (C. proc., art. 925).

58. Aux termes de l'art. 29, L. 22 frim. an VII, c'est le greffier qui est chargé d'avancer les droits d'enregistrement du procès-verbal d'apposition, de reconnaissance et de levée de scellés.

Mais, comme il peut arriver que les forces d'une succession soient insignifiantes, le greffier, lorsque les scellés sont apposés sur réquisition, peut exiger qu'une somme soit consignée d'avance entre ses mains, pourvu, toutefois, que la réquisition n'ait pas lieu en cas de minorité ou pour sauvegarder les droits des absents, c'est-à-dire que l'avance ne peut être exigée que si des héritiers, créanciers, présents et maîtres de leurs droits, réclament l'apposition dans leur seul intérêt.

Sont, au surplus, enregistrés en *débet* les actes d'apposition de scellés dans lesquels les juges de paix agissent d'office, quand des successions sont ouvertes au profit d'héritiers absents et non représentés, ou de mineurs qui n'ont ni tuteur ni curateur (Décis. min. fin., 28 fruct. an X, et 1er prair. an XIII ; Instr. 290, n° 3).

59. Les greffiers de justice de paix peuvent faire les ventes publiques de meubles ainsi que les prisées, concurremment avec les notaires, les commissaires-priseurs et les huissiers (LL. 26 juill. 1790, 17 sept. 1793 et 28 avril 1816).

Ils peuvent en outre faire aujourd'hui, concurremment avec les notaires, commissaires-priseurs et huissiers, les ventes publiques volontaires, soit à terme, soit au comptant, de fruits et récoltes pendants par racines, et des coupes de bois taillis, même dans le lieu de la résidence des commissaires-priseurs (L. 5 juin 1851) ; mais ils ne peuvent se faire remplacer pour ces sortes d'actes par leurs commis greffiers assermentés (Cass., 8 déc. 1846).

Ils sont soumis à la contrainte par corps dans les cas prévus par le § 7 de l'art. 2060, C. Nap. (L. 13 déc. 1848, art. 3), ainsi qu'à la patente (L. de fin. de 1850).

60. Les fonctions de greffier sont incompatibles avec toutes autres fonctions judiciaires, administratives et notariales. avec toute fonction publique sujette à comptabilité pécuniaire. — Toutefois, elles sont compatibles avec celle de commissaire-priseur dans toutes les villes autres que Paris (Ord. 26 juin 1816, art. 14) ; mais le ministère permet rarement ce cumul.

61. Les greffiers ne peuvent devenir cessionnaires des procès, droits et actions de la compétence des justices de paix dans

le ressort desquelles ils exercent leurs fonctions, à peine de nullité, et des dépens, dommages et intérêts (C. Nap., article 1597).

SECT. III.—*Droits et devoirs.*

62. Ils peuvent être récusés pour cause de parenté avec l'une des parties (Arg. C. proc., art. 378 ; Parlement de Paris, 3 août 1729) ; mais ils ne sont pas soumis au désaveu : il faut se pourvoir par inscription de faux contre les énonciations mensongères que contiendraient les actes rédigés par eux. V. en ce sens MERLIN, n° 17.

63. Les greffiers de justice de paix jouissent, comme ceux des tribunaux de première instance, d'un traitement fixe réglé à 600 fr. et de diverses remises et vacations déterminées par le tarif de 1807.

64. Ils sont obligés de tenir certains registres, pour lesquels la plus grande exactitude leur est recommandée, savoir : 1° un répertoire en matière civile, sur papier timbré, à colonnes, sur lequel ils sont tenus d'inscrire, jour par jour, sans blanc ni interligne, et par ordre de numéros, tous les actes et jugements qui, aux termes de la loi du 22 frim. an VII, doivent être enregistrés sur les minutes à peine d'une amende de 10 fr., pour chaque omission, réduite à 5 fr. par la loi du 16 juin 1824, art. 49 (L. 22 frim. an VII). Il doit être coté et paraphé par le juge de paix (Même loi, art. 53). Ce répertoire doit de plus, conformément à l'art. 3 de la loi du 28 brum. an VI, être clos chaque année par ce magistrat dans la deuxième quinzaine de septembre.

Ils sont tenus de porter sur leur répertoire même les certificats délivrés en brevet et dont il ne reste pas minute (Cass., 14 nov. 1837 ; Décis. min. fin., 19 janv. 1824) ;

— 2° Un registre des actes de dépôt et de consignation pour les parties civiles (Art. 43, L. 22 frim. an VII ; Ordonn. 28 juin 1832, art. 2).

— 3° Un registre sur lequel chaque affaire portée sur citation et celles dans lesquelles les parties se présentent volontairement, sans citation, devant le juge de paix, sont enregistrées et numérotées avec mention de la date de chaque enregistrement (art. 1 et 2, tit. 8, L. 18 oct. 1790) ; c'est sur ce registre, appelé plumitif, qu'il ne faut pas confondre avec la feuille d'audience, que le greffier tient note de tout ce qui se passe à l'audience.

Ce plumitif est coté et paraphé par le juge de paix (L. 18 oct.

1790). Il n'est pas sujet au timbre (Circ. min., 30 déc. 1840).

— 4° Un registre des affaires soumises au juge de paix en conciliation (Circ. min., 30 déc. 1840) ;

— 5° Un registre des non-comparutions en matière de conciliation, conformément à l'art. 58, C. proc. ;

— 6° Un registre sur lequel ils inscrivent, jour par jour, dans des colonnes séparées, toutes les sommes qu'ils reçoivent pour les actes de leur ministère, déboursés et émoluments (Ord., 17 juill. 1825).

65. Quant aux feuilles d'audience, elles doivent être écrites sur papier timbré de même format et réunies chaque année en forme de registre (Déc. 1808, art. 39 ; Décis. min. just., 9-22 mars 1808).

66. Le greffier doit déposer les minutes des actes de la justice de paix, dans les dix premiers jours de janvier, dans un local à ce destiné par l'autorité municipale ; et le juge de paix aviser dans les dix jours suivants le procureur impérial que ce dépôt a eu lieu (LL. 26 frim. an II ; 28 brum. an VI ; Inst. min., 28 avril 1826 ; Circ. Bord. 17 déc. 1847).

67. Le greffier ne doit : 1° délivrer des expéditions des jugements rendus qu'après que la minute en a été signée conformément à la loi, sous peine d'être poursuivi comme faussaire (C. proc., art. 139). Les moyens d'excuse et de bonne foi ne peuvent être appréciés que par la Cour d'assises (Cass., 22 août 1817, S. 18,207) ;

— 2° Ne délivrer aucune expédition avant l'enregistrement ; n'énoncer aucun acte non enregistré, sous peine d'amende (L. 22 frim. an II, art. 42), et ne se servir que des poids et mesures établis par la loi du 18 germ. an III, et 19 frim. an VII (L. 4 juill. 1837, art. 3).

68. Il a la garde et le dépôt de toutes les minutes des actes, procès-verbaux et jugements faits et rendus par le juge de paix (Art. 1er, L. 28 sept. 1790), et doit les déposer tous les ans dans un local à ce destiné, désigné par l'administration municipale (LL. 28 frim. an IV, art. 4, et 28 frim. an VI, article 1er ; C. proc. civ., art. 1040).

69. S'il y a lieu au déplacement des registres, minutes et autres papiers du greffe, les frais d'emballage et de transport sont acquittés comme frais généraux de justice (D. 18 juin 1811) ; dans ce cas, il est dressé par le greffier, sous la surveillance du juge de paix, un état des registres, minutes et papiers à transporter (D. 18 juin 1811, art. 129 et 130).

70. Les expéditions des jugements et des actes sont délivrées par le greffier (C. proc. civ., art. 1040).

Il lui est défendu de délivrer des expéditions entières de procès-verbaux d'apposition, de reconnaissance et levée de scellés, à moins d'une réquisition expresse par écrit : mais il est tenu d'en délivrer les extraits qui lui sont demandés, quoique l'expédition entière n'ait été ni demandée ni délivrée (D. 16 fév. 1807, art. 16).

71. Aucuns frais ni émoluments ne peuvent être perçus par les greffiers de justice de paix que sur des états dressés par eux et qui sont vérifiés et visés par le juge de paix.

S'ils reçoivent, sous quelque prétexte que ce soit, d'autres ou plus forts droits que ceux qui leur sont attribués par les lois et règlements, il en est fait rapport au garde des sceaux, pour être pris, à l'égard des contrevenants, telle mesure qu'il appartiendra (Ord. 17 juill. 1825, art. 1er, 5 et 6).

72. Quant aux autres obligations des greffiers, voy. *sup.*, sect. 2, n° 56.

SECT. IV.—*Modèles des intitulés des répertoires et registres dont il vient d'être parlé, et autres états à fournir par le greffier.*

§ 1er.—**Répertoire.** (L. 22 frim. an VII, art. 50.)

« Année 1864.

« Justice de paix du canton de..., arrondissement de..., département de...

« Répertoire à colonnes des actes et jugements sujets à l'enregistrement sur minute, contenant soixante feuillets cotés et paraphés au « désir de la loi, par nous, juge de paix du canton de...

« A..., le..., mil huit cent cinquante-neuf. »

(*Signature.*)

Nos	DATES des actes.	NATURE des actes.	PARTIE DANS LES ACTES.		RELATION de l'enregistrement		Observations.
			Prénoms et nom.	Domicile.	Dates.	Droits.	
	janvier				janvier	fr. c.	
1	5	Jugement portant condamnation avec titre de payer 50 fr.	Noël Parfait, demandeur. A. B. Martin, défendeur.	Chartres, rue ., département d'Eure-et-Loir. Lève, departem. d'Eure-et-Loir.	7	3 50	
2	6	Tutelle et subrogée tutelle.	Louis Marcel.	Chartres, rue au Lait, n° 7, Eure-et-Loir.	15	4 40	
3	10	Apposition de scellés.	Après le décès de Noël Dupont.	Champhol, canton Nord de Chartres, départem. d'Eure-et-Loir.	19	20 »	

§ 2.—**Feuille d'audience du**... (C. proc. civ., art 18.)

« Justice de paix du canton de..., arrond. de..., départ. de...

« Audience tenue publiquement, à l'heure accoutumée, en l'auditoire « ordinaire du tribunal, le... juin 1849, par nous, Adolphe A..., juge « de paix, assisté de M. Louis B..., greffier de cette justice de paix.

« Entre le sieur A... (qualités des parties et dispositif du jugement). »

---

§ 3.—**Feuille d'audience de simple police du...**

« Tribunal de simple police du canton de..., arrond. de..., départ. de...

« Audience publique tenue le jeudi 6 janvier 1859, à l'heure accou- « tumée, au prétoire du tribunal, par M. Adolphe A..., juge de paix « dudit canton, assisté de M. D..., greffier dudit tribunal.

« En présence de M. B... (qualités des parties et dispositif du juge- « ment). »

---

§ 4.—**Plumitif ou registre d'audience.** (L. 26 oct. 1790, tit. 8, art. 1 et 2; C. proc. civ., art. 58.)

Nos d'ordre.	Date des enregistrements.	Numéros correspondant aux minutes (s'il y en a)	Mention des affaires.	Cette colonne d'observations, faite pour le greffier, ne doit pas figurer sur le plumitif.
1	3 mai.	»	Citation en conciliation à la requête de B , par exploit de , en date du , contre C . Ledit sieur C. ou B (suivant le cas) n'a pas comparu. (*Signature du greffier.*)	Dans le cas de non-comparution de l'une des parties, le greffier met sur l'original ou la copie mention suivante : « Le sieur B., demandeur aux fins de la présente citation, a fait défaut, ce mai, mil huit cent quarante-neuf. » (*Signature du greffier.*)
2	3 mai.	10	Citation en demande de 150 fr., pour argent prêté; requête de , par exploit de en date du , contre . Comparution des parties. Jugement portant adjudication des conclusions de demande, avec intérêts et dépens.	

§ 5.—**Registre des affaires soumises au juge de paix en conciliation.** (Circ. min. 30 déc. 1840.)

« Justice de paix du canton de..., arrond. de..., départ. de..

« Registre des affaires soumises en conciliation, contenant... feuil- « lets, cotés et paraphés par nous, juge de paix dudit canton.

« A..., le deux avril mil huit cent cinquante-neuf. »

(*Signature du juge.*)

---

§ 6.—**Registre des non-comparutions en matière de conciliation.** (C. proc. civ., art. 53.)

« Année 1859.

« Justice de paix du canton de..., arrond. de..., départ. de...

« Registre des non-comparutions en matière de conciliation, conte-

« nant ... feuillets, cotés et paraphés, au désir de la loi, par nous, juge « de paix dudit canton de...

« A..., le deux avril mil huit cent cinquante-neuf. »

(*Signature du juge.*)

---

§ 7.—**Registre de comptabilité des déboursés et émoluments perçus par le greffier.** (Ord. 17 juillet 1825.)

« Année 1859.

« Justice de paix du canton de..., arrond. de..., départ de...

« Registre destiné à inscrire jour par jour toutes sommes, déboursés « et émoluments, perçus par le greffier pour tous les actes de la justice « de paix, contenant ... feuillets, cotés et paraphés, au désir de la loi, « par nous, juge de paix dudit canton.

« A..., le deux avril mil huit cent cinquante-neuf. »

(*Signature du juge.*)

Nos d'ordre	Noms des parties.	Nature des actes.	Déboursés.	Emoluments au juge.	Emoluments au greffier	Observat.

§ 8.—**Registre des dépôts et consignations de frais de greffe.** (Ord. 28 juin 1832, art. 1, 2, 3 et 5.)

« Année 1859.

« Justice de paix du canton de..., arrond. de..., départ. de...

« *ÉTAT des sommes consignées au greffe, pour frais de justice.*

« Du 15 avril 1859.

« Reçu de..., la somme de..., à valoir sur les frais de l'action par lui « intentée contre... »

On laisse un intervalle suffisant pour la mention des à-compte et restitutions payés à la partie.

---

§ 9.—**État sommaire à adresser, chaque année, au ministre de la justice, par l'intermédiaire du procureur impérial, des dépôts faits au greffe.** (Ord. 28 juin 1832, art. 5.)

« *ÉTAT des consignations faites au greffe de la justice de paix du canton de..., département de..., pendant l'année* 1858.

« Il existait en dépôt, de quatre consignataires, au 31 déc. 1857, 000 fr., ci. . . . . 000 f.

« Il a été déposé, pendant l'année, par dix consignataires, la somme de 000 fr., ci. 000

Total. 000

Report. 000

« Sur quoi il a été employé. 000 f.

« — restitué. 000

« Total. . . . . 000 ci. 000

« Il reste en dépôt. 000

« Certifié véritable le présent état par le greffier soussigné.

« A..., le deux avril mil huit cent cinquante-neuf. »

(Signature du greffier.)

---

§ 10.—**État trimestriel des jugements de simple police, prononçant la peine d'emprisonnement, que le juge de paix doit transmettre au procureur impérial.** (C. d'inst. crim., art. 178.)

« Année 1859.

« Tribunal de simple police du canton de..., départ. de...

« *ÉTAT des jugements rendus par ledit tribunal, depuis le..., jusqu'au..., qui ont prononcé la peine de l'emprisonnement.*

Nos d'ordre	Date des jugements.	Noms, prénoms, profession et demeure des parties.	Peines prononcées.

« Certifié véritable par le greffier soussigné.

« A..., le trois avril mil huit cent cinquante-neuf. »

(Signature du greffier.)

---

§ 11.—**État sommaire des jugements du tribunal de simple police, que le greffier doit transmettre au préfet, dans les premiers jours de chaque trimestre, par l'intermédiaire et sous le couvert du juge de paix.** (Ord. 30 déc. 1823.)

« Année 1859.

« Tribunal de simple police du canton de..., départ. de...

« *ÉTAT des jugements dudit tribunal qui ont prononcé des condamnations à l'amende, pendant le 1er trimestre de* 1859.

Nos d'ordre	Date des jugements	Noms, prénoms et domiciles des contrevenants.	Nature des condamnations et des amendes.	Observations.

« Certifié véritable par le greffier soussigné.

« A..., le trois avril mil huit cent cinquante-neuf. »

(Signature du greffier.)

§ 12.—**État sommaire ou relevé des jugementsdu tribunal de simple police, susceptibles d'opposition ou d'appel, que le greffier doit transmettre au receveur de l'enregistrement.** (Décis. min. 15 déc. 1833.)

« Année 1859.

« Tribunal de simple police du canton de..., départ. de...

« *ÉTAT sommaire des jugements, susceptibles d'opposition ou d'appel, rendus par ledit tribunal en audience publique du...*

Nos d'ordre	Date des jugements	Nature des jugements	Noms, prénoms et domiciles des parties. Demandeur.	Défendeur ou contrevenant.	Nature des amendes et des contraventions.

« Certifié véritable par le greffier soussigné.

« A..., le trois avril mil huit cent cinquante-neuf. »

(*Signature du greffier.*)

Obs. —Les états ci-dessus doivent être vus et visés par le juge de paix.

---

§ 13.—**État ou certificat de récolement mensuel des minutes du greffe, que le juge de paix doit transmettre au procureur impérial.** (Ord. 5 nov. 1823, art. 3.)

« Justice de paix du canton de..., départ. de...

« *Vérification des actes et minutes de ladite justice de paix pour le mois de...* 1864.

« 1° Douze jugements civils et sept jugements de police.
« 2° Cinq procès-verbaux d'apposition et de levée de scellés.
« 3° (Rappeler de même toutes les espèces d'actes, en indiquant leur
« état, s'ils contiennent des ratures, des blancs, s'ils sont signés et en
« tous points conformes à la loi.)

« Certifié véritable par nous, juge de paix soussigné.

« A Chartes, le... mil huit cent soixante-quatre. »

(*Signature du juge.*)

SECT. V.—*Des minutes d'actes.*

73. La minute d'un acte est l'original de cet acte.

Il doit être gardé minute de tous les actes de la justice de paix, à l'exception, toutefois, de ceux que le juge de paix délivre sans le concours du greffier et des actes de notoriété, certificats de vie et d'individualité, qui peuvent être délivrés en brevet, c'est-à-dire en original (Arg. L. 25 vent. an XI, art. 20).

§ 1er. — *Préambules et clôtures des actes.*

74. L'usage a introduit différentes formes, soit pour commencer, soit pour terminer les actes.

On distingue à cet égard quatre classes d'actes :

1° Ceux reçus par le juge de paix sans le concours du greffier, tels que cédules, affirmations, ordonnances, etc. ;

2° Ceux reçus par le juge de paix, assisté du greffier, tels que conseils de famille, actes de notoriété, etc. ;

3° Les actes de transport pour scellés, visites de lieux, instructions criminelles, etc. ;

4° Les actes judiciaires, tels que jugements civils et de simple police.

On commence ainsi ces différents actes, savoir :

1re CLASSE. « Nous, Adolphe A..., juge de paix du canton de..., arrond. de..., départ. de... »

2e CLASSE. « L'an mil huit cent quarante-neuf, le deux juillet, » ou « Aujourd'hui, deux juillet mil huit cent quarante-neuf, par-devant nous, Adolphe A..., juge de paix du canton de..., arrond. de..., départ. de..., assisté de M. Louis B..., greffier de cette justice de paix, a (ou) est comparu » (ou) « sont (ou) ont comparu. »

3e CLASSE. « L'an mil huit cent quarante-huit, le deux juillet, dix heures du matin, nous, Adolphe A..., juge de paix du canton de..., arrond. de..., départ. de..., assisté de M. Louis B..., greffier de cette justice de paix. En conséquence de... (ou) en vertu de... (ou) vu... nous nous sommes transportés, etc. »

4e CLASSE. « Justice de paix du canton de..., arrond. de..., départ. de..., audience tenue publiquement, à l'heure accoutumée, en l'auditoire ordinaire du tribunal (*si le jugement était rendu ailleurs, l'énoncer*), le deux juillet mil huit cent quarante-huit, par nous Adolphe A..., juge de paix, assisté de M. Louis B..., greffier de cette justice de paix. »

Cet intitulé, mis en tête de la feuille d'audience, sert pour tous les jugements qui y sont portés ; on le transcrit dans l'expédition de chaque jugement. Voy. 2e partie, article *Jugements.*

Ou « Tribunal de police du canton de..., arrond. de..., départ. de..., audience publique, tenue le mercredi quinze mars mil huit cent quarante-huit, à l'heure accoutumée, au prétoire du tribunal, par M. Adolphe A..., juge de paix dudit canton, assisté de M. Louis B..., greffier de la justice de paix (ou) dudit tribunal. En présence de M. Morin, maire de la commune de... (ou) commissaire de police de la commune de..., remplissant les fonctions du ministère public. »

Cet intitulé, mis en tête de la feuille d'audience, sert pour tous les jugements qui y sont portés ; on le transcrit dans l'expédition de chaque jugement. Voy. 3e vol., article *Jugements.*

75. Quand un acte est fait à la suite d'un autre, comme une continuation d'apposition de scellés, de conseils de famille, d'enquête, etc., on commence par la date de cette manière : « Et le... 1839 » et l'on continue ainsi :

« Nous, Adolphe A..., juge de paix du canton de..., arrond. de..., départ. d..., assisté de M. Louis B..., greffier de cette justice de paix, » ou « Nous..., agissant et assisté comme dit est des autres parts (ou) en l'acte qui précède, » ou « Par-devant nous..., etc. »

76. Ces divers actes varient moins pour leurs clôtures ; ils se terminent ainsi :

1re CLASSE. « Dont acte : fait à... » ou simplement « Fait à..., le deux juillet mil huit cent quarante-huit, et a le comparant (ou le requérant) signé avec nous, après lecture faite. »

2e et 3e CLASSE. « Dont acte : fait à... » ou « De tout ce que dessus, il a été dressé le présent procès-verbal, fait à..., les jour, mois et an susdits (ou que dessus), et ont les parties signé avec nous et le greffier, après lecture faite. »

A l'exception toutefois des appositions et levées de scellés et autres procès-verbaux, qui se font par vacations, lesquels se terminent de la manière suivante :

« Il a été vaqué aux opérations ci-dessus » ou « A tout ce que dessus, depuis huit heures du matin, jusqu'à quatre heures de relevée, par triple vacation. »

A la suite de cette mention, on y ajoute la clôture ci-dessous :

« Fait à..., les jour..., etc. »

4e CLASSE. « Ainsi fait, jugé et prononcé, à..., les jour, mois et an que dessus, et avons signé le présent jugement avec le greffier, » ou « En foi de quoi le présent jugement rendu contradictoirement et en premier ressort, » ou « en dernier ressort, a été signé par nous et le greffier, les jour, mois et an que dessus. »

§ 2.—*Qualités des parties.*

77. Les diverses énonciations de qualités des parties, qui peuvent se rencontrer le plus fréquemment, se réduisent à vingt-six, et peuvent se formuler de la manière suivante :

1° **Mandataire verbal.**

« M. Amédée Renard, agent d'affaires, demeurant à..., au nom et comme ayant charge et pouvoir verbal, ainsi qu'il le déclare, de Paul D... »

2° **Fondé de procuration.**

« M. Amédée Renard, agent d'affaires, demeurant à..., au nom et comme mandataire de M. Paul D..., suivant sa procuration spéciale à l'effet des présentes, passée devant M. M..., notaire à..., le... Le brevet original de laquelle procuration, légalisée par M. le président du tribunal civil de première instance de..., est demeuré ci-annexé, après avoir été, par ledit sieur D..., comparant, certifié véritable, signé et paraphé en notre présence. »

78. Quand la procuration en brevet est déposée ou annexée à un autre acte, il faut l'énoncer, afin qu'on puisse toujours y recourir, ce qui se fait de la manière suivante :

« Le brevet original de laquelle procuration, légalisée par M. le président du tribunal de première instance de..., est annexé à la minute d'un acte reçu par nous, (ou) d'un jugement rendu par nous, le... » ou « Est annexé à la minute de l'inventaire, dressé par M. M..., notaire à..., au fur et à mesure de la levée des scellés, au domicile et après le décès dudit feu sieur D... »

79. Il est à observer que, si la procuration existe au greffe, où elle aurait été déposée ou annexée précédemment à un acte reçu par le juge, il suffit d'énoncer la procuration en indiquant l'acte auquel elle est jointe, et il n'est pas nécessaire d'en annexer une expédition ou un extrait à l'acte nouveau dans lequel agit le mandataire (Déc. des min. de la just., 28 mars 1807, et des finan., 17 nov. 1819).

3° Héritier simple.

« Paul D..., agissant en qualité de seul héritier de M. B..., son oncle maternel, décédé à..., le..., ainsi qu'il est constaté par un acte de notoriété, fait à défaut d'inventaire par nous juge de paix, le..., enregistré (ou) héritier pour un quart de M. B..., son oncle maternel, décédé à..., le..., ainsi qu'il résulte de l'inventaire fait après le décès dudit sieur B..., par M. M..., notaire à..., le..., et jours suivants, enregistré. »

Si l'héritier a accepté sous bénéfice d'inventaire, on ajoute :

« Mais, n'ayant accepté cette qualité d'héritier que sous bénéfice d'inventaire, suivant la déclaration par lui faite au greffe du tribunal de première instance de..., le..., enregistré. »

4° Commerçant patenté.

« D..., patenté pour la présente année, sous le n° 10, deuxième classe, suivant la patente qui lui a été délivrée le..., à... »

S'il agit pour une maison de commerce, on ajoute :

« Agissant pour la maison de commerce établie à..., sous la raison sociale..., et dont il a la signature, ainsi qu'il le déclare, » ou « Aux termes de l'acte constitutif de la société, reçu par M. M..., notaire à..., le..., enregistré et publié..., conformément à la loi. Ladite maison de commerce, patentée pour la présente année, sous le numéro 20, première classe, suivant la patente qui lui a été délivrée le..., à... »

80. Nul ne peut faire aucun acte extrajudiciaire et judiciaire pour tout ce qui est relatif à son commerce, sa profession ou son industrie, sans qu'il soit fait mention, en tête des actes, de sa patente, avec désignation de la date, du numéro et de la commune où elle aura été délivrée, à peine d'une amende de vingt-cinq francs, tant contre les particuliers sujets

à la patente, que contre les officiers ministériels qui auraient fait et reçu lesdits actes sans mention de la patente (L. 7 mai 1844, art. 29).

5° Femme agissant avec son mari et sous son autorisation.

« M. Paul D..., propriétaire, et Mme Louise L..., son épouse, qu'il autorise à l'effet des présentes, demeurant ensemble à... »

6° Femme agissant seule, avec l'autorisation et en présence de son mari.

« Mme L..., épouse, assistée et autorisée de M. D..., demeurants ensemble à... »

7° Femme agissant seule en vertu d'une autorisation de son mari.

« Mme Louise-Anne L..., épouse de M. Paul D..., propriétaire, avec lequel elle demeure à... Ladite dame agissant, en ces présentes, en vertu de l'autorisation spéciale que lui a donnée son mari, par acte passé devant M. M..., notaire à..., le..., enregistré..., dont le brevet original est demeuré ci-annexé, après que dessus il en a été fait mention par le greffier.

8° Femme séparée de biens par contrat de mariage.

« Mme Louise-Anne L..., épouse de M. Paul D..., demeurant avec lui, mais séparée quant aux biens d'avec ledit sieur D..., aux termes de leur contrat de mariage, passé devant M. M..., notaire à..., le..., et agissant seule en ces présentes, comme ayant, en cette qualité, l'administration et la jouissance de ses biens. »

9° Femme séparée de biens par jugement.

« Mme Louise-Anne L..., épouse de M. D..., et demeurant avec lui à..., mais de lui séparée quant aux biens, par jugement rendu au tribunal de..., le..., dûment enregistré, publié et exécuté aux termes d'un acte passé en minute devant M. M..., notaire à..., le..., contenant liquidation et paiement des reprises et créances matrimoniales de ladite dame, (ou bien) exécuté par procès-verbal de saisie et vente des meubles et effets dudit sieur D..., dressé par..., en date au commencement du..., et par une quittance reçue par..., le..., constatant le versement fait ès mains de ladite dame, du reliquat du prix de la vente, à valoir sur ses reprises et créances, desquels jugements, etc., les expéditions nous ont été représentées et par nous de suite rendues. »

10° Femme séparée de corps et de biens.

« Mme Louise-Anne L..., demeurant à..., épouse séparée de corps et de biens de M. Paul D..., suivant jugement rendu au tribunal de première instance de l'arrondissement de..., le..., dûment enregistré, publié et exécuté, etc., comme au n° 9 ci-dessus. »

11° Femme séparée de biens, et néanmoins autorisée par son mari.

« Mme Louise-Anne L..., rentière, demeurant à..., épouse séparée contractuellement, quant aux biens, de M. Paul D..., avec lequel elle demeure à... (ou) judiciairement séparée, quant aux biens, de M. Paul D..., et néanmoins de lui, pour ce présent, spécialement autorisée à l'effet des présentes. »

Il est à observer que quand le mari est présent, comme

dans la dernière formule ci-dessus, pour autoriser sa femme, il serait superflu d'énoncer le jugement de séparation et les actes postérieurs qui constatent son exécution et par conséquent sa validité. L'autorisation du mari suffit pour couvrir tous les vices de la procédure.

12° Mari agissant pour sa femme commune en biens avec lui.

« M. Rémy de Bonneval, conseiller à la Cour de cassation, demeurant à Paris, rue Taranne, n° 10, agissant au nom et comme administrateur des biens propres de Mme Lucie d'Aubencourt, son épouse, demeurant avec lui, et avec laquelle il déclare être commun en biens, d'après les dispositions du Code civil, s'étant marié à..., le..., sans avoir préalablement réglé, par un contrat, les clauses et conditions civiles de leur union. »

Ou bien, s'il s'existe un contrat de mariage :

« Avec laquelle il est commun en biens, aux termes de leur contrat de mariage, passé devant M. M..., notaire à..., le..., dont il a représenté une copie, que nous lui avons à l'instant rendue. »

Et s'il ne s'agit que d'un acte conservatoire, comme une apposition de scellés, un inventaire, on met :

« Au nom et comme maître des droits et actions mobiliers et possessoires de Mme Lucie d'Aubencourt, sa femme, avec laquelle il est commun en biens, suivant..., etc., (ou) ainsi qu'il le déclare » (Cod. Nap., art. 1428).

13° Mari, comme administrateur des biens dotaux de sa femme.

« M. Rémy de Bonneval, conseiller à la Cour de cassation, demeurant à Paris, rue Taranne, n° 10, agissant au nom et comme administrateur des biens dotaux de Mme Lucie d'Aubencourt, son épouse, avec laquelle il est marié sous le régime dotal, suivant leur contrat de mariage passé en minute devant M. M... et son collègue, notaires à..., le..., d'après lequel ledit sieur Rémy de Bonneval est autorisé à gérer et administrer les biens dotaux de la dame, son épouse, duquel contrat une expédition représentée a été par nous à l'instant rendue. »

14° Père, comme administrateur légal des biens de ses enfants mineurs.

« M. Henri Duval, cultivateur, demeurant à..., au nom et comme administrateur légal, pendant le mariage, des biens personnels de André Duval et de Henriette Duval, ses deux enfants mineurs, issus de son mariage avec Mme Henriette Marc. »

15° Père, tuteur légal de ses enfants mineurs.

« M. Henri D..., cultivateur, demeurant à..., agissant au nom et comme tuteur naturel et légal de André D..., et de Henriette D..., ses deux enfants mineurs, issus de son mariage avec Mme Henriette Marc, décédée. »

16° Mère, tutrice légale de ses enfants mineurs.

« Mme Henriette Marc, mère de M. Henri Duval, cultivateur, demeurant à..., au nom et comme tutrice naturelle et légale de André Duval et de Henriette Duval, ses deux enfants mineurs, issus de son mariage avec ledit feu sieur Duval. »

17° **Tuteur d'enfants mineurs.**

« M. Henri D..., au nom et comme tuteur de Léon Duparc, mineur, nommé à cette qualité, qu'il a acceptée, par délibération du conseil de famille dudit mineur, reçue et présidée par M. le juge de paix du canton de..., suivant son procès-verbal en date du..., dont une expédition représentée a été par nous à l'instant rendue. »

18° **Tuteur à une interdiction.**

« M. Pascal M..., au nom et comme tuteur du sieur Denis Marcel, interdit par jugement rendu au tribunal de première instance de..., le..., dûment enregistré et signifié, nommé à cette qualité qu'il a acceptée, suivant délibération du conseil de famille dudit interdit, reçue et présidée par M. le juge de paix du canton de..., aux termes de son procès-verbal, en date du..., enregistré. Desquels jugement et délibération, expéditions nous ont été représentées et par nous à l'instant rendues. »

19° **Tuteur agissant en vertu d'une autorisation spéciale.**

« M. Pascal M..., au nom et comme tuteur de sieur Denis Marcel... (comme ci-dessus). Et en outre, ledit sieur M..., tuteur, autorisé spécialement à l'effet des présentes, par la délibération susvisée, ou par une délibération du conseil de famille dudit mineur ou interdit, reçue et présidée par M. le juge de paix du canton de..., le..., enregistrée, homologuée par jugement du tribunal de première instance de..., en date du..., enregistré. Desquels délibération et jugement, les expéditions sont demeurées ci-annexées, après que sur chacune il en a été fait mention, conformément à la loi. »

20° **Subrogé tuteur.**

« M. Henri B..., rentier, demeurant à..., au nom et comme subrogé tuteur de Louis M..., et de Marie M..., enfants mineurs, issus du mariage de Louis X..., décédé, avec Marie C..., sa veuve, nommé à cette fonction qu'il a acceptée suivant délibération du conseil de famille desdits mineurs X..., reçue et présidée par... etc. »

21° **Personne pourvue d'un conseil judiciaire.**

« M. Henri D..., ancien avoué, demeurant à..., assisté de M. Amédée Renard, agent d'affaires, demeurant à..., à ce présent, nommé son conseil judiciaire, suivant jugement rendu par le tribunal de première instance de..., le..., dûment enregistré et signifié, dont une expédition a été représentée, et par nous à l'instant rendue. Lequel, sous l'autorisation spéciale dudit sieur Renard, a, par ces présentes..., etc. »

22° **Mineur émancipé.**

« Le sieur Paul Dauvergne, mineur émancipé par le sieur Henri Dauvergne, son père (ou par Mme C..., sa mère, veuve de M. Dauvergne), suivant la déclaration qu'il en a faite devant M. le juge de paix du canton de..., qui en a dressé procès-verbal, en date du..., dont une expédition représentée a été par nous de suite rendue. »

Ou bien : « Mineur émancipé aux termes d'une déclaration faite par M. le juge de paix du canton de..., en conséquence de la délibération du conseil de famille dudit sieur D..., le tout suivant procès-verbal,

3.

en date du..., dont une expédition représentée a été par nous de suite rendue. »

Si le mineur émancipé est assisté de son curateur, on ajoute :

« Ledit mineur assisté de M. M..., son curateur, nommé, à cette qualité qu'il a acceptée, par la délibération du conseil de famille ci-dessus énoncée. »

23° **Légataire universel.**

« Au nom et comme légataire universel de M..., décédé à..., le..., suivant son testament olographe, en date du..., dont l'original, enregistré à..., le..., par..., qui a reçu cinq francs cinquante centimes, a été déposé pour minute à M. M..., notaire à..., par ordonnance de M. le président du tribunal de première instance de..., contenue en son procès-verbal d'ouverture et de description dudit testament, en date du..., enregistré. Duquel legs universel, ledit sieur B..., comparant, a été envoyé en possession, par ordonnance du même président, rendue par lui, le..., enregistrée..., au moyen de ce que le défunt M..., n'a laissé à son décès aucun ascendant ni descendant, au profit desquels la loi fait une réserve, ainsi qu'il est constaté par un acte de notoriété passé devant M. M..., notaire à..., le..., enregistré. »

24° **Légataire à titre universel.**

« Au nom et comme légataire à titre universel du quart des biens, meubles et immeubles, composant la succession de M..., décédé à..., le..., suivant son testament, reçu par M. M..., notaire à..., en présence de quatre témoins, le..., enregistré le..., duquel legs à titre universel, délivrance a été faite audit sieur B..., comparant, suivant un acte passé devant M. M..., notaire à..., le..., par M... et M..., en qualité de seuls héritiers, chacun pour moitié, dudit feu sieur B..., ainsi qu'il résulte de l'intitulé de l'inventaire, fait après son décès, par M. M..., et son collègue, notaires à..., le..., enregistré.

25° **Envoyé en possession provisoire des biens d'un absent.**

Au nom et comme envoyé en possession provisoire des biens du sieur B..., déclaré absent..., aux termes d'un jugement rendu par le tribunal de première instance de..., le..., dûment enregistré et publié. Et en cette qualité, ledit sieur B..., comparant, ayant fourni caution suffisante, ainsi qu'il est constaté par un acte dressé au greffe dudit tribunal, le..., enregistré. »

26° **Syndic d'une faillite.**

« M. B..., agréé du tribunal de commerce, demeurant à..., agissant comme syndic définitif de la faillite du sieur Louis M..., nommé à cette qualité par jugement rendu au tribunal de commerce de..., le..., enregistré. »

§ 3.—*Mentions d'annexes.*

81. L'annexe est la jonction faite à un acte, qui le constate, d'une pièce qui, dès lors, fait corps avec lui et ne peut plus en être détachée.

82. Lorsqu'une pièce est déposée à un officier public ou annexée à un acte reçu par lui, il doit en être fait en marge de cette pièce une mention signée par l'officier public, et aussi

quelquefois par les parties, quand la pièce est par elle-même certifiée véritable, ce qui a lieu de la manière suivante :

1° Mention à mettre sur les pièces annexées.

« Annexé à la minute d'un acte de notoriété reçu par M. le juge de paix du canton de..., cejourd'hui, deux juillet mil huit cent quarante-huit » (ou) « Certifié véritable, signé et annexé à la minute d'un procès-verbal de levée de scellés au domicile et après le décès de..., par..., cejourd'hui, deux juillet mil huit cent quarante-huit. »

2° Formules dans les actes de l'énonciation d'annexes.

« Le brevet original de laquelle procuration est demeuré ci-annexé (ou est demeuré annexé à la minute des présentes), après que dessus il a été fait mention de cette annexe (ou de son annexe). »

Ou « Laquelle expédition d'acte de naissance est demeurée ci-annexée ou annexée à la minute des présentes, après avoir été certifiée véritable et signée par... (le comparant). »

Ou bien encore : « Lesquelles expéditions d'actes de naissance et de décès sont demeurées ci-annexées, après que dessus il a été fait mention de leur annexe par..., et que B... a eu certifié véritable et signé l'expédition de l'acte de naissance. »

Sect. VI. — *Des copies d'actes.*

§ 1er.—Des expéditions.

83. Les expéditions doivent être la copie fidèle, la transcription littérale de la minute de l'acte ; néanmoins l'usage a introduit quelques changements et additions qui complètent la clarté de la rédaction, sans altérer en rien le sens de l'acte.

84. Ainsi, si la minute énonce une annexe quelconque, ou se réfère à un acte précédent, on remplace ces mots de la minute, dans l'expédition :

« Annexé à ces présentes (ou) ci-annexé. » « Ainsi qu'il est énoncé en l'acte dont la minute précède (ou dont la minute est la première de celles qui précèdent. » « Laquelle pièce sera présentée à l'enregistrement en même temps que ces présentes » Par ceux-ci : « Annexé à la minute des présentes. » « Ainsi qu'il est énoncé en l'acte dont l'expédition précède; (ou dont l'expédition est la première de celles qui précèdent). » « Laquelle pièce a été enregistrée en même temps que la minute des présentes. »

85. Après chaque dire dans le corps d'un acte, et à la fin de chaque acte, après ces mots de la minute :

« Lecture faite, a signé ; (ou) et les parties ont signé avec nous et le greffier après lecture faite. » L'on ajoute ceux-ci dans l'expédition : « En pareil endroit de la minute des présentes. »

Et l'on formule, après la transcription entière de l'acte, la mention de l'enregistrement, puis celle d'une légalisation, de la manière suivante :

En marge (ou en suite) de la minute est écrit : « Enregistré à..., le deux juillet mil huit cent quarante-huit, fol. 7, recto, case 6, reçu deux francs et le décime, signé M... »

Plus bas (ou en marge) est encore la mention suivante :

« Légalisé par M. le président du tribunal de première instance de..., le... »

86. Lorsqu'une pièce est annexée à un acte, et qu'à la suite de l'expédition de cet acte on doit faire l'expédition de la pièce annexée, on met, après la première expédition, ces mots :

« Suit la teneur de l'annexe. »

Transcrire la pièce annexée et rapporter les signatures, la mention de l'enregistrement et celle de la légalisation, et terminer ainsi :

« Il est ainsi au brevet original de la procuration ci-dessus transcrite (ou tout autre acte qu'on indique), certifié véritable, signé, paraphé et annexé à la minute de l'acte de..., dont l'expédition précède, le tout étant en la possession de M..., greffier soussigné. »

87. Si l'on n'a pas transcrit la légalisation, on change ainsi le style :

« Il est ainsi au brevet original de la procuration ci-dessus transcrite, légalisé par..., certifié véritable, etc. »

Le style de clôture de l'expédition, séparée d'une pièce annexée à la minute d'un acte, doit être ainsi conçu :

« Il est ainsi au brevet original de l'acte ci-dessus transcrit, légalisé par..., certifié véritable, signé, paraphé et annexé à la minute d'un procès-verbal de levée de scellés (ou tout autre acte), dressé par..., le..., enregistré, le tout étant en la possession du greffier soussigné. »

§ 2. — Des grosses.

88. Les grosses sont des expéditions de jugements ou d'actes authentiques, revêtues de la forme exécutoire.

Elles doivent, sauf l'addition de la formule exécutoire, être la copie littérale de la minute, et se délivrer dans la même forme que les expéditions, et avec les mêmes changements y indiqués ; elles ne peuvent être délivrées qu'aux parties intéressées ayant droit de poursuivre l'exécution de l'acte.

89. Toute grosse doit commencer par la formule suivante :

« NAPOLÉON, par la grâce de Dieu et la volonté nationale, Empereur des Français, à tous présents et à venir, salut : (*Copier le jugement, le mandat de justice ou l'acte notarié*). »

Et, après l'enregistrement, on ajoute cette autre formule sacramentale :

« Mandons et ordonnons à tous huissiers, sur ce requis, de mettre ledit jugement à exécution, à nos procureurs généraux et à nos procureurs près les tribunaux de première instance, d'y tenir la main; à tous commandants et officiers de la force publique de prêter main-forte lorsqu'ils en seront légalement requis. En foi de quoi le présent jugement a été signé par le juge de paix et le greffier. »

La présente grosse, délivrée en première expédition, sous le sceau de cette justice de paix, au sieur..., pour lui servir de titre exécutoire, par nous, Louis B..., greffier de la justice de paix du canton de..., département de..., soussigné.

A Chartres, le deux février mil huit cent soixante-quatre.

(*Sceau.*) (*Signature du greffier.*)

90. Si la première grosse délivrée au créancier vient à être perdue ou détruite, il ne peut lui en être délivré une seconde qu'en vertu d'une ordonnance du président du tribunal de première instance du ressort de la justice de paix, et après l'accomplissement des formalités prescrites par l'art. 844 du Code de proc. civ.

Pour la seconde grosse, on se sert du style ordinaire et l'on ajoute la formule suivante :

« L'an..., le..., la présente grosse, délivrée en seconde expédition, sous le sceau de cette justice de paix, au sieur..., pour lui servir de titre exécutoire, en vertu d'une ordonnance de M. le président du tribunal de première instance de..., en date du..., et conformément au procès-verbal, dressé par le greffier soussigné, en suite du jugement dont la grosse est ci-dessus, auquel procès-verbal est demeuré annexé l'original de ladite ordonnance, par nous greffier de la justice de paix du canton de..., soussigné.

« A Chartres, le deux février mil huit cent soixante-quatre. »

(*Sceau.*) (*Signature.*)

SECT. VII.—*Des extraits.*

91. L'extrait est la copie ou expédition partielle d'un acte quelconque. Les extraits n'étant que des expéditions abrégées, les règles relatives aux expéditions leur sont applicables.

92. Il n'y a pas de formes spéciales pour les extraits. Ainsi, dans les uns, les dispositions ou la partie du jugement (ou de l'acte) qu'on veut extraire, sont textuellement transcrites; dans les autres, il suffit de rendre le sens de ces dispositions avec exactitude, tout en les abrégeant. Les extraits faits dans cette dernière forme se nomment *extrait libellé* ou *analytique*, tandis que les premiers sont appelés *extrait littéral.*

§ 1er.—**Extrait littéral d'une minute.**

« D'un acte reçu par M. le juge de paix du canton de..., arrond. de..., départ. de..., le..., en suite duquel est la mention suivante : Enregistré à Chartres, le..., fol..., case..., reçu..., signé..., contenant..., a été extrait littéralement ce qui suit... (on transcrit la partie de l'acte à extraire).—Le greffier ajoute : Certifié véritable par le soussigné, greffier de la justice de paix du canton de...

« A..., le..., mil huit cent soixante-quatre. »

(*Sceau.*) (*Signature du greffier.*)

§ 2.—**Extrait partiel d'un jugement ou d'un procès-verbal.**

« Suivant acte ou par jugement (énoncer ici la nature de l'acte), reçu ou rendu le... par... (indication de l'autorité de laquelle émane l'acte), et dont la minute existe au greffe, laquelle contient en marge la mention qui suit : Enregistré à Chartres, le..., fol..., case..., reçu.., signé..., il appert : que... (analyser ou copier ici les énonciations de l'acte qui doivent former l'extrait). »

On peut terminer cet extrait comme il suit :

« Extrait (ou pour extrait) de la minute dudit acte (ou du jugement), par nous greffier de la justice de paix du canton de..., possesseur de ladite minute (ou de ladite pièce). A Chartres, le..., etc., comme ci-dessus. »

§ 3.—**Copie délivrée et certifiée par le greffier sur un acte représenté et rendu.** (L. 22 frim. an VII, art. 68.)

On copie littéralement le contenu de l'acte à transcrire et l'on ajoute en mi-marge :

« L'an mil huit cent soixante-quatre, le deux juillet, collation des présentes a été faite par M..., greffier de la justice de paix du canton de..., soussigné, sur (indiquer l'acte copié), qui lui a été représenté par M. B..., propriétaire, demeurant à..., lequel l'a retiré ensuite sur la remise que lui en a faite le greffier soussigné, à..., les jour, mois et an que dessus. »

En cas de délivrance d'un simple extrait, on transcrit la copie de l'acte demandé, et l'on termine comme ci-dessus, en substituant le mot *extrait* au mot *collation*.

§ 4.—**Extrait, en forme de grosse, d'un jugement de police rendu sur la poursuite du Ministère public et portant condamnation.** (Art. 163, 198, Cod. d'instr. crim., et Ord. du 3 nov. 1819.)

« NAPOLÉON, par la grâce de Dieu et la volonté nationale, Empereur des Français, à tous présents et à venir, salut : Par jugement du tribunal de police de..., rendu le quinze de ce mois, sur la poursuite du ministère public, ledit acte enregistré en débet le vingt-cinq du même mois, au bureau de..., le sieur A..., âgé de vingt-sept ans, journalier, demeurant en la commune de..., a été condamné à un emprisonnement de deux jours et à une amende de cinq francs, en vertu des articles... du Code pénal, transcrits dans ledit jugement, pour avoir (rapporter le fait de la contravention). Ledit A... a été en outre condamné aux dépens, qui ont été taxés à la somme de..., suivant le détail ci-contre, non compris les frais du présent et ceux de mise à exécution.

Détail des dépens prononcés dans le jugement dont est extrait.

	fr. c.
Enregistrement. . .	
Timbre.	
Frais de citation. . .	
Taxe des témoins. .	
Total. . . .	
Coût de l'extrait. . .	

« Mandons et ordonnons à tous huissiers, sur

ce requis, de mettre ledit... (extrait ou jugement) à exécution, à nos procureurs généraux et à nos procureurs près les tribunaux de première instance d'y tenir la main, à tous commandants et officiers de la force publique de prêter main-forte lorsqu'ils en seront légalement requis. »

En foi de quoi, le présent (extrait ou jugement) a été signé par...

Pour extrait.

(*Sceau.*) (*Signature.*)

§ 5. — **Visa de l'expédition d'un jugement de police délivré à la partie publique.** (D. 18 juin 1811, art. 43 et 57.)

« Vu par nous, commissaire de police de la ville de... (ou maire de la commune de...), remplissant les fonctions du ministère public près le tribunal de..., l'expédition ci-contre, contenant trois rôles, et délivrée sur notre réquisition, pour être signifiée à la partie condamnée.

« A Chartres, le douze février mil huit cent soixante-quatre. »

(*Sceau.*) (*Signature.*)

CHAP. III.—DES HUISSIERS AUDIENCIERS.—CE QU'ILS SONT.—INSTITUTION.—HISTORIQUE.

93. Les huissiers sont des officiers publics ministériels institués pour faire toutes les citations, notifications et significations nécessaires pour l'instruction des procès, tous exploits requis, soit simplement par les parties intéressées, soit pour l'exécution des ordonnances de justice, jugements et arrêts, et celles des actes authentiques ayant force exécutoire.

Leur ministère se lie, comme on le voit, à tous les actes de la vie civile, et plus essentiellement encore à l'administration générale de la justice.

A Rome, les huissiers s'appelaient *apparitores*, *executores*, *stutores*.

En France, on donna le nom d'*huissiers*, du mot *huis*, porte, à ceux qui gardaient les portes du tribunal, et aux autres, celui de *sergents*. Aujourd'hui, la première dénomination est générale ; mais ceux qui font le service des audiences s'appellent *huissiers audienciers*.

SECT. Ire.—*Conditions d'admission aux fonctions d'huissier.*

94. Pour être admis aux fonctions d'huissier, il faut : 1° être âgé de vingt-cinq ans accomplis (D. 14 juin 1813, art. 10); — 2° être Français ou naturalisé Français et jouir des

droits civils ; — 3° avoir satisfait aux lois de recrutement (D. 17 therm. an XIII ; 14 juin 1813, art. 10) ; — 4° avoir travaillé, au moins pendant deux ans, soit dans l'étude d'un notaire ou d'un avoué, soit chez un huissier, ou pendant trois ans au greffe d'une Cour d'appel ou d'un tribunal de première instance (D. 14 juin 1813, art. 10) ; — 5° avoir obtenu de la chambre de discipline de l'arrondissement un certificat de moralité, de bonne conduite et de capacité (*Ibid.*).

Si la chambre accordait ce certificat avec trop de légèreté, ou le refusait par une prévention injuste, le procureur impérial, dans le premier cas, et l'aspirant, dans le second, peuvent soumettre les motifs d'admission ou de refus au tribunal de première instance, qui peut, après avoir entendu le ministère public, accorder ou refuser la présentation du candidat (*Ibid.*).

95. Les huissiers sont nommés par l'Empereur sur la présentation du tribunal près lequel ils doivent exercer (*Ibid.*, art. 1 et 2 ; L. 27 vent. an VIII, art. 96 ; Constitution de 1852).

Ils sont tenus, dans le mois qui suit la notification de l'ordonnance de leur nomination : 1° de verser le cautionnement voulu par la loi, et d'en justifier par la production du récépissé (D. 14 juin 1810, art. 12) ; — 2° et de se présenter, sous peine de déchéance, à l'audience publique du tribunal de première instance pour y prêter serment (D. 14 juin 1813, art. 11, 12 et 13).

Tant qu'ils n'ont pas rempli toutes les conditions qui viennent d'être énumérées, ils ne peuvent faire aucun acte de leur ministère, sous peine d'une amende de 16 à 150 fr. (M. D. art. 12 ; C. pén., art. 196). De plus, l'exploit serait nul, à moins que l'huissier n'exerçât publiquement ses fonctions (Besançon, 16 janv. 1811 ; Montpellier, 30 nov. 1824, D. 25-33).

SECT. II. — *Fonctions et attributions des huissiers.*

96. La principale attribution des huissiers consiste, comme nous l'avons dit, dans les priviléges de faire exclusivement toutes citations, notifications, significations requises pour l'instruction des procès, tous actes, exploits et procès-verbaux nécessaires pour l'exécution des ordonnances de justice, jugements et arrêts, toutes sommations, offres, mises en demeure, interprétations et constatations extrajudiciaires. Sous ce rapport, ils ont tous des droits égaux, et peuvent concurremment

exploiter dans le ressort de leur arrondissement, sauf ce qui sera dit ci-après n° 99.

Enfin, les huissiers partagent, avec les notaires et les greffiers de justice de paix, le droit de procéder aux ventes publiques de meubles, et de faire les prisées dans les villes où il n'existe pas de commissaires-priseurs (L. 17 sept. 1793).

97. Ils sont fonctionnaires publics et jouissent, dans l'exercice de leurs fonctions, de la protection que la loi accorde aux fonctionnaires en général. Toutefois, ils ne sont point agents du Gouvernement, et peuvent, en conséquence, être poursuivis, sans autorisation du Conseil d'État, à raison des délits par eux commis dans l'exercice de leurs fonctions (Cass., 26 déc. 1808).

98. Lors de l'institution des justices de paix, il n'y avait point d'huissiers spécialement attachés à ces juridictions. Les citations étaient délivrées, dans les cantons ruraux, en vertu de cédules, par le greffier de la municipalité du domicile de la partie assignée (L. 15 oct. 1790, tit. 1er, art. 5).

Quant aux juges de paix des villes, ils pouvaient commettre un huissier pour le service de leur juridiction, et cet huissier avait seul le droit de signifier les citations et jugements de la justice de paix, sous peine de six livres d'amende contre les huissiers ordinaires qui signifiaient ces actes (Même loi, art. 3 et 5; L. 6 et 27 mars 1791, art. 13).

Plus tard, la loi du 27 flor. an x, art. 3, 5, 6 et 7, en permettant aux juges de paix de commettre un huissier au moins, deux au plus, avait exigé que leur choix portât sur des huissiers reçus par une Cour ou un tribunal, à moins qu'aucun d'eux ne résidât dans son canton; dans ce cas, ils pouvaient nommer tout autre citoyen, sauf confirmation par le tribunal de première instance.

Le Code de procédure laissa les choses dans le même état, et se borna à maintenir le privilége exclusif des huissiers attachés aux justices de paix.

Sous l'empire de ces diverses lois, on contesta aux huissiers des justices de paix et le droit exclusif pour eux d'instrumenter devant les tribunaux de paix, et le droit d'instrumenter concurremment avec les autres huissiers devant les autres tribunaux.

Mais la loi du 25 mai 1838 a mis fin à ce privilége exorbitant envers les huissiers. Aux termes de l'art. 16 de cette loi, *tous les huissiers* d'un même canton ont le droit de donner toutes les citations et de faire tous les actes devant la justice de paix. Dans les villes où il y a plusieurs justices de paix, les huissiers exploitent concurremment dans le ressort de la juridiction assignée à leur résidence.

D'après le même art. 16 (L. 25 mai 1838), tous les huissiers du même canton sont tenus de faire le service de l'audience et d'assister le juge de paix toutes les fois qu'ils en sont requis; toutefois, le juge de paix a le droit de choisir des huissiers audienciers.

99. Les huissiers, en qualité d'audienciers, choisis par le juge de paix, n'ont que le privilége des appels de cause et de la signification des jugements par défaut. Ils peuvent, en outre, être désignés de préférence par le juge de paix pour certaines notifications.

SECT. III.—*Incompatibilités.—Prérogatives.*

100. L'exercice du ministère d'huissier est incompatible: 1° avec toute autre fonction publique salariée (D. 14 juin 1813, art. 40); mais il peut occuper une fonction municipale; ainsi il peut être maire ou adjoint, et, par conséquent, membre d'un conseil communal, membre d'un comité de bienfaisance : ce sont là des fonctions gratuites;

2° d'avocat (Arr. 18 fruct. an XI; Arg. ord. 20 nov. 1822); de notaire, d'avoué, greffier (Arr. 6 prair. an X);

3° de défenseur officieux, 1° près les justices de paix (L. 25 mai 1838, art. 16); — 2° devant les tribunaux de commerce (Arr. 18 fruct. an X).

101. Les huissiers sont affranchis du péage des ponts et chaussées lorsqu'ils marchent pour le service de l'Etat ou qu'ils accompagnent les membres du tribunal auquel ils sont attachés, ou quelque prévenu ou condamné (Avis du Cons. d'Etat, 5 vent. an XIII).

102. Ils sont aujourd'hui assujettis à la patente comme les greffiers, notaires, etc.

103. Le costume des huissiers est, à Paris et dans quelques autres grandes villes, semblable à celui des avoués.

SECT. IV.—*Devoirs généraux des huissiers.*

104. L'huissier a des devoirs à remplir envers les magistrats, envers ses confrères, envers ses clients et envers ceux contre lesquels il instrumente.

Il doit honneur et respect aux magistrats dont il est tenu

d'exécuter ponctuellement les ordres pour l'administration de la justice ; mais ceux-ci ne doivent pas oublier que l'officier ministériel n'est pas leur serviteur, mais celui de la loi.

105. Les huissiers ne peuvent accorder de délai à un débiteur sans y être autorisés par le créancier, sous peine d'interdiction et de tous dépens et dommages-intérêts des parties (Arr. réglem. 15 mai 1714, art. 2 ; BIOCHE, n° 162).

Ils peuvent retenir les actes de procédure qu'ils ont faits jusqu'à ce qu'ils aient été payés de leurs déboursés seulement, et non de tous leurs frais (POTHIER, *du Mandat*, n° 133 ; BERRIAT, p. 72 ; BIOCHE, n° 264. — *Contrà*, Paris, 2 déc. 1825, J. P.). Cet arrêt nous paraît parfaitement conforme à l'équité et au droit.

106. Il est défendu aux huissiers, sous peine d'être remplacés, de tenir auberge, cabaret, café, tabagie ou billard, même sous le nom de leurs femmes, à moins qu'ils n'y soient spécialement autorisés (D. 14 juin 1813, art. 41).

Ils ne peuvent, ni directement, ni indirectement, 1° se rendre adjudicataires des objets mobiliers qu'ils sont chargés de vendre (C. Nap., art. 1596) ; toute contravention à cette disposition est punie de la suspension de l'huissier pendant trois mois, et d'une amende de 100 fr. pour chaque article par lui acheté, sans préjudice de plus fortes peines dans les cas prévus par le Code pénal. En cas de récidive, il y a lieu à la destitution (D. 14 juin 1813, art. 48) ; — 2° ni se rendre cessionnaires de procès, droits et actions litigieux, qui sont de la compétence du tribunal dans le ressort duquel ils exercent, à peine de nullité, dépens et dommages-intérêts (C. Nap., art. 1597).

107. L'huissier est tenu à un grand nombre d'autres obligations qu'il serait trop long d'énumérer ici. *Voy.* à cet égard les lois et décrets des 18 juin 1813, 28 avril 1817 et 21 avril 1832.

108. Il peut refuser son ministère, 1° lorsque l'acte dont on lui demande la signification peut renfermer un délit ; — 2° lorsque la personne qu'il s'agit d'assigner ou de poursuivre jouit d'un privilége, comme un ambassadeur ; 3° si la partie qui le requiert ne lui consigne pas à l'avance une somme suffisante pour le couvrir de ses frais et débours et pour lui assurer le paiement de ses honoraires (J. P., *Rép.*, n° 167).

109. L'huissier, qui instrumente en vertu d'un acte ou d'un jugement dont on lui a fait la remise, a mandat suffisant pour toutes exécutions, sauf la saisie immobilière et l'empri-

sonnement pour lesquels il lui faut un pouvoir spécial (C. proc., art. 556).

Il résulte évidemment de cette disposition, combinée avec l'art. 2060 du Code Nap., que l'huissier a le droit de recevoir le montant d'une obligation ou d'une condamnation dont il poursuit l'exécution ; mais ce pouvoir ne s'étend pas au delà du moment où il instrumente, et il faut que le paiement soit fait comme il est dit dans l'acte ou le jugement. Ainsi, l'huissier ne peut faire ni une transaction, ni une novation ; il ne peut agir que comme exécutant (C. Colmar, 25 janv. 1820).

Il est contraignable par corps pour la restitution des titres à lui confiés et des deniers par lui reçus, par suite de l'exercice de ses fonctions pour le compte de ses clients (C. Nap., art. 2060, n° 7).

110. Les huissiers sont déchargés de la restitution des pièces qui leur ont été confiées lorsqu'il s'est écoulé deux ans depuis l'exécution de la commission ou de la signification des actes dont ils étaient chargés (C. Nap., art. 2276).

Leur action pour le salaire des actes qu'ils ont signifiés et des commissions qu'ils ont exécutées se prescrit par un an (Même Code, art. 2272).

Sect. V.—*Responsabilité des huissiers.*

111. Les huissiers sont, en thèse générale, responsables envers leurs clients de leurs propres faits : 1° lorsqu'ils font des actes nuls ; — 2° lorsqu'ils contreviennent aux règlements relatifs à leur profession ; — 3° et lorsqu'ils se rendent coupables de négligence ou d'imprudence.

Leur responsabilité est consacrée notamment par les art. 71 et 1031 du Code de proc. civ., et par le décret du 14 juin 1813.

Ils sont également responsables des faits de leurs clercs et préposés commis dans l'emploi des fonctions qu'ils sont chargés d'accomplir (J. P., *Rép.*, n° 260).

LIVRE PREMIER.

PRINCIPES GÉNÉRAUX DE DROIT ET DE COMPÉTENCE EN MATIÈRE EXTRAJUDICIAIRE CIVILE.

TITRE PREMIER.

DE LA PUBLICATION, DES EFFETS ET DE L'APPLICATION DES LOIS EN GÉNÉRAL. (Cod. Nap., art. 1 à 6.)

SECT. Ire.—*Des lois, du droit en général et du droit français en particulier.*

§ 1er. — **Des lois.**

112. La loi, dans son acception la plus étendue, est une règle d'action et de conduite posée par une autorité supérieure légitime à laquelle on est tenu d'obéir. C'est dans ce sens que M. Portalis, dans son discours préliminaire sur le Code Napoléon, la définit : « La déclaration solennelle de la volonté du souverain sur un objet d'intérêt commun. » Il est de sa nature d'être la même pour tous.

113. La première autorité qui puisse imposer à l'homme des règles obligatoires, c'est Dieu, source unique de toute lumière et de toute intelligence. C'est une vérité admise par la philosophie comme par la morale. Un ordre donné, une règle quelconque à lui prescrite, ne mérite donc le nom de loi qu'autant qu'elle émane soit immédiatement de Dieu, comme celles de la morale, soit d'un législateur humain, parce qu'alors c'est encore de Dieu qu'elle vient, d'après ce principe *omnis potestas à Deo ordinata est.*

114. On divise les lois, à raison de leur origine, en lois naturelles ou immuables et en lois positives ou arbitraires.

115. Les lois naturelles sont celles qui dérivent nécessairement de la nature même de l'homme, c'est-à-dire qui viennent directement de Dieu par la révélation. Gravées au fond de tous les cœurs, elles sont le fondement, la base de la société humaine. Il y a dans l'homme, selon l'expression de Domat, une lumière qui lui fait connaître les règles naturelles de l'équité : cette lumière de la raison lui tient lieu d'une loi : *naturalis ratio, quasi lex quædam tacita.*

Les lois naturelles sont immuables parce que, toujours justes comme leur auteur, aucune autorité humaine ne peut ni les changer, ni les abolir, sans ruiner les fondements de l'ordre social. Ainsi l'amour et le respect des enfants pour leurs père et mère, la tendresse et les soins du père et de la mère pour les enfants, la défense de sa vie et de celle d'autrui, toutes ces lois, aussi anciennes que le monde, sont des lois naturelles qu'aucun législateur humain ne pourrait abolir. Si, dans les temps affreux de discorde civile, des législateurs barbares ont encouragé la violation de quelques-uns de ces principes, ont puni même ceux qui suivaient l'impulsion irrésistible et sacrée de ces lois naturelles, l'indignation publique a bientôt fait justice de ces tyrans.

116. Les lois positives sont celles qui émanent d'un législateur humain; elles ont pour but de régler, de gouverner tous les intérêts, toutes les relations sociales.

Les lois positives sont arbitraires en ce sens que chaque législateur peut les modifier ou les abroger suivant les circonstances ou les besoins de l'époque.

117. Le mot *loi* vient du mot latin *ligare,* lier. C'est qu'en effet la loi lie, oblige. La soumission à la loi est le premier devoir des citoyens; elle est aussi un droit, car la loi réglant les intérêts de chaque citoyen, chacun a droit de réclamer des autres l'obéissance à la loi qui le protége, dans sa personne ou dans sa propriété. La récompense accordée à celui qui l'observe, la peine infligée à celui qui la viole, s'appellent sanction.

118. Les lois naturelles ont pour sanction l'espoir des récompenses divines, l'estime et la haute considération de ses semblables, quand on les respecte; les remords de sa conscience et le mépris public, lorsqu'on les viole. La sanction des lois positives, plus énergique encore, plus directement et plus immédiatement coercitive, consiste soit dans la nullité des actes qu'elles prohibent, soit en certaines peines corporelles ou pécuniaires que subissent ceux qui s'en écartent.

Elles sont la source, l'origine des lois positives; les premières sont universelles, elles obligent tous les hommes sans distinction; les secondes, au contraire, sont ordinairement particulières et locales, elles n'obligent que ceux qui habitent le pays où le législateur qui les a faites les a promulguées.

119. Les lois naturelles sont moralement obligatoires indépendamment de toute promulgation, car la raison seule les révèle; mais elles ne sont civilement obligatoires qu'autant qu'elles ont été sanctionnées par une loi écrite, et à partir de sa promulgation.

120. Les lois positives pouvant rester ignorées ne deviennent, au contraire, obligatoires que par la promulgation qui les fait connaître. V. *inf.* n°s 142 et suiv.

121. Les lois qui ont pour but l'organisation de la puissance publique forment ce qu'on appelle le droit public, et celles qui ont pour but les relations particulières des citoyens, le droit privé. V. *inf.* n° 129.

122. Les lois obligent à faire ce qu'elles commandent ou à s'abstenir de ce qu'elles défendent; quant à ce qu'elles permettent seulement, on peut le faire ou ne pas le faire. Les lois se divisent donc, sous le rapport du mode suivant lequel elles procèdent : 1° en impératives; 2° en prohibitives; 3° en permissives ou facultatives.

123. Les lois pénales se confondent avec les lois impératives et prohibitives, dont elles assurent l'accomplissement par leur sanction.

§ 2.—**Du droit et de la jurisprudence.**

124. Le droit, philosophiquement, abstractivement parlant, est le fondement ou la raison première de la justice, le principe dirigeant des actions humaines, au point de vue du juste ou de l'injuste, du bien ou du mal, c'est-à-dire du respect ou de la violation de la liberté d'autrui.

Considéré comme objet d'étude et dans son acception la plus large, le droit est l'ensemble de toutes les lois auxquelles l'homme est soumis, ou mieux le résultat général des dispositions de ces lois; il a pour fondement l'autorité légitime, la raison, la justice ; en traçant les règles du juste et de l'injuste, du bien et du mal, il dirige l'homme dans la voie qu'il doit suivre ; vu sous cet aspect, il est la source de tous les autres droits ; de lui procèdent les obligations, tous les avantages, toutes les facultés ; il engendre tous les devoirs.

125. Le droit, sous le rapport de son origine, se divise en droit naturel et droit positif.

Le droit naturel est l'ensemble des préceptes que Dieu prescrit à l'homme, le rapport de conformité des actions humaines aux lois naturelles, c'est-à-dire à celles que le Créateur a attachées à notre nature et gravées au fond de tous les cœurs. Il est universel, immuable et applicable en tous les lieux et à tous les hommes, sans distinction de pays et de nationalité, et de plus préexistant et obligatoire, indépendamment de toute promulgation. Il ne peut être abrogé, changé. Ainsi le sentiment seul, avant toute loi, porte l'homme à vénérer les auteurs de ses jours, à chérir et à protéger ceux qui lui doivent la vie. Nulle loi humaine n'a pu ni faire naître ce sentiment, ni lui ajouter la moindre force. DURANTON, t. 1er, p. 15.

Le droit positif, différent du droit naturel, résulte des lois non gravées dans notre nature, mais posées en dehors de nous et émanées de la volonté exprimée, manifestée du législateur. Il est ou *divin* ou *humain*, selon qu'il procède ou de Dieu ou des hommes.

Le droit positif divin résulte des lois, des préceptes qui, révélés aux hommes par Dieu même, se trouvent recueillis dans les livres sacrés.

126. Les préceptes qui composent tout le droit divin, c'est-à-dire tant ceux du droit naturel que ceux du droit positif venant de Dieu par la révélation, forment ce qu'on appelle la morale.

Le droit positif humain, pris par opposition au droit divin, est celui qui résulte des lois créées ou consacrées par le législateur humain. Il consiste uniquement dans l'ensemble des lois que le législateur a établies pour régler les différends que le conflit des intérêts fait naître entre les hommes ; obligatoire par la promulgation, il est variable, susceptible de changement et d'abrogation.

C'est ce droit seul qu'on enseigne dans les facultés de droit ; c'est lui seul qui existe pour le jurisconsulte, pour l'avocat, pour le juge ; de telle sorte qu'un principe de droit divin, qui s'appelle aussi morale et qui comprend tout le droit naturel, puis une partie du droit positif venant de Dieu par la révélation, ne peut servir de base à une condamnation judiciaire qu'autant qu'il est formellement reproduit ou tacitement consacré par le législateur humain.

127. Le droit, au point de vue des personnes qu'il régit, se divise en droit national et droit des gens.

Le droit national est l'ensemble des lois qui sont propres aux membres de la nation qui les a faites et promulguées ; c'est le droit de la cité, le *jus civitatis*.

Le droit des gens est, dans chaque pays, l'ensemble des lois communes à tous les hommes, étrangers ou nationaux ; c'est le *jus proprium civitatis*, le *jus commune gentium*. Ce droit a sa source dans le droit naturel avec lequel il se confond. *Recte dicitur jure gentium, id est jure naturali, id effici.*

On donne souvent aussi le nom de droit des gens au droit

international, c'est-à-dire à celui qui règle les rapports des nations entre elles, considérées comme personnes collectives ; mais improprement selon nous. Il ne peut, en effet, y avoir de similitude possible entre le droit des gens qui est, ainsi qu'on vient de le dire, la partie du droit naturel qui fixe et détermine nos devoirs vis-à-vis de tous les hommes, sans distinction de pays et de nationalité, considérés comme hommes privés, et le droit international qui règle les rapports de nation à nation, de peuple à peuple, en tant que corps de nation.

128. Le droit, considéré sous le rapport de son origine, se subdivise en droit écrit et non écrit ou coutumier.

Le droit écrit est celui qui est établi par la volonté expresse du législateur, qui a été promulgué ;

Le droit non écrit ou coutumier est celui qui s'est établi par l'usage général et persévérant qu'on en a fait et le consentement tacite ou présumé du législateur ; peu importe qu'il ait été constaté ou non par écrit.

Cette distinction du droit écrit et du droit coutumier a joué un grand rôle dans notre ancienne législation ; mais, par suite de l'abrogation des lois romaines, des ordonnances, des coutumes générales ou locales, des statuts et des règlements, par l'art. 7 de la loi du 30 vent. an XII, décrétée le 21 et promulguée le 31 mars 1804, les tribunaux ne peuvent plus aujourd'hui appuyer leurs décisions sur ces lois, ordonnances, coutumes, statuts, règlements et usages anciens et nouveaux, si persévérants, si généraux qu'ils soient, que dans les cas spéciaux des art. 590, 591, 593, 608, 645, 663, 671, 674, 1135, 1159, 1160, 1148, 1736, 1745, 1748, 1753, 1754, 1757, 1758, 1759, 1762, 1766, 1776, 1777 et 1778, C. Nap. ; encore faut-il, pour que les usages consacrés par ces différents articles puissent avoir la force obligatoire du texte qui les consacre, qu'ils soient uniformes, publics, notoires, anciens, agréés et observés par la généralité des habitants de la localité, et non contraires au bon ordre et aux bonnes mœurs ; c'est-à-dire que les faits soient agréés et adoptés par l'unanimité morale et le consentement présumé de tous, depuis un temps immémorial, et que, tolérés par le législateur, ils ne soient contraires ni à l'ordre public ni aux bonnes mœurs.

Mais un usage allégué, fût-il appuyé d'un acte de notoriété émané d'un tribunal ou d'une commission cantonale composée de magistrats et de notables, en exécution d'instructions ministérielles, ne peut être considéré comme pouvant suppléer au silence de la loi qu'autant qu'il présente les caractères ci-dessus indiqués. C'est ce que la Cour de cassation a elle-même reconnu, par arrêt du 9 avril 1838, en refusant de donner force de loi à un usage qui ne réunissait point les conditions d'uniformité et de publicité.

Le Ministre de l'intérieur, par une circulaire du 26 juill. 1844, a appelé l'attention des conseils généraux sur l'utilité qu'il y aurait à former un recueil des usages locaux de chaque département. Mais les seuls actes par lesquels on puisse en prouver l'existence sont une suite d'arrêts ou de jugements passés en force de chose jugée, unanimes et rendus sur les mêmes matières de droit, *series rerum perpetuo similiter judicatorum ;* et à défaut de règles certaines sur ce point, le témoignage, non moins certain, de faits naturels, uniformes, accomplis depuis un temps immémorial, au vu et su du peuple et du souverain, dans la commune, dans le canton, etc. ; comme, par exemple, en fait d'arbres d'essences différentes, la vérification de la distance à laquelle ils sont plantés du voisin dans la commune litigieuse. Ce mode de vérification, appuyé sur des faits réels et généraux, est un moyen aussi sûr et certain que légal qui, pendant notre long exercice, nous a constamment réussi. C'est le seul moyen de pouvoir réaliser le vœu exprimé par le Ministre de l'intérieur, dans la circulaire précitée du 24 juill. 1844 ; car nous n'admettons pas comme légaux certains usages non recueillis par les moyens susindiqués, mais fabriqués et imposés par les notables d'un canton réunis en commission, fussent-ils sanctionnés par le tribunal du ressort.

129. Le droit se divise, quant à son objet, en droit international, public ou politique, et en droit privé.

Le droit international est celui qui fixe et détermine les rapports de nation à nation. Il résulte des traités de paix, d'alliance, de commerce, etc. V. *sup.*, n° 127.

Le droit public ou droit politique règle les rapports des gouvernants et des gouvernés, détermine la division des pouvoirs, l'organisation de la puissance publique, les moyens d'assurer les bonnes mœurs, le bon ordre et la sûreté de l'Etat; il a pour objet l'intérêt ou l'ordre général ; en un mot, l'intérêt public ; on ne peut renoncer ni déroger au droit public.

Enfin, le droit privé comprend les lois qui règlent les rapports des particuliers entre eux ; il a uniquement pour objet l'intérêt particulier et relatif des individus, l'intérêt privé. Il diffère essentiellement du droit public en ce que les particuliers peuvent y déroger, car chacun est libre de renoncer à un droit qui ne concerne que lui.

130. Toutefois, parmi les lois qui confèrent des droits ou imposent des devoirs aux particuliers envers d'autres particuliers, il en est qui, sous un certain rapport, forment un droit public *sui generis* ; ainsi, par exemple, les lois relatives à l'organisation et au gouvernement des familles appartiennent évidemment au droit privé, puisqu'elles règlent les relations des particuliers entre eux, du mari et de la femme, du père et des enfants, etc. Mais ces lois sur le mariage, sur la famille, sur l'état et la capacité des personnes, intéressent au plus haut degré la constitution même de la société et font, sous ce rapport, essentiellement partie du droit public, de ce droit auquel les particuliers ne peuvent pas déroger. C. Nap., article 328, 1388 ; C. proc. civ., art. 1004. On conçoit, en effet, que si chacun peut sacrifier son intérêt personnel et privé, nul, au contraire, ne saurait compromettre l'intérêt général, l'intérêt public.

131. Le droit civil, dans son acception primitive, était le droit des citoyens, *jus civium* ; mais cette acception, quoique fort exacte pour désigner tout le droit propre et national d'un pays, *jus proprium civitatis* (V. *sup.*, n° 127), n'est plus usité en France ni même dans la plupart des Etats de l'Europe. On entend aujourd'hui par droit civil cette partie de la législation nationale qui règle les intérêts purement privés des citoyens, abstraction faite de ceux réglés par les lois commerciales, maritimes, forestières, etc.; il comprend les lois relatives à la jouissance ou à la privation de tous les avantages, autres que les avantages politiques, accordés par la loi civile à tous les habitants d'un même pays ; il renferme la déclaration des droits et des devoirs de l'homme considéré dans ses divers états de père, d'époux, de fils, de tuteur, etc... ; en un mot, il prend l'homme au berceau, dans le sein même de sa mère, et le suit et le protége dans tous les actes de la vie civile ; il rassemble tous les faits, contrats, conventions qui lient les hommes entre eux, soit aux yeux de la conscience, soit aux yeux de la loi ; la conscience ne tombe pas dans le domaine du législateur ; seulement dans certaines circonstances où l'engagement dont on invoque l'exécution sans preuve bien constatée entraînerait, s'il était prouvé, une responsabilité légale, la loi permet à celui qui réclame d'interpeller la conscience de celui qui nie ; elle autorise la délation du serment.

131 *bis*. Le droit criminel définit les crimes, délits et contra-

ventions commis soit envers la société, soit envers les particuliers ; règle la poursuite, prescrit le châtiment, fixe les peines ; il prend le nom plus spécial de droit pénal quand il n'a trait qu'à la répression.

132. Le droit civil a pour objet spécial les *personnes* et la propriété des choses ; le droit criminel s'occupe surtout de la sûreté des personnes et de la protection matérielle des choses ; le droit civil règle aussi les dommages résultant d'un fait qui porte préjudice à autrui, ce fait s'appelle alors quasi-délit. L'immense différence entre le délit et le quasi-délit, c'est que l'auteur du délit a nui avec intention, tandis que l'auteur du quasi-délit a nui sans le vouloir, ou même sans le savoir. Ainsi un homme en frappe volontairement un autre d'un coup de bâton et lui casse un bras, il y a délit parce qu'il y a volonté de frapper : la loi criminelle le condamne.

Un chasseur tire un coup de fusil ; le plomb va frapper au bras un autre chasseur que le premier n'a pas vu, et l'amputation est nécessaire, il y a quasi-délit, parce que le préjudice est involontaire ; c'est à la loi civile à régler le dommage.

133. Le droit commercial règle les rapports des commerçants en tant que commerçants, soit entre eux, soit à l'égard des non-commerçants.

134. Le droit administratif comprend cette partie du droit public qui règle les rapports des gouvernants et des gouvernés, c'est l'administration de la chose publique ; son importance est immense en France. Le pouvoir administratif est complétement séparé, indépendant du pouvoir judiciaire.

135. Le droit militaire est l'ensemble des lois, ordonnances et règlements qui régissent l'armée ; son objet est la bonne organisation de l'armée, le maintien de la discipline dans ses rangs ; en un mot, la police des gens de guerre : il appartient au droit public et au droit privé. V. *sup.*, n° 129.

136. Le droit maritime est l'ensemble des lois, règles et usages qui régissent la navigation, le commerce, les cas de guerre maritimes ; il a pour objet l'intérêt national ou l'intérêt international ou l'intérêt des particuliers : dans le premier cas, il rentre dans le droit public ; dans le second, il fait partie du droit des gens ; et dans le troisième, il appartient au droit privé. V. *sup.*, n° 129.

137. Le mot *droit* s'applique à la science des lois, c'est-à-dire à cet ensemble de règles doctrinales, fondées sur les textes, sur la jurisprudence, sur les écrits des jurisconsultes, sur tous

les éléments enfin dont l'ordre et l'enchaînement constituent la théorie scientifique du droit. Dans ce dernier sens, on l'emploie comme synonyme de jurisprudence; c'est ainsi qu'on dit: étudier le droit, étudier la jurisprudence; ouvrage de droit, ouvrage de jurisprudence, etc.

138. Mais le mot *jurisprudence* a lui-même plusieurs acceptions encore, et signifie, d'après son étymologie latine, *prudentia juris*, la connaissance acquise du droit, la science des lois, des devoirs et des droits qui en dérivent; et, suivant le langage moderne, l'habitude pratique d'interpréter et d'appliquer la loi dans tel sens plutôt que dans tel autre, ou bien encore le résultat de cette habitude, les précédents, l'ensemble des décisions successives sur des questions semblables. C'est ainsi qu'on dit: la Cour de cassation s'est prononcée en tel sens; on n'a pas de jurisprudence bien arrêtée sur telle question.

La jurisprudence, dans son acception nouvelle, est, comme on voit, la science des arrêts; son autorité est purement morale; elle ne saurait, en général, lier les tribunaux.

§ 3.—**Du droit français.**

139. Le droit français se divise historiquement en droit ancien, en droit intermédiaire et en droit nouveau.

Le droit ancien comprend tous les actes législatifs, ordonnances proprement dites ou règlements généraux, édits ou règlements spéciaux, déclarations interprétatives ou modificatives des édits et ordonnances générales ou spéciales, coutumes générales, c'est-à-dire propres à une province entière, ou spéciales, c'est-à-dire propres à un bailliage, à une paroisse, à une ville, et arrêts de règlement qui ont régi la France depuis le commencement de la monarchie jusqu'à la déclaration de l'Assemblée constituante du 17 juin 1789.

Le droit intermédiaire comprend toutes les lois qui ont été rendues depuis la déclaration du 17 juin 1789 jusqu'au 31 mars 1804, époque à laquelle commence le droit actuel.

Le droit nouveau comprend le Code Napoléon, le Code de procédure civile, le Code de commerce, le Code pénal, le Code d'instruction criminelle et toutes les lois postérieures qui ont complété ou modifié quelques-unes des dispositions de ces Codes.

140. Les sources de notre droit actuel sont: 1° les Codes, les lois proprement dites; 2° les décrets rendus par le président de la République, à partir du 2 décembre 1851 jusqu'au

14 janvier 1852. Const., 14 janv. 1852, art. 58 ; 3° les anciens avis du Conseil d'Etat lorsqu'ils sont approuvés par le chef du Gouvernement ; 4° les ordonnances royales et décrets du président de la République, rendus avant le 2 décembre 1851 et depuis le 14 janvier 1852 en tant seulement qu'ils assurent l'exécution des lois, car ils ne peuvent suspendre les lois existantes ou dispenser de leur exécution. Tout décret inconstitutionnel est frappé de nullité. En pareil cas, dit M. Dupin, on ne résiste pas à l'ordonnance, au décret, mais on obéit à la loi ; 5° les règlements de police, en tant qu'ils rentrent dans le cercle des attributions conférées à l'autorité dont ils émanent, et n'ont rien de contraire aux lois ; 6° les circulaires ministérielles ; elles n'ont point par elles-mêmes la force obligatoire qui caractérise la loi ; elles n'obligent que les agents de l'administration qui relèvent du Ministre duquel elles émanent. A l'égard de toutes autres personnes, elles n'ont aucune force obligatoire.

SECT. II.—*De la formation, de la sanction, de la promulgation et de la publication des lois, sénatus-consultes, décrets, etc.* (Cod. Nap., art. 1er).

141. La puissance législative est exercée collectivement par l'Empereur, le Sénat et le Corps législatif (Const., 14 janv. 1852, art. 4). Le pouvoir exécutif, au contraire, appartient à à l'Empereur seul (*ibid.*, art. 10).

L'Empereur a seul l'initiative des lois : le Conseil d'Etat est chargé, sous sa direction, d'en rédiger les projets et les règlements d'administration publique (*ibid.*, art. 8 et 50).

142. L'Empereur sanctionne et promulgue les lois et les sénatus-consultes (*ibid.*, art. 10). Le Ministre de la justice est chargé d'en surveiller la publication (Décr. imp., 2 déc. 1852).

Il fait, comme chef suprême de l'Etat, les règlements et décrets nécessaires pour l'exécution des lois (*ibid.*, art. 6), sans pouvoir jamais ni suspendre les lois elles-mêmes, ni dispenser de leur exécution. Les réglements et décrets ainsi faits comme moyens réglementaires d'exécution des lois, participent en conséquence à leur autorité et sont, comme elles, obligatoires ; la loi, en effet, ne peut et ne doit que poser la règle ; l'application et les détails doivent être laissés au pouvoir exécutif. V. *sup.*, n° 120.

143. Le Sénat est le gardien du pacte fondamental et des libertés publiques. Aucune loi ne peut être promulguée avant de lui avoir été soumise (*ibid.*, art. 25).

Il s'oppose à la promulgation : 1° des lois qui seraient contraires ou qui porteraient atteinte à la constitution, à la religion, à la morale, à la liberté des cultes, à la liberté individuelle, à l'égalité des citoyens devant la loi, à l'inviolabilité de la propriété et au principe de l'inamovibilité de la magistrature ; 2° de celles qui pourraient compromettre la défense du territoire (*ibid.*, art. 26).

Il règle, par un sénatus-consulte : 1° la constitution des colonies et de l'Algérie ; 2° tout ce qui n'a pas été prévu par la Constitution et qui est nécessaire à sa marche ; 3° le sens des articles de la Constitution qui donnent lieu à différentes interprétations.

144. Les sénatus-consultes doivent être soumis à la sanction de l'Empereur et promulgués par lui (*ibid.*, art. 27 et 28).

Le Sénat maintient ou annule tous les actes qui lui sont déférés comme inconstitutionnels par le Gouvernement, ou dénoncés, pour la même cause, par les pétitions des citoyens. Il peut, dans un rapport adressé à l'Empereur, poser les bases des projets de loi d'un grand intérêt national. Il peut également proposer des modifications à la Constitution. Si la proposition est adoptée par le pouvoir exécutif, il y est statué par un sénatus-consulte (*ibid.*, art. 29, 30, 31). Néanmoins, doit être soumise au suffrage universel toute modification aux bases fondamentales de la Constitution telles qu'elles ont été posées dans la proclamation du 2 déc. 1851 et adoptées par le peuple français (*ibid.*, art. 32).

145. Le Corps législatif discute et vote les projets de loi et l'impôt (*ibid.*, art. 39) ; mais il n'a pas l'initiative parlementaire.

Tout amendement adopté par la commission chargée d'examiner un projet de loi est renvoyé, sans discussion, au Conseil d'Etat, par le président du Corps législatif. Si l'amendement n'est pas adopté par le Conseil d'Etat, il ne peut pas être soumis à la délibération du Corps législatif (*ibid.*, art. 40).

Ainsi, pour qu'un projet devienne loi, il faut qu'il soit proposé par l'Empereur, discuté et voté par le Corps législatif, approuvé par le Sénat, sanctionné et promulgué par l'Empereur.

La sanction est l'acte par lequel l'Empereur donne son adhésion à un projet de loi, voté par le Corps législatif et adopté par le Sénat. Cette approbation ou sanction se donne par la signature de l'Empereur, comme pouvoir législatif et l'apposition du sceau impérial au bas de la loi : c'est le dernier acte qui concourt à la formation de la loi ; c'est la sanction qui en fixe la date et la rend parfaite ; mais elle est encore sans force et il faut qu'avant d'être mise à exécution, qu'avant qu'elle soit obligatoire, elle soit promulguée et publiée. V. *suprà*, n° 142.

146. Les sénatus-consultes et les décrets rendus par l'Empereur, tant en Conseil d'Etat que sur les rapports des ministres, doivent être également sanctionnés, promulgués et publiés.

147. La promulgation suppose l'existence de la loi. C'est l'acte par lequel l'Empereur, comme pouvoir exécutif, lui imprime sa force exécutoire et intime aux citoyens de l'observer et aux autorités administratives et judiciaires de la faire respecter et exécuter. Elle consiste dans l'apposition faite par le pouvoir exécutif, au bas de chaque loi, de la formule sacramentelle suivante : « Nous (prénoms de l'Empereur), par la grâce de Dieu et la volonté nationale, Empereur des Français, à tous présents et à venir, salut.

« Avons sanctionné et sanctionnons, promulgué et promulgons ce qui suit : (texte de la loi ou du sénatus-consulte).

« Mandons et ordonnons (1) que les présentes, revêtues du sceau de l'Etat et insérées au *Bulletin des lois*, soient adressées aux Cours, aux tribunaux et aux autorités administratives, pour qu'ils les inscrivent sur leurs registres, les observent et les fassent observer, et notre Ministre secrétaire d'Etat au département de la justice est chargé d'en surveiller la publication (Décr. imp. 2 déc. 1852).

148. La publication est le moyen de porter à la connaissance des citoyens l'existence de la promulgation de la loi : *publicatio est divulgatio legis et promulgationis.*

149. La loi qui est formée, et qui n'est pas *promulguée*, existe sans doute, mais elle n'est pas encore exécutoire. C'est la promulgation qui la rend exécutoire, mais elle ne la rend pas *obligatoire*, elle ne le devient qu'à partir du moment où la promulgation est devenue publique et notoire. Ainsi la sanction complète la loi ; la promulgation lui imprime une force qu'elle n'avait pas, la force exécutoire ; la publication la rend obligatoire, permet de la mettre à exécution. C'est ce qu'ex-

---

(1) S'il s'agit d'un décret rendu en Conseil d'Etat, ou sur le rapport d'un Ministre, on dit : « *Avons décrété et décrétons ce qui suit :* (Texte du décret). »

prime l'art. 1er, C. Nap., « les lois, portent les 1er et 2e alinéa, sont exécutoires..., en vertu de la promulgation... Elles seront exécutées..., du moment où la promulgation en pourra être connue. »

La promulgation, disait M. Portalis au Conseil d'Etat, complète le caractère de la loi ; la publication est la conséquence de la promulgation et a pour objet de faire connaître la loi (FENET, *Trav. prép. du C. Nap.*, t. 6, p. 12).

150. D'après le 3e alinéa de l'art. 1er, C. Nap., la promulgation est réputée connue dans le département de la résidence impériale, un jour après celui de la promulgation accomplie, *un jour franc.* Ainsi une loi promulguée à Paris le 1er mars est réputée connue dans le département de la Seine, le 3 ; et, dans chacun des autres départements, après l'expiration du même délai, augmenté d'autant de jours qu'il y a de fois dix myriamètres (environ 20 lieues) entre la ville (ordinairement Paris) où la promulgation a été faite et le chef-lieu de chaque département. Un arrêté du Gouvernement du 25 thermid. an XI et trois ordonnances des 7 juill. 1824, 1er nov. 1826 et 12 juin 1834 ont fixé officiellement la distance de cette ville à chaque chef-lieu.

Mais lorsque la distance de Paris au chef-lieu d'un département est de moins de 10 myriamètres, de plus de 10 myriamètres et moins de 20, de 20, de plus de 20 et moins de 30, trois opinions sont en présence. Dans l'une, on compte les unités pour un jour, de sorte que 11 myriamètres donneraient deux jours comme 20 myriamètres ; dans la seconde, on décide que quand il y a moins de 5 myriamètres, on doit les négliger, et que quand il y en a 5 ou plus, on doit compter un jour comme pour 10 myriamètres; enfin, dans la troisième, on néglige complétement les unités pour ne compter que les dizaines.

Cette dernière opinion est, selon nous, la seule raisonnable, la seule conforme au texte même de la loi ; et, en effet, aux termes bien formels de l'art. 1er, C. Nap., le délai est augmenté d'autant de jours qu'il y a de fois 10 myriamètres. Or, dans 22, 25 et même 29, il n'y a pas trois fois 10 myriamètres ; donc l'augmentation de délai ne doit pas être augmentée de trois jours mais, de deux seulement *dura lex, sed lex :* Arg. sénatus-consulte, 15 brum. an XIII. (Ord. 7 juill. 1824. — *Conf.*, Cass., 27 juin 1854 ; Metz, 13 fév. 1855 ; Cass., 9 avr. 1856 ; J. P. 55.1.328 ; et 57.315 ; ZACHARIÆ, AUBRY et RAU, t. 1er, p. 44 ; DU CAURROY, BONNIER et ROUSTAIN, t. 1er, n 16; MARCADÉ, *Expl. C. Nap.*, t. 1er, p. 183 ; DEMANTE, t. 1er, n° 4 *bis*. — *Contrà*, DEMOLOMBE, t. 1er, n° 27 ; DUVERGIER sur TOULLIER, CRÉMIEUX et BALSON, *C. des C.*, t. 2, p. 14). Suivant ces auteurs, on doit compter les unités pour un jour.

Ainsi, la publication légale de la loi consiste aujourd'hui dans le délai d'un jour écoulé depuis la promulgation accomplie, plus un jour par chaque fois 10 myriamètres de distance entre la ville où a eu lieu la promulgation et le chef-lieu de chaque département.

La présomption légale que la loi est connue de chacun après les délais de la publication reçoit toutefois exception au cas de force majeure, comme invasion ennemie, inondation, ou tout autre événement du même genre qui se serait opposé à ce que l'on ait acquis connaissance de la loi.

Mais doit-on, pour savoir si tel ou tel individu est réputé avoir connu la loi, considérer le fait, c'est-à-dire sa résidence, ou le droit, c'est-à-dire son domicile ? C'est, selon nous, le fait de la résidence actuelle, s'il s'agit de lois de police et de sûreté (Arg., C. Nap., art. 3) ou d'une loi réglant la forme des actes et des contrats, d'après la maxime : *locus regit actum*. C. Nap., art. 47, 170 ; si, au contraire, il s'agit d'une loi réelle, c'est-à-dire concernant les choses, les biens, par exemple, d'une loi nouvelle sur les successions *ab intestat*, c'est le droit, c'est-à-dire le domicile réel (Arg. C. Nap., art. 3 et 110). DEMOLOMBE, t. 1er, n° 31, p. 33.

S'agit-il de lois personnelles, c'est-à-dire réglant l'état et la capacité des personnes ; par exemple, d'une loi qui avance ou retarde le terme de la minorité, la loi applicable est évidemment celle du lieu où le fait *se passe*, où *l'acte se réalise*, où *la personne elle-même agit* (DEMOLOMBE, t. 1er, n° 31, p. 34 ; AUBRY et RAU sur ZACHARIÆ, t. 1er, p. 46 et 47).

151. Une fois promulgués et publiés, les lois, décrets et règlements sont présumés avoir acquis ce degré de notoriété publique qui les rend obligatoires ; nul n'est censé les ignorer : *nemo jus ignorare censetur ;* la faculté de les connaître équivaut à leur connaissance.

Aux termes d'un décret sur l'organisation administrative, en Algérie, du 27 oct. 1858, la promulgation des lois, décrets et règlements exécutoires en Algérie est confiée au ministère de l'Algérie et des colonies, et résulte de l'insertion au *Bulletin officiel* des actes de ce ministère, art. 1er. — Elle est réputée connue :

1° A Paris, le jour de la réception du Bulletin au secrétariat général du ministère ;

2° Au chef-lieu de chaque province de l'Algérie, un jour après la réception du Bulletin par le préfet du département ;

3° Dans les circonscriptions administratives secondaires, après l'expiration du même délai, augmenté d'autant de jours qu'il y aura de fois 5 myriamètres de distance entre le chef-lieu de la province et celui de la circonscription, art. 2.— Dans les circonstances extraordinaires, la promulgation peut être faite à son de caisse ou par voie d'affiches. Les actes promulgués sont immédiatement exécutoires, art. 3.

SECT. III.— *De l'effet des lois en ce qui concerne le temps, les choses et les personnes* (Cod. Nap., art. 2 et 3).

1er.—De l'effet des lois en ce qui concerne le temps sur lequel elles exercent leur empire (Cod. Nap., art. 2).

152. L'office des lois est de régler l'avenir ; le passé échappe à leur empire. C'est un principe incontestable que l'équité seule eût suffi pour enseigner. Si, en effet, les lois réglaient le passé, si on pouvait être recherché dans ses actions, ou troublé dans ses droits légitimement acquis, il n'y aurait plus ni liberté civile, ni sécurité ; la société serait ainsi livrée à l'instabilité la plus déplorable, les intérêts les plus précieux et les plus sacrés des citoyens et des familles, privés de toute garantie, seraient éternellement en question. Le principe de la non-rétroactivité des lois est donc, comme on voit, un des plus salutaires de l'ordre social; on peut même dire qu'il est plutôt un principe d'ordre public que d'ordre privé. De là la maxime consacrée par l'art. 2, C. Nap. : « La loi ne dispose que pour l'avenir ; elle n'a point d'effet rétroactif, » maxime proclamée par la loi romaine en ces termes : *Leges et constitutiones futuris certum est dare formam negotiis, non ad facta præterita revocari*. L. 7, C. *De legib.*

Toutefois, cette disposition, non écrite dans la Constitution, laisse au législateur tout puissant, alors même qu'il fait mal, le droit de faire des lois rétroactives. S'il use de ce droit exorbitant, il se met évidemment en contradiction manifeste avec les vrais principes du droit ; mais l'organisation sociale, l'ordre public ne comportant pas d'autorité supérieure à celle de la loi promulguée, il y a force majeure de lui obéir, fût-elle un abus de pouvoir, inhumaine même, *dura lex, sed est lex*. C'est ainsi que, dans la fameuse nuit du 4 août 1789, l'Assemblée constituante a détruit la servitude personnelle, la mainmorte et la féodalité; c'est ainsi que la Convention nationale a aboli les substitutions fidéicommissaires qui avaient été créées précédemment et n'étaient pas encore ouvertes, etc.

Mais que signifie alors la règle de l'art. 2, C. Nap. ? Que les lois nouvelles, à moins d'une disposition contraire, ne règlent que les faits accomplis depuis leur promulgation ; que les faits antérieurs échappent à leur empire.

Cette règle, quoique facile à expliquer et à justifier en thèse générale, présente néanmoins de graves difficultés dans son application.

Si les faits antérieurs à la loi nouvelle étaient complétement finis, au moment de sa promulgation, et ne devaient plus produire, à cette époque, d'effets ultérieurs, il est évident qu'ils sont exclusivement régis par la loi ancienne sous l'empire de laquelle ils se sont accomplis. Tels sont, par exemple, un mariage célébré, une naturalisation prononcée, une reconnaissance d'enfant naturel une fois accomplie, etc.

Si les faits n'étaient pas encore commencés lorsque la loi nouvelle a été promulguée, il est également certain qu'ils échappent complétement à l'empire de l'ancienne loi et sont régis par la loi nouvelle. Mais un fait peut être né sous la loi ancienne et les conséquences de ce fait se produire et se développer sous la loi nouvelle. Ces conséquences seront-elles exclusivement réglées par la loi ancienne ? Faudra-t-il, au contraire, leur appliquer la loi nouvelle ?

La loi nouvelle étant naturellement présumée meilleure que celle qu'elle remplace, est évidemment applicable non-seulement aux faits qui pourront s'accomplir dans l'avenir, mais encore aux faits antérieurs, quant à celles de leurs conséquences qui pourront se produire et se développer après sa promulgation, s'il n'en résulte aucun préjudice, ou si elle ne fait qu'enlever de *faibles attentes*, *de simples expectatives* ; mais la loi nouvelle est évidemment inapplicable si son application aux faits antérieurs détruit ou change *des attentes très-fortes* sur la réalisation desquelles les citoyens ont dû solidement et fermement compter : ces attentes sont des droits acquis, que le législateur n'a pas dû modifier. — Mais à quels signes reconnaître un droit acquis d'une simple expectative ?

Les droits acquis sont ceux qui sont entrés dans notre patrimoine ; qui en font partie ; en un mot, qui sont bien et dûment devenus les nôtres et qu'un tiers ne pourrait pas nous enlever ; tels sont les droits qui dérivent d'un contrat, même du contrat simplement tacite, d'une succession ouverte, d'un testament ou d'une institution contractuelle dont le testateur et le disposant sont décédés.

Toutefois, si l'instituant a disposé de tout ce qui se trouverait disponible au moment de son décès, sous l'empire d'une loi qui, vu le nombre de ses enfants, ne lui permettait de donner que la moitié de ses biens, et qu'au moment de ce décès, il était intervenu une nouvelle loi qui lui permettait de donner les trois quarts, l'institution contractuelle, dans ce cas, doit être régie par la loi de l'époque du contrat, en ce qui touche les dispositions irrévocables, et par celles en vigueur au jour du décès pour les biens qui n'étaient pas irrévocablement acquis à l'institué.

Doivent, au contraire, être considérés comme *simples expectatives, comme de faibles attentes* que la loi nouvelle n'est pas tenue de respecter, celles qui peuvent être détruites par les faits d'un tiers ; telles sont l'attente d'un héritier présomptif, d'une personne qui est encore vivante ; l'attente d'un légataire tant que vit le testateur ; enfin l'attente de celui qui est en voie de prescrire, car l'espoir qu'il a peut lui être enlevé par le fait de celui contre lequel il prescrit. C. Nap., art. 2244 et 2245.

153. Les lois morales, d'ordre public, se reportent sur les faits passés sans rétroagir. Il est, en effet, d'une bonne législation d'admettre comme base antérieure à toutes les lois et comme renfermés dans leurs dispositions, les principes généraux sans lesquels elles perdraient elles-mêmes virtuellement leur autorité, leur caractère réel de force et de durée. Les lois nouvelles s'appliquent aussi, sans rétroagir, à des faits anciens que ne régissait aucune loi, et même à des faits régis par une simple jurisprudence, cette loi ne pouvant blesser les droits acquis de personne et portant uniquement les bienfaits d'une législation régulière sur des faits anciens qui s'en trouveraient dépourvus.

154. Les lois interprétatives d'une loi antérieure se bornant à expliquer le sens d'une loi précédente, à déclarer que cette loi a dû être entendue en tel sens, ne font avec elle qu'une seule loi et s'appliquent dès lors, sans qu'il y ait en cela rétroactivité, à tous les faits antérieurs à leur promulgation ; elles sont, en effet, contemporaines de la loi qu'elles appliquent, à laquelle elles se rattachent par le fait même de l'interprétation ; elles n'ont toutefois aucune influence sur les affaires terminées soit par transaction, soit par jugement passé en force de chose jugée.

155. A l'égard des lois rectificatives des erreurs qui se

sont glissées dans les lois précédentes, il faut distinguer si ces erreurs sont le fait du législateur et existent dans le fond même de la loi, ou si elles ne sont que l'effet de l'erreur d'un copiste, et n'existent que dans l'expédition de la loi. Au premier cas, c'est-à-dire si l'erreur est le fait du législateur et existe dans le fond même, elle conserve toute sa force jusqu'à sa réformation. Les droits qu'elle a pu conférer à certaines personnes leur sont donc incommutablement acquis; et, dès lors, la loi qui la rectifie, qui la réforme, ne peut avoir par elle-même d'effet rétroactif; telle, par exemple, la loi du 8 mai 1816, abolitive du divorce.

Au second cas, si la loi a été promulguée et publiée telle qu'elle a été expédiée, il est évident que la rectification de l'erreur commise dans l'expédition ne peut pas rétroagir, *error communis facit jus ;* cependant, il devrait en être autrement s'il s'agissait d'une loi pénale, qui, par erreur de copiste, aggraverait une condamnation ou changerait les caractères d'un délit, parce qu'alors il n'y aurait *de droit acquis* à aucune partie privée, et que le corps social ne pourrait pas se prévaloir, pour faire maintenir des condamnations trop rigoureuses, de la méprise échappée à l'un de ses agents. Aussi la loi du 9 mess. an II, en déclarant que : « dans l'art. 25 de la section 1re du titre II du Code pénal de 1791, la disjonctive *ou* avait été, par erreur de copiste, substituée à la conjonctive *et* » a-t-elle ordonné que « les tribunaux criminels seraient tenus de réformer les extensions de peine auxquelles cette erreur avait pu donner lieu dans les condamnations prononcées par eux jusqu'à ce jour. »

156. Quant aux lois pénales, il faut également distinguer si la loi nouvelle est moins ou plus favorable à l'accusé que l'ancienne. Au premier cas, c'est-à-dire si la loi nouvelle est plus sévère que l'ancienne, c'est l'ancienne qu'on doit appliquer : autrement ce serait faire rétroagir la seconde que de l'appliquer à un fait accompli avant sa promulgation ; au second cas, c'est-à-dire si la loi nouvelle est plus douce que l'ancienne, c'est elle qu'on doit appliquer, quoiqu'il y ait eu rétroactivité légitime alors, du moment qu'elle ne préjudicie à personne.

Le législateur, en effet, en abrogeant l'ancienne loi par une loi plus douce que l'ancienne, a prouvé qu'il trouvait la première non proportionnée au délit, et que, dès lors, il y aurait injustice et inhumanité à l'appliquer plus longtemps. Arg., Cass., 19 février et 1er oct. 1813 et 13 fév. 1814.

157. Le principe de la non-rétroactivité des lois est inapplicable aux lois de procédure et d'instruction. Ces lois sont obligatoires du jour de leur publication, aussi bien pour les procès déjà commencés que pour ceux postérieurs, c'est-à-dire qu'elles saisissent les délits et les prévenus au moment où elles sont promulguées ; la règle de la non-rétroactivité ne s'applique qu'au point du droit.

Ainsi, le principe que le droit d'un militaire absent à une succession ouverte sous l'empire de la loi du 2 vent. an XI doit être régi par cette loi, ne s'oppose nullement à ce que la preuve du décès de ce militaire soit faite dans les formes prescrites par la loi du 15 janv. 1817.

De même, un instituteur primaire autorisé à ouvrir une école privée dans une commune, sous l'empire de l'ordonnance du 29 fév. 1816, et qui, après trois années d'interruption de ses fonctions, depuis la promulgation de la loi du 28 juin 1833, dont il n'avait pas subi les conditions nouvelles, veut rouvrir une école, doit justifier du certificat de moralité exigé par l'art. 4 de cette loi... Ce n'est pas là donner un effet rétroactif à la loi (Arg. Cass., 22 août 1845).

De même la disposition de la loi du 5 juill. 1844, qui frappe de déchéance le breveté qui introduit en France des objets fabriqués en pays étranger, et semblables à ceux brevetés, est applicable alors même qu'il s'agit de brevets antérieurs à cette loi (Arg. Douai, 11 juill. 1846).

Ainsi, le décret du 26 mars 1852, qui a attribué aux tribunaux maritimes la connaissance des délits relatifs à la police des arsenaux, est applicable même aux faits commis avant sa promulgation, sauf à ne soumettre les exceptions relatives au fond du droit qu'aux lois existantes au moment de la perpétration de ces faits (Arg. Cass., 27 janv. 1855, J. P. 55.2.593).

De même, la loi du 13 juin 1856, qui a transféré aux Cours impériales tous les appels en matière correctionnelle, a eu pour effet, à partir de sa promulgation, de dessaisir les tribunaux supérieurs des affaires de cette nature déjà portées devant eux ; peu importe, en pareil cas, le silence des parties et leur consentement à être jugées (Arg. Cass., 27 déc. 1856, J. P. 57.99).

Il en est de même encore au cas où la compétence est modifiée par la déclaration d'état de siége (Arg. Cass., 15 nov. 1849 et 13 mars 1850, J. P. 51.2.378 et 50.1.505).

158. Le principe de la non-rétroactivité des lois est éga-

lement inapplicable : 1° aux traités diplomatiques qui opèrent la séparation des territoires (Arg. Douai, 24 juin 1844); 2° aux lois de police et de sûreté, lesquelles dérogent, par leur nature, sans qu'il soit besoin d'une disposition expresse, à toute possession et usages contraires à ce qu'elles prescrivent ; et, dès lors, obligent les citoyens du jour de leur publication (Arg. Cass., 9 déc. 1836, J. P. 1836) ; 3° aux règlements de simple police que l'autorité municipale, agissant dans les limites de ses attributions, croit devoir faire dans l'intérêt de l'ordre et de la sûreté publics (Arg. Cass., 30 juin 1836, J. P. 1836).

Mais si ce principe paraît incontestable toutes les fois que l'autorité municipale dispose comme dans le cas de l'arrêt du 30 juin 1836, dans le but de maintenir la liberté et la sûreté publiques, il en doit être autrement en toute autre matière de police ; ce serait, en effet, non-seulement porter une grave atteinte au droit sacré de la propriété reconnu et proclamé par nos lois civiles et constitutionnelles, que de rendre applicable à tous les arrêtés municipaux indistinctement le principe consacré par l'arrêt du 30 juin 1836, mais encore anéantir le principe conservateur de la non-rétroactivité, sans laquelle il n'y aurait dans la société que trouble et perturbation (Arg. Cass., 3 déc. 1840).

§ 2.—**De l'effet des lois en ce qui concerne les personnes et les choses auxquelles elles s'appliquent** (Cod. Nap., art. 3).

Cet article présente une nouvelle classification des lois, que nous diviserons, sous le rapport de leur objet, en lois de police et de sûreté, en lois personnelles ou statuts personnels et en lois réelles ou statuts réels.

1° *Lois de police et de sûreté. — Leurs caractères.*

159. Le mot *lois* est ici une expression générique qui comprend non-seulement les lois proprement dites, mais les ordonnances, règlements ou arrêtés rendus par les autorités ou fonctionnaires publics compétents, comme les préfets, les maires, dans le cercle de leurs attributions.

160. Les lois de police et de sûreté ont pour objet la sûreté des personnes et des propriétés, le bon ordre, la tranquillité publique, en un mot tout ce qui concerne l'ordre public (C. Nap., art. 3 et 6) ; elles obligent indistinctement tous ceux qui habitent le territoire national, étrangers ou nationaux, ou qui s'y trouvent accidentellement, même passagèrement ; il n'y aurait, sans cela, ni ordre, ni police possibles ; il est juste, en effet, que protégés eux-mêmes par ces lois, aussi énergique-

ment et avec autant de sollicitude que les nationaux, les étrangers les respectent à leur tour et n'aient pas le privilége absurde de venir impunément jeter le trouble et le désordre dans le pays qui leur donne l'hospitalité. Les étrangers doivent donc comprendre qu'en mettant le pied sur le sol d'une nation, ils s'obligent *ipso facto* à respecter toutes les lois de police qui y sont en vigueur. S'il manquent à ce devoir sacré ils sont coupables comme le seraient les nationaux eux-mêmes; ils encourent dès lors les peines édictées par les lois, sans que l'excuse déduite de leur ignorance de ces lois puisse les en affranchir et sont justiciables des tribunaux français en ce qui touche les crimes, délits et contraventions par eux commis en France, même à l'égard d'autres étrangers. La bonne police d'un pays exige qu'il en soit ainsi.

Mais il en est différemment quant aux crimes, délits et contraventions par eux commis en pays étrangers, même au préjudice de Français et alors même qu'ils auraient des complices français justiciables des tribunaux français, et que les nationaux lésés auraient rendu plainte, sauf les exceptions établies par les art. 5, 6 et 7, C. d'inst. crim., et par le décret du 23 oct. 1811, pour certains crimes. (V. ces articles.)

Toutefois les ambassadeurs des puissances étrangères, leur famille et les gens de leur suite, et autres envoyés revêtus d'un caractère représentatif, ne sont pas justiciables des tribunaux français, soit en matière civile, soit même pour les faits criminels qui leur seraient reprochés: leur personne est inviolable et sacrée. Les plaintes qui pourraient s'élever contre eux doivent donc être portées au Gouvernement, qui prendra les mesures convenables vis à vis de la nation à laquelle ils appartiennent (L. 13 vent. an II).

Mais les consuls étrangers, ne jouissant pas des prérogatives et immunités attachées à la qualité d'agents diplomatiques, rentrent évidemment dans le droit commun.

161. Les agents diplomatiques et consulaires des puissances étrangères sont affranchis, en France, de toutes contributions directes et personnelles, par suite de réciprocité nationale, peu importe qu'ils fassent en France des actes de commerce (Ord. Cons. d'Etat, 17 nov. 1843); mais ils supportent les droits de douanes, péages et droits d'octroi (Circul. min., 7 vent. an XIII).

Au contraire, les simples étrangers résidant en France sont soumis au paiement de la contribution personnelle et mobilière, quand ils sont domiciliés depuis un an dans une commune (L. 21 avril 1832, art. 12), et sont tenus de supporter, comme les regnicoles, les charges de ville et de police imposées aux nationaux.

162. Les vaisseaux neutres admis dans un port français sont également soumis aux lois de police qui régissent le lieu où ils se trouvent, et les gens de l'équipage sont justiciables des tribunaux français pour les délits par eux commis, même à bord, envers les personnes étrangères à l'équipage; mais il en est autrement quant aux délits commis à bord envers des gens de l'équipage (Av. Cons. d'Etat, 28 oct. 1806).

163. Le principe du droit des gens et des traités, d'après lequel les ambassadeurs et autres agents diplomatiques sont inviolables et sacrés cesse de les protéger lorsque, par des menées sourdes et clandestines, ils mettent en péril le salut de l'Etat, ou en compromettent l'ordre public d'une manière grave; toutes mesures de sûreté peuvent alors être prises par la souveraineté nationale.

De même, le principe du droit des gens, d'après lequel un navire étranger, allié ou neutre, est considéré comme la continuation du territoire de la nation à laquelle il appartient, et jouit, en conséquence, comme le territoire même, du privilége d'*inviolabilité*, cesse de protéger le navire qui, au mépris de l'alliance ou de la neutralité, vient commettre des actes d'hostilité sur le territoire français (Cass., 7 sept. 1832; Lyon, 15 oct. 1832).

164. Les jugements rendus en matière criminelle contre les étrangers peuvent être mis à exécution sur leurs propriétés situées en France, et même sur leurs personnes, si on peut s'en saisir; c'est une conséquence des principes ci-dessus d'intérêt et d'ordre publics.

2° *Lois ou statuts personnels. — Lois ou statuts réels. — Leurs caractères distinctifs.*

165. Les lois personnelles sont celles qui ont pour objet prédominant et essentiel les personnes elles-mêmes, c'est-à-dire qui règlent directement et principalement leur état et leur capacité générale et absolue, et ne s'occupent des biens qu'accessoirement; telles sont les lois sur la nationalité, C. Nap., art. 10; la jouissance et la privation des droits civils (art. 7 et s., 17 et s.); le mariage (art, 144 et s.); la puissance maritale (art. 214); la paternité et la filiation (art. 312 et s.); la légitimation (art. 331); la puissance paternelle (art. 371 et s.); la minorité (art. 388); l'émancipation (art. 472 et s.);

la majorité (art. 488); l'interdiction (art. 489); la bâtardise (art. 908); la nullité de la vente consentie par un interdit (art. 502, 1124); la donation faite par un mineur (art. 903 et s.); l'incapacité de la femme mariée de disposer ou de recevoir par donation sans le consentement de son mari (art. 217, 905, 934); les droits respectifs des époux (art. 1388 et s.); la vente d'un seul immeuble sans cette condition (art. 217 et 1549), etc.

166. Les lois réelles sont celles, au contraire, qui ont pour objet prédominant et essentiel les biens eux-mêmes, c'est-à-dire qui ont directement et principalement en vue les biens, et ne s'occupent des personnes qu'accessoirement, qui indiquent les droits et charges dont ils sont ou ne sont pas susceptibles, règlent et dirigent les modes de les acquérir, conserver dans la famille et de les transmettre : telles sont les lois qui déterminent les différents droits dont les biens peuvent être l'objet (C. Nap., art. 544 et s.); le droit de succession établi au profit de l'ascendant donataire (art. 747); les lois qui prohibent les substitutions (art. 896), qui déterminent la part de l'enfant naturel reconnu dans la succession de ses père et mère (art. 757, 908); qui fixent la quotité disponible des biens légués par actes entre-vifs ou par testament (art. 913, 914, 915); qui défendent de donner les biens à venir autrement que par contrat de mariage (art. 943); qui règlent la quotité de biens disponibles entre époux (art. 1094, 1098); celles qui déclarent inaliénables les immeubles que les époux en se mariant ont soumis au régime dotal (art. 1554); celles qui déterminent les biens qui sont ou ne sont pas susceptibles d'hypothèques (art. 2218); la manière dont l'hypothèque peut être constituée (art. 2127) ; la prescription (art. 2219) ; les biens dont l'expropriation peut être poursuivie (C. proc. civ., art. 673), etc., etc.

167. La loi ayant, comme on voit, par les exemples ci-dessus, simultanément pour objet et la personne et le bien, la distinction des statuts personnels et réels devient assez difficile et la nuance parfois très-délicate à saisir; c'est dans le caractère prédominant de chaque loi, c'est dans l'objet essentiel qui préoccupait le législateur alors qu'il l'a écrite, dans le but direct et final qu'il a voulu atteindre, qu'on devra puiser les moyens de cette distinction. Quand c'est la capacité de la personne que la loi a principalement en vue; quand c'est cette capacité qu'elle veut régler ou qu'elle entend expliquer, en indiquant ses résultats ; quand la disposition qu'elle porte sur le bien n'est que la conséquence de cette capacité ; alors

la loi est personnelle; quand, au contraire, c'est le bien, ses modes de dévolution, de transmission, les moyens de le conserver, etc., que le législateur veut surtout atteindre; quand il n'établit l'incapacité de la personne que comme une voie pour arriver à ce but, alors, quels que soient les termes de la disposition, la loi est réelle.

168. Les lois personnelles régissent les Français partout où ils se trouvent, à l'étranger comme en France (C. Nap., art. 3). Ainsi, par exemple, les personnes françaises ne peuvent ni se marier avant l'âge voulu par la loi française, c'est-à-dire, d'après l'art. 144, C. Nap., dix-huit ans pour les hommes et quinze ans pour les femmes, ni être majeures, aux termes de l'art. 488 du même Code, qu'à vingt et un ans, ni adopter avant cinquante ans, C. Nap., art. 343, ni être adoptées avant leur majorité, C. Nap., art. 346, etc., bien qu'elles soient domiciliées dans un pays où ces différents actes sont permis à un âge plus ou moins avancé.

Ainsi encore, un enfant naturel peut être légitimé partout, d'après l'art. 331, C. Nap., par le mariage subséquent de ses père et mère, encore bien que la loi du pays où serait célébré le mariage n'admette pas la légitimation en pareil cas. Cette règle est rationnelle et logique tout à la fois, car nos lois seraient inefficaces si les nationaux pouvaient s'y soustraire en allant faire à l'étranger ce qui n'est pas permis en France. Réciproquement, les lois qui concernent l'état et la capacité des étrangers les régissent même en France, c'est-à-dire qu'on doit, lorsqu'il s'agit de décider s'ils ont ou non tel état, s'ils sont ou ne sont pas capables de faire tel ou tel acte, consulter la loi de leur pays. Le texte même de l'art. 3, C. Nap., et la discussion à laquelle cette loi a donné lieu, confirment cette décision. Cet article dit, en effet : 1° que les lois de police et de sûreté obligent tous ceux étrangers ou français qui habitent le territoire ; 2° que les immeubles situés en France sont régis par la loi française, alors même qu'ils appartiennent à des étrangers ; 3° enfin, que les lois qui concernent l'état et la capacité des personnes, suivent les Français même à l'étranger. Cette dernière disposition fait antithèse avec les deux précédentes; il n'y est question que des Français. Qu'en conclure, si ce n'est que les étrangers ne sont pas soumis aux lois françaises, sur l'état et la capacité des personnes (DUVERGIER sur TOULLIER, 1, p. 99), à moins toutefois, ajouterons-nous, que l'application de la loi étrangère ne soit de nature à compromettre un intérêt français, soit public, soit privé. Les tribunaux français doivent donc, lorsqu'ils apprécient des actes faits par un Français à l'étranger, consulter, pour déterminer sa capacité, la loi française et non celle du pays où ces actes ont été faits, et *vice versâ* (Arg. trib. d'Orléans, 29 août 1854 ; J. P. 56.2.247 ; Cass., 23 nov. 1857. *Contrà*, Orléans, 17 mai 1856, J. P. 56.2.347, et Bourges, 26 mai 1858 ; — *Monit. des trib.*, p. 319).

169. Les lois réelles régissent indistinctement tous les immeubles, alors même qu'ils sont possédés par des étrangers. Les lois qui ont ces caractères, et particulièrement celles que nous avons citées *suprà*, n° 166, leur sont applicables. Ainsi, par exemple, un étranger ne peut pas constituer sur les immeubles qu'il a en France des servitudes que la loi de son pays autorise. De même, les enfants d'un étranger recueillent par égales portions, C. Nap., art. 745), ses immeubles situés en France, alors même qu'il en serait autrement d'après la loi du pays ; mais si de la succession de cet étranger dépendent d'autres biens immobiliers situés dans son pays, d'après quelle loi en réglera-t-on alors la transmission? Sera-ce d'après les bases établies par la loi française C. Nap., art. 745? Évidemment non. Dans une telle situation, chaque statut réel règle la transmission des immeubles soumis à son empire. Les lois d'un pays, en effet, par des considérations d'ordre et de souveraineté nationale, ne sauraient étendre leur autorité sur le territoire d'un pays étranger. Réciproquement, et par les mêmes motifs, les immeubles situés en pays étranger et appartenant à des Français sont régis par la loi étrangère.

170. Quant aux meubles qu'un étranger possède en France, par quelles lois seront-ils régis? Par la loi française comme les immeubles ou par la loi étrangère? Les meubles considérés individuellement sont régis par la loi de leur situation, alors même qu'ils appartiennent à des étrangers. Tout le monde est d'accord sur ce point. Ainsi les lois françaises, sur les effets de la possession, C. Nap., art. 2279, des priviléges, C. Nap., art. 2102, des voies d'exécution et de prescription et sur l'attribution à l'Etat, par droit de déshérence et en quelque sorte d'occupation des meubles laissés en France par l'étranger décédé sans successeurs, C. Nap., art. 539, 713, 768, leur sont applicables.

171. Mais quant aux meubles considérés comme universalité, c'est-à-dire au point de vue de leur transmission par succession, la question est vivement controversée. Quant à nous, il nous semble que les meubles sont régis par la loi

étrangère toutes les fois qu'il n'en résulte pas d'inconvénients graves pour la France. Cette règle, que l'art. 3, C. Nap., paraît autoriser lui-même par son silence absolu sur la transmission des meubles, est fondée sur le droit des gens, sur une juste réciprocité de courtoisie et de convenance envers les nations. V. sur ces questions, DURANTON, t. 1, p. 90; DEMOLOMBE, t. 1, p. 90 à 96; ZACHARIÆ, AUBRY et RAU, t. 1, p. 89 à 90.

3° Lois concernant la forme et l'exécution des actes extrajudiciaires et judiciaires.

172. Les lois qui déterminent la forme à suivre pour la rédaction d'un acte, pour la passation d'un contrat, sont personnelles ou réelles, selon que l'acte pour lequel on l'applique est relatif à l'état des personnes ou à la propriété des biens; mais comme il y a nécessité, lorsque la validité de certains actes est soumise à l'emploi de telle ou telle forme, de s'adresser aux officiers publics du pays où l'on se trouve, et que ceux-ci ne peuvent instrumenter que selon les solennités prescrites par le pouvoir qui les a instituées, il s'ensuit que, par la force même des choses, l'acte fait selon les formes usitées du pays où il a lieu est partout régulier. Cette maxime, *locus regit actum,* universellement admise et consacrée par les art. 47, 170, 999, C. Nap., est fondée sur la nécessité des relations sociales, sur la bonne foi, sur l'intérêt commun des nations. V. DURANTON, t. 1, p. 56; DEMOLOMBE, t. 1, p. 105; ZACHARIÆ, AUBRY et RAU, t. 1, p. 97.

Toutefois il ne faut pas confondre les formes de l'acte avec les autres conditions de validité; ces conditions sont réglées par la loi de la situation, s'il s'agit de la propriété des biens des parties, ou par la loi du domicile, si l'acte dont il s'agit est relatif à leur état. V. *suprà* les nos 1 et 2 du § 2.

Si donc un Français et une Anglaise se marient à Saint-Pétersbourg, on devra observer la loi française, quant au Français; la loi anglaise, quant à la future, en ce qui concerne les conditions d'âge et toutes celles qui rendent le mariage valable; et enfin, la loi russe, quant aux formes à suivre pour sa célébration. Un Français peut également tester à l'étranger selon les formes prescrites par la loi du pays où l'acte est passé; mais, pour tout ce qui concerne sa capacité et la disponibilité de ses biens, la loi française est seule applicable.

173. La maxime *locus regit actum* s'applique aux actes privés aussi bien qu'aux actes publics, dans les pays qui admettent

la forme sous seing privé pour tels ou tels actes, s'ils réunissent d'ailleurs les conditions exigées dans le pays où ils ont eu lieu, bien qu'en France ces actes ne pussent avoir lieu que dans la forme authentique. Ainsi, un Français qui se trouve dans un pays qui admet la forme des actes sous seing privé pour les reconnaissances d'enfants naturels, les donations entre-vifs, les contrats de mariage, peut valablement, par actes sous seing privé, reconnaître un enfant naturel, faire une donation entre-vifs ou un contrat de mariage, bien qu'en France ces actes ne puissent avoir lieu, d'après les art. 334, 931 et 1394, C. Nap., que par actes authentiques (Arg., Paris, 11 mai 1816 et 22 nov. 1828 ; Cass., 20 déc. 1841 et 6 fév. 1843).

Toutefois, s'il y a eu dol, si c'est frauduleusement qu'un Français est allé faire à l'étranger, en la forme sous seing privé, un acte qu'il n'aurait pu faire en France que dans la forme authentique, l'acte ainsi passé peut évidemment être déclaré nul par les tribunaux français. La règle *Locus regit actum* n'est, en effet, écrite nulle part en termes absolus, et c'est précisément pour laisser au juge une certaine liberté d'appréciation que les rédacteurs du Code Napoléon n'ont pas voulu la consacrer par un texte formel. C'est donc à eux qu'il appartient de l'appliquer avec discernement, avec équité, suivant l'intérêt bien compris des relations sociales. Au reste, il est bien clair que les formalités usitées en pays étrangers ne suffiraient pas, comme l'observe avec raison M. Demolombe, 1, n° 107, s'il s'agissait d'un acte soumis par la loi française à des conditions qui ne pourraient être utilement et efficacement accomplies qu'en France. C'est ainsi que la donation entre-vifs d'un immeuble situé en France, faite en pays étranger, serait soumise à la formalité de la transcription, C. Nap. art. 939, lors même que la loi étrangère ne l'exigerait pas. Cette formalité et les autres de même nature, C. Nap., art. 2134, constituent des dispositions accessoires du statut réel qui régit, comme nous l'avons observé *suprà*, n°s 169 et s., tous les immeubles français sans distinction (C. Nap., art. 3).

Dans les pays où se trouvent accrédités par le Gouvernement français des consuls ou des agents diplomatiques, les français peuvent se marier ou tester à leur choix, soit devant l'officier public étranger, selon les formes de son pays, soit devant le consul ou l'agent diplomatique et selon les formes Françaises (C. Nap., art. 48, 170, 999 et 994. V. DEMOLOMBE, t. 1er, n° 106 *bis* ; ZACHARIÆ, AUBRY et RAU, t. 1er, p. 100).

175. Quant aux formalités de poursuite et d'exécution, il est de principe qu'on doit suivre celles établies par la loi du pays dans lequel la poursuite et l'exécution ont eu lieu (C. Nap., art. 2123, 2128 ; C. proc. civ., art. 545, 546). C'est en effet au nom de la puissance publique qu'elles sont employées dans chaque Etat.

SECT. IV.—*De l'application et de l'interprétation des lois* (Cod. Nap., art. 4 et 5).

176. La justice est le premier devoir de la souveraineté. C'est pour le remplir que les juges sont institués. Leurs pouvoirs comme ceux de tous les mandataires dérivent de leur mandat; ils peuvent tout ce qu'il leur permet, mais ils ne peuvent rien au delà. Appliquer les lois avec discernement, juger suivant la loi, et non juger la loi, telle est leur mission.

Si donc ils empiétaient, comme autrefois, les Parlements et les Conseils supérieurs, sur les attributions du pouvoir exécutif, s'ils prononçaient sur d'autres procès que sur ceux qui leur sont déférés et hors des limites des conclusions prises par les parties qui les ont saisis, ou y statuaient par voie de disposition générale et réglementaire, ils dépasseraient évidemment les limites de l'autorité qu'ils tiennent de la loi (L. 16-24 août 1700, tit. 2, art. 11 ; C. Nap., art. 5, 1165, 1351 ; C. procéd. civ., art. 480, 3° et 4° ; 1028, 1° et 5°...).

Il n'y a point de liberté, a dit Montesquieu, si la puissance de juger n'est pas séparée de la puissance législative et de la puissance exécutive ; si elle était jointe à la puissance législative, le pouvoir sur la vie et la liberté des citoyens serait arbitraire, car le juge serait législateur.

177. Mais si les juges ne doivent statuer que sur les causes qui leur sont soumises, ils doivent toujours et nécessairement juger toutes les contestations qui leur sont déférées. S'ils s'abstiennent, sous prétexte du silence, de l'obscurité ou de l'insuffisance de la loi, leur refus constitue un déni de justice, prévu et puni par l'art. 185 du C. pén. d'une amende de 200 à 500 fr. et de l'interdiction de toutes fonctions publiques de cinq à vingt ans (C. Nap., art. 4 ; C. proc., art. 505, 507; C. pén., art. 185). On ne peut donc, dans aucun cas, appliquer aux juges la maxime si connue et si sage : « *Dans le doute, abstiens-toi.* »

178. Lorsque la loi est claire et positive, il ne faut point en éluder la lettre sous prétexte d'en pénétrer l'esprit ; le juge

doit l'appliquer lors même qu'elle ne paraîtrait pas conforme aux principes généraux du droit ou à l'équité naturelle : *dura lex, sed est lex*, d'après cette autre maxime de droit romain : *meminisse debet judex ne aliter judices quam legibus proditum est.* En effet, il est évident qu'il n'y a pas, et qu'il ne peut pas y avoir de raison plus raisonnable, d'équité plus équitable que la raison ou que l'équité de la loi. Malheureusement, cette règle n'est pas assez bien comprise dans la pratique où l'on voit trop souvent préférer à la règle toujours fixe de la loi les prestiges si souvent trompeurs de l'équité naturelle.

179. Lorsque la loi est obscure, on doit préférer le sens le plus natuel et celui qui est le moins défectueux dans l'exécution. Pour fixer le vrai sens d'une partie de la loi, il faut en rechercher les motifs, le but qu'elle s'est proposé, en combiner et en réunir les différentes dispositions ; remonter aux sources dans lesquelles elle a été puisée ; interroger les discussions qui l'ont préparée, la doctrine des auteurs, les usages, la jurisprudence des tribunaux, surtout celle de la Cour de cassation. La présomption du juge ne doit pas être mise à la place de la présomption de la loi ; il n'est pas permis de distinguer lorsque la loi ne distingue point, et les exceptions qui ne sont point dans la loi ne doivent pas être suppléées. L'application de chaque loi doit se faire à l'ordre des choses sur lesquelles elle statue. Les objets qui sont d'un ordre différent ne peuvent être décidés par les mêmes lois. On ne doit raisonner d'un cas à un autre que lorsqu'il y a mêmes motifs de décider. Mais si la loi se tait absolument, si elle n'a prévu ni directement ni indirectement le cas qui donne lieu au procès, le juge peut alors, en matière civile, mais alors seulement, se décider d'après le principe de l'équité naturelle. Toutefois, il en est autrement en matière criminelle, car, en cette matière, tout ce qui n'est pas défendu directement est licite ; les arguments d'analogie ne sont pas permis au criminel ; on n'y tolère même pas les arguments, *à fortiori*. La loi pénale doit, en un mot, être strictement renfermée dans ses termes sur lesquels ne doit jamais prévaloir l'esprit même de la loi. Le silence ou l'obscurité de la loi doivent donc profiter toujours à l'accusé qui doit être absous, *nulla pœna sine lege.*

180. En résumé, pour toute affaire soit civile, soit criminelle, ou la loi parle, ou elle se tait. Si la loi parle, il faut juger en se conformant à sa volonté ; si elle se tait, il faut juger encore, mais avec cette différence que, lorsqu'il s'agit d'un procès criminel, l'accusé doit être renvoyé *vu le silence de la loi.*

181. Quant à l'interprétation législative, elle consiste à résoudre les doutes et à fixer le sens d'une loi ; elle a appartenu de tous temps au législateur : *ejus est interpretari legem, cujus est condere* ; elle est fondée sur une nécessité publique et politique. Son but essentiel, c'est de ramener l'unité, l'uniformité ; c'est de rendre la loi interprétée obligatoire dans le sens de l'interprétation que le pouvoir législatif lui a donnée.

La loi interprétative s'incorpore avec la loi interprétée avec laquelle elle ne fait qu'une seule et même loi, plus intelligible seulement et plus claire, et elle doit être appliquée aux faits même antérieurs sans qu'il y ait en cela aucune rétroactivité (V. *suprà*, n° 152).

SECT. V. — *Des lois et des conventions par lesquelles on peut ou on ne peut pas y déroger* (Cod. Nap., art. 4 et 6).

182. L'abrogation d'une loi est l'acte par lequel elle est annulée, anéantie.

183. L'immutabilité des lois serait sans doute une chose désirable ; mais, faites pour les besoins des hommes, les lois doivent se modifier ou disparaître avec les circonstances qui les ont motivées ; autrement, elles deviendraient un obstacle au progrès de la société.

184. La dérogation aux lois est légale quand elle est l'œuvre de la loi ; conventionnelle, quand elle est le résultat de conventions privées. La dérogation légale avait lieu, en droit romain, lorsqu'une partie de la loi en était retranchée, l'autre partie continuant toujours de subsister : *derogatur legi, cum pars detrahitur*. Aujourd'hui, le législateur peut déroger à une loi, non-seulement par retranchement, mais, encore par addition. Toute modification, en un mot, qu'il apporte à une loi et qui ne tend pas à l'anéantir en totalité, est une dérogation. Nous avons un exemple de dérogation au Code Napoléon dans la loi du 3 sept. 1807, qui porte que l'intérêt conventionnel de l'argent, en matière civile, ne pourra excéder 5 °/₀, et, en matière de commerce, 6 °/₀ sans retenue, au lieu que, suivant l'art. 1907 du C. Nap., le taux de l'intérêt conventionnel pouvait excéder celui de la loi et ne dépendait que de la stipulation.

185. C'est au pouvoir seul qui a droit de faire la loi qu'il appartient naturellement de l'abroger et d'y déroger : *cujus est condere legem, ejus est abrogare et derogare*.

186. L'abrogation est expresse ou tacite : expresse, lorsque

la loi nouvelle prononce textuellement que l'ancienne loi est rapportée, abrogée, cessera d'avoir effet, etc. C'est ainsi que l'art. 7 de la loi du 30 vent. an XII déclare qu'à compter du jour où les lois composant le Code Napoléon sont exécutoires, les lois romaines, les ordonnances, les coutumes générales ou locales, les statuts, les règlements, cessent d'avoir force de loi dans les matières qui sont l'objet des lois composant le présent Code (C. Nap., art. 1390 ; C. proc. civ., art. 1041 ; DEMOLOMBE, t. 1er, n° 125).

Ainsi, les dispositions du droit romain, des ordonnances, des coutumes, de l'ordonnance de 1667, sur les points mêmes où elles n'ont rien de contraire au Code, ne sont plus des règles obligatoires. Obligés de juger sans pouvoir s'en dispenser, sous prétexte du silence ou de l'obscurité de la loi (C. Nap., art. 4), les juges peuvent seulement chercher dans les lois romaines, dans les coutumes et dans les anciennes ordonnances, des lumières pour décider des espèces qui n'ont pas été prévues par les lois actuelles ; car les lois et les coutumes anciennes, lorsqu'elles sont fondées en raison, sont le complément naturel des lois nouvelles ; et les juges doivent les prendre pour guides plutôt que de s'abandonner à leur propre raison.

L'abrogation est tacite quand la loi nouvelle renferme des dispositions contraires ou inconciliables avec la loi antérieure, sans exprimer qu'elle l'abroge : c'est la maxime *Posteriora derogant prioribus ;* mais il faut que l'inconciliabilité soit manifeste et certaine, car l'abrogation par cette voie ne doit pas se présumer facilement.

Les lois peuvent n'être contraires que dans quelques points seulement, et ce n'est que dans ces points que la nouvelle loi déroge aux anciennes. Le silence qu'elle garde sur les autres dispositions de l'ancienne loi n'est ni une abrogation ni une dérogation, et ne doit pas empêcher d'observer ses dispositions, lorsqu'elles ne sont pas incompatibles avec la nouvelle loi. Il faut, en effet, interpréter la loi nouvelle de manière à la mettre en harmonie avec la loi ancienne, concilier toutes les dispositions qui ne s'excluent pas mutuellement : *Posteriores leges ad priores pertinent, nisi contrariæ sint* (L. 28, *De leg.* ; Cass., 24 avril 1809 ; SIREY, 1809.1.222, 29 oct. 1809, SIREY, 10.1.203 ; Montpellier, 21 nov. 1829, DEV., 1830.2.88).

En principe, les lois spéciales ne dérogent au droit commun qu'autant que la dérogation y est clairement exprimée ;

et elles ne sont abrogées à leur tour par une loi générale postérieure, que s'il y a dans celle-ci une disposition spéciale à cet égard, ou si elle contient un système complet de législation sur là même matière. Tel est le principe rappelé dans l'art. 484 du Code pénal, portant : « Dans toutes matières qui n'ont pas été réglées par le présent Code, et qui sont réglées par des lois et règlements particuliers, les Cours et tribunaux continueront de les observer. »

187. Toute loi devant, en principe, être exécutée tant qu'une autre loi ne l'a pas abrogée, il s'ensuit qu'une loi régulièrement promulguée n'est pas abrogée par cela seul que les motifs qui l'ont fait édicter ont cessé d'exister: car, tirant sa force de la sanction du législateur, elle est par là même indépendante des faits qui l'ont motivée ; ni par désuétude, comme l'ont pensé à tort, selon nous, certains auteurs, ni par un long usage contraire, à moins de reconnaître, à côté du pouvoir législatif, un pouvoir rival affranchi de toute règle, et abandonner ainsi à l'appréciation des juges la question de savoir si tel usage a ou non les caractères suffisants pour faire loi; ce qui est absurde et inconstitutionnel tout à la fois. Un tel antagonisme serait l'anarchie (DEMOLOMBE, t. 1er, n° 130).

190. Toutes les règles applicables en matière d'abrogation le sont également à la dérogation. Ainsi une loi peut déroger à celles qui l'ont précédée, non-seulement lorsqu'elle le déclare, mais encore lorsqu'elle contrarie leurs dispositions, ou, ce qui revient au même, lorsque ses dispositions sont inconciliables avec les leurs. Chacun est libre de renoncer à un droit introduit en sa faveur, lorsque ce droit est ouvert, acquis, par conséquent de déroger aux lois de pur droit privé, c'est-à-dire à celles qui n'ont pour objet que son intérêt personnel et positif. C'est une règle admise par tous les auteurs, qui doit toutefois recevoir exception : 1° toutes les fois que la loi elle-même a défendu de déroger à ses dispositions ; 2° lorsqu'on peut induire de ses dispositions ou de ses motifs qu'elle est absolument prohibitive ; 3° lorsque les dispositions de la loi ont pour fondement quelque cause publique ou politique ou l'intérêt d'un tiers.

On ne peut, en effet, renoncer à une succession non ouverte et faire aucune stipulation sur une pareille succession, même avec le consentement de celui de la succession duquel il s'agit (C. Nap., art. 1130) ; ni à la communauté avant sa dissolution (C. Nap., art. 1453) ; ni à la faculté de tester, ni à la rescision pour lésion, avant que l'action soit ouverte, C. Nap., art.

1674 ; ni à la prescription avant qu'elle soit acquise (C. Nap., art. 2220) ; ni enfin stipuler utilement, dans un acte constitutif d'hypothèque, que le créancier sera dispensé de prendre inscription (C. Nap., art. 2134), etc.

Mais s'il est permis à chacun de déroger aux lois de pur droit privé, à l'exception de quelques points auxquels la loi a expressément défendu de déroger, il n'en est pas de même des lois qui intéressent l'ordre public et les bonnes mœurs ; aucune dérogation n'y peut être apportée (C. Nap., art. 6, 900, 1133 et 1172, 1387 ; Cass., 7 oct. 1842). Toutefois cette maxime, incontestable en théorie, donne lieu, dans la pratique, à de sérieuses difficultés. Le législateur, en effet, n'a point déterminé quelles sont les lois qui intéressent l'ordre public et les bonnes mœurs ; il s'en est rapporté à cet égard à la sagesse des tribunaux.

191. Parmi les lois d'ordre public, et qui se rapportent à l'intérêt général, on doit incontestablement placer celles qui ont pour objet de constituer le corps social par la délégation des pouvoirs, par la détermination des compétences, ou par tout autre moyen semblable. Et cependant, par une exception aux principes posés en l'art. 6, C. Nap., les particuliers soumis à la juridiction ordinaire d'un tribunal de première instance peuvent se soustraire à être jugés par un autre : c'est ce qui résulte formellement de l'art. 111 du même Code. Mais on ne pourrait pas porter une affaire directement devant une Cour d'appel, qui ne peut juger en premier ressort, ni porter devant un tribunal de première instance une affaire de la compétence du juge de paix ; on ne pourrait pas non plus proroger la compétence de ce magistrat *de re ad rem*, ni convenir que l'appel d'un tribunal de première instance serait porté devant une Cour d'appel qui lui est étrangère, parce qu'on ne peut donner à cette Cour le pouvoir de réformer les jugements d'un tribunal qui n'en dépend point, et n'est pas situé dans son ressort.

192. Les lois qui se rapportent uniquement à l'intérêt général ne sont pas les seules qui soient empreintes du caractère d'ordre public. Il en est d'autres qui, quoique restreintes par leur objet aux intérêts privés, n'en appartiennent pas moins à l'ordre public, et sont dès lors inaccessibles aux conventions dérogatoires des particuliers : telle est, par exemple, la disposition de l'art. 815, C. Nap., qui proscrit les conventions qui auraient pour objet de perpétuer l'indivision ; telles sont surtout les lois sur le mariage, sur la famille, sur l'état et la capacité des

personnes. Les époux, dit notamment l'art. 1388, C. Nap., au titre du contrat de mariage, ne peuvent déroger ni aux droits résultant de la puissance maritale sur la personne de la femme et des enfants, ou qui appartiennent au mari, comme chef, ni aux droits conférés au survivant des époux par le titre de la puissance paternelle et par le titre de la minorité, de la tutelle et de l'émancipation.

193. Les lois qui intéressent les bonnes mœurs sont celles que l'opinion publique répute illicites pour tous ou même pour telle ou telle classe de personnes, et selon Merlin, t. 10, p. 239, dans le sens de l'art. 6, C. Nap., seulement celles par lesquelles certaines actions immorales sont réprimées (C. Nap., art. 334, 530, 815, 900, 1130, 1133, 1172, etc., 1660, 1674, etc.).

194. La loi fait toutefois, à l'égard des conventions faites en violation de la règle établie par l'art. 6, C. Nap., une distinction qu'il importe de connaître. Ainsi, la convention faite sous des conditions contraires à l'ordre public ou aux bonnes mœurs est-elle à titre onéreux, une vente ou un échange, par exemple, tout est nul, la condition et la convention qui en dépend (C. Nap., art. 1172) ; est-elle à titre gratuit, la condition est réputée non écrite ; elle est nulle, mais la convention n'en doit pas moins subsister (C. Nap., art. 900).

TITRE II.

DU DROIT CIVIL, DE L'ÉTAT ET DE LA CAPACITÉ DES PERSONNES.

195. Le droit civil comprend les lois relatives à la jouissance ou à la privation de tous les avantages particuliers (autres que les avantages politiques) accordés par la loi civile à tous les habitants d'un pays ; la déclaration des droits et des devoirs de l'homme considéré dans les divers états de père, d'époux, de fils, de tuteur, etc.; en un mot, il prend l'homme au berceau (même dans le sein de sa mère, *infans conceptus pro nato habetur*), C. Nap., art. 6, 29, 312, 393, 725 et 906, et le suit et le protége dans tous les actes de la vie civile.

196. On entend ordinairement par *personne* tout être humain considéré par la loi dans ses rapports avec ses semblables, avec l'état qu'il occupe dans la société, dans la famille, avec ses droits et ses obligations. L'état, c'est la condi-

tion d'un individu, le rôle que joue cet individu dans la société à raison des différentes qualités civiles dont il jouit ; c'est, en un mot, la capacité, l'aptitude légale, l'habileté, l'idonéité de l'individu à avoir la jouissance ou l'exercice de tel ou tel droit. Elle est active ou passive, morale ou civile : active, quand elle consiste à agir ; passive, quand elle permet de profiter de ce que les autres ont fait pour nous ; morale, quand la personne jouit de ses facultés intellectuelles ; civile, lorsqu'on réunit les autres conditions requises par la loi.

197. Le mot *personne*, suivant plusieurs auteurs qui font souvent autorité, signifie non pas l'individu lui-même ; mais bien le rôle, le personnage que joue cet individu, l'état qu'il occupe dans la société, à raison de ses qualités civiles, et que dès lors tout événement qui apporte un changement à sa condition légale, opère changement de personne. Mais cette théorie, vraie en droit romain, est en contradiction flagrante avec le droit français suivant lequel la personne, c'est évidemment l'homme, l'individu lui-même ; s'il y a pour lui changement d'état, la même personne subsiste toujours, sa capacité seulement se trouve modifiée ; tel, par exemple, l'individu d'impubère devenu pubère ; de mineur, majeur ; de célibataire, marié, etc.

198. La loi, par opposition aux personnes naturelles ou physiques, dont nous venons de parler, crée, dans certains cas, des personnes fictives ou civiles ; c'est ainsi que l'Etat, les communes, les établissements publics, les sociétés de commerce, etc., forment des individus, des êtres abstraits ou juridiques, qui, de même que les personnes proprement dites, ont un patrimoine à elles, des droits et des obligations, et qui font l'objet de règles particulières (C. Nap., art. 619, 910, 1712, 2045, etc.).

199. Les causes qui exercent le plus d'influence sur l'état et sur la capacité des personnes sont :

1° La nationalité ou l'extranéité, c'est-à-dire la qualité de Français ou d'étranger ;

2° Les sexes : la condition de la femme est, en effet, beaucoup moins avantageuse que celle de l'homme. Cette différence est fondée sur la nature et sur la loi (C. Nap., 8, 12, 144, 152, 213, 217, 394, 442, 2066, etc. ; C. comm., art. 113) ;

3° L'âge : la loi a avec raison établi des présomptions d'incapacité contre les personnes, autrement dit les individus au-dessous de tel âge. Cet âge varie suivant qu'il s'agit d'impubères ou de pubères ; de mineurs ou majeurs, de l'exercice des droits politiques et des droits civils ;

4° Le mariage, source unique de la famille, des rapports qu'il crée, des droits et des devoirs distincts qu'il établit entre le mari, la femme et les enfants ;

5° Les infirmités intellectuelles... De là l'interdiction, la nomination d'un conseil judiciaire. V. ces mots.

6° Les condamnations judiciaires, d'où résultent aussi, suivant les cas, l'interdiction légale et la privation totale ou partielle des droits civiques ou civils.

7° L'absence, le domicile, etc.

Les droits et les devoirs des individus varient suivant ces différentes qualités, comme on le verra ci-après.

200. Tout individu qui fait partie de la nation française et dont l'état et la capacité sont régis, soit en France, soit à l'étranger, par les lois françaises, est Français.

Le mot Français comprend non-seulement les hommes, mais les femmes ; non-seulement les majeurs, mais aussi les mineurs et les interdits.

On est Français par droit de naissance ou on le devient par le bienfait de la loi, par la naturalisation et la réunion définitive à la France d'un territoire étranger.

201. Dans l'ancien droit, l'origine, indépendamment du lieu de la naissance, et le lieu de la naissance indépendamment de l'origine, étaient également attributifs de la nationalité.

Ainsi étaient Français de naissance : 1° les enfants nés même en pays étranger, de parents français ; 2° les enfants nés en France, même de parents étrangers.

Aujourd'hui, ce n'est plus le lieu, le territoire natal qui confère la qualité de Français, c'est l'origine, le sang seul. Ainsi, est Français par droit de naissance l'enfant légitime né d'un père français, soit en France, soit en pays étranger, quelle que soit la condition de la mère ; réciproquement, l'enfant légitimé né en France d'un étranger, est étranger, la mère fût-elle Française (C. Nap., art. 9 et 10). La raison de ce principe constamment suivi est que, par l'effet du mariage, l'enfant suit toujours l'origine et la condition du père. Le père est, en effet, le chef de la famille ; c'est lui qui exerce la puissance paternelle (C. Nap., art. 148, 373) ; c'est lui qui transmet à l'enfant son nom pour le perpétuer ; il doit dès lors aussi lui transmettre sa nationalité.

Toutefois, la loi du 7 fév. 1851 a rétabli l'ancien principe que la naissance en France donne la nationalité française, en faveur de tout individu né en France d'un étranger qui lui-même y est né, à moins que dans l'année qui suit l'époque de sa majorité, telle qu'elle est fixée par la loi française, il ne réclame la qualité d'étranger par une déclaration faite, soit devant l'autorité municipale du lieu de sa résidence, soit devant les agents diplomatiques ou consulaires accrédités en France par le gouvernement étranger. Ainsi l'étranger né en France peut devenir Français par le bienfait de la loi, tandis que l'étranger ordinaire ne le peut que par la naturalisation (V. *inf.*, nº 204). Mais s'il n'y a pas de mariage, la solution n'est plus aussi facile. Sous la loi romaine, l'enfant né hors mariage suivait la condition de sa mère. Ce principe adopté par l'ancienne jurisprudence conserve encore aujourd'hui toute sa force dans le cas où le père est inconnu; ainsi l'enfant naturel, qui n'est pas reconnu, naît Français même en pays étranger, si la mère est Française; étranger, quoique né en France, si la mère est étrangère (C. Nap., art. 9 et 10).

202. Si l'enfant a été régulièrement reconnu par son père, il suit sa condition, et dès lors il est Français, s'il est né en France ou en pays étranger et reconnu par un Français; car il est né d'un Français (C. Nap., art. 10); étranger, s'il est né même en France et reconnu par un étranger, car il est né d'un étranger (C. Nap., art. 9). La reconnaissance a constaté sa filiation et son origine; elle doit donc produire ses effets sous ce rapport comme sous tous les autres; elle doit attribuer à l'enfant la nationalité de son père, comme elle lui attribue son nom, comme elle le soumet à sa puissance paternelle (C. Nap., art. 383), comme elle crée entre eux des droits de successibilité réciproque (C. Nap., art. 757, 765; DEMOLOMBE, nº 149; MARCADÉ, sur l'art. 8, nº 2.)

Mais si l'enfant a été à la fois légalement reconnu par son père et par sa mère, que le père soit Français et la mère étrangère, ou le père étranger et la mère Française, peu importe, il suit évidemment, comme l'enfant légitime, la condition de son père (C. Nap., art. 9 et 10; V. *sup.*, nº 201.)

Ainsi l'enfant légitime suit toujours la condition de son père. Il est donc, comme lui, Français ou étranger. Il en est de même de l'enfant naturel reconnu par son père seulement ou ensemble par son père et sa mère; il ne suit la condition de sa mère qu'au cas où il n'a été reconnu que par elle seulement.

203. Quant à l'enfant né en France de père et de mère inconnus, et à l'enfant trouvé, ils sont réputés Français par cela seul qu'ils sont nés en France; et, en cas de doute, la pré-

somption est, en pareil cas, pour la nationalité française.

Un décret du 4 juill. 1793 et un autre décret du 19 janv. 1811, renouvelés en 1848, donnent, en effet, aux enfants trouvés le titre d'enfant de la patrie. Par la même raison, l'enfant trouvé, né en pays étranger, est étranger.

Mais quel moment dans ces différents cas devra-t-on considérer pour déterminer la nationalité de l'enfant ? Le moment de la conception, ou celui de la naissance, si dans l'intervalle de l'un à l'autre, le père ou la mère a changé de nationalité ? Le Code Napoléon, art. 725 et 906 combinés avec les art. 726, 912 et 961, d'accord en cela avec les principes écrits dans la nature même des choses, résout la question *in extenso*, nécessairement et toujours, en faveur de la conception, si l'enfant était déjà conçu au moment où ses père et mère français et légitimement mariés se sont fait naturaliser en pays étranger avant sa naissance, ou si, né hors mariage, il était reconnu par son père.

Mais si la condition de l'enfant est déterminée par la condition de la mère, alors on doit nécessairement se reporter au moment de la naissance de l'enfant, car, jusque-là, l'enfant placé dans une dépendance vis-à-vis de sa mère, ne forme en quelque sorte qu'un seul être avec elle. Mais c'est là, dit avec raison Marcadé sur l'art. 8, n° 2, un principe auquel il faut apporter une exception de faveur quand l'enfant qu'on déclarerait étranger en s'arrêtant au moment de la naissance, devra se trouver Français, au contraire, si l'on se reporte au temps de la conception. En effet, d'après une fiction généralement admise en droit romain, on répute né l'enfant qui n'est encore que conçu quand le résultat en est plus avantageux pour lui : *infans conceptus pro nato habetur, quoties de commodis ejus habetur*. Cette fiction trouve du reste sa sanction dans les articles 725, 906 et 961, C. Nap., combinés avec les art. 726 et 912 du même Code. V. *suprà*, n° 196.

Ainsi la condition de l'enfant doit toujours être celle qu'avait son auteur, quand même cette condition aurait changé postérieurement et serait différente au moment, par exemple, où se fait la reconnaissance. Dès lors, un enfant reconnu seulement d'abord par sa mère étrangère au moment de la conception et au moment de la naissance (enfant jusqu'alors étranger), et ensuite par son père, étranger aussi au moment qu'il le reconnaît, mais qui était Français au moment de la conception de l'enfant, est évidemment Français. V. MARCADÉ, *loc. cit.*; DEMOLOMBE, *loc. cit.*, n°s 146 et suiv.

204. En résumé, sont Français par droit de naissance : 1° les enfants légitimes nés d'un père français, soit en France, soit en pays étranger, quelle que soit la condition de la mère;

2° L'enfant né en France d'un étranger qui lui-même y est né, sauf le droit pour cet enfant de réclamer dans l'année de sa majorité, telle qu'elle est réglée par la loi française, la qualité d'étranger ;

3° L'enfant conçu au moment où ses père et mère, Français et légitimement mariés, se sont fait naturaliser en pays étranger;

4° L'enfant naturel reconnu soit par un Français, soit par une femme française, soit ensemble par une femme française ou même étrangère ;

5° L'enfant naturel reconnu par sa mère, étrangère à l'époque de la conception et de la naissance, et ensuite par son père étranger aussi au moment qu'il le reconnaît, mais qui était Français au moment de la conception de l'enfant;

6° L'enfant né en France de parents inconnus, *jure soli* (Arg. C. Nap., art. 9 et 10 ; DEMOLOMBE et MARCADÉ, *loc. cit.;* VALETTE, liv. 1er, p. 13).

205. On devient Français par le bienfait de la loi, lorsqu'on le devient en vertu d'un droit consacré par la loi, c'est-à-dire en remplissant les conditions qu'elle impose à celui qui invoque l'exercice de ce droit.

La loi n'ayant plus aujourd'hui, comme sous l'empire de l'ancien droit, égard au lieu de la naissance pour déterminer la nationalité, il s'ensuit que celui qui naît en France d'un étranger, naît étranger et reste étranger. Cependant, comme il existe dans le cœur de l'homme une affection naturelle pour le sol où il est né, le législateur ne pouvait méconnaître la réalité et la puissance de cet attachement instinctif. Aussi a-t-il placé l'individu né en France d'étranger dans une position bien préférable à celle de l'étranger proprement dit. L'un est astreint à des épreuves sévères, et même au bon plaisir du souverain; l'autre, pour entrer immédiatement dans la grande famille française, n'a qu'une simple formalité à remplir, si son attachement pour le sol natal existe bien réellement dans son cœur. Deux conditions seulement lui sont imposées : la première, c'est qu'il fasse sa réclamation dans l'année qui suivra l'époque de sa majorité ; la seconde, c'est qu'il fixe son domicile en France dans l'année, à compter de l'acte de sa soumission (C. Nap., art. 9).

La loi assigne, comme on voit, à l'étranger né en France

qui réclame la qualité de Français, une année avant laquelle il ne pourrait pas encore et après laquelle il ne pourrait plus faire utilement sa réclamation (C. Nap., art. 9).

Cette année est celle qui suit l'époque de la majorité réglée par la loi du pays auquel il appartient, et non pas de la majorité fixée par la loi française : autrement le bienfait de la loi aurait pu souvent être illusoire. En effet, la majorité française ayant lieu dès l'âge de 21 ans, d'après l'art. 488 du C. Nap., il pourrait arriver qu'un étranger né en France, un Allemand, par exemple, dont la majorité n'est fixée qu'à vingt-cinq ans, se trouvât privé, sans aucune négligence de sa part, du bénéfice de la loi française, car, placé qu'il est sous l'autorité de ses ascendants ou de son tuteur, il n'aurait point la liberté de ses actions. Telle n'a pu être évidemment la pensée du législateur.

206. Les législateurs de 1849 et de 1851, trouvant la disposition de l'art. 9 du C. Nap. trop restreinte, l'ont modifiée sous différents rapports :

1° La règle aux termes de laquelle l'individu né en France d'un étranger qui a droit au bénéfice de la loi, doit, sous peine de déchéance, le réclamer dans l'année de sa majorité, a reçu une double exception ; cette réclamation peut, en effet, être faite aujourd'hui à tout âge : « 1° par celui qui sert ou qui a servi dans les armées françaises de terre ou de mer ; 2° par celui qui a satisfait à la loi du recrutement sans exciper de sa qualité d'étranger » (L. 15 mars 1849) ;

2° Tout individu né en France d'un étranger qui lui-même y est né, naît de plein droit Français, sauf à lui à réclamer dans l'année de sa majorité, telle qu'elle est fixée par la loi française, la qualité d'étranger par une déclaration faite soit devant l'autorité municipale du lieu de sa résidence, soit devant les agents diplomatiques ou consulaires accrédités en France par le Gouvernement étranger (L. 7 fév. 1851, art. 1er) ;

3° Le privilége de l'art. 9 du C. Nap., en faveur de tout individu né en France d'un étranger qui lui-même y est né, a été étendu aux enfants de l'étranger naturalisé Français, quoique nés en pays étranger, avant sa naturalisation. Leur déclaration doit être faite dans l'année de leur majorité, s'ils étaient mineurs lors de la naturalisation de leurs parents, ou s'ils étaient majeurs à cette époque, dans l'année qui suit celle de ladite naturalisation, c'est-à-dire dans l'année de la date de cette naturalisation (L. 7 fév. 1851, art. 2).

207. Quant à l'enfant né en pays étranger et *à fortiori*, en France, d'un Français (ou d'une Française) (le mot *Français*

est, en effet, pris ici dans un sens générique pour désigner le père ou la mère de l'enfant), qui a perdu la qualité de Français, il est de plein droit Français et il recouvre cette qualité, d'après le principe consacré par la loi du 7 fév. 1851, s'il n'a pas, dans l'année de sa majorité, telle qu'elle est réglée par la loi française, réclamé la qualité d'étranger (V. *suprà*, n° 206).

La loi de 1851, en effet, ne distinguant pas entre l'enfant d'un étranger proprement dit et celui qui est né d'un ci-devant Français, s'applique évidemment à l'un comme à l'autre, et *à fortiori* à l'enfant du ci-devant Français, car la loi le traite plus favorablement que l'enfant né en France d'un étranger, dont s'occupe l'art. 9 du C. Nap. Celui-ci, en effet, ne peut acquérir la qualité de Français qu'en remplissant dans un délai assez court, dans l'année qui suit sa majorité, les formalités prescrites, tandis que l'autre, au contraire, le peut toujours, c'est-à-dire à tout âge, pourvu qu'il soit majeur, en remplissant les mêmes formalités. Mais il ne jouit de la qualité de Français qu'à partir de leur accomplissement.

208. L'étrangère qui épouse un Français suit la condition de son mari, c'est-à-dire qu'elle accepte sa patrie, qu'en un mot, elle devient Française comme lui, par le fait seul du mariage. Mais si le mari change de nationalité pendant le mariage, sa femme ne subit point nécessairement le changement qu'il n'a accepté et qu'il n'a pu accepter que pour lui-même. Ainsi, la femme étrangère ou française, qui a épousé un Français, ne perd point sa qualité de Française lorsque son mari, par une cause quelconque, a perdu la sienne ; de même, la femme d'un étranger qui se fait naturaliser Français reste dans la condition d'étrangère.

209. La naturalisation est l'acte par lequel un étranger requiert la qualité de Français et de citoyen français, et les droits qui y sont attachés.

Est considéré comme étranger non-seulement l'individu qui est né en pays étranger de parents étrangers, mais encore celui qui est né sur le sol français de parents étrangers (V. *suprà*, n° 201).

Autrefois, la naturalisation d'un étranger en France s'opérait par lettres patentes du Roi, dites de la naturalité. Depuis la révolution de 1789, ce mode de naturalisation a été changé. La première loi qui ait été rendue sur cette matière est celle du 30 avril-2 mai 1790. Elle porte : « tous ceux qui, nés hors du royaume, de parents étrangers, sont établis en France, seront réputés Français et admis, en prêtant le serment civique, à l'exercice des droits de citoyen actif, après cinq ans de domicile continu dans le royaume, s'ils ont en outre ou acquis des immeubles, ou épousé une Française, ou formé un établissement de commerce, ou reçu dans quelque ville des lettres de bourgeoisie, nonobstant tous règlements contraires auxquels il est dérogé. »

La loi du 30 avril-2 mai 1790 fut remplacée par la Constitution du 3 sept. 1791, qui exigea le serment civique, non comme condition de l'exercice des droits de citoyen, mais comme simple acceptation de la naturalisation. Elle exigea aussi cinq ans de domicile, et de plus l'une ou l'autre de ces trois circonstances : la possession d'immeubles situés en France, le mariage avec une Française, un établissement d'agriculture ou de commerce (art. 3). Toutefois, cette constitution permit que le pouvoir législatif, pour des considérations importantes, donnât à un étranger un acte de naturalisation, sans autres conditions que de fixer son domicile en France et d'y prêter le serment civique (art. 4).

La Constitution de 1791 a été abrogée implicitement par celle du 24 juin 1793, dont l'article 4 était ainsi conçu : « tout étranger âgé de vingt et un ans accomplis, qui, domicilié en France depuis une année, y vit de son travail ou acquiert une propriété, ou épouse une Française, ou adopte un enfant, ou nourrit un vieillard, tout étranger enfin qui sera jugé par le Corps législatif avoir bien mérité de l'humanité, est admis à l'exercice des droits de citoyen français. Il suffisait, comme on le voit, sous l'empire de la Constitution de 1793, pour acquérir la qualité de citoyen français, et pour être irrévocablement investi des droits qu'elle confère, que l'étranger fût âgé de vingt et un ans accomplis, qu'il eût établi depuis une année au moins son domicile en France lorsque, soit avant, soit après l'expiration de cette année, il avait épousé une Française, et qu'il y eût vécu de son travail.

L'arrêté pris sous l'empire de la Constitution de 1793 par les représentants du peuple, le 21 brum. an II, et ratifié par la Convention nationale, par la loi du 7 messid. an III, a conféré de plein droit le titre de citoyen français aux Suisses qui s'étaient établis à Besançon, en 1793, pour y fonder une manufacture d'horlogerie, et, par conséquent, les descendants de ces Suisses n'ont pu se soustraire à la loi du recrutement (Besançon, 14 déc. 1844).

110. D'après la Constitution du 5 fruct. an III (22 août 1795), qui a remplacé celle du 24 juin 1793, l'étranger de-

venait en même temps Français et citoyen. Cette Constitution a élevé à sept années le temps du stage politique; elle a exigé encore que l'étranger déclarât, avant tout, l'intention de se fixer en France, qu'il y payât une contribution directe et y possédât ou une propriété foncière, ou un établissement d'agriculture ou de commerce, ou qu'il y eût épousé une Française (art. 10). Cette Constitution n'a, du reste, pu produire son effet que du jour où son acceptation par le peuple français a été proclamée, c'est-à-dire le 22 sept. 1795. En conséquence, l'étranger qui, avant cette dernière époque, avait rempli les conditions exigées par la Constitution de 1793 pour être Français, a été irrévocablement investi de cette qualité.

La Constitution de 1795 a été elle-même abrogée par celle du 22 frim. an VIII (13 déc. 1799). Suivant cette dernière loi, l'étranger acquérait bien également en même temps, comme sous la précédente, la qualité de Français et de citoyen, mais il suffisait qu'après avoir atteint l'âge de 21 ans il déclarât l'intention de se fixer en France et y eût résidé pendant dix années consécutives (art. 3). Des considérations d'intérêt public firent apporter à la Constitution du 22 frim. quelques modifications.

Ainsi le sénatus-consulte du 26 vendém. an XI autorisa le Gouvernement pendant cinq ans, à partir de sa publication, à admettre à jouir des droits de citoyen français, après un an de domicile seulement, les étrangers qui rendraient ou auraient rendu des services importants à l'Etat, qui apporteraient dans son sein des talents, des inventions ou industries utiles, ou qui formeraient de grands établissements (art. 1er). Un autre sénatus-consulte du 19 fév. 1808, art. 1er, a rendu cette autorisation perpétuelle. Cette admission à jouir des droits de citoyen français était conférée par un arrêté ou un décret spécial du Gouvernement pris sur le rapport du ministre de l'intérieur, le Conseil d'Etat entendu (art. 2). Il était, en outre, délivré une expédition de cet arrêté ou de ce décret visée par le grand-juge, à l'impétrant, qui devait ensuite, muni de cette expédition, prêter, devant la municipalité de son domicile, le serment d'être fidèle au gouvernement établi par la Constitution. Il était tenu registre et dressé procès-verbal de cette prestation de serment (art. 4). Le serment complétait, comme on voit, la naturalisation et mettait l'impétrant en possession de son nouvel état.

L'art. 13, C. Nap., a également dérogé à la Constitution de l'an VIII. Il résulte de cet article que l'étranger ne peut être admis à jouir des droits civils qu'autant qu'il aura obtenu du Gouvernement l'autorisation de résider en France ; le Conseil d'État, consulté à cet égard, a été d'avis que, dans tous les cas où un étranger voulait s'établir en France, il était tenu d'obtenir la permission du Gouvernement, laquelle pouvait être, selon les circonstances, sujette à des modifications, à des restrictions et même à des révocations. La loi du 3-11 déc. 1849 a confirmé ce principe.

Un décret du 17 mars 1809 a exigé, en outre, que la naturalisation fût prononcée par le souverain, sur la demande de l'étranger, transmise avec les pièces à l'appui par le maire de son domicile au préfet du département, qui devait les adresser, avec son avis, au ministre de la justice, en sorte qu'à partir de la publication de ce décret, il n'a plus existé de naturalisation de plein droit.

Toutefois le décret du 17 mars 1809 et le sénatus-consulte du 19 fév. 1808 ne s'appliquent qu'aux individus nés, hors de France, d'étrangers, et par conséquent étrangers eux-mêmes, et non à ceux qui sont nés en France, même d'étrangers (Paris, 13 nov. 1841).

La Charte de 1814 avait laissé subsister la Constitution de l'an VIII, le sénatus-consulte de 1808 et le décret de 1809. C'est ce qui résulte d'une ordonnance du 4 juin 1814, portant, art. 2, que les dispositions du Code civil, relatives aux étrangers et à leur naturalisation, restent en vigueur et seront exécutées selon leur forme et teneur. Or, le Code Napoléon, en se bornant à dire, art. 7, que la qualité de citoyen français s'acquérait conformément à la loi constitutionnelle, s'est référée à la Constitution de l'an VIII, seul texte constitutionnel qui existât en 1803, sur la voie à prendre par les étrangers, pour acquérir la qualité de Français et de citoyen.

La Charte de 1830 n'a également rien innové en ce point. C'est donc à la Constitution de l'an VIII, modifiée par le sénatus-consulte de 1808 et le décret de 1809 précité, que la matière de la naturalisation des étrangers en France a été soumise depuis 1830.

211. Tel était l'état de la législation en matière de naturalisation lorsque, le 28 mars 1848, le Gouvernement provisoire rendit un décret par lequel il autorisa le ministre de la justice à accorder la naturalisation à tous les étrangers qui la demanderaient et qui justifieraient par actes officiels et authentiques qu'ils résidaient en France depuis cinq ans et qui, en outre, produiraient à l'appui de leur demande l'attestation par le

maire de Paris ou le préfet de police, pour le département de la Seine, et par les commissaires du Gouvernement (aujourd'hui les préfets ou sous-préfets) pour les autres départements, qu'ils étaient dignes, sous tous les rapports, d'être admis à jouir des droits de citoyens français. Ce décret, qui a remplacé la législation antérieure, a été lui-même remplacé par la loi du 3-11 déc. 1849, la seule applicable aujourd'hui aux demandes de naturalisation.

On distingue, d'après cette dernière loi, trois espèces de naturalisations : la naturalisation ordinaire, la naturalisation extraordinaire et la grande naturalisation.

La naturalisation ordinaire exige de l'étranger, qui veut l'obtenir, les trois conditions suivantes : 1° être âgé de vingt-cinq ans accomplis ; obtenir de l'Empereur l'autorisation d'établir son domicile en France, conformément à l'art. 13, C. Nap.; 3° une résidence effective pendant dix ans en France à compter du jour où il a obtenu cette autorisation.

Lorsque l'étranger réunit ces trois conditions, la naturalisation n'est pas encore acquise ; il doit la demander au Gouvernement, qui ne l'accorde qu'après enquête sur sa moralité et sur l'avis favorable du Conseil d'État (L. 3-11 déc. 1849, art. 1er). Elle est facultative pour le Gouvernement, qui l'accorde ou la refuse, suivant qu'il le juge à propos, après avoir pris toutefois l'avis du Conseil d'Etat (même loi, art. 3).

La naturalisation extraordinaire est dispensée de la troisième condition exigée pour la naturalisation ordinaire, c'est-à-dire du stage de dix ans en France : une année de résidence suffit. Mais ceux-là seuls peuvent l'obtenir, qui ont rendu à la France des services importants, ou qui ont apporté en France, soit une industrie, soit des inventions utiles, soit des talents distingués, ou qui y ont formé de grands établissements. Elle est, comme la naturalisation ordinaire, facultative pour le Gouvernement (même loi, art. 3).

212. La naturalisation ordinaire ou extraordinaire procure à l'étranger qui l'obtient : 1° la qualité de Français ; 2° la qualité de citoyen, et avec cette double qualité, la jouissance des droits civils et politiques ; mais l'étranger naturalisé ne jouit pas, comme le Français de naissance, ou qui l'est devenu par le bienfait de la loi, du droit d'éligibilité à l'Assemblée nationale ; il ne peut obtenir ce droit qu'en vertu d'une loi (même loi, art. 1, *in fine*). Cette loi est ce qu'on appelle la grande naturalisation. Elle ne peut être accordée qu'aux étran-

gers âgés de vingt-cinq ans, âge requis pour l'éligibilité (Const. 4-10 nov. 1848, art. 26).

La loi de 1849 ne porte toutefois aucune atteinte aux droits d'éligibilité à l'Assemblée nationale acquis aux étrangers naturalisés avant sa promulgation (même loi, art. 5).

Mais elle abroge les dispositions de la loi du 14 oct. 1814, concernant les habitants des départements réunis à la France (même loi, art. 4).

213. Lorsque la naturalisation a été acquise par l'accomplissement des formalités prescrites par une loi alors en vigueur, elle a continué à produire ses effets nonobstant les conditions nouvelles exigées par les lois postérieures. C'est, en effet, un principe constant de tous les temps qu'une loi ne dispose que pour l'avenir, et n'a point d'effet rétroactif (C. Nap., art. 2), principe du reste consacré implicitement par la loi du 14 oct. 1849. Ainsi l'étranger qui a acquis la qualité de citoyen français selon les lois antérieures soit à la Constitution de 1795, soit à celle de l'an VIII, n'a pas eu besoin, pour la conserver, de remplir les conditions imposées par ces nouvelles constitutions, même, si c'est avant le décret du 17 mars 1809, d'obtenir des lettres de déclaration de nationalité. Sur ce point la jurisprudence est constante.

214. La naturalisation est utile aux femmes, quoique incapables des droits politiques, et qu'elles jouissent des droits civils, si elles ont obtenu l'autorisation d'établir leur domicile en France (C. Nap., art. 13), en ce sens que les enfants qu'elles pourraient avoir acquis hors du mariage, le père étant inconnu, deviendraient eux-mêmes Français, les enfants dans ce cas suivant la condition de leur mère.

215. Un autre effet de la naturalisation est d'attribuer aux enfants de l'étranger nés après la naturalisation, la qualité de Français et même celle de citoyen français. Mais à l'égard des enfants nés antérieurement à la naturalisation du père ou de la mère, ils sont demeurés étrangers. Il n'est pas au pouvoir de leur père ou de leur mère de changer leur état.

216. On a toujours admis, sous l'ancien droit français, que les habitants nés sur un territoire étranger, réuni à la France, sont investis de plein droit de la qualité de Français et capables de tous les droits civils comme les Français eux-mêmes. Le Code Napoléon n'a pas reproduit le même principe, il est vrai, ni aucune loi postérieure, mais il ne l'a pas abrogé non plus; d'où l'on doit nécessairement conclure qu'il subsiste toujours.

Cette réunion peut avoir lieu, soit par droit de conquête consommée, définitive, soit par la cession volontaire par un traité de puissance à puissance; une simple invasion toujours plus ou moins précaire et accidentelle n'y pourrait donner lieu.

L'accession d'un territoire désormais soumis à la souveraineté française comprend tous les indigènes du pays qui s'y trouvent établis et attachés par le domicile, et nullement les non-indigènes ou étrangers y résidant au moment de la réunion. Du reste, des lois spéciales ou des conventions diplomatiques déterminent ordinairement la condition des habitants des provinces réunies, conquises ou cédées. Ce principe est applicable à tous les pays réunis à la domination française, telles que nos possessions de l'Inde et de l'Afrique (L. 24 avr. 1833).

217. Les droits des personnes sont les facultés, les avantages que les lois leur accordent; ils sont civils, politiques et publics.

Les droits civils sont les facultés que les personnes privées sont appelées à exercer dans leurs rapports entre elles, et que confère la loi civile, le droit privé (V. *suprà*, n° 129) : tels sont, par exemple, les rapports de parenté et d'alliance ; les droits de puissance paternelle ou maritale, de paternité et de filiation, les facultés d'adopter et d'être adopté et de recueillir les avantages de l'adoption ; les droits d'être nommé tuteur ou curateur, de voter dans les conseils de famille, de contracter mariage et d'en réclamer les bénéfices, de succéder, de disposer ou de recevoir par donation ou par testament, d'acheter, de vendre, de plaider sans prestation de la caution *judicatum solvi*, etc.

218. Les droits politiques dérivent du droit constitutionnel, qui règle les rapports des gouvernants et des gouvernés. Ils font la part des citoyens appelés à participer à l'exercice de la puissance publique et se résument tous dans l'aptitude légale d'élire ou d'être élu aux fonctions de l'ordre législatif, judiciaire et exécutif. On les appelle aussi droits civiques, du mot *civis*, citoyen.

219. Les droits publics appartiennent à toute personne, sans distinction d'âge et de sexe : les étrangers comme les Français en ont la jouissance.

TITRE III.

DES BREVETS ET ACTES SIMPLES.

CHAP. Ier. — AFFIRMATION.—CE QUE C'EST.—SON CARACTÈRE.

220. L'affirmation est l'attestation, avec ou sans serment, de la vérité d'un fait quelconque, la déclaration que font avec serment :

1° Les rédacteurs de procès-verbaux que toutes les énonciations desdits actes sont sincères et véritables ;

2° Une partie qui demande des frais de voyage ;

3° Et un tiers saisi entre les mains duquel une saisie-arrêt a été formée : cette dernière affirmation n'a pas le caractère du serment et peut être faite par procuration spéciale (C. proc., art. 572).

Il existe plusieurs autres cas d'affirmation, étrangers aux juges de paix, que nous passerons conséquemment sous silence.

221. Le juge de paix reçoit l'affirmation des procès-verbaux :

1° Des gardes champêtres et particuliers (L. 28 sept.-6 oct. 1791, tit. 1er, sect. 7, art. 6 ; L. 28 flor. an x, art. 11) ;

2° Des gardes forestiers (C. for., art. 165) ;

3° Des préposés des douanes, des contributions indirectes et des octrois (LL. 9 flor. an VII, tit. 4, art. 10 ; 27 frim. an VIII, art. 8, et Déc. 1er germ. an XIII, art. 25 ;)

4° Des procès-verbaux en matière de grande voirie, de navigation intérieure, péage et pêche fluviale (Arr. 8 prair. an XI, art. 26 ; Déc. 1er août 1810, art. 2 ; L. 15 avr. 1829, art. 44) ;

5° D'un tiers saisi, assigné en déclaration affirmative (C. proc., art. 571, 573, 574, 578 et 638).

222. Les greffiers reçoivent l'affirmation de la partie qui demande des frais de voyage (Déc. 16 fév. 1807, art. 146).

223. La simple mention que le rédacteur d'un procès-verbal, surtout de ceux qui font foi jusqu'à inscription de faux, l'a déclaré sincère et véritable, ne satisferait point au vœu de la loi, le serment est de rigueur.

Formules.

§ 1er.—Actes d'affirmation de procès-verbaux.

« Nous Adolphe A..., juge de paix du canton de..., départ.

« de..., avons reçu des sieurs (noms du ou des rédacteurs du « procès-verbal) le serment qu'ils ont prêté devant nous de « la sincérité des faits contenus au procès-verbal ci-contre « (ou ci-dessus), dont nous leur avons donné lecture.

« Fait à..., le... mil huit cent quarante-neuf, dix heures du « matin, et ont lesdits affirmants signé avec nous après lec- « ture. »

(*Signatures.*)

§ 2. — **Actes d'affirmation sur rapport verbal d'un garde champêtre** (L. 6 oct. 1791, tit. 1er, sect. 7, art. 6).

« L'an mil huit cent quarante-neuf, le..., dix heures du matin,

« Par-devant nous Adolphe A..., juge de paix (ou greffier « de la justice de paix) du canton de..., départ. de..., est « comparu le sieur Nicolas Girard (qualité du déclarant), de- « meurant à..., lequel nous a dit que le jour d'hier, sept heu- « res du matin, faisant sa tournée ordinaire (ou sur la réqui- « sition de..., propriétaire, demeurant à..., il a (écrire sa « déclaration textuelle), et a ledit (qualité du comparant) « affirmé par serment devant nous sa déclaration ci-dessus « sincère et véritable. Dont acte, et a signé avec nous, après « lecture. »

§ 3. — **Affirmation d'une partie qui demande des frais de voyage** (D. 16 fév. 1807, art. 146).

« Aujourd'hui, quinze décembre mil huit cent quarante- « neuf,

« Devant nous Louis B..., greffier de la justice de paix du « canton de..., départ. de...

« Est comparu au greffe le sieur Louis P..., cultivateur, « demeurant à...

« Lequel a affirmé, sous serment par lui prêté en nos « mains, que le voyage par lui fait de sa commune à... (siége « de la justice de paix), le... pour soutenir l'instance entre « lui et le sieur Marcel, terminée par jugement du..., n'avait « pas d'autre but que ledit procès, et a déclaré, en consé- « quence, requérir la taxe fixée par les règlements, et a signé « avec nous, après lecture. »

Nota. Les formules particulières à l'affirmation d'un tiers saisi se trouvent au mot *Saisie-arrêt*, chap. XVIII, formules.

CHAP. II.—COTE ET PARAPHE.

224. Le juge de paix est chargé de coter et parapher sans frais les répertoires et registres du greffier, V. nos 38-5° et 64 ; les répertoires des huissiers de son ressort (LL. 18 oct. 1790; 22 frim. an VII, art. 53 ; déc. 14 juin 1813, art. 46 ; ord. 28 juin 1832, art. 2) ; ceux des préposés et receveurs des douanes (L. 9 flor. an VII) ; les portatifs et autres journaux des droits réunis (L. 28 avril 1816) ; des directeurs de messageries et des débitants de boisson pour recevoir les exercices des employés (L. 28 avril 1816, art. 55), et ceux des sociétés, compagnies d'assurances maritimes et autres (L. sur le timbre des 7-22 mars et 5 juin 1850, art. 35 et 44.)

Il paraphe encore les pièces dont l'écriture est déniée dans une instance portée devant lui ou contre laquelle l'une des parties déclare vouloir s'inscrire en faux (C. proc., art. 14).

Formules.

§ 1er.—**Répertoire, portatifs, registres, etc.**

« Le présent... contenant... feuillets a été coté et paraphé « par nous Adolphe A..., juge de paix du canton de..., à « chacun desdits feuillets, pour servir à (indiquer à quel em- « ploi le répertoire ou portatif, etc., est destiné).

« A..., le... mil huit cent quarante-neuf. »

(*Signature du juge.*)

§ 2.—**Pièce arguée de faux, etc.**

« Paraphé le présent billet (ou autre pièce), que le sieur « D... a méconnu avoir été écrit et signé par son père (ou « tout autre), à notre audience de ce jour, douze mai mil huit « cent quarante-neuf. » (*Signature du juge.*)

CHAP. III. — VISA.

225. Le visa est une formule, apposée par un fonctionnaire public ou par un préposé, sur un acte ou une pièce, soit pour le rendre exécutoire, soit pour constater un fait.

Doivent être visés sans frais : 1° par le juge de paix, les contraintes décernées par un receveur de la régie contre un contribuable (L. 22 frim. an VII, art. 64); l'original d'une assignation donnée à l'Etat ou à une administration publique (C.

proc., art. 69), et les procès-verbaux des préposés des douanes (L. 9 flor. an VII, tit. 4, art. 9) ;— 2° et par le greffier, l'acte de récusation de juge de paix (C. proc., art. 45), et toutes autres notifications qui lui sont faites, en sa qualité de fonctionnaire public (C. proc., art. 1039).

Formules.

§ 1er.—Visa pour rendre exécutoire une contrainte.

« Nous, Adolphe A..., juge de paix du canton de..., vu la « contrainte ci-dessus, délivrée contre le sieur D..., demeurant à..., et l'art. 64, D. 22 frim. an VII,

« Ordonnons que ladite contrainte soit exécutée suivant sa « forme et teneur. »

« Fait à..., le... » (*Signature du juge.*)

§ 2.—Visa de l'original d'une assignation.

« Nous, Adolphe A..., juge de paix du canton de..., vu le « présent original et reçu copie, en conformité de l'art. 69 du « Code de procédure civile.

« A..., le..., mil huit cent quarante-neuf. »

(*Signature du juge.*)

§ 3.—Visa de procès-verbaux.

« Vu et visé le présent à..., dix heures du matin. »

« Le juge de paix. »

(*Signature.*)

§ 4.—Visa d'acte de récusation et autres par le greffier.

« Nous, Louis B..., greffier de la justice de paix du canton « de...

« Vu le présent original et reçu copie.

« A..., le deux mai mil huit cent quarante-neuf. »

(*Signature du greffier.*)

CHAP. IV. — ARRESTATION D'UN DÉBITEUR CONTRAIGNABLE PAR CORPS

(C. proc., art. 781).

226. Le débiteur contraignable par corps ne peut être arrêté dans une maison quelconque, même dans son domicile, à moins que le juge de paix du lieu ne l'ait ordonné et ne se transporte dans la maison avec l'officier ministériel (C. proc., art. 781). L'ordonnance du juge de paix dans ce cas est consignée sur le procès-verbal de l'officier ministériel à la suite de la requête signée de celui-ci.

Avant de rendre son ordonnance, le juge de paix doit se faire représenter les pièces de la procédure et s'assurer de l'accomplissement des formalités prescrites par les art. 780, 784 et 556, C. proc. civ.

Si l'une de ces formalités seulement n'est pas remplie, telle que le pouvoir spécial ordonné par l'art. 556, le défaut d'un nouveau commandement avant la contrainte, s'il s'est écoulé plus d'un an depuis le commandement, ou si le créancier a fait faire sur son débiteur soit des saisies-arrrêts, ou exécutions, soit une saisie immobilière dont les suites ne sont pas consommées, il peut et doit même rendre une ordonnance suspensive sur le procès-verbal de l'officier ministériel. Cette ordonnance est susceptible d'appel, et si elle était infirmée, le juge de paix devrait alors, sans hésiter, comme dans le cas où la procédure est régulière, autoriser l'arrestation purement et simplement, sous peine de dommages-intérêts envers la partie.

Formules d'ordonnance.

§ 1er. — **Ordonnance d'autorisation.**

« Nous, Adolphe A..., juge de paix du canton de..., départ. de...

« Vu la grosse en forme exécutoire d'un jugement emportant contrainte par corps, rendu par le tribunal de..., au profit de..., contre..., et le pouvoir spécial donné à l'huissier à l'effet des présentes ;

« Attendu que la signification dudit jugement avec commandement a été faite par..., huissier commis, conformément à la loi, le... ;

« Attendu que rien n'empêche l'exécution de ladite contrainte par corps, ordonnons l'arrestation dudit sieur..., et disons que nous allons nous transporter avec ledit sieur..., huissier, et ses témoins, en la maison susénoncée.

« Fait à..., le..., mil huit cent quarante-neuf, à dix heures du matin. » (*Signature du juge de paix.*)

§ 2.—**Ordonnance suspensive.**

« Nous, Adolphe A...,juge de paix du canton de..., départ. de...

« Vu la grosse en forme exécutoire d'un jugement emportant contrainte par corps, rendu par le tribunal de..., au profit de..., contre... ;

« Attendu que la signification dudit jugement avec commandement a été faite par..., huissier commis, conformé-

« ment à la loi, le...; qu'il s'est écoulé plus d'un an depuis ce « commandement, et qu'il n'est pas justifié qu'un nouveau « commandement ait été fait par un huissier commis à cet « effet ;

« Vu les art. 780 et 784 du Code de proc. ; (ou)

« (Attendu que l'huissier ne justifie pas d'un pouvoir spécial du saisissant) ;

« Vu l'art. 556 du Code de proc. civ. ; (ou enfin)

« Attendu que des voies de contrainte sont commencées et « non suivies définitivement contre le débiteur, et que ces « voies peuvent produire le paiement total des sommes dues « en principal, intérêts et frais ;

« Disons qu'il n'y a lieu, quant à présent, d'autoriser l'ar- « restation à domicile dudit sieur...

« Fait à..., le..., mil huit cent quarante-neuf. »

(*Signature du juge de paix.*)

CHAP. V.—TAXES DIVERSES EN MATIÈRE CIVILE.

227. On appelle taxe le règlement des frais et dépens. Ils sont liquidés par le jugement qui les adjuge.

228. Les droits et émoluments des greffiers de justice de paix et des huissiers, comme ceux des experts, témoins, gardiens de scellés et autres que peut nommer le juge de paix, sont réglés par le décret du 16 fév. 1807.

229. Les greffiers de justice de paix ne peuvent percevoir aucuns frais ni émoluments que sur des états dressés par eux au bas des expéditions lorsqu'ils en délivrent, vérifiés et visés par le juge de paix (Ord. 17 juill. 1825, art. 1er).

Quant aux honoraires des témoins, experts, gardiens de scellés et autres, ils sont réglés par le juge de paix en marge des copies de leurs citations ou sur mémoires. V. vol 2, *Compétence*...

Formules.

§ 1er.—**Taxe d'un témoin** (D. 16 fév. 1807, art. 24).

« Nous, Adolphe A..., juge de paix du canton de... ;

« Vu la citation ci-dessus et l'art. 24 du décret du 16 fév. 1807 ;

« Taxons la somme de deux francs pour un jour, à Paul « D..., témoin entendu à notre audience de ce jour dans la « cause d'entre les parties ; ordonnons que cette somme qui

« sera comprise dans les dépens lui soit provisoirement « payée par Albert M..., demandeur (ou défendeur).

« A..., le... mil huit cent quarante-neuf. »

(*Signature du juge de paix.*)

§ 2.—**Taxe d'experts** (D. 16 fév. 1807, art. 25).

« Nous, Adolphe A..., juge de paix du canton de... ;

« Vu le rapport ci-dessus, et l'art. 25 du décret du 16 « fév. 1807 ;

« Taxons aux sieurs Louis B... et Édouard D..., la somme « de... pour... vacations, et celle de... pour droits de timbre « et d'enregistrement dont ils ont fait l'avance ;

« Ordonnons que ces sommes à comprendre dans la liqui- « dation des dépens, leur soient provisoirement payées par « Albert M..., demandeur (ou défendeur).

A..., le... mil huit cent quarante-neuf. »

(*Signature du juge.*)

§ 3.—**Taxe des frais dus au greffier ou à un huissier** (Ord. 17 juill. 1825).

« Nous, Adolphe A..., juge de paix du canton de... ;

« Vu l'état de frais ci-dessus, et les actes y énoncés ;

« Vu, en outre, le décret du 16 fév. 1807, art. 9, 10 « et 21 ;

« Taxons la somme de..., d'après le détail ci-contre, à « laquelle ledit état est réduit.

« A..., le... mil huit cent quarante-neuf. »

(*Signature.*)

§ 4. — **Taxe des frais de séquestre lorsque la mainlevée provisoire est accordée** (C. for. art. 169).

« Nous, Adolphe A..., juge de paix du canton de..., sur la « réquisition de S..., gardien séquestre des bestiaux saisis par « procès-verbal du..., et dont mainlevée a été provisoirement « accordée par notre ordonnance de ce jour : taxons audit « S... pour ses frais de séquestre, la somme de... qui lui « sera payée par ledit S..., à l'instant même de la remise « desdits bestiaux.

« Fait à..., le..., mil huit cent quarante-neuf. »

(*Signature du juge de paix.*)

§ 5.—**Taxe des frais de vente.** (C. for. art. 169, ou L. 9 flor. an VII).

« Nous, Adolphe A..., juge de paix du canton de... ;

« Vu le procès-verbal de vente ci-dessus et notre ordon- « nance en date du..., enregistré le... ;

« Taxons les frais de ladite vente, et ceux faits pour y par-
« venir, à la somme de..., qui sera payée et prélevée sur le
« produit de la vente.

« Fait à..., le... mil huit cent quarante-neuf. »

(*Signature du juge.*)

CHAP. VI.—INJONCTIONS DIVERSES.

230. L'injonction est l'ordre ou le commandement donné à quelqu'un par la loi ou par le juge de faire quelque chose.

L'injonction se dit aussi d'une mesure de discipline appliquée à l'occasion d'un fait digne de blâme (C. proc. civ., art. 1036 ; C. inst. crim., art. 112 ; D. 30 mars 1808, art. 102 ; L. 17 mai 1819, art. 23 ; L. 20 avril 1810, art. 45, 62).

Formules.

§ 1er. **Ordonnance d'injonction à un receveur de l'enregistrement de délivrer un extrait de ses registres à un tiers qui n'est pas partie dans l'acte enregistré** (L. 22 frim. an VII, art. 58).

« L'an mil huit cent quarante-neuf, le deux mai, dix heures du matin,

« Par-devant nous, Adolphe A..., juge de paix du canton de..., département de... ;

« Est comparu le sieur D..., marchand drapier, demeurant à... ;

« Lequel nous a dit que, désirant former une action contre...,
« demeurant à..., il lui est utile de connaître auparavant si
« un acte portant..., passé devant Me... notaire à... entre...
« et... demeurant à..., contient (la clause de l'acte) ; mais
« que n'étant ni héritier, ni acquéreur des parties contrac-
« tantes audit acte, il a besoin de notre autorité pour avoir
« expédition de ladite pièce ; qu'en conséquence, il requiert
« qu'il nous plaise d'autoriser le préposé aux droits d'enre-
« gistrement au bureau de..., à lui délivrer, dans vingt-
« quatre heures, moyennant salaire suffisant, copie en forme
« de l'extrait inséré sur les registres de l'acte dont il s'agit,
« et a signé. »

(*Signature.*)

« Nous juge de paix,

« Vu la réquisition ci-dessus, et l'art. 58 de la loi du 22
« frim. an VII ;

« Autorisons M. le receveur des droits d'enregistrement

« au bureau de..., à délivrer copie de l'extrait ci-dessus « requis, de lui certifié et signé, moyennant salaire suffisant.

« Fait à..., le... mil huit cent quarante-neuf. »

(*Signature du juge.*)

§ 2.—**Ordonnance d'injonction au greffier de la justice de paix de délivrer une expédition ou autre acte de son ministère** (C. proc., art. 853).

« Nous, Adolphe A..., juge de paix du canton de... ;

« Vu l'exposé à nous fait à l'instant par..., demeurant à..., « que Me Louis B..., greffier de notre justice de paix, refuse « de lui délivrer, malgré ses demandes réitérées, l'expédition « de... (énoncer l'acte).

« Enjoignons audit M. B..., greffier, de délivrer dans vingt-« quatre heures, moyennant salaire suffisant, expédition en « forme de... (énoncer l'acte demandé), sous les peines de « droit.

« Fait à..., le... mil huit cent quarante-neuf. »

(*Signature.*)

CHAP. VII. — PROCÈS-VERBAL DE REFUS OU DE RETARDEMENT DE TRANSCRIPTION, ETC.

231. Les conservateurs des hypothèques sont tenus de délivrer à tous ceux qui le requièrent, sans distinction, copie des actes transcrits sur leurs registres, et celle des inscriptions subsistantes, ou certificat qu'il n'en existe aucune, sous peine de dommages et intérêts envers les parties.

Dans le cas de refus ou retardement de leur part, le juge de paix, à la diligence des requérants, dresse sur-le-champ procès-verbal de cette infraction à la loi (C. Nap., art. 2196 et 2199).

Formule du procès-verbal à rédiger dans ce cas par le juge de paix.

« L'an mil huit cent quarante-neuf, le mardi dix février, « dix heures du matin,

« Par-devant nous, Adolphe A..., juge de paix du canton « de..., départ de..., assisté de M. Louis B..., greffier de cette « justice de paix ;

« Est comparu, dans notre cabinet, le sieur Louis Dubreuil, « cultivateur, demeurant à... ;

« Lequel a dit que M. le conservateur des hypothèques, au

« bureau de..., refuse ou retarde, malgré les diligences et les « instances du requérant et les offres de celui-ci de lui tenir « compte de ses droits, la transcription ou l'inscription, ou « la délivrance de tel acte (spécifier l'acte et l'objet du refus « ou retardement) ; qu'une telle conduite de la part de ce « fonctionnaire public compromet gravement ses intérêts ; « qu'en conséquence, il s'empresse de nous en faire sa décla- « ration aux fins de droit, et a signé. »

(*Signature.*)

« Nous, juge de paix,

« Vu la déclaration ci-dessus et l'art. 2199 du Code Nap.,

« Nous sommes transporté de suite avec le greffier et le « déclarant au bureau des hypothèques de..., où nous avons « trouvé M..., conservateur dudit bureau. Lecture à lui donnée, « par le greffier, de la déclaration ci-dessus du sieur Dubreuil, « il a répondu... (sa réponse).

« De tout quoi, nous avons fait et rédigé le présent procès- « verbal, et a, le sieur Dubreuil (et le conservateur s'il veut « signer), signé avec nous et le greffier, à l'exception du con- « servateur qui s'y est refusé, les jour, mois et an que dessus, « après lecture. »

(*Signatures.*)

CHAP. VIII.—EXÉCUTOIRES DIVERS.

232. Le juge de paix délivre exécutoire : 1° aux notaires, greffiers et huissiers et autres officiers publics pour le paiement des droits d'enregistrement et de timbre dont ils ont fait l'avance (LL. 22 frim. an VII, art. 30, et 28 avril 1816, art. 76) ;

2° Aux maires, pour avoir paiement des frais d'échenillage contre un retardataire (L. 6 vent. an IV) ;

3° A un demandeur en action possessoire pour liquidation de dommages-intérêts à la charge du défendeur (C. proc. civ., art. 27).

Il est gardé minute de ces actes, et il en est délivré par le greffier une expédition revêtue de la forme exécutoire, avec mandement de justice.

Il vise et rend exécutoires les contraintes pour paiement des droits de timbre, d'enregistrement, de greffe, d'hypothèque et d'amende, des droits réunis, des douanes et des octrois (LL. 22 frim. an VII, art. 4 ; D. 1er germ. an XIII, art. 43 ; 15 nov. 1810 ; 22 frim. an XII, art. 64, et 26 sept. 1811 ; 14 fruct. an III, art. 10 ; 9 flor. an VII, tit. 4, art. 6 et 14).

Elles sont exécutoires par elles-mêmes, sans qu'il soit besoin de les faire suivre, comme dans le cas ci-dessus, du commandement de justice, prescrit par l'art. 545 du Code de proc. civ. (LL. 12 vend., 13 frim. et 18 vént. an VIII).

Formules.

§ 1er. — **Exécutoire délivré à un officier public** (L. 22 frim. an VII, art. 30, et 28 avril 1816, art. 76).

« Nous, Adolphe A..., juge de paix du canton de..., départ. « de..., assisté de M. Louis B..., greffier de cette justice de « paix ;

« Vu la requête ci-dessus, l'acte (ou les actes) y énoncé ;

« Considérant qu'il résulte des pièces produites que M... « (sa qualité) a avancé pour... (nommer les parties en « l'acte) tant pour timbre que pour enregistrement dudit « acte, une somme de..., suivant le détail fait dans ladite « requête ;

« Disons que, par le premier huissier de ce requis, le « sieur... sera contraint par toutes voies de droit à payer au « sieur..., notaire, greffier ou..., etc., la somme de... pour « remboursement de l'avance par lui faite des droits de l'acte « susénoncé.

« Fait et délivré le présent exécutoire, à..., le deux mai « mil huit cent quarante-neuf, et avons signé avec le greffier. »

(*Signatures.*)

§ 2.—**Exécutoire de frais d'échenillage contre un retardataire** (L. 6 vent. an IV, 3 août 1796).

« Nous..., etc., (comme au § précédent),

« Vu l'arrêté du maire de la commune de..., en date du..., « portant injonction au sieur..., demeurant à..., de faire « écheniller ses propriétés dans huitaine ;

« Vu la réquisition adressée aux sieurs..., ouvriers, de- « meurant à..., pour opérer ledit échenillage sur le refus (ou « attendu la négligence) dudit sieur... de l'avoir fait faire « dans le délai fixé par ledit arrêté ;

« Vu la loi du 6 vent. an IV ;

« Mandons et ordonnons, au premier huissier de ce requis, « de contraindre le sieur..., à la requête de... (le maire requé-

« rant), par les voies de droit, au paiement de la somme de...
« pour le salaire payé auxdits ouvriers.

« Fait et délivré le présent exécutoire, à..., le deux mai mil
« huit cent quarante-neuf, et avons signé avec le greffier. »

(*Signatures.*)

§ 3.—**Exécutoire portant liquidation de dommages et intérêts à la charge du défendeur à une action possessoire** (C. proc. civ., art. 27).

« Nous, etc., (comme au § 1er ci-dessus),

« Vu notre jugement rendu à l'audience du..., dans la
« cause d'entre... et... par lequel nous avons condamné ledit
« sieur... à... (rapporter la condamnation) ;

« Vu la sommation qui lui a été faite à la requête du sieur...
« (le demandeur), par exploit de..., huissier à..., enregistré
« le... pour le mettre en demeure de satisfaire à ladite con-
« damnation ;

« Vu les quittances des sieurs..., ouvriers chargés d'exé-
« cuter lesdits travaux, constatant qu'il leur a été payé par
« le sieur... (demandeur) la somme de... ;

« Vu un état des diverses autres dépenses pour la même
« cause s'élevant à la somme de..., payée par le sieur...,
« ledit état régulier, certifié et signé par ledit sieur... ;

« Vu enfin l'art. 27 du Code de procédure civile ;

« Disons que, par le premier huissier de ce requis, le sieur...
« (le défendeur à l'action possessoire) sera contraint par
« toutes les voies de droit à payer au sieur... (le demandeur)
« la somme de..., pour le remboursement de l'avance des
« sommes dont il s'agit, faite à la charge dudit sieur..., ainsi
« qu'il est ci-dessus établi et justifié.

« Fait et délivré à..., le deux mai mil huit cent quarante-
« neuf et avons signé avec le greffier. » (*Signatures.*)

§ 4.—**Visa pour rendre exécutoire une contrainte décernée par un receveur de la régie, de l'enregistrement, des droits réunis, etc., contre un contribuable** (Lois rapportées ci-dessus, article *Explications*).

« Nous, Adolphe A..., juge de paix du canton de..., dé-
« partement de... ;

« Vu la contrainte ci-dessus délivrée contre le sieur...,
« demeurant à..., pour paiement de la somme de... pour...
« (cause) ;

« Ordonnons qu'elle soit exécutée suivant sa forme et
« teneur.

« Fait à..., le deux mars mil huit cent quarante-neuf. »

(*Signature du juge.*)

CHAP. IX.—PROCÈS-VERBAL DE SERMENT D'UN FONCTIONNAIRE, NOMINATION D'EXPERT PAR UN SUBROGÉ TUTEUR, PROCÈS-VERBAL DE PRESTATION DE SERMENT DUDIT EXPERT, ET PRISÉE.

233. Le serment est un acte religieux par lequel on prend Dieu à témoin de la sincérité d'une promesse ou de la vérité d'un fait.

Il diffère sous ce rapport de la simple affirmation, ou de la promesse de dire la vérité, simple engagement dépourvu du caractère religieux (CARRÉ, n° 1028).

On distingue trois espèces principales de serment, savoir : le serment des fonctionnaires publics, le serment extrajudiciaire, et le serment judiciaire.

234. Tout fonctionnaire public, avant d'entrer en fonctions, est tenu de prêter le serment qui lui est imposé par des lois générales ou spéciales. — V. *suprà*, nos 13 et 14, 38-1°, 2°, 4° et 5°, 49, 50, 53-7°, 95, 238, et 241.

Le serment est, en général, exigé des personnes chargées d'une mission, comme experts, etc.

235. Le serment extrajudiciaire ou conventionnel est celui qui est prêté en vertu d'une convention, par laquelle deux personnes sont convenues de s'en rapporter au serment de l'une d'elles, pour preuve de la libération ou de l'obligation alléguée : tel, par exemple, le serment que l'une des parties défère à l'autre en conciliation (C. proc., art. 55).

235 *bis*. Le serment judiciaire, ou *in litem*, est décisoire ou supplétoire : *décisoire*, lorsqu'une partie le défère à l'autre pour en faire dépendre le jugement de la cause (C. Nap., art. 1358 à 1365) ; *supplétoire*, lorsqu'il est déféré d'office par le juge à l'une ou à l'autre des parties (C. Nap., art. 1366 à 1369 ; C. comm., art. 17). Les formules particulières à ces deux espèces de serment se trouvent au mot *Jugements civils*. — 2e vol.

Formules.

§ 1er.—Prestation de serment par un fonctionnaire public.

« L'an mil huit cent quarante-neuf, le deux mars, dix « heures du matin ;

« Par-devant nous, Adolphe A..., juge de paix du canton « de..., départ. de..., siégeant en audience publique civile, « au lieu ordinaire de nos séances, assisté de M. Louis B..., « greffier de cette justice de paix ;

« Est comparu (nom, prénoms du fonctionnaire public) ;

« Lequel a représenté la commission qui lui a été délivrée « par..., en date du..., dûment visée pour timbre et enregis- « trée à..., le..., pour exercer les fonctions de..., et a de- « mandé d'être admis à prêter le serment voulu par la loi, et « a signé. (*Signature.*)

« Lecture faite par le greffier de la commission présentée « par le comparant, nous, juge de paix, lui avons donné « lecture de la formule ci-après :

« Vous jurez. . . . .

« Le sieur.., a répondu, la main droite levée : « Je le « jure. »

« Dont acte, que ledit sieur a signé avec le juge de paix et « le greffier.

« A..., les jour, mois et an que dessus, après lecture. »

§ 2.—**Nomination d'expert par un subrogé tuteur** (C. Nap., art. 453). **et prestation de serment dudit expert.**

« L'an mil huit cent quarante-neuf, le deux mars, dix « heures du matin ;

« Par-devant nous, Adolphe A..., juge de paix du canton « de..., assisté de M. Louis B..., greffier de cette justice de « paix ;

« Est comparu, dans notre cabinet, le sieur Albert G..., « cultivateur, demeurant à...,

« Lequel a dit que, suivant procès-verbal dressé par nous, « assisté du greffier, en date du... enregistré, il a été nommé « par le conseil de famille des mineurs D..., leur subrogé « tuteur, fonction qu'il a acceptée par le même acte ; que la « dame D..., désirant garder les meubles pour les remettre « en nature, ainsi que la loi le lui permet, il nomme le sieur « Adrien E..., marchand fripier, demeurant à..., pour expert « à l'effet d'estimer les meubles et effets dépendant de la « succession dudit feu sieur D..., et de la communauté de « biens qui a existé entre le sieur Paul M..., vigneron, de- « meurant à..., père desdits mineurs, et ladite dame Rose- « Sophie Barrey, sa veuve, et a ledit exposant requis qu'il « nous plût admettre ledit expert au serment prescrit par la « loi, et a signé. » (*Signature.*)

« Est aussi comparu le sieur Adrien E..., marchand fripier, « demeurant à..., qui a déclaré accepter la mission qui lui « est confiée, et a offert de prêter le serment en tel cas requis, « et a signé. » (*Signature.*)

« Nous, juge de paix,

« Vu les nomination, acceptation et réquisition ci-dessus, « dont nous avons donné acte aux comparants, nous avons « reçu dudit sieur Adrien E..., expert, le serment qu'il a pré- « sentement fait devant nous, la main levée, d'estimer à sa « juste valeur, en son âme et conscience, et au cours du jour, « les meubles et effets qui lui seront représentés, dépendant « de la communauté qui a existé entre lesdits sieur et dame « D..., et de la succession dudit feu sieur D... ;

« Dont acte : fait et dressé le présent procès-verbal, les « jour, mois et an que dessus, et ont les comparants signé « avec nous et le greffier, après lecture. »

§ 3.—**Procès-verbal d'estimation du mobilier de mineurs conservé par le tuteur** (C. Nap., art. 453), **et prisée** (1).

« L'an mil huit cent quarante-neuf, le jeudi vingt août, « onze heures du matin ;

« A la réquisition de madame Rose-Sophie Barrey, veuve « de M. Jules-Louis David, rentière, demeurant à... ;

« Agissant en son nom personnel :

« 1° A cause de la communauté de biens qui a existé entre « elle et le feu sieur David, son mari, aux termes de leur « contrat de mariage, passé devant M..., notaire à..., le... « enregistré (ou bien à cause de la communauté de biens qui « a existé entre elle et son mari, d'après les dispositions du « Code Nap., à défaut de contrat qui ait réglé les clauses et « conditions civiles de leur union) ;

« 2° Comme tutrice légale de Louis-Paul David, âgé de dix « ans et demi, et de Pauline David, âgée de huit ans, ses « deux enfants mineurs, issus de son mariage, avec le feu « sieur David ;

« Et en présence de M. Albert G., cultivateur, demeurant « à... ;

« Au nom et comme subrogé tuteur des mineurs David, « ses neveu et nièce, nommé à cette qualité qu'il a acceptée « par la délibération du conseil de famille desdits mineurs, « reçu et présidé par M. le juge de paix du canton de..., « suivant procès-verbal, en date du..., enregistré; de laquelle « délibération une expédition a été représentée à l'expert « soussigné et est demeurée annexée aux présentes. Lesdits

(1) L'inventaire par un notaire est préférable, sous tous les rapports, à ce mode de procéder qui, n'offrant de garantie pour personne, ne doit être conséquemment que très-rarement employé.

« mineurs David, habiles à se dire et porter seuls héritiers, « chacun pour moitié de M. David, leur père...

« Je, Adrien E., marchand fripier, demeurant à..., expert « nommé et assermenté, conformément à la loi, suivant « procès-verbal dressé par M. le juge de paix du canton de..., « en date du..., enregistré, à l'effet de faire la prisée à juste « valeur et sans crue, d'après le cours du jour, des meubles « et effets mobiliers, dépendant des communauté et succes- « sion dont il s'agit, d'après la déclaration faite par ladite « dame veuve David qu'elle entend, conformément aux dis- « positions de l'art. 453 du Code civ., conserver le tout en « nature ;

« Me suis transporté au domicile de ladite dame David, où « étant, sur la représentation qui nous en sera faite par ladite « dame, j'ai procédé auxdites opérations de description et « prisée desdits objets mobiliers à juste valeur et sans crue, « en présence des sieurs (deux témoins), ainsi qu'il suit :

« PRISÉE DU MOBILIER.

« *Dans la cuisine, au rez-de-chaussée, éclairée par une « croisée sur la cour.*

« 1° Une pelle, une pincette, un soufflet, un gril, « une grille, un couperet, etc., le tout prisé six « francs, ci.	6	0
« 2° Deux casseroles, dont une grande et une « petite, quatre couvercles, etc., le tout en cuivre « rouge, prisé ensemble douze francs, ci.	12	0
« *Dans une pièce à côté de la précédente, aussi éclairée sur la cour, et servant de chambre à coucher.*		
« 3° Une table ronde en bois de chêne, à cou- « lisses, avec deux allonges, six chaises foncées de « paille, etc., estimées ensemble vingt francs, ci. .	20	0
(On passe ainsi de pièce en pièce, et l'on décrit et prise les objets qui s'y trouvent, comme ci-dessus).	00	0
« Total de la prisée, trente-huit francs, ci. . .	38	0

« Lesquels objets ci-dessus estimés, que ladite veuve « David a affirmé être les seuls dépendant desdites commu- « nauté et succession, sont restés en sa possession du consen- « tement du subrogé tuteur, pour en compter auxdits mi- « neurs ainsi qu'il appartiendra.

« Il a été vaqué à tout ce que dessus, depuis ladite heure « de... jusqu'à celle de..., par triple vacation.

« De tout ce que dessus, nous avons rédigé le présent « procès-verbal, les jour, mois et an que dessus, et ont... « madame David, tutrice, et M. Albert G., subrogé tuteur, « signé avec moi et les témoins, après lecture. »

CHAP. X.—EXPERTISE EN MATIÈRE D'ENREGISTREMENT.

236. Les formes spéciales à suivre pour l'expertise, en matière d'enregistrement, sont celles établies par la loi du 22 frim. an VII, art. 18, et non celles tracées dans les articles 303 et suiv. du C. de proc. civ (avis du Cons. d'Etat, 1er juin 1807 ; Cass., 25 oct, 1808 ; 30 janv. 1809 ; 24 juill. 1810, J. P.).

Toutefois, les dispositions du Code de procédure sont applicables pour toutes les formalités qui sont compatibles avec les lois spéciales sur la matière, qui n'excluent l'application des règles de procédure ordinaire, même celle du 22 frim. an VII, que dans les cas prévus par les lois (Cass., 16 juillet 1822 ; Bruxelles, 26 juin, 1828 et 30 janv. 1824, J. P.).

237. La demande en expertise est portée devant le tribunal civil de l'arrondissement dans lequel les biens sont situés, par une pétition portant nomination de l'expert de la nation (L. 22 frim. an VII, art. 18).

Il n'est pas nécessaire d'assigner la partie adverse devant le tribunal (Cass,. 6 juill. 1825 ; D.25.357) ; mais on est tenu de lui notifier la requête contenant la nomination de l'expert de l'Etat, avec sommation d'en nommer un dans les trois jours (L. 22 frim. an VII, art. 8).

La requête doit désigner les noms, qualité et demeure de l'expert, afin de mettre l'adversaire à même d'exercer le droit de récusation (Bruxelles, 6 août 1808) ; ce droit peut être exercé jusqu'à la clôture du procès-verbal d'expertise (Cass., 6 frim. an IV, J. P.).

En cas de refus par la partie de nommer son expert, sur la sommation qui lui est faite d'y satisfaire, il lui en est nommé un d'office par le tribunal (L. 22 frim. an VII, art. 18).

238. C'est devant le juge de paix du canton de la situation des biens que les experts prêtent serment (L. 15 nov. 1808,

art. 1er), s'il s'agit de biens situés dans le ressort de plusieurs tribunaux ; mais il en est autrement lorsque l'expertise ne doit porter que sur un seul immeuble (Cass., 8 août 1836).

239. Les parties doivent être légalement mises en demeure d'assister à la prestation de serment des experts, à peine de nullité (Cass., 14 therm. an XIII ; Bruxelles, 30 janv. 1824).

240. Les experts appellent, en cas de partage, un tiers expert, et, s'ils ne peuvent en convenir, le juge de paix du canton de la situation des biens y pourvoit (L. 22 frim. an VII, art. 18).

Le choix du tiers expert ne saurait être imposé, ni même indiqué, au juge de paix (Cass., 30 déc. 1822 ; D.7.314).

241. Le juge de paix seul est compétent pour statuer en premier ressort sur la récusation formée contre le tiers expert qu'il a nommé dans le cas prévu par l'art. 18 précité de la loi du 22 frim. an VII, et pour recevoir son serment (Cass., 30 déc. 1822 ; D.7.314 ; J. P. 1822).

La requête étant toujours présentée par le receveur de l'enregistrement, nous n'en donnons point ici le modèle.

Formules.

§ 1er.—**Nomination du tiers expert** (L. 22 frim. an VII, art. 18).

« Nous, Adolphe A..., juge de paix du canton de..., département de..., assisté de M. Louis B..., greffier de cette « justice de paix ;

« Vu la requête ci-dessus et l'art. 18 de la loi du 22 frim. « an VII ;

« Nommons pour tiers expert, à l'effet de... (déterminer ici « clairement et sommairement le point, objet de l'expertise), « M. Alexandre Dubreuil, propriétaire, demeurant à..., lequel « devra, avant de procéder à ladite opération, prêter devant « nous le serment en tel cas requis, en présence des parties « ou elles dûment appelées, le dix du courant, dix heures du « matin, en notre cabinet, à..., pour lesquels jour et heure « ledit expert et les parties seront légalement mis en de- « meure de se trouver aux fins de droit.

« Fait et dressé le présent procès-verbal, à..., le deux mai « mil huit cent quarante-neuf, et avons signé avec le greffier, « après lecture. »

(*Signatures.*)

§ 2.—**Prestation de serment du tiers expert.**

« L'an mil huit cent quarante-neuf, le dix mai, dix heures « du matin,

« Par-devant nous, Adolphe A..., juge de paix du canton « de..., département de..., assisté de M. Louis B..., greffier « de cette justice de paix,

« Est comparu, dans notre cabinet, M. Alexandre Dubreuil, « propriétaire, demeurant à..., lequel nous a dit que..., par « notre ordonnance en date du..., à lui notifiée, à la requête « du receveur de l'enregistrement de..., par exploit du mi- « nistère de..., huissier à..., en date du..., enregistré, il a été « nommé tiers expert à l'effet de...; qu'acceptant la commis- « sion que nous lui avons confiée, il comparaît au désir de « la sommation qui lui a été faite par le même acte pour prê- « ter devant nous le serment en tel cas requis, et a signé.

(*Signature de l'expert.*)

« Nous, juge de paix,

« Vu notre ordonnance, en date du..., étant en suite de la « requête à nous présentée, le même jour, par..., dûment « enregistrée, l'original de la sommation faite, tant à l'expert « qu'aux parties, par exploit du ministère de..., huissier à..., « dûment enregistré, ensemble l'art. 18 de la loi du 22 frim. « an VII ;

« Attendu que les parties sont présentes et offrent d'assis- « ter à la prestation de serment du tiers expert ;

« Nous avons pris et reçu du sieur Dubreuil le serment, « qu'il a présentement fait devant nous, la main levée, de « remplir fidèlement, en son âme et conscience, la commis- « sion de tiers expert, dans la cause d'entre les parties, et a « ledit expert fixé le commencement de son opération à..., « (indiquer le lieu où l'expertise doit être faite) au mardi dix- « neuf du courant, huit heures du matin.

« Dont acte : fait et dressé le présent procès-verbal, à..., « les jour, mois et an que dessus, et ont les parties compa- « rantes et l'expert signé avec nous et le greffier, après lec- « ture. »

(*Nota.*) Si la partie adverse de la régie ne comparaît pas, le juge de paix donne défaut contre elle, et reçoit le serment de l'expert dans la forme ci-dessus, sauf les légers changements que nécessite la non-comparution du défendeur à l'action de la régie.

CHAP. XI.—CONTRE-VÉRIFICATION DE JAUGEAGE, ETC.

Formules.

§ 1er.—**Requête et ordonnance** (L. 28 avril 1816, art. 146).

« L'an mil huit cent quarante-neuf, le mardi douze mai, heure de midi,

« Par-devant nous, Adolphe A..., juge de paix du canton de..., départ. de..., assisté de M. Louis B..., greffier de cette justice de paix,

« Est comparu, dans notre cabinet, le sieur Charles D..., débitant de..., demeurant à...,

« Lequel a dit que les employés des contributions indirectes, à la résidence de..., ont procédé, ce matin, dans sa cave (ou magasin ou boutique) au jaugeage de (dire la quantité et la qualité des liquides jaugés) qu'ils ont établis, sur leurs portatifs, à..., hectolitres et... litres, contrairement à la quantité réelle qui n'est que de..., etc.

« Qu'en conséquence, il requiert qu'il nous plaise de nommer un expert pour vérifier et rectifier le jaugeage des employés, et a signé. » (*Signature.*)

« Nous, juge de paix,

« Vu la réquisition ci-dessus, et l'art. 146 de la loi du 28 avril 1816, nous avons nommé... (nom, prénoms, profession et demeure de l'expert), expert, à l'effet de procéder, sur la réquisition qui lui en sera faite, à la vérification ou contre-jaugeage des liquides dont il s'agit, serment en tel cas requis préalablement prêté devant nous.

« Fait à..., les jour, mois et an que dessus, et avons signé avec le greffier. » (*Signatures.*)

§ 2.—**Prestation de serment de l'expert.**

« L'an mil huit cent quarante-neuf, le mardi douze mai, une heure de relevée,

« Par-devant nous, Adolphe A..., juge de paix du canton de..., assisté de M. Louis B..., greffier de cette justice de paix,

« Est comparu le sieur... (nom, prénoms, profession et demeure de l'expert),

« Lequel a dit qu'acceptant la commission dont nous l'avons chargé par notre ordonnance, en date de ce jour, qui lui a été communiquée sans frais, il demande à être admis au

« serment, requis en pareil cas, avant de procéder à l'opéra-
« tion ordonnée, et a signé. » (*Signature.*)

« Nous juge de paix,

« Vu notre ordonnance, en date de ce jour, les comparu-
« tion et acceptation dudit sieur..., expert, nommé par notre
« ordonnance susdite, nous avons de lui pris et reçu le ser-
« ment, qu'il a à l'instant prêté devant nous, la main levée,
« de bien et fidèlement remplir la commission qui lui est
« conférée.

« Dont acte : fait et dressé le présent procès-verbal à...,
« les jour, mois et an que dessus, et avons signé avec le
« greffier. » (*Signatures.*)

§ 3. — **Mention de l'acte de serment à mettre sur la commission du fonctionnaire qui l'a prêté** (L. 22 frim. an VII, art. 7 ; D. 1er germ. an XIII, art. 20).

« A l'audience, tenue publiquement, en la justice de paix
« du canton de... le... (ou l'an mil huit cent quarante-neuf,
« dans le cabinet de M. le juge de paix du canton de...), M...
« (nom du fonctionnaire), a prêté serment de... (indiquer la
« formule), et il en a été dressé acte, dont la minute existe
« au greffe de ladite justice de paix...

« Certifié véritable par le greffier soussigné..., à..., le...,
« mil huit cent quarante-neuf. »

(*Signature du greffier et sceau.*)

CHAP. XII.—ACTION RÉDHIBITOIRE.

242. L'action rédhibitoire s'entend : 1° de certains vices cachés de la chose vendue, existant au moment de la vente, et qui en motivent la résolution ;—2° de l'action par laquelle l'acheteur demande cette résolution.

L'acheteur a le droit de rendre la chose et de se faire restituer le prix, en capital et intérêts, ainsi que les frais (C. Nap., art. 1041, 1646), avec dommages-intérêts, si le vendeur a connu ou dû connaître les vices, ou d'exercer l'action *quanti minoris*, afin de garder la chose et de se faire rendre une partie du prix arbitré par expert (C. Nap., art. 1644).

L'action rédhibitoire cesse : 1° si l'acheteur a succombé sur son action *quanti minoris et vice versâ* (L. 25, *de Except. rei judic.* ; TOULLIER, t. 10, n° 163) ; — 2° si les vices étaient apparents et que l'acheteur eût pu s'en convaincre lui-même (C. Nap., art. 1642);—3° dans les ventes par autorité de justice (C. Nap., art. 1649) ;—4° en cas de vente sans garantie (C. Nap., art. 1643) ; — 5° et par l'expiration du délai légal (C. Nap., art. 1648).

Dans toutes ventes (autres que celles d'animaux domestiques), il faut s'en référer à l'usage des lieux pour déterminer quels vices donnent lieu à l'action rédhibitoire (C. Nap., art. 1648 ; DUVERGIER, t. 1er, n° 395 ; TROPLONG, t. 2, n° 549).

243. En général, pour qu'il y ait vice rédhibitoire, il ne suffit pas qu'il existe un vice caché, ôtant de l'*agrément* ou de *la valeur* à l'objet vendu : il faut que le vice caché rende la chose plus ou moins impropre au service ou usage auquel elle est destinée (Caen, 22 nov. 1826 ; S.27.2.225 ; ZACHARIÆ, t. 2, § 355, n° 44).

244. L'action pour vices rédhibitoires existe en matière de ventes d'immeubles, aussi bien qu'en matière de ventes de meubles (Montpellier, 23 fév. 1807 ; S.7.2.298; Lyon, 3 août 1824 ; Bourges, 18 nov. 1843 ; S.24.2.365 ; S.-V. 44.2.347 ; D.P.44.2.159 ; J.P.44.2.229 ; DELVINCOURT, t. 3, p. 381 ; TROPLONG, t. 2, n° 548 ; DUVERGIER, t. 1, n° 396 ; ZACHARIÆ, t. 2, § 355, note 45. — *Contrà*, DURANTON, t. 16, n° 317).

245. La loi des 20-26 mai 1838 sur les vices rédhibitoires substitue aux usages locaux dans les ventes d'animaux domestiques une règle uniforme qu'elle étend aux échanges, art. 1er, et supprime l'action en diminution de prix, art 2.

Les délais pour intenter l'action rédhibitoire en cette matière sont aujourd'hui fixés d'une manière uniforme par l'art. 3 de cette dernière loi, à trente jours pour le cas de fluxion périodique des yeux, et d'épilepsie ou mal caduc, et à neuf jours pour tous les autres cas, non compris le jour fixé pour la livraison.

Ainsi, le point de départ est le jour fixé pour la livraison, à moins qu'elle n'ait été retardée par la faute du vendeur, régulièrement mis en demeure d'exécuter son obligation, auquel cas le délai ne court que du jour de la livraison (Arg. C. Nap., art. 1138 ; Rapport de M. Lherbette à la Chambre des députés).

246. L'acheteur, à peine d'être déclaré non recevable, est tenu de provoquer, dans les délais de l'article 3, la nomination d'experts chargés de dresser procès-verbal (même loi, art. 5).

247. Le juge de paix du lieu où se trouve l'animal nomme, immédiatement sur requête, un ou trois experts suivant l'exigence des cas, qui devront opérer dans le plus bref délai.

Cette requête se fait par simple déclaration devant ce magistrat, ou par acte séparé.

Les experts doivent, à peine de nullité, prêter serment (Arg. C. proc. civ., art. 42, 303, 429 ; Rouen, 24 août 1842; S.-V.43.2.51 ; J.P.42.2.669) ; il a été en effet reconnu, dans la discussion de la loi de 1838, que cette loi ne dérogeait en rien aux formalités de l'expertise (CARETTE, *Lois annotées*, p. 439).

Ils doivent procéder immédiatement à la visite de l'animal, constater s'il est ou non atteint d'un vice rédhibitoire, le spécifier, indiquer les caractères et les indices de la maladie, d'après les règles de l'art.

La minute du procès-verbal n'est point déposée au greffe; elle est remise à la partie qui a provoqué l'expertise, et le coût en est taxé par le juge de paix.

248. Le délai fixé par l'article 3, L. 20-26 mai 1838, est augmenté d'un jour par cinq myriamètres de distance du domicile du vendeur, au lieu où l'animal se trouve, si la livraison ou la conduite de cet animal a été effectuée hors du lieu du domicile du vendeur.

249. Il ne suffit pas que l'acquéreur ait fait constater le vice rédhibitoire par des gens de l'art avant l'expiration du délai fixé par les art. 3 et 5 de la loi des 20-26 mai 1838, il faut encore que l'action elle-même ait été intentée avant ce délai (Cass., 23 mars 1840 ; D.P.40.1.137 ; J.P.40.1.450; 6 mai 1846 ; S.-V. 46.1.431 ; D.P.46.1.209).

Néanmoins, les art. 3 et 5 de la loi du 20 mai 1838 ne s'opposent pas à ce que, dans le cas où une première expertise serait annulée pour vices de forme, les juges en ordonnent une nouvelle, bien que les délais fixés par ces articles se trouvent alors écoulés (Rouen, 24 août 1842 et 23 juill. 1844; S.-V. 43.2.50 et 1,802 ; D.P.43.1.350, J.P.43.2.502).

250. L'action résolutoire doit être portée devant le tribunal de commerce, s'il y a eu acte de commerce ; dans le cas contraire, devant le juge de paix ou devant le tribunal civil de première instance, selon que le prix de la vente est inférieur ou supérieur à 200 francs (L. 25 mai 1838, art. 1er).

Formules.

§ 1er.—**Requête et ordonnance** (L. 20 mai 1838, art. 5).

« L'an mil huit cent quarante-neuf, le deux mai, huit « heures du matin,

« Par-devant nous, Adolphe A..., juge de paix du canton « de..., départ. de..., assisté de M. Louis B..., greffier de « cette justice de paix...,

« Est comparu le sieur..., cultivateur..., demeurant à...,

« Lequel a dit que, le quinze mai, présent mois, il a acheté « de M..., marchand de chevaux, demeurant à..., rue..., une « jument sous poil gris, hors d'âge, à tout crin, taille ordi- « naire, moyennant la somme de... ; que cette jument est « atteinte d'un vice rédhibitoire (le spécifier) ; qu'en consé- « quence, il nous requiert de vouloir bien nommer tel expert « vétérinaire qu'il nous plaira commettre, à l'effet de pro- « céder à la visite de ladite jument, constater les vices dont « elle est atteinte (le tout en présence du vendeur, ou lui « dûment appelé), dont il dressera procès-verbal, et a « signé. »

(*Signature.*)

« Nous, juge de paix,

« Vu la réquisition ci-dessus et l'art. 5 de la loi du 20 mai « 1838 ;

« Commettons le sieur..., vétérinaire, demeurant à..., « rue..., à l'effet de procéder à la visite de la jument désignée « ci-dessus, constater son état, les vices et maladies dont elle « peut être atteinte, et du tout dresser procès-verbal en pré- « sence du vendeur ou lui dûment appelé, pour être ensuite « requis et statué ce qu'il appartiendra.

« Fait à..., les jour, mois et an que dessus, et avons signé « avec le greffier. »

(*Signatures.*)

§ 2.—**Prestation de serment.**

« L'an mil huit cent quarante-neuf..., le..., heure..., par- « devant nous, Adolphe A..., juge de paix du canton de..., « départ. de..., assisté de M. Louis B..., greffier de ce cette « justice de paix,

« Est comparu le sieur..., vétérinaire, demeurant à..., « rue..., lequel nous a dit qu'ayant été nommé par notre or- « donnance, en date de ce jour, à lui communiquée sans frais, « comme expert, à l'effet de visiter une jument que le sieur...,

« cultivateur, demeurant à..., prétend atteinte d'un vice ré-
« dhibitoire, il requiert qu'il nous plaise de l'admettre au ser-
« ment, et a signé. » (*Signature.*)

« Nous, juge de paix,

« Vu les comparution et acceptation ci-dessus, avons reçu « dudit sieur..., le serment qu'il a à l'instant prêté devant « nous, la main levée, de bien et fidèlement remplir la mission « qui lui est confiée.

« Dont acte : fait et dressé le présent procès-verbal, à... les « jour, mois et an que dessus, et a l'expert signé avec nous « et le greffier, après lecture. » (*Signatures.*)

§ 3. — Signification de l'ordonnance du juge avec sommation d'être présent à la visite.

« L'an mil huit cent quarante-neuf, le..., à la requête « de..., j'ai..., etc., signifié avec celle des présentes donné « copie au sieur..., demeurant à..., en son domicile, en par- « lant à..., d'une requête présentée par le requérant à M. le « juge de paix..., le..., et de l'ordonnance par lui rendue « le..., dûment enregistrée, laquelle ordonnance nomme le « sieur, vétérinaire, à l'effet de..., etc..., à ce que du contenu « auxdites requête et ordonnance, il n'ignore ; et à pareilles « requête, demeure et élection de domicile que ci-dessus, « j'ai..., huissier susdit et soussigné, fait sommation audit « sieur..., en son domicile et parlant comme dit est, de com- « paraître et se trouver, le..., heures..., en la demeure du « sieur..., vétérinaire, sise à..., à l'effet d'être présent, si bon « lui semble, à la visite de la jument dont s'agit, et au pro- « cès-verbal qui sera dressé par ledit sieur..., déclarant audit « sieur... que, faute par lui de comparaître, il sera contre lui « donné défaut, et procédé aux susdites opérations par ledit « expert ; à ce qu'il n'en ignore, et sous toutes réserves et « protestations de droit, même de répéter toutes pertes, dé- « pens, dommages-intérêts, je lui ai, audit domicile et « parlant comme dit est, laissé copie tant des requête et « ordonnance susénoncées, que du présent, dont le coût est « de... »

Nota. — Cette sommation n'est pas formellement exigée par la loi de 1838, et dans la pratique, on ne la fait que lorsque la partie est sur lieu, pour éviter une contre-expertise.

§ 4. — Procès-verbal d'expert.

« Je soussigné..., vétérinaire, demeurant à...,

« Nommé par ordonnance de M. le juge de paix du canton « de..., à l'effet de procéder à la visite d'une jument, achetée « du sieur... par le sieur..., et que ce dernier prétend être « atteinte de la maladie de la pousse,

« Me suis transporté dans l'écurie du sieur, où j'ai fait la « visite de ladite jument, laquelle est sous poil gris, hors « d'âge, à tout crin, de la taille d'un mètre cinquante-neuf « centimètres, ayant des traces de saignées à l'encolure (on « fait mention des dires des parties ; si le vendeur a été sommé « de comparaître à la visite, on l'indique ; l'expert fait men- « tion de sa comparution ou donne défaut contre lui). J'ai « trouvé ladite jument en bon état de santé et d'embonpoint, « elle mangeait l'avoine avec appétit ; mais, dans le repos, « en mangeant tranquillement l'avoine, elle avait le mouve- « ment du flanc irrégulier et entrecoupé par ce contre-temps « ou l'espèce de soubresaut qui constitue la pousse, pour- « quoi j'estime que la bête est poussive, vice rédhibitoire « prévu par l'art. 1er, L. 20 mai 1838.

« En foi de quoi j'ai dressé le présent procès-verbal pour « servir et valoir ce que de droit...

« Fait à..., le... mil huit cent quarante-neuf. »

(*Signature.*)

CHAP. XIII. — PROCURATION.

251. La procuration est un acte par lequel une personne (le mandant) donne à une autre (au mandataire) qui l'accepte, le pouvoir de le représenter, d'agir en son nom, pour toutes ses affaires, ou pour une ou plusieurs affaires (C. Nap., art. 1984).

Malgré les expressions de l'art. 1984, il y a une foule de cas où le mandataire n'agit pas à l'égard des tiers au nom du mandant (POTHIER, *du Mandat*, nos 1 et 88 ; TROPLONG, *du Mandat*, no 8, et *du Louage*, no 810).

252. Le mandat n'est pas seulement un pouvoir d'agir : quand il est accepté, il impose le devoir et l'obligation de s'en acquitter (TROPLONG, no 9). Il peut être donné et accepté sans condition (DURANTON, t. 18, no 225).

On peut, en général, donner mandat de faire tout ce qu'on est en droit de faire soi-même. L'affaire confiée au mandataire doit être licite (POTHIER, nos 7 et suiv. ; DURANTON, t. 18, no 192 ; TROPLONG, nos 30 et suiv.). Ainsi sont nuls les mandats donnés pour faire la contrebande, faire des donations prohibées, prêter de l'argent à un taux plus élevé que celui permis par la loi, etc...

Le mandat peut être donné dans l'intérêt d'un tiers, et ce dernier a contre le mandant l'action *negotiorum gestorum* (POTHIER, n° 7; DELVINCOURT, t. 3, p. 239 ; TROPLONG, n° 36).

253. Le mandat est spécial ou général (C. Nap., art. 1987). Il est spécial, quand il est donné pour une ou plusieurs affaires, désignées nominativement, par exemple pour recevoir une créance ou plusieurs créances déterminées, ou toutes les créances dépendantes de telle succession ; pour vendre plusieurs immeubles déterminés, ou tous les immeubles du mandant situés dans telle localité ou lui provenant de telle origine. Il y a, dans tous ces cas, une certaine limite qui circonscrit le mandat.

Le mandat est général quand il est donné pour la généralité des affaires du mandant, ou pour la généralité de ses affaires d'un certain genre, ainsi pour recueillir toutes successions, ou pour vendre tous ses immeubles, ou pour recouvrer toutes ses créances. Chacun de ces pouvoirs renferme une généralité, quoiqu'il ne contienne pas la totalité de ses affaires (ED. CLERC, p. 26, nos 8 et 9).

Le mandat, conçu en termes généraux (comme celui donné pour représenter le mandant dans toutes ses affaires), n'embrasse que les actes d'administration (C. Nap., art. 1988).

Le mandataire général peut former, sous le nom du mandant, des demandes en justice, intenter les actions personnelles et mobilières, les actions possessoires et autres qui concernent les affaires courantes et ordinaires, et défendre à ces mêmes actions (POTHIER, nos 50 et suiv. ; MERLIN, *Rép.*, v° *Procuration*, § 3 ; TROPLONG, nos 291 et 293).

Mais il ne peut intenter les actions dont l'issue pourrait exercer la perte des immeubles, ni défendre à ces actions (TROPLONG, n° 292).

Le mandataire général peut aussi faire des baux d'une durée ordinaire, et par suite congédier les preneurs ou poursuivre, quand ils mésusent, la résiliation des baux (POTHIER, n° 148 ; TROPLONG, n° 278, et *Louage*, n° 158).

Mais il ne peut louer pour un temps plus long que trois, six ou neuf années (TROPLONG, n° 279, et *Louage*, t. 1er, n° 158 ; V. POTHIER, n° 148).

254. Le pouvoir de transiger n'emporte pas celui de compromettre, encore qu'il soit dit que le mandataire pourra tran-

siger même par médiation d'arbitres (Aix, 6 mai 1812; S. 13.2.205; C.N.4; D.A.1.617)... Ni celui de proroger un compromis. (Cass. rej., 18 août 1819 (S.20.1.73; C.N.6; D.A.1.620).

Le pouvoir de se concilier renferme celui de reconnaître la demande en partie (Douai, 13 mai 1836; S.-V.36.2.450; D.P. 37.2.81; J.P. 37.2.103).

255. Les procurations doivent être annexées aux actes dans lesquels agissent les mandataires, à peine de 20 fr. d'amende (LL. 25 vent. an XI, art. 13, et 16 juin 1824, art. 27).

256. Tout mandat emporte le pouvoir de substituer, sauf stipulation contraire (C. Nap. art. 1994). Cependant, le Trésor et toutes les administrations publiques exigent, pour admettre une substitution, que le pouvoir de substituer soit exprimé dans la procuration. Cette exigence, mal fondée, s'est introduite peu à peu dans la pratique de toutes les affaires, et, aujourd'hui, il est au moins prudent de s'y conformer.

257. Le mandat est gratuit, s'il n'y a convention contraire (C. Nap., art. 1986). On peut donc stipuler une indemnité ou des honoraires en faveur du mandataire (C. Nap., art. 1999 suiv.).

Dans tous les cas, le mandant doit rembourser au mandataire les avances et frais que celui-ci a faits pour l'exécution du mandat (C. Nap., art. 1999), avec intérêt du jour des avances constatées (C. Nap., art. 2001), et, s'il y a plusieurs mandants, ils sont obligés solidairement envers le mandataire (C. Nap., art. 2002).

258. Les procurations peuvent être faites par acte sous seing privé ou par acte notarié, au gré du mandant (C. Nap., art. 1985), sauf les exceptions ci-après.

259. Une procuration notariée est nécessaire : pour les actes de l'état civil (C. Nap., art. 36); pour les oppositions au mariage (C. Nap , art. 933) ; pour faire une donation (L. 21 juin 1843, art. 2) ; pour le transfert d'une rente sur l'Etat ; pour toucher et recevoir de toutes les administrations financières ; et, en général, pour tous les actes qui eux-mêmes ont besoin d'être authentiques, comme les reconnaissances d'enfants naturels (C. Nap., art. 334 ; L. 21 juin 1843) ; les inventaires (C. proc., art. 943, etc., etc.).

260. Les procurations des héritiers doivent être annexées à l'inventaire et non au procès-verbal de la levée de scellés du juge de paix (Décis. du garde des sceaux, 3 avril 1827) ; néanmoins, à toute réquisition de levée de scellés faite par

un mandataire, le greffier doit annexer la procuration et en délivrer une expédition, qui est alors annexée à l'inventaire.

Formules.

§ 1er.—**Procuration sous seing privé pour assister à un conseil de famille.**

« Je... soussigné (nom, prénoms, profession et domicile) « donne pouvoir à M... de, pour moi et en mon nom, com- « paraître devant M. le juge de paix du canton de... sur la « citation qui m'est donnée en vertu de la cédule de ce magis- « trat, à la requête du sieur..., par exploit de..., huissier « à..., en date du..., enregistré, au conseil de famille de..., « mon neveu, et enfant mineur de..., et de dame..., son « épouse, décédée, prendre part à toutes délibérations, nom- « mer pour subrogé tuteur celui des parents qu'il plaira au « mandataire de désigner, accepter cette qualité pour et en « mon nom, si elle lui est confiée ; conférer au tuteur légal « de son fils mineur, toutes les autorisations qui pourront « être requises, ou les refuser, signer tous procès-verbaux, « et généralement faire tout ce que le constituant aurait pu « faire lui-même dans l'intérêt du mineur, promettant l'a- « gréer.

« A..., le..., mil huit cent quarante-neuf. »

(*Signature.*)

§ 2.—**Procuration sous seing privé pour comparaître en justice de paix.**

« Je soussigné (nom, prénoms, profession, domicile), « donne pouvoir à M.., de, pour moi et en mon nom, com- « paraître à tous bureaux de paix et de conciliation, se con- « cilier si faire se peut, traiter, composer, transiger, nommer « tous arbitres et amiables compositeurs, s'en rapporter à leur « jugement, et renoncer à tous appels, requêtes civiles et « recours en cassation, et généralement faire tout ce qu'il « croira utile et avantageux pour mes intérêts, promettant « l'avoir pour agréable.

« A..., le..., mil huit cent quarante-neuf. »

(*Signature.*)

Nota. — Ces procurations doivent être enregistrées, et le mandataire met en marge ou au bas : « certifié véritable » et signe.

CHAP. XIV. — CÉDULE.

261. La cédule est un acte du juge de paix, une ordonnance ou permission de ce magistrat, à l'effet soit de convoquer les membres d'un conseil de famille, soit de commettre un huissier ou un expert, soit de citer à bref délai, dans les cas urgents, soit de fixer pour l'exécution d'un jugement préparatoire ou interlocutoire, les jour, lieu et heure d'une enquête, d'une visite de lieux (C. proc., art. 6, 29; C. Nap., art. 407, et s. ; C. inst. crim., art. 146).

Elle était autrefois le seul acte par lequel on ajournait les parties devant le juge de paix pour y être jugées ou conciliées (D. 18-26 oct. 1790) ; mais le Code de procédure civile, art. 1, 5 et 52, en a aboli les formalités, qu'il a remplacées par la citation, sauf la restriction portée par l'art. 17 de la loi du 25 mai 1838, modifié par l'art. 2, L. 2 mai 1855.

Néanmoins, les juges de paix sont encore autorisés, dans certains cas, à délivrer des cédules, savoir : 1° dans les cas urgents pour abréger les délais (C. proc. civ., art. 6 ; C. inst. crim., art. 146) ; — 2° pour convoquer les membres d'un conseil de famille (art. 405, 406, 409, 410 et 411 du C. Nap.); — 3° et pour arriver à l'exécution d'un jugement préparatoire ou interlocutoire ordonnant une enquête ou une visite de lieux (C. proc. civ., art. 29 ; CARRÉ et CHAUVEAU, *Lois de la procédure*, art. 6, à la note).

262. Aucune loi n'impose aux juges de paix l'obligation d'écrire eux-mêmes les cédules qu'ils délivrent ; ils ne sont astreints qu'à les signer, peu importe qu'elles soient de la main du greffier, ou de toute autre personne, même de la partie qui la requiert (CARRÉ, art. 6 ; AUGIER, *Encyclop.*, v° *Cédule*, n° 26).

263. C'est le juge de paix compétent pour statuer sur la contestation, qui doit délivrer la cédule, et non le juge de paix du domicile du défendeur (CARRÉ, *Justice de paix*, t. 4, n° 2685).

Cette cédule doit énoncer la mention du lieu, du jour et de l'heure, contenir les faits, les motifs de l'opération qui en fait l'objet, et copie doit en être signifiée en tête de la citation, signifiée par huissier.

264. Lorsque le juge de paix a donné une cédule pour abréger les délais, le jugement peut être prononcé avant l'enregistrement de la citation, pourvu que cette citation soit sou-

mise à la formalité dans les quatre jours (Déc. min. fin., 13 juin 1809).

Nota. — Les formules particulières à chaque espèce de cédules se trouvent sous le mot qui leur est propre.

CHAP. XV. — CITATION.

265. Le mot citation est un acte synonyme d'ajournement, qui n'était d'usage autrefois qu'en matière ecclésiastique; aujourd'hui, on l'emploie particulièrement lorsqu'il s'agit d'une assignation à comparaître, soit en matière civile devant le juge de paix ou en conciliation, soit en matière criminelle devant le tribunal de police correctionnelle ou le tribunal de simple police.

266. Devant le juge de paix, les parties peuvent comparaître volontairement : une citation n'est pas indispensable. Il est même d'usage, consacré par la loi, d'inviter par lettres les parties à comparaître devant le tribunal de paix, tant en matière civile qu'en matière de simple police, avant de les citer (V. L. 25 mai 1838, art. 17, modifié par l'art. 2, L. 2 mai 1855 ; C. inst. crim., art. 147, 159 et 170).

Cependant, le défaut d'avertissement préalable n'entraîne pas la nullité de la citation (CHAUVEAU sur CARRÉ, *L. de la proc., Quest.* 54; VICTOR FOUCHER, *Justice de paix*, nos 476 et 486).

La citation devant le juge de paix est, en général, soumise aux mêmes règles que l'ajournement ; les mêmes motifs les ont fait établir, sauf quelques modifications qui tiennent à la nature spéciale de l'institution des justices de paix.

267. Toute citation devant le juge de paix, porte l'art. 1er, C. proc. civ., doit contenir la date des jour, mois et an, les noms, profession et domicile du demandeur, les noms, demeure et immatricule de l'huissier; les noms et demeure du défendeur; elle énoncera sommairement l'objet et les moyens de la demande, et indiquera le juge de paix qui doit connaître de la demande, et le jour et l'heure de la comparution.

268. L'ajournement, point de départ de l'instance, a pour objet de mettre la partie assignée en mesure de se défendre en l'avertissant de la prétention du demandeur ; il est assujetti à diverses formalités dont les unes sont intrinsèques, et les autres extrinsèques.

Les formalités intrinsèques sont celles qui tiennent à la

substance de l'acte lui-même, qui en sont comme les parties intégrantes, et dont l'omission emporte nullité de l'acte. Les art 61, 64 et 68, C. proc., indiquent ces formalités essentielles (CARRÉ et CHAUVEAU, t. 1er, p. 276).

Les formalités extrinsèques sont celles qui ne sont prescrites qu'accessoirement, qui se rattachent à l'exploit, mais qui n'en font pas partie intégrante. Tels sont l'enregistrement, la copie du procès-verbal de non-conciliation ou la mention de la non-comparution, la copie de la cédule ou des titres sur lesquels la demande est fondée; la mention du coût de l'exploit et du visa.

La première formalité exigée par l'art. 61, C. proc. civ., c'est que l'exploit soit daté.

La date contient la mention du jour, du mois et de l'année. L'exploit serait nul si la date était restée en blanc (BONCENNE, t. 2, p. 102; THOMINE, t. 1, p. 156).

L'indication de l'heure n'est pas plus exigée dans les exploits d'ajournement que dans la citation; elle est même le plus souvent inutile dans l'un comme dans l'autre cas, puisque la prescription et tous les délais de la procédure se comptent par jour et non par heure (BOITARD, t. 1, p. 164; BIOCHE et GOUJET, n° 34; BONCENNE, t. 2, p. 105; CARRÉ et CHAUVEAU, *Quest.* 283).

Quoique l'art. 1er n'exige pour la citation, comme l'art. 61 pour l'ajournement, que la date des jour, mois et an, il est prudent de mentionner le lieu où l'acte est fait (CARRÉ et CHAUVEAU, 284 *ter*).

La date d'un exploit pourrait, suivant Boncenne, t. 2, p. 106, être mise en chiffre sans entraîner la nullité de l'acte; c'est, du reste, ce qui a été jugé par la Cour de Besançon, le 12 fév. 1810 : mais, dit Bioche, n° 35, il convient de mentionner la date du mois, *surtout* en toutes lettres, afin d'éviter toute surcharge ou altération. Il y a moins d'inconvénient pour la date de l'année : elle se met souvent en chiffres, tel est l'usage des receveurs de l'enregistrement.

Des imperfections, des erreurs, des omissions dans l'énoncé de la date rendent-elles toujours l'exploit nul? « Il faut distinguer, dit Boncenne, t. 2, p. 103 : si les erreurs, les omissions jettent une ombre de doute sur l'époque véritable à laquelle l'exploit a été signifié, il y a nullité; si la copie, imparfaite au premier aspect, laisse percer dans le reste de sa teneur quelque chose de clair et d'incontestable qui fixe la certitude de cette époque, la nullité disparaît. Cette distinction est confirmée par la jurisprudence (Cass., 7 mars 1833; 24 déc. 1839; J. P., t. 1, 1840, p. 103 ; 23 mai 1842, t. 2; 1842, p. 182; CARRÉ et CHAUVEAU, art. 61; BIOCHE, n° 39).

269. La citation, comme l'exploit d'ajournement, doit mentionner les noms, profession et domicile du demandeur (C. proc., art. 1 et 61).

Cette indication est de l'essence même de l'acte. On ne concevrait pas, en effet, une assignation qui n'indiquerait pas à la requête de qui elle est formulée (BOITARD, t. 1, p. 106, 107).

La loi, par cette expression les *noms*, a-t-elle entendu prescrire non-seulement le nom de famille, mais aussi les prénoms? Boncenne se prononce pour l'affirmative. « Les prénoms, dit-il, sont devenus indispensables depuis l'accroissement et l'extension de toutes les espèces de rapports sociaux; les noms héréditaires se sont trop répandus et répétés partout pour suffire à la distinction des individus. De là cette nécessité de la mention des prénoms dans les actes de la procédure, nécessité que le bon sens avait déclarée longtemps avant qu'elle eût été érigée en loi. » (V. aussi BOITARD, t. 1, n° 230).

Cette opinion se fonde encore sur ce qu'en prescrivant au demandeur de mentionner ses noms, profession et domicile, le législateur a écrit le mot *noms* au pluriel, ce qui comprend dès lors les prénoms. Jugé, en ce sens, par arrêt de la Cour de Bruxelles, le 27 janv. 1818.

Toutefois, Pigeau (*Comment.*, t. 1, p. 174), et Favard de Langlade (t. 2, p. 135, n° 1...), pensent que l'indication du prénom n'est pas d'une absolue nécessité, et Carré (t. 1, *Quest.* 285), affirme que telle est l'opinion commune; ce à quoi Boncenne répond que cette opinion lui semble être une erreur.

Jugé, en ce sens, par arrêt de la Cour de Bourges, le 17 mars 1815 (J. P.).

Quant à nous, nous pensons avec Chauveau sur Carré, t. 1, *Quest.* 285, que le vœu de la loi est que l'identité du demandeur soit bien constatée et que, lorsque ce vœu est rempli, il serait par trop rigoureux d'annuler l'exploit ou la citation. « Ici, comme sur la formalité de la date, la loi, dit Chauveau, ne se montre exigeante que pour le fond et nullement pour la forme. Que le demandeur soit bien désigné, voilà ce qu'elle demande : mais qu'il le soit en termes exprès, ou qu'il le soit par des équipollents, peu lui importe. » C'est ce qu'enseigne

Thomine de la manière la plus explicite, t. 1, p. 156 et 157.

270. Lorsqu'il y a plusieurs demandeurs, tous doivent également être nommés. Il faut que chacun d'eux soit en cause, sans quoi la règle *qu'on ne peut plaider par procureur* serait violée. Mais il n'y aurait nullité qu'au regard des demandeurs qui n'auraient pas été expressément nommés, et ils ne le seraient pas valablement par ces expressions vagues : *et consorts* (CARRÉ et CHAUVEAU, t. 1, *Quest.* 287 ; PIGEAU, t. 1, p. 179 ; BIOCHE et GOUGET, n° 81). Il doit, du reste, en être autrement lorsqu'il y a indivisibilité ou solidarité.

L'ordonnance de 1667, tit. 2, art. 2, enjoignait aux huissiers de mentionner, dans leurs exploits, la qualité du demandeur. Le Code de procédure, art. 1er et 61, a substitué, sans trop de raison, à cette expression très-générale, une expression beaucoup moins heureuse, *la profession.* En effet, il y a dans la société beaucoup de gens, rentiers, capitalistes, propriétaires, etc., qui n'ont point de profession proprement dite; de là quelques difficultés dans la pratique, car les formalités prescrites pour les exploits par l'article 61, C. proc. civ., doivent toutes êtres observées à peine de nullité.

Jugé toutefois que si le demandeur n'a pas de profession, la prescription de la loi ne pouvant être remplie, l'omission n'emporte pas nullité (Rouen, 9 déc. 1813 ; Cass., 4 oct. 1834 ; Ducluseau C. Vergue ; J. P.; BONCENNE, t. 2, p. 118 ; BERRIAT, t. 1, p. 218, notes 3 et 4).

Jugé encore, par arrêt de la Cour de Rennes, du 29 janv. 1817 (J.P.), que, si l'exploit est signifié à la requête d'une société dont la raison sociale est énoncée, il n'est pas nécessaire de mentionner la profession, car la raison sociale implique la profession de commerçant.

L'art. 61, C. proc. civ., se borne, comme on l'a vu, à exiger la mention des noms, profession et domicile du demandeur : mais cela ne suffit pas toujours. Par exemple, lorsque le demandeur est commerçant, et que l'exploit est relatif à son négoce, l'huissier doit énoncer la patente du requérant à peine d'amende (L. 7 mai 1844, art. 29). Du reste, l'omission de la mention de la patente ne vicie pas l'exploit ; cette formalité n'est exigée que dans l'intérêt du fisc.

271. L'art. 61 du C. proc. civ. veut que l'exploit indique le domicile du demandeur, et avec raison, car le domicile est le seul moyen de distinguer une personne d'une autre.

Mais l'énonciation de la demeure du demandeur suffit-elle pour valider l'exploit ? Berriat Saint-Prix se prononce nettement pour la négative : il soutient que la demeure n'est pas la même chose que le domicile ; que le Code, se servant du mot *domicile* pour le demandeur et du mot *demeure* pour le défendeur, annonce par là qu'il n'attache pas le même sens, la même valeur à ces deux mots. Jugé, en ce sens, qu'un exploit doit énoncer non-seulement la demeure, mais encore le domicile du demandeur.

Carré, *Lois de la proc.*, t. 1, 9, 300; Boncenne, t. 2, p. 136, et Favard de Langlade, *Rép.*, t. 2, p. 123, contredisent cette solution et soutiennent que les mots domicile et demeure, dont se servent les art. 1 et 61, C. proc. civ., ont exactement le même sens ; c'est ce que Boncenne surtout cherche à établir par une foule de textes, où les mots *domicile* et *demeure* sont employés indistinctement l'un pour l'autre.

M. Thomine-Desmazures, t. 1, p. 157, se range également à cette opinion.

Jugé toutefois : 1° que l'indication, dans l'exploit d'ajournement, de la demeure du demandeur est suffisante si son domicile est dans cette demeure (Liége, 7 oct. 1814, Méau C. Masset ; Besançon, 21 mai 1812, Baverol C. Lacroix; Cass., 28 juill. 1818, Saint-Amand C. Guiotraud, J. P.) ; — 2° que la mention, faite dans un exploit, de la demeure ou de l'habitation du demandeur, équivaut à celle de son domicile (Cass., 28 juill. 1810, J. P.).

Suivant Chauveau sur Carré (t. 1er, *Quest.* 300), la demeure doit être présumée ne faire qu'un avec le domicile jusqu'à preuve contraire. Si donc, dit-il, le défendeur vient à prouver que le demandeur a un domicile distinct de la demeure indiquée dans l'exploit, il pourra, mais seulement dans ce cas, obtenir la nullité de cet acte.

272. L'indication d'un domicile élu ne dispense pas de l'indication du domicile réel (THOMINE, t. 1er, p. 157; BONCENNE, t. 2, p. 119).

273. Aux termes du même art. 61, l'exploit doit contenir les noms et demeure du défendeur à peine de nullité.

Suivant Boncenne, t. 2, p. 111, le mot *noms*, au pluriel, implique le nom de famille et les prénoms ; il veut qu'on observe scrupuleusement cette formalité.

Boitard, t. 1er, p. 248, 1re édit., partage cette opinion ; mais il reconnaît que cette exigence, quoique utile, est un peu sévère en certains cas, parce qu'il n'est pas toujours possible au demandeur de connaître d'une manière précise les prénoms de son adversaire.

Nous pensons, avec Chauveau sur Carré (t. 1er, *Quest.* 306), que l'omission des prénoms du défendeur ne peut être une cause de nullité qu'autant qu'elle est de nature à influer sur la clarté de la désignation et que s'il résulte des documents du procès que le demandeur aurait pu facilement connaître les prénoms du défendeur.

274. Quant à la demeure du défendeur, comme il serait souvent impossible au demandeur de connaître le domicile du défendeur, il suffit que l'exploit d'indication indique clairement le lieu de sa demeure (CHAUVEAU et CARRÉ, *Quest.* 308 ; BIOCHE, n° 148).

275. Conformément aux principes ci-dessus énoncés, les erreurs ou omissions dans un exploit, notamment en ce qui touche l'indication du domicile, n'entraînent pas nullité toutes les fois que cet exploit ou les pièces qui l'accompagnent renferment les énonciations qui peuvent réparer ces erreurs ou omissions (Cass., 23 nov. 1836, J.P.1836).

276. Tout acte public doit faire connaître le fonctionnaire duquel il émane : c'est pour cela que le Code exige que l'exploit contienne les noms, demeure et matricules de l'huissier (C. proc., art. 61), à peine de nullité (Paris, 5 fév. 1810, D. Cass., 9 pluv. an XIII, J.P.).

Ces énonciations, dit Bioche (n° 126), sont destinées à faire connaître à la partie à laquelle l'exploit est signifié si le signataire de l'acte est véritablement huissier, et s'il avait qualité pour faire la signification.

Quant au mot *noms*, il s'agit toujours du nom de famille et des prénoms, dont l'énonciation dans le corps de l'acte est nécessaire pour qu'il n'y ait pas de confusion sur la personne de l'huissier instrumentaire.

La mention de la demeure, suivant Bioche (n° 128), est exigée, afin que le défendeur puisse prendre des informations auprès de l'huissier ou faire des propositions d'arrangement. Aussi, cette indication doit-elle être précise, bien qu'il ne soit pas nécessaire qu'elle s'étende jusqu'à la désignation de la rue et du numéro de la maison (CARRÉ et CHAUVEAU, t. 1er, *Quest.* 05, p. 130).

277. L'immatricule, qu'il ne faut pas confondre avec la patente, se dit de l'inscription d'un huissier sur le tableau de ceux qui ont le droit d'instrumenter près d'un tribunal. L'indication est utile pour faire connaître à la partie si l'huissier avait qualité pour instrumenter.

Sous l'ordonnance de 1667, l'huissier était tenu, comme

sous le Code de procédure, d'énoncer son immatricule, à peine de nullité de son exploit (Cass., 29 juill. 1819, J.P.).

278. *Quid* de la signature de l'huissier ? Faut-il qu'il signe ses exploits ? La loi ne le dit pas : mais il est certain que cette signature est l'élément nécessaire, le complément indispensable des actes qu'il rédige. « C'est, dit Chauveau sur Carré (*Quest.* 305 *bis*), la seule marque admissible d'authenticité. Jusqu'à ce qu'elle soit apposée, il n'y a pas d'acte ; si la rédaction en est faite, ce n'est qu'un simple projet. »

Aussi a-t-il été jugé que les exploits dont les copies ne portaient pas la signature de l'huissier étaient nuls (Poitiers, 13 août 1849 ; Rennes, 30 mai 1838, J.P., t. 2, 1840, p. 332 ; Bourges, 9 fév. 1829).

279. L'ajournement doit contenir l'indication du délai dans lequel le défendeur doit comparaître, à peine de nullité.

« La nécessité de cette indication, dit Boncenne (t. 2, p. 157), est écrite, si je puis m'exprimer ainsi, dans tous les signes qui composent le mot *ajournement.* »

Mais pour que l'indication que doit renfermer l'exploit du délai dans lequel le défendeur est tenu de comparaître soit faite régulièrement, est-il nécessaire de mentionner l'heure de l'audience ?

L'art. 72, C. proc. civ., qui fixe le délai ordinaire des ajournements, n'exige pas l'accomplissement de cette formalité, d'où l'on doit conclure qu'une pareille mention n'est pas indispensable, surtout devant les tribunaux auxquels des avoués sont attachés, et qui, représentants forcés des parties, connaissent parfaitement les habitudes des magistrats et les heures. Jugé dans ce sens par la Cour de Turin, le 20 flor. an XI.

Il faut néanmoins remarquer : 1° que l'art. 1er, C. proc. civ., exige la mention de l'heure pour les assignations devant les juges de paix ; d'où Carré conclut, et nous partageons entièrement cette opinion, qu'en l'absence de cette mention, le juge de paix ne pourrait donner défaut contre le défendeur ; — 2° que l'art. 20 décret du 30 mars 1808 prescrit d'indiquer, dans les exploits d'appel, l'heure fixée pour la première des audiences.

Les huissiers doivent donc mentionner l'heure, afin de se conformer à ces dispositions, dont l'inobservation n'entraînerait pas la nullité de l'exploit, mais pourrait servir de motif à la prononciation d'une amende.

On s'est demandé si l'ajournement qui se borne à assigner

dans le délai de la loi remplit le vœu de l'art. 72 et suiv., C. proc. civ. Ce point est très-controversé.

Boncenne (t. 2, p. 173) soutient avec force la négative, et cette doctrine est embrassée par des auteurs d'un grand poids (FAVARD, t. 1er, p. 140 ; BOITARD, t. 1er, p. 249 ; CARRÉ, *Quest.* 320 ; CHAUVEAU sur CARRÉ, *Quest.* 314 *bis* ; THOMINE-DESMAZURES, t. 1er, p. 159 ; Merlin, *Rép.*, v° *Délai*, sect. 1re, § 1er).

Plusieurs arrêts ont également consacré cette doctrine (Turin, 9 août 1808 ; Bruxelles, 3 juin 1809 ; Toulouse, 3 juill. 1809 ; Besançon, 12 fév. 1810 ; Colmar, 30 août 1810, J.P.).

Mais la jurisprudence contraire, qui déclare valables les exploits d'ajournement ou actes d'appel, bien qu'ils se bornent à contenir assignation dans *le délai de la loi*, sans fixer d'une manière précise le jour de la comparution, a prévalu (Bourges, 4 mars 1809 ; Toulouse, 9 avril 1811 ; Lyon, 27 nov. 1811 ; Bourges, 20 mars 1821 ; Poitiers, 18 juin 1830, J.P.).

Telle est également la jurisprudence de la Cour de cassation (arr. 21 nov. 1810, Masse C. Sallabery ; 8 janv. 1811, Chiappe ; 18 mars 1811, Gardu C. Pellissier ; 6 mai 1812, Levo C... ; 24 juin 1812, Rossigney C. Vaillier ; 28 déc. 1812, Waguier C. Corbier ; 20 avril 1814, Gubert C. Dail ; 27 avr. 1813, J.P.).

280. L'exploit d'ajournement doit contenir, à peine de nullité, l'indication du tribunal qui doit connaître de la demande (C. proc., art. 61).

C'est encore une formalité absolument essentielle à l'existence même de l'ajournement. « Cette nécessité, dit Boitard (t. 1er, p. 171), est de telle nature que, bien que l'ordonnance de 1667, sur la procédure civile, eût oublié d'exiger, dans les ajournements, l'indication précise du tribunal, la jurisprudence n'avait pas hésité à suppléer à l'omission du législateur, et prononçait, malgré le silence de la loi, la nullité des ajournements dans lesquels cette mention ne se trouvait pas. » Carré et Chauveau, t. 1er, p. 249 ; Pigeau, *Comment.*, t. 1er, p. 182 ; Boncenne, t. 2, p. 155, partagent également cette opinion. Jugé dans le même sens par arrêt de la Cour de cassation du 10 nov. 1840, J.P., t. 2, 1840, p. 162.

281. Les art. 1er et 61, C. proc., veulent que la citation et l'exploit d'ajournement contiennent l'objet de la demande et l'exposé sommaire des moyens. Cette formalité est de l'essence même de l'acte, et elle s'applique également à tous les

exploits d'ajournement (J.P. *Rép.* 7, p. 131, n° 476). Voy. cependant Berriat-Saint-Prix, t. 1er, p. 220, note 25.

Les expressions *exposé sommaire des moyens* indiquent par elles-mêmes la pensée du législateur. Le demandeur doit faire connaître au défendeur, d'une manière précise, les motifs sur lesquels il appuie sa prétention.

Il faut néanmoins entendre l'art. 61 avec restriction, avec précaution. « Si, par exemple, dit Boitard (t. 1er, p. 171), l'huissier avait omis d'indiquer, dans le corps même de l'exploit, soit l'objet de la demande, soit le précis des moyens, mais que cette demande ou ces moyens se trouvassent indiqués déjà dans le procès-verbal de non-conciliation, copié en tête du même exploit en vertu de l'art. 65, il est clair que le but de la loi serait atteint : car le défendeur, en recevant cet exploit, aurait été suffisamment averti de l'objet de la demande et de l'exposition des moyens. »

Cette doctrine est également enseignée par BONCENNE, t. 2, p. 153 ; Chauveau et Carré, t. 1er, *Quest.* 352 ; Thomine-Desmazures t. 1er, p. 150; et PIGEAU, *Comment.*, t. 1er, p. 182, et elle a été consacrée par la jurisprudence.

282. L'omission des formalités prescrites pour la citation n'étant pas prescrite, à peine de nullité, par l'art. 1er, C. proc., entraîne-t-elle nullité ? Il faut distinguer : 1° entre les formalités spciales à la citation et celles communes à tous les exploits ; — 2° entre le cas où le défendeur comparaît et celui où il ne comparaît pas.

L'omission des formalités spéciales à la citation ne vicie point cet acte, la nullité n'ayant pas été prononcée par l'art. 1er, C. proc., pour ce cas comme pour celui d'ajournement, par l'art. 61 du même Code, le juge de paix ne peut pas la suppléer (CARRÉ, art. 15).

Mais la citation n'est pas valable si l'omission est de nature à faire perdre à l'acte son caractère légal, si, par exemple, elle n'est pas signée de l'huissier, ou si le jour et l'heure fixés pour la comparution sont omis ; dans ces deux cas, en effet, il n'y aurait pas de citation (Voy. *suprà*, nos 278 et 279).

« La citation est un exploit, et, comme telle, dit THOMINE, art. 1er, elle est soumise aux formalités générales prescrites pour cet acte. »

Toutefois, si le défendeur (ou la personne citée) comparaît, il ne peut demander la nullité de la citation ; le fait de sa comparution prouve évidemment qu'il a été suffisamment averti.

En cette matière, *point de nullité sans griefs* (Bioche et Goujet, t. 1er, p. 609, n° 2).

Mais, s'il ne comparaît pas, le juge de paix doit se borner, dans les cas énumérés, n° 279, et autres semblables, comme dans celui où les délais n'auraient pas été observés, à ordonner la réassignation du défendeur et condamner le demandeur aux frais de la seconde citation (Arg. C. proc., art. 5; Carré, art. 4 et 5, et n° 3302), sauf son recours contre l'huissier, si bon lui semble (Berriat, p. 128 ; Merlin, *Rép.*, v° *Nullité*).

Toutefois, si, à la date de la seconde citation, une prescription ou une déchéance est encourue par le demandeur, le défendeur peut avec succès en tirer avantage (Bioche et Goujet, t. 1er, p. 609, n° 2).

283. Quant à la mention corrélative dans l'ajournement, elle n'a pas besoin d'être positive; il suffit d'indiquer, dans ce dernier cas, le délai fixé pour comparaître (C. proc., art. 61-4°). — Un double motif justifie la différence existant entre les dispositions de cet article et celles de l'art. 1er 7° du même Code (Voy. *suprà*, n° 279). D'abord les juges de paix peuvent indiquer, pour leurs audiences, tel jour et telle heure que bon leur semble (C. proc., art. 8) ; ces audiences ne sont pas invariablement fixées, comme le sont ordinairement celles des autres tribunaux. En second lieu, les parties pouvant ignorer facilement le jour d'audience, et n'étant pas dans la nécessité de se faire représenter par un officier public, comme dans le cas d'une demande devant un tribunal de première instance, elles pourraient être exposées, soit à ne pas se présenter, soit à se déranger inutilement. Il faut donc avoir soin de mentionner, dans la citation, le jour de la comparution et même l'heure, encore bien qu'elle soit donnée pour comparaître à l'audience ordinaire. L'art. 1er, C. proc., ne fait aucune distinction (Carré, art. 1er. — *Contrà*, Delaporte, *Comment.*, t. 1er, p. 3).

L'expression vague : *à comparaître dans les délais de la loi*, suffisante pour l'ajournement, serait, dit Carré, art. 1er, n° 33, une irrégularité dans une citation.

284. Le délai de la citation est ordinaire ou extraordinaire. *Le délai ordinaire* est celui qui s'observe dans la presque totalité des affaires. Il est d'un jour franc (C. proc., art. 1033), c'est-à-dire qu'il doit y avoir un jour au moins entre celui de la citation et celui indiqué pour la comparution si la partie citée est domiciliée dans la distance de trois myriamètres du lieu de la justice de paix (C. proc., art. 5-1°).

Pour les convocations d'un conseil de famille quel que soit l'objet de sa réunion, et pour les citations en conciliation, il est au moins de trois jours francs (C. Nap., art. 411; C. proc., art. 51, 1033).

Mais il y a augmentation de délai, si la partie citée est domiciliée au delà de trois myriamètres de distance du lieu de la comparution (C. proc., art. 5-2°, 1033), quand même l'huissier remettrait la copie à la personne elle-même, qu'il rencontrerait, soit au lieu où elle doit comparaître, soit dans un rayon de trois myriamètres. Vainement on invoquerait l'art. 74, C. proc., qui restreint au temps ordinaire le délai de l'ajournement à la partie demeurant hors du royaume, lorsque l'assignation lui est donnée en France; cette disposition rigoureuse ne peut s'étendre par voie d'interprétation. Par cela même que le défendeur a un domicile fixe en France, il doit être présumé n'être pas muni de ses papiers d'affaires. Enfin, il y a une différence sensible entre la garantie que présente au demandeur un domicile en France, et celui établi hors du sol continental, et même à l'étranger (Poitiers, 3 juill. 1821, S.25.212; Cass., 21 fév. 1837, art. 730, J.P.; BERRIAT, 212; CARRÉ, art. 74.—*Contrà*, Cass., 30 juill. 1828, D.28.413).

A plus forte raison, la même augmentation de délai aurait-elle lieu, si la partie citée demeurait hors de France. On suivrait alors l'art. 73, C. proc.

Le délai extraordinaire a lieu dans les cas urgents. Le juge de paix donne alors une cédule pour abréger les délais, et peut permettre de citer même dans le jour et à l'heure indiqués (C. proc., art. 6), encore bien que ce jour soit férié, ou que la signification doive se faire à une heure de nuit (C. proc., art. 8, 1037).

285. Plusieurs formalités, autres que celles expliquées ci-dessus, sont encore prescrites pour les ajournements : mais le Code n'a pas cru devoir les rendre obligatoires pour la simple citation (Voy. C. proc., art. 1er et 61). Ce sont : 1° la constitution d'avoué, tout à fait inutile en justice de paix; — 2° l'élection de domicile pour le demandeur, qui n'est pas non plus nécessaire, et serait sans importance, à cause de la rapidité et de la simplicité de la marche de la procédure dans les tribunaux de paix, où les parties sont toujours en présence et agissent personnellement; toutefois, dans la pratique, on fait cette élection de domicile; — 3° le coût de la citation; cependant, il faut l'indiquer, cette mention devant être faite dans tous les exploits (Arg. C. proc., art. 67), à peine de cinq

francs d'amende contre l'huissier, payables en même temps que l'enregistrement (Tarif., 66, 156; Décis. min. just., 31 juill. 1808).

286. La citation est signifiée par un huissier exerçant dans le canton où est domicilié le défendeur ou la partie citée (C. proc., art. 4; L. 25 mai 1838, art. 16). Les villes divisées en plusieurs cantons sont considérées comme ne formant qu'un même canton (*Ibid.*).

287. Dans toutes les causes, excepté celles où il y a péril en la demeure, et celles dans lesquelles le défendeur est domicilié hors du canton ou des cantons de la même ville, il est interdit aux huissiers de donner *aucune* citation sans un permis du juge de paix (*Ibid.*, art. 17; L. 2 mai 1855, art. 2).

288. Le juge de paix est seul compétent pour décider s'il y a péril en la demeure et si l'on a pu valablement donner une citation sans qu'un avertissement préalable ait été adressé au défendeur. L'huissier doit donc le consulter toutes les fois qu'un cas lui paraît urgent, et qu'il a le temps de prendre son avis : mais, si ce temps lui manque, si, par exemple, il s'agit d'interrompre une prescription sur le point de s'accomplir, il doit apprécier lui-même l'urgence et signifier immédiatement la citation, s'il y a lieu. Dans ce cas, la justification se trouvant dans les faits mêmes qui caractérisent l'urgence, c'est seulement à lui à les bien peser et à n'engager qu'avec discernement sa responsabilité.

289. Lorsque tous les huissiers du canton se trouvent empêchés, soit pour cause de maladie, d'absence, de suspension et d'interdiction, soit pour cause de parenté à certain degré ou d'alliance avec le demandeur, soit pour toutes autres causes, c'est au juge de paix du domicile de la partie à citer qu'il faut s'adresser. Ce juge peut seul, en effet, permettre d'exploiter dans le ressort de sa juridiction (Bioche et Gouget).

La commission doit au surplus être toujours donnée par écrit (Carré, art. 6).

Mais, si l'huissier ne peut instrumenter pour ses parents (C. proc., art. 66), il peut instrumenter contre ceux-ci; aucun texte, en effet, ne le lui interdit, et d'ailleurs, celui qui s'adresse à un huissier n'est pas obligé de connaître sa généalogie et sa parenté (Liége, 10 juill. 1811, S.12.289; Thomine, p. 166; Boncenne, 2, 190; Boitard, 1, 263).

290. La citation doit être signifiée au défendeur, s'il a capacité pour répondre à la demande, ou, s'il est incapable, à son représentant (C. proc., art. 69).

Copie en est laissée à la partie citée (C. proc., art. 4), ou à chacune des parties citées, si elles sont plusieurs (*Ibid.*).

La signification est faite à personne ou à domicile (C. proc., art. 68).

291. Si l'huissier ne trouve au domicile de la partie citée aucune des personnes ayant caractère ou capacité pour recevoir la copie, il la remet au maire ou à l'adjoint de la commune, qui vise l'original sans frais ; il est fait mention du tout par l'huissier, tant sur l'original que sur la copie (C. proc., art. 4 et 68, à peine de nullité ; C. proc., art. 70).

Si le maire, l'adjoint ou le membre du conseil municipal auquel la copie est présentée refuse de viser l'original, l'huissier la remet au procureur impérial, qui y appose alors son visa (CARRÉ, art. 4).

292. Le titre Ier, C. proc., *des Citations*, ne s'occupe pas du cas où le défendeur aurait à diriger une demande de la compétence du juge de paix contre l'État, le Trésor national, les administrations ou établissements publics, les communes, les sociétés de commerce, les réunions de créanciers, les personnes n'ayant ni domicile ni résidence connus en France, habitant le territoire français hors du continent, ou établies chez l'étranger. Dans ces différents cas, il faut faire la citation de la manière indiquée au titre de l'ajournement : c'est là que sont tracées les règles générales applicables à tous les exploits. Le juge de paix ne pourrait donner défaut au demandeur et lui adjuger ses conclusions si une pareille citation était faite d'une autre manière que celle prescrite pour les ajournements ; elle devrait être réputée n'exister pas. La loi, par un motif d'ordre public, exige, dans ces différentes circonstances, une forme spéciale (BIOCHE et GOUGET, t. 1er, p. 613).

L'art. 4 du Code de procédure diffère de l'art. 68, en ce que l'huissier, avant de faire la remise de la copie au maire, ou à l'adjoint, n'est pas obligé de la présenter au voisin.

293. La citation donnée par un huissier étranger au ressort est valable, mais l'huissier peut être condamné par le juge de paix à une amende de cinq francs à cent francs, en statuant sur l'affaire, soit comme juge civil, soit comme juge de police (C. proc., art. 1030 ; discussion à la Chambre des députés, *Moniteur* du 26 avril 1838).

L'art. 19 de la loi du 25 mai 1838, qui autorise le juge de paix, en cas d'infraction à l'art. 16, à interdire aux huissiers de citer devant lui, pendant un délai de quinze jours à trois mois, n'est applicable qu'aux huissiers de son ressort (Arg. de l'art. 16, même loi.

294. En matière purement personnelle ou mobilière, la citation est donnée devant le juge de paix du domicile du défendeur ; et, s'il n'a pas de domicile, devant le juge de sa résidence (C. proc., art. 2).

Elle est donnée devant le juge de la situation de l'objet litigieux, lorsqu'il s'agit : 1° d'actions pour dommages aux champs, fruits et récoltes, des déplacements de bornes, des usurpations de terres, arbres, haies, fossés et autres clôtures, commis dans l'année, des entreprises sur les cours d'eau commises pareillement dans l'année, et de toutes autres actions possessoires ; des réparations locatives ; des indemnités prétendues par le fermier ou locataire pour non-jouissance, lorsque le droit ne sera pas contesté, et des dégradations alléguées par le propriétaire (C. proc., art. 3) ;

2° Des actions en bornage ; de celles relatives à l'élagage des arbres ou haies, au curage de canaux et fossés, aux plantations hors de la distance prescrite par la loi ; aux constructions et travaux qu'exigent les règles du voisinage attribuées aux juges de paix par les art. 5 et 6 de la loi du 25 mai 1838.

Nota. — Les formules particulières à chaque espèce de citation se trouvent sous le mot qui leur est propre.

CHAP. XVI. — ACTE DE FRANCISATION D'UN NAVIRE

(LL. 21 sept. 1791, 21 vend. an XI et 9 juin 1845 ; lettre 7 flor. an X).

295. On appelle acte de francisation l'acte délivré par l'autorité administrative, qui contient la description d'un navire, et constate la nationalité. L'acte de francisation se trouve lié avec l'acte de propriété et forme avec lui la première pièce du bord. (C. comm., art. 226).

296. Aucun bâtiment ne peut être réputé français s'il ne réunit un certain nombre de conditions dont l'acte de francisation constate l'exécution.

297. Il faut, pour la délivrance de l'acte de francisation :

1° Que le navire soit français ;

2° Qu'il appartienne pour plus de moitié à des Français ;

3° Que les propriétaires attestent les faits sous le serment, et donnent un cautionnement pour la garantie des obligations qui leur sont imposées ;

4° Enfin, que la capacité du navire ait été constatée par le jaugeage.

Ainsi tout armateur français qui veut faire naviguer un vaisseau, une barque ou un bateau, au grand et au petit cabotage, ou au long cours, sous pavillon français, est tenu de le faire naturaliser, sous la foi du serment prêté devant le juge de paix, soit du domicile du possesseur du navire, soit dans tout autre lieu (Pardessus, *Droit commun*, t. 3, nos 600 et suiv. ; Favard de Langlade, *Rép.*, § 1er, n° 2 ; Fasquel, *L. et règl. des douanes*, n° 1101).

298. La formule du serment exigée est donnée par l'art. 12, L. 27 vend. an II, en ces termes : « Je (nom, état, domicile « du déclarant), jure et affirme que (le nom du bâtiment, du « port auquel appartient le bâtiment) est un (espèce, tonnage « du bâtiment et description, suivant le certificat de mesu- « reur-vérificateur), a été construit à (lieu de construction) « en (année de construction) a été pris, ou confisqué, ou « perdu sur la côte (exprimer le lieu, le temps des jugements « et vente) ; que je suis seul propriétaire dudit bâtiment, ou « conjointement avec (nom, état, domicile des intéressés), « et qu'aucune autre personne quelconque n'y a droit, titre, « intérêt, portion ou propriété ; que je suis citoyen de France, « soumis et fidèle aux constitutions, ainsi que les associés ci- « dessus (s'il y en a) ; qu'aucun étranger n'est directement « ou indirectement intéressé dans le susdit bâtiment. »

299. La loi du 9 juin 1845 ayant permis qu'un bâtiment pût appartenir en partie à d'autres qu'à des Français, pourvu que des Français fussent propriétaires de la moitié au moins de ce navire, la formule du serment a dû subir les changements nécessités par cette nouvelle disposition (L. 9 juin 1845, art. 11, § 3).

300. L'attestation du jaugeage dûment vérifiée et approuvée doit être copiée littéralement dans l'acte de prestation de serment.

S'il arrivait que, par un événement quelconque en mer, cet acte fût perdu, le navire devrait être francisé de nouveau ; dans ce cas, on devrait justifier d'une nouvelle opération de jaugeage vérifiée et approuvée comme il est dit ci-dessus, et rappeler dans l'acte la cause qui nécessite cette nouvelle francisation.

301. L'acte de francisation doit être extrait du registre où sont inscrites les déclarations de construction, mesurage, des-

cription et propriété des bâtiments au bureau du port d'attache (L. 27 vend. an II, art. 39).

Il contient la description du navire et atteste qu'il a été mesuré, reconnu bien construit, et de construction française ; il indique de plus le nom du navire, lequel ne pouvait autrefois être changé sans une nouvelle déclaration rendue publique dans les formes déterminées (Arr. min. mar., 14 sept. 1826), mais qui aujourd'hui ne peut plus être changé (L. 5 juill. 1836, art. 8).

Il est délivré au bureau du port auquel appartient le bâtiment (L. 27 vend. an II, art. 10).

302. Mais est-ce par le bureau des classes ou par le bureau des douanes ? Suivant M. Boulay-Paty (t. 1er, p. 261), ce doit être par le bureau des classes. — M. Beaussant (nº 438) pense au contraire que la délivrance doit être faite par le bureau des douanes, par le motif que c'est sous l'autorité de la douane que sont placées toutes les choses de la marine marchande, dont les personnes sont soumises au ministère de la marine (PARDESSUS, nº 644 ; GOUGET et MERGER, vº *Francisation*, nº 25).

Les actes de francisation sont écrits sur parchemin (Lettre, 24 prair. an XIII) ; ils sont revêtus du sceau de l'Etat.

303. La vente d'un navire n'est valable à l'égard des tiers et ne peut être opposée aux créanciers, même postérieurs, qu'autant qu'elle a été inscrite sur l'acte de francisation, selon les prescriptions de l'art. 17 de la loi du 27 vend. an 2 (C. Comm., art. 192 et 196 ; Rennes, 12 mai, et Cass., 3 juin 1863 et 16 mars 1864, J.P.63, p. 745, et 64, p. 551).

Formules.

§ 1er.—Déclaration de francisation ordinaire.

« L'an mil huit cent quarante-neuf, le six mai, dix heures « du matin,

« Par-devant nous, Adolphe A., juge de paix du canton « de..., départ. de..., assisté de M. Louis B..., greffier de cette « justice de paix,

« Est comparu M. Adrien Morand, armateur patenté de pre- « mière classe, nº 75, à la mairie de..., demeurant audit lieu,

« Lequel nous a dit qu'il a fait construire, au mois d'avril « dernier, dans le port de..., un navire marchand, auquel il « a donné le nom de..., qu'il a fait procéder à son jaugeage « par..., jaugeur-juré à..., suivant l'attestation de celui-ci, « vérifiée et approuvée par le contrôleur et le visiteur des « douanes dudit lieu, en date du..., enregistré le... qu'il

« nous représente; que voulant être reconnu armateur de « ce navire, et le faire naviguer tant au petit et grand cabo- « tage qu'au long cours (ou l'une de ces choses seulement) et « sous pavillon français, il nous requiert de recevoir de lui « le serment prescrit en pareil cas, et a signé. »

(*Signature.*)

« Nous, juge de paix,

« Vu la déclaration ci-dessus, l'attestation du jaugeage « dûment vérifiée et approuvée, à nous représentée par l'ex- « posant, laquelle est ainsi conçue :

« . . . .

« Attendu que le sieur Adrien Morand est citoyen français, « nous avons reçu de lui le serment qu'il a fait devant nous, « la main levée, de . . . . « . . . . . . et de se conformer aux lois sur les arme- « ments, et que son navire est de construction française.

« Dont acte : fait et dressé le présent procès-verbal, les « jour, mois et an que dessus, et a ledit sieur Morand signé « avec nous et le greffier, après lecture. » (*Signatures.*)

§ 2. — Déclaration en cas de perte des premières lettres de francisation.

« L'an mil huit cent quarante-neuf, le deux mai, dix heures « du matin,

« Par-devant nous, Adolphe A..., juge de paix du canton « de..., départ. de..., assisté de M. Louis B..., greffier de « cette justice de paix,

« Est comparu M. Adrien Morand, armateur patenté de « première classe, n° 75, à la mairie de..., demeurant audit « lieu ;

« Lequel a dit qu'il est propriétaire du navire le..., du port « de..., jaugeant... tonneaux, pour lequel il avait obtenu les « passe-ports nécessaires pour le faire naviguer au grand et « au petit cabotage (ou au long cours), en vertu d'un acte « de francisation dressé par M. le juge de paix du canton « de..., le... ; mais que, par des avaries éprouvées par ce « navire (ou tout autre événement), tous ses papiers et trans- « ports ont été perdus, ce qui oblige l'exposant à faire fran- « ciser de nouveau sondit navire ; qu'en conséquence, il l'a fait « jauger le..., par..., jaugeur-juré à..., suivant l'attestation « de celui-ci, vérifiée et approuvée par le visiteur et con- « trôleur des douanes de..., en date du..., enregistrée le..., « qu'il nous représente, et a ledit exposant requis qu'il nous

« plût l'admettre à la prestation du serment prescrit en pareil « cas, et a signé. » (*Signature.*)

« Nous, juge de paix,

« Vu la réquisition ci-dessus, l'attestation de jaugeage, etc. « (le reste comme au 1er § ci-dessus). »

CHAP. XVII.—ACTES DIVERS EN MATIÈRE COMMERCIALE.

304. Les juges de paix avaient autrefois des attributions assez étendues en matière commerciale ; mais elles se réduisent aujourd'hui à quelques actes dans les cas déterminés par les art. 16, 106, 234, 242, 243, 246, 414, 415 et 416, 457, 458, 468, 471, 480 et 522, C. comm.

305. Les commissionnaires pour les transports par terre et par eau, les voituriers, maîtres de bateaux, entrepreneurs de diligences et voitures publiques, sont garants de l'arrivée des marchandises et effets, dans le délai déterminé par la lettre de voiture, hors les cas de force majeure légalement constatée, ainsi que des avaries ou pertes de marchandises et effets (C. comm., art. 97, 98, 103 et 107).

De même tout capitaine, maître ou patron, chargé de la conduite d'un navire ou autre bâtiment, est garant de ses fautes, même légères, dans l'exercice de ses fonctions. Il est responsable des marchandises dont il se charge ; il en fournit une reconnaissance, qu'on nomme *connaissement* (C. comm., art. 221 et 222).

306. En cas de refus ou de contestation pour la réception des marchandises, leur état doit être vérifié et constaté par des experts nommés par le président du tribunal de commerce, ou, à son défaut, c'est-à-dire dans les cantons où il n'y a pas de tribunal de commerce, par le juge de paix. La nomination des experts se fait par ordonnance du juge de paix au pied d'une requête (C. comm., art. 106). Ce magistrat peut ordonner, par le même acte, le dépôt au séquestre, et le transport de ces marchandises dans un lieu public, et même la vente en faveur du voiturier ou batelier, mais seulement jusqu'à concurrence du prix de la voiture ou du transport déterminé par la lettre de voiture ou le connaissement dont il devra être justifié et des frais de justice et de retard qui seront provisoirement fixés par le juge (C. comm., art. 93, 97, 106).

307. Toutefois, le dépôt des marchandises dans un lieu public ne devra avoir lieu qu'après la visite des parties, qui opéreront en présence des experts ou elles dûment appelées.

308. Les experts déposeront leur rapport, dans le cas de l'art. 106 du Code de comm., au greffe de la justice de paix, et l'affirmeront sincère et véritable devant le juge de paix, s'ils n'ont préalablement prêté serment avant de procéder à leur opération.

309. L'ordonnance du juge, s'il n'est pas possible de réunir les experts et les parties volontairement et sans frais, ce qui est toujours désirable pour éviter à frais, leur sera notifiée par huissier ainsi que la requête, et si les experts ou l'un d'eux ne savent signer, leur rapport devra être rédigé par le greffier et déposé au greffe de la justice de paix (art. 317, C. proc. civ.).

310. Tout capitaine de navire, d'après l'art. 225 du Code de comm., doit, avant de prendre charge, faire visiter son navire aux termes et dans les formes prescrites par les règlements. — C'est le juge de paix qui, aux termes d'une ordonnance du 1er nov. 1826, reçoit, dans les lieux où il n'y a pas de tribunal de commerce, les procès-verbaux dressés en cette circonstance, à la charge par lui d'envoyer ces pièces dans les vingt-quatre heures au président du tribunal de commerce le plus voisin, c'est-à-dire à celui qui étend sa juridiction sur le canton du juge de paix.

Si, pendant le cours d'un voyage, il y a nécessité de radoub ou achat de victuailles, le capitaine du navire, après l'avoir constaté par un procès-verbal signé des principaux de l'équipage, peut demander au juge de paix, en conformité de l'art. 234, C. comm., de l'autoriser, soit à emprunter sur le corps et quille du vaisseau, soit à mettre en gage ou à vendre des marchandises, jusqu'à concurrence de la somme que les besoins exigent.

311. Le capitaine est tenu, dans les vingt-quatre heures de son arrivée, de faire viser son registre et de faire son rapport, soit au greffe du tribunal de commerce, soit au juge de paix dans les lieux où il n'y a pas de tribunal de commerce. — Ce rapport doit énoncer le lieu et le temps de son départ, la route qu'il a tenue, les hasards qu'il a courus, les désordres arrivés dans le navire et toutes les circonstances remarquables de son voyage (C. comm., art. 242 et 243).

Si c'est le juge de paix qui a reçu le rapport, ce magistrat devra l'envoyer sans délai au tribunal de commerce le plus voisin (C. comm., art. 243).

Cet envoi se fait par une simple lettre (Biret, p. 94).

312. Le capitaine qui a fait naufrage et qui s'est sauvé seul

ou avec partie de son équipage est tenu de se présenter devant le juge du lieu, ou, à défaut de juge, devant toute autorité civile, d'y faire son rapport, de le faire vérifier par ceux de son équipage qui se seraient sauvés et se trouveraient avec lui, et d'en lever expédition (C. comm., art. 246).

Si le naufrage a eu lieu par une voie d'eau, par la violence des courants, par fausse manœuvre du pilote ou par toute autre cause, le juge de paix, qui a qualité pour recevoir le rapport du capitaine, comme dans les cas ci-dessus, et par les motifs susdéduits, ressortant d'ailleurs suffisamment des termes mêmes de l'art. 246, doit en varier et expliquer les détails, tels que les faits ont eu lieu.

Il ne doit pas se borner à en faire l'envoi au président du tribunal de commerce, il doit encore, pour vérifier le rapport du capitaine, interroger les gens de l'équipage, et, s'il est possible, les passagers, sans préjudice des autres preuves qu'il pourra recueillir dans l'intérêt de la vérité.

313. Quant aux actes conservatoires, pour les choses sauvées ou naufragées, tels que scellés, inventaire et vente, ils appartiennent aux autorités maritimes ; néanmoins, c'est encore au juge de paix du lieu où il n'y a pas de tribunal de commerce à constater les pertes et dommages éprouvés pendant la traversée du navire, soit par des avaries simples, soit par le jet en mer occasionné par les tempêtes ou par la chasse de l'ennemi. Dans ce dernier cas, le juge de paix nomme des experts qui estiment les pertes et les avaries sur le lieu même où le navire est en déchargement : cette opération se fait sur requête du capitaine (C. comm., art. 414).

314. Le rapport des experts, qui doit contenir non-seulement l'estimation des pertes et dommages, mais encore leur répartition entre ceux qui doivent les supporter, est déposé au greffe du tribunal de commerce, afin que cette répartition soit rendue exécutoire par le tribunal (C. comm., art. 415 et 416).

Si dans ce cas, comme dans les cas prévus par l'art. 106, C. comm., il n'est pas possible de réunir les experts volontairement et au moment de leur nomination, ce qui est toujours désirable pour éviter des frais, la requête et l'ordonnance devront leur être notifiées, car ils doivent prêter serment avant d'opérer (C. comm., art. 414).

315. Le juge de paix est, en outre, chargé d'apposer les scellés en cas de faillite (C. comm., art. 457, 458, 468, et 471 ; de les lever, M. c., art. 480 ; de récoler les effets du failli au cas de banqueroute, art. 522).

Formules.

§ 1er. — Requête et ordonnance pour vérifier l'état des marchandises sur lesquelles il y a contestation ou refus de les recevoir.

« A. M. le juge de paix du canton de...,

« Monsieur le juge de paix,

« Le sieur Ambroise Dupont, voiturier par terre, demeurant à..., en ce moment à..., a l'honneur de vous exposer qu'il a été chargé sur sa voiture, le..., par M. D..., négociant, à..., dix balles de marchandises, marquées A. B., nos 1 à 10, pesant ensemble..., pour les conduire en cette ville, à l'adresse de M. Noël A..., propriétaire, y demeurant, rue Nationale, n° 10, dans quinze jours de route, à raison de huit francs par quintal, suivant qu'il résulte de sa lettre de voiture jointe à la présente ;

« Qu'à son arrivée en cette ville, il a fait présenter les dix balles bien conditionnées audit sieur A..., à la porte duquel elles sont encore maintenant, mais qu'il a refusé de les recevoir ; que l'exposant voulant être payé de sa voiture et déchargé desdites marchandises, il requiert qu'il vous plaise, Monsieur le juge de paix, nommer trois experts pour visiter et constater l'état desdites marchandises, qui, après ladite visite terminée, seront déposées en tel lieu qu'il vous plaira désigner, aux risques et périls de qui il appartiendra, afin que le requérant en soit valablement déchargé ; et, attendu le refus fait par M. A.. de lui payer sa voiture et ses frais, l'autoriser à faire vendre par tel officier public requis partie des marchandises contenues dans lesdites balles, jusqu'à concurrence de ce qui lui est dû, et des frais de justice et de retard, suivant qu'il vous plaira de les arbitrer, et vous ferez justice.

« A..., le..., mil huit cent quarante-neuf. » (*Signature.*)

« Vu la requête ci-dessus, la lettre de voiture y jointe, et l'art. 106, C. comm.,

« Nous, Adolphe A..., juge de paix..., assisté de..., nommons pour experts, à l'effet de visiter et constater l'état des marchandises dont il s'agit, MM. (noms, qualités et demeures des trois experts) ;

« Lesquels procéderont à cette opération le..., en présence du sieur A..., ou lui dûment appelé, serment préalablement prêté devant nous par lesdits experts, et sera le rapport desdits experts déposé au greffe de cette justice de paix, s'il n'a pas été rédigé par le greffier.

« Ordonnons qu'aussitôt après l'opération desdits experts « les marchandises, désignées en ladite lettre de voiture, « soient déposées dans les magasins de M. Alfred D..., com- « missionnaire en cette ville, aux risques et périls de qui de « droit, si, lors de l'expertise, ledit sieur A... persiste dans « son refus de les recevoir.

« Ordonnons, en outre, que préalablement il soit procédé « par le ministère de M..., commissaire-priseur (ou tout autre « officier public ayant qualité), à la vente de partie desdites « marchandises, et jusqu'à concurrence seulement du prix de « la voiture et des frais dus à l'exposant, des frais de justice et « de deux jours de retard, que nous accordons audit exposant « provisoirement, lesquels frais au total nous taxons à la « somme de...

« Fait et donné, dans notre cabinet, hôtel de la justice de « paix, à..., le... mil huit cent quarante-neuf, et avons signé « avec le greffier. »

(*Signatures du juge et du greffier.*)

§ 2.—Requête et ordonnance pour constater l'état des marchandises transportées par eau.

« A Monsieur le juge de paix du canton de...,

« Le sieur Albert D..., négociant demeurant à...., patenté « pour la présente année, première classe, n°..., a l'honneur « de vous exposer que, sur sa demande, il lui a été expédié « le..., de..., sur le navire *le Coligny*, capitaine G..., cent « balles de coton, pesant ensemble..., à raison de (le prix du « fret par quintal ou par tonneau) ; que ces marchandises ont « été déposées à l'instant devant le magasin de l'exposant ; « mais que s'étant aperçu en les déchargeant qu'une partie « est avariée (ou qu'il en manque une caisse, etc.), il a refusé « de les recevoir ;

« Que l'exposant désirant en faire constater l'état, il re- « quiert qu'il vous plaise, Monsieur le juge de paix, nommer « trois experts pour visiter et vérifier lesdites marchandises, en « constater l'état, la qualité et le poids, par comparaison avec « le connaissement ci-joint, et vous ferez justice.

A..., le..., mil huit cent quarante-neuf. » (*Signature.*)

« Vu la requête ci-dessus, le connaissement y joint et l'ar- « ticle 106, C .comm.,

« Nous, Adolphe A..., juge de paix du canton de..., nom- « mons d'office, pour experts à l'effet de visiter, vérifier et « constater l'état, la qualité et le poids des marchandises dont

« il s'agit, MM. (noms, prénoms, qualités et demeures des « experts) ; lesquels procéderont à cette opération le..., en « présence du capitaine G..., ou lui dûment appelé, serment « préalablement prêté devant nous par lesdits experts, dont « le rapport devra être déposé au greffe de cette justice de « paix, s'il n'a été rédigé par le greffier.

« Fait et donné dans notre cabinet, à..., le deux mai mil « huit cent quarante-neuf. »

(*Signatures du juge et du greffier.*)

§ 3.—Notification aux experts et à la partie adverse.

« L'an mil huit cent quarante-neuf, le...

« A la requête de (de celui qui a présenté la requête), demeu- « rant à..., où il fait élection de domicile, et, en outre, en « l'étude de l'huissier soussigné, j'ai... (immatricule de l'huis- « sier) à chacun séparément de... (les noms et demeure du « commerçant, si c'est le voiturier qui poursuit, sinon ceux « du roulier ou capitaine de navire, quand c'est le négociant « qui se plaint), et de..., de..., de.... demeurant à... (les « noms et demeures des experts), signifié et donné copie d'une « requête présentée à M. le juge de paix du canton de... au « pied de laquelle est l'ordonnance de ce magistrat, en date « de ce jour, enregistrée, à ce que lesdits ci-dessus nommés « n'en ignorent ; et, en vertu de ladite ordonnance, je leur « ai fait à chacun sommation de se trouver le..., pour..., de « la part des experts, prêter serment devant M. le juge de « paix, le..., dix heures du matin, en son cabinet, sis hôtel « de la justice de paix, et procéder ensuite aux vérifications « et visites prescrites par ladite ordonnance, et en déposer « leur rapport au greffe de la justice de paix ; et, de la part « dudit (le commerçant ou le roulier, ou le capitaine, suivant « que l'un ou l'autre est cité), assister, si bon lui semble, « aux opérations des experts, à la rédaction de leur rapport « et au dépôt d'icelui ; faute de quoi, il y sera procédé, tant en « son absence que présence.

« Fait et délaissé copie du présent, contenant en tête copie « desdites requête et ordonnance, à chacun des ci-dessus « nommés, en parlant à..., savoir : (distinguer les différents « parlant à..., suivant qu'ils auront lieu), etc. »

§ 4.—Prestation de serment des experts.

« L'an mil huit cent quarante-neuf, le samedi deux mai, « huit heures du matin,

« Par-devant nous, Adolphe A..., juge de paix du canton « de..., départ. de..., assisté de M. Louis B..., greffier de « cette justice de paix,

« Sont comparus (noms, professions et demeures des trois « experts), lesquels nous ont dit qu'ils acceptent la commis- « sion que nous leur avons confiée par notre ordonnance « du..., enregistrée le..., qui leur a été communiquée sans « frais (ou qui leur a été notifiée) le..., par..., huissier à... ; « qu'en conséquence, ils offrent de prêter devant nous le « serment en tel cas requis, et ont signé. »

(*Signatures.*)

« Vu notre ordonnance en date du..., l'original de la noti- « fication faite aux experts, nous, juge de paix, avons reçu « de chacun desdits experts le serment qu'ils ont présente- « ment fait devant nous, de remplir fidèlement, en leur âme « et conscience, la commission qui leur est confiée,

« Dont acte ; et de tout ce que dessus nous avons fait et « dressé le présent procès-verbal, à..., les jour, mois et an « que dessus et ont les trois experts signé avec nous et le « greffier, après lecture. »

(*Signatures.*)

§ 5.—**Rapport des experts.**

« L'an mil huit cent quarante-neuf, le...,

« Nous (noms, prénoms, professions et demeures des « experts) experts soussignés, en vertu de l'ordonnance de « M. le juge de paix du canton de..., en date du..., enregis- « trée, à nous signifiée par exploit de..., huissier à..., en « date du..., enregistré ; après avoir prêté serment, en la « qualité à nous donnée en ladite ordonnance, devant ce ma- « gistrat assisté de son greffier, suivant procès-verbal en « date du..., enregistré,

« Nous sommes transportés à... (lieu de l'expertise), où « étant, a comparu devant nous le sieur..., lequel nous a « remis l'ordonnance de M. le juge de paix qui ordonne l'ex- « pertise, et de plus les titres ci-après (les indiquer), et nous « a requis de procéder à l'opération ordonnée, et a signé. »

(*Signatures.*)

« Est aussi comparu le sieur... (la partie opposée à la de- « mande), lequel a déclaré qu'il comparaît au désir de la « sommation à lui faite, et pour obéir à l'ordonnance de M. le

10.

« juge de paix, sous la réserve de tous moyens de fait et de « droit, et a signé. » (*Signature.*)

« Après la remise en nos mains de l'ordonnance et de la « lettre de voiture y énoncée (ou toute autre pièce), nous « avons demandé aux parties si elles avaient d'autres obser- « vations, dires et réquisitions à proposer, et, sur leur réponse « négative, nous avons continué notre opération comme il « suit :

« Les objets de l'expertise portés tant en la requête qu'en « l'ordonnance du... y sont ainsi déterminés :

« 1°... (rapporter ici tous les faits objets de l'expertise).

. . . .

« Après avoir examiné très-attentivement ces objets, nous « avons reconnu (faire ici le rapport).

« Desquels observations et avis nous avons fait et rédigé « le présent procès-verbal, écrit par..., l'un de nous, lequel « est chargé d'en opérer le dépôt au greffe de la justice de « paix, et d'obtenir, pour le paiement de nos vacations, de « M. le juge de paix, exécutoire contre ledit sieur (le pour- « suivant), et avons tous signé, à..., les jour, mois et an que « dessus. » (*Signatures.*)

Nota. — Si le procès-verbal est rédigé par le greffier, on ajoute après ces mots : *soussignés*, cette mention : « Assistés « de M. Louis B..., greffier de la justice de paix du canton « de..., qui rédigera le présent rapport, attendu que l'un de « nous ne sait signer (art. 317, C. proc. civ.). »

§ 6.—Dépôt au greffe du rapport des experts.

« L'an mil huit cent quarante-neuf, le deux mai, dix heures « du matin,

« Devant nous, Louis B..., greffier de la justice de paix du « canton de..., départ. de...,

« Sont comparus, au greffe, MM... (noms, prénoms, qua- « lités et demeures des parties),

« Lesquels ont déposé entre nos mains un rapport par eux « rédigé le... de ce mois, en vertu d'une ordonnance de M. le « juge de paix de ce canton, en date du..., enregistrée, et à « eux signifiée, ledit rapport écrit sur les quatre pages d'une « feuille de papier au timbre de..., commençant par ces mots « (premiers mots), et finissant par ceux-ci (derniers mots), « laquelle pièce est demeurée ci-annexée, ainsi que l'ordon- « nance susvisée de M. le juge de paix, annexée audit rap-

« port, après que dessus il a été fait mention de leur annexe, « conformément à la loi.

« Dont acte ; et de ce que dessus nous avons fait et rédigé « le présent procès-verbal de dépôt, pour valoir ce que de « droit, et ont lesdits experts signé avec nous.

« A..., les jour, mois et an que dessus, après lecture. »

(*Signatures.*)

§ 7.—**Acte de remise, au juge de paix, par un capitaine de navire, de ses procès-verbaux dressés en conformité de l'art. 225 du Code de comm.** (Ord. 1er nov. 1826).

« L'an mil huit cent quarante-neuf, le dix novembre, dix « heures du matin,

« Par-devant nous, Adolphe A..., juge de paix du canton « de..., départ. de..., assisté de M..., greffier de cette justice « de paix,

« Est comparu M. Albert de Courville, capitaine du navire « *le Jean Bart*, du port de..., armateur B... J..., ledit navire « sur le point de recevoir charge dans le port de...,

« Lequel nous a à l'instant remis (le nombre) procès-« verbaux dressés par lui, en conformité de l'art. 225, C. « comm., pour lesdites pièces être par nous transmises à qui « de droit dans les délais de la loi, conformément à l'ordon-« nance du 1er nov. 1826, et a ledit déposant requis acte de « ses diligences, et a signé. » (*Signature.*)

« De laquelle remise de pièces, au nombre de..., écrites « sur... feuilles de papier au timbre de..., dûment en forme, « ci-annexées, nous, juge de paix, avons donné acte au com-« parant, pour lesdites pièces être adressées en même temps « que le présent à M. le président du tribunal de commerce « de..., dans les délais de la loi, et a ledit comparant signé « avec nous, après lecture. »

(*Signature du greffier.*) (*Signature du capitaine.*)

(*Signature du juge.*)

§ 8.—**Requête et ordonnance pour emprunter sur le corps et quille d'un navire** (C. comm., art. 234).

« A Monsieur le juge de paix du canton de...

« Le sieur Albert de Courville, capitaine du navire *le Jean* « *Bart*, du port de.., armateur B... J..., demeurant à..., « ledit navire amarré dans le port de... (ou entré en rade « de...), a l'honneur de vous exposer que son navire, étant

« parti du Havre, le..., à destination de.., a reçu en mer, par..
« degrés de longitude, une avarie assez considérable (ou voie
« d'eau), qui l'a forcé de relâcher en ce port pour y être ra-
« doubé, afin de pouvoir continuer ensuite son voyage. »

S'il s'agit de vivres dont le navire est dépourvu, on varie ainsi :

« A l'honneur de vous exposer que son navire étant parti
« de..., à destination de..., depuis... jours, pendant lesquels
« il a battu les mers par des vents contraires (ou, pendant
« lesquels il a fait plusieurs relâches), ce qui a occasionné la
« consommation totale des vivres dont ledit navire était ap-
« provisionné pour sa route. »

Ensuite, pour les deux cas, on continue ainsi :

« Que ce fait est constaté par un procès-verbal régulier,
« signé des principaux de l'équipage (ou fait en leur présence
« pour le cas où ils ne savent signer), le..., dont l'original est
« joint à la présente ;

« Qu'en conséquence, il requiert qu'il vous plaise, Monsieur
« le juge de paix, l'autoriser à emprunter sur le corps et quille
« de son navire, ou mettre en gage, ou vendre des marchan-
« dises dont le navire est chargé, jusqu'à concurrence de la
« somme de..., estimée nécessaire par ledit procès-verbal
« pour le radoub du navire (ou pour l'achat de victuailles
« dont il a besoin pour continuer sa route), et vous ferez
« justice. » (*Signature du capitaine.*)

« Vu la requête ci-dessus, le procès-verbal y joint et
« l'art. 234, C. comm.,

« Nous, Adolphe A..., juge de paix du canton de... départ.
« de..., assisté de M. etc.,

« Autorisons le capitaine Albert de Courville à emprunter
« sur le corps et quille du navire *le Jean Bart*, qu'il com-
« mande, la somme de..., ou à vendre et mettre en gage des
« marchandises jusqu'à concurrence de cette même somme,
« pour subvenir aux besoins dont il s'agit, à la charge toute-
« fois de rendre compte à l'armateur ou aux fréteurs du na-
« vire, et à tous autres qu'il appartiendra.

« Fait et donné dans notre cabinet, à..., le dix novembre
« mil huit cent quarante-neuf. » (*Signature du juge.*)

§ 9.—**Rapport d'un capitaine de navire à son arrivée, ou d'après relâche forcée ou volontaire** (C. comm., art. 242 et 243).

« L'an mil huit cent quarante-neuf, le dix septembre, à...,
« heures du soir,

« Par-devant nous, Adolphe A..., juge de paix du canton « de..., départ. de..., assisté de M. Louis B..., greffier de « cette justice de paix,

« Est comparu, dans notre cabinet, le sieur Albert de « Courville, capitaine du navire *le Jean Bart*, du port de..., « armé par B... J..., du Havre, jaugeant... tonneaux, lequel « a déclaré qu'il est parti le..., du port de Toulon, à destina- « tion de..., et a tenu... (expliquer ici quelle route il a tenue « avec ses variations circonstanciées) ; qu'il a couru les plus « grands dangers ; qu'il est arrivé dans son navire (rapporter « les choses remarquables qui ont eu lieu pendant la tra- « versée) ; qu'il a eu notamment connaissance du navire..., « à la hauteur de..., lequel faisait route pour...(ou vers)...,etc.

« Duquel rapport, qui sera transmis dans le plus bref délai « au président du tribunal de commerce de..., nous avons ré- « digé le présent acte, à..., les jour, mois et an que dessus, « et a le capitaine de Courville signé avec nous et le greffier, « après lecture. » (*Signatures.*)

§ 10.—**Rapport d'un capitaine de navire dont le vaisseau a fait naufrage** (C. comm., art. 246, 247 et 242).

« L'an mil huit cent quarante-neuf, le quinze mars, dix « heures du matin,

« Par-devant nous, Adolphe A..., juge de paix du canton « de..., département de..., assisté de M. Louis B..., greffier « de cette justice de paix,

« Est comparu, dans notre cabinet, le sieur Albert de Cour- « ville, capitaine du navire *le Jean Bart*, du port de..., con- « tenant.., tonneaux, armé par...

« Lequel nous a déclaré qu'étant parti le..., du port de..., « à destination de..., il a été atteint par une tempête le..., « qui a désemparé son navire du... (désigner quel gréement, « mât ou manœuvre), ou qui lui a occasionné une avarie (in- « diquer quelle avarie), et l'a jeté à la côte de..., le..., à trois « heures du..., dans lequel est maintenant son navire, duquel « il s'est sauvé avec (les désigner), faisant partie de l'équi- « page ou étant passagers à bord.

« Duquel rapport, qui sera transmis dans le plus bref délai « au président du tribunal de commerce de..., nous avons ré- « digé le présent acte, à..., les jour, mois et an que dessus, « et a le capitaine de Courville signé avec nous et le greffier, « après lecture. » (*Signatures.*)

§ 11.—**Interrogatoire des gens de l'équipage d'un navire naufragé par voie d'eau, violence des courants ou par fausse manœuvre du pilote, etc.** (C. comm., art. 246 et 247).

« L'an mil huit cent quarante-neuf, le quinze mars, onze « heures du matin,

« Nous, Adolphe A..., juge de paix du canton de..., dépar- « tement de..., assisté de M. Louis B..., greffier de cette jus- « tice de paix,

« Étant à..., et procédant par suite du rapport fait devant « nous, par le sieur Albert de Courville, capitaine du navire « *le Jean Bart*, naufragé à..., dont nous avons dressé procès- « verbal à la date de ce jour, nous avons mandé devant nous, « en vertu de l'art. 247, Cod. comm., les ci-après nommés, « auxquels nous avons fait subir interrogatoire sur le naufrage « dont il s'agit, ainsi qu'il suit :

« D. Quels sont vos prénoms, noms, âge, profession, do- « micile et lieu de naissance ?

« R...

« D. Quel jour est parti le navire *le Jean Bart*, et quelle « route a-t-il faite jusqu'au jour où il a fait naufrage ?

« R...

« D. Ce même jour, le navire a-t-il été atteint par une « tempête, ou a-t-il éprouvé une voie d'eau, ou a-t-il touché « sur un écueil, et que s'en est-il suivi ?

« R...

« D. Pourriez-vous nous dire ce qui a eu lieu au moment « du naufrage ou quelques instants avant, et quelle a été la « conduite du capitaine dans cette circonstance ?

« R...

D. Que s'est-il passé avant le naufrage ? N'a-t-il rien sous- « trait du navire ?... etc.

« R...

« Lecture faite, a persisté et a signé avec nous et le gref- « fier. (*Signatures.*)

(On continue de la même manière tous les interrogatoires, puis on termine ainsi le procès-verbal) :

« Desquels interrogatoires nous avons fait et dressé le pré- « sent procès-verbal, qui sera transmis dans le plus bref dé- « lai à M. le président du tribunal de commerce de..., à telles « fins que de droit.

« A..., le..., et avons signé avec le greffier. »

(*Signatures.*)

CHAP. XVIII.—SAISIE-ARRÊT.—TIERS SAISI (C. proc., art. 557 à 582).

316. La saisie-arrêt est un acte au moyen duquel un créancier arrête entre les mains d'un tiers les sommes ou effets mobiliers de son débiteur, et par suite duquel il obtient du tribunal la délivrance de ces sommes ou le prix de ces effets jusqu'à concurrence de ce qui lui est dû.

Elle peut être pratiquée en vertu d'un acte authentique ou privé (C. proc., art. 557), ou même, à défaut de titre, en vertu d'une ordonnance du juge rendue sur requête, à laquelle sont annexés tous les titres et pièces de nature à le mettre en état de vérifier la créance (C. proc., art. 558).

La demande doit être portée devant le tribunal civil du domicile de la partie saisie (C. proc., art. 567, 59).

Le juge de paix est incompétent pour connaître des saisies-arrêts, à défaut d'un texte précis qui lui donne juridiction en cette matière.

Le tiers saisi est assigné devant le tribunal qui doit connaître de la demande en validité de saisie-arrêt (C. proc., article 570).

317. La déclaration du tiers saisi est faite et affirmée au greffe du même tribunal (C. proc., art. 571), par lui-même ou par un fondé de pouvoir spécial (C. proc., art. 572).

Il n'est pas nécessaire que cette déclaration soit faite sous la foi du serment (Carré, n° 1964).

La loi n'ordonne pas que la procuration soit notariée, mais certains tribunaux exigent cette formalité ; arbitrairement, selon nous.

318. Le tiers saisi a la faculté, lorsque le tribunal devant lequel il est assigné n'est pas celui de son domicile, de faire sa déclaration devant le juge de paix de son canton (C. proc., art. 571).

Cette déclaration doit énoncer les causes et le montant de la dette, les paiements à-compte, si aucuns ont été faits, l'acte ou les causes de libération, si le tiers saisi n'est plus débiteur, et, dans tous les cas, les saisies-arrêts formées entre ses mains (C. proc., art. 573) ; les causes de la dette, c'est-à-dire, non-seulement la nature et l'origine de la dette, mais encore toutes les circonstances qui tendent à la modifier et même à la détruire ; si, par exemple, elle est conditionnelle ou à terme, ou si le tiers saisi a des exceptions à opposer au débiteur (Carré, n° 1866 ; Pigeau, 66 ; Roger, n° 567).

Le tiers saisi est obligé de joindre à sa déclaration toutes les pièces justificatives des énonciations qu'elle contient ; il en est dressé acte de dépôt en même temps que de la déclaration (C. proc., art. 574) ; conséquemment la preuve des paiements à compte, ou de la libération, est à la charge du tiers saisi (PIGEAU, 270 ; CARRÉ, n° 1967).

319. Si la saisie-arrêt porte sur des objets mobiliers, le tiers saisi est tenu de joindre à sa déclaration un état détaillé de ces objets (C. proc., art. 578) ; ils doivent être désignés comme ils le seraient dans le procès-verbal d'une saisie immobilière (C. proc., art. 588 et 589), et c'est sur cet état qu'il est procédé à la vente, quand la saisie-arrêt est déclarée valable (CARRÉ, nos 1978, 1979).

320. La déclaration ainsi faite et les pièces déposées, expédition de l'acte de déclaration affirmative et de dépôt des pièces justificatives est délivrée au tiers saisi par le greffier, et copie en est signifiée au saisissant, avec constitution d'avoué de la part du tiers saisi, par acte d'avoué à avoué (tar. 70) ; suivant Roger, n° 574, cette signification pourrait être faite par le ministère d'huissier, mais l'augmentation des frais resterait à la charge du tiers saisi.

321. S'il survient des saisies-arrêts et des oppositions après la déclaration, le tiers saisi les dénonce, ainsi que tous nouveaux transports, à l'avoué du premier saisissant, par extrait contenant les noms et élection de domicile des saisissants, opposants, etc., et les causes des saisies-arrêts, oppositions, etc. (C. proc., art. 575, tar. 70), sans être tenu de passer une nouvelle déclaration sur chaque saisie-arrêt, opposition, etc., qui survient (CARRÉ, nos 1969, 1970).

Si la déclaration n'est pas contestée, il n'est fait aucune autre procédure ni de la part du tiers saisi ni contre lui (C. proc., art. 576). Cependant le tiers saisi peut faire des offres réelles au saisi, à charge par celui-ci d'apporter mainlevée de la saisie-arrêt et de consigner (CARRÉ, n° 1973).

La déclaration, au contraire, est-elle contestée, le tiers saisi peut alors demander son renvoi devant son juge naturel : il devient, en effet, défendeur (C. proc., art. 570).

322. Le tiers saisi, tant que la mainlevée de la saisie n'est pas donnée, ne doit payer aucune somme, excepté lorsqu'une contrainte est décernée contre lui par le percepteur des contributions publiques. Le paiement dans ce cas libère le tiers saisi (L. 12 nov. 1808, art. 2 ; Cass., 21 avril 1819, J. P.).

323. La demande en mainlevée de la saisie-arrêt est de la

compétence exclusive du tribunal de première instance (Arg. C. proc., art. 567) ; conséquemment elle ne serait pas valablement prononcée par le juge de paix (CARRÉ, n° 1953 ; ROGER, n°s 505 et suiv.).

Formules.

§ 1er. — **Déclaration affirmative d'un tiers saisi** (C. proc., art. 571, 573, 574 et 638).

« L'an mil huit cent quarante-neuf, le cinq octobre, dix « heures du matin,

« Par-devant nous, Adolphe A..., juge de paix du canton « de..., département de..., assisté de M. Louis B..., greffier « de cette justice de paix,

« Est comparu dans notre cabinet, hôtel de la justice de « paix, le sieur D..., vigneron, demeurant à...,

« Lequel a dit que, par exploit de..., huissier à..., en date « du..., enregistré, M. B..., propriétaire, demeurant à..., a « fait saisir entre ses mains tout ce qu'il peut devoir à M. J..., « ancien marchand boucher, demeurant à... ; et que, depuis, « par un autre exploit du même huissier, en date du..., enre- « gistré..., il a été assigné à même requête devant le tribunal « de première instance de l'arrondissement de..., pour y faire « et affirmer sa déclaration sur ladite saisie ; que voulant « profiter de la faculté que lui donne l'art. 571, C. proc., de « faire sa déclaration devant nous, sur ladite saisie, il déclare « qu'en mil huit cent quarante-sept, il a souscrit une recon- « naissance de la somme de..., au profit du sieur L..., avec « intérêt à cinq pour cent ; mais que, par suite des à-compte « qu'il lui a donnés, en date des... (les énoncer), il ne reste « plus son débiteur en principal et intérêts que de celle de..., « qu'il est prêt et offre de payer à qui par justice sera or- « donné, sous la déduction de ses frais légitimement faits. Il « déclare, en outre, qu'à la requête du sieur G..., il a déjà « été formé entre ses mains une saisie-arrêt pour sûreté d'une « somme de... par exploit de..., huissier à..., en date du..., « enregistré, et a ledit comparant affirmé le contenu en sa dé- « claration sincère et véritable, se réservant de produire et « de déposer au greffe les pièces justificatives à l'appui de sa « déclaration, ainsi que la loi lui en fait une obligation.

« Desquelles déclaration et affirmation, nous, juge de paix, « avons donné acte au sieur D...

« Fait et dressé le présent procès-verbal les jour, mois et « an que dessus, et a ledit sieur D... signé avec nous et le « greffier, après lecture. » (*Signatures.*)

§ 2.—**Déclaration et affirmation faites par procuration spéciale** (C. proc., art. 572, 573 et 574).

« L'an mil huit cent quarante-neuf, le six octobre, onze « heures du matin,

« Par-devant nous, Adolphe A..., juge de paix du canton « de..., départ. de..., assisté de M. Louis B..., greffier de « cette justice de paix,

« Est comparu le sieur Paul D..., agent d'affaires, demeu- « rant à..., agissant au nom et comme mandataire du sieur « Denis B..., cultivateur, demeurant à..., suivant sa procu- « ration spéciale par acte authentique reçu par M..., notaire « à..., en date du..., enregistré le... Lequel, audit nom, a « déclaré que, par exploit de... » (le reste comme à la formule précédente).

§ 3. — **Déclaration et affirmation à la suite d'une opposition sur effets mobiliers** (C. proc., art. 573).

« L'an mil huit cent quarante-neuf, le quinze décembre, « dix heures du matin,

« Par-devant nous, Adolphe A..., juge de paix du canton « de..., départ. de..., assisté de M. Louis B..., greffier de « cette justice de paix,

« Est comparu le sieur Paul D..., vigneron, demeurant à... « Lequel, pour satisfaire à l'assignation à lui donnée, à la « requête de..., par exploit de..., en date du..., enregistré, « et, par suite de l'opposition formée entre ses mains par un « précédent exploit, en date du..., enregistré, nous a déclaré « que les effets mobiliers du sieur Louis Poulain, qui existent « en sa possession, sont compris dans un état détaillé qu'il « nous a remis après l'avoir signé, et en avoir certifié l'exac- « titude ; qu'il est prêt et offre de remettre à qui par justice « sera ordonné lesdits objets, sous la déduction d'une somme « de..., pour sûreté et garantie de laquelle lesdits objets lui « ont été remis par ledit sieur..., et de ses frais légitimement « faits, dont il sera en tous cas privilégié, et a, ledit compa- « rant, affirmé le contenu en sa déclaration sincère et véri- « table, et qu'aucun autre objet, appartenant audit sieur « Poulain, ne lui a été remis et qu'il n'a contracté envers « celui-ci aucune autre dette.

« Desquelles déclaration et affirmation, nous, juge de paix, « avons donné acte au sieur D...

« Fait et dressé le présent procès-verbal auquel est demeuré « annexé l'état détaillé ci-dessus, et a, ledit sieur D..., signé « avec nous et le greffier, après lecture. » (*Signatures.*)

84.—Acte de dépôt fait au greffe de la justice de paix des pièces à l'appui d'une déclaration affirmative (C. proc., art. 574).

« L'an mil huit cent quarante-neuf, le samedi dix-sept « octobre,

« Est comparu au greffe de la justice de paix du canton « de... M...

« Lequel, en conséquence de la déclaration affirmative faite « par lui devant M. le juge de paix de ce canton, en date « du..., et, pour satisfaire à l'art. 574 du Code de procé- « dure, a déposé en ce greffe, comme pièces justificatives à « l'appui de ladite déclaration : 1° une quittance de la « somme de..., en date du..., etc. ; — 2° une autre de la « somme de..., en date du..., etc. ; — 3° et... (énoncer « toutes les pièces).

« Dont acte requis et octroyé, et a, ledit sieur..., signé avec « nous, greffier de ladite justice de paix, après lecture. »

(*Signatures.*)

CHAP. XIX. — SAISIE-EXÉCUTION

(C. proc., art. 583 à 625).

324. La saisie-exécution est un acte par lequel un créancier fait saisir et confier à un gardien les meubles corporels de son débiteur, et, en certains cas, les objets que la loi déclare immeubles par destination (C. proc., art. 592), pour être conservés et ensuite vendus au profit des ayants droit.

325. Sont absolument insaisissables : 1° le coucher nécessaire des saisis et de leurs enfants vivant avec eux (C. proc., art. 592-2°), c'est-à-dire les parties du lit indispensables, par exemple, le bois de lit, couverture, draps, traversins, matelas, lit de plumes, et même les rideaux, selon l'âge ou l'état de santé du saisi ; mais est saisissable tout ce qui n'est que de luxe, comme ciels de lit, housses, courtes-pointes, dômes et tentures de tapisserie (JOUSSE, art. 14, t. 33 ; Ordonn. 1667 ; CARRÉ, n° 2037 ; BERRIAT, 527 ; PIGEAU, 2.80).

Le coucher des père et mère du saisi et autres auxquels il devrait des aliments, et qui vivraient chez lui, doit aussi être respecté (THOMINE, 2.108).

Quant au coucher des domestiques, il pourrait être saisi, à moins, dit Dalloz, 657, n° 8, que le saisi ne fût infirme ou valétudinaire.

— 2° Les habits dont les saisis sont vêtus et couverts, ce qui comprend les manteaux du saisi, de sa femme et de ses enfants, lors même qu'ils s'en seraient couverts sans nécessité (JOUSSE, art. 14, tit. 19 ; CARRÉ, n° 2039 ; THOMINE, 2.108 ; BERRIAT, 528). Il en serait autrement des bijoux dont le saisi ou les siens se seraient parés.

— 3° Les équipements des militaires, suivant l'ordonnance et le grade. L'art. 65, tit. 3, L. 10 juill. 1791, spécial à la matière, déclare ces objets insaisissables d'une manière absolue, par des motifs d'intérêt public. Peu importe que le C. de proc., art. 592-5° et 593, ne soit pas aussi général (FAVARD, 434 ; CARRÉ, n° 2043, BERRIAT, 529, note 13).

Il en doit être de même : 1° des croix, décorations ou médailles conférées au militaire ou à tout autre (THOMINE, 2.109); 2° du sabre d'ordonnance et des armes d'honneur décernées à un militaire, qu'il soit en activité ou en retraite ; ils sont attachés à son grade, qu'il ne peut perdre que suivant les cas déterminés par la loi du 19 mai 1834 (Paris, 22 avril 1838, art. 1181. J.P.). L'art. 29, ordonn. 19 août 1836, en assignant un uniforme aux officiers généraux en retraite, le met par cela même à l'abri de la saisie.

— 4° Les outils des artisans nécessaires à leurs occupations personnelles (C. proc., 592-6°). Mais on pourrait saisir les outils d'un artisan servant à ses ouvriers (CARRÉ, n° 2044 ; DELAPORTE, 275 ; PIGEAU, *Comment.*, 2.185, note 6).

— 5° Les farines et menues denrées nécessaires à la consommation du saisi et de sa famille pendant un mois (C. proc., 592-7°), comme, par exemple, le pain, le gibier, la volaille et autres choses de moindre prix servant à la consommation (BERRIAT, 529).

— 8° Enfin, une vache, ou trois brebis, ou deux chèvres, au choix du saisi, avec les pailles, fourrages et grains nécessaires pour la litière et la nourriture desdits animaux pendant un mois (C. proc., 592-8°).

326. Ne sont saisissables pour aucune créance, même celle de l'Etat, si ce n'est pour objets énumérés en l'art. 593, C. proc., ceux que l'art. 592-1° du même Code déclare immeubles par destination, comme les animaux *attachés* à la culture, pourvu qu'ils aient été placés par le propriétaire pour l'exploitation du fonds (C. Nap., art. 524), et qu'ils soient rigoureusement nécessaires à cette exploitation (Orléans, 11 déc. 1817 ; Limoges, 15 juin 1820, S., 21.16 ; HENNEQUIN, *Traité de lég.*, p. 23).

Les ruches, les mouches à miel, les vers à soie au moment

de leurs travaux, et les feuilles de mûrier, étaient autrefois insaisissables (L. 6 oct. 1791 ; DUPIN, *Lois de la proc.*, 1821, p. 2). Mais cette loi est implicitement abrogée par les art. 592, 1041, C. proc., sauf le cas de l'art. 524, C. Nap. (BIOCHE et GOUJET, t. 5, p. 67).

327. Lorsqu'un huissier qui se présente pour saisir trouve les portes fermées, soit que la partie saisie soit absente ou qu'elle refuse de les ouvrir, et alors même qu'il pourrait les ouvrir sans efforts ni fracture, et qu'elles ne seraient pas fermées à clef, soit qu'entré il éprouve de la résistance, des menaces ou voies de fait de la part du saisi ou de ses gens, il doit dresser procès-verbal des faits, établir gardien pour empêcher le divertissement et se retirer sur-le-champ devant le juge de paix, ou un de ses suppléants; ou, à leur défaut, devant le commissaire de police, et dans les communes où il n'y en a pas, devant l'adjoint, en présence desquels l'ouverture des portes, même celle des meubles fermants, est faite au fur et à mesure de la saisie (C. proc., art. 587).

328. Le juge de paix ou le suppléant dont l'huissier sollicite l'assistance doit, sur la réquisition verbale de celui-ci, et sans qu'il soit besoin de requête ni d'ordonnance (CHAUVEAU, 2.116), déférer à sa réquisition sous peine d'être pris à partie (Arg., C. proc., art. 506).

Le juge de paix, dans ce cas, reste avec l'huissier pendant toute l'opération de la saisie (CARRÉ, n° 2021; HAUTEFEUILLE, 328); ce magistrat ne dresse point de procès-verbal, mais il signe celui de l'huissier qui constate sa présence (C. proc., art. 587).

329. Si le saisi est absent et qu'il y ait refus d'ouvrir aucune pièce ou meuble, l'huissier en requiert l'ouverture, et, s'il se trouve des papiers, le juge de paix, sur la réquisition de l'huissier, appose les scellés (C. proc. art. 591), dont il dresse un procès-verbal dans la forme ordinaire (PIGEAU, 2. 83; CARRÉ, n° 2031).

330. Le juge de paix doit conséquemment être assisté du greffier et établir un gardien chargé de veiller à la conservation des scellés; mais si le saisi est présent, il n'y a lieu à apposition de scellés que dans le cas où celui-ci serait en faillite (Arg. C. comm., art. 457).

Quant à la levée des scellés dans cette circonstance, elle se fait sans description, aux frais du saisi, dans l'intérêt duquel ils ont été apposés (BIOCHE et GOUJET, t. 5, n° 124, p. 77).

En cas de saisie d'animaux et ustensiles servant à l'exploitation des terres, le juge de paix peut, sur la demande du saisissant, le propriétaire et le saisi entendus ou appelés, établir un gérant à l'exploitation (C. proc., art. 594).

Formules.

§ 1er.—**Apposition de scellés** (C. proc., art. 591).

« L'an mil huit cent quarante-neuf, le..., heure de...

« Nous, Adolphe A..., juge de paix du canton de..., dé-« part. de..., assisté de M. Louis B..., greffier de cette « justice de paix,

« Etant, à Levès, au domicile du sieur Paul A..., cultiva-« teur audit lieu, où il est présentement procédé, à la requête « du sieur Louis Durand, propriétaire demeurant à..., par... « huissier à..., à une saisie-exécution, en notre présence, « requise, conformément à l'art. 591, C. proc., pour l'ou-« verture des pièces et meubles, vu l'absence dudit sieur « A... (ou vu le refus dudit sieur A... d'ouvrir aucune « pièce ou meuble), il s'est trouvé dans le cours de ladite « opération, dans deux armoires, plusieurs titres et papiers « que nous avons réunis et placés dans le tiroir de droite « d'une armoire, étant dans la chambre à coucher du sieur « A..., sise au rez-de-chaussée, et ayant vue au midi;

« Et attendu l'absence dudit sieur A...;

« Vu l'art. 591 du Cod. de proc., nous avons apposé sur le-« dit tiroir, fermé avec la clef, remise au greffier, à l'endroit « et sur l'ouverture de la serrure, un scellé au moyen d'une « bande de ruban de fil gris, aux deux extrémités de laquelle « nous avons empreint le sceau de notre justice de paix sur « cire molle verte.

« Nous avons ensuite établi gardienne dudit scellé Mme Ma-« rie Duval, femme dudit sieur A..., présente à notre opéra-« tion, laquelle s'en est volontairement chargée et a promis « de représenter ledit scellé quand et à qui il appartiendra. « Il a été vaqué à tout ce que dessus, depuis dix heures du « matin jusqu'à midi, par simple vacation;

« Et ont, ladite dame A... et le sieur... huissier, signé « avec nous et le greffier, à Levès, les jour, mois et an que « dessus, après lecture. »

(*Signatures.*)

§ 2.—**Réquisition et ordonnance de levée de scellés** (C. proc., art. 591).

« L'an mil huit cent quarante-neuf, le huit mai, dix heures « du matin,

« Par-devant nous, Adolphe A..., juge de paix du canton « de..., départ. de..., assisté de M. Louis B..., greffier de « cette justice de paix,

« Est comparu, dans notre cabinet, le sieur Paul A..., « cultivateur, demeurant à Levès ;

« Lequel a dit que le quinze de ce mois, procédant en son « absence à une saisie-exécution, à la requête du sieur Louis « Durand, propriétaire, demeurant à..., l'huissier ayant « trouvé des meubles fermés en a requis l'ouverture, qui a « été ordonnée par nous ; que, dans deux armoires, il se trouva « différents titres et papiers qui furent par nous renfermés « dans le tiroir de droite d'une armoire et placés sous les « scellés ; que le comparant ayant intérêt d'obtenir la remise « de ces papiers qui ne peuvent être saisis par son créancier, « il requiert qu'il nous plaise en ordonner la levée et que « remise des papiers lui soit faite après ou sans examen, « mais sans description, et a signé. »

(*Signature.*)

« Nous, juge de paix,

« Vu la réquisition ci-dessus, l'art. 591 du Code de proc., « et notre procès-verbal d'apposition de scellés, en date du..., « enregistré ;

« Attendu que le sieur Paul A... a droit de requérir la « levée des scellés dont il s'agit,

« Disons que lesdits scellés seront par nous reconnus et « levés le vingt-deux de ce mois, dix heures du matin, en « présence du requérant et du sieur Louis D..., créancier « saisissant, qui sera appelé à cet effet, pour, après examen, « si besoin est, des papiers dont il s'agit, la remise en être « faite audit sieur B..., ainsi que de droit.

« Fait, en notre cabinet, à..., les jour, mois et an que « dessus, et avons signé avec le greffier. » (*Signatures.*)

§ 3.—Levée de scellés (C. proc., art. 591).

« Et ledit jour, quinze mai, mil huit cent quarante-neuf, « dix heures du matin,

« Nous, juge de paix susdit,

« En vertu de notre ordonnance, en date du..., qui précède, « étant en suite de la requête du sieur Paul A..., cultiva- « teur, demeurant à Levès,

« Nous sommes transporté, assisté de M. Louis B..., gref- « fier de notre justice de paix, au domicile dudit sieur A..., « ci-dessus désigné, où étant, nous avons trouvé dans une

« chambre à coucher, sise au rez-de-chaussée, et ayant vue « au midi, ledit sieur Paul A..., requérant, lequel a requis « défaut contre ledit sieur Durand, non comparant, ni per- « sonne pour lui, quoique dûment cité par exploit de..., « huissier à..., en date du..., enregistré, dont l'original nous « a été représenté ; et pour le profit qu'il soit procédé à l'opé- « ration requise et ordonnée, et a signé.

« Et à l'instant est comparu ledit sieur Louis Durand, pro- « priétaire, demeurant à...

« Lequel nous a dit qu'il comparaît au désir de notre « ordonnance susdatée, à lui dûment notifiée, ainsi qu'il est « ci-dessus dit, et qu'il n'entend nullement s'opposer à ce « qu'il soit procédé à la levée pure et simple sans descrip- « tion du scellé dont il s'agit, et a signé. »

(*Signature.*)

« Est aussi comparue la dame Marie D..., femme de..., « gardienne de nosdits scellés, laquelle nous a déclaré être « prête à nous en faire la représentation, et a signé. »

(*Signature.*)

« Sur quoi, nous, juge de paix, avons donné acte aux parties « de leurs comparutions, dires, réquisitions et consentement, « et nous avons en conséquence reconnu sain et entier le « scellé apposé sur la serrure du tiroir de droite de l'armoire, « étant dans la chambre à coucher du saisi, où nous sommes, « et nous l'avons rompu.

« Notre opération étant terminée, nous avons déchargé la « dame A... de la garde du scellé, et donné acte au greffier « de la remise de la clef par lui laissée dans la serrure du « tiroir sur lequel était apposé le scellé.

« De tout quoi, nous avons fait et dressé le présent procès- « verbal, les jour, mois et an que dessus, après avoir vaqué, « depuis dix heures du matin jusqu'à midi, par simple vaca- « tion,

« Et ont les parties signé avec nous et le greffier, après « lecture. »

(*Signatures.*)

§ **4. — Nomination par le juge de paix d'un gérant à l'exploitation d'une ferme, en cas de saisie d'animaux et ustensiles servant à l'exploitation** (C. proc., art. 594).

« L'an mil huit cent quarante-neuf, le deux mai, dix heures « du matin,

« Par-devant nous, Adolphe A..., juge de paix du canton

« de..., départ. de..., assisté de M. Louis B..., greffier de « cette justice de paix,

« Est comparu, dans notre cabinet, hôtel de la justice de « paix, le sieur Louis D..., propriétaire, demeurant à..., où « il déclare faire élection de domicile;

« Lequel nous a dit que, par procès-verbal de C..., huis- « sier à..., en date du..., enregistré..., il a fait procéder à « une saisie-exécution au domicile du sieur Paul A..., cul- « tivateur, demeurant à...; qu'au nombre des objets saisis « sur ledit sieur A... se trouvent les animaux et les usten- « siles servant à l'exploitation de sa ferme, ce qui rend né- « cessaire l'établissement d'un gérant qui, dans l'intérêt de « qui de droit, tiendrait état de toutes recettes et dépenses; « que par exploit de C..., huissier à..., en date du..., enre- « gistré, il a fait citer à comparaître cejourd'hui devant nous, « dix heures du matin, dans notre cabinet, hôtel de la justice « de paix, le sieur A..., saisi, et M. Déranlot, propriétaire « de la ferme exploitée par celui-ci, demeurant à..., pour « voir dire qu'il sera par nous procédé, parties entendues ou « appelées, à ladite nomination, conformément à l'art. 594 du « Code de proc., et a signé. »

(*Signature.*)

« Sur quoi, nous, juge de paix,

« Vu le procès-verbal de saisie susénoncé et daté, et « l'art. 594 du Code de proc.;

« Considérant que la nomination d'un gérant à l'exploita- « tion de la ferme du saisi est demandée et consentie par les « parties,

« Nommons, comme gérant de l'exploitation de ladite ferme, « le sieur D..., garde champêtre de la commune de..., le- « quel présent a déclaré accepter cette fonction, et promis « d'en remplir fidèlement les devoirs moyennant salaire, fixé « d'un commun accord par les parties à un franc cinquante « centimes par jour.

« Desquelles comparution, réquisition, consentement, no- « mination et acceptation, nous avons donné acte aux sus- « nommés.

« Fait et dressé le présent procès-verbal à..., les jour, « mois et an que dessus. »

§ 5. — Citation au saisi et au propriétaire de la ferme de..., à comparaître devant le juge de paix pour être présent à la nomination d'un gérant.

« L'an mil huit cent quarante-neuf, le...

« A la requête du sieur..., etc., j'ai..., soussigné, cité :
« 1° Le sieur Paul A... (la partie saisie), demeurant à...;
« 2° M. Déranlot, propriétaire de la ferme appelée..., sise « à..., demeurant à..., etc.,

« A comparaître le deux mai, présent mois, dix heures du « matin, par-devant M. le juge de paix du canton de..., en « son cabinet, sis à..., hôtel de la justice de paix, pour, at- « tendu qu'au nombre des objets saisis à la requête du sieur « D..., suivant procès-verbal de mon ministère, en date du..., « enregistré, sur ledit sieur A..., cultivateur, à la ferme de..., « se trouvent les animaux et les ustensiles servant à l'exploi- « tation de ladite ferme, ce qui rend nécessaire l'établisse- « ment d'un gérant pour son exploitation, lequel tiendra état « de toutes les recettes et dépenses qu'il fera, pour en rendre « compte à qui de droit, et sera d'ailleurs soumis à toutes les « charges de gardien judiciaire ; déclarant aux susnommés « qu'il sera procédé à ladite nomination, tant en leur absence « qu'en leur présence, et pour en outre répondre et procé- « der, comme de raison, à fin de dépens; et je leur ai..., etc. »

(*Signature de l'huissier.*)

§ 6.—**Nomination du même gérant dans le cas de contestation de la part du saisi et de son propriétaire** (C. proc., art. 594).

« L'an mil huit cent quarante-neuf, le..., heure de..., par- « devant nous, juge de paix du canton de..., assisté de « M. Louis B..., greffier de cette justice de paix,

« Est comparu, dans notre cabinet, hôtel de la justice de « paix, le sieur Louis D..., propriétaire, demeurant à..., où « il fait élection de domicile,

« Lequel, etc. (reproduire le dire du § précédent).

« Sont aussi comparus : 1° le saisi ; — 2° le propriétaire; « lesquels ont dit (les motifs de leur opposition à la nomina- « tion dudit gérant), et ont signé. » (*Signatures.*)

« Sur quoi, nous, juge de paix,

« Vu le procès-verbal de saisie et l'original de la citation « susénoncée, ensemble l'art. 594, C. proc.;

« Considérant que la nomination d'un gérant à l'exploita- « tion de la ferme dont s'agit est requise ; qu'elle est utile « tant dans l'intérêt du saisissant que dans l'intérêt du pro- « priétaire ; que les motifs allégués par le saisi et son proprié- « taire pour s'opposer à cette nomination sont inadmissibles, « nommons comme gérant à l'exploitation de ladite ferme « de..., le sieur..., demeurant à..., auquel il est enjoint de

« commencer sa gestion sur la notification du présent, moyen-
« nant salaire, tel que de droit.

« Dont acte : fait et dressé le présent procès-verbal, à..., les « jour, mois et an que dessus, et avons signé avec le greffier, « parties présentes, après lecture. » (*Signatures.*)

§ 7.—Notification au gérant de sa nomination.

« L'an mil huit cent quarante-neuf, le..., à la requête de..., « demeurant à..., où il a fait élection de domicile, j'ai... (im- « matricule), à..., demeurant à..., signifié et donné copie « d'un procès-verbal dressé par M. le juge de paix du canton « de..., en date du..., enregistré, portant nomination dudit... « pour gérant à l'exploitation de la ferme de..., exploitée par « le sieur..., sur lequel (rappeler ici les choses saisies), sui- « vant procès-verbal de mon ministère, en date du..., enre- « gistré le..., à ce que ledit... n'en ignore, le sommant de « commencer sans délai, au reçu des présentes, sa gestion, « aux offres de lui payer salaire suffisant, suivant la taxe qui « en sera faite, etc., etc. » (*Signature de l'huissier.*)

CHAP. XX.—SAISIE FORAINE.

331. La saisie foraine est celle que fait un créancier sur les effets trouvés dans sa commune et appartenant à son débiteur forain (C. proc., art. 822).

Que doit-on entendre par débiteur forain ? Les auteurs sont divisés à ce sujet : le débiteur forain, suivant les uns, est celui qui n'a ni domicile, ni habitation dans la commune du créancier, où il ne s'est trouvé qu'accidentellement (Carré, 3, 156; Berriat, 648, 649, note 8, n° 3; Thomine, n° 959; Pigeau, 2, 512; Demiau, 500; Bioche et Goujet, t. 5, p. 113); suivant d'autres, l'art. 822 n'a eu pour but que d'atteindre les individus dont la vie ambulante laisse de l'incertitude, tels que les colporteurs, marchands forains, voituriers, etc., enfin tous ceux qui, par état ou sans état, n'ont point de domicile fixe (Dalloz, 11, 643).

La première opinion est, suivant nous, celle à laquelle on doit s'arrêter. En effet, le débiteur forain, dans le sens de l'art. 822, C. proc., est celui qui n'habite pas dans le lieu où réside son créancier, où il ne se trouve qu'accidentellement ; c'est celui qui habite *forâs*, et non celui qui colporte sa marchandise de ville en ville, de foire en foire, de *foro in forum*.

Toutefois. l'art. 822 est applicable également à ces derniers, mais non-seulement à eux.

332. La saisie foraine participe de la saisie-arrêt et de la saisie-exécution. Elle a pour but d'empêcher celui qui a contracté avec un débiteur forain de perdre le gage de sa créance, quelle que soit sa date. Tout créancier, même sans titre, peut, sans commandement préalable, mais avec permission du président du tribunal de première instance, et même du juge de paix, faire saisir les effets trouvés dans la commune qu'il habite, appartenant à son débiteur forain (C. proc., 822).

333. Quant à la validité de la saisie-gagerie, le tribunal de première instance du lieu où se trouvent les objets saisis est seul compétent pour en connaître (Arg. C. proc., art. 708, 825). Exiger que cette demande soit soumise au tribunal d'un débiteur forain, qui souvent sera très-éloigné, ce serait paralyser les effets de la saisie (CARRÉ, n° 2811 ; THOMINE, n° 968. — *Contrà*, DEMIAU, 499 ; PIGEAU, 2, 546 ; Arg. C. proc., art. 59).

Formules.

§ 1er. — Requête à l'effet de pratiquer une saisie foraine.

« A Monsieur le juge de paix du canton de....

« Le sieur Paul D..., propriétaire, demeurant à..., a l'honneur de vous exposer qu'il est créancier du sieur... (partie « à saisir), d'une somme de... (indiquer les causes de la « créance) ;

« Que ledit sieur..., dont le véritable domicile est inconnu, « est sur le point de quitter la ville, et qu'il est urgent pour « l'exposant d'être autorisé à faire saisir les objets en la pos« session dudit sieur..., son débiteur ;

« Qu'en conséquence, il nous requiert qu'il nous plaise « l'autoriser, conformément à l'art. 822, C. proc., à saisir à « l'instant, par le premier huissier de ce requis, les effets du« dit sieur..., qui peuvent se trouver en son hôtel, à..., rue..., « n°..., où il a logé momentanément, et où... (s'il s'agit d'ob« jets fournis pendant le séjour dans la ville de l'individu, on « le désigne), et vous ferez justice...

« A..., le... » (*Signature de l'exposant.*)

§ 2. — Ordonnance d'autorisation d'une saisie foraine.

« Nous, juge de paix,

« Vu la requête ci-dessus, la facture des objets vendus par « le requérant audit sieur..., ensemble l'art. 822, C. proc. civ. ;

« Autorisons le requérant à faire saisir à l'instant même, « par le premier huissier de ce requis, les effets du sieur..., « son débiteur, qui peuvent se trouver à..., en l'hôtel du « sieur..., sis en cette ville, rue..., n°...

« Fait et délivré à..., les jour, mois et an que dessus. »

(*Signature du juge.*)

CHAP. XXI. — SAISIE-GAGERIE

(C. proc., art. 822 ; L. 25 mai 1838, art. 10).

334. La saisie-gagerie est un acte au moyen duquel le propriétaire ou principal locataire saisit, pour le paiement des fermages ou des loyers qui lui sont dus, les effets mobiliers et les fruits trouvés dans les lieux habités ou sur les terres exploitées par les locataires ou fermiers, ainsi que les meubles qui garnissent la maison ou la ferme, et ceux qui ont été déplacés et transportés dans un autre lieu sans son consentement (C. proc., art. 819).

Elle peut être effectuée un jour franc après le commandement et sans permission du juge (C. proc., art. 815).

335. Les juges de paix sont compétents pour prononcer la validité d'une saisie-gagerie, s'il s'agit d'un loyer n'excédant pas *annuellement quatre cents francs* (L. 2 mai 1855, art. 1er. Au delà de cette somme, le tribunal civil est seul compétent (V. liv. 2, tit. 4, chap. 9, et tit. 9).

Formules.

§ 1er. — Commandement qui précède la saisie-gagerie

(C. proc., art. 819).

« L'an mil huit cent quarante-neuf, le...,

« En vertu de l'art. 819, C. proc. civ., et à la requête du « sieur..., juge de paix du canton de..., y demeurant, propriétaire d'une maison sise à..., pour lequel domicile est « élu en la demeure de l'huissier soussigné, et encore, en tant « que de besoin, en l'étude de M..., avoué à...,

« J'ai... (immatricule de l'huissier), soussigné, fait commandement au nom... au sieur..., locataire, par bail verbal, « en date du..., enregistré à..., le..., d'une maison sise à..., « n°..., en son domicile, en parlant à..., de, dans vingt-quatre « heures pour tout délai, payer audit sieur..., ou à moi, huissier, ayant mandement de recevoir, la somme totale de..., « pour un terme, échu le premier avril dernier, des lieux qu'il

« occupe, à raison de..., par an, sans préjudice de tous autres « dus, actions, intérêts et frais, et notamment de toutes con- « tributions à sa charge,

« Lui déclarant que, faute par lui de faire ledit paiement « dans le délai susénoncé et icelui passé, il y serait contraint « par toutes voies de droit, et notamment par la saisie-gagerie « des meubles et effets étant dans les lieux par lui occupés, « à ce qu'il n'en ignore, et je lui ai..., etc. »

(*Signature de l'huissier.*)

§ 2. — Requête à fin de saisir à l'instant et sans commandement préalable les meubles et effets garnissant les lieux occupés par le locataire (C. proc., art. 819).

« A Monsieur le juge de paix du canton de...

« Le sieur D..., demeurant à..., propriétaire d'une maison « sise à..., rue..., n°...,

« A l'honneur de vous exposer que le sieur..., son locataire « de ladite maison, pour bail sous seing privé, en date du..., « enregistré à..., le..., lui doit trois termes de loyer échus « le..., et formant une somme de... ; que ledit sieur... est « sur le point de quitter la ville, et que chaque jour il fait « enlever quelques-uns de ses meubles et effets pour les « soustraire aux poursuites de l'exposant ;

« En conséquence il requiert, Monsieur le juge de paix, « qu'il vous plaise permettre à l'exposant de faire saisir-gager « à l'instant, en vertu de l'art. 819, C. proc., tous les meubles « et effets se trouvant dans les lieux loués audit sieur..., et « dans... (désigner les lieux où des objets ont été trans- « portés), et vous ferez justice. »

(*Signature du requérant.*)

§ 3.—Ordonnance portant autorisation de saisir-gager (L. 25 mai 1838, art. 10).

« Nous, juge de paix,

« Vu la requête ci-dessus, l'art. 819, C. proc. civ., et 10 « de la loi du 25 mai 1838,

« Autorisons l'exposant à faire saisir à l'instant, par le « premier huissier de ce requis, tant les effets et meubles qui « garnissent la maison occupée par ledit sieur..., sise à..., « n°..., que ceux qui en ont été déplacés pour être trans- « portés en la maison dudit sieur, demeurant à...

« Fait et délivré à..., les jour, mois et an que dessus, et « avons signé. »

(*Signature du juge.*)

S'il s'agit d'un bien rural, on varie ainsi :

« Autorisons l'exposant à faire saisir à l'instant, par le « premier huissier de ce requis, tant les effets, ustensiles, « bestiaux et fruits qui sont dans sa ferme, à..., exploitée et « habitée par le sieur..., que les fruits et récoltes qui se trou- « vent sur la terre dépendant de ladite ferme et ceux qui ont « été transportés en la maison du sieur..., demeurant à...

« Fait et délivré à..., les jour, mois et an que dessus, et « avons signé. »

(*Signature du juge.*)

CHAP. XXII. — MAINLEVÉE D'OBJETS SAISIS PAR DES AGENTS FORESTIERS

(C. proc., art. 168).

336. On entend par mainlevée l'acte qui détruit ou restreint une opposition, une saisie, etc.

Le juge de paix peut donner mainlevée provisoire des objets saisis par les agents et gardes forestiers, à la charge du paiement des frais de séquestre, et moyennant une bonne et valable caution. En cas de contestation sur la solvabilité de la caution, il est statué par ce magistrat (C. for., art. 168).

Lorsque le procès-verbal des agents forestiers constate une saisie, il doit en être fait, aussitôt après l'affirmation reçue par le juge de paix, une expédition qui est déposée dans les vingt-quatre heures au greffe de la justice de paix, pour qu'il en puisse être donné communication à ceux qui réclameraient les objets saisis (C. for., art. 167 ; L. 15 avril 1829, art. 46).

Si ce sont des bestiaux, et qu'ils ne soient pas réclamés dans les cinq jours qui suivront le séquestre, ou s'il n'est pas fourni bonne et valable caution, le juge de paix en ordonne la vente à l'enchère au marché le plus voisin ; il y est procédé par un officier compétent, à la diligence du receveur des domaines, après l'avoir fait publier vingt-quatre heures d'avance. Les frais de séquestre et de vente sont taxés par le juge de paix et prélevés sur le produit de la vente ; le surplus reste déposé entre les mains du receveur des domaines jusqu'à ce qu'il ait été statué en dernier ressort sur le procès-verbal; mais, si cette réclamation n'a lieu qu'après la vente des objets saisis, le propriétaire n'a droit qu'à la restitution du produit net de la vente, tous faits déduits, dans le cas où cette restitution serait ordonnée par le jugement (C. proc., art. 169).

Formules.

§ 1er. — **Requête pour avoir mainlevée provisoire des objets saisis.**

« A Monsieur le juge de paix du canton de...

« Louis Dupart, cultivateur, demeurant à..., a l'honneur « de vous exposer que le garde de la forêt de Dreux, par « procès-verbal du..., affirmé et enregistré, dont une expé- « dition a dû être déposée au greffe de votre justice de paix, « a saisi une vache et un veau dans ladite forêt, triage de..., « qu'il a mis en séquestre chez le sieur François Moré, « tenant l'hôtel de Diane, à...

« Que ces vache et génisse appartenant à l'exposant ainsi « qu'il offre d'en justifier, il requiert qu'il vous plaise, Monsieur « le juge de paix, de lui accorder mainlevée provisoire de la « saisie desdits objets, aux offres qu'il fait de payer les frais « de séquestre et moyennant une bonne et valable caution « pour répondre des suites dudit procès-verbal ; qu'il offre, « en conséquence, pour caution, le sieur Sébastien Launay, « propriétaire, demeurant à..., qui fera sa soumission au « greffe de votre justice de paix, dans les délais de la loi, et « vous ferez justice. »

(*Signature.*)

§ 2. — **Ordonnance dans le cas où la caution est admise et la mainlevée provisoire ordonnée** (C. forest., art. 168).

« Nous, Adolphe A..., juge de paix du canton de..., départ. « de..., assisté de M. Louis B..., greffier de cette justice de « paix,

« Vu la requête ci-dessus et le procès-verbal qu'elle « énonce, dont une expédition est déposée au greffe de notre « justice de paix, ensemble l'art. 168 du Code forestier ;

« Après avoir entendu M. Clément B..., agent forestier, « dans ses dires et observations ;

« Attendu que l'exposant a qualité pour réclamer la vache « et la génisse dont il s'agit ; que la solvabilité de la caution « présentée est connue et plus que suffisante pour répondre « des suites du procès-verbal de saisie dont il s'agit ; que, « d'ailleurs, elle n'est pas contestée ; donnons mainlevée pro- « visoire de la vache et de la génisse réclamées, à la charge « par le sieur Duport de payer les frais de séquestre ; recevons « le sieur Sébastien Launay, propriétaire, demeurant à...,

« pour caution, et ordonnons qu'il fera sa soumission au « greffe dans les vingt-quatre heures de ce jour.

« Fait à..., le deux mai mil huit cent quarante-neuf. Et « avons signé avec le greffier, parties présentes, après lec- « ture. »

(*Signatures.*)

§ 3. — Ordonnance de rejet de la caution et de sursis à la mainlevée provisoire (C. forest., art. 168).

« Nous, Adolphe A... (comme au § 2),

« Vu la requête et le procès-verbal qu'elle énonce, dont « une expédition est déposée au greffe de cette justice de « paix, ensemble l'art. 168 du Code forestier ;

« Après avoir entendu M. Clément B..., agent forestier, « dans ses dires et observations ;

« Attendu que la solvabilité de la caution présentée n'est « ni connue ni justifiée suffisamment,

« Disons qu'il n'y a lieu d'admettre ladite caution ; qu'en « conséquence, il est sursis à la mainlevée de la saisie de la « vache et de la génisse dont il s'agit, jusqu'à production « d'une nouvelle caution dans le délai de la loi, sinon qu'il « sera passé outre à la vente des bestiaux saisis, s'il y a lieu.

« Fait à..., le deux mai mil huit cent quarante-neuf, et « avons signé avec le greffier. »

(*Signatures.*)

§ 4. — Soumission au greffe par la caution reçue (C. forest., art. 168).

« L'an mil huit cent quarante-neuf, le 2 mai, heure de « midi,

« Devant nous, Louis B..., greffier de la justice de paix du « canton de...

« Est comparu, au greffe, le sieur Sébastien Launay, pro- « priétaire, demeurant à...

« Lequel a dit que par ordonnance de M. le juge de paix de « ce canton en date de ce jour, il avait été reçu pour caution « des suites d'un procès-verbal de saisie d'une vache et d'une « génisse appartenant au sieur Louis Dupart, cultivateur, « demeurant à..., en date du..., dont l'expédition est déposée « en notre greffe, à la charge par l'exposant de faire sa sou- « mission dans les vingt-quatre heures ; qu'en conséquence, « il déclare se soumettre comme caution, et répondant de « toutes les suites dudit procès-verbal de saisie dont il « s'agit.

« Dont acte : fait et dressé le présent procès-verbal, à..., « les jour, mois et an que dessus, et a ledit sieur Delaunay « signé avec nous et le greffier, après lecture. »

(*Signatures.*)

§ 5.—**Ordonnance de la vente des objets saisis à défaut de caution valable, ou de réclamation desdits objets** (C. forest., art. 169).

« Nous, Adolphe A..., juge de paix du canton de..., départ. « de..., assisté de M. Louis B..., greffier de cette justice de « paix,

« Vu le procès-verbal de saisie d'une vache et d'une gé- « nisse par les gardes de la forêt de Dreux, en date du..., « dûment affirmé et enregistré, et dont expédition a été dé- « posée au greffe de cette justice de paix dans le délai de « la loi ;

« Attendu que lesdites vache et génisse saisies par ledit « procès-verbal n'ont pas été réclamées, et qu'aucune de- « mande de mainlevée provisoire ne nous a été adressée ; « que les cinq jours fixés par l'art. 169 du Code forestier sont « expirés, et que la vente en est requise par... (l'administra- « tion),

« Ordonnons que les vache et génisse dont il s'agit se- « ront, à la diligence du receveur des domaines de l'enre- « gistrement, vendues publiquement et adjugées au plus « offrant et dernier enchérisseur, sur le marché de..., après « toutefois que les formalités voulues par l'art. 169 précité « auront été remplies, pour le produit de ladite vente être « restitué à qui de droit, tous frais de séquestre, de vente et « autres, déduits.

« Fait à..., le huit mai mil huit cent quarante-neuf, et « avons signé avec le greffier. »

(*Signatures.*)

§ 6.—**Taxe des frais de vente** (C. forest., art. 169).

« Nous, Adolphe A..., juge de paix du canton de..., dé- « partement de...,

« Vu le procès-verbal de vente ci-dessus et notre ordon- « nance du huit de ce mois, enregistrée le...,

« Avons taxé les frais de ladite vente et ceux faits pour y « parvenir, à la somme de..., qui sera payée et prélevée sur « le produit de cette vente.

« Fait à..., le..., mil huit cent quarante-neuf, et nous « avons signé. » (*Signature du juge.*)

§ 7.—**Requête et ordonnance pour la vente d'animaux saisis, servant au transport de la fraude** (LL. 20 avril 1791 ; 4 germinal an II ; 14 fruct. an III, et 9 flor. an VII).

« A Monsieur le juge de paix du canton de...

« Benoist B..., receveur des douanes du bureau de..., a « l'honneur de vous exposer que, par procès-verbal du..., « affirmé et enregistré le..., les préposés de la brigade... ont « saisi trois chevaux (les désigner avec leurs harnais) sur un « déliquant inconnu, qui transportait en fraude... (désigner « les objets) ;

« Qu'il y a urgence de faire vendre lesdits trois chevaux « pour éviter les frais de nourriture et de fourrière (ou autres « motifs) ;

« Qu'il requiert, en conséquence, qu'il vous plaise, Monsieur « le juge de paix, d'ordonner que lesdits chevaux seront ven- « dus dans le plus bref délai, dans les formes prescrites, et « vous ferez justice.

« A..., le quatorze mai mil huit cent quarante-neuf. »

(*Signature.*)

« Nous, Adolphe A..., juge de paix du canton de..., départ. « de..., assisté de M. Louis B..., greffier de cette justice de « paix,

« Vu la requête ci-dessus, les lois des 20 août 1791, 4 germ. « an II, 14 fruct. an III, 9 flor. an VII,

« Ordonnons qu'à la diligence de l'exposant, vente publique « sera faite, dans les formes légales, des trois chevaux saisis « sur le délinquant inconnu, suivant le procès-verbal susdaté « et énoncé en la requête de l'exposant.

« Fait à..., le quatorze mai mil huit cent quarante-neuf, « et avons signé avec le greffier. »

(*Signatures.*)

TITRE IV.

DE LA JOUISSANCE ET DE LA PRIVATION DES DROITS CIVILS
(Cod. Nap., art. 7 à 33).

CHAP. Ier. — DE LA JOUISSANCE DES DROITS CIVILS.

SECT. Ire. — *Ce qu'on entend par droits civils. — Différence entre la jouissance et l'exercice de ces droits.*

337. On appelle droits civils les facultés qui s'exercent dans les rapports des personnes privées entre elles, et que confère la loi civile, le droit privé.

Il ne faut pas confondre la *jouissance* des droits civils avec l'*exercice* de ces droits. La jouissance, c'est l'investiture, c'est l'attribution des droits eux-mêmes ; l'exercice, c'est la faculté d'en user, la mise en œuvre, la pratique. L'exercice, donc, ne peut pas exister sans la jouissance ; mais la jouissance existe bien sans que l'exercice l'accompagne. Ainsi le mineur, l'interdit judiciaire, l'interdit légal, la femme mariée, le condamné par contumace pendant les cinq ans qui lui sont accordés pour se présenter, tous les incapables, en un mot, jouissent des droits civils sans les exercer. L'exercice de ces droits est délégué, pour le mineur et l'interdit, à un tuteur (C. Nap., art. 388, 389, 482, 489, 509, 1124 ; C. pén., art. 28 et 29); pour la femme mariée à son mari, (C. Nap., art. 215, 217 et s.). Une succession échoit à un mineur ou à un interdit, il acquiert sans aucun doute la succession qui s'ouvre à son profit (C. Nap., art. 711, 724) ; voilà le droit, la jouissance du droit. Mais les actes nécessaires pour accepter ou répudier cette succession et l'administrer, ce n'est pas le mineur ou l'interdit qui a capacité pour faire ces actes ; son tuteur, avec l'autorisation du conseil de famille, procède pour lui (C. Nap., art. 450 et s., 461 et s.). Voilà l'exercice du droit délégué au tuteur. Cette distinction, vraie en principe, ne saurait toutefois s'appliquer au droit de tester et de se marier, car ce droit est essentiellement personnel et ne peut être exercé, comme ceux dont nous venons de parler, par délégation, mais par la personne elle-même. On ne teste point, en effet, on ne se marie point par procureur (C. Nap., art. 75, 970, 972, 973).

SECT. II. — *Différence entre les droits civils et les droits civiques ou politiques ; quelles personnes en jouissent.*

338. Pour jouir des droits civils, il suffit d'être Français; pour jouir des droits civiques ou politiques, il faut de plus être

toyen, c'est-à-dire apte à l'exercice de la puissance publi-e. La qualité de *citoyen* ne s'acquiert et ne se conserve, dit 'art. 7 du C. Nap., que conformément à la loi constitution-elle, c'est-à-dire à la Constitution du 22 frimaire an VIII, suc-sivement remplacée par les Chartes de 1814 et de 1830, les Constitutions de 1848 et de 1852, sans que ni les unes les autres de ces Chartes ou Constitutions se soient occu-s de régler, comme le faisait la Constitution de l'an VIII, conditions requises pour être *citoyen;* elles se sont bornées fixer des conditions d'âge et de domicile pour la capacité ectorale, celle d'éligibilité et du jury ; d'où l'on doit con-lure que la Constitution de l'an VIII, combinée avec les Consti-tions de 1848 et de 1852 et les lois des 3-11 décembre 1849 r la naturalisation, le décret organique du 2 février 1852 la loi sur le jury des 4-10 juin 1853, conserve encore force effet à cet égard. Ainsi on est aujourd'hui *citoyen* par cela ul qu'on est Français d'origine ou naturalisé Français, mâle majeur de vingt et un ans (Voir *suprà*, nos 199 à 217).

ECT. III. — *Droits dont les étrangers jouissent en France* (C. Nap., art. 11 et 13).

339. L'étranger ne jouit pas et ne pouvait jouir effective-ent, en aucun cas, en France, des droits politiques, de ces oits qui consistent dans la participation des citoyens à l'exer-ce de la puissance publique. Il ne peut donc remplir aucune nction publique, ni être juré, électeur, garde national, ar-tre forcé, témoin dans les actes publics ni dans les testa-ents (C. Nap., art. 980), ni même exercer la profession d'avocat devant les tribunaux français, adopter ni être dopté, encore bien que la loi admette le mariage entre rançais et étrangers (C. Nap., art. 12 et 19), ni être tuteur, membre d'un conseil de famille en France, aucune loi ne ui accordant expressément ces droits. Pour bien établir les oits dont la jouissance a été accordée ou refusée en France étrangers, nous distinguerons deux classes d'étrangers : la première comprend tous ceux qui résident en France sans utorisation de l'Empereur d'y établir leur domicile, les étran-gers ordinaires ; les seconds, ceux qui ont obtenu le bénéfice de cette autorisation, les étrangers privilégiés.

§ 1er. — **Droit des étrangers résidant en France sans autorisation de l'Empereur** (C. Nap., art. 11, 726 et 912; L. 14 juill. 1819).

340. Daprès l'art. 11 du C. Nap., les étrangers jouissent

en France des mêmes droits civils que ceux qui sont ou seront accordés aux Français par les traités de la nation à laquelle ces étrangers appartiennent.

Autrefois, tout étranger était incapable, soit de transmettre, soit de recueillir, ni par succession légitime, ni par testament, aucun bien situé en France. D'après ce principe, toutes les fois qu'un bien situé en France était laissé par un étranger, l'Etat s'en emparait, au préjudice de ses parents même regnicoles, excepté toutefois de ses enfants. Ce droit ne s'exerçait, dans certains cas, que partiellement et au moyen d'une sorte de prélèvement, de détraction, où il était connu sous le nom de *droit d'aubaine* et de détraction.

Le droit d'aubaine et le droit de détraction furent entièrement abolis par la loi du 6-18 août 1790. La loi du 8-15 avril 1791, art. 3, rendit les étrangers capables de recueillir en France les successions de leurs parents même Français, de recevoir et de disposer par tous les moyens qui seront autorisés par la loi.

L'Assemblée constituante avait espéré que les autres peuples imiteraient son exemple et aboliraient aussi, chez eux, le droit d'aubaine et les incapacités qui frappaient les Français. Cet appel toutefois ne fut pas entendu : aussi, lors de la rédaction du Code Napoléon, on posa en principe, par une juste réciprocité, non pas seulement pour le droit de transmettre et de recevoir, mais pour tous les droits civils en général, que chaque étranger jouirait en France de ceux de ces droits qui seraient accordés aux Français dans le pays de cet étranger, d'après un traité passé avec sa nation (C. Nap., art. 11, 726, 912).

La loi du 14 juillet 1819, encore aujourd'hui en vigueur, qui abroge les art. 726 et 912, C. Nap., rend les étrangers capables de succéder, de disposer et de recevoir de la même manière que les Français, dans toute l'étendue de l'Empire; elle abroge aussi notre article 11, en ce qui concerne les successions et les donations entre-vifs ou testamentaires, mais il reste toujours en vigueur pour tous les autres droits civils.

§ 2. — **Droit des étrangers autorisés par l'Empereur à fixer leur domicile en France** (C. Nap., art. 13).

341. L'étranger admis par autorisation de l'Empereur à établir son domicile en France, y jouit de tous les droits civils, comme le Français lui-même, tant qu'il continue d'y résider, sans condition de réciprocité, comme dans le cas de l'art. 11,

, Nap., tout en conservant la qualité d'étranger. Toutefois, uoique l'étranger dont parle notre art. 13 soit admis à la ouissance de tous les droits civils comme le Français luiême, il ne faut pas croire que, même sous ce rapport, il se ouve absolument sur la même ligne que celui-ci. En effet, droit de se marier à tel âge ou avec une personne parente à l degré, le droit de devenir majeur à telle époque, et autres emblables, sont bien aussi des droits civils, et cependant s droits ne seront pas les mêmes pour l'étranger que pour Français. Ces droits, en effet, constituent la capacité de 'individu ; et comme l'étranger, admis par l'Empereur à fixer on domicile en France continue d'être étranger, il reste, ant à cette capacité, soumis aux lois personnelles de son ys.

La jouissance des droits civils étant pour l'étranger l'effet e l'autorisation de l'Empereur, celui-ci peut toujours, en etirant l'autorisation, faire évanouir la condition sous laquelle ette jouissance existe, et par suite cette jouissance elle-même, ndis que le Français tenant la jouissance des droits civils de a loi seule, l'Empereur ne saurait les lui enlever. L'étranger erdrait encore cette jouissance par cela seul qu'il irait s'établir en pays étranger, tandis que pour la faire perdre au Franis, il faut un établissement fait à l'étranger *sans esprit de tour* (Arg. C. Nap., art. 17. V. *infrà*, chap. 2, sect. 1re)

Du reste, ce n'est pas seulement la jouissance, mais aussi exercice des droits civils que l'autorisation de l'Empereur onfère à l'étranger. Mais cet exercice ne peut, bien entendu, ui appartenir qu'autant qu'il est majeur d'après les lois de on pays.

342. Quel que soit le temps écoulé depuis que l'étranger est ainsi fixé en France, il ne sera jamais Français par ce seul it. Il faudrait, pour le devenir, qu'il demandât sa naturalisaon après dix années depuis l'autorisation accordée, conforément à l'art. 3 de la Constitution du 22 frimaire an VIII, ou ien qu'il y eût à cet égard, entre le gouvernement français et ui, un contrat tacite qui s'induirait de ce qu'il a été appelé à s'acquitter des charges qui ne s'imposent qu'aux Français, le ervice militaire, par exemple, et qu'il a répondu à cet appel.

343. L'autorisation formée par un étranger de fixer son omicile en France est personnelle et ne peut par conséquent rofiter qu'à celui qui l'a formée et non à sa famille, si elle est désignée soit dans la demande d'autorisation, soit dans les lettres de concession de cette autorisation. Nous pensons

toutefois avec la majorité des auteurs que l'autoriation accordée à deux époux devrait produire ces effets à l'égard des enfants qui naîtraient d'eux depuis leur résidence en France.

Ces enfants, du reste, n'en resteraient pas moins étrangers comme leur père et leur mère, sauf à eux à réclamer dans l'année qui suit l'époque de leur majorité le bénéfice de l'article 9, C. Nap.

344. La première condition imposée à l'étranger, c'est de fixer son domicile en France, par le fait d'une habitation réelle, accompagnée d'une déclaration à la municipalité du lieu où il veut établir son domicile, déclaration toutefois qui peut être suppléée par les circonstances (C. Nap., art. 103, 105.—Arg. Bordeaux, 14 juill. 1845, Dev.1846.11.349. — *Conf.* DEMOLOMBE, *loc. cit.*, n° 270).

Il faut aussi qu'il continue d'y résider ; mais une absence momentanée, un voyage accidentel même, dans son pays, ne suffisent pas pour lui faire perdre son domicile en France : la loi n'a pas entendu défendre toute espèce de déplacement.

Enfin l'autorisation est révocable lorsque le Gouvernement, par des motifs qu'il lui appartient souverainement d'apprécier, croit devoir la retirer (L. 3 déc. 1849, art. 3).

SECT. IV.—*De la compétence des tribunaux français pour juger les contestations, soit entre Français et étrangers, soit entre étrangers* (C. Nap., art. 14, 15 et 16).

345. En général, les tribunaux français sont compétents pour connaître des contestations soit entre Français et étrangers, que le Français soit demandeur et l'étranger défendeur, ou l'étranger demandeur et le Français défendeur, soit entre étrangers (C. Nap., art. 14 et 15).

§ 1er. — **De la compétence des tribunaux français pour connaître des contestations entre Français et étrangers** (C. Nap., art. 13 et 14).

346. L'étranger même non résidant en France, *à fortiori* l'étranger admis à y jouir des droits civils comme le Français lui-même, peut être cité devant les tribunaux français pour l'exécution des obligations par lui contractées en France avec un Français, même pour les obligations par lui contractées en pays étranger envers des Français (Arg. C. Nap., art. 13 et 14).

Ainsi l'étranger qui s'est obligé envers un Français, qu'il réside en France ou en pays étranger, soit volontairement, soit forcément, est justiciable des tribunaux français, quelle que soit la cause d'où est née l'obligation (Arg. C. Nap., art. 13 et 14. V. *inf.*, nos 348 à 351).

Cette disposition, en ce qui concerne les actions relatives à des immeubles situés en France, n'est que l'application des principes du droit commun, qui attribuent dans ce cas juridiction au juge du lieu de la situation de l'objet litigieux (C. proc. civ., art. 3 et 59) ; cette règle s'applique aux étrangers comme aux Français.

En matière personnelle, au contraire, la règle générale est que le défendeur doit être assigné devant le juge de son domicile ; et, s'il n'a pas de domicile, devant celui de sa résidence (C. proc. civ., art. 2 et 59).

Mais le législateur, en dérogeant à cette règle par l'art. 14, C. Nap., lorsqu'il s'agit d'obligations contractées à l'étranger par un étranger envers un Français, a voulu sauvegarder avant tout les intérêts des Français. Si, en effet, ils avaient été obligés de s'adresser aux tribunaux étrangers pour réclamer l'exécution des obligations contractées envers eux par des étrangers dans les deux cas que prévoit cet article, mille circonstances de guerre ou autres auraient pu paralyser leur action et les mettre souvent dans l'impossibilité d'obtenir justice contre un étranger devant un tribunal étranger, dont les décisions au reste ne sauraient être exécutoires en France (C. Nap., art. 2123, 2128 ; C. proc. civ., art. 546).

347. L'étranger non domicilié en France et qui n'y possède ni immeubles ni établissement, doit être considéré comme débiteur forain, et peut, dès lors, être soumis à la saisie conservatoire de ses effets mobiliers (C. proc. civ., art. 822 ; Paris, 25 août 1842, J.P.43.1.67).

348. La règle établie par l'art. 14 étant générale et absolue, est applicable aux quasi-contrats, aux délits et aux quasi-délits, comme aux obligations conventionnelles ; c'est en ce sens, du moins, que la doctrine et la jurisprudence ont résolu cette question.

Le mot *contracter* a été pris, en effet, par le législateur, dans les art. 14 et 15, pour signifier les engagements que l'on forme avec quelqu'un de quelque manière que ce soit, ainsi qu'il résulte des art. 1370, 1372 et 1382, C. Nap. C'était aussi dans ce sens large que la loi romaine employait le mot *obligation* (Inst., tit. *de oblig.*, § 2).

Elle s'applique également et par les mêmes motifs aux héritiers de l'étranger par lequel l'obligation a été contractée (Arg. Cass., 1er juill. 1829).

Par application du même principe, la demande en reconnaissance de droits légaux résultant du mariage contracté entre un Français et une étrangère, en pays étranger, bien qu'elle soit intentée contre la succession du mari décédé étranger, peut être formée devant les tribunaux français ; l'art. 59, C. proc. civ., est alors inapplicable (Paris, 7 août 1840, J.P.40.2.747).

349. Un tribunal français saisi d'une demande formée par un étranger contre des Français, à l'occasion d'un fait qui a eu lieu en France, est compétent pour statuer sur l'action en garantie dirigée par ceux-ci contre un étranger (C. proc. civ., art. 181). Spécialement, le tribunal français devant lequel un étranger a porté une action en dommages-intérêts pour arrestation illégale opérée en France par des Français, est compétent pour connaître de l'action en garantie intentée par ceux-ci contre d'autres étrangers qui auraient provoqué une arrestation (Paris, 12 mai 1843, J.P.43.2.326).

L'art. 14 a donné lieu aussi à la question de savoir si l'étranger était justiciable des tribunaux français, à raison des obligations souscrites originairement au profit d'un autre étranger, mais qui sont devenues ultérieurement la propriété d'un Français par voie de transport ou endossement ? Sur ce point, les auteurs distinguent entre les obligations civiles et les obligations commerciales, et ils se prononcent généralement, quant aux premières, pour l'incompétence des tribunaux français ; et pour leur compétence, quant aux secondes. Si, en effet, l'obligation a pris directement et immédiatement naissance dans la personne du Français contre l'étranger, même sans le fait personnel de celui-ci, il est vrai de dire alors que l'obligation a été contractée *par un étranger et envers un Français*, et les tribunanx français sont évidemment compétents (C.Nap., art. 14) ; si, au contraire, un étranger s'est d'abord obligé envers un autre étranger, et le Français n'étant devenu que médiatement et indirectement créancier par l'effet d'une cession, les tribunaux français sont évidemment incompétents pour connaître de l'affaire, et le Français ne peut pas se plaindre de ce qu'on lui refuse le droit d'actionner devant un tribunal français son débiteur, en vertu d'un titre qui ne conférait pas ce droit, et qu'il a ainsi volontairement accepté tel qu'il était.

Il est, en effet, de principe général que le cessionnaire n'a pas plus de droit que le cédant : *nemo plus juris ad alium transferre potest quam ipse habet.*

Mais il en serait toutefois autrement, même dans ce dernier cas, s'il s'agissait d'une obligation commerciale souscrite par un étranger au profit d'un autre étranger ; car il est de la nature des effets de commerce (lettres de change, billets à ordre, etc.) d'être négociables, et celui qui les souscrit est lié envers tous ceux au profit desquels son obligation serait endossée ; l'étranger souscripteur est alors réputé s'être obligé directement envers eux et avoir accepté d'avance toutes les cessions, tous les endossements qui pourraient être faits au profit d'un Français. Ainsi l'étranger qui a souscrit en France ou en pays étranger une lettre de change, un billet à ordre au profit d'un autre étranger, est réputé débiteur direct du Français qui en est tiers porteur et peut conséquemment être assigné devant les tribunaux français.

D'où il suit que le Français peut obtenir l'arrestation provisoire de l'étranger souscripteur des effets de commerce dont la propriété lui a été transmise par la voie de l'endossement, si cet étranger est trouvé en France (L. 17 avril 1832, art. 15, n° 7), et que cet étranger est soumis à la contrainte par corps dans les termes de l'art. 14.

La loi du 10 sept. 1807 concernant l'arrestation provisoire des étrangers comprend, en effet, indistinctement toutes les obligations contractées par un étranger au profit d'un Français, soit directement, soit médiatement ; en conséquence elle est applicable à des traites faites et payables en pays étranger, et dont le Français n'est devenu propriétaire que par voie d'endossement, même d'endossement en blanc, s'il n'est pas démontré d'une manière positive que le mandat conféré par cet endos a été révoqué.

Il résulte encore du principe général de l'art. 14 que le Français qui a saisi les tribunaux étrangers d'une damande par lui formée contre un étranger, qu'il ait succombé ou non, est toujours recevable à porter de nouveau sa demande contre cet étranger devant les tribunaux français.

Cet article reposant, en effet, sur un motif de droit public, qui refuse aux jugements étrangers la forme exécutoire en France, le Français n'a évidemment pas pu renoncer au privilége que cet article lui accorde (C. Nap., art. 6 ; C. proc. civ., art. 546 ; Arg. Cass., 26 vent. an XII ; Grenoble, 3 janv. 1829 ; Rouen, 19 juill. 1842 ; Paris, 22 juin 1843), cet étranger fût-il déclaré en faillite par les lois de son pays.

350. L'étranger assigné devant le tribunal du domicile du demandeur français, aux termes de l'art. 14, C. Nap., peut,

en cas de litispendance, demander le renvoi devant le tribunal déjà saisi, tout aussi bien que le regnicole. En ce cas, la compétence établie par l'art. 14 est modifiée par l'exception de litispendance (C. proc. civ., art. 171) ; mais il en est autrement si la litispendance existe en pays étranger ; l'art. 171, C. proc. civ., ne s'applique pas à des causes pendantes devant des tribunaux de deux nations différentes. C'est une conséquence naturelle de ce que les jugements n'ont aucune efficacité en France avant leur révision (V. *infrà*, n°s 352 à 367).

351. L'art. 14, C. Nap., souffre toutefois exception relativement aux obligations contractées en faveur d'un Français par les agents diplomatiques et par les personnes attachées à leur suite pendant la durée de leurs fonctions. Ils sont exempts de toute juridiction civile, criminelle et de simple police, de l'Etat auprès duquel ils sont accrédités. C'est un principe reconnu et consacré par le droit des gens universel. Il n'y a d'exception à cette règle que pour le cas où ils seraient prévenus de crimes attentatoires à la sûreté de l'Etat ; dans ce cas, ils rentrent dans le droit commun.

Le débiteur étranger pourra, dit l'art. 14, être traduit devant un tribunal français ; mais quel sera ce tribuual en matière personnelle ? La loi se tait à cet égard.

Si l'étranger réside en France, ce sera évidemment devant le tribunal de son domicile, et s'il n'a pas de domicile, devant celui de sa résidence, conformément aux art. 2 et 59, C. proc. civ. C'est l'application du principe *actor sequitur forum rei.*

Si, au contraire, il réside à l'étranger, il paraît naturel, si l'obligation a été contractée en France, de l'assigner devant le juge du lieu où elle a été contractée (C. proc. civ., art. 420) ; et, si l'obligation a été contractée en pays étranger, devant celui du domicile du Français demandeur, d'après la règle *reus forum actoris sequitur*. La loi exige, en effet, dans l'intérêt des parties, que les procès soient terminés le plus promptement et le plus économiquement possible. Or, ce but ne peut être atteint qu'autant que les procès sont portés devant le tribunal de l'une ou de l'autre des parties. Elle a, en principe, préféré le tribunal du domicile du défendeur ; mais du moment que, par un motif particulier, elle l'écarte, le tribunal du domicile du demandeur devient nécessairement compétent.

Quant à l'assignation à délivrer dans ce cas, l'huissier doit se conformer aux dispositions de l'art. 69, n° 8 ou 9, C. proc. civ., à peine de nullité (M.C., art. 70).

§ 2. — De la compétence des tribunaux français pour connaître des contestations entre étrangers et Français (C. Nap., art. 15 et 16).

352. Le législateur, après avoir accordé aux Français par une exception rigoureuse que consacre l'art. 14, C. Nap., le droit de traduire l'étranger devant les tribunaux français, devait, par un sentiment de juste réciprocité, autoriser l'étranger à citer devant les tribunaux français le Français qui a contracté avec lui, soit en France, soit à l'étranger. Cette autorisation résulte de l'art. 15 du même Code, ainsi conçu : « Un Français pourra être traduit devant un tribunal de France pour des obligations par lui contractées en pays étranger, même avec un étranger », que ces obligations soient nées d'un contrat, d'un quasi-contrat, d'un délit ou d'un quasi-délit (V. *sup.*, nos 348 et 349).

Il est d'autant plus avantageux pour les étrangers d'exercer leurs poursuites en France, que les jugements étrangers ne peuvent y avoir d'effet qu'après qu'ils ont été rendus exécutoires par les tribunaux français. V. *inf.*, nos 359 et s. D'un autre côté, le Français n'a pas à se plaindre, car la juridiction devant laquelle il est traduit est celle de son domicile. Ce n'est pour lui que l'application pure et simple du droit commun, *actor sequitur forum rei.*

Toutefois, en accordant aux étrangers la faculté de traduire dans tous les cas le Français devant les tribunaux de France, il fallait mettre ce dernier à l'abri d'une action mal fondée, après le jugement de laquelle l'étranger aurait pu disparaître sans payer les frais que celui-ci aurait été obligé de faire pour se défendre, et les dommages-intérêts du préjudice que cette action vexatoire aurait pu lui causer : de là la disposition des art. 16 du C. Nap. et 166 du C. de proc. civ., qui exigent de l'étranger demandeur un répondant solvable qui s'engage à payer ce à quoi le demandeur pourra être condamné, connu sous le nom de caution *judicatum solvi.* Ces articles sont ainsi conçus :

Art. 16. « En toutes matières, autres que celles de commerce, l'étranger qui sera demandeur sera tenu de donner caution pour le paiement des frais et dommages-intérêts résultant du procès, à moins qu'il ne possède en France des immeubles d'une valeur suffisante pour assurer ce paiement. »

Art. 166. « Tous étrangers, demandeurs principaux ou intervenants, seront tenus, si le défendeur le requiert, avant toute exception, de fournir caution, de payer les frais et dommages-intérêts auxquels ils pourraient être condamnés. »

La caution ne doit, comme on voit, que les condamnations qui sont prononcées contre le demandeur au profit du défendeur, et non toutes celles que peut subir le demandeur. C'est ce qui ressort clairement de l'art. 16 du C. Nap., plus précis et plus exact que l'art. 166, C. de proc. civ. Ce n'est, en effet, que dans l'intérêt du défendeur qu'elle intervient; ce n'est qu'avec lui qu'elle contracte. Ainsi, elle ne répond ni des frais faits à la requête du demandeur, ni de l'amende à laquelle il peut être condamné pour fol appel (C. proc. civ., art. 471); elle n'est tenue, en un mot, que des dommages-intérêts qui ont été alloués au défendeur, et des frais dont il a fait ou dont il pourrait être contraint à faire l'avance.

La caution, d'après l'art. 2018 du C. Nap., doit avoir la capacité de contracter et posséder des biens suffisants pour répondre de l'objet de l'obligation et être domicilié dans le ressort de la Cour impériale où elle doit être donnée.

Nous pensons toutefois que dans l'espèce on ne peut pas exiger que la caution soit domiciliée dans le ressort de la Cour impériale ; qu'il suffit qu'elle soit seulement domiciliée en France (Arg. L. 10 sept. 1807 et 17 avril 1832). En effet, qu'a voulu le législateur? que l'étranger demandeur, qui ne possède pas en France d'immeubles suffisants, présente, pour répondre de lui, une personne qui en possède en France, et voilà tout. Le Français défendeur est, en effet, sûr d'avoir alors l'indemnité qui pourra lui être due, en quelque lieu que soit domiciliée la caution, pourvu, bien entendu, que ce soit en France (MARCADÉ, sur l'art. 16, n° 1).

Les art. 16, C. Nap., et 166, C. de proc. civ., ne parlant que de l'étranger *demandeur principal* ou intervenant, il en résulte évidemment que l'étranger défendeur n'y est pas soumis. C'eût été, en effet, dans bien des cas, gêner la défense. Or, rien ne serait plus injuste que cette entrave, car la défense est *de droit naturel, de droit sacré.*

353. Le demandeur principal est celui qui engage, qui commence le procès. Un tiers peut intervenir dans un procès engagé entre deux parties, soit en son propre nom, soit dans l'intérêt du demandeur, afin de se joindre à lui et lui venir en aide, soit enfin dans l'intérêt du défendeur. Dans les deux premiers cas, l'intervenant joue le rôle de demandeur : la caution *judicatum solvi* peut dès lors être exigée de lui ; mais dans le troisième il est défendeur intervenant, il n'y a pas lieu

à la caution. L'étranger défendeur en première instance et demandeur en appel n'est pas tenu de la fournir, car l'appel n'est que la suite, la continuation de sa défense. Pareillement l'étranger ne doit pas la caution lorsqu'il poursuit seulement l'exécution d'un titre paré ; il ne forme point alors de demande, il exerce un titre exécutoire par sa propre force (C. proc., art. 545, 547).

Mais que décider si, étant en première instance, demandeur sans caution, il est encore demandeur en appel ? En principe, il ne la doit pas ; le défendeur ne l'ayant pas demandée en première instance, est réputé y avoir renoncé. Il en serait différemment, toutefois, si le défendeur ne l'a pas demandée, parce que le demandeur se trouvait alors dans un cas de dispense qui a cessé depuis.

354. L'étranger qui, après avoir succombé, soit comme demandeur, soit comme défendeur, en première instance et en appel, attaque le jugement par la voie extraordinaire de la requête civile ou du recours en cassation, est également tenu de donner la caution *judicatum solvi*, car le premier procès étant terminé par le jugement passé en force de chose jugée qui le condamne, l'attaque qu'il dirige contre lui est une véritable demande nouvelle.

355. La caution est due, en toutes matières, quelles que soient la modicité de la demande et la nature de l'affaire, qu'elle soit réelle ou personnelle, sommaire ou ordinaire, de la compétence d'un juge de paix ou d'un tribunal de première instance, d'un tribunal civil, d'un tribunal criminel ou de simple police. Ainsi, l'étranger qui se porte partie civile contre un Français, engagé dans un procès criminel ou même de simple police, est tenu de la donner si l'accusé la requiert. Je dis l'*accusé*, car le ministère public serait sans qualité pour l'exiger. Il doit néanmoins être entendu sur cet incident comme au fond, à peine de nullité radicale.

La caution *judicatum solvi* doit être demandée, *in limine litis*, avant toutes autres exceptions ou défenses ; elle a été, en effet, introduite dans l'intérêt privé du défendeur ; il peut donc y renoncer. Or, c'est précisément ce qu'il est censé faire lorsqu'il accepte, immédiatement et sans aucune condition, le débat sur d'autres points qui peuvent entraîner des frais, quelquefois même considérables. (Arg. C. proc. civ., art. 166).

356. L'étranger demandeur est dispensé de donner la caution *judicatum solvi* dans les cas suivants : 1° en matière

commerciale, c'est-à-dire lorsque la demande doit être jugée par un tribunal de commerce tant à raison de la faveur que méritent les relations commerciales, qui sont européennes et que la caution eût entravées avec les étrangers, qu'à raison de la modicité des frais et de la promptitude avec laquelle il importe de terminer ces sortes d'affaires ;

2° En toute matière, lorsqu'il justifie qu'il a en France des immeubles suffisants pour répondre de la somme jusqu'à concurrence de laquelle le tribunal a jugé que l'intérêt du défendeur devait être sauvegardé (C. Nap., art. 16). Dans ce cas, en effet, tout danger disparaît, car il est peu probable qu'après avoir été condamné, l'étranger aliène à la hâte, et par conséquent à vil prix, les immeubles qu'il possède en France. Le Français pourrait d'ailleurs, le plus souvent au moins, bien que le tribunal ne puisse en principe les affecter par hypothèque au droit éventuel du défendeur, même du consentement de l'étranger demandeur, faire annuler ces aliénations comme étant faites en fraude de ses droits (Arg. C. Nap., art. 467);

3° Lorsqu'à défaut d'immeubles il a consigné la somme jusqu'à concurrence de laquelle le jugement a ordonné qu'elle serait fournie (C. Nap., art. 2041 ; C. proc. civ., art. 166, 167) ;

4° Lorsque les traités passés entre la France et le pays de cet étranger dispensent de cette caution ou permettent d'exécuter les jugements français dans le pays de cet étranger (C. Nap., art. 11) ;

5° Enfin, dans tous les cas possibles, lorsqu'il a été autorisé par l'Empereur à fixer son domicile en France (C. Nap., art. 13). Il est, en effet, quant à la jouissance des droits civils, assimilé au Français, excepté pour ce qui touche à sa capacité personnelle, par exemple l'âge où il sera majeur, l'âge où il pourra se marier. V. *suprà*, n° 341.

§ 3.—**De la compétence des tribunaux français pour connaître des contestations entre étrangers en France** (C. Nap., art. 13 et 16).

357. Le Code Napoléon ne renferme à l'égard des contestations entre étrangers aucune disposition spéciale ; mais il nous paraît résulter, soit des textes mêmes de la loi, soit des principes généraux du droit, soit enfin des monuments de la jurisprudence, que les tribunaux français sont *nécessairement* compétents pour connaître des contestations entre étrangers :

1° Lorsque la demande résulte d'un délit ou d'un quasi-délit commis en France, que l'action soit exercée à la requête de la partie publique ou de la partie lésée et que le délit soit, ou non, caractérisé et prévu par une loi pénale (Arg. C. Nap., art. 1382 et 1383; Av. Cons. d'Et., 4 juin 1806; Bordeaux, 11 août 1842). Telle est la conséquence nécessaire de l'art. 3, C. Nap., d'après lequel les lois de police et de sûreté obligent et protégent *tous ceux* (étrangers comme Français) qui habitent le territoire français;

2° Lorsque la demande est relative à des immeubles situés en France; ces biens sont, en effet, régis par la loi française, alors même qu'ils sont possédés par des étrangers (C. Nap., art. 3; C. proc. civ., art. 59);

3° Lorsqu'il s'agit d'engagements commerciaux dans les cas prévus par l'art. 420, C. de proc. civ. (Arg. C. Nap., art. 3; Cass., 26 nov. 1828 et 26 avril 1832; Montpellier, 23 janvier 1841. V. *suprà*, n° 349).

Mais dans les autres matières, les tribunaux français ne sont plus compétents pour juger les contestations entre étrangers; ils peuvent, il est vrai, juger les différends que les étrangers, d'accord sur ce point, consentent à porter devant eux, mais ils n'y sont pas obligés (C. proc. civ., art. 7). Le défendeur peut, conséquemment, proposer l'exception d'incompétence, *in limine litis*.

L'étranger qui consent à défendre devant un tribunal français à la demande d'un autre étranger, ou encore celui qui est contraint d'y défendre dans les trois cas ci-dessus, n° 356, n'a pas le droit d'exiger la caution *judicatum solvi;* ce droit n'appartient qu'aux Français et aux étrangers jouissant des droits civils en France, d'après l'art. 13, C. Nap. (M. C., art. 16. V. *suprà*, n° 352.

Sect. V. — *De l'exécution et de l'autorité en France des jugements rendus et des actes passés en pays étranger.*

§ 1er. — De l'exécution et de l'autorité en France des jugements rendus par les tribunaux étrangers.

358. Les jugements rendus par les tribunaux étrangers, soit contre un Français, au profit d'un autre Français ou d'un étranger, soit contre un étranger au profit d'un Français, soit même entre étrangers, la loi ne distingue pas, sont sans force, sans aucune puissance en France (Arg. Ord. 1629, art. 121; C. Nap., art. 2123; C. proc. civ., art. 546).

Cette règle absolue est une conséquence nécessaire de ce

principe universel, qui a son fondement tant dans les droits de souveraineté que dans l'indépendance des peuples, que l'autorité publique d'un souverain est renfermée dans les limites de ses Etats et que, *à pari*, celle des magistrats qu'il institue est nécessairement restreinte dans les mêmes limites. Ce principe, toutefois, quelque absolu qu'il soit, reçoit exception lorsque l'exécution des jugements étrangers a été autorisée par des traités intervenus entre la France et une nation étrangère. Indépendamment de cette exception résultant des traités, le législateur en a lui-même établi une autre, qui trouve sa sanction dans les art. 2123, C. Nap., et 546, C. de proc. civ. combinés. Aux termes de ces articles, les jugements étrangers peuvent être exécutés en France lorsqu'ils y ont été *déclarés exécutoires* par un tribunal français. L'équité, la morale, exigeaient qu'il en fût ainsi, car un débiteur de mauvaise foi, étranger ou Français, condamné par des tribunaux légalement constitués, aurait souvent pu se soustraire aux suites de cette condamnation en se plaçant sous la protection de la France, alors surtout qu'il pouvait y posséder des immeubles.

359. Mais que doit-on entendre par ces mots : *déclarés exécutoires ?* S'agit-il d'un simple visa ou *pareatis*, d'un ordre d'exécution que mettra au bas ou en marge du jugement le président du tribunal, comme cela se pratique en matière arbitrale, d'après l'art. 1021, C. proc. civ. ? L'exécution ne devra-t-elle pas au contraire n'être déclarée qu'après une révision du fond, c'est-à-dire qu'après nouvel examen et de nouveaux débats ?

360. Sous l'ancien droit, les jugements rendus en pays étrangers contre des Français, soit au profit d'un étranger, soit au profit d'un Français, pour quelque cause que ce soit, ne pouvaient avoir aucune hypothèque ni exécution en France, et conséquemment être revêtus en France d'aucun *pareatis*; ils étaient considérés comme non existants ; les parties qui les avaient obtenus ne pouvaient en faire aucun usage; il fallait qu'elles vinssent par nouvelle action débattre leurs droits comme entiers devant les tribunaux français. Les jugements étrangers rendus contre des étrangers, soit au profit d'un Français, soit au profit d'un étranger, pouvaient, au contraire, être mis à exécution en France en vertu d'un simple visa ou *pareatis* des tribunaux étrangers. C'était dans ce sens que l'art. 121 de l'ordonnance de 1629 était généralement entendu avant le Code Nap. et le Code de proc. civ.

Cette distinction, depuis le Code Nap. et le Code de proc.

iv., nous paraît impossible en présence des termes absolus es art. 2123, C. Nap., et 546, C. de proc. civ. Ceux qui ensent que les tribunaux français doivent aujourd'hui encore, comme sous l'empire de l'ordonn. de 1629, déclarer les jugements étrangers, rendus contre des étrangers au profit de rançais, exécutoires en France au moyen d'un simple visa u *pareatis* sans examen du fond, disent que les deux dispoitions de l'art. 121 de l'ordonn. de 1629 doivent s'expliquer une par l'autre. Si, dans la première, le législateur a posé un principe général, dans la seconde il en a restreint l'application u cas où l'exécution se poursuit en France contre des rançais. Ce sont ces derniers seuls qu'il a autorisés à débattre de nouveau leurs droits comme *entiers* devant les triunaux français. Le Code Napoléon et le Code de procédure civile ne contiennent rien de contraire à cette interprétation. « L'hypothèque, dit l'art. 2123, C. Nap., 4e alin., ne peut areillement résulter des jugements rendus en pays étranger u'autant qu'ils ont été déclarés exécutoires par un tribunal français. » « Les jugements rendus par les tribunaux étrangers et les actes reçus par les officiers étrangers, ajoute l'art. 546, . proc. civ., ne seront susceptibles d'exécution en France que de la manière et dans les cas prévus par les art. 2123 et 2148, C. Nap. » Ainsi, d'après ces deux articles, c'est le jugement rendu par le tribunal étranger, ce jugement lui-même, qui doit être déclaré exécutoire.

Déclarer exécutoire un jugement, ce n'est pas rendre un jugement nouveau, c'est imprimer le sceau de l'autorité publique à un jugement qui existe déjà. Il en est de ces jugements, ajoute-t-on, comme des sentences arbitrales. Or, suivant l'art. 1021, C. proc., les décisions arbitrales sont rendues exécutoires sans examen et par une simple ordonnance d'exequatur qu'il n'est pas permis au juge de refuser.

L'examen du tribunal français, d'après ce système, doit porter uniquement sur la question de savoir si le jugement renferme des dispositions contraires aux mœurs, au droit public, des dispositions inexécutables en France, tel, par exemple, un jugement qui ordonnerait la contrainte par corps, dans un cas pour lequel les lois françaises ne l'admettraient pas (C. Nap., art. 6, 2063). Dans l'affirmative, le tribunal doit refuser d'en ordonner l'exécution ; dans la négative, déclarer le jugement exécutoire sans examen préalable du fond, ou, en d'autres termes, sans entrer dans l'examen des droit privés des parties qui ont fait l'objet de la contestation portée devant le tribunal étranger (MALLEVILLE, sur l'art. 14 et 2123, C. Nap.; PIGEAU, t. 2, p. 36, édit. de 1811 ; CARRÉ, t. 2, p. 77, *Quest.* 1737; MOURRE, proc. gén. ; DUPIN aîné; V. PAILLET, *Acte exécut.*, n° 16 ; DURANTON, t. 1, n° 155; BOITARD, t. 3, p. 304 ; BERRIAT-SAINT-PRIX, *Cours de proc.*, 3ᵉ édit., p. 451 ; VALETTE ; PROUDHON, t. 1, p. 159, note *a*; DEMANGEAT, p. 409 et s. ; FOELIX, *Dr. int. privé*, p. 389 et s.; MARCADÉ, sous l'art. 15, n° 3 ; DEMOLOMBE, t. 1, p. 263.)

La seconde opinion, au contraire, admet, avec raison suivant nous, la révision dans tous les cas. La disposition finale de l'art. 121 de l'ordonn. de 1629 n'est en effet qu'une conséquence du § 1ᵉʳ de cet article, et non une exception, comme le prétendent à tort les partisans du système contraire.

Les jugements rendus en pays étranger n'ont pas d'exécution en France, dit la première disposition; donc, ajoute la seconde, les Français contre lesquels ils sont rendus peuvent de nouveau débattre leurs droits comme entiers devant les tribunaux français. On ne doit donc pas conclure de cette dernière décision que si le jugement est rendu en faveur d'un Français contre un étranger, il peut être exécuté en France sans révision. Les art. 546, C. proc. civ., et 2123, C. Nap., ne font pas plus que l'ordonn. de 1629, de distinction entre le jugement rendu au profit d'un Français et le jugement rendu contre lui.

Les jugements étrangers, porte l'art. 2123, C. Nap., doivent être déclarés exécutoires par un tribunal français ; or, un tribunal rend des jugements, et il ne peut juger sans connaissance de cause, juger enfin autrement que dans la pleine indépendance de ses lumières et de sa conviction ; donc il y a lieu à de nouveaux débats pour l'éclairer, ce qui serait fort inutile : l'ordonnance de son président suffirait s'il ne s'agissait que d'un simple visa ou *pareatis* à donner, que d'une vérification ayant pour objet de savoir si le jugement étranger est ou non conforme aux lois ou aux mœurs françaises.

Ces articles, d'ailleurs, comme nous l'avons dit *suprà*, nᵒˢ 358 et s., sont fondés non pas seulement sur la nécessité de donner force exécutoire en France à la décision étrangère, mais aussi sur le principe de l'indépendance des Etats, sur la règle constitutionnelle que toute justice émane en France de l'Empereur : il y a donc lieu à de nouveaux débats ; et du moment où le procès recommence, les parties peuvent conséquemment proposer de nouveaux moyens (Arg. Ch. const.

830, art. 48; Const., 1848, art. 7. — Cass., 19 avril 1819; 11 janv. 1843. — *Sic*, TOULLIER, t. 10, n° 85; PERSIL; DELVINCOURT, t. 1, p. 32 et 33; PARDESSUS, n° 1488; PERSIL, sur l'art. 2123, n° 2; RAUTER, *Cours de pr. civ. fr.*, n° 157; ZACHARIÆ, t. 1, p. 58; TROPLONG, *des Hypoth.*, n° 451).

361. On doit également demander la révision des jugements étrangers rendus entre étrangers lorsqu'on veut les exécuter en France ou sur les biens situés en France. Les motifs sont les mêmes.

362. Le principe qui veut que les jugements étrangers ne soient exécutoires en France qu'après examen reçoit son application, même au cas où ils ont statué sur des questions d'état entre étrangers.

363. Mais, à la différence des jugements étrangers, les sentences arbitrales rendues en pays étranger, même par des étrangers contre des Français ou des étrangers, peuvent être exécutées en France sans y avoir été préalablement revisées. Il suffit qu'elles aient été revêtues, comme si elles avaient été rendues en France, d'une ordonnance d'exequatur (C. proc., art. 1021). Cette différence vient de ce que les sentences arbitrales ne sont autre chose que l'exécution d'un mandat donné par les parties aux arbitres de leur choix, mandat qui n'a rien de politique et qui dérive uniquement du droit des gens.

364. Toutefois le jugement arbitral rendu en pays étranger contre un Français, par un tiers arbitre étranger, ne peut être exécuté en France avant d'avoir été revisé par les juges français, si ce tiers arbitre a été nommé par un tribunal étranger, et autorisé à prononcer sur des points litigieux à l'égard desquels les arbitres partagés n'avaient pas déclaré leur discord. Dans ce cas, le tiers arbitre est réputé avoir agi comme délégué de la puissance publique étrangère. Le jugement arbitral est même soumis en entier à la révision s'il a prononcé par un seul et même jugement sur tous les chefs, aussi bien sur ceux à l'égard desquels les arbitres étaient d'accord que sur ceux à l'égard desquels ils étaient en désaccord (Cass., 16 juin 1840).

365. Les tribunaux civils seuls, à l'exclusion des tribunaux de commerce, sont compétents pour déclarer exécutoires en France les jugements émanés des tribunaux étrangers, même alors que ces jugements prononcent sur des contestations commerciales (Bordeaux, 25 fév. 1836; 22 janv. 1840 et 6 août 1847; Douai, 9 déc. 1843).

366. Les tribunaux français appelés à reviser un juge-

ment rendu en pays étranger pour dettes commerciales, doivent ordonner l'exécution par corps, en France, de leur décision, alors même que la législation du pays où ce jugement a été rendu prohiberait cette voie d'exécution ou ne l'autoriserait que sous certaines conditions qui n'existeraient pas dans l'espèce (Paris, 2 déc. 1848).

367. Mais les Cours d'appel ne peuvent statuer directement et *omisso medio* sur les demandes dont il s'agit, que dans le cas où, par suite d'un traité politique, le *pareatis* leur est demandé en vertu de lettres rogatoires émanées d'une Cour souveraine étrangère (Aix, 8 juill. 1840).

§ 2.—De l'exécution et de l'autorité en France des actes passés en pays étranger.

368. Les contrats et obligations reçus par les officiers étrangers, pour quelque cause que ce soit, n'ont aucune hypothèque ni exécution en France, et tiennent lieu de simples promesses (Arg. ord. 1629, art. 121; C. Nap., art. 2123 et 2128; C. proc. civ., art. 546). Le droit d'imprimer à un acte la force exécutoire dans un pays appartient en effet exclusivement au souverain de ce pays. La puissance publique d'un souverain ne peut franchir les limites de son territoire (V. *sup.*, n° 358).

Mais si les actes reçus en pays étrangers par les officiers publics de ce pays n'ont pas l'autorité *de pouvoir*, qui est nécessaire pour entraîner une exécution parée, ils ont au moins une autorité de *simples promesses ;* ils doivent faire foi en France. Le Code Napoléon, en disposant dans l'art. 2128 que les contrats passés en pays étrangers ne pourraient donner hypothèque sur les biens de France, s'est fondé sur ce que l'hypothèque ne pourrait résulter que d'un acte exécutoire. Mais cet article ne s'oppose nullement à ce que les actes étrangers revêtus des formes prescrites dans les lieux où ils ont été passés, ne fassent en France preuve des énonciations qui y seront contenues comme les actes authentiques reçus en France, lorsque la vérité extérieure de ces actes est constante, c'est-à-dire que la signature de l'officier public est dûment légalisée (Toullier, t. 10, n° 86; Pardessus, *Dr. comm.*, n° 1486; Foelix, *loc. cit.*, nos 179, et *Rev. fr. et étr.*, t. 4, p. 950 et s.; Troplong, *des Priv. et hyp.*, t. 2, n° 511.—*Contrà*, Demolombe, t. 1, n° 264 *bis*).

Ainsi est valable un testament fait en Angleterre, où il n'existe pas d'officiers publics spécialement chargés de recevoir les actes de dernière volonté, alors qu'il a été, conformément à la loi anglaise, signé, scellé et publié, en présence de quatre témoins qui l'ont également signé et scellé (Cass., 6 fév. 1843, J.P.43.1.288).

Si cependant l'acte authentique reçu en pays étranger, quoique régulier dans sa forme, contenait des dispositions contraires aux lois et aux mœurs françaises, tel par exemple l'acte de légitimation d'un enfant adultérin, né de deux Français en pays étranger, quoique déclaré par rescrit du prince étranger, il devrait être alors réputé non avenu en France (Arg. C. Nap., art. 331 ; Cass., 15 juill. 1811).

Ici ne s'applique pas l'art. 47 du même Code.

369. Toutefois, lorsqu'il y a lieu d'exécuter en France des actes passés en pays étranger, cette exécution ne peut avoir lieu qu'après que ces actes ont été enregistrés, conformément à l'art. 42 de la loi du 22 frim. an VII.

370. Quant aux difficultés relatives à la validité des actes passés en pays étranger, elles doivent, en général, être portées, si les parties contractantes sont étrangères, devant les tribunaux étrangers, alors même que l'un d'eux posséderait des biens en France, sauf aux juges français à accorder, s'il y a lieu, des mesures conservatoires, jusqu'à ce que les juges étrangers aient prononcé (Arg. C. proc. civ., art. 554).

CHAP. II.—DE LA PRIVATION DES DROITS CIVILS

(C. Nap., art. 17 à 33)

SECT. Ire.—*De la privation des droits civils par la perte de la qualité de Français* (C. Nap., art. 17, 19, 21).

371. La jouissance des droits civils étant attachée à la qualité de Français, il est tout naturel que le changement d'état résultant de la perte de cette qualité entraîne également la perte des droits civils.

La qualité de Français se perd : 1° par la naturalisation acquise en pays étranger ; 2° par l'acceptation, non autorisée par l'Empereur, de fonctions publiques conférées par un gouvernement étranger ; 3° par tout établissement fait en pays étranger, sans esprit de retour (C. Nap., art. 17) ; 4° par le mariage d'une Française avec un étranger (C. Nap., art. 19) ; 5° par l'acceptation de service militaire à l'étranger, ou l'affiliation à une corporation militaire étrangère, lorsque l'acceptation ou l'affiliation n'a pas été autorisée par le Gouvernement (C. Nap., art. 21).

§ 1er.—De la perte de la qualité de Français par la naturalisation acquise en pays étranger (C. Nap., art. 17, § 1er).

372. Aux termes de l'art. 17, C. Nap., la qualité de Français se perd : 1° par la naturalisation acquise en pays étranger, c'est-à-dire par l'acquisition d'une nationalité étrangère. On ne peut, en effet, appartenir à deux patries. Il faut que le Français ait eu la volonté d'acquérir la nationalité étrangère, qu'il l'ait sollicitée ou au moins acceptée ; il ne suffirait pas qu'il l'eût demandée ou qu'elle lui fût conférée par une loi étrangère, comme conséquence d'un fait qui, d'après la loi française et l'intention personnelle du Français, ne devait point avoir ce résultat.

Ainsi, le Français qui, sans se faire naturaliser, sollicite et obtient dans le pays où il se trouve, la jouissance des droits civils, ne perd point sa qualité. De même que l'étranger n'acquiert point en France la qualité de Français par cela seul qu'il a demandé et obtenu la jouissance des droits civils en France (C. Nap., art. 13), de même le Français n'est point déchu de sa qualité, lorsque le gouvernement étranger lui concède simplement la jouissance de certains droits. Un arrêt de la Cour de Rouen qui avait jugé le contraire, a été cassé, et avec raison, par la Cour de cassation le 19 janv. 1819. Il faut que la naturalisation soit acquise ; il ne suffirait pas que le Français l'eût demandée, il faut de plus qu'il l'ait obtenue.

§ 2.—De la perte de la qualité de Français par l'acceptation, non autorisée par l'Empereur, de fonctions publiques conférées par un gouvernement étranger (C. Nap., art. 17, § 2).

373. Cette disposition s'applique particulièrement aux fonctions politiques, administratives et judiciaires, et aux services et titres personnels auprès des princes étrangers, qui nécessitent un serment incompatible avec les devoirs du Français envers sa patrie. Ici, comme dans le cas du paragraphe précédent, il faut que les fonctions aient été acceptées ; il ne suffirait pas qu'elles eussent été sollicitées ou offertes.

Ainsi, le Français qui accepte, sans autorisation du Gouvernement français, des fonctions publiques à l'étranger, perd sa qualité de Français alors même que l'acceptation de ces fonctions ne lui confère pas la nationalité étrangère ; il cesse par là d'être Français ; il est réputé renoncer à son pays, par cela même qu'il se place sous l'autorité d'un gouvernement étranger, sans faire acte de soumission envers son souverain (Arg., Paris, 23 juin 1859, *Gaz. des trib.*, 26 juin 1859).

Mais l'exercice de la profession d'avocat, de médecin ou de ministre des cultes en pays étranger, sans autorisation de l'Empereur, n'emporte pas la perte de la qualité de Français, alors surtout que la profession demeure libre et indépendante (Arg. Cass., 15 nov. 1836, D.36.1.451 ; MERLIN, *Rép.*, t. 16, § 1er ; COIN-DELISLE, art. 17, n° 14 ; DEMOLOMBE, t. 1er, n° 180).

§ 3. — **De la perte de la qualité de Français par tout établissement fait en pays étranger, sans esprit de retour** (C. Nap., art. 17, § 3).

374. La loi ne détermine pas et ne pouvait pas déterminer d'une manière absolue dans quel cas le Français qui a formé un établissement à l'étranger, est réputé avoir perdu l'esprit de retour, ni les circonstances qui sont de nature à faire preuve de cette intention. Ce qu'a voulu l'art. 17 et ce à quoi se réduit la différence qu'il signale ici entre l'établissement de commerce et tout autre établissement, c'est que l'établissement de commerce ne peut *jamais*, c'est-à-dire *dans aucun cas*, être considéré comme ayant été fait sans esprit de retour, tandis qu'un autre établissement pourrait suffire par lui-même pour prouver l'absence de l'esprit de retour. C'est là nécessairement une pure question de fait et d'intention abandonnée à l'appréciation des magistrats.

L'esprit de retour est du reste présumé, dans tous les cas, tant que la preuve du contraire n'est pas établie. C'est un principe général que la renonciation à un droit ne se présume jamais, alors surtout qu'il s'agit de la renonciation à une qualité aussi importante que celle de Français. C'est à celui qui prétend qu'un Français, par quelque cause que ce soit, a perdu sa nationalité, à fournir la preuve de son affirmation. Tel est le droit commun en matière de preuve (C. Nap., art. 1315 ; Cass., 13 juin 1811, S.1811.1.290 ; Poitiers, 26 juin 1829, D.P.1830.2.149).

§ 4. — **De la perte de la qualité de Français par le mariage d'une Française en pays étranger** (C. Nap., art. 12 et 19).

375. Une femme française qui épouse un étranger suit la condition de son mari ; c'est un principe consacré par les art. 12 et 19 combinés du C. Nap., d'où il résulte que la femme française qui épouse un étranger perd sa qualité de Française pour suivre celle de son mari, sans toutefois lui conférer la nationalité étrangère. Le législateur, en effet, peut

bien enlever à un Français sa qualité de Français, mais il est sans pouvoir pour lui conférer la nationalité étrangère.

Le mariage n'est effectivement, dans certaines législations, ni attributif, ni désinvestitif de la nationalité. Ainsi, en Angleterre, la femme étrangère qui épouse un Anglais, ne devient point Anglaise ; et, réciproquement, l'Anglaise qui épouse un étranger, ne perd point sa qualité d'Anglaise ; de sorte que la femme française qui épouse un Anglais, n'est en Angleterre ni Française ni Anglaise. Il n'en est pas de même en France, car elle perd la qualité de Française, en épousant un étranger ; mais en la dépouillant de sa nationalité, la loi française lui confère celle de son mari ; peu importe qu'elle ait ou qu'elle n'ait pas la qualité d'Anglaise, c'est un point dont la loi n'a point à s'occuper, qu'elle ne pouvait régler. Ici elle est souveraine et doit être obéie ; or, elle lui donne la condition de son mari dont elle est comme l'accessoire et le complément, *adjutorium simile sibi*, destinée à former avec lui un seul tout, un seul être jusqu'alors incomplet, *duo in carne unâ*. C'est donc comme lui et à l'égard de lui, c'est-à-dire comme Anglaise, qu'elle doit être traitée.

Quant à la femme anglaise, qui épouse un Français, elle doit être traitée en France d'après la loi française, non pas comme Anglaise, bien qu'elle ait conservé cette qualité dans son pays d'après la loi anglaise, mais comme Française, conformément aux principes des art. 12 et 19, C. Nap.

Mais la femme qui a épousé un Français ne perd pas sa qualité de Française lorsque le mariage est déclaré nul, ou lorsque le mari, Français lors de son mariage, perd ensuite cette qualité par l'une des causes indiquées en l'art. 17, C. Nap.

Dans le cas de l'art. 19, il s'agit en effet d'une femme qui épouse volontairement un étranger ; dans le cas de l'art. 17, au contraire, la femme a épousé un Français, et en suivant son mari en pays étranger, elle n'a nullement prouvé qu'elle eût l'intention de s'associer à sa condition nouvelle, car, obligée de le suivre partout où il lui plaît de résider, elle accomplit un devoir et subit une nécessité lorsqu'elle s'expatrie avec lui, devoir que lui impose la loi française elle-même, d'après l'art. 214, C. Nap... Toutefois, s'il a perdu sa qualité de Français par suite d'un établissement formé à l'étranger sans esprit de retour, et qu'il soit démontré, par les circonstances, qu'elle l'a volontairement suivi, qu'elle s'est associée à l'établissement qu'il a formé et qu'elle aussi a perdu l'esprit de retour, le § 3 de l'art. 17, C. Nap., la régit tout aussi bien que son mari.

§ 5. — **De la perte de la qualité de Français par l'acceptation de service militaire à l'étranger, ou l'affiliation à une corporation militaire étrangère, lorsque l'acceptation ou l'affiliation n'a pas été autorisée par le Gouvernement** (C. Nap., art. 21).

376. « Le Français qui, sans autorisation de l'Empereur, prend du service militaire chez l'étranger, ou s'affilie à une corporation militaire étrangère, perd sa qualité de Français. Il ne peut rentrer en France qu'avec la permission de l'Empereur, et recouvrer la qualité de Français qu'en remplissant les conditions imposées à l'étranger pour devenir citoyen ; le tout sans préjudice des peines prononcées par la loi criminelle contre les Français qui ont porté ou porteront les armes contre leur patrie » (C. Nap., art. 21).

Cet article, comme on le voit, traite rigoureusement le Français qui a cessé de l'être pour les causes qu'il prévoit. Deux décrets, postérieurs au Code Napoléon, l'un du 6 avril 1809 et l'autre du 26 août 1811, sont venus apporter de graves modifications aux dispositions que nous venons d'expliquer dans les paragraphes précédents (V. ces décrets).

Mais, depuis 1814, on ne rencontre aucune trace de leur mise à exécution. Ces décrets constituent plutôt une législation exceptionnelle et de circonstance qu'une législation normale. Les lois des 8 juin 1850 et 30-31 mai 1854, en abolissant la mort civile, enlèvent par le fait, à certaines dispositions de ces décrets leur sanction pénale et mettent le Gouvernement dans la nécessité de soumettre à un nouvel examen et de substituer à cette peine supprimée une pénalité nouvelle, plus conforme à la théorie générale de nos Codes : la dégradation civique et l'état d'interdiction légale (Arg. LL. 30 et 31 mai 1854).

SECT. II.—*De la privation totale ou partielle des droits civils par suite de condamnations judiciaires.—Mort civile.—Abolition.—Dégradation civique.—Interdiction légale* (Cod. Nap., art. 22 à 33; C. pén., art. 6 à 36 ; LL. 22 avril et 8 juin 1850, 30 et 31 mai 1854).—*Amnistie, grâce, réhabilitation, prescription.*

377. La privation des droits civils, par suite de condamnation judiciaire, est *totale* ou *partielle*. Quelquefois, la privation, soit totale, soit partielle, peut être prononcée comme peine principale, c'est-à-dire comme peine formant l'objet direct de la condamnation ; le plus souvent, elle n'est que la

conséquence légale et l'accessoire d'une autre peine (V. C. Nap., art. 22 à 33; C. pén., art. 6 à 36).

Elle peut aussi être *temporaire* (C. pén., art. 9, 42, 43, 335, 374, 405), ou *perpétuelle* ou plutôt *indéfinie*, sauf le cas de réhabilitation ; enfin elle enlève soit la jouissance elle-même de certains droits, soit seulement l'exercice des droits civils.

378. La privation totale ou partielle des droits *civils* a toujours été chez les nations civilisées une peine accessoire résultant de certains châtiments. Si dans les législations naissantes ou dans les temps de trouble et d'agitation publique, elle a été étendue aux droits les plus naturels et les plus sacrés de l'homme, ou appliquée avec une excessive rigueur, les effets de la civilisation ont constamment tendu à dépouiller cette peine accessoire de ses exagérations et de ses inutiles sévérités.

379. La législation romaine envisageait dans l'homme trois attributs principaux : la *liberté naturelle*, *les droits de cité*, *les droits de famille.* Suivant la gravité de la peine qui lui était infligée, le condamné subissait la privation totale ou partielle de ces droits, et ces changements d'état constituaient dans le langage juridique du temps, les *maxima*, *media et minima capitis diminutio.*

L'esclavage, ou *maxima capitis diminutio*, était la conséquence légale de la plupart des condamnations afflictives perpétuelles : telles étaient les condamnations à mort, *in metallum*, *in opus metalli*, *in calcariam*, *in sulphurariam*, la condamnation aux bêtes féroces ou à servir d'amusement au peuple.

L'esclavage, cette institution de l'antiquité, si justement réprouvée et anéantie, avait des conséquences bien autrement redoutables que la mort civile. Non-seulement l'esclave de la peine, *servus pœnæ*, devenait incapable de succéder, de donner, de recevoir, de contracter un mariage ; non-seulement sa succession était ouverte et son mariage dissous, mais, selon l'expression de la loi, il cessait d'être *un homme* pour devenir une *chose*, *une propriété*, *une valeur vénale*.

La déportation, peine par laquelle Auguste avait remplacé celle de l'interdiction de l'eau et du feu, avait pour effets civils la perte des *droits de cité*, *de famille* (*media capitis diminutio*).

Ce changement d'état était celui qui devait prendre plus tard le nom de *mort civile* ; il différait en des points essentiels de l'esclavage.

Le condamné conservait la qualité d'homme libre, il exerçait toutes les facultés, était capable de tous les contrats qui dérivent du droit des gens. Son mariage n'était pas dissous ; ce respect du lien conjugal, que le christianisme devait élever dans l'avenir au rang d'un dogme religieux, était proclamé par deux païens, l'empereur Alexandre et son ministre Ulpien.

Longtemps à Rome la confiscation des biens ne fut attachée à aucune peine, même la plus sévère ; mais créée par Sylla comme un déplorable instrument politique, elle fut rapidement étendue à tous les condamnés pour crimes publics, et resta pendant longtemps le droit commun de l'empire.

Ainsi à Rome les condamnations afflictives perpétuelles produisaient suivant leur gravité des effets civils distincts : l'*esclavage* ou la *mort civile*.

L'empereur Justinien, qui donna à la civilisation du sixième siècle un si noble développement, effaça ces distinctions. L'esclavage cessa d'être la conséquence d'une peine perpétuelle. La mort civile seule frappa désormais cette classe de condamnés.

La confiscation elle-même fut abolie par Justinien, comme spoliation injuste d'une famille innocente des crimes de son chef.

Plus tard, la féodalité, qui forçait les censitaires de payer au seigneur la permission de succéder et de transmettre, refusa cette permission dans certains cas de condamnation, et mit au service de la confiscation seigneuriale la fiction de la mort civile. L'autorité royale recueillit ces deux institutions dans les coutumes du moyen âge comme dans les lois des Césars ; la confiscation et la mort civile disparurent ensemble par la généreuse législation de 1791 ; mais, dès 1793, le génie des proscriptions retrouva ces deux instruments : il les aurait inventés.

Telles étaient les dispositions législatives, normales et exceptionnelles de la France, lorsque fut votée au Corps législatif la deuxième section du chapitre 2 du titre 1er du Code Napoléon. Extrait de l'exposé des motifs de la loi du 31 mai 1854.

380. La privation totale des droits civils par suite d'une condamnation judiciaire prend le nom de *mort civile*.

La mort civile peut être définie un état de peine résultant accessoirement d'une condamnation, dans laquelle le condamné est mort aux yeux de la loi et privé de tous les droits, excepté de ceux dont la jouissance est nécessaire à la conservation de son existence naturelle.

Le condamné frappé de mort civile est, par la fiction de la

loi et quant à ses droits civils, considéré comme mort naturellement : *mors civilis æquiparatur naturali*, avait dit le droit romain. Le Code Napoléon applique ce précepte à la lettre (C. Nap., art. 22 à 33. V. ces articles).

La succession du mort civilement est ouverte et se divise *ab intestat* entre ses héritiers légaux.

Réputé mort, il est retranché de la famille comme de la société, et ne peut ni recueillir une succession, ni être l'objet d'une libéralité. Les biens qu'il a pu acquérir après sa condamnation tombent en déshérence et font retour à l'Etat; dépouillé de sa personnalité civile, il est incapable de contracter une union légitime.

Le mariage qu'il avait contracté précédemment est dissous. Le conjoint devient veuf par l'autorité de la loi, comme il le serait devenu par la mort naturelle.

La condamnation a-t-elle été prononcée par contumace, ses effets ne sont pas immédiats. La mort civile n'est encourue que cinq années après l'exécution par effigie ; mais si, après cette époque, le condamné fait, par un débat contradictoire, tomber l'arrêt qui l'a frappé, vainement il reconquiert la vie civile pour l'avenir ; son patrimoine n'en reste pas moins acquis à ses héritiers ; il ne recouvre pas ses droits aux hérédités qui se sont ouvertes antérieurement ; enfin son mariage est irrévocablement dissous. V. *inf.*, n° 382, *in fine*.

Le Code Napoléon avait dit que la condamnation à la mort naturelle emportait la mort civile (art. 23) ; le même effet fut attaché par le Code pénal à la condamnation aux travaux forcés à perpétuité et à la peine de la déportation (C. pén., art. 7).

L'ensemble de cette législation n'a subi aucune modification jusqu'à la loi du 8 juin 1850, dont l'art. 3 dispose qu'en aucun cas la condamnation à la déportation n'emportera la mort civile, et substitue à cet état celui de la dégradation civique et de l'interdiction légale.

L'application de la mort civile a été ainsi restreinte à la peine de mort et à celle des travaux forcés à perpétuité.

Mais bientôt l'Empereur Napoléon III, réalisant l'une des pensées qu'il exprimait dans un de ses plus nobles messages au pouvoir parlementaire, décrète, par une loi du 30 mai 1854, l'exécution des travaux forcés dans les colonies, et prononce la suppression des bagnes en France ; et enfin par une autre loi du 31 du même mois l'abolition de la mort civile.

Ainsi, des trois peines perpétuelles auxquelles était attachée la mort civile, une seule, la peine de mort, produit aujourd'hui cette conséquence légale.

L'abolition de la mort civile est une mesure conforme à l'humanité, à la justice, et qui, sans exercer la répression, met enfin le système des déchéances auxiliaires des peines au niveau de la raison.

381. La mort civile, abolie par l'art. 1er de la loi du 31 mai 1854, a été remplacée, d'après l'art. 2 de la même loi, par la dégradation civique et l'interdiction légale, établies par les art. 28, 29 et 31, C. pén. (V. ces articles).

382. D'après l'art. 3 de la loi du 31 mai 1854, dont la disposition a été empruntée aux effets de la mort civile, le condamné à une peine afflictive perpétuelle ne peut disposer de ses biens, en tout ou en partie, soit par donation entre-vifs, soit par testament, ni recevoir à ce titre, si ce n'est pour cause d'aliments.

Tout testament par lui fait antérieurement à sa condamnation contradictoire, devenue définitive, est nul.

Ainsi, le condamné à une peine afflictive perpétuelle ne peut ni disposer de ses biens à titre gratuit, ni recevoir au même titre, si ce n'est pour cause d'aliments, et ce, en cas de condamnation contradictoire, à compter de l'exécution, et, en cas de condamnation par contumace, après l'expiration de cinq années, à partir de l'exécution par effigie. Le testament que le condamné aurait fait avant sa condamnation est frappé de nullité, s'il décède postérieurement aux mêmes époques, suivant la distinction qui vient d'être établie entre les condamnations contradictoires et les condamnations par contumace. Toutefois, le Gouvernement est autorisé à relever le condamné de tout ou partie de ces incapacités ; il peut lui accorder l'exercice, dans le lieu d'exécution de la peine, des droits civils ou de quelques-uns de ces droits dont il a été privé par son état d'interdiction légale (LL. 31 mai 1854, art. 4, § 1er, et 30 mai 1854, art. 12, § 4).

382 *bis*. La loi du 31 mai 1854 a non-seulement aboli la mort civile pour l'avenir, elle a même fait cesser les effets de la mort civile encourue par suite de condamnations antérieures (art. 5.)

En restituant la vie civile à ceux qui en avaient été antérieurement privés, notre art. 5 les a, d'un autre côté, soumis à toutes les peines accessoires, à toutes les incapacités dont se trouvent frappés, d'après la loi du 31 mai 1854, les condamnés à des peines afflictives perpétuelles. Les dispositions des art. 3 et 4 de cette loi leur sont donc applicables.

Mais elles ne s'appliquent pas aux condamnés à la déportation, pour crimes commis dans l'intervalle écoulé depuis la loi du 8 juin 1850 jusqu'à celle du 31 mai 1854, alors même qu'ils n'auraient été jugés que postérieurement à la promulgation de cette dernière loi (L. 31 mai 1854, art. 6).

La position civile des condamnés à la déportation continue à être régie par la loi du 8 juin 1850, loi dont l'art. 3 les exempte de la mort civile, et tout en les frappant seulement de la dégradation civique et de l'interdiction légale, réserve cependant à quelques-uns d'entre eux (hors le cas de déportation dans une enceinte fortifiée) l'exercice de leurs droits civils, droits dont ils auraient été privés si on leur eût appliqué l'art. 3 de la loi du 31 mai 1854.

Les morts civilement réintégrés dans la vie civile par la disposition de notre art. 5 ne l'ont cependant recouvrée que pour l'avenir et sous la réserve des droits acquis aux tiers. Ainsi l'exigeait le principe que la loi n'a pas d'effet rétroactif (C. Nap., art. 2).

Ainsi, les biens du condamné, qui, par suite de l'ouverture de sa succession, avaient été transmis à ses héritiers, ne lui sont pas rendus. Il en est de même de tous les autres droits auxquels la mort civile aurait donné ouverture au profit d'un tiers : d'un droit d'usufruit, par exemple, qui se serait réuni à la propriété (C. Nap., art. 617) ; d'un droit de retour, qui se serait ouvert au profit du donateur (M. C., art. 951) ; d'une donation de biens à venir, qui se serait ouverte au profit du donataire, etc. (M. C., art. 1089). A plus forte raison, les successions, les legs, ou les autres droits quelconques qu'il n'a pas pu recueillir, et dont, par suite de son incapacité, d'autres ont profité à sa place, sont-ils irrévocablement perdus pour lui. C'est par application du même principe que les liens du mariage, qui, aux termes des art. 25 et 227 du C. Nap., avaient été dissous par la mort civile, ne peuvent être renoués que par un nouveau mariage célébré en la forme ordinaire, si les époux veulent se réunir (Cass., 21 juin 1858, D.59.1. 265 ; Zachariæ, Aubry et Rau, t. 1er, p. 305 ; Berthauld, *Cours de C. pén.*, p. 261-262 ; Demolombe, t. 1er, 369).

La dégradation civique, incapacité perpétuelle qui survit à la grâce, dépouille le condamné de tous droits civils et politiques, lui enlève les prérogatives de la famille et le marque d'une tache d'infamie qui ne peut être effacée que par la réhabilitation ; elle est encourue du jour où la condamnation contradictoire est devenue irrévocable, et si la condamnation est par contumace, du jour de l'exécution par effigie (C. pén., art. 28 ; L. 31 mai 1854, art. 2. V. *suprà*, n° 380).

Il est, du reste, bien entendu que si la condamnation n'a été prononcée que par contumace, et que le condamné vienne à être arrêté ou se constitue prisonnier avant la prescription de la peine, la dégradation civique sera anéantie, de plein droit, avec l'arrêt en vertu duquel elle avait été encourue (C. inst. crim., art. 476 et 641).

383. L'interdiction à temps de certains droits civiques, civils et de famille, qui constitue une peine accessoire en matière correctionnelle, n'est cependant jamais attachée, de plein droit, à telle ou telle peine principale, et n'est encourue que lorsqu'elle a été formellement prononcée par le jugement de condamnation (C. pén., art. 9 et 42). Cette interdiction est, suivant les cas, obligatoire ou seulement facultative pour les tribunaux, qui ne sont, du reste, autorisés à l'infliger que dans les cas où une disposition spéciale de la loi leur en donne le pouvoir (C. pén., art. 43). Enfin, elle est intégrale ou partielle suivant qu'elle emporte privation de tout ou de partie seulement des droits mentionnées en l'art. 42, C. pén.

L'interdiction commence à partir du jour où la condamnation est devenue irrévocable (C. pén., art. 23), à moins que, par une disposition spéciale, la loi n'ait statué qu'elle ne commencera à courir que du jour où le condamné aura subi la peine principale (C. pén., art. 86,197,388, 401, 405, 406, 408 et 410) ; elle cesse, de plein droit, par l'expiration du temps pour lequel elle a été prononcée, à moins qu'elle ne doive exceptionnellement se perpétuer pendant toute la vie du condamné (C. pén., art. 171 et 175) ; elle cesse encore par la réhabilitation (C. inst. crim., art. 619 et 634; L. 3 juill. 1852).

Toute personne contradictoirement condamnée à la peine des travaux forcés à temps, de la détention ou de la reclusion, est, pendant la durée de la peine, en état d'interdiction légale. Il lui est nommé un tuteur et un subrogé tuteur, pour gérer et administrer ses biens, dans les formes prescrites pour les nominations des tuteurs et subrogés tuteurs aux interdits (C. pén., art. 29).

Cette interdiction commence à partir du jour où la condamnation est devenue irrévocable (Arg. C. pén., art. 23 ; C. inst. crim., art. 373 et 375) ; elle cesse, de plein droit, du moment où le condamné se trouve légalement dégagé de la peine, soit par son accomplissement, soit par l'amnistie ou la grâce, soit par la prescription.

L'intervention légale, établie par les art. 29 et 31, C. pén., n'est attachée qu'aux condamnations contradictoires. L'exposé des motifs de la loi du 31 mai 1854 ne peut laisser aucun doute sur ce point. Voici, en effet, ce qu'on y lit : « l'état d'interdiction légale, constitué par les art. 29 et 31, C. pén., dont le projet s'approprie les dispositions, frappe les biens et la personne du condamné *pendant la durée de la peine*. « De ces expressions, *pendant la durée de la peine*, découlent plusieurs conséquences qu'il est utile de préciser : l'individu atteint, par une condamnation *contradictoire*, d'une peine perpétuelle, et qui n'obtiendra pas sa libération par la grâce, sera perpétuellement en état d'interdiction légale. Si la condamnation a été prononcé par *contumace*, comme le condamné n'expie pas sa peine, et échappe, au contraire, à l'action de la loi, l'interdiction légale ne reçoit pas son application (*Moniteur* du 18 mars 1854, supplém., B. p. 7, col. 1re, et S.54. 3.99 et suiv.).

384. L'amnistie, légalement accordée, qu'il ne faut pas, même au cas où elle a été accordée après condamnation, confondre avec la grâce, fait cesser les effets de la mort civile, non-seulement pour l'avenir, mais encore pour le passé, sous la réserve toutefois *des droits des tiers* ; mais elle ne fait pas revivre le mariage dissous par la mort civile ; l'art. 227, C. Nap., ne peut laisser de doute à cet égard. Toutefois, la cour d'Angers, par arrêt du 21 août, 1840, S.40.2.372, a décidé que l'amnistie fait revivre, de plein droit, le mariage dissous par la mort civile ; la Cour de cassation a consacré également cette doctrine par arrêts des 31 déc. 1850 et 8 déc. 1851 (Dev.50.1.239, 52.1.215. — *Conf.*, Zachariæ, Aubry et Rau, t. 1, p. 301.—*Contrà*, Demolombe, t. 1er, nos 232 et 236).

385. La grâce accordée au mort civilement ne le réintègre point par elle-même dans la vie civile ; elle n'opère cet effet que lorsqu'elle a été suivie d'une réhabilitation obtenue sous les conditions et dans les formes déterminées par les art. 619 et suiv. du C. d'inst. crim. ; elle n'est, comme on voit, qu'un acheminement à la réhabilitation qui seule fait disparaître les incapacités résultant de condamnations pénales. La grâce ne fait pas plus, par elle-même, cesser la mort civile que la dégradation civique (Avis du Conseil d'Etat des 21 déc. 1822 et 8 janv. 1823, Rouen, 23 avril 1845; S.46.2.428; Nîmes,

11 janv. 1848, S.48.2.119; Cass., 10 avril 1849, S.49.1. 311; DALLOZ, *Jur. gén.*, v° *Droits civils et politiques*, VI, p. 536; DEVILLENEUVE, consultation, S.46.2.423; DEMOLOMBE, t. 1, n° 235; ZACHARIÆ, AUBRY et RAU, t. 1er, p. 302. — *Contrà*, MERLIN, *Rép.*, v° *Mort civ.*, § 1, art. 6, n° 5, et § 2; *Quest.*, v° *Grâce*, 1, 291; DURANTON, 1, 240; TAULIER, 1, 291; ZACHARIÆ, § 165, texte et note 1re; PROUDHON, *de l'Usufruit*, IV, 2021 à 2031; HANIN, n° 413).

La réhabilitation ne rétablit le mort civilement dans la jouissance des droits civils que pour l'avenir, et à dater seulement du jour auquel elle a eu lieu. Elle laisse subsister pour le passé tous les effets que la mort civile a produits (C. inst. crim., art. 634). Ainsi, elle ne fait pas revivre le mariage dissous par la mort civile, et ne rend pas non plus efficace celui qui aurait été contracté en état de mort civile (Arg. Cass., 11 juin 1844, S.44.2.531; ZACHARIÆ, AUBRY et RAU, *loc. cit.*).

386. La prescription de la peine, qui s'accomplit par le laps de 20 années à compter de la date de l'arrêt de condamnation, ne fait pas cesser les effets de la mort civile (C. Nap., art. 32; C. inst. crim., art. 635).

Le mort civilement, condamné par contumace, n'est plus même admis, après la prescription de la peine, à purger sa contumace et à se faire réintégrer dans la jouissance des droits civils (C. inst. crim., art. 641).

Mais le mort civilement, condamné par contumace, qui se représente volontairement ou qui vient à être arrêté avant la prescription de la peine, recouvre, mais pour l'avenir seulement, et à compter de sa comparution en justice, la jouissance des droits civils, lorsque, par le nouvel arrêt rendu à la suite de sa représentation ou de son arrestation, il est acquitté, absous ou condamné à une peine qui n'emporte pas la mort civile (C. Nap., art. 30). Si, au contraire, il est de nouveau condamné à une peine emportant mort civile, il doit être considéré comme n'ayant jamais été relevé de celle qu'il avait précédemment encourue. Il en est de même s'il décède naturellement avant le second jugement, ainsi que dans le cas où il se soustrairait à ce jugement par la fuite (COIN-DELISLE, sur l'art. 30, n° 1; TAULIER, t. 1er, p. 142 et 143; DALLOZ, *loc. cit.*, sect. 3, art. 1er, § 5, nos 7 et 8; ZACHARIÆ, AUBRY et RAU, *loc. cit.* — *Contrà*, DURANTON, 1, 238; DEMOLOMBE, t. 1 n° 229).

TITRE V.

DU DOMICILE

(C. Nap., art. 102 à 111).

CHAP. Ier. — De l'importance ou des effets du domicile (Cod. Nap., art. 102, 111).

387. Le domicile est la relation juridique existant entre une personne et le lieu où cette personne est, quant à l'exercice de ses droits et quant à l'accomplissement de ses obligations, toujours censée présente, quoiqu'elle ne s'y trouve pas à tel moment donné, ou que, même, elle n'y réside pas habituellement. V. *infrà*, n° 402.

Lorsque la France était divisée en pays de droit coutumier, que plus de trois cents coutumes se partageaient le territoire français; lorsque leurs dispositions différaient entre elles sur les sujets les plus graves, sur l'époque de la majorité, sur les régimes matrimoniaux, sur la faculté plus ou moins étendue de disposer, sur les droits de primogéniture, de succession, sur les principes de la tutelle ou de la curatelle, rien n'était plus important que la détermination exacte du domicile des personnes; car, suivant qu'on était domicilié dans telle ou telle province, telle ou telle localité, et même dans telle ou telle partie d'une localité, on était soumis à telle ou telle législation particulière; c'est ce qui avait fait, dans l'ancien droit, la grande importance de la théorie des statuts personnels et réels.

Aujourd'hui, grâce au bienfait d'une législation uniforme dans toute la France, la question de domicile, autrefois si importante, a beaucoup perdu de son intérêt. Cependant le domicile produit encore des effets importants, sous le rapport civil et même au point de vue politique.

Le plus important de ces effets en matière civile est relatif à la compétence des tribunaux. C'est, en effet, au domicile de la personne que l'acte ou l'exploit doit être signifié, soit à elle-même, en quelque lieu que l'huissier la rencontre, soit à son dernier domicile, alors même qu'elle n'y est pas, parce que c'est là qu'il est présumable qu'elle en aura connaissance (C. proc. civ., 2, 59 et 68).

C'est aussi le domicile qui détermine, en matière personnelle, la compétence du tribunal.

388. Lorsqu'un procès s'engage, il importe de savoir de-

vant quel tribunal il doit être porté. Le droit contesté est-il réel et immobilier, s'agit-il d'un droit de propriété, d'usufruit ou de servitude sur un immeuble, c'est au tribunal dans le ressort duquel se trouve situé l'immeuble litigieux qu'il appartient d'en connaître. Le droit contesté, au contraire, est-il personnel, s'agit-il d'une obligation dont l'une des parties demande l'exécution, tandis que l'autre en nie l'existence, l'affaire doit être portée devant le tribunal du domicile de fait du défendeur (C. proc. civ., art. 2, 59), alors même qu'il a fixé son *domicile* politique dans un autre lieu, *Actor sequitur forum rei*. Il en est de même pour toutes les actions mobilières, réelles ou personnelles (V. liv. 2, t. 8, chap. 1er, *des Actions*). Il était juste, en effet, que le demandeur dont la prétention n'est pas encore justifiée, allât trouver le défendeur devant son juge naturel, dont il est ordinairement connu, le juge d'ailleurs le plus rapproché de lui, et devant lequel la défense lui sera moins dispendieuse et plus facile.

389. Si la demande est formée contre un être collectif ou moral, on l'assigne soit au siége de son établissement si c'est une société, une succession, une masse de créanciers en état de faillite etc.; soit au domicile du fonctionnaire qui le représente s'il s'agit de l'Etat, des départements, communes, hospices, administrations, etc., comme on le verra dans les chapitres suivants.

C'est encore au domicile de la personne intéressée que doivent être signifiés les actes respectueux (C. Nap., art. 151), les sommations (C. Nap., art. 1139), les offres réelles (C. Nap., art. 1258), les commandements (C. proc. civ., art. 583, 673 et s.), les protêts (C. comm., 662 et s.).

Le domicile du défunt sert également à déterminer le lieu de l'ouverture de sa succession (C. Nap., art. 110).

Là, conséquemment, doivent être remplies toutes les formalités prescrites en matière de succession, telles que l'acceptation sous bénéfice d'inventaire, la renonciation, les nominations de curateur, le partage, etc. (C. Nap., 784, 793, 802, 812, 822; C. proc. civ., 59, 986, 997).

390. C'est sur les registres de l'état civil du lieu où la personne est domiciliée que doivent être en général inscrits les actes de naissance, mariages et décès (C. Nap., art. 60, 61, 80, 82, 84, 87, 95, 97, 98, 171, 359, 363).

C'est aussi devant l'officier de l'état civil de l'une des deux parties que le mariage doit être célébré (C. Nap., art. 165); cependant, par exception et pour le cas spécial, l'art. 74

du même Code porte que, quant au mariage, le domicile ne se déterminera pas selon les règles ordinaires, mais s'établira seulement par six mois d'habitation continue dans la même commune.

391. En cas d'absence, c'est, en général, au tribunal du domicile qu'il faut s'adresser pour les mesures à prescrire (C. Nap., art. 112 et 115 ; C. proc. civ., art. 859).

C'est devant le juge de paix *du domicile* du mineur que doit être convoqué le conseil de famille, appelé à lui nommer un tuteur et un subrogé, tuteur ou à prendre part aux opérations de la tutelle (C. Nap., art. 406. V. *Cons. de fam.*).

C'est devant le juge de paix *du domicile* de l'adoptant que doit être formé le contrat d'adoption (C. Nap., art. 353); c'est aussi sur le registre de l'état civil du lieu où l'adoptant est *domicilié* que doit être inscrite l'adoption (C. Nap., art. 359. V. *Adoption*).

Le procès-verbal des demandes et consentements relatifs à la tutelle officieuse doit être dressé par le juge de paix *du domicile* de l'enfant (C. Nap., art. 363, V. *Tutelle officieuse*).

Les témoins instrumentaires dans les actes notariés doivent être *domiciliés* dans la commune où l'acte est passé (L. 25 vent. an II, art. 9).

392. C'est devant le tribunal de son domicile que tout débiteur, dans le cas de réclamer la cession judiciaire de ses biens, doit se pourvoir (C. Nap., art. 1968 ; C. proc. civ., art. 899).

La caution présentée par un débiteur doit avoir son *domicile* dans le ressort de la Cour impériale où elle doit être donnée (C. Nap., 2018).

393. Le lieu du paiement, à défaut de convention ou de circonstances spéciales, est fixé au *domicile* du débiteur (C. Nap., art. 1247).

394. Le domicile est, dans certains cas, attributif de droits : c'est ainsi, par exemple, que les personnes qui ont un *domicile* réel et fixe dans une commune, prennent part, soit à la propriété ou aux produits des biens communaux (C. Nap., art. 542), soit au partage des bois d'affouage (C. for., art. 105).

395. En matière commerciale, c'est aussi le *domicile* qui sert à déterminer le tribunal compétent pour statuer sur la demande de mise en faillite d'un commerçant; si donc un commerçant a quitté son domicile sans remplir les formalités prescrites par les art. 103 et 104, C. Nap., pour la constatation de son domicile dans un autre lieu, c'est devant le tribu-

nal de l'ancien domicile que doit être portée la demande de mise en faillite de ce commerçant, alors surtout que la cessation de paiement existait avant l'époque par lui indiquée comme étant celle de son changement de domicile (Rouen, 19 déc. 1842, J.P.43.2.274).

396. La contribution personnelle est perçue au lieu *du domicile* du contribuable (LL. 26 mars 1831, art. 2 ; 21 avril 1832, art. 13).

Toute personne lésée par un délit de presse peut porter plainte devant le juge de son *domicile* si la publication y a été effectuée (L. 26 mars 1819, art. 12).

397. Tout Français appelé par la loi du recrutement doit se présenter pour le tirage au sort au lieu de son *domicile* (L. 21 mars 1832, art. 5 et 6).

398. La fixation du domicile est encore importante dans beaucoup d'autres hypothèses, prévues par les art. 1057, 2265 et 2266, C. Nap. ; 27 de la loi du 1er brum. an VII ; 14 et s. de celle du 17 avril 1832.

399. En ce qui touche les droits et les devoirs politiques, c'est au lieu de son domicile civil que chaque citoyen les exerce ou les accomplit, notamment ses droits électoraux et d'éligibilité, ses obligations comme juré, soit en matière criminelle, soit en matière d'expropriation pour utilité publique (C. comm., art. 618, 619 ; L. 30 août 1852 ; 2 fév. 1852, art. 13-1°, 26 ; L. 2 mai 1827, art. 2, et 4 juin 1853 combinés). Le décret du 7 août 1848, sur le jury est abrogé (L. 4 juin 1853, art. 20).

Parfois cependant, le législateur, soit à défaut de *domicile connu*, soit pour tout autre motif, écarte l'idée de domicile pour s'attacher à la *résidence*. Ainsi les fonctionnaires publics et officiers ministériels doivent, sinon avoir leur domicile, du moins résider dans le lieu où s'exercent leurs fonctions. En général, s'ils sont révocables, la loi ne se préoccupe que de cette résidence et nullement de leur domicile V. *infrà*, nos 416 et 417.

400. Les enquêtes destinées à constater l'absence doivent être faites tant au lieu de résidence qu'à celui du domicile s'ils sont distincts (C. Nap., art. 116).

401 Les étrangers doivent être assignés au lieu de leur résidence quand ils n'ont point de domicile en France (C. Nap., art. 14). Il en est de même des étudiants, clercs d'avoué, de notaire, employés, militaires et de tous autres ayant leur domicile chez leurs parents, en paiement d'objets de consom-

mation et autres fournitures de nécessité ; mais nous pensons que pour toutes autres obligations, ils devraient être ajournés devant les juges de leur *domicile*, s'il est connu, d'après la règle générale *actor sequitur forum rei.*

Quant aux détenus dans les établissements d'aliénés, les recours qu'ils peuvent exercer doivent être portés devant le tribunal du lieu où sont situés ces établissements (L. 20 juin 1838, art. 20).

CHAP. II. — DU DOMICILE ET DE LA RÉSIDENCE. — DIVISION. — CARACTÈRES ET SIGNES DISTINCTIFS

(C. Nap., art. 103 à 111).

402. Le domicile est au lieu où une personne a son principal établissement (C. Nap., art. 102), sa famille, ses papiers, c'est-à-dire, au lieu dont elle a fait le centre de ses affections, de ses affaires et de ses habitudes, qu'elle ne quitte que pour quelque cause particulière ; d'où, quand elle est absente, on dit qu'elle voyage ; où, quand elle revient, on dit qu'elle est de retour ; où elle porte les charges, etc., le siège enfin de son existence sociale.

Le législateur, par ces mots de l'art. 1102, C. Nap., *quant à l'exercice des droits civils*, a voulu évidemment montrer qu'il n'entendait s'occuper du *domicile* que sous le rapport des *droits civils,* afin de laisser aux lois spéciales le règlement du *domicile politique.* Mais les lois électorales des 15 mars 1849, 31 mai 1850 et 2 fév. 1852, n'ayant pas maintenu la distinction entre ces deux domiciles établis par les lois des 5 fév. 1817, art. 3, et 19 avril 1831, art. 3, c'est dès lors le *domicile civil* qui seul détermine aujourd'hui le lieu où doivent s'exercer les droits politiques.

Il ne faut pas au reste confondre le domicile avec la résidence ou demeure, comme la loi le fait quelquefois (C. proc. civ., art. 781 ; C. inst. crim., art. 87 ; C. pén., art. 184) ; car ils diffèrent essentiellement l'un de l'autre. En effet, l'un est un *droit*, l'autre est *un fait.* Le domicile est indépendant de l'habitation ; il n'existe qu'au point de vue légal, quelquefois même son existence est purement intellectuelle, quand nul signe ne vient la révéler ; par exemple, au cas du domicile d'origine. La résidence, au contraire, n'a rien que de matériel elle s'acquiert par une habitation réelle et se perd avec elle.

Le domicile est soit réel ou général, soit électif ou spécial (Arg. L. 19 avril 1831 ; C. Nap., art. 111).

Sect. Ire.—*Du domicile réel ou général* (C. Nap., art. 103 à 111).

§ 1er.—**Du domicile d'origine et du domicile acquis, ou changement de domicile** (C. Nap., art. 103 à 105, 108).

403. Le premier domicile de l'homme est celui que lui donne la naissance. On l'appelle domicile d'origine. Il le conserve toujours, bien qu'il ait fixé ailleurs sa résidence ordinaire, s'il n'a pas manifesté l'intention formelle de changer de domicile.

404. L'enfant légitime, mineur non émancipé, a son domicile chez ses père et mère, pendant leur mariage (C. Nap., art. 108, 373, 389) et, après la dissolution du mariage par la mort naturelle ou civile du père ou de la mère, chez son tuteur légal ou datif (C. Nap., art. 108, 390, 405), et non chez le survivant à la puissance duquel il est soumis (C. Nap., art. 372) ; c'est le tuteur en effet qui représente le mineur dans tous les actes de la vie civile, qui a le gouvernement de sa fortune et la direction de ses affaires (C. Nap., art. 450). V. *infrà*, nos 413 et suiv.

405. L'enfant naturel, mineur non émancipé, a son domicile chez le père ou la mère qui l'a reconnu ; s'il a été reconnu par l'un et par l'autre, il a régulièrement son domicile chez son père, dont il porte le nom et sous l'autorité duquel il est placé, celui-ci l'eût-il même reconnu le dernier (Arg. C. Nap., art. 158 et 108) ; s'il n'a été reconnu ni par l'un ni par l'autre, il a son domicile dans l'hospice où il est reçu (Déc. 19 janv. 1811, art. 15), ou chez la personne qui l'a pris pour toujours avec la volonté de le conserver chez elle, que ce soit son père, sa mère, ou une personne étrangère, peu importe (Arg. C. pén., art 347) ; ou si c'est un enfant de troupe, sous le drapeau sous lequel il est né (Arg. Inst. min. guerre, 24 brum. an XII; C. Nap., art. 167). Et la qualification *d'enfant de troupe* peut être appliquée au fils d'un soldat, né sous le drapeau, élevé au régiment où servait son père, engagé lui-même dès son jeune âge dans le régiment, qu'il n'a pas quitté pendant de longues années (Arg. Cass., 21 fév. 1855, J.P. 55.1.276).

406. L'enfant qui n'est pas encore majeur, ou au moins émancipé, conserve, qu'il le veuille ou qu'il ne le veuille pas, le domicile que lui a donné la loi, son domicile d'origine, ou

plutôt le domicile de son père ou de sa mère, légitime ou naturel, de l'hospice ou de la personne qui l'a recueilli, etc.

Le mineur, bien que libre à son émancipation et à sa majorité de disposer de sa personne, ne perd pas son domicile d'origine; mais il n'est plus, comme par le passé, obligé de le conserver; il peut le quitter non-seulement pour un autre, mais encore celui-ci pour un nouveau; il peut, en un mot, le changer au gré de son intérêt ou de son caprice, et le transporter où bon lui semble.

Mais il ne peut toutefois opérer ce changement de domicile que par le fait d'une habitation réelle dans un autre lieu, joint à l'intention d'y fixer son principal établissement.

407. L'ancienne jurisprudence, d'accord en cela avec la loi romaine, reconnaissait en certains cas deux domiciles: l'un de droit, l'autre de fait; mais il n'en est plus de même aujourd'hui. Chaque individu peut avoir plusieurs résidences, car la résidence ne consiste que dans le seul fait de l'habitation, mais il ne peut avoir qu'un seul domicile; c'est ce qui résulte virtuellement de l'art. 102, C. Nap., ainsi conçu: « Le domicile de tout Français, quant à l'exercice de ses droits civils, est au lieu où il a son principal établissement. »

408. En général toute personne, maîtresse de ses droits, peut changer son domicile et transporter où bon lui semble son *principal établissement.* Mais pour qu'il y ait changement de domicile, il faut le concours *de l'intention et du fait réunis.* « Le changement de domicile, porte l'art. 103, C. Nap., s'opérera par le fait d'une habitation réelle dans un autre lieu, joint à l'intention d'y fixer son principal établissement. »

« L'intention qui n'est point accompagnée du fait, dit le tribun Mouricault, dans son rapport au Tribunat (séance du 18 vent. an XI), peut n'indiquer qu'un projet sans issue, et le fait qui n'est point accompagné d'intention déterminée, peut n'indiquer qu'un essai, qu'un déplacement passager, que l'établissement d'une habitation secondaire. » Ce principe a été consacré par la Cour suprême elle-même (Cass., 6 nov. 1832).

Ainsi pour avoir un domicile acquis, il suffit d'avoir *animus manendi*; mais pour en acquérir un nouveau, il faut *animus cum facto. Neque animus sine facto neque factum sine animo,* dit d'Argentré, *Cout. Bret.*, art. 9, p. 28.

409. La manifestation de la volonté jointe au fait de la résidence, quelque courte qu'en soit la durée, suffit donc pour faire acquérir un nouveau domicile et faire perdre celui qu'on a voulu quitter.

Il est cependant un cas où l'acquisition du domicile ne dépend pas uniquement du fait et de l'intention, c'est lorsqu'il s'agit *du domicile quant au mariage*, qu'il ne faut pas confondre avec le *domicile matrimonial*. Le domicile quant au mariage ou plutôt la résidence, car il s'agit ici plutôt de la résidence que du domicile, ne s'établit que par six mois d'habitation continue dans le lieu où l'on veut se marier, si ce n'est toutefois en ce qui concerne les enfants de troupe et les militaires sous les drapeaux, qui ne peuvent avoir dans un lieu déterminé une résidence continue de six mois (Inst. min. guerre, 24 brum. an XII).

410. Le fait de l'habitation dans un autre lieu est toujours facile à vérifier; mais l'intention d'y fixer *son principal établissement*, comment sera-t-elle connue ?

Régulièrement, elle doit être exprimée par une déclaration expresse, faite tant à la municipalité du lieu que l'on quitte qu'à celle du lieu où l'on transfère son domicile. A défaut de déclaration expresse, la preuve de l'intention dépend des circonstances (C. Nap., 104 et 105) ; mais quelles sont les circonstances d'où l'on pourra l'induire ? La loi n'en indique particulièrement aucune ; elle les abandonne toutes à la sagacité, à la prudence et à la libre appréciation des tribunaux, qui est souveraine à cet égard (Arg. Cass., 8 nov. 1848, J.P.49.1. 86), alors même que des faits de résidence plus ou moins longs auraient eu lieu dans l'endroit du nouveau domicile. Ce qu'il faut surtout, lorsqu'il s'agit de la translation du domicile, c'est que les circonstances qui peuvent remplacer les déclarations qui font l'objet de l'art. 104, témoignent à la fois de l'abandon complet de l'ancien lieu et de l'adoption définitive du nouveau ; c'est là une conséquence nécessaire du principe posé dans l'art. 103, C. Nap. Ainsi, celui qui n'a pas rempli cette double condition est réputé conserver son ancien domicile, et, dès lors, on peut faire à ce domicile toutes significations d'actes et de jugements (Jurisprudence constante : Metz, 1 juin 1855 ; Cass., 18 déc. 1855 ; *Gaz. des trib.* du 19, 8866).

§ 2.—**Du domicile établi par la loi** (C. Nap., art. 106 à 110).

411. La loi détermine elle-même, indépendamment des conditions générales dont nous venons de parler, le domicile de la femme mariée, des mineurs émancipés, de l'interdit, du fonctionnaire public nommé à vie et inamovible et de celui qui travaille habituellement chez une personne lorsqu'il demeure

avec elle dans la même maison ou dans ses dépendances. Toutes ces situations ne sont pas absolument les mêmes ; nous les examinerons successivement.

412. La femme mariée n'a point d'autre domicile que celui de son mari (C.Nap., art. 108). Elle l'acquiert par le fait seul de son mariage, et dès l'instant de sa célébration, encore bien qu'elle ait eu lieu dans un endroit autre que celui du domicile de son mari, peu importe qu'elle le veuille ou qu'elle ne le veuille pas ; qu'elle habite ou qu'elle n'habite point avec lui, peu importe encore. Aucun consentement du mari, aucune convention des époux ne saurait même autoriser la femme à avoir un domicile séparé ; car l'autorisation que le mari donnerait à cet effet serait une atteinte à sa puissance maritale et au droit qu'il a toujours de rappeler sa femme près de lui (C. Nap., art. 61, 214, 1388). La femme, disait M. Mouricault, dans son rapport au Tribunat, la femme que le devoir tient auprès de son mari, qui n'en peut être légitimement éloignée que par *la séparation de corps, le divorce ou la mort*, qui peut être forcée de retourner à lui quand elle le délaisse, qui ne peut, en conséquence, avoir de résidence distincte que par l'effet d'un *délit de sa part*, ou d'une tolérance momentanée de la part de son mari, n'a pas d'autre domicile légal que le domicile de son mari. Mais si le devoir tient la femme auprès de son mari, elle en peut être toutefois légitimement éloignée par la séparation de corps. La femme qui a obtenu sa séparation de corps, ou contre laquelle elle a été prononcée, peut donc aujourd'hui, comme sous l'ancien droit, après la séparation de corps prononcée, se choisir un domicile autre que celui de son mari, où bon lui semblera. La possibilité d'une réconciliation n'empêche pas l'effet absolu et inconditionnel de ce nouvel état (Arg. Orléans, 25 nov. 1848, Dev. 48.2.575 ; DURANTON, t. 1er, n° 365 ; PROUDHON et VALETTE, t. 1er, p. 244 ; DEMANTE, t. 1er, n° 132 *bis* ; ZACHARIÆ, AUBRY et RAU, t. 1er, p. 518; DEMOLOMBE, t. 1er, n° 358. — *Contrà*, Cass., 6 mars 1827, D.27.1.163 ; MERLIN, *Rép.*, t. 16, v° *Domicile*, § 5 ; DALLOZ, *Rép. alph.*, t. 6, p. 375 ; ZACHARIÆ, t. 1er, p. 280).

Nous pensons même que dès l'instant où une ordonnance du Président du tribunal a autorisé la femme demanderesse en séparation de corps à quitter le domicile de son mari et lui a désigné une autre résidence, le domicile de la femme se trouve provisoirement et vis-à-vis du mari fixé au lieu où cette résidence a été indiquée, et que c'est là que le mari doit faire faire à sa femme la notification de tous les actes qu'il a à lui signifier, et notamment l'acte d'appel du jugement qui prononce la séparation de corps (Arg. Nîmes, 13 août 1841, J.P.46.2.166).

Quant aux actes faits à la requête des tiers qui le plus souvent ignorent alors la résidence de la femme, ils seraient évidemment *valablement signifiés* au domicile du mari.

La femme peut encore, sans être séparée de corps, dans le cas, par exemple, où elle est nommée tutrice de son mari interdit (C. Nap., art. 507), avoir son domicile propre. Le mari, dans cette hypothèse, est domicilié chez sa femme. Si, au contraire, la tutelle du mari avait été confiée à un autre que la femme, celle-ci aurait alors, comme son mari, son domicile chez le tuteur, d'après le principe général que la femme mariée n'a point d'autre domicile que celui de son mari. Le tuteur du mari est, en effet, le plus souvent chargé de l'administration des biens de la femme comme de ceux de son mari.

413. L'enfant, en naissant, a, comme nous l'avons dit *suprà*, nos 404 et suiv., son domicile chez ses père et mère, domicile qu'il conserve tant qu'il n'a pas manifesté l'intention d'en changer. Si cet enfant vient à perdre, pendant sa minorité, son père ou sa mère, il continue d'avoir son domicile chez le survivant, s'il est investi de la tutelle. Lorsqu'un autre, au contraire, que le survivant des père ou mère est nommé tuteur, c'est chez celui-ci que se trouve le domicile du mineur, car la loi ne le rattache qu'au tuteur. V. *suprà*, no 404. C'est donc au domicile de droit, légal, du mineur, c'est-à-dire de son tuteur, et non à son domicile de fait, c'est-à-dire à sa demeure, ou au domicile du tuteur *onéraire*, que doivent être signifiés, à peine de nullité, les actes relatifs à la personne, à la gestion et à l'administration des biens du mineur.

414. L'art. 108, C. Nap., ne parle que du mineur non émancipé. Dès lors, le mineur qui est émancipé, doit évidemment avoir le droit, après son émancipation, de se choisir un domicile. La qualité à laquelle la loi attachait l'impossibilité d'avoir un domicile propre a en effet disparu. Le tribun Mouricault, dans son rapport au Tribunat, a formellement déclaré que le mineur n'était lié par l'art. 108, soit au domicile de ses père et mère, soit à celui de son tuteur, que jusqu'à l'émancipation qui affranchit sa personne.

415. A l'égard du *majeur interdit*, il a son domicile chez

son tuteur, et par les mêmes motifs que le mineur non émancipé (Arg. C. Nap., art. 108, 509).

Cette règle s'applique aux condamnés qui, pendant la durée de leur peine, sont en état d'interdiction légale (C. pén., art. 29) ; mais aucune condamnation à des peines autres que celles qui entraînent l'interdiction légale n'apporte de changement au domicile du condamné. Ainsi les bannis conservent leur ancien domicile (Arg. Paris, 19 juill. 1862, J.P.62, p. 412). Il en est de même des militaires de mer et de terre (Arg. Bordeaux, 4 juin 1862, J.P.62, p. 710) ; des Français résidant à l'étranger, des prisonniers de guerre (Arg. Toulouse, 7 déc. 1863, J.P.63, p. 1184).

Mais le prodigue (C. Nap., art. 503), ou tout autre individu (C. Nap., art. 499), auquel il a été nommé seulement un conseil judiciaire, conserve son domicile et peut s'en choisir un nouveau, aussi bien que le mineur émancipé et par les mêmes motifs.

416. Les fonctionnaires publics temporaires et même ceux à vie, mais révocables, conservent le domicile qu'ils avaient auparavant s'ils n'ont manifesté d'intention contraire (C. Nap., art. 106). Ils sont présumés conserver l'esprit de retour dans le lieu où était leur domicile, lorsqu'ils ont été investis de leurs fonctions.

La preuve de cette intention s'établit, comme pour les simples particuliers, soit par une déclaration expresse, conformément à l'art. 104, C. Nap., soit, à défaut de déclaration expresse, par les circonstances qui accompagnent le fait du changement de résidence, ainsi que le porte l'art. 105, C. Nap. (Cass., 21 mai 1835, D.38.1.112 ; ZACHARIÆ, AUBRY et RAU, t. 1er, p. 522 ; MASSÉ et VERGÉ, t. 1er, p. 122. — *Contrà*, DEMOLOMBE, t. 1er, n° 366).

417. Quant aux fonctionnaires nommés à vie et non révocables, ils ont de plein droit leur domicile dans le lieu de l'exercice de leurs fonctions (C. Nap., art. 106 et 107) ; la translation du domicile résulte alors uniquement et immédiatement de l'acceptation, c'est-à-dire de la prestation de serment, et alors même qu'ils ne résideraient pas de fait dans le lieu de l'exercice de leurs fonctions, toutes déclarations, protestations ou conventions n'y pourraient apporter d'obstacle, en présence des termes absolus de l'art. 107.

L'art. 107, C. Nap. ne s'applique au reste qu'aux fonctionnaires publics dont les devoirs exigent ou du moins supposent une constante assiduité de soins ; il ne concerne point, par exemple, les sénateurs, les députés au Corps législatif, hauts dignitaires de l'Etat bien plutôt que fonctionnaires publics, qui ne sont appelés à Paris que pendant la durée des sessions législatives ; les sénateurs, à l'exclusion des députés, peuvent d'ailleurs remplir, à d'autres titres, des fonctions publiques et permanentes dans les autres départements de l'Empire (Arg. Cass., 16 juin 1830, S.30.1.255 ; Grenoble, 29 déc. 1829, D.30.2.131 ; DEMOLOMBE, t. 1er, n° 365). Cependant ils peuvent légalement être poursuivis en matière personnelle devant les tribunaux de la Seine, lieu de leur résidence momentanée, à raison des objets de consommation qui leur ont été livrés (Arg. C. proc., art. 2 et 59).

418. Parmi les fonctionnaires *inamovibles*, c'est-à-dire dont le titre ne peut être enlevé qu'en vertu d'un jugement rendu dans les formes légales, ou d'une ordonnance spéciale et individuelle, sont notamment les maréchaux de France et autres grands dignitaires de l'Empire, les magistrats de l'ordre judiciaire, sauf ceux du ministère public, les professeurs des facultés, les archevêques, évêques et curés en titre ; et, parmi ceux amovibles, les conseillers d'Etat et maîtres des requêtes, les membres du ministère public, les juges de paix, les conseillers de péfecture, les préfets, sous-préfets, les percepteurs des contributions directes, les directeurs des contributions indirectes, de l'enregistrement, etc. V. *suprà*, nos 416, 417.

419. Enfin, d'après l'art. 109, C. Nap., les majeurs qui servent ou travaillent habituellement chez autrui, ont le même domicile que la personne qu'ils servent ou chez laquelle ils travaillent, lorsqu'ils demeurent avec elle dans la même maison. Cette disposition s'applique à tous ceux qui se trouvent, à un titre quelconque, sous la dépendance et la direction du chef de la maison, de l'établissement où ils demeurent et où ils exercent une industrie : à l'apprenti, majeur ou mineur, aux domestiques proprement dits, aux clercs, aux commis, aux intendants, aux précepteurs (Jurisprudence constante).

420. Mais elle ne s'applique pas aux domestiques, ouvriers, clercs, commis, intendants, etc., qui occupent un logement qui ne fait pas partie de l'habitation du maître, ou qui n'en est pas une dépendance, ou habitent ailleurs. En effet, la communauté de domicile qui résulte évidemment de la communauté d'habitation, n'existe plus alors. Il faut encore excepter de la règle posée dans l'art. 109, le cas où un domestique a une famille, un chez lui particulier qu'il visite de temps à autre, bien qu'il travaille habituellement chez autrui ; là est, en effet,

son principal établissement, tel que le veut l'art. 102 et conséquemment son domicile réel, que son état de domesticité ne peut pas lui faire perdre. C'est donc à ce domicile qu'il doit être assigné, en matière personnelle, et non au domicile de la personne chez laquelle il travaille ; autrement, on serait fondé à dire, d'après l'art. 108, que le domicile de la femme de cet individu est également au domicile de la personne chez laquelle il travaille ; *et vice versâ*, que la femme qui travaille habituellement chez autrui, a quitté le domicile de son mari pour celui de son maître. Une telle solution serait illogique.

SECT. II.—*Du domicile électif ou spécial* (C. Nap., art. 111).

421. Toute personne peut avoir, indépendamment de son domicile réel ou général, un domicile spécial, que, par opposition au premier, on appelle domicile élu ou d'élection. C'est un domicile d'exception, un domicile fictif et conventionnel, qui, pour certaines affaires déterminées, suppose une personne domiciliée dans un lieu où elle ne l'est pas réellement.

422. L'élection de domicile est facultative ou forcée : facultative, quand elle est spontanée de la part des parties, soit dans l'intérêt exclusif du créancier, soit dans l'intérêt exclusif du débiteur, soit enfin dans l'intérêt commun de l'un et de l'autre ; forcée, lorsque la loi l'ordonne, comme dans les cas des art. 176, 2148, C. Nap.; 61, 422, 435, 559, 584, 634, 637, 673, 780, 783, 789, 927, C. proc. civ. ; 68 et 183, C. d'instr. crim.; son but, en cela, a été d'éviter aux parties des lenteurs, des déplacements fâcheux, et de rendre plus faciles des offres, des notifications ou autres actes de la part d'individus intéressés, de faciliter, en un mot, les conventions et les poursuites judiciaires auxquelles l'une des parties peut être obligée de recouvrir contre l'autre.

423. Le nombre des domiciles conventionnels ou facultatifs n'est point limité. Si, en principe, une même personne ne peut jamais avoir qu'un domicile réel et général, elle peut avoir, au contraire, plusieurs domiciles d'élection, distincts et séparés les uns des autres.

424. La faculté de se choisir un domicile spécial, introduite autrefois par l'usage, a été formellement consacrée par l'art. 111, C. Nap., qui détermine en même temps les effets de l'élection de domicile. Cet article est ainsi conçu : « lorsqu'un acte contiendra, de la part des parties ou de l'une d'elles, élection de domicile pour l'exécution de ce même acte, dans un autre lieu que celui du domicile réel, les significations,

demandes et poursuites relatives à cet acte pourront être faites au domicile convenu, et devant le juge de ce domicile. »

425. La faculté de choisir un domicile différent du domicile réel ou général, appartient aux étrangers aussi bien qu'aux Français.

426. L'élection de domicile peut être faite par les deux parties ou par l'une d'elles; elle peut avoir lieu au moment de la formation de la convention ou postérieurement (Cass., 25 nov. 1840, S.41.1.127).

Enfin, elle peut être expresse ou implicite; mais, dans le doute, elle ne se présume pas. Ainsi, l'indication d'un lieu de paiement n'emporte pas, du moins en matière civile, élection de domicile dans ce lieu, pour tout ce qui est étranger au fait même du paiement et aux offres réelles (Cass., 29 nov. 1843, Dev.44.1.249; MERLIN, *Rép.*, v° *Domicile élu*, § 2, n° 4; DEMOLOMBE, t. 1er, n° 374; ZACHARIÆ, AUBRY et RAU, p. 524).

En matière commerciale, au contraire, on admet, en vertu de l'article 420, C. de proc., et d'après les usages du commerce et l'intention présumée des parties, que l'indication, dans un billet négociable, d'un lieu de paiement est non-seulement attributive de juridiction pour le tribunal de ce lieu, mais produit tous les effets d'une élection de domicile, et autorise, par conséquent, l'assignation du souscripteur et des endosseurs au lieu indiqué pour le paiement (Cass., 13 janv. 1829, S.30.1.160; Bordeaux, 4 fév. 1835, S.35.2.411; Paris, 8 juillet 1836, S.36.2.367).

427. Le pouvoir donné à un mandataire d'élire domicile chez lui pour le mandant, n'emporte pas non plus élection de domicile, tant que le mandataire n'a pas fait usage de ce pouvoir (Cass., 3 juill. 1837, 31 janv. 1838, 18 mars 1839 et 20 nov. 1843, S.37.1.567, 38.1.184, 39.1.510 et 44.1.249; DELVINCOURT, t. 1er, p. 82; DEMOLOMBE, t. 1er-4°, 374; ZACHARIÆ, AUBRY et RAU, t. 1er, p. 524, note 5).

428. L'élection de domicile se fait soit en désignant nominativement ou par sa qualité une personne habitant un certain lieu, soit même en indiquant simplement une maison déterminée, située dans un certain lieu. On peut aussi élire domicile dans sa propre demeure ou dans son domicile réel ou général. Une pareille élection conserve ses effets, alors même que celui qui l'a faite vient, soit à décéder, soit à changer sa demeure ou son domicile (Cass., 24 janv. 1816; Amiens, 3 avril 1829; Bordeaux, 21 juill. 1834, S.16.1.198, 29.2.194 et 34.2.550).

429. L'élection de domicile donne à chacune des parties

contractantes la faculté de faire au domicile élu par l'autre, et devant le juge de ce domicile, toutes les significations, demandes et poursuites relatives à l'acte de la convention à laquelle cette élection se réfère (C. Nap., art. 111). Ainsi on peut valablement, pour arriver à l'exécution de cette convention, signifier au domicile élu, non-seulement les exploits d'ajournement et les actes extrajudiciaires, tels que ceux qui ont pour objet une mise en demeure ou des offres réelles, à moins que la convention ne renferme l'indication d'un lieu de paiement, seul domicile où ces offres réelles peuvent être faites valablement (C. Nap., art. 1258, 6°); mais encore les jugements de condamnation ou autres, les actes d'appel, les commandements, et généralement tous les exploits relatifs à l'exécution forcée (Rouen, 19 fév. 1834, DEV. 34.2.586; DELVINCOURT, t. 1er, p. 43, note 2; VALETTE sur PROUDHON, t. 1er, p. 41, n° 4; ZACHARIÆ, AUBRY et RAU, t. 1er, p. 525; MASSÉ et VERGÉ, t. 1er, p. 120; DEMOLOMBE, t. 1er, n° 380).

430. L'élection de domicile n'est, de sa nature, relative qu'aux contestations qui peuvent s'élever entre les parties sur l'exécution de leur convention; elle laisse sous l'empire du droit commun tout ce qui concerne l'exécution purement volontaire et non litigieuse de la convention (C. Nap., art. 111). Il en résulte que l'élection de domicile n'est point, par elle-même, indicative d'un lieu de paiement (Arg. C. Nap., art. 1258, 6°; DURANTON, t. 1, n° 377; DEMOLOMBE, t. 1er, n° 378; ZACHARIÆ, AUBRY et RAU, t. 1er, p. 527); et, qu'à moins de circonstances particulières, elle ne confère pas à la personne chez laquelle elle a été faite, le pouvoir de recevoir le paiement (Arg. C. Nap., art. 1985; Cass., 23 nov. 1830, D.30.1.405; 21 nov. 1836, D.37.1.53; DURANTON, t. 1er, n° 377; DEMOLOMBE, *loc. cit.*; ZACHARIÆ, AUBRY et RAU, *loc. cit.*; MASSÉ et VERGÉ, t. 1er, p. 128). Il en serait autrement dans le cas où le débiteur ferait, en vertu du n° 6 de l'art. 1258, C. Nap., des offres au domicile élu (C. Nap., art. 1258, 1°).

Mais *quid* de la signification du transport de l'obligation? Peut-elle être faite au domicile élu? Non, a-t-on dit; le transport n'est pas relatif à l'exécution de l'obligation (DURANTON, t. 1er, n° 380; ZACHARIÆ, AUBRY et RAU, t. 1er, p. 527); oui, selon nous, car la signification du transport est relative à l'acte, et peut, dès lors, aux termes de l'art. 111, être valablement faite au domicile élu (MERLIN, *loc. cit.*, § 2, n° 8-2°; DEMOLOMBE, t. 1er, n° 381).

431. L'élection de domicile continue de subsister même

après le décès, le changement d'état ou la faillite de l'une ou de l'autre des parties ; les effets s'en transmettent, activement et passivement, aux héritiers et successeurs des parties contractantes (Bordeaux, 21 juill. 1834, D. 34.2.226 ; Bourges, 6 mars 1840, D. 40.2.208 ; DEV. 48.2.208 ; MERLIN, *loc. cit.*, § 2, n° 7 ; TOULLIER, t. 1, 368 ; DURANTON, t. 1, n° 381 ; BONCENNE, *loc. cit.*, p. 218 ; ZACHARIÆ, AUBRY et RAU, p. 527 ; DEMOLOMBE, t. 1, n° 375). V. *infrà*, n° 436.

Les effets de l'élection de domicile se transmettent aussi activement à leurs créanciers, en tant que ces derniers agissent au nom de leurs débiteurs et en vertu de l'art. 1100, C. Nap. ; mais il n'en serait plus de même s'ils agissaient en leur nom personnel et en vertu de l'art. 1167 du même Code (Cass., 27 déc. 1843, DEV. 44.1.122).

432. L'élection de domicile fait la loi des parties et ne peut être révoquée que de leur consentement mutuel (C. Nap., art. 1134, 1856), sauf le cas toutefois où elle n'aurait été stipulée que dans le seul intérêt de la partie elle-même qui a élu domicile, ce qui en général ne se présume pas ; mais il est libre à la partie qui a fait une élection de domicile chez une personne demeurant dans un certain lieu, d'indiquer, dans le même lieu, une autre personne en remplacement de celle chez laquelle le domicile avait été primitivement élu (Cass., 19 janv. 1814, S. 14.1.68 ; DURANTON, t. 1, n° 381 ; DEMOLOMBE, t. 1, n° 372 ; ZACHARIÆ, AUBRY et RAU, t. 1, p. 528).

433. Lorsque le domicile est établi dans l'intérêt exclusif du créancier, il est facultatif au demandeur d'assigner la partie qui a fait l'élection de domicile soit devant le juge du domicile élu, soit devant le juge du domicile réel, si son intérêt le lui conseille (Arg. C. Nap., art. 111 ; C. proc., art. 59 combinés) ; mais il en serait autrement s'il résultait de la convention que le domicile a été élu soit dans l'intérêt commun des parties, soit, *à fortiori*, dans l'intérêt exclusif du débiteur. C'est donc nécessairement devant le juge du domicile élu que, dans ces deux derniers cas, le débiteur doit être poursuivi ; il n'est pas permis au créancier de le poursuivre ailleurs : la faveur, l'exception, est pour le débiteur, et le créancier ne peut pas l'en priver (DURANTON, t. 1, n° 382; MARCADÉ, t. 1, p. 402 ; VALETTE sur PROUDHON, t. 1, p. 241).

La faculté que la loi laisse en général à la partie qui signifie un acte de procédure, de choisir, pour faire cette signification, entre le domicile élu et le domicile réel de l'autre partie, cesse d'avoir lieu lorsqu'il y a eu élection de domicile par plusieurs parties, afin qu'il ne soit fait, à elles toutes, qu'une seule et même signification collective ; dans ce cas, il n'est plus permis de signifier, par copies séparées, aux divers domiciles réels de chacune des parties ; si on signifie de cette manière, plus dispendieuse, les frais en sus doivent être déclarés frustratoires. V. *suprà*, n° 422.

Toutefois, l'élection d'un domicile commun par plusieurs *litis-consorts*, auquel domicile ils entendent que leur soient signifiés, par une seule copie, tous les actes de la procédure, n'impose pas à la partie adverse l'obligation de signifier à ce domicile les *jugements ou arrêts* et les actes d'exécution. La signification peut en être valablement faite au domicile réel de chacune des parties, nonobstant l'élection qu'elles ont faite d'un domicile unique (Cass., 27 fév. 1832, S.-V.32.1.753).

434. L'élection de domicile emporte avec elle l'idée d'un mandat conféré à la personne chez qui elle a été faite ou à celle qui habite la maison dans laquelle elle a eu lieu. En acceptant ce mandat, cette personne contracte l'obligation de transmettre à la partie qui a fait élection de domicile, les significations qui lui sont adressées, et ce, sous peine de dommages-intérêts dont l'appréciation des tribunaux est souveraine ; autrement, la partie intéressée serait dans une ignorance déplorable des poursuites dirigées contre elle ; et, par suite, exposée chaque jour à une ruine complète. Telle n'a pu être évidemment l'intention du législateur en sanctionnant l'élection de domicile dans l'intérêt des parties et du commerce (Arg. Paris, 15 juin 1850, J.P.52.2.407 ; Nancy, 22 déc. 1853, J.P.54.2.199 ; Cass., 18 fév. 1851, J.P.51.2.207, 14 mars 1854, J.P.54.2.209 ; Demolombe, t. 1, n° 372-3° ; Zachariæ, Aubry et Rau, t. 1, p. 528).

435. On doit considérer comme une acceptation tacite du mandat attaché à l'élection de domicile, le fait d'avoir reçu sans protestation les significations faites au domicile élu.

Le refus d'acceptation du mandat attaché à l'élection de domicile, la renonciation du mandataire à ce mandat après l'avoir accepté, et même le décès de ce dernier, ne privent pas la partie dans l'intérêt de laquelle l'élection de domicile a eu lieu, de la faculté de faire au domicile élu toutes les significations relatives à l'exécution de la convention. Elle conserve cette faculté dans le cas même où ces événements lui ont été signifiés, si cette notification n'a été accompagnée de l'indication, dans la même localité, d'un autre domicile. L'élection de domicile manquerait son but si les effets s'en trouvaient arrêtés par le refus, la renonciation ou le décès de la personne chez laquelle elle a eu lieu. C'est à la partie qui élit un domicile à prendre toutes les mesures nécessaires pour se faire remettre les significations qui y seraient laissées (DEMOLOMBE, t. 1, n° 372-2°; ZACHARIÆ, AUBRY et RAU, t. 1, p. 528).

436. L'élection de domicile attributive de juridiction conserve ses effets après le décès des contractants, à l'encontre de leurs héritiers, sans qu'il y ait lieu de distinguer entre les héritiers bénéficiaires et les héritiers purs et simples. Ainsi, l'héritier bénéficiaire est valablement assigné, comme le serait l'héritier pur et simple, en paiement d'une obligation contractée par son auteur devant le tribunal du lieu où celui-ci avait élu domicile pour l'exécution de cette obligation (Arg. Poitiers, 22 mai 1856, J.P. 56.2.362. V. *suprà*, n° 431).

TITRE VI.

DE LA PATERNITÉ ET DE LA FILIATION

(C. Nap., art. 312 à 342).

DISPOSITIONS PRÉLIMINAIRES.

437. Des droits et des obligations de la plus haute importance sont attachés à l'état de famille, et cet état, auquel l'intérêt public non moins que l'intérêt privé se trouvent également engagés au plus au point, résulte pour chaque citoyen, de sa de filiation, c'est-à-dire de son état considéré comme enfant dans ses rapports avec ses père et mère; d'où il suit que la loi eût été plus exacte si elle eût dit : de la *paternité*, de la *maternité* et de la *filiation*, ou tout simplement, de la *filiation*, expression plus laconique et non moins complète qui dit tout à elle seule. C'est le même lien qui unit l'enfant au père et à la mère, comme réciproquement le père et la mère à l'enfant; et il est impossible de concevoir l'idée e *filiation*, séparée de ces termes essentiellement corrélatifs : la *paternité* et la *maternité*.

438. La paternité, c'est l'état, la qualité de père; la maternité, c'est l'état, la qualité de mère. La paternité, de même que la maternité, est légitime ou naturelle, et quelquefois adultérine ou incestueuse; elle peut aussi être adoptive.

439. La filiation est la relation que le fait de la procréation établit entre deux personnes dont l'une est née de l'autre.

Cette relation conserve le nom de filiation lorsqu'on la considère par rapport à l'enfant; on l'appelle paternité ou maternité lorsqu'on l'envisage au point de vue du père ou de la mère.

440. Le Code distingue trois espèces de filiations :

1° La filiation légitime, qui se divise en filiation légitime proprement dite et filiation légitimée;

2° La filiation naturelle, qui se divise en filiation naturelle simple, adultérine et incestueuse ;

3° La filiation adoptive;

Ou, en d'autres termes, six classes d'enfants :

1° Les enfants légitimes, c'est-à-dire les enfants conçus ou nés pendant le mariage de leurs père et mère (C. Nap., art. 312, 314).

2° Les enfants légitimés, c'est-à-dire les enfants qui, simples enfants naturels au moment de leur conception, sont devenus légitimes par le mariage subséquent de leurs père et mère (C. Nap., art. 331, 333).

La plénitude des relations de famille existe également pour les enfants légitimes et les enfants légitimés (C. Nap., art. 312, 314, 331, 333).

3° Les enfants naturels-simples, c'est-à-dire les enfants nés hors mariage, de deux personnes qui, au moment de leur conception, étaient libres de tout lien conjugal, et entre lesquelles il n'existait aucun lien de parenté ou d'alliance susceptible de faire obstacle à leur mariage ; ils ont une grande partie des relations de famille qui existent pour les enfants légitimes et les enfants légitimés (C. Nap., art. 158, 383, 756 à 761).

4° Les enfants naturels adultérins, c'est-à-dire les enfants issus de deux personnes qui, à l'époque de leur conception, n'auraient pas pu se marier ensemble, parce que l'une d'elles ou toutes les deux étaient déjà engagées dans les liens d'un précédent mariage encore existant (C. Nap., art. 161, 162); la loi ne leur accorde que des aliments (C. Nap., art. 762 à 764).

5° Les enfants naturels incestueux, c'est-à-dire les enfants dont les père et mère étaient, à l'époque de leur conception, unis par un lien de parenté ou d'alliance au degré prohibé (C. Nap., art. 161, 162, 163); ils n'ont, comme l'enfant adultérin, droit qu'à des aliments (C. Nap., art. 762 et s.).

6° Les enfants adoptifs, c'est-à-dire ceux dont la filiation a sa source dans un contrat solennel intervenu entre eux et la personne qui les adopte pour enfants (C. Nap., art. 343 et s.). Ils ont dans leurs rapports avec l'adoptant les mêmes droits que les enfants légitimes; mais le lien qui les unit à l'adoptant ne s'étend point aux parents de ce dernier; *ils n'entrent point dans sa famille* (V. *Adoption*, C. Nap., art. 343 à 352).

441. Ce titre est divisé en trois chapitres : le premier traite de la filiation des enfants légitimes ou nés dans le mariage (C. Nap., art. 312 à 318); le deuxième, des diverses manières d'établir la preuve de cette filiation (C. Nap., art. 319 à 330); le troisième concerne les enfants naturels (C. Nap., art. 331 à 342).

CHAP. Ier.—DE LA FILIATION DES ENFANTS LÉGITIMES OU NÉS DANS LE MARIAGE

(C. Nap., art. 312 à 318).

SECT. Ire.—*De la source de légitimité.—Mariage.—Conception.—Pater is est...* (C. Nap., art. 312).

442. La maternité de la femme est un fait qui se révèle par des signes extérieurs, par la grossesse et par l'accouchement, qui en rendent la preuve facile et sûre; mais il n'en est point de même de la paternité; le mystère dont elle est enveloppée la rend toujours occulte et incertaine : aussi n'est-elle point, comme la maternité, susceptible d'une preuve directe : *Mater certa, pater incertus*. Il importait cependant de ne pas laisser incertain l'état des familles; et, à défaut de cette preuve, dont la nature nous a dérobé le mystère, le crime ne devant pas se présumer et la cohabitation étant le but de l'union conjugale, le législateur a dû ériger en présomption légale la paternité du mari : *Pater is est quem nuptiæ demonstrant*, maxime reproduite par l'art. 312, C. Nap. : « l'enfant conçu pendant le mariage a pour père le mari ».

Le mariage étant la seule source de la légitimité, il en résulte qu'en général il n'y a pas de légitimité s'il n'y a pas de mariage ou s'il est déclaré nul. Cependant le mariage contracté de bonne foi, produisant des effets civils tant à l'égard des époux qu'à l'égard des enfants (C. Nap., art. 201), conserve à ces derniers la qualité de légitime.

443. L'enfant vraiment légitime étant toujours et uniquement celui qui a été conçu d'une femme mariée et des œuvres

de son mari, il en résulte qu'il faut, pour savoir si un enfant qui vient au monde est ou non légitime, prouver : 1° l'époque de la conception, car l'enfant vit dans le sein de sa mère; 2° si à cette époque la femme qui vient d'accoucher est ou non mariée ; 3° si l'enfant dont elle est accouchée est issu des œuvres du mari de sa mère. De ces trois choses, il en est deux que la nature enveloppe d'un mystère tel qu'il est impossible de les connaître avec certitude, car s'il est facile de savoir que telle femme est accouchée de tel enfant, à telle époque, et que cette femme était mariée à cette époque, il ne nous est pas donné de savoir également à quelle époque précise cet enfant a été conçu, ni quel homme l'a engendré. L'obscurité dont sont couverts ces deux derniers faits forçait d'avoir recours à de simples présomptions que l'art. 312, C. Nap., a eu soin d'ériger en règles d'une application aussi sûre que facile. Il déclare d'abord que, quand une femme est mariée, au moment qu'elle conçoit, le mari de cette femme est le père de l'enfant de plein droit. Cette règle a un double fondement; elle repose : 1° sur la présomption de cohabitation entre les époux, à l'époque de la conception de l'enfant; 2° sur la présomption légale que la mère a fidèlement gardé la foi promise, car l'inconduite de la femme étant une exception qui ne se présume pas, la loi tient toujours pour constant que l'enfant appartient au mari de la femme jusqu'à preuve contraire. De là cette règle du droit romain : *Pater is est quem nuptiæ demonstrant* (L. 5, ff. *de in jus vocando*). De là cette règle identique de notre Code : « l'enfant conçu pendant le mariage a pour père le mari » (art. 312).

444. La cohabitation des époux à l'époque de la conception de l'enfant est essentielle ; le mari, en la faisant tomber, c'est-à-dire en établissant qu'il n'a point cohabité avec sa femme à l'époque de la conception de l'enfant, prouve par là même qu'il n'en est point le père. Quant à la présomption *de fidélité*, elle est moins essentielle ; car le mari, en la faisant tomber, c'est-à-dire en prouvant l'adultère de sa femme, ne prouve pas nécessairement par là même que l'enfant dont elle est accouchée n'est point de lui : c'est qu'en effet il se peut que l'enfant soit conçu des œuvres du mari nonobstant l'inconduite de la mère : *Cum possit adultera esse et impubes maritum patrem habuisse*. Aussi, dans le doute, la loi se prononce-t-elle en faveur de l'enfant (C. Nap., art. 313).

C'est de l'époque de la conception principalement que dépend la légitimité de l'enfant. La loi ne pouvait la déterminer qu'approximativement, en indiquant le délai le plus court possible et le délai le plus long possible de la grossesse. C'est ce qu'elle a fait dans le deuxième alinéa de l'art. 312, C. Nap., en plaçant la conception entre le cent-quatre-vingtième jour et le trois-centième jour qui précèdent la naissance de l'enfant. Cette présomption, fondée sur l'opinion des physiologistes les plus accrédités, n'admet pas de preuve contraire, de telle sorte que la loi ne permet, en aucun cas, de placer la conception hors de ces deux termes extrêmes, et qu'elle la considère comme possible à chaque instant écoulé dans cet intervalle, en laissant à l'enfant la faculté de la reporter à tel ou tel moment couru depuis le trois-centième jusqu'au cent-quatre-vingtième jour avant sa naissance. Ainsi, l'enfant qui naît le cent-soixante-dix-neuvième jour de la célébration du mariage, ou plus tôt, a été conçu avant le mariage ; celui qui naît le trois-cent-et-unième jour après la dissolution, ou plus rd, n'a été conçu qu'après le mariage ; ils ne sont rigoureument et en principe ni l'un ni l'autre légitimes ; mais il en serait autrement si le premier était né dans la journée suivante, et le dernier dans le jour précédent.

Toutefois, la présomption établie par la loi en faveur de l'enfant est exclusivement introduite dans son intérêt et ne eut être invoquée que par lui. Cette proposition, proclamée ar la raison, est justifiée en outre par le texte même du Code, ans les art. 314 et 315, C. Nap.

En effet, d'après l'art. 314, le mari ne peut désavouer l'enant comme conçu avant le mariage, que quand cet enfant est é avant le cent-quatre-vingtième jour du mariage ; et réciroquement, d'après l'art. 315, la légitimité de l'enfant ne eut être contestée que quand cet enfant est né trois cents ours après la dissolution du mariage. Du reste, il importe eu que la naissance ait lieu au commencement, au milieu ou la fin de la journée, pourvu qu'elle se réalise dans le centatre-vingtième jour au plus tôt, ou dans le trois-centième our au plus tard. Le texte même de l'art. 312 proclame cette olution, et c'est là, d'ailleurs, le principe général d'après equel la loi suppute les délais ; elle compte, non pas par eures, *de momento ad momentum*, ce qui eût donné naisce à mille et mille embarras, mais par jours, *de die ad diem*, est-à-dire par durée de vingt-quatre heures, de minuit à uit (Arg. C. Nap., 2147, 2260 et 2261). Tout le monde est d'accord sur ce point ; mais il en est autrement sur le fait de savoir si le jour de la célébration du mariage doit être compris dans les cent quatre-vingts jours après lesquels commence la légitimité, et celui de la dissolution dans les trois cents jours après lesquels cette légitimité s'évanouit.

MM. Duranton, t. 3, n° 32; Marcadé sur l'art. 312, C. Nap., et Massé et Vergé sur Zachariæ, t. 1er, p. 294, comprennent le jour de la célébration du mariage dans les cent quatre-vingts jours formant le minimum de la grossesse et excluent le jour de la dissolution des trois cents jours formant le maximum; ce qui réduit le minimum de la durée légale de la grossesse à cent soixante-dix-huit jours pleins, le jour de la célébration du mariage et celui de la naissance de l'enfant étant comptés dans les cent quatre-vingts, d'après ces auteurs. Mais cette doctrine nous paraît inconciliable avec le texte et l'esprit du 2e alinéa de l'art. 312, C. Nap., dans l'hypothèse duquel on est forcé de calculer de la même manière le délai de la gestation la plus courte et celui de la gestation la plus longue, sans qu'il soit possible, tout à la fois, d'exclure le jour *à quo* du premier de ces delais, et de le comprendre dans le second.

Toullier, t. 2, n° 792; Delvincourt, t. 1er, p. 83, note 3, et Proudhon, t. 2, p. 57-1°, comprennent le jour *à quo*, soit dans le minimum, soit dans le maximum, c'est-à-dire le jour de la célébration du mariage dans les cent quatre-vingts jours de l'art. 314, C. Nap., et le jour de la dissolution dans les trois cents jours de l'art. 315 du même Code. Enfin, Zachariæ, § 546, texte et note 2; Duvergier sur Toullier, t. 2, n° 792, note *A*; Demante, *Prog.*, t. 1er, n° 293 et *Cours anayl.*, t. 2, n° 38 *bis*; Demolombe, t. 5, p. 17 à 19; Aubry et Rau sur Zachariæ, t. 4, p. 563-564, excluent le jour *à quo*, soit du minimum, soit du maximum; ils exigent, pour le minimum, cent soixante-dix-neuf jours pleins, non compris le jour de la célébration du mariage; et, pour le maximum, deux cent quatre-vingt-dix-neuf jours pleins, non compris le jour de la dissolution, le jour de la naissance appartenant tout entier à l'enfant, et complétant ainsi, soit les cent quatre-vingts, soit les trois cents jours. De ces trois systèmes, le dernier nous paraît d'autant plus conforme aux principes généraux sur la supputation des délais, qu'il est le seul conciliable avec les termes de l'art. 312, et qu'il n'est nullement contraire aux textes des art. 314, 315 et 2260, C. Nap., sainement interprétés. — Le fait du mariage et l'époque de l'accouchement établis, l'enfant conçu pendant le mariage a pour père le mari: *Pater is est quem nuptiæ demonstrant* (C. Nap., art. 312).

Faisant l'application de nos présomptions aux cas prévus par la loi, trois hypothèses peuvent se présenter : 1° l'enfant est né ou conçu pendant le mariage, il naît sous la protection de la règle *pater is est ;* il est né pendant, mais conçu avant le mariage ; de même que le premier, il naît protégé par la règle *pater is est.....*; 3° il est né depuis le mariage, mais conçu avant sa dissolution : il semble qu'il est forcément et de plein droit illégitime ; nous verrons cependant qu'il est de fait en possession des avantages de la légitimité, tant qu'elle n'a pas été judiciairement contestée. — Nous examinerons ces trois hypothèses dans les trois sections suivantes.

SECT. II.—*De l'enfant conçu et né pendant le mariage.*—*Présomption légale de paternité.*—*Exception* (C. Nap., art. 312, 313; L. 15, 22 nov. et 6 déc. 1850).

445. Aux termes de l'art. 312, C. Nap., « l'enfant conçu pendant le mariage a pour père le mari de la femme qui l'a mis au monde : *Pater is est quem nuptiæ demonstrant* » (C. Nap., art. 312, § 1er).

Néanmoins celui-ci peut désavouer l'enfant s'il prouve que, pendant le temps qui a couru depuis le trois-centième jusqu'au cent-quatre-vingtième jour avant la naissance de cet enfant, il était, soit par cause d'éloignement, soit par l'effet de quelque accident, dans l'impossibilité physique de cohabiter avec sa femme » (C. Nap., art. 312-2°).

La nature a couvert d'un voile mystérieux le fait de la conception ; mais comme il importait à la société que la paternité ne restât pas toujours incertaine, et que le sort des enfants fût fixé d'une manière invariable, il a fallu recourir, à défaut de données certaines, à des probabilités que la loi élève au rang de preuves, et qu'on appelle pour cela présomptions légales, c'est-à-dire, à des conséquences tirées d'un fait connu, le mariage de la mère, à un fait inconnu, la paternité du mari. De là ce principe fondamental : « L'enfant conçu pendant le mariage a pour père le mari, tiré de la loi romaine (L. 5. ff. *de in jus vocando, pater is est quem nuptiæ demonstrant*), et reproduit par notre art. 312.

Il suffit, comme on voit, pour que l'enfant soit réputé légitime, qu'il ait été conçu pendant le mariage.

Mais cette présomption n'est admise par la loi que jusqu'à preuve contraire.

Le mari, en effet, est admis, non pas absolument, mais dans trois circonstances, indiquées, l'une par notre art. 312, et les deux autres, par le nouvel art. 313, loi 6 déc. 1850, à désavouer l'enfant conçu par sa femme pendant le mariage, c'est-à-dire à faire déclarer par la justice que cet enfant n'est pas de lui. La première cause, c'est l'impossibilité physique de cohabiter avec sa femme dans l'intervalle de temps antérieur à la naissance de l'enfant qui se trouve compris entre le terme de la gestation la plus longue et celui de la gestation la plus courte.

La seconde, c'est l'adultère de la femme et le recel de l'enfant, joints à l'impuissance morale de cohabitation pendant tout le temps légal de la conception, et la troisième et dernière, c'est la séparation de corps.

446. La loi romaine (L. 6 Dig. *his qui sui vel alieni juris sunt*) admettait quatre exceptions : 1° l'impuissance absolue et perpétuelle du mari ; 2° l'éloignement du mari pendant que la femme était devenue enceinte ; 3° l'impuissance passagère causée par une maladie grave survenue au mari ; 4° enfin *toute autre* circonstance prouvant que le mari n'a pas cohabité avec sa femme : *aliâ ex causâ* (MERLIN, *Rép.*, v° *Légit.*, sect. 2, § 2 ; DURANTON, nos 16 et 17).

On a prétendu que ces mots, *ex aliâ causâ*, s'appliquaient dans leur généralité à l'impossibilité morale comme à l'impossibilité physique de cohabitation. Mais la jurisprudence des pays de droit écrit était contraire à cette interprétation. Elle décidait que les lois romaines n'admettaient d'autre exception à la règle *pater is est* que celle résultant d'une impossibilité physique de la part du mari de cohabiter avec sa femme au temps de la conception de l'enfant (Cass., 4 sept. 1811) ; qu'elles n'admettaient pas celle résultant d'une impossibilité morale (Bordeaux, 4 therm. an XI, 12 fév. 1838 et 29 avril 1841 ; J.P.38.2.559 et 41.2.202).

447. Dans les pays de droit coutumier, les seules preuves opposables à la présomption de paternité étaient : l'absence certaine et continuelle du mari au moment de la conception ; son impuissance naturelle et accidentelle (D'AGUESSEAU, t. 2, p. 542 ; arrêts 15 juin 1673 et 29 juin 1712).

La Cour de Paris, par arrêt du 11 mars 1811, a cependant jugé que la présomption de paternité dans le mariage, fondée sur la maxime *pater is est...*, n'était pas tellement forte qu'elle ne pût être détruite que par des impossibilités physiques de cohabition et qu'elle repoussât, par conséquent, les impossibilités morales.

448. Le Code Napoléon a déterminé avec précision les exceptions admissibles ; il conserve celles relatives à l'impossibi-

lité physique, en rejetant néanmoins l'allégation d'impuissance naturelle; il n'admet l'exception fondée sur l'impossibilité morale qu'en prouvant : 1° l'adultère de la femme ; 2° le recel de la naissance de l'enfant (C. Nap., art. 312 et 313. V. *inf.*, nos 452 et s.).

Toutes autres exceptions sont proscrites, la présomption capable d'attaquer celle de la loi, devant être écrite dans la loi même (D'Aguesseau, 23e plaidoyer; Merlin, v° *Lég.*, sect. 2, § 2, n° 3 ; Toullier, t. 2, nos 818 et suiv.; Duranton, t. 3, n° 54).

§ 1er. — **De l'impossibilité physique de cohabitation. — Première cause de désaveu** (C. Nap., art. 312, § 2).

449. L'impossibilité physique où aurait été le mari de cohabiter avec sa femme pendant les jours dans lesquels se place la conception, ne peut légalement résulter que de l'une de ces deux circonstances, l'éloignement ou l'impuissance accidentelle.

L'éloignement doit avoir été tel que toute réunion même momentanée entre les époux pendant le temps légal de la conception, ait été physiquement, matériellement, absolument impossible. Ainsi, quoique les époux soient placés chacun aux deux extrémités du monde, le mari est inadmissible à prouver que pendant le temps légal de la conception, il n'a pas quitté sa résidence, car avec la rapidité actuelle de nos moyens de locomotion, et chacun des époux pouvant d'ailleurs faire la moitié du chemin, il n'y a pas de distance qui ne puisse être matériellement franchie par les époux dans cet intervalle de temps.

Le fait de savoir s'il y a eu ou non un éloignement suffisamment caractérisé n'est donc point une pure question de distance. L'éloignement est, dans le sens de notre article, toute *séparation* de nature à rendre d'ailleurs complétement impossible la réunion, même un seul instant, des époux. C'est là, du reste, un point de fait que la loi abandonne à l'appréciation souveraine du juge. Dans le doute, il doit prononcer en faveur de l'enfant ; *in dubio prævaleat favor partûs*. L'impossibilité de cohabitation pourrait donc résulter de la circonstance que les époux ont été renfermés, l'un dans la prison de Lyon, l'autre dans celle de Rouen ou dans une prison d'aliénés, où leur présence pendant le temps légal de la conception, a été régulièrement constatée (Arg. Cass., 24 juill.

1844, Dev.44.1.626 ; Paris, 5 mars 1853, Dev.54.1.122 ; Duranton, t. 3, nos 40 et 41 ; Proudhon, t. 2, p. 24 ; Zachariæ, Aubry et Rau, t. 4, p. 575 ; Mourlon, *Rép. écrit.*, t. 1er, p. 429 ; Demolombe, t. 5, no 30).

Mais la reclusion de l'un d'eux seulement, dans l'intervalle légal de la conception, serait évidemment insuffisante pour constater l'impossibilité physique de cohabitation dans le sens de l'art. 312, C. Nap., car il est possible que le gardien se soit laissé corrompre et par conséquent qu'un rapprochement entre le mari et la femme ait eu lieu (Toullier, t. 2, no 809 ; Ducaurroy, Bonnier et Roustain, t. 1er, no 431).

450. L'impuissance accidentelle doit également être telle que le mari ait été absolument incapable d'engendrer à l'époque de la conception ; elle peut résulter d'une blessure, d'une mutilation, d'une opération chirurgicale ou de tout autre accident, et non d'une maladie interne, car une maladie, quelle que soit sa gravité, n'est point, selon le langage habituel, un *accident* dans le sens de notre article. Le doute qui s'élèverait sur l'impuissance accidentelle du mari devrait se résoudre en faveur de l'enfant. Du reste, la loi n'ayant ni défini ni énuméré les accidents susceptibles de produire l'impuissance, elle a par cela même encore abandonné ce point à l'appréciation du juge (Toullier, t. 2, no 810 ; Proudhon, t. 2, p. 27 et 28 ; Duranton, t. 3, no 42 ; Demolombe, t. 5, no 32 ; Zachariæ, Aubry et Rau, t. 4, p. 576).

451. L'impuissance naturelle et même l'impuissance accidentelle antérieure au mariage sont également inadmissibles comme causes de désaveu. C'est avec raison que la loi refuse d'entendre, en pareil cas, la plainte du mari, car c'est lui qui est en faute d'avoir trompé sa femme. Comment concevoir, disait le tribun Duveyrier, le cynisme impudent d'un homme qui vient révéler sa turpitude et son infamie pour déshonorer sa compagne et sa victime (Delvincourt, t. 1, p. 206 ; Marcadé, sur l'art. 312, no 3 ; Demolombe, *loc. cit.*, nos 33 et 35 ; Zachariæ, Aubry et Rau, *loc. cit.*, p. 576, note 45) ?

Il en serait cependant autrement s'il s'agissait d'une impuissance temporaire de sa nature (Demolombe, *loc. cit.*, no 36).

§ 2.—De l'impossibilite morale de cohabitation.—Deuxième cause de desaveu (C. Nap., art. 313, 1er alinéa).

452. Le mari ne pourra, en alléguant son impuissance naturelle, désavouer l'enfant ; il ne pourra le désavouer même

pour cause d'adultère, à moins que la naissance ne lui ait été cachée, auquel cas il sera admis à proposer tous les faits propres à justifier qu'il n'en est pas le père (C. Nap., art. 313).

453. La seconde cause pour laquelle la loi permet au mari une action en désavœu contre l'enfant né de sa femme et conçu pendant le mariage, c'est l'adultère de la femme et le recel de l'enfant, joints à l'impuissance morale de cohabitation. L'adultère de la femme ne suffit point pour faire preuve de la non-paternité du mari, car il se peut que celui-ci soit le père, quoique sa femme ait été infidèle (V. *suprà*, n° 444 et s.). Le recel de l'enfant n'est point lui-même suffisant ; il ébranle fortement, il est vrai, le fondement de la présomption légale *pater is est*, car la femme qui cache sa grossesse et son accouchement à son mari reconnaît implicitement et d'une manière très-significative qu'elle n'a pas eu de rapports avec lui ; mais comme, en définitive, il se peut que la femme, alors même qu'elle a cohabité avec son mari, lui cache sa grossesse, soit parce qu'elle redoute sa jalousie soupçonneuse, soit pour tout autre motif, la loi dans ce doute a décidé et a dû décider en faveur de l'enfant. Lorsque l'adultère et le recel existent cumulativement, la présomption légale *pater is est* est plus fortement encore ébranlée ; néanmoins elle subsiste. Ces deux circonstances essentielles réunies ne suffisent même pas pour la faire tomber : *cum possit et mater adultera esse et impuber defunctum patrem habuisse* (L. 11, § 9, Dig., *ad legem Juliam*), il faut encore que le mari présente la preuve des faits propres à établir l'impossibilité morale de cohabitation des époux. Cette preuve peut résulter entre autres de l'âge très-avancé du mari, de son état de maladie grave, de leur demeure habituelle dans des pays éloignés l'un de l'autre, de la mésintelligence qui régnait entre les époux, de la séparation de corps qui avait fait cesser toute relation entre eux et, en un mot, de toutes autres circonstances. L'appréciation de ces faits et circonstances que le défendeur à l'action en désavœu est admis à combattre par des indices contraires, est abandonnée au pouvoir discrétionnaire des juges (C. Nap., art. 1353 ; Cass., 14 fév. 1854, S.54.1.225 ; TOULLIER, t. 2, n° 816 à 818 ; DURANTON, t. 3, n° 52 à 54 ; DEMOLOMBE, t. 5, nos 40 à 46 ; MARCADÉ, sur l'art. 313, n° 1 à 3 ; ZACHARIÆ, AUBRY et RAU, t. 4, p. 578).

454. Le désavœu est, comme on voit, subordonné au concours de ces trois conditions : adultère de la femme, recel de l'enfant, impossibilité morale de cohabitation. Chacun de ces

faits étant la condition *sine quâ non* du désavœu, doit être prouvé spécialement et positivement.

Mais dans quel ordre doivent-ils l'être ? Notre article n'en dit rien ; il pose le principe sans en régler la procédure. Peu importe donc que l'adultère soit prouvé *avant ou après* le recel et l'impossibilité morale de cohabitation : autrement, la combinaison des textes du Code conduirait à l'absurde ; en effet, les délais accordés au mari, par l'art. 316, C. Nap., pour intenter l'action en désaveu, seraient illusoires, car ces délais se trouveraient presque toujours expirés avant qu'il eût pu être statué sur l'instance en adultère (Arg. Cass., 8 juill. 1812 ; 25 janv. 1831 et 31 mai 1838 ; Bordeaux, 5 juill. 1843, J.P.38.2.360 et 44.2.168 ; DURANTON, t. 3, n° 51 ; DEMOLOMBE, n° 42 à 46 ; MARCADÉ, sur l'art. 313, n° 3. — *Contrà*, TOULLIER, t. 2, n° 812 et 815 ; PROUDHON, t. 2, p. 23 ; MALLEVILLE, sur l'art. 314).

455. Mais ce qui prouve assez l'économie de notre article, et ce que demandent d'ailleurs les principes généraux, c'est qu'au mari seul incombe la preuve de tous les faits qui doivent motiver l'admission du désavœu ; ce n'est pas, comme l'ont prétendu à tort certains auteurs, à la femme d'établir qu'elle n'est point adultère, qu'elle n'a rien fait pour cacher la naissance de l'enfant : *incombit probatiò ei qui decit, non ei qui negat*. En vain dirait-on avec Delvincourt, t. 1, p. 207, quant au recel de la naissance, que c'est là un fait négatif, car la loi demande au mari, non pas de prouver qu'il a ignoré la naissance de l'enfant, mais qu'on la lui a cachée, ce qui constitue assurément un fait très-positif (Arg. Nîmes, 13 juill. 1827 ; DURANTON, t. 3, n° 50 ; ZACHARIÆ, t. 3, p. 635, 546, note 46 ; MARCADÉ, sur l'art. 313).

Le recel peut résulter de toutes les précautions prises pour que le mari ignore la grossesse de l'accouchement de sa femme, ou de ce que l'enfant a été inscrit sur les registres de l'état civil sous le nom de sa mère et comme né de père inconnu (Paris, 28 juin 1819 et 4 déc. 1820) ; ou enfin, sous des noms supposés (Bordeaux, 5 juill. 1843, J.P.44.2. 168).

456. Mais il n'y a pas recel dans le sens légal, lorsque la grossesse de la femme a été notoire dans la localité, d'ailleurs peu importante, que les époux, quoique séparés l'un de l'autre, habitaient tous deux, et lorsque l'enfant a été publiquement présenté sous le nom du mari aussitôt après sa naissance, tant à l'état civil qu'au baptême, toutes ces circon-

stancss étant exclusives du recel (Arg. Aix, 20 avril 1837, J.P.37.2.543) ;

Ou lorsque l'enfant né en l'absence du mari a été soustrait à ses regards lors de son retour, alors surtout qu'il est né dans le domicile conjugal, au vu et su de tous les voisins, et qu'il a été inscrit sur les registres de l'état civil comme enfant légitime (Arg. Paris, 19 juin 1826 ; MARCADÉ, *loc. cit.*).

§ 3. — **De la séparation de corps.—Troisième cause de désaveu** (C. Nap., art. 313, 2e alinéa ; L. 15, 22 nov. et 6 déc. 1850).

457. En cas de séparation de corps *prononcée*, ou même *demandée*, le mari pourra désavover l'enfant qui sera né trois cents jours après l'ordonnance du président, rendue aux termes de l'art. 878, C. proc. civ., et moins de cent quatre-vingts jours depuis le rejet définitif de la demande, ou depuis la réconciliation. L'action en désaveu ne sera pas admise s'il y a eu réunion de fait entre les époux (C. Nap., nouvel art. 313, 2e alinéa).

Cette loi nouvelle est une atteinte directe portée à l'indissolubilité du mariage ; elle crée pour les époux un état mixte qui suppose que, par la séparation, ils sont devenus en quelque sorte étrangers l'un à l'autre ; sous ce rapport, c'est un premier acheminement vers le rétablissement du divorce, qui rompt entièrement le lien conjugal. Jusqu'ici, et en droit, la séparation de corps n'était considérée que comme un état passager qui ne portait aucune atteinte réelle aux droits mêmes des époux et même aux rapports légaux qui existaient entre eux ; tout ce qui en résultait, c'est que la femme était autorisée à avoir son domicile personnel. Mais la règle : *pater is est quem nuptiæ demonstrant* n'en conservait pas moins toute sa vigueur, et même dans un ordre d'idées plus restreint, la femme n'en reste pas moins soumise à l'obligation de se faire autoriser par son mari pour tous les contrats qu'elle veut souscrire relativement à l'aliénation de ses immeubles.

Malgré la loi nouvelle, cette dernière obligation subsiste, et c'est seulement en ce qui concerne le désaveu de paternité que l'exception est admise. Déjà la jurisprudence avait pourvu aux nécessités de cette situation en admettant comme cause suffisante de désaveu l'impossibilité morale de cohabitation entre les époux. Peut-être eût-il été préférable de s'en tenir à ce principe. Il est a remarquer, du reste, que la loi nouvelle n'apporte aucune modification aux règles ordinaires qui régissent les demandes en désaveu. Ainsi, on demeure toujours sous l'empire de l'art. 316, C. Nap., et le mari, malgré la séparation, n'en sera pas moins tenu de former, *à peine de déchéance,* sa demande en désaveu, dans les délais prescrits par cet article (Arg. Poitiers, 22 janv. 1857, J.P.58, p. 281; Cass., 9 déc. 1857, Dev.58.1.97; Duvergier, *Rec. des lois,* 1850, p. 475, note 3; Demolombe, t. 5, nos 55 *bis*, 111).

Du reste, le mari séparé de corps prouve aujourd'hui sa non-paternité, par cela seul qu'il établit que l'enfant est né trois cents jours après l'ordonnance du président, rendue aux termes de l'art. 878, C. de proc. civ., si alors la femme a abandonné de fait le domicile conjugal, ce qui arrive le plus généralement; si elle continue à y demeurer, comme cela arrive assez souvent encore, après l'ordonnance rendue, à partir seulement du jour où elle aura été exécutée, et moins de cent quatre-vingts jours depuis le rejet définitif de la demande, ou depuis la réconciliation, c'est-à-dire du jour où la décision aura reçu son exécution par la réintégration de la femme dans le domicile conjugal. La réunion de fait éteint d'une manière absolue l'action en désaveu, même alors qu'elle a été précédemment intentée (Massé et Vergé sur Zachariæ, t. 1, p. 280; P. Gilbert, Dev. 1854, 1.226.2.249, et 1858, 2.689).

Sect. II. — *De l'enfant né pendant le mariage, mais conçu avant le mariage* (Cod. Nap., art. 314).

459. L'enfant né avant le cent-quatre-vingtième jour du mariage ne pourra être désavoué par le mari dans les cas suivants : 1° s'il a eu connaissance de la grossesse avant le mariage ; 2° s'il a assisté à l'acte de naissance, et si cet acte est signé de lui ou contient sa déclaration qu'il ne sait signer; 3° si l'enfant n'est pas déclaré viable (C. Nap., art. 314).

460. Le principe que consacre cet article est une conséquence logique de la rubrique de notre titre où les enfants nés dans le mariage sont dits légitimes, sans distinguer s'ils ont été conçus *pendant* ou *avant* le mariage. « Le caractère de *la ligitimité*, disait M. Portalis au Conseil d'Etat, est propre à l'enfant qui *naît* pendant le mariage, soit que cet enfant ait été conçu *avant* ou *après* ». « C'est, ajoutait M. Regnault, la *naissance* de l'enfant et non sa *conception* qui fait son titre : l'enfant *conçu avant* le mariage et *né* après est *légitime*, si le père ne réclame pas. »

La loi a voulu par là, dans l'intérêt de la morale et de l'enfant, jeter un voile sur le temps qui a précédé le mariage;

elle a craint les inquisitions dans le passé, et en cela elle ne saurait être critiquée.

Ainsi donc, en règle générale, et sauf le cas de conception adultérine ou incestueuse (C. Nap., art. 331), l'enfant simplement né dans le mariage, quoique conçu avant la célébration, est et reste légitime jusqu'au désaveu.

Comment, en effet, une cause légitime produirait-elle un effet illégitime? Dans certains cas, il est vrai, l'enfant simplement conçu est *réputé déjà né;* mais quand la loi s'attache ainsi à sa conception, c'est toujours pour l'investir d'un droit ou d'un titre utile (C. Nap., art. 725 et 906). La fiction *infans conceptus pro nato habetur* est toute dans son intérêt. On ne peut donc pas la tourner contre lui. Dès là qu'elle pourrait lui nuire, on rentre dans la réalité, et la réalité, c'est la naissance.

461. L'enfant *conçu pendant le mariage* ne peut être désavoué que par *exception,* c'est-à-dire dans certains cas limitativement déterminés par la loi. Ainsi, le mari qui le désavoue doit établir, dans l'espèce prévue par l'art. 312, C. Nap., une impossibilité physique de cohabitation pendant le temps légal de la conception, ou dans les hypothèses réglées par l'art. nouveau 313 : 1° l'adultère de la femme, le recel de l'enfant et une impossibilité morale de cohabitation ; 2° et la séparation de corps prononcée ou même demandée (V. les trois paragraphes de la précédente section).

462. Quant aux enfants *nés* pendant, mais *conçus avant* le mariage, le droit de les désavouer, au lieu de former l'*exception,* devient la règle. Le désaveu n'est renfermé dans aucune limite. Le mari qui le forme n'a, pour réussir, que deux dates à prouver, celle de son mariage et celle de la naissance de l'enfant. S'il s'est écoulé entre ces deux faits moins de cent soixante-dix-neuf jours pleins, l'enfant doit nécessairement être déclaré illégitime ; mais la raison veut qu'il en soit autrement quand le mari a antérieurement avoué l'enfant pour sien. L'aveu fait que la légitimation s'est accomplie, et l'enfant une fois devenu légitime on ne peut plus lui enlever cette qualité. Ainsi, le désaveu doit être écarté : 1° lorsque le mari *a eu connaissance de la grossesse avant le mariage.* La loi présume alors qu'il s'est marié afin de réparer sa faute, et conclut qu'il a par là même reconnu sa paternité, et, par suite, renoncé par anticipation à l'action en désaveu. Ce fait peut être prouvé contre le mari soit par titres, soit par témoins, soit même par de simples présomptions, et, par con-

séquent, par des inductions tirées des relations habituelles et intimes qu'il a eues avec sa femme avant le mariage ; 2° quand il a assisté à la rédaction de l'acte de naissance de cet enfant, et que cet acte est signé de lui, ou qu'il contient sa déclaration qu'il ne sait signer, ce qui équivaut à sa signature. La loi voit encore dans ce fait un aveu tacite de la paternité et, par suite, une renonciation à l'action en désaveu. Mais pour qu'il en soit ainsi, il faut, bien entendu, que l'acte ne contienne, d'une part, aucune protestation ou réserve faite par le mari contre la qualité de légitime donnée à l'enfant ; d'autre part, aucune énonciation contraire à sa paternité, telle que la mention que l'enfant est né de père inconnu.

Ainsi, le mari qui, étant malade ou absent, n'a point assisté à l'acte de naissance de l'enfant, ne serait pas recevable à le désavouer, s'il était établi d'ailleurs qu'au moment où il a appris l'accouchement de sa femme, il lui a écrit pour la féliciter de son heureuse délivrance et du fils qu'elle vient de lu donner, ou à un ami pour le prier de veiller pour lui à la rédaction de l'acte de naissance, ou enfin s'il a présenté l'enfant comme sien à sa famille, à ses amis, ou l'a placé lui-même en nourrice et a pris part à la fête du baptême. La loi voit, dans ces divers cas, un aveu tacite, mais certain, de paternité ; le mari argumenterait vainement de l'art. 334, C. Nap. ; cet article n'est pas applicable aux enfants légitimes. D'ailleurs, si la loi déclare le mari non recevable, lorsqu'il a renoncé tacitement à l'action en désaveu, ou lorsqu'il n'a pas réclamé dans le délai légal, à plus forte raison doit-il en être de même s'il y a renoncé *expressément* ; peu importe donc que l'aveu soit tacite ou exprès, ainsi que la nature du fait duquel on peut l'induire avec certitude.

Mais, en dehors d'un aveu formel ou tacite, le n° 3 de notre article ne permet pas au mari de faire déclarer illégitime l'enfant qui n'est pas né viable, c'est-à-dire l'enfant qui, quoique né vivant, est d'une constitution si imparfaite qu'il est impossible qu'il vive *vitæ habilis*. Cet enfant ni aucun de ses représentants ne peuvent acquérir aucune espèce de droit, car, aux yeux de la loi, un tel enfant ne compte point ; il est assimilé à l'enfant mort-né (C. Nap., art. 725-2°). La loi, dès lors, ne devait pas permettre au mari une poursuite en désaveu, qui n'aurait d'autre effet que du scandale et le déshonneur, sans profit pour lui et la femme à laquelle il a donné son nom. Or, point d'intérêt, point d'action (DELVINCOURT sur l'art. 314 ; MARCADÉ sur l'art. 314, n° 2 ; DEMO-

LOMBE, t. 5, n°s 76 et 325 ; ZACHARIÆ, AUBRY et RAU, t. 14, p. 580).

SECT. IV. — *De l'enfant né depuis la dissolution du mariage* (C. Nap., art. 315).

463. La légitimité de l'enfant né trois cents jours après la dissolution du mariage pourra être contestée (C. Nap. art. 315).

464. L'enfant né après trois cents jours révolus depuis la dissolution ou l'annulation du mariage, étant conçu et né en dehors du mariage, ne peut invoquer le bénéfice de la règle *pater is est*. La présomption d'illégitimité de cet enfant est absolue ; néanmoins elle ne rend pas illégitime de plein droit l'enfant contre lequel elle s'élève, il faut que l'illégitimité dont cet enfant est en possession soit constatée et proclamée judiciairement. La nécessité de cette constatation en justice a été parfaitement expliquée et pleinement justifiée par M. Duveyrier, dans son discours au Corps législatif, p. 220. « Pourquoi, dit-il, cet enfant n'est-il point de plein droit illégitime, et mis au nombre des enfants naturels ? Parce que tout intérêt particulier ne peut être combattu que par un intérêt contraire. La loi n'est point appelée à réformer ce qu'elle ignore ; et si l'état de l'enfant n'est point attaqué, il reste à l'abri du silence que personne n'est intéressé à rompre, » et continue par conséquent de jouir des avantages et des droits attachés à la légitimité tant qu'un jugement ne l'en a pas dépouillé. Notre article ne dit pas autre chose. Du reste, la mission du juge dans cette hypothèse se borne à la constatation d'un fait : s'il reconnaît par la comparaison de l'acte de naissance avec l'acte de décès, que l'enfant est véritablement né hors du délai fixé par notre art. 315, il doit *nécessairement* le déclarer illégitime ; l'admission ou le rejet de la contestation de légitimité n'est pas, dans l'espèce, abandonné à son pouvoir discrétionnaire. En effet, ce qui est facultatif dans ces mots de notre article : *la légitimité... pourra être contestée*, ce n'est pas la décision des juges, c'est purement et simplement la contestation des parties intéressées. L'art. 315, C. Nap., ne comporte pas un autre sens, à moins de confondre le désaveu régi par l'art. 312 du même Code, et la contestation, objet unique de notre article, comme le font à tort certains auteurs, malgré l'énorme différence qui existe entre eux. V. *infrà*, sect. 5. En effet, par le *désaveu*, on cherche à enlever à l'enfant la qualité de fils légitime que lui donne la présomption légale (C. Nap.,

art. 312) ; par la *contestation*, au contraire, on soutient qu'il n'a jamais eu cette qualité, et on demande qu'il soit déclaré illégitime (C. Nap., art. 315).

465. L'action en désaveu ne peut être exercée que par le mari seul ou par ses héritiers, dans les cas prévus par l'art. 317 du même Code, tandis que la contestation de légitimité peut être élevée par tous ceux qui ont intérêt à repousser l'enfant (V. *infrà*, sect. 5, § 1er).

466. Le délai pour intenter l'action en désaveu est réglé par l'art. 316, C. Nap.; il n'y a pas de délai fixé pour la contestation de légitimité (Arg. Grenoble, 12 avril 1809; Aix, 8 janv. 1812, Dall., t. 8, p. 553 et 554; Cass., 13 avril 1820; Angers, 11 avril 1821, S.21.1.8, 22.2.177 ; Proudhon et Valette, t. 2, p. 41 et suiv. ; Duranton, t. 3, nos 56, 59 ; Duvergier, t. 2, n° 823 ; Zachariæ, t. 3, p. 633 ; Richefort, p. 82 ; Dalloz, v° *Filiat.* ; Marcadé, sur l'art. 315 ; Demolombe, t. 5, nos 85 et suiv. ; Mourlon, *Rép. écrit*, t. 1, p. 440. — *Contrà*, Limoges, ch. réun., 18 juin 1840, Dev.40.2. 509 ; *Sic*, Merlin, *Rép.*, v° *Légit.*; Delaporte, sur l'art. 315; Favard, *Rép.*, v° *Pater.*, n° 6 ; Locré, sur l'art. 315 ; Malleville, *ibid.*).

Sect. V.—*De l'action en désaveu et de la contestation de légitimité* (C. Nap., art. 316 à 318).

§ 1er. – **A qui appartiennent les actions en désaveu et en contestation de légitimité** (C. Nap., art. 316 et 317).

467. L'action en désaveu n'est pas une question de famille, appartenant à toutes parties intéressées ; elle appartient tout d'abord au mari, et au mari seul, tant qu'il vit. La loi le constitue exclusivement juge du fait sur lequel repose le désaveu ; s'il garde le silence, personne n'a qualité pour agir, ni le droit de se plaindre.

Le droit de désaveu ne peut donc, du vivant du mari, être exercé ni par les parents de celui-ci, ni par l'enfant, ni par la femme, ni par les créanciers, ni *à fortiori* par les parents de celle-ci. La loi comme la raison et la morale s'y opposent. A quoi, en effet, servirait leur poursuite, si ce n'est à dévoiler la turpitude et le déshonneur de la mère, etc., la bâtardise honteuse de l'enfant (Toullier, t. 2, n° 835 ; Marcadé, sur l'art. 317, n° 1 ; Demolombe, t. 5, nos 113, 114, 115, 135; Zachariæ, Aubry et Rau, t. 4, p. 584) ?

La loi donnant au tuteur non-seulement le droit, mais lui faisant un devoir de représenter l'interdit dans tous les actes civils, lui reconnaît par là même, en effet, qualité pour agir toutes les fois qu'il y a lieu de prévenir ou de repousser une atteinte à la personne, à l'état et aux biens de celui qu'il représente ; et de même que, en cas de réclamation d'état par l'enfant, il serait seul partie pour établir, la maternité prouvée, que le réclamant n'est pas le fils du mari de la mère ; en cas de filiation légitime, constatée par l'acte de naissance, il doit être admis à repousser par une action en désaveu la paternité attribuée au mari par l'acte de naissance de l'enfant (Arg. Cass., 24 juill. 1844, J.P.44.1.365; MERLIN, *Q. de dr.*, v° *Légit.*, § 8 ; PONT, *Revue de dr. fr. et étr.*, 1845, t. 2, p. 347 ; DEMOLOMBE, t. 5, n°s 116 à 118. — *Contrà*, ZACHARIÆ, t. 2, p. 625; MALLEVILLE, sur l'art. 316; PROUDHON, t. 2, p. 43 ; ZACHARIÆ, AUBRY et RAU, t. 4, p. 584).

468. Mais si le mari meurt étant encore maître de son action, c'est-à-dire dans le délai que la loi lui donne pour l'intenter, et aussi, bien entendu, sans avoir avoué formellement l'enfant, ou lorsque, l'ayant déjà intentée lui-même, il meurt pendant le procès, l'action en désaveu passe à ses héritiers de plein droit (C. Nap., 317). C'est seulement quand il y a eu renonciation expresse ou tacite du mari, ou quand il a succombé sur sa demande, que le droit de désaveu n'est pas transmissible aux héritiers ; elle passe à ceux-ci, non pas parce qu'ils représentent le mari, mais parce qu'elle est un droit pécuniaire qui, comme tel, fait partie intégrante du patrimoine qu'il leur a transmis. Ainsi, les parents du mari qui ne sont point ses héritiers, ou qui, l'étant, ont renoncé à sa succession, ne peuvent pas exercer l'action ; la raison le dit et l'art. 317, C. Nap., le prouve assez, en ne faisant courir le délai fatal qu'à partir du moment où l'enfant veut se mettre en possession des biens du mari, ou de l'époque où l'action passe avec les biens dont elle fait partie, à tous ceux qui, à un titre quelconque, recueillent sa succession, à ses successeurs aussi bien qu'à ses héritiers proprement dits. Ainsi, les donataires ou légataires universels ou à titre universel, et aussi les enfants naturels, la veuve et l'Etat, étant appelés, les uns à défaut des autres, à la plénitude du droit héréditaire dont l'action de désaveu fait partie (C. Nap., art. 758, 767 et 768), peuvent incontestablement exercer cette action (Arg. Cass., 8 déc. 1851, S.52.1.161 ; DURANTON, t. 3, n°s 71, 73 et 80 ; VALETTE sur PROUDHON, t. 2, p. 56, note *a* ; MARCADÉ, art. 317, n° 1 ; DEMOLOMBE, t. 5, n° 121 ; ZACHARIÆ, AUBRY et RAU, t. 4, p. 586).

Mais les donataires ou légataires à titre particulier ne le pourraient pas, car, appelés à recueillir un droit défini et limité, ils ne succèdent à aucune des actions du défunt; ils n'ont que l'action en contestation de légitimité (DURANTON, t. 3, nos 80 à 83 ; PROUDHON, *loc. cit.;* MARCADÉ, *loc. cit.;* ZACHARIÆ, AUBRY et RAU, *loc. cit.;* DEMOLOMBE, n° 130. — *Contrà*, DELVINCOURT, t. 1, p. 364).

Cette transmission a lieu quel que soit le fait qui motive le désaveu. Ainsi, les héritiers du mari peuvent exercer l'action en désaveu fondée soit sur l'impuissance accidentelle du mari, soit sur l'adultère de la femme et le recel de l'enfant.—*Conf.*, TOULLIER, t. 2, p. 41 et 42 ; DURANTON, t. 3, n° 77; ZACHARIÆ, p. 645 et 646, notes 7 et 8; VALETTE, t. 2, p. 56 ; MARCADÉ, sur l'art. 316; MOURLON, *loc. cit.*, p. 442; AUBRY et RAU, *loc. cit.;* DEMOLOMBE, *loc. cit.* — *Contrà*, LOCRÉ, sur l'art. 316; PROUDHON, *loc. cit.* V. aussi MERLIN, sect. 2, § 2, n° 4).

469. L'action en désaveu subit, en passant soit de l'interdit à son tuteur, soit du mari déclaré absent ou décédé à ses héritiers, une modification dans sa nature.

Dans les mains du mari, l'action en désaveu, outre son côté pécuniaire, a un côté essentiellement moral qui fait qu'elle est exclusivement attachée à sa personne, si bien que ses créanciers ne pourraient point l'exercer de son chef; dans les mains de ses héritiers, au contraire, elle est toute pécuniaire, et peut dès lors être exercée par tous leurs représentants, et notamment par leurs créanciers, aux termes de l'art. 1166, C. Nap. V. *suprà*, n° 468.

470. La contestation de légitimité, contrairement à l'action en désaveu, est une véritable action de famille, et, le plus souvent, une exception à une action *en réclamation d'état*, imprescriptible comme cette action même, appartenant à toute partie intéressée, en vertu de son seul intérêt, et sans tenir compte des jugements déjà rendus avec d'autres. Ainsi, elle appartient non-seulement aux héritiers du mari, mais encore aux héritiers de la mère et à l'enfant lui-même, qui préférerait la qualité d'enfant naturel à celle d'enfant légitime (DELVINCOURT, t. 1, p. 84, note 13 ; PROUDHON et VALETTE, t. 2, p. 62 ; DURANTON, t. 3, n° 70; DEMOLOMBE et MARCADÉ, *loc. cit.*).

§ 2. — **Dans quels délais et contre qui doivent être intentées les actions en désaveu et en contestation de légitimité** (C. Nap., art. 316, 317 et 318).

471. Avant le Code, il n'existait pas de délai fatal pour le désaveu de paternité ; le mari était recevable à le former, tant qu'il ne s'était pas reconnu le père de l'enfant. Mais aujourd'hui, le désaveu doit, à peine de déchéance, être formé dans un délai dont la durée et le point de départ varient suivant les circonstances.

Dans les divers cas où le mari est autorisé à réclamer, il doit le faire dans le mois, s'il se trouve sur les lieux de la naissance de l'enfant ;

Dans les deux mois, après son retour, si, à la même époque, il est absent ;

Dans les deux mois, après la découverte de la fraude, si on lui avait caché la naissance de l'enfant (C. Nap., art. 316).

Si le mari est mort avant d'avoir fait sa réclamation, mais étant encore dans le délai utile pour la faire, les héritiers ont deux mois pour contester la légitimité de l'enfant, à compter de l'époque où cet enfant s'est mis en possession des biens du mari, ou de l'époque où les héritiers ont été troublés par l'enfant dans cette possession (C. Nap., article 317).

Le Code, en renfermant l'action en désavœu dans un terme fatal, après lequel elle ne peut plus être intentée, n'a pas voulu que la condition de l'enfant, placé par le fait de sa naissance ou de sa conception, sous la protection de la maxime *pater is est quem nuptiæ demonstrant*, restât trop longtemps incertaine. En principe, le délai accordé au mari est d'un mois ou de deux mois suivant qu'il s'est ou non trouvé sur les lieux de la naissance de l'enfant. Au premier cas, le délai court du jour de sa naissance ; au second, du jour de son retour.

Absent ou présent, le délai est toujours de deux mois, lorsque la naissance de l'enfant lui a été cachée : les deux mois courent du jour de la découverte de la fraude. C'est à lui, bien entendu, s'il veut user de ce délai plus long, de constater son éloignement ou le recel de la naissance de l'enfant. Le jour *à quo* reste en dehors du calcul, et le jour *ad quem* y est compris, en ce sens que c'est le dernier jour utile pour former le désaveu. Les mois ne se comptent pas par trente jours, mais de quantième à quantième (Duranton, n° 84 ; Demolombe, t. 5, n° 152 ; Zachariæ, Aubry et Rau, t. 4, p. 589).

La faveur exceptionnelle d'un délai de deux mois accordée

au mari, *lorsqu'il n'est pas sur les lieux*, ne doit pas être restreinte au cas d'absence déclarée ou présumée ; il s'agit ici simplement de la non-présence du mari sur les lieux. Cependant il ne suffirait pas que le mari eût été hors de la maison ou même de la commune, au moment où sa femme est accouchée ; il faut qu'il ne soit pas dans le pays et qu'on ne puisse pas supposer qu'il a eu connaissance de l'événement.

Mais la fraude une fois découverte, l'action en désaveu doit être intentée dans les deux mois, à peine de déchéance, alors même que le mari alléguerait avoir fait, dans ce délai, les démarches nécessaires pour faire nommer un curateur destiné à l'action en désaveu, ou tout autre motif ; passé ce délai son action est éteinte (Demolombe, t. 5, nos 140 et 143).

Toutefois la déchéance prononcée par la loi contre l'action en désaveu, lorsqu'elle n'est pas formée dans le délai prescrit par l'art. 316, C. Nap., de deux mois après la découverte de la fraude, ne s'applique qu'au cas où l'enfant a le titre de filiation légitime, et non pas à celui où l'enfant a été inscrit sous des noms supposés (Bordeaux, 5 juill. 1843 ,J.P. 44.2.168).

Du reste, le point de savoir si le mari était ou non assez éloigné pour jouir du délai de deux mois et, par suite, si le désaveu est tardif, est un fait abandonné à la souveraine appréciation des juges, suivant les circonstances (Demolombe, t. 5, n° 141).

Le mari qui n'a pu, à raison de son état mental, avoir connaissance de l'accouchement de sa femme, ou du moins apprécier cet événement qu'à dater du moment où il a recouvré ses facultés intellectuelles, doit évidemment être assimilé au mari absent, surtout s'il n'est pas pourvu de tuteur pouvant agir de son chef. Il y a parfaite analogie d'impossibilité d'action, et dès lors même raison de décider.

472. Mais, sauf les restrictions qui résultent des art. 316 et 317, C. Nap., le désaveu peut être formé à toute époque. Ainsi le mari est autorisé à désavouer l'enfant avant sa naissance, ou après sa mort.

473. Quant aux héritiers du mari, ils ont toujours un délai uniforme de deux mois, lequel court, non pas à partir de l'accouchement ou de la mort du mari, mais soit du moment où l'enfant, par lui-même ou par un représentant quelconque, s'est mis en possession des biens du mari, soit de l'époque où il les a troublés dans la possession de ces mêmes biens. La loi leur accorde un délai plus long qu'au mari, parce qu'elle a

pensé qu'ils seront souvent dans la nécessité de se faire renseigner sur les faits qui devront servir de fondement au désaveu, faits que le mari, lui, connaissait personnellement. Au surplus, comme c'est là un délai préfix, qui ne constitue point une prescription, il court contre les héritiers mineurs aussi bien que contre des majeurs.

Mais ils ne sont pas tenus, pour exercer l'action en désaveu, d'attendre que l'enfant se soit mis en possession des biens de son prétendu père ou les ait troublés dans leur possession. Ils peuvent prendre les devants et, sans attendre le trouble, former leur action en désaveu de leur propre chef, lorsque le mari est décédé avant la naissance de l'enfant (Cass., 25 avril 1806). Mais le délai fatal expiré, toute action en désaveu de l'enfant est éteinte.

474. La simple connaissance que les héritiers auraient des prétentions de l'enfant à se faire reconnaître pour l'enfant du mari, de ses démarches et des actes qu'il a faits, sans les diriger contre eux, ne serait pas un trouble de nature à faire courir les délais de l'action en désaveu ; mais il n'est pas nécessaire que le trouble résulte d'une demande directe, et par acte judiciaire, formée par l'enfant contre les héritiers du mari; il suffit d'un acte extrajudiciaire par lequel l'enfant, par lui-même ou par son tuteur en son nom, leur notifie ses prétentions à la légitimité et au partage des biens héréditaires.

Le délai de deux mois court contre eux à compter du trouble, alors même qu'ils étaient absents au moment du décès du mari ; ce n'est qu'à l'égard du mari que l'absence a pour effet d'allonger d'un mois le délai qui lui est accordé (Cass., 21 mai 1817, S.17.1.251 ; DEMANTE, t. 2, nos 43 *bis*, XII ; DEMOLOMBE, t. 5, no 149).

474 *bis*. La contestation de légitimité, au contraire, est en elle-même imprescriptible, et peut être intentée à toute époque; mais, quant aux biens qui en dépendent, elle se prescrit par trente ans, à partir du jour où l'enfant s'est mis de fait en possession de ces biens.

475. Tout acte extrajudiciaire, contenant le désaveu de la part du mari ou de ses héritiers, est comme non avenu, s'il n'est suivi, dans le délai d'un mois, d'une action en justice dirigée contre un tuteur *ad hoc* donné à l'enfant, et en présence de sa mère (C. Nap., art. 318).

La loi statuant, ici comme toujours, *de eo quod plerumque fit*, suppose que l'action est intentée contre l'enfant encore mineur, et du vivant de sa mère ; la demande en désaveu, qu'elle soit formée par voie d'action ou par voie d'exception, doit être dirigée contre l'enfant lui-même, s'il est majeur ; et s'il est mineur ou interdit, contre un tuteur *ad hoc*, alors même que cet enfant serait déjà pourvu d'un tuteur ordinaire.

Dans l'une et l'autre hypothèse, la mère, si elle vit encore, doit être mise en cause ; car, encore bien qu'elle ne soit pas précisément partie dans le procès en désaveu, elle a un immense intérêt dans le débat : son honneur et l'état de son enfant. Cet intérêt est le même, que l'enfant soit mineur ou majeur (DEMANTE, t. 2, n° 44 *bis* ; DEMOLOMBE, n°s 164 et 165 ; MARCADÉ sur l'art. 318, 472).

Le tuteur *ad hoc* ou spécial doit, dans l'espèce, être nommé conformément au droit commun, c'est-à-dire par un conseil de famille composé conformément aux art. 405 et suiv., C. Nap., à peine de nullité (Montpellier, 12 mars 1833, D.33. 2.215; art. 406 ; Cass., 14 fév. 1854, Dev.54.1.225 ; TOULLIER, t. 2, n° 843 ; PROUDHON, t. 2, p. 59 ; ZACHARIÆ, AUBRY et RAU, t. 4, p. 590 ; MASSÉ et VERGÉ, t. 1er, p. 304 ; MOURLON, t. 1er, p. 444; ZACHARIÆ, AUBRY et RAU, MARCADÉ sur l'art. 318, t. 4, p. 590), et non parl a justice, comme l'enseigne M. Demolombe, t. 5, n° 166, par le motif que l'action en désaveu met la légitimité de l'enfant en question ; mais l'enfant est en possession de sa légitimité et il appartient aux deux familles, tant que le désaveu n'est pas admis ; donc l'art. 318, C. Nap., n'ayant pas conféré aux tribunaux le pouvoir de nommer le tuteur *ad hoc*, c'est au conseil de famille que la nomination en appartient, conformément aux règles ordinaires, à peine de nullité.

Suivant M. Marcadé, *loc. cit.*, le conseil de famille doit être composé seulement de parents maternels ou d'amis, parce qu'il y aurait à craindre, si on y appelait des parents paternels intéressés au triomphe du désaveu ; mais cette doctrine a le malheur d'être en opposition directe avec les art. 407, 409 et 312, C. Nap.; d'abord parce qu'il n'est jamais permis de compléter le nombre de parents ou alliés d'une ligne par les parents ou alliés d'une autre ligne (C. Nap., art. 407), ensuite parce que le mari jusqu'à preuve contraire est considéré comme le père de l'enfant (Arg. C. Nap., art. 312). Donc le conseil de famille, dans l'espèce, doit être composé conformément à l'art. 407, C. Nap., à peine de nullité.

L'acte extrajudiciaire dont il s'agit ici doit avoir date certaine, être signifié et suivi dans le délai d'un mois d'une action en justice, à peine de déchéance du désaveu. Toutefois l'inefficacité de l'acte extrajudiciaire qui n'a pas été suivi dans le mois d'une demande judiciaire, ne forme pas obstacle à l'exercice ultérieur du droit de désaveu, si le délai de deux mois indiqué par les art. 316 et 317, C. Nap., n'est pas encore expiré (Arg. Cass., 4 avril 1837, J.P.37.1.256 et 542; Riom, 7 juill. 1844, S.45.2.21; LAHARY (voir son rapport); MERLIN, *Q. de dr.*, v° *Légit.*, § 2; TOULLIER, t. 2, n° 849; DURANTON, t. 3, n° 92; DELVINCOURT, t. 1er, p. 366; DEMOLOMBE, t. 5, n° 158; ZACHARIÆ, AUBRY et RAU, t. 4, p. 590).

476. La loi n'ayant pas défini le caractère précis du désaveu de paternité, la question de savoir si un acte présente ou non un désaveu et s'il est régulier rentre dans l'appréciation souveraine des juges du fond (Arg. Cass., 31 mai 1838, J.P. 38.2.360).

477. La demande en désaveu doit être portée devant le tribunal du domicile de l'enfant, s'il est majeur, et devant celui du domicile de son tuteur, s'il est mineur ou interdit (Caen, 18 mars 1857, S.57.2.529. Voir *inf.*, chap. 2, sect. 2).

CHAP. IIe. — DES PREUVES DE LA FILIATION DES ENFANTS LÉGITIMES

(C. Nap., art. 319 à 330).

SECT. Ire. — *Des différents modes de preuve en matière de filiation légitime* (C. Nap., 319 à 322).

478. Il ne faut pas confondre la filiation avec la légitimité, qui n'en est qu'un attribut.

479. La filiation est la qualité de fils de tel père et de telle mère; mais cette qualité peut être légitime ou illégitime : légitime pour les enfants conçus ou nés dans le mariage (C. Nap., art. 312 et suiv.); illégitime pour les enfants nés hors mariage (C. Nap., art. 331). Il ne suffit pas à celui qui réclame le titre d'enfant légitime de prouver sa filiation; il doit de plus établir sa légitimité en rapportant l'acte de mariage de ses père et mère (C. Nap., art. 194), ou même, s'ils sont morts, en prouvant leur possession d'état d'époux légitimes, et la sienne, comme enfant légitime, non contredite par son acte de naissance (C.Nap., art. 197).

480. L'enfant qui réclame une filiation légitime doit donc prouver : 1° l'accouchement de la femme dont il est issu; 2° son identité avec l'enfant dont elle est accouchée; 3° le mariage de ses père et mère, ou que, de leur vivant, ils ont vécu publique-

ment comme mari et femme ; 4° et enfin sa conception ou sa naissance pendant le mariage.

La loi ne s'occupe dans ce chapitre que de la filiation considérée comme un des éléments de la preuve de légitimité, de la filiation légitime ; elle suppose que le mariage est constant, mais que la filiation est douteuse.

481. L'enfant qui prétend droit à la légitimité a trois moyens, subsidiaires l'un à l'autre, d'établir sa filiation, savoir: 1° l'acte de naissance inscrit sur les registres de l'état civil (C. Nap., art. 319) ; 2° la possession d'état qu'il réclame (C. Nap., art. 320 à 322) ; 3° la preuve testimoniale sous certaines conditions (C. Nap., art. 323 à 325). Chacune de ces trois preuves, quand elle est seule, peut être combattue et détruite par la preuve contraire. Toutefois, lorsque la première et la seconde se trouvent réunies, nulle preuve contraire n'est admise contre elles (C. Nap., art. 322).

§ 1er. — De la preuve de la filiation légitime par l'acte de naissance (C. Nap., art. 319).

482. La filiation des enfants légitimes se prouve par les actes de naissance inscrits sur les registres de l'état civil (C. Nap., art. 319).

483. L'acte de naissance, quand il s'agit d'enfants légitimes ou prétendus légitimes, c'est-à-dire conçus ou nés en mariage, fait preuve, jusqu'à désaveu, de la paternité du mari de la femme qui est indiquée comme mère de l'enfant, peu importe qu'elle seule ait été dénommée, ou qu'elle n'ait été désignée que sous son nom de famille, ou même qu'elle ait été dite non mariée, ou enfin que l'enfant ait été inscrit comme né de père inconnu, ou de tout autre que le mari ; car, d'une part, la qualification de la mère de femme non mariée et l'omission du nom du père peuvent être le résultat d'une erreur ; d'autre part, la désignation d'un individu autre que le mari de la mère peut provenir de machinations criminelles auxquelles la loi ne doit pas se prêter. L'acte de naissance, en effet, n'est pas destiné à prouver directement la filiation paternelle ; la filiation maternelle forme seule son élément ; lorsque la femme est mariée, la paternité se prouve par la maternité. Ainsi la présomption légale *pater is est quem nuptiæ demonstrant* ressortant de ce que l'enfant est le fils de la femme désignée dans l'acte de naissance, et qu'il est constaté d'ailleurs que lors de la conception ou au moins de la naissance de cet enfant, cette femme était mariée, il s'en-

suit jusqu'à désaveu admis conformément aux art. 312 et 313, C. Nap., que l'enfant est le fils légitime des deux époux (Cass., 19 mai 1840, Dev.40.1.524; Aix, 11 janv. 1859, J.P. 60, 707; MERLIN, *Rép.*, t. 3, v° *Légit.*, sect. 2, § 2, n° 7; DURANTON, t. 3, n°s 115 et 119; VALETTE sur PROUDHON, t. 2, p. 81, n° 3; ZACHARIÆ, AUBRY et RAU, t. 4, p. 546 et 547; MARCADÉ, sur l'art. 319, n° 2; DEMOLOMBE, t. 5, n° 195 à 197; TOULLIER, t. 2, n° 863; RICHEFORT, t. 1, n° 122).

Mais si l'enfant a été inscrit sous de faux noms, quant à la mère aussi bien que quant au père, ou comme étant né de père et mère inconnus, l'acte de naissance n'a plus de force pour lui et il doit recourir à la possession d'état, ou, à son défaut, à la preuve testimoniale. Mais, hors ces deux cas, l'acte de naissance fait preuve, par lui seul, de la filiation légitime qu'il indique. C'est aussi ce que dit l'art. 323, C. Nap. (MERLIN, *Quest. de Droit*, v° *Légit.*, § 2; DURANTON, t. 3, n° 125; MARCADÉ, t. 1er, art. 62 et t. 2, art. 319; DEMOLOMBE, t. 5, n° 193).

Toutefois, pour que la preuve de la filiation d'enfant légitime soit complète, il faut :

1° Que l'acte de naissance ait été régulièrement inscrit sur les registres de l'état civil sur la déclaration de l'une des personnes que l'art. 56, C. Nap. en a chargées; l'acte de naissance inscrit sur la déclaration de toute autre personne ou sur une feuille volante, n'aurait aucune force probante; ce n'est pas un acte de l'état civil (V. C. Nap., art. 50 et suiv.; DURANTON, t. 3, n° 126; ZACHARIÆ, AUBRY et RAU, t. 4, p. 546; DEMANTE, t. 2, n° 46 *bis*; MASSÉ et VERGÉ, t. 1, p. 305; DEMOLOMBE, t. 5, n° 189; MARCADÉ, sur l'art. 319, n° 1).

2° Que l'identité de l'enfant qui invoque cet acte avec celui qui y est désigné soit établie, à moins, bien entendu, qu'il ne soit en possession d'état d'enfant légitime, car, dans ce cas, il n'a aucune preuve à faire; c'est à son adversaire de prouver que cette possession est mal fondée; ce n'est donc que dans le cas contraire qu'il doit prouver son identité. Il peut, en général, faire cette preuve par toute espèce de moyens, soit par témoins, et même par de simples présomptions, indépendamment de tout commencement de preuve par écrit; l'art. 323, C. Nap., n'est pas opposable, car autre chose est de justifier une action en réclamation d'état à l'appui de laquelle aucun acte de naissance n'est représenté, autre chose est de prouver qu'un acte de naissance est applicable à celui qui le produit (MARCADÉ, DEMOLOMBE et ZACHARIÆ, AUBRY et RAU, *loc. cit.*).

§ 2.—**De la preuve de la filiation légitime par la possession d'état** (C. Nap., art. 320 et 321).

485. L'enfant qui se trouve, par quelque cause que ce soit, dans l'impossibilité de produire son acte de naissance, peut prouver sa filiation en justifiant de la possession constante de l'état d'enfant légitime des époux du mariage desquels il se dit issu (C. Nap., art. 320), c'est-à-dire qu'au lieu de prouver *qu'il est le fils* de ces époux, il lui suffit de prouver *qu'il passe* pour l'être. Peu importe comment l'enfant se trouve *privé de titre*, il n'est pas obligé d'indiquer la cause qui l'empêche de le produire, par exemple, que l'acte de naissance n'a pas été dressé ou que les registres ont été perdus, détruits ou bien que l'acte existe peut-être, mais qu'il ignore où il a été reçu.

La possession d'état s'établit par une réunion suffisante de faits qui indiquent le rapport de filiation et de parenté entre un individu et la famille à laquelle il prétend appartenir, *nomen*, *tractatus*, *fama* (C. Nap., art. 321, 1er alin.).

Les principaux de ces faits sont : que l'individu a toujours porté le nom du père auquel il prétend appartenir, *nomen;*

Que le père l'a traité comme son enfant et a pourvu, en cette qualité, à son éducation, à son instruction et à son établissement, *tractatus;*

Qu'il a été reconnu comme tel dans la société, *fama* (C. Nap., art. 321, 2e alin.).

Ces faits sont les principaux parmi ceux qui constituent la possession d'état, mais la loi n'exclut point les autres faits qu'elle n'énonce pas. Il n'est pas même nécessaire que ceux qu'elle indique spécialement concourent pour qu'il y ait possession d'état.

L'enfant peut évidemment établir la possession d'état par tous les moyens possibles, et notamment par témoins, même en l'absence de commencement de preuve par écrit ou de présomptions de nature à y suppléer, le deuxième alinéa de l'art. 323, C. Nap., n'étant applicable qu'au cas où la possession ne peut pas être invoquée (V. Toullier, t. 2, nos 884 à 887 ; Richefort, t. 1er, no 108 ; Marcadé, sur l'art. 324, no 2; Duvergier, sur Toullier, t. 2, no 887, note *a*; Ducaurroy, Bonnier et Roustain, t. 1er, no 460 ; Zachariæ, Aubry et Rau, t. 4, p. 550 ; Demolombe, t. 5, nos 233 et 234).

486. Au reste, les adversaires de l'enfant peuvent toujours et par tous moyens aussi, faire la preuve contraire des faits

de possession par lui articulés et même combattre les conséquences qu'il veut en tirer, en prouvant de leur côté des faits qui établissent une possession d'état différente de celle qu'il prétend s'attribuer; car c'est seulement quand l'enfant a titre et la possession réunis que, d'après l'art. 332, C. Nap., toute preuve contraire est inadmissible. Ainsi, non-seulement ils peuvent encore, quand la possession d'état a été reconnue dès l'abord ou qu'après contestation elle a été pleinement établie, combattre les conséquences de paternité et de maternité qui résultent de cette possession, en démontrant qu'il n'existe aucun enfant issu du mariage, ou que ceux qui étaient issus de ce mariage sont morts. C'est donc à l'enfant à prouver, tant que sa possession d'état n'est pas reconnue, qu'elle existe; une fois, au contraire, qu'elle est constatée, c'est à ses adversaires à prouver qu'elle est usurpée.

Au surplus, la question de savoir si la possession d'état est constante, c'est-à-dire si les faits à l'aide desquels on prétend l'établir sont en nombre suffisant, s'ils sont même justifiés et s'ils ne sont pas détruits par des faits contraires, est entièrement abandonnée au pouvoir discrétionnaire des juges (Arg. Cass., 8 juin 1806; 19 mai 1830, S.30.1.216; 27 nov. 1833, J. P. 33; DEMOLOMBE, t. 5, n° 208; ZACHARIÆ, AUBRY et RAU, t. 4, p. 550).

§ 3. — **Des effets de la réunion de l'acte de naissance et de la profession d'état conforme** (C. Nap., art. 322).

487. Aux termes de l'art. 322, C. Nap., « nul ne peut réclamer un état contraire à celui que lui donnent son titre de naissance et la possession conforme à ce titre. »

« Et réciproquement, nul ne peut contester l'état de celui qui a une possession conforme à son titre de naissance. »

488. L'acte de naissance sans la possession d'état, de même que la possession d'état sans l'acte de naissance, ne forment pas une preuve incontestable de la filiation, et peuvent dès lors être combattus ou détruits par des preuves contraires; mais, lorsque ces deux moyens se trouvent réunis, l'action en réclamation et l'action en contestation d'état sont également irrecevables; l'état de l'enfant est inexpugnable; sa position est irrévocablement fixée. Aucune preuve contraire ne peut être écoutée. Il ne pourrait donc réclamer un état contraire, lors même qu'il offrirait de l'établir jusqu'à l'évidence, par un ensemble de faits incontestables, et réciproque-

ment nul ne serait recevable à lui contester son état (DURANTON, t. 3, n° 133 *bis* ; MARCADÉ, sur l'art. 322).

Ainsi, l'enfant qui est indiqué dans son acte de naissance comme né de Paul et de Julie, son épouse, ou seulement comme né de Julie que l'on reconnaît, d'ailleurs, être la femme de Paul, et qui est en possession de l'état de fils légitime de ces deux époux, ne pourrait prétendre qu'il est fils légitime ou naturel de telle ou telle personne, et être admis à prouver le fait. Et réciproquement, ses adversaires ne seraient pas écoutés s'ils demandaient à prouver que ceux dont il se dit l'enfant n'en ont jamais eu, ou que ceux qu'ils ont eus sont décédés. Il se peut, sans doute, que dans la réalité, l'enfant n'ait point la filiation que lui donne son acte de naissance corroboré par la possession d'état ; mais la loi a dû, pour le repos et la stabilité des familles, s'arrêter quelque part ; et elle ne pouvait pas, dans la prévision d'une fraude possible une fois sur deux cent mille, mettre l'état de tous les citoyens en butte à des attaques toujours permises.

489. Lorsqu'il existe un acte de naissance et une possession d'état, mais sans conformité entre eux, le titre doit l'emporter.

On ne doit pas oublier, du reste, que dans cet article comme dans tous ceux de ce chapitre, il s'agit uniquement des formes de la filiation et nullement de celles de la légitimité, ou, en d'autres termes, que le mariage des père et mère que se donne l'enfant est toujours supposé prouvé. V. les auteurs cités *suprà*, n° 487.

§ 4.—**De la preuve de la filiation par témoins** (C. Nap., art. 323, 324 et 325).

490. « A défaut de titre et de possession constante, ou si l'enfant a été inscrit, soit sous de faux noms, soit comme né de père et mère inconnus, la preuve de filiation peut se faire par témoins. — Néanmoins cette preuve ne peut être admise que lorsqu'il y a commencement de preuve par écrit, ou lorsque les présomptions ou indices résultant de faits dès lors constants sont assez graves pour déterminer l'admission » (C. Nap., art. 323).

La loi autorise, par cet article, l'enfant qui revendique sa filiation légitime à l'établir par la preuve testimoniale dans les quatre cas suivants : 1° lorsque soutenant que la filiation que lui donne son acte de naissance ou sa possession d'état est mensongère, il en revendique une autre ; 2° lorsqu'il n'a pas de filiation prouvée, c'est-à-dire lorsqu'il n'a ni possession d'état ni acte de naissance, ou, ce qui revient au même, lorsqu'il a été inscrit, soit sous de faux noms, soit sur une feuille volante, soit sur la déclaration de personnes autres que celles que l'art. 56, C. Nap., en a chargées, soit enfin comme né de père et mère inconnus ; 3° lorsqu'il a un titre complet et régulier, mais sans possession, ou une possession sans titre ; 4° lorsqu'il a un titre et une possession contradictoires.

Mais, comme la preuve testimoniale est généralement peu sûre, surtout dans les *questions d'état* où les faits à vérifier touchent aux intérêts les plus graves, soit à cause de l'infidélité de la mémoire des personnes qui témoignent, soit parce qu'il est possible et malheureusement facile, l'expérience ne le prouve que trop, dans les preuves même ordinaires, de se procurer, à prix d'argent, de faux témoins, la loi a dû prendre ici des mesures propres à éviter ce double danger, et à protéger par là les familles contre les usurpations qui pourraient être tentées contre elles. De là cette règle protectrice de notre article, qui, par là, dans tous les cas ci-dessus, n'ouvre jamais à l'enfant qui réclame sa filiation légitime la preuve par témoins pour l'établir, qu'autant que le fait de l'accouchement de la femme mariée dont il se prétend le fils et son identité avec l'enfant dont elle est accouchée, se trouvent déjà vraisemblables, soit par un *commencement de preuve par écrit, soit par des présomptions ou indices graves résultant de faits* dès lors constants.

Il en était ainsi sous l'ancienne législation. Ainsi, sous l'ordonnance de 1667, l'enfant ne pouvait être admis à prouver par témoins l'état qu'il réclamait s'il n'avait pas un commencement de preuve par écrit, ou des présomptions résultant de faits déjà constants (MERLIN, *Rép.*, v° *Légit.*, sect. 2 ; COCHIN, t. 4, p. 358).

491. On appelle commencement de preuve par écrit l'acte qui, sans prouver d'une manière directe le fait contesté, en rend l'existence vraisemblable.

La loi n'exige pas ici, comme dans le cas où il s'agit d'établir la filiation naturelle (C. Nap., art. 341), que le commencement de preuves résulte d'*écrits ;* des présomptions sont insuffisantes ; mais il faut que les faits soient *constants*, c'est-à-dire démontrés au juge au moment où l'enfant demande à prouver par témoins sa filiation, et qu'ils aient assez *de gravité* pour faire naître le doute.

Mais l'enfant serait évidemment dispensé de prouver par témoins ce qui se trouverait suffisamment justifié par un acte, car quand la loi admet la preuve testimoniale, elle admet par là même et *à fortiori* toute preuve écrite.

492. « Le commencement de preuve par écrit résulte des titres de famille, des registres et papiers domestiques *du père ou de la mère*, des actes publics, et même privés, émanés d'une partie engagée dans la contestation, ou qui y aurait intérêt si elle était vivante » (C. Nap., art. 324).

Il n'est pas nécessaire, ici, comme dans le cas de l'art. 46, C. Nap., que les titres et papiers soient émanés des père et mère décédés, car ces papiers ne forment pas, dans le cas de notre article, une preuve entière comme dans l'art. 46 précité, mais seulement un commencement de preuve.

Notre article admet comme commencement de preuve écrite, que de graves indices peuvent remplacer, s'il n'existe pas, soit des titres de l'état civil concernant la famille à laquelle l'enfant prétend appartenir, et qui rendraient vraisemblable la prétention de cet enfant ; soit des registres ou papiers domestiques des personnes que l'enfant dit être ses père et mère ; soit de tous actes publics ou privés, émanés d'une personne engagée au procès, ou d'une personne quelconque qui n'y est point engagée, mais qui y aurait, si elle était vivante, un intérêt contraire à celui de l'enfant, soit même de lettres missives de l'une ou de l'autre de ces personnes, même de la mère à laquelle la maternité est attribuée, si la signature est vérifiée.

C'est aux juges, du reste, qu'il appartient d'apprécier souverainement si les présomptions et indices ont assez de *gravité* pour l'admission de la preuve par témoins, et si les pièces produites réunissent les caractères nécessaires pour constituer un commencement de preuve par écrit (Arg. Cass., 16 nov. 1825 ; 11 avril 1826 ; 28 fév. 1828, S.30.175 ; et 6 août 1839, D.39.1.562 ; DEMOLOMBE, t. 5, n° 249 ; MARCADÉ, *loc. cit.*).

493. Mais la preuve contraire à la filiation réclamée pourra se faire par tous les moyens propres à établir que le réclamant n'est pas l'enfant de la mère qu'il prétend avoir, ou même, la maternité prouvée, qu'il n'est pas l'enfant du mari de la mère (C. Nap., art. 325).

Nous avons suffisamment indiqué sous les deux précédents articles que l'enfant qui veut, à défaut de titre et de possession constante, ou de possession d'état conforme à l'acte de naissance, prouver par témoins sa filiation légitime, n'est pas tenu d'établir et la maternité et la paternité, mais la maternité seulement, ou, en d'autres termes, que la femme mariée dont il se dit issu a eu un enfant et qu'il est bien l'enfant qu'elle a eu. L'article 325 nous donne la preuve de cette proposition, puisqu'une fois la maternité prouvée, c'est aux adversaires à prouver qu'il n'est pas l'enfant du mari.

Mais si ces deux cas sont assimilés sous ce rapport, ils sont loin de l'être en tout. Dans le cas de maternité prouvée par témoin, la loi place bien l'enfant sous la protection de la règle *pater is est*, comme dans les cas de maternité prouvée par un acte de naissance ; mais cette présomption est moins forte.

494. Le mari placé en présence d'un acte de naissance qui prouve la maternité de sa femme, ne peut faire tomber la présomption *pater is est.....* que par un désaveu fondé sur la preuve d'une impossibilité physique de cohabitation pendant le temps légal de la conception de l'enfant (C. Nap., art. 312), ou sur la preuve du triple fait d'impossibilité morale, d'adultère de la mère et du recel de la naissance (C. Nap., art. 313). Lorsqu'au contraire, la maternité de la femme n'a été établie qu'au moyen d'une enquête, la présomption *pater is est* peut être, il est vrai, invoquée contre lui, mais on peut, aux termes de notre article, la combattre et la renverser par toute espèce de moyens propres à justifier que le réclamant n'est pas l'enfant du mari.

Cette différence, au reste, est fort rationnelle. Dans le premier cas la maternité est prouvée par un titre complet et régulier, aucune circonstance n'en amoindrit la force probante ; dans le second, au contraire, la maternité a été péniblement établie par un moyen anormal, exceptionnel, circonstance dès lors beaucoup moins favorable à l'enfant. Il ne s'agit donc plus ici de l'action rigoureuse d'un désaveu proprement dit et il suffira toujours, dans le cas de notre article, de justifier d'une simple impossibilité morale de cohabitation (C. Nap., art. 313 ; MERLIN, sect. 2, § 4, n° 7 ; TOULLIER, t. 2, n°s 894 et 895 ; DURANTON, t. 2, n° 137 ; MOURLON, *loc. cit.*, p. 455 ; MARCADÉ, sur l'art. 325 ; DEMOLOMBE, t. 5, n° 259 ; ZACHARIÆ, AUBRY et RAU, t. 4, p. 552).

Ainsi, tandis que l'enfant ne peut prouver la maternité qu'au moyen d'un commencement de preuve par écrit ou d'indices graves donnant déjà de la vraisemblance à sa prétention, ses adversaires peuvent, par toute espèce de moyens, sans être astreints, comme dans le cas de désaveu proprement dit, à aucune condition préalable, détruire la preuve de maternité et la présomption de paternité qui en découle.

SECT. II. — *Des tribunaux compétents pour connaître des actions en réclamation ou en contestation d'état* (C. Nap., art. 326 et 327).

495. Les tribunaux civils sont seuls compétents pour statuer sur les réclamations d'état (C. Nap., art. 326). L'action criminelle contre un délit de suppression d'état ne pourra commencer qu'après le jugement définitif sur la question d'état (C. Nap., art. 327).

Sous l'ancien droit, les questions d'état ne pouvaient être jugées que par les Parlements et contradictoirement avec les procureurs généraux (Cass., 25 fév. 1823).

Aujourd'hui, les tribunaux civils sont seuls compétents pour statuer sur les réclamations d'état. Les tribunaux de commerce et les juges de paix ne peuvent donc statuer, même incidemment, sur les actions soit en réclamation, soit en contestation d'état (MERLIN, t. 10, v° *Quest. d'état*, n° 3, et t. 14, p. 558 ; VALETTE sur PROUDHON, t. 2, p. 115, note *a*; ZACHARIÆ, AUBRY et RAU, t. 4, p. 558 ; DEMOLOMBE, t. 5, nos 265 et 266).

Sous l'ancien droit, l'action criminelle contre un délit de suppression d'état pouvait commencer avant le jugement définitif de la question d'état. Aussi, celui qui réclamait contre une suppression d'état, pouvant choisir entre l'action civile et l'action publique, ne manquait pas, lorsqu'il n'avait pas le commencement de preuve exigé par la loi, de prendre la voie criminelle afin d'acquérir par ses informations la preuve qu'il lui était interdit de se procurer par des enquêtes.

Cet abus n'existe plus aujourd'hui par exception au principe admis, dans le cas de mariage (C. Nap., art. 198), comme dans tous les cas en général où s'élèvent simultanément les deux actions civile et criminelle, que c'est le *criminel qui se juge d'abord et qui tient le civil en état* (C. inst. crim., art. 3, 2e alin.), et pour maintenir l'interdiction de prouver la filiation par témoins, sans commencement de preuve par écrit, ou sans présomptions assez graves pour y suppléer ; l'art. 327, C. Nap., veut, au contraire, que le civil tienne le criminel en état, lorsque l'action civile est déjà intentée avant la poursuite criminelle, ou qu'elle vient à s'élever pendant cette poursuite. Mais là cesse évidemment le motif de la loi : autrement le crime de suppression d'état pourrait rester éternellement impuni, supposition déplorable que réprouve l'ordre social non moins que la raison (MERLIN, oullier, t. 2, n° 903, et t. 10, n° 151; Duranton, t. 3, n° 165; emolombe, t. 5, n° 270; Zachariæ Aubry et Rau, t. 4, 559.—*Contrà*, Merlin, *loc. cit.*, t. 5, § 2; Richefort, t. 1, 24 et 151; Marcadé, art. 327, n° 2).

La règle de l'art. 327, C. Nap., est imposée à la partie blique comme à la partie civile; elle s'applique au crime de pposition de part comme au délit de suppression d'état; on peut, en effet, attribuer un état faux à un enfant qu'en pprimant son état véritable, mais elle ne s'applique pas au élit d'exposition d'enfant, ni même au délit d'enlèvement ou suppression de la personne d'un enfant sur l'état duquel il s'élève aucune difficulté (Cass., 26 sept. et 12 déc. 1823, 24.1.107 et 181, 4 juill. 1840, Dev. 40.1.796; 10 oct. 1842), au cas où, toutes les parties intéressées étant d'accord pour plaindre de la suppression d'état, il n'y a plus de question état à juger. Alors le motif de la loi cesse, et le principe général que le ministère public doit poursuivre sans entraves la pression des crimes et délits reprend son empire (Marcadé, t. 327, n° 2 ; Demolombe, t. 5, n° 275).

T. III.—*De la nature et des caractères des actions en réclamation et en contestation d'état* (C. Nap., art. 328, 329 et 330).

496. L'action en réclamation d'état est imprescriptible à ard de l'enfant (C. Nap., art. 328). Elle ne peut être intée par les héritiers de l'enfant qui n'a pas réclamé, qu'aunt qu'il est décédé mineur ou dans les cinq années après sa ajorité (C. Nap., art. 329).

Les héritiers peuvent suivre cette action lorsqu'elle a été mmencée par l'enfant, à moins qu'il ne s'en fût désisté forellement, ou qu'il n'eût laissé passer trois ans sans pourites, à compter du dernier acte de la procédure (C. Nap., . 330).

L'état des personnes, la qualité d'enfant légitime ou de tard, de fils de tel père et de telle mère, etc., se rattachant une manière intime à l'ordre social, n'est pas une chose dédante de la volonté de ces personnes et ne peut pas par nséquent devenir l'objet de transactions, de renonciations, conventions quelconques (C. Nap., art. 2045 ; C. proc. ., art. 1004), ni d'aliénation, ni de prescription (C. Nap., . 2226).

L'action en réclamation d'état ne peut donc ni se perdre ni cquérir par l'un de ces moyens; ainsi l'action en réclamaon d'état étant de sa nature imprescriptible et perpétuelle est recevable à toute époque; l'enfant fût-il resté quarante ans sans réclamer l'état que la loi lui attribue, eût-il même renoncé expressément à ce droit, il peut encore agir.

Il en est de même de l'action en contestation d'état et pour la même cause; elle est recevable à toute époque contre l'enfant (DEMOLOMBE, t. 5, n° 280; 328 et 327; ZACHARIÆ, AUBRY et RAU, t. 4, p. 557; MARCADÉ, art. 228, n° 1). Ainsi celui qui, depuis plus de trente ans, est en possession paisible d'un état qui ne lui appartient pas, peut encore en être dépouillé (Arg. C. Nap., art. 1128, 6, 2045; C. proc., 1004).

Toutefois cette imprescriptibilité est particulière à l'état ou à la qualité d'enfant légitime de tel père et de telle mère, et ne s'étend pas à l'ensemble des droits pécuniaires que la loi confère aux enfants sur les biens de leurs père et mère décédés; ces droits étant choses hors du commerce, et par conséquent aliénables, la prescription peut courir à leur égard contre l'enfant qui a négligé de réclamer son état. Il s'agit alors d'une simple action en pétition d'hérédité prescriptible selon le droit commun, c'est-à-dire par trente ans, à compter de l'ouverture des droits qui en dérivent (C. Nap., art. 2262), si l'ayant droit était majeur; mais seulement à compter de sa majorité, si alors il était mineur, sauf ce qui est dit à l'art. 2278, et à l'exception des autres cas déterminés par la loi (C. Nap., article 2252; DEMOLOMBE, t. 5, nos 281 et 330; ZACHARIÆ, AUBRY et RAU, t. 4, p. 556).

Ainsi, l'enfant qui ne peut, ni expressément, ni tacitement, renoncer au droit qu'il a de réclamer l'état que la loi lui attribue, toute convention ou transaction à cet égard étant radicalement nulle et de nul effet, le peut au point de vue des droits pécuniaires qui y sont subordonnés. Si donc l'enfant, après avoir obtenu son nouvel état, réclamait une succession ouverte depuis plus de trente ans, son action devrait nécessairement être repoussée.

Mais les paiements faits à celui qui, en vertu de sa fausse qualité, a recueilli des successions, et les transactions consenties avec lui sont valables si les tiers ont agi de bonne foi (C. Nap., art. 1240).

497. Quant aux héritiers de l'enfant, qui ont succédé à l'action en réclamation d'état, il n'en est plus ainsi. Leur action ne pouvant avoir pour objet que les droits pécuniaires qui s'étaient ouverts dans la personne de l'enfant, et qu'il leur a transmis avec la succession, s'éteint pour eux, soit par une renonciation expresse ou tacite, par une transaction, un

uiescement ou toute autre convention, soit par la prescription de trente années écoulées depuis l'ouverture de la succession de l'enfant, sans interdiction ni minorité des ayants droit (C. Nap., art. 2262, 2252.)

L'art. 328, C. Nap., indique suffisamment cette solution, en déclarant que l'action n'est imprescriptible qu'à l'égard de l'enfant (DEMOLOMBE, t. 5, n° 299).

498. L'action en réclamation d'état est, quant à la transmissibilité aux héritiers, d'une nature mixte. Tantôt elle s'éteint avec l'enfant auquel elle appartient, tantôt elle lui survit.

Elle s'éteint avec l'enfant :

1° Lorsqu'il y a renoncé expressément, car la renonciation expresse de l'enfant, laquelle serait insignifiante contre lui, vaut contre ses héritiers. V. *suprà*, n° 497;

2° Lorsque, après avoir intenté son action, l'enfant s'en est désisté formellement ou a laissé passer trois années sans poursuites, à compter du dernier acte de la procédure (C. Nap., art. 330; C. proc. civ., art. 397 et suiv.). Pour que le désistement ou la prescription ait lieu, il ne suffit pas que l'enfant ait déclaré et signifié qu'il se désiste, ou qu'il ait laissé passer trois années sans poursuites; il faut, dans le premier cas, que le désistement ait été accepté, et, dans le second, que la péremption soit prononcée (C. proc. civ., art. 402, 403, 399). Autrement, les héritiers pourraient alors poursuivre l'action.

Du reste, s'il n'y avait eu de la part de l'enfant qu'une renonciation à la continuation de l'action qu'il avait intentée, et non pas une renonciation au droit lui-même, la procédure serait seulement anéantie, et rien ne s'opposerait à ce que les héritiers ne la renouvelassent si l'enfant était mort mineur ou dans les cinq années de sa majorité, alors même que le désistement aurait été accepté.

De même et *à fortiori*, les héritiers de l'enfant pourraient continuer son action, si, avant de mourir, il avait porté de nouveau sa prétention en justice, cette circonstance détruisant la présomption de renonciation que la loi avait posée. Telle est la disposition formelle de l'art. 330, C. Nap.

499. L'action en réclamation d'état survit à l'enfant : 1° lorsqu'il est décédé mineur ou dans les cinq années de sa majorité, c'est-à-dire avant l'âge de vingt-six ans révolus, sans avoir élevé de réclamation; 2° à quelque époque qu'il soit décédé, lorsque ayant intenté lui-même son action, il est mort *pendente lite* (C. Nap., art. 329).

L'action en réclamation d'état, considérée au point de vue purement pécuniaire, passe à tous les héritiers de l'enfant, quels qu'ils soient, à ses héritiers légitimes, à ses enfants naturels, légalement reconnus, à ses enfants adoptifs, à son conjoint survivant, à l'Etat, à ses légataires donataires universels ou à titre universel succédant aux droits et aux obligations de l'enfant (MARDADÉ, t. 2, art. 330, n° 3 ; ZACHARIÆ, AUBRY et RAU, t. 4, p. 554 ; DEMOLOMBE, t. 5, n° 297). Mais elle est évidemment refusée aux légataires particuliers, à ceux des successeurs universels qui renonceraient à la succession, et aux créanciers de l'enfant (DURANTON, t. 3, n° 160 ; PROUDHON, t. 2, n° 122 ; MARCADÉ, *loc. cit.*, n° 2. — *Contrà*, DEMOLOMBE, t. 5, nos 301, 302).

On doit reconnaître dans les ayants droit de l'enfant décédé, deux qualités pour agir : la qualité d'héritiers et la qualité de descendants légitimes. Comme héritiers, ils ne peuvent réclamer, aux termes des art. 329 et 330, C. Nap., que les droits pécuniaires ouverts dans la personne de l'enfant avant son décès, lorsqu'il n'a point, de son vivant, renoncé à ses droits, ou qu'il est mort avant l'expiration de sa vingt-sixième année, ou enfin qu'il ne s'est pas désisté expressément ou tacitement de son action après l'avoir consentie (V. *suprà*, nos 496, 497) ; comme descendants directs, ils ont une action de leur *propre chef* et indépendamment de leur qualité d'héritiers; mais ce n'est plus une action pécuniaire qu'ils intentent, ce n'est plus seulement l'état de leur père ou aïeul, c'est leur propre légitimité, leur filiation personnelle qu'ils demandent à établir ; ce n'est plus dans le cas des art. 329 et 330, c'est dans le cas de l'art. 328 qu'ils se trouvent placés; et leur action, dès lors, est imprescriptible comme celle de l'enfant lui-même (BUGNET sur POTHIER ; MARCADÉ, sur l'art. 330; DUCAURROY, BONNIER et ROUSTAIN, sur le même article.—*Contrà*, DURANTON, t. 3, n° 151; TOULLIER, t. 2, n° 910 ; ZACHARIÆ, t. 3, p. 664, note 11 ; DEMOLOMBE, t. 5, n° 304, suivant lesquels les descendants de l'enfant sont compris sous la dénomination générique d'héritiers), et l'art. 328, qui parle de l'enfant, ne s'applique pas aux petits-enfants (Arg. C. Nap., art. 332 et 914 ; DEMOLOMBE, t. 5, nos 293 à 335, et MARCADÉ, sur les art. 328, 329 et 330).

CHAP. III. — DES ENFANTS NATURELS (C. Nap., art. 331 à 342).

SECT. Ire. — *De la légitimation des enfants naturels* (C. Nap., art. 331 à 333).

500. La légitimation est une fiction, une faveur de la loi, introduite en faveur des enfants naturels, dont l'effet est d'effacer le vice de leur naissance ou plutôt de leur conception, et d'attribuer à celui qui en est l'objet l'état et les droits d'enfant légitime.

501. La légitimation, en droit romain, pouvait avoir lieu de six manières :

1° Par le mariage subséquent des père et mère (Nov. 12, chap. 4);

2° Par oblation de l'enfant à la curie (Nov. 89, chap. 2 et suiv.);

3° Par rescrit du prince (Nov. 74, chap. 1 et 2; Nov. 89, chap. 7, 9 et 15);

4° Par testament (Nov. 74, chap. 2, et Nov. 89, chap. 9);

5° Par reconnaissance authentique du père (Nov. 11, chap. 2);

6° Par adoption.

Au moyen âge, le droit canonique autorisa la légitimation des enfants naturels, mais seulement par le mariage subséquent des père et mère.

502. Dans notre ancien droit français, on reconnaissait la légitimation par lettres ou rescrit du prince. Cette dernière légitimation n'attribuait à l'enfant naturel aucun droit de successibilité, mais le relevait de certaines incapacités politiques et civiles dont le frappaient les anciennes lois (DENIZART, *T. Lég.*, n° 2; MERLIN, sect. 3; LOISEAU, p. 72 et suiv.; TOULLIER, t. 2, n° 925).

La Cour de Rome, en accordant des dispenses par mariage, y insérait quelquefois la clause de légitimation des enfants déjà nés. Mais cette clause était réputée inutile, abusive et sans effet; car c'est un des articles de nos libertés gallicanes, qu'en France le pape ne peut légitimer un bâtard au temporel, mais seulement pour les affaires spirituelles (LEBERT-GALLIÉ, art. 21; arrêts des 11 août 1738 et 4 juin 1725; DENIZART, n°s 9 et 10; D'HÉRICOURT).

503. Aujourd'hui, la légitimation ne peut avoir lieu que

par le mariage subséquent des père et mère. Notre Code a rejeté tous les autres modes de légitimation admis en droit romain et sous l'ancienne jurisprudence. Ainsi, une légitimation par lettres du prince et, par exemple, par un ukase de l'empereur de Russie, en faveur d'un enfant né Français, n'aurait aucun effet en France (Arg. C. Nap., art. 331; Paris, 11 fév. 1808, J.P.1808). Nous n'avons donc à nous occuper, dans cette section, que de la légitimation par mariage subséquent.

§ 1er.—**Quels enfants peuvent être légitimés** (C. Nap., art. 331 et 332).

504. Les enfants nés hors mariage, autres que ceux nés d'un mariage incestueux ou adultérin, peuvent être légitimés par le mariage subséquent de leurs père et mère (C. Nap., art. 331).

La règle est donc, que tout enfant né hors mariage est susceptible de recevoir le bienfait de la légitimation; il n'y a d'exception que contre les enfants de l'inceste et de l'adultère. Ainsi, le bienfait de la légitimation n'est accordé qu'à ceux-là seulement qui sont enfants naturels simples, c'est-à-dire qui sont issus de deux personnes entre lesquelles le mariage était permis au moment de la conception, lors même qu'il y aurait eu un mariage intermédiaire entre la conception de l'enfant naturel et le mariage de ses père et mère, *intermedium matrimonium non nocet legitimationi*. La disposition de l'art. 331, C. Nap., est générale et ne fait aucune distinction. Cette faveur est formellement refusée aux enfants incestueux, encore bien que le mariage de leurs père et mère soit contracté avec dispenses, et aux enfants adultérins.

505. Sous l'empire du droit romain, des lois canoniques et de notre ancien droit, comme aujourd'hui, on ne pouvait déroger par aucune convention particulière à cette prohibition d'ordre public. Il faut, pour savoir si l'enfant à légitimer est incestueux ou adultérin, se reporter à l'époque de la conception, et non pas à celle de la naissance. La légitimation est donc impossible, alors même que la cause qui a rendu adultérine ou incestueuse *la conception* de l'enfant, avait, à l'époque de la naissance, cessé d'exister. Cette tache originelle de l'enfant suffit pour faire obstacle à la légitimation. Mais, à l'inverse, la légitimation est possible dès que la *conception* de l'enfant n'a été ni adultérine ni incestueuse, quoique d'ailleurs, à l'époque de sa naissance, le commerce des père et mère ait été adultérin ou incestueux (DURANTON, t. 3, no 170;

DELVINCOURT, t. 1, p. 86, note 11; LOISEAU, p. 279; ZACHARIÆ, MASSÉ et VERGÉ, t. 1, p. 312; MARCADÉ, art. 331).

Ainsi, l'enfant conçu dans l'adultère ou l'inceste ne peut pas être légitimé, quoique sa naissance n'ait été constatée, par l'inscription sur les registres de l'état civil, qu'à une époque où ses père et mère se trouvaient tous deux libres et pouvaient contracter mariage par suite de la dissolution d'un précédent mariage ou par suite de dispenses au mariage, postérieures à la conception; ni même, quoique sa naissance soit postérieure au mariage de ses auteurs, si la conception remonte nécessairement à une époque où le mariage était alors prohibé entre eux pour cause d'adultère ou d'inceste. De là, il suit que les enfants adultérins ou incestueux ne *peuvent* jamais être légitimés, ni après ni avant leur naissance, c'est-à-dire ni dans le cas de l'art. 331, C. Nap., ni dans le cas de l'art. 314 du même Code.

Malgré les dispositions si formelles et si absolues du premier de ces articles, quelques jurisconsultes, et notamment Malleville, sur l'art. 331; Toullier, t. 2, n° 923; Loiseau, p. 261 et 262; Magnin, *des Mineurs*, t. 1, n° 255; M. Dupin, Ch. des dép., 29 janv. 1832, *Moniteur* du 30 du même mois; et Pont, *Rev. de lég.*, t. 8, p. 150, se fondant sur l'ancien droit, ont enseigné que les enfants incestueux sont légitimés par le mariage subséquent que leurs père et mère contractent en vertu de dispenses. Mais cette doctrine est repoussée par la morale comme par la loi. Et, en effet, la tolérance de l'ancien droit ne peut plus être admise contre la règle prohibitive de notre article; la légitimation est une faveur qu'on ne doit pas étendre au delà des termes de la loi; les dispenses n'ont pas d'effet rétroactif, et, si elles lèvent l'empêchement au mariage, elles n'effacent pas la tache de la conception de l'enfant (Orléans, 25 avril 1833, S.33.2.322; MERLIN, sect. 2, § 2, n° 9; FAVARD, v° *Lég.*, § 1, n° 1; DELVINCOURT, t. 1, p. 219 et 220; PROUDHON et VALETTE, t. 2, p. 165 et 168; ZACHARIÆ, t. 3, § 548, note 11; DURANTON, t. 3, n°s 176 et 177; M. BARTHE, Ch. des dép., 29 janv. 1832; VALETTE et THIERIET, *Rév. de lég.*, t. 8, p. 37 et 451; DUVERGIER sur TOULLIER, t. 2, n° 933, note *a*; DUCAURROY, BONNIER et ROUSTAIN, t. 1, n° 474; TAULIER, t. 1, p. 404; LASSAULX, t. 1, n° 380; DEMOLOMBE, t. 5, n°s 352 à 355; ZACHARIÆ, AUBRY et RAU, t. 4, p. 596. — *Contrà*, Pont, *Rév. de lég.*, 1850, t. 8, p. 150).

La bonne foi du père ou de la mère de l'enfant adultérin

ou incestueux, c'est-à-dire l'ignorance, au moment *de la conception*, du fait qui constitue l'inceste ou l'adultère, ne peut même rendre l'enfant susceptible de légitimation. Il n'y a pas de bonne foi possible dans l'adultère et l'inceste (DEMOLOMBE, t. 5, n° 349).

Pothier (*des Successions*, chap. 1er, sect. 2, § 5, q. 1re) enseigne toutefois qu'on doit excepter le cas où l'erreur de l'homme et de la femme qui ont eu ensemble des relations illicites, serait fondée sur des actes authentiques, émanés de l'autorité publique, et cette opinion est adoptée par Bedel, *Traité de l'adultère*, chap. 4, n° 37, et par M. Vatimesnil, *Encycl. du droit*, v° *Adult.*, n° 8. — Il serait téméraire peut-être, dit Demolombe, t. 5, n° 350, de vouloir se montrer plus scrupuleux que Pothier. Notre réponse sera, malgré ces respectables autorités, qu'il ne peut y avoir de bonne foi possible excusable dans l'adultère et l'inceste et que dès lors l'enfant qui serait entaché de ce vice ne peut être légitimé. V. *infrà*, n° 525.

506. En principe, ceux-là seulement peuvent être légitimés qui peuvent être légalement *reconnus ;* et réciproquement, tout enfant naturel qui peut être légalement reconnu par ses père et mère, est susceptible d'être légitimé (Arg. C. Nap., art. 331).

Les enfants susceptibles d'être légitimés peuvent l'être, soit de leur vivant, soit même après leur mort, lorsqu'ils ont laissé une postérité légitime, soit par la conception même, soit par légitimation. Dans ce dernier cas, elle profite à leurs descendants, qui prennent alors, avec le titre de petits-enfants légitimes, rang dans la famille des époux.

Le mariage *in extremis*, c'est-à-dire postérieur à la naissance de l'enfant, produit, comme tout autre, la légitimation; elle résulterait même au cas où, dans l'intervalle de la naissance de l'enfant au mariage de son père et de sa mère, ces derniers auraient contracté d'autres unions (LOISEAU, *des Enf. nat.*, p. 282 ; MERLIN, v° *Légit.*, sect. 2, § 2, n° 11; TOULLIER, t. 2, n° 723 ; DURANTON, t. 3, n° 172 ; DEMOLOMBE, t. 5, nos 357 et 360 ; ZACHARIÆ, AUBRY et RAU, t. 4, p. 594).

§ 2.—**Des conditions de la légitimation** (C. Nap., art. 331 et 332).

507. La première condition qu'exige la loi pour que les enfants naturels puissent jouir du bénéfice de la légitimation, *c'est qu'ils aient été légalement reconnus avant le mariage de*

leurs père et mère, où qu'ils le soient dans l'acte même de la célébration (C. Nap., art 331).

Avant le Code, la légitimation de l'enfant était un effet nécessaire du mariage des père et mère, et indépendante de toute reconnaissance, *tanta vis est matrimonii.* Les lois intermédiaires n'ont pas modifié ce principe.

508. Mais pour que l'enfant né hors mariage soit légitimé par le mariage de ses père et mère, contracté depuis le Code Napoléon, il est impérieusement nécessaire qu'il ait été reconnu avant le mariage par l'un et l'autre ; la reconnaissance de la mère seule ne suffirait pas, et celle du père seul, sans l'indication et l'aveu de celle-ci, ne suffirait pas non plus (Arg. C. Nap., 336).

Mais il importe peu que la reconnaissance, soit du père, soit de la mère, soit *volontaire* (C. Nap., art. 334) ou *judiciaire* (C. Nap., art. 340, 341). Tout ce que la loi exige, c'est que la filiation de l'enfant soit établie soit par un acte authentique de reconnaissance, soit par un jugement au moment du mariage, ou qu'elle le soit dans l'acte même de célébration.

Sous cette condition, le mariage légitime l'enfant et le légitime de plein droit ; mais cette condition est indispensable, et la reconnaissance volontaire ou forcée, intervenue seulement après la célébration, laquelle suffisait dans notre ancienne jurisprudence, serait aujourd'hui sans effet, quant à la légitimation. Alors même qu'elle serait soutenue de la possession d'état, elle vaudrait seulement comme reconnaissance d'enfant naturel et rien de plus. La loi a voulu par là empêcher que deux époux, ayant perdu l'espérance d'avoir des enfants, ne pussent introduire dans la famille, par une reconnaissance simulée, des enfants qui leur seraient étrangers et se faire de la légitimité un moyen facile d'adoption. Cette fraude n'était point à craindre au moment de la célébration du mariage, car les époux ignoraient s'ils auraient des enfants (Pothier, *du Mariage*, n° 417).

Une seconde condition pour opérer la légitimation, c'est l'existence d'un mariage valable ou au moins putatif et qui produit les effets civils, la légitimation n'étant elle-même que l'un de ces effets (C. Nap., art. 201).

509. Dès que la reconnaissance de l'enfant par ses père et mère, soit avant leur mariage, soit, au plus tard, dans l'acte même, et que le mariage valable, et même nul que ses père et mère, ou l'un d'eux, auraient contracté de bonne foi, concourent, la légitimation a lieu de plein droit, indépen-

damment de la volonté des père et mère et du consentement de l'enfant : les père et mère sont maîtres de ne pas reconnaître leur enfant, maîtres aussi de ne pas se marier, et sous ce double rapport la légitimation dépend d'eux ; mais, dès que les conditions de légitimation sont remplies, elle s'opère sans eux et même malgré eux ; il n'est pas plus en leur puissance d'empêcher que la légitimation s'opère qu'il n'est en celle des enfants nés pendant le mariage de méconnaître leur légitimité (DELVINCOURT, t. 1er, p. 218 ; DURANTON, t. 3, n° 179 ; LASSAULX, t. 1, p. 381 ; TOULLIER, VALETTE, sur PROUDHON, t. 2, p. 167 ; DEMOLOMBE, t. 5, n° 365 ; ZACHARIÆ, AUBRY et RAU, t. 4, p. 595 ; MARCADÉ, art. 331 ; ROLLAND DE VILLARGUES, *des Enf. nat.*, n° 190 ; FAVARD, v° *Légit.*, § 2, n° 5). Il est vrai que les enfants peuvent contester leur reconnaissance en combattant la paternité ou la maternité de ceux qui les ont reconnus ; mais, lorsque leur filiation est constante, ils sont inadmissibles soit à attaquer la reconnaissance, soit à s'opposer à la légitimation. C'est un principe constant et généralement reconnu par la jurisprudence et par la doctrine (DELVINCOURT, t. 1, p. 219 ; DURANTON, t. 3, p. 189 ; DEMOLOMBE, t. 5, n° 366 ; ZACHARIÆ, AUBRY et RAU, *loc. cit.* ; TOULLIER, t. 2, n° 964 ; ROLLAND DE VILLARGUES, *des Enf. nat.*, n° 190 ; MARCADÉ, *loc. cit.*).

§ 3. — **Des effets de la légitimation** (C. Nap., art. 333).

510. Les enfants légitimés par le mariage subséquent de leurs père et mère ont (*auront*) les mêmes droits que s'ils *étaient nés* de ce mariage (C. Nap., art. 333). Nulle différence donc entre les enfants légitimés et les enfants légitimes. Il en a toujours été ainsi de la légitimation par mariage subséquent. Ils entrent donc, eux et leurs enfants légitimes (art. 332) dans la famille de leurs père et mère, pour y recueillir dans toutes les lignes directe et collatérale tous les droits, et pour y remplir tous les devoirs qui résultent de la filiation et de la parenté légitimes.

511. Mais la légitimation ne rétroagit, quant aux droits qu'elle confère, ni au jour de la conception, ni même au jour de la naissance des enfants légitimés. Elle ne date et ne produit les conséquences légales qui y sont attachées qu'à partir du mariage : *dies nuptiarum est dies conceptionis et nativitatis legitimæ :* « Ils *auront*, dit notre article, les mêmes droits que s'*ils étaient nés de ce mariage.* » Cette disposition est claire ; il faut s'y tenir, et rejeter toutes les fictions par

lesquelles on voudrait, soit faire remonter le mariage à l'époque de la conception ou de la naissance de l'enfant, soit faire descendre la conception ou la naissance à l'époque du mariage. Ainsi, elle ne produit point ses effets *en arrière;* il en résulte : 1° que l'enfant légitime n'a aucun droit aux successions collatérales qui se sont ouvertes avant le mariage de ses père et mère, quoiqu'il fût conçu et même né au moment de l'ouverture de ces successions.

2° Que l'usufruit légal des père et mère sur les biens de l'enfant légitimé ne commence que du jour de leur mariage.

3° Que l'enfant légitimé est bien l'aîné des enfants nés du mariage qui a opéré sa légitimation ; mais que si l'un ou l'autre de ses père et mère a eu des enfants d'un mariage antérieur à sa légitimation, le droit d'aînesse appartient à ces enfants, quand même leur naissance serait, en fait, postérieure à la sienne. Si donc un legs a été fait à l'aîné de sa famille, ou s'il existe un majorat ou tout autre droit, transmissible par ordre de primogéniture (voir les lois des 17 mai 1826, 12 mai 1835 et 7 mai 1849), c'est l'époque du mariage des père et mère et non celle de la conception ou de la naissance de l'enfant légitimé qui détermine son droit. Ainsi, quoique l'enfant légitimé soit plus âgé que l'enfant légitime, c'est ce dernier néanmoins qui légalement réunit les avantages de l'aînesse (MERLIN, *Rép.*, t. 13, v° *Succ.*, sect. 1re, § 2, art. 5, n° 1 ; ZACHARIÆ, AUBRY et RAU, t. 4, p. 566 ; DEMOLOMBE, t. 5, nos 64, 368 à 371 ; MASSÉ et VERGÉ, t. 1, p. 295 ; VALETTE sur PROUDHON, t. 2, p. 22 et 23 ; MARCADÉ, art. 314, n° 1 ; TOULLIER, t. 2, n° 930 ; DURANTON, t. 3, n° 184).

Mais, s'il y a plusieurs enfants légitimés en même temps par le même mariage, lequel sera l'aîné? L'aîné d'âge, dit Dumoulin, *des Fiefs*, § 8, n° 37 (DEMOLOMBE, t. 5, n° 972).

512. Le mariage contracté par des Français en pays étranger, en Angleterre, par exemple, où la légitimation n'est pas admise, légitime l'enfant naturel resté en France, comme si le mariage avait eu lieu en France (Arg. C. Nap., art. 3, 3e alin.). Mais il en serait autrement du mariage contracté par des Anglais en Angleterre : leur enfant doit être tenu pour bâtard, même en France. Ces décisions sont fondées sur ce principe littéralement consacré dans notre Code, et admis chez toutes les nations, que : « les lois concernant l'état et la capacité des personnes régissent les Français, même en pays étranger » (C. Nap., art. 3, 3e alin.).

SECT. II.—*De la reconnaissance des enfants naturels* (C. Nap., art. 334 à 342).

513. Aux yeux de la loi, les enfants naturels n'ont ni père ni mère, tant qu'ils n'ont pas été reconnus par eux. La preuve de la filiation de ces enfants résulte de la reconnaissance volontaire de leurs auteurs ou d'une déclaration judiciaire qui en tient lieu. Celle du père ne peut en général résulter que d'une reconnaissance volontaire, sauf le cas d'enlèvement ou de viol de la mère de l'enfant à une époque qui coïncide avec celle de la conception, à moins néanmoins qu'il n'en résulte une filiation adultérine ou incestueuse. Les art. 334 à 339, C. Nap., s'occupent de la reconnaissance volontaire; les art. 340 à 342, de la reconnaissance forcée ou déclaration judiciaire de paternité ou de maternité.

§ 1er.—**De la reconnaissance volontaire** (C. Nap., art. 334 à 336, 339).—**Formes.—Caractères intrinsèques et extrinsèques.—Irrévocabilité** (C. Nap., art. 334, 336).

514. La reconnaissance volontaire doit être faite par acte authentique lorsqu'elle ne l'a pas été dans l'acte de naissance (C. Nap., art. 334).

La reconnaissance la moins équivoque est celle qui est faite dans l'acte de naissance de l'enfant; mais cette reconnaissance peut très-bien aussi avoir lieu par tout autre acte, qu'il soit spécial ou relatif en même temps à un autre objet, peu importe; la seule condition nécessaire, c'est qu'elle soit faite en la forme authentique, c'est-à-dire par un acte dressé par un officier public compétent, et selon les formes prescrites par la loi (C. Nap., art. 1317).

Ainsi la forme sous seing privé est exclue; l'art. 334, C. Nap., ne peut pas laisser de doute à cet égard; on comprend facilement, au reste, cette préférence de la loi pour l'acte authentique, et l'exclusion, en une matière aussi importante, des actes sous seing privé.

Dans l'acte authentique, point de surprise, point d'entraînement, point de captation ou de suggestion à craindre; la présence de l'officier public assure l'entière et pleine liberté des parties, tandis que dans l'acte sous seing privé, tout cela, au contraire, est à craindre. Sa nature même le rend suspect (V. l'Exposé des motifs, par BIGOT-PRÉAMENEU et le Discours de LAHARY; LOCRÉ, *Lég.*, t. 6, p. 13 et 14, n° 33; p. 264, n° 33; Aix, 7 juin 1860, J.P.60, p. 148; DURANTON, t. 3, n° 210. V. *infrà*, n° 516).

515. En principe, tout officier public est institué pour dresser acte des conventions, déclarations ou aveux susceptibles de produire un effet de droit civil ; mais lui seul a qualité pour recevoir la reconnaissance d'un enfant naturel. Ainsi, tout officier de l'état civil, assisté de deux témoins, peut, dans les limites de sa commune, recevoir de toute personne domiciliée ou non dans ladite commune, peu importe, *lex non distinguit*, une reconnaissance soit dans l'acte de naissance, soit par un acte séparé et postérieur, *inscrit* sur les registres des naissances (C. Nap., 56, 57, 62, 334) ; soit enfin dans l'acte de célébration du mariage des père et mère ou dans celui de l'enfant (C. Nap., art. 331). La reconnaissance étant un acte de l'état civil destiné, comme l'acte de naissance lui-même, à constater des rapports de filiation, il était rationnel que l'officier de l'état civil eût qualité pour la recevoir (LOISEAU, p. 451 ; DEMOLOMBE, t. 5, n° 393 ; MARCADÉ, art. 354, n° 1).

516. La reconnaissance, de quelque personne qu'elle émane, peut aussi être faite devant un notaire, dans les limites de son ressort, soit par acte spécial, soit par acte relatif en même temps à un autre objet ; et, par exemple, dans le contrat de mariage des père et mère ou dans celui de l'enfant, dans un acte de partage, dans un inventaire, dans une donation entre-vifs ou dans un testament, même dans une procuration, etc., par actes publics, reçus en minutes (LL. 25 vent. an XI, art. 1, 20 et 68 et 21 juin 1843).

Toutefois la reconnaissance ne perdrait pas son caratère d'authenticité, par cela seul que l'acte aurait été rédigé en brevet, l'authenticité résultant en principe du caractère de l'officier public qui a reçu l'acte ; mais comme il importe que la conservation et l'irrévocabilité d'un tel acte soient assurées à toujours, on doit éviter de rédiger ces sortes d'actes autrement qu'en minutes.

La reconnaissance étant de sa nature irrévocable, celle faite dans un de ces actes continue de subsister, malgré les nullités dont ils seraient entachés.

Mais elle ne peut pas être faite dans un testament olographe, ni même dans un testament mystique, car les écrits qui, à proprement parler, constituent et le testament olographe et le testament mystique n'ont rien d'authentique, à moins pourtant qu'ils n'aient été déposés en l'étude d'un notaire par l'auteur lui-même de la reconnaissance et que l'acte de dépôt du testament olographe ou l'acte de suscription du testament mystique dressé par le notaire dépositaire, ne relate spécialement cette reconnaissance sur la déclaration expresse du déposant ; autrement rien n'attesterait que la reconnaissance a été faite sciemment et librement comme le veut la loi (V. DUVERGIER, sur TOULLIER, t. 2, n° 953 ; VALETTE, sur PROUDHON, t. 2, p. 149 ; ZACHARIÆ, AUBRY et RAU, t. 4, p. 679 ; DEMOLOMBE, t. 5, n° 405 ; DURANTON, t. 3, n° 217 ; RICHEFORT, t. 2 n° 254. V. *suprà,* n° 514).

517. La reconnaissance peut encore être faite devant un juge de paix assisté de son greffier, soit qu'il siége comme juge ordinaire, ou comme juge conciliateur, soit même lorsqu'il préside un conseil de famille (Arg. L. 16-24 août 1790 ; C. proc., art. 54 ; Douai, 22 juillet 1856, S.56.2.33 ; ZACHARIÆ, AUBRY et RAU, t. 4, p. 677 ; MARCADÉ, art. 334 ; DEMOLOMBE, t. 5, n° 398 ; DEMANTE, t. 2, n° 62 *bis,* II ; VALETTE, sur PROUDHON, t. 2, p. 149) ; mais, hors de ces cas, il n'a aucun caractère pour constater une pareille reconnaissance (DEMOLOMBE, AUBRY et RAU, *loc. cit.*).

518. La reconnaissance peut même être faite par un tribunal, lorsqu'elle est faite dans le cours d'une instance par l'une des parties qui en demande acte ; elle est alors consignée par le greffier sur la feuille d'audience, laquelle constitue un acte authentique (LOISEAU, p. 459 à 461 ; VALETTE, sur PROUDHON, t. 2, p. 149 ; DEMOLOMBE, t. 5, n° 398 ; ZACHARIÆ, AUBRY et RAU, t. 4, p. 678).

Il faut encore considérer comme valable : 1° la reconnaissance résultant de lettres de légitimation dûment enregistrés, accordée par l'Empereur sur la demande du père ; 2° celle faite par acte authentique en pays étranger ; 3° celle résultant d'un aveu judiciaire.

519. Mais serait radicalement nulle la reconnaissance faite devant le greffier d'un tribunal civil seul ou d'un greffier de justice de paix, à défaut d'un texte qui leur attribue ce pouvoir, qui ne rentre nullement dans le cercle de leurs attributions normales. Autrement, on pourrait aller jusqu'à dire qu'elle peut être faite devant un garde champêtre, un commissaire de police, un huissier, un préfet, et en général devant tous les agents de l'ordre judiciaire ou administratif, ce qui certes est inadmissible, et n'est du reste encore venu dans la pensée de personne (Cass., 16 mai 1809, S.9.2.377 ; MERLIN, *Rép.*, v° *Filiat.*, n° 6 ; DEMOLOMBE, t. 4, n°s 401 et 402 ; ZACHARIÆ, AUBRY et RAU, t. 4, p. 675. — *Contrà,* Cass., 15 juin 1824, S.24.1.338).

Au surplus, de quelque officier public qu'émane l'acte de

reconnaissance, et qu'il soit spécial pour la reconnaissance ou relatif en même temps à un autre objet, dans tous les cas, dès que la reconnaissance ne se trouve pas dans l'acte de naissance lui-même, il en doit être fait mention en marge de l'acte de naissance (Arg. C. Nap., art. 62 ; MARCADÉ, art. 334, n° 1. — *Contrà* DEMOLOMBE, t. 5, n° 397, suivant lequel l'art. 62 ne s'applique qu'à la reconnaissance reçue par l'officier de l'état civil).

520. La reconnaissance devant être faite par acte authentique, afin de prévenir les surprises, les séductions, la captation ou la suggestion, etc., il était logique que le mandat fût également authentique ; car le mandat est de la part du mandant le commencement d'exécution de l'acte qu'il veut faire ; le mandat et l'acte lui-même doivent s'unir et se confondre en pareil cas (Arg. C. Nap., art. 36, 334 ; L. 21 juin 1843, art. 2).

521. La loi ne prescrit pas de termes sacramentels pour la rédaction des actes de reconnaissance d'enfants naturels ; elle peut résulter de termes purement énonciatifs ; mais il faut qu'elle soit claire, formelle et précise et ne laisse aucun doute sur l'intention du père ou de la mère, ni sur l'identité de l'enfant auquel s'applique l'acte de reconnaissance.

522. L'acceptation de l'enfant n'est nullement nécessaire et la reconnaissance peut être faite sans son concours, à son insu, et même malgré son refus et ses protestations, sauf le droit qui lui appartient de la contester, comme elle peut l'être par tous ceux qui y ont intérêt (C. Nap., art. 339, 724, 767).

523. La reconnaissance doit être libre et spontanée ; comme tout autre contrat, elle peut être attaquée par celui-là même qui l'a consentie, pour cause d'erreur, de violence ou de fraude (Arg. C. Nap., art. 1109).

C'est aux juges de fait qu'il appartient d'apprécier souverainement jusqu'à quel point la reconnaissance a été libre et volontaire. La reconnaissance, valable dans son principe, est irrévocable, quel que soit le caractère de l'acte qui la renferme (Voir MARCADÉ, *loc. cit.*).

§ 2.—Par qui et au profit de qui peut être faite la reconnaissance volontaire (C. Nap., art. 335 et 336).

524. La reconnaissance est un aveu essentiellement personnel, qui ne peut être fait que par le père pour la filiation paternelle, et par la mère pour la filiation maternelle, ou par leur fondé de pouvoir (V. *suprà*, n° 514) ; nul autre ne peut

la faire pour eux, sans mandat ; elle est pour le père comme pour la mère l'accomplissement d'un droit naturel, ou plutôt un devoir qu'il doit remplir ; c'est une faute, c'est un désordre qui a eu lieu, et il est rationnel qu'il puisse être reconnu et réparé sans entraves. Toute personne capable de contracter et ceux-là mêmes auxquels la loi ne reconnaît pas la capacité de s'obliger ont qualité pour faire une reconnaissance produisant tous les effets légaux.

Ainsi, la reconnaissance d'un enfant naturel peut être valablement faite : 1° par un mineur pubère, bien qu'il ne soit pas émancipé. Il suffit qu'il soit pubère et qu'il jouisse de la plénitude de sa raison (Cass., 4 nov. 1834, S.35.1.785 ; Douai, 17 mars 1840, S.40.2.255 ; Orléans, 10 janv. 1847, Dev.47.2.17 ; DEMOLOMBE, t. 5, n° 388).

Toutefois l'officier public qui reçoit dans ce cas l'acte de reconnaissance, doit être très-circonspect et s'assurer que le mineur agit bien librement sans aucune influence étrangère, et que le fait reconnu est, sinon vrai, du moins vraisemblable.

2° Par un mineur émancipé, sans l'assistance de son curateur (Aix, 3 déc. 1807, S.7.2.693 ; DEMOLOMBE, *loc. cit.*).

3° Par une personne interdite judiciairement pour cause d'imbécillité, de démence ou de fureur, si elle est l'expression de sa volonté, dans un intervalle lucide ; et, *à fortiori*, par une personne antérieurement à son interdiction, mais à une époque où la démence existait notoirement, si cette reconnaissance paraît se justifier par les circonstances et constituer, dès lors, un acte raisonnable (Caen, 28 janv. 1843), et même, à défaut d'un texte précis qui le défende, par une personne frappée d'interdiction légale (C. pén., art. 29), et, avant la loi du 31 mai 1854, par un mort civilement (DEMOLOMBE, *loc. cit.*, nos 388, 389).

3° Par une personne pourvue d'un conseil judiciaire sans l'assistance de ce conseil ; d'autant plus que les art. 499 et 513, C. Nap., qui déterminent limitativement les actes pour lesquels cette assistance est requise n'y comprennent pas la reconnaissance d'un enfant naturel (Douai, 23 janv. 1819, S.20.2.102 ; Allemand, *du Mariage*, t. 2, p. 268 ; DEMOLOMBE, n° 388 ; ZACHARIÆ, AUBRY et RAU, t. 4, p. 670).

4° La femme mariée peut aussi, incontestablement, sans autorisation de son mari ni de justice, reconnaître l'enfant naturel conçu ou né d'elle avant son mariage d'un autre que son époux. Un tel acte, qui n'est que l'accomplissement d'une obligation naturelle, doit produire tous ses effets, sauf l'application de la règle écrite dans l'art. 337, C. Nap. (MALLEVILLE, art. 337 ; TOULLIER, t. 2, nº 961 ; DURANTON, t. 3, nº 257 ; PROUDHON, t. 2, p. 146 et 147 ; DEMOLOMBE, ZACHARIÆ, AUBRY et RAU, *loc. cit.*).

525. « La reconnaissance ne peut jamais avoir lieu, d'après l'art. 335, C. Nap., au profit des enfants nés ou seulement conçus d'un commerce incestueux ou adultérin. » L'art. 342, C. Nap., consacre le même principe.

La loi, en refusant cette faveur aux enfants conçus d'un commerce incestueux ou adultérin, a voulu évidemment par là punir l'inceste et l'adultère, et interdire à ceux dont la paternité ou la maternité est un crime, de révéler au public l'impudité de leur commerce ; cette révélation serait en effet un scandale, une insulte aux bonnes mœurs et à l'ordre social.

Ainsi toute reconnaissance d'un enfant naturel issu, provenu d'un inceste ou d'un adultère, est radicalement *nulle* et ne peut produire aucun effet juridique, soit pour lui, soit contre lui, et l'officier public doit même se refuser de la recevoir, lorsque la personne qui se présente pour la faire, avoue la source honteuse de sa paternité ou de sa maternité. Cette reconnaissance, a dit M. Duveyrier devant le Corps législatif, sera impossible s'il faut l'appuyer sur l'inceste ou l'adultère. L'officier public ne la recevra pas ; et si, malgré lui, l'acte contient le vice qui l'infecte, cette reconnaissance *nulle* ne pourra profiter à l'enfant adultérin ou incestueux pour qui elle aura été faite. Tous les auteurs sont d'accord sur ce point.

On objecte néanmoins l'art. 762, C. Nap. ; mais cet article peut très-bien recevoir son application, sans qu'il soit nécessaire de déclarer valable la reconnaissance que l'art. 335 prohibe et déclare nulle si elle a été réalisée, lorsqu'il s'agit d'un désaveu, par le mari ou ses héritiers, de l'enfant conçu par la femme mariée pendant son mariage (C. Nap., art. 312, 313), ou d'une action en réclamation d'état formée par un enfant contre une femme mariée, ou même, la maternité prouvée, qu'il n'est pas l'enfant du mari de la mère (C. Nap., art. 325) ; ou de la nullité d'un mariage contracté de mauvaise foi par les deux époux pour cause de bigamie ou d'inceste, ou enfin, d'une décision passée en force de chose jugée qui aurait constaté, par erreur de fait ou de droit, une filiation adultérine ou incestueuse ; c'est, qu'en effet, dans ces différentes hypothèses, la preuve de la filiation est connue légalement par la force même des choses, c'est qu'alors le scandale est produit et que la volonté du législateur ne peut plus rien ; mais hors de ces hypothèses et autres analogues, la preuve de la filiation des enfants adultérins ou incestueux est légalement impossible (MARCADÉ, art. 395 et 762 à 764. V. *suprà*, n° 505).

526. Les enfants naturels simples sont les seuls qui puissent être légalement reconnus. Cette reconnaissance peut avoir lieu à toute époque, pendant la vie de l'enfant, depuis sa naissance jusqu'à sa mort. Elle peut même avoir lieu dès avant sa naissance et lorsqu'il n'est que conçu, et encore dans le sein de sa mère, *infans conceptus pro nato habetur, quoties de commodis ejus agitur.* Rien, en effet, ne s'y oppose dans la loi, et il importe assurément à l'enfant, pour constater sa filiation et assurer son état, que son père, malade et en danger de mort, qui craint de ne pas vivre jusqu'à la naissance de son enfant, ou la mère, qui peut succomber dans les douleurs de l'enfantement, puissent le reconnaître avant sa naissance et accomplir par là une obligation naturelle qu'il eût été inhumain de leur refuser (Cass., 16 déc. 1811, S.12.1.81; MARCADÉ, art. 334; n° 2; DEMOLOMBE, t. 5, n° 414; ZACHARIÆ, AUBRY et RAU, t. 4, p. 673).

Rien ne s'oppose non plus à ce que la reconnaissance soit faite après la mort de l'enfant naturel, lorsqu'il a laissé des enfants légitimes, non-seulement dans le cas de légitimation par le mariage subséquent des père et mère (C. Nap., art. 332); mais encore dans le cas où l'auteur même de la reconnaissance ne pourrait pas ou ne voudrait pas contracter mariage, car cette reconnaissance profite alors aussi aux enfants ou descendants de l'enfant naturel prédécédé (C. Nap., art. 759; Caen, 24 mai 1858, S.58.2.535; LOISEAU, p. 444; DURANTON, t. 3, n° 264; MARCADÉ, art. 334, n° 2; RICHEFORT, t. 2, n° 263; DEMOLOMBE, t. 5, n° 416; ZACHARIÆ, AUBRY et RAU, t. 4, p. 674).

Mais si l'enfant naturel est décédé sans postérité, il n'y a pas de reconnaissance possible; en effet, il n'y a plus désormais d'état à reconnaître, plus de filiation à constater. La reconnaissance, dans ce cas, ne peut plus être qu'un pur calcul et une honteuse spéculation que repoussent également la justice et la morale « Il ne faut pas prolonger au delà de la vie de l'enfant, disait le Tribunat, les inconvénients inévitables et peut-être le scandale d'une pareille action » (Cass., 12 juin 1838, DEV.38.1.698; DEMOLOMBE, *loc. cit*).

527. L'enfant naturel, né d'un Français et d'une étrangère, en pays étranger, peut être valablement reconnu par son père (Arg. C. Nap., art. 3; Arg. Paris, 25 mai 1852, J.P.52.1.

32). Toutefois, c'est la maxime : *partus ventrem sequitur*, i sert à déterminer la nation à laquelle appartient l'enfant é en France ou à l'étranger, d'une mère française ou étranère, quelle que soit d'ailleurs la nation du père qui l'aura connu.

La reconnaissance du père, sans l'indication et l'aveu de la ère, n'a d'effet qu'à l'égard du père (C. Nap., art. 336).

528. La reconnaissance d'un enfant naturel est un fait, un eu essentiellement personnel à celui dont elle émane, et ne peut dès lors avoir d'effet que vis-à-vis de celui qui faite, soit par lui-même, soit par un mandataire muni d'un andat spécial et authentique (L. 18 juin 1843, art. 2). Nul peut donc faire, pour le père ou la mère, sans mandat, ne reconnaissance d'enfant naturel, ni un père ou une mère our son fils ou sa fille, qui aurait eu un enfant naturel, ni n tuteur pour son pupille, ni la mère de l'enfant pour le père, même le père de cet enfant pour la mère. C'est vainement u'un acte de naissance mentionne le nom du père ou de la ère : cette mention n'a aucune force probante, parce qu'elle st nulle; elle est nulle parce que l'acte de naissance d'un nfant naturel n'est point destiné à la contenir, parce que les clarants n'ont point mission de la faire, et qu'au contraire, loi le leur interdit formellement. Cette désignation, sans oute, si elle avait eu lieu de la part de la mère, n'invaliderait pas la reconnaissance de celle-ci, mais l'officier de l'état civil e devrait pas la recevoir (C. Nap., art. 35, 340); et s'il avait méconnu à ce point son mandat, l'individu désigné comme re serait en droit de poursuivre et l'auteur de la déclaration et l'officier de l'état civil lui-même en dommages-intérêts, et me en diffamation (C. Nap., art. 1382, 1383; L. 17 mai 819, art. 13 et 18. V. *infrà*, n° 530).

Cependant la jurisprudence et la doctrine, argumentant es art. 340, 341 et 336, C. Nap., décident que le père, à la ifférence de la mère, a qualité pour attribuer la maternité à ne femme qui ne l'avoue pas elle-même; mais c'est là, ce ous semble, une erreur évidente, une violation flagrante des rt. 334 et 336, C. Nap. En effet, l'art. 334, qui dispose que reconnaissance d'un enfant naturel doit être faite par un te authentique, lorsqu'elle ne l'aura pas été dans son acte e naissance, est conçu en termes généraux et s'applique à la reconnaissance de la paternité aussi bien qu'à celle de la marnité. D'où l'on doit nécessairement conclure que la reconaissance ne peut avoir lieu par acte sous seing privé (V.

suprà, n° 514). C'est cependant ce qui arriverait par cela seul que la mère aurait été indiquée dans la reconnaissance faite par le père; car cette indication est pour elle *res inter alios acta*. On ne comprendrait pas comment une indication qui ne pourrait pas même servir de commencement de preuve par écrit, à l'effet de rendre admissible la preuve testimoniale (C. Nap., art. 324), aurait néanmoins pour résultat de la priver de la garantie que lui assure l'art. 334, C. Nap. Une telle reconnaissance n'a donc d'effet, d'après l'art. 336 du même Code, qu'à l'égard du père qui l'a faite, et ne peut en avoir aucun vis-à-vis de la mère. Ce double résultat est conforme à la théorie générale en matière d'aveu, d'après laquelle chacun peut avouer un fait personnel, mais non celui d'autrui (Arg. C. Nap., art. 1359; *Sic*, DEMOLOMBE, t. 1, n° 383; MARCADÉ, art. 336, n° 1).

§ 3. — **De l'irrévocabilité de la reconnaissance volontaire faite hors et pendant le mariage, et de l'étendue de ses effets** (C. Nap., art. 336 à 339).

529. La reconnaissance valablement faite est, par elle-même, irrévocable; elle ne peut être rétractée par la personne dont elle émane, lors même qu'elle n'aurait pas été acceptée par celui au profit duquel elle a eu lieu (ROLLAND DE VILLARGUES, n° 236; MAGNIN, *des Minor.*, t. 1, n° 223; DEMOLOMBE, t. 5, n° 454; ZACHARIÆ, AUBRY et RAU, t. 4, p. 689).

Ce principe s'applique même à la reconnaissance consignée dans un testament par acte public. Une pareille reconnaissance ne se trouve pas anéantie par la révocation volontaire ou forcée du testament qui la contient (Aix, 10 fév. 1806, S.7.2.1 ; Amiens, 9 fév. 1826, D.29.2.163 ; ROLLAND DE VILLARGUES, n° 237 ; MAGNIN, *loc. cit.*; DURANTON, t. 3, n° 219, n° 455; ZACHARIÆ, AUBRY et RAU, t. 4, p. 690. — *Contrà*, LOISEAU, p. 468 et 469; MERLIN, *Rép.*, v° *Filiat.*, n° 7, et *Testament*, sect. 2, § 6, n° 3 ; DEMOLOMBE, t. 5, n° 455).

530. La reconnaissance est individuelle, en ce sens qu'elle n'engage que celui qui l'a faite. Ainsi, la mère ne peut déclarer que sa maternité, de même le père ne peut reconnaître que sa paternité; la reconnaissance de l'un ne peut engager celle de l'autre : « la reconnaissance du père, d'après l'art. 336, C. Nap., sans l'indication et l'aveu de la mère, ne suffit qu'à l'égard du père. » V. *suprà*, nos 527, 528.

Le seul titre que puisse invoquer l'enfant naturel, vis-à-vis du père, est une reconnaissance ou un aveu authentique et rmel. Admettre la possession d'état ou tout autre aveu non othentique en matière de filiation naturelle, ce serait violer le rincipe qui prohibe la recherche de la paternité. Mais il en t autrement vis-à-vis de la mère : si la recherche de la parnité est interdite, la recherche de la maternité est permise, ême sans indication de la mère de la part du père. Aucun élai n'est déterminé pour l'aveu de la mère : il suffit qu'il sulte d'actes émanés d'elle avant son décès pour que l'ennt puisse s'en prévaloir. Il peut se manifester souvent mieux r une conduite qui est le résultat d'une conviction profonde permanente que par un écrit qui peut avoir été arraché ou urpris ; il peut résulter notamment : 1° de ce qu'elle a pris qualité de mère dans des actes judiciaires ; 2° de ce qu'elle fait dans l'inventaire, après le décès du père, diverses rélamations qui confirment l'indication de maternité faite par père dans l'acte de naissance de l'enfant ; 3° de ce qu'elle élevé ou fait élever l'enfant sous ses yeux et l'a toujours aité comme tel ; 4° de ce qu'elle s'est qualifiée de mère et de tutrice dans une procuration enregistrée avant le décès de l'enánt, et ayant pour objet de lui faire nommer un subrogé tuteur.

531. La reconnaissance n'étant subordonnée, quant à sa alidité, à aucune condition de temps, ses effets devraient r là même être indépendants de l'époque où elle a été faite ; éanmoins, les droits de l'enfant naturel reconnu sont graveent modifiés, lorsqu'il n'a été reconnu que depuis le mariage e celui ou de celle qui le reconnaît : « la *reconnaissance faite endant le mariage*, par l'un des époux, au profit d'un enfant aturel qu'il aurait eu, avant son mariage, d'un autre que e son époux, porte l'art. 337, C. Nap., ne pourra *nuire ni celui-ci, ni aux enfants nés de ce mariage*. Néanmoins, elle roduira son effet après la dissolution de ce mariage, *s'il n'en este pas d'enfants*. » Il ne pouvait équitablement dépendre e l'un des époux de changer, après son mariage, le sort de sa famille légitime, en y appelant des enfants naturels qui demanderaient une part dans les biens. Ce serait violer la foi ous laquelle le mariage a été contracté, et troubler la paix njugale.

La disposition de notre article étant une exception, il faut ien se garder d'en étendre la portée, comme aussi de l'appliер à d'autres cas que celui pour lequel elle est faite. Ainsi, l'enfant reconnu au mépris de la foi du mariage est privé de tous les droits qui nuiraient aux enfants légitimes nés du mariage pendant lequel la reconnaissance a été faite, ou au conjoint de la personne dont elle émane ; mais là s'arrête la restriction de notre article. La reconnaissance est donc pleinement efficace à l'égard de toutes autres personnes, et, par exemple, à l'égard des enfants que son auteur a eus d'un mariage antérieur ou postérieur, et, à plus forte raison, à l'égard des ascendants ou de ses collatéraux; elle le serait même à l'égard du conjoint, si c'était par un testament ou par une donation faite en dehors du contrat de mariage et depuis la célébration, que l'époux eût attribué au conjoint la totalité de ses biens, à défaut d'héritiers à réserve.

De plus, cette exception n'étant portée que pour le cas où la reconnaissance est faite *pendant le mariage* et pour un enfant que l'époux a eu d'un autre que son conjoint, la reconnaissance aurait encore son plein effet alors même qu'il existerait des enfants issus du mariage, et, *à fortiori*, un conjoint, à défaut d'héritiers à réserve, si elle était forcée ; car le texte de notre article ne parle que d'une reconnaissance *faite par l'un des époux*, et non d'une reconnaissance *faite contre l'un des époux*; ou si elle avait été faite : 1° avant le mariage, quoique l'époux qui l'a faite l'ait tenue secrète; 2° *après le mariage*, par l'époux devenu veuf; et même *pendant le mariage*, s'il est prouvé, soit par une reconnaissance volontaire, soit par une reconnaissance forcée, que l'enfant reconnu par l'un des conjoints est également l'enfant de l'autre. Alors, en effet, il n'y a pas lieu de craindre que la reconnaissance indispose le conjoint (V. Marcadé, art. 337 ; Duranton, t. 3, nos 255, 256 ; Demolombe, t. 5, nos 466 à 476).

532. Quant aux rapports purement moraux, la reconnaissance produit ses effets ordinaires.

533. L'enfant naturel reconnu ne peut réclamer les droits d'enfant légitime. Les droits des enfants naturels sont réglés au titre des successions (C. Nap., art. 338).

534. La reconnaissance légalement faite confère à l'enfant naturel des droits importants; elle établit un lien civil de parenté entre lui et la personne qui l'a reconnu ; mais ce lien de parenté ne rattache point l'enfant aux parents de son père ou de sa mère. Sa famille ne comprend que son père, sa mère naturels, ses enfants ou descendants ; il n'a point d'aïeuls ou aïeules ; il n'a point de collatéraux.

535. L'enfant naturel reconnu porte le nom de son père, lorsqu'il a été reconnu par l'un ou par l'autre ; de sa mère, lorsqu'il n'a été reconnu que par elle (Cass., 15 juill. 1840, 18 nov. 1852 ; Metz, 8 août 1855, S.40.1.900, 52.2.432 et 57.2.37).

536. La reconnaissance établit entre l'enfant et son père ou

sa mère un droit de successibilité réciproque ; mais quant à l'enfant, le droit qu'il acquiert sur la succession de ses père et mère est plus ou moins étendu selon la qualité des héritiers légitimes avec lesquels il concourt. V. C. Nap., art. 338, 723, 724, 756 à 759, 765 et s., 908. Ce droit peut même disparaître dans le cas de l'art. 337, C. Nap.

537. La reconnaissance confère aux père et mère naturels le droit de la jouissance paternelle (C. Nap., art. 158, 383; V. *Puiss. patern.*, *Emancip.*, *Mariage*, *Tutelle*) ; le droit de succéder, en certains cas, à leurs enfants (C. Nap., art. 765); le droit de correction (C. Nap., art. 383), etc., etc.; elle impose à l'enfant, lorsqu'il veut se marier et qu'il est mineur quant au mariage, l'obligation d'obtenir le consentement de ses père et mère, et, dans tous les cas, l'obligation de leur faire des actes respectueux (C. Nap., art. 158, 159, 383) ; mais cette obligation ne s'étend pas, à défaut de père et mère, aux aïeuls et aïeules; le consentement d'un tuteur nommé *ad hoc* est nécessaire (C. Nap., art. 150, 159).

538. L'enfant naturel ne succédant pas à ses aïeuls naturels (C. Nap., art. 338, 756 et s., 908), peut, par conséquent, comme tout autre, recevoir d'eux soit par donation entre-vifs, soit par testament, surtout lorsque son père ou sa mère naturel sont décédés.

Il peut être adopté par ses père et mère (Cass., 28 avril 1841; 1er avril 1846; Bordeaux, 30 janv. 1845; Montpellier, 24 avril 1845. — *Contrà*, Cass., 16 mars 1843, J.P.41.1.737, 46.2.45, 1.607 et 497, 43.1.539). Ce point est aujourd'hui constant. V. *Adoption.*

539. L'enfant naturel a, comme l'enfant légitime, un état qu'il tient de la nature et de la loi, état que la volonté des parties peut reconnaître, mais non créer; état qui, par conséquent, est imprescriptible, inaliénable, au-dessus de toute transaction (Cass., 12 juin 1838 et 18 janv. 1839 ; Cass., 27 févr. 1839, 22 avril 1840, J.P.38.2.366, 40.2.461, 39.1.218, 40.2.461, 39.1.218).

§ 4.—**Droit de contester la reconnaissance** (C. Nap., art. 339).

540. Toute reconnaissance de la part du père ou de la mère, de même que toute réclamation de la part de l'enfant, pourra être contestée par tous ceux qui y auront intérêt (C. Nap., art. 339).

« La reconnaissance d'un enfant naturel, disait M. Duveyrier au Corps législatif, peut nuire à tout autre qui aurait plus de tendresse, plus de raison pour se dire le père de l'enfant; elle peut nuire à l'enfant qui a déjà trouvé ou qui réclame un autre père ; la reconnaissance faite par le père ou la réclamation élevée par l'enfant peuvent, l'une aussi bien que l'autre, nuire à des héritiers légitimes. Ces divers intérêts, et tous autres qu'il est impossible de prévoir et de désigner, ont indiqué la justice et la nécessité d'une disposition générale, qui donne à tous ceux qui y ont intérêt le droit de contester soit la reconnaissance faite par le père ou la mère, soit la réclamation élevée par l'enfant... C'est l'acte qu'il s'agira d'attaquer ; sa forme, si elle n'est point authentique ni régulière ; son texte, si le mensonge ou la fraude l'a dicté. »

541. La légitimation d'un enfant naturel par le mariage subséquent de ceux qui l'ont reconnu, n'empêche pas les tiers qui y ont intérêt de contester la reconnaissance, à moins que l'enfant légitimé n'ait acquis une possession d'état conforme à son titre de légitimation, car alors les priviléges et les droits de l'enfant né légitime lui sont acquis sans restriction (Arg. C. Nap., art. 322, 333).

542. Pour être admis à contester il faut avoir un intérêt né et actuel (Arg. C. Nap., art. 187). L'enfant peut toujours contester la reconnaissance et même à l'instant où elle est faite, car il a intérêt à repousser une paternité ou une maternité qui lui serait onéreuse et préjudiciable. V. *suprà*, nos 509, 496.

Mais les collatéraux de celui qui reconnaît un enfant naturel ne jouissent pas de la même faculté, car leur intérêt n'existe pas actuellement ; il ne naîtra qu'à la mort de l'auteur de la reconnaissance s'ils doivent lui succéder. Ce n'est donc qu'alors, et seulement alors, qu'ils pourront utilement attaquer la reconnaissance de l'enfant.

543. L'acte de reconnaissance n'établit sur la paternité qu'une simple présomption qui peut être détruite par d'autres présomptions de même nature. La preuve de la paternité ou de la non-paternité ne doit pas être mise à la charge exclusive de l'une ou de l'autre partie ; les juges doivent se déterminer par les circonstances. C'est dans les faits et documents de la cause qu'ils doivent chercher les éléments qui peuvent les déterminer à maintenir ou à annuler la reconnaissance (Arg. Rouen, 15 mars 1816 ; Douai, 7 juin 1842, J.P.42.2.209).

La conduite de la mère a sur la reconnaissance du père la plus grande influence. Si elle l'approuve soit expressément, soit même par son silence, l'enfant parviendra difficilement à en repousser l'effet. Si, au contraire, elle se joint à son enfant pour la contester, ou même si elle la conteste seule, son témoignage sera décisif.

544. Lorsque l'enfant a été reconnu par plusieurs personnes non mariées, chacune d'elles a qualité pour contester la reconnaissance des autres, afin de consolider la sienne. La priorité de reconnaissance ne doit pas prévaloir sur le témoignage de la mère, si elle vit encore, et peut manifester sa volonté; et, si elle est décédée, les soins donnés à l'enfant, les probabilités, les circonstances, et à toutes choses égales, l'intérêt de l'enfant, dicteront la décision des juges.

546. Lorsque la reconnaissance est contenue dans l'acte de naissance, ses effets ne peuvent être détruits que par la preuve de sa fausseté ; et cette preuve incombe à celui qui conteste cet acte. Il en est autrement lorsque la reconnaissance est postérieure à l'acte de naissance: dans ce cas, cette reconnaissance, si elle est contestée, doit être appuyée de preuves qui viennent attester la sincérité du fait qu'elle contient.

Au surplus, il n'est pas nécessaire d'avoir un commencement de preuve par écrit pour contester la reconnaissance d'un enfant naturel dans son acte de naissance et pour être admis à la preuve des faits contraires à la filiation qui s'y trouve énoncée. L'art. 323, C. Nap., n'est relatif qu'à la filiation légitime (Paris, 21 déc. 1839 ; Rouen, 23 juill. 1862, J.P.40.1.33 et 63).

547. Les jugements qui interviennent sur les contestations soulevées en matière de filiation soit naturelle, soit légitime, ne règlent l'état de l'enfant que vis-à-vis des personnes qui étaient parties dans l'instance. L'état qui lui était précédemment attribué subsiste à l'égard des autres. Cela résulte nécessairement des principes relatifs à la chose jugée et de l'art. 100, C. Nap., aux termes duquel les jugements de rectification des actes de l'état civil ne peuvent jamais être opposés aux parties intéressées qui ne les ont pas requis ou qui n'y ont pas été appelées (VALETTE sur PROUDHON, t. 2, p. 66 ; DURANTON, t. 3, n°s 101, 102 ; ZACHARIÆ, t. 3, p. 650, 667; MERLIN, *Rép.*, v° *Quest. d'état*, § 3, art. 1er, n°s 11 à 14. — *Contrà*, Pau, 20 janv. 1837, J.P.37.1.514).

SECT. IV.—*De la reconnaissance forcée et de ses effets* (C. Nap., art. 340, 341, 342).

548. « La recherche de la paternité est interdite. Dans le cas d'enlèvement, lorsque l'époque de cet enlèvement se rapportera à celle de la conception, le ravisseur pourra être, sur

la demande des parties intéressées, déclaré père de l'enfant » (C. Nap., 340).

549. La recherche de la maternité est admise. L'enfant qui réclamera sa mère sera tenu de prouver qu'il est identiquement le même que l'enfant dont elle est accouchée.

Il ne sera reçu à faire cette preuve par témoins que lorsqu'il aura déjà un commencement de preuve par écrit (C. Nap., art. 341).

550. « Un enfant ne sera jamais admis à la recherche soit de la paternité, soit de la maternité, dans le cas où, suivant l'art. 335, la reconnaissance n'est pas admise » (C. Nap., art. 342).

La paternité, et surtout la paternité naturelle, est couverte d'un voile impénétrable; il n'y a en principe qu'un acte de reconnaissance volontaire, émané du père, qui puisse l'attester : *pater incertus*.

551. La loi du 12 brum. an II avait prohibé la recherche de la paternité. Le Code Napoléon a renouvelé cette prohibition tant à cause de l'incertitude qui reste toujours sur le fait de la paternité qu'à cause des honteuses spéculations et des scandales qu'entraînait une pareille recherche dans notre ancien droit.

552. L'art. 340, C. Nap., prohibitif de la recherche de la paternité, est tellement impératif, en ce qui touche la paternité illégitime, qu'il ne comporte pas l'exception prévue par l'art. 46, C. Nap., au cas de perte des registres de l'état civil, surtout s'il n'est pas prouvé que sur ces registres était la reconnaissance authentique de la paternité que prescrit l'art. 334 du même Code.

553. La recherche de la paternité est interdite, sans distinction, entre la voie d'action et la voie d'exception, soit en faveur de l'enfant, lors même qu'elle n'a pour but que d'obtenir des aliments, soit contre l'enfant pour faire annuler un legs prétendu fait par un père adultérin, surtout si l'enfant a la possession d'état d'enfant légitime. Elle n'est permise que dans le seul cas où le père a enlevé ou violé la mère de l'enfant à une époque qui coïncide avec celle de la conception de l'enfant (Arg. C. Nap., art. 340).

Le mot enlèvement est générique ; il s'applique au rapt par suite de séduction, de fraude et d'artifice comme au rapt de violence, que la personne enlevée soit mineure ou majeure, peu importe, l'art. 340, C. Nap., ne distingue pas.

Le viol étant un véritable enlèvement par violence, autorise nécessairement la recherche de la paternité (Arg. C. Nap., art. 340).

Au surplus, le fait de l'enlèvement ou du viol coïncidant avec l'époque présumée de la conception de l'enfant, autorise bien la recherche, mais n'entraîne pas nécessairement la déclaration de paternité ; le *ravisseur* ne doit pas être pour cela seul déclaré père de l'enfant. La preuve de cette coïncidence rend seulement la déclaration possible. Cette preuve est recevable *de plano*, c'est-à-dire indépendamment d'un commencement de preuve par écrit ; elle peut être faite par toute espèce de moyens, par titre, par témoins et même par de simples présomptions (Arg. C. Nap., art. 1348 et 1353 comb. ; MARCADÉ, t. 2, art. 340, n° 2 ; VALETTE sur PROUDHON, t. 2, p. 139 ; DEMANTE, *Program.*, t. 1, n° 322 ; DEMOLOMBE, t. 5, n° 495 ; BONNIER, *Tr. des preuv.*, n° 146).

554. A la différence de la paternité naturelle, qui est absolument incertaine, la maternité se revêt par des signes matériels, certains et incontestables : *mater certa*. Aussi, toutes les législations ont-elles permis à l'enfant naturel comme à l'enfant légitime de rechercher sa mère, et d'établir, même par témoins, sa filiation maternelle, excepté toutefois le cas où la paternité se trouvant dès à présent certaine et constatée, cette recherche de maternité conduirait à une filiation adultérine ou incestueuse (Arg. C. Nap., art. 342). Hors ce seul cas, la mère peut toujours et absolument être recherchée judiciairement (C. Nap., art. 341. V. *infrà*, n° 555, 2e alin.).

555. C'est à l'enfant qui cherche sa maternité à établir le double fait de l'accouchement de la femme qu'il prétend être sa mère, et de son identité avec l'enfant dont elle est accouchée ; cette preuve complexe peut se faire simultanément quant à l'un et à l'autre de ces faits ; et il n'est pas nécessaire, pour l'admissibilité de la preuve de l'identité, que celle de l'accouchement ait été au préalable rapportée (Cass., 9 juill. 1850, S.50.1.701 ; MERLIN, *Rép.*, v° *Maternité*, n° 4 ; RICHEFORT, t. 2, n° 328 ; DURANTON, t. 3, n° 210 ; MARCADÉ, article 341, n° 3 ; DEMOLOMBE, t. 5, n° 500 ; ZACHARIÆ, AUBRY et RAU, t. 4, p. 705). La preuve de l'accouchement ne doit toutefois être admise qu'autant que le demandeur a suffisamment édifié le juge sur les circonstances à l'aide desquelles il prétend établir l'identité (DEMOLOMBE, t. 5, n° 501).

L'accouchement et l'identité sont également susceptibles de se prouver par témoins ; mais la preuve testimoniale n'est admissible qu'autant qu'il existe un commencement de preuve par écrit de nature à les rendre vraisemblables tous les deux. De telle sorte que la preuve par témoins de l'accouchement ne devrait pas être admise, malgré la production d'un commencement de preuve par écrit relatif à ce fait, s'il n'existait pas un pareil commencement de preuve de l'identité ; car le réclamant n'a d'intérêt et qualité pour prouver l'accouchement qu'autant qu'il peut prouver son identité : la femme a le plus grand intérêt à ce qu'il en soit ainsi pour ne pas flétrir d'abord son honneur par la preuve abstraite de son accouchement, sauf à voir ensuite si cette preuve sera bonne à quelque chose : observation judicieuse d'un arrêt de la Cour de cassation du 3 juill. 1850 de M. Devilleneuve, 50.1.705.

556. Le commencement de preuve par écrit qu'exige notre art. 341, ne peut être remplacé par des présomptions graves résultant de faits déjà constants ; en d'autres termes, les dispositions de l'art. 323, C. Nap., ne s'appliquent qu'à la preuve de la filiation légitime, et ne peuvent être étendues à celle de la filiation naturelle (Cass., 28 mai 1810, S.10.1.193 ; Grenoble, 24 janv. 1844, S.45.2.341 ; Toulouse, 13 juill. 1846, S.48.2.116 ; MERLIN, *Rép.*, v° *Lég.*, sect. 3, n° 3 ; ROLLAND DE VILLARGUES, n° 278 ; TOULLIER, t. 2, n°s 944 et 945 ; DUCAURROY, BONNIER et ROUSTAIN, t. 1, n° 500 ; DEMOLOMBE, t. 5, n° 502 ; ZACHARIÆ, AUBRY et RAU, t. 4, p. 706).

557. L'acte de naissance auquel n'a point concouru la femme qui y est indiquée comme mère, ne forme, encore qu'il ait été dressé sur la déclaration de l'une des personnes désignées en l'art. 56, C. Nap., ni preuve complète, ni même commencement de preuve par écrit de l'accouchement (Grenoble, 5 avril 1843 ; Pau, 29 juill. 1844 ; Metz, 21 juin 1853 ; Pau, 28 juin 1855 ; Paris, 18 juill. 1858, S.44.2.302 ; 45.2.673 ; 58.2.534 ; DURANTON, t. 1, n° 307 ; t. 3, n° 236 ; MARCADÉ, art. 340 à 342, n° 3 ; DEMOLOMBE, t. 1er, n° 297 ; t. 5, n° 506 ; ZACHARIÆ, AUBRY et RAU, t. 4, p. 707. — *Contrà*, Bordeaux, 19 fév. 1846 ; Limoges, 4 avril 1848, S.46.2.294 ; 48.2.275 ; MERLIN, *Q.*, v° *Matern.* ; ROLLAND DE VILLARGUES, n° 276 ; TOULLIER, t. 2, n°s 866 et 867 ; PROUDHON, t. 2, p. 144).

Il est à remarquer toutefois qu'il résulte de deux arrêts de la Cour de cassation des 1er juin 1853 et 19 nov. 1856 (DEV. 53.1.481 et 57.1.97), et d'un arrêt de la Cour de Caen du 2 mai 1858 (DEV.58.2.535), que l'acte de naissance où la mère a été dénoncée, fait preuve complète de la filiation, soit à l'égard des tiers, soit à l'égard de la mère, lorsque l'identité de l'enfant n'est pas contestée et qu'il suffit d'une reconnaissance tacite de la mère pour rendre toute contestation impossible. Cette jurisprudence est en contradiction flagrante avec les articles 334 et 341, C. Nap., et ne peut par conséquent autoriser le juge à considérer comme constante, à l'égard des tiers, une filiation naturelle qui ne serait pas suffisamment établie d'après les dispositions de ces articles.

558. La disposition exceptionnelle de l'art. 337, C. Nap., est, d'après le texte même de cet article, étrangère à l'enfant naturel issu de commerce de l'époux auteur de la reconnaissance avec l'autre conjoint, peu importe que la filiation à l'égard de ce dernier soit établie par une reconnaissance volontaire ou forcée, faite soit avant, soit pendant le mariage, soit même après sa dissolution (Locré sur l'art. 337 ; Delvincourt, t. 1er, p. 242 ; Chabot, art. 756, n° 7, 1° ; Toullier, t. 2, n° 960 ; Duranton, t. 3, nos 248 et 249 ; Marcadé sur l'article 338, n° 6 ; Demolombe, t. 5, nos 467 et 468 ; Zachariæ, Aubry et Rau, t. 4, p. 692. — *Contrà,* Lassaulx, t. 1, p. 184).

Il résulte également du texte de notre art. 337 que la disposition exceptionnelle qu'il renferme ne peut, même au cas où il existe des ascendants légitimes, issus d'un mariage actuellement dissous, être étendue à l'enfant procréé avant la célébration et reconnu par le survivant des époux après la dissolution de ce mariage (Toullier, t, 2, n° 959; Ducaurroy, Bonnier et Roustain, t. 1, n° 491 ; Marcadé, art. 337, n° 4 ; Demolombe, t. 5, n° 464 ; Zachariæ, Aubry et Rau, t. 4, p. 692).

Enfin l'art. 337 ne paraît même pas devoir s'appliquer à la confirmation faite pendant le mariage d'une reconnaissance qui aurait eu lieu antérieurement, du moins dans le cas où cette confirmation a couvert les vices de la reconnaissance même à l'égard des personnes dans l'intérêt desquelles la disposition de l'art. 337 a été établie (Cass., 24 nov. 1830, S. 31.1.131 ; Richefort, t. 2, n° 280 ; Demolombe, t. 5, n° 464 ; Zachariæ, Aubry et Rau, t. 4, p. 693).

Au contraire, il n'y a pas à distinguer entre la reconnaissance volontaire et la reconnaissance forcée : cette dernière tombe, comme la première, sous l'application de notre art. 337. Il en est ainsi, en cas de recherche de la maternité, alors même que le commencement de preuve par écrit exigé par l'art. 341 a acquis date certaine antérieurement au mariage (Demolombe, t. 5, n° 466; Zachariæ, Aubry et Rau, *loc. cit.*).

559. Au reste, si la maternité peut toujours être recherchée par l'enfant, elle ne peut jamais l'être contre lui. Ce

droit est exclusivement attaché à sa personne ; il ne peut donc être exercé lors même qu'il existe un commencement de preuve par écrit par les créanciers ou ayants cause, ni par le père ou les héritiers du père qui a reconnu l'enfant, ni même par la mère pour suppléer dans son intérêt à la reconnaissance formelle exigée par l'art. 334, C. Nap., ni *à fortiori* par des tiers contre l'enfant et notamment par des collatéraux qui n'attaquent l'état de l'enfant que pour faire réduire ses droits de successibilité ou les libéralités dont il aurait été gratifié (Arg. Amiens, 9 août 1821 ; Cass., 12 juin 1823 ; Bourges, 4 janv. 1839 ; Colmar, 4 mai 1844 ; MARCADÉ, t. 2, p. 489 ; DURANTON, *loc. cit.*, n° 242).

560. Les effets de la reconnaissance forcée sont les mêmes que ceux de la reconnaissance volontaire, en sorte qu'il faut rejeter tout ensemble la doctrine de Merlin, qui lui donne beaucoup moins et celle de Duranton, qui prétend lui en attribuer de plus grands ; la logique le veut ainsi ; car, dans la reconnaissance même volontaire, ce n'est pas la volonté de l'auteur qui est la cause directe des effets produits c'est la qualité d'enfant désormais connu. Mais il en est ainsi, qu'importe le moyen par lequel l'enfant se trouve reconnu pour tel, pourvu que le moyen soit légal ? La cause, la qualité d'enfant naturel légalement reconnu étant la même, il est logique que les effets soient aussi les mêmes (DELVINCOURT, t. 1er, p. 90; MARCADÉ sur l'art. 337, n° 7 ; DEMOLOMBE, t. 5, n° 466 ; VALETTE, *Explic. som. du liv. 1er du C. Nap.*, p. 185 ; ZACHARIÆ, AUBRY et RAU, t. 4, p. 693).

SECT. V.—*Formule.*

« L'an mil huit cent quarante-neuf, le cinq avril, dix heures « du matin,

« Par-devant nous, Adolphe A..., juge de paix du canton « de..., départ. de..., assisté de M. Louis B..., greffier de « cette justice de paix,

« Est comparu, dans notre cabinet, M. Alfred de Courcy, « célibataire majeur, propriétaire, demeurant à...

« Lequel nous a déclaré qu'il est père naturel de l'enfant « du sexe masculin, dont est accouchée Louise-Henriette Bon- « nemain, sans profession, demeurant à..., le douze mai mil « huit cent quarante-huit, et qui a été inscrit aux registres de « l'état civil de la commune de..., à la date de..., sous les « noms de Adolphe Léopold..., comme étant né le même jour, « de mademoiselle Louise-Henriette Bonnemain et de père

« inconnu. Qu'en conséquence, il déclare reconnaître volon-« tairement, comme par ces présentes, il reconnaît formelle-« ment cet enfant pour son fils naturel, et lui accorder tous les « droits que la loi attache à cette qualité, consentant qu'à l'a-« venir ledit enfant porte son nom et qu'il soit fait, en vertu « des présentes, telle inscription ou rectification que besoin « sera sur tous registres et actes de l'état civil.

« Desquelles comparution et reconnaissance, nous, juge de « paix, avons donné acte au sieur de Courcy.

« Fait et dressé le présent procès-verbal, à..., les jour, « mois et an que dessus, et a, ledit sieur de Courcy, signé « avec nous et le greffier, après lecture. » (*Signatures.*)

TITRE VII.

DE L'ADOPTION ET DE LA TUTELLE OFFICIEUSE

(C. Nap., art. 343 à 370).

CHAP. Ier. — DE L'ADOPTION

(C. Nap., art. 343 à 359).

SECT. Ire.—*Définition de l'adoption.—Son but.—Son origine.—Historique.—Différentes espèces d'adoption.*

561. L'adoption est un acte juridique qui crée entre deux personnes étrangères l'une à l'autre par la nature, des rapports purement civils de paternité et de filiation.

562. L'origine de l'adoption remonte à une haute antiquité, jusqu'à l'époque des Hébreux, peut-être; ce qui est certain, c'est qu'elle occupait une place considérable dans les institutions de la Grèce et de Rome, mais il n'est resté que fort peu de traces de son organisation.

563. A Rome, l'adoption était en honneur. On distinguait deux sortes d'adoption : 1° l'adrogation au moyen de laquelle un citoyen romain, non soumis à la puissance paternelle, *sui juris*, passait sous la puissance d'un autre avec ses enfants et ses biens; 2° l'adoption proprement dite, par laquelle un fils de famille, *alieni juris*, était donné en adoption, par celui sous la puissance duquel il était placé, à un père de famille étranger (V., pour les formes de ces sortes d'adoption, DUCAURROY, *Instit. expliq.*, t. 1, p. 123 et suiv.).

564. L'adoption proprement dite était seule admise, du

temps de Gaïus, à Rome et dans les provinces (Gaïus, *Comment.* 1, § 100).

Dans le principe, l'effet caractéristique de l'adoption était de faire *passer l'adopté* dans la famille de l'adoptant, en le retranchant de la sienne. Mais il s'opéra, sous Justinien, un changement notable dans cet effet qui ne continua plus de subsister que quand l'adoptant était un des ascendants de l'adopté ; dans tous les autres cas, Justinien voulut que l'adopté ne passât ni dans la famille ni sous la puissance de l'adoptant, auquel seulement il acquérait le droit de succéder *ab intestat*, sans que ce droit fût réciproque (L. pénult., *eod. de Adopt.*; *Instit.*, § 2, *eod. tit.*).

L'adopté ne perdit plus ainsi, sauf le cas excepté par Justinien, ses droits de succession dans sa famille naturelle ; mais alors il devenait, comme avant la Constitution de ce prince, étranger à sa famille naturelle, de telle façon que, si l'adoptant émancipait par la suite son fils adoptif, celui-ci était privé de tous droits successifs par le droit civil, et ne trouvait de secours dans le droit prétorien qu'autant que son père adoptif l'avait émancipé avant la mort de son père naturel; auquel cas le préteur lui accordait la possession de biens, *contrà tabulas* ou *undè liberi*, comme à un simple émancipé (Gaïus, *Comment.* 2, § 135 ; Justinien, *Institut.*, *de Adopt.*, § 2).

Quant à l'adrogation, elle conserva, sous Justinien, ses anciens effets, sauf, toutefois, la différence résultant des modifications instroduites par Justinien dans les acquisitions faites par le père naturel au moyen de ses enfants (Gaïus, *Comment.* 3, § 83 ; Justinien, *Instit.*, *de acquisit. per adrogat*).

Au temps de Gaïus, l'adrogation se faisait par une loi; sous Justinien, par rescrit du prince. L'adrogation des femmes, d'abord interdite d'une manière absolue, ne devint possible que sous Justinien (Gaïus, 1, § 98 et suiv.; Justinien, *de Adopt.*, § 1, L. 21, ff., *de Adopt. et emancip.*).

Justinien permettait également l'adrogation des impubères, moyennant les conditions ordinaires, pourvu, toutefois, que l'adrogation fût reconnue honnête et avantageuse à l'impubère. L'adrogeant devait, en outre, donner caution à une personne publique, pour assurer, en cas de mort du pupille avant sa puberté, la restitution de ses biens à ses héritiers. Si l'adrogeant venait à émanciper l'impubère, sans motifs, ou le déshéritait en mourant, il devrait être condamné à lui sser le quart de ses propres biens (*la quarte Antonine*), tre la restitution de ceux qui venaient de lui (JUSTINIEN, *nstitut.*, *de Adopt.*, § 3).

565. En France, l'adoption a été longtemps inconnue; n en trouve, il est vrai, le nom dans quelques anciens capiaires et dans certaines coutumes, mais on n'y trouve nulle art le caractère de l'adoption proprement dite, le caractère un acte de l'état civil, produisant des rapports fictifs de parnité et de filiation. Ce n'était le plus souvent qu'une assolation militaire, une institution contractuelle ou une administration commune de biens communs. Cette adoption, touteis, conférait originairement des droits de succession à celui ui en était l'objet. Pothier, *Tr. du contr. de mar.*, ch. 3, t. 3, nous apprend que, de son temps, l'adoption n'était lus en usage dans les pays de coutume; ceux qui suivaient e droit romain étaient les seuls qui la connussent. Il est donc vrai de dire que l'adoption fut à peu près étrangère aux ois et aux mœurs de la France jusqu'à la loi du 18 janv. 792, qui la décréta pour la première fois, et encore cette loi n'en établit-elle que le principe sans en déterminer ni la nature, ni la forme, ni les effets (MERLIN, *Rép.*, t. 1, v° *Adopt.*, 1er; GRENIER, *Discours historique sur l'adoption;* DEMOMBE, t. 6, n° 3).

Un certain nombre de citoyens, profitant du principe, se hâtèrent d'en user, sous diverses formes. Le législateur luimême donna l'exemple (V. la Constitution du 25 janv. 1793, art. 24; le décret du 15 frim. an III; la loi du 22 frim. an VII, art. 68, § 1, n° 9; et l'arrêté du 19 flor. an VIII, art. 10). Ces adoptions furent confirmées et régularisées par loi du 25 germ. an XI, art. 1, 2, 27.

Le Code Napoléon a reproduit le principe de l'adoption, mais en prenant soin de le réglementer; c'est lui qui, le preier, en a déterminé les formes, les conditions et les effets.

566. L'adoption, telle qu'elle existe aujourd'hui, n'a resque rien de commun que le nom avec l'ancienne adoption es Romains. Les causes, les effets caractéristiques, tout est différent. Ainsi, dans notre droit, l'adopté reste dans sa famille, où il conserve tous ses droits, demeure sous la puissance de ses père et mère, sans passer sous la puissance ni dans la famille de l'adoptant; le rapport de parenté que l'adoption fait naître n'existe qu'entre l'adopté et l'adoptant, aux parents duquel il ne peut jamais succéder. Son double but est: 1° en règle générale, d'offrir une illusion de pater-

nité ou de maternité telle quelle, un moyen de consolation et de bienfaisance à la vieillesse de ceux qui n'ont pas eu d'enfants, ou qui ont eu le malheur de perdre ceux que la nature leur avait donnés; 2° dans certains cas, de favoriser l'expression de la plus haute reconnaissance de l'homme envers son semblable pour des services au-dessus de toute récompense. En un mot, l'adoption, de nos jours, n'a rien de politique; elle n'est qu'une forme de bienfait plus élevée et plus éclatante que toutes les autres, et qui unit, par le lien le plus étroit, le bienfaiteur à l'obligé; on l'a d'ailleurs entourée de toutes les garanties qui ont paru propres à en prévenir les dangers, à empêcher qu'elle n'éloignât du mariage ou qu'elle ne servît de voile à de coupables intentions (DEMOLOMBE, *loc. cit.*, n° 6).

567. La loi distingue trois espèces d'adoption :

1° L'adoption ordinaire ou de droit commun;

2° L'adoption rémunératoire ou privilégiée;

3° L'adoption dite testamentaire.

Les règles qu'elle a posées, soit quant au fond, soit quant à la forme seulement, varient pour ces trois espèces d'adoption. Les conditions en sont plus ou moins sévères, suivant qu'elle est ordinaire, rémunératoire ou testamentaire; mais, considérée au point de vue des effets qu'elle produit, l'adoption est une. Qu'elle soit ordinaire, rémunératoire ou testamentaire, ses résultats sont toujours les mêmes.

SECT. II.—*Des conditions requises dans la personne de l'adoptant et de l'adopté pour l'adoption ordinaire ou de droit commun, l'adoption rémunératoire ou privilégiée et l'adoption testamentaire* (C. Nap., art. 343 à 346).

568. L'adoption n'est permise qu'aux personnes, de l'un ou de l'autre sexe, âgées de plus de cinquante ans, qui n'auront, à l'époque de l'adoption, ni enfants, ni descendants légitimes, et qui auront au moins quinze ans de plus que les individus qu'elles se proposent d'adopter (C. Nap., art. 343).

569. « Nul ne peut être adopté par plusieurs, si ce n'est par deux époux. — Hors le cas de l'art. 366, C. Nap., nul ne peut adopter qu'avec le consentement de l'autre conjoint » (C. Nap., art. 344).

570. La faculté d'adopter ne peut être exercée qu'envers l'individu à qui l'on a dans sa minorité et pendant six ans au moins fourni des secours et donné des soins non interrompus, ou encore envers celui qui aurait sauvé la vie à l'adoptant, soit dans un combat, soit en le retirant des flammes ou

des flots. Il suffit, dans ce deuxième cas, que l'adoptant soit majeur, plus âgé que l'adopté, sans enfants ni descendants légitimes; et s'il est marié, que son conjoint consente à l'adoption » (C. Nap., art. 345).

571. « L'adoption ne peut en aucun cas avoir lieu avant la majorité de l'adopté. Si l'adopté, ayant encore ses père et mère, ou l'un des deux, n'a point accompli sa vingt-cinquième année, il est tenu de rapporter le consentement donné à l'adoption par ses père et mère, ou par le survivant; et, s'il est majeur de vingt-cinq ans, de requérir leur conseil » (C. Nap., art. 346).

§ Ier. — Des conditions requises dans la personne de l'adoptant et de l'adopté pour l'adoption ordinaire ou de droit commun (C. Nap., art. 343).

572. Les conditions requises dans la personne de l'adoptant sont au nombre de sept; et de quatre, dans celle de l'adopté.

573. L'adoptant, quel que soit son sexe, doit :

1° Être âgé de cinquante ans accomplis (C. Nap., art. 343), c'est-à-dire arrivé à cette époque de la vie où on ne peut plus guère en général espérer d'enfants par le mariage;

2° Avoir au moins quinze ans de plus que la personne qu'il se propose d'adopter (C. Nap., art. 343), parce qu'il importe que la fiction ne soit pas trop en désaccord avec la nature, parce que surtout, « sans cette condition, la protection légale qui doit résulter de l'adoption perdrait toute sa dignité » (Berlier, exposé des motifs). En droit romain, il fallait que l'adoptant eût dix-huit ans de plus que l'adopté (*Inst. de adopt.*, n° 4). Le Code prussien, art. 669, permet au chef de l'État d'accorder des dispenses d'âge à ceux qui, pour causes d'infirmités physiques, ne peuvent pas espérer avoir d'enfant. Notre Code ne renferme aucune disposition semblable;

574. 3° Il faut que l'adoptant n'ait, à l'époque de l'adoption, ni enfants, ni descendants légitimes (C. Nap., 343).

La loi n'a pas voulu que l'adoption pût préjudicier aux enfants nés du mariage; le motif de l'adoption n'existe plus d'ailleurs pour celui qui a un enfant ou un petit-enfant légitime, sur lequel il peut reposer son affection; et il en est toujours ainsi quelles que soient l'ingratitude et l'indignité de cet enfant : le texte de l'art. 343 est absolu.

575. L'existence d'enfants naturels, même reconnus, mais non légitimés, ne fait pas obstacle à l'adoption; aucun texte spécial ne prononce cette défense. Le mot enfant légi-

time, qu'emploie l'art. 343, le permet implicitement au contraire ; or, ce que la loi ne défend pas est permis ; dans notre droit, la capacité est la règle, et l'incapacité, l'exception (Arg. C. Nap., art. 902, 1123 ; Cass., 3 juin 1861, J.P.62.1.199). Et l'enfant naturel viendrait-il même à être légitimé après la réalisation de l'adoption, comme la légitimation n'a pas d'effet rétroactif, l'adoption n'en resterait pas moins valable (Arg. C. Nap., art. 333 ; Paris, 20 avril 1860, D.60.2.331).

576. Il en est de même de l'existence d'enfants adoptifs, car la même personne peut adopter plusieurs enfants, non pas seulement en même temps et par le même contrat d'adoption, comme on l'avait d'abord proposé (Locré, t. 6, p. 436), mais encore successivement, l'un après l'autre (C. Nap., art. 348), et nous ne pensons pas, comme l'enseigne M. Demolombe, t. 6, nº 18, qu'il appartienne à la prudence et à l'équité des magistrats de s'y opposer, en présence du texte formel de nos art. 343 et 348, 3e alin.

577. L'enfant mort civilement, n'existant plus dans la famille aux yeux de la loi, sa présence ne serait pas non plus un obstacle à l'adoption (Arg. C. Nap., art. 25, 725, 744).

Mais il en est autrement de l'enfant légitime présumé absent, tant que sa mort n'est pas juridiquement prouvée. Il en est dans ce cas de l'adoption comme du mariage du conjoint présent ; il y a impossibilité absolue.

578. Du reste, il suffit pour empêcher l'effet de l'adoption que l'enfant légitime de l'adoptant soit conçu à l'époque de cette adoption. Il est, en effet, de principe que l'enfant conçu a par faveur les mêmes droits que l'enfant déjà né, *infans conceptus pro nota habetur quoties de commodis ejus agitur.* L'enfant déjà conçu existe si bien au yeux de la loi, qu'il est habile à recueillir les successions et les donations (C. Nap., art. 725, 906). Il importe donc de savoir si l'enfant légitime né depuis l'adoption était ou non conçu au moment où cette adoption a eu lieu. Mais comment le saura-t-on ? Faudra-t-il appliquer ici la règle des art. 312 et 315, C. Nap. ? Évidemment non, car les présomptions légales sont de droit étroit, et ne s'étendent pas par analogie d'un cas à un autre. Or, elles ont été faites pour résoudre des questions de légitimité, et ici il ne s'agit pas de la légitimité de l'enfant ; la seule question à résoudre est de savoir si l'adoption consentie par son auteur est nulle ou valable. Ce sera donc une pure question de fait à résoudre. Mais, bien entendu, la loi déclarant que dans aucune circonstance possible, il ne peut y avoir de gestation durant

moins de six mois ou de cent quatre-vingts jours, et plus de dix mois ou trois cents jours, il s'ensuit que quand la naissance a lieu dans les six mois de l'adoption, c'est-à-dire du contrat passé devant le juge de paix, et non du jour de l'arrêt qui n'en est que l'homologation, comme le pensent à tort Proudhon, t. 1, p. 136, et Odilon-Barrot, *Encycl. de dr.*, v° *Adoption*, n° 19, cette adoption doit être déclarée nulle comme n'ayant pas été, dès l'origine, valablement formée, tandis qu'elle reste toujours valable quand la naissance a lieu après les dix mois depuis l'adoption (MARCADÉ, t. 1, art. 343 et 346; DEMOLOMBE, t. 6, n° 17; ZACHARIÆ, AUBRY et RAU, t. 4, p. 636).

4° Il faut que l'adoptant ait fourni des secours et donné des soins non interrompus, à celui qu'il se propose d'adopter, dans sa minorité et pendant six ans au moins (C. Nap., art. 345).

Cette condition d'une haute sagesse a une double utilité : 1° elle est une garantie que l'adoption ne sera jamais le résultat d'une surprise, d'un caprice ou d'obsessions, ni conséquemment la source de repentirs et de discordes; 2° elle est un moyen d'éprouver la bienfaisance de l'adoptant, son attachement, et de faire naître de bonne heure chez l'adopté des sentiments de gratitude et de déférence, en un mot de s'assurer que ceux qui aspirent au titre de père et d'enfant en ont déjà les sentiments. Mais l'art. 345 n'exige pas que les secours aient été donnés en vue de l'adoption, et avec raison, car la pensée de l'adoption naît, le plus souvent, des rapports qui résultent des secours mêmes fournis d'abord sans aucun projet d'adoption (DEMOLOMBE, t. 6, n° 25).

580. 5° L'adoptant, s'il est marié, doit obtenir le consentement de son conjoint, s'il n'adopte pas lui-même (C. Nap., art. 344); autrement, la présence de l'enfant adoptif dans le domicile conjugal eût été une cause incessante de discordes et de désunion entre les époux. Aussi le consentement personnel du conjoint doit-il être formel, et ne peut-il s'induire d'aucune circonstance, ni y être suppléé à l'égard du mari par l'autorisation de justice, même dans le cas où les époux seraient séparés de biens; l'art. 344 est absolu et ne comporte pas cette distinction.

Ce consentement doit être donné par acte authentique, encore bien que la loi se taise à ce sujet; car telle est la forme en général et très-justement obligée des actes relatifs à l'état des personnes (C. Nap., art. 36, 37; DEMOLOMBE, t. 6, n° 27).

Toutefois, la preuve de ce consentement peut en résulter

suffisamment des requêtes présentées au tribunal de première instance et à la Cour impériale, aux fins exprimées dans les art. 355 à 357, C. Nap., par les avoués agissant, même sans mandat spécial, au nom tant de l'adoptant que de son conjoint (Poitiers, 28 nov. 1859 ; Cass., 1er mai 1861, J.P. 60, p. 1182, et 61, p. 806).

581. 6° Il faut enfin que l'adoptant jouisse d'une bonne réputation (C. Nap., art. 355).

Ainsi, celui qui a subi une condamnation déshonorante ne doit pas être admis à adopter ; au surplus, c'est aux juges à s'en enquérir officieusement, mais secrètement ; leur pouvoir à cet égard est d'autant plus discrétionnaire qu'ils ne sont pas tenus de motiver leurs décisions (C. Nap., art. 355).

582. 7° Etre Français, n'ayant pas perdu cette qualité, ou, si l'on est étranger non naturalisé, jouir au moins des droits civils en France, conformément à l'art. 13, C. Nap., ou qu'il existe entre la France et la nation à laquelle appartient l'étranger des traités autorisant l'adoption (Arg. C. Nap., art. 11 ; Cass., 5 août 1823, 22 nov. 1825, 7 juin 1826).

583. Du reste, les femmes ont comme les hommes, et les célibataires comme les gens mariés, la faculté d'adopter.

584. Mais un prêtre catholique peut-il adopter ? Nul empêchement juridique ne s'y oppose.

Il n'existe, en effet, ni dans la législation civile, ni dans les canons de l'Eglise, ni dans les règles de la discipline ecclésiastique, aucun texte qui défende au prêtre d'adopter.

Une lettre de Monseigneur l'archevêque de Paris, du 27 juin 1841, le déclare en termes formels ; la Cour de Paris, par arrêt du 19 fév. 1842 et la Cour de cassation (ch. des req.), par un premier arrêt sur la matière, du 26 nov. 1844 (Dev. 44.1.801), ont positivement déclaré permise l'adoption par le prêtre. MM. Blondeau, Valette, Demante, Pardessus, de Vatimesnil, Royer-Collard, Dalloz, Loiseau, Berryer, ont adhéré à une consultation, délibérée dans le même sens par M. Bonjean ; enfin, M. Pont, t. 21, p. 507, dans la critique si judicieuse de la jurisprudence civile, et MM. Demolombe, t. 6, nos 54 et 55, Zachariæ, Aubry et Rau, t. 4, p. 637 ; Riffé, *Tr. de l'adop.*, p. 50 ; Richefort, *Etat des famill.*, t. 2, n° 315 ; Ducaurroy, t. 1, n° 516 ; Devilleneuve, obs. sur l'arrêt de 1844, ont soutenu la même doctrine. (*Contrà*, Lett. de Monseigneur l'archevêque de Maroc, du 7 janv. 1841 ; Delvincourt, t. 1, p. 95 ; Duranton, t. 2, n° 286 ; Odilon-Barrot, *Encycl.*, n° 26 ; Marcadé, t. 2, sur l'art. 346, n° 3).

Dans tous les cas, un ministre protestant peut adopter, le mariage étant permis. La jurisprudence et la doctrine sont unanimes sur ce point.

585. Nul revêtu d'un majorat ne peut adopter un enfant mâle, suivant les règles déterminées par le Code Napoléon, ou transmettre le titre, qui lui est accordé ou échu, à un enfant adopté avant qu'il eût été revêtu de ce titre, qu'autant qu'il en a obtenu l'autorisation de l'Empereur, énoncée dans les lettres patentes délivrées à cet effet (Décr. 1er mars 1808, art. 36).

586. L'adopté, quel que soit son sexe, doit, de son côté : 1° être majeur, c'est-à-dire âgé de 21 ans accomplis (C. Nap., art. 346, 488). En effet, l'adopté dispose irrévocablement de sa personne et de son état; il doit, par conséquent, avoir la capacité de contracter librement et avec la maturité d'esprit que comporte un tel acte.

587. L'acte de naissance doit être représenté, ou, à défaut de cet acte, un acte de notoriété dressé conformément aux art. 70 et 71, C. Nap. ;

588. 2° N'avoir pas été déjà adopté par une autre personne, cette personne fût-elle même décédée, si ce n'est par le conjoint de l'adoptant. Le texte de l'art. 344 est absolu ; en cela, la loi est parfaitement d'accord avec la nature et la saine raison. Il n'est pas, en effet, plus naturel que rationnel que la même personne puisse avoir plusieurs pères ou plusieurs mères, ou appartenir légitimement à un père et à une mère étrangers l'un à l'autre ;

589. 3° Rapporter, lorsqu'il n'a pas encore 25 ans accomplis, le consentement donné à l'adoption par *ses père et mère* ou par le survivant d'eux, et cela sans distinction, sous le rapport de l'âge, entre le fils et la fille de famille (C. Nap., art. 346).

Le consentement de l'un, même celui du père, ne suffirait pas comme pour le mariage (C. Nap., art. 148). L'art. 346 exige absolument pour l'adoption le consentement de l'un et de l'autre, à moins que l'un des deux ne se trouve dans l'impossibilité de manifester sa volonté, auquel cas le consentement de l'autre suffit ; mais en cas de dissentiment entre le père et la mère, le consentement du premier ne suffit pas (PROUDHON, t. 2, p. 195 ; DURANTON, t. 3, p. 289 ; DEMOLOMBE, t. 6, n° 33 ; MASSÉ et VERGÉ, t. 1, p. 344 ; DUCAURROY, BONNIER et ROUSTAIN, t. 1, n° 517; ZACHARIÆ, AUBRY et RAU, t. 4, p. 637. — *Contrà*, MARCADÉ, art. 343 à 346).

Mais il n'est pas nécessaire qu'il soit donné par le conjoint de l'adoptant au moment de l'acte passé devant le juge de paix ; il suffit que ce consentement intervienne avant que le tribunal de première instance soit appelé à vérifier si toutes les conditions prescrites par la loi ont été remplies (C. Nap., art. 344, 353 et 355 ; Poitiers, 28 nov. 1859 ; Cass., 1er mai 1861, J.P.60, p. 1181, et 61, p. 806).

590. Après l'âge de 25 ans, un seul acte respectueux suffit pour l'adoption, sans distinction entre le fils et la fille. Dans aucun cas la loi n'exige pour l'adoption le consentement des ascendants à défaut de père et mère (C. Nap., art. 148 et 346 ; Massé et Vergé, *loc. cit.* ; Proudhon, t. 2, p. 196 ; Demolombe, t. 6, n° 34 ; Zachariæ, Aubry et Rau, t. 4, p. 637).

591. Toutefois, en cas d'absence de l'ascendant, dont le consentement est nécessaire, ou si le lieu du décès de cet ascendant est inconnu, il y a évidemment lieu de procéder conformément à l'art. 155, C. Nap. L'accomplissement des formalités prescrites par cet article pourrait également, suivant M. Demolombe, *loc. cit.*, n° 37, dispenser l'adopté de faire un acte respectueux (V. *suprà*, n° 590).

593. Le mari n'a pas besoin du consentement de sa femme pour être adopté, aucun texte spécial ne l'exige ; quant à la femme, l'obéissance qu'elle doit à son mari semblerait exiger son consentement (Arg. C. Nap., art. 213) ; mais en cas de refus d'autorisation de celui-ci, elle peut, conformément à l'art. 219, C. Nap., demander l'autorisation de justice, qui, du reste, ne doit être accordée qu'à la condition que les biens de la communauté ne seront pas affectés à l'obligation de fournir des aliments à l'adoptant, ce qui rend l'autorisation de justice en quelque sorte sans effet, lorsque la femme ne possède pas de biens personnels pour satisfaire aux obligations réciproques de l'art. 349, C. Nap. (Arg. C. Nap., art. 213, 217, 218 ; Duranton, t. 3, n° 293 ; Massé et Vergé, t. 1, p. 344 ; Taulier, t. 1, p. 445 ; Demante, t. 2, n° 80 ; Zachariæ, Aubry et Rau, t. 4, p. 638 ; Demolombe, t. 6, n° 38. V. cependant Delvincourt, t. 1, p. 257).

594. La jouissance des droits civils étant une condition nécessaire pour l'adopté aussi bien que pour l'adoptant, il en résulte que l'étranger, si ce n'est dans le cas où les traités rendent communs aux étrangers les droits civils appartenant aux nationaux, et le mort civilement, sont également incapables d'être adoptés.

L'adoption est, en effet, une institution essentiellement

civile, et aucune loi ne l'a permise à l'étranger, ni au mort civilement (Arg. Cass., 5 août 1823, 7 juin 1826; Delvincourt, loc. cit., n° 289; Coin-Delisle, *loc. cit.*, sur l'art. 11, C. Nap.; Odilon-Barrot, *loc. cit.*, n° 30; Marcadé, sur l'art. 346).

595. L'enfant naturel reconnu peut-il être adopté par son père ou sa mère? Cette importante question est l'objet d'une vive controverse, et la Cour de cassation n'est pas d'accord avec elle-même sur sa solution. En effet, après l'avoir résolue affirmativement par un arrêt du 27 avril 1841 (J.P.41.1.737), elle l'a résolue, après partage, en sens contraire, par un arrêt du 16 mars 1843 (J.P.43.539). Mais depuis elle est revenue à sa première décision (V. *infrà*, p. 298).

Quant aux Cours d'appel, elles se sont presque toutes montrées favorables à l'adoption (Bruxelles, 15 frim. an XII, C.N.1; 16 prair. an XII, S.5.2.21, et 22 avril 1807, S.7.2.174; Paris, 9 nov. 1807, S.8.2.1; 13 nov. 1835, S.-V. 35.2.553; Grenoble, 28 mars 1808, C.N.2.; 19 nov. 1808, *ibid.*; 27 mars 1809, S.9.2.204, et 10 mars 1825, D.P.26.2.204; Rouen, 12 mai 1808, S.8.2.219; Caen, 18 fév. 1811, S.12.2.293, C.N.3; Douai, 13 fév. 1824, D.P.25.2.15; Angers, 29 juin 1824, D.P.25.2.15 et 28 mars 1828, S.28.2.145, C.N.9; Bordeaux, 1er fév. 1826, S.26.2.245, C.N.8, et 23 janv. 1838, D.P.38.2.106; Rennes, 14 fév. 1828, S.29.2.109, C.N.9, D.P. 28.2.240; 24 mars 1828, D.P.28.2.240; 30 mars 1835, S.-V. 35.2.553 et 10 janv. 1838; Poitiers, 17 mai 1828, C.N.9, D.P.28.2.240; Orléans, 4 mai 1832, S.-V.32.2.93; Toulouse, 2 juin 1835, C.N.35.2; Riom, 14 mai 1838; Limoges, juill. 1840, S.-V.40.2.323; Cass., rej., 28 avril 1841, D.P.41.1, t. 37; Dijon, 30 mars 1844, J.P.44.87; Angers, 12 juill. 1844, S.-V.45.2.65; Montpellier, 24 avril 1845, S.-V.45.2. 295; *id.*, 1er avril 1846; Cass., rej., S.-V.46.273; Locré, *Esp. du Code civil*, t. 5, p. 426, et *Législ. civ.*, t. 5, p. 378 et suiv., et t. 6, p. 364; Grenier, *de l'Adoption*, n° 35; Proudhon, t. 2, p. 138; Duranton, t. 3, n° 293; Valette sur Proudhon, t. 2, p. 218; Richefort, t. 2, n°s 284 et suiv.; Dalloz, v° *Adopt.*, p. 292; Zachariæ, § 556, note 19; Devilleneuve, vol. 1845, 2.65; Fenet, t. 1, p. 319 et suiv.; Dupin aîné, conclusions lors de l'arrêt de rejet du 28 avril 1841, et Laplagne-Barris, conclusions lors de celui du 16 mars 1843; Zachariæ, Aubry et Rau, t. 4, p. 638).

La loi ne fait aucun obstacle à cette solution; elle ne permet point expressément, il est vrai, l'adoption d'un enfant naturel reconnu; mais, comme elle ne la défend pas, elle l'autorise implicitement par là même, puisque, selon le droit commun, l'adoption est permise. Des considérations d'une haute puissance demandent qu'il en soit ainsi.

Le système contraire n'a été consacré, comparativement, que par peu d'arrêts (Paris, 15 germ. an XII, S.4.2.114; Nîmes, 18 flor. an XII, S.4.2.548; 3 prair. an XII, *ibid.*, et 30 déc. 1812, C.N.4; Besançon, 1er pluv. an XIII, C.N.2; Pau, 1er mai 1826, S.27.2.116, C.N.8, D.P.28.2.259; Bourges, 22 mars 1830, C.N.9; Angers, 21 août 1839, S.-V.39.2.401; J.P.39.2.234; Cass. rej., 16 mars 1843, S.-V.43.1.177, D.P. 43.1.97, J.P.43.1.339; Douai, 24 mars 1860, J.P.60, p. 391; MALLEVILLE, t. 1, p. 346; DELVINCOURT, t. 1, p. 460; CHABOT, *Succ.*, sur l'art. 756, n° 34; TOULLIER, t. 2, n° 988; MERLIN, *Rép.*, v° *Adopt.*, § 3 et 4; RIFFÉ, p. 57; CHRESTIEN DE POLY, *Rép. du Not.*; DE VILLARGUES, v° *Adopt.*, n° 11; FAVARD, *Nouveau rép.*, *eod. verb.*, sect. 2, § 1, n° 4; MAGNIN, *Min.*, t. 1, n° 262; ODILON-BARROT, *Encyclop. du dr.*, v° *Adopt.*, nos 32 et s.; MARCADÉ, t. 2, p. 103 et s.; *Revue étrangère*, t. 4, p. 703 et 814, article de M. DUBODAN; *Rev. de législ.*, t. 17, p. 750, article de M. PONT).

Du reste, la jurisprudence est maintenant constante pour considérer comme valable l'adoption d'un enfant naturel reconnu (*Adde* aux arrêts et aux auteurs cités *suprà* n° 596, Cass., 1er av. 1846 (trois arrêts); Paris, 13 mai 1854, J.P. 46.2.57; oct. 55.1.59; 20 av. 1860, J.P.61, p. 376; Cass., 3 juin 1861, J.P.62.1.199; DEMANTE, n° 76 *bis*; DEMOLOMBE, t. 6, n° 18; ZACHARIÆ, AUBRY et RAU, 3e édit., t. 4, p. 636; MOURLON, n° 85), et cette adoption lui confère, même vis-à-vis des autres enfants naturels reconnus de l'adoptant, tous les droits d'un enfant légitime (Cass., 3 juin 1861, J.P.62.1. 199).

596. Mais l'enfant adultérin ne peut aujourd'hui être adopté, car le respect de la morale fait obstacle à ce qu'il acquière des droits successifs et de filiation (Cass. rej., 13 juill. 1826, S.27.1.201; ROLLAND DE VILLARGUES, *Rép. du not.*, v° *Adopt.*, n° 12; DALLOZ, *eod. verb.*, n° 294; TOULLIER, *Th. du Cod. civ.*, t. 1, p. 461; ODILON-BARROT, *Encycl. du dr.*, v° *Adopt.*, n° 43; DUPIN aîné, dans son réquisitoire inséré S.-V.41.2.274; FAVARD, *Rép.*, v° *Enf. adult.*, n° 6; LOISEAU, *des Enf. nat.*, p. 346; TAULIER, p. 461. — *Contrà*, Rouen, 15 fév. 1813, C.N.4.2.257; GRENIER, n° 35; ZACHARIÆ, § 556, note 19, *in fine*; ZACHARIÆ, AUBRY et RAU, t. 4, p. 640).

§ 2. — Conditions requises dans la personne de l'adoptant et de l'adopté pour l'adoption rémunératoire ou privilégiée (C. Nap., art. 343 à 346).

597. L'adoption rémunératoire a sa source dans un sentiment de reconnaissance inspiré par le dévouement *de l'adopté qui, au péril de sa vie, a sauvé celle de l'adoptant, soit dans un combat, soit en le retirant des flammes ou des flots;* il était moral et exemplaire de favoriser la manifestation de reconnaissance de l'adoptant et le dévouement de celui qui lui a sauvé la vie. Aussi, le législateur, dans le but de récompenser un tel acte de dévouement, a-t-il dispensé cette espèce d'adoption de plusieurs des conditions spéciales que l'adoption ordinaire exige dans la personne de l'adoptant. Ainsi il n'est pas nécessaire :

1° Que l'adoptant soit âgé de cinquante ans ; il suffit qu'il soit majeur (C. Nap., art. 343, 345) ;

2° Il n'est pas nécessaire que l'adoptant ait au moins quinze ans de plus que l'adopté ; il faut seulement qu'il soit plus âgé que celui-ci, ne fût-ce que d'un jour (C. Nap., art. 343, 345) ;

3° Il n'est pas nécessaire que l'adoptant ait donné à l'adopté, pendant que celui-ci était mineur, des soins et des secours pendant six ans; le service que l'adoptant a reçu de l'adopté, qui lui a sauvé la vie en exposant la sienne, est une garantie de son attachement pour l'adopté (C. Nap., art. 343, 345).

598. Mais il faut que l'adoptant soit, quel que soit son sexe :

1° Majeur;

2° Plus âgé que l'adopté;

3° Qu'il n'ait pas d'enfants ni de descendants *légitimes ou légitimés;*

4° Qu'il rapporte, s'il est marié, le consentement de son conjoint (C. Nap., art. 345) ;

5° Qu'il jouisse des droits civils et d'une bonne réputation ;

6° Enfin, que la personne qu'il se propose d'adopter lui ait sauvé la vie dans un combat, ou en le retirant des flammes ou des flots (C. Nap., art. 345).

599. Les conditions exigées en la personne de l'adopté sont les mêmes que pour l'adoption ordinaire (V. *suprà*, nos 586 et s., et *infrà*, n° 601). Mais la principale, c'est qu'il ait sauvé la vie à l'adoptant, soit dans un combat, soit en le retirant des flammes ou des flots (C. Nap., art. 345).

Cette disposition de l'art. 345 n'est évidemment pas tout à

fait limitative. Ce que veut la loi, c'est que l'adopté ait sauvé la vie de l'adoptant au péril de la sienne; il n'est donc pas douteux que l'adoption rémunératoire ne fût permise au cas où l'adopté aurait sauvé la vie à l'adoptant, soit dans une attaque à main armée dirigée contre lui, soit en le retirant d'un incendie ou d'un puits où il se serait jeté ou dans lequel il serait tombé par accident, ou d'une mine où il allait mourir asphyxié (V. DUVERGIER sur TOULLIER, t. 2, n° 989, note *a*; MARCADÉ, art. 345, n° 7; DEMANTE, t. 2, n° 278; MASSÉ et VERGÉ, t. 1, p. 355; ZACHARIÆ, AUBRY et RAU, t. 4, p. 655; DEMOLOMBE, t. 6, n° 59).

Mais elle ne serait pas applicable au médecin qui, à force de zèle, aurait sauvé la vie à son malade atteint d'une maladie contagieuse; le médecin, dans ce cas, accomplit un devoir rigoureux, mais sacré, de sa profession, qu'il ne peut refuser sans lâcheté et sans encourir un blâme universel justement mérité.

600. L'adoptant doit n'avoir, au moment de l'adoption, ni enfants ni descendants légitimes ou légitimés; et il doit, s'il est marié, obtenir le consentement de son conjoint (C. Nap., art. 345, 2e alin.).

601. Ainsi encore, l'adopté doit avoir sauvé la vie à l'adoptant; être majeur, c'est-à-dire âgé de 21 ans accomplis (C. Nap., art. 346, 488), et n'avoir point encore été adopté par une autre personne, à moins que l'adoptant ne fût le conjoint de la personne qui veut ensuite elle-même l'adopter (C. Nap., art. 344). Il doit, s'il n'a point encore accompli sa vingt-cinquième année, rapporter le consentement donné à l'adoption par les père et mère, ou par le survivant d'eux (C. Nap., art. 151, 153, 154 et 346); être Français, n'ayant pas perdu cette qualité.

SECT. III. — *Des conditions requises dans la personne de l'adoptant et de l'adopté, pour l'adoption testamentaire* (C. Nap., art. 346 et 366).

602. L'adoption testamentaire a été permise comme une conséquence de la tutelle officieuse (V. *infrà*, chap. 2); elle ne peut être exercée par le père naturel en vertu de la reconnaissance, qui n'équivaut pas à la tutelle officieuse (Cass., 26 nov. 1856 et 23 juin 1857, S.57.1.129, et D.57.1.392; ZACHARIÆ, AUBRY et RAU, t. 4, p. 657; DEMOLOMBE, t. 6, n° 71).

L'art. 366, C. Nap., est ainsi conçu : « Si le tuteur officieux, après cinq ans révolus depuis la tutelle, et dans la prévoyance de son décès avant la majorité du pupille, lui confère l'adoption par acte testamentaire, cette disposition sera valable, pourvu que le tuteur officieux ne laisse point d'enfants légitimes.»

603. Cette adoption exceptionnelle n'est soumise qu'à trois conditions spéciales ; il faut : 1° que ce testament qui la confère ait été fait, par le tuteur officieux, *après cinq ans révolus depuis la tutelle.* Le testament fait avant cinq ans, même d'un jour, ne serait pas valable, lors même que le tuteur ne serait mort qu'après l'expiration des cinq ans. Le texte de l'art. 366 est formel ;

604. 2° Que le tuteur officieux soit décédé avant la majorité du pupille, et, bien entendu, sans avoir révoqué son testament, c'est-à-dire que le testament produise son effet légal par la mort du tuteur pendant la minorité de l'enfant ; car ce n'est que dans cette prévoyance et seulement pour ce cas que le tuteur peut faire cette espèce d'adoption. Si donc l'enfant devient majeur avant la mort du tuteur, il doit être procédé à l'adoption, selon les formes prescrites pour l'adoption ordinaire (C. Nap., art. 368) ;

605. 3° Enfin, que le tuteur officieux ne laisse en mourant aucun descendant légitime ou légitimé. Nous disons, *en mourant*, car peu importe qu'il en eût existé à l'époque de la confection du testament, s'il n'en existe point lors de son décès ; ce testament n'est, en effet, qu'un projet qui ne doit se réaliser et conférer l'adoption qu'à la mort du tuteur (V. *suprà*, n° 604).

606. L'adoption testamentaire diffère de l'adoption ordinaire et de l'adoption rémunératoire sous différents rapports :

1° Elle peut avoir lieu au profit d'un mineur, et ne peut même avoir lieu qu'à son profit, puisque le testament devient nul si le tuteur ne décède pas avant la majorité du pupille (PROUDHON, t. 2, p. 134 ; DEMOLOMBE et ZACHARIÆ, AUBRY et RAU, *loc. cit.*) ;

2° Le consentement du conjoint n'est pas nécessaire, par la raison évidemment qu'elle ne doit produire son effet que par le décès de l'adoptant, et après la dissolution du mariage (V. *suprà*, n° 604 ; DEMOLOMBE, n° 78).

3° Il n'est pas nécessaire qu'elle soit homologuée par la justice et inscrite sur les registres de l'état civil. Ainsi, trois conditions seulement sont requises pour l'adoption testamentaire. Mais cette adoption ne s'accomplit pas de plein droit et par la seule volonté du tuteur officieux ; il faut évidemment :

1° qu'elle soit acceptée par le pupille devenu majeur (C. Nap., art. 346) ; 2° que l'adopté n'ait pas été adopté par un autre, si ce n'est par le conjoint de l'adoptant (C. Nap., art. 344); 3° qu'il rapporte le consentement de ses père et mère ou du survivant d'eux (Arg. C. Nap., art. 346). C'est alors seulement que l'adoption testamentaire est irrévocable et définitive (DEMOLOMBE, t. 6, nos 80 et 81; ZACHARIÆ, AUBRY et RAU, t. 4, p. 557; MARCADÉ, art. 366).

SECT. IV. — *Des effets de l'adoption* (C. Nap., art. 347 à 352).

607. Les effets de l'adoption se résument en trois propositions principales :

1° L'adopté ne sort pas de sa famille naturelle, c'est-à-dire de la famille à laquelle il appartient par sa naissance. Les rapports existant entre lui et ses père et mère n'éprouvent, ainsi que les conséquences juridiques qui se trouvent attachées à ces rapports, aucune modification par suite de l'adoption (C. Nap., art. 348, 349) ;

Ainsi, l'adopté reste dans sa famille et y conserve tous ses droits. Réciproquement, les père et mère de l'adopté conservent tous les droits attachés à la puissance paternelle, *sensu lato*, et notamment celui de consentir au mariage de ce dernier. La proposition faite par le Tribunat de transporter ce droit à l'adoptant n'a pas été accueillie par le Conseil d'Etat (V. LOCRÉ, *Législ.*, t. 6, p. 587 et 588, n° 7, p. 659 et 660, n° 6; MERLIN, *Quest.*, v° *Adopt.*, § 3; PROUDHON, t. 2, p. 214 et 215; TOULLIER, t. 2, n° 1017; DEMOLOMBE, t. 6, n° 131 et s.; MASSÉ et VERGÉ, t. 1, p. 350; ZACHARIÆ, AUBRY et RAU, t. 4, p. 649).

608. En règle générale, l'adoption n'établit de rapports juridiques et ne crée des droits et des obligations qu'entre l'adoptant et l'adopté. La famille de l'adoptant reste donc étrangère à l'adopté; et, réciproquement, la famille de l'adopté reste étrangère à l'adoptant. Il n'était guère possible, en effet, de permettre à l'adoptant de créer ainsi aux membres de sa famille des rapports juridiques de parenté, par son seul fait, et par un contrat auquel ils n'ont point concouru. A plus forte raison, ces deux familles restent-elles étrangères l'une à l'autre.

609. Il résulte en outre de ce principe :

1° Que l'obligation réciproque de se fournir des aliments, que l'adoption engendre entre l'adoptant et l'adopté, n'existe ni entre l'adopté et les ascendants de l'adoptant, ni entre l'adoptant et les descendants de l'adopté (C. Nap., art. 349 et

350), pas plus qu'elle n'existe entre l'enfant naturel reconnu et les ascendants de ses père et mère (Massé et Vergé, t. 1, p. 351, 352; Valette, *Expl. somm. du 1er liv. du C.Nap.*, p. 197; Demolombe, t. 6, n° 134; Zachariæ, Aubry et Rau, t. 4, p. 650);

2° Que l'adopté n'acquiert aucun droit de successibilité sur les biens des parents de l'adoptant; il ne peut même pas être appelé par représentation de ce dernier (C. Nap., art. 350; Toulouse, 25 avr. 1844, Dev.45.2.69; Demolombe, *loc. cit.*, n° 133; Zachariæ, Aubry et Rau, *loc. cit.*);

610. 3° Que les descendants de l'adopté ne peuvent prétendre à la succession de l'adoptant, ni de leur propre chef, ni par représentation de leur auteur. Le silence que garde l'art. 350, C. Nap., relativement aux descendants de l'adopté, est d'autant plus décisif que cet article est, sous ce rapport, en parfaite harmonie avec l'art. 349 du même Code, et qu'en présence de l'art. 759, ce silence ne peut s'interpréter que dans un esprit d'exclusion (Delvincourt, t. 1, p. 96, note 6; Grenier, *de l'Adopt.*, n° 37; Favard, *Rép.*, v° *Adopt.*, sect. 2, § 3, n° 3; Vernet, *de la Quot. disponible*, p. 355, 359; Zachariæ, Aubry et Rau, t. 4, p. 650 et 651; Demolombe, t. 6, n° 139 à 141; Valette, *Expl. somm. du liv. 1er du C. Nap.*, p. 196, 198. — *Contrà*, Proudhon, t. 2, p. 221; Toullier, t. 2, n° 1015; Duranton, t. 3, nos 314 et 327; Taulier, t. 1, p. 450; Marcadé, art. 350, n° 4);

611. 4° Que l'adopté ne devient pas l'allié du conjoint de l'adoptant, ni ce dernier l'allié du conjoint de l'adopté, et qu'ainsi il n'existe pas entre ces personnes d'obligation alimentaire (Demolombe et Zachariæ, Aubry et Rau, *loc. cit.* — *Contrà*, Cass., 30 nov. 1842 et 17 déc. 1845, S.42.1.916 et 45.1.115).

612. 3° L'adoption ne crée des rapports juridiques qu'entre l'adoptant et l'adopté. Du vivant de l'adoptant et de l'adopté, quels sont juridiquement leurs rapports réciproques? Le Code Napoléon ne détermine textuellement que trois effets entre-vifs de l'adoption entre l'adoptant et l'adopté : 1° transmission de nom; 2° empêchement de mariage; 3° obligation alimentaire.

613. 1° « L'adoption confère le nom de l'adoptant à l'adopté, en l'ajoutant au nom propre de ce dernier » (C. Nap., art. 347). C'est le signe visible du lien juridique de paternité et de filiation que l'adoption vient de créer. Et de la part de l'adoptant, la conservation de son nom est souvent un mo-

bile déterminant de l'adoption (DEMOLOMBE, t. 6, n° 144). C'est (suivant le même auteur, n° 144 *bis*) par ce motif aussi que l'adoption transmet, de plein droit, à l'adopté les titres de noblesse et les armoiries, etc., de l'adoptant. L'adopté, sous ce rapport, doit donc avoir les droits de l'enfant né en mariage.

L'individu adopté par une femme mariée, ou par une veuve, prend le nom de famille de l'adoptante, et non celui de son mari. La femme mariée, en effet, n'a pas le pouvoir de transmettre à d'autres le nom de son mari (DELVINCOURT, t. 1, p. 257 ; DEMOLOMBE, *loc. cit.*, n° 145 ; ZACHARIÆ, AUBRY et RAU, t. 4, p. 652).

614. 2° L'adoption crée un empêchement de mariage entre l'adopté et l'adoptant, et accessoirement entre les autres personnes désignées en l'art. 348, C. Nap. ; mais cet empêchement ne prohibe pas le mariage : 1° entre l'adopté et les ascendants de l'adoptant ; 2° entre l'adopté et les enfants *naturels* de l'adoptant (DEMOLOMBE, t. 6, n° 135 ; ZACHARIÆ, AUBRY et RAU, *loc. cit.*).

615. L'adoption engendre, par rapport à l'adoptant et à l'adopté, les prohibitions, incapacités et présomptions légales établies par les art. 251, 371, 911, 975 et 1100, C. Nap. ; 268 et 283, C. proc. ; 322, C. d'instr. crim. ; 248 et 380 C. pén. et 20 de la loi du 21 mars 1831 (DURANTON, t. 8, n° 274 ; ZACHARIÆ, AUBRY et RAU, t. 4, p. 652 ; DEMOLOMBE, t. 6, n° 152).

616. 3° L'adoption rend commune à l'adopté et à l'adoptant l'obligation réciproque de se fournir des aliments qui existe entre l'adopté et ses père et mère. Ainsi l'adopté doit des aliments à l'adoptant, comme s'il était un enfant né en mariage (C. Nap., art. 349 et 350). Il les lui doit dès lors conjointement avec les enfants légitimes qui auraient pu survenir à l'adoptant, et avant les ascendants de celui-ci. L'adoptant, au contraire, n'est soumis à l'obligation alimentaire envers l'adopté qu'après les descendants légitimes ou adoptifs de ce dernier, et conjointement avec ses ascendants (DEMOLOMBE, *loc. cit.*, n° 148 ; ZACHARIÆ, AUBRY et RAU, *loc. cit.*).

617. Après la mort de l'adoptant, l'adoption confère à l'adopté, sur la succession de l'adoptant, tous les droits successifs d'un enfant né en légitime mariage, quand même, postérieurement à l'adoption, il serait survenu à l'adoptant des enfants légitimes (C. Nap., art. 350).

Il résulte de là que l'adopté exclut non-seulement tous les

parents collatéraux de l'adoptant ; il exclut même ses père et mère ou autres ascendants, qui ne peuvent alors réclamer aucune réserve (C. Nap., art. 745, 746, 750). Le droit de réserve est, en effet, un droit héréditaire qu'on ne peut exercer qu'à titre d'héritier ; et les ascendants de l'adoptant ne sont pas héritiers en présence de l'adopté, puisqu'il a les mêmes droits que l'enfant né en mariage (C. Nap., art. 915, 2e al., 350 ; DELVINCOURT, t. 1, p. 96 ; DURANTON, t. 3, n° 313; MARCADÉ, art. 350, n° 2 ; MASSÉ et VERGÉ, t. 1, p. 652 ; VALETTE, *loc. cit.*, p. 194 ; GRENIER, n° 12 ; ODILON-BARROT, *Encycl. du dr.*, v° *Adop.*, n° 67 ; ZACHARIÆ, AUBRY et RAU, t. 4, p. 652 ; DEMOLOMBE, t. 6, n° 154. — *Contrà*, TOULLIER, t. 2, n° 1011, note 2).

618. La réserve de l'adopté, de tout point semblable à la réserve de l'enfant légitime, peut s'exercer non-seulement sur les biens existant au décès de l'adoptant, mais encore sur ceux dont celui-ci a disposé par acte entre-vifs, soit depuis, soit avant le contrat d'adoption (C. Nap., art. 913, 914 et 1094, 350. — MERLIN, *Quest.*, v° *Adop.*, § 5, nos 2 et 3 ; DURANTON, t. 3, n° 319, et t. 8, n° 581 ; DUVERGIER sur TOULLIER, t. 2, n° 1011, note 1 ; VALETTE sur PROUDHON, t. 2, p. 222, et expl. somm. du liv. 1 du C. Nap., p. 195 ; DUCAURROY, BONNIER et ROUSTAIN, art. 350 ; ODILON-BARROT, *loc. cit.*, nos 68 et 70 ; VERNET, *Quot. disp.*, p. 352-355 ; ZACHARIÆ, AUBRY et RAU, t. 4, p. 653, 654 ; MASSÉ et VERGÉ, t. 1, p. 353 ; DEMOLOMBE, t. 6, nos 157 à 165).

619. L'enfant adoptif de l'héritier présomptif d'un absent peut, après le décès de l'adoptant, au profit duquel s'était ouvert le droit de demander l'envoi en possession des biens de l'absent, exercer ce droit comme représentant de l'absent (Rouen, 7 déc. 1840, S.41.2.209).

620. Mais il ne faut pas conclure de l'assimilation établie par l'art. 350, C. Nap., au point de vue de succession *ab intestat*, entre l'enfant adoptif et l'enfant né en mariage, que l'art. 960 du même Code soit applicable en cette matière, et que la donation entre-vifs, faite par l'adoptant antérieurement, soit révoquée de plein droit par l'adoption. Cet article ni aucun autre n'attache à l'adoption cet effet exorbitant de la révocation immédiate et de plein droit ; d'où la conséquence que l'adoption ne le produit pas comme elle produit le droit de réduction (V. *suprà*, n° 617; VOET, *Pandect.*, *de donationibus*, n° 27 ; Cass., 2 fév. 1852, DEV.52.1.178 ; PROUDHON et VALETTE, t. 2, p. 223 ; VALETTE, *ubi sup.*, p. 195 et 196 ;

MERLIN, *Quest. de dr.*, t. 7, vº *Adop.*, § 4; TOULLIER, t. 2, nº 1011; DURANTON, t. 3, nº 315; MASSÉ et VERGÉ, t. 1, p. 655; TROPLONG, *des Don. et test.*, t. 3, p. 152 et s.; ZACHARIÆ, AUBRY et RAU, t. 4, p. 654; AMELOT, *Rev. de lég.*, 52, 53, nº 1373; BOURGEOT, *Rev. prat. de dr. fr.*, 59, 7, 329; DEMOLOMBE, t. 6, nº 164. — *Contrà*, MARCADÉ, qui, après avoir admis cette doctrine dans les quatre premières éditions de son ouvrage, s'en est ensuite départi, art. 350, nº 3; S.52.1.178).

D'ailleurs il est évident que si cette révocation a eu lieu par la survenance d'un enfant né en mariage du donateur, l'adopté aura dans la succession de l'adoptant, sur ce bien, le même droit héréditaire que sur tous les autres (DEMOLOMBE, *loc. cit.*, nº 165. V. *suprà*, nº 617).

621. Si l'adoptant s'est marié postérieurement à l'adoption, l'adopté peut invoquer les dispositions de l'art. 1098, C. Nap., en sa faveur. Il a en effet, sur la succession de l'adoptant, les mêmes droits que l'enfant né en mariage (V. *suprà*, nº 617; DELVINCOURT, t. 1, p. 96, note 7; MERLIN, *Rép.*, t. 12, vº *Rév. d'adop.*; TAULIER, t. 1, p. 454; GLENIER, *de l'Adop.*, nº 43; ZACHARIÆ, MASSÉ et VERGÉ, t. 1, p. 353; DEMOLOMBE, t. 6, nº 163. — *Contrà*, TROPLONG, *des Donat.*, t. 4, nº 2701; VALETTE, *Expl. somm.*, p. 195; BOUTRY, *des Donat. entre époux*, nº 449; ZACHARIÆ, AUBRY et RAU, t. 4, p. 654).

622. L'adopté doit, tout autant qu'un enfant né en mariage, empêcher l'exercice du droit de retour légal consacré par les art. 351, 352 et 747, C. Nap.; mais la présence de l'adopté ne doit pas faire obstacle à l'exercice du retour conventionnel (Cass., 27 juin 1822, S.22.1.422; Conseil d'Etat, 14 oct. 1831, D.32.3.17; MERLIN, *loc. cit.*, § 6; GRENIER, *de l'Adop.*, nº 39; ODILON-BARROT, *Encycl.*, nº 72; ZACHARIÆ, AUBRY et RAU, t. 4, p. 655; DEMOLOMBE, t. 6, nºˢ 166 à 169; TROPLONG, *des Donat.*, t. 3, nº 1273).

623. Aucun texte n'appelle l'adoptant à la succession de l'adopté, du moins en ce qui concerne les biens qui ne proviennent pas de l'adoptant. La succession de l'adopté est dévolue à ses parents, à sa *famille naturelle* (C. Nap., art. 348), suivant le droit commun, et comme s'il n'y avait pas eu d'adoption, ou à l'Etat (C. Nap., art. 768).

624. Mais si l'adoption ne confère à l'adoptant aucun droit de succession ordinaire, ni, à plus forte raison, de réserve sur l'hérédité de l'adopté, la loi réserve à l'adoptant et, le cas échéant, à ses descendants un droit de retour sur les objets

qui, provenant à titre gratuit de ce dernier, se retrouvent en nature dans l'hérédité de l'adopté, ou dans celle de ses descendants (C. Nap., art. 351 et 352).

Ainsi l'adopté meurt sans descendants légitimes, légitimés ou adoptifs, l'adoptant, s'il lui survit, recueille alors les choses par lui données. Et même, si l'adoptant est prédécédé, ses descendants recueillent les choses données par l'adoptant ou recueillies dans sa succession (C. Nap., art. 357 ; DURANTON, t. 2, n° 311 ; GRENIER, n° 41 ; ZACHARIÆ, AUBRY et RAU, t. 4, p. 655 ; DEMOLOMBE, t. 6, nos 170 et 171), *lorsqu'elles existent en nature* (C. Nap., art. 351).

Cette vocation est, comme on le voit, directement conférée aux descendants de l'adoptant, qui se trouvent ainsi appelés *proprio jure*, et qui peuvent recueillir ces biens, alors même qu'ils auraient renoncé à la succession de l'adoptant, ou que celui-ci, encore vivant, aurait renoncé à son droit héréditaire sur ces biens (DEMOLOMBE, n° 173).

Mais si l'adopté est décédé laissant des enfants légitimés ou adoptifs, et si ceux-ci sont eux-mêmes décédés sans postérité avant l'adoptant, il est évident que, dans ce cas, l'adoptant succède encore aux choses par lui données ; mais la loi ne pouvant pas prolonger indéfiniment cette succession anomale, ni remonter trop haut à l'origine des biens, déclare alors ce droit inhérent à la personne de l'adoptant, et non transmissible à ses héritiers même en ligne descendante (C. Nap., art. 352 ; DEMOLOMBE, t. 6, n° 175).

625. Si l'adopté avait laissé plusieurs enfants, il est évident que l'adoptant ne succéderait qu'au dernier mourant, et seulement aux choses qui se retrouveraient dans sa succession ; l'art. 352, C. Nap., subordonne, en effet, dans ce cas la vocation de l'adoptant à la condition que les *enfants ou descendants* de l'adopté mourront eux-mêmes sans postérité ; et la loi ne fait retourner à l'adoptant les choses par lui données que lorsque l'adopté est mort sans aucun enfant ; donc, il suffit qu'un seul de ses enfants survive pour que le droit de l'adoptant ne s'ouvre pas (DELVINCOURT, t. 1, p. 97, note 1 ; GRENIER, n° 16 ; ZACHARIÆ, t. 4, p. 224 ; MARCADÉ, art. 352, n° 2 ; DEMOLOMBE, t. 6, n° 176).

SECT. IV.—*Des formes de l'adoption.*

§ 1er.—**Des formes de l'adoption contractuelle** (C. Nap., art. 353 à 366).

626. Les formes des solennités extrinsèques de l'adoption sont au nombre de trois principales : 1° le contrat reçu par le

juge de paix, qui renferme les consentements respectifs des parties ; 2° l'homologation de ce contrat par le tribunal et par la Cour impériale ; 3° l'inscription de l'adoption sur les registres de l'état civil.

627. 1° La personne qui se propose d'adopter et celle qui veut être adoptée doivent se présenter, soit en personne, soit par un fondé de procuration spéciale et authentique, devant le juge de paix du domicile du premier, pour y passer acte de leurs consentements respectifs (Arg. C. Nap., art. 353, 359, 1984 et 36 ; DELVINCOURT, t. 1, p. 261 ; DURANTON, t. 3, n° 297, note 2 ; ZACHARIÆ, AUBRY et RAU, t. 4, p. 640 ; DEMOLOMBE, t. 6, n° 88. — *Contrà*, GRENIER, n° 18 ; ODILON-BARROT, n° 52 ; MASSÉ et VERGÉ sur ZACHARIÆ, t. 1, p. 346, 347).

628. L'adoption n'est pas un contrat ordinaire auquel le seul consentement des parties puisse suffire ; c'est un acte de l'état civil qui crée des rapports de parenté, qui change l'ordre des successions : aussi la loi a-t-elle chargé l'autorité judiciaire de vérifier si toutes les conditions légales sont remplies et de consacrer, au nom de la loi, les rapports que l'adoption doit former. Le Code Napoléon organise, à cet effet, une procédure toute spéciale : « Une expédition de l'acte passé devant le juge de paix, accompagnée des pièces destinées à justifier l'accomplissement des conditions indiquées dans les art. 53, 343, 344, 345, 488, 346, C. Nap., doit, aux termes de l'art. 354, être remise dans les dix jours suivants, par la partie la plus diligente, au procureur impérial près le tribunal de première instance dans le ressort duquel se trouve le domicile de l'adoptant, pour être soumise à l'homologation de ce tribunal.

Ce délai n'est pas de rigueur, la loi ne s'étant pas expliquée dans ce cas comme pour celui de l'art. 359 du même Code ; il est toutefois prudent et sage tout à la fois de faire cette remise au procureur impérial dans les dix jours de la date de l'acte ; car les juges dont la décision n'est pas accompagnée de motifs, ont toute liberté pour accorder ou refuser l'homologation à défaut d'observation des délais.

629. Le tribunal, réuni dans la chambre du conseil et après s'être procuré les renseignements convenables, vérifie : 1° si toutes les conditions de la loi ont été remplies ; 2° si la personne qui se propose d'adopter *jouit d'une bonne réputation* (C. Nap., art. 355). Le tribunal a la plus grande latitude quant à la nature des renseignements qu'il peut demander et quant à la source où il les puise. Toutefois, il est de son devoir

de les recueillir le plus secrètement possible (Arg. C. Nap., art. 356 et 357).

Ces formalités une fois accomplies, le tribunal, après avoir entendu le procureur impérial, auquel les parties intéressées à contester l'adoption peuvent remettre des mémoires à ce sujet et sans aucune autre forme de procédure, prononce, en la chambre du conseil, sans énoncer de motifs, en ces termes : « *Il y a lieu* ou *il n'y a pas lieu à l'adoption* » (C. Nap., 355 et 356). La disposition de l'art. 356, C. Nap., n'interdit cependant pas au tribunal de charger l'un de ses membres de lui faire rapport de l'affaire (Cass., 21 mars 1859, S.59.1.830).

630. L'énonciation de motifs pourrait, en effet, gêner la liberté des juges et nuire à la réputation de l'adoptant ou de l'adopté; dans le cas, par exemple, où le rejet de l'adoption serait fondé sur l'inconduite de l'un ou de l'autre.

631. Dans le mois qui suit la prononciation du jugement du tribunal de première instance, ce jugement, qu'il ait admis ou rejeté l'adoption, doit être, sur la poursuite de l'une ou de l'autre des parties, soumis à la Cour impériale, qui, après avoir instruit la cause comme le tribunal de première instance, et sur les conclusions du procureur général, statue également sans donner de motifs, et prononce son arrêt en ces termes : « *Le jugement est confirmé*, ou *le jugement est réformé; en conséquence, il y a lieu* ou *il n'y a pas lieu à l'adoption* » (C. Nap., art. 357).

632. Aucun texte n'indique de quelle manière la Cour sera saisie; mais il nous semble qu'on peut suivre le même mode de procéder qu'en première instance, et par conséquent remettre les pièces au procureur général (Arg. C. Nap., article 354), ou au premier président, par le ministère d'un avoué; c'est du moins ce que semble dire l'art. 357, par ces mots : « le jugement sera soumis à la Cour d'appel. »

633. Le délai d'un mois exigé par l'art. 357 n'est pas non plus de rigueur; il y a même raison de décider ici que pour le délai de dix jours exigé par l'art. 354. Ces deux articles, bien différents de l'art. 359 du même Code, ne prononcent, en effet, aucune déchéance par suite de l'expiration des délais qu'ils déterminent; et ce silence semble d'autant plus significatif que le Tribunat avait au contraire proposé d'y insérer formellement aussi cette déchéance, mais la peine de nullité ne fut prononcée que pour l'art. 359 seulement (Locré, t. 6, p. 591; Arg. Grenoble, 7 mars 1849, Dev.50.2.209; Delvincourt, t. 1er, p. 97, note 4; Massé et Vergé, t. 1er, p. 347;

ZACHARIÆ, AUBRY et RAU, t. 4, p. 641 ; DUVERGIER sur TOULLIER, t. 2, n° 10002, note *a* ; DEMOLOMBE, t. 6, n° 98. —*Contrà*, TOULLIER, t. 1er, n° 10002 ; DURANTON, t. 3, n° 303 ; MARCADÉ, art. 354, n° 1).

634. L'arrêt qui rejette l'adoption doit être prononcé en chambre du conseil ; l'arrêt qui admet l'adoption doit, au contraire, être prononcé à l'audience et affiché en tels lieux et en tel nombre d'exemplaires que la Cour impériale le jugera convenable (C. Nap., art. 358). Il n'y a plus alors, en effet, de raison pour la tenir secrète ; il importe, au contraire, qu'elle soit rendue publique, puisqu'elle modifie l'état des parties ; et cela est si vrai que la prononciation à l'audience et sa publication par affiches est une condition essentielle de la validité de l'adoption ; le mot *sera* qu'emploie l'art. 358 ne laisse aucun doute à cet égard. Cette solennité que ne comporte pas le jugement de première instance est nécessaire pour donner à l'adoption définitivement consommée toute la publicité que son importance réclame. En effet, c'est un acte qui, par les rapports de paternité et de filiation qu'il établit entre l'adoptant et l'adopté, intéresse essentiellement les tiers et la société elle-même (Arg. Cass., 24 août 1852, J. P.54.1.133).

635. Dans les trois mois de la prononciation de l'arrêt, l'adoption doit être inscrite, à la réquisition de l'adoptant ou de l'adopté, peu importe, sur les registres de l'état civil du domicile de l'adoptant ; mais aucun d'eux n'y est obligé envers l'autre (C. Nap., art. 359).

Cette inscription est nécessaire, indispensable, pour la validité de l'adoption, et le délai de trois mois est de rigueur ; le texte de l'art. 359 est positif à cet égard ; mais l'inscription une fois opérée rend l'adoption irrévocable ; les parties ne peuvent plus dès lors, même d'un consentement mutuel, comme elles auraient pu le faire après l'acte exigé par l'article 353, C. Nap., et même avant l'arrêt de la Cour impériale, rompre les rapports de paternité et de filiation civile établis entre elles.

Cependant les héritiers de l'adoptant ont la faculté, dans l'intérêt de leurs droits de succession, d'attaquer, par action principale, l'adoption consommée pendant la vie de leur auteur, et de la faire annuler, s'il y a lieu, par le tribunal qui l'a prononcée. Ce contrat conserve, en effet, par rapport aux tiers, son caractère primitif de contrat, et peut, dès lors, après le décès de l'adoptant, être attaqué, bien que vérifié en justice et approuvé par elle, sans préjudicier, en aucune manière, au jugement ou à l'arrêt d'homologation de l'adoption, qui se trouvent tout à fait hors de cause; mais cette action diffère essentiellement du droit qui leur est accordé de prévenir une adoption qu'ils jugent inadmissible, dans le cas où l'adoptant décède pendant l'instruction (V. *infrà*, n° 638).

Ils ne peuvent, en effet, dans ce cas, que remettre au procureur impérial ou au procureur général, suivant que l'affaire est pendante devant le tribunal de première instance ou devant la Cour impériale, tous mémoires et observations à ce sujet (C. Nap., 360). Là s'arrête leur droit (Arg. C. Nap., art. 355, 257).

636. L'inscription de l'adoption n'a lieu que sur le vu d'une expédition en forme de l'arrêt de la Cour impériale, et l'inscription reste sans effet si elle n'a été inscrite dans les trois mois du jugement (C. Nap., art. 359).

637. Du reste, en exigeant l'inscription de l'adoption sur les registres de l'état civil du domicile de l'adoptant, l'art. 359, C. Nap., n'a pour but que de rendre notoire l'existence de la nouvelle famille créée par l'adoption ; mais cette inscription n'est soumise à aucune formalité dont l'inobservation puisse entraîner la nullité des effets de l'adoption, la loi n'attachant la peine de nullité qu'au défaut absolu d'inscription dans le délai qu'elle prescrit. En conséquence le but de la loi est atteint par la transcription en entier sur les registres de l'état civil de l'arrêt qui a sanctionné l'adoption (Arg. Cass., 23 nov. 1847 et 1er avril 1863, J.P.47.2.736 et 64, p. 187).

Il suffit encore, pour satisfaire au vœu dudit article, de relater sur les registres l'adoption et l'arrêt qui l'a prononcée, de manière que les biens de famille créés par cette adoption y soient bien constatés et ne puissent être douteux pour personne (Arg. Grenoble, 7 mars 1849, J.P.51.1.603).

638. Si l'adopté meurt avant que l'inscription ordonnée par la Cour impériale ait eu lieu, tout est réputé non avenu entre les parties ; l'adoption est sans résultat, les héritiers de l'adopté ne sont pas habiles à en recueillir le bénéfice. L'art. 360 ne parle, en effet, que de l'adoptant, et la raison en est simple : c'est que le bénéfice de l'adoption est tout personnel. Au contraire, le décès de l'adoptant, dans les mêmes circonstances, ne change rien aux droits de l'adopté, qui peut toujours faire continuer l'instruction et admettre l'adoption, s'il y a lieu, sauf les droits réservés aux héritiers, en pareil cas, par l'art. 360, C. Nap (V. *suprà*, n° 635).

Il est de règle en effet que le contrat une fois passé devant le juge de paix ne peut plus être brisé même avant la sanction judiciaire donnée à l'adoption par le changement de volonté d'une seule des parties, et *à fortiori*, lorsque ce changement de volonté ne s'est manifesté qu'après l'arrêt d'adoption, quoique avant l'inscription (Grenoble, 2 mars 1842; Orléans, 17 juin 1849).

639. Toutefois l'adoption peut être *nulle* ou *annulable*: l'adoption est nulle lorsqu'elle manque de l'une des conditions essentielles auxquelles la loi a subordonné son existence juridique; alors, en effet, elle n'existe pas juridiquement; elle ne peut produire aucun effet civil, et toute personne intéressée peut, en tout temps, soutenir qu'il n'y a pas d'adoption. L'adoption annulable existe, au contraire, juridiquement; et il faut que l'annulation en soit prononcée par la justice sur la demande des parties intéressées.

640. L'adoption est nulle: 1° lorsqu'il y a eu absence totale de consentement de la part de l'une ou de l'autre des parties au moment de l'acte reçu par le juge de paix; 2° lorsque le prétendu contrat d'adoption n'a pas été reçu par un juge de paix, homologué par un tribunal de première instance, par une Cour impériale et enfin qu'il n'a pas été inscrit sur les registres de l'état civil dans les trois mois qui ont suivi l'arrêt; l'art. 359, C. Nap., lui-même, déclare, en termes formels, que l'adoption *restera sans effet*, si elle n'est pas inscrite dans les délais; la nullité de l'adoption ne peut être proposée dans la première hypothèse que par la personne dont le consentement a été vicié, ou par ses successeurs universels en cette qualité.

Dans les autres hypothèses, elle peut l'être tant par l'adoptant et l'adopté que par toutes les personnes qui ont un intérêt pécuniaire, actuellement ouvert (Arg. Grenoble, 12 mars 1843, S. 43.2.505).

641. La nullité de l'adoption peut et doit être proposée, dans les différents cas ci-dessus indiqués, par voie d'action principale ou d'exception, devant le tribunal de première instance compétent, et non par voie de recours contre l'arrêt qui a homologué l'adoption. En cas d'appel, la cause doit être jugée en audience solennelle (Cass., 19 mars 1856, S.56.1.685).

642. L'action en nullité de l'adoption, résultant des vices du consentement de l'adoptant ou de l'adopté, se prescrit par 10 ans (C. Nap., art. 1304; DEMOLOMBE, t. 6, n° 203; VALETTE, *loc. cit.*, n° 205).

§ 2.—**Des formes de l'adoption testamentaire** (C. Nap., art. 366).

L'adoption testamentaire, ainsi que son nom même l'annonce, doit être faite par *acte testamentaire* (C. Nap., art. 366); sa forme ne peut dès lors être soumise qu'à celle des testaments énumérés en l'art. 969, C. Nap.

La révocabilité étant de l'essence de toute disposition testamentaire, l'adoption testamentaire est dès lors révocable tant que le testateur existe (C. Nap., art. 895).

Cette sorte d'adoption ne paraît pas avoir besoin, pour sa validité, dans le silence absolu de la loi, plus qu'aucune autre disposition testamentaire, de l'homologation de la justice, ni de l'inscription sur les registres de l'état civil.

Mais comme elle a, de même que toute autre adoption, pour effet de conférer le nom de l'adoptant à l'adopté, de créer certains empêchements de mariage, d'intervertir l'ordre des successions, etc., il serait, ce nous semble, dans tous les cas, plus prudent de remplir toutes les formalités de l'adoption entre-vifs.

CHAP. II. — DE LA TUTELLE OFFICIEUSE (C. Nap., art. 361 à 370).

643. La tutelle officieuse est un contrat de bienfaisance par lequel une personne contracte, indépendamment des devoirs généraux de la tutelle ordinaire, l'obligation spéciale de nourrir et élever gratuitement un mineur, et de le mettre en état de gagner sa vie. Cette triple obligation constitue l'objet indispensable du contrat de tutelle officieuse; la supprimer, ce serait anéantir le contrat lui-même.

644. Cette institution, due aux rédacteurs du Code Napoléon, n'est pas entrée dans nos mœurs. Elle est d'une application si rare que M. Duranton a pu dire d'elle qu'elle est dans notre Code *comme un objet de luxe*. Cela vient, sans nul doute, de ce qu'elle n'est pas un préliminaire indispensable de l'adoption.

La tutelle officieuse, de même que l'adoption, se forme par une convention entre la personne qui veut s'en charger et les représentants de l'enfant (C. Nap., art. 1101).

SECT. Ire.—*Conditions exigées du tuteur officieux et du pupille* (C. Nap., art. 361, 362, 364).

645. « Tout individu âgé de plus de cinquante ans et sans enfants ni descendants légitimes, qui veut, durant la minorité

d'un individu, se l'attacher par un titre légal, peut devenir son tuteur officieux, en obtenant le consentement des père et mère de l'enfant, s'ils existent tous les deux, et s'ils sont en état de manifester leur volonté. Leur dissentiment ferait donc obstacle à l'établissement de la tutelle ; si l'un des deux est mort ou dans l'impossibilité d'exprimer sa volonté, le consentement de l'autre suffit. A défaut des père et mère, le consentement, non pas des aïeuls et aïeules, mais du conseil de famille est indispensable. Enfin, si l'enfant n'a pas de parents connus, il faut le consentement des administrateurs de l'hospice où il aurait été recueilli (L. 15 pluv. an XIII, art. 1er), ou le consentement de la municipalité du lieu de sa résidence » (C. Nap., art. 361), aujourd'hui, le maire (L. 28 pluv. an VIII, art. 13, 15 ; L. 18 juill. 1837, art. 9 et 14 ; C. inst. crim., art. 620 ; DEMOLOMBE, t. 6, n° 219), et non le conseil municipal, comme l'enseignent Taulier, t. 1 p. 467, et Marcadé, art. 361, n° 1.

646. Les autres conditions exigées pour la validité du contrat de tutelle officieuse sont, en ce qui concerne le tuteur officieux :

1° Qu'il soit âgé de plus de cinquante ans (C. Nap., art. 361) ;

2° Qu'il n'ait point d'enfants ou de descendants légitimes ou légitimés (C. Nap., art. 343, 361) ;

3° Qu'il obtienne, s'il est marié, le consentement de son conjoint (C. Nap., art. 362) ;

4° Enfin, qu'il soit capable d'exercer une tutelle ordinaire (V. C. Nap., art. 442, 444).

647. Toutefois, la tutelle officieuse, ayant pour but de préparer et de faciliter l'adoption, est permise aux femmes, bien qu'en règle générale la tutelle ordinaire leur soit interdite (Arg. C. Nap., art. 343 et 362). C'est, du reste, ce qui ressort très-explicitement des art. 343 et 362, C. Nap., combinés.

648. En ce qui concerne le pupille, il doit être âgé de moins de quinze ans, et ne pas se trouver déjà soumis à une tutelle officieuse (C. Nap., art. 364) ; car nul ne pouvant être adopté par plusieurs (C. Nap., art. 344), et la tutelle officieuse étant le moyen préparatoire de l'adoption, il s'ensuit que le même individu ne peut pas être placé sous la tutelle officieuse de plusieurs personnes. Cependant un mineur qui a pour tuteur officieux une personne mariée, peut encore être soumis à la tutelle officieuse du conjoint de cette personne (Arg. C. Nap., art. 344 ; DEMOLOMBE, t. 6, n° 224 ; DEMANTE, t. 2, n° 99 *bis* ; ZACHARIÆ, AUBRY et RAU, t. 4, p. 659).

SECT. II. — *Des formes et effets généraux de la tutelle officieuse* (C. Nap., art. 363, 364, 2e alinéa, 365, 367).

649. « Le juge de paix du domicile de l'enfant dresse pro-verbal des demandes et consentements relatifs à la tu-lle officieuse » (C. Nap., art. 363).

« Cette tutelle emporte avec soi, sans préjudice de toutes pulations particulières, l'obligation de nourrir le pupille, à frais, pendant tout le temps de sa minorité, de l'élever et le mettre en état de gagner sa vie » (C. Nap., 364; 2e alin.). en est ainsi, lors même que le pupille possède des revenus sants pour subvenir à son entretien et à son éducation; e sorte que le tuteur ne peut, même dans ce cas, porter en épense les sommes déboursées pour ces objets (C. Nap., . 365).

La tutelle officieuse fait passer au tuteur officieux la garde et le gouvernement de la personne du mineur, dans le cas ême où ce dernier a encore ses père et mère (Arg. C. Nap., t. 361, 364 et 365). Quant à l'administration des biens, es père et mère conservent la possession de ceux dont ils ont la jouissance légale, sauf au tuteur officieux à les administrer quant à la propriété, et à représenter le mineur dans tous les actes de propriétaire. Mais la tutelle officieuse ne fait point cesser la puissance paternelle du père ou de la mère du mi-neur, ni les droits qui s'y trouvent attachés, en tant, du moins, que l'exercice en est compatible avec l'autorité tutélaire. Ainsi, par exemple, le père ou la mère du pupille conserve le droit de correction, celui de consentir à son mariage, et l'usu-fruit légal de ses biens (PROUDHON, t. 2, p. 231; DURANTON, t. 3, p. 339; ZACHARIÆ, AUBRY et RAU, t. 4, p. 600; DE-MANTE, t. 2, no 104 *bis*; DEMOLOMBE, t. 6, no 234; MARCADÉ, art. 365, no 3).

650. Lorsque le pupille n'a plus ses père et mère, le tu-teur officieux a la garde et la direction de la personne du pupille (C. Nap., art. 365, 450); l'administration de ses biens, dont il doit rendre compte dans tous les cas, soit qu'il adopte le pupille, soit qu'il ne l'adopte pas (C. Nap., art. 365, 350 et 370); il y a lieu alors à la nomination d'un subrogé tu-teur (C. Nap., art. 420); ses immeubles sont grevés d'une hy-pothèque légale au profit du pupille (C. Nap., art. 2121), lors même que le pupille a encore ses père et mère (DURANTON, t. 3, no 341, et t. 9, no 310; PERSIL, *du Rég. hyp.*, art. 2121, no 37; TROPLONG, *des Priv. et hyp.*, t. 2, nos 421 et 425; ZA-CHARIÆ, AUBRY et RAU, t. 4, p. 660; VALETTE, *des Priv. et*

hyp., n° 142 ; DEMOLOMBE, t. 6, n° 236. — *Contrà*, PONT, *Priv. et hyp.*, art. 2121, n° 496).

651. La tutelle officieuse finit en général par les mêmes causes que la tutelle ordinaire, et notamment par la mort du tuteur et par la majorité du pupille. Lorsque le tuteur officieux meurt avant la majorité du pupille sans l'avoir adopté par testament, l'obligation résultant de l'art. 364, C. Nap., passe à ses héritiers et successeurs universels (C. Nap., art. 367); elle ne s'éteint même pas dans le cas où le tuteur officieux aurait fait à son pupille un legs plus ou moins considérable (Arg. art. 1023, C. Nap. ; Nancy, 4 août 1829; Cass., 2 août 1831, S.29.2.287, et 31.1.321). Cette obligation, dont le mode d'exécution peut être déterminé par les conventions particulières des parties (Arg. art. 364, 367 et 369), entraîne virtuellement, et indépendamment de pareilles conventions, la conséquence suivante. Si l'adoption requise par le pupille, dans les trois mois après sa majorité, n'a pas eu lieu par suite du refus du tuteur, ou même à raison d'un empêchement involontaire de sa part, et que le pupille ne soit pas en état de gagner sa vie, le tuteur ou ses héritiers et successeurs universels pourront être condamnés à indemniser ce dernier de l'incapacité où il se trouve de pourvoir à sa subsistance. Cette indemnité se résoudra en secours propres à lui procurer un métier (C. Nap., art. 369; ZACHARIÆ, AUBRY et RAU, t. 4, p. 661; DEMOLOMBE, t. 6, nos 251, 252). Mais il serait évidemment déchu de la faculté d'invoquer les dispositions de notre art. 369, s'il n'avait requis son adoption qu'après les trois mois à partir de sa majorité (Discussion au Conseil d'Etat; LOCRÉ, *Lég.*, t. 1, p. 569, nos 8 ; DELVINCOURT, t. 1, p. 266; TOULLIER, t. 2, n° 1035 ; PROUDHON, t. 2, p. 222; VALETTE sur PROUDHON, t. 1, p. 232; DUVERGIER sur TOULLIER, t. 2, n° 1035, note *a;* MARCADÉ, art. 369, n° 1; DEMOLOMBE et ZACHARIÆ, AUBRY et RAU, *loc. cit.*).

652. Si, à la majorité du pupille, son tuteur officieux veut l'adopter, et que ce dernier y consente, l'adoption est, quant à ses conditions intrinsèques et quant à ses formalités extrinsèques, soumise aux règles du droit commun (C. Nap., art. 368). Ainsi devront être observées toutes les conditions intrinsèques requises soit dans la personne de l'adoptant, soit dans la personne de l'adopté. Il ne faut pas même excepter, comme l'a fait Grenier, n° 33, le consentement du conjoint du tuteur officieux. De ce que le conjoint a consenti à la tutelle officieuse (C. Nap., art. 361), il ne s'ensuit pas

'il ait consenti à l'adoption (V. *suprà* ; Demante, t. 2, 107 *bis ;* Zachariæ, Aubry et Rau, t. 4, p. 663 ; Demolombe, t. 6, n° 258 ; Lassaulx, t. 2, p. 272).

AP. III. — FORMULES D'ADOPTION DE TUTELLE OFFICIEUSE.

Sect. Ire. — *Formules d'adoption.*

". — Adoption ordinaire par un célibataire ou par un veuf, sans postérité légitime, d'un individu majeur qui n'a ni père ni mère, auquel il a, dans sa minorité et pendant six ans au moins, fourni des secours et donné des soins non interrompus (C. Nap., art. 353, 343, 345, 346).

« L'an mil huit cent quarante-neuf, le cinq janvier, dix heures du matin,

« Par-devant nous, Adolphe A..., juge de paix du canton de..., département de..., assisté de M. Louis B..., greffier de cette justice de paix,

« Est comparu, dans notre cabinet, M. Julien Moreau, propriétaire, demeurant à..., âgé de cinquante-deux ans, suivant son acte de naissance inscrit aux registres de l'état civil de la commune de..., à la date du..., dont une copie en bonne forme nous a été représentée ;

« Lequel nous a dit qu'étant célibataire (ou veuf), sans enfants ni descendants légitimes, il désire adopter le sieur Louis Chanoine, horloger, demeurant à..., âgé de trente ans, né du mariage de Joseph Chanoine et de Julie Laurenson, l'un et l'autre décédés, ainsi qu'il est constaté par l'acte de naissance dudit sieur Chanoine, en date du dix juin mil huit cent vingt-huit, et par les actes de décès desdits sieurs et dame Chanoine, en date des quinze août mil huit cent quarante et sept juillet mil huit cent quarante-cinq, dont une copie de chacun desdits actes, délivrée par l'officier de l'état civil de la commune de..., le douze décembre mil huit cent quarante-huit, dûment légalisée, nous a été représentée ;

« Qu'il a fourni des secours et donné des soins non interrompus audit sieur Louis Chanoine, dans sa minorité et « pendant six années et plus (préciser le nombre d'années), « suivant qu'il est justifié par l'acte de notoriété reçu par « nous le deux janvier 1849, enregistré ; qu'en conséquence, « il demande qu'il nous plaise de recevoir son consentement

« et celui dudit sieur Chanoine, ici présent, pour consommer l'adoption qu'il déclare lui conférer présentement, sauf ensuite à faire homologuer et confirmer ladite adoption conformément à la loi, et a signé. » (*Signature.*)

« Est aussi comparu le sieur Louis Chanoine, horloger, « demeurant à..., âgé de..., ainsi qu'il est constaté par son « acte de naissance, en date du..., dont une copie délivrée « par..., dûment légalisée, nous a été représentée;

« Lequel, lecture à lui faite, par le greffier de la déclaration « ci-dessus du sieur Moreau, a déclaré accepter avec reconnaissance l'adoption que celui-ci veut bien lui conférer, et se « soumettre à cet égard aux obligations que la loi lui impose « comme fils adoptif, et a signé (ou déclaré qu'il ne sait « signer). » (*Signature.*)

« Nous, juge de paix,

« Vu les comparutions, dires et déclarations des sieurs « Moreau et Chanoine, les actes de naissance, de décès et de « notoriété, susvisés, ce dernier portant attestation que (sommaire de cet acte);

« Vu les art. 343, 345, 346 et 353, C. Nap.;

« Donnons acte au sieur Moreau de ses déclaration et adoption, et audit sieur Louis Chanoine de ses consentement et acceptation : en conséquence, disons que, par l'adoption ci-dessus conférée, ledit sieur Chanoine est maintenant fils adoptif « de mondit sieur Moreau, et qu'en cette qualité il jouira de « tous les droits attachés à l'adoption, à la charge par la « partie la plus diligente d'en faire prononcer l'homologation « par le tribunal de..., et ensuite la confirmation par la Cour « d'appel de..., le tout dans les formes et les délais prescrits « par les art. 354, 355, 356, 357, 358 et 359, C. Nap.

« Fait et clos le présent acte d'adoption, à..., les jour, « mois et an que dessus, et ont l'adoptant et l'adopté signé « avec nous et le greffier, après lecture. » (*Signatures.*)

§ 2.—**Adoption ordinaire par un époux âgé de plus de cinquante ans, sans postérité légitime, d'un individu qui a ses père et mère, auquel il a, dans sa minorité et pendant six ans au moins, fourni des secours et donné des soins non interrompus** (C. Nap., art. 353, 343, 344, 345, 346).

« L'an mil huit cent quarante-neuf, le quinze janvier;

« Par-devant nous, Adolphe A..., juge de paix du canton « de..., département de..., assisté de M. Louis B..., greffier « de cette justice de paix,

« Sont comparus :

« 1° M. Alexandre Blin, rentier, demeurant à..., âgé de cinquante ans, suivant son acte de naissance, inscrit aux registres des actes de l'état civil de la commune de..., à la date du..., dont il nous a représenté une copie en bonne forme ;

« Lequel nous a dit qu'étant marié, mais sans enfants ni descendants légitimes, il est dans l'intention d'adopter, comme par ces présentes il déclare adopter, le sieur Noël Passy, âgé de vingt ans, né du mariage de Joseph Passy, et de Marie-Rose Daniel, journaliers, demeurant à... ; que pendant sept années il a fourni des secours et donné des soins non interrompus audit sieur Noël Passy, dans sa minorité, ainsi qu'il est justifié par l'acte de notoriété, reçu par nous assisté du greffier, le douze décembre dernier, enregistré ; qu'en conséquence, il nous requérait de dresser acte de ses déclaration et adoption, et a signé. »

(*Signature.*)

« — 2° Mme Marie-Rose Rocher, âgée de quarante ans, sans profession, demeurant avec ledit sieur Blin, son mari ; laquelle a dit qu'elle donne son consentement pur et simple à l'adoption que son époux vient de conférer audit sieur Noël Passy, et a signé. » (*Signature.*)

« — 3° Le sieur Noël Passy, tailleur d'habits, demeurant à..., âgé de vingt-quatre ans, ainsi qu'il est constaté par son acte de naissance, en date du..., dont une copie, délivrée par l'officier de l'état civil de la commune de..., dûment légalisée, nous a été représentée ;

« Lequel, lecture à lui faite des déclaration et consentement ci-dessus des époux Blin, a déclaré accepter avec reconnaissance l'adoption que ledit sieur Blin veut bien lui conférer, et se soumettre à cet égard aux obligations que la loi lui impose comme fils adoptif, et a signé. »

(*Signature.*)

« — 4° Et le sieur Joseph Passy, tourneur, et la dame Rose Daniel, femme de ce dernier, demeurant ensemble à..., père et mère dudit sieur Noël Passy ;

« Lesquels ont dit accepter avec reconnaissance l'adoption que M. Blin veut bien conférer audit sieur Noël Passy, leur fils, et ont signé. » (*Signatures.*)

« Nous, juge de paix,

« Vu les comparutions, déclarations, consentements et acceptations ci-dessus, ensemble l'acte de notoriété ci-devant daté, portant attestation que (sommaire de cet acte) ;

« Vu les art. 353, 343, 344, 345, 346, C. Nap. ;

« Donnons acte au sieur Blin de ses déclaration et adop-« tion, et au sieur Noël Passy de ses consentement et accep-« tation.

« En conséquence, disons que, par l'adoption ci-dessus « conférée, ledit sieur Noël Passy est maintenant fils adoptif « dudit sieur Blin, et qu'en cette qualité, il jouira de tous les « droits attachés à l'adoption, à la charge par la partie la plus « diligente d'en faire prononcer l'homologation par le tri-« bunal de..., et ensuite la confirmation par la Cour d'appel « de..., le tout dans les formes et les délais prescrits par les « art. 354, 355, 356, 357, 358 et 359, C. Nap.

« Fait et clos le présent acte d'adoption, à..., les jour, mois « et an que dessus, et ont, l'adoptant et l'adopté, signé « avec nous et le greffier, après lecture. »

(*Signatures.*)

§ 3. — **Adoption ordinaire par deux époux sans postérité légitime, âgés de cinquante ans accomplis, d'un individu majeur qui n'a ni père ni mère, auquel ils ont dans sa minorité, et pendant plus de six ans, fourni des secours et donné des soins non interrompus** (C. Nap., art. 353, 343, 344, 345, 346).

« L'an mil huit cent quarante-neuf... ;

« Par-devant nous, Adolphe A..., juge de paix du canton « de..., département de..., assisté de M. Louis B..., greffier « de cette justice de paix,

« Sont comparus, dans notre cabinet :

« M. Louis-Denis Isambert et dame Marie Duval, son « épouse, propriétaires, demeurant ensemble à..., âgés de « cinquante-deux ans, ainsi qu'il résulte de leurs actes de « naissance inscrits aux registres de l'état civil des communes « de..., arrondissement de..., et de..., arrondissement de..., « en date des..., de chacun desquels une copie en bonne forme « nous a été représentée ;

« Lesquels nous ont dit qu'étant sans enfants, ni descen-« dants légitimes, ils sont dans l'intention l'un et l'autre d'a-« dopter, comme par ces présentes ils déclarent adopter « mademoiselle Rose Blin, âgée de vingt-cinq ans, née du « mariage de Joseph Blin et de Marie-Louise André, l'un et « l'autre décédés, ainsi qu'il est constaté par les actes de nais-« sance de ladite demoiselle Blin, en date du..., et par les « actes de décès desdits sieur et dame Blin, en date des..., « dont une copie de chacun de ces actes délivrée par les offi-

« ciers de l'état civil des communes de... et de..., les..., « dûment légalisée, nous a été représentée ;

« Qu'ils ont l'un et l'autre et conjointement, pendant dix « années, fourni des secours et donné des soins non interrompus à ladite demoiselle Rose Blin, dans sa minorité, suivant qu'il est justifié par l'acte de notoriété, reçu par « nous, juge de paix, le cinq décembre dernier, enregistré ; qu'en conséquence, il nous requéraient de dresser acte de leurs déclarations et adoption, et ont signé. »

« Est aussi comparue mademoiselle Rose Blin, sans profession, âgée de vingt-cinq ans, laquelle, lecture à elle faite par le greffier, des déclarations d'adoption ci-dessus desdits époux Isambert, a déclaré accepter avec reconnaissance l'adoption qu'ils veulent bien lui conférer, et se sou« mettre à cet égard aux obligations que la loi lui impose comme fille adoptive, et a signé. » (*Signature.*)

« Nous, juge de paix,

« Vu les comparutions, déclarations d'adoption des époux Isambert et l'acceptation de la demoiselle Blin, les actes de naissance, de décès et de notoriété ci-devant datés, ce dernier portant attestation que (sommaire de cet acte) ;

« Vu les art. 343, 344, 345, 346 et 353 du Code Nap. ;

« Donnons acte aux sieur et dame Isambert de leurs déclarations et adoption, et à la demoiselle Blin de ses consentement et acceptation ;

« En conséquence, disons que, par l'adoption ci-dessus conférée, ladite demoiselle Blin est maintenant fille adoptive desdits sieur et dame Isambert, et qu'en cette qualité, elle jouira de tous les droits attachés à l'adoption, à la charge par la partie la plus diligente d'en faire prononcer l'homologation par le tribunal de..., et ensuite la confirmation par la Cour d'appel de..., le tout dans les formes et les délais prescrits par les art. 354, 355, 356, 357, 358 et 359, Code Nap.

« Fait et clos le présent acte d'adoption, à..., les jour, mois et an que dessus, et ont les adoptants et l'adoptée signé avec nous et le greffier, après lecture. » (*Signatures.*)

4.—**Adoption rémunératoire par un époux majeur, sans postérité légitime, d'un individu, dont le père est décédé, qui a sauvé vie de l'adoptant** (C. Nap., art. 343, 345, 346 et 353).

« L'an. . . . .

« Par-devant nous, Adolphe A..., juge de paix du canton

« de..., département de..., assisté de M. Louis B..., greffier « de cette justice de paix,

« Sont comparus :

« 1° M. Paul David, rentier, demeurant à..., âgé de trente-« deux ans, suivant son acte de naissance inscrit aux registres « des actes de l'état civil de la commune de..., en date du..., « dont il nous a représenté une copie en bonne forme :

« Lequel nous a dit qu'étant marié, mais sans enfants, ni « descendants légitimes, il est dans l'intention d'adopter, « comme par ces présentes il déclare adopter comme son fils, « le sieur Louis Benoist, âgé de vingt-deux ans, né du mariage « de Pierre Benoist, décédé, et de dame Marie Paturel, jour-« nalière, demeurant à..., qui lui sauvé la vie le quinze jan-« vier mil huit cent quarante-sept, en le retirant de la Seine, « où il était tombé en voulant monter sur le bateau à vapeur « *le Neptune* (ou toute autre circonstance qu'il faut préciser « avec soin), ainsi qu'il est justifié par l'acte de notoriété reçu « par M. le juge de paix du canton de..., le..., dont il nous a « représenté une expédition en bonne forme ; qu'en consé-« quence, il nous requérait de dresser acte de ses déclaration « et adoption, et a signé. » (*Signature.*)

« 2° Dame Marie Dupont, âgé de vingt-cinq ans, sans « profession, demeurant avec ledit sieur David, son mari; « laquelle a dit que, reconnaissante envers le jeune Benoist « d'avoir sauvé la vie à son mari, elle donne son plein et entier « consentement à l'adoption que son époux vient de lui con-« férer, et a signé. » (*Signature.*)

« Sont aussi comparus :

« 1° Le sieur Louis Benoist, journalier, demeurant à..., « âgé de vingt-deux ans, suivant son acte de naissance en « date du..., dont il nous a représenté une copie, délivrée par « l'officier de l'état civil de la commune de..., dûment lé-« galisée;

« Lequel, après avoir entendu la lecture à lui donnée par « le greffier des déclarations et consentement des époux David, « a déclaré accepter avec reconnaissance l'adoption que « M. David veut bien lui conférer, et se soumettre à cet égard « aux obligations que la loi lui impose comme fils adoptif, et « a signé. » (*Signature.*)

« 2° Madame Marie Paturel, veuve du sieur Pierre Benoist, « laquelle a dit accepter avec gratitude l'adoption que M. Da-« vid veut bien conférer au sieur Louis Benoist, son fils, et a « signé. » (*Signature.*)

« Nous, juge de paix,

« Vu les déclarations d'adoption, acceptation et consentement ci-dessus des comparants, ensemble l'acte de notoriété susdaté, portant attestation (sommaire de cet acte) ;

« Vu les art. 343, 345, 346 et 353 du Code Nap.,

« Donnons acte au sieur David de ses déclaration et adoption, et au sieur Benoist de ses consentement et acceptation ;

« En conséquence, disons que, par l'adoption ci-dessus conférée, ledit sieur Benoist est maintenant fils adoptif de M. David, et qu'en cette qualité, il jouira de tous les droits attachés à l'adoption, à la charge par la partie la plus diligente d'en faire prononcer l'homologation par le tribunal de première instance de..., et ensuite la confirmation par la Cour d'appel de..., le tout dans les formes et les délais prescrits par les art. 354, 355, 356, 357, 358 et 359 du Code Nap.

« Ainsi fait et dressé le présent procès-verbal d'adoption, à... les jour, mois et an que dessus, et ont l'adoptant et l'adopté, signé avec nous et le greffier, après lecture. »

(*Signatures.*)

§ 5. — **Adoption ordinaire par une épouse sans postérité légitime, âgée de plus de cinquante ans, d'une personne majeure, dont les père et mère ne consentent pas à l'adoption** (C. Nap., art. 343, 344, 345, 346, 353).

« L'an. . . . .

« Par-devant nous, ...

« Sont comparus : . . . .

« 1° Marie-Henriette Delaplace, épouse de M. Henri D'Auger, propriétaire, avec lequel elle demeure à..., âgée de cinquante-deux ans, suivant son acte de naissance inscrit aux actes de l'état civil de la commune de..., à la date du..., dont elle nous a représenté une copie en bonne forme ;

« Laquelle a dit qu'étant mariée, mais sans enfants ni descendants légitimes, elle est dans l'intention d'adopter, comme par ces présentes elle déclare adopter comme sa fille, mademoiselle Hortense Dupré, sans profession, âgée de vingt-deux ans, née du légitime mariage de Louis Dupré et de dame Marie Durieux, journaliers, demeurant ensemble à...; que pendant sept années, elle a fourni des secours et donné des soins non interrompus à ladite demoiselle Dupré dans sa minorité, ainsi qu'il est justifié par l'acte de notoriété reçu par nous, juge de paix, assisté du greffier, le dix décembre dernier, enregistré ; qu'en conséquence, elle nous

« requérait de dresser acte de ses déclaration et adoption, et « a signé. » (*Signature.*)

« — 2° M. Henri D'Auger, âgé de soixante-neuf ans, pro-« priétaire, demeurant à...

« Lequel, lecture à lui faite par le greffier des déclaration « et adoption ci-dessus, a déclaré donner son plein et entier « consentement à l'adoption que vient de conférer son épouse « à ladite demoiselle Dupré, et a signé. » (*Signature.*)

« Est aussi comparue mademoiselle Hortense Dupré, sans « profession, demeurant chez lesdits époux D'Auger, âgée de « vingt-deux ans, suivant son acte de naissance en bonne « forme, qu'elle nous a représenté;

« Laquelle, lecture à elle faite par le greffier des déclara-« tion d'adoption et consentement de M. et de madame D'Au-« ger, a déclaré accepter avec reconnaissance l'adoption que « madame D'Auger veut bien lui conférer, et se soumettre à « cet égard aux obligations que la loi lui impose comme fille « adoptive, mais que n'ayant pu obtenir le consentement à « cette adoption du sieur Louis Dupré, son père, et de la dame « Marie Durieux, sa mère, elle a été dans la nécessité de re-« quérir leur conseil dans la forme prescrite pour les actes « respectueux, ainsi qu'il est constaté par acte de M... et son « collègue, notaires à..., en date du..., enregistré à..., le..., « V. C... (rapporter la mention entière de cet acte), dont elle « nous a représenté une expédition en forme, et a signé. »

(*Signature.*)

« Nous, juge de paix,

« Vu les déclaration, acceptation et consentement ci-dessus « des comparants, ensemble les actes respectueux et de no-« toriété susdatés, ce dernier portant attestation (sommaire « de cet acte);

« Vu les art. 343, 344, 345, 346 et 353 du Code Nap.;

« Donnons acte à madame Marie-Henriette Delaplace, épouse « D'Auger, de ses déclaration et adoption, et à la demoiselle « Hortense Dupré de ses consentement et acceptation; en con-« séquence, disons que, par l'adoption ci-dessus conférée, « ladite demoiselle Dupré est maintenant fille adoptive de la-« dite dame Delaplace, et, qu'en cette qualité, elle jouira de « tous les droits attachés à l'adoption, à la charge par la par-« tie la plus diligente d'en faire prononcer l'homologation par « le tribunal de première instance de..., et ensuite la confir-« mation par la Cour d'appel de..., le tout dans les formes

« et les délais prescrits par les art. 354, 355, 356, 357, 358 « et 359, C. Nap.

« Fait et clos le présent procès-verbal d'adoption à..., les « jour, mois et an que dessus, et ont, l'adoptant et l'adopté, « signé avec nous et le greffier, après lecture. »

(*Signatures.*)

6.—**Adoption rémunératoire par un célibataire majeur, d'un individu qui lui a sauvé la vie, dont les père et mère absents donnent leur consentement par acte spécial** (C. Nap., art. 343, 345, 346 et 353).

« L'an. . . . .

« Par-devant nous, Adolphe A..., juge de paix du canton « de..., département de..., assisté de M. Louis B..., greffier « de cette justice de paix,

« Sont comparus :

« 1° M. André Letissier, agent de change, demeurant à..., âgé de vingt-sept ans, suivant son acte de naissance en bonne forme qu'il nous a représenté ;

« Lequel nous a dit que le sieur Louis Landrin, fils de Pierre Landrin et de Marie d'Honneur, marchands épiciers, « demeurant à Rouen, rue..., n°..., lui a sauvé la vie au péril de la sienne, le dix-neuf février mil huit cent quarante, en (énoncer l'événement avec précision), ainsi qu'il est justifié par acte de notoriété, reçu par... dont il nous a représenté une expédition en bonne forme ; que, célibataire, il désire par une juste reconnaissance l'adopter, comme par ces présentes il déclare l'adopter comme son fils ; qu'en conséquence, il nous requérait de lui donner acte de ses déclaration et adoption, et a signé. » (*Signature.*)

« 2° Le sieur Louis Landrin, surnuméraire de l'enregistrement, demeurant à.., âgé de vingt-deux ans, suivant son acte de naissance dont il nous a représenté une copie en bonne forme, agissant avec le consentement du sieur Pierre Landrin, marchand épicier, demeurant à..., son père, et de la dame Marie d'Honneur, femme Landrin, sa mère, aux ter« mes d'un acte passé le..., devant M... et son collègue, notaires à..., dont une expédition dûment en forme est demeurée annexée au présent, après avoir été dudit sieur Louis Landrin certifiée véritable, signée et paraphée, conformément à la loi ;

« Lequel, lecture à lui faite par le greffier des déclarations « et adoption ci-dessus, déclare accepter avec reconnais« sance l'adoption que M. Letissier veut bien lui conférer,

« et se soumettre à cet égard aux obligations que la loi lui « impose comme fils adoptif, et a signé. » (*Signature.*)

« Nous, juge de paix,

« Vu les déclaration, acceptation et consentement ci-« dessus, ensemble l'acte de notoriété susdaté, portant attes-« tation que...

« Vu les art. 343, 345, 346 et 353, C. Nap.,

« Donnons acte au sieur André Letissier de ses déclaration « et adoption, et au sieur Louis Landrin, de ses consente-« ment et acceptation. En conséquence, disons que, par « l'adoption ci-dessus conférée, ledit sieur Landrin est main-« tenant fils adoptif dudit sieur Letissier, et, qu'en cette « qualité, il jouira de tous les droits attachés à l'adoption, etc. « (comme au § 5 ci-dessus).

« Fait et clos le présent acte d'adoption, à..., les jour, « mois et an que dessus, et ont, l'adoptant et l'adopté, signé « avec nous et le greffier, après lecture. » (*Signatures.*)

SECT. II.—*Formules de tutelle officieuse.*

§ 1ᵉʳ.—Tutelle officieuse d'un mineur ayant ses père et mère (C. Nap., art. 361 à 365).

« L'an mil huit cent quarante-neuf, le cinq mars,

« Par-devant nous, Adolphe A..., juge de paix du canton « de..., département de..., assisté de M. Louis B..., greffier « de cette justice de paix, sont comparus dans notre ca-« binet :

« 1° M. Paul Ducastel, propriétaire, demeurant à..., âgé « de cinquante-cinq ans, suivant son acte de naissance, « inscrit aux actes de l'état civil de la commune de..., à « la date du..., dont il nous a représenté une copie en bonne « forme ;

« Lequel nous a dit qu'étant marié, mais sans enfants, ni « descendants légitimes, il désire s'attacher par un titre légal « le mineur Louis Durosnel, âgé de quatorze ans, né du ma-« riage de Joseph Durosnel et de Rose Dumont, vignerons, « demeurant ensemble à..., ainsi qu'il est constaté par son « acte de naissance en date du..., dont une copie en bonne « forme nous a été représentée, et devenir son tuteur officieux, « si ses père et mère y donnent leur consentement, aux offres « qu'il fait de remplir toutes les obligations imposées aux « tuteurs officieux par le Code Napoléon, et toutes autres qui « pourraient être stipulées entre lui, requérant, et le sieur « Durosnel, et a signé. » (*Signature.*)

« — 2° Madame Henriette Rocher, sans profession, épouse « dudit sieur Ducastel, demeurant avec lui, laquelle a déclaré « formellement consentir à ce que son mari soit déclaré tuteur « officieux du mineur Durosnel, et a signé. »

(*Signature.*)

« — 3° Le sieur Joseph Durosnel et la dame Rose Dumont, « son épouse, vignerons, demeurant à..., lesquels ont déclaré « consentir et acquiescer avec reconnaissance à ce que « M. Paul Ducastel soit déclaré tuteur officieux de Louis « Durosnel, leur fils mineur, aux seules charges et conditions « imposées aux tuteurs officieux, par le Code Nap., proposées « par ledit sieur Ducastel, et qu'ils s'empressent d'accepter, « déclarant s'en rapporter pour tous autres avantages à la « libéralité de M. Ducastel et à l'affection qu'il porte à leur « fils, et ont signé. » (*Signatures.*)

« Sur quoi, nous, juge de paix,

« Vu les comparutions, déclarations, offres, consentements, « acceptations et acquiescement ci-dessus dont nous avons « donné acte aux parties, ensemble les art. 361, 362, 363, « 364 et 365 du Code Nap. ;

« Disons que M. Paul Ducastel est tuteur officieux du mi- « neur Louis Durosnel, à la charge par ledit sieur Ducastel « de remplir envers le mineur Durosnel toutes les obligations « imposées aux tuteurs officieux par le Code Nap. ;

« Dont acte : fait et dressé le présent procès-verbal de « tutelle officieuse, à..., les jour, mois et an que dessus, et « ont, le sieur Ducastel et les époux Durosnel, signé avec « nous et le greffier, après lecture. » (*Signatures.*)

§ 2.—**Tutelle officieuse d'un mineur orphelin** (C. Nap., art. 361, 363 à 365).

« L'an mil huit cent quarante-neuf, le trois mars, dix « heures du matin,

« Par-devant nous, Adolphe A..., juge de paix du canton « de..., département de..., assisté de M. Louis B..., greffier « de cette justice de paix,

« Est comparu M. Alexandre Dumesnil, ancien négociant, « demeurant à..., rue..., n°...,

« Lequel nous a déclaré qu'étant veuf, sans enfants ni des- « cendants légitimes, et que désirant s'attacher par un titre « légal le mineur Charles Chaume, âgé de douze ans, né du « légitime mariage de Prosper Chaume et de Louise Dumont, « l'un et l'autre décédés, ainsi qu'il est constaté par l'acte « de naissance dudit mineur Chaume, en date du..., et par

« les actes de décès desdits époux Chaume, en date des..., « dont une copie de chacun de ces actes, délivrée par les « officiers de l'état civil des communes de... et de..., les douze « et quinze février derniers, dûment légalisée, est demeurée « ci-annexée, après que, sur chacune desdites pièces, il a été « fait mention de leur annexe ;

« Il a, en conséquence de notre indication verbale à ces « jours, lieu et heure, convoqué à l'amiable et sans citation « préalable par-devant nous les plus proches parents pater- « nels et maternels du mineur Chaume, au nombre prescrit « par la loi, à l'effet de se réunir en conseil de famille avec « nous et sous notre présidence, et délibérer sur la demande « qu'il fait de la tutelle officieuse dudit mineur Chaume, aux « offres de remplir envers cet enfant toutes les obligations « imposées aux tuteurs officieux par le Code Nap., et a ledit « comparant requis acte de ses déclarations et diligences, et « a signé, lecture faite. » (*Signature.*)

« Sont aussi comparus, savoir :

Du côte paternel :

« 1° Alexandre-André-Louis Chaume, âgé de cinquante- « cinq ans, cultivateur, demeurant à..., oncle du mineur;

« — 2° Désiré-Alexandre Durand, âgé de quarante ans, « vigneron, demeurant à..., oncle par alliance dudit mineur, « à cause de dame Alexandrine Chaume, sa femme ;

« — 3° Prosper Durand, âgé de vingt-deux ans, charron, « demeurant à..., cousin germain du mineur ;

Du côté maternel :

« — 4° Alexandre Dumont, âgé de soixante ans, journa- « lier, demeurant à..., oncle ;

« — 5°... ; — 6°..., etc. ;

« Lesquels parents, réunis en conseil de famille sous notre « présidence, après avoir délibéré avec nous sur l'objet de « leur convocation ;

« Vu l'exposé de M. Dumesnil, dont le greffier a donné lecture ;

« Considérant qu'il est du plus grand intérêt pour le mi- « neur Chaume d'avoir pour tuteur officieux ledit sieur Du- « mesnil, aux seules charges et conditions imposées aux « tuteurs officieux par le Code Nap., le conseil a été unanime- « ment d'avis de consentir et acquiescer avec gratitude, « comme de fait il consent et acquiesce par ces présentes, à

« ce que M. Alexandre Dumesnil, ancien négociant, demeu« rant à..., rue..., n°..., soit tuteur officieux de Louis-Adol« phe Chaume, âgé de douze ans, aux seules charges et « conditions imposées aux tuteurs officieux par le Code Nap., « proposées par ledit sieur Chaume, et que le conseil s'em« presse d'accepter.

« Sur quoi, nous, juge de paix, etc.,

« Vu les demandes et offres du sieur Dumesnil et la déli« bération ci-dessus du conseil de famille, ensemble les ar« ticles 361, 363, 364 et 365, C. Nap.;

« Disons que M. Alexandre Dumesnil est tuteur officieux « du mineur Chaume, âgé de douze ans, né du mariage de « Prosper Chaume et de Louise Dumont, décédés, à la charge « par ledit sieur Dumesnil de remplir envers son pupille « toutes les obligations imposées aux tuteurs officieux par « le Code Nap.

« Dont acte : fait et dressé le présent procès-verbal de tu« telle officieuse, à..., les jour, mois et an que dessus, et ont, « le sieur Dumesnil et les membres du conseil de famille, « signé avec nous et le greffier, après lecture. »

(*Signatures.*)

TITRE VIII.

DE LA PUISSANCE PATERNELLE

(C. Nap., art. 371 à 387).

CHAP. Ier. — DISPOSITIONS GÉNÉRALES ET PRÉLIMINAIRES.

653. La puissance paternelle est l'élément protecteur et moralisateur de la famille, l'autorité que la loi confère aux père et mère pour les aider à faire avec succès l'éducation physique et morale de leurs enfants. Fondée sur le droit naturel, elle est consacrée et réglée par le droit civil ; mais elle n'a pas tous les effets que le droit romain et quelques coutumes en faisaient dériver.

654. A Rome, la puissance paternelle était une véritable institution politique, exclusivement propre aux seuls citoyens romains, et à laquelle il n'y avait rien de comparable chez aucune autre nation. « *Jus potestatis quod in liberos habemus, proprium est civium romanorum ; nulli alii sunt ho-*

mines, qui talem in liberos habeant potestatem, qualem nos habemus (Inst., tit. *de patr. potest.*, § 2) ; elle était l'attribut du *paterfamilias*, du père de famille, et s'étendait également sur la personne et sur les biens de ses enfants, des enfants de ses fils et des enfants des fils de ses fils, et ainsi de suite. Le *paterfamilias* conservait indéfiniment sa puissance, quel que fût leur âge et alors même qu'ils étaient mariés, à moins qu'il ne les eût émancipés ou donnés en adoption ; elle ne passait jamais à la mère. Ainsi, dans le cours ordinaire des choses, le petit-fils était soumis à la puissance de l'aïeul avant de l'être à celle du père ; il avait sur eux la puissance de l'autorité du maître sur l'esclave, le droit de disposition, il avait même dans le principe le droit de mort (L. 2, ff. *De lib. et posth.*; LL. 1 et 2, Cod. *De patria potest.*; L. 2, Cod. *De patribus qui filios suos distraxerunt*).

L'enfant n'avait rien à lui ; tout ce qu'il acquérait était, comme lui, la chose du père de famille *sui generis*. Cette puissance contre nature fut modifiée d'abord par les mœurs, puis par les constitutions des empereurs, qui ne laissèrent au père qu'un droit de correction modéré, et qui établirent successivement différents *pecules* dont les enfants conservaient la propriété (L. 1, ff. *De test. milit.;* L. 4 et 11, ff. *De castrensi pecul.;* L. 14, Cod. *De advocatis ;* L. 6, Cod. *De bonis quæ liberis*).

655. Dans les premiers temps de notre ancienne monarchie, la puissance paternelle fut aussi portée à l'excès. Sous les Capitulaires, les pères pouvaient vendre leurs enfants (Liv. 6, chap. 4).

Vers le quatorzième siècle, le pouvoir paternel perdit de ce caractère absolu ; il devint un pouvoir de protection ; il ne reprit une nouvelle et dure énergie que lorsque la royauté tendit au pouvoir absolu.

Dans les pays coutumiers, la puissance paternelle appartenait au père ; à son défaut, à la mère, et quelquefois même aux ascendants. Elle cessait à la majorité des enfants. Mais, dans les pays de droit écrit, elle avait conservé le caractère et les effets que lui avait donnés la législation des derniers empereurs ; elle n'appartenait qu'au père et lui conférait, sur la personne et sur les biens de ses enfants, des droits qui ne cessaient qu'avec sa vie (V. POTHIER, *Tr. des pers.*, *partie* 1, t. 6, sect. 2 ; DEMOLOMBE, t. 6, nos 254 à 263).

Tel était le droit de la puissance paternelle, en France, lorsque éclata la révolution de 1789.

656. La loi du 24 août 1790, tit. 10, art. 15, 16 et 17, régla, pour toute la France, le droit de correction paternelle ; et, pour les cas très-graves, en soumit l'exercice entre les mains des père et mère au jugement d'un tribunal de famille et à l'autorité du président du tribunal civil. Celle du 28 août 1792 généralisa, pour toute la France, la disposition qui, dans la plupart des coutumes, faisait cesser la puissance paternelle à la majorité. Cette loi a produit effet du jour de sa promulgation et a fait cesser immédiatement les droits que le père avait, tant sur la personne que sur les biens de ses enfants majeurs, et de ses petits-enfants encore mineurs (Arg. Cass., 26 juill. 1810 ; 5 août 1812 et 13 mars 1816).

657. Il était réservé aux rédacteurs du Code Napoléon de fonder sur ses véritables bases la puissance paternelle et de lui restituer son caractère naturel, son caractère de bienfaisante protection, sans trop de sévérité, ni trop de faiblesse, tant dans l'intérêt de l'enfant, à la faiblesse duquel elle donne un protecteur, un guide, que dans celui des père et mère, dans le bonheur qu'ils éprouvent des succès de leurs enfants et de l'estime publique dont ils jouissent, et de l'Etat lui-même, car elle est l'élément moralisateur de la famille, qui est elle-même l'élément primitif et nécessaire de toute société, et le meilleur auxiliaire de la puissance publique.

658. Les mots : puissance paternelle, présentent deux acceptions différentes, à ce point même que l'on pourrait dire qu'il y a deux sortes de puissance paternelle : l'une, la puissance paternelle proprement dite, dans le sens spécial et technique de ce mot, est l'autorité que la loi accorde au père et à la mère sur la personne et sur les biens de leurs enfants, mineurs et non émancipés ; l'autre, la puissance paternelle, dans une acception générale et plus étendue, comprend l'ensemble des droits et des devoirs qui dérivent entre les ascendants et les descendants, de leurs qualités réciproques.

La puissance paternelle proprement dite a, en général, ce double caractère : 1° qu'elle appartient au père et à la mère seulement, point aux ascendants d'un degré supérieur ; 2° qu'elle prend fin par la majorité ou par l'émancipation de l'enfant (C. Nap., art. 372, 373, 377).

Bien différente est la puissance paternelle considérée dans une acception plus étendue ;

Alors en effet :

1° Elle appartient non-seulement au père et à la mère, mais

encore à l'aïeul et à l'aïeule, et ainsi successivement, et quelquefois même concurremment à tous les ascendants ;

2° Elle n'a pas de terme, du moins pour quelques-uns de ses effets les plus importants ; elle dure, sous beaucoup de rapports, pendant toute la vie des ascendants et des enfants ; tels sont par exemple : 1° l'honneur et le respect que l'enfant, à tout âge, doit à ses père et mère, et autres ascendants (C. Nap., art. 371) ; la nécessité de leur consentement ou de leur conseil pour le mariage (C. Nap., art. 148 à 153), pour l'adoption (C. Nap., art. 346), pour la tutelle officieuse (C. Nap., art. 361) ; 2° le droit de former opposition au mariage des enfants (C. Nap., art. 173, 182, 184 et 191) ; 3° le droit de leur choisir un tuteur testamentaire (C. Nap., art. 397) ; 4° le droit de tutelle légale établi au profit du survivant des père et mère (C. Nap., art. 390 et 402) ; 5° le droit d'émanciper leurs enfants avant leur majorité (C. Nap., art. 477) ; 6° le droit aux aliments (C. Nap., art. 205 et s.) ; 7° le droit d'éducation et de correction (C. Nap., art. 372 à 383) ; 8° le droit d'administration des biens personnels de leurs enfants (C. Nap., art. 389) ; 9° le droit de jouissance légale (C. Nap., art. 384 à 387) ; 10° le droit d'accepter, en leur nom, les donations à eux faites, quand même ils auraient pour tuteur une autre personne (C. Nap., art. 935) ; 11° leur droit de succession sur les enfants et descendants (C. Nap., art. 746 à 749), avec faculté de faire réduire les legs ou donations entamant leur réserve (C. Nap., 915).

659. La distinction qu'établit la loi entre la puissance paternelle *sensu lato* et la puissance paternelle *sensu stricto*, est clairement indiquée par les art. 371 et 372 ; la puissance paternelle *sensu stricto* est spécialement désignée dans l'art. 372 (V. Discussion au Conseil d'Etat et exposé des motifs par Réal ; LOCRÉ, *Lég.*, t. 7, p. 21 à 23, nos 11 et 12 ; p. 58 et 59, n° 7 ; V. aussi DEMOLOMBE, MARCADÉ et ZACHARIÆ, AUBRY et RAU, sur les art. 371, 372, C. Nap.).

660. Mais il ne s'agit ici que de la puissance paternelle proprement dite, c'est-à-dire du droit qu'a le père, et à son défaut la mère, de faire ou de diriger l'éducation de ses enfants, droit qui embrasse ceux de garde, de correction, de surveillance de leurs personnes, d'administration et de jouissance de leurs biens.

661. Les père et mère jouissent de la puissance paternelle, alors même qu'ils sont encore mineurs.

CHAP. II. — DE L'EXERCICE ET DES EFFETS DE LA PUISSANCE PATERNELLE

(C. Nap., art. 371 à 387).

SECT. Ire. — *De l'exercice et des effets de la puissance paternelle sur la personne et les biens des enfants légitimes* (C. Nap., art. 371 à 382, 384 à 387).

§ 1er. — **De l'exercice et des effets de la puissance paternelle sur la personne des enfants légitimes** (C. Nap., art. 371 à 382).

662. « L'enfant, à tout âge, doit honneur et respect à ses père et mère, *honora patrem et matrem, ut sis longævus super terram* » *Exod.*, cap. 20, v. 6 (C. Nap., art. 371).

Cet attribut de la puissance paternelle est commun aux ascendants et au père et à la mère; c'est un précepte de pure morale, que les rédacteurs du Code Napoléon ont placé en tête de notre titre, afin de rappeler aux enfants que, si la loi les affranchit, à un certain âge, de l'autorité de leurs père et mère, il n'est point de moment dans la vie, point de circonstance où ils ne leur doivent honneur et respect. Mais on ne peut déduire de ce principe sacré aucune autre conséquence juridique que celle qui serait exprimée par un texte positif. C'est en ce sens que M. Bigot de Préameneu déclare « que l'art. 371 contient le principe dont les autres ne font que développer et fixer les conséquences, et que d'ailleurs en beaucoup d'occasions il deviendra un point d'appui pour les juges. » Ce serait donc faire de l'art. 371 une application exagérée que d'en déduire contre l'enfant, comme l'ont pensé à tort certains auteurs, qu'il ne pourrait, par exemple, réclamer la protection de la justice contre les mauvais traitements ou autres actes plus odieux encore dont il serait victime (C. pén., art. 333 à 335), ou demander des réparations civiles à ses père et mère ou autres ascendants, à raison d'un vol qu'ils auraient commis à son préjudice (C. pén., art. 380). La loi n'ayant nulle part consacré de telles prohibitions, ils peuvent, *à fortiori*, former contre eux toutes actions civiles et exercer toutes exécutions sur leurs biens.

Mais les enfants doivent, dans tous les cas, s'abstenir, dans les procès qu'ils pourraient avoir à soutenir contre leurs ascendants, de tous ces termes blessants, de toutes ces injures que les plaideurs se prodiguent si souvent les uns aux autres, sous peine de dommages-intérêts (Arg. C. Nap., art. 371, 1382).

Toutefois, les enfants créanciers de leurs ascendants ne peuvent, en aucun cas, obtenir contre eux la contrainte par corps (L. 17 avril 1832, art. 19) ; ni, *à pari*, exercer, comme cessionnaires d'une créance, celle que le cédant aurait fait prononcer contre eux (V., sur tous ces points, Marcadé, t. 2, art. 371; Valette sur Proudhon, t. 2, p. 238; Zachariæ, Aubry et Rau, t. 4, p. 619; Demante, t. 2, nº 113 *bis*; Massé et Vergé, t. 1, p. 376; Demolombe, t. 6, nºˢ 273 à 279).

663. La puissance paternelle, fondée aujourd'hui sur le droit naturel non moins que sur le droit civil, appartient *au père* et à *la mère*. « L'enfant, dit l'art. 372, reste sous leur autorité jusqu'à sa majorité ou son émancipation. » Mais le père seul, chef de la famille, déjà investi de la puissance maritale (C. Nap., art. 213), exerce exclusivement cette autorité durant le mariage (C. Nap., art. 373). Ce n'est qu'à la dissolution du mariage, et lorsque la mère est survivante, qu'elle est appelée à user de son autorité. Telle est la règle, mais il y a des exceptions. Et, en effet, dans tous les cas où le père, quoique vivant, se trouve incapable d'agir par un événement que la loi elle-même reconnaît, cet exercice doit logiquement revenir à la mère, puisque rien ne fait plus obstacle à l'action de l'autorité qui réside aussi dans sa personne. Si la loi ne s'en est pas expliquée, c'est qu'il est extrêmement rare que le mari devienne, autrement que par son décès, incapable d'exercer son autorité ; elle a statué *de eo quod plerumque fit*. Les art. 141 et 149, C. Nap., ne peuvent laisser aucun doute à cet égard. La pensée de la loi est donc celle-ci : tant que le père est vivant et capable d'agir, *c'est à lui, à lui seul*, qu'appartiennent les droits d'éducation, de garde, de correction des enfants et d'administration de leurs biens. Il est certains droits que le mari ne peut exercer que sous la condition de prendre préalablement l'avis de la femme, ou qui appartiennent concurremment au père et à la mère (C. Nap., art. 148, 149, 151, 152, 184, 191, 346 et 361 ; V. ces articles, et les auteurs cités *suprà*, nº 662).

664. Mais l'exercice de la puissance paternelle passe à la mère avec tous les droits qui y sont attachés, par la mort *naturelle* ou civile (1) du père, et même pendant le mariage, à l'exception cependant de l'usufruit légal, établi par l'art.

(1) La mort civile est aujourd'hui abolie. V. *suprà*, titre Iᵉʳ.

384, C. Nap. (Arg. art. 384), lorsque le père est, par suite d'une condamnation criminelle, privé de sa puissance (C. Nap., art. 28; C. pén., art. 29 et 335), ou lorsqu'il se trouve, pour cause d'absence (C. Nap., art. 141) ou d'interdiction judiciaire (C. Nap., art. 502), dans l'impossibilité de l'exercer. Ainsi, la mère de famille, devenue veuve, est naturellement et légalement investie du droit de diriger l'éducation de ses enfants mineurs non émancipés; et ce droit est tellement sacré qu'elle ne saurait le perdre, ni par le fait du refus ou de privation de la tutelle, si ce n'est pour cause d'incapacité ou indignité (C. Nap., art. 444; C. pén., art. 335; MARCADÉ, art. 373; ZACHARIÆ, AUBRY et RAU, t. 4, p. 603; DEMOLOMBE, t. 6, nos 296 et 299).

665. Néanmoins, la mère qui contracte un second mariage perd, de plein droit, deux des attributs de sa puissance : le droit de correction (C. Nap., art. 381), et le droit de jouissance légale (C. Nap., art. 386). Le conseil de famille peut, en outre, lui retirer, pour la même cause, le droit de tutelle (C. Nap., art. 395); elle le perd même de plein droit, si, avant son mariage, elle n'a pas pris soin de convoquer le conseil de famille pour qu'il délibère sur la question de savoir si sa tutelle lui sera ou non retirée (C. Nap., art. 395).

666. Le second mariage du père n'entraîne pas les mêmes déchéances; son effet se borne à modifier, en le restreignant dans certaines limites, le droit de correction (C. Nap., art. 380). Quant aux droits de jouissance légale et de tutelle, le père, quoique remarié, les conserve intacts (C. Nap., art. 406).

667. L'aïeul n'a aucun droit de surveillance sur ses petits-enfants, tant qu'ils ont leurs père et mère ou l'un d'eux seulement, bien que cet aïeul soit le subrogé tuteur des mineurs.

Ainsi, le père ne peut être contraint, même après la mort de sa femme, ni la femme après le décès de son mari, de faire conduire son enfant dans la maison de l'aïeul maternel ou paternel, à des jours et heures fixes, surtout lorsque le père ou la mère offre à l'aïeul de lui laisser voir l'enfant dans la maison paternelle ou maternelle, ou dans une maison tierce, chez un ami commun; mais une défense absolue de toute communication entre l'aïeul et ses petits-enfants serait une véritable impiété, un abus révoltant, que les tribunaux ne sauraient sanctionner, à moins de motifs très-graves (Arg. Cass., 8 juillet 1857, J.P.57.2.993).

Il est de règle qu'en cas de séparation de corps, le père, dans le silence absolu de la loi, reste chargé de la garde des enfants communs, en vertu de sa puissance paternelle, cette séparation eût-elle été provoquée et même prononcée contre lui, à moins qu'il n'existât des motifs graves pour le priver de cette jouissance; motifs, du reste, que la jurisprudence, dans le plus grand intérêt des enfants, abandonne à l'appréciation souveraine des juges; de sorte que les tribunaux peuvent confier les enfants, soit à la mère qui a obtenu la séparation de corps (Cass., 28 juin 1815 et 23 juin 1841, S.15.1.380 et 41.1.630), soit à une tierce personne (Cass., 24 mai 1821; Bordeaux, 9 juin 1832, S.21.1.333 et 33.2.446), soit même à l'époux contre lequel la séparation a été prononcée (Cass., 23 juin 1841, S.41.1.630); ils ont à cet égard un pouvoir discrétionnaire (Arg. Cass., 3 mars 1856 et 8 juin 1857, J.P.56.2.266 et 57.2.993. V. *infrà*, n° 697).

668. L'adoption et la tutelle officieuse ne privent pas les père et mère de la puissance paternelle (C. Nap., art. 348, 365).

669. L'enfant ne peut quitter la maison paternelle ou tout autre lieu dans lequel il aurait été placé pour une cause quelconque, sans la permission de son père ou de sa mère, lorsque c'est elle qui exerce la puissance paternelle, si ce n'est pour enrôlement volontaire et après l'âge de vingt ans révolus (C. Nap., art. 374, modifié par l'art. 32 de la loi du 21 mars 1832), ou en cas de mauvais traitement de la part des parents.

Ce n'est plus, comme on voit, à dix-huit ans, mais à vingt ans seulement que l'enfant peut quitter la maison paternelle, malgré son père ou sa mère, pour enrôlement volontaire. Un décret du 13 juillet 1848 réduit de dix-huit à dix-sept ans l'âge voulu pour l'engagement volontaire dans l'armée de terre, car pour l'armée de mer, l'âge de seize ans suffisait déjà; mais il laissa subsister la nécessité du consentement du père jusqu'à vingt ans. Le fils, disait le premier Consul, ne peut, sans le consentement de son père ou de sa mère, quitter la maison paternelle ni voyager; s'il se *le permet*, le père a le droit de le faire ramener. Le père (ou la mère) a certainement le droit de réclamer le concours de la force publique pour faire ramener l'enfant dans la maison paternelle ou dans toute autre résidence où il l'avait placé, et que l'enfant aurait désertée. Il peut pareillement le réclamer, *le revendiquer* contre un tiers qui le retiendrait de gré ou de force (C. pén., art. 354; C. inst. crim., art. 615 et suiv.); lors même que ce tiers serait une nourrice ou un maître non payés; car il est évident que la personne même de l'enfant ne saurait être retenue comme gage de paiement (Paris, 1re ch., juill. 1831 ; DE BELLEYME, *Ord. sur requêtes*, t. 1, p. 417 ; DEMOLOMBE, t. 6, nº 307).

670. Le père (ou la mère), qui aura des sujets de mécontentement très-graves sur la conduite d'un enfant, aura les moyens de correction suivants (C. Nap., art. 375) :

Le droit de correction, corollaire de la puissance paternelle, reconnu par l'art. 375, C. Nap., est réglé par les dispositions des art. 376 à 382 du même Code. Ce droit est tiré de la loi 3, *eod. de potest.*, et des art. 15 à 17, tit. 10, de la loi du 24 août 1790. Il appartient à celui des parents, quel qu'il soit, qui exerce cette puissance; mais il varie suivant l'âge et la position de fortune de l'enfant, et est bien plus restreint pour la mère que pour le père, comme on le verra ci-après.

671. « Si l'enfant est âgé de moins de seize ans commencés, le père pourra le faire détenir pendant un temps qui ne pourra excéder un mois ; et, à cet effet, le président du tribunal d'arrondissement devra, sur sa demande, délivrer l'ordre d'arrestation » (C. Nap., art. 376).

C'est le père seul, qui, dans ce cas, prononce véritablement la détention ; le magistrat n'intervient que pour *légaliser* sa volonté et lui prêter le concours de la force publique. Il ne peut rejeter la requête du père dont l'autorité est alors souveraine (V. *infrà*, nº 681).

672. « Depuis l'âge de seize ans commencés, c'est-à-dire qui n'a pas encore accompli sa quinzième année, jusqu'à la majorité ou l'émancipation, le père pourra seulement requérir la détention de son enfant pendant six mois au plus ; il s'adressera au président dudit tribunal, qui, après avoir conféré avec le procureur impérial, délivrera l'ordre d'arrestation ou le refusera, et pourra, dans le premier cas, abréger le temps de la détention requise par le père » (C. Nap., art. 377. V. *infrà*, nº 682).

« Il n'y aura, dans l'un et l'autre cas, aucune écriture ni formalité judiciaire, si ce n'est l'ordre même d'arrestation, dans lequel les motifs n'en seront pas énoncés.

Le père sera seulement tenu de souscrire une soumission de payer tous les frais, et de fournir les aliments convenables » (C. Nap., art. 378). Dans ce cas le père est tenu de faire connaître ses griefs contre l'enfant, puisque c'est au président qu'il appartient de les apprécier et de statuer ; du reste, il ne peut que diminuer la durée de la détention, et non l'augmenter.

673. Le père est toujours maître d'abréger la durée de la détention par lui ordonnée ou requise. Si, après sa sortie, l'enfant tombe dans de nouveaux écarts, la détention pourra être de nouveau ordonnée de la manière prescrite aux articles précédents (C. Nap., art. 379).

674. Si le père est remarié, il est tenu, pour faire détenir son enfant du premier lit, lors même qu'il serait âgé de moins de seize ans, de se conformer à l'art. 377, C. Nap., art. 380.

675. La mère survivante et non remariée ne peut faire détenir un enfant qu'avec le concours des deux plus proches parents paternels, et par voie de réquisition, conformément à l'art. 377, C. Nap., art. 381.

676. Lorsque l'enfant a des biens personnels, ou lorsqu'il exerce un état, sa détention ne peut, même au-dessous de seize ans, avoir lieu que par voie de réquisition, en la forme prescrite par l'art. 377.

L'enfant détenu peut adresser un mémoire au procureur général près la Cour impériale. Celui-ci se fait rendre compte par le procureur impérial, près le tribunal de première instance, et fait son rapport au président de la Cour impériale, qui, après en avoir donné avis au père, et après avoir recueilli tous les renseignements, peut révoquer ou modifier l'ordre délivré par le président du tribunal de première instance (C. Nap., art. 382).

677. L'autorité paternelle, quelque puissante qu'elle soit, ne confère pas au père (ou à la mère) le droit de faire incarcérer son fils, sans un ordre exprès du président du tribunal, seul compétent pour donner force exécutoire aux jugements domestiques (C. pén., art. 120). Ainsi, point de solution sans un ordre exprès du président du tribunal, car tout ce qui concerne la liberté des citoyens sort du droit privé. Les agents de la force publique auxquels le père s'adresserait pour faire arrêter et enfermer son enfant sans être muni de cet ordre, ne devraient pas déférer à sa réquisition.

678. Le père peut exercer, suivant les cas, le droit de correction par voie d'*autorité*, ou par voie de *réquisition* seulement. La détention par voie d'*autorité* n'est permise que dans un seul cas, celui où l'enfant *a moins de seize ans commencés* (C. Nap., art. 376), et encore faut-il, pour cela : 1° que cet enfant n'ait pas de biens personnels ; 2° qu'il n'exerce point d'état (C. Nap., art. 382) ; 3° que son père ne soit pas actuellement remarié en second ou subséquent mariage, peu importe qu'il l'eût été, s'il était devenu veuf (C. Nap., art. 380).

679. Mais le père ne peut agir par voie de réquisition, lorsque l'enfant a quinze ans accomplis, et en outre, quel que soit son âge, lorsqu'il a des biens personnels ou lorsqu'il exerce un état, et que le père devenu veuf est actuellement emarié, c'est-à-dire que son nouveau mariage existe encore (C. Nap., art. 377).

680. La durée de la détention est plus ou moins longue, suivant l'âge de l'enfant. A-t-il moins de seize ans commencés, ses écarts sont, en général, fort peu graves ; une urte détention suffit pour les réprimer. La loi en fixe le *aximum* à un mois.

A-t-il plus de quinze ans, ne fût-ce que d'un jour, son discernement rend ses fautes plus répréhensibles, une plus longue étention peut être nécessaire pour le ramener au bien ; la loi autorise pour ce cas un *maximum* de six mois.

681. Lorsque le père agit par voie d'autorité, le président u tribunal est obligé de délibérer, sans connaissance de cause, l'ordre d'arrestation ; le père est alors juge souverain ; il n'a point de motifs à donner ; le président n'intervient que pour légaliser sa volonté et lui prêter le secours de la force publique (C. Nap., art. 376).

682. Mais lorsqu'il agit par voie de réquisition, il est obligé de faire connaître ses motifs au président, qui, après les avoir pesés dans sa sagesse et en avoir conféré avec le procureur impérial, accorde ou refuse l'arrestation, et peut, dans le premier cas, abréger le temps de la détention requise par le père (C. Nap., art. 377) ; mais il ne pourrait pas l'augmenter, ni prononcer, par exemple, une détention de deux mois, si le père ne requérait lui-même qu'un mois de détention, d'après ce principe général que le juge ne doit pas prononcer *ultrà petita*.

683. Au reste, soit qu'il ait exigé la détention, soit qu'il l'ait simplement requise, le père est toujours maître de la faire cesser, sauf à lui à faire détenir son enfant une seconde fois, et même plus, si besoin est, et ce toujours d'après les mêmes règles (C. Nap., art. 379).

684. Aucun recours n'est ouvert à l'enfant contre l'ordre d'arrestation, dans le cas où la détention a lieu par voie d'autorité. Mais l'enfant détenu par voie de réquisition peut toujours adresser un mémoire au procureur général près la Cour impériale. Celui-ci se fait rendre compte par le procureur impérial près le tribunal de première instance, et fait son rapport au président de la Cour impériale qui, après avoir donné

avis au père, et après avoir recueilli officieusement tous les renseignements, peut révoquer ou modifier l'ordre délivré par le président du tribunal de première instance (C. Nap., art. 382, 2e alin.).

Ce droit de recours, juridiquement conforme au droit commun, appartient à l'enfant dans tous les cas où sa détention a eu lieu par voie de réquisition, afin de prévenir et de paralyser toutes les surprises, toutes les intrigues des localités, et d'empêcher que le droit de correction puisse jamais devenir un moyen de despotisme. Cette espèce de recours n'est pas, comme on voit, suspensif. C'est d'ailleurs ce que M. Vesin, rapporteur, a formellement déclaré au Tribunat.

685. De quelque manière que s'exerce le droit de correction, par voie d'autorité ou par voie de réquisition, il ne doit y avoir aucune écriture ni formalité judiciaire, si ce n'est l'ordre même d'arrestation, dans lequel les motifs n'en doivent pas être énoncés. Le père est seulement tenu de souscrire une soumission de payer tous les frais et de fournir les aliments convenables (C. Nap., art. 378).

Ainsi le père peut faire sa demande verbalement au président, sans requête, sans ministère d'avoué : l'ordre d'arrestation, non motivé, doit seul être écrit.

686. La détention de l'enfant n'étant pas considérée par la loi comme un emprisonnement proprement dit, l'enfant peut être détenu partout ailleurs que dans une prison, et n'importe où il soit détenu, il doit l'être sans écrou sur un registre à ce destiné (Arg. C. Nap., art. 378). La loi n'a pas permis, en effet, et n'a pas pu permettre qu'une simple punition paternelle imprimât à un enfant le titre de prisonnier, et devînt pour lui une honte ineffaçable (Marcadé, t. 2, art. 378, n° 4-2°; Taulier, t. 1, p. 480 ; Demolombe, t. 6, n° 335).

687. La soumission qu'exige du père le 2e alinéa de l'art. 378 s'applique aux aliments de même qu'à tous les frais que peut nécessiter l'arrestation. Mais il est tenu de verser d'avance une somme suffisante pour fournir, pendant un mois, à l'enfant, les aliments convenables, ou de justifier d'une attestation du juge de paix et du maire, ou du commissaire de police qu'il est dans l'impossibilité de payer les aliments convenables (Arg. C. proc., art. 789-5°, 791 et 800 ; L. 17 avril 1832, art. 28).

688. La voie d'autorité n'est, en aucun cas, permise à la mère appelée à exercer la puissance paternelle ; elle ne peut agir que par voie de réquisition, conformément à l'art. 377,

quel que soit l'âge de l'enfant ; et encore faut-il qu'elle ne soit pas alors mariée en secondes noces et qu'elle obtienne le concours des deux plus proches parents paternels de celui-ci, ou de deux amis, à défaut de parents connus pour avoir eu des relations d'amitié avec le père décédé ou incapable (Arg. C. Nap., art. 381, 390 et 409).

Il en serait toutefois autrement si elle était redevenue veuve ; l'influence du second mari n'étant plus à craindre, elle rentrerait alors dans la plénitude de son droit de correction sur ses enfants du premier lit (TOULLIER, t. 2, n° 1058 ; PROUDHON, t. 2, p. 246 ; ZACHARIÆ, AUBRY et RAU, t. 4, p. 605 ; VALETTE, *du Mariage*, t. 2, n° 425 ; MARCADÉ, t. 2, art. 375, n°s 2 et 3 ; TAULIER, t. 1, p. 484. — *Contrà*, BONNIER et ROUSTAIN, t. 1, art. 380, n° 556 ; DEMANTE, t. 2, n° 120 *bis ;* MASSÉ et VERGÉ sur ZACHARIÆ, t. 1, p. 367 ; DEMOLOMBE, t. 6, n° 334).

Mais si la mère remariée avait été maintenue dans la tutelle, elle pourrait en sa qualité de tutrice, comme tout autre tuteur, de concert avec son nouveau mari et avec l'autorisation du conseil de famille, exercer le droit de correction, conformément à l'art. 468, C. Nap.

689. Le concours qu'exige l'art. 381 des deux plus proches parents ou amis s'entend du consentement unanime de ceux-ci et non pas seulement de leur avis, si bien que leur refus de concours ou même de l'un des deux devrait faire rejeter la demande de la mère. La réquisition, dit M. de Belleyme, doit être collective (*Ord. sur référés*, t. 1, p. 14, note 2 ; ZACHARIÆ, t. 3, p. 676 ; ZACHARIÆ, AUBRY et RAU, t. 4, p. 605 ; MASSÉ et VERGÉ, t. 1, p. 368 ; TAULIER, t. 1, p. 483 ; DEMOLOMBE, t. 6, n° 350).

690. La mère a également besoin, pour faire sortir l'enfant avant le temps marqué, du concours de deux parents ou amis, comme pour le faire détenir ; la loi ne s'en explique pas, il est vrai ; mais il y a, suivant nous, mêmes motifs de décider ; autrement, on aurait toujours à craindre des pardons irréfléchis, immédiats peut-être, et qui ne feraient qu'enhardir de plus en plus l'enfant en lui révélant la faiblesse de sa mère (DELVINCOURT, t. 1, p. 246 ; MARCADÉ, t. 2, art. 379, n° 3 ; TAULIER, t. 1, p. 483 ; ALLEMAND, *du Mariage et de ses effets*, t. 2, n° 1100. — *Contrà*, DEMOLOMBE, t. 6, n° 356 ; ZACHARIÆ, AUBRY et RAU, t. 4, p. 607 ; VALETTE sur PROUDHON, t. 1, p. 247 ; DEMANTE, t. 2, n° 126 *bis*).

691. Les lois de police et de sûreté étant applicables à tous

ceux qui habitent le territoire (C. Nap., art. 3), ce qui comprend toutes les lois qui ont pour but l'ordre public du pays, le bon ordre des familles et de l'Etat, on doit logiquement induire que les étrangers peuvent, comme les regnicoles, profiter du bénéfice de l'art. 375, C. Nap., pour faire détenir, par voie d'autorité ou par voie de correction un enfant rebelle à leur autorité paternelle.

692. La puissance paternelle a pour terme normal et nécessaire, soit la majorité de l'enfant ou son émancipation (C. Nap., art. 372, 476 et suiv.), soit la déchéance qui serait prononcée contre le père ou la mère en vertu de l'art. 335, C. pén. Elle n'est plus alors que de conseil et d'assistance (C. Nap., art. 148, 149, 152, 153, 346, 361).

693. La puissance paternelle étant attribuée par la loi au père et à la mère (C. Nap., art. 372, 373), ne peut dès lors leur être enlevée qu'en vertu d'un texte de loi; les tribunaux n'ont pas le droit de les en destituer.

694. Les droits de la tutelle et ceux de la puissance paternelle ont également mission de gouverner la personne et d'administrer les biens de l'enfant (C. Nap., art. 450, 468, 372, 384, 389). Mais ceux de la puissance paternelle sont plus étendus que ceux de la tutelle; ainsi, par exemple : 1° le droit de diriger l'éducation de l'enfant appartient plus pleinement, plus librement au père ou à la mère qu'au tuteur ordinaire. En général, ce droit est souverain dans la personne des père et mère, tandis que le simple tuteur est plus soumis sur ce point à la surveillance et au contrôle du conseil de famille (Arg. C. Nap., art. 454) ; 2° le père a, lui-même, directement le droit de correction, soit par voie d'autorité, soit par voie de réquisition (C. Nap., art. 376, 377); la mère elle-même peut exercer ce droit sous certaines conditions (V. *suprà*, nos 688 à 690). Au contraire, ce droit n'appartient pas directement au tuteur, qui peut seulement porter ses plaintes au conseil de famille (C. Nap., art. 468) ; 3° le père ou la mère peut émanciper l'enfant âgé même seulement de quinze ans, et sa déclaration devant le juge de paix est, à cet effet, suffisante (C. Nap., art. 477). Au contraire, le tuteur n'a pas le droit d'émanciper le mineur; le mineur resté sans père ni mère peut, seulement à l'âge de dix-huit ans accomplis, être émancipé, si le conseil de famille l'en juge capable (C. Nap., art. 478); 4° l'enfant doit, suivant certaines distinctions, obtenir le consentement de ses père et mère ou du survivant pour se marier (C. Nap., art. 148 et suiv.). Au contraire, le

consentement du tuteur n'est jamais exigé pour le mariage du mineur (C. Nap., art. 160).

695. Lorsque le survivant est tuteur (art. 390), il réunit en même temps dans ses mains une double autorité : la puissance paternelle et la tutelle. Mais c'est évidemment en vertu de la puissance paternelle que le survivant dirige la personne de l'enfant ; la tutelle sommeille entre ses mains.

696. Lorsque le survivant n'est pas tuteur, les deux pouvoirs sont représentés : la puissance paternelle, par le survivant des père et mère ; la tutelle, par le tuteur, parent ou étranger ; mais c'est au survivant qu'appartient, en vertu de la puissance paternelle, la garde et l'éducation de l'enfant ; ce n'est pas au tuteur. Cette règle est vraie, tant à l'égard de la mère survivante, même remariée, qu'à l'égard du père (C. Nap., art. 372, 374). Aucun des art. 381, 386, 394, 395, 399, 400 et autres, n'enlève, en effet, à la mère remariée, la garde et l'éducation de ses enfants. L'art. 335, C. pén., seul, peut paralyser la puissance paternelle (V. *infrà*, n°s 702, 719, et *suprà*, n° 664).

697. Mais il appartient aux tribunaux de prendre toutes les mesures qui leur paraissent utiles dans le plus grand intérêt de l'enfant, lorsque le survivant méconnaît les devoirs qui résultent pour lui de la garde et de l'éducation de l'enfant ; ils ont, à cet égard, un pouvoir discrétionnaire (Arg. C. Nap., art. 267. V. *suprà*, n° 667).

698. Outre les droits de garde et de correction, on doit encore considérer comme des conséquences de la puissance paternelle, les droits énumérés dans les art. 389, 390, 397, 477 et 384, C. Nap.

§ 2.—De l'usufruit légal des père et mère (C. Nap., art. 384, 389).

699. Le père, durant le mariage, et, après la dissolution du mariage, le survivant des père et mère, est, en vertu de la loi, appelé à jouir des biens de ses enfants légitimes ou légitimés, non encore âgés de dix-huit ans accomplis (C. Nap., art. 384).

700. Le droit de jouissance légale, qu'on appelle aussi usufruit légal ou paternel, accordé aux père et mère sur les biens de leurs enfants, a pour fondement principal le devoir d'éducation des enfants et l'administration de leurs biens ; c'est une indemnité des soins et sacrifices que ce devoir leur impose. Il ne constitue point, comme l'usufruit ordinaire, un

dénombrement de propriété ; c'est un attribut, un auxiliaire de la puissance paternelle, que le père ou la mère ne peut aliéner en le cédant à un tiers, ni hypothéquer. La loi ne le confère ni aux aïeuls et aïeules de l'enfant, ni même à ses père et mère naturels. Les père et mère légitimes, seuls, en sont investis.

701. Pendant le mariage, la jouissance légale appartient au père, parce que c'est un droit utile qui suit la puissance paternelle, et que c'est au père, tant qu'il vit, au père seul, qu'appartient cette puissance, et il le conserve tant que la loi, qui le lui a concédé, ne le lui enlève pas. L'interdiction peut bien avoir pour résultat de priver le père (ou la mère), soit de l'exercice de la puissance paternelle sur la personne de ses enfants, soit de leur tutelle, et, par suite aussi, de l'administration de leurs biens ; mais l'usufruit légal ne dépend conditionnellement ni de la puissance paternelle sur la personne des enfants, ni de la tutelle, ni de l'administration des biens de l'enfant.

Ainsi : 1° Le père qui se trouve, à raison d'une infirmité intellectuelle, dans l'impossibilité d'exercer la puissance paternelle, n'est pas pour cela privé de l'usufruit (Arg. C. Nap., 384 ; DEMOLOMBE, t. 6, n° 483 ; ZACHARIÆ, AUBRY et RAU, t. 4, p. 609).

2° En cas d'absence, le père conserve provisoirement l'usufruit des biens de ses enfants. Mais la déclaration d'absence fait passer cet usufruit à la mère, qui peut même réclamer les fruits échus ou perçus depuis la disparition du père ou ses dernières nouvelles. La présomption de mort produit dans ce cas son effet rétroactif ordinaire au jour des dernières nouvelles, jour où le père a aussi effectivement perdu l'autorité paternelle (DEMANTE, *loc. cit.*, n° 152 ; PROUDHON, t. 1, p. 341; MAGNIN, *des Min.*, t. 1, n° 113; DEMOLOMBE, t. 2, n° 318; ZACHARIÆ, AUBRY et RAU, t. 4, p. 609. — *Contrà*, MARCADÉ, art. 141, n° 2).

702. 3° Enfin, lorsque le père est, par suite de condamnation, privé de la puissance paternelle, l'usufruit légal s'éteint dans sa personne au profit des enfants sans passer à la mère, tant que dure le mariage ; mais il renaît après la dissolution du mariage au profit de la mère, si elle survit à son mari (DELVINCOURT, t. 1, p. 93, note 9 ; TOULLIER et DUVERGIER, t. 2, n° 1064 ; DURANTON, t. 3, n° 384 ; PROUDHON et VALETTE, t. 2, p. 262, note *a;* ALLEMAND, *du Mariage*, t. 2, n° 1113 ; ZACHARIÆ, AUBRY et RAU, t. 4, p. 609 ; DEMANTE, t. 2,

n° 129 *bis*, IV; DEMOLOMBE, t. 6, n° 484. — *Contrà*, MARCADÉ, *loc. cit.*).

703. L'usufruit légal des père et mère comprend en général tous les biens de l'enfant, de quelque nature qu'ils soient. Il s'applique même aux dons et gains de fortune, par exemple : à la moitié du trésor découvert, soit par l'enfant dans le fonds d'autrui, soit par un tiers dans le fonds de l'enfant; mais il ne s'applique évidemment pas aux gains provenant du jeu ou d'un pari (C. Nap., art. 1965; V. PROUDHON, t. 1, n° 150; ZACHARIÆ, AUBRY et RAU, t. 4, p. 609; MASSÉ et VERGÉ, t. 1, p. 370; DEMOLOMBE, t. 6, n°s 503 et 504).

704. Si l'usufruit légal porte, en général, sur tout le patrimoine des enfants, il en faut excepter toutefois ceux que la loi elle-même en affranchit ou permet d'en affranchir. Ainsi, cet usufruit ne s'étend pas :

705. 1° Aux biens que les enfants peuvent acquérir par un travail séparé celui de leurs parents, ou par une industrie distincte de celle de ces derniers (C. Nap., art. 387). C'est une récompense, c'est un encouragement donnés aux habitudes d'ordre, de travail, de bonne conduite (PROUDHON, t. 1, p. 149; ZACHARIÆ, AUBRY et RAU, t. 4, p. 609; DEMOLOMBE, t. 6, n° 497);

706. 2° Aux biens donnés ou légués aux enfants, sous la condition *expresse* que les père et mère n'en jouiront pas (C. Nap., art. 387). La condition est *expresse* dès qu'elle résulte clairement de l'acte (C. Nap., art. 1273, 843). Cependant cette condition doit être réputée non écrite, quant à la part revenant aux enfants à titre de réserve légale; l'enfant tenant sa réserve de la loi elle-même et non de la volonté de la personne dans la succession de laquelle il est appelé à la recueillir, cette personne n'a aucun droit de modifier les effets de la transmission des biens qui en forment l'objet (Cass., 11 nov. 1828, S.30.1.78; DELVINCOURT, t. 1, p. 93, note 6; TOULLIER, t. 2, n° 1067; DURANTON, t. 3, n° 376; MASSÉ et VERGÉ, t. 1, p. 371; ZACHARIÆ, AUBRY et RAU, t. 4, p. 609, 610; MARCADÉ, t. 2, art. 387, n° 2; VAZEILLE, *du Mar.*, t. 2, n° 447; PROUDHON, t. 2, p. 263; ALLEMAND, *du Mar.*, t. 2, n° 1121; DEMOLOMBE, t. 6, n° 513; VALETTE, p. 216, n° 4. — *Contrà*, MALLEVILLE, art. 387; DUVERGIER sur TOULLIER, t. 2, n° 1067, note *a*);

707. 3° Aux biens d'une succession recueillie par les enfants de leur propre chef, aux lieu et place de leur père (ou mère), déclaré indigne de la recueillir (C. Nap., art., 730).

La loi a voulu assurer complétement les effets de l'indignité; et elle n'a pas permis au père ou à la mère de jouir, même à tout autre titre que celui d'héritier, des biens de la succession dont il a été déclaré indigne. Nous disons *de la mère*, quoique notre article ne parle textuellement que du père, car il est hors de doute qu'il lui est également applicable, lorsque c'est elle qui a été déclarée indigne. Il n'y a aucun motif de différence entre l'un et l'autre (V. PROUDHON, t. 1, n° 156; ZACHARIÆ, AUBRY et RAU, t. 4, p. 610; DEMOLOMBE, t. 6, n°s 516 à 518).

708. Toutefois, cette dernière exception ne concerne que l'usufruit légal de l'époux indigne, et non celui de l'autre époux, qui, n'étant pas héritier, n'a pas pu et n'a pas été déclaré indigne d'une succession à laquelle il n'était pas appelé, à moins cependant que ce dernier n'ait été déclaré complice du fait qui a entraîné l'indignité de son conjoint. Hors de cette dernière hypothèse, l'usufruit légal du père s'exerce, même sur les biens qui font partie d'une succession dont la mère a été exclue; et, réciproquement, l'usufruit légal de la mère s'étend, après la mort du père, même aux biens de la succession dont celui-ci a été privé pour cause d'indignité (V. PROUDHON, *loc. cit.*, t. 1, n° 155; DURANTON, t. 3, n° 377; VAZEILLE, *loc. cit.*, t. 2, n° 456; ZACHARIÆ, AUBRY et RAU, *loc. cit.*; DEMOLOMBE, t. 6, n° 519; DEMANTE, t. 2, n° 132 *bis*, I);

709. 4° Aux biens compris dans un majorat (Avis du Conseil d'Etat, du 30 juin 1811). Il devait être pourvu à l'administration et à l'emploi du revenu des biens, pendant la minorité des titulaires, conformément aux règles prescrites par le Code Napoléon, à l'égard des biens désignés dans l'art. 387 dudit Code (V. la loi du 30 juin 1849).

710. Aux termes de l'art. 385, C. Nap., les charges de l'usufruit légal des père et mère sont :

1° Celles auxquelles sont tenus tous les usufruitiers;

2° La nourriture, l'entretien et l'éducation des enfants, selon leur fortune;

3° Le paiement des arrérages ou intérêts des capitaux;

4° Les frais funéraires et ceux de dernière maladie.

711. La loi met d'abord au compte du père ou de la mère : « *les charges auxquelles sont tenus les usufruitiers* » (C. Nap., art. 385-1°); c'est qu'en effet la jouissance légale, sans être, de tous points, un véritable usufruit, a certainement, avec l'usufruit véritable, cette ressemblance qu'elle attribue au père tous les fruits; c'est précisément de ce motif que dé-

rivent les charges qui sont imposées à l'usufruitier ordinaire par les art. 610 et 612, C. Nap.

712. Les époux contractent ensemble, par le seul fait du mariage, l'obligation de nourrir, entretenir et élever leurs enfants selon leur fortune personnelle (C. Nap., art. 203 et 208) ; au contraire, en vertu de notre art. 385-2°, l'usufruitier légal est tenu de nourrir et d'élever ses enfants, selon leur fortune à eux-mêmes ; cette différence vient de ce que l'obligation imposée au père et à la mère par l'art. 203, a pour cause la procréation de l'enfant et leur qualité de père et mère, tandis que celle imposée à l'usufruitier légal par notre art. 385-2°, a pour cause l'usufruit lui-même, qui ne lui a été concédé par la loi que sous cette condition qu'il a tacitement acceptée ; et de là encore les différences suivantes :

714. 1° En vertu de l'art. 203, les père et mère ne sont tenus de payer *de suo* les frais d'entretien et d'éducation qu'autant que les enfants n'ont pas eux-mêmes de biens personnels pour y satisfaire (C. Nap., art. 208, 209) ; au contraire, en vertu de l'art. 385, l'usufruitier légal est toujours seul tenu de payer ces frais, lors même que les enfants auraient des biens personnels qui ne seraient pas compris dans son usufruit (C. Nap., art. 385-3°).

2° En vertu de l'art. 203, le père et la mère sont également tenus des frais d'entretien et d'éducation de l'enfant ; au contraire, en vertu de l'art. 385, l'usufruitier légal en est seul tenu, du moins tant que les biens des enfants y suffisent ; et l'époux non usufruitier se trouve ainsi libéré, en tout ou en partie, de l'obligation qui dérivait pour lui de l'art. 203.

715. 3° Enfin, en vertu de l'art. 203, les enfants ne sauraient empêcher les créanciers personnels de leurs père et mère de saisir et de faire vendre tous les biens de leur débiteur ; ils ne seraient pas fondés à demander le prélèvement d'une somme quelconque pour faire face aux frais de leur entretien et de leur éducation. Au contraire, en vertu de l'art. 385, les enfants (leur subrogé tuteur, ou si le mariage existe encore, le père lui-même agissant en leur nom et en quelque sorte *tutorio nomine*), peuvent demander que les saisies pratiquées par les créanciers personnels de l'usufruitier ne frappent les fruits de leur bien que déduction faite de la portion nécessaire pour satisfaire aux charges qui lui sont imposées ; car ces charges affectent spécialement l'usufruit lui-même ; elles sont sous ce rapport, comme dit Proudhon, des *charges réelles ;* et les créanciers qui ne sont que les ayants cause du débiteur, ne

peuvent faire vendre ces fruits pour se payer qu'après avoir satisfait aux charges sous la condition desquelles seulement les fruits appartiennent à leur débiteur (DEMOLOMBE, t. 6, nos 539 à 543 ; t. 2, n° 13 ; PROUDHON, *de l'Usufruit*, t. 1, nos 185-188 ; ZACHARIÆ, AUBRY et RAU, t. 4, p. 611 ; MARCADÉ, t. 2, art. 385 ; VAZEILLE, *du Mariage*, t. 2, n° 460 ; VALETTE sur PROUDHON, t. 2, p. 256, 257).

716. Les charges de l'usufruit légal des père et mère sont : 1° le paiement des intérêts des capitaux et des arrérages de rentes quelles qu'elles soient, échus lors de l'ouverture de l'usufruit et non encore payées, et non des intérêts et arrérages à échoir durant le cours de l'usufruit, puisqu'ils se trouvent déjà à la charge de l'usufruitier en vertu du n° 1er de notre article 385 (Tribunal d'Arras, 5 juin 1858, S.59.2.387 ; VALETTE sur PROUDHON, t. 2, p. 256, 257 ; MARCADÉ, art. 385, n° 3 ; DUCAURROY, BONNIER et ROUSTAIN, t. 1, n° 565 ; ALLEMAND, *loc. cit.*, n° 1104 ; DEMANTE, t. 2, n° 130 *bis*, II ; ZACHARIÆ, AUBRY et RAU, t. 4, p. 612 ; MASSÉ et VERGÉ, t. 1, p. 372, 373 ; DEMOLOMBE, t. 6, nos 543, 544, 545 et 546. — *Contrà*, Nîmes, 9 juin 1856, S.57.1.161 ; DURANTON, t. 3, n° 401 ; TAULIER, t. 1, p. 502).

717. 2° Les frais funéraires et ceux de dernière maladie de la personne à laquelle l'enfant a succédé (C. Nap., art. 385-4°), ainsi que les frais de deuil de sa veuve, car le deuil de la veuve est un accessoire de la pompe funèbre du mari (Douai, 22 juill. 1854 ; Paris, 10 août 1864, J.P.56.1.300 et 64.2.1247 ; TOULLIER, t. 2, n° 1069 ; PROUDHON, *de l'Usufruit*, t. 1, n° 210, 211 ; ZACHARIÆ, AUBRY et RAU, t. 4, p. 612 ; VAZEILLE, *du Mariage*, t. 2, n° 441, 442 ; VALETTE sur PROUDHON, t. 2, p. 259 ; MARCADÉ, t. 2, art. 385, n° 4 ; DEMOLOMBE, t. 6, n° 547, 548 ; CHARDON, *Puiss. pater.*, nos 152, 153 ; DEMANTE, t. 2, n° 130 *bis*, III ; DUCAURROY, BONNIER et ROUSTAIN, t. 1, n° 566).

718. Mais les sommes distribuées aux pauvres sans les ordres du défunt sont à la charge de l'usufruitier, surtout lorsque les circonstances sont de nature à faire considérer cette distribution comme une libéralité personnelle du survivant (Lyon, 16 fév. 1825).

Il est du reste bien entendu que, sans son recours contre le père ou la mère, l'enfant demeure obligé envers les tiers créanciers des charges indiquées sous le n° 4 de notre art. 385 (ZACHARIÆ, AUBRY et RAU, t. 4, p. 613 ; DEMOLOMBE, t. 6, nos 549 et 550).

719. L'usufruit légal des père et mère s'éteint :

1° Par l'émancipation expresse ou tacite de l'enfant : l'émancipation tacite est celle qui résulte du mariage (C. Nap., art. 372, 476, 478). La puissance paternelle cessant alors d'exister, les émoluments qu'elle confère cessent forcément avec les devoirs qu'elle impose ;

2° Lorsque l'enfant a atteint l'âge de dix-huit ans accomplis (C. Nap., art. 384). C'est là le terme le plus long, son terme régulier et inévitable : on peut dire, sous ce rapport, qu'il est un usufruit établi à *certain jour* (C. Nap., art. 580). L'usufruitier légal, bien qu'il soit un attribut et un accessoire de la puissance paternelle, ne dure donc pas autant que cette puissance (V. C. Nap., art. 372, 384 et 389).

Le législateur a craint que le père ou la mère, afin de prolonger cet usufruit, ne se refusât à émanciper son enfant ou à consentir à son mariage (Locré, sur l'art. 384 ; Demolombe, t. 6, n° 553).

Après l'âge de dix-huit ans, le père ou la mère n'en continue pas moins à percevoir les fruits des biens de l'enfant, mais comme tuteur légal, et à la charge d'en rendre compte à la majorité de l'enfant.

3° Par la mort de l'enfant.

4° Par la condamnation du père ou de la mère reconnue coupable du délit mentionné dans l'art. 334, C. pén. (C. pén., art. 335. V. *suprà*, n°s 664 et 702).

5° Par le défaut d'inventaire régulier et fidèle dans le délai de trois mois, que les père et mère soient mariés sous le régime de la communauté de biens ou sous le régime dotal, peu importe, la loi ne distingue pas, à moins de circonstances indépendantes de la volonté de l'usufruitier légal (C. Nap., art. 1442) ; c'est aux magistrats à apprécier ces circonstances, et si d'ailleurs l'usufruitier ne mérite lui-même aucun reproche.

L'art. 1442 enlève à l'époux survivant *la jouissance des revenus* de son enfant, de tous ses revenus donc, sans distinction ; c'est le droit même de l'usufruit qui est perdu (Berlier, *Exposé des motifs*, n° 577 ; Caen, 23 février 1843, *Rec. de Caen*, t. 7, p. 75 ; Tribunal civil de Clamecy, 15 avril 1858, Dev.60.2.113 ; Zachariæ, t. 3, p. 468 ; Allemand, *du Mar.*, t. 2, n° 1130 ; Proudhon, *de l'Usufruit*, t. 1, n° 169 ; Demolombe, t. 6, n° 580 ; Marcadé, t. 5, art. 1442, n° 3).

6° Par le convol à de secondes noces de la mère usufruitière des biens des enfants d'un premier lit (C. Nap., art. 386). L'usufruit éteint par cette cause ne renaît, ni par la dissolution du second mariage, ni même, en général, par son annulation (PROUDHON, t. 1, n° 144 ; MARCADÉ, art. 386 et 387 ; DEMOLOMBE, t. 6, n° 562 ; ZACHARIÆ, AUBRY et RAU, t. 4, p. 615).

Mais il n'en est pas de même de la veuve qui, vivant dans un état d'impudicité notoire, donne le jour à des enfants naturels : *Pœnalia non sunt extendenda* (Arg. Cass., 19 avril 1843, J.P.43.1.385.)

720. L'usufruit paternel s'éteint encore, bien entendu, par les mêmes événements qui mettent fin à l'usufruit ordinaire, c'est-à-dire par la mort de l'usufruitier, la renonciation de celui-ci à son droit, et par l'abus de jouissance (C. Nap., art. 617, 618).

Il en est cependant quelques-uns qui, par la nature même des choses, ne sauraient lui être applicables.

Ainsi, par exemple, il est évident que le non-usage pendant trente ans (C. Nap., art. 617) ne saurait être un mode d'extinction de l'usufruit paternel, qui ne peut jamais avoir, malgré sa renonciation, au plus qu'une durée de 18 ans.

721. Le mode d'extinction par la perte de la chose (C. Nap., art. 617, 622) n'étant applicable qu'à l'usufruit particulier d'un corps certain et déterminé (C. Nap., art. 624), ne saurait concerner non plus l'usufruit légal, qui comprend l'universalité des biens de l'enfant (DEMOLOMBE, t. 6, nos 581 à 587).

722. La renonciation à l'usufruit légal n'est pas la résolution de ce droit ; elle l'éteint sans doute pour l'avenir, mais elle ne fait pas et ne peut pas faire qu'il n'ait pas existé, tant que la renonciation n'a pas eu lieu ; d'où la conséquence logique que l'usufruitier légal reste tenu envers l'enfant, d'acquitter : 1° les intérêts et arrérages dus par la personne à qui l'enfant a succédé ; comme aussi les frais funéraires et ceux de dernière maladie de cette personne ; 2° les frais d'entretien, de nourriture et d'éducation des enfants, correspondant à sa jouissance ; 3° les autres charges, telles que réparations des biens, correspondant aussi à cette jouissance (Lyon, 10 fév. 1805, D.35.2.111 ; PROUDHON, *de l'Usufruit*, t. 1, nos 216, 217, 224, 225 ; DEMOLOMBE, t. 6, n° 590 ; DURANTON, t. 3, n° 403. — *Contrà*, ZACHARIÆ, AUBRY et RAU, t. 4, p. 613).

723. Il en serait encore ainsi au cas où l'usufruit légal viendrait à s'éteindre autrement que par la renonciation du père ou de la mère, par exemple, par la mort de l'enfant survenue, même très-peu de temps après l'ouverture de l'usufruit. Tel est le résultat de cet usufruit tel que la loi l'a organisé, sans s'occuper si l'usufruitier sera en perte ou non.

724. En règle générale, les créanciers peuvent, en leur nom personnel, attaquer les actes faits par leur débiteur en fraude de leurs droits (C. Nap., art. 1167), et l'art. 622 du même Code fait l'application de cette règle à l'usufruitier. Cet article est applicable à l'usufruit légal, si le père (ou la mère) a renoncé directement à l'usufruit lui-même en fraude de ses créanciers (Arg. Cass., 11 mai 1819, S.19.1.446; PROUDHON, t. 5, n° 2398; DURANTON, t. 3, n° 394; MASSÉ et VERGÉ, t. 1, p. 375; ZACHARIÆ, AUBRY et RAU, t. 4, p. 616; DEMOLOMBE, t. 6, n° 593).

725. Mais il en doit être autrement, lorsque c'est par l'effet seulement de l'émancipation que l'usufruit légal a cessé dans la personne du père ou de la mère (PROUDHON, t. 5, n° 2399; TOULLIER, t. 6, n° 368; ALLEMAND, t. 2, n° 1138; ZACHARIÆ, AUBRY et RAU, t. 1, p. 342; t. 2, p. 344, et t. 3, p. 686; DEMOLOMBE, t. 6, n° 694; MASSÉ et VERGÉ, t. 1, p. 375).

726. L'époux contre lequel la séparation de corps a été prononcée ne perd pas pour ce motif son droit d'usufruit, comme le perdait autrefois celui contre lequel le divorce avait été admis. La séparation de corps ne porte, en effet, aucune atteinte aux droits que la puissance paternelle confère à l'un ou à l'autre des époux sur la personne et les biens des enfants. Toutefois, les tribunaux sont autorisés, au cas où la séparation de corps a été prononcée contre le père, à priver ce dernier de la garde des enfants, et à les confier soit à la mère, soit à une tierce personne, si leur intérêt paraît exiger cette mesure, et surtout si les faits révélés par la demande en séparation en ont démontré la nécessité (DURANTON, t. 2, n° 687; MARCADÉ, art. 311, n° 3; DEMOLOMBE, t. 4, n° 511; ZACHARIÆ, AUBRY et RAU, t. 4, p. 175 et 616; VAZEILLE, t. 2, n° 591; VALETTE sur PROUDHON, t. 2, p. 260, note *a*).

727. Les père et mère sont, en leur qualité d'usufruitiers légaux des biens de leurs enfants, dispensés de fournir caution (C. Nap., art. 601).

728. D'un autre côté, et par exception à la disposition de l'art. 589 du même Code, le survivant des père et mère qui a usé de la faculté de conserver en nature les meubles compris dans son usufruit, est tenu de payer la valeur estimative de ceux qu'il ne peut représenter, alors même qu'ils auraient péri par cas fortuit ou qu'ils se trouveraient hors de service par l'effet du temps et d'un usage conforme à leur destination (C. Nap., art. 453; PROUDHON, t. 5, n°s 267 et s.; ZACHARIÆ, AUBRY et RAU, t. 4, p. 607; DEMOLOMBE, t. 6, n° 524).

SECT. II. — *De l'exercice et des effets de la puissance paternelle sur la personne et sur les biens des enfants naturels légalement reconnus* (Cod. Nap., art. 383).

729. Les art. 376, 377, 378 et 379, C. Nap., sont communs aux pères et mères des enfants naturels légalement reconnus (Même Code, art. 383).

730. La puissance paternelle s'établit, en principe, par la procréation des enfants; tous les droits qu'elle confère, tous les devoirs qu'elle impose aux père et mère légitimes, sont communs aux père et mère naturels, sauf le droit de jouissance légale. Ce droit est un don de la loi positive : il ne peut exister que là où la loi l'*établit expressément*, et elle ne le donne qu'à l'égard des enfants du mariage; d'où la conséquence forcée qu'il n'existe pas envers les enfants illégitimes. « Le législateur, qui a reconnu que la puissance paternelle, uniquement fondée sur la nature, ne reçoit de la loi écrite qu'une confirmation, a dû, pour être conséquent, dit M. Réal dans son discours au Corps législatif, reconnaître aux pères et mères naturels qui ont reconnu leurs enfants une puissance et des droits semblables à ceux auxquels donne naissance une union légitime », sauf toutefois les différences de détail résultant de la différence qui existe entre la condition des père et mère naturels et celle des père et mère légitimes.

731. Ainsi les père et mère naturels ont, comme les père et mère légitimes: 1° le droit d'éducation; 2° le droit de garde; 3° le droit de correction. Mais, dit-on, l'art. 383, C. Nap., ne renvoie pas aux art. 371, 372 du même Code; cela est vrai, mais en conclura-t-on que l'enfant naturel ne doit pas, à tout âge, honneur et respect à ses père et mère, et que ce n'est pas jusqu'à sa majorité ou à son émancipation qu'il reste sous leur autorité? Évidemment non; car ce droit est fondé sur la nature et suffisamment consacré par analogie par l'art. 383, C. Nap. Aussi, l'orateur du Gouvernement, dans son exposé des motifs, après avoir développé les règles du droit d'éducation et de correction sur les enfants légitimes, disait au Corps législatif à un des articles du projet : « L'art. 383 accorde la même puissance et les mêmes droits aux père et mère des enfants naturels légalement reconnus. »

732. C'est ainsi encore que l'enfant naturel est obligé de demander pour son mariage, tantôt le consentement, tantôt le conseil de ses père et mère (C. Nap., art. 158, 159); qu'il ne peut pas se donner en adoption sans rapporter le consente-

ment de ses père et mère, ou du moins sans requérir leur conseil, ni être soumis à une tutelle officieuse (C. Nap., art. 346, 361), ni entrer dans les ordres sacrés ou prononcer des vœux dans une congrégation religieuse (Décr. 28 fév. 1810, art. 4) ; que les père et mère naturels ont, comme les père et mère légitimes, la tutelle légale de leurs enfants, légalement reconnus; qu'ils ont le droit de les émanciper, etc., etc. ; qu'ils ont le droit de former opposition au mariage de leur enfant, de demander la nullité de son mariage déjà célébré, etc. ; qu'il ne peut quitter la maison paternelle sans la permission de son père, si ce n'est pour enrôlement volontaire, après l'âge de vingt ans (Arg. C. Nap., art. 374).

733. L'éducation et la garde de l'enfant appartiennent régulièrement au père (ou à la mère), qui seul l'a reconnu. Mais, si tous deux l'ont reconnu, c'est nécessairement au père, par préférence à la mère, qu'ils vivent ensemble maritalement ou séparément l'un de l'autre, car c'est le nom du père que l'enfant porte ; c'est la nationalité du père qui devient celle de l'enfant; c'est sa volonté qui, dans l'exercice de la puissance paternelle, est, selon la loi même, prépondérante (C. Nap., art. 373, 148 et 158 combinés). Toutefois, les tribunaux, sur la demande de la mère contre le père, soit réciproquement du père contre la mère, soit du subrogé tuteur de l'enfant, peuvent enlever l'éducation et la garde au père ou à la mère, ou tout ensemble et au père et à la mère, si l'enfant ne reçoit, chez l'un comme chez l'autre, que de mauvais exemples ou de mauvais traitements, et statuer pour le plus grand intérêt de l'enfant *quid utiliùs*. Ils ont à cet égard un pouvoir discrétionnaire. Jurisprudence constante.

734. Les art. 376, 377, 378 et 379, C. Nap., étant communs, d'après l'art. 383 du même Code, aux père et mère des enfants naturels légalement reconnus, il s'ensuit que les père et mère naturels peuvent faire détenir leurs enfants, soit par voie d'autorité, soit par voie de réquisition, suivant les cas (C. Nap., 376, 377), sans qu'il soit besoin d'aucune écriture ni formalité, si ce n'est l'ordre même d'arrestation dans lequel les motifs ne sont pas énoncés. Seulement ils sont tenus de souscrire une soumission de payer tous les frais et de fournir les aliments convenables (C. Nap., art. 378), et ils peuvent toujours abréger la durée de la détention de l'enfant, comme aussi exiger ou requérir une détention nouvelle en cas de nouveaux écarts (C. Nap., art. 379).

735. Le droit de correction est l'auxiliaire des droits d'édu-

cation et de garde, l'un des attributs de l'autorité paternelle; il appartient, par conséquent, à celui des père et mère naturels auquel appartient l'exercice de ces droits.

Quant à l'exercice de ce droit, il faut, en principe, lui appliquer les règles qui régissent le droit de correction des père et mère légitimes. Les motifs sont identiquement les mêmes. Ainsi, les père et mère naturels ne peuvent exercer leur droit de correction que par voie de réquisition, quoique leur enfant ait moins de seize ans commencés, s'il a d'ailleurs des biens personnels ou un état (Arg. C. Nap., art. 382, 383), et encore le concours de deux membres du conseil de famille de l'enfant est-il nécessaire à la mère, par analogie de l'art. 380. Ainsi encore, le père qui épouse une femme autre que la mère de son enfant ne peut jamais le faire détenir, quel que soit son âge, que par voie de réquisition (Arg. C. Nap., art. 380); ainsi enfin, la mère naturelle, mariée à un autre que le père de ses enfants, est privée du droit de correction (Arg. C. Nap., art. 381); mais elle peut s'adresser au conseil de famille de son enfant, qui, dans ce cas, pourra suppléer à son incapacité (V. *infrà, De la tutelle et de l'émancipation des enfants naturels reconnus*).

TITRE IX.

DE LA MINORITÉ, DE LA TUTELLE ET DE L'ÉMANCIPATION

(C. Nap., art. 388 à 487).

CHAP. Ier. — DE LA MINORITÉ. — CE QUE C'EST. — DURÉE. — FIN. — MAJORITÉ. — MINEUR ROMAIN. — MINEUR FRANÇAIS. — DIFFÉRENCE.

(C. Nap., art. 388).

736. La minorité, c'est l'incapacité de l'homme, jusqu'à un certain âge, de pouvoir se diriger lui-même et de gouverner ses biens. Sa capacité morale se développant plus ou moins promptement, suivant son plus ou moins d'intelligence et de raison, le législateur a dû, comme pour la puberté (C. Nap., art. 144), comme pour la durée des gestations légitimes (C. Nap., art. 312), procéder par présomptions et déterminer, d'après une base générale, comme aussi d'après les mœurs et la civilisation du pays, un âge préfix et uniforme au-dessous duquel il est réputé incapable, tandis qu'après l'avoir dépassé, il est réputé jouir d'une pleine capacité. Celui qui

est encore au-dessous de cet âge, qui forme le point d'arrivée de la capacité présomptive de la loi, se nomme mineur; celui qui l'a dépassé, est dit majeur. Jusqu'à sa majorité, le mineur est soumis soit à la puissance paternelle (V. *sup.*, tit. VIII), soit au pouvoir tutélaire, soit même, selon les cas, à l'un ou à l'autre tout ensemble, soit enfin, s'il est émancipé, à la surveillance d'un curateur, sans l'assistance duquel il ne peut faire aucun acte important (V. *infrà*, *de l'Emancipation*, chap. 3).

737. Sous l'empire du droit romain, la minorité durait jusqu'à vingt-cinq ans; elle se divisait en deux époques : l'impuberté et la puberté. La puberté commençait à quatorze ans, pour les hommes, et à douze ans, pour les filles.

738. La fixation de la majorité à vingt-cinq ans émanant du droit romain, était généralement suivie dans l'ancienne jurisprudence française, à l'exception seulement de quelques coutumes qui avaient fixé la majorité à vingt et un ans et même à vingt ans (V. MERLIN, *Rép.*, t. 8, v° *Mineur*, § 1er; Cout. de Normandie, art. 233 ; Cout. de Bretagne, art. 528).

739. Le droit intermédiaire la fixa à vingt et un ans accomplis (V. LL. 20 sept. 1792, tit. 4, art. 2, et 31 janv. 1793; Const. an VIII, art. 12).

740. Le Code Napoléon a suivi la même règle (C. Nap., art. 388 et 488).

741. Le mineur, dit l'art. 388, C. Nap., est l'individu de l'un et de l'autre sexe qui n'a point encore atteint l'âge de vingt et un ans accomplis.

La majorité, ajoute l'art. 488 du même Code, est fixée à vingt et un ans accomplis. C'est alors seulement que cesse, pour l'homme comme pour la femme, l'incapacité légale résultant de la faiblesse de l'âge et que commence leur capacité pour tous les actes de la vie civile, sauf la restriction portée aux art. 144, 148, 151 et s., 346, C. Nap.

742. On ne doit pas confondre ici le mot de *pupille*, dont se sert exclusivement le Code Napoléon dans les art. 364 à 370, ni l'expression de *mineur*, employée dans le cas de tutelle ordinaire, avec les dénominations de pupille et de mineur chez les Romains.

En effet, le *pupille*, en droit romain, le *pupillus*, était l'individu soumis à la tutelle; et la tutelle finissait avec l'impuberté, à douze ans pour les femmes, à quatorze ans pour les hommes; le mineur, au contraire, n'était jamais en tutelle; il ne devenait tel que quand il avait cessé d'être *pupillus*; le pupillus était seul en tutelle, seul incapable; le mineur, au contraire, c'est-à-dire l'homme au-dessus de quatorze ans et la femme au-dessus de douze ans, d'après le droit civil, devenait complétement capable au-dessus de cet âge.

On voit dès lors quelle différence existe entre le mineur romain et le mineur français. C'est toute la différence qui sépare la capacité de l'incapacité civile.

743. La minorité cesse et la majorité est acquise au premier instant du premier jour de la vingt-deuxième année. La vingt et unième année, à l'expiration de laquelle finit la minorité, doit tout naturellement se compter par heures, par instants même, *à momento ad momentum*, et par jours, *de die ad diem*.

Ainsi l'enfant qui, d'après son acte de naissance, est né le 30 juillet 1834, à midi, sera majeur le 30 juillet 1855, à midi; telle était aussi la disposition de la loi 3, § 3, ff. *De min.*

744. Mais si l'heure de la naissance n'était pas constatée, la minorité étant une faveur, la majorité ne serait acquise qu'à la dernière heure expirée du dernier jour de la vingt et unième année.

La majorité doit être encore calculée de jour à jour, toutes les fois que la question de majorité se rattache à une question de prescription; car, en cette matière, la loi n'admet point le calcul d'heure à heure (Arg. C. Nap., art. 2252 et 2260).

CHAP. II.—DE LA TUTELLE

(C. Nap., art. 389 à 475).

SECT. Ire.—*De la tutelle en général.—Ce que c'est.—D'où elle émane.—Division.—Subdivision.—Définition.*

745. La tutelle est le pouvoir, le mandat, confié par la loi ou avec la permission de la loi, à une personne, de prendre soin de la personne d'un incapable, et de le représenter dans les actes de la vie civile; elle est d'ordre public, car dans toute société bien organisée, il importe que ceux qui sont incapables de se gouverner eux-mêmes ne soient pas abandonnés sans défense. Aussi l'a-t-on toujours considérée comme un devoir public qu'il n'est point, sauf le cas d'excuse légitime, permis de refuser (C. Nap., art. 437 et suiv.).

746. La tutelle est gratuite et personnelle; elle ne passe point aux héritiers du tuteur; ceux-ci sont seulement responsables de la gestion de leur auteur; et s'ils sont majeurs, ils

sont tenus de la continuer jusqu'à la nomination d'un nouveau tuteur (C. Nap., art. 419).

747. Toute tutelle émane de la loi, en ce qu'elle ne peut avoir lieu que dans les cas et sous les conditions qu'elle a spécialement déterminés. Quand elle est déférée par la loi elle-même directement et immédiatement à certaines personnes, à raison de leur qualité, elle se nomme tutelle légitime ou légale ; telle est : 1° la *tutelle* du survivant des père et mère, qu'on appelle aussi, dans l'usage, *tutelle naturelle ;* 2° la *tutelle des ascendants*, qui conserve plus spécialement le nom de *tutelle légitime*. Quand elle est déférée par certaines personnes auxquelles la loi a confié ce pouvoir, on l'appelle *tutelle dative*, dans le sens général de ce mot ; tutelle qui se subdivise elle-même en tutelle testamentaire et tutelle dative proprement dite. Elle est testamentaire, lorsqu'elle est déférée par le dernier mourant des père et mère ; dative proprement dite, lorsqu'elle est déférée par le conseil de famille.

748. La loi distingue, comme on voit, quatre espèces de tutelles, que le Code a arrangées dans l'ordre graduel et hiérarchique suivant :

1° Tutelle légitime (ou naturelle) du survivant des père et mère (C. Nap., art. 390) ;

2° Tutelle testamentaire, déférée par le dernier mourant des père et mère (C. Nap., art. 397) ;

3° Tutelle légitime des ascendants (C. Nap., art. 402) ;

4° Tutelle dative, déférée par le conseil de famille (C. Nap., art. 405).

749. Elle reconnaît en outre plusieurs autres espèces de tutelles : 1° la tutelle provisoire (C. Nap., art. 142 et s.) ; 2° la tutelle officieuse (C. Nap., art. 163 et s.) ; 3° la protutelle (C. Nap., art. 417) ; 4° la tutelle des princes et princesses de la famille impériale (statut 21-30 juin 1853) ; 5° la tutelle des interdits (C. Nap., art. 506 et 507 ; C. pén., art. 29) ; 6° la tutelle des enfants naturels reconnus (C. Nap., art. 334 et s.) ; 7° la tutelle des enfants trouvés placés dans un hospice (L. 15 pluv. an XIII, art. 1er ; décret 19 janv. 1811) ; 8° la tutelle des enfants naturels de parents non avoués (C. Nap., art. 405) ; 9° la tutelle des enfants incestueux ou adultérins (C. Nap., art. 405) ; 10° la tutelle des orphelins de mai et de juin 1848 (L. 13 juin 1850 ; décr. 26 nov. 1851) ; 11° la tutelle à la substitution (C. Nap., article 1055 et 1056) ; 12° la tutelle spéciale ou *ad hoc* (C. Nap., art. 159, 318, 420, 838, 1055 et s.).

750. Les coutumes admettaient généralement deux tuteurs,

l'un honoraire, pour la personne ; l'autre onéraire, pour les biens du pupille ; mais le Code a supprimé cette division du pouvoir et des attributions du tuteur. Il n'y a donc plus aujourd'hui qu'un seul tuteur par tutelle, sauf à celui-ci à se faire aider dans sa gestion par un ou plusieurs administrateurs particuliers salariés, et gérant sous sa responsabilité (C. Nap., art. 454).

751. La tutelle ne s'ouvre qu'à la dissolution du mariage, arrivée par la mort naturelle de l'un des époux (C. Nap., article 390) ; ni la disparition de l'un des époux, ni son interdiction légale ou judiciaire, ni sa condamnation même à la dégradation civique et à l'interdiction légale, peine que la loi du 31 mai 1854 a substituée à la mort civile, ne donnent lieu à la tutelle du conjoint. Ce dernier exerce de droit la puissance paternelle, mais il n'y a pas réellement tutelle ; par conséquent, il n'y a pas lieu à nommer un subrogé tuteur, ni à l'hypothèque légale sur les biens de l'administrateur. La séparation de corps ne donne pas davantage ouverture à la tutelle.

752. Bien que la tutelle soit gratuite, les tribunaux peuvent, néanmoins, allouer au tuteur une indemnité pour frais de gestion, alors surtout que son administration comprendrait des biens indivis entre le mineur et ses cohéritiers ; et ceux-ci doivent, lorsque cette administration leur a profité, supporter une part de l'indemnité accordée au tuteur (Arg. Cass., 18 avr. 1854, J.P.55.1.514).

La tutelle ne peut être déférée à temps ou sous condition, soit par le père ou la mère, soit par le conseil de famille.

SECT. II.—*De la tutelle légitime du survivant des père et mère* (C. Nap., art. 389 à 396).

§ 1er.—**Ouverture de la tutelle légitime. — Différence entre la tutelle du père survivant et la tutelle de la mère survivante. — Conseil spécial donné à la mère. — Son pouvoir. — Fin de la tutelle légitime** (C. Nap., art. 389 à 392, 394).

En principe, tant que dure le mariage des père et mère, il n'y a pas lieu à la tutelle de leurs enfants. L'administration légale dont le père est investi en raison de sa puissance paternelle en diffère essentiellement, car celle-ci est instituée, en grande partie, en faveur des père et mère, au lieu que la tutelle ne l'est qu'en faveur des enfants : l'une est un droit; l'autre, une charge.

Après la dissolution du mariage arrivée par la mort de l'un

des époux, la tutelle des enfants mineurs légitimes et non émancipés appartient de plein droit au survivant des père et mère (C. Nap., art. 390).

Ainsi, il n'y a jamais tutelle tant qu'il y a mariage, et réciproquement, il y a toujours tutelle, dès que le mariage est dissous.

753. La tutelle appartient de plein droit au survivant de père et mère, sans distinction, lors même qu'il serait mineur (C. Nap., art. 398 et 442-1°).

Il est vrai qu'en règle générale, les mineurs sont incapables d'être appelés à la tutelle ; mais précisément l'art. 442-1°, qui pose cette règle, y fait exception pour le père ou la mère du mineur. C'est la loi elle-même qui déclare le survivant tuteur, sans exiger de lui d'autre formalité, avant d'entrer en fonction, que de faire nommer un subrogé tuteur (C. Nap., art. 420, 421).

L'intérêt que le survivant des père et mère est naturellement supposé porter à ses enfants exigeait qu'il en fût ainsi.

La règle est la même pour la mère aussi bien que pour le père : notre art. 390 est positif.

Toutefois, la tutelle du père diffère de celle de la mère sous divers rapports. Ainsi, la tutelle du père survivant commence toujours au moment de la mort de la mère. Il n'y a point d'intervalle, point d'incertitude ni d'attente possible, point de mesures provisoires ; il ne peut la refuser, à moins qu'il ne se trouve dans un cas d'excuse prévu par la loi, ni s'affranchir de cette charge par une démission purement volontaire. Et on ne peut considérer comme démission volontaire celle donnée à la suite d'une dénonciation devant le conseil de famille pour parvenir à sa destitution ; cette démission devient alors légale parce qu'elle n'est que l'exécution volontaire de la loi, comme la destitution en est l'exécution forcée. Dès lors, le père qui, craignant d'être destitué de la tutelle de son enfant, s'en est volontairement démis entre les mains du conseil de famille qui a accepté, et a pourvu immédiatement à son remplacement, ne peut plus être admis à demander sa réintégration dans cette tutelle.

754. La tutelle légale de la mère survivante peut, au contraire, ne pas s'ouvrir immédiatement après la mort du père. Si, en effet, lors du décès du mari, la femme est enceinte, ce n'est qu'à la naissance de l'enfant qu'elle en devient tutrice. Jusque-là, il n'y a lieu qu'à nommer un curateur au ventre (C. Nap., art. 393). Elle peut même se démettre de la tutelle de ses enfants après l'avoir acceptée, comme elle peut, appré-

ciant elle-même sa faiblesse, son inexpérience, la refuser sans avoir d'ailleurs à justifier ni à expliquer auprès de personne les motifs de sa détermination (C. Nap., art. 427 et suiv.); elle est seulement tenue d'en remplir les fonctions jusqu'à ce qu'elle ait fait nommer à sa place un tuteur (C. Nap., art. 394) ; mais une fois qu'elle l'a acceptée, elle ne peut plus s'en démettre librement et par sa seule volonté, si ce n'est toutefois pour prévenir une destitution inévitable justement méritée dont la menacerait le conseil de famille.

La mère qui s'est ainsi démise de la tutelle légale ne peut plus la réclamer ; mais si le tuteur nommé en son remplacement vient à cesser ses fonctions par un motif quelconque, elle peut redevenir tutrice par le choix du conseil de famille (C. Nap., art. 442-1°). On dirait en vain que par son refus elle a fait elle-même l'aveu de son insuffisance. Les circonstances ont pu changer, sa santé, d'abord chancelante, s'affermir avec l'âge, son expérience se former, etc.; aussi, rien dans la loi ne s'oppose-t-il à sa nomination.

L'acceptation de la tutelle par la mère peut être expresse ou tacite : *expresse*, si la mère a pris la qualité de tutrice dans un acte quelconque, comme par exemple dans l'inventaire (C. Nap., art. 451), ou laissé écouler un laps de temps plus ou moins long depuis la mort du père, sans avoir fait nommer de subrogé tuteur ; *tacite*, si elle a fait un acte qui suppose nécessairement de sa part l'intention d'accepter la qualité de tutrice (Arg. C. Nap., art. 778, 779); comme si, par exemple, elle a fait nommer un subrogé tuteur qui aurait été pris, à cause d'elle, dans la ligne paternelle (C. Nap., art. 423). La loi la rend responsable de son indue gestion, et elle est soumise à l'hypothèque légale, comme si elle eût accepté la tutelle, jusqu'à ce qu'elle ait fait connaître sa détermination à cet égard.

755. La tutelle du père ne peut être modifiée par la mère, en prévision de son prédécès ; celui-ci, au contraire, peut, dans la même prévision, restreindre celle de sa femme, et lui donner un conseil spécial, sans l'avis duquel elle ne peut faire aucun acte relatif à la tutelle, ou du moins que certains actes par lui spécifiés (C. Nap., art. 391). Le droit du père à cet égard est absolu ; l'exercice n'en est subordonné à aucune condition.

756. Si le conseil est nommé en termes généraux, sans spécification, il est censé l'avoir été pour tous les actes de la tutelle. Si le père, au contraire, spécifie les actes, la mère est habile

à faire tous les autres sans l'assistance du conseil (Arg. C. Nap., art. 391).

757. Cette nomination de conseil ne peut être faite que de l'une des manières suivantes : 1° par acte de dernière volonté, c'est-à-dire par l'un des modes de tester admis par la loi (C. Nap., art. 967 et suiv.); 2° par une déclaration faite ou devant le juge de paix du domicile de la femme survivante, bien entendu, assisté de son greffier, ou devant notaires (C. Nap., art. 92). Une déclaration faite devant tout autre fonctionnaire public ou sous seing privé serait nulle, à moins qu'elle ne réunît les conditions d'un testament olographe (C. Nap., art. 970), auquel cas elle serait valable d'après le n° 1er de notre art. 392.

758. Il n'est pas douteux que la nomination de ce conseil peut être révoquée par le père jusqu'à son dernier moment, car elle dépend de sa volonté et de son appréciation personnelle (Arg. C. Nap., art. 895); la révocation doit être faite dans la même forme que la nomination (C. Nap., art. 393, 1035).

759. La personne nommée par le père peut ne pas accepter, lors même qu'elle serait parente ou alliée très-proche du père ou de la mère; et même, après avoir accepté ce mandat, y renoncer ensuite avant l'expiration de la tutelle de la mère (C. Nap., art. 2003, 2007) : les art. 401, 426, 427 et suiv. du Code, qui rendent la tutelle et la subrogée tutelle obligatoires, ne sont pas ici applicables (V. *infrà*, n° 778.)

760. Le père peut choisir pour conseil spécial à sa femme toute personne apte à être tuteur, même les ascendants. Mais s'il arrivait que le conseil qu'il aurait nommé fût indigne ou incapable, la mère et le conseil de famille pourraient se pourvoir à l'effet de le faire révoquer dans l'intérêt du mineur; il ne peut en être nommé plusieurs (Arg. C. Nap., art. 454).

761. Au surplus, le père ne peut donner l'administration des biens du mineur au conseil spécial qu'il nomme à la mère survivante, ni préjudicier en aucune manière à un droit qui lui serait propre; par exemple, charger l'exécuteur testamentaire de vendre les meubles, et le conseil de louer des biens dont elle a la jouissance légale. De telles dispositions ne sauraient avoir aucun effet, car elles dépouilleraient la mère de droits qui lui sont accordés par la loi (C. Nap., art. 390, 391, 450 et 595). C'est en effet la mère qui est et qui doit demeurer seule tutrice. Le père peut seulement lui donner un conseil dont les fonctions se bornent à la surveillance de ses actes, et à dénoncer à la justice ceux qu'elle aurait faits sans

sa participation, dans le cas où ils seraient préjudiciables aux intérêts des mineurs ; mais le conseil lui-même n'a pas qualité pour agir, ni même régulièrement pour provoquer la mère à agir ; à plus forte raison n'aurait-il pas qualité pour se constituer l'adversaire de la mère elle-même (Douai, 17 janv. 1820, S. 21.2.117). Il donne l'avis qui lui est demandé ; il prête son assistance : voilà son rôle ; voilà son droit et rien de plus.

Mais s'il arrive que la mère et son conseil soient d'un avis différent et tiennent à leur opinion également chacun de son côté, c'est au conseil de famille à prononcer entre eux, sauf à chacune des parties à se pourvoir contre la délibération, suivant le droit commun. Ce moyen est d'autant plus nécessaire à la mère, lorsqu'elle ne partage pas l'avis du conseil, qu'elle est toujours responsable envers le mineur, lors même que c'est de l'avis du conseil qu'elle agit. Elle est, en effet, toujours tutrice ; c'est elle qui administre ; et aucun texte ne l'affranchit, dans le cas particulier de l'art. 391, C. Nap., de la responsabilité que l'art. 450 du même Code prononce en termes généraux (DEMANTE, t. 2, n° 140 *bis*, II ; ZACHARIÆ, AUBRY et RAU, t. 1, p. 363 ; DEMOLOMBE, t. 7, n° 95, 96).

762. Au reste, il est bien entendu que la mère, tant qu'elle a l'usufruit légal, n'a pas besoin de l'avis du conseil pour administrer, pour louer, par exemple, les biens dont elle a la jouissance ; car elle exerce alors un droit qui lui est propre (C. Nap., art. 595).

763. Lorsque l'assistance du conseil de tutelle est nécessaire à la mère tutrice, les actes qu'elle a faits sans cette assistance sont annulables à l'égard des tiers, à moins qu'à l'époque de leur passation, l'existence du conseil de tutelle n'eût pas été notoire, et que les tiers avec lesquels la tutrice a traité, n'en eussent personnellement aucune connaissance (DEMOLOMBE, t. 7, nos 97, 99 ; ZACHARIÆ, AUBRY et RAU, p. 364).

Au reste, la nullité résultant du défaut d'assistance du conseil à l'acte passé par la mère, n'est que relative et proposable seulement par le mineur dans l'intérêt duquel le conseil a été nommé (Arg. C. Nap., art. 1125 ; DE FRÉMINVILLE, t. 1, n° 44 ; DEMOLOMBE, t. 7, n° 100).

764. La nomination d'un conseil ne dispense pas la mère d'observer toutes les conditions et formalités que la loi impose au tuteur. Elle doit donc, suivant les cas, obtenir l'autorisation du conseil de famille, ou l'homologation du tribunal ; et les attributions du subrogé tuteur demeurent aussi les

mêmes à son égard ; car le conseil est donné pour augmenter les garanties du mineur et non pour les diminuer.

765. La position du conseil de tutelle est identique à celle des membres du conseil de famille ; il doit donc, comme ces derniers, répondre du dol et de la faute grave ; mais la responsabilité ne va pas au delà. Tel nous paraît être le principe ; c'est aux magistrats qu'il appartient de l'appliquer, en fait, avec mesure et équité (TAULIER, t. 2, p. 12; VALETTE sur PROUDHON, t. 2, p. 288 ; ZACHARIÆ, AUBRY et RAU, t. 1, p. 304, 305 ; MASSÉ et VERGÉ, t. 1, p. 486 ; DEMANTE, t. 2, n° 140 *bis*, III ; DEMOLOMBE, t. 7, n° 102).

§ 2. — De la tutelle légitime de la mère dont le mari a disparu (C. Nap., art. 141).

766. Si le père a disparu, laissant des enfants mineurs, issus d'un commun mariage, la mère en a la surveillance, et elle a l'exercice de tous les droits du mari, quant à leur éducation et à l'administration de leurs biens (C. Nap., art. 141); mais là se borne son droit, comme nous le verrons dans les numéros suivants.

Il était naturel et logique qu'il en fût ainsi ; car, en principe, l'autorité paternelle est commune au père et à la mère (C. Nap., art. 372) ; et si le père seul en a l'exercice durant le mariage (C. Nap., art. 373), la mère en a du moins la survivance dès que le père est dans l'impossibilité de pouvoir l'exercer, soit par lui-même, soit par un mandataire spécial, quelle que soit la cause de l'empêchement. Mais la mère n'exerce, toutefois, ce droit que comme mandataire légale de son mari et non comme tutrice, car la tutelle ne s'ouvre en droit qu'après la dissolution du mariage, arrivée par la mort de l'un des époux ou par la déclaration d'absence ; et, ici, le père n'est pas mort, il est présumé vivant, ses droits subsistent ; c'est en son nom que la mère les exerce, en vertu de la délégation que lui en fait l'art. 141, C. Nap. On ne doit donc pas confondre avec la tutelle proprement dite la surveillance des enfants mineurs délaissés par l'absent, comme l'ont prétendu à tort Proudhon, t. 1, p. 306, et Demoly, n° 200 ; ses biens ne sont pas soumis à l'hypothèque légale, et il n'y a pas lieu à la nomination d'un subrogé tuteur (DELVINCOURT, t. 1, art. 45, note 1re ; DURANTON, t. 1, n° 519 ; ZACHARIÆ, AUBRY et RAU, t. 1, p. 569 ; DEMOLOMBE, t. 2, n° 312 ; MASSÉ et VERGÉ, t. 1, p. 162 ; DEMANTE,

Encycl., n° 150 ; VALETTE sur PROUDHON, t. 1, p. 306, note *a ;* DUCAURROY, BONNIER et ROUSTAIN, t. 1, n° 227).

767. La mère, dans l'exercice des droits du mari, peut faire détenir l'enfant qui lui donnerait de graves sujets de mécontentement (C. Nap., art. 375 et suiv.). Ce droit ressort pour elle de l'art. 141, C. Nap.; mais elle ne peut, toutefois, l'exercer qu'avec le concours des deux plus proches parents paternels, et par voie de réquisition, conformément à l'art. 377, C. Nap. Il serait, en effet, illogique de donner à la mère plus de pouvoir lorsque le père a disparu que la loi ne lui en donne lorsque la puissance sur les enfants lui appartient en propre, c'est-à-dire après la mort de son mari, ou après son absence légalement déclarée (DURANTON, t. 1, n° 519; VALETTE sur PROUDHON, t. 1, p. 306, note *a;* DEMANTE, n° 153 ; DEMOLOMBE, t. 2, n° 313).

768. Mais la mère peut-elle, seule, consentir au mariage des enfants, pendant la présomption d'absence de son mari? Ce droit ne dérive évidemment pas pour elle de l'art. 141; mais il nous paraît résulter de l'art. 149, d'après lequel « si l'un des deux (le père ou la mère) est mort, ou s'il est dans *l'impossibilité de manifester sa volonté*, le consentement de l'autre suffit.» C'est là, en effet, une règle de nécessité, d'évidence. Il nous semble, toutefois, que le consentement de la mère ne devrait alors suffire qu'au cas où le mari serait depuis quelque temps absent, et qu'on serait dans l'impossibilité absolue de pouvoir découvrir le lieu de sa résidence ; car, autrement, on pourrait profiter d'une absence momentanée du père, souvent légitime, et même provoquée sous un prétexte quelconque, pour faire une mésalliance à laquelle on savait qu'il n'aurait jamais voulu consentir. Il serait prudent et sage, tout à la fois, pour obvier à ce grave inconvénient, de recourir, par argument de l'art. 155, C. Nap., à un acte de notoriété, délivré par le juge de paix du lieu du dernier domicile du mari, sur la déclaration de quatre témoins appelés d'office par ce magistrat, et même au tribunal de première instance (C. Nap., art. 112 et 114 ; DEMANTE, n° 152; VALETTE sur PROUDHON, t. 1, p. 306, note *a;* ZACHARIÆ, t. 3, p. 265; DEMOLOMBE, t. 2, n° 314).

769. La mère ne peut pas davantage émanciper ses enfants pendant la présomption d'absence de leur père. L'art. 141 ne lui accorde, en effet, l'exercice des droits du père que quant à l'éducation, c'est-à-dire le droit d'exercer l'autorité paternelle et non point celui de l'anéantir (C. Nap., art. 372). Or, l'é-

ancipation ayant évidemment pour conséquence l'anéantissment de l'autorité paternelle et la privation du père de usufruit légal des biens de ses enfants (C. Nap., art. 384), simple présomption d'absence de celui-ci ne saurait évimment produire un tel résultat, d'après le texte et l'esprit e l'art. 141, C. Nap.

Suivant MM. Demolombe, t. 1, n° 316, p. 431 et suiv.; Deante, *Encycl.*, n° 152, note 2, la mère pouvant, en vertu de t. 477, C. Nap., émanciper les enfants, à défaut du père, est au tribunal qu'il convient d'en référer dans ce cas, à effet de savoir s'il y a lieu de reconnaître à la mère, d'après es circonstances, la faculté d'émanciper les enfants. Mais un l système nous semble inadmissible, car l'art. 477 suppose dissolution du mariage par la mort, ou au moins l'absence éclarée du mari, et rien dans la loi ne donne aux tribunaux un l pouvoir inhérent exclusivement à l'autorité paternelle ; et, à éfaut de celle-ci, mais seulement à son défaut, à la mère survante. Simple déléguée ou mandataire de son mari, la mère a pas droit à l'usufruit que la loi accorde au père, tant qu'il t, sur les biens de ses enfants mineurs de dix-huit ans et on émancipés (C. Nap., art. 384) ; elle en perçoit les revenus, mais pour le compte de son mari ou plutôt de la communauté, qui n'a pas cessé d'exister (Arg. C. Nap., art. 1401 1441 combinés). La simple présomption d'absence laisse, n effet, ses droits intacts; il les conserve aussi bien quant à a jouissance légale, qui n'a pas cessé de lui appartenir, que elativement à la propriété.

Il ne serait pas, d'ailleurs, toujours juste d'en dépouiller le ère, sous le prétexte qu'en s'absentant il a laissé à sa femme e fardeau de l'administration des biens de ses enfants; car, ans la plupart des cas, le mari est retenu au loin, soit par uelque *nécessité* plus forte que sa volonté, soit, souvent ême, dans l'intérêt de sa famille comme dans le sien, dans l'espoir d'y améliorer sa fortune, souvent même au péril de sa vie (V. les auteurs cités *suprà*, n° 768).

770. Quant à l'administration des biens des enfants, la ère, d'après l'art. 141, exerce tous les droits du père. Elle peut alors faire, seule, sans autorisation de justice, tous les actes d'administration, alors même qu'elle serait mariée sous n régime qui ne lui permettrait pas de faire ces mêmes actes sur ses propres biens. En effet, il ne s'agit ici ni des biens personnels de la femme, ni de ses rapports avec son mari, mais seulement d'un mandat qu'elle tient de la loi. Mais elle

ne pourrait, pas plus que son mari lui-même, simple administrateur qu'il est (C. Nap., art. 389), sans autorisation de justice et sans l'accomplissement de certaines formalités, consentir des aliénations, ni faire aucun autre acte de disposition.

§ 3. — Disparition du père précédée ou suivie de la mort de la mère (C. Nap., art. 142).

771. Six mois après la disparition du père, si la mère était décédée lors de cette disparition, ou si elle vient à décéder avant que l'absence du père ait été déclarée, la surveillance des enfants est déférée, par le conseil de famille, aux ascendants les plus proches, ou, à leur défaut, à un tuteur provisoire (C. Nap., art. 142).

Cet article prévoit une double hypothèse : celle où la mère est décédée avant la disparition du père, et celle où elle vient à décéder après cette disparition et avant que l'absence soit déclarée. Du sens littéral de notre art. 142, il semblerait résulter que c'est six mois depuis le décès de la mère, arrivé après le départ du père, ou depuis ce départ même, si la mère était morte auparavant, que la mesure indiquée par ledit art. 142 devrait seulement être mise à exécution. Mais il paraît ressortir du texte même de cet article, sainement et raisonnablement entendu, que, si la mère était décédée au moment de la disparition du père, la surveillance des enfants ne peut être déférée aux ascendants les plus proches, et, à leur défaut, à un tuteur provisoire, que six mois après cette disparition; et que si la mère vient à décéder après que le père a disparu, mais avant que six mois se soient écoulés depuis la disparition, il faut toujours attendre la révolution de ces six mois pour que la surveillance des enfants puisse être déférée aux personnes désignées par la loi.

772. A l'expiration des six mois, si l'absent n'a point donné de ses nouvelles, dans cet intervalle, la surveillance des enfants est alors déférée par le conseil de famille, composé conformément à l'art. 407, C. Nap., aux ascendants les plus proches; et, à leur défaut, à un tuteur provisoire, la mère qui vient de disparaître eût-elle nommé un tuteur par testament. La tutelle ne peut, en effet, être déférée que par le *dernier mourant* (C. Nap., art. 397) ; or, le décès du père qui a disparu n'est ni prouvé ni même encore présumé ; donc, il n'y a pas lieu alors à la tutelle testamentaire.

773. L'art. 142, C. Nap., n'organise pas une véritable tutelle, il n'est qu'un mode d'application de l'art. 112 du même

Code; et sauf le cas où le conseil de famille nomme, à défaut d'ascendant, un tuteur provisoire, il n'y a pas effectivement lieu de recourir aux règles de la tutelle, et, conséquemment, à la nomination d'un subrogé tuteur (V. DEMOLOMBE, t. 2, nº 321 et 322 ; ZACHARIÆ, AUBRY et RAU, t. 1, p. 570 ; MAGNIN, t. 1, nºs 117, 488 et 489 ; DEMOLY, nºs 192 et 199).

774. Mais, soit que le consil de famille nomme un ascendant, soit qu'il nomme un parent ou un étranger, c'est toujours une mesure essentiellement provisoire qu'il prend comme toutes celles qui sont ordonnées pendant l'absence. D'où il suit que le père, s'il revient reprend de plein droit la tutelle de ses enfants, ouverte par la mort de la mère, et remplace le tuteur nommé soit avant, soit après la déclaration d'absence, peu importe. Le subrogé tuteur, s'il en a été nommé un, conserve seul ses fonctions.

§ 4.—Disparition du père ou de la mère remariée, laissant des enfants mineurs issus d'un mariage précédent (C. Nap., art. 143).

775. Les mesures prescrites par l'art. 142, C. Nap., sont applicables au cas ou l'époux (le père ou la mère), qui a disparu, laisse des enfants mineurs issus d'un mariage précédent; alors, en effet, aucun lien ne rattachant les enfants à l'époux présent, ce dernier n'a aucun droit à l'administration de leurs biens. La loi a agi très-sagement en cela, car l'influence du nouvel époux n'est pas, hélas! toujours paternelle.

Par ses termes, l'art. 143, C. Nap., commande l'application de l'art. 142, même au cas où la mère qui a disparu est veuve non remariée, et celui où le père vivant, lors de la disparition, vient à mourir avant la déclaration d'absence de la mère. Dans ces cas donc, il y a lieu, conformément à cet art. 142, à déférer la tutelle soit aux ascendants, soit, à leur défaut, à tout autre parent ou à un étranger, après la révolution toutefois de six mois depuis la disparition de la mère, sauf au tribunal de première instance à prendre telles mesures qu'il jugera urgentes jusqu'à l'ouverture de la tutelle légitime par la déclaration d'absence du père ou de la mère.

776. La disparition du père ou de la mère ne peut toutefois donner lieu à l'application des art. 141, 142 et 143, C. Nap., qu'autant que les enfants mineurs sont placés sous la direction du père ou de la mère qui a disparu. Si donc la mère, après le décès du père, a refusé d'accepter la tutelle (C. Nap., art. 394), ou l'a perdue pour convol en secondes noces (C. Nap., art. 395), ou même aussi lorsque le père, après le décès de la

mère, en a été écarté comme interdit (C. Nap., art. 442), ou en a été dispensé ou exclu (C. Nap., art. 427 et s., 442 et s.), et qu'un parent ou même un étranger a été nommé tuteur à sa place, alors la disparition du père ou de la mère ne change rien aux faits accomplis, et celui qui était chargé de la tutelle en est chargé après ; ce n'est qu'autant que le tuteur lui-même disparaîtrait qu'il serait nécessaire de prendre des mesures dans l'intérêt des enfants, non plus de ces mesures purement provisoires ordonnées par l'art. 142, C. Nap., mais des mesures prévues en cas d'absence du tuteur en général par l'art. 424 du même Code, en ces termes : « Le subrogé tuteur ne remplacera pas de plein droit le tuteur, lorsque la tutelle deviendra vacante ou *qu'elle sera abandonnée par absence* ; mais il devra, en ce cas, sous peine de dommages-intérêts qui pourraient en résulter pour les mineurs, provoquer la nomination d'un subrogé tuteur. » (V. *infrà, de la Subrogée tutelle*).

777. Cet art. 424 devient applicable dès qu'il s'agit d'un tuteur ordinaire, avant comme après la déclaration d'absence; dans toutes les hypothèses possibles, l'intérêt public et privé, l'intérêt de la société et des mineurs, exigent qu'il en soit ainsi.

778. Les fonctions du conseil de tutelle cessent nécessairement avec la tutelle de la mère à laquelle seule il avait été donné et pu être donné ; elles peuvent même cesser avant la mort de la mère : par la mort du conseil, par sa démission, par sa révocation prononcée par le conseil de famille (DURANTON, t. 3, n° 421 ; MASSÉ et VERGÉ, t. 1, p. 486 ; ZACHARIÆ, AUBRY et RAU, t. 1, p. 365 ; MAGNIN, t. 1, n° 451 ; DEMOLOMBE, t. 7, nos 103 et 105. V. *suprà*, nos 759, 760).

Et par l'événement de la condition sous laquelle la nomination aurait été faite ; car rien ne s'oppose à ce qu'elle soit faite ainsi.

Et, dans ces différents cas il n'y a pas lieu de remplacer le conseil nommé par le père. Cette désignation était toute personnelle comme la confiance dont elle émanait (Arg. C. Nap., art. 419, 1632, 2003), et c'est au père seul que la loi permet de désigner un conseil à la mère. Nul n'a donc qualité pour nommer un nouveau conseil.

779. C'est au père à substituer une autre personne, non-seulement pour le cas où celle qu'il nomme en premier lieu n'accepterait pas, mais aussi pour le cas où elle viendrait ensuite à cesser ses fonctions par un motif quelconque avant la fin de la tutelle maternelle.

780. Les art. 141 et 143, C. Nap., n'ayant eu en vue que

les enfants légitimes, les enfants issus d'un *commun mariage* (art. 141), qui ont des *ascendants* aux yeux de la loi (art. 142), les enfants issus d'un mariage précédent (art. 143), sont évidemment inapplicables aux enfants naturels reconnus. Mais la loi n'ayant pas déterminé d'une manière absolue et invariable, par lequel des deux, du père ou de la mère naturels, ni comment serait exercée l'autorité sur l'enfant reconnu (art. 372, 373 et 383), on pourrait, ce nous semble, dans toutes les hypothèses ci-dessus, appliquer par analogie l'art. 142, et confier l'enfant, non pas, bien entendu, à un ascendant, puisque légalement il n'en a pas (art. 148-150 et 158, 402-404 et 756), mais à un tuteur provisoire.

C'est au tribunal, du reste, qu'il appartient, en cas de contestation, lorsque les père et mère sont présents, d'ordonner les mesures qui lui paraissent commandées, suivant les cas, par le plus grand intérêt de l'enfant, eu égard à la position respective de ses père et mère ; et *à fortiori* la même marche doit-elle être observée dans le cas de disparition de l'un ou de l'autre ou de tous les deux, puisque ce mode de procéder trouve en outre, dans ce cas particulier, un fondement de plus dans l'art. 112, C. Nap.

781. La déclaration d'absence du père ou de la mère fait cesser la surveillance exercée, soit à titre de tutelle provisoire, soit à titre d'administration légale, et la déclaration de la tutelle s'opère conformément aux règles du droit commun (V. ZACHARIÆ, AUBRY et RAU, t. 1, p. 570 ; DEMOLOMBE, t. 2, nos 335 et 336; VALETTE sur PROUDHON, t. 1, p. 311).

§ 5.—**Du curateur au ventre** (C. Nap., art. 393).

782. Lorsqu'à la mort du mari il n'existe pas d'enfants mineurs, et que la mère se déclare enceinte ou paraît l'être, le conseil de famille doit nommer un curateur au ventre, dont la mission a un double but qui correspond à un double motif, sur lequel l'art. 393, C. Nap., est fondé. Le curateur doit : 1° administrer les biens ; 2° veiller au danger d'une suppression ou d'une supposition de part ou d'une substitution d'enfant : *curator bonis et ventri datur; ff. de ventre in possess. mitt.*, lib. 1, § 18.

La femme peut, en effet, avoir intérêt, tantôt à simuler une grossesse et à produire comme sien un enfant étranger, afin d'acquérir par lui, et pendant dix-huit ans, l'usufruit des biens que son mari a laissés dans sa succession, et, à toute époque, une forte pension alimentaire ; tantôt, au contraire, à faire disparaître l'enfant dont elle est enceinte, afin de conserver, sans aucune réduction, les libéralités excessives que lui a faites son mari (C. Nap., 1094).

783. Le curateur au ventre est spécialement chargé de prévenir ces fraudes ; il peut, à cet effet, rendre des visites à la veuve et même assister à son accouchement.

784. Le curateur est chargé d'administrer la succession du mari prédécédé ; elle est en quelque sorte vacante, car il est impossible de savoir à qui elle appartient, tant que l'enfant dont la femme est enceinte n'est pas né. Si l'enfant naît vivant et viable, il en est propriétaire ; il en a été investi du jour même où elle a été ouverte, conformément au principe qu'il suffit, pour acquérir une succession, d'être conçu au moment où elle s'ouvre, pourvu d'ailleurs qu'on naisse vivant et viable (C. Nap., art. 725). Au contraire, naît-il mort ou vivant, mais non viable, la succession s'est ouverte soit au profit des parents de son père, soit au profit de sa mère, si son père n'a point laissé de parents au degré successible.

785. Le curateur est là, comme on voit, en attendant ; il est là provisoirement et pour surveiller tout à la fois la veuve et administrer la succession dans l'intérêt éventuel des futurs ayants droit, quels qu'ils puissent être, jusqu'au dénoûment de cette situation indécise.

786. Il doit exercer les actions actives et passives de la succession, poursuivre le paiement des dettes et faire tous les actes conservatoires nécessaires, tels que réquisitions de scellés, d'inventaire, etc.

Mais il ne saurait provoquer un partage contre les autres enfants majeurs ou émancipés, consentir des baux, etc., sans l'autorisation de la famille, ni faire aucun acte qui excéderait les limites d'une simple administration.

787. Ce qui est jugé avec le curateur au ventre agissant dans les limites de ses pouvoirs est réputé jugé avec l'enfant s'il naît viable, ou, dans le cas contraire, avec les autres héritiers du mari.

788. Si l'enfant naît vivant et viable, la mère en devient tutrice légitime, et le curateur en est de plein droit le subrogé tuteur (C. Nap., art. 393, 2e alin.). D'où l'on doit conclure que la mère ne doit pas concourir à la nomination du curateur au ventre et que ce curateur au ventre doit être choisi dans la ligne paternelle (Arg. C. Nap., art. 423).

789. Il suffit, pour qu'on doive procéder à la nomination du curateur au ventre, que la veuve déclare être enceinte ; par

cette seule déclaration dont elle n'est pas tenue de fournir la preuve, le droit des plus proches parents du défunt, à l'envoi en possession de la succession, se trouve suspendu.

Cette nomination peut être provoquée par la veuve elle-même et par tous les ayants droit dans la succession du défunt, et même d'office par le juge de paix. C'est, en effet, non-seulement dans l'intérêt de l'enfant à naître et de la femme que le curateur est nommé, mais aussi dans l'intérêt éventuel des futurs ayants droit, quels qu'ils puissent être (MERLIN, *Rép.*, v° *Curateur*, § 9; MAGNIN, t. 1, n° 586; DEMOLOMBE, t. 7, n° 63).

790. La nomination d'un curateur au ventre est nécessaire, alors même qu'il existe déjà des enfants majeurs ou des mineurs émancipés. Autrement, l'enfant posthume dont les intérêts se trouvent en opposition avec ceux-ci, n'aurait personne pour y veiller et prévenir les fraudes, les recélés et les soustractions qui peuvent se commettre à son préjudice. Mais on peut et même l'on doit, ce nous semble, se dispenser de nommer un curateur au ventre, quand il existe déjà des enfants mineurs non émancipés, car la mère est tutrice de ses enfants et elle a un subrogé tuteur qui tient lieu de curateur et qui en fait l'office. Elle gère de plein droit la succession dont elle est d'ailleurs usufruitière légale; d'un autre côté, la supposition de part qui n'existe sérieusement que lorsque la femme n'a pas d'enfants, n'est plus à craindre. Ce serait donc sans motifs sérieux qu'on introduirait dans la même tutelle deux subrogées tutelles, en nommant dans l'espèce un curateur dont les attributions seraient absolument nulles (V. DELVINCOURT, t. 1er, p. 103, note 15; ZACHARIÆ, AUBRY et RAU, t. 1er, p. 502; MARCADÉ, t. 1er, art. 393; DEMOLOMBE, t. 7, n° 71).

791. Mais si la tutelle des enfants mineurs finissait avant la délivrance de la mère, il y aurait lieu évidemment de nommer un curateur au ventre (V. *suprà*, n° 790).

792. Au reste, le droit d'administration, quoique provisoire et très-limité, du curateur ne peut s'appliquer qu'au cas où il n'y a pas d'autres enfants du mariage. Si, en effet, il y a des enfants mineurs, c'est la mère tutrice, ou le tuteur qui la remplace, qui doit gérer toute la fortune paternelle (C. Nap., articles 450, 420). On ne pourrait pas, sans beaucoup d'inconvénients, donner un droit partiel d'administration au curateur au ventre sur cette masse indivise. Que si les enfants sont majeurs, le pouvoir du curateur est plus grand; car il a le droit non-seulement de surveiller leur gestion, mais d'y intervenir,

et même d'y concourir, s'il le croit utile, pour la défense des intérêts de l'enfant à naître (DEMOLOMBE, t. 7, n° 74).

793. Les fonctions de curateur au ventre cessent par l'accouchement de la femme, ou par la certitude acquise qu'elle n'était pas enceinte. Le curateur qui a géré les biens de la succession doit, comme tout administrateur, en rendre compte à qui il appartiendra (Arg. C. Nap., art. 469, 813, 1993, etc.).

§ 6.—Du convol en secondes noces de la mère tutrice. — Cotuteur. —Responsabilite solidaire (C. Nap., art. 395, 396).

794. Le père veuf qui se remarie conserve de plein droit la tutelle légale des enfants de son premier mariage, sans avoir à demander aucune confirmation de son pouvoir au conseil de famille. La mère veuve, au contraire, qui convole en secondes noces, perd la tutelle de plein droit si elle ne s'y fait maintenir, avant la célébration du mariage, par une déclaration du conseil de famille. Cette différence, ainsi que celles analogues résultant des art. 206-1°, 381 et 386, C. Nap., tient à ce que le mari, chef de ce nouveau ménage, conserve en droit et en fait son autorité tutélaire, et, par suite, la liberté pleine et entière de ses actions, tandis que la femme subit en droit et en fait l'autorité de son nouveau mari; elle n'a plus sa liberté d'action. C'est son nouvel époux qui agit pour elle, qui gouverne la famille.

Ainsi donc, la mère tutrice qui veut se remarier, doit, avant l'acte de mariage, convoquer le conseil de famille de ses enfants mineurs, qui examinera si le mariage qu'elle a en vue est favorable à leurs intérêts, si l'homme qu'elle veut épouser est honnête, solvable et bon administrateur, et jugera s'il convient de conserver la tutelle à la mère en lui donnant pour cotuteur son nouveau mari, ou de faire cesser de suite la tutelle légitime en nommant un autre tuteur à la place de la mère.

Quel que soit le parti que prenne le conseil de famille, sa décision, qu'il n'est pas tenu de motiver, est souveraine.

Dans le premier cas, le nouveau mari se trouve complétement étranger aux affaires de la tutelle et ne peut, par conséquent, être grevé de l'hypothèque légale ; mais il en est autrement si la femme est maintenue dans la tutelle ou si elle se marie sans que le conseil de famille ait été appelé à prononcer, comme on le verra dans les numéros suivants.

795. Si la mère se remarie sans convoquer le conseil de famille, elle perd la tutelle de plein droit *ipso facto*, c'est-à-dire par la seule force de la loi, et sans qu'il soit nécessaire de

faire prononcer sa déchéance par le conseil de famille (C. Nap., art. 395-1°), et reste responsable hypothécairement de son indue gestion (C. Nap., art. 2121). On dirait en vain : l'hypothèque légale n'existe que dans les cas déterminés par la loi (C. Nap., art. 2116) ; et en particulier, l'hypothèque établie par l'art. 2121 ne frappe que les immeubles du tuteur, du véritable tuteur. Or, aux termes de l'art. 375, C. Nap., la mère a perdu la tutelle de plein droit, elle n'est plus tutrice; l'administration des biens du mineur n'a plus, de sa part, que le caractère d'une simple gestion. Donc, l'hypothèque légale est éteinte (DURANTON, t. 19, n° 312). Non, dirons-nous avec M. Demolombe, t. 7, n° 124. Non ! l'administration des biens du mineur par la mère, depuis son nouveau mariage, n'est, ni en fait ni en droit, une simple gestion d'affaires ; c'est la tutelle encore qu'elle conserve ; c'est comme tutrice qu'elle continue d'exercer, sciemment ou par ignorance (C. Nap., art. 395). Donc la mère est encore sous ce rapport du moins légalement tutrice ; donc ses biens sont grevés de l'hypothèque légale. Et, en effet, elle n'a pas fait ce qu'elle devait faire pour se décharger régulièrement de la tutelle (Arg. Cass., 15 déc. 1825, Dev.26.1.55 ; GRENIER, *des Hyp.*, t. 1er, n° 280 ; ZACHARIÆ, AUBRY et RAU, t. 1er, p. 365 ; TROPLONG, *des Priv. et hyp.*, t. 2, n° 426; MARCADÉ, t. 2, art. 395 ; PONT, art. 212 ; DEMOLOMBE, *loc. cit.*; DEMANTE, t. 2, nos 144 *bis*-1).

Toutefois cette déchéance légale n'emporte pas contre elle une incapacité absolue; elle peut recouvrer la tutelle par la volonté et la désignation du conseil de famille (Arg. Paris, 24 juin 1856, J.P.56.2.536).

Ce n'est souvent, en effet, que par suite d'une omission, d'une simple négligence, qu'elle a perdu la tutelle légale de ses enfants, et le conseil de famille peut très-bien la nommer tutrice; mais au lieu d'être encore tutrice légitime comme quand elle est maintenue dans sa tutelle, elle n'est plus que tutrice dative ; d'où il suit qu'elle n'a plus le droit de requérir la détention de ses enfants pour inconduite (C. Nap., article 381), ni de jouir de leurs biens jusqu'à dix-huit ans ou jusqu'à leur émancipation (C. Nap., art. 384, 386), ni de leur choisir elle-même en mourant un tuteur (C. Nap., art. 399) même après la mort de son second mari et quoique sans enfants de son second mariage, et qu'à sa mort la tutelle passe non de plein droit aux ascendants (Paris, 24 juin 1856, J.P. 56.2.536), mais à un tuteur datif, parce qu'en principe la mère a brisé elle-même son droit, et, en sa personne, celui des autres ascendants et qu'on ne revient jamais de la tutelle dative à la tutelle légitime. Mais là s'arrête la rigueur du législateur qui, malgré l'énormité de la faute de la mère, n'a pas cru devoir la dépouiller de cette autorité qu'elle tient de la nature aussi bien que de la loi, de la puissance paternelle ; du moins, on ne trouve aucun texte qui appelle cette conséquence ; ainsi, elle conserve en sa personne le droit d'émancipation, le droit qui lui appartient relativement au mariage de ses enfants, à leur adoption, etc. ; le droit d'être chargée de leur éducation et de les garder près d'elle, surtout lorsque sa conduite est irréprochable ; en ce cas, il y a évidemment lieu à divisibilité des fonctions de la tutelle (V. *Puiss. paternelle*, *Emancip.*, *Adoption*, etc.); mais les tribunaux peuvent lui retirer cette garde et la confier au tuteur, s'ils estiment cela plus avantageux pour les enfants (Arg. Caen, 19 mai 1854, J. P.56.1.167).

796. Du reste, le conseil de famille qui a conservé la tutelle à une mère remariée et nommé son mari cotuteur peut ensuite leur imposer l'obligation de fournir annuellement au subrogé tuteur un état de leur gestion ; l'art. 470, C. Nap., qui affranchit le père et la mère de cette obligation, n'en exonère pas l'étranger qui, par le convol, entre dans la famille, devient par le fait le seul administrateur de la fortune du mineur, l'autorité de sa position entraînant forcément celle de la mère, et qui, comme chef d'une nouvelle famille, peut avoir des intérêts en opposition avec ceux du mineur (Arg. Grenoble, 21 juin 1854, J.P.55.2.419).

Ainsi la règle générale, fixée par l'art. 470, C. Nap., s'applique au mari cotuteur de la mère remariée, et par conséquent à la mère elle-même.

La dispense de cette formalité n'existe pour la mère tutrice qu'autant qu'elle n'est pas remariée (Arg. Cass., 5 mai 1856, J.P.57.831 ; DEMANTE, t. 2, n° 231 *bis* ; ALLEMAND, *Traité du mariage*, t. 2, n° 1202 ; DEMOLOMBE, t. 7, nos 146 et 148. — *Contrà*, MAGNIN, n° 453 ; DE FRÉMINVILLE, t. 1, n° 57).

797. Lorsque la mère tutrice remariée a été maintenue dans la tutelle, l'art. 396, C. Nap., veut que le conseil de famille lui donne nécessairement pour cotuteur le second mari. Par ce mot *nécessairement* le législateur fait entendre clairement que le conseil de famille ne pourrait pas, en maintenant la tutelle à la mère, se dispenser de nommer le second mari cotuteur ; l'art. 396 est positif, à ce point que, s'il arrivait que par omission, par oubli, le conseil de famille ne s'en fût pas

expliqué, le nouveau mari qui ne cesserait pas pour cela d'être responsable de la gestion de la tutelle, avant même d'avoir provoqué une nouvelle délibération du conseil de famille, devrait le faire de suite, pour réparer cet oubli (Arg. C. Nap., art. 395).

798. Il est évident que le second mari étant cotuteur, c'est-à-dire tuteur avec sa femme et en même temps qu'elle chargé comme elle et avec elle de l'administration des biens, est responsable, comme elle, de la gestion commune, non pas pour moitié chacun, mais *solidairement*, c'est-à-dire de manière que l'un d'eux pourrait être poursuivi pour le tout (C. Nap., art. 1200), et qu'il est comme elle soumis à l'hypothèque légale (C. Nap., art. 2121).

Mais dans quelles limites le cotuteur peut-il représenter le mineur et agir en son nom? La loi est muette sur ce point. En fait, et le plus souvent sans doute, la tutelle sera gérée par le nouveau mari, surtout si le contrat de mariage lui confère l'administration des biens de la femme elle-même. Ce n'est guère que dans le cas de séparation de biens qu'il pourrait en être autrement, et que la mère conserverait ensuite, avec l'administration de ses biens personnels, celle des biens des enfants de son premier mariage, sauf la responsabilité commune du cotuteur. Mais la loi n'admet aucune distinction entre les régimes matrimoniaux que les époux ont pu adopter; d'où l'on doit plutôt conclure que l'un n'a pas le droit de gérer plutôt que l'autre; pas même le mari par préférence à la femme, quoique chef de la famille, car la femme aussi est elle-même et personnellement tutrice; et, qu'ils doivent, dans tous les cas, par analogie des dispositions de l'art. 465, C. comm., gérer ensemble et conjointement la tutelle, de telle sorte que si c'est la femme qui agit, son mari cotuteur doit l'assister; et que si c'est le mari, la femme tutrice doit signer avec lui les actes, et que conséquemment la mère, aussi bien que le mari, a, chacun de son côté, également le droit de former opposition à l'acte que l'autre voudrait passer. Autrement, la continuation de la tutelle, conservée à la mère, bien plus en sa faveur qu'en faveur du second mari, serait illusoire, et même contradictoire avec les termes de la loi. Aussi s'agit-il d'émanciper les mineurs, d'emprunter sur leurs biens, d'hypothéquer ou vendre les immeubles, d'intervenir dans un partage ou de le provoquer, de recevoir ou placer des capitaux, d'accepter ou répudier une succession, dans tous ces cas et autres de même nature, le mari et la femme doivent nécessairement agir ensemble et conjointement, à peine de nullité radicale des actes que l'un ferait sans la participation de l'autre, et alors même que le mari agissant seul se serait porté fort pour sa femme.

799. Lorsque la mère se remarie sans avoir provoqué la décision du conseil de famille, son mari, cotuteur de droit, répond solidairement avec elle de toutes les suites de la tutelle qu'elle aura indûment conservée, même de celles antérieures au mariage, c'est-à-dire du dommage qu'ils ont pu causer aux enfants mineurs, soit pour défaut de gestion, soit pour indue gestion. C'est seulement quand les choses se sont passées régulièrement et que le second mari est cotuteur, qu'il ne répond que de la gestion postérieure au mariage (C. Nap., art. 396).

800. La responsabilité du nouveau mari, dans le cas de l'art. 395, peut paraître exorbitante au premier abord ; mais quand on réfléchit à tous les dangers dont l'inobservation, dans ce cas, menace les mineurs et leur fortune, on ne peut que louer le législateur d'avoir prononcé cette peine sévère. Qui peut, en effet, s'en plaindre ? Le nouveau mari ? Mais il pouvait éviter la dure responsabilité à laquelle il s'est exposé en faisant régulariser la position de la femme avant le mariage; s'il ne l'a pas fait, c'est sa faute ; il ne peut donc en accuser que lui et non la sévérité de la loi.

801. La mère remariée ne pouvant, en principe, être tutrice qu'autant que son nouveau mari est cotuteur, et son nouveau mari ne pouvant lui-même être cotuteur qu'autant que sa femme est tutrice (Arg. C. Nap., art. 396), il s'ensuit évidemment que tout événement qui met fin à la tutelle de la mère met fin aussi à la cotutelle de son nouveau mari, et que de même tout événement qui met fin à la cotutelle du mari, telles, par exemple, son interdiction, sa destitution ou sa démission dûment acceptée, sa séparation de corps, qu'elle ait été prononcée contre lui ou contre sa femme, peu importe, met fin aussi nécessairement à la tutelle de la femme, à l'exception toutefois du décès du cotuteur qui, loin de produire l'extinction de la tutelle de la mère, lui rend, au contraire, sa primitive indépendance. L'art. 396 n'a effectivement pu avoir en vue que la situation régulière et normale du mariage (V. *infrà*, n° 805).

Au reste, la mère ne peut, après avoir perdu, par suite de son convol, la jouissance des biens de ses enfants mineurs, être obligée de les nourrir à ses frais qu'en tant que les biens des enfants n'y peuvent suffire. Dès lors, si elle les a nourris de fait, elle peut, à leur majorité, répéter ses frais de nourriture et d'entretien (Arg. Nîmes, 1er mai 1826).

802. Lorsque le conseil de famille ne croit pas devoir conserver la tutelle à la mère, il n'est pas obligé de donner sur ce point les motifs de sa décision (C. Nap., art. 395). L'art. 447 du même Code n'est pas applicable dans notre hypothèse; mais rien n'empêche le conseil de famille de nommer seulement le nouveau mari tuteur, sans conserver la tutelle à sa femme (DEMOLOMBE, t. 7, n° 139).

803. Les attributions dont jouit le conseil de famille dans toute tutelle autre que celle des père et mère, lui appartiennent également lorsqu'il conserve la tutelle à la mère convolant à de secondes noces.

Ainsi, les art. 454 à 456 et 470 deviennent applicables à cette hypothèse, et sous ce rapport la tutelle conservée à la mère peut être qualifiée de tutelle dative (Arg. Rouen, 8 août, 1827, S.39.2.84 ; Agen, 14 déc. 1830, S.31.2.291 ; ZACHARIÆ, AUBRY et RAU, t. 1, p. 367 ; DEMOLOMBE, t. 7, n° 146).

Ainsi, par exemple, le conseil de famille peut, en conservant la tutelle à la mère et en nommant son mari cotuteur : 1° régler la somme à laquelle devra s'élever la dépense annuelle du mineur (art. 454-1°) ; 2° les obliger à remettre au subrogé tuteur des états de situation (art. 470, CHARDON, *de la Puiss. tut.*, t. 3, n° 25 ; ALLEMAND, *du Mar.*, t. 3, n° 1202; ZACHARIÆ, AUBRY et RAU, t. 1, p. 369 ; DEMOLOMBE, t. 7, n° 146).

804. Mais, d'un autre côté, le conseil de famille ne pourrait, même dans cette hypothèse, imposer à la mère des conditions ou des formes d'administration auxquelles il ne serait pas autorisé à soumettre tout autre tuteur même datif (Grenoble 28 juill. 1828, D.33.2.29 ; Caen, 30 déc. 1845, DEV. 46.2.621 ; DE FRÉMINVILLE, t. 1, n° 57; ZACHARIÆ, AUBRY et RAU, t. 1, p. 368; DEMOLOMBE, t. 7, n° 146).

805. La tutelle conservée à la mère prend fin dans sa personne par les mêmes causes qu'une tutelle ordinaire, et lorsqu'elle vient à finir, par l'une ou l'autre de ces causes, elle cesse aussi de plein droit dans la personne du second mari. Cette tutelle cesse, en outre, dans la personne de la mère comme dans celle du second mari, lorsque celui-ci en est destitué ou s'en est fait excuser (Bruxelles, 18 juill. 1810, S.11.2.433; DEMANTE, t. 2, nos 145 *bis*, II-IV; VALETTE, *Expl. somm. du C. Nap.*, p. 229; ZACHARIÆ, AUBRY et RAU, t. 1, p. 369; DEMOLOMBE, t. 7, nos 138 et 139. V. *suprà*, n° 800).

SECT. III. — *De la tutelle déférée par le dernier mourant des père et mère* (C. Nap., 397 à 401).

806. Le dernier mourant des père et mère a le droit de choisir lui-même la personne qui devra le remplacer, après son décès, dans l'exercice de la tutelle de ses enfants, un parent ou un ami, la personne enfin qu'il aura jugée la plus digne de cette importante fonction (C. Nap., art. 397). C'est une suite de la confiance que lui accorde la loi. L'art. 397 confère ce droit au dernier mourant, sans aucune distinction, au mineur comme au majeur (Arg. C. Nap., art. 442-1°); à la mère tutrice légitime comme au père tuteur légitime; à la mère, lors même que le père prémourant lui aurait nommé un conseil de tutelle, sans qu'elle ait besoin de l'assistance de ce conseil pour faire cette nomination, ni que le tuteur nommé par elle, dans ce cas, doive être confirmé par le conseil de famille; car le conseil que lui a donné son mari n'a pu, en droit et en fait, la priver de l'exercice du droit que lui confère l'art. 397 du même Code (DE FRÉMINVILLE, t. 1, n° 71; DEMOLOMBE, t. 7, n° 152; ZACHARIÆ, AUBRY et RAU, t. 1, p. 370).

807. La nomination émanant soit du père, soit de la mère, doit se faire, d'après l'art 398, C. Nap., dans les mêmes formes que la nomination du conseil que le père peut imposer à la mère survivante (C. Nap., art. 391, 392); c'est-à-dire : 1° par un acte de *dernière volonté* (C. Nap., art. 967 et suiv.); 2° par une déclaration faite, ou devant le juge de paix (du domicile du déclarant), assisté de son greffier, ou passé devant (tous) notaires (C. Nap., art. 392. V. *suprà*, n° 757).

808. La tutelle ainsi conférée s'appelle testamentaire; c'est, en effet, une sorte de disposition à cause de mort, valable seulement après le décès du déclarant, alors même que cet acte ne contiendrait aucune disposition quant aux biens (Arg. C. Nap., art. 392 et 398 combinés). Cette sorte de tutelle ne devant produire ses effets, comme l'indique son nom, qu'après le décès de celui qui l'a conférée, exclut, par une conséquence forcée, la faculté, pour l'époux survivant, de nommer un tuteur pour le remplacer en son *vivant* (Arg. C. Nap., art. 390, 391).

809. Le choix d'un tuteur par l'époux survivant peut, comme tout autre acte de dernière volonté, être révoqué ou modifié; mais la révocation doit être faite dans la forme exigée pour les actes de nomination (V. *suprà*, n° 758).

810. Aucun époux n'a le droit, du vivant de son conjoint,

de désigner son successeur dans l'exercice de la tutelle de ses enfants; il doit respecter le droit qu'aura l'autre époux d'être tuteur légitime et de nommer un tuteur qui lui succède. Ainsi, quand même un des époux serait interdit, déchu de la puissance paternelle ou présumé absent, l'autre époux n'étant pas survivant, ne pourrait pas faire la nomination dont il s'agit; car l'interdiction peut être rapportée, le déchu de la puissance paternelle gracié, ou l'absent reparaître ; l'absence *déclarée* peut seule autoriser le droit de nomination (DURANTON, t. 3, n° 455 ; MASSÉ et VERGÉ, t. 1, p. 411 ; DEMANTE, t. 2, n° 146 *bis;* DE FRÉMINVILLE, t. 1, n° 72 ; ZACHARIÆ, AUBRY et RAU, t. 1, p. 370 ; VALETTE sur PROUDHON, t. 2, p. 203 ; DEMOLOMBE, t. 7, n° 156 ; DUCAURROY, BONNIER et ROUSTAIN, t. 1, p. 411).

811. Le dernier mourant des père et mère, qui a été exclu ou destitué de la tutelle, du moment qu'il n'exerce pas la tutelle légitime, soit pour inconduite notoire, soit pour incapacité ou infidélité, ne pouvant pas, aux termes de l'art. 445, C. Nap., concourir, comme membre d'un conseil de famille, à la nomination d'un tuteur datif, est, à bien plus forte raison, incapable de choisir à lui seul un tuteur à ses enfants (DELVINCOURT, t. 1, p. 105, note 2 ; VALETTE sur PROUDHON, t. 2, p. 293 ; ZACHARIÆ, AUBRY et RAU, t. 1, p. 370 ; DEMOLOMBE, t. 7, n° 163 ; MARCADÉ, t. 2, art. 397, n° 1). Il en serait de même, suivant Marcadé, de la mère survivante qui a refusé la tutelle, ou du père survivant qui s'en est fait excuser. Il n'y a, en effet, que le survivant qui exerce la tutelle *légitime* qui puisse transmettre lui-même cette tutelle à un successeur de son choix. Or, le survivant qui a refusé la tutelle ou qui s'en est fait excuser, n'a plus la tutelle; donc, il ne peut pas transmettre à un autre ce qu'il n'a plus lui-même, car : *nemo dat quod non habet.*

812. Le père, quoique *remarié*, conserve intact le droit de choisir un tuteur aux enfants de son premier lit (Arg. C. Nap., art. 386, 399).

813. Il n'en est pas de même de la mère remariée ; son second mariage *éteint* ou *modifie* son droit de nomination. La loi, à cet égard, fait une distinction : la mère remariée a perdu ce droit, si elle n'a pas été maintenue dans la tutelle des enfants de son premier mariage (C. Nap., art. 399) ; et cette disposition est évidemment applicable à la mère déchue de plein droit de la tutelle, pour n'avoir pas fait convoquer le conseil de famille préalablement à son second mariage (C.

Nap., art. 395). Comment, en effet, pourrait-elle déléguer à un autre le droit que la loi lui a retiré? Si la mère, au contraire, a été maintenue dans la tutelle, elle peut nommer un tuteur aux enfants de son premier mariage; mais comme son choix pourrait être le résultat de l'influence de son nouveau mari, la loi exige, pour la garantie des enfants, que le tuteur désigné par elle soit confirmé par le conseil de famille (C. Nap., art. 400). C'est une indication plutôt qu'une élection qu'elle fait; car la loi confère, en cette occasion, au conseil de famille, un pouvoir d'appréciation discrétionnaire et souverain, comme dans le cas de l'art. 395, C. Nap. (V. *suprà*, n° 795). Il n'est pas tenu de rendre compte de ses motifs, comme dans le cas des art. 447 et 448, C. Nap., et la personne nommée tutrice testamentaire ne peut pas se pourvoir contre sa délibération. Cette personne n'a pas été, en effet, exclue ni destituée; elle n'a pas été agréée, voilà tout.

814. Le droit de la mère n'est pas, comme on l'a prétendu, anéanti par l'art. 400, C. Nap., qui soumet son choix à la confirmation du conseil de famille; il produit, au contraire, cet effet important, que le tuteur choisi par elle l'emporte sur les ascendants, lorsqu'il est confirmé par le conseil de famille; et que, s'il n'est point confirmé, le conseil de famille doit alors nommer un autre tuteur, car la mère, en ayant choisi un, a, par là même, exclu les ascendants, bien qu'en fait l'élection du tuteur qu'elle a désigné soit restée sans effet (DEMOLOMBE, t. 7, nos 165-169).

815. Les art. 399 et 400, C. Nap., sont encore applicables à la mère dans le cas où elle serait redevenue veuve par la mort de son nouvel époux, alors même qu'il n'existerait pas d'enfants de ce second mariage. Le texte de ces articles est absolu (DURANTON, t. 3, n° 436; DEMOLOMBE, t. 7, n° 170).

816. Le dernier mourant, pouvant, en principe, choisir pour tuteur un parent ou un étranger (à la famille), il s'ensuit que la femme survivante peut choisir son second mari comme tout autre, si elle le juge le plus digne de sa confiance. Mais le tuteur testamentaire n'est pas tenu d'accepter la tutelle, s'il n'est d'ailleurs dans la classe des personnes qu'à défaut de cette élection spéciale le conseil de famille eût pu en charger (C. Nap, art. 401). Cette disposition n'est point spéciale à la tutelle testamentaire; elle s'étend à toute espèce de tutelle dative (C. Nap., art. 432).

817. Si la personne nommée par le dernier mourant des père et mère n'accepte pas la tutelle, son devoir est d'en

instruire immédiatement le juge de paix, afin que le conseil de famille, convoqué, apprécie son refus ou son excuse; car, bien qu'elle ne soit pas tenue, en principe, de gérer la tutelle en attendant qu'elle soit pourvue d'un tuteur, elle pourrait, néanmoins, par un retard et une négligence préjudiciables aux intérêts des mineurs à faire connaître sa détermination, donner lieu à un principe de responsabilité personnelle (C. Nap., art. 1382; DEMOLOMBE, t. 7, n° 175; TOULLIER, t. 2, n° 1107; DE FRÉMINVILLE, t. 1, n° 81; ZACHARIÆ, AUBRY et RAU, t. 1, p. 372; DEMOLOMBE, t. 7, n°s 179 à 181. — *Contrà*, DELVINCOURT, t. 1, p. 272; MAGNIN, t. 1, n°s 472 et 478; DALLOZ, v° *Tutelle*, t. 13, p. 106, n° 3).

SECT. IV. — *De la tutelle légitime des ascendants* (C. Nap., art. 402 à 404).

§ 1er.—Ouverture de la tutelle légitime des ascendants.

818. Il n'y a pas lieu à la tutelle légitime des ascendants :

1° Si le survivant des père et mère existe encore; et cela, lors même qu'il n'exerce pas la tutelle, soit parce qu'il l'a refusée, soit parce qu'il en est incapable, soit enfin parce qu'il l'a perdue de plein droit ou en a été excusé, exclu ou destitué (Arg. C. Nap., art. 394, 395, 402, 403, 404); alors même que le tuteur légal, démis ou excusé, viendrait à être rappelé à la tutelle (Cass., 26 fév. 1807, S.7.1.156; Rouen, 18 déc. 1839, D.40.1.178; Paris, 24 juin 1856, DEV.56.2.527; MASSÉ et VERGÉ, t. 1, p. 413; ZACHARIÆ, AUBRY et RAU, t. 1, p. 371; DEMANTE, t. 2, n° 150 *bis*, I; DEMOLOMBE, t. 7, n° 178.— *Contrà*, DELVINCOURT, t. 1, p. 104, note 2);

2° Si le dernier mourant des père et mère a choisi un tuteur testamentaire à ses enfants, et cela lors même que le tuteur élu serait excusé, exclu ou destitué, ou même prédécédé, surtout si le dernier mourant n'en avait pas eu connaissance; la loi n'exige point, en effet, qu'il y ait un tuteur testamentaire, il suffit pour cela que le dernier mourant ait manifesté sa volonté pour que cette tutelle ne s'ouvrît pas au profit des ascendants; ce qui a évidemment eu lieu, du moment que le tuteur a été choisi; car, dès qu'il a été choisi, il a été élu; c'est ce qu'impliquent, d'ailleurs, les art. 402 et 405, C. Nap.

Si le tuteur testamentaire a été nommé par la mère, le délai de trois jours, que l'art. 439, C. Nap., lui accorde pour présenter ses excuses, ne court que du jour de la notification du conseil de famille qui le maintient dans la tutelle (V. *infrà*, sect. 19).

819. Ainsi, lorsque le tuteur choisi par le dernier mourant des père et mère est excusé, exclu ou destitué, ou même décédé sans que le dernier mourant en ait eu connaissance, la tutelle passe, non pas aux ascendants, mais à un tuteur datif nommé par le conseil de famille. En effet, l'espèce d'exclusion prononcée par le dernier mourant des père et mère, en la sagesse duquel la loi a pleine confiance, élevant contre les ascendants une présomption grave d'incapacité, suffit pour les écarter de la tutelle, sans qu'il y ait à distinguer si le tuteur désigné exerce ou non la tutelle, ni quand il ne l'exerce pas, à rechercher quelle est la cause qui a rendu son élection sans effet. Si cependant le tuteur testamentaire était mort avant le père ou la mère qui l'a choisi, et que celui-ci en eût eu parfaite connaissance, sans pourvoir à son remplacement, rien ne ferait plus obstacle à la tutelle des ascendants. Ce serait, en effet, une preuve évidente que les motifs qui avaient porté le dernier mourant à exclure les ascendants de la tutelle de ses enfants, en se choisissant un successeur pour l'exercer, n'existaient plus, et que, dès lors, la cause cessant, l'effet a dû également cesser, *cessante causâ, cessavit effectus*.

820. Si au décès du dernier mourant des père et mère il existe un tuteur datif en exercice, nommé à la place du survivant, qui a refusé la tutelle, l'a perdue de plein droit, ou qui en a été excusé, exclu ou destitué, les ascendants ne sont pas appelés à la tutelle légitime; car, dès que la tutelle est devenue dative, elle doit rester dative, qu'il y ait ou non des ascendants (C. Nap., art. 402. V. les auteurs des nos 818, 819).

821. Les ascendants ne peuvent, au surplus, refuser la tutelle qui leur est dévolue par la loi que lorsqu'ils se trouvent dans un cas d'excuse légale (V. *infrà*).

§ 2. — **A quels ascendants et dans quel ordre la tutelle légitime leur est déférée** (C. Nap., art. 402, 403 et 404).

822. Lorsqu'il n'a pas été choisi au mineur un tuteur par le dernier mourant des père et mère, la tutelle légitime appartient aux ascendants mâles (C. Nap., art. 402, 404); les ascendantes n'y sont point appelées, la mère seule est tutrice légale (C. Nap., art. 390) ; les autres ascendantes peuvent seulement être nommées par le conseil de famille (C. Nap., art. 402-3°).

824. Parmi les ascendants mâles, le plus proche, à quelque degré d'ailleurs qu'il se trouve, est appelé à la tutelle, sans distinction de ligne; mais, à égalité de degré, la préférence appartient : 1° à l'ascendant paternel sur l'ascendant maternel (C. Nap., art. 402); 2° à l'aïeul paternel sur l'aïeule maternelle; 3° au bisaïeul paternel, et s'il y en a deux, à celui qui appartient à la ligne paternelle du père des mineurs; car, entre ce bisaïeul et l'enfant, il y a communauté de nom (C. Nap., art. 403); 4° au bisaïeul maternel, et s'il y a deux bisaïeuls dans la ligne maternelle, la loi charge le conseil de famille de choisir celui des deux qui lui paraît le plus propre aux fonctions de tuteur (C. Nap., art. 404).

Dans le cas où l'ascendant auquel la tutelle est déférée de droit est excusé, exclu ou destitué, la tutelle doit également être déférée par le conseil de famille, bien qu'il y ait d'autres ascendants en état de la gérer.

825. Du moment que la tutelle légitime trouve une personne pour se reposer sur elle, le degré de la loi est épuisé; quoique cette personne ne remplisse pas, en réalité, les fonctions de tuteur, il ne se fait pas de dévolution d'un degré à l'autre (Arg. C. Nap., art. 394, 405).

Il en était de même de la tutelle légitime des agnats en droit romain (LL. 11, ff. *de Test. tut.*; L. 3 et 8, ff. *de Legitim. tut.*; ZACHARIÆ, AUBRY et RAU, t. 1, p. 372; MARCADÉ, art. 402, n° 1; DEMOLOMBE, t. 7, n° 186).

Nous pensons toutefois que si l'ascendant le plus proche est décédé en exercice de la tutelle, il doit être remplacé par l'ascendant qui vient après lui. Dans ce seul cas, la dévolution d'un degré à l'autre a évidemment lieu (Arg. C. Nap., art. 402 et 403; MARCADÉ, t. 1, art. 402, n° 1; MASSÉ et VERGÉ, t. 1, p. 414; DEMANTE, t. 2, n° 150 *bis*, v; DEMOLOMBE, t. 7, n° 187).

826. Au surplus, le second mariage d'une ascendante n'est pas, à son égard, comme à l'égard de la mère des mineurs, un motif d'exclusion à être élue tutrice.

SECT. V. — *De la tutelle dative* (C. Nap., art. 405 à 420).

827. La tutelle dative, déférée autrefois par le juge, d'après un avis de parents, l'est aujourd'hui directement par les parents eux-mêmes, c'est-à-dire par le conseil de famille, composé conformément à l'art. 407, C. Nap. (C. Nap., art. 405).

828. Il y a lieu à tutelle dative, non-seulement lorsque le mineur est resté sans père, ni mère, ni tuteur, élu par le der-

nier mourant des père et mère, ni ascendants mâles, mais aussi lorsque le tuteur de l'une de ces qualités se trouve incapable, excusé, exclu ou destitué (C. Nap., art. 405).

829. Ainsi, lorsque le survivant des père et mère est exclu, excusé ou destitué, ainsi que dans le cas où la mère refuse la tutelle, ce n'est ni la tutelle testamentaire, ni la tutelle des ascendants qui s'ouvre, mais bien la tutelle dative (Arg. Paris, 24 juin 1856, J.P.56.2.536).

830. De même, si le tuteur testamentaire, par une cause quelconque, ne gère pas la tutelle, la tutelle des ascendants est écartée par la tutelle dative.

831. Il en est de même encore, lorsque l'ascendant le plus proche est excusé, exclu ou destitué; la tutelle n'est pas alors dévolue de plein droit à l'ascendant du degré le plus proche après lui; elle devient au contraire dative, sauf toutefois le cas de mort de l'ascendant en exercice de la tutelle légitime.

832. En principe, le mineur n'a jamais qu'un seul tuteur. C'est, en effet, un tuteur seulement que le survivant des père et mère peut désigner par acte de dernière volonté (C. Nap., art. 397); c'est à un seul ascendant que les art. 390, 402 et 404, C. Nap. confèrent la tutelle légitime, alors même qu'il s'en trouve deux présentant les mêmes titres; c'est un tuteur seulement que le conseil de famille doit nommer (C. Nap., art. 405).

Si les biens à régir sont considérables ou de nature différente, ou surtout lorsqu'ils sont séparés et situés en des lieux divers, le conseil de famille autorise le tuteur à s'aider, dans sa gestion, d'un ou de plusieurs administrateurs particuliers, salariés, et gérant sous sa responsabilité (C. Nap., art. 454). Cependant, et par exception à cette règle, le mineur a deux tuteurs : 1° lorsque, étant domicilié en France, il possède des biens dans les *colonies*; ou que, domicilié aux colonies, il a des biens en France. Dans ce cas, le conseil de famille du lieu où il est domicilié doit lui nommer un tuteur ordinaire pour ce même lieu et un protuteur pour l'autre (C. Nap., art. 417. V. *infrà*, sect. 8) ; 2° lorsque la mère tutrice légale, s'étant remariée, a été maintenue dans la tutelle (C. Nap., 396).

Ils sont solidairement responsables de leur gestion commune (Arg. C. Nap., art. 417. V. *sup.* sect. II, § 6).

833. Le conseil de famille n'est pas tenu de prendre le tuteur dans son sein (Arg. C. Nap., art. 432).

834. Il est de principe que le tuteur, soit datif, soit testamentaire même, doit être nommé purement et simplement

pour gérer la tutelle, immédiatement, soit après sa nomination, soit après le décès du testateur, jusqu'à la majorité ou l'émancipation du mineur (Arg. C. Nap., art. 438, 440); c'est donc à tort que certains auteurs prétendent que le tuteur peut être nommé à terme ou sous une condition soit suspensive, soit résolutoire, notamment le tuteur testamentaire. Une telle nomination est, en effet, irrégulière et ne peut évidemment pas conférer à la personne ainsi nommée un droit à la tutelle. Le conseil de famille devrait donc, en pareil cas, y pourvoir de suite par la nomination d'un autre tuteur (Arg. C. Nap., art. 438, 440; DEMOLOMBE, t. 7, nos 226 à 230; MASSÉ et VERGÉ, sur ZACHARIÆ, t. 2, p. 386).

835. La nomination du tuteur à la substitution, comme celle de tout tuteur datif, appartient exclusivement au conseil de famille; les tribunaux n'ont dans aucun cas qualité pour le désigner, pas même dans le cas où ils annulent la nomination faite par ce conseil (V. *suprà*, n° 475, et *infrà*, n° 863, et *de la Tutelle à la substitution*).

SECT. VI. *Du conseil de famille* (C. Nap., art. 405 à 419).

§ 1er.—**Composition du conseil de famille** (C. Nap., art. 407 à 410).

836. Le conseil de famille doit être composé : 1° du juge de paix du lieu où la tutelle s'est ouverte, qui en est membre nécessaire et président; 2° de six parents ou alliés du mineur pris tant dans la commune où la tutelle s'est ouverte que dans le rayon de deux myriamètres de cette commune, moitié du côté paternel, moitié du côté maternel, dans le but évidemment d'éviter l'influence d'une ligne sur l'autre; en tout sept membres, nombre impair, afin d'obvier, autant que possible, à l'inconvénient de voir le conseil, lorsqu'il a une délibération à prendre ou un avis à donner, se partager en deux opinions ayant un nombre égal de voix (Arg. C. Nap., art. 467).

837. L'ordre de proximité dans chaque ligne doit être scrupuleusement suivi, ce qui ne veut pas dire que l'on doive appeler, dans chacune des lignes, les trois plus proches parents ou alliés d'une manière absolue, et si loin qu'ils puissent demeurer, mais les plus proches parmi ceux qui résident ou se trouvent momentanément soit dans le lieu où la tutelle s'est ouverte, soit dans le rayon de deux myriamètres (Arg. C. Nap., art. 407 (V. *infrà*, nos 840 et s, 851 et s.).

838. Les alliés sont appelés dans chacune des lignes comme les parents et sans que ceux-ci leur soient préférés par leur seule

qualité de parents. C'est seulement quand le parent et l'allié sont du même degré que le parent (qui succède) est préféré à l'allié (qui ne succède pas). Entre deux parents ou alliés d'un même degré, le plus âgé est préféré à celui qui l'est le moins (C. Nap., art. 407).

839. L'alliance, une fois légalement formée, ne pouvant, en principe, être dissoute que par la loi elle-même, on doit en conclure, à défaut de texte qui la déclare éteinte, qu'elle subsiste toujours, lors même que l'époux qui la produirait est mort, même sans enfants. Si, en effet, la loi l'eût entendu autrement, elle eût pris soin de le dire comme elle l'a fait dans certains cas, notamment dans le cas des art. 206-2°, 383, C. Nap. et de l'art. 378-2°, C. proc. civ.).

Le juge de paix doit donc appeler au conseil le mari de la sœur, de la cousine,.. du mineur, lors même que cette sœur, cette cousine serait décédée sans enfants (Bruxelles, 11 juin 1812 ; Cass., 24 fév. 1825 ; VALETTE, t. 2, p. 315 ; DUVERGIER, t. 2, n° 112 ; DEMOLOMBE, t. 7, n°s 254 et 255 ; MOURLON, *Répét. écrit.*, t. 1er, sur l'art. 407. — *Contrà*, Rouen, 28 août 1809 ; MARCADÉ, sur l'art. 407).

840. Le nombre de six parents ou alliés, non compris le juge de paix, fixé par l'art. 407, C. Nap., pour la composition du conseil de famille est de rigueur, il ne peut être dépassé; telle est la règle générale.

841. Cependant cette règle reçoit exception, d'après l'art. 408 du même Code, en faveur des *frères germains* du mineur et des maris des sœurs *germaines* ; s'ils sont six ou au delà, ils sont tous, quel que soit leur nombre, membres du conseil de famille, qu'ils composent, alors seuls, avec les ascendants et les ascendantes veuves du mineur, à l'exclusion de tous autres; ils doivent tous dès lors y être appelés pour la régularité de la composition du conseil ; l'omission d'un seul d'entre eux suffirait pour vicier sa composition, alors même que six autres frères ou beaux-frères *germains* en auraient fait partie. L'article 408, 2e alin., est absolu (Arg. Lyon, 13 mars 1845, J.P. 45.2.416).

842. Néanmoins la mère tutrice qui s'est remariée sans s'être conformée aux presciptions de l'art. 395, C. Nap., ne doit pas être appelée au conseil de famille qui doit nommer le nouveau tuteur (Arg. Aix, 7 mars 1846) ; par la raison que le conseil de famille, appelé à choisir un nouveau tuteur, doit le plus souvent délibérer sur une question personnelle à la mère, à savoir si elle sera réintégrée dans la tutelle, et que, même

dans le cas où elle ne prétendrait pas à être réintégrée, il y a à voter sur le choix de celui qui recevra le compte à rendre par la mère, choix auquel celle-ci ne peut évidemment participer.

843. On appelle frères (ou sœurs) *germains* les enfants du même père et de la même mère ; frères *consanguins*, les enfants nés du même père, mais qui ont chacun une mère différente ; et frères *utérins*, les enfants qui ont la même mère et non le même père.

844. Si les frères *germains* et les maris des sœurs *germaines*, les *ascendants* et les *ascendantes veuves* sont en nombre inférieur, les autres parents ou alliés ne sont appelés que pour compléter le conseil (C. Nap., art. 408).

Nous disons *les ascendantes veuves*, car il n'est douteux pour personne que l'art. 408, sous la dénomination inexacte de veuves d'ascendants, ne désigne évidemment que les ascendantes veuves, c'est-à-dire les ascendantes mêmes du mineur, la mère de sa mère, sa propre mère remariée, qui n'a pas accepté la tutelle ou qui en a été exclue pour convol (C. Nap., art. 395) ; celles, en un mot, dont il descend (C. Nap., art. 442).

Ainsi, lorsque le père ou le grand-père survivant sont décédés après s'être mariées, la seconde femme de l'un comme de l'autre ne doit point, quoique *veuve d'un ascendant*, être appelée au conseil de famille ; c'est là une vérité unanimement reconnue.

845. Quant aux ascendantes de mineur, elles ne sont toutefois appelées au conseil qu'autant qu'elles sont veuves, parce que tant que l'ascendante a encore son mari, l'ascendant légitime ou par alliance du mineur, c'est lui seul qui doit faire partie du conseil de famille.

Plusieurs auteurs enseignent que lorsqu'il existe des frères germains ou des maris de sœurs germaines, au nombre de six ou au delà, les ascendantes veuves et les ascendants valablement excusés de la tutelle, ou qui n'y ont pas été appelés, ne font point partie du conseil de famille, et que s'ils y sont appelés, ce n'est que par *déférence*, *par respect pour leur titre et seulement comme membres honoraires* et qu'ainsi ils peuvent s'abstenir d'assister aux séances sans encourir aucune amende (C. Nap., art. 413) ; et, en effet, disent-ils, les frères germains et maris de sœurs germaines sont, aux termes bien formels de l'art. 408, seuls exceptés de la règle qui n'admet que six membres au conseil. Quant aux ascendantes veuves et aux ascendants excusés, ils sont appelés à prendre part aux délibérations du conseil, mais ils n'en sont pas membres (TOULLIER, t. 2, n° 1111 ; ZACHARIÆ, § 93, texte et note 12; TAULIER, t. 2, p. 28).

Mais un tel système est, ce nous semble, en contradiction manifeste avec la loi elle-même. En effet, l'art. 408, après avoir dit que les frères germains et maris de sœurs germaines, s'ils sont six ou au delà, seront tous membres du conseil de famille, ajoute, non moins formellement, qu'ils composeront seuls le conseil avec les ascendantes veuves et les ascendants valablement excusés de la tutelle, ce qui veut dire, en d'autres termes, que les ascendantes veuves et les ascendants valablement excusés sont exceptés, comme les frères germains, de la délimitation du nombre légal ; qu'ils sont membres du conseil de famille, et que par conséquent il n'y a pas lieu d'appeler d'autres parents ou alliés, lorsque les ascendants ou ascendantes réunis aux frères germains forment le nombre légal.

Il serait inouï, en effet, que les frères germains fussent préférés, pour la composition du conseil de famille, aux ascendants que la loi appelle de plein droit à la tutelle légale.

Le mot *seuls* de l'art. 408 ne comporte pas d'autre interprétation ; et quant aux autres ascendants qui n'ont pas eu besoin d'excuses pour ne pas être tuteur, parce que la tutelle ne leur a pas été déférée, il est évident qu'ils doivent être traités au moins aussi bien que les ascendants excusés, et que l'art. 408 leur est également applicable.

Nous pensons toutefois que les ascendants excusés de la tutelle peuvent aussi se faire excuser du conseil de famille et conséquemment ne pas en faire partie ; mais, pour cela, il faut qu'ils le demandent et que les motifs de leur excuse soient fondés, ou du moins jugés tels par le conseil de famille (Toulouse, 5 juin 1829, S.29.2.313 ; DE FRÉMINVILLE, t. 1er, n° 87 ; DEMOLOMBE, t. 7, n° 258 à 264 ; DUVERGIER sur TOULLIER, t. 2, n° 1111 ; PROUDHON et VALETTE, t. 2, p. 310 ; ZACHARIÆ, AUBRY et RAU, t. 1er, p. 340, 341 ; DEMANTE, t. 2, nos 155 *bis*, II ; MASSÉ et VERGÉ, t. 1er, p. 391 ; DUCAURROY, BONNIER et ROUSTAIN, t. 1er, n° 607 ; DURANTON, t. 3, nos 459 et 460).

846. Au reste, les frères germains, comme les ascendants, ne font partie du conseil de famille, par préférence à tous les autres parents ou alliés, qu'autant qu'ils se trouvent dans la distance légale de l'art. 407, C. Nap., auquel l'art. 408, C. Nap., n'apporte en ce point aucune dérogation.

847. Mais ils doivent nécessairement y être appelés lorsqu'ils demeurent dans le rayon légal, et le juge de paix ne pourrait faire application, à leur égard, de la faculté ouverte par l'art. 410, C. Nap., *à peine de nullité*, et même dans ce cas, la nullité est d'ordre public et peut être demandée même par l'ascendant qui aurait acquiescé soit expressément, soit tacitement, à la délibération à laquelle il n'aurait pas pris part (Arg. Colmar, 27 avril 1813 ; Angers, 29 mars 1821).

848. La coopération des deux lignes en nombre égal au conseil de famille est de rigueur, lorsque la présence d'un nombre suffisant de parents ou alliés dans la distance légale permet de remplir le vœu de la loi. Autrement, le juge de paix peut, à son choix et suivant ce qu'il croit le plus utile aux intérêts du mineur, appeler, soit des parents ou alliés domiciliés à de plus grandes distances, soit, mais seulement dans la commune même, des personnes mâles, majeures, connues pour avoir eu des relations habituelles d'amitié avec le père ou la mère du mineur (C. Nap., art. 409).

849. Cette disposition s'applique séparément et distributivement à l'une et à l'autre ligne ; c'est ce qui ressort clairement de ces mots de l'art. 409, « *de l'une ou de l'autre ligne.* » Ainsi, par exemple, lorsqu'il existe cinq parents ou alliés dans la ligne paternelle et un seul dans la ligne maternelle, et *vice versâ*, les deux parents maternels manquants doivent être remplacés par deux parents maternels pris en dehors de la circonscription territoriale, ou par deux amis de la mère, et non par les deux parents excédants de la ligne paternelle, ou deux amis du père ; autrement l'équilibre d'influence que l'article 407 exige entre les deux lignes n'existerait plus (MAGNIN, t. 1er, no 330 ; DEMOLOMBE, t. 7, no 367).

850. Quant aux parents qui appartiennent à la fois à la ligne paternelle et à la ligne maternelle, comme les frères germains et les neveux germains, c'est-à-dire enfants de frères germains, ils peuvent être appelés au conseil de famille indifféremment dans l'une ou l'autre ligne, dans leur ordre de proximité, suivant l'art. 407 (Arg. C. Nap., art. 752), et même, s'ils sont en nombre suffisant, composer seuls le conseil de famille ; s'ils sont, au contraire, en nombre insuffisant, c'est le juge de paix qui décidera alors, d'après les circonstances, quels parents de la ligne paternelle ou de la ligne maternelle devront, toujours d'après leur ordre de proximité, être appelés pour compléter le conseil (Arg. C. Nap., art. 408, 2e alinéa ; Arg. Cass., 16 juill. 1810, S.10.1.355 ; Colmar, 14 juill. 1836, DEV. 37.2.

231; MERLIN, *loc. cit.*, sect. 2, § 3, art. 3, nos 7 *bis* ; ZACHARIÆ, AUBRY et RAU, t. 1er, p. 340 ; DEMOLOMBE, t. 7, n° 269).

851. Le juge de paix peut aussi, lors même qu'il y aurait dans la commune où la tutelle s'est ouverte, ou dans la circonscription légale, un nombre suffisant de parents ou d'alliés, en appeler d'autres, lorsqu'il le juge utile pour le bien du mineur, à quelque distance qu'ils soient domiciliés, pourvu qu'ils soient plus proches en degrés ou au moins de même degré que les parents ou alliés présents (C. Nap., art. 410) ; mais alors il doit faire, parmi les parents ou alliés présents, les éliminations nécessaires pour ne pas dépasser le nombre régulier des membres du conseil (C. Nap., art. 410).

D'après cela, il est clair que le juge de paix ne pourrait pas éliminer un ascendant, ou un frère germain, qui serait sur les lieux, pour appeler simplement en dehors de la circonscription légale un autre membre ; car l'ascendant et le frère germain, comme aussi les maris des sœurs germaines et les ascendantes veuves sont spécialement appelés par la loi elle-même à faire partie du conseil de famille (C. Nap., art. 408 ; DURANTON, t. 3, n° 462 ; DEMOLOMBE, t. 7, nos 271, 272 et 273 ; ZACHARIÆ, AUBRY et RAU, t. 1, p. 342).

852. Lorsque le juge de paix s'est conformé, pour la composition du conseil de famille, à l'art. 407, C. Nap., il ne peut pas être contraint par des parents plus proches, mais domiciliés hors du rayon légal de les admettre, mais il peut le faire s'il juge leur coopération utile aux intérêts des mineurs ; il est à cet égard juge souverain. C'est lui, en effet, qui dresse la liste des membres du conseil de famille, puisque c'est lui qui est chargé par la loi de le composer (C. Nap., art. 409 et 410 ; Arg. Douai, 22 juill. 1856 et 4 mars 1859, DEV. 57.2. 33 et 59.2.346).

853. En cas de désaveu d'un enfant inscrit sur les registres de l'état civil, comme né de père et mère inconnus, et alors même qu'il serait renié par la mère, il y a lieu de suivre, pour la composition du conseil de famille, les règles tracées par les art. 407 et s., C. Nap. ; et, dès lors, les membres appelés à le composer doivent être pris moitié du côté paternel et moitié parmi des amis à défaut de parents du côté maternel (Arg. Paris, 1er août 1853, J.P. 54.1.19).

854. Lorsque les parents les plus proches du mineur ne se sont pas rendus à une première convocation pour composer le conseil de famille, le juge de paix, qui en a convoqué de plus éloignés, peut encore rappeler les premiers, s'il le juge à

propos; et si les uns et les autres comparaissent, les plus éloignés doivent être exclus de la délibération (Arg. C. Nap., art. 407).

855. En règle générale, ce n'est qu'à défaut de parents ou d'alliés, résidants passagèrement ou même simplement présents accidentellement dans la commune où la succession s'est ouverte ou dans le rayon légal, que des amis peuvent être appelés comme membres à un conseil de famille. Le mot *domiciliés*, dont se servent les art. 409 et 410, ne peut avoir ici une autre signification; peu importe, en effet, en ce cas, la question de domicile; les parents ou alliés sont présents, cela suffit, lorsqu'ils consentent ou demandent à faire partie du conseil de famille.

856. Il est encore de principe non moins incontestable que le conseil de famille une fois légalement composé, aucune modification ne peut y être faite qu'en cas de décès d'un de ses membres, ou qu'autant qu'un frère germain mineur, lors de la composition primitive du conseil, serait devenu majeur depuis, ou qu'une sœur germaine se serait mariée, ou qu'enfin un parent domicilié au delà de deux myriamètres serait venu se fixer dans la circonscription légale de la commune où la succession s'est ouverte, et encore, dans cette dernière hypothèse, ce parent ne pourrait-il être admis au conseil en remplacement d'un autre parent d'un degré inférieur, et même d'un ami, qu'autant que le juge de paix jugerait cette modification utile aux intérêts du mineur; mais il en devrait être autrement dans les deux premières hypothèses, les frères et beaux-frères germains étant nécessairement appelés à faire partie du conseil de famille (C. Nap., art. 408).

857. Bien qu'il soit conforme au vœu de la loi que l'ordre de proximité dans chaque ligne soit scrupuleusement suivi, et que les prescriptions des art. 407 et 408, C. Nap., soient non moins scrupuleusement observées, cependant il est aujourd'hui de jurisprudence constante que leur inobservation n'est pas prescrite sous peine expresse de nullité, et qu'à cet égard la loi a laissé à la sagesse et à la prudence des tribunaux le soin d'apprécier les circonstances qui peuvent excuser les irrégularités exemptes de tout soupçon de dol ou de connivence (Arg. Paris, 1er août 1853; Rouen, 9 déc. 1854; Douai, 4 juill. 1855; Cass., 11 août 1852 et 1er avril 1856, J.P.54.1.191, 56.2.521, 57.297 et 298).

Malgré cette jurisprudence fort sage, basée sur la bonne foi et l'intérêt de l'enfant tout à la fois, nous avons toujours cru devoir suivre, dans la composition des nombreux conseils de famille que nous avons été appelé à composer, l'ordre de proximité dans chaque ligne, suivant les prescriptions rigoureuses de la loi ; et nous ne pouvons qu'engager nos collègues à faire de même, car il a été jugé par un grand nombre d'arrêts que toute dérogation aux art. 407 et 408, C. Nap., emporte la nullité radicale des actes faits par des conseils de famille irrégulièrement formés, et que cette nullité, quand elle existe, est même d'ordre public. A quoi bon, en effet, s'exposer aux chances d'une jurisprudence trop souvent variable, quand on peut faire autrement ? Les juges de paix ne peuvent donc être trop rigides sur ce point important.

858. Quant au conseil de famille, appelé à nommer un tuteur à la substitution, il doit être composé de la même manière que s'il s'agissait de nommer un tuteur ordinaire aux appelés nés et à naître, c'est-à-dire de leurs parents ou alliés, pris moitié du côté paternel et moitié du côté maternel.

Et dans le cas où le grevé ne serait pas marié, on devrait le composer exclusivement de ses parents, alliés ou amis (Arg. C. Nap., art. 405, 407 et 409. V. *suprà*, n° 835 ; *infrà*, n° 863, et *de la Tutelle à la substitution*).

§ 2.—**Lieu où doit être convoqué le conseil de famille.— Domicile de la tutelle.—Juge de paix compétent.—Comparution** (C. Nap., art. 406, 411 à 416).

859. Le conseil de famille doit toujours, quel que soit l'objet pour lequel la réunion devient nécessaire, être convoqué devant le juge de paix du lieu du domicile du mineur, au moment où la tutelle légale s'ouvre par la mort de l'un des époux (C. Nap., art. 390), c'est-à-dire au domicile même de son père ; car, pendant le mariage, c'est à ce domicile que l'enfant est domicilié (C. Nap., art. 108). Ce domicile primitif, originaire de la tutelle, est *immuable*, même en cas de séparation de corps des époux, et ne peut varier, soit par des événements indépendants du tuteur, comme, par exemple, sa mort, qui donnerait ouverture à une autre tutelle, soit par son fait, comme, par exemple, le déplacement de son domicile personnel. Il importe, en effet, que le soin de veiller sur les intérêts du mineur soit confié aux parents, aux amis, au juge de paix, que leurs relations plus ou moins fréquentes avec le père ou la mère de ce mineur ont mis en situation d'apporter à la discussion de ses affaires un concours plus intelligent et

plus dévoué (Arg. C. Nap., art. 108, 390, 406, 407 et 421 ; C. proc. civ., art. 527 ; Cass., 23 mars 1819, S.19.1.325 ; Aix, 9 mai 1846 ; Nîmes, 2 mars 1848 ; Cass., 17 déc. 1849 ; Nancy, 1er juill. 1853, S.46.2.580 ; 48.2.295 ; 50.1.299 ; Duranton, t. 3, n° 453 ; de Fréminville, t. 1, n° 98 ; Taulier, t. 1, p. 26 ; Delvincourt, t. 1, p. 275 et 284 ; Demolombe, t. 7, nos 241, 249 ; Valette sur Proudhon, t. 2, p. 313 ; Zachariæ, Aubry et Rau, t. 1, p. 357. — *Contrà*, Cass., 4 janv. 1842 ; 4 mai 1846, S.42.1.244 et 46.1.465).

860. Toutefois la Cour de cassation, par ce dernier arrêt, a introduit une sorte d'amendement ou de distinction, en dehors de la qualité de tuteur, et qui repose sur le caractère arbitrairement attribué à l'objet soumis à la délibération du conseil de famille.

D'après cet arrêt, le domicile de la tutelle n'existe plus à proprement parler que lorsqu'il s'agit, pendant la minorité, d'organiser, de constituer ou de compléter le personnel de la tutelle, c'est-à-dire de nommer soit un nouveau tuteur, soit même un nouveau subrogé tuteur. S'agit-il, au contraire, lorsque la tutelle est organisée et qu'elle fonctionne, d'un des actes d'administration dont le tuteur peut avoir besoin relativement à la personne ou aux biens du mineur, alors le tuteur peut convoquer un conseil de famille au lieu de son domicile personnel et actuel où la tutelle elle-même est, sous ce rapport, domiciliée, pourvu toutefois, dit l'arrêt, que les intérêts du mineur ne puissent en éprouver aucun préjudice, circonstance dont les juges du fait sont souverains appréciateurs. Mais ce droit d'appréciation, qui sera si souvent difficile à exercer, ce droit que la Cour de cassation a été obligée d'improviser pour remédier à un mal dont le législateur n'avait guère à se préoccuper, parce qu'il n'était pas possible avec l'unité de siége du conseil de famille (Arg. C. Nap., art. 108), peut-il donc jamais équivaloir à une garantie résultant de la loi (C. Nap., art. 406, 407 ; C. proc. civ., art. 527) ? C'est ce dont il est permis de douter. Si, en effet, cette distinction est de nature à faciliter les opérations de la tutelle, elle prive incontestablement le mineur des garanties que lui assurait l'inviolabilité du domicile de la tutelle, c'est-à-dire de la protection de ses proches pour les affaires les plus importantes ; car le tuteur traînant ainsi à sa suite le conseil de famille, restera par le fait maître de sa composition, et Dieu sait ce qui en arrivera ! aussi sommes-nous toujours resté, pendant notre long exercice de juge de paix, dans les termes rigoureux de la loi, sans égard aux amendements ou distinctions de la

Cour de cassation et des Cours impériales, qui s'en sont écartées, au grand préjudice des mineurs ou interdits, et nous ne pouvons trop recommander à nos collègues de rester dans les termes rigoureux de la loi.

861. Le lieu où la tutelle s'est ouverte détermine à toujours invariablement, fatalement, quelque embarras, quelque gêne que puisse en éprouver le tuteur, le domicile de cette tutelle, qu'aucun tuteur, quel qu'il soit, datif, testamentaire ou même légitime, fût-il le survivant des père et mère, ne peut déplacer, et ce sera toujours là qu'il faudra revenir devant le conseil de famille, chaque fois qu'il sera nécessaire d'en convoquer un. Cette conclusion paraît du reste être aujourd'hui confirmée par la jurisprudence (Cass., 11 mai 1842 et 4 mai 1846 ; Aix, 7 mai 1846 ; Nancy, 1er juill. 1853, J.P.46.2.78 et 612 ; 53.2.652; Douai, 4 mars 1859, S.59.2.346).

862. En cas de *désaveu de paternité*, le conseil de famille chargé de nommer un tuteur *ad hoc* à l'enfant désavoué est compétemment convoqué devant le juge de paix du domicile du désavouant, qui est le domicile légal de la femme de celui-ci, et non devant le juge de paix du lieu où l'enfant inscrit sur les registres de l'état civil comme né de père et mère inconnus, est né et a été recueilli, la mère n'ayant pu rompre l'unité légale de domicile en faussant le titre de l'enfant, et en le transportant au loin pour recéler son existence (Arg. Paris, 1er août 1853, J.P.54.1.19).

863. Le conseil de famille chargé de nommer un tuteur à une substitution doit être convoqué, d'après l'esprit de l'art. 1057, C. Nap., au lieu de l'ouverture de la succession, et non au domicile des appelés. L'art. 406, C. Nap., suivant lequel le conseil de famille doit être convoqué au domicile du mineur n'est pas applicable à ce cas (Arg. Angers, 12 août 1852, J.P. 53.1.37).

864. Le domicile de l'interdit est le domicile du tuteur qui lui a été nommé ; en conséquence, le juge de paix, compétent pour présider le conseil de famille d'un interdit, est celui du lieu où s'est ouverte la tutelle à l'interdiction, et non celui du lieu de la tutelle à la minorité, qui existait au moment de l'interdiction (Trib. de la Seine, 27 fév. 1857, *Gaz. des trib.*, 1er mars 1857).

§ 3. — **De la convocation du conseil de famille.—Par qui elle peut être faite.—Mode de convocation** (C. Nap., art. 406, 410 à 415).

865. Le conseil de famille doit être convoqué par le juge de paix ; lui seul a ce droit, en vertu d'une cédule ou ordonnance émanée de lui.

La convocation peut être ordonnée ou autorisée par ce magistrat, soit sur réquisition, soit d'office.

866. Les personnes admises à requérir la convocation d'un conseil de famille sont en général tous les parents et alliés du mineur, sans limitation de degré, les créanciers ou autres parties pécuniairement intéressées, le tuteur et le subrogé tuteur (C. Nap., art. 406, 421, 424 et 446).

Toutefois ces personnes ne jouissent pas indistinctement, et en toutes circonstances, de ce droit de réquisition. C'est ainsi que la convocation du conseil de famille, appelé à délibérer sur la destitution du tuteur, ne peut être requise que par le subrogé tuteur et par les parents ou alliés du mineur jusqu'au degré de cousin germain inclusivement, à moins cependant que cette destitution ne soit demandée en vertu de l'art. 421, C. Nap., cas auquel on rentre dans la règle générale (C. Nap., art. 446).

C'est ainsi encore que la convocation du conseil de famille, à l'effet de délibérer sur l'émancipation du mineur, ne peut être requise que par ses parents ou alliés jusqu'au degré de cousin germain inclusivement ou par le tuteur (C. Nap.,art. 479).

Enfin, les délibérations ayant pour objet d'autoriser le tuteur ou, le cas échéant, le subrogé tuteur à passer certains actes de gestion tutélaire, ne peuvent être provoquées que par ces derniers.

867. En aucun cas, le ministère public n'est admis à requérir la convocation d'un conseil de famille ; il peut seulement, comme toute autre personne, même non intéressée, dénoncer au juge de paix les faits de nature à motiver de sa part une convocation d'office (Arg. C. Nap., art. 406 ; L. 28 avril 1810, art. 46 ; Cass., 11 août 1816, S.19.1.17 ; Orléans, 23 fév. 1837, Dev.38.2.69; Merlin, *Rép.*, v° *Ministère public*, § 7, n° 2 ; Carré, t. 1, n°s 117 et 118 ; Magnin, t. 1, n° 323 ; de Fréminville, t. 1, n° 97 ; Demolombe, t. 7, n° 287; Zachariæ, Aubry et Rau, t. 1, p. 343 ; Massé et Vergé, t. 1, p. 396).

868. Le juge de paix est autorisé à convoquer le conseil de famille, lorsqu'il s'agit de procéder, soit à la nomination, soit au remplacement, soit à la destitution du tuteur ou du subrogé tuteur (C. Nap., art. 406, 421 et 440).

869. Que la convocation ait lieu d'office ou sur réquisition, le droit de dresser la liste des personnes qui doivent faire partie du conseil de famille appartient toujours au juge de paix, et à lui seul (Arg. C. Nap., art. 409 et 410 ; Douai,

22 juill. 1856 et 4 mars 1859, DEV.57.2.33 et 59.2.346; DURANTON, t. 3, n° 456 ; DEMOLOMBE, t. 7, n°s 275 et 276).

870. Le mode régulier de convocation est une citation notifiée par huissier à chacun des membres du conseil de famille.

871. Le délai pour comparaître est réglé par le juge de paix à *jour fixe*, mais de manière qu'il y ait toujours, entre la citation notifiée et le jour de la réunion, un intervalle de trois jours au moins, quand toutes les parties résident dans la commune où s'est ouverte la tutelle, ou à une distance de deux myriamètres. Si, parmi les parties citées, il s'en trouve de domiciliées au delà de cette distance, le délai doit être augmenté d'un jour franc par trois myriamètres (C. Nap., art. 411 ; C. proc. civ., art. 5, 51 et 1033).

872. Mais, dans l'usage, la convocation se fait toujours verbalement ou par simples lettres ; l'art. 17 de la loi du 25 mai 1838, modifié par l'art. 2 de la loi du 2 mai 1855, y autorise le juge de paix, afin d'épargner au mineur les frais de citation. C'est, du reste, ce que nous avons toujours fait sans jamais rencontrer de mauvais vouloir de la part des membres du conseil, qui souvent même se réunissent instantanément sur l'invitation de l'un d'eux au jour par nous fixé. Cette réunion instantanée est également régulière du moment que tous les membres sont présents.

873. Ces deux modes de convocation ne doivent pas, au reste, être confondus : le premier est sanctionné par une amende édictée par l'art. 413 contre la personne qui, bien que régulièrement convoquée par citation, ne comparaît pas ; le second n'a point de sanction ; la personne convoquée verbalement ou par simple lettre n'encourt aucune peine lorsqu'elle fait défaut, et l'on ne peut pas délibérer en son absence, lors même que la réunion se composerait des trois quarts des membres *convoqués* (Arg. C. Nap., art. 415). Dans ce dernier cas, le juge de paix devra convoquer tous les membres en la forme légale et avec le délai légal, afin d'éviter des déplacements toujours pénibles et des lenteurs souvent préjudiciables aux intérêts du mineur.

874. Les parents, alliés ou amis, ainsi convoqués, dit l'art. 412, C. Nap., c'est-à-dire convoqués conformément à l'art. 411 du même Code, sont tenus de se rendre au *conseil* en personne ou de se faire représenter par un mandataire spécial, c'est-à-dire, à l'effet de délibérer sur une certaine affaire spécifiée, ou, tout au plus, sur les affaires qui seront traitées dans une certaine réunion spécialement déterminée (C. Nap., art. 1987).

Cette disposition s'applique aux parents et alliés, à quelque distance qu'ils demeurent, et même aux amis ; mais ces derniers ne peuvent être tenus de se présenter qu'autant qu'ils demeurent dans la *commune même* (C. Nap., art. 409). Leur obligation est bien moins étroite que celle des parents.

875. La loi n'exige pas, avec beaucoup de raison, que le mandat soit authentique (C. Nap., art. 1985) ; seulement il faut qu'il soit enregistré et annexé à la minute de l'acte.

876. Toutefois, le même mandataire ne peut représenter plus d'une personne (C. Nap., art. 412); d'où il faut conclure que la même personne ne peut assister à un conseil de famille en la double qualité de membre du conseil et de mandataire d'un autre membre.

877. Lorsque les parents, alliés ou amis, se font représenter par un mandataire, il n'est pas nécessaire, à peine de nullité du mandat et des actes qui en seraient la conséquence, que ce mandat contienne le vœu personnel du mandant (Arg. Paris, 26 avril 1851, J.P.51.1.109).

Suivant Chardon, p. 265, le mandat ne doit même contenir rien qui oblige le mandataire de voter dans un sens plutôt que dans l'autre. M. Demolombe, n° 295, va plus loin : ce savant professeur enseigne que le juge de paix ne devrait point admettre un tel mandat et devrait considérer le mandant comme défaillant, avec toutes les conséquences sans doute du défaut en pareil cas, bien qu'il ne le dise pas ; mais nous ne pouvons adopter, dans le silence de la loi à cet égard, le *veto* beaucoup trop absolu de ces deux estimables auteurs, d'autant plus que le contraire nous semble résulter implicitement des art. 412, 933 et 1988, C. Nap.

878. Ne peut être choisie pour mandataire une personne incapable personnellement d'être membre d'un conseil de famille ; il y a même raison et mêmes motifs de décider (Arg. C. Nap., art. 442, 445 ; Orléans, 12 janv. 1850, D.50.2.60).

879. Tout parent, allié ou ami, convoqué régulièrement (C. Nap., art. 411), et qui, sans excuse légitime, ne comparaît point, encourt une amende qui ne pent excéder cinquante francs (C. Nap., art. 413).

880. La loi n'ayant déterminé que le maximum de l'amende, le juge de paix peut en abaisser le minimum jusqu'à un franc, minimum des peines de police, s'il croit convenable de le faire. L'amende est prononcée, sans appel, par le juge de paix (C. Nap., art. 413).

881. Mais la condamnation ayant eu lieu par défaut, le non-comparant peut l'attaquer par voie d'opposition, et le

juge de paix peut rapporter sa sentence, s'il juge l'excuse présentée légitime (Arg. C. proc. civ., art. 19 à 22).

882. S'il y a excuse suffisante, et qu'il convienne, soit d'attendre le membre absent, soit de le remplacer, en ce cas, comme en tout autre où l'intérêt du mineur l'exige, le juge de paix peut, soit faire délibérer de suite l'assemblée, si, malgré la non-comparution de l'un ou de quelques-uns de ses membres, elle est en nombre suffisant (C. Nap., art. 415), soit en ajourner la tenue, c'est-à-dire la remettre à un autre jour indéterminé, pour ne la réunir qu'après convocation nouvelle, soit la *proroger*, c'est-à-dire la remettre à jour et heure fixes, sans qu'il y ait besoin d'une nouvelle convocation. Le défaillant, dans ce cas, encourt l'amende édictée par l'art. 413, C. Nap.; soit enfin, si la cause de l'excuse est de nature à produire un trop long retard, appeler immédiatement, ou pour un autre jour, un autre membre en remplacement du non-comparant, pourvu toutefois que le non-comparant ne soit pas dans la catégorie d'un des membres dont la présence est indispensable à peine de nullité (V. *suprà*, n° 841 et s.); alors la prorogation ou l'ajournement est de rigueur.

883. Les séances du conseil de famille ne sont point publiques; et l'art. 8, C. proc., n'est point ici applicable (DURANTON, t. 3, n° 354; MASSÉ et VERGÉ, t. 1, p. 396; ZACHARIÆ, AUBRY et RAU, t. 1, p. 344; DEMOLOMBE, t. 7, n° 301; MAGNIN, t. 1, n° 346).

§ 5.—**Lieu des séances du conseil.—Délibérations.—Majorité absolue.—Majorité relative** (C. Nap., art. 415).

884. L'assemblée se tient de plein droit chez le juge de paix, qui en est le président-né, à moins qu'il n'ait lui-même désigné un autre local (C. Nap., art. 415), comme, par exemple, une des salles de la justice de paix, ou même la demeure de l'un des membres du conseil; son pouvoir est souverain à cet égard.

Il est, dès lors, nécessaire que la citation ou l'avertissement indique le lieu de la réunion: autrement le juge de paix ne serait pas en droit d'appliquer aux membres défaillants l'amende édictée par l'art. 413, C. Nap.

885. La présence des trois quarts au moins des membres du conseil régulièrement convoqués, d'après l'art. 411 (V. *suprà*, n° 870), est nécessaire pour qu'il puisse délibérer (C. Nap., art. 415).

886. La loi ne parlant que des membres convoqués, il s'en-

suit que le juge de paix n'est pas compris pour la supputation du nombre des trois quarts, car il n'est pas *convoqué*; c'est lui, au contraire, qui convoque; le mot *convoqué* fut même ajouté à la rédaction primitive de l'art. 415, sur la demande du Tribunat, tout exprès dans cette intention (FENET, t. 10, p. 611).

887. Ainsi, dans les cas ordinaires, c'est-à-dire lorsque le conseil est composé de six membres convoqués et du juge de paix, il en faut au moins *cinq* présents non compris le juge de paix, pour délibérer légalement, car *quatre* ne forment pas au moins les trois quarts *de six*; de même il en faut *six*, lorsque le concours des frères et beaux-frères germains, avec les ascendantes veuves, ou les ascendants, le nombre des membres convoqués est de *sept* ou de *huit*.

888. C'est le juge de paix qui, dit l'art. 416, C. Nap., préside le conseil, assisté de son greffier, qui tient la plume (Tarif, art. 16). Sa présence en est l'un des éléments constitutifs et essentiels; il peut, toutefois, s'il en est empêché, être remplacé, suivant la règle générale, par son premier suppléant, et si celui-ci est lui-même empêché, par son second suppléant; il y a voix délibérative comme les autres membres: c'est lui qui dirige la délibération, pose les questions, règle l'ordre de la discussion, et recueille les voix.

Le conseil de famille peut toujours, dans les limites de ses attributions, employer les moyens et prendre les renseignements qu'il croit nécessaires ou utiles pour s'éclairer, demander communication des pièces, la prorogation de l'assemblée à cet effet, appeler le tuteur ou le subrogé tuteur, s'ils ne font pas partie du conseil, les interpeller, par l'organe du président (Arg. C. Nap., art. 457, 470).

889. Non-seulement le juge de paix a voix *délibérative* dans le conseil, il a de plus voix *prépondérante* en cas de partage (C. Nap., art. 416), ce qui ne veut pas dire que sa voix compte pour deux voix, mais que, dans le cas où la balance est égale entre deux opinions, sa voix pèse d'un poids fort et fait pencher la balance du côté où elle se place. Le mot partage, qu'emploie l'art. 416, sans aucune explication, ne peut pas avoir ici d'autre signification.

Si donc, sur six membres délibérants, trois votent dans un sens, deux et le juge de paix dans un autre sens, il y a égalité de voix des deux côtés et prépondérance dans le second sens, et conséquemment décision; mais, si sur sept membres, y compris le juge de paix, trois votaient dans un sens, deux et le juge de paix dans un autre sens, et, le sixième membre convoqué, d'une troisième manière, l'avis adopté par le juge de paix ne l'emporterait évidemment pas, car ce serait lui donner double voix et prépondérance, contrairement à l'esprit comme au texte de la loi. Il faut, pour qu'un avis ou une opinion fasse loi, qu'il soit plus fort que tous les autres avis réunis. La loi ne pouvait vouloir, en effet, sans compromettre l'intérêt du mineur, qu'une minorité infime puisse, par cela seul qu'elle est majorité *relative*, l'emporter contre un grand nombre de dissidents.

890. S'il se forme, dans le conseil, plus de deux opinions, et qu'aucune d'elles n'ait la majorité absolue, les membres des opinions les plus faibles doivent alors se réunir aux opinions qui auront été émises par le plus grand nombre; toutefois, ils ne seront tenus de s'y réunir qu'après que le juge de paix aura recueilli les voix une deuxième fois (Arg., et, par analogie, C. proc. civ., art. 117). Si donc A... réunit trois voix, B... trois voix, C... une voix; ou bien A... trois voix, B... trois voix, C... une voix; D... une voix, B... deux voix, C... une voix, D... une voix; ou bien encore, A... deux voix, B... deux voix, C... une voix, D... une voix, E... une voix; chacune des voix qui s'étaient d'abord portées sur C... D... E... sera obligée de se reporter sur A... ou sur B...; mais si les membres dissidents les plus faibles en nombre se refusent d'adhérer à l'une des opinions qui ont la majorité relative, ou si chaque opinion est représentée par un nombre égal de voix : A... deux voix, B... deux voix, C... deux voix, ou l'une d'elles ayant la majorité relative, celles-ci sont égales entre elles; A... trois voix, B... deux voix, C... deux voix; ou bien encore, A... deux voix, B... une voix, C... une voix..., D... une voix, E... une voix; que faire alors? On a proposé divers expédients qui ne nous paraissent pas plus les uns que les autres résoudre la difficulté. Ainsi, par exemple, on dit, par argument de l'art. 118, C. proc. civ., qu'il y aurait lieu d'appeler dans le conseil un nouveau membre, parent, allié ou ami, pour fixer la majorité (*Sic*, DURANTON, t. 3, n° 466; MARCADÉ, t. 2, sur l'art. 416, n° 2); ou même, s'il y avait nécessité, d'appeler plusieurs nouveaux membres (*Sic*, TOULLIER, t. 2, p. 33); mais ce moyen n'a de fâcheux que d'être en opposition manifeste avec les art. 407 et 408, C. Nap.

M. Marcadé enseigne, tout en exigeant avec raison la majorité absolue, qu'on pourrait se contenter de la majorité relative, lorsque les moyens d'obtenir la majorité absolue sont impossibles ou ont été inutilement tentés. Ce moyen implique une contradiction qui se réfute d'elle-même.

D'autres, enfin, disent que le mieux est d'en référer au tribunal de première instance, à l'effet d'ordonner la convocation d'un nouveau conseil dont on écarterait les membres qui, par leur obstination, auraient entravé la première délibération (*Sic*, Aix, 10 mars 1840; DUCAURROY, t. 1, n° 614; DEMOLOMBE, t. 7, n° 317 ; MOURLON, *Rép. écr.*, t. 1, p. 540).

891. Ce dernier moyen, quoique fort sage et le plus en rapport avec les principes généraux sur cette question (Arg. C. proc. civ., art. 883), ne nous semble pas encore résoudre complétement la difficulté. En effet, nous ne voyons pas ce qu'aurait à faire ici le tribunal de première instance, dont le rôle doit se borner à connaître des irrégularités pour vice de forme qui pourraient s'être introduites dans les délibérations du conseil de famille. Le juge de paix lui-même, et lui seul, est chargé par la loi de composer et même de modifier le conseil, s'il le juge utile aux intérêts du mineur; à lui seul appartient donc de porter remède à cette situation fâcheuse, en modifiant la composition du conseil de famille et en y appelant un ou plusieurs autres membres, domiciliés soit dans la circonscription légale, soit au delà s'il y a lieu, et en remplacement de ceux des membres dont l'obstination aurait empêché la délibération d'aboutir à un résultat; et les membres remplacés réclament-ils contre leur remplacement illégal suivant eux, alors commencera l'action du tribunal civil, mais seulement alors.

892. Au reste, toutes les fois qu'une délibération du conseil de famille n'est pas unanime, l'avis de chacun des membres qui le composent doit être mentionné dans la délibération (C. proc. civ., art. 883), sans qu'il soit nécessaire d'en énoncer les motifs, si ce n'est, toutefois, lorsqu'elle est susceptible d'homologation ou d'être attaquée devant le tribunal civil (V. *infrà*, n° 1523).

893. Mais la délibération qui prononce l'exclusion ou la destitution du tuteur doit être nécessairement motivée, lors même qu'elle serait prise à l'unanimité (C. Nap., art. 447).

§ 5.—Cas où il y a lieu à la convocation du conseil de famille (C. Nap., art. 405, 142, 318, 395, etc., etc.).

894. Il y a lieu à convoquer un conseil de famille lorsqu'il s'agit :

1° De nommer un tuteur à un mineur, à défaut de tutelle

légitime ou testamentaire (C. Nap., art. 405) ; un tuteur provisoire, en cas de décès de la mère, aux enfants dont le père est absent depuis six mois (C. Nap.. art. 142) ; un tuteur aux majeurs frappés d'interdiction, sauf le cas de tutelle de droit du mari (C. Nap., art. 506) ; un tuteur aux condamnés aux travaux forcés à temps ou à la reclusion (C. Nap., art. 29) ; un subrogé tuteur aux pupilles (C. Nap., 420 et 505) ; un tuteur *ad hoc* soit à l'enfant désavoué (C. Nap., 318), soit au pupille qui se trouve en opposition d'intérêts avec son tuteur (C. proc. civ., art. 968), ou avec ses cohéritiers ou copupilles (C. Nap., art. 338) ; un tuteur à la substitution, à défaut de désignation par le donateur ou le testateur (C. Nap., art. 1056) ; un curateur au ventre (C. Nap., 393) ; un curateur à l'émancipation (C. Nap., art. 480) ; un curateur *ad hoc* pour l'acceptation d'une donation faite à un sourd-muet qui ne sait pas écrire (C. Nap., art. 936) ;

895. 2° De délibérer sur le point de savoir si la tutelle doit être conservée à la mère qui veut convoler en secondes noces, ou si elle doit y être réintégrée lorsqu'elle l'a perdue pour le même motif (C. Nap., art. 395) ;

896. 3° De choisir le tuteur entre deux bisaïeuls appartenant à la ligne maternelle (C. Nap., art. 404) ;

897. 4° De délibérer sur la tutelle officieuse (C. Nap., art. 361) ; sur la confirmation du tuteur choisi par la mère maintenue dans la tutelle de ses enfants du précédent mariage (C. Nap., art. 400) ; sur la destitution ou l'exclusion des tuteurs ou subrogés tuteurs (C. Nap., art. 446) ; sur la demande en reclusion par voie de correction d'un mineur pour cause d'inconduite (C. Nap., art. 468) ; sur la collation ou la révocation de l'émancipation (C. Nap., art. 478 et 485) ; sur les causes d'interdiction (C. Nap., art. 494), ou sur celles de nomination d'un conseil judiciaire (C. Nap., art. 514) ;

898. 5° De rendre la tutelle soit au tuteur excusé (C. Nap., art. 431), soit au père ou à la mère, dans le cas des art. 28 et 42-6°, C. pén. ;

899. 6° D'autoriser, dans certains cas, le mariage des mineurs ou s'y opposer (C. Nap., art. 160 et 175) ; certains actes à faire de la part du mineur ou de l'interdit, tels que négociations entre lui et le tuteur (C. Nap., art., 450) ; emprunts, hypothèques, aliénations (C. Nap., art. 457) ; acceptations de succession ou de donations (C. Nap., art. 461 et 463) ; actions immobilières ou acquiescements (C. Nap., art. 464) ;

actions en partage (C. Nap., art. 465 et 817) ; transactions (C. Nap., art. 467) ;

900. 7° De régler, sous certains rapports, l'administration de la tutelle, les conventions matrimoniales des enfants des interdits (C. Nap., art. 511) ;

901. 8° De décider s'il y a lieu de restreindre, lors de la dation de la tutelle, l'hypothèque légale à certains biens du tuteur, et de donner son avis sur la demande en réduction de cette hypothèque (C. Nap., art. 2141 et 2143), ainsi que l'hypothèque générale de la femme sur les immeubles de son mari ; dans ce dernier cas, le conseil de famille est composé des quatre plus proches parents de la femme (C. Nap., art. 2144) ;

902. 9° De voter sur le choix de l'époux auquel, en cas de divorce, les enfants seront confiés (C. Nap., art. 302). Cette disposition spéciale au divorce, aujourd'hui aboli (L. 8 mars 1816), n'est pas suivie en matière de séparation de corps.

903. Le conseil de famille commet un excès de pouvoir lorsqu'il statue sur les contestations qui s'élèvent entre le tuteur et le subrogé tuteur relativement aux comptes de tutelle (V. *infrà*).

§ 6.—Caractère et effets des délibérations du conseil de famille.—Exécution.—Recours.—Homologation.—Responsabilité du tuteur et des membres du conseil de famille.

904. Le conseil de famille n'est point un tribunal ; il n'exerce aucune espèce de juridiction. Sa mission est uniquement d'exprimer des avis ou de prendre des délibérations ; tel est le double caractère des différents actes du conseil de famille, que le Code de procédure désigne sous le nom générique d'avis de parents (C. proc. civ., art. 882 à 890).

905. Les avis sont les actes dans lesquels le conseil de famille se borne à exprimer son opinion, son sentiment sur telle ou telle question qui lui est soumise soit par la justice, comme dans le cas des art. 494, C. Nap., 892 et 893, C. proc. civ., soit par le tuteur (V. *suprà*, nos 894 à 903).

906. Les délibérations sont les actes par lesquels le conseil de famille prend et ordonne directement une mesure quelconque ; telles sont les résolutions par lesquelles il nomme le tuteur et le subrogé tuteur, il statue sur les causes d'excuses, d'exclusion et de destitution de l'un et de l'autre, et autorise le tuteur ou habilite le mineur à faire certains actes (C. Nap., art. 160, 395, 396, 402, 420, 439, 442, 452 et s., 457, 463, 464, 468, 479, 505, etc.).

907. Le tuteur datif est tenu d'agir et d'administrer du jour de sa nomination, si elle a lieu en sa présence, c'est-à-dire s'il faisait partie du conseil de famille qui l'a nommé ; il se trouve, à l'instant même, responsable et soumis à l'hypothèque légale. Dans le cas contraire, sa qualité de tuteur et les effets qu'elle entraîne ne se réalisent qu'à partir du jour où sa nomination lui a été notifiée par le membre de l'assemblée qui, à cet effet, a été désigné par elle (C. Nap., art. 418, et C. proc. civ., art. 882).

908. Le tuteur nommé est réputé absent alors même qu'il aurait été représenté au conseil par un fondé de pouvoir : les termes de l'art. 418, C. Nap., ne peuvent laisser de *doute* à cet égard.

909. Ainsi, que le tuteur soit absent ou représenté au conseil par un fondé de pouvoir, du moment qu'il n'y assiste pas en personne, la notification de sa nomination doit lui être faite dans les délais déterminés par l'art. 882, C. proc. civ., c'est-à-dire dans les trois jours de la délibération, outre un jour par trois myriamètres de distance entre le lieu où s'est tenue l'assemblée et le domicile du tuteur. Celui-ci doit, de son côté, convoquer le conseil de famille pour délibérer sur ses excuses dans un même délai de trois jours, à partir de cette notification, à peine de dechéance (C. Nap., art. 439). Mais si le tuteur était en voyage au moment où la notification a été faite à son domicle, et qu'il fût constant qu'il n'a pu, vu son éloignement, en avoir connaissance, il n'encourrait évidemment pas la déchéance prononcée par les art. 438 et 439, C. Nap. Il y a, en effet, en pareil cas, force majeure. Nous pensons donc qu'alors le délai de trois jours ne devrait courir qu'à partir ou de son retour ou tout au plus du jour où il aurait eu connaissance de sa nomination (Arg. C. Nap., art. 439).

910. Le défaut de notification peut, en cas de préjudice pour le mineur, entraîner contre le membre qui en est chargé une condamnation à des dommages-intérêts ; la notification pourrait même alors être faite volontairement par toute autre personne intéressée (Arg. C. proc. civ., art. 887).

911. Quant aux autres tuteurs, ils sont responsables, savoir le tuteur légitime du jour où il a connaissance du décès qui lui défère la tutelle, et le tuteur testamentaire, du jour de l'ouverture du testament, s'il est présent ; sinon, du jour où ce testament lui est notifié (Arg. C. Nap., art. 418).

912. Lorsque le tuteur meurt civilement ou naturellement,

ses fonctions s'éteignent avec lui et ne passent point à ses héritiers, car la tutelle est une charge toute personnelle à celui à qui la loi ou la volonté de l'homme l'a déférée : seulement ils succèdent à toutes les obligations dont leur auteur, au moment de son décès, était déjà frappé par suite de sa gestion, et sont tenus, en outre, d'en informer le subrogé tuteur (C. Nap., art. 425 et 2010), et s'ils sont majeurs et capables, de continuer cette gestion jusqu'à la nomination d'un nouveau tuteur, c'est-à-dire de faire tous les actes essentiellement utiles et nécessaires (C. Nap., art. 419).

913. Parmi les délibérations du conseil de famille, les unes ont effet par elles-mêmes, et sans aucune autre condition, par exemple, celles contenant : 1° nomination de tuteur, tuteur *ad hoc*, cotuteur ou curateur, protuteur, etc. ; 2° autorisation d'accepter ou de répudier une succession échue au mineur, d'accepter une donation faite à son profit, d'introduire en justice une action relative aux droits immobiliers, d'acquiescer à une demande relative aux mêmes droits (C. Nap., art. 461 à 466) ; 3° et en général, celles qui n'excèdent pas les bornes d'une simple administration.

Les autres sont soumises, au contraire, dans divers cas spécialement prévus par la loi, à la nécessité de l'homologation, c'est-à-dire à l'approbation du tribunal de première instance du ressort de l'ouverture de la tutelle ; telles sont, par exemple, les délibérations 1° qui rejettent les excuses proposées par le tuteur, ou qui prononcent son exclusion ou sa destitution (C. Nap., art. 426, 439, 448, 449) ; 2° qui autorisent le tuteur à aliéner ou hypothéquer les biens immeubles de son pupille, à emprunter ou à transiger pour lui (C. Nap., art. 457, 458, 463, 464, 467, 483, 484).

3° Celles relatives à la constitution dotale et aux conventions matrimoniales de l'enfant d'un interdit (C. Nap., art. 511) ; 4° celles qui autorisent les cessions d'office, dépendant de successions dans lesquelles des mineurs sont intéressés ; c'est une règle constante établie à la chancellerie, que le Gouvernement a le droit d'imposer et dont l'inobservation suffirait pour mettre obstacle à l'admission du titulaire présenté ; 5° et, en général, toutes les délibérations qui excèdent les bornes d'une simple administration.

914. Au reste, toutes les fois qu'une délibération n'est pas unanime, le tuteur, le subrogé tuteur, ou le curateur, les membres de l'assemblée qui n'ont pas été d'avis de la délibération, les parents ou alliés étrangers au conseil, et même les

tiers pour lésion dans leurs intérêts privés, peuvent l'attaquer devant le tribunal de première instance du ressort de l'ouverture de la tutelle, soit en la forme, c'est-à-dire pour inobservation des règles relatives à la composition, au mode de convocation ou de délibération du conseil, soit *au fond*, c'est-à-dire lorsqu'elle paraît compromettre les intérêts du pupille et même incidemment dans le cas où elle est soumise à l'homologation (C. Nap., art. 421 ; C. proc. civ., art. 883, 888).

915. Une délibération peut même être attaquée, pour vice de forme, encore bien qu'elle serait prise à l'unanimité. On ne pourrait pas, en effet, refuser à un tuteur exclu ou destitué, à un parent, membre de droit du conseil de famille, qui n'y aurait pas été appelé, ou qui en aurait été exclu à tort ou à raison, le droit de demander la nullité d'une telle délibération, bien qu'elle eût été prise à l'unanimité ; l'art. 883, C. proc. civ., n'est évidemment pas applicable en pareil cas.

La demande par laquelle on attaque la délibération du conseil de famille, doit être, en règle générale, formée contre les membres qui ont été d'avis de la délibération, sans qu'il soit nécessaire d'appeler en conciliation (C. proc. civ., art. 883).

916. Toutefois, celle du tuteur exclu ou destitué doit être formée contre le subrogé tuteur et non contre le nouveau tuteur (C. Nap., art. 448). C'est seulement dans le cas où il n'existerait pas de subrogé tuteur que le tuteur pourrait intenter son action contre les membres du conseil. Dans tous les cas, l'affaire doit être jugée sommairement (C. proc. civ., art. 884), et même comme urgente, c'est-à-dire sans préliminaire de conciliation (C. proc. civ., art. 49-2°, 883).

Le tuteur qui attaque la délibération du conseil de famille par laquelle le pupille a été émancipé n'est pas tenu de mettre celui-ci en cause, alors surtout que c'est d'office, et non sur la demande du père que l'émancipation a été prononcée. Mais, en pareil cas, le curateur nommé au pupille par la délibération attaquée doit être appelé dans l'instance, sans qu'il puisse demander sa mise hors de cause (Arg. Toulouse, 22 fév. 1854, J.P.54.2.371).

917. Le juge de paix, quoique membre essentiel du conseil de famille, ne peut jamais être mis en cause, car il est magistrat, et aucune action ne peut être exercée dès lors contre lui si ce n'est par voie de prise à partie dans les cas expressément déterminés par la loi.

918. Le jugement rendu sur délibération du conseil de famille est sujet à l'appel (C. proc. civ., art. 889), quel que soit

l'objet de la délibération, car le conseil de famille n'étant pas un tribunal, ne forme pas un degré de juridiction.

919. En ce qui concerne les délais d'appel et d'opposition au jugement ou à l'arrêt rendu par défaut, on suit les règles de droit commun (C. proc. civ., art. 157, 158, 159, 443, et C. Nap., art. 1304, 2262).

920. Lorsqu'il y a lieu à homologation d'une délibération, une expédition de cette délibération doit être présentée au président, lequel, par ordonnance au bas de ladite délibération, ordonne la communication au ministère public, et commet un juge pour en faire le rapport (C. proc. civ., art. 885).

921. L'homologation doit être poursuivie soit par le tuteur, soit par celui des membres que le conseil a délégué à cet effet; si cette poursuite n'a pas lieu dans le délai fixé par la délibération, ou, à défaut de fixation, dans le délai de quinzaine, elle peut être exercée par un des membres du conseil contre le tuteur aux frais de celui-ci, et sans répétition (C. proc. civ., art. 887). Le délai de quinzaine n'est pas augmenté en raison de la distance du domicile de la personne chargée de poursuivre au lieu où siége le tribunal. Ici ne s'applique pas l'article 1033, C. proc. civ.

922. Ceux des membres du conseil de famille qui croient devoir s'opposer à l'homologation, doivent le déclarer, par acte extrajudiciaire, à celui qui est chargé de la poursuite ; et s'ils n'ont pas été appelés, ils peuvent former opposition au jugement (C. proc. civ., art. 888), tant que la délibération n'a pas été exécutée et qu'un acte quelconque n'a pas été passé en conséquence avec un tiers, car alors le délai pendant lequel la délibération pouvait être attaquée se confondrait évidemment avec le délai pendant lequel l'acte lui-même serait attaquable (V. C. Nap., art. 1304, 2262, etc.).

Le ministère public n'a pas qualité pour interjeter appel, même dans l'intérêt des mineurs, d'un jugement d'homologation d'une délibération du conseil de famille (Cass., 26 août 1807, 8 mars 1814, S.7.1.437 et 14.1.278).

923. Le jugement qui homologue les délibérations d'une assemblée de famille, doit être considéré comme l'accessoire de l'acte homologué. En conséquence, et de la même manière que l'accessoire suit le sort du principal, la nullité des délibérations entraîne celle du jugement d'homologation (Nîmes, 17 mai 1838, J.P.).

924. Dans l'ancien droit, le principe de responsabilité n'é-

tait appliqué aux membres du conseil de famille, à raison de leur choix ou de leur vote ou avis, qu'en cas de dol ou de faute grave. Il en est de même encore aujourd'hui. Ce point est laissé à l'appréciation des juges.

SECT. VII.—*De la tutelle officieuse* (Voy. *suprà*, tit. v, chap. II).

SECT. VIII.—*De la protutelle* (C. Nap., art. 417).

925. La protutelle est une charge civile déférée, par une disposition de la loi à une personne pour gérer et administrer gratuitement, sous sa responsabilité personnelle, les biens qu'un mineur, domicilié en France, possède dans les colonies françaises.

926. Le Code Napoléon, à la différence des lois romaines, n'admet pas plusieurs tuteurs pour une même et seule tutelle (V. *suprà*, n° 750, et *infrà*, n° 934). Cependant, mais par exception, les art. 396 et 417, C. Nap., admettent : le premier, une tutrice et un cotuteur solidairement responsables; le second, un tuteur et un protuteur indépendants et non responsables l'un envers l'autre de leur gestion respective.

927. Ainsi, lorsque le mineur, domicilié en France, possède des biens dans les colonies françaises, ou que, domicilié aux colonies, il a des biens en France, le conseil de famille du lieu où il est domicilié, c'est-à-dire du lieu où la tutelle s'est ouverte, *doit* lui nommer en même temps autant que possible un tuteur pour ce même lieu et un protuteur pour l'autre (C. Nap., art. 417) : nous disons *autant que* possible, car il n'est pas douteux qu'il pourrait nommer le protuteur séparément, s'il avait omis de le faire en nommant le tuteur. Cette disposition, reproduite des ordonnances des 15 déc. 1721 et 1er février 1743, exige impérativement cette nomination, et la bonne administration du patrimoine à administrer demandait qu'il en fût ainsi dans l'intérêt du mineur.

928. Le protuteur doit habiter les lieux mêmes où sont situés les biens dont la gestion lui est confiée; telle paraît être du moins la pensée essentielle de l'art. 417, C. Nap.

929. Quant aux biens qu'un mineur français et domicilié en France posséderait en pays étranger, ils doivent évidemment, dans le silence de la loi sur ce point, être administrés par le tuteur, qui peut se faire autoriser par le conseil de famille à s'aider d'administrateurs salariés et gérant sous sa responsabilité (Arg. C. Nap., art. 450 et 454).

930. Le droit de nommer un protuteur dérivant en principe du droit de nommer le tuteur (cela est incontestable), il

en résulte que le survivant des père et mère, tuteur légitime, peut choisir à ses enfants un protuteur en même temps qu'un tuteur (Arg. C. Nap., art. 397 et 417). S'il n'a pas nommé de protuteur, c'est au conseil de famille à en nommer un, peu importe que le tuteur tienne ses pouvoirs du tuteur testamentaire; il n'était pas, en effet, au pouvoir de celui-ci de priver son enfant du bénéfice de la protutelle que l'art. 417 exige impérativement dans toute tutelle dative et testamentaire (DEMOLOMBE, t. 7, n°s 203 et 207. — *Contrà*, MARCADÉ, t. 2, art. 417, n° 2).

931. Mais qu'arriverait-il si le tuteur testamentaire avait nommé un protuteur sans nommer de tuteur, ou si le tuteur, nommé en même temps que le protuteur, mourait, était exclu ou excusé? Le conseil de famille devrait évidemment, dans tous ces cas, nommer un tuteur et un protuteur sans avoir égard au protuteur nommé par le tuteur testamentaire s'il en existait un, car le droit de nomination du protuteur n'étant, en principe, que l'accessoire du droit de nomination du tuteur, il ne peut pas exister là où le second n'existe pas, et il s'éteint avec lui (MARCADÉ et DEMOLOMBE, *loc. cit.*).

932. Au surplus, l'art. 417, C. Nap., n'est plus applicable au cas où le survivant, tuteur légitime, a l'usufruit légal des biens de son enfant. L'indépendance de l'administration du protuteur est évidemment inconciliable avec le droit propre et personnel d'administration et de jouissance du tuteur légal, auquel la loi donne celui de choisir lui-même un mandataire spécial, qui gère pour son compte et à ses frais, sans avoir besoin d'aucune autorisation du conseil de famille (Arg. C. Nap., art. 390, 391, 397, 450 et 454 combinés).

933. L'art. 417, C. Nap., étant impératif, la nomination du protuteur doit donc être faite par le conseil de famille, sans que le tuteur ait besoin de la requérir; et, en cas de réquisition, il ne peut s'y refuser.

934. Le tuteur et le protuteur sont indépendants et non responsables l'un envers l'autre pour leur gestion respective (C. Nap., art. 417). Ils administrent donc, chacun de son côté, les biens qui dépendent de leur gestion, sous la surveillance du subrogé tuteur et l'autorité du conseil de famille dont ils tiennent leur mandat, et sont, dès lors, également grevés de l'hypothèque légale (C. Nap., art. 2121), et incapables de recevoir aucune libéralité du mineur (C. Nap., art. 907; arg. Cass., 27 nov. 1848, DEV.49.1.12). Aussi ne pensons-nous pas, malgré l'opinion contraire de certains auteurs,

notamment de M. Marcadé, sur l'art. 417, n° 2, et de M. Demolombe, t. 7, n° 212, que le protuteur doive recevoir un subrogé tuteur, dans le silence absolu de la loi à cet égard.

Un subrogé tuteur doit, d'après l'art. 420, C. Nap., exister dans toute tutelle, telle est la règle; mais, bien entendu, il ne s'agit que des diverses espèces de tutelles ordinaires, des tutelles proprement dites; ainsi il n'existera pas plus dans la protutelle que dans la tutelle *ad hoc* ou la tutelle officieuse; il y a même raison de décider : aucun texte ne suppose, en effet, l'existence d'un subrogé tuteur plus dans un cas que dans l'autre. Au contraire, l'art. 417, C. Nap., sainement entendu, semble indiquer que le protuteur, qui n'est, en réalité, comme l'indique sa dénomination, qu'un tuteur adjoint, un tuteur secondaire, pour certains biens, se rattache à l'organisation générale de la tutelle, dont il ressort nécessairement.

Mais, dit-on, le protuteur est indépendant du tuteur; cela est vrai, mais il ne l'est pas du conseil de famille, qui peut régler par aperçu la somme à laquelle pourra s'élever la dépense annuelle de son administration (C. Nap., art. 454), et l'obliger aussi bien que le tuteur, lors de son entrée en exercice, à remettre au subrogé tuteur, à des époques déterminées, des états de situation de sa gestion (C. Nap., 470), et à faire passer au tuteur la totalité des revenus ou telle fraction déterminée jugée nécessaire, soit pour l'éducation du mineur, soit pour tout autre emploi auquel il jugerait utile de les appliquer (Arg. C. Nap., art. 455; ord. 1er fév. 1743, art. 6).

D'où nous concluons donc qu'il n'y a pas lieu de nommer un subrogé tuteur au protuteur, à moins d'admettre deux conseils de famille distincts et indépendants pour la même tutelle, ce qui serait aussi absurde que contraire à l'unité de l'administration dont le tuteur est le pouvoir exécutif, et que le conseil de famille doit conserver entière dans l'intérêt du mineur (MAGNIN, t. 1, n° 494).

L'art. 450, C. Nap., qui défend au tuteur d'acheter les biens du mineur, est applicable au protuteur, qui est un véritable tuteur *in parte quâ* (MASSÉ et VERGÉ sur ZACHARIÆ, t. 1, § 223, note 1re).

SECT. IX.—*De la tutelle des princes.—Dispositions préliminaires.—Famille impériale. — Puissance paternelle de l'Empereur sur tous les membres de sa famille.—Famille civile* (Sénatus-consultes, 7 nov. 1852, 21 juin 1853 et 17 juillet 1856; Décision, sept. 1855; Statut, 30 mars 1806).

935. De tout temps, la situation exceptionnelle que donnait

aux différents membres de la famille du souverain leur qualité de parents, a conduit le législateur à reconnaître que la position de ces personnages devait être l'objet de règles spéciales, dans l'intérêt même de la conservation de la dynastie dont ils faisaient partie.

Ce n'est donc pas par innovation dans le droit public que l'art. 6 du sénatus-consulte du 7 nov. 1852 est venu placer les différents membres de la famille de l'Empereur dans une condition différente de celle des autres citoyens, en établissant toutefois entre eux une distinction fort importante. En effet, tous les parents de l'Empereur ne font point partie de la famille impériale. Ceux-là, aux termes du sénatus-consulte organique du 7 nov. 1852, en font partie, qui sont appelés éventuellement à l'hérédité, eux *et leurs descendants des deux sexes*. Les autres parents ne sont réputés que de la famille civile.

936. A l'égard des membres de la famille impériale, le sénatus-consulte du 7 nov. 1852 veut qu'un sénatus-consulte règle leur position, et il ajoute qu'ils ne peuvent se marier sans l'autorisation de l'Empereur, le mariage fait sans cette autorisation devant entraîner la perte de tout droit de successibilité, tant pour le prince qui l'a contracté que pour sa postérité. Toutefois, en cas de dissolution de mariage pour cause de décès, le prince recouvre ses droits à l'hérédité.

937. Quant aux autres membres de la famille, le sénatus-consulte a confié à l'Empereur le soin de fixer leurs titres et leurs conditions (V. *infrà*, § 6).

938. Enfin, le sénatus-consulte porte que l'Empereur a pleine autorité sur tous les membres de sa famille, qu'il règle leurs devoirs et leurs obligations par des statuts ayant force de loi.

Le sénatus-consulte pose, du reste, ce droit d'une façon absolue, et sans distinguer entre la famille impériale et la famille civile.

939. En conséquence de cette dernière disposition, l'Empereur a déterminé les conditions et les obligations des membres de la famille impériale par le statut du 21 juin 1853, lequel, du reste, reproduit une grande partie des prescriptions du statut du 30 mars 1806, rendu par l'empereur Napoléon Ier.

§ 1er. — De l'état des princes et princesses de la famille impériale (Statut, 21 juin 1853, tit. 1er, art. 1er à 12).

940. Conformément à l'art. 6 du sénatus-consulte du 9

nov. 1852, l'Empereur exerce sur tous les membres de sa famille les droits de la puissance paternelle pendant leur minorité, et conserve toujours à leur égard un pouvoir de surveillance et de discipline dont les effets principaux sont déterminés par le présent statut (Art. 1er; Statut, 30 mars 1806, art. 1er).

941. Si l'Empereur est lui-même mineur, ses droits seront exercés par le régent, sous les conditions et dans les formes qui seront déterminées par le sénatus-consulte qui organisera la régence (Art. 2).

942. La famille impériale se compose :

1° De la descendance légitime ou adoptive de l'Empereur;

2° Des autres princes appelés éventuellement à l'hérédité par le sénatus-consulte du 7 déc. 1852, de leurs épouses et de leur descendance légitime (Art. 3).

943. Le mariage des membres de la famille impériale, à quelque âge qu'ils soient parvenus, sera nul de plein droit, et sans qu'il soit besoin de jugement, toutes les fois qu'il aura été contracté sans le consentement formel de l'Empereur.

Ce consentement sera exprimé dans une lettre close, contresignée par le ministre d'Etat, et qui tiendra lieu des dispenses d'âge et de parenté dans tous les cas où ces dispenses sont nécessaires (Art. 2; Statut de 1806, art. 4).

944. Tous les enfants nés d'une union qui n'aurait pas été contractée conformément au précédent article sont réputés illégitimes (Art. 5; Statut de 1806, art. 5).

945. Les conventions matrimoniales des membres de la famille impériale sont nulles si elles ne sont pas approuvées par l'Empereur, sans que, dans ce cas, les parties puissent exciper des dispositions du Code Napoléon (Art. 6; Statut de 1806, art. 6).

946. Si un membre de la famille impériale croit devoir demander la séparation de corps, il s'adressera à l'Empereur, qui prononce seul, sans forme ni procédure (Statut de 1806, art. 8).

Les effets de cette séparation, quant aux biens des époux, seront réglés par le conseil de famille dans les formes qui seront ci-après déterminées (Art. 7).

947. Les biens des princes et princesses de le famille impériale dont le père serait décédé seront, pendant leur minorité, administrés par un ou plusieurs tuteurs que l'Empereur nommera (Art. 8; Statut de 1806, art. 9).

948. Ces tuteurs rendront le compte de tutelle au conseil de famille dont il sera ci-après parlé (Art. 9 ; Statut de 1806, art. 10).

949. Le conseil de famille a juridiction sur le tuteur en tout ce qui concerne l'administration de la tutelle ; il remplit, pour les actes de tutelle, toutes les fonctions qui, à l'égard des particuliers, sont déléguées par le Code Napoléon aux conseils de famille ordinaires et aux tribunaux.

Néanmoins, les décisions qu'il rend n'ont d'effet qu'après l'approbation de l'Empereur, dans tous les cas où, entre particuliers, ces délibérations doivent être soumises à l'homologation des tribunaux (Art. 10 ; Statut de 1806, art. 11).

950. Les membres de la famille impériale ne peuvent sans le consentement exprès de l'Empereur, ni adopter, ni se charger de tutelle officieuse, ni reconnaître un enfant naturel.

Dans ces cas, l'Empereur réglera les effets que l'acte doit produire, quant aux biens et quant au rang qu'il donnera à la personne qui en sera l'objet (Art. 11 ; Statut de 1806, art. 12).

951. L'interdiction des membres de la famille impériale, dans les cas prévus par l'art. 489 du Code Napoléon, est prononcée par le conseil de famille. Le jugement n'aura d'effet qu'après avoir été approuvé par l'Empereur.

Le conseil de famille exercera sur le tuteur, sur l'interdit et sur les biens, l'autorité et la juridiction qui, entre particuliers, appartient aux conseils de famille ordinaires et aux tribunaux (Art. 12 ; Statut de 1806, art. 13).

§ 2. — **Des actes relatifs à l'état des princes et princesses de la famille impériale** (Statut 21 juin 1853, tit. 2, art. 13 à 27).

952. Le ministre d'Etat, assisté du président du Conseil d'Etat (qui tiendra la plume), remplira exclusivement, par rapport à l'Empereur et aux princes et princesses de la famille impériale, les fonctions attribuées par les lois aux officiers de l'état civil.

En conséquence, il recevra les actes de naissance, d'adoption, de mariage, et tous autres actes prescrits ou autorisés, par le Code Napoléon (Art. 13) sous les peines édictées, bien entendu, par le même Code, contre les officiers de l'état civil ordinaires, encore bien que le statut ne le dise pas, mais d'après le droit commun.

953. Ces actes seront inscrits sur un registre tenu par le président du Conseil d'Etat, coté par première et dernière feuille, et paraphé sur chaque feuille par le ministre d'Etat (Art. 14).

954. Sur l'ordre de l'Empereur, le ministre d'Etat envoie une ampliation de ces actes au Sénat qui en ordonne la transcription sur ses registres et le dépôt dans les archives (Art. 15).

955. Lorsque le registre est fini, il est clos et arrêté par le ministre d'Etat, et déposé aux archives impériales. Jusqu'à cette époque, il demeure déposé aux archives du Conseil d'Etat. Le président du Conseil d'Etat délivre les extraits des actes y contenus, lesquels sont visés par le ministre d'Etat (Art. 16).

956. Les actes seront rédigés dans les formes établies par le Code Napoléon (Art. 17).

957. L'Empereur indiquera les témoins qui assisteront aux actes de naissance et de mariage des membres de la famille impériale.

S'il est absent du lieu où l'acte est passé, ou s'il n'y a pas eu d'indication de sa part, le ministre d'Etat sera tenu de prendre les témoins parmi les princes de la famille impériale, en suivant l'ordre de leur proximité du trône, et, après eux, parmi les autres membres de la famille de l'Empereur, les ministres, les présidents des grands corps de l'Etat, les maréchaux de France, les grands officiers de l'Empire et les membres du Sénat (Art. 18 ; Statut de 1806, art. 19).

958. Le ministre d'Etat ne pourra recevoir l'acte de mariage des princes et princesses, ni aucun acte d'adoption ou de reconnaissance d'enfant naturel, que sur l'autorisation de l'Empereur.

A cet effet, il sera adressé, le cas échéant, une lettre close qui indiquera, en outre, le lieu où l'acte doit être reçu. Cette lettre sera transcrite en entier dans l'acte (Art. 19 ; Statut de 1806, art. 20).

959. Les actes ci-dessus mentionnés, qui, par suite de circonstances particulières, seraient dressés en l'absence du ministre d'Etat, lui seront remis par celui que l'Empereur aura désigné pour le suppléer. Ces actes seront inscrits sur le registre, et la minute y demeurera annexée, après avoir été visée par le ministre d'Etat (Art. 20 ; Statut de 1806, art. 21).

960. Lorsque l'Empereur jugera à propos de faire son testament par acte public, le ministre d'Etat, assisté du président du Conseil d'Etat, recevra sa dernière volonté, laquelle sera écrite, sous la dictée de l'Empereur, par le président du Conseil d'Etat, en présence de deux témoins. Dans ce cas, l'acte sera écrit sur le registre mentionné en l'art. 14 ci-dessus (Art. 21 ; Statut de 1806, art. 23).

961. Si l'Empereur dispose par testament mystique, l'acte

de suscription sera dressé par le ministre d'Etat et inscrit par le président du Conseil d'Etat : ils signeront l'un et l'autre avec l'Empereur et les six témoins qu'il aura indiqués. Le testament mystique de l'Empereur sera déposé au Sénat par le ministre d'Etat (Art. 22 ; Statut de 1806, art. 24).

962. Après le décès des princes et princesses de la famille impériale, les scellés seront apposés dans leurs palais et maisons par le président du Conseil d'Etat, et, à son défaut, par un conseiller d'Etat désigné par le ministre d'Etat (art. 23 ; Statut de 1806, art. 25).

§ 3. — **De l'éducation des princes et princesses de la famille impériale** (Statut, 21 juin 1853, tit. 3, art. 24).

963. L'Empereur règle tout ce qui concerne l'éducation des enfants des membres de la famille impériale ; il nomme et révoque à volonté ceux qui en sont chargés (Art. 24 ; Statut de 1806, art. 26).

§ 4.—**Du pouvoir de surveillance et de discipline que l'Empereur exerce dans l'intérieur de sa famille** (Statut, 21 juin 1853, tit. 4, art. 25 à 27).

964. Les membres de la famille impériale, quel que soit leur âge, ne peuvent, sans l'ordre ou le congé de l'Empereur, sortir du territoire de l'Empire, ni s'éloigner de plus de trente myriamètres de la ville où la résidence impériale se trouve établie (Art. 25 ; Statut de 1806, art. 30).

965. Si un membre de la famille impériale commet un acte contraire à sa dignité ou à ses devoirs, l'Empereur pourra lui infliger, pour un temps déterminé et qui n'excédera pas une année, les peines suivantes : les arrêts, l'éloignement de sa personne, l'exil (Art. 26 ; Statut de 1806, art. 31).

966. L'Empereur peut ordonner aux membres de la famille impériale d'éloigner d'eux les personnes qui lui paraissent suspectes, encore que ces personnes ne fassent pas partie de leur maison (Art. 27 ; Statut de 1806, art. 32).

§ 5.—**Du conseil de famille** (Statut, 21 juin 1853, tit. 5, art. 28 à 36).

967. Il y aura auprès de l'Empereur un conseil de famille. Indépendamment des attributions qui sont données à ce conseil par les art. 9, 10, 11 et 13 du présent Statut, il connaîtra :

1° Des plaintes portées contre les princes et princesses de la famille impériale, toutes les fois qu'elles n'auront pas pour objet des crimes ou délits. La compétence, pour ce dernier cas, sera réglée par un sénatus-consulte ;

2° Des actions purement personnelles intentées, soit par les princes et princesses de la maison impériale, soit contre eux.

A l'égard des actions réelles ou mixtes, elles continueront d'être portées devant les tribunaux ordinaires (Art. 28 ; Statut de 1806, art. 33).

968. Le conseil de famille est présidé par l'Empereur, ou, à son défaut, par celui des membres que l'Empereur désignera.

Il sera composé :

D'un prince de la famille impériale désigné par l'Empereur, du ministre d'Etat, du ministre de la justice, des présidents du Sénat, du Corps législatif et du Conseil d'Etat, du premier président de la Cour de cassation, d'un maréchal de France ou d'un général de division désigné par l'Empereur.

Le ministre de la justice remplit près le conseil les fonctions de rapporteur.

Le président du Conseil d'Etat tient la plume (Art. 29 ; Statut de 1806, art. 34).

969. Les pièces et les minutes des jugements sont déposées aux archives impériales (Art. 30 ; Statut de 1806, art. 34).

970. Les demandes susceptibles d'être présentées au conseil seront préalablement communiquées au ministre d'Etat, qui en rendra compte dans la huitaine à l'Empereur et prendra ses ordres (Art. 31 ; Statut de 1806, art. 35).

971. Si l'Empereur ordonne que l'affaire soit suivie devant le conseil, le ministre d'Etat procédera d'abord à la conciliation.

Les procès-verbaux contenant les dires, aveux et propositions des parties intéressées, seront dressés par le président du Conseil d'Etat. L'accommodement dont les parties pourraient convenir n'aura d'effet qu'après avoir été approuvé par l'Empereur (Art. 32 ; Statut de 1806, art. 36).

972. Le conseil de famille n'est point tenu de suivre les formes ordinaires, soit dans l'instruction des causes portées devant lui, soit dans les jugements qu'il rend.

Néanmoins, il doit toujours entendre les parties, soit par elles-mêmes, soit par leurs fondés de pouvoirs, et ses jugements seront motivés.

Il doit aussi avoir prononcé dans le mois (Art. 33 ; Statut de 1806, art. 37).

973. Les jugements rendus par le conseil de famille ne sont susceptibles d'aucun recours ; ils sont signifiés aux parties à la requête du ministre de la justice, par la personne qu'il aura désignée (Art. 34 ; Statut de 1806, art. 38).

974. Lorsque le conseil de famille statue sur les plaintes,

et qu'il les croit fondées, il se borne à déclarer que celui contre qui elles sont dirigées est répréhensible pour les faits que la plainte spécifie, et renvoie pour le surplus à l'Empereur (Art. 35; Statut de 1806, art. 39).

975. Si l'Empereur ne croit pas devoir user d'indulgence, il prononce l'une des peines portées en l'art. 26 ci-dessus, et même, suivant la gravité du fait, la peine de deux ans d'arrêts forcés dans le lieu qu'il désignera (Art. 36; Statut de 1806, art. 40).

§ 6.—**Dispositions applicables aux membres de la famille de l'Empereur ne faisant point partie de la famille impériale** (Statut, 21 juin 1853, tit. 6, art. 37).

976. Les art. 2, 4, 5, 7, 11, 12, 23, 24, 26, 27 et 36 du présent statut, sont applicables aux autres membres de la famille de l'Empereur qui ont ou acquerront la qualité de Français.

Toutefois, cette disposition, applicable à tous les degrés de la descendance masculine des frères de l'Empereur Napoléon Ier ne s'étendra aux autres parents ou alliés de l'Empereur que jusqu'au quatrième degré.

L'art. 28 du présent statut est également applicable aux personnes désignées dans le présent article, si ce n'est pour les actions intentées par des tiers étrangers à la famille, lesquelles resteront soumises au droit commun (Art. 37).

§ 7.—**De la situation des membres de la famille civile de l'Empereur** (Décision de l'Empereur en septembre 1855).

977. Conformément au sénatus-consulte du 7 nov. 1852, l'Empereur a, par une décision rendue en septembre 1855, déterminé ainsi qu'il suit la situation des membres de sa famille civile :

978. Les fils des frères et sœurs de l'Empereur Napoléon Ier qui ne font pas partie de la famille impériale portent le titre de *prince* et d'*altesse* avec leur nom de famille (Art. 1er).

979. A la seconde génération, les fils aînés seuls porteront les titres de *prince* et d'*altesse*; les autres n'auront que le titre de *prince* (Art. 2).

980. Les filles des princes parents de l'Empereur jouiront, jusqu'à leur mariage, du titre de *princesse*; mais, lorsqu'elles seront mariées, elles porteront les noms seuls et les titres de leurs maris, à moins de décision spéciale contraire (Art. 3).

L'art. 4 fait application immédiate de cette mesure en faveur de la comtesse Camerata, déclarée altesse et princesse Bacciochi.

981. A la troisième génération, les fils aînés seuls porteront le titre de *prince* ; leurs frères et sœurs ne porteront que les titres que l'Empereur jugera convenable de leur accorder (Art. 6).

982. Lorsque l'Empereur est sur le trône, dans les cérémonies et audiences publiques, les princes de la famille de Sa Majesté ayant rang à la cour, s'il n'en est autrement ordonné, occupent les places qui leur sont assignées par les dignités dont ils sont revêtus, ou par les emplois qu'ils remplissent.

Dans les autres occasions, les princes et princesses de la famille de l'Empereur passent avant les ministres, mais après les ambassadeurs des puissances étrangères accrédités près l'Empereur et après les ambassadrices (Art. 7).

983. Les princes de la famille de l'Empereur qui ne jouissent pas de la qualité d'altesse n'ont point rang à la cour (Art. 8).

984. Les princesses de la famille de l'Empereur mariées à des particuliers français ou étrangers n'auront d'autre rang à la cour que celui de leurs maris (Art. 9).

985. Les armes de chacun des princes de la famille de l'Empereur seront fixées d'après le rapport d'une commission héraldique qui sera nommée à cet effet.

§ 8.—**De la régence de l'empire** (Sénatus-consulte, 17 juill. 1856, tit. 1er, art. 1 à 17).

986. L'Empereur est mineur jusqu'à l'âge de dix-huit ans accomplis (Art. 1er).

987. Si l'Empereur mineur monte sur le trône sans que l'Empereur son père ait disposé, par acte rendu public avant son décès, de la régence de l'Empire, l'Impératrice mère est régente et a la garde de son fils mineur (Art. 2).

988. L'Impératrice régente qui convole à de secondes noces perd de plein droit la régence et la garde de son fils mineur (Art. 3).

989. A défaut de l'Impératrice, qu'elle ait ou non exercé la régence, et si l'Empereur n'en a autrement disposé par acte public ou secret, la régence appartient au premier prince français, et, à son défaut, à l'un des autres princes français dans l'ordre de l'hérédité de la couronne.

L'Empereur peut, par acte public ou secret, pourvoir aux vacances qui pourraient se produire dans l'exercice de la régence pendant la minorité (Art. 4).

990. S'il n'existe aucun prince français habile à exercer la régence, les ministres en fonctions se forment en conseil et gouvernent les affaires de l'Etat jusqu'au moment où le régent est nommé.

Ils délibèrent à la majorité des voix.

Immédiatement après la mort de l'Empereur, le Sénat est convoqué par le conseil de régence.

Sur la proposition du conseil de régence, le Sénat élit le régent parmi les candidats qui lui sont présentés.

Dans le cas où le conseil de régence n'aurait pas été nommé par l'Empereur, la convocation et la proposition sont faites par les ministres formés en conseil, avec l'adjonction des présidents en exercice du Sénat, du Corps législatif et du Conseil d'Etat (Art. 5).

991. Le regent et les membres du conseil de régence doivent être Français et âgés de vingt et un ans accomplis (Art. 6).

992. Les actes par lesquels l'Empereur dispose de la régence ou nomme les membres du conseil de régence sont adressés au Sénat et déposés dans les archives.

Si l'Empereur a disposé de la régence ou nommé les membres du conseil de régence par un acte secret, l'ouverture de cet acte est faite, immédiatement après la mort de l'Empereur, au Sénat, par le président du Sénat, en présence des sénateurs qui auront pu répondre à la convocation, et en présence des ministres et des présidents du Corps législatif et du Conseil d'Etat, dûment appelés (Art. 7).

993. Tous les actes de la régence sont au nom de l'Empereur mineur (Art. 8).

994. Jusqu'à la majorité de l'Empereur, l'Impératrice régente ou le régent exerce pour l'Empereur mineur l'autorité impériale dans toute sa plénitude, sauf les droits attribués au conseil de régence.

Toutes les dispositions législatives qui protégent la personne de l'Empereur sont applicables à l'Impératrice régente ou au régent (Art. 9).

995. Les fonctions de l'Impératrice régente ou du régent commencent au moment du décès de l'Empereur.

Mais si un acte secret concernant la régence a été adressé au Sénat et déposé dans ses archives, les fonctions du régent ne commencent qu'après l'ouverture de cet acte. Jusqu'à ce qu'il y ait été procédé, le gouvernement des affaires de l'Etat reste entre les mains des ministres en fonctions, conformément à l'art. 5 (Art. 10).

996. Si l'Empereur mineur décède, laissant un frère héritier du trône, la régence de l'Impératrice ou celle du régent continue sans aucune formalité nouvelle (Art. 11).

997. La régence de l'Impératrice cesse si l'ordre d'hérédité

appelle au trône un prince mineur qui ne soit pas son fils. Il est pourvu, dans ce cas, à la régence, conformément à l'art. 4 ou l'art. 5 du présent sénatus-consulte (Art. 12).

998. Si l'Empereur mineur décède, laissant la couronne à un Empereur mineur d'une autre branche, le régent reste en fonctions jusqu'à la majorité du nouvel Empereur (Art. 13).

999. Lorsque le prince français délégué par le présent sénatus-consulte s'est trouvé empêché, par défaut d'âge ou par toute autre cause légale, d'exercer la régence au moment du décès de l'Empereur, le régent en exercice conservera la régence jusqu'à la majorité de l'Empereur (Art. 14).

1000. La régence, autre que celle de l'Impératrice, ne confère aucun droit sur la personne de l'Empereur mineur.

La garde de l'Empereur mineur, la surintendance de sa maison, la surveillance de son éducation, sont confiées à sa mère.

A défaut de la mère ou d'une personne désignée par l'Empereur, la garde de l'Empereur mineur est confiée à la personne nommée par le conseil de régence.

Ne peuvent être nommés ou désignés, ni le régent, ni ses descendants (Art. 15).

1001. Si l'Impératrice régente ou le régent n'ont pas prêté serment du vivant de l'Empereur pour l'exercice de la régence, ils le prêtent, sur l'évangile, à l'Empereur mineur assis sur le trône, assisté des princes français, des membres du conseil de régence, des ministres, des grands officiers de la couronne et des grands-croix de la Légion d'honneur, en présence du Sénat, du Corps législatif et du Conseil d'Etat.

Le serment peut aussi être prêté à l'Empereur mineur en présence des membres du conseil de régence, des ministres, et des présidents du Sénat, du Corps législatif et du Conseil d'Etat.

Dans ce cas, la prestation de serment est rendue publique par une proclamation de l'Impératrice régente ou du régent (Art. 16).

1002. Le serment prêté par l'Impératrice régente ou le régent est conçu en ces termes :

« Je jure fidélité à l'Empereur ; je jure de gouverner con-
« formément à la constitution, aux sénatus-consultes et aux
« lois de l'Empire ; de maintenir dans leur intégrité les droits
« de la nation et ceux de la dignité impériale ; de ne con-
« sulter, dans l'emploi de mon autorité, que mon dévouement
« pour l'Empereur et pour la France, et de remettre fidèlement

« à l'Empereur, au moment de sa majorité, le pouvoir dont « l'exercice m'est confié. »

Procès-verbal de cette prestation de serment est dressé par le ministre d'Etat. Ce procès-verbal est adressé au Sénat et déposé dans ses archives.

L'acte est signé par l'Impératrice régente ou le régent, par les princes de la famille impériale, par les membres du conseil de régence, par les ministres et par les présidents du Sénat, du Corps législatif et du Conseil d'Etat (Art. 17).

§ 9. — **Du conseil de régence** (Sénatus-cons., 17 juill. 1856, tit. 2, art. 18 à 22).

1003. Un conseil de régence est constitué pour toute la durée de la minorité de l'Empereur.

Il se compose :

1° Des princes français désignés par l'Empereur.

A défaut de désignation par l'Empereur des deux princes français les plus proches dans l'ordre d'hérédité.

2° Des personnes que l'Empereur a désignées par acte public ou secret.

Si l'Empereur n'a fait aucune désignation, le Sénat nomme cinq personnes pour faire partie du conseil de régence.

En cas de mort ou de démission d'un ou de plusieurs membres du conseil de régence autres que les princes français, le Sénat pourvoit à leur remplacement (Art. 18).

1004. Aucun membre du conseil de régence ne peut être éloigné de ses fonctions par l'Impératrice régente ou le régent (Art. 19).

1005. Le conseil de régence est convoqué et présidé par l'Impératrice régente ou le régent.

L'Impératrice régente ou le régent peuvent déléguer, pour présider à leur place, l'un des princes français faisant partie du conseil de régence, ou l'un des autres membres de ce conseil (Art. 20).

1006. Le conseil de régence délibère nécessairement et à la majorité absolue des voix :

1° Sur le mariage de l'Empereur ;

2° Sur les déclarations de guerre, la signature des traités de paix, d'alliance ou de commerce ;

3° Sur les projets de sénatus-consultes organiques.

En cas de partage, la voix de l'Impératrice régente ou du régent est prépondérante. Si sa présidence est exercée par délégation, l'Impératrice régente ou le régent décident (Art. 21).

1007. Le conseil de régence a seulement voix consultative sur toutes les autres questions qui lui sont soumises par l'Impératrice régente ou le régent (Art. 22).

§ 10. — **Dispositions diverses** (Sénatus-consulte, 17 juill. 1856, tit. 3, art. 23 à 25).

1008. Durant la régence, l'administration de la dotation de la couronne continue selon les règles établies.

L'emploi des revenus est déterminé dans les formes accoutumées, sous l'autorité de l'Impératrice régente ou du régent (Art. 23).

1009. Les dépenses personnelles de l'Impératrice régente ou du régent et l'entretien de leur maison font partie du budget de la couronne. La quotité en est fixée par le conseil de régence (Art. 24).

1010. En cas d'absence du régent au commencement d'une minorité, sans qu'il y ait été pourvu par l'Empereur avant son décès, les affaires de l'Etat sont gouvernées, jusqu'à l'arrivée du régent, conformément aux dispositions de l'art. 5 du présent sénatus-consulte (Art. 25).

SECT. X.—*De la tutelle des interdits.*

1011. La loi reconnaît deux espèces d'interdiction : l'interdiction judiciaire et l'interdiction légale (V. *infrà*, tit. X, chap. II).

§ 1er. — **De la tutelle de l'interdit judiciaire.**

1012. L'interdit est, en ce qui concerne le gouvernement de sa personne et la gestion de ses biens, assimilé au mineur (C. Nap., art. 509). Il doit donc être pourvu d'un tuteur et d'un subrogé tuteur.

1013. La nomination du tuteur et d'un subrogé tuteur peut et doit avoir lieu dès que le jugement qui prononce l'interdiction a été signifié à partie, et qu'il s'est écoulé huitaine depuis sa prononciation. Cependant, en cas d'appel, il ne peut y être procédé qu'après la signification de l'arrêt confirmatif (C. Nap., art. 505 ; C. proc., art. 147, 449 et 450 combinés).

La nomination qui aurait été faite, soit avant la signification du jugement de première instance ou l'expiration du délai de huitaine à partir de la prononciation de ce jugement, soit, en cas d'appel, depuis l'émission de l'appel et avant la signification de l'arrêt confirmatif, serait entachée de nullité (Cass., 24 déc. 1838, S.39.1.49 ; MERLIN, *Rép.*, v° *Interd.*, § 5, n° 3 ; DURANTON, t. 3, n° 549 ; TOULLIER, t. 2, n° 1335 ; CHARDON, *Puiss.*

tutél., n° 224 ; DEMOLOMBE, t. 8, n° 555 ; ZACHARIÆ, AUBRY et RAU, t. 1, p. 464. V. *infrà*, n°ˢ 1026 à 1028).

1014. La tutelle des interdits est régie par les mêmes règles que celle des mineurs, sauf les modifications suivantes concernant la délation, l'administration et la cessation de la tutelle (C. Nap., art. 509).

1015. Dans le cas d'interdiction, il n'y a pas lieu à la tutelle légitime des ascendants, ni à la tutelle testamentaire ; la tutelle de l'interdit est toujours dative, c'est-à-dire déférée par le conseil de famille, composé, comme en cas de minorité, conformément aux art. 407 et suivants, C. Nap., soit au père ou à la mère, soit à un autre ascendant de l'interdit, soit à tout autre parent, qu'ils aient ou non provoqué l'interdiction (Arg. C. Nap., art. 508), soit même à une personne qui lui est étrangère, mais cette personne n'est pas tenue de conserver la tutelle de l'interdit au delà de dix ans. A l'expiration de ce délai, le tuteur peut demander et doit obtenir son remplacement (C. Nap., art. 508). Il n'y a d'exception qu'à l'égard du mari, qui est de plein droit le tuteur de sa femme interdite (C. Nap., art. 509 et 506).

1015 *bis*. Quant à la femme, elle n'est point tutrice légale de son mari interdit ; mais elle peut être nommée tutrice par le conseil de famille, qui doit, en ce cas, régler la forme et les conditions de l'administration, sauf le recours devant les tribunaux de la part de la femme qui se croirait lésée par l'arrêté de la famille (C. Nap., art. 507).

1016. Ainsi, le conseil de famille doit décider, comme dans toute tutelle dative, si la femme nommée tutrice sera autorisée à se faire aider par des administrateurs salariés, si elle devra chaque année, et même plus souvent, donner des états de situation, vendre ou conserver en nature tels ou tels meubles ; quelle somme elle pourra prendre annuellement sur les revenus du mari ou de la communauté, pour l'entretien et la guérison de son mari et pour l'entretien des enfants qui n'auraient pas de biens propres suffisants ainsi que pour l'administration de ses biens ou de la communauté ; à quelle somme enfin commencera l'obligation de faire emploi de l'excédant des revenus sur la dépense (C. Nap., art. 452, 454 et 455).

1017. En général, le conseil de famille nomme la femme de préférence à tous autres, si elle est digne de cette mission ; il jouit à cet égard d'un pouvoir discrétionnaire ; il n'est pas obligé, en nommant un autre tuteur, d'articuler contre la femme de l'interdit des causes d'exclusion (Cass., 27 nov. 1816, S.17.1.33 ; Orléans, 9 août 1817, S.17.2.422; Duranton, t. 3, n° 752 ; Magnin, t. 1, n° 866 ; Chardon, *Puiss. pater.*, n° 37 ; Demolombe, t. 8, n° 565 ; Zachariæ, Aubry et Rau, t. 1, p. 465).

1018. Lorsque la femme a été nommée tutrice, elle prend en cette qualité l'administration des biens de la communauté et du mari, ainsi que celle de ses biens propres dont ce dernier avait la gestion. Au cas contraire, l'administration de ces différents biens appartient au tuteur du mari, et la femme ne peut la réclamer (Cass., 11 août 1818, S.19.1.17; Toullier, t. 2, nos 1343 et 1348 ; Demolombe, t. 8, n° 603 ; Zachariæ, Aubry et Rau, t. 1, p. 465).

1019. Du reste, que la femme soit ou non tutrice, c'est toujours à elle qu'appartient l'exercice de la puissance paternelle, avec les droits qui en découlent, sur la personne et les biens des enfants mineurs (V. *suprà*, tit. VIII, *de la Puissance paternelle*).

L'interdit a l'hypothèque légale sur les biens de son tuteur à raison de sa gestion (C. Nap., art. 2121. V. *infrà*, *de l'Interdiction*, tit. X, chap. II).

Nul, à l'exception des époux, des ascendants et descendants, n'est tenu de conserver la tutelle d'un interdit au delà de dix ans. A l'expiration de ce délai, le tuteur peut demander et doit obtenir son remplacement, auquel il est procédé comme ci-dessus (C. Nap., art. 508).

1020. L'art. 506, C. Nap., qui confère au mari la tutelle des droits de la femme interdite, n'est pas applicable au mari séparé de corps d'avec sa femme (Arg. Dijon, 18 mars 1857, J.P.57.256).

1021. Le conseil de famille, appelé à procéder à la nomination d'un tuteur et d'un subrogé tuteur à l'interdit, doit être composé, comme en cas de minorité, conformément à l'art. 407 et suiv., C. Nap., art. 494. Cette règle de composition ne comporte aucune exception, même en ce qui concerne celui qui a provoqué l'interdiction ; il peut même être nommé tuteur (Massé et Vergé, t. 1, p. 449 ; Zachariæ, Aubry et Rau, t. 1, p. 461 ; Demolombe, t. 8, n° 574).

1022. Quant aux règles pour la convocation et la délibération du conseil de famille, ainsi que pour les incapacités, exclusions, destitutions de la tutelle, elles sont également les mêmes qu'en cas de minorité, sans exception aucune (V. *infrà*.....).

1023. Le conseil de famille, appelé à exprimer un avis

sur l'état mental d'une personne dont l'interdiction est poursuivie, doit aussi être composé, comme en cas de minorité, conformément aux art. 407 et suiv., C. Nap., sauf que le conjoint doit y être appelé avant tous autres ; il n'y a exception à cette règle de composition que pour ceux qui ont provoqué l'interdiction ; ils en sont écartés ; cependant l'époux ou l'épouse, les enfants et même le tuteur du mineur interdit, parents ou alliés, sont toujours admis au conseil de famille, soit comme membres *délibérants* s'ils n'ont pas provoqué l'interdiction, soit avec voix simplement consultative s'ils l'ont provoquée. Et, en effet, quelle raison pourrait-il y avoir d'en exclure le conjoint et les enfants ? L'intérêt que l'époux ou les enfants pourraient avoir à faire réussir ou à contredire la procédure ? Mais ce n'est pas là un motif d'exclusion, car on doit toujours supposer, et tel est évidemment l'esprit de la loi, que ce motif, s'il existe, sera dirigé par la tendresse et par l'affection. C'est, dit-on, blesser la morale que d'appeler des enfants à délibérer sur l'interdiction de leur père ou de leur mère, un conjoint sur l'interdiction de son conjoint ? Mais si la loi avait vu là une atteinte à la morale, elle n'aurait évidemment pas permis aux enfants de poursuivre l'interdiction de leur père ou de leur mère, ni au conjoint l'interdiction de son conjoint, et cependant le droit de former une pareille demande, acte bien plus grave qu'un simple avis ou un simple vote, est accordé expressément au conjoint et aux enfants..... (Arg. C. Nap., art. 495).

MM. les juges de paix ne peuvent donc apporter trop de soin à la composition des conseils de famille ; car, bien que les règles sur cette composition n'aient point pour sanction nécessaire et absolue la peine de nullité, le pouvoir des tribunaux ne saurait aller jusqu'à conférer à des étrangers, en dehors des conditions d'aptitude légalement déterminées, une mission que la loi attribue à la famille, et, dans certains cas, seulement aux amis de celui dont l'interdiction est demandée (C. Nap., art. 407 et s.). Ainsi, est nulle la délibération d'un conseil de famille, composé uniquement d'amis pris dans la commune où la personne à interdire a son domicile, lorsqu'il existe dans le périmètre légal des parents ou alliés qui n'ont pas été appelés, bien qu'aucun empêchement physique ou moral ne s'y oppose (C. Nap., art. 409). Cette nullité doit être prononcée alors même que la composition du conseil ne serait le résultat ni du dol ni de la connivence (Cass., 19 avril 1850, D.50.281).

1024. Le conseil de famille peut appeler à ses délibérations, afin de s'éclaircir, soit le poursuivant et même son avoué, soit la personne dont l'interdiction est provoquée pour donner des renseignements ; mais ils doivent ensuite se retirer, afin que le conseil de famille puisse délibérer librement (DEMOLOMBE, t. 8, n° 498).

1025. Le conseil ne doit jamais perdre de vue qu'il n'est appelé qu'à donner un avis, d'après les connaissances personnelles de chacun de ses membres, et non à prononcer un jugement ; d'où certains auteurs ont conclu qu'il n'y avait pas lieu de se pourvoir contre sa délibération. Nous pensons, au contraire, que ce droit est de droit commun et ne peut être refusé en cas d'avis défavorable à celui qui poursuit l'interdiction ainsi qu'à celui qui y défend : seulement alors la poursuite n'est pas nulle, et le tribunal doit ordonner que le conseil de famille sera appelé à donner un nouvel avis.

1026. L'interdit doit être pourvu d'un tuteur et d'un subrogé tuteur (C. Nap., art. 505), à l'expiration des huit jours qui suivent le prononcé du jugement d'interdiction, s'il n'a pas été frappé d'appel, car c'est l'appel et non le délai d'appel qui est suspensif de son exécution (C. proc. civ., art. 457. V. *suprà*, n° 1013).

1027. Si l'appel était formé après la nomination, les pouvoirs du tuteur sont en suspens et subordonnés au résultat ultérieur de cet appel ; il ne doit point dès lors s'immiscer dans la tutelle, et les actes urgents d'administration sont faits par l'administrateur provisoire.

Mais cette nomination, si l'appel a été formé avant celle du tuteur et du subrogé tuteur, ne peut plus avoir lieu qu'après l'arrêt confirmatif de l'interdiction (C. proc. civ., art. 457. V. *suprà*, n° 1013).

1028. Toutefois, le conseil de famille peut y procéder immédiatement après le jugement, et nonobstant appel, lorsqu'il a été déclaré exécutoire par provision, conformément à l'art. 135-6°, C. proc. civ.

1029. En cas de mariage de l'enfant de l'interdit, ou évidemment de tout autre établissement, l'art. 511, C. Nap., exige que la dot ou l'avancement d'hoirie et les autres conventions matrimoniales soient réglés par un avis du conseil de famille, homologué par le tribunal, sur les conclusions du procureur impérial.

Cette disposition n'est pas applicable au cas où la mère étant interdite, c'est le père qui dote l'enfant de ses biens personnels ou de ceux de la communauté, ni au cas où l'enfant se dote de ses biens propres ou est doté par un tiers ; elle ne concerne que le cas où c'est l'interdit lui-même qui doit doter l'enfant sur ses biens personnels, ou au cas où la femme, tutrice de son mari, fournirait la dot en biens de la communauté.

La constitution de dot ne peut, dans les prévisions de l'art. 511, C. Nap., se faire qu'en *avancement d'hoirie*, ce qui exclut toute clause de préciput, ou hors part, qui ne peut être que l'expression d'une libre volonté.

Mais c'est à l'enfant lui-même, s'il est majeur de 25 ans, de consentir au mariage, et, s'il est mineur de 21 ans, à ses ascendants, s'il en a, ou, à leur défaut, à son conseil de famille ; c'est également à lui qu'il appartient de régler seul, s'il est majeur, sinon, avec l'assistance de ses ascendants, s'il en a, ou, à leur défaut, de son conseil de famille, les clauses et conditions de son contrat de mariage (C. Nap., art. 1398).

1030. Le conseil de famille peut faire, en pareil cas, pour cet enfant, ce qu'il est à présumer que le père aurait fait lui-même s'il eût été capable. Il pourrait donc autoriser la vente d'un immeuble appartenant à un interdit pour l'établissement d'un de ses enfants, autrement même que par contrat de mariage, notamment pour l'acquisition d'une étude de notaire ou tout autre établissement (Arg. Amiens, 6 août 1824 ; Limoges, 6 juin 1842, S.26.2.175 et 42.2.485 ; ZACHARIÆ, t. 1, § 126 ; MARCADÉ, t. 2, art. 511. — *Contrà*, MAGNIN, t. 1, n° 889).

1031. L'article 511, C. Nap., est applicable au cas où il s'agit du mariage du fils d'un sourd-muet qui ne sait pas écrire, et même à celui qui a été pourvu d'un curateur antérieurement à la promulgation du Code Napoléon (Arg. C. Nap., art. 511 ; Nîmes, 3 janv. 1811 ; DURANTON, t. 3, n° 765 ; DELVINCOURT, t. 1, p. 132, note 14e).

Il s'applique même au cas où il s'agit du mariage d'un petit-fils de l'interdit, dont le fils ou la fille, père ou mère de cet enfant, est décédé, ou dans l'impossibilité de constituer une dot à son enfant, et l'aïeul en état d'en fournir une (ZACHARIÆ, AUBRY et RAU, t. 1, p. 466 ; DEMOLOMBE, t. 8, n° 586. — *Contrà*, DURANTON, t. 3, n° 766).

1032. Le conseil de famille qui, dans le cas de l'art. 511, C. Nap., est appelé à donner son avis, doit être formé des parents et amis de l'interdit, et non de ceux de l'enfant, car il s'agit de disposer des biens de l'interdit et non de ceux de l'enfant.

1033. Le tuteur est chargé de recevoir le compte de l'administrateur provisoire qui a pu être nommé pendant l'instance en interdiction.

1034. Les revenus de l'interdit doivent être essentiellement employés à adoucir son sort et à hâter sa guérison. Le conseil de famille est chargé de déterminer le mode d'entretien le plus convenable, d'après la fortune de l'interdit et le caractère de sa maladie (C. Nap., art. 510).

Il en est ainsi même dans le cas où l'interdite est une femme mariée, sauf le recours aux tribunaux de la part du mari qui se croirait lésé par la décision du conseil de famille (CHARDON, *loc. cit.*, n° 219 ; ZACHARIÆ, AUBRY et RAU, t. 1, p. 466. — *Contrà*, DURANTON, t. 3, n° 762).

1035. L'interdiction ne cesse pas de plein droit avec les causes qui l'ont déterminée ; elle doit être levée, s'il y a lieu, par un jugement rendu sur la demande soit des personnes qui ont droit de la provoquer, soit de l'interdit lui-même; la mainlevée ne peut être prononcée qu'après l'observation des formalités prescrites pour parvenir à l'interdiction (C. Nap., art. 512. V. au surplus *infrà*, tit. x, chap. II, *de l'Interdiction*).

§ 2. — De la tutelle de l'interdit légal.

1036. L'interdiction légale a pour but de faciliter la répression des crimes ; elle est d'ordre public.

Tout condamné à la peine des travaux forcés à temps, de la détention ou de la reclusion, est de plein droit, pendant le temps de la durée de sa peine, en état d'interdiction légale. Il doit lui être nommé un tuteur et un subrogé tuteur, pour gérer et administrer ses biens, dans les formes prescrites pour les nominations de tuteurs et subrogés tuteurs aux interdits judiciaires (C. pén., art. 29 ; C. Nap., art. 405 et s., 420, 422, 505 ; C. proc. civ., art. 882, 895).

1037. L'interdit légal, de même que l'interdit judiciaire, est privé non pas de la jouissance, mais simplement de l'exercice de ses droits civils (V. *infrà*, tit. x, chap. II).

1038. Les biens du tuteur de l'interdit légal sont frappés de l'hypothèque légale aussi bien que ceux du tuteur d'un mineur ou d'un interdit judiciaire, comme garantie de sa gestion et des dommages-intérêts qui pourraient être dus à l'interdit pour mauvaise administration. Il y a même raison de décider (C. pén., art. 29 et s. ; C. Nap., art. 2121. — Pau, 19 août 1850 ; DURANTON, t. 19, nos 316 et 317 ; TROPLONG, *Hyp.*, n° 427).

1039. La tutelle cesse à l'expiration de la peine. Le condamné rentre alors dans la jouissance de ses biens, et le tuteur est tenu de lui rendre compte de son administration (C. pén., art. 30).

SECT. XI. — *De la tutelle et de l'émancipation des enfants naturels reconnus.*

1040. La tutelle de l'enfant naturel reconnu appartient au père, ou, à son défaut, à la mère, par une suite de la puissance paternelle ou maternelle dont elle est le complément. Aucune disposition précise de la loi ne le dit, il est vrai; mais cela résulte implicitement tant du texte que de l'esprit des dispositions du Code Napoléon; en effet, aux termes de l'art. 158 de ce Code, l'enfant naturel ne peut contracter mariage sans le consentement de ses père et mère naturels qui l'ont reconnu; d'après l'art. 159, ce n'est qu'à leur défaut qu'il doit lui être nommé un tuteur *ad hoc*; l'art. 383, C. Nap., leur confie le même droit de correction qu'aux père et mère légitimes, par suite, le droit de garde et d'éducation (Lyon, 3 mars 1859, J.P.60.1.334) ; le législateur l'a voulu ainsi, parce qu'il a présumé que l'enfant naturel, quoique né hors mariage, ne pouvait avoir de meilleurs guides pour diriger sa personne que ceux à qui il doit le jour. Les mêmes raisons de décider s'appliquent à la tutelle dont le pouvoir est essentiellement protecteur, et n'a pas d'autre but que l'intérêt de l'enfant.

Mais il appartient aux tribunaux, comme pour les enfants légitimes, de modifier l'exercice de ce droit, quand l'intérêt des enfants l'exige, et, spécialement, de placer l'éducation en d'autres mains qu'en celles du père ou de la mère (C. Nap., art. 302. Même arrêt).

Les intérêts de l'enfant peuvent-ils être mieux confiés qu'à son père et à sa mère, constitués par la nature même ses premiers défenseurs? Sous ce point de vue encore on ne peut espérer d'un étranger, ni les mêmes soins, ni le même dévouement; les art. 756, 757 et 758, C. Nap., attribuent à l'enfant naturel une portion sur les biens de ses père et mère, portion graduée sur les divers ordres d'héritiers, même la totalité lorsqu'il n'existe pas de parents au degré successible; en même temps, l'art. 765 appelle les père et mère naturels à recueillir la succession de leur enfant naturel décédé sans postérité ; ils sont par conséquent les plus intéressés à ce que les biens de celui-ci soient sagement administrés. Ces rapports de droits et intérêts, qui consolident de plus les liens civils de la famille naturelle, prouvent, par identité de raison, que la loi n'a pu attribuer à la légitimité seule le pouvoir paternel qui protége et surveille.

C'est vainement qu'on se prévaut de l'art. 390, C. Nap., qui défère la tutelle légale au survivant des père et mère, après la dissolution du mariage ; cet article, statuant pour le cas le plus ordinaire, n'exclut pas les père et mère naturels de la charge que leur impose leur qualité même, non pour leur avantage personnel, mais dans l'intérêt de leur enfant. D'ailleurs, l'exclusion de la tutelle légale des père et mère naturels est repoussée par l'art. 105 du même Code, qui dispose d'une manière générale « que lorsqu'un enfant mineur et non émancipé reste sans père, ni mère, ni tuteur élu par ses père et mère, il sera pourvu par un conseil de famille à la nomination d'un tuteur (Arg. Poitiers, 5 mai 1858, J.P.59.1.429. V. *suprà*, nos 729 à 735).

Les motifs de cet arrêt sont si concluants que nous avons cru devoir les reproduire ici :

« Attendu que la tutelle est une charge civile, créée dans l'intérêt général de la famille et de l'Etat, mais qui s'exerce dans l'intérêt particulier du mineur.

« Attendu qu'en réglant l'ordre des tutelles, la sagesse du Code Napoléon a mis en première ligne celle du père et de la mère ; que cette tutelle, qualifiée légale, s'appelle aussi tutelle naturellle, parce que la nature place les enfants sous la garde de ceux qui leur ont donné la vie ;

« Attendu que cette protection naturelle ne pourrait être enlevée à l'enfant illégitime reconnu, que par la volonté formellement exprimée du législateur ; que la personne qu'il s'agit avant tout de sauvegarder et de diriger au physique et au moral ne trouverait pas chez un étranger le dévouement d'un père et d'une mère ;

« Attendu que loin de rompre les liens naturels qui attachent la personne de l'enfant naturel reconnu à son père et à sa mère, le Code Napoléon les consacre et les resserre par des dispositions précises ; qu'il confère à ceux-ci le même droit de correction qu'au père et à la mère légitimes ; qu'il ne peut contracter mariage sans leur consentement ; qu'ils ont le droit de l'émanciper ;

« Attendu que la gestion des biens de l'enfant naturel, qui vient après les soins de la personne, ne peut être confiée à nul autre plus sûrement qu'à son père et à sa mère, avec qui seuls la loi a formé des intérêts civils ; qu'elle lui a donné, en effet, un droit sur leurs successions, dont il prend la totalité s'ils décèdent sans héritiers ; que les père et mère eux-mêmes reçoivent les biens de leur enfant décédé sans postérité ;

« Attendu que le législateur a entouré l'enfant abandonné d'une tutelle spéciale dès son entrée dans la vie ; qu'on ne saurait l'accuser d'avoir voulu laisser sans défense l'enfant naturel reconnu, et qu'il l'eût fait, cependant, s'il ne l'avait placé sous la tutelle légale de son père et de sa mère, car il n'a assuré par aucune prescription spéciale la dation d'un tuteur à cet enfant à l'instant où ses droits commencent avec son existence ;

« Attendu qu'il serait étrange que le législateur eût enlevé à l'enfant la protection de celui qui a manifesté son affection par la reconnaissance même, pour lui donner un tuteur choisi par un conseil indûment appelé conseil de famille (car l'enfant naturel n'a pas de famille en dehors de son père et de sa mère) et composé d'étrangers ou de parents naturels ayant des intérêts opposés aux siens ;

Attendu qu'il faut donc reconnaître que, dans l'esprit comme dans le texte du Code Napoléon, le père et la mère de l'enfant naturel reconnu sont investis de la tutelle légale de leur enfant. »

1041. La mère naturelle n'est pas plus tenue que la mère légitime d'accepter la tutelle ; et en cas qu'elle la refuse, elle doit, comme celle-ci, en remplir les devoirs jusqu'à ce qu'elle ait fait nommer un tuteur (Arg. C. Nap., art. 394. V. *suprà*, n° 754).

1042. Quant au droit de nommer un tuteur testamentaire à l'enfant naturel reconnu, ce droit étant une émanation de la puissance paternelle et de l'exercice de la tutelle légale, il appartient aux père et mère naturels, tuteurs légaux, ou, à défaut, à la mère, tutrice légale, comme au père légitime, tuteur légal, ou à la mère légitime tutrice légale (Arg. C. Nap., art. 383, 397, 400).

Lorsque la mère naturelle, tutrice légale de son enfant, se marie, les art. 395 et 396 lui sont applicables ainsi qu'à son mari. Il y a même raison, en effet, de décider dans l'intérêt du mineur que pour la mère légitime tutrice légale (Lyon, 8 mars 1859, J. P. 60.1.334 ; ZACHARIÆ, AUBRY et RAU, t. 4, p. 714 ; DEMOLOMBE, t. 8, n° 887. V. *suprà*, n°s 794 à 805).

1043. Au surplus, on peut dire que les sect. 1, 2, 5, 6, 7, 8, 9, du chap. 1er, et le chap. 3 du tit. 10, C. Nap., sont, sauf quelques exceptions faciles à reconnaître, applicables à la tutelle naturelle comme à toutes les autres tutelles (V. *suprà*, nos 745 à 781).

1044. Ainsi, par exemple, la reconnaissance n'établissant aucun lien de parenté entre l'enfant naturel, quoique légalement reconnu, et les parents de ses père et mère, il ne peut jamais y avoir lieu à la tutelle légitime des ascendants.

Et, par la même raison, le conseil de famille de l'enfant naturel ne peut être composé que de personnes connues pour avoir eu des relations d'amitié avec son père et avec sa mère, ou, à défaut, des personnes honorables et charitables désignées par le juge de paix, qui peut même dès lors, s'il le croit utile aux intérêts de l'enfant, les choisir en dehors de la commune (Arg. C. Nap., art. 409).

1045. L'enfant naturel qui a été reconnu par son père et sa mère est, du vivant de sa mère, soumis à la tutelle de son père, qui ne doit pas être considéré comme simple administrateur, dans le sens de l'art. 389, C. Nap., des biens de cet enfant.

D'après l'esprit, comme d'après le texte des articles 389 et 390, C. Nap., l'administration légale ne peut s'appliquer qu'aux enfants légitimes (MARCADÉ, art. 389, n° 2 ; TAULIER, t. 1, p. 504 ; DEMOLOMBE, t. 6, nos 650 et 651 ; ZACHARIÆ, AUBRY et RAU, t. 4, p. 714. — *Contrà*, FAVARD, *Rép.*, v° *Enf. nat.*, § 3, n° 2, t. 2, n° 1073).

1046. La tutelle de la mère ne commence qu'au décès du père. Ce dernier n'est point autorisé à lui nommer un conseil de tutelle. Le père naturel n'a, en effet, aucune autorité légale à exercer sur la mère naturelle (ZACHARIÆ, AUBRY et RAU, t. 4, p. 714 ; DEMOLOMBE, t. 8, n° 384).

1047. A la différence des père et mère légitimes, les père et mère naturels n'ont pas l'usufruit légal de leur enfant naturel reconnu, mais ils peuvent prendre sur ses revenus la somme suffisante pour faire face aux frais de sa nourriture, de son logement, de son éducation et de son entretien (C. Nap., art. 384 ; Caen, 22 mars 1860, J.P.61.2.1101 ; TAULIER, t. 2, n° 1073 ; DURANTON, t. 3, n° 364 ; MARCADÉ, art. 384, n° 4 ; DEMOLOMBE, t. 6, n° 640 ; AUBRY et RAU sur ZACHARIÆ, t. 4, p. 714 ; CHARDON, *Puiss. patern.*, n° 118. — *Cont.*, FAVARD, *Rép.*, v° *Enf. nat.*, § 2, n° 2 ; LOISEAU, p. 550 ; SALVIAT, *Usuf.*, t. 2, p. 110).

1048. Le droit d'émanciper l'enfant dérivant encore de la puissance paternelle (C. Nap., art. 372), le père naturel et, à défaut du père, la mère a le droit de faire cesser cette puissance en accordant l'émancipation à son enfant naturel reconnu, âgé de quinze ans révolus, lorsqu'il l'en juge digne (C. Nap., art. 383, 477. V. *infrà*, chap. III, *de l'Emancipation*).

On doit donc reconnaître avec l'arrêt précité de la Cour de Poitiers que, dans l'esprit comme dans le texte du Code Napoléon, le père et la mère de l'enfant naturel reconnu sont investis de la tutelle légale de leur enfant (Cass., 20 avril 1850, J.P.52.2.202; Poitiers, 5 mai 1858; Douai, 22 juillet 1858, J.P.58.1.245; DELVINCOURT, t. 1, p. 103, note 1; MAGNIN, t. 1, n° 502-504; VAZEILLE, *du Mariage*, t. 2, n° 478 et s.; CHARDON, *Puiss. patern.*, n°s 80 et s.; CADRÈS, *des Enf. nat.*, n° 180; ZACHARIÆ, t. 4, § 571; TAULIER, t. 2, p. 22; TEULET, DAUVILLIERS et SULPICY, art. 390, n°s 23 et 24; CUBAIN, *Tr. des dr. des fem.*, n° 82; BIOCHE, *Dict. des j. de p.*, v° *Tutelle*, n° 11; AUBRY et RAU sur ZACHARIÆ, t. 4, p. 713 et 714. — *Contrà*, Lyon, 4 juin 1856 et 8 mars 1859, J.P.57.1.50 et 60.1.334; MERLIN, *Q.*, v° *Tut.*, 34; DURANTON, t. 3, n° 431; VALETTE sur PROUDHON, t. 2, p. 290; DE FRÉMINVILLE, *de la Min.*, t. 1, n° 33; MARCADÉ, art. 390, n° 2; DEMOLOMBE, t. 8, n° 382 à 385; DEMANTE, t. 2, n° 138 *bis*; MASSÉ et VERGÉ sur ZACHARIÆ, t. 1, p. 409, note 20, § 207).

SECT. XII. — *De la tutelle et de l'émancipation des enfants trouvés, abandonnés ou orphelins, admis dans les hospices* (L. 15 pluv. an VIII, et Déc. 19 janv. 1811).

1049. La tutelle des enfants trouvés, abandonnés, et généralement des enfants admis dans un hospice, à quelque titre et sous quelque dénomination que ce soit, appartient à la commission administrative de cette maison, laquelle désigne un de ses membres pour exercer, le cas advenant, les fonctions de tuteur, et les autres membres forment le conseil de famille (L. 15 pluv. an XIII, art. 1; Décret, 19 janv. 1811, art. 15).

1050. Quand l'enfant sort de l'hospice pour être placé comme ouvrier, serviteur ou apprenti, dans un lieu éloigné de l'hospice où il avait été placé d'abord, la commission de cet hospice peut, par un simple acte administratif, visé du préfet ou du sous-préfet, déférer la tutelle à la commission administrative de l'hospice du lieu le plus voisin de la résidence actuelle de l'enfant (L. 15 pluv. an XIII, art. 2).

1051. Si l'enfant a des biens, ils sont administrés par le receveur de l'hospice, sous la garantie de son cautionnement et sans qu'il puisse résulter de cette administration aucune hypothèque sur les biens de l'administrateur tuteur (L. 15 pluv. an XIII, art. 5).

1052. La tutelle de la commission administrative des hospices, à l'égard des enfants qui y sont recueillis, est pleinement substituée à celle des père et mère pour tous les actes qui intéressent ces enfants, et, dès lors, si l'un d'eux se trouve engagé dans une instance judiciaire, il n'est pas nécessaire d'appeler en cause ses père et mère (Rouen, 24 fév. 1842).

Aussi, la personne à laquelle un enfant trouvé a été confié par la commission administrative des hospices n'acquiert pas par cela même la qualité de tuteur de cet enfant. Il est, par conséquent, non recevable à se constituer partie civile dans la poursuite des délits commis sur la personne de cet enfant (Bordeaux, 28 nov. 1833, D.34.2.204).

1053. La tutelle spéciale des enfants admis dans les hospices finit comme les autres : 1° par la majorité de l'enfant ; 2° par son émancipation expresse ; 3° par son mariage (L. 15 pluv. an XIII, art. 3). Elle cesse en outre de plein droit ; 4° lorsque ses parents le réclament ou sont connus. Cette règle est applicable en matière de paternité naturelle comme lorsqu'il s'agit de paternité légitime (Colmar, 5 avril 1838 ; Bordeaux, 11 mars 1840, D., t. 3, p. 394) ; 5° lorsque l'enfant devient l'objet de la part d'un tiers d'une tutelle officieuse, mais le consentement des administrateurs de l'hospice est nécessaire (Arg. C. Nap., art. 361) ; 6° lorsque le ministre de la marine dispose de l'enfant (Décr. 19 janv. 1811, art. 16).

1054. S'il arrive que la tutelle officieuse prenne fin avant la majorité ou l'émancipation de l'enfant, celui-ci ne retombe pas nécessairement sous la tutelle hospitalière (Angers, 26 juin 1844, D.44.2.227).

1055. L'enfant admis dans un hospice peut être émancipé à l'âge de 15 ans révolus (Arg. L. 15 pluv. an XIII, art. 4 ; C. Nap., art. 477).

L'émancipation est faite sur l'avis des membres de la commission administrative par celui d'entre eux qui a été désigné tuteur, et qui, seul, est tenu de comparaître à cet effet devant le juge de paix.

L'acte d'émancipation est délivré sans autres frais que ceux d'enregistrement et de papier timbré (L. 15 pluv. an XIII, art. 4).

1056. Le receveur de l'hospice remplit les fonctions de curateur à l'enfant émancipé (L. 15 pluv. an XIII, art. 5).

1057. Les commissions administratives ont également le droit de consentir au mariage de l'enfant.

1058. Si l'enfant décède avant sa sortie de l'hospice, son émancipation ou sa majorité, et qu'aucun héritier ne se présente, ses biens appartiennent en propriété à l'hospice, lequel en peut être envoyé en possession, à la diligence du receveur de l'hospice et sur les conclusions du ministère public (L. 15 pluv. an XIII, art. 8).

1059. S'il se présente ensuite des héritiers pour recueillir la succession de l'enfant, ils ne peuvent répéter les fruits que du jour de la demande, et ils sont tenus alors d'indemniser l'hospice des aliments fournis et dépenses faites pour l'enfant décédé pendant le temps qu'il est resté à la charge de l'administration, sauf à faire entrer en compensation, jusqu'à due concurrence, les revenus perçus par l'hospice (L. 15 pluv. an XIII, art. 8 et 9).

Sect. XIII. — *De la tutelle des enfants naturels sans parents avoués* (C. Nap., art. 405).

1060. La tutelle des enfants naturels sans parents avoués est dative ; elle est conférée par un conseil de famille composé de personnes honorables et charitables désignées par le juge de paix (Arg. C. Nap., art. 409).

Sect. XIV.—*De la tutelle des enfants incestueux ou adultérins* (C. Nap., art. 405).

La tutelle des enfants incestueux ou adultérins, que leur filiation soit ignorée ou constatée, est réglée comme celle des enfants sans parents avoués (V. *suprà*, sect. XIII).

Sect. XV.—*De la tutelle des orphelins de mai et juin* 1848 (L. 13 juin 1850; Décret, 26 nov. 1851).

1061. Une loi du 13 juin 1850 et un décret du 26 nov. 1851 ont organisé une tutelle spéciale en faveur des enfants dont les pères ont péri ou ont été gravement blessés dans les journées des 15 mai, 23, 24, 25 et 26 juin 1848).

1062. Aux termes de l'art. 1er de ce décret, les commissions municipales chargées, sous la surveillance du ministre de l'intérieur, des préfets et sous-préfets, de gérer les intérêts et de diriger l'éducation des enfants ainsi adoptés, se composent : 1° à Paris, du maire de l'arrondissement où réside l'orphelin, et de deux citoyens nommés à cet effet par le ministre de l'intérieur ; 2° dans les départements, du maire du chef-lieu de canton, du juge de paix et de l'un des délégués cantonaux de l'instruction primaire délégué par le préfet.

1063. Il est dressé séparément, pour les titulaires des deux sexes, deux tableaux distincts sur lesquels doivent être portés : 1° les orphelins ou orphelines au-dessous de sept ans ne pouvant prétendre comme tels (art. 3, § 2, L. 1850) qu'à une pension annuelle de 300 francs ; 2° les orphelins ou orphelines âgés de sept ans révolus, auxquels la loi accorde jouissance d'une pension de 700 francs jusqu'à l'accomplissement de leur dix-huitième année (art. 2).

1064. Les titres des pensions inscrites au Trésor, au profit des orphelins, en vertu de la loi du 13 juin 1850, art. 3, sont déposés entre les mains du maire président de la commission, qui perçoit ou fait percevoir par un comptable municipal par lui délégué les arrérages desdites pensions, et qui doit tenir, au nom de chaque orphelin et orpheline, un compte courant spécial où le titulaire doit être crédité des sommes reçues en son nom et des sommes dépensées pour son entretien (art. 3).

1065. La commission exerce une surveillance directe et locale sur les orphelins pensionnés par l'Etat ; elle étend son inspection sur les jours qui leur sont donnés au point de vue moral et physique, prend toutes les mesures qu'elle juge propres à assurer les dispositions bienveillantes de la loi et examine particulièrement si l'intérêt de l'enfant exige qu'il soit confié aux soins de la famille, ou s'il ne serait pas préférable de le placer dans un établissement public ou privé agréé par elle (art. 4).

1066. L'âge de dix-huit ans révolus est fixé par la loi pour l'extinction de la pension liquidée au profit des orphelins adoptés par l'Etat, mais le titulaire doit être avantagé, à cette époque, du trimestre dans le cours duquel s'accomplit sa dix-huitième année (art. 5).

En outre, la commission peut demander l'inscription au Trésor public d'une pension annuelle de 300 francs en faveur de l'orphelin âgé de plus de dix-huit ans, dont la position malheureuse aura été dûment constatée, et que ses infirmités mettraient hors d'état de pourvoir à ses besoins (art. 6).

1067. En cas de changement de résidence, la surveillance et la tutelle de l'orphelin ou orpheline pensionné passent de plein droit à la commission municipale dans laquelle l'enfant se trouvera actuellement domicilié (art. 7).

1068. La commission municipale correspond directement avec le sous-préfet, lui donne, s'il y a lieu, communication des procès-verbaux de ses séances, et lui transmet tous les mois un bulletin de renseignements sur la situation des enfants adoptés (art. 8).

Les préfets et sous-préfets s'assurent par eux-mêmes de la bonne direction donnée à l'éducation morale et physique des orphelins ; ils adressent au commencement de chaque trimestre, au ministre de l'intérieur, un état individuel présentant, outre les renseignements fournis par la commission municipale dans le rapport dont il est question à l'article ci-dessus, le résultat de leurs appréciations personnelles (art. 9).

1069. La commission municipale de Paris et celle de la banlieue peuvent être réunies chaque année, et plus souvent s'il y a lieu, sous la présidence du préfet de la Seine ou du secrétaire général de la préfecture délégué par lui, pour examiner la situation des orphelins, ainsi que les mesures prises à l'égard de chacun d'eux, et pour proposer, dans l'intérêt de ces orphelins, les dispositions dont l'utilité aurait été reconnue (art. 10).

SECT. XVI.—*De la tutelle à la substitution.*

1070. La substitution, dans le sens le plus étendu, est l'action de mettre une personne à la place d'une autre ; dans un sens plus restreint, elle est la disposition par laquelle une personne est subrogée à une autre pour recueillir le bénéfice d'une donation ou d'un legs.

On peut donner avec charge de substitution les mêmes biens qu'on peut donner directement. Ainsi, on peut substituer en tout ou en partie les meubles et les immeubles ainsi que les créances (C. Nap., art. 1048 et s.).

Le droit d'usufruit ne peut jamais faire l'objet d'une substitution.

La substitution est permise au père et à la mère en faveur de ses enfants nés ou à naître et de ses petits-enfants, ou des enfants de ses frères et sœurs (C. Nap., art. 1048 à 1053); mais cette faculté ne peut être étendue aux aïeuls (Cass., 29 juin 1853, J.P.53.2.165).

La libéralité contenant charge de conserver et de rendre à un tiers constitue une substitution prohibée, soit que cette charge soit exprimée en termes formels dans l'acte, soit qu'elle résulte de l'ensemble de ses dispositions (C. Nap., art. 896; Cass., 25 juillet 1849, 5 mars et 9 juill. 1851 ; Metz, 15 mai 1853, J.P.50.1.451 et 591, et 2.478.53.2.59).

Le grevé de substitution est investi du droit de propriété des objets soumis à la charge de conserver et de rendre. Ce droit est seulement résoluble en cas d'ouverture et lors de l'ouverture de la substitution. En conséquence, le grevé peut aliéner lesdits objets, sauf, le cas échéant, l'exercice des droits des appelés (C. Nap., art. 1048 et s., 1598 ; TROPLONG, *de la Vente*, n° 212).

Le donateur ou testateur peut, par l'acte de substitution ou par un acte postérieur, en forme authentique, nommer un tuteur chargé de l'exécution de ses dispositions. Ce tuteur ne peut être dispensé que pour une des causes exprimées à la section 6, du chap. 2 *du titre de la Minorité, de la Tutelle et de l'Emancipation* (C. Nap., art. 1055).

1071. A défaut de cotuteur nommé par le disposant, il en doit être nommé un à la diligence du grevé, ou de son tuteur s'il est mineur, dans le délai d'un mois, à compter du jour du décès du donateur ou testateur, ou du jour que, depuis cette mort, l'acte contenant la disposition aura été connu (C. Nap., art. 1056).

Cette nomination doit être faite par le conseil de famille des appelés et dans les formes ordinaires prescrites pour les nominations de tuteurs (art. 405, C. Nap.).

Cette prescription doit être observée, lors même que les appelés, existants au moment de la donation ou du décès du testateur, seraient tous majeurs, ou, qu'étant mineurs, ils se trouveraient pourvus de tuteurs ; mais il n'y a pas, dans cette espèce de tutelle, lieu à nomination d'un subrogé tuteur (DURANTON, t. 10, n° 563 ; ZACHARIÆ, AUBRY et RAU, t. 6, p. 42); et les biens du tuteur ne sont pas grevés d'une hypothèque légale au profit des appelés (DURANTON, *loc. cit.*; TROPLONG, t. 4, n° 2291 ; ZACHARIÆ, AUBRY et RAU, *loc. cit.*).

1072. Le tuteur nommé par le conseil de famille ne peut, pas plus que celui qu'aurait désigné le disposant, se dispenser d'accepter la tutelle, à moins qu'il ne se trouve dans un des cas d'exception énoncés aux art. 427 et s., C. Nap. (Arg. C. Nap., art. 1055). Il y a, à cet effet, parité de raison.

1073. Mais l'appelé à une substitution ne peut être nommé tuteur à cette substitution, alors surtout qu'il n'offre aucune garantie (Angers, 17 juin 1825, S.20.2.168).

1074. Le grevé qui n'a pas fait nommer un tuteur dans le délai d'un mois est déchu du bénéfice de la disposition, et, dans ce cas, le droit peut être déclaré ouvert au profit des appelés, à la diligence soit des appelés s'ils sont majeurs, soit de leur tuteur ou curateur s'ils sont mineurs, soit de tout parent des appelés majeurs, mineurs ou interdits, ou même d'office à la diligence du procureur impérial du lieu où la succession est ouverte (C. Nap., art. 1057).

1075. La déchéance prononcée par cet art. 1057, contre le grevé qui a négligé de provoquer la nomination du tuteur est rigoureuse et absolue, qu'il y ait ou non des appelés lors de la déchéance, et les juges ne peuvent se dispenser de la prononcer, alors qu'il n'est justifié d'aucune circonstance assez puissante pour suspendre le cours du délai. L'expression *sera déchu*, leur ôte toute latitude.

Entendre ces mots d'une manière comminatoire, comme l'ont pensé plusieurs auteurs, ce serait autoriser les juges à ne prononcer la déchéance que suivant leur bon plaisir. C'est ce que la loi n'a pu vouloir. En conséquence, et par suite de cette déchéance, le droit des appelés peut être déclaré ouvert (Colmar, 14 août 1840, J.P.41.1.44 ; Paris, 29 mai 1841, J.P.41.2.2.231 ; Cass., 17 avril 1843, S.-V.43.1.497, J.P. 44.1.34 ; Riom, 4 juin 1847 ; DURANTON, t. 9, n°s 566 et s.; MARCADÉ, art. 1054, n° 2 ; COIN-DELISLE, art. 1052, n° 5), à moins, disent ces deux derniers auteurs, de force majeure ou de bonne foi (*Contrà*, GRENIER, n° 385).

1076. Après le décès du disposant à la charge de substitution, il doit être procédé, dans les formes ordinaires, à l'inventaire de tous les biens et effets qui composent la succession, même de ceux non grevés de substitution (Arg. Ord. 1747), excepté néanmoins le cas où il ne s'agit que d'un legs particulier.

Cet inventaire, qui est à faire en présence du tuteur nommé à la substitution, doit contenir la prisée à juste prix des meubles et effets mobiliers ainsi que des bestiaux et ustensiles servant à faire valoir les terres (C. Nap., art. 1058 et 825 ; C. proc. civ., art. 943-3°).

1077. L'inventaire doit être fait à la requête du grevé de substitution, et dans le délai fixé au titre des *successions* en présence du tuteur nommé pour l'exécution. Les frais en sont pris sur les biens compris dans la disposition (C. Nap., art. 1059) ; le grevé doit donc en faire l'avance, sauf remboursement par les appelés. Sous l'ordonnance de 1747 c'étaient les héritiers légitimes ou le légataire universel du disposant qui faisaient cette avance.

1078. Si l'inventaire n'a pas été fait à la requête du grevé dans le délai ci-dessus, il doit y être procédé dans le mois, à la diligence du tuteur, nommé à la substitution, en présence du grevé ou de son tuteur (C. Nap., art. 1060).

1079. A défaut de comparution du tuteur, légalement intimé, il est passé outre à l'inventaire, sauf les dommages-intérêts dont ce tuteur peut être tenu vis-à-vis des appelés, si l'inventaire n'est pas exact.

1080. La présence des appelés, dans le silence de la loi, en ce qui les concerne, n'est pas nécessaire à l'inventaire ;

mais, s'ils le veulent, ils ont le droit d'y assister. Sous l'ordonnance de 1747, leur présence était nécessaire, pourvu toutefois qu'elle fût possible, circonstance qui ne se présentait pas quand les appelés n'étaient pas nés (GRENIER, t. 1, n° 387 ; TOULLIER, t. 5, n° 756).

1081. S'il n'a point été satisfait aux dispositions des art. 1059 et 1060, il doit être procédé à l'inventaire, soit à la diligence des appelés, s'ils sont majeurs, soit de leur tuteur, s'ils sont mineurs ou interdits, soit de tout parent des appelés majeurs, mineurs ou interdits, ou même d'office, à la diligence du procureur impérial, en y appelant le grevé ou son tuteur, et le tuteur nommé pour l'exécution (C. Nap., art. 1061).

1082. Mais l'inventaire n'est pas nécessaire lorsque la substitution est faite par un acte entre-vifs; car la donation énonce suffisamment les biens donnés (Arg. par analogie, C. Nap., art. 1058).

1083. Le grevé de restitution est encore tenu de faire procéder à la vente par affiches et enchères, de tous les meubles et effets compris dans la disposition, à l'exception néanmoins des meubles meublants et autres choses mobilières qui auraient été compris dans la disposition, à la condition expresse de les conserver en nature, lesquels devront être rendus dans l'état où ils se trouveront lors de la restitution (C. Nap., art. 1062 et 1863).

1084. Quant aux bestiaux et ustensiles servant à faire valoir les terres (que l'art. 824, C. Nap., déclare immeubles par destination), ils sont censés compris dans les donations entre-vifs ou testamentaires desdites terres ; et le grevé est seulement tenu de les faire priser et estimer, pour en rendre une égale valeur lors de la restitution (C. Nap., art. 1064).

1085. Les actions et dettes, ou rentes actives ne doivent pas non plus être vendues ; car le recouvrement en est laissé au grevé, d'après l'art. 1066, et il doit faire l'emploi des deniers en provenant (C. Nap., art. 1065 et 1066). Mais le grevé ne peut pas se prévaloir du bénéfice de l'art. 453, C. Nap.).

1086. Le tuteur à la substitution doit évidemment, malgré le silence du Code, être présent à la vente, son rôle étant vis-à-vis du grevé le même que celui du subrogé tuteur ordinaire vis-à-vis du tuteur (Arg. C. Nap., art. 452); il a même qualité pour assigner le grevé qui négligerait d'y faire procéder, pour voir ordonner qu'il y sera contraint dans un délai fixé par la justice, sinon et faute de ce faire dans ledit délai que lui tuteur sera autorisé à y faire procéder lui-même.

1087. Le grevé doit faire emploi, dans le délai de six mois, à compter du jour de la clôture de l'inventaire, des deniers comptants; de ceux provenant du prix de la vente des meubles et effets et de ce qui aura été reçu des effets actifs. Toutefois ce délai peut être prolongé, s'il y a lieu (C. Nap., art. 1065). Il est pareillement tenu de faire emploi des deniers provenant des effets actifs recouvrés et des remboursements de vente ; et ce, dans trois mois au plus tard après qu'il a reçu ces deniers. Cet emploi doit être fait conformément à ce qui a été ordonné par l'auteur de la disposition, sinon il ne peut l'être qu'en immeubles ou avec privilége (c'est-à-dire en première hypothèque) sur des immeubles au nom du grevé de restitution, mais au profit des appelés, en présence et à la diligence du tuteur à la substitution (C. Nap., art. 1067, 1068 ; TAULIER, t. 5, n° 760 ; DURANTON, t. 9, n° 574 ; COIN-DELISLE, art. 1067, n° 1 ; TROPLONG, t. 4, n° 2280 ; ZACHARIÆ, AUBRY et RAU, t. 6, p. 47).

SECT. XVII. — *De la tutelle spéciale ou* ad hoc (C. Nap., art. 405 et s.).

1088. La tutelle *ad hoc* est celle qui est déférée à une personne pour représenter un mineur dans un acte ou dans une affaire spéciale. Elle est nécessaire dans plusieurs cas déterminés par la loi. Ainsi, par exemple, l'enfant naturel reconnu, et celui dont les père et mère sont dans l'impossibilité de manifester leur volonté, ne peut se marier avant sa majorité sans le consentement d'un tuteur spécial ou *ad hoc* (C. Nap., art. 159). Le défaut de cette formalité autorise le mineur naturel non reconnu à attaquer son mariage (DURANTON, t. 2, n° 294 ; DELVINCOURT, t. 1, p. 152 ; MARCADÉ, art. 182. — *Contrà*, ZACHARIÆ, n° 262, note 60 ; VAZEILLE, n° 269).

1089. La demande en désaveu, qu'elle soit formée par voie d'action ou par voie d'exception, doit être dirigée contre l'enfant, s'il est majeur ; et s'il est mineur ou interdit, contre un tuteur *ad hoc;* alors même que cet enfant serait déjà pourvu d'un tuteur général (Arg. C. Nap., art. 318).

Ce tuteur doit être nommé, non par le tribunal, mais par un conseil de famille, composé et convoqué suivant les règles établies par les art. 405, 406 et 407, C. Nap., comme au cas de nomination d'un tuteur ordinaire (Arg. Paris, 4 juill. et 1er août 1853 ; Cass., 4 fév. 1854 ; Bordeaux, 26 juin 1860 ; Cass., 22 août 1861 ; Paris, 21 fév. 1863, J.P.53.2.489 ; 54.1.425 ; 62.2.988 ; et 63.1.246. V. *suprà*, n° 475).

1090. Le subrogé tuteur, en outre du droit que la loi lui confère de surveiller les opérations du tuteur, afin de provoquer sa destitution si les circonstances l'exigent (C. Nap., art. 446), exerce de droit les attributions du tuteur *ad hoc*, pour chacune des affaires dans lesquelles l'intérêt personnel du tuteur est en opposition avec celui de son pupille (C. Nap., art. 420; Paris, 11 mars 1843, Dev. 44.2.547).

1091. Cependant, lorsque plusieurs mineurs, pourvus du même tuteur, sont intéressés dans un partage, on doit nommer des tuteurs spéciaux ou *ad hoc* à ceux d'entre eux qui ont des intérêts distincts et opposés à ceux des autres (Arg. C. Nap., art. 420-2°; Paris, 11 mars 1843, Dev. 44.2.153; Carré, *C. proc.*, t. 3, n° 3190; Berriat-Saint-Prix, p. 711).

1092. Le tuteur qui plaide personnellement contre son pupille est également dans l'obligation de le faire pourvoir d'un tuteur *ad hoc*, à peine de nullité tant du jugement intervenu sur ses poursuites que des procédures qui l'ont précédé et suivi (Arg. Toulouse, 4 fév. 1825, S.25.2.147; Orléans, 27 nov. 1833, S.-V.14.3.554; Cass., 1ᵉʳ avril 1833, S.-V.33.1.338; Riom, 25 avril 1845, J.P.46.1.225).

Cependant l'omission de cette formalité ne saurait être proposée par des tiers, surtout lorsque le mineur a adhéré à l'acte.

1093. Mais le tuteur qui, dans un ordre ouvert pour la distribution du prix d'un immeuble du mineur, ou de l'interdit, dont il est créancier, et n'est point, en raison de ce défaut de production, porté sur le règlement provisoire, enfin n'agit à aucune époque de la procédure comme créancier, représente valablement le mineur ou l'interdit; il n'y a point, dans ce cas, opposition d'intérêts entre le pupille et le tuteur, et, par suite, la dénonciation du règlement provisoire peut être régulièrement notifiée à ce dernier (Arg. Cass., 6 déc. 1852, J.P.54.1.170).

1094. De même, encore, un mineur est valablement représenté par son père, tuteur ou administrateur légal, dans une instance engagée sur la validité d'un legs fait à son profit, lors même que le père, héritier du testateur, aurait intérêt à l'annulation du testament, si, d'ailleurs, cette annulation étant demandée par d'autres héritiers, le père conclut, tant en son nom qu'au nom de son fils, à ce que le testament soit déclaré valable. En pareil cas, le tuteur *ad hoc*, qui serait nommé au mineur, n'est pas recevable à former tierce opposition, au nom de celui-ci, à l'arrêt lors duquel il a été représenté par son père (Arg. Cass., 5 juill. 1847, J.P.48.2.476).

1095. Il n'est pas nécessaire d'adjoindre un subrogé tuteur à un tuteur *ad hoc*; et, dès lors, la signification des jugements rendus contre les mineurs, faite au tuteur *ad hoc*, suffit pour faire courir les délais de l'appel contre l'enfant (Rennes, 2 mai 1818, et les arrêts ci-dessus; Colmar, 14 juin 1832, S.33.2.39).

1096. Le tuteur *ad hoc* qui n'a fait qu'accomplir un acte déterminé par le conseil de famille, n'est pas tenu de rendre compte de sa gestion de la même manière que les tuteurs ordinaires (Cass., 21 juin 1821). Il n'est pas soumis à l'hypothèque légale (V., au surplus, *infrà*).

SECT. XVIII.—*Du subrogé tuteur* (C. Nap., art. 420 à 426).

1097. La loi exige qu'il y ait un subrogé tuteur dans toute tutelle ordinaire, sans exception (C. Nap., art. 420); dans la tutelle légitime du survivant des père et mère ou des ascendants, comme dans la tutelle testamentaire ou dative, et même dans la tutelle officieuse comme tutelle ordinaire. Mais elle ne l'exige évidemment pas dans les tutelles spéciales ou *ad hoc*, dans la tutelle à la substitution, ni dans la tutelle officieuse, qui ne serait qu'officieuse, ni même dans la protutelle; car ces tutelles spéciales ne sont évidemment pas des tutelles.

1098. Toutefois, tant que le père n'est que simple administrateur légal, il ne doit pas lui être adjoint de subrogé tuteur (Arg. C. Nap., art. 389 et 390).

1099. Le subrogé tuteur est toujours nommé par le conseil de famille (C. Nap., art. 420); il n'y a point de subrogé tuteur légitime, ni testamentaire; le curateur au ventre, devenu plus tard subrogé tuteur de plein droit, ne fait pas exception à la règle, car il tient lui-même sa nomination du conseil de famille (C. Nap., art. 393).

1100. Le vœu de la loi est que le tuteur n'entre en fonctions qu'après la nomination du subrogé tuteur. Aussi doit-il y être procédé sans retard.

Lorsque la tutelle est dative, la nomination du subrogé tuteur doit être faite par le conseil de famille, sans désemparer, immédiatement après celle du tuteur (C. Nap., art. 422), s'il est possible, bien entendu, c'est-à-dire si les trois quarts au moins des membres convoqués, nécessaires pour délibérer, s'y trouvent encore, malgré l'abstention du membre qui vient d'être élu tuteur, lequel ne peut voter pour la nomination du subrogé tuteur (C. Nap., art. 423).

1101. Lorsque la tutelle est légitime ou testamentaire, c'est le tuteur lui-même qui doit, avant d'entrer en fonctions, requérir la convocation du conseil de famille pour la nomination d'un subrogé tuteur. Il lui est interdit de s'ingérer dans la gestion avant d'avoir rempli cette formalité, sous peine de destitution, en cas de dol de sa part, sans préjudice des indemnités dues au mineur (C. Nap., art. 421).

1102. Le subrogé tuteur est placé près du tuteur pour surveiller son administration et le remplacer dans les actes où ses intérêts seraient en opposition avec ceux du mineur. Sa mission de surveillance est générale et permanente. Aussi, le conseil de famille, afin de faciliter cette surveillance, peut-il l'autoriser à se faire remettre, par le tuteur, autre toutefois que le père ou la mère, soit annuellement, soit à des époques plus éloignées, des états de situation de sa gestion (C. Nap., art. 470).

1103. Si le tuteur gère mal, c'est-à-dire s'il est incapable ou infidèle, le subrogé tuteur doit provoquer sa destitution (C. Nap., art. 446); et, s'il meurt ou s'il disparaît sans qu'on sache de ses nouvelles, le faire remplacer (C. Nap., art. 424); c'est une suite de son devoir de surveillance.

1104. Lorsque le mineur est en contestation avec son tuteur, le subrogé tuteur doit faire nommer un tuteur *ad hoc*, auquel le jugement doit être signifié pour faire courir utilement l'appel contre le mineur (C. proc., art. 444); de même que le tuteur, de son côté, doit, aux mêmes fins, faire nommer un subrogé tuteur *ad hoc*, si c'est avec le subrogé tuteur que le mineur est en procès (Cass., 30 mars 1825, D.25.1.243; 1er avril 1833, Dev.33.1.388; Caen, 16 fév. 1838, *Rec. de Caen*, t. 2, p. 11).

1105. La Cour de Paris a même jugé, par arrêt du 11 mars 1843 (Dev.44.1.153), plus généralement et en principe, que lorsque le subrogé tuteur prend la place du tuteur, qui se trouve avoir des intérêts contraires à ceux du mineur, il y a lieu de nommer un subrogé tuteur spécial. Il doit en être ainsi, toutes les fois surtout que la présence d'un subrogé tuteur serait nécessaire pour l'acte que fait le subrogé tuteur aux lieu et place du tuteur (Demolombe, t. 7, n° 380).

1106. Mais le subrogé tuteur, tuteur *ad hoc*, n'a pas qualité pour appeler, au nom du mineur, d'un jugement rendu avec le tuteur; il ne peut, tout au plus, que se faire autoriser par le conseil de famille à interjeter appel au défaut du tuteur; ce serait là, en effet, un acte de gestion qui appartient exclusivement à celui-ci. Le décès du tuteur serait même insuffisant pour l'y autoriser, il devrait seulement alors provoquer la nomination d'un nouveau tuteur (C. Nap., art. 424). Le subrogé tuteur n'a, en effet, le droit d'agir que lorsque les intérêts du mineur sont en opposition avec ceux du tuteur;

hors de là, c'est le tuteur seul qui agit, telle est la règle (Arg. C. Nap., art. 420 et 450 combinés).

1107. Le subrogé tuteur n'est pas, en principe, responsable de la mauvaise gestion du tuteur, excepté dans les cas de prévarications de celui-ci, commises à son vu et su et par ses conseils, ou d'accomplissement de sa part de certaines obligations à lui imposées par la loi dans certains cas (C. Nap., art. 424, 1382, 1383, 1442, 2137 ; C. proc. civ., art. 444).

1108. Le subrogé tuteur assiste aux actes importants de la tutelle pour surveiller à cet effet et pour contrôler le tuteur : à l'inventaire, par exemple, des biens du mineur, à peine de nullité de l'acte, dressé sans son concours, ainsi qu'à la vente du mobilier ou des immeubles du mineur (C. Nap., art. 451, 452 et 459) ; il passe bail au tuteur des biens du mineur, d'après l'autorisation du conseil de famille (C. Nap., art. 450) ; il nomme l'expert chargé d'estimer les meubles que les père et mère sont dispensés de vendre et demandent à garder pour les remettre en nature (C. Nap., art. 453).

1109. Le subrogé tuteur poursuit l'homologation de la délibération du conseil de famille portant destitution du tuteur ou défend à la réclamation du tuteur exclu ou destitué (C. Nap., art. 446, 448). Mais il n'a pas capacité pour poursuivre la nomination d'un tuteur *ad hoc* ni la nullité d'un acte consenti par le tuteur légal, ni pour actionner en reddition de compte le tuteur destitué. Cette action ne peut être formée que par le nouveau tuteur nommé par le conseil de famille.

1110. Il doit encore requérir la confection de l'inventaire après le décès du père ou de la mère (C. Nap., art. 1442), ainsi que l'inscription hypothécaire sur les biens du tuteur, et défendre à la demande en réduction d'hypothèque formée par ce dernier. Le défaut d'accomplissement de cette double obligation le rend passible de dommages-intérêts à l'égard des mineurs et des tiers.

1111. La solidarité établie par l'art. 1442, C. Nap., contre le subrogé tuteur qui n'a pas obligé le tuteur à faire inventaire s'étend à la totalité des condamnations qui sont une conséquence nécessaire et immédiate du défaut d'inventaire, et les tribunaux n'ont pas le pouvoir de la réduire (Arg. Metz, 24 janv. 1843, J.P. 1844, p. 698).

1112. Mais, hors de ces cas, le subrogé tuteur n'a point qualité pour faire des actes de tutelle ; il ne lui est point permis de s'ingérer, de s'immiscer dans la gestion du tuteur ; c'est celui-ci qui seul administre, qui seul a le droit d'administrer (C. Nap., art. 450). Il ne peut pas même y prendre part, du chef et au nom du tuteur, en vertu d'un mandat soit général, soit même spécial de celui-ci. La loi n'accorde, en effet, au subrogé tuteur le droit d'agir que lorsque les intérêts du mineur sont en opposition avec ceux du tuteur; hors de là, c'est le tuteur seul qui agit. Telle est la règle absolue de l'art. 420.

1113. Il ne remplace pas même de plein droit le tuteur, lorsque la tutelle devient vacante ou qu'elle est abandonnée par absence ; mais il doit, dans ce cas, sous peine des dommages-intérêts qui pourraient en résulter pour le mineur, provoquer la nomination d'un nouveau tuteur (C. Nap., art. 424), alors même que le subrogé tuteur n'aurait été nommé que tardivement, c'est-à-dire après l'entrée en fonction du tuteur (Arg. Cass., 12 avril 1848, J.P.49.1.69).

1114. En résumé, le subrogé tuteur qui ne s'est pas conformé à une prescription formelle de la loi en ne faisant pas un acte qu'elle lui ordonnait de faire à peine de dommages-intérêts, comme dans les cas ci-dessus; qui, soit en agissant, soit en s'abstenant d'agir, s'est rendu coupable de dol ou d'une faute tellement manifeste qu'elle dût être assimilée au dol, doit être déclaré responsable, lors même que la loi ne prononce pas contre lui de dommages-intérêts ; mais il ne doit évidemment pas être déclaré responsable de la gestion du tuteur soit dans les cas ordinaires où il est appelé à la surveiller d'une manière générale, soit dans les cas particuliers où sa surveillance est provoquée par la loi d'une manière spéciale. La loi, en prononçant des dommages-intérêts contre le subrogé tuteur (C. Nap., art. 424, 1442, 2137), a fait suffisamment comprendre qu'il n'était pas nécessairement responsable dans tous les cas où sa surveillance et son action avaient fait défaut, à moins qu'une circonstance particulière ne fît peser sur lui une responsabilité de droit commun (DURANTON, t. 3, n° 522 ; MASSÉ et VERGÉ sur ZACHARIÆ, t. 1, § 225, note 7).

1115. L'aïeul, subrogé tuteur de ses petits-enfants, qui, assigné par la mère tutrice en reddition de compte de l'administration temporaire par lui conservée des biens des mineurs, excipe contre cette demande de ce que la mère a encouru la déchéance de la tutelle pour inobservation des conditions sous lesquelles elle y avait été maintenue bien que remariée, agit nécessairement alors en qualité de subrogé tuteur, comme représentant des mineurs, et non comme débiteur de ces derniers. En conséquence, il saisit valablement le tribunal de la question de déchéance ou de maintien de la mère dans la tutelle, question de laquelle dépend celle de savoir si celle-ci a qualité pour recevoir le compte par elle demandé (Arg. Cass., 5 mars 1855, J.P.56.1.132).

1116. Le subrogé tuteur, par la nature de ses fonctions, devant être complétement indépendant du tuteur qu'il doit surveiller, il en résulte que le tuteur ne doit jamais voter pour la nomination du subrogé tuteur, ni provoquer sa destitution (V. *infrà*) et qu'il ne peut être pris dans la ligne à laquelle le tuteur appartient. Ainsi, quand l'un est parent paternel, il faut que l'autre soit un parent maternel ou un étranger.

1117. En principe, le conseil de famille a la plus grande latitude pour le choix du subrogé tuteur aussi bien que du tuteur, et il peut nommer un étranger par préférence au parent même le plus proche, si les intérêts du pupille paraissent l'exiger. L'étranger peut s'excuser sans doute pour cette cause (C. Nap., art. 432). Mais s'il a accepté, le parent, lui, s'en plaindrait vainement ; il n'est pas tuteur légitime. Le but de l'art. 423, en effet, n'est pas d'exiger que le subrogé tuteur soit pris parmi les parents ou alliés de la ligne à laquelle le teur n'appartient pas, mais bien qu'il ne soit pas pris parmi ceux de la ligne à laquelle le tuteur appartient. L'art. 423 est rohibitif, il n'est pas impératif. Et la loi ainsi entendue est beaucoup plus conforme aux intérêts du mineur (Valette sur Proudhon, t. 2, p. 300 ; Ducaurroy, t. 1, n° 622 ; Marcadé, t. 2, art. 423, n° 1 ; Demolombe, t. 7, n° 368).

1118. La règle que le tuteur et le subrogé tuteur ne doivent jamais être pris dans la même ligne, souffre toutefois exception dans le cas de frères ou *beaux-frères germains*, c'est-à-dire quand le tuteur et le subrogé tuteur ont l'un et l'autre cette qualité. Alors, en effet, le subrogé tuteur étant uni par le même lien au tuteur et au subrogé tuteur, il n'y a évidemment pas lieu de craindre que la parenté le porte à sacrifier, par une collusion frauduleuse, ou même par un silence complaisant, au profit de son frère ou beau-frère, tuteur, l'intérêt du mineur qui est aussi son frère ou beau-frère (Duranton, t. 3, n° 518 ; Taulier, t. 2, p. 40 ; Zachariæ, t. 1, p. 212 ; Marcadé, t. 2, art. 423, n° 1 ; Demolombe, t. 7, n° 369).

1119. Mais cette seconde cause de l'exception ne saurait toutefois être étendue, au delà des termes de la loi, à l'hypothèse où soit le tuteur, soit le subrogé tuteur, sans être frère germain du mineur, serait néanmoins aussi son parent dans les deux lignes.

Ainsi, s'il arrivait que deux membres de la famille de l'enfant fussent cousins germains et dans la ligne paternelle et dans la ligne maternelle, ce ne serait pas une raison pour qu'ils pussent être tuteur et subrogé tuteur ; il faudrait alors nommer pour tuteur ou pour subrogé tuteur un étranger, le tuteur étant parent dans les deux lignes ; en effet, il n'y aurait plus alors la même garantie qu'entre deux frères germains. La première cause d'exception existerait bien, mais la seconde n'existerait plus. Au reste, l'art. 423 ne fait d'exception que pour les frères germains (MARCADÉ et DEMOLOMBE, *loc. cit.*).

1120. Le subrogé tuteur ne remplace pas de plein droit le tuteur, lorsque celui-ci, par un motif quelconque, cesse ses fonctions ; mais il doit, dans ce cas, sous peine de dommages-intérêts qui pourraient en résulter pour le mineur, provoquer la nomination d'un nouveau tuteur (C. Nap., art. 424).

1121. Les fonctions du subrogé tuteur cessent de plein droit à la même époque que la tutelle (C. Nap., art. 425), c'est-à-dire à la cessation absolue de la tutelle par la mort, la majorité ou l'émancipation du mineur, ou lorsque le subrogé tuteur décède lui-même ou se trouve excusé ou destitué, et non lorsque les fonctions de tuteur cessent, par une cause quelconque, pendant la tutelle ; c'est, au reste, ce qui résulte clairement de l'obligation que l'art. 424 impose au subrogé tuteur, dans toute vacance de tutelle, de faire nommer un nouveau tuteur (DURANTON, t. 3, n° 520 ; TAULIER, t. 2, p. 40 ; MARCADÉ, t. 2, art. 425 ; ZACHARIÆ, t. 1, p. 252 ; DEMOLOMBE, t. 7, n° 383).

1122. Le conseil de famille peut, s'il le juge utile aux intérêts du mineur ou de l'interdit, lui choisir un nouveau tuteur dans la ligne à laquelle appartient le subrogé tuteur ; seulement, dans ce cas, celui-ci doit se démettre, alors même qu'il n'y aurait rien à lui reprocher, et le conseil de famille doit procéder immédiatement à la nomination d'un nouveau subrogé tuteur dans la ligne à laquelle le nouveau tuteur n'appartient pas (Arg. C. Nap., art. 422, 423 et suiv.).

Les causes d'excuse, d'incapacité, d'exclusion ou de destitution, applicables au tuteur, sont également applicables au subrogé tuteur (C. Nap., art. 426. V. *infrà*, n°s 1157 et s. ; 1173 et s.).

Mais le tuteur ne peut provoquer la destitution du subrogé

tuteur, ni voter dans le conseil de famille convoqué pour cet objet (C. Nap., art. 426).

1123. Le subrogé tuteur peut, comme toute autre personne, à l'exception du tuteur, acheter le bien du mineur. La position du subrogé tuteur diffère, en effet, de celle du tuteur, d'une manière assez essentielle pour qu'on ne puisse pas, dans le silence de la loi, étendre arbitrairement au subrogé tuteur, simple surveillant accidentel du tuteur, la disposition prohibitive établie contre celui-ci, mandataire direct et permanent de la personne et des biens du mineur, tant par l'art. 450 que par l'art. 1596, C. Nap., car le tuteur exerce véritablement la tutelle et toute la tutelle. Le subrogé tuteur, lorsque ses fonctions ne l'appellent pas à agir dans l'intérêt du mineur, à cause de l'opposition d'intérêts existant entre le tuteur et le mineur, comme dans l'espèce, n'exerce pas des fonctions de tutelle. Au reste, quels que soient ses devoirs ou ses obligations, ils sont distincts du devoir et des obligations du tuteur.

En cet état de choses, la loi a donc pu reconnaître la différence capitale qui existe entre la position du tuteur et celle du subrogé tuteur, interdire à l'un ce qui serait permis à l'autre, et préférer l'avantage réel d'un enchérisseur de plus à un argument plus ou moins logique créant une prohibition inutile (Réquisitoire de M. l'avocat général Rouland, arr. Cass., 21 sept. 1852 ; Riom, 21 avril 1829, J.P.1.1837.327 ; Bordeaux, 30 mai 1840, J.P.1.1844.359 ; Cass., 21 déc. 1852, J.P.1.1853.297 ; Agen, 13 juin 1853 ; Grenoble, 4 janv. 1854, J.P.2.1853.566 et 56.1.106 ; Duranton, t. 16, n° 234 ; Duvergier, *Traité de la vente*, t. 1, n° 188 ; Marcadé, sur l'art. 1596, n° 1 ; Zachariæ, Aubry et Rau, t. 1, p. 430 ; Mourlon, sur l'art. 1596, p. 160 ; Toullier, t. 6, p. 32. — *Contrà*, Riom, 25 fév. 1843, J.P.44.1.359 ; Toulouse, 17 mai 1850, J.P.52.2.213 ; Magnin, t. 2, n° 1185 ; Demolombe, t. 7, n° 375).

1124. Au surplus, la nullité de l'adjudication, en pareil cas, n'est qu'une nullité relative, que le mineur seul ou son tuteur peuvent invoquer, et cette nullité ne peut même plus être invoquée par le tuteur qui a laissé revendre les biens du mineur à la folle enchère du subrogé tuteur, sans contestation, contre l'adjudication, ni contre les formalités qui ont précédé la revente sur folle enchère (Arg. Grenoble, 4 janv. 1854, J.P.56.1.106).

1125. Le subrogé tuteur peut également prescrire contre

le mineur, et recevoir de lui, à titre gratuit, comme toute autre personne; il peut même se rendre cessionnaire de droits et actions contre le mineur et prendre ses biens à loyer ou à ferme, sans qu'au préalable le tuteur ait été autorisé à lui en passer bail (ZACHARIÆ, AUBRY et RAU, t. 1, p. 430.—*Contrà*, MAGNIN, t. 1, n° 671; DEMOLOMBE, t. 7, n° 787).

1126. La disposition de l'art. 451, C. Nap., qui prescrit au tuteur de déclarer dans l'inventaire ce qui lui est dû par le mineur est également inapplicable au subrogé tuteur (Paris, 14 fév. 1817, S.18.2.59; TOULLIER, t. 2, p. 363; DURANTON, p. 525).

SECT. XIX.—*Des causes qui dispensent de la tutelle* (C. Nap., art. 427 à 441).

1127. D'après les principes du droit romain, la tutelle et la curatelle étaient considérées en quelque sorte comme des charges publiques, et ceux à qui elles étaient déférées ne pouvaient se dispenser de les accepter.

Le Code Napoléon adopte la même règle; mais il la soumet cependant à certaines exceptions, les unes fondées principalement sur l'intérêt général; les autres principalement fondées sur l'intérêt particulier, et quelquefois même sur certaines considérations en faveur pour celui auquel elles sont accordées.

1128. Les causes légales d'excuse admises par le Code sont au nombre de sept, savoir:

1° Certaines fonctions ou certains services publics (C. Nap., art. 427 à 431);

2° La non-parenté, lorsqu'il existe dans la distance de quatre myriamètres des parents ou alliés en état de gérer la tutelle (C. Nap., art. 432);

3° L'âge (C. Nap., art. 433);

4° Les infirmités (C. Nap., art. 434);

5° Le nombre de tutelles (C. Nap., art. 435);

6° Le nombre d'enfants (C. Nap., art. 436);

7° Le sexe (C. Nap., art. 394): les unes sont temporaires, seulement comme la cause sur laquelle elles sont fondées; les autres perpétuelles; il en est enfin qui dispensent seulement d'accepter la tutelle *à suscipiendâ tantùm tutelâ*, mais qui ne suffisent point pour se faire décharger d'une tutelle déjà acceptée *à susceptâ tutelâ*, car, outre que le *changement de tuteur* fait obstacle à la bonne administration des biens, il occasionne des frais qui restent à la charge du mineur; c'est ce que la loi a voulu éviter le plus possible; les autres qui dispensent tout à la fois de l'accepter et qui suffisent pour s'en faire décharger après qu'on l'a acceptée, *excusant à suscipiendâ vel etiam acceptâ.*

Ces différentes causes d'excuse ou de dispense appartiennent à tous les tuteurs, soit datif, soit testamentaire, soit légitime, au survivant même des père et mère, sauf les cas particuliers où la loi les exempte (Bordeaux, 8 août 1845, DEV. 47.2.134).

Elles sont aussi communes au tuteur et au subrogé tuteur (C. Nap., art. 426; Nîmes, 17 janv. 1837, DEV.38.2.253; MASSÉ et VERGÉ, t. 1, p. 419; ZACHARIÆ, AUBRY et RAU, t. 1, p. 378; DEMOLOMBE, t. 7 n°s 395 et 397).

1129. Les motifs d'excuse expressément ou virtuellement établis par la loi sont les seuls que les conseils de famille puissent et doivent admettre. L'admission de dispenses qui ne constitueraient pas des excuses légales, ou le rejet de pareilles excuses, donnerait également aux parties lésées le droit de se pourvoir contre la délibération qui aurait indûment soit admis ces dispenses, soit rejeté ces excuses (DEMOLOMBE, t. 7, n°s 446 et 447; ZACHARIÆ, AUBRY et RAU, t. 1, p. 379. V. cependant VALETTE sur PROUDHON, t. 2, p. 320, et Cass., 17 fév. 1835; Paris, 24 juill. 1835, S.35.1.81 et 2.405).

§ 1er. — Des fonctions ou services publics, causes de dispense de la tutelle (C. Nap., art. 429 à 431).

1130. Sont légalement dispensés de la tutelle :

1° Les personnes désignées dans les titres 3, 5, 6, 8, 9, 10 et 11 de l'acte du 8 mai 1804, c'est-à-dire les membres de la famille impériale, les grands dignitaires et les grands officiers de l'Empire, les sénateurs, les conseillers d'Etat et enfin les membres du Corps législatif (C. Nap., art. 427, 1er alin.);

2° Les présidents et membres de la Cour de cassation, le procureur général et les avocats généraux en la même Cour (C. Nap., art. 427, 2e alin.);

3° Les magistrats de la Cour des comptes (L. 16 sept. 1807, art. 7);

4° Les préfets (C. Nap., art. 427, 3e alin.);

5° Et, en général, tout citoyen laïque ou ecclésiastique exerçant, dans un département autre que celui où la tutelle s'établit, une fonction publique, qui exige résidence dans laquelle il est agréé par l'Empereur et pour laquelle il prête serment (Arg. C. Nap., art. 427, 4e alin., et Av. Cons. d'Et., 20 nov. 1808 comb.);

6° Les militaires en activité de service (C. Nap., art. 428);

7° Tous autres citoyens qui remplissent, hors du territoire continental de l'Empire, une mission du Gouvernement (C. Nap., art. 428), que cette mission soit authentique ou non; mais dans ce dernier cas, le réclamant doit, si la mission est contestée, en justifier par un certificat du ministre dans le département duquel le place la mission invoquée comme excuse (C. Nap., art. 429).

1131. Les fonctions ou services publics excusent *à suscipiendâ* et *à susceptâ tutelâ*. Ainsi, ou la personne à laquelle la tutelle est déférée soit par la loi, soit par une disposition de la loi, il n'y a pas à distinguer, remplit déjà, à ce moment, les fonctions, services ou missions qui en dispensent, et alors elle doit, sous peine de déchéance (C. Nap., art. 430), proposer ses excuses au conseil de famille, soit sur-le-champ, si elle est présente (C. Nap., art. 438), soit dans le délai de trois jours, à partir de la notification qui lui est faite de sa nomination, si la tutelle est dative; et, si la tutelle est légitime ou testamentaire, dans le délai de trois jours, à partir de celui où elle a eu connaissance de l'événement, c'est-à-dire de l'accouchement ou du testament qui lui a conféré la tutelle (C. Nap., art. 438, 439 et 430; C. proc. civ., art. 882); ou les fonctions, services et missions ont été confiés postérieurement à l'acceptation et entrée en exercice de la tutelle, et alors la personne peut s'en faire décharger, pourvu qu'elle le demande dans le mois; passé ce délai, elle est déchue de ce droit (C. Nap., art. 431).

1132. Les fonctions ou services publics appartiennent à la classe des excuses *temporaires*. Ainsi, lorsqu'elles cessent, alors que dure encore la tutelle que le fonctionnaire public a refusé de prendre ou dont il s'est fait décharger, le conseil de famille *peut* la lui rendre s'il la redemande, ou même, quoiqu'il ne la redemande pas, si le nouveau tuteur qui a été nommé à sa place réclame sa décharge (C. Nap., art. 431, 2e alin.). Le conseil de famille, du reste, est investi, à cet égard, d'un pouvoir tout discrétionnaire et souverain; la loi s'en rapporte à sa sagesse. C'est à lui de voir, d'après les circonstances, s'il convient mieux de laisser la tutelle au tuteur en exercice ou de la rendre à l'ancien tuteur temporairement excusé. Le mot *pourra*, dont se sert l'art. 431, ne peut laisser de doute à cet égard (MARCADÉ, art. 431 ; DEMOLOMBE, t. 7, nos 402 à 416 ; ZACHARIÆ, AUBRY et RAU, t. 1, p. 381).

§ 2.—**La non-parenté, l'âge et les infirmités, 2e, 3e et 4e causes de dispenses de la tutelle** (C. Nap., art. 401 et 432, 433 et 434).

1133. La tutelle est principalement une charge de famille, et régulièrement elle doit peser avant tout sur les parents ou les alliés du mineur ; l'équité exige qu'il en soit ainsi. Tout citoyen, non parent ni allié du mineur, ne peut donc être forcé d'accepter la tutelle, lorsqu'il existe dans le rayon de quatre myriamètres des parents ou alliés capables d'être tuteur (C. Nap., art. 401 et 432), si ce n'est toutefois lorsque soit le tuteur, soit le subrogé tuteur, sans être frère germain du mineur, serait néanmoins aussi son parent dans les deux lignes (C. Nap., art. 423).

Cette cause d'excuse n'est accordée, comme on voit, qu'à l'individu non parent ni allié ; ainsi le parent ou l'allié ne peut invoquer comme excuse son éloignement du lieu où la tutelle s'exerce, à moins qu'il ne soit dans la classe des fonctionnaires publics mentionnés dans l'art. 427, 3e alin. (V. *suprà*, nos 1130 et s.), ni la présence, dans le rayon de *quatre myriamètres*, de parents, s'il n'est qu'allié, ou de parents ou alliés plus proches que lui (Cass., 1er fév. 1825, S.25.1.385; DURANTON, t. 3, n° 488 ; ZACHARIÆ, AUBRY et RAU, t. 1er, p. 379 ; DEMOLOMBE, t. 7, n° 418 ; TAULIER, t. 1er, p. 42).

Cette cause d'excuse n'est pas applicable à la tutelle déjà acceptée *à susceptâ*, mais seulement à *suscipiendâ tutelâ* ; de sorte que, lors même que depuis la nomination d'un tuteur étranger, un parent ou allié du mineur en état de gérer la tutelle viendrait demeurer dans le rayon de quatre myriamètres, le tuteur ne pourrait plus se faire excuser pour cette cause (DEMOLOMBE, t. 7, n° 419).

1134. Tout individu, âgé de soixante-cinq ans accomplis, peut refuser d'être tuteur. Celui qui aura été nommé avant cet âge, peut, à soixante-dix ans, se faire décharger de la tutelle (C. Nap., art. 433).

1135. L'âge de soixante-cinq ans accomplis excuse à recevoir la tutelle, après cet âge, *à suscipiendâ tutelâ*, mais il ne suffit pas pour se faire excuser d'une tutelle acceptée depuis soixante-cinq ans, *à susceptâ tutelâ*. De même l'âge de soixante-dix ans révolus, qui excuse bien *à suscipiendâ tutelâ*, n'excuse pas à *susceptâ tutelâ*, s'il n'est pas accompagné de quelque infirmité grave (POTHIER, *Tr. des min.*, part. 1re, tit. 6, sect. 4, art. 2). Telle est la règle, sauf la faculté qui appartient souverainement au conseil de famille d'admettre, en fait, l'excuse, ou plutôt de recevoir alors la démission du tuteur. Cette cause d'excuse s'applique au tuteur légitime ou testamentaire comme au tuteur datif. Il y même raison de décider.

1136. Tout individu atteint d'une infirmité grave et dûment justifiée, est dispensé de la tutelle ; il peut même s'en faire décharger, si cette infirmité est survenue depuis sa nomination (C. Nap., art. 434). Il ne suffirait pas d'une maladie passagère, d'une blessure, d'un accident ; il faut une infirmité permanente, comme la cécité, par exemple, la paralysie ou un asthme humide et nerveux ; mais ces infirmités ne constituent que des causes d'excuse et non d'exclusion (Arg. Cass., 7 juin 1820, S. 20. 1. 366).

Cette excuse dispense *à suscipiendâ* et *à susceptâ tutelâ*.

Ainsi, tout individu atteint d'une infirmité grave et dûment justifiée, peut refuser la tutelle ; mais s'il l'accepte malgré son infirmité, sans proposer cette excuse, il est censé y avoir renoncé, il ne serait pas ensuite recevable à s'en prévaloir. Telle est rigoureusement la règle ; mais comme il y aurait dureté, inhumanité intolérables à ne pas en tempérer l'application, le tuteur peut alléguer que son infirmité s'est aggravée depuis la tutelle, ou même qu'elle était, dès cette époque, plus grave qu'il ne l'avait pensé ; et alors, s'il est constant qu'elle est telle que la gestion de la tutelle lui soit pénible et onéreuse, le conseil de famille devra s'empresser de l'excuser *à susceptâ tutelâ* et de pourvoir à son remplacement ; il a à cet égard un pouvoir discrétionnaire et souverain qui ne fera jamais défaut à une équitable réclamation (POTHIER, *des Pers.*, part. 1re, tit. 6, sect. 3, art. 2 ; DELVINCOURT, t. 1er, p. 113, note 5 ; VALETTE sur PROUDHON, t. 2, p. 337, note *a* ; DEMOLOMBE, t. 7, n° 426).

§ 3. — Deux tutelles, 5e cause de dispense de la tutelle (C. Nap., art. 435).

1137. Deux tutelles sont pour toutes personnes, même pour les célibataires ou veufs sans enfants, une excuse suffisante pour ne pas accepter une troisième tutelle (Arg. C. Nap., art. 435, 1er alinéa).

Deux tutelles, c'est-à-dire deux patrimoines distincts à gérer en qualité de tuteur. Ce sont, en effet, les patrimoines à gérer, et non le nombre des pupilles qui doivent être comptés. Ainsi, la tutelle de plusieurs frères dont les patrimoines sont encore indivis ne compte que pour une tutelle (POTHIER, *loc. cit.*; DEMANTE, t. 2, n°s 182 *bis*, I ; DEMOLOMBE, t. 7, n° 428 ; MAGNIN, t. 1er, n° 374 ; MALLEVILLE, t. 1er, p. 641).

1138. Celui qui, époux ou père, veuf ou non, d'un ou de plusieurs enfants, mineurs ou majeurs, est déjà chargé d'une tutelle, ne peut être tenu d'en accepter une seconde outre celle de ses enfants, laquelle fait seulement exception à la règle (Arg. C. Nap., art. 435, 2e alinéa).

MM. Duranton, t. 3, n° 492, et Taulier, t. 2, p. 45, accordent à l'époux ou père qui est déjà chargé de deux tutelles, la faculté de refuser celle de ses propres enfants.

M. Marcadé, t. 2, art. 435, n° 1, prétend, au contraire, qu'il doit l'accepter, mais qu'il a le droit de se faire décharger de l'une des deux autres tutelles.

MM. de Fréminville, t. 1er, n° 132 ; Zachariæ, t. 1er, p. 215 ; Augier, t. 5, v° *Tutelle*, p. 12, n'accordent nullement à celui qui a déjà deux tutelles la faculté, soit de refuser celle de ses propres enfants, soit, en l'acceptant, de se faire décharger de l'une des deux autres.

De ces trois systèmes, celui de M. Marcadé est le seul qui nous semble se rapprocher le plus de l'esprit de l'art. 435, C. Nap.

Le père tient, en effet, ses pouvoirs de tuteur de ses enfants et de la loi et de la nature tout à la fois. En effet, la loi n'exigeant de personne de subir trois tutelles, il est naturel que le père conserve celle de ses propres enfants, de préférence aux deux autres, et se fasse décharger de l'une d'elles.

1139. Mais le veuf sans enfants ne peut se prévaloir de la disposition de l'art. 435, C. Nap., uniquement relative à celui qui est époux ou père (MARCADÉ, sur l'art. 435 ; DEMOLOMBE, t. 7, n° 430).

1140. Le mot *père* s'applique évidemment au père de l'enfant naturel reconnu comme au père légitime ; cela résulte clairement de la disjonctive *ou* placée entre les mots *époux et père*, mais il ne s'applique pas au père adoptif, qui compte dans sa famille naturelle (C. Nap., art. 348. V. *suprà*, n°s 607 et s.).

1141. La subrogée tutelle doit, aux termes des art. 426 et 435 combinés, être, comme une tutelle, une dispense pour une seconde tutelle ; ces articles ne font aucune distinction, et d'ailleurs dans notre législation, la subrogée tutelle impose assez d'obligations pour qu'elle ait été classée parmi les excuses pour une seconde tutelle. Ainsi celui qui, époux ou père, est déjà chargé d'une subrogée tutelle, ne peut être tenu d'accepter une tutelle autre que celle de ses enfants (Nîmes, 17 janv. 1837, J.P.37.2.268). De même deux subrogées tutelles doivent être pour toutes personnes une juste dispense d'en accepter une troisième ou d'accepter une tutelle. C'est ce qui paraît résulter, du reste, des observations du Tribunat, à la demande duquel notre art. 426 a été inséré dans le Code (V. LOCRÉ, *Lég.*, t. 7, p. 220 et 221, n° 18).

§ 4.—Cinq enfants, 6e cause de dispense de la tutelle (C. Nap., art. 436 et 437).

1142. Ceux qui ont cinq enfants légitimes ou légitimés, actuellement vivants, sont dispensés de toute tutelle autre que celle desdits enfants (C. Nap., art. 436). L'enfant qui n'est pas encore né, quoiqu'il soit conçu, n'est pas compté comme existant. La règle qui assimile la conception à la naissance, *infans conceptus pro nato habetur*, ne s'applique qu'au cas où il s'agit directement de l'intérêt de l'enfant, *quoties de commodis ejus agitur*. Mais l'enfant existant au moment de l'investiture de la tutelle est compté lors même qu'il viendrait à mourir.

1143. L'enfant mort, soit naturellement, soit civilement, ne compte plus. Toutefois, et par exception, cette proposition cesse d'être vraie : 1° lorsque l'enfant mort a laissé lui-même des enfants actuellement existants. Les petits-enfants, en quelque nombre qu'ils soient, ne comptent que pour l'enfant dont ils sont issus (Arg. C. Nap., art. 436, 3e alin., et 914) ; 2° lorsque l'enfant est mort en activité de service dans les armées de l'Empire. Il n'y a pas, à cet égard, à distinguer s'il est mort *in acie*, en combattant ou autrement ; il suffit qu'il soit mort alors qu'il était au service de l'Empire, peu importe la cause et le genre de mort dont il a été frappé (Arg. C. Nap., art. 435, 2e alin.; Discussion au Conseil d'Etat, LOCRÉ, *loc. cit.*, p. 187, n° 15 ; DE FRÉMINVILLE, t. 1, n° 134; DEMOLOMBE, t. 7, n° 437 ; ZACHARIÆ, AUBRY et RAU, t. 1, p. 383).

1144. Quant à l'enfant absent, il doit compter tant que l'envoi en possession définitive n'a pas été ordonnée.

1145. L'art. 435, par ces mots : *enfants légitimes*, exclut évidemment du bénéfice de ses dispositions l'enfant naturel, quoique reconnu, et l'enfant adoptif (DEMOLOMBE, t. 7, n° 438. — *Contrà*, MAGNIN, t. 1, n° 378).

1146. La survenance d'enfant pendant la tutelle ne peut autoriser à l'abdiquer (C. Nap., art. 437). Le nombre d'enfants excuse *à suscipiendâ tutelâ, sed non à susceptâ*.

§ 5.—Sexe, 7e cause d'excuse de la tutelle.

1147. La mère survivante n'est point tenue d'accepter la tutelle de ses enfants (C. Nap., art. 394) ; mais elle ne peut pas s'en décharger après l'avoir acceptée ; elle a renoncé à son excuse en l'acceptant (V. *suprà*, n° 754).

1148. L'ascendante nommée tutrice par le conseil de famille peut, *à fortiori*, invoquer la même exception ; car elle est moins jeune que la mère, et, par suite, moins en état de gérer la tutelle ; le devoir de la gérer est évidemment moins étroit pour l'aïeule que pour la mère (Demolombe, t. 7, n° 433; Zachariæ, Aubry et Rau, t. 1, p. 381.—*Contrà*, Ducaurroy, Bonnier et Roustain, t. 1, n° 602).

§ 6.—Des règles communes à toutes les causes d'excuses ou de dispenses.

1149. En principe, les causes d'excuses ou de dispenses énoncées dans les cinq paragraphes qui précèdent sont les seules qu'en général doivent admettre les conseils de famille et les tribunaux. Mais les conseils de famille, qui ont un pouvoir souverain pour apprécier toutes les circonstances, toutes les considérations des causes d'excuses ou de dispenses, peuvent les étendre à tous les cas où il sera convenable, dans le seul intérêt du mineur, d'en faire une juste application. Ainsi un tuteur ne saurait se faire décharger de la tutelle par une simple démission non motivée.

1150. Toutefois, la démission pure et simple, donnée par un tuteur, sur une dénonciation, pour conjurer l'éclat et la honte d'une destitution, peut être agréée par le conseil de famille, et doit produire effet du moment qu'elle est acceptée (Arg. C. Nap., art. 448). Ainsi, encore, un tuteur illettré peut être excusé comme incapable, par argument *à fortiori*, de l'art. 444 du même Code.

1151. Les causes d'excuses étant établies dans l'intérêt de celui qui est appelé à la tutelle, il peut toujours y renoncer (Marcadé, t. 2, art. 394; 441, n° 2; Demolombe, t. 7, nos 446 à 449).

1152. L'appréciation des excuses appartient en premier lieu au conseil de famille. Sa décision, qu'il ait admis ou rejeté les excuses, peut être déférée au tribunal de première instance (C. Nap., art. 440), alors même que la décision du conseil de famille aurait été prise à l'unanimité ; l'art. 440, C. Nap., déroge sur ce point à l'art. 883, C. proc. Le tribunal juge la cause sommairement et à charge d'appel (C. proc., art. 884 et 889) ; il *peut*, en exemptant le tuteur, condamner aux frais de l'instance ceux des membres du conseil de famille qui auraient rejeté ses excuses ; si le tuteur succombe, il doit y être condamné personnellement (C. Nap., art. 441 ; Arg. C. proc., art. 130 et 131).

1153. La loi laisse au tribunal, en ce qui concerne les membres du conseil, la faculté d'apprécier les motifs qui les ont dirigés dans leurs votes, pour les condamner ou ne point les condamner aux dépens ; c'est ce qui ressort du mot *pourront*, qu'emploie notre art. 441, et de l'art. 131, C. proc. Dans le cas où ils ne sont pas condamnés aux dépens, c'est le mineur, dans l'intérêt duquel ces dépens ont eu lieu, qui doit les supporter (Locré, art. 441 ; Magnin, t. 1, n° 383 ; Demolombe, t. 7, n° 458 ; Zachariæ, Aubry et Rau, t. 1, p. 385 ; Valette sur Proudhon, t. 2, p. 340).

Sect. XX. — *De l'incapacité, des exclusions et destitutions de la tutelle* (C. Nap., art. 442 à 450).

1154. La tutelle est une charge, mais elle est aussi un droit : « On ne peut pas en priver un individu *malgré* lui, disait Meslé (*des Minor.*, t. 1, part. 1re, ch. 10, n° 24), et sans connaissance de cause. »

C'est la loi elle-même qui détermine les causes d'incapacité (C. Nap., art. 442), d'exclusion ou de destitution (M. C., art. 443 à 450).

1155. Il ne faut pas confondre les excuses et les incapacités : l'incapacité écarte de la tutelle ceux mêmes qui voudraient l'accepter ; l'excuse en dispense ceux qui pourraient être tuteurs s'ils y consentaient.

1156. L'incapacité, l'exclusion et la destitution ne doivent pas davantage être confondues, quoiqu'elles aient des effets à peu près identiques. L'incapacité, de même que l'exclusion et la destitution, écarte de la tutelle celui-là même qui consent à l'accepter ou à la conserver ; mais elle en diffère en ce que la loi attache à ces dernières une idée déshonorante que la première ne présente pas. Leurs causes, d'ailleurs, sont différentes aussi. L'incapacité s'applique spécialement à celui qui n'est pas nommé tuteur ; l'exclusion, au tuteur légitime ou testamentaire, qui n'est pas encore entré en fonctions ; la destitution, indistinctement à tous les tuteurs en exercice, légitimes, testamentaires ou datifs.

§ 1er. — Causes d'incapacité d'être tuteur, subrogé tuteur.

1157. Ne peuvent être tuteurs, subrogés tuteurs :

1° Les mineurs, excepté le père ou la mère ;
2° Les interdits ;
3° Les femmes autres que la mère et les ascendantes ;
4° Tous ceux qui ont ou dont les père et mère ont avec le mineur un procès dans lequel l'état de ce mineur ou une partie notable de ses biens sont compromis (C. Nap., art. 442).

1158. Il existe, comme on voit, quatre causes d'incapacités : la première est la qualité de mineur ; mais la loi excepte le père et la mère du pupille (C. Nap., art. 442-1°). Le législateur a pensé que l'affection que les père et mère, bien que mineurs, portent à leurs enfants, suppléerait à l'expérience qui leur manque.

1159. Cette exception s'applique évidemment aux père et mère naturels, mineurs émancipés, de même qu'aux père et mère légitimes, la loi ne distingue pas ; mais le père et la mère naturels, qui ne sont pas émancipés, et qui, par conséquent, sont eux-mêmes en tutelle, ne peuvent pas avoir la tutelle de leur enfant. Il est évident, au reste, que le père ou la mère, tuteur légal de ses enfants, ne peut point faire pour eux les actes qu'il serait incapable de faire pour lui-même ; par exemple : défendre à une action immobilière ou recevoir le remboursement d'un capital, ou faire tous autres actes qu'il ne pourrait pas faire seul, si cet acte l'intéressait personnellement. La présence du subrogé tuteur est, dans ce cas, nécessaire (DURANTON, t. 3, n° 502 ; DUVERGIER sur TOULLIER, t. 1, n° 1161, note *a ;* DEMOLOMBE, t. 7, n° 465 ; ZACHARIÆ, AUBRY et RAU, t. 1, p. 360 ; TAULIER, t. 2, p. 49. — *Contrà*, MARCADÉ, art. 442 ; MASSÉ et VERGÉ, t. 1, p. 409, qui enseignent qu'il doit être assisté de son propre curateur).

1160. C'est pour le même motif que lorsqu'il s'agit d'un acte de tutelle pour lequel la loi exige l'autorisation du conseil de famille, cette autorisation doit être demandée, non pas au conseil de famille du père ou de la mère, mineur émancipé par le mariage et tuteur, mais au conseil de famille de l'enfant (DEMOLOMBE, t. 7, n° 466).

1161. La seconde cause d'incapacité est dans la qualité d'interdit judiciaire, pour cause d'imbécillité, de démence ou de fureur. Cette incapacité se justifie d'elle-même (C. Nap., art. 489).

1162. Quant à l'interdit légal pour crime (C. Nap., art. 29), il rentre dans la classe des exclus ou destitués d'après l'art. 443.

1163. L'incapacité d'interdit judiciaire ne s'applique point en principe à l'individu pourvu d'un conseil judiciaire, soit pour cause de faiblesse d'esprit, soit pour cause de prodigalité (C. Nap., 499 et 513) ; car les incapacités et les exclusions sont de droit étroit et elles ne s'étendent pas, par analogie, d'un cas à un autre (Cass., 21 nov. 1848, Dev. 48.1.677) ; mais, comme en fait il y a évidemment lieu de craindre qu'il ne compromette le patrimoine du mineur, le conseil de famille doit l'écarter pour cause d'incapacité, c'est-à-dire pour défaut d'intelligence ou d'aptitude, dans l'administration, et même, s'il est en exercice, le destituer, conformément à l'art. 444, C. Nap.

1164. La troisième cause d'incapacité est fondée sur le sexe ; les femmes sans distinction, filles, mariées ou veuves, sont incapables d'exercer la tutelle et d'être membres d'un conseil de famille (C. Nap., art. 442-3°).

La loi excepte toutefois : 1° la mère qui est tutrice légale (ou naturelle) de ses enfants (C. Nap., art. 442, 390) ;

1165. 2° Les ascendantes, qui ne sont pas tutrices légitimes, mais qui peuvent seulement être appelées à la tutelle testamentaire ou dative de leurs petits-enfants (C. Nap., art. 442-3°); mais elles ne peuvent jamais être contraintes d'accepter les fonctions qui sont toujours facultatives pour elles (Arg. C. Nap., art. 394). Si l'ascendante nommée tutrice était remariée, le conseil de famille devrait nécessairement lui adjoindre son second mari pour cotuteur (Arg. C. Nap., art. 396).

La femme d'un interdit peut aussi être nommée tutrice de son mari (C. Nap., art. 507. V. *suprà*, n° 1015).

1166. La quatrième incapacité résulte de l'existence, entre l'individu appelé à la tutelle et le mineur, d'un procès dans lequel l'état de ce mineur, sa fortune ou une partie notable de ses biens sont compromis. La loi exige, comme on voit, une grave opposition d'intérêt entre le tuteur et le mineur. Si donc il ne s'agit que d'une légère contestation dont le fond n'aurait pour objet que de régler sans inimitié un point incertain, un intérêt opposé sans péril de fortune ou même d'une partie notable des biens de mineur, il est évident que l'incapacité n'existerait plus. Il faut que le procès soit pendant au moment où la tutelle est déférée, c'est-à-dire que la contestation soit déjà née et non encore terminée. Ainsi l'incapacité ne pourrait être étendue au cas où le procès paraît seulement devoir exister et est même imminent (Arg. Nîmes, 2 mai 1848, Dev. 48.2.295 ; Lyon, 24 fév. 1859, Dev. 59.2.655).

1167. L'incapacité existe seulement, d'après le n° 4 de notre rticle, sous deux conditions. Il faut : 1° qu'il existe entre e tuteur lui-même et le mineur un procès dans lequel l'état u mineur, sa fortune ou une partie notable de ses biens oient compromis ; 2° qu'un procès semblable existe entre *les ère et mère du tuteur* et le mineur.

1168. Cette disposition est applicable, à plus forte raison, uivant M. Duranton, t. 3, n° 505, au cas où le procès existe : ° entre le mineur et une personne autre que le père ou la ère du tuteur, mais dont celui-ci est l'héritier présomptif ; ° entre le *mineur* et les *enfants* ou le *conjoint* du tuteur.

Ce n'est pas là, dit-il, une peine que nous étendons par nalogie, mais une simple mesure de conservation des intérêts du mineur, intérêts qui seraient aussi bien compromis, et par e même motif, celui de l'inimitié supposée par la loi, que dans e cas qu'elle a littéralement prévu pour en faire le principe e l'incapacité.

Ces observations, quoique extrêmement justes, nous paissent contraires au texte comme à l'esprit de l'art. 442-4°. i, en effet, le législateur eût jugé utile d'appliquer aux hypoèses proposées l'incapacité qu'il prononce dans les deux ypothèses qu'il détermine, il l'eût également dit en termes nets et précis, à moins d'admettre que ces dernières hypoèses lui aient échappé par oubli, par imprévoyance, ce qui est impossible.

1169. Au reste, les incapacités, étant, en principe, de droit troit, ne peuvent pas être étendues, par analogie, d'un cas défini par un texte très-net et très-précis à un autre cas qu'il ne prévoit pas. Il y aurait donc injustice et illégalité tout à fois à exclure les personnes appelées à l'exercice de la tulle à raison d'incapacité ou d'indignité autrement que par n texte formel de la loi qui n'a rien voulu laisser en cette atière à l'arbitraire des juges. Aussi ne pouvons-nous trop engager nos collègues à s'en tenir rigoureusement aux termes mêmes du Code (*Conf.*, TOULLIER, t. 2, n° 1171 ; MERLIN, *ép.*, v° *Tutelle ;* FAVARD DE LANGLADE, v° *Test.*, § 8, n° 26 ; CHARDON, *Puiss. patern.*, n° 306 ; PROUDHON, t. 2, p. 345 ; MARCADÉ, t. 2, art. 442-2°, n° 4 ; DEMOLOMBE, t. 7, n° 476 ; MOURLON, *Rép. écrit.*, t. 1, p. 551. — *Contrà*, DELVINCOURT, t. 1, p. 107, note 2 ; ZACHARIÆ, t. 1, p. 210 ; DE FRÉMINVILLE, t. 1, n° 143 ; TOULLIER, t. 2, p. 50).

1170. Il n'y a pas d'incompatibilité entre les fonctions

d'exécuteur testamentaire du père et de la mère et celles de tuteur (Paris, 15 mess. an XII, S.4.2.171).

1171. Mais l'étranger non naturalisé Français ou qui n'a pas la jouissance des droits civils en France est incapable d'être tuteur. Il en était de même en droit romain (V. *Inst.*, liv. 1er, tit. 22, § 4).

Si, en effet, cette incapacité n'est pas littéralement écrite dans la loi, elle résulte de l'ensemble des dispositions du Code et du texte même de certains articles qui supposent que, pour être tuteur, il faut être citoyen français (Arg. Bastia, 5 juin 1838, J.P.38.2.520 ; Paris, 21 mars 1861, J.P.61.2.1113).

1172. Le tuteur, même légal, qui a perdu la qualité de Français, ne peut conserver la tutelle. Mais il a qualité, jusqu'à son remplacement, pour faire des actes conservatoires dans l'intérêt de ses pupilles et spécialement pour interjeter appel (Arg. Colmar, 25 juillet 1817, S.18.2.250. V. l'arrêt de Paris cité *suprà*, n° 1171).

§ 2.—Des causes d'exclusion ou de destitution de la tutelle.

1173. Sont exclus de la tutelle et même destituables s'ils sont en exercice :

1° Ceux qui ont encouru une condamnation à une peine afflictive ou infamante (C. pén., art. 7 et 8).

Dans ce cas, l'exclusion ou la destitution, s'il s'agit d'une tutelle antérieurement déférée, a lieu de plein droit (C. Nap., art. 443), et le conseil de famille doit immédiatement pourvoir à la nomination d'un autre tuteur.

L'incapacité subsiste même après la peine subie et tant que le condamné n'a pas été réhabilité ; toutefois, le condamné qui a subi sa peine peut être tuteur de ses enfants sur l'avis conforme du conseil de famille (C. pén., art. 34-4°) ;

2° Ceux auxquels les tribunaux correctionnels ont expressément interdit l'exercice des droits de famille (C. pén., art. 34, 42, 335, 401, 405, 406, 407, 410) ;

3° Ceux qui sont d'une inconduite notoire (C. Nap., art. 444-1°), c'est-à-dire qui se déshonorent par le dérèglement de leurs mœurs, ou qui, par incurie, défaut d'ordre et de sagesse dans la conduite de leurs affaires, peuvent compromettre les intérêts moraux ou matériels du mineur : la crainte que cela n'arrive doit suffire à un conseil de famille sage et prévoyant.

1174. L'inconduite est notoire quand elle se constitue de faits connus d'un très-grand nombre de personnes et dont on s'entretient dans le public ; mais ce n'est pas à dire, évidemment, que les faits doivent être connus *de tout le monde*.

1175. Le mot *notoire* n'est pas exclusif de la preuve de cette notoriété même, dès qu'elle est jugée utile et admissible (Cass. 12 mai 1830, S.30.1.326 ; MARCADÉ, t. 2, art. 444 ; DEMOLOMBE, t. 7, n° 486. — *Contrà*, ZACHARIÆ, t. 1, p. 211, note 9 ; AUBRY et RAU, t. 1, p. 377).

1176. Au reste, les faits constitutifs de l'inconduite notoire n'étant pas définis par la loi et ne pouvant pas l'être, les conseils de famille et les tribunaux ont sur ce point un pouvoir souverain d'appréciation comme sur toutes les causes d'exclusion et de destitution en général.

Mais il est convenable, avant d'employer les voies de rigueur, de demander, en pareil cas, la démission du tuteur jugé incapable qui, dès lors, s'il le refuse, ne pourra imputer qu'à lui seul la mesure plus rigoureuse qu'il aura rendue nécessaire (DEMOLOMBE, t. 7, n° 488 ; MARCADÉ, *loc. cit.*) ;

4° Ceux dont la gestion atteste l'incapacité ou l'infidélité (C. Nap., art. 442-2°). L'infidélité, c'est l'indélicatesse, l'improbité, *suspectus est, qui non ex fide tutelam gerit* (*Inst.*, § 5 *de excusat*).

1177. L'incapacité ou l'infidélité peut exister, soit relativement aux biens, soit relativement à la personne du mineur (DEMOLOMBE, t. 7, n° 490).

Ainsi, la séduction de la pupille par le fils même du tuteur est une cause de destitution de celui-ci, si on peut l'accuser de négligence ou d'imprévoyance.

1178. Quant au mot *gestion*, qui doit attester l'incapacité ou l'infidélité, il comprend toute espèce de gestion quelconque, soit du patrimoine du mineur, de la tutelle, dont le tuteur est actuellement investi, soit de tout autre patrimoine, soit même du sien propre ou de celui d'un autre mineur, peu importe, la loi ne distingue pas. Ainsi, par exemple, la faillite du tuteur peut être une cause d'exclusion et même de destitution de la tutelle, si elle provient d'une mauvaise gestion, lorsque surtout elle révèle l'incapacité, l'inconduite ou la mauvaise foi du tuteur ; mais l'état de faillite par suite d'événements de force majeure, de troubles politiques ou d'autres faillites, ne suffirait pas seul et par lui-même pour donner lieu à la destitution de la tutelle (C. Nap., art. 442), surtout s'il s'agit d'une tutelle légitime (Arg. Caen, 1re ch., 25 juin 1832 ; Toulouse, 18 mai 1832, DEV.32.2.470 ; Bruxelles, 14 août 1833, DEV.

34.683 ; MAGNIN, t. 1, n° 411 et s. ; DEMOLOMBE, t. 7, n° 492; ZACHARIÆ, AUBRY et RAU, t. 1, p. 335).

1179. Le tuteur légitime est, comme le tuteur testamentaire ou datif, sujet à la destitution s'il se trouve dans l'un des cas prévus par l'art. 444.

Ainsi, son père peut être destitué de la tutelle de ses enfants par le motif qu'il néglige leur éducation, au point de n'exercer sur leurs mœurs aucune surveillance (Toulouse, 25 nov. 1830, S.31.2.246).

Ces principes sont applicables au père administrateur légal des biens de ses enfants mineurs pendant le mariage, comme au père tuteur, surtout quand il s'agit de biens dont il n'a pas l'usufruit légal (Cass., 16 déc. 1829, S.30.1.156). Il y a même raison de décider...

Mais il ne peut pas être destitué relativement à la personne de ses enfants (Paris, 29 août 1825, S.26.2.44 ; TOULLIER, t. 2, n° 110 ; PROUDHON, t. 2, p. 207 ; DURANTON, t. 3, n° 656).

1180. La destitution pour incapacité du mari, cotuteur de la femme tutrice légale ou dative et commun en biens avec elle, entraîne contre celle-ci la suspension de ses fonctions de tutrice pendant la durée du mariage ; mais ce n'est pas un motif pour le conseil de famille de la déclarer indigne de la tutelle lorsqu'elle est d'ailleurs irréprochable. Il doit seulement, en pareil cas, nommer un tuteur à son lieu et place ; et si son mari vient à décéder, elle pourra réclamer la tutelle, qui devra lui être rendue (V. *suprà*, n° 794).

1181. Le tuteur qui s'est mis en possession des biens du mineur avant d'avoir fait nommer un subrogé tuteur (C. Nap., art. 421), ou d'avoir fait faire inventaire, est passible de destitution, s'il a pu résulter, de l'inaccomplissement de ces formalités, préjudice pour le mineur. C'est un point de fait que la loi abandonne à l'appréciation du conseil de famille et des tribunaux.

1182. La séparation de corps prononcée entre les époux ne fait cesser par elle-même ni la tutelle de la mère ni celle du mari ; mais elle permet au conseil de famille, en destituant soit la tutrice, soit le cotuteur (C. Nap., art. 444), de mettre fin à une tutelle que l'un ou l'autre époux est devenu indigne de conserver.

1183. La survenance d'un procès entre le mineur ou l'interdit et son tuteur n'est pas une cause nécessaire et absolue de révocation de celui-ci ; elle ne doit donner lieu à son remplacement qu'autant que l'état de l'incapable, sa fortune ou une partie de ses biens peuvent être compromis par ce procès (Arg. Nîmes, 2 mars 1848, J.P.48.1.532).

1184. Le subrogé tuteur ou le juge de paix qui ont provoqué la destitution peuvent prendre part à la délibération. Rien dans la loi ne s'y oppose.

1185. Du reste, peuvent être tuteurs ou subrogés tuteurs tous ceux que la loi n'a pas, soit expressément, soit virtuellement, déclarés incapables ou exclus de la gestion de la tutelle. Ainsi, par exemple, la qualité de religieux ne constitue pas une incapacité ; ainsi encore rien n'empêche la mère de choisir son second mari pour tuteur de ses enfants du premier lit (Discuss. au Cons. d'État ; LOCRÉ, *loc. cit.*, p. 174 à 176, nos 19 et 20 ; MALLEVILLE, art. 397 ; PROUDHON, t. 2, p. 293 ; AUBRY et RAU, t. 1er, p. 376. V. *suprà*, n° 815.)

§ 3.—Des causes d'excuses, d'exclusion ou de destitution, en ce qui concerne les membres du conseil de famille.

1186. Les causes d'excuses ou de dispenses que les art. 427 et suiv., C. Nap., accordent aux personnes appelées à la tutelle ou à la subrogée tutelle, ne sont pas applicables aux individus appelés à composer un conseil de famille. Il n'y a à cet égard d'autres dispositions que celles qui résultent des art. 413 et 414, C. Nap., qui confèrent au juge de paix le droit d'apprécier si l'excuse qui lui est proposée est ou non légitime, et s'il convient de remplacer, plus ou moins temporairement, celui qui la propose.

1187. Les causes qui rendent un individu incapable d'être tuteur ou subrogé tuteur, le rendent également inhabile à faire partie d'un conseil de famille.

1188. Ainsi sont incapables de faire partie d'un conseil de famille :

1° Les femmes et les mineurs. La loi cependant relève de la première de ces incapacités, la mère et les autres ascendantes, et de la seconde, le père et la mère (C. Nap., art. 442-1° et 3°);

2° Les interdits judiciaires (C. Nap., art. 442-2°). Les individus seulement pourvus d'un conseil judiciaire ne sont pas compris dans cette disposition (Cass., 21 nov. 1848, S.48.1.677), ainsi que la femme de l'interdit : cette exception résulte de l'art. 507, C. Nap., qui, en déclarant qu'elle peut être tutrice, déclare *à fortiori* qu'elle peut être appelée au conseil de famille (Bruxelles, 20 juill. 1812, S.13.1.67 ; DEMOLOMBE, t. 7, n° 512) ;

3° Tous ceux qui ont ou dont les père ou mère ont avec le mineur un procès (actuel) dans lequel l'état de ce mineur, sa fortune ou une partie notable de ses biens, sont compromis (C. Nap., art. 442,-4°. V. *suprà*, n° 1166 et s., 1183);

4° Les individus exclus ou destitués d'une tutelle (C. Nap., art. 445; C. pén., art. 28, 34, 42. V. *suprà*, n° 1173-1° et 2°);

1189. Mais non pas la mère qui aurait perdu la tutelle pour n'avoir pas convoqué le conseil de famille avant de se remarier, ou que le conseil de famille convoqué n'aurait pas maintenue dans la tutelle; car il n'est pas vrai, dans l'un ni dans l'autre cas, qu'elle ait été *exclue* ou *destituée*, dans l'acception technique et humiliante de ces *mots* (Bruxelles, 30 mai 1810, S.10.2.397; DURANTON, t. 3, n° 511; VALETTE sur PROUDHON, t. 2, p. 347, note *a;* DEMANTE, t. 2, n° 196 *bis* III; ZACHARIÆ AUBRY et RAU, t. 1er, p. 396; MASSÉ et VERGÉ, t. 1er, p. 393; DEMOLOMBE, t. 7, n° 515. — *Contrà*, Aix, 9 mai 1846, S.46. 2.580; DELVINCOURT, t. 1er, p. 434);

1190. 5° Les personnes qui ont encouru la dégradation civique, soit comme peine principale, soit comme conséquence d'une condamnation à une peine afflictive ou infamante (C. Nap., art. 443; C. pén., art. 28 et 34);

6° Les individus qui ont été privés, par un tribunal correctionnel, du droit de vote et de suffrage dans les conseils de famille (C. pén., art. 42 et 335);

7° Les étrangers non naturalisés Français (V. *suprà*, n° 1171);

8° Les interdits judiciaires pour cause de démence, et même les aliénés non interdits transférés dans un asile d'aliénés (V. *suprà*, nos 1171 et s., et *infrà*, tit. X, chap. II).

1191. Du reste, on ne doit en principe admettre d'autres causes d'incapacité que celles qui sont établies par un texte de loi, ou qui, du moins, résultent d'une manière virtuelle et nécessaire, de son esprit.

1192. Quant aux causes d'excuses, d'exclusion ou de destitution qui ne produisent pas leur effet de plein droit, elles ne peuvent faire écarter du conseil de famille qu'autant qu'elles ont été déjà réalisées comme cause d'exclusion ou de destitution d'une tutelle (Cass., 13 oct. 1807, S.7.1.473. V. *suprà*, nos 1167 et s., 1173 et s.).

1193. La qualité de tuteur et de subrogé tuteur n'empêche pas celui qui en est investi de faire partie du conseil de famille, qu'il soit parent ou ami, si toutefois il en est membre: seulement, il doit être remplacé par un autre membre toutes les fois qu'il s'agit de ses intérêts propres en opposition avec ceux des pupilles; mais il doit y rentrer aussitôt après, aux lieu et place du membre qui l'a remplacé temporairement (Cass., 3 sept. 1806, S.6.1.474).

1194. Ainsi encore l'annulation d'une délibération du conseil de famille ne fait point obstacle à ce que les membres qui ont concouru à cette délibération ne soient appelés à délibérer de nouveau sur le même objet. Jurisprudence constante.

§ 4.—Du mode d'exclusion et de destitution du tuteur.

1195. Les causes d'incapacité n'ont pas, en général, besoin d'être prononcées ; elles s'opèrent de plein droit, sauf toutefois celle qui est formulée dans le n° 4 de l'art. 442, C. Nap.

Parmi les causes d'exclusion ou de destitution, celle qui résulte d'une condamnation judiciaire a lieu de plein droit (C. Nap., art. 443).

1196. Quant aux autres, qui sont fondées sur l'inconduite notoire du tuteur, son infidélité ou son incapacité, révélée par sa gestion, causes qui s'appliquent au père ou à la mère comme à tout autre tuteur, elles doivent être prononcées par le conseil de famille convoqué à la diligence du subrogé tuteur ou d'office par le juge de paix (C. Nap., art. 446).

1197. Le juge de paix ne peut se dispenser de faire cette convocation quand elle est formellement requise, par un ou plusieurs parents ou alliés du mineur au degré de cousin germain ou à des degrés plus proches (Arg. C. Nap., art. 446).

1198. Les parents plus éloignés sont non recevables à exiger la réunion du conseil pour un motif aussi grave. Le repos des familles s'y oppose.

1199. Le juge de paix et le subrogé tuteur qui ont requis la convocation du conseil de famille ne sont pas pour cela exclus de prendre part à la délibération (Rouen, 17 nov. 1810, S. 11.2.86 ; Rennes, 14 fév. 1810, S.12.2.424 ; Cass., mai 1830, S. 30.1.326; Toullier, t. 2, n° 1135 ; Magnin, t. 1, n° 418, S.30.1.320).

Aucune disposition légale ne s'oppose non plus à ce que le fils fasse partie du conseil de famille qui doit décider sur la destitution du père ; mais il devrait alors, par respect filial, se récuser, et le juge de paix, admettre son excuse (Cass., 16 déc. 1819, S.30.1.156).

1200. La délibération, qui prononce l'exclusion ou la destitution du tuteur, doit être motivée, alors même qu'elle est unanime. Si elle n'est point unanime, l'avis de chacun des membres de l'assemblée doit être mentionné au procès-verbal (C. Nap., art. 447 ; C. proc. civ., art. 883).

Mais il n'est pas nécessaire que chaque votant détaille toutes les circonstances établissant l'inconduite du tuteur et la cause de son insolvabilité. Ainsi est suffisamment motivée la délibération qui prononce la destitution d'un tuteur, en se fondant d'une manière générale sur ce que le tuteur mène depuis longtemps une vie scandaleuse et a dissipé le patrimoine de ses enfants et le sien propre par sa mauvaise conduite (Lyon, 30 nov. 1837, J.P.38.1.215).

1201. Le tuteur doit nécessairement être appelé à la délibération ; on ne peut statuer contre lui qu'après l'avoir entendu ou du moins mis en demeure de se défendre (C. Nap., art. 447).

1202. Lorsque le tuteur adhère à la délibération qui prononce sa destitution, il en doit être fait mention au procès-verbal, et le nouveau tuteur nommé à sa place entre aussitôt en fonction (C. Nap., art. 448).

Dans le cas où il conteste, le conseil peut également nommer un nouveau tuteur par la même délibération ; mais ce nouveau tuteur ne peut commencer à administrer qu'après l'homologation de la délibération du conseil de famille.

1203. Le subrogé tuteur, qui était en fonction au moment de la destitution, est tenu de poursuivre l'homologation devant le tribunal de première instance qui prononce, sauf l'appel (C. Nap., art. 448). Et en cas de négligence de sa part, la demande en homologation peut, après l'expiration du délai indiqué en l'art. 887, C. proc., être formée par chacun des membres du conseil de famille (Orléans, 9 prair. an XII, S. 7.243 ; DEMOLOMBE, t. 7, n° 503 ; ZACHARIÆ, AUBRY et RAU, t. 1, p. 432).

Cette demande doit être dirigée contre le tuteur, et jugée comme affaire urgente, mais dans la forme ordinaire (Montpellier, 3 déc. 1841, S.42.2.27 ; Orléans, 12 janv. 1850, D. 50.2.60 ; DEMOLOMBE, t. 7, n° 503 ; ZACHARIÆ, AUBRY et RAU, t. 1, p. 433).

1204. Du reste, le tuteur exclu peut aussi assigner le subrogé tuteur, et demander l'annulation de la délibération qui le destitue (C. Nap., art. 448).

1205. Dans l'un et l'autre cas, les parents ou alliés qui ont requis la convocation, peuvent intervenir dans la cause qui est instruite et jugée comme affaire urgente (C. Nap., art. 449).

Mais cette faculté ne s'étend pas au nouveau tuteur, s'il n'a pas fait partie de l'assemblée de famille ou s'il ne l'a pas provoquée.

1206. Le tuteur destitué a seul qualité pour exciper de l'inaccomplissement des formalités exigées pour rendre définitive lá destitution. Dès lors, l'interdit ne peut faire déclarer non recevable l'appel formé par le nouveau tuteur contre le jugement qui le relève de l'interdiction, sur le motif que ce tuteur n'a pas fait notifier à son prédécesseur la délibération qui le destitue de sa tutelle. Il en est ainsi, surtout lorsque l'ancien tuteur, appelé devant le conseil de famille, s'est excusé de ne pas s'y présenter, et n'a formé aucune réclamation contre sa destitution, à laquelle il a même adhéré en offrant de rendre compte; enfin qu'il ne s'est pas présenté non plus devant la Cour saisie de l'appel, et n'y figure à aucun titre (Cass., 14 juin 1842, J.P.2.42.319).

1207. Le principal effet de la destitution est de faire cesser les fonctions du tuteur, et de l'obliger à rendre compte immédiatement de sa gestion.

SECT. XXI.—*De l'administration du tuteur* (C. Nap., art. 450 à 468).

1208. Le tuteur a une double mission à remplir; il doit: 1° prendre soin de la personne et de l'éducation du mineur, et le représenter dans tous les actes civils; 2° administrer ses biens (C. Nap., art. 450).

§ 1er. — **Des obligations et des pouvoirs du tuteur en ce qui concerne la personne du mineur** (C. Nap., art. 450).

1209. Le tuteur est chargé, dit l'art. 450, C. Nap., de prendre soin de la personne du mineur, ce qui comporte, par une conséquence nécessaire: le droit d'éducation, de garde et de correction. Toutefois, il est bien certain, malgré les termes en apparence absolus de notre article, que ce droit ne devient un attribut du pouvoir tutélaire que quand il n'existe plus de puissance paternelle, et qu'alors encore ce droit est grandement modifié par le conseil de famille. La raison dit assez que le tuteur n'est pas chargé du soin de la personne et de l'éducation du mineur, lorsque le survivant des père et mère existe, à moins que celui-ci, par une cause quelconque, n'ait pas l'exercice de la puissance paternelle (V. *suprà*, nos 663 et s.).

L'enfant reste, en effet, jusqu'à sa majorité et son émancipation, sous l'autorité de son père pendant le mariage, ou du survivant de ses père et mère après la dissolution du mariage, sans distinguer s'il est tuteur ou non tuteur; car la tutelle est distincte de la puissance paternelle, et c'est en vertu de sa puissance paternelle, et non en vertu de son pouvoir de tuteur, que le survivant gouverne la personne du mineur et administre ses biens.

1210. En cas de décès des père et mère, ou lorsque le survivant est privé de l'exercice de la puissance paternelle, par suite d'incapacité ou d'indignité, l'art. 450, C. Nap., charge alors le tuteur de prendre soin de la personne du mineur, c'est-à-dire de pourvoir à son entretien, à sa nourriture et à son éducation; c'est là son devoir principal. C'est lui qui doit, à l'exemple des père et mère du mineur, qu'il remplace, former ses mœurs, régler ses habitudes, le mettre en état de bien remplir dans la société la position quelle qu'elle soit, humble ou élevée, qu'il doit y occuper un jour. Toutefois, sa puissance tutélaire est moins étendue dans sa personne que dans celle du tuteur légitime. En effet, le survivant, outre les droits d'éducation, de garde et de correction, a, de plus, le droit de jouissance (C. Nap., art. 384), le droit de consentir au mariage ou à l'adoption de l'enfant (C. Nap., art. 148, 346), le droit de l'émanciper (C. Nap., art. 477 et 478), droit que la loi lui accorde, qu'il soit tuteur ou non tuteur (C. Nap., art. 477). Aucun de ses droits n'appartient au tuteur; ainsi, lorsque l'enfant placé sous la puissance d'un tuteur étranger veut se marier, c'est le conseil de famille et non le tuteur qui, à défaut d'ascendant en état de manifester sa volonté, donne son consentement au mariage du mineur ou autorise le tuteur à y former opposition (C. Nap., art. 160 et 175); et le mineur dûment autorisé, donne lui-même son consentement à l'acte de célébration et à celui qui renferme les conventions civiles du mariage (C. Nap., art. 75, 76, 1309, 1398). C'est encore au conseil de famille, et non au tuteur, que la loi donne le droit d'émanciper l'enfant orphelin (C. Nap., art. 478).

1211. Toutefois, si, à raison de certaines circonstances, dont l'appréciation est laissée au conseil de famille, l'intérêt des enfants exige que la mère qui convole en secondes noces ne conserve pas la tutelle de ses enfants, et soit ainsi dépouillée de l'administration de leurs biens, ce n'est que dans des cas exceptionnels où il y aurait à craindre pour la direction morale de leur éducation, que la mère peut être totalement privée de cette direction. En un tel cas, il appartient aux tribunaux de régler et concilier les droits respectifs de la mère et du nouveau tuteur, en ce qui touche la surveillance des enfants et les relations de famille (Arg. Paris, 9 mars 1854, J.P. 55.1.215.— *Conf.*, ZACHARIÆ, § 553, et notes 7 et 8; ALLEMAND, t. 2, nº 1106; VAZEILLE, *Tr. du mariage*, t. 2, nº 469; DEMOLOMBE, t. 6, nºs 384 et suiv., 390 et suiv.). Ce n'est pas là porter atteinte aux droits de la puissance paternelle (Arg. Cass., 3 mars 1856, J.P.56.2.266).

1212. L'art. 108, C. Nap., qui dispose que le mineur a son domicile chez son tuteur, s'applique au domicile de droit plutôt qu'à une résidence de fait; car le tuteur n'est pas le maître de retenir le pupille dans sa maison, de choisir celle où il doit demeurer, ni le genre d'éducation ou d'état qu'il faut lui donner. Le Code abandonne encore ce soin important à la prudence du conseil de famille. Enfin, le tuteur a-t-il des sujets de mécontentement graves sur la conduite du mineur, c'est au conseil de famille qu'il doit porter ses plaintes, et, avec son autorisation, provoquer la reclusion du mineur (C. Nap., art. 376, 377 et 468. V. *suprà*, *Puiss. pat.*).

1213. La puissance tutélaire, même après le décès des père et mère, ne comprend en réalité, comme on voit, que quelques-uns des attributs que la loi attache à la paternité. Quoi qu'il en soit, c'est au tuteur à prendre soin de la personne et de l'éducation du mineur; telle est la règle, sauf le droit attribué au conseil de famille, dans certains cas déterminés par la loi.

§ 2.—Des obligations et des pouvoirs du tuteur en ce qui concerne les biens du mineurs (C. Nap., art. 450 à 460).

1214. Le tuteur doit administrer les biens du mineur, en bon père de famille, et répondre des dommages-intérêts qui pourraient résulter d'une mauvaise gestion (C. Nap., art. 450).

1215. Le tuteur, avant d'entrer en fonctions, doit requérir la convocation du conseil de famille pour la nomination d'un subrogé tuteur (C. Nap., art. 421, 422. V. *suprà*, nº 1097).

1216. Dans les dix jours, à compter de celui où le tuteur a eu dûment connaissance, ou de l'événement qui l'a investi de la tutelle, s'il est légitime ou testamentaire, ou de sa nomination, s'il est datif, celui-ci doit requérir la levée des scellés, s'ils ont été apposés, et faire procéder immédiatement, en présence du subrogé tuteur, et dans les formes prescrites par les art. 941 et suiv., C. proc., à l'inventaire des biens meubles et immeubles, corporels et incorporels, composant le patrimoine du mineur (C. Nap., art. 451).

1217. Cette disposition n'attache aucune sanction spéciale

à l'expiration de ce délai, sans que l'inventaire ait été commencé; mais le tuteur serait évidemment responsable, suivant le droit commun, du préjudice que ce retard pourrait causer au mineur (C. Nap., art. 1382); et, à plus forte raison, du défaut absolu d'inventaire, ou d'un inventaire sous seing privé, par exemple, ou d'un inventaire reconnu infidèle (C. Nap., art. 801. V. *infrà*, nos 1224, 1226).

Le défaut d'inventaire fait perdre, en effet, à l'époux *commun en biens* survivant, son usufruit légal (C. Nap., art. 1442). Cette pénalité s'applique même au cas où les époux sont mariés sous le régime dotal, mais avec stipulation d'une communauté d'acquêts (Arg. Caen, 18 nov. 1863, J.P.64.945); car autrement, c'est-à-dire sous un régime autre que celui en communauté, notre article est sans action.

1218. Lorsqu'un héritier mineur a un tuteur, l'apposition des scellés peut n'avoir pas lieu, si celui-ci ne la requiert pas (C. proc. civ., art. 910); c'est ce qui arrive surtout lorsqu'il existe un tuteur légitime, et même datif; mais il peut la requérir, qu'il soit légitime, testamentaire ou datif; et c'est là même en général une mesure de précaution et de garantie, qu'il est de son devoir de requérir sans délai, lorsqu'il le croit utile. Mais si le mineur est sans tuteur, les scellés doivent toujours être apposés, soit à la réquisition d'un des parents du mineur, soit d'office par le juge de paix (C. proc. civ., art. 911-1°. V. *infrà, de l'Apposition de scellés*).

1219. L'inventaire est une des mesures les plus importantes de la tutelle; c'est, en quelque sorte, la base fondamentale de toute administration tutélaire. Aussi le Code en fait-il une obligation essentielle pour tout tuteur légitime, testamentaire ou datif, que les scellés aient été apposés ou qu'ils ne l'aient pas été. L'inventaire a, en effet, ce double but : 1° de constater, relativement au tuteur, tous les biens qu'il prend en charge et dont il devra plus tard rendre compte; 2° de faire connaître, d'une manière absolue, l'état des affaires du mineur et l'importance de sa fortune, afin qu'on sache ce qu'il convient de faire pour lui, pour son éducation, etc., etc.

1220. Lorsque le tuteur a négligé de faire faire inventaire, le mineur ou ses représentants peuvent être admis à établir la consistance et la valeur des biens par tous les genres de preuve que la loi autorise, même par *la commune renommée*. Tel était l'ancien droit, et le Code Napoléon l'a évidemment consacré (art. 1348, 1353, 1415, 1504, 1442); ou au moyen du serment *in litem* (C. Nap., art. 1309), qu'ils offriraient de prêter, sans préjudice à l'application des dispositions des art. 1442 et 444, C. Nap. (TOULLIER, t. 2, n° 1195; MASSÉ et VERGÉ, t. 1, p. 427 ; DEMOLOMBE, t. 7, n° 569 ; ZACHARIÆ, AUBRY et RAU, t. 1, p. 392; DE FRÉMINVILLE, t. 1, n° 206).

1221. Le tuteur auquel il est dû quelque chose par le mineur, peu importe que la créance soit ou ne soit pas liquide, *lex non distinguit* (Nîmes, 29 mai 1852, S.52.2.340), doit le déclarer dans l'inventaire ; et s'il a négligé de le faire, malgré la réquisition que le notaire, rédacteur de cet acte, est, à cet effet, tenu de lui adresser et de consigner au procès-verbal, il encourt la déchéance de sa créance (C. Nap., art. 451-2°).

A défaut de réquisition par le notaire, ou si la mention ne s'en trouve pas dans le procès-verbal, le tuteur n'encourt pas la déchéance de la créance non déclarée; mais comme ce serait le notaire et non plus le tuteur qui serait en contravention à la loi, ce serait contre lui que le mineur aurait action, si en effet le défaut de réquisition ou de mention lui avait causé préjudice (C. Nap., art. 1382), c'est-à-dire s'il était prouvé que le tuteur s'est fait payer une seconde fois une créance déjà éteinte, et si son insolvabilité rendait inefficace le recours du mineur contre lui (Observ. du Tribunat et rapport par le tribun Huguet ; LOCRÉ, *Lég.*, t. 8, p. 225, n°s 26, 262 et 263, 25; Pau, 6 août 1834, D.35.2.28 ; LOCRÉ sur l'art. 451 ; TOULLIER, t. 2, n° 1194 ; DURANTON, t. 3, n° 539 ; DE FRÉMINVILLE, t. 1, n° 209 ; DEMOLOMBE, t. 7, n° 558; ZACHARIÆ, AUBRY et RAU, t. 1, p. 392 ; MAGNIN, t. 1, n° 639 ; DEMANTE, t. 2, n° 209 *bis*, I).

Le tuteur interpellé par le notaire doit déclarer non pas seulement qu'il est créancier, mais en vertu de quelle cause et de quelle somme : « *s'il lui est dû quelque chose* » (CARRÉ, *de la Proc.*, t. 2, n° 3151).

Il est bien évident d'ailleurs que la *déclaration* faite par le tuteur lui-même dans l'inventaire ne saurait lui créer un titre, ni le dispenser de fournir ensuite la preuve de la créance qu'il prétend avoir contre le mineur (C. Nap., art. 1331).

Sa propre déclaration ne saurait même valoir de commencement de preuve par écrit (C. Nap., art. 451, 1316, 1347 ; Bourges, 26 avril 1831, D.31.2.241 ; DEMOLOMBE, t. 7, n°s 564 et 565).

1222. L'obligation de faire inventaire s'applique non-seulement à la succession dévolue au mineur immédiatement avant l'entrée en fonctions du tuteur, mais à toutes celles qui pourraient lui échoir durant sa gestion. Le défaut d'inventaire ou la déclaration prescrite par l'art. 451-2°, C. Nap., entraîne contre le tuteur, en ce qui concerne ces successions, toutes les conséquences ci-dessus indiquées, n°s 1217, 1221.

1223. La disposition de l'art. 451-2°, C. Nap., ne s'applique pas au subrogé tuteur : *pœnalia non sunt extendenda. Et alias non est eadem ratio*. Cette disposition a, en effet, pour objet d'empêcher que le tuteur, mis en possession des papiers de la succession, ne puisse supprimer des quittances (Discussion au Conseil d'Etat, LOCRÉ, *Lég.*, t. 7, p. 188, n° 23) ; or, ce motif est sans application au subrogé tuteur (Paris, 14 fév. 1817, S.18,2.59 ; DE FRÉMINVILLE, t. 1, n° 210 ; ZACHARIÆ, AUBRY et RAU, t. 1, p. 392 ; MAGNIN, t. 1, n° 641 ; DEMOLOMBE, t. 7, n° 566).

On doit, par une raison analogue, décider que notre art. 451-2° n'est point, hors le cas de séparation de biens, applicable à la veuve, tutrice légale de ses enfants, qui aurait omis de déclarer qu'elle était créancière de sa dot et de ses reprises matrimoniales sur la succession de son mari (DEMOLOMBE, t. 7, n° 562 ; ZACHARIÆ, AUBRY et RAU, *loc. cit.*).

Très-souvent, en effet, ses reprises constituent un droit de prélèvement qui donne à la veuve le caractère de copartageante bien plutôt que de créancière (C. Nap., art. 1436, 1470, 1472) ; et, dans les cas mêmes où la veuve ne pourrait être considérée que comme créancière, sa créance alors ne devenant exigible qu'à l'époque même où la tutelle commence, le danger comme le motif de notre art. 451-2° ne peut pas exister dans ce cas (MAGNIN, t. 1, n° 639).

1224. L'inventaire est si impérativement imposé par la loi à tous les tuteurs, et dans tous les cas sans distinction, que le tuteur doit y faire procéder, alors même qu'il en serait dispensé par le testateur qui instituerait le mineur pour héritier, que celui-ci ait ou n'ait pas de réserve à prétendre sur la succession formant l'objet de son institution. Une pareille dispense doit être réputée non écrite, comme contraire à une disposition d'ordre public (MALLEVILLE, art. 451 ; MAGNIN, t. 1, n° 646 ; DEMOLOMBE, t. 7, n°s 548 et 549 ; DE FRÉMINVILLE, t. 1, n° 207 ; ZACHARIÆ, AUBRY et RAU, t. 1, p. 393. — *Contrà*, pour les cas seulement où le disposant n'a pas d'héritier à réserve : DELVINCOURT, t. 1, p. 166, n° 7 ; DURANTON, t. 3, n° 538 ; MARCADÉ, art. 451, n° 5 ; TOULLIER, t. 2, n° 1198 ; ZACHARIÆ, t. 1, p. 224).

1225. Dans le cas où le tuteur est remplacé, sans que le fait qui a nécessité son remplacement ait, en même temps, donné ouverture à une succession au profit du mineur, il n'y a pas lieu de procéder à la confection d'un inventaire ; le compte de tutelle que l'ancien tuteur ou ses héritiers est tenu de rendre au nouveau tuteur, en présence du subrogé tuteur, remplace parfaitement l'inventaire ; l'art. 451, C. Nap., suppose l'ouverture d'une première tutelle (V. *infrà*, *Compte de tutelle*).

1226. L'inventaire doit être fait, non point par acte sous seing privé, mais par le ministère d'un notaire, en présence du subrogé tuteur, contradicteur obligé du tuteur dans cet acte (C. Nap., art. 451), ou de son fondé de procuration spéciale, bien entendu (POTHIER, *de la Comm.*, t. 2, n° 797 ; DEMOLOMBE, t. 7, n° 555 ; ZACHARIÆ, AUBRY et RAU, t. 1, p. 391. — *Contrà*, DE FRÉMINVILLE, t. 1, n° 201 ; PROUDHON, *de l'Usuf.*, t. 1, n° 165 ; CARRÉ, *L. de la proc.*, t. 2, n° 3145. V. *suprà*, n° 1217).

1227. Dans le mois qui suit la clôture de l'inventaire, le tuteur doit faire vendre, en présence du subrogé tuteur, aux enchères reçues par un officier public, et après des affiches ou publications dont le procès-verbal de vente doit faire mention, tous les meubles autres que ceux que le conseil de famille l'aurait autorisé à conserver en nature (C. Nap., art. 452).

Le but de cette mesure est de convertir en un capital productif tous les meubles *corporels ;* ceux-là surtout qui sont sujets à des chances de dépréciation, de détérioration ou même de perte, autres que ceux que le conseil de famille aurait jugé utile d'être conservés en nature (Arg. C. Nap., 452).

Mais notre article ne s'applique évidemment pas aux meubles incorporels, rentes, créances, actions, etc., qui constituent elles-mêmes cet emploi, ce placement auquel la vente des meubles corporels a pour unique objet d'arriver (Bordeaux, 30 mai 1840, DEV.40.2.367 ; MESLÉ, *des Min.*, part. 1, chap. 8, n° 11 ; ZACHARIÆ, AUBRY et RAU, t. 1, p. 394 ; DEMANTE, t. 2, n° 210 *bis;* VALETTE sur PROUDHON, t. 2, p. 373 ; MAGNIN, t. 1, n° 647 ; DEMOLOMBE, t. 7, n°s 572, 573.—*Contrà*, Douai, 28 juin 1843, S.43.2.586. V. *infrà*, n°s 1232, 1284).

1228. Les père et mère, tant qu'ils ont la jouissance propre et légale des biens du mineur, sont dispensés de les vendre s'ils préfèrent les garder pour les remettre en nature (C. Nap., art. 453-1°) ; d'où l'on doit conclure qu'ils doivent eux-mêmes les faire vendre, lorsqu'ils n'ont pas ou qu'ils n'ont plus cette jouissance, à moins que le conseil de famille ne les ait autorisés à les conserver en nature ; mais ce soin appartient évidemment au tuteur en exercice, lorsque le survivant a cessé de l'être.

1229. Lorsque l'usufruitier légal préfère de garder les meubles en nature, il doit en faire faire, à ses frais, une estimation à juste valeur, par un expert nommé par le subrogé tuteur et assermenté devant le juge de paix (C. Nap., art. 453-2°). Le choix du subrogé tuteur n'est pas restreint à un officier public, déjà assermenté; mais rien ne s'oppose à ce qu'il en choisisse un pour faire cette estimation, s'il le juge convenable (Arg. Rennes, 14 janv. 1835; Nîmes, 22 fév. 1837, Dev. 37.2.179.180; Bruxelles, 2 mai 1839; Grenoble, 5 déc. 1839, Dev. 40.2.227 et 577; Cass., 19 déc. 1838, Dev. 39.1. 175; Zachariæ, Aubry et Rau, t. 1, p. 395; Demolombe, t. 7, n° 577).

1230. L'estimation dont il s'agit ici doit être faite alors même que les meubles ont été estimés dans l'inventaire; la loi, attachant à cette estimation une importance toute spéciale, exige qu'elle ait lieu *à juste valeur*. C'est elle seule, et par elle-même, en effet, et non l'estimation de l'inventaire, qui doit déterminer définitivement la valeur précise des meubles entre le mineur et l'usufruitier légal, qui ne sera tenu de rendre que cette *valeur estimative* (C. Nap., art. 453), s'il ne représente pas les meubles en nature (Demolombe, t. 7, n° 577).

1231. C'est le tuteur qui est chargé de faire la vente, et c'est à lui, en conséquence, qu'il appartient de choisir l'officier public par qui elle sera faite (Turin, 10 mai 1809, S. 12. 2.372). Cette vente doit être faite en présence du subrogé tuteur ou de son mandataire spécial, suivant les formes déterminées par les art. 945 à 951, C. proc. A défaut d'accomplissement de ces formalités, le tuteur serait responsable envers le mineur du dommage qui en résulterait pour lui (Arg. C. proc., art. 952, et C. Nap., art. 453 et 1382 combinés). Quant aux tiers de bonne foi, ils ne pourraient pas être inquiétés (C. Nap., art. 1141, 2279).

1232. Quant à la cession des meubles incorporels du mineur, tels que créances échues et non échues, rentes sur particuliers, quel qu'en soit le montant, droits de propriété littéraire, artistique ou industrielle, actions dans les sociétés de commerce ou d'industrie, et offices dont l'auteur du mineur était titulaire; rentes sur l'Etat, lorsque la totalité des inscriptions appartenant au mineur n'excède pas cinquante francs de rente; et actions de la Banque de France, lorsque le mineur n'est propriétaire que d'une seule action ou de plusieurs coupons d'actions, qui ne représentent pas dans leur ensemble plus d'une action entière, le tuteur, en l'absence d'un texte de loi à cet égard, peut évidemment la faire seul et de gré à gré, dans le plus grand intérêt du mineur (Arg. C. Nap., art. 450). Mais le transfert des rentes sur l'Etat et des actions de la Banque de France ne doit avoir lieu qu'au cours du jour légalement constaté (Arg. L. 24 mars 1806, art. 1; Décr. 25 sept. 1813; Arg. Paris, 18 fév. 1826, D.28.2.139; Nîmes, 15 déc. 1853, DEV.54.2.332; ZACHARIÆ, AUBRY et RAU, t. 1, p. 412, 413; CHARDON, t. 3, *de la Puiss. pat.*, nos 473, 476; TAULIER, t. 1, p. 62; VALETTE sur PROUDHON, t. 2, p. 379; MARCADÉ, t. 2, art. 459, n° 2; DEMOLOMBE, t. 7, nos 597 et 598). Néanmoins, nous pensons qu'il serait sage et prudent que le tuteur prît l'avis du conseil de famille pour ces sortes de cessions (V., *infrà*, les actes que le tuteur peut faire seul, et ceux qu'il ne peut faire qu'avec l'autorisation du conseil de famille).

1233. Indépendamment des obligations spéciales ci-dessus, la loi impose au tuteur l'obligation générale d'administrer le patrimoine du mineur en bon père de famille (C. Nap., art. 450-2°). Pour satisfaire à cette obligation dans toute son étendue, et conformément à l'esprit de l'institution de la tutelle, le tuteur doit non-seulement s'attacher à conserver le patrimoine du mineur, mais encore chercher à l'augmenter au moyen des économies à faire sur les revenus.

La conservation du patrimoine du mineur exige notamment que le tuteur entretienne les meubles et les bâtiments en bon état de réparation, et les assure contre les risques d'incendie; qu'il interrompe les prescriptions; qu'il poursuive en temps opportun la rentrée des créances actives, soit en capitaux, soit en fermages, et qu'il cherche à éteindre, autant que faire se peut, les dettes passives et les charges dont les biens se trouveraient grevés.

Le devoir de faire produire au patrimoine du mineur des revenus proportionnés à son importance, impose, entre autres, au tuteur l'obligation de louer les bâtiments et d'affermer ou de cultiver lui-même les fonds de terre.

Le tuteur est responsable, dans les termes du droit commun, de l'inexécution de l'une ou de l'autre de ces obligations, ainsi que des fautes qu'il commettrait dans sa gestion. Il répond donc non-seulement des fautes lourdes, mais même des fautes légères (Colmar, 29 août 1816, S.18.8.175; DURANTON, t. 3, nos 605 et suiv.; DE FRÉMINVILLE, t. 2, nos 1089, 1090; MAGNIN, t. 1, n° 615; DEMOLOMBE, t. 8, nos 118 à 123; ZACHARIÆ, AUBRY et RAU, t. 1, p. 396).

1234. Du reste, lors de l'entrée en exercice de toute tutelle autre que celle des père et mère, le conseil de famille doit régler, par aperçu et selon l'importance des biens régis, la somme à laquelle pourra s'élever la dépense annuelle du mineur, ainsi que celle de l'administration de ses biens (C. Nap., art. 454-1°).

1235. Ainsi, le conseil de famille doit régler : 1° la somme que le tuteur sera autorisé à dépenser pour la personne du mineur, pour sa nourriture, son entretien, son instruction; en un mot, pour son éducation physique et morale ; 2° et les frais d'administration de ses biens.

Le tuteur qui aurait négligé de provoquer sur ce point une décision du conseil de famille, s'exposerait à voir réduire, comme excessives, les dépenses qu'il aurait faites.

Du reste, la fixation de la dépense annuelle du mineur, par le conseil de famille, ne devant avoir lieu que par aperçu, ne constitue pas un traité à forfait. Ainsi, d'une part, le tuteur ne pourra porter en compte que les dépenses qu'il justifiera avoir réellement faites ; d'autre part, il sera autorisé à comprendre dans son compte les sommes qu'il aurait dépensées au delà du chiffre fixé par le conseil de famille, sauf appréciation, par le conseil de famille et par les tribunaux, de la nécessité ou de l'utilité de cet excédant de dépense (DEMOLOMBE, t. 7, nos 602 et 603 ; ZACHARIÆ, AUBRY et RAU, t. 1, p. 397).

1236. Le tuteur doit également faire décider par le conseil de famille s'il sera ou non autorisé à s'aider, dans sa gestion, d'un ou de plusieurs administrateurs salariés, gérant sous sa responsabilité, et ce à peine de voir rejeter de son compte les sommes qu'il aurait dépensées pour cet objet (C. Nap., art. 454-2°).

L'administrateur dont il s'agit ici n'est que le mandataire du tuteur, et il gère, dit notre art. 454-2°, sous la responsabilité de celui-ci (C. Nap., art. 1994), d'où il suit que c'est le tuteur qui a seul le droit de le choisir et de le révoquer : le conseil de famille n'a mission que de voter, à cet effet, la somme qu'il croit nécessaire.

1237. Enfin, le tuteur doit faire déterminer par le conseil de famille la somme à laquelle commencera pour lui l'obligation de faire emploi de l'excédant des revenus sur la dépense. La somme qui a été fixée par le conseil de famille, une fois réunie, le tuteur doit en faire emploi dans le délai de six mois (C. Nap., art. 455).

Ce délai ne lui est accordé qu'afin qu'il puisse trouver un emploi convenable ; d'où il suit : 1° que s'il a placé la somme avant l'expiration de six mois, il doit, bien entendu, compter au mineur des intérêts qu'il en a retirés ; 2° qu'il en doit compte également, et même *à fortiori*, s'il l'a employée dans ses propres affaires (C. Nap., art. 1996), sans préjudice de la destitution à laquelle cette *infidélité* pourrait en outre, suivant les cas, l'exposer (M. C., art. 444 ; DEMOLOMBE, t. 7, n° 613).

1238. A défaut d'emploi dans le délai de six mois, le tuteur doit personnellement les intérêts (C. Nap., art. 455), non point du jour où il a reçu les sommes, comme l'enseigne à tort Toullier, t. 2, n° 1215 ; mais seulement à compter de l'expiration de ces six mois (DEMOLOMBE, t. 7, n° 605 ; DEMANTE, t. 2, n°s 213 *bis*, v ; ZACHARIÆ, AUBRY et RAU, t. 1er, p. 398 ; MASSÉ et VERGÉ, t. 1er, p. 430).

1239. Si le tuteur n'a pas fait déterminer par le conseil de famille la somme à laquelle doit commencer l'emploi, il doit, après l'expiration du délai de six mois, les intérêts de toute somme non employée, quelque modique qu'elle soit (C. Nap., art. 456).

Les dispositions des art. 455 et 456, C. Nap., sont applicables également aux sommes que le tuteur aurait recueillies dans une succession échue au mineur, à celles qu'il aurait touchées, soit pour prix de la vente des meubles, soit par suite de remboursement de capitaux ou de rachat de rentes, ainsi qu'à celles dont il se trouverait lui-même débiteur et qui seraient devenues exigibles dans le cours de la tutelle : *tutor a semet ipso exigere debuit* (L. 9, § 3, *de adm. et per. tut.*, 26, 7) (MALLEVILLE et LOCRÉ, art. 455 et 456 ; DURANTON, t. 3, n° 361 ; DEMOLOMBE, t. 7, n° 611 ; ZACHARIÆ, AUBRY et RAU, t. 1, p. 398 ; MAGNIN, t. 1, n° 660 ; DE FRÉMINVILLE, t. 1, n° 270).

Elles s'appliquent, enfin, aux sommes non productives d'intérêt dont il n'aurait pas poursuivi le remboursement après l'époque de leur exigibilité (Lyon, 16 fév. 1835 ; Cass., 28 nov. 1842, S. 35.2.310 et 43.2.323 ; DEMOLOMBE, t. 7, n° 620 ; ZACHARIÆ, AUBRY et RAU, t. 1, p. 398).

1240. Enfin, tout tuteur, autre que le père et la mère, peut être tenu, même durant la tutelle, de remettre au subrogé tuteur des états de situation de sa gestion, aux époques que le conseil de famille jugera à propos de fixer, sans néanmoins que le tuteur puisse être astreint à en fournir plus d'un chaque année. Ces états de situation doivent être rédigés et remis, sans frais, sur papier non timbré, et sans aucune formalité de justice (C. Nap., art. 470).

1241. *A fortiori*, dit M. Demolombe, t. 7, n° 624, le conseil de famille pourrait-il, à l'occasion d'une affaire particulière soumise à sa délibération, exiger un état de situation à cette époque et eu égard à cette affaire spéciale (Arg. C. Nap., art. 457, 2°).

Et, par suite aussi, tout tuteur, même le père ou la mère (Arg. C. Nap., 457), pourrait être tenu de fournir cet exposé spécial qui n'a rien de commun avec l'état de situation général et périodique, dont l'art. 470 dispense le père ou la mère (MARCADÉ, t. 2, art. 470 ; DEMOLOMBE, *loc. cit.*).

1242. Les art. 454, 455, 456 et 470, C. Nap., ne sont applicables, dans aucune de leurs dispositions, à la tutelle légale des père et mère. Il en est ainsi, non-seulement pendant la durée de l'usufruit légal, mais même après son extinction : c'est ce qui résulte clairement de leur contexte et de l'ensemble de leurs dispositions.

Les père et mère peuvent donc, même sans autorisation du conseil de famille, se faire aider par un administrateur salarié. Et c'est à eux également qu'il appartient de déterminer la somme à laquelle il conviendra de faire emploi de l'excédant des revenus sur la dépense ; mais leur responsabilité, à cet égard, reste soumise aux règles du droit commun (DEMOLOMBE, t. 7, n° 629 ; DURANTON, t. 3, n° 561 ; ZACHARIÆ, AUBRY et RAU, t. 2, p. 399 ; VERGÉ et MASSÉ, t. 1, p. 431, 432).

Quant à la mère survivante, remariée et maintenue dans la tutelle, le conseil de famille peut imposer à son nouveau mari cotuteur, et dès lors aussi indirectement à elle-même, les différentes conditions des art. 454, 455, 456 et 470, C. Nap. (CHARDON, *de la Puiss. pater.*, t. 3, n° 26 ; ZACHARIÆ, AUBRY et RAU, t. 1, p. 367, 370 ; DEMOLOMBE, t. 7, nos 146 et 630).

1243. Le conseil de famille peut même imposer l'accomplissement des mesures prescrites par les art. 454, 456 et 470, C. Nap., à la mère même non remariée et même au père, si l'un ou l'autre, après avoir d'abord été excusé de la tutelle légale, était ensuite nommé tuteur par le conseil de famille. Ce n'est, en effet, que le père ou la mère, tuteur légal, qui est dispensé de leur accomplissement (DEMOLOMBE, t. 7, n° 631 ; ZACHARIÆ, AUBRY et RAU, *loc. cit.*).

1244. La loi distingue quatre espèces d'actes que peut faire le tuteur : 1° ceux qu'il a le droit de faire seul ; 2° ceux pour lesquels l'autorisation du conseil de famille lui est nécessaire, mais suffisante ; 3° ceux pour lesquels il doit obtenir tout à la fois l'autorisation du conseil de famille et l'homologation du tribunal, et quelquefois même observer d'autres conditions encore ; 4° ceux enfin qui lui sont tout à fait interdits et pour lesquels il ne pourrait pas même être autorisé ni par le conseil de famille, ni par le tribunal : ces actes feront l'objet des quatre paragraphes suivants :

§ 3. — **Des actes que le tuteur peut faire seul** (C. Nap., art. 454 et 455).

1245. Le tuteur peut, en règle générale, faire seul tous les actes que la loi répute actes de simple administration et de conservation du patrimoine du mineur.

Ainsi il peut, sans être assujetti à aucune autorisation, ni aucune forme particulière, percevoir les revenus du mineur et en donner quittance, recevoir et faire le paiement des capitaux mobiliers dont il est créancier ou débiteur, sauf à faire emploi des capitaux reçus sous sa responsabilité (Grenoble, 1 janvier 1864, J.P.64, p. 1164) ; mais il ne peut céder à un tiers une créance pupillaire non exigible : c'est une aliénation réelle et non point un simple acte d'administration (Cass., 12 déc. 1855, J.P.55.1.353). Le tuteur peut même payer personnellement et sans l'intervention du subrogé tuteur, les sommes dont le mineur lui est redevable ; exercer les actions mobilières, soit en demandant, soit en défendant ; ordonner les simples réparations, mais dans ce dernier cas il doit réunir au plus tôt le conseil de famille pour les faire autoriser ; louer les meubles qui n'ont pas été vendus, tels étaient leur destination et l'usage antérieur du père de famille (C. Nap., art. 1711) ; intenter les actions possessoires (Arg. C. Nap., art. 1428) ; faire tous les actes interruptifs de prescription, même lorsqu'il s'agit de droits immobiliers, et défendre à une demande en partage intentée contre son pupille, ou à toute autre action immobilière. L'autorisation du conseil de famille n'est nécessaire que pour introduire des demandes de cette nature (C. Nap., art. 464 et 465. V. *infrà*, n° 1273).

1246. Il peut également passer valablement les baux à loyer, et même les baux à ferme des immeubles du mineur, de ses biens ruraux comme de ses maisons et bâtiments quelconques (C. Nap., art. 1711), sans aucune condition de publicité, ni de concurrence, sans affiches et sans enchères, soit par acte sous signature privée, soit par acte devant notaire. Toutefois, s'il s'agissait du bail d'un domaine important, il serait prudent et sage, de la part du tuteur, d'en référer au conseil de famille et de se concerter avec lui pour aviser si l'on ne devrait pas, dans le plus grand intérêt du mineur, apposer des affiches, faire des insertions dans les journaux et même exiger des garanties pour sûreté des fermages; mais rien ne l'y oblige.

1247. Toutefois, le tuteur ne peut faire que des baux qui n'excèdent pas neuf années, ni renouveler les baux des maisons plus de deux ans avant l'expiration des baux courants, et ceux des biens ruraux plus de trois ans avant la même époque (C. Nap., art. 1429, 1430 et 1718); et encore ne doit-il point renouveler ceux dont l'exécution ne devrait commencer qu'après la majorité du mineur. Ce serait, en effet, lier le mineur sans nécessité au delà de sa minorité, ce qui pourrait souvent préjudicier à ses intérêts; car il peut vouloir lui-même exploiter ses biens ou les vendre pour se créer un établissement commercial ou autre; il faut donc le laisser libre de faire alors ce qu'il jugera le plus convenable et le plus utile à ses intérêts : en d'autres termes, le bail consenti pour un temps qui excède la limite tracée par la loi n'est obligatoire vis-à-vis du mineur ou de ses héritiers, que pour sa période de neuf années dans lesquelles on se trouve à la fin de la tutelle.

Si la loi, dit M. Duranton, t. 3, n° 545, déclare obligatoires, même pour les femmes, les baux qui, n'excédant pas neuf années, ont été passés ou renouvelés par le mari seul, encore que l'exécution n'en ait pas commencé avant la dissolution de la communauté, lorsqu'ils n'ont pas été passés ou renouvelés avant les époques ci-dessus, c'est parce que le moment de la dissolution de la communauté n'est pas connu, comme l'est celui de la majorité du mineur, et qu'il a fallu conséquemment ne point paralyser l'administration du mari; mais le tuteur n'a point à s'occuper de celle des biens du mineur après sa majorité (ZACHARIÆ, t. 1, p. 227, note 6; *Encycl. des Juges de paix*, t. 5, § 2, art. 2, n° 2. — *Contrà*, DEMOLOMBE, t. 7, n° 641).

1248. Toutefois, les baux des biens des mineurs et des interdits doivent, comme ceux des femmes, auxquelles la loi les assimile, art. 1718, 1429, 1430, 595, alors même qu'ils sont faits pour plus de neuf années, recevoir leur exécution tant que le mineur ou l'interdit n'ont pas, soit par la majorité, soit par la mainlevée de l'interdiction, recouvré l'administration de leurs biens, ou que la communauté n'est pas dissoute (Arg. Cass., 3 avril 1839, J.P. 39.2.39).

1249. Au reste, le bail consenti pour plusieurs années d'un immeuble appartenant au mineur, et dont le tuteur s'est fait verser par anticipation les loyers ou fermages, est nul comme excédant les limites du pouvoir d'administration du tuteur (Arg. Poitiers, 2 juill. 1845, J.P. 46.2.284); surtout si l'intérêt du mineur ne le commandait pas (Arg. Limoges, 28 janv. 1824, D., *Rec. alph.*, t. 12, v° *Tutelle*, p. 736, n° 17; Poitiers, 5 mars 1823, D.P. 78; TROPLONG, *du Louage*, t. 1, art. 1718, n° 145; DE FRÉMINVILLE, t. 1, n° 537; ZACHARIÆ, AUBRY et RAU, t. 1, p. 406; DEMOLOMBE, t. 7, n° 642).

1250. Le tuteur ne peut prendre à ferme ou à loyer les biens du mineur, à moins que le conseil de famille n'ait autorisé le subrogé tuteur à lui en passer bail (C. Nap., art. 450); ni, *à pari*, les exploiter pour le compte du mineur lui-même. Il y a en effet même raison de décider; car sous ce prétexte, un tuteur pourrait toujours éluder les prescriptions de l'art. 450, C. Nap. Comment, d'ailleurs, contrôler alors les comptes de dépenses et de recettes du tuteur? Ce serait, comme l'observe fort bien Pothier, *d'une trop longue discussion; d'une exécution impossible*, aurait-il dû ajouter, qui ne pourrait en tous cas qu'être préjudiciable aux intérêts du mineur.

1251. Quant aux coupes de bois, que ces bois soient en coupes réglées ou non réglées, qui ne font pas partie du domaine affermé ou à affermer, et aux produits des carrières et des mines, en voie d'exploitation ou à ouvrir sur les terres appartenant au mineur, il est évident que ne s'agissant là ni de fermages ou locations ordinaires, ni de simples fruits, mais en réalité de vente de meubles, de la réalisation d'un capital, d'une partie intégrante de l'immeuble, et même, dans le second cas, d'une aliénation véritable de l'immeuble lui-même (C. Nap., art. 592, 1403), le tuteur ne peut agir alors qu'en observant, dans le premier cas, les formalités prescrites par l'art. 452, C. Nap.; et dans le second cas, celles de l'art. 457 du même Code.

Cependant, si les coupes de bois étaient réglées et faisaient partie du domaine à affermer, il pourrait alors sans difficulté affermer les coupes de bois comme le domaine lui-même, pour lesdites coupes être faites à coupes réglées suivant l'usage du pays.

1252. Le tuteur, ayant le droit de payer seul les dettes du mineur, non-seulement les intérêts ou arrérages, mais encore les capitaux, peut évidemment en examiner et vérifier la légitimité. Il doit payer les dettes légitimes et bien établies, et ne refuser le paiement que des dettes non justifiées. En cas de doute à cet égard, il doit, sous sa responsabilité personnelle, en référer au conseil de famille (Arg. C. Nap., art. 467).

1253. Mais le tuteur ne peut passer un aveu obligatoire pour le mineur, ni déférer aux tiers, ni les tiers lui déférer le serment, si ce n'est dans le cas exceptionnel de l'art. 2275, C. Nap., en tant que le résultat de cet aveu ou de ce serment serait de créer une obligation à la charge du mineur, ou de lui enlever un droit qui lui appartient et dont l'abandon dépasserait les pouvoirs du tuteur, qu'après l'accomplissement de la part de celui-ci des formalités prescrites par l'art. 467, C. Nap., pour les transactions.

Cette incapacité est un point très-ancien dans le droit français. L'art. 509 de la Coutume de Bretagne portait : « Aussi, ne peut, ledit tuteur ou curateur, compromettre, transiger, déférer le serment décisif, ès causes héritelles et de meubles riches et précieux, sans l'avis des parents et décret de justice. »

Ce qu'il y aurait de mieux à faire en pareil cas, ce serait de demander, par application de l'art. 336, C. proc. civ., de faire interroger le tuteur sur les faits qui lui sont personnels, pour y avoir, par le tribunal, tel égard que de raison.

1254. De même, le maire, représentant une commune, les syndics d'une communauté ou d'une faillite, ne peuvent déférer un serment de cette nature sans une autorisation spéciale : dans le premier cas, du conseil municipal; dans le second cas, de la communauté ; et, dans le troisième cas, du juge-commissaire de la faillite; et alors on pourrait également recourir aux dispositions de l'art. 336, C. proc. civ. (Arg. Ordonn. avril 1667, tit. 10, art. 9).

1255. C'est, au surplus, aux juges à apprécier la conduite du tuteur, en n'oubliant pas, d'une part, que le tuteur remplit une charge gratuite, qu'il n'a pu refuser ; et, d'une autre part, que la loi, en conférant au tuteur la garde de la personne et des biens du mineur, a dû entourer sa gestion de garanties suffisantes. En d'autres termes, le principe de la responsabilité du tuteur ne doit être appliqué ni avec trop de rigueur, ni avec trop d'indulgence.

Ainsi, le placement fait par le tuteur entre les mains d'un notaire, et sur simple reconnaissance de la part de celui-ci, de capitaux appartenant au pupille, peut être considéré comme un emploi suffisant desdits capitaux, alors que les juges, appréciant la conduite du tuteur, ont expressément déclaré qu'il a administré en bon père de famille, et que, dans sa gestion, particulièrement dans ledit placement, il n'a commis aucune faute de nature à engager sa responsabilité. Cette déclaration de fait et cette appréciation rentrent dans les attributions souveraines des juges du fond, et échappent dès lors à la censure de la Cour de cassation (Arg. Cass., 10 déc. 1851, J.P.52.2.124).

De même, le tuteur ne peut être déclaré responsable envers les pupilles pour n'avoir pas exercé en leur nom l'action en garantie ouverte contre les architectes et entrepreneurs par l'art. 1792, C. Nap., qu'autant que son inaction a été suivie de la perte du droit. Il n'en est pas ainsi si le droit ne s'est trouvé prescrit que plusieurs années après la cessation de la tutelle, les mineurs, devenus majeurs, ayant pu agir personnellement dans cet espace de temps (Arg. Paris, 20 juin 1857, J.P.57.9.47).

§ 4.—Des actes pour lesquels l'autorisation du conseil de famille est nécessaire, mais suffisante (C. Nap., art. 461 à 467).

1256. Le tuteur ne peut accepter ou répudier une succession échue au mineur sans une autorisation préalable du conseil de famille, mais elle lui suffit. L'acceptation ne peut avoir lieu que sous bénéfice d'inventaire (C. Nap., art. 461 et 776-2°).

1257. La succession échue à un majeur peut être acceptée purement et simplement ou sous bénéfice d'inventaire. Dans le premier cas, l'héritier paie toutes les dettes, alors même qu'elles excèdent l'actif de la succession : il est tenu *ultrà vires bonorum* (C. Nap., art. 802). Dans le second cas, au contraire, il n'est tenu que dans la limite des biens *intrà vires bonorum* (C. Nap., art. 803).

1258. La succession échue à un mineur ne peut pas être acceptée purement ou simplement; la loi n'en permet que l'acceptation sous bénéfice d'inventaire, et encore le tuteur datif, testamentaire ou légitime, ne peut-il faire cette acceptation qu'avec l'autorisation du conseil de famille (C. Nap., art. 461).

1259. La possession, prise par le pupille ou par son tuteur, des biens de la succession, ne peut donc avoir l'effet de le rendre héritier pur et simple; et, à plus forte raison, au cas où le tuteur, sommé par des créanciers de prendre qualité, ne l'aurait pas fait dans les délais prescrits.

Et d'abord, dira-t-on, pourquoi exiger que le tuteur soit autorisé par le conseil de famille à l'effet d'accepter la succession, dès qu'il ne peut l'accepter que sous bénéfice d'inventaire? L'effet du bénéfice d'inventaire étant de donner à l'héritier l'avantage de n'être tenu du paiement des dettes que dans les limites des biens *intrà vires bonorum* (C. Nap., art. 802), il semble que le tuteur aurait bien pu faire seul cette acceptation, qui ne présente aucun danger. Mais c'est là précisément ce qui n'est pas exact, et l'acceptation, même seulement bénéficiaire, pourrait au contraire avoir pour le mineur des résultats très-préjudiciables.

En effet, tout héritier, l'héritier bénéficiaire comme l'héritier pur et simple, est obligé de rapporter à la masse héréditaire tous les biens que le défunt lui a donnés ou légués, si ces dons ou legs n'ont pas eu lieu avec dispense formelle de rapport, tandis que l'héritier qui renonce a le droit de les conserver (C. Nap., art. 843). Or, il serait possible que les dons ou legs faits à l'enfant sans dispense de rapport, fussent plus considérables que sa part héréditaire dans la succession *ab intestat*, et qu'il fût pour lui du plus haut intérêt d'y renoncer. Enfin, l'héritier bénéficiaire se trouvant chargé, dans les limites des biens, de l'acquittement des dettes et des legs, et devant répondre sur ses propres biens de sa gestion (C. Nap., art. 803, 807, 808), il en résulte que, même en dehors des deux motifs ci-dessus, l'acceptation bénéficiaire est une chose grave. Ainsi, par exemple, un père de famille, qui a cinq enfants et cinquante mille francs, a légué, sans clause de préciput, le quart de ses biens à l'un de ses enfants qui est mineur : le conseil de famille répudie-t-il la succession du père du mineur, il conserve le quart qui lui a été légué, ou douze mille cinq cents francs ; accepte-t-il sous bénéfice d'inventaire, les douze mille cinq cents francs qui lui ont été légués rentrent dans la succession dont il prend un cinquième, c'est-à-dire dix mille francs ; c'est conséquemment deux mille cinq cents francs qu'il perd. Dès lors, il est utile, comme on voit, que le conseil de famille soit consulté, encore bien que la succession échue au mineur ne puisse être acceptée que sous bénéfice d'inventaire.

On voit, du reste, que la loi se contente de la seule autorisation du conseil de famille, pour l'acceptation comme pour la répudiation, et n'exige pas qu'elle soit motivée ni homologuée par le tribunal, alors même qu'elle comprend des immeubles (Toulouse, 5 et 11 juin 1829, S.29.2.313; Grenoble, 4 juin 1836, S.37.2.109; Cass., 25 mars 1840, DEV.40.1.456; POTHIER, *des Succ.*, ch. 3, sect. 3, § 8; ZACHARIÆ, AUBRY et RAU, t. 1, p. 401, 402; DEMOLOMBE, t. 7, n° 698).

1260. L'acceptation d'un legs universel ou à titre universel, faisant de celui qui accepte une espèce d'héritier testamentaire, chargé, comme l'héritier *ab intestat*, d'acquitter les dettes et les legs particuliers (C. Nap., art. 1003, 1006, 1011), cette acceptation ne pourrait également se faire qu'avec l'autorisation du conseil de famille et avec confection d'inventaire (Arg. C. Nap., art. 461). Ce principe s'applique même au legs particulier grevé de charges par le testateur. Mais il en est autrement du legs particulier fait sans charges : le légataire n'étant tenu, dans ce cas, ni des charges, ni des dettes, ne court aucun risque en acceptant la libéralité, et, par suite, l'autorisation du conseil de famille n'est plus indispensable. Mais il ne peut, en aucun cas, répudier le legs sans autorisation du conseil de famille (Arg. C. Nap., art. 461; DURANTON, t. 2, n° 582; DEMOLOMBE, t. 7, n° 708; ZACHARIÆ, AUBRY et RAU, t. 1, p. 402; VALETTE, *Expl. somm. du liv.* 1 *du C. Nap.*, p. 265, 266).

1261. La répudiation faite par un mineur, même par un mineur émancipé, sans autorisation du conseil de famille, est nulle encore bien qu'elle ait eu lieu avec l'autorisation du tribunal; il n'est pas, en effet, au pouvoir du tribunal de se substituer au conseil de famille, ni de s'emparer, *omisso medio*, de l'examen des questions relatives à la tutelle. Les juridictions sont d'ordre public (Arg. Grenoble, 6 déc. 1842, DEV.43.2.290).

1262. De même, lorsque la succession échue au mineur a été acceptée sous bénéfice d'inventaire, l'abandon qui peut en être fait aux créanciers, d'après l'art. 802, C. Nap., est un acte d'aliénation qui ne peut être souscrit par le tuteur qu'en vertu des art. 457 et 458 du même Code, c'est-à-dire après une autorisation du conseil de famille et un jugement d'homologation (Cass., 12 mars 1839, DEV.39.1.274).

1263. Au reste, la renonciation qui aurait été faite par le tuteur, avec l'autorisation du conseil de famille, n'est pas toujours irrévocable. La loi fait une distinction.

Dans le cas où la succession répudiée au nom du mineur par le tuteur, dûment autorisé, a été acceptée par d'autres héritiers, il n'est plus permis de revenir sur la répudiation; c'est un fait accompli, et le mineur est complétement étranger à la succession (C. Nap., art. 785). Si, au contraire, elle n'a été acceptée par personne, elle peut être reprise soit par le tuteur autorisé à cet effet par une nouvelle délibération du conseil de famille, soit par le mineur devenu majeur, mais dans l'état où elle se trouve lors de la reprise et sans pouvoir attaquer les ventes et autres actes légalement faits durant la vacance (C. Nap., art. 462) ; et sans préjudice, ajoute l'art. 790, C. Nap., des droits qui peuvent être acquis à des tiers sur les biens de la succession, soit par prescription, soit par actes valablement faits avec le curateur à la succession vacante.

1264. La prescription court donc au profit des tiers débiteurs de la succession ou détenteurs des biens héréditaires pendant la vacance, c'est-à-dire pendant tout le temps qui s'est écoulé entre la répudiation faite par le tuteur et la reprise de la succession soit par le tuteur lui-même, soit par le mineur devenu majeur (C. Nap., art. 2258), nonobstant le principe que l'acceptation d'une succession remonte au jour de son ouverture (C. Nap., art. 777).

1265. Mais, dit-on, la prescription ne court pas contre les mineurs (C. Nap., art. 2252). Cela est incontestable; mais ici ce n'est plus contre le mineur que court la prescription, car du moment où il a renoncé il est, comme tout autre héritier majeur, censé ne l'avoir jamais été (C. Nap., art. 785) ; c'est donc contre la succession vacante par le fait de la répudiation que le tuteur en a faite au nom du mineur, et non contre celui-ci étranger à la succession, comme s'il n'y eût jamais eu aucun droit, que court désormais la prescription. Le mineur doit dès lors, comme le majeur, respecter les droits acquis et les effets de la vacance (Arg. C. Nap., art. 462 et 790, 785, 2258 ; Arg. Montpellier, 28 mai 1831 ; Limoges, 16 mai 1838 ; Nîmes, 20 nov. 1850 ; DEV.31.2.217 ; 38.2.428 et 50.2.32 ; DEMOLOMBE, t. 7, n° 701 ; VALETTE, *Explicat. somm. du liv.* 1er, *C. Nap.*, p. 258).

1266. La donation faite au mineur ne peut non plus être acceptée par le tuteur qu'avec l'autorisation du conseil de famille.

L'art. 463 ne permet pas qu'il en soit autrement par un motif de convenance et d'honneur que le conseil de famille est seul à même d'apprécier (C. Nap., art. 461), par le motif qu'elle peut porter atteinte à son honneur ; car il s'agit alors d'un acte tout avantageux au mineur, d'une acquisition à titre gratuit. L'acceptation a, à l'égard du mineur, le même effet qu'à l'égard du majeur (C. Nap., art. 463). Il en est toutefois autrement lorsque la tutelle est gérée par un ascendant (C. Nap., art. 935-3°; Cass., 25 juin 1812; Nîmes, 10 avr. 1847, S.-D.12.1.400 et 48.2.130; ZACHARIÆ, p. 230; DEMOLOMBE, t. 7, n° 705; DURANTON, t. 8, n° 441; TAULIER, t. 4, p. 66).

1267. Mais *quid* si la donation était faite par le tuteur lui-même? l'acceptation devrait être faite soit par le subrogé tuteur autorisé à cet effet par le conseil de famille (C. Nap., art. 420 et 463), soit même par un tuteur *ad hoc* nommé par le conseil de famille (Arg. C. Nap., art. 936; Cass., 11 juin 1816, S.17.1.114; Riom, 14 août 1829, DEV.32.1.76; TOULLIER, t. 5, n° 202; DURANTON, t. 8, n° 443; DEMOLOMBE, t. 7, n° 706).

1268. Le défaut d'autorisation, dans le cas où elle est requise, entraîne une nullité absolue, susceptible d'être proposée par le donateur lui-même.

1269. Aucun tuteur ne peut introduire en justice une action relative aux droits immobiliers du mineur, ni acquiescer à une demande relative aux mêmes droits, sans l'autorisation du conseil de famille (C. Nap., art. 464). La loi n'a pas voulu avec raison que le tuteur pût, par sa seule autorité, mettre en danger les droits immobiliers du mineur, en intentant une action y relative, et qu'il les sacrifie en acquiesçant à cette action.

Cette disposition s'applique même au cas où le père est tuteur; la loi ne distingue point entre le tuteur légitime, le tuteur testamentaire et le tuteur datif: *Aucun tuteur*, dit l'art. 464. Ainsi une tutrice ne peut poursuivre l'exercice des droits immobiliers appartenant à ses enfants mineurs, ni acquiescer à cette demande, sans y être autorisée par le conseil de famille, ni se désister d'un jugement rendu en leur faveur et par elle obtenu en sa qualité de tutrice, ainsi que de l'appel qu'elle a interjeté, ni renoncer à l'opposition qu'elle a formée à un jugement par défaut (Limoges, 22 avril 1839, S.-V.39.2.521); alors même que le désistement ne compromet pas le fond du droit (Agen, 16 décembre 1844, S.-V.45.2.229).

1270. Mais la tutrice, comme tout autre tuteur, peut, avec l'autorisation du conseil de famille, acquiescer ou se désister. La délibération du conseil doit, dans ce cas, être homologuée (C. Nap., art. 467; DE FRÉMINVILLE, t. 2, n° 619, p. 68; DALLOZ, *Rec. alph.*, nouv. éd., t. 2, v° *Acq.*, sect. 2, art. 2, n° 140. — *Contrà*, DEMOLOMBE, t. 7, n° 717. V. *infrà*, § 5).

Est réputée immobilière l'action tendant à affranchir les biens du mineur d'un droit de servitude. C'est vainement qu'on prétendrait qu'une telle action est plutôt une *défense* dans l'intérêt du mineur qu'une demande proprement dite

(Orléans, 19 juin 1829, DEV.32.2.195) ; celle en bornage ; celle tendant au paiement de la mitoyenneté d'un mur appartenant au mineur (Bordeaux, 20 juin 1828, S.29.2.23) ; celle en rescision d'une vente d'immeubles pour cause de lésion (Cass., 23 prair. an XII, S.4.1.309 ; Bourges, 25 janv. 1832, DEV.32.2.184) ; la demande en nullité de l'adjudication des biens du mineur, même indivis, comme faite hors de la présence du subrogé tuteur, et celle tendant à former une surenchère. (TROPLONG, *des Hyp.*, t. 6, art. 2185, n° 653) ; celle tendant à proroger le délai conventionnel fixé pour l'exercice du réméré au cas de vente faite à un mineur sous condition de rachat : une telle prorogation de délai équipolle à l'aliénation, et n'est point un simple acte d'administration (Cass., 18 mai 1813, S.13.1.326).

Le tuteur ne peut non plus donner à antichrèse les immeubles du mineur (Pau, 9 août 1837, J.P.38.2.303), ni consentir mainlevée d'inscription prise au nom du mineur, avant que celui-ci soit désintéressé (Cass., 22 juin 1818, S.19.1.111 ; TROPLONG, *Hyp.*, t. 3, n° 738 *bis* ; GRENIER, *eod.*, t. 2, n° 521 ; PERSIL, art. 2157, n° 7. — *Contrà*, TARRIBLE, v° *Rad.*, p. 83) ; ni, en cas de faillite du débiteur, prendre part au concordat et y émettre un vote qui implique renonciation à l'hypothèque du mineur (Cass., 18 juill. 1843, J. P.43.2.670.—*Contrà*, PARDESSUS, *Dr. comm.*, n° 1237).

1271. Mais l'autorisation du conseil de famille n'est pas nécessaire au tuteur pour demander la nullité d'une vente de biens du mineur par lui faite sans avoir observé les formalités prescrites par la loi, lorsque cette vente est opposée au mineur. Dans ce cas, la demande constitue une simple défense à la demande principale (Arg. Cass., 21 déc. 1836, S.37.1.114) ;

Pour exproprier les débiteurs de son pupille (DURANTON, t. 21, n° 33) ;

Pour introduire en justice une demande en provision pour aliments et habillements de celui-ci (Montpellier, 4 therm. an XII, S.4.2.179) ;

Pour intenter une action possessoire (ZACHARIÆ, *Dr. civ.*, t. 1, § 114, note 4 ; DURANTON, t. 3, n° 571 ; CURASSON, t. 2, p. 116 ; 2e éd. — *Contrà*, DELVINCOURT, t. 1, p. 458) ;

Pour se porter partie civile devant les tribunaux de répression, et réclamer des dommages-intérêts (Aveyron, 13 nov. 1835, S-V.36.2.357) ;

Pour défendre aux actions immobilières dirigées contre son pupille, spécialement à une expropriation forcée ;

Pour suivre et pour reprendre une action immobilière régulièrement introduite à une époque antérieure à la tutelle (Metz, 26 prair. an XIII, S.7.2.124; DURANTON, t. 3, n° 583; DE FRÉMINVILLE, t. 12, n° 617; MAGNIN, n° 694; ZACHARIÆ, AUBRY et RAU, t. 1, p. 415; DEMOLOMBE, t. 7, n° 712);

Pour interjeter appel des jugements dans lesquels il a figuré comme demandeur en vertu d'une autorisation du conseil de famille non rapportée, ou comme défendeur; l'appel n'est alors que la continuation de la même demande ou de la même défense (Cass., 17 nov. 1813, S.14.1.101; CHARDON, p. 371);

Pour subroger au prêteur ou aux droits du créancier mineur (TOULLIER, t. 7, n° 135).

1272. Au reste, le défaut d'autorisation du conseil de famille, pour l'exercice des droits immobiliers du mineur, ne peut être opposé que par le mineur seul; il n'y a dans ce cas qu'une nullité relative dont le tiers ne saurait se prévaloir. Jurisprudence constante.

1273. D'après l'art. 465, C. Nap., l'autorisation du conseil de famille est nécessaire au tuteur légitime comme au tuteur testamentaire datif, telle est la conséquence de l'art. 457, pour provoquer un partage de biens mobiliers ou immobiliers, la loi ne distingue pas; peu importe la cause de l'indivision; succession, société, communauté; le texte est général et les motifs sont dans tous les cas les mêmes (C. Nap., art. 1476, 1872; Paris, 13 pluv. an XII, S.1.2.100; ZACHARIÆ, AUBRY et RAU, t. 1, p. 415; MASSÉ et VERGÉ, t. 1, p. 442; DEMANTE, t. 2, nos 226 *bis*, I et II; DEMOLOMBE, t. 7, n° 720).

Si la demande est formée contre le mineur, le tuteur a plein pouvoir pour y répondre, car nul n'étant forcé de rester dans l'indivision (C. Nap., art. 815), il faut bien alors, bon gré mal gré, procéder au partage; et l'autorisation du conseil de famille ne pouvant pas être refusée, la loi a jugé dès lors inutile de la demander (Arg. C. Nap., art. 465, 460 et 464. *suprà*, n° 1245).

1274. Le partage fait pendant la minorité de l'un des héritiers, doit, pour obtenir à l'égard de l'héritier mineur tout l'effet qu'il aurait entre majeurs, être fait en justice, et précédé d'une estimation faite par experts nommés par le tribunal de première instance du lieu de l'ouverture de la succession (C. Nap., art. 466, 838, 840).

1275. Les experts, après avoir prêté, devant le président du même tribunal ou tout autre juge par lui délégué, serment de bien et fidèlement remplir leur mission, procèdent à la division des héritages et à la formation des lots qui sont tirés au sort, en présence soit d'un membre du tribunal, soit d'un notaire par lui commis, lequel fait la délivrance des lots. Tout autre partage n'est que provisionnel (C. Nap., art. 466; C. proc., art. 969, 970).

1276. Les experts ne peuvent être choisis de commun accord; ils doivent nécessairement être nommés d'office par le tribunal; mais cette nomination peut porter sur ceux que les parties auraient choisis.

Du reste, l'expertise est aujoud'hui facultative pour les juges qui peuvent ordonner qu'il sera immédiatement procédé au partage sans expertise préalable (C. proc. civ., art. 970, revisé par la loi du 2 juin 1841).

1277. Mais le tirage au sort est une formalité essentielle, à laquelle il ne peut être dérogé sous quelque prétexte que ce soit (Riom, 23 mai 1843, S.-V. 43.2.384).

Dans le cas cependant où il s'agirait de partager plusieurs successions directes ou collatérales ayant pour objet les mêmes immeubles, les juges pourraient, au lieu de prescrire autant de partages et de tirages au sort qu'il y a de successions ouvertes, ordonner la formation de deux lots pour les deux branches litigantes (chaque lot composé de fractions revenant à chaque partie), et faire tirer ces deux lots au sort avec soulte de part ou d'autre (Cass., 25 nov. 1834, S.-V.35.1. 253; Nancy, 6 juill. 1837, J.P.39.1.431).

1279. S'il y a plusieurs mineurs qui aient des intérêts opposés dans le partage, il doit leur être nommé à chacun un tuteur spécial et particulier (C. Nap., art. 838; C. proc. civ., art. 968).

1280. Mais le tuteur a qualité pour faire seul et sans autorisation un simple partage de jouissance, un partage purement provisionnel pour une durée de cinq années (C. proc. civ., art. 815), l'autorisation du conseil de famille et les formalités judiciaires n'étant nécessaires qu'autant qu'il s'agit de faire, au nom du mineur, un partage qui obtienne, pour le mineur, tout l'effet qu'il aurait entre majeurs (C. Nap., art. 466, 818, 840).

1281. Un partage entre majeurs et mineurs, bien que simplement provisionnel à l'égard des mineurs, s'il n'a pas été fait en justice, n'en est pas moins définitif à l'égard des majeurs (Montpellier, 16 août 1842, S.-V.43.2.149; CHABOT, *Succ.*, art. 840, n° 7; MERLIN, *Rép.*, v° *Part. prov.*; MARCADÉ, t. 2, p. 284), surtout si la qualité en laquelle le mineur a pris part au partage contesté depuis, a été ensuite définitivement reconnue (Cass., 24 juill. 1835, S.-V.36.1.238), ou si le majeur d'une part, et de l'autre le mineur représenté par son tuteur, se sont engagés sous clause pénale à ne pas attaquer le partage (Cass., 24 juin 1839, J.P.39.2.29).

1282. Les cohéritiers du mineur peuvent, à sa majorité et sans attendre l'expiration des dix ans que la loi accorde pour former l'action en rescision, le contraindre à déclarer s'il entend ratifier le partage ; à défaut de quoi, ils peuvent en provoquer un nouveau (Limoges, 27 janv. 1824, S.26.2.187; ZACHARIÆ, t. 1, § 113, n° 24).

1283. Au reste, le partage dans lequel des mineurs sont intéressés et lors duquel toutes les formalités légales n'ont pas été observées, acquiert, du moment où il est homologué par un jugement passé en force de chose jugée, les effets d'un partage définitif (Angers, 9 mars 1843, S.-V. 43.2.348).

1284. Le tuteur ne peut, sans l'autorisation du conseil de famille, transférer des inscriptions de rente sur l'Etat, lorsque la totalité des inscriptions dont le mineur est propriétaire excède 50 fr. de rente (L. 24 mars 1806, art. 1 et 3).

Il ne peut pas davantage négocier, sans cette autorisation, les actions de la Banque de France, lorsque le mineur est propriétaire, soit de plusieurs actions, soit de coupons d'actions représentant ensemble plus d'une action entière (Déc. 25 sept. 1813). Dans l'un et dans l'autre cas, le transfert ou la négociation doit avoir lieu suivant le cours du jour légalement constaté (ZACHARIÆ, AUBRY et RAU, t. 1, p. 403. V. suprà, n°s 1227, 1232).

§ 5.—Des actes pour lesquels l'autorisation du conseil de famille et l'homologation du tribunal sont tout à la fois nécessaires (C. Nap., art. 457, 458, 459, 460, 467, 483, 484).

1285. Le tuteur, même le père ou la mère, ne peut emprunter, même sans hypothèque, ni aliéner ou hypothéquer les biens immeubles, sans y être autorisé par le conseil de famille.

Cette autorisation ne doit être accordée que pour cause d'une *nécessité absolue*, ou d'un *avantage évident*.

Dans le premier cas, le conseil de famille ne doit accorder son autorisation qu'après qu'il a été constaté, par un compte sommaire présenté par le tuteur, que les deniers, effets mobiliers et revenus du mineur, sont insuffisants (C. Nap., art. 457-1°-3°).

1286. Le conseil de famille doit indiquer, dans tous les cas, les immeubles qui devront être vendus de préférence et toutes les conditions qu'il jugera utiles (C. Nap., art. 457-4°).

1287. Les délibérations du conseil de famille relatives à cet objet, ne seront exécutoires qu'après que le tuteur en aura demandé et obtenu l'homologation devant le tribunal de première instance, qui y statuera en la chambre du conseil, et après avoir entendu le procureur impérial (C. Nap., art. 458).

1288. Ainsi la loi exige tout à la fois du tuteur légitime comme du tuteur testamentaire ou datif, l'autorisation du conseil de famille et l'homologation du tribunal de première instance : 1° pour emprunter au nom du mineur ; 2° pour hypothéquer ses immeubles; 3° pour les aliéner : les art. 457 et 458, C. Nap., sont formels et absolus dans ces trois cas.

1289. L'emprunt, la constitution d'hypothèque et l'aliénation des immeubles ne doivent être autorisés que pour cause d'une nécessité absolue; par exemple, pour se procurer de l'argent dont on a besoin, soit pour éteindre une dette productive d'intérêts et exigible, soit pour prévenir des poursuites judiciaires dont on est menacé, ou pour les arrêter, une expropriation, par exemple, des immeubles du mineur, soit pour faire des réparations urgentes, soit enfin pour procurer un établissement au mineur. Le conseil de famille a, à cet égard, un pouvoir discrétionnaire; seulement, afin qu'il puisse délibérer en parfaite connaissance de cause, la loi veut qu'il n'accorde son autorisation qu'après qu'il a été constaté par un compte sommaire présenté par le tuteur, que les deniers, effets et revenus du mineur sont insuffisants pour satisfaire aux besoins auxquels l'emprunt demandé est destiné à pourvoir (Caen 23 déc. 1848, *Rec. des arrêts de Caen*, t. 12, p. 507); ou pour un avantage évident, tel serait le cas où l'on trouve à emprunter à *trois ou quatre pour cent* l'argent avec lequel on peut éteindre une dette contractée à 5 0/0 qui n'est pas encore exigible, mais dont le créancier consent à recevoir, dès à présent, le remboursement; ou celui où l'on trouve à vendre des immeubles d'un revenu de 2 ou 3 0/0, absorbé en grande partie par les réparations, dont le produit net donnerait 5 0/0, etc.

1290. C'est en règle générale au tuteur à provoquer, dans tous ces cas, la délibération du conseil de famille et à la faire homologuer. Mais au cas d'emprunt pour le mineur, et lorsque la somme empruntée a pour objet, ne fût-ce qu'en partie, l'extinction d'une créance personnelle du tuteur, celui-ci ne peut alors provoquer lui-même l'autorisation du conseil de famille, à l'effet de faire cet emprunt et poursuivre l'homologation de la délibération qui l'accorde. Dans ce cas il y a opposition d'intérêt dans le sens de l'art. 420, C. Nap., et, dès lors, c'est par le subrogé tuteur que la délibération doit être provoquée et l'homologation poursuivie devant le tribunal; si ces formalités ont eu lieu à la diligence du tuteur, l'emprunt contracté est nul relativement au mineur, et pourrait être opposé par lui-même, non-seulement à son tuteur, mais encore au prêteur, qui a pu et dû, au moyen des énonciations de la délibération et du jugement d'homologation, connaître l'objet de l'emprunt (Arg. Montpellier, 17 mai 1831, S.-V.32.2.283).

1291. L'aliénation des biens immeubles du mineur ne peut avoir lieu que dans les mêmes circonstances et avec les mêmes autorisations que les emprunts.

1292. Le mineur dont les biens ont été vendus par son tuteur sans que les formalités aient été remplies, a le droit d'opter entre l'action en nullité de la vente contre les acquéreurs, et l'action en remise du prix contre le tuteur ; de sorte qu'il ne peut être repoussé d'un ordre ouvert sur le tuteur sous le prétexte qu'il aurait dû agir contre les tiers détenteurs (Arg. Grenoble, 19 juill. 1849, J.P.50.2.233).

1293. Le conseil de famille qui autorise la constitution d'hypothèque ou l'aliénation des biens immeubles du mineur, doit indiquer en outre, par le même acte, ceux des immeubles qui doivent être hypothéqués ou vendus de préférence, et toutes les conditions qu'il juge utiles (C. Nap., art. 457, 458), ainsi que la nature des biens et leur valeur approximative (C. proc. civ., art. 953, revisé par la loi du 2 juin 1841).

1294. Le conseil de famille pouvant indiquer toutes les conditions qu'il juge utiles, peut, dès lors, en autorisant le tuteur à vendre les immeubles du mineur, lui imposer l'obligation de laisser entre les mains de l'acquéreur l'excédant des sommes nécessaires pour le paiement des dettes, ou de les placer sur biens francs d'hypothèques ou en rentes sur l'Etat, alors surtout que le tuteur, même le tuteur légal, n'a aucuns biens personnels qui puissent garantir les droits du mineur (Toulouse, 5 mai 1838, J.P.38, *à sa date*).

1295. Mais on ne doit pas, dans le contrat de vente des biens appartenant à des mineurs, considérer comme dérogatoire à la faculté de se libérer avant le terme stipulé la clause par laquelle il est dit que l'acquéreur conservera une partie de son prix jusqu'à la majorité des mineurs ou autre emploi indiqué (Paris, 16 flor. an x).

1296. L'art. 457 disant que l'autorisation ne devra être accordée que pour cause d'une nécessité absolue, ou d'un avantage évident, il en résulte évidemment que la vente peut être ordonnée, bien qu'il n'y ait pas nécessité absolue, pourvu que l'avantage soit évident.

1297. En principe, il est constant que les immeubles des mineurs ne peuvent être vendus pour payer les dettes qu'après la discussion préalable du mobilier. C'est ce qui résulte de la loi *magis puto* 5, § 9, ff. *de reb. eor. qui sub. tut.*; et telle est la doctrine de tous les auteurs. Mais ce principe doit céder lorsqu'il est certain par avance et qu'il est justifié par la vente postérieure qui en a été faite que le prix des meubles n'est pas suffisant ; c'est ce que décide affirmativement la Cour de cassation par arrêt du 7 janv. 1817.

L'aliénation, du reste, ne peut être faite à l'amiable ; la loi exige que la vente ait lieu publiquement en présence du subrogé tuteur, ou lui dûment appelé, aux enchères qui sont reçues par un membre du tribunal de première instance ou par un notaire à ce commis, et à la suite d'une publicité acquise selon les formes et conditions prescrites par les art. 953 et s., C. proc. civ. : le tuteur ne saurait, sous aucun prétexte, être dispensé de ces formalités (C. Nap., art. 459 ; Cass., 26 août 1807, S.7.1.437 ; Demolombe, t. 7, n° 737 *bis* ; Zachariæ, Aubry et Rau, t. 1, p. 403).

1298. Le Code Napoléon exigeait, pour atteindre cette publicité, trois affiches apposées, par trois dimanches consécutifs, aux lieux accoutumés dans le canton. Selon le Code de procédure civile, modifié par la loi du 2 juin 1841, il n'y a plus lieu, en général, qu'à une seule affiche apposée aux lieux désignés dans l'art. 679 du même Code, sauf à donner à la vente une plus grande publicité par d'autres affiches ou par des annonces dans les journaux, suivant la nature et l'importance des biens.

1299. Toutefois, les art. 457 et 458, C. Nap., ne sont pas applicables aux aliénations nécessaires ou forcées ; telles sont :

1° La vente sur licitation provoquée par un copropriétaire d'un immeuble, appartenant par indivis à un mineur ;

2° La vente sur expropriation forcée ;

3° Et la vente sur expropriation pour cause d'utilité publique.

1300. Ainsi, l'autorisation du conseil de famille et l'homologation judiciaire ne sont pas exigées :

1° Dans le cas où un jugement a ordonné la licitation sur la provocation du copropriétaire d'un immeuble appartenant, par indivis, à un mineur.

Mais la licitation ne peut se faire que dans la forme prescrite pour la vente des biens des mineurs, et les étrangers, de même que les copropriétaires du mineur, y sont nécessairement appelés. La loi ne permet pas, même sous le prétexte du plus grand intérêt des mineurs, de les écarter (Arg. C. Nap., art. 460, 2e alin., 953, 966 et suiv.) ;

2° Dans le cas où l'un des créanciers du mineur poursuivrait l'expropriation forcée de ses immeubles. Toutefois, la loi ne permet au créancier cette expropriation des biens du mineur qu'après qu'il aura discuté le mobilier, c'est-à-dire qu'il doit poursuivre le remboursement de sa créance sur le mobilier d'abord, et qu'il ne peut atteindre les immeubles qu'en cas d'insuffisance des meubles (C. Nap., art. 2206).

Cette discussion du mobilier n'est pas même nécessaire quand la dette est commune à un majeur et à un mineur ou interdit, copropriétaire indivis de l'immeuble, ni dans le cas où les poursuites ont été commencées contre un majeur auquel le mineur a succédé, ou avant l'interdiction (C. Nap., art. 2207) ;

3° Dans le cas d'expropriation pour cause d'utilité publique ; l'aliénation des biens peut même alors être consentie amiablement par le tuteur après autorisation du tribunal, sauf audit tribunal à ordonner les mesures de conservation ou de remploi qu'il juge nécessaires (L. 3 mai 1841, art. 13).

Cet article est ainsi conçu :

« Si des biens de mineurs, d'interdits, d'absents ou autres « incapables sont compris dans les plans déposés en vertu « de l'art. 5, ou dans les modifications admises par l'admi- « nistration supérieure, aux termes de l'art. 11 de la pré- « sente loi, les *tuteurs*, ceux qui ont été envoyés en possession « provisoire, et tous représentants des incapables, *peuvent*, « *après autorisation du tribunal donnée sur simple requête*, « en la chambre du conseil, le ministère public entendu, con- « sentir amiablement à l'aliénation desdits biens. Le tribunal « ordonne les mesures de conservation ou de remploi qu'il « juge nécessaires. »

1301. Mais les art. 457 et 458, C. Nap., sont applicables dans tous les cas où il s'agit d'aliéner, de quelque manière que ce soit, volontairement, bien entendu, un immeuble, un droit immobilier appartenant au mineur.

1302. Ainsi, le tuteur ne peut qu'avec l'autorisation du conseil de famille et l'homologation de justice :

1° Proroger le délai conventionnel fixé pour l'exercice d'un réméré, au cas de vente faite à un mineur sous condition de rachat : une telle prorogation de délai équipolle à l'aliénation, et n'est point un simple acte d'administration (Cass., 18 mai 1813, S.13.1.326) ; mais il peut seul, sans autorisation du conseil de famille, faire des offres réelles tendant à l'exercice de la faculté de réméré ; c'est là un acte purement conservatoire (Cass., 5 décembre 1826, S.27.1.79) ;

2° Consentir un usufruit, un bail emphytéotique, une servitude passive sur les biens du mineur ou renoncer à une servitude active ;

3° Aliéner les mines ou carrières qui constituent les entrailles mêmes du sol appartenant au mineur (L. 3, § 6 ff. *deb. eor. qui sub tut.* ;

4° Echanger un immeuble appartenant au mineur contre un autre immeuble (C. Nap., art. 1707) : l'échange équipolle à la vente (Demolombe, t. 7, n° 737; Zachariæ, Aubry et Rau, t. 1, p. 404. — *Contrà*, Cass., 36 août 1807, S.7.1.437).

1303. Les ventes de biens de mineurs, faites sans formalité de justice, sont nulles de plein droit ; elles ne sont pas seulement sujettes à rescision pour cause de lésion (Amiens, 29 juill. 1824, S.24.2.243 ; Paris, 18 mars 1839, J.P.39.1.337).

1304. Il en est de même de la vente consentie par un mineur, même émancipé, sans l'accomplissement des formalités voulues par les art. 457, 458 et 459, C. Nap.; Rennes, 17 nov. 1836, J.P.37.1.391 ; Merlin, § 3, n° 6 ; Toullier, t. 2, p. 284 ; Duranton, t. 10, nos 286 et 287 ; Troplong, *Hyp.*, t. 2, n° 492, et *Vente*, t. 1, n° 166 ; Magnin, t. 2, nos 1137 et suiv.).

1305. Cependant, dans plusieurs de ces cas, notamment en ce qui concerne l'échange, la concession d'une servitude, etc., les formalités légales exigées pour l'aliénation, comme affiches, enchères, etc., ne sont pas susceptibles d'exécution ; il suffit d'appliquer alors les art. 457 et 458, C. Nap.

1306. Au reste, l'homologation exigée par l'art. 458, C. Nap., est nécessaire, lorsque la délibération du conseil de famille autorise un emprunt ou une constitution d'hypothèque, comme lorsqu'elle a pour objet l'aliénation des immeubles du mineur (MERLIN, v° *Hyp.*, sect. 2, § 3, art. 6 ; ZACHARIÆ, t. 1, § 113, note 3).

C'est au conseil de famille et au tribunal à régler le mode et les conditions de l'emprunt.

1307. Il en est de même à l'égard de la délibération qui autorise le tuteur à faire sur un immeuble qui dépérit, ou qui est susceptible d'améliorations, une dépense excédant les revenus du mineur (DURANTON, t. 3, n° 559. — *Contrà*, DELVINCOURT ; P. GILBERT, art. 457 à 459, n° 9).

1308. L'homologation doit être demandée au tribunal du domicile du mineur, et non à celui de la situation des biens. Le tribunal statue sur la demande du tuteur à cet égard, en la chambre du conseil, après avoir entendu le procureur impérial. Le Code de procédure n'a pas dérogé en cela à l'art. 458, C. Nap., dans le but évidemment d'éviter la divulgation des affaires du mineur, qui doivent être traitées en famille, dans le plus grand intérêt de celui-ci (Douai, 1er août 1838, J.P. 40.1.643 ; CARRÉ et CHAUVEAU, Q. 3003 ; DEMOLOMBE, t. 7, n° 731).

1309. Quant aux ventes faites par le tuteur se portant fort pour le mineur, comme cela arrive journellement dans la pratique, elles sont radicalement nulles.

La constitution d'hypothèque offre, pour le mineur, les mêmes dangers que l'emprunt ou l'aliénation. Aussi l'art. 457, C. Nap., défend-il d'une manière absolue au tuteur d'hypothéquer l'immeuble du mineur, sans une autorisation du conseil de famille, homologuée par le tribunal (C. Nap., 457 et 458).

1310. Le tuteur ne peut donc : 1° sans avoir touché le montant de la créance due au mineur, consentir la radiation des inscriptions hypothécaires qui en garantissent le paiement (Cass., 22 juin 1818, S.19.1.111 ; TROPLONG, *Hypoth.*, t. 3, n° 738 *bis; Rég. hyp.*, art. 2157; GRENIER, t. 2, n° 521 ; PERSIL, art. 2157, n° 7 ; P. GILBERT, art. 457, n° 3. — *Contrà*, TARRIBLE, v° *Rad.*, p. 83) ;

2° Ni consentir que l'hypothèque du mineur soit transférée sur d'autres immeubles que ceux sur lesquels elle portait (Lettres des ministres de la justice et des finances, des 29 frim. et 14 niv. an XIII) ;

3° Ni, en cas de faillite du débiteur, prendre part au concordat et y émettre un vote qui implique renonciation à l'hypothèque du mineur (Arg. C. Nap., art. 457, 458, 467 et 2045; Cass., 18 juill. 1843, J.P.53.2.679). Que le tuteur puisse valablement se présenter et voter à un concordat, au nom du mineur, sans autorisation spéciale, c'est ce qui paraît constant en principe (PARDESSUS, n° 1237) ; mais on comprend qu'il ne peut en être ainsi qu'autant que les conséquences de ce vote n'affecteront que les droits mobiliers du mineur, et non les garanties hypothécaires qui assurent le recouvrement de ces droits : autrement on arriverait à dire que le tuteur pourrait faire indirectement et implicitement, au moyen du vote, ce qu'il ne pourrait faire directement et explicitement ;

4° Ni donner à antichrèse les immeubles du mineur (C. Nap., art. 2072, 2085 et suiv. ; Pau, 9 août 1837, J.P.38.2. 303). Le bail à antichrèse renferme, en effet, de même que l'hypothèque, le germe d'une aliénation immobilière (C. Nap., art. 2072, 2086 et 2087 ; DEMOLOMBE, t. 7, n° 742 ; ZACHARIÆ, AUBRY et RAU, t. 1, p. 405).

1311. Le conseil de famille doit, lorsqu'il s'agit d'hypothèque, indiquer l'immeuble qu'il convient d'hypothéquer (Arg. C. Nap., art. 2129) ; il y a même raison de décider que pour l'aliénation d'un immeuble du mineur (DEMOLOMBE, t. 7, n° 741).

1312. Le tuteur ne peut transiger au nom du mineur qu'après y avoir été autorisé par le conseil de famille, et de l'avis de trois jurisconsultes désignés par le procureur impérial près le tribunal de première instance (C. Nap., art. 467-1°).

La transaction n'est valable qu'autant qu'elle a été homologuée par le tribunal de première instance, après avoir entendu le procureur impérial (C. Nap., art. 467-2° et 2045).

1313. La transaction est un contrat par lequel les parties, par des concessions réciproques, terminent une contestation née ou préviennent une contestation à naître. Ce contrat doit être rédigé par écrit (C. Nap., art. 2045). Elle diffère de l'acquiescement et du compromis. L'acquiescement, qui ne peut avoir lieu que pour un procès déjà né, est le consentement donné par le défendeur de satisfaire aux prétentions du demandeur (V. *suprà*). Le compromis est la convention par laquelle on s'en remet à des tiers pour la décision de la contestation (C. Nap., art. 464, 2045, 1989 ; C. proc. civ., art. 836 et 1004).

1314. Dans aucun cas le tuteur, même autorisé par le conseil de famille, ne peut compromettre sur les intérêts de son pupille, alors même qu'il ne s'agit que d'objets mobiliers (Bourges, 18 déc. 1840, J.P.41.2.592).

Si un mineur a compromis sur quelque différend, il peut en

être restitué, quand même il serait autorisé de son tuteur (V. *infrà*, n° 1334).

La nullité du compromis n'est toutefois que relative et non absolue ; elle ne peut être proposée que par le mineur ; le majeur ne peut s'en prévaloir (Arg. Cass., 14 fév. 1849, S.-V.49. 1.367).

1315. Mais le mineur, autorisé à faire le commerce, peut compromettre sur toutes contestations se rattachant à son commerce (DALLOZ, t. 1, p. 602 ; VATIMESNIL, *Encycl. du droit*, v° *Arb.*, n° 86 ; CHAUVEAU, *Q.* 3261 *bis*).

Il en est de même du mineur émancipé, sur les contestations relatives aux actes de pure administration (V. *infrà, de l'Emancipation*, ch. III).

1316. Le tuteur doit, pour transiger, quel que soit l'objet de la contestation, meuble ou immeuble, obtenir : 1° l'avis, c'est-à-dire l'assentiment ou l'adhésion de trois jurisconsultes désignés par le procureur impérial. Ces mots *de l'avis de...* sont en effet équivalents à ceux-ci : *conformément à l'avis de...* lequel avis doit être soumis au conseil de famille en même temps que le projet de transaction ; 2° l'autorisation du conseil de famille ; 3° enfin l'homologation du tribunal.

L'inobservation de l'une de ces formalités emporte par elle seule nullité de la transaction (Cass., 26 avril 1807, S.7.1. 437 ; DEMOLOMBE, n°s 745, 748 ; MAGNIN, n° 699, à la note ; ZACHARIÆ, AUBRY et RAU, t. 1, p. 406).

1317. La transaction par laquelle le tuteur abandonne les droits du mineur dont il se trouve le coïntéressé, pour conserver les siens propres, est nulle, quoique accompagnée des formalités prescrites par l'art. 467. En un tel cas, le mineur doit, vu l'opposition d'intérêts existant entre lui et son tuteur, être représenté par son subrogé tuteur dans la transaction (Arg. Amiens, 25 fév. 1837, S.-V.37.2.478).

1318. C'est par voie d'action principale, non par celle d'appel, que doit être demandée la nullité d'une délibération du conseil de famille, homologuée par le tribunal (Aix, 3 fév. 1832, J.P.1832 à sa date).

§ 6.—**Des actes absolument interdits au tuteur** (C. Nap., art. 450, 457, 461, 464, 465, 467, 468).

1319. Le tuteur ne peut pas, même avec l'autorisation du conseil de famille et l'homologation du tribunal, accepter purement et simplement une succession échue au mineur (C. Nap., art. 461. V. *suprà*, n°s 1256 et s.); ni disposer à titre gratuit, c'est-à-dire par donation des biens du mineur (C. Nap., art. 457, 511, 903, 904). Le tuteur a seulement pouvoir d'administrer le patrimoine du mineur, c'est-à-dire de le conserver, de l'améliorer, et le faire fructifier, et non d'amoindrir sa fortune. Cette règle générale peut toutefois recevoir exception lorsqu'il ne s'agit que de petites libéralités en quelque sorte moralement obligatoires, telles que des gratifications aux domestiques, un cadeau à un proche parent, à un précepteur, etc., surtout si les père et mère étaient dans l'habitude de faire ces sortes de libéralités (DEMOLOMBE, nos 775, 776; ZACHARLÆ, AUBRY et RAU, t. 1, p. 408).

1320. Il ne peut point acheter les biens meubles ou immeubles du mineur, la loi ne distingue pas, soit de gré à gré et à l'amiable, soit aux enchères (C. Nap., art. 450 et 1596).

1321. Le législateur, par cette prohibition absolue, a voulu prévenir les dangers d'une situation qui placerait le tuteur entre son devoir et son intérêt personnel. Comme tuteur, il doit s'efforcer d'augmenter le plus possible la concurrence; or, s'il lui était permis d'acheter par lui-même, son intérêt le porterait à écarter, au détriment du mineur, les enchérisseurs par de faux renseignements sur l'état et le produit de ces biens à ceux qui se seraient proposés de les acheter.

1322. Cette prohibition s'applique à l'ascendant comme à tout autre tuteur. Les art. 450 et 1596 sont absolus, et les dangers que l'on redoute existent, dans ce cas, au même degré que dans tous les autres cas.

1323. Elle s'applique encore à l'achat qu'aurait fait le tuteur des biens du mineur par personnes interposées (C. Nap., art. 1596).

1324. Cette nullité toutefois introduite en faveur du mineur ne serait proposable que par lui (DURANTON, t. 16, n° 139; TROPLONG, *de la Vente*, t. 1, art. 1596, n° 194).

1325. Mais cette règle, si absolue qu'elle soit, nous semble devoir souffrir exception au seul cas où le bien mis en vente appartient par indivis au mineur et à son tuteur. Ce n'est plus, en effet, le tuteur qui achète le bien du mineur, mais plutôt le copropriétaire qui exerce le droit qu'il a de conserver, par l'acquisition de l'immeuble entier, la portion dont il est déjà propriétaire (C. Nap., art. 815, 883, 1408). Dans ce cas, le tuteur, ayant un intérêt opposé à celui du mineur, doit être remplacé dans la procédure du bien licité par un tuteur *ad hoc* (C. Nap., art. 359, 838; VALETTE sur PROUDHON, t. 2, p. 397, note *a*; DEMOLOMBE, n° 754).

1326. Le tuteur ne peut même prendre à ferme ou à loyer les biens du mineur, à moins que le conseil de famille n'ait autorisé le subrogé tuteur à lui en passer bail (C. Nap., art. 450, 1708, 1710, 1711).

Cette défense est telle que, si après avoir loué à un tiers les différents immeubles appartenant au mineur, le tuteur s'en fait rétrocéder une partie moyennant une diminution dans le prix de la location, non-seulement cette rétrocession, mais encore le bail principal, sera annulable, surtout si la convention a eu pour résultat de procurer au tuteur un bénéfice réel quelconque (Bourges, 29 déc. 1842, J.P.43.2.726).

1327. Le subrogé tuteur remplaçant alors le tuteur, doit, comme celui-ci, se renfermer dans les limites des art. 1429, 1430 et 1718.

1328. Le tuteur ne peut accepter la cession d'aucun droit ou créance contre son pupille (C. Nap., art. 450). Cette prohibition, qui a pour objet d'éviter autant que possible l'opposition d'intérêts entre le mineur et le tuteur et les fraudes auxquelles celui-ci pourrait se livrer, est tellement absolue qu'elle s'applique même au cas où le retrait litigieux ne peut plus avoir lieu aux termes de l'art. 1701, C. Nap.

1329. Mais elle n'est pas applicable au cas où le tuteur trouverait dans une succession *ab intestat* qui lui serait dévolue, un droit ou une créance contre le mineur, ni même à celui où le tuteur s'est rendu cessionnaire des droits appartenant à un cohéritier du mineur dans une succession indivise avec celui-ci (Arg. C. Nap., art. 711, 724; Agen, 23 janv. 1844, J.P.45.1.616), ni enfin au cas où le droit ou la créance contre le mineur serait légué au tuteur par testament. Mais il en serait autrement de la donation entre-vifs, en ce qu'elle exige l'acceptation, c'est-à-dire le concours personnel du tuteur à l'effet d'acquérir le droit dont l'art. 450 lui défend d'accepter la cession.

1330. Le tuteur qui paie de ses deniers une dette personnelle du mineur, ou une dette dont il était caution ou codébiteur solidaire, dans le seul but d'être utile au mineur, qui n'avait pas de fonds disponibles, ne se rend pas, dans ces différents cas, cessionnaire d'une créance dans le sens de l'art. 450, C. Nap., et se trouve dès lors subrogé légalement et de plein droit aux hypothèques et priviléges du créancier par lui payés (C. Nap., art. 1251).

1331. Si, au contraire, le tuteur s'est fait subroger conventionnellement aux droits du créancier par lui remboursé, un tel acte est évidemment nul ; car la subrogation conventionnelle, à la différence de la subrogation légale, constitue un véritable achat de créances, interdit au tuteur d'une manière générale et absolue par l'art. 450, en ce qu'elle peut servir à déguiser un acte de spéculation, une véritable cession, sous l'apparence mensongère d'un paiement; cette créance, toutefois, n'est pas pour cela éteinte *ipso facto*. Le transport seul est déclaré nul par la loi; le cédant conserve dès lors tous ses droits (DURANTON, t. 3, n° 603 ; MARCADÉ, art. 450, n° 3).

SECT. XXII.—*De l'effet des actes consentis par le mineur et de ceux faits par le tuteur tant dans les limites que hors des limites de ses pouvoirs.*

§ 1er.—De l'effet des actes consentis par le mineur seul.

1332. Le mineur est, en principe, incapable de contracter (C. Nap., art. 424).

1333. Mais l'incapacité dont il est frappé est-elle absolue, en ce sens que le fait seul de sa minorité établit, à son égard, une présomption de lésion d'où découle la nullité, à son profit, de tous les actes qu'il aurait faits sans l'autorisation de son tuteur, ou sans les formes exigées par la loi pour certains actes?

Pour l'affirmative, on argumente de l'art. 1305, C. Nap., combiné avec l'art. 1125 et l'art. 1311 (V., en ce sens, TOULLIER, t. 6, nos 105 et suiv., dont la doctrine est à peu près reproduite par MM. TROPLONG, *Hyp.*, t. 2, nos 488 et suiv.; et *Vente*, t. 1, n° 166; DEMANTE, p. 359, 3e édit.; et MAGNIN, *des Min.*, t. 2, n° 1137).

1334. Au contraire, suivant Duranton, il faut distinguer entre les actes du mineur, que le tuteur n'aurait pu faire lui-même sans certaines formalités, et ceux qui ne sont soumis à aucune formalité spéciale : les premiers sont nuls de droit, et sans que le mineur ait besoin de justifier d'une lésion quelconque, mais les seconds sont seulement annulables ou rescindables, si le mineur prouve qu'il a été lésé (MERLIN, v° *Hyp.*, § 4, n° 3; ZACHARIÆ, t. 2, § 235, note 7; VALETTE sur PROUDHON, *ubi suprà ;* PONT, *Rev. de lég.*, t. 21, p. 217; DE FRÉMINVILLE, *Tr. de la min.*, t. 2, n° 827; DELVINCOURT, t. 2, p. 175, édit. de 1819; DEMOLOMBE, n° 84).

Cette dernière doctrine nous paraît la seule conforme au véritable esprit de la législation. Tout ce que la loi a voulu dans les dispositions où elle s'occupe des intérêts du mineur, c'est, non pas qu'il ne pût jamais contracter seul, mais qu'il ne fût pas lésé en contractant ; s'il en était autrement, si la qualité de mineur suffisait pour faire annuler, sans distinction, toutes les conventions dans lesquelles le tuteur ne serait pas intervenu, les dispositions par lesquelles la loi a cherché à le protéger lui deviendraient préjudiciables en interdisant aux tiers la faculté de passer avec lui les traités mêmes dont il pourrait tirer le plus grand avantage ; en lui conservant, dans tous les cas, le droit de se faire restituer pour la simple lésion, dont l'appréciation est abandonnée à la sagesse des tribunaux, la loi a suffisamment pourvu à son intérêt.

1335. Ainsi, ne peut être annulée pour cause d'incapacité, l'obligation souscrite par un mineur seul, et sans l'autorisation de son tuteur, à l'effet de se procurer un remplaçant pour le service militaire ; et cette même obligation ne peut être rescindée pour cause de lésion, alors que la somme promise était plutôt au-dessous qu'au-dessus de celles stipulées en pareil cas, et que la fortune du mineur lui permettait d'en faire le sacrifice (Cass., 18 juin 1844, J.P.44.2.667).

1336. C'est, au reste, ce qui ressort d'une manière évidente tant de l'exposé des motifs des art. 1304 et suiv., C. Nap., au Corps législatif, par M. Bigot de Préameneu, que du rapport de M. Jaubert au Tribunat. On lit, en effet, dans l'exposé de M. de Préameneu :

« Il résulte de l'incapacité du mineur non émancipé qu'il suffit qu'il éprouve une lésion pour que son action en rescision soit fondée ; s'il n'était pas lésé, il n'aurait pas d'intérêt à se pourvoir ; et la loi lui serait même préjudiciable, si, sous prétexte d'incapacité, un contrat qui lui est avantageux pouvait être annulé. *Le résultat de son incapacité est de ne pouvoir être lésé, et non de ne pouvoir contracter* (*minor restituitur non tanquam minor sed tanquam læsus*) » (Fenet, t. 13, p. 288 ; Locré, *Lég. civ.*, t. 12, p. 391).

M. Jaubert n'est pas moins explicite :

« Pour ce qui est des femmes mariées non autorisées et des interdits, ils n'auraient besoin que d'invoquer leur incapacité. A l'égard des mineurs, ces explications étaient nécessaires. Il est bien vrai qu'en règle générale, un mineur est incapable de contracter ; *mais un mineur peut être capable de discernement, le lien de l'équité naturelle peut se trouver dans un contrat passé par le mineur.* Voilà pourquoi la loi a dû distinguer. S'il s'agit d'un mineur non émancipé, la simple lésion donne lieu à la rescision en sa faveur. *Il ne sera pas restitué comme mineur*, il pourra l'être comme lésé » (Fenet,

t. 13, p. 371; LOCRÉ, t. 12, p. 474). La démonstration est aussi claire que complète.

1337. L'acte par lequel des mineurs, traitant avec leur père sur leurs droits respectifs dans la succession de leur mère, attribuent à celui-ci, indépendamment des sommes dont il est reconnu créancier, une pension viagère *pour leur propre satisfaction*, n'a pas le caractère d'une donation entre-vifs, et, dès lors, ne peut être considéré comme entaché d'une nullité radicale et absolue que les enfants pourraient faire valoir pendant les trente ans qui suivent leur majorité. Ce n'est là *qu'une simple transaction, un arrangement de famille*, dont la nullité, s'il y a lieu, ne peut être demandée par l'un des enfants, devenu majeur, que pendant les dix ans de sa majorité (Arg. Ord. de 1539, art. 134; Cass., 25 frim. an x).

1338. Quand deux mineurs ont traité ensemble, si l'un d'eux se trouve lésé, il peut se faire restituer comme il le ferait contre un majeur.

1339. L'action en nullité ou rescision des actes illégalement contractés par le mineur se prescrit par dix ans à partir de sa majorité (C. Nap., art. 1304).

§ 2. — De l'effet des actes faits par le tuteur dans les limites de ses pouvoirs.

1340. Les actes réguliers en la forme, faits par le tuteur, ne sont susceptibles d'aucune espèce d'action en rescision du chef de la minorité, et ils ont, en général, la même force contre le mineur que s'il les avait lui-même consentis en état de majorité (C. Nap., art. 1314, 1998), *factum tutoris, factum pupilli*.

Ainsi, lorsque les formalités requises par les art. 457 et 459, C. Nap., pour les aliénations d'immeubles et pour les partages ont été remplies, ces actes obligent le mineur de même que le majeur, et il ne peut dès lors les attaquer pour cause de lésion. L'art. 1305 s'applique uniquement, en effet, aux actes faits par le mineur seul, et non à ceux faits par le tuteur dans les limites de ses pouvoirs, comme le prétendent certains auteurs, et cela ressort d'une manière évidente du rapprochement de cet art. 1305 avec l'art. 1314, puisque ce dernier article veut que, pour l'aliénation d'immeubles et pour les partages qui sont soumis par le Code à des formalités particulières, le mineur soit considéré comme majeur lorsque l'aliénation ou le partage a eu lieu après l'accomplissement de ces formalités, c'est-à-dire qu'il ne puisse plus attaquer pour cause de lésion que dans le cas où le majeur lui-même pourrait le faire.

Décider autrement, ce serait établir une anomalie choquante entre les diverses dispositions de l'art. 1305 lui-même, puisque cet article n'accorde pas au mineur émancipé l'action en rescision contre les actes par lui faits dans les bornes de sa capacité, et que, dès lors, le tuteur aurait des pouvoirs moins étendus que ceux du mineur émancipé. D'ailleurs, ce système serait bien funeste aux mineurs, car il aurait pour conséquence inévitable de les isoler des autres citoyens; personne ne voudrait plus traiter avec leurs tuteurs, si, même en accomplissant toutes les formalités requises par la loi, on se trouvait sous le coup d'une action en rescision pour cause de lésion.

1341. Aux termes de l'art. 4 de la loi relative aux associations syndicales, votée par le Corps législatif, le 20 mai 1865, « l'adhésion à une société syndicale est valablement donnée par *les tuteurs*, par les envoyés en possession provisoire et par tout représentant légal pour les biens des *mineurs*, des *interdits*, des *absents* et autres incapables, après autorisation du tribunal de la situation des biens, donnée sur simple requête en la chambre du conseil, le ministère public entendu. Cette disposition est applicable aux immeubles dotaux et aux majorats » (V. *infrà*, en ce qui concerne la compétence des juges de paix en cette matière, liv. II, tit. IX, ch. XI, sect. VIIIe).

§ 3.—De l'effet des actes consentis par le tuteur hors des limites de ses pouvoirs.

1342. Les actes faits par le tuteur, au nom de son pupille, hors des limites de ses pouvoirs, ne peuvent lier celui-ci, à l'égard duquel ils sont réputés nuls; mais cette nullité est purement relative, et ceux qui ont contracté avec le tuteur sont, en règle générale, non recevables à s'en prévaloir.

Ainsi les ventes des biens des mineurs opérées sans l'accomplissement des formalités prescrites par la loi sont nulles de plein droit, *mero jure*; elles ne sont pas seulement sujettes à rescision pour cause de lésion; peu importe que cette nullité ne soit pas formellement prononcée par l'art. 457, C. Nap., elle résulte suffisamment de la prohibition portée audit article. C'est là, d'ailleurs, une nullité substantielle qui n'a pas besoin d'être textuellement écrite dans la loi (Arg. Amiens, 29 juill. 1824; Cass., 16 janv. 1837, S.-V.37.1.102; Paris, 18 mars 1839, J.P.39.1.337).

Il en est de même de la vente consentie par un mineur (même émancipé), sans l'accomplissement de ces formalités tutélaires (Arg. Rennes, 17 nov. 1836, J.P.37.1.391; DURANTON, t. 10, n°s 286, 287; GRENIER, *Hyp.*, n° 44; TROPLONG, *Hyp.*, t. 2, n° 492, et *Vente*, t. 1, n° 166).

1343. C'est à la partie contre laquelle un mineur devenu majeur demande l'annulation de la vente de ses biens ou d'un partage quelconque, à justifier que cette vente ou ce partage a été fait régulièrement, et, s'il s'agit d'une vente, que le prix en a été utilement employé pour le mineur. Les tribunaux peuvent du reste fixer au mineur un délai fatal dans lequel il sera tenu d'exercer, à peine de déchéance, le droit qu'on reconnaît exister en sa faveur (Montpellier, 24 nov. 1824).

1344. Dans tous les cas, l'action en nullité ou rescision des actes illégalement contractés par le tuteur, comme par le mineur lui-même, se prescrit par dix ans à partir du jour de la majorité du pupille (C. Nap., art. 1304), d'après la règle équitable : *factum tutoris*, *factum pupilli ;* peu importe que le mineur n'ait connu l'existence de ces actes que plusieurs années après sa majorité (Cass., 14 nov. 1826, 30 mars 1830, 25 nov. 1835; Paris, 2 nov. 1840; Grenoble, 10 janv. 1842, S.27.1.306, 30.1.238, 41.2.134 et 43.2.144). Plusieurs Cours impériales avaient décidé que la prescription trentenaire était seule applicable, par la raison que le tuteur, agissant en dehors des limites de ses pouvoirs, devait être réputé vendre la chose d'autrui, qu'il y avait parité entre sa position et celle du mandataire qui excédait le mandat à lui confié.

Mais l'opinion contraire a prévalu avec raison. L'art. 1304, C. Nap., pose, en effet, un principe général pour toutes les actions en nullité, et limite leur durée à dix ans. Limiter aux actes faits par le mineur le délai de dix ans, et étendre à trente ans le délai pour l'action en nullité des actes faits par le tuteur, ce serait déroger à la première partie de l'article et au principe général qu'elle renferme ; ce serait en outre rompre l'harmonie établie entre cet art. 1304 et l'art. 475, qui a fixé au même délai de dix ans la durée des actions du mineur contre le tuteur relativement aux faits de la tutelle, puisque le mineur auquel l'action directe serait interdite après les dix ans de sa majorité, pourrait agir indirectement en dirigeant son action contre le tiers acquéreur qui exercerait son recours contre le tuteur (V. les arrêts ci-dessus).

1345. L'action en rescision compétant à plusieurs mineurs dont les biens ont été vendus sans les formalités voulues par la loi, ne présente aucun caractère d'indivisibilité dans son objet; en conséquence, elle peut être prescrite à l'égard des uns, bien que conservée à l'égard des autres (Cass., 5 déc. 1826, S.27.1.310; VAZEILLE, t. 2, n° 557; TROPLONG, t. 2, n° 739).

1346. Le tuteur qui a vendu les biens de mineurs, sans l'accomplissement des formalités exigées pour la vente de ces sortes de biens, est recevable à demander lui-même la nullité de cette vente, surtout lorsque la vente est opposée au mineur (Arg. Cass., 21 déc. 1836, J.P.37.1.327; *sic* TROPLONG, *Vente*, n° 446).

1347. Cependant le mineur devenu héritier de son tuteur ne peut, après avoir accepté la succession de ce dernier, demander la nullité de la vente consentie par le tuteur, sans l'accomplissement des formalités légales d'un immeuble indivis entre lui et le mineur. Le mineur, dans ce cas, est repoussé par la maxime *qui doit garantir ne peut évincer* (Arg. Cass., 14 juin 1840, S.-V.40.1.569. V. DUVERGIER, *Vente*, t. 1, n° 351; TROPLONG, *ibid*, n° 446).

1348. Le mineur dont les biens ont été vendus par son tuteur, sans formalités de justice, peut exercer, à son choix, ou l'action révocatoire contre l'acquéreur, ou l'action en indemnité contre le tuteur, sauf à celui-ci à agir en son propre nom contre l'acquéreur.

1349. La nullité d'un compromis passé entre un majeur et un mineur ne peut être invoquée que par le mineur (Arg. Paris, 13 avril 1810 et 18 juill. 1826; Nîmes 17 nov. 1828; Toulouse, 18 mars 1837, J.P.37.2.517).

1350. Est nulle, bien qu'homologuée et non pas seulement rescindable, la transaction par laquelle le tuteur, sans appeler le subrogé tuteur, consent l'annulation d'un legs fait au mineur, dans le but d'assurer le maintien d'un legs qui lui est fait personnellement par le même testateur. Il y a là dol et fraude tout à la fois. Mais la transaction passée par le tuteur au nom du mineur, sans observation des formalités, n'est plus attaquable par le dernier en rescision ou en nullité, s'il a laissé passer dix ans depuis sa majorité, sans se plaindre. Ici s'applique encore la règle : *factum tutoris, factum pupilli* (V. *suprà*, n° 1344).

1351. Quoi qu'il en soit, les créanciers peuvent, aux termes de l'art. 1166, C. Nap., exercer les actions en nullité ou rescision d'une obligation fondée sur l'état de minorité du débiteur qui a consenti cette obligation (Arg. Rouen, 9 janv.

1838, J.P.38.2.599; DURANTON, t. 10, n° 561 ; MARCADÉ, t. 4, p. 485).

Mais les créanciers du mineur ne peuvent demander la nullité de la vente des biens du mineur pour défaut des formalités prescrites par la loi (Paris, 10 janv. 1835, S.-V.35.2. 473 ; P. GILBERT, art. 1166, n° 9).

SECT. XXIII.—*Des comptes de tutelle* (C. Nap., art. 469 à 475).

1352. Le compte de tutelle est un acte par lequel un tuteur rend compte de l'administration des biens de son pupille. Il consiste dans un exposé fidèle des valeurs reçues et dépensées par le tuteur pendant le cours de sa gestion. Le fondement de ce compte, c'est l'inventaire qui a dû être fait à l'ouverture de la tutelle ou encore le compte même qui a été reçu par le tuteur nouveau d'un tuteur précédent ou de ses héritiers (V. *infrà*).

§ 1er.—A quelle époque, à qui et par qui doit être rendu le compte de tutelle.

1353. Il y a nécessité de rendre compte de l'administration des biens du mineur toutes les fois que cesse la gestion du tuteur quel qu'il soit et dans quelque circonstance que ce puisse être.

« Tout tuteur, porte l'art. 469, C. Nap., est comptable de sa gestion lorsqu'elle finit. »

Cette obligation est tellement souveraine que jusqu'à l'apurement de son compte et la remise des pièces justificatives, le tuteur, comme tout administrateur comptable, est réputé débiteur ; elle est commune à *toute tutelle* sans exception aucune, au tuteur légitime, même au père ou à la mère survivant comme au tuteur testamentaire ou datif. Elle s'étend même à quiconque a administré les biens du mineur à titre de gérant provisoire ; car tout administrateur du bien d'autrui, quel que soit son titre, est comptable : par exemple, à la mère survivante qui, ayant refusé la tutelle, l'a cependant gérée jusqu'à la nomination du tuteur qui l'a remplacée (C. Nap., art. 394), ou qui a gardé indûment la tutelle pendant son convol en secondes noces (C. Nap., art. 395) ; au curateur au ventre qui a géré les biens jusqu'à l'accouchement de la femme qui se trouvait enceinte au décès de son mari (C. Nap., art. 393) ; aux héritiers du tuteur qui, après son décès, ont continué sa gestion jusqu'à la nomination d'un nouveau tuteur (C. Nap., art. 419) ; au tuteur dont les excuses d'abord rejetées par le conseil de famille ont été ensuite admises par les tribunaux, mais qui a administré pendant le litige (C. Nap., art. 440).

1354. Le tuteur doit rendre compte de sa gestion, alors même qu'il en aurait été dispensé par l'auteur d'une libéralité faite au mineur; l'art. 469 est impératif, général et absolu; la dispense émanât-elle du père ou de la mère serait nulle comme contraire à l'ordre public. Sans doute, le disposant pourrait donner ou léguer au tuteur le reliquat de son compte, mais cette disposition ne renferme pas une dispense de rendre compte; tout au contraire, elle en présuppose la reddition, puisque ce n'est que par l'examen et la reddition du compte que l'on peut connaître le reliquat, et encore ce legs du reliquat ne pourrait même affranchir le tuteur que des fautes d'administration qui ne proviendraient que de sa négligence ou de son imprudence, et jamais des dommages-intérêts qui résulteraient de son dol; une disposition ainsi entendue serait l'impunité et l'encouragement de la mauvaise foi, dont le testateur n'aurait pas pu décharger le tuteur; une pareille clause serait nulle comme contraire aux bonnes mœurs et à l'ordre public (C. Nap., art. 6).

1355. Le compte de tutelle n'est dû, en principe, par le tuteur, il ne peut être exigé de lui ni offert par lui, qu'à la fin de la tutelle (C. Nap., art. 469), soit *ex parte minoris*, soit *ex parte tutoris*. Cependant tout tuteur autre que le père et la mère peut être obligé, même durant la tutelle, de remettre au subrogé tuteur des états de situation de sa gestion aux époques que le conseil de famille juge à propos de fixer, sans néanmoins que le tuteur puisse être astreint à en fournir plus d'un chaque année (C. Nap., art. 470).

1356. La tutelle finit *ex parte minoris* par sa majorité, son émancipation ou sa mort naturelle ou civile (1); elle cesse, au contraire, *ex parte tutoris*, par la mort naturelle ou civile du tuteur, par son exclusion ou sa destitution, par son interdiction, par sa démission acceptée et par son absence.

1357. Le compte de tutelle doit être rendu au mineur lui-même, lorsque la tutelle finit par sa majorité; au mineur lui-même, assisté de son curateur, lorsqu'elle finit par l'émancipation; aux héritiers et successeurs du mineur, lorsque la tutelle prend fin par son décès; enfin, au nouveau tuteur et

---

(1) La mort civile est abolie par la loi du 31 mai 1854. —Voy. *suprà*, tit. Ier.

en présence du subrogé tuteur, quand elle cesse, *ex parte tutoris*, par sa mort, sa démission, son interdiction ou sa destitution ; le nouveau tuteur doit l'exiger sous sa responsabilité personnelle (DURANTON, t. 3, n° 615 ; VALETTE, p. 287 ; DEMOLOMBE, t. 8, n° 56. — *Contrà*, ZACHARIÆ, AUBRY et RAU, t. 1, p. 437, 438), en ce qui concerne la présence du subrogé tuteur.

1358. Lorsque plusieurs mineurs sont soumis à la même tutelle, un compte partiel et séparé doit être rendu à chacun d'eux à l'avénement de sa majorité ; il ne peut être tenu d'attendre l'expiration de la tutelle à l'égard des autres mineurs. Aucun texte, en effet, ne lui impose cette obligation qui serait aussi injuste que préjudiciable pour lui (DURANTON, t. 3, n° 611 ; MAGNIN, t. 1, n° 708 ; DE FRÉMINVILLE, t. 2, n° 1170 ; ZACHARIÆ, AUBRY et RAU, t. 1, p. 437).

1359. Si le tuteur existe encore, c'est lui qui doit présenter le compte de sa gestion ; s'il meurt avant d'avoir rempli cette obligation, le compte est dû par ses héritiers, soit que la tutelle ait pris fin par la majorité ou l'émancipation du mineur, soit qu'elle n'ait cessé que par le décès du tuteur (V. *suprà*, n° 1357).

1360. Tout traité qui intervient entre le tuteur et le mineur devenu majeur, est nul, s'il n'a été précédé de la reddition d'un compte détaillé et de la remise des pièces justificatives, le tout constaté par un récépissé de l'oyant compte (l'ex-mineur), dix jours au moins avant le traité (C. Nap., art. 472).

1361. Tant que le compte de tutelle n'a pas été régulièrement rendu et apuré, ajoute l'art. 907 du même Code, le tuteur est incapable de rien recevoir de son pupille, soit par donation entre-vifs, soit par testament (C. Nap. art. 907) ; il n'est pas nécessaire que le reliquat en ait été payé (DURANTON, t. 8, n° 199 ; GRENIER, n° 119 ; MARCADÉ, n° 2 ; COIN-DELISLE, n° 13).

1362. Ainsi, le mineur devenu majeur ne peut point *dispenser le tuteur de rendre compte de sa gestion*. Tout traité qui intervient à cet égard est nul ; il ne peut non plus le dispenser des obligations qui s'y rattachent, et, par exemple, du reliquat mis à sa charge, ou transiger sur les difficultés qu'il fait naître. La loi veut qu'il ne puisse faire aucune concession, aucune transaction ou renonciation, qu'il n'ait été préalablement mis à même de traiter en parfaite connaissance de cause et avec une entière liberté. Elle exige pour cela qu'il ait eu entre les mains, pendant dix jours, l'état détaillé des recettes et dépenses avec les pièces justificatives à l'appui, et que la remise du compte et des pièces soit constatée par un récépissé qui doit précéder de dix jours le traité à intervenir. Jusque-là, tout traité intervenu entre le tuteur et le mineur devenu majeur est nul ; mais après l'expiration du délai de dix jours, à partir de la date du récépissé dont il vient d'être parlé, l'incapacité du mineur cesse complétement. Les parties soumises désormais au droit commun peuvent prendre entre elles tous les arrangements qu'elles jugent convenables.

1363. La prohibition de l'art. 472 s'applique, non pas d'une manière générale à tous actes, tous contrats, passés entre l'ex-mineur et son tuteur, mais seulement à tous traités, quelle que soit, d'ailleurs, leur dénomination, qui se rattacheraient directement ou indirectement à la tutelle, c'est-à-dire à toute convention, ou même, plus généralement, à tout acte, soit à titre gratuit, soit à titre onéreux, dont l'effet serait de soustraire le tuteur directement ou indirectement à l'obligation de rendre compte en tout ou en partie (C. Nap., art. 472, 907 et 2045 comb. ; Cass., 1er juin 1847 et 5 juin 1850, J.P.47.1.688, S.47.1.504 et 50.1.714 ; Riom, 9 janv. 1860, J.P.61, p. 625).

1364. Ainsi, sont nuls : 1° le traité fait avant tout compte de tutelle, même sous le titre de pacte de famille, entre le tuteur et son ancien pupille, comme contraire aux dispositions de l'art. 472, C. Nap., bien qu'il impose au tuteur l'obligation de rendre incessamment un compte de tutelle, si l'objet principal dudit traité a été en réalité de régler la position du tuteur vis-à-vis du mineur devenu majeur par rapport aux faits de la tutelle, et si le compte réservé ne devant avoir pour objet, quels qu'en fussent les résultats actifs et passifs, que de valider le traité, n'était qu'une pure forme, sans valeur réelle (Arg. Lyon, 14 fév. 1852, J.P.52.1.561 ; Demolombe, t. 8, nos 66 et s.) ;

2° La renonciation que le mineur devenu majeur aurait faite à son hypothèque légale sur les biens de son ex-tuteur, et par suite de la mainlevée qu'il en aurait consentie, sans que le compte de tutelle ait été rendu et apuré (Caen, 17 déc. 1827, S.28.2.170 ; Montpellier, 20 mars 1852, J.P.54.1. 481 ; Riom, 9 janv. 1860, J.P. 61, p. 626 ; Demolombe, n° 65) ;

3° La décharge ou quittance libératoire que le pupille a donnée à son ex-tuteur (Colmar, 3 juill. 1812), ou aux héritiers de la caution solidaire du tuteur (Besançon, 17 déc. 1827, J.P. 27, *à sa date*) ;

4° Et la condition apposée à une constitution de dot, de ne pas exiger de compte de tutelle, etc. (Arg. Cass., 14 déc. 1818, S.19.1.252 ; DURANTON, t. 3, n° 638 ; MERLIN, *Rép.*, v° *Dot*, § 2 ; ZACHARIÆ, t. 1, p. 237).

1365. Mais la transaction sur des contestations étrangères à la tutelle, qui se seraient élevées entre le tuteur et le mineur, devenu majeur, relativement à la succession d'un de leurs parents communs décédés depuis la majorité du mineur, ou la vente consentie par celui-ci au profit de son ex-tuteur, seraient parfaitement valables, quoique faites avant l'expiration des dix jours de la date du récépissé de l'oyant compte.

Quoi qu'il en soit, le mineur ou ses héritiers ne sont pas recevables à attaquer les traités irrégulièrement passés avec le tuteur lorsqu'ils ont gardé le silence pendant dix ans.

L'art. 1304, C. Nap., dispose, en effet, qu'à moins d'une disposition particulière, toutes les actions en nullité ou en rescision sont prescrites par le laps de dix ans, et l'art. 475 du même Code porte, d'un autre côté, que toute action du mineur contre son tuteur, relativement aux faits de la tutelle, se prescrit par dix ans.

Ce délai de dix ans court, dans le cas de l'art. 475, à partir du jour de la majorité, et dans celui de l'art. 1304, du jour où la violence a cessé, ou du jour où l'erreur ou le dol ont été découverts (V. *infrà*, n°s 1431 et s.).

1366. Seraient également valables les engagements contractés vis-à-vis des tiers par le mineur devenu majeur, même dans l'intérêt de son tuteur, avec subrogation de ces tiers dans son hypothèque légale, encore bien que ces engagements n'aient pas été précédés de la reddition du compte de tutelle (Paris, 12 déc. 1848 ; Cass., 10 avril 1849 ; Bourges, 20 fév. 1852, J.P.49.1.181 et 456 ; 52.1.392).

1367. Au surplus, la nullité des traités relatifs à la gestion du tuteur, prononcée par l'art. 472, C. Nap., entraîne celle de tous les actes qui n'en sont que la conséquence (Rennes, 24 déc. 1824), le mineur les eût-il exécutés volontairement, car elle n'a pu être couverte par une ratification ultérieure, soit expresse, soit tacite (Grenoble, 31 août 1819 et 15 nov. 1837 ; Cass., 5 juin 1850, J.P.39.2.288 et 51.1.160 ; ZACHARIÆ, AUBRY et RAU, t. 1, p. 443).

1368. Le mineur seul peut, en général, se prévaloir de la

nullité des traités intervenus entre lui et son tuteur sans l'accomplissement des formalités prescrites par l'art. 472, C. Nap. Ces formalités sont en effet ordonnées dans son intérêt exclusif, de sorte que le tuteur serait sans qualité pour se prévaloir de leur omission pour faire annuler une reconnaissance par laquelle il se serait avoué débiteur de son pupille (Rennes, 14 déc. 1816; Montpellier, 20 janv. 1820), et les créanciers du mineur eux-mêmes, pour demander la nullité du traité consenti par le mineur qui serait leur débiteur (Paris, 15 déc. 1820; Duranton, t. 12, n° 222 ; Demolombe, t. 8, n° 94; Zachariæ, Aubry et Rau, t. 1, p. 444).

1369. Lorsque le mineur a été pourvu successivement de plusieurs tuteurs, le dernier nommé doit, lors de son entrée en fonction, exiger un compte de son prédécesseur, à peine de répondre personnellement de la gestion de celui-ci; il n'est pas besoin que le conseil de famille lui ait imposé cet obligation, ni même qu'il soit consulté à cet égard; il peut en effet exercer seul toutes les actions mobilières de son pupille, parmi lesquelles se trouve celle en reddition de compte; mais le concours du subrogé tuteur, son contradicteur légal, est indispensable pour la régularité de l'acte dans lequel les intérêts du mineur sont évidemment opposés à ceux du tuteur, et, d'ailleurs, ayant connu l'administration, le subrogé tuteur peut prévenir des surprises ou rectifier des omissions qui pourraient échapper facilement au nouveau tuteur. Ce compte tient lieu, à l'égard de celui-ci, de l'inventaire qui est fait à l'ouverture de la première tutelle et auquel le subrogé tuteur a dû nécessairement assister. C'est le compte qui constate l'état dans lequel le nouveau tuteur prend la tutelle et les biens dont il est chargé. Ce compte est d'autant plus nécessaire qu'à l'époque de sa majorité ou de son émancipation le mineur a le droit d'exiger de son dernier tuteur un compte général de toute la tutelle; c'est là une conséquence du principe posé dans l'art. 469, C. Nap., que tout tuteur est comptable de sa gestion lorsqu'elle finit de quelque manière que ce soit. Le défaut d'avoir exigé le compte de son prédécesseur serait donc de la part du nouveau tuteur une faute qui engagerait sa responsabilité. Il a dû se faire rendre compte et se charger du reliquat; il peut seulement en faire un chapitre particulier de son compte général, mais il ne pourrait se décharger de l'obligation qui pèse sur lui en appelant en cause le premier tuteur, pour qu'il fût présent à la reddition du dernier compte et présentât le sien directement

(Bourges, 15 mai 1826; Cass., 25 juin 1839, D.26.2.219; Dev.39.1.687. V. *suprà*, nos 1353, 1354).

1370. Le nouveau tuteur, jusqu'à ce qu'il ait rendu compte tant de sa gestion que de celle de son prédécesseur ou de ses prédécesseurs, s'il y en a eu pluiseurs, ne peut obtenir du pupille, devenu majeur ou relevé d'interdiction, une décharge ou quittance libératoire de la tutelle, ni recevoir de lui aucune libéralité, ni directe, ni par personne interposée. La dispense que le mineur aurait donnée au second tuteur de comprendre dans son compte celui du tuteur précédent, est réputée nulle, comme constituant un traité prohibé par l'art. 472, C. Nap. (Cass., 25 juin 1839, J.P. 39.2.294. V. *suprà*, nos 1361 et s.).

1371. Toutefois l'obligation pour le dernier tuteur de comprendre dans son compte la gestion du premier tuteur cesse d'exister dans le cas où le mineur, étant seul héritier de celui-ci, se trouverait tenu en cette qualité de garantir le dernier tuteur des condamnations qui pourraient intervenir contre lui à raison de l'administration de son prédécesseur. Mais si le mineur n'était héritier du premier tuteur que pour portion seulement, la règle ordinaire serait applicable; peu importerait, du reste, que ce mineur détînt les immeubles de la succession grevés de l'hypothèque légale relative à la tutelle, cette détention n'ayant pas pour effet d'opérer la confusion personnelle (Bourges, 14 août 1829).

Les créanciers d'un tuteur légal ne peuvent obtenir l'autorisation de rendre compte à des mineurs dont une créance pupillaire a été reconnue, afin de compenser, du chef de ce tuteur, le résultat du compte avec cette créance (Rennes, 16 mai 1821).

1372. Le créancier qui est admis à intervenir dans les débats d'un compte de tutelle que son débiteur rend à ses enfants, et à y exercer, dans son intérêt, les droits et actions de celui-ci, ne peut être considéré comme un tiers vis-à-vis des oyants compte, mais bien comme oyant cause du rendant; et, dès lors, tous les actes opposables à celui-ci peuvent lui être opposés. Il ne pourrait les attaquer qu'en procédant en son nom personnel pour prouver qu'ils ont été faits en fraude de ses droits (Bourges, 28 avril 1838, J. P. 38.2. 550).

1373. Du reste, le traité par lequel des enfants alors majeurs donnent décharge à leur père de l'administration qu'il a eue de leurs biens durant leur majorité, n'est point soumis, pour cette administration, aux mesures spéciales prescrites par l'art. 472, C. Nap., dans le cas de tutelle, pour protéger les intérêts du pupille envers leur tuteur. (Arg. Agen, 17 mars 1854, J.P.55.1.217).

C'est par application du même principe que la disposition finale de l'art. 450, C. Nap., qui interdit au tuteur de se rendre cessionnaire d'aucun droit ou créance contre son pupille, ne s'applique pas au père administrateur légal des biens de ses enfants mineurs (Arg. Bordeaux, 3 janv. 1849, J.P. 51.1.436).

1374. La nullité prononcée par l'art. 472, C. Nap., de tout traité intervenu, avant l'apurement du compte de tutelle, entre le tuteur et son pupille devenu majeur, est toute relative à celui-ci, et ne peut être proposée par le tuteur (Arg. Nîmes, 7 fév. 1852, J.P.53.2.659. V. *suprà*, n° 1368).

§ 2.—Dans quelle forme doit être rendu le compte de tutelle. — Ce qu'il doit contenir.—Responsabilité du tuteur.

1375. Le compte de tutelle se rend, soit en justice, dans les formes déterminées par les art. 527 et suiv., C. proc. civ., soit à l'amiable. Ce dernier mode peut être suivi, alors même que ce compte est rendu à un mineur émancipé, assisté de son curateur, ou à un nouveau tuteur; et, dans ces deux cas, la décharge donnée à la suite d'un compte amiable produit le même effet que si elle avait été donnée après un compte judiciaire (Agen, 19 fév. 1824; Limoges, 3 avril 1838; D. 25.2.28; S.38.2.423).

1376. Le récépissé délivré par le mineur doit nécessairement être séparé du traité qui intervient entre lui et le tuteur. Ce traité serait nul s'il était contenu dans le même acte que le récépissé, alors surtout qu'il ne serait justifié ni d'un compte détaillé, ni de la communication préalable des pièces d'appui. C'est ce qui ressort clairement du contexte de l'art. 472, C. Nap.

1377. M. de Fréminville exige que le récépissé ait date certaine, par exemple, par l'enregistrement, et il pense que l'art. 1322, C. Nap., n'est pas ici applicable. Nous pensons, au contraire, qu'aucun texte n'ordonnant l'accomplissement de cette formalité, il n'est pas nécessaire que le récépissé du mineur soit revêtu de la forme de l'enregistrement pour faire foi (Arg. Rennes, 14 mai 1825), et qu'en l'absence de dérogation formelle à la règle posée par l'art. 1322, sur la foi due aux actes sous seing privé, entre les parties qui les ont signés, le récépissé n'a pas besoin d'emprunter à un fait extérieur la certitude de sa date en ce qui concerne le mineur (DEMOLOMBE, t. 8, n° 60; ZACHARIÆ, AUBRY et RAU, t. 1, p. 443).

1378. Les parties étant libres, lorsqu'elles sont majeures, d'employer pour leurs comptes la forme qui leur convient le mieux, il s'ensuit qu'un compte de tutelle peut être fait, soit par acte devant notaire, soit par acte sous seing privé; mais, dans ce dernier cas, l'acte doit être fait double (Arg. C. Nap., art. 1325).

1379. Le compte doit être rendu en justice, suivant les formes tracées par le tit. 4, liv. 5, C. proc. civ., lorsque les parties ne s'entendent pas pour en poser les bases générales, ou lorsque le tuteur se refuse de le rendre à l'amiable, ou le mineur, ou ses représentants, de le recevoir.

1380. Toutefois, le compte de tutelle qui ne comprend que la part d'une succession échue au mineur, est valablement rendu, bien qu'il ne soit pas précédé des formalités prescrites par les art. 530, 538 et 539, C. proc. civ. (Cass., 14 janv. 1836, J.P. 1836, à sa date).

1381. La demande est portée devant le tribunal du lieu où la tutelle a été déférée (C. proc. civ., art. 527), c'est-à-dire au lieu du domicile du premier mourant des père et mère, si la tutelle est légitime, ou de celui du domicile du père décédé ou de la mère décédée, si la tutelle est naturelle; en d'autres termes, du domicile de l'ouverture de la tutelle (V. *suprà*, n° 859).

1382. En général, la reddition de compte est demandée par action principale. Néanmoins, rien ici ne s'oppose à ce que la demande ne soit incidente à une autre affaire. Ainsi, souvent les comptes de tutelle sont des incidents de la liquidation et du partage de la succession de l'auteur commun lorsque le tuteur et le pupille sont cohéritiers, et dès lors la reddition de compte peut être soumise au même tribunal (Arg. Cass., 16 fév. 1842, J.P.42.1.359).

1383. Le compte de tutelle doit présenter un préambule ou exposé de la gestion du tuteur.

Il se divise en deux chapitres principaux : l'un pour les recettes, l'autre pour les dépenses. Chacun de ces chapitres doit comprendre, année par année, date par date, et article par article, toutes les recettes et toutes les dépenses effectives, à partir du jour de l'entrée en fonctions du tuteur. S'il reste des créances à recouvrer, il en est fait un compte à part, appelé chapitre des reprises (C. proc., art. 533). Ce chapitre doit indiquer tout à la fois et les recouvrements qui restent à faire et les recettes que le tuteur a manqué de faire par sa négligence ; s'il est jugé en faute sur des articles de ce chapitre, on l'ajoute au chapitre des recettes.

Le chapitre des recettes et celui des dépenses sont balancés pour former le reliquat ou solde du compte, soit au profit du mineur, soit en faveur de son tuteur (MESLÉ, part. 1re, chap. 12, n° 15 ; DEMOLOMBE, nos 105 à 110).

1384. Par recettes et dépenses *effectives*, il faut entendre celles qui ont réellement été faites et non celles qui ne l'ont pas été. Il serait injuste de rendre le tuteur responsable de l'insolvabilité des débiteurs de l'oyant. Toutefois, l'appréciation de la responsabilité reste entière (C. Nap., art. 1992).

1385. Dans le cas où la tutelle a été exercée par le père ou par la mère, qui avait la jouissance légale des biens de ses enfants, le compte se divise en deux époques. La première commence à l'ouverture de la tutelle, et se prolonge jusqu'au moment où le mineur a atteint l'âge de dix-huit ans. Pour cette période, le tuteur ne doit compte, en effet, que des rentes en capitaux et non de celles en usufruit, puisqu'il a la jouissance du revenu ; il ne peut également répéter que les dépenses dont il n'est pas tenu personnellement en sa qualité d'usufruitier, aux termes de l'art. 385, C. Nap. La seconde époque embrasse le temps qui s'est écoulé depuis l'expiration de la jouissance légale jusqu'à la fin de la tutelle. Pour celle-ci, le tuteur rend compte des revenus comme des fruits. Il doit également rendre compte, depuis l'ouverture de la tutelle, du revenu des biens personnels à ses enfants et dont il n'avait pas la jouissance légale (V., *suprà*, *Puiss. pat.*).

1386. La méthode la plus claire à suivre dans chacun des chapitres est d'expliquer les objets en détail, article par article, suivant l'ordre chronologique, en indiquant sur chaque article les pièces à l'appui. L'ordre chronologique est surtout nécessaire pour distinguer ce qui doit produire des intérêts et de quel jour ils doivent courir. On fait, année par année, le calcul de la dépense et de la recette, afin que l'excédant produise des intérêts pour l'année suivante ; et comme les intérêts de l'année précédente entrent toujours dans l'excédant de la recette sur la dépense, il se trouve que le tuteur paie l'intérêt des intérêts, s'il a négligé d'employer les deniers du pupille, ce qui est une conséquence des art. 455 et 456, C. Nap. Il y a même lieu d'allouer les intérêts des intérêts des sommes dues depuis une année entière, dont il aurait négligé de poursuivre la rentrée par une demande judiciaire; il est responsable de sa négligence (C. Nap., art. 1382).

1387. On peut, en général, distinguer quatre objets de recettes : 1° le dépouillement de l'inventaire, qui est la base de ce compte; on y comprend l'argent comptant, le prix de la vente des meubles ou leur valeur s'ils n'ont pas été vendus. La comparaison des procès-verbaux de vente avec l'inventaire sert à faire cette vérification; 2° les revenus ordinaires du mineur, c'est-à-dire les loyers et fermages, les arrérages de rentes et les intérêts des capitaux placés, et même de ceux qui n'ont pas été employés en temps utile; 3° les crédits du mineur que le tuteur a recouvrés ou dû recouvrer, les remboursements de rentes, s'il en a été fait; 4° les dommages-intérêts dont le tuteur est tenu, soit pour avoir laissé dégrader les immeubles, soit pour d'autres fautes dont il doit répondre (TOULLIER, t. 2, n° 1264).

Le tuteur doit nécessairement à son pupille compte de tout ce qu'il a fait et reçu en son nom, ainsi que la réparation de tout préjudice qu'il peut lui avoir causé; il ne pourrait se dispenser de rendre compte de choses par lui reçues en sa qualité, en alléguant et même en prouvant qu'elles n'étaient pas dues au pupille.

Ainsi, le tuteur qui a vendu, sans l'observation des formalités légales, un immeuble possédé par son pupille, lui doit compte de l'indemnité résultant de la perte qu'il lui a fait éprouver, alors même qu'il prouverait (en l'absence des prétendus ayants droit qui ne seraient pas en cause et garderaient le silence) que l'immeuble vendu n'appartenait pas au mineur (Arg. C. Nap., art. 1993; Cass., 19 janv. 1841, D. 41.1.77; 8 mars 1843, J.P.43.1.661).

1388. Lorsqu'il est reconnu que c'est par la faute du tuteur que certaines rentrées n'ont pas été effectuées au profit du mineur, le tuteur est responsable, non-seulement du principal, mais encore des intérêts des sommes non perçues (Cass., 28 nov. 1842, J.P.43.1.661).

1389. La tutelle est censée durer tant qu'il n'en a pas été rendu compte (V. *suprà*, nos 1353 et s.).

En conséquence, le tuteur est soumis à l'obligation de faire emploi des deniers pupillaires dans l'intervalle qui s'écoule entre l'avénement du mineur à sa majorité et la reddition du compte de tutelle, et les intérêts de ces deniers sont une charge de son compte, sans qu'il ait besoin d'une demande judiciaire pour les faire courir (Cass., 28 nov. 1842, S.43.1.323; Nancy, 1830, S.30.2.345, et les nombreuses autorités citées dans une savante dissertation de M. Troplong rapportée sous ce dernier arrêt) ; et même les intérêts des intérêts, s'il s'agit d'intérêts dus au moins depuis une année entière, alors même que le chiffre de ces intérêts n'est pas fixé par un compte apuré et liquide, et spécialement par un compte de tutelle (Arg. C. Nap., art. 1154 et 1155 combinés ; Cass., 10 déc. 1838, J.P.38.2.571 ; Cass., 11 nov. 1851, J.P.52.2.247).

1390. On distingue aussi plusieurs espèces de dépenses :

1° Dans le cas de la tutelle naturelle, les reprises et droits matrimoniaux du père ou de la mère qui doivent avoir été réglés contradictoirement avec le subrogé tuteur et qui, s'ils ne l'ont pas été, doivent l'être avec le mineur devenu majeur ;

2° Les frais des scellés, d'inventaire et les dépenses du compte ;

3° Les dépenses annuelles pour l'entretien et la conservation des biens, les réparations et contributions, les arrérages des rentes passives et les intérêts des capitaux dus par le mineur ;

4° Les capitaux des dettes passives et les dépenses imprévues causées par accident ou force majeure ;

5° Enfin, la nourriture, la pension et l'entretien du pupille (Toullier, *loc. cit.*, n° 1265).

1391. Toutes les dépenses utiles qui sont suffisamment justifiées doivent être allouées au tuteur, c'est-à-dire mises à la charge du mineur, encore qu'elles excèdent les revenus de celui-ci et n'aient point été autorisées par le conseil de famille..... La règle du droit coutumier qui défendait au tuteur de faire aucune dépense au delà du revenu du mineur, sans une autorisation de parents, a été abrogée par le Code Napoléon (Paris, 19 avril 1823, S.28.2.93 ; *Sic*, Duranton, t. 3, n° 628 ; Magnin, t. 1, n° 679 ; Chardon, p. 361. — *Contrà*, Paris, 12 vent. an XII, S.3.2.287. V. *infrà*, n°s 1395 et s.).

1392. Les juges ont, du reste, un pouvoir discrétionnaire absolu pour apprécier l'utilité des dépenses faites par le tuteur. Ainsi ils peuvent, selon les circonstances, lui allouer une somme quelconque pour faux frais, pourvu qu'elle ne soit pas excessive (Rennes, 20 juin 1818), mais ils ne sauraient lui accorder des honoraires plus forts que ceux alloués par le conseil de famille.

1393. Par cette expression, suffisamment justifiée, la loi ne fixe aucun mode particulier de justification, aucun genre de preuve à fournir. Il peut, par conséquent, la faire par toute espèce de moyens, par titres, par témoins, par de simples inductions et même par son affirmation. En général, pour apprécier la justification et l'utilité des dépenses, les juges à l'appréciation desquels la loi s'en rapporte à cet egard, doivent se déterminer par la position sociale de la personne, par l'état des choses, et surtout par les circonstances; l'usage et l'équité, bien plus que l'enseignement des règles sur cette matière, seront toujours leur meilleur guide.

1394. Enfin, si l'on consulte la discussion sur l'art. 471, C. Nap., au Conseil d'Etat, on y voit que le projet de la commission de n'allouer au tuteur que les dépenses justifiées par les pièces a été rejeté, sur l'observation des Cours impériales de Lyon et de Paris qu'il y a un grand nombre de dépenses qui ne peuvent être justifiées par écrit, et qui cependant doivent être allouées.

On ne pouvait pas, en effet, c'eût été entraver la gestion du tuteur et nuire au mineur lui-même, forcer le tuteur de retirer des quittances de toutes les sommes, même les plus minimes.

1395. Le tuteur ne doit pas, en règle générale, dépenser au delà de la somme qui, dans toute tutelle autre que celle des père et mère, est fixée par le conseil de famille, aux termes de l'art. 454, C. Nap., sous peine de voir rejeter de son compte de dépense les sommes par lui employées au delà de son budget; sauf toutefois le cas où un événement de force majeure ne lui aurait pas permis de faire convoquer le conseil de famille assez promptement pour autoriser la dépense; encore doit-il la faire régulariser par le conseil dans le plus bref délai sous peine de rejet (V. *suprà*, nos 1233, 1391).

1396. Mais de ce que le conseil de famille a fixé la somme à laquelle pouvait s'élever, par aperçu, la dépense annuelle du mineur, le tuteur n'en est pas moins obligé de justifier de l'emploi qu'il en a fait; car cette fixation ne peut être considérée comme un traité à forfait. Et réciproquement le mineur ne peut se dispenser de faire raison au tuteur de l'excédant des dépenses sur la somme fixée, quand ces dépenses ont été motivées pour quelque cas fortuit ou de force majeure; surtout si elles ont été approuvées par le conseil de famille.

Mais quand le tuteur, autre que le père ou la mère, n'a pas fait fixer la dépense annuelle, elle ne peut, du moins pour ce qui concerne la simple administration, excéder les revenus.

Le tuteur est en faute, et il doit faire compte de ce qu'il pouvait raisonnablement économiser. Ce point est également abandonné à l'appréciation des tribunaux (V. *suprà*, nos 1235, 1391).

1397. Lorsqu'il a été jugé que, dans un compte de tutelle, des sommes allouées en dépense au tuteur n'avaient pas dû produire d'intérêts, ces sommes ne peuvent être portées à son crédit, si elles doivent ainsi balancer de pareilles sommes à son débit, et par suite, faire disparaître les intérêts des sommes compensées. Il y aurait là violation de la chose jugée. Il en est de même des sommes par lui reçues pour son pupille et jugées non productives d'intérêts, et des intérêts du reliquat qu'on voudrait porter à son débit.

Ces sommes ne doivent être portées au crédit ou au débit du tuteur qu'au jour à partir duquel elles deviendraient productives d'intérêts (Cass., 11 nov. 1851, J.P.52.2.246).

1398. Quoi qu'il en soit, le mineur n'est pas passible, pendant la durée de la tutelle, de l'intérêt des avances que son tuteur lui aurait faites volontairement, sans autorisation du conseil de famille (Lyon, 16 fév. 1835, S.-V.35.2).

1399. Les intérêts que le tuteur a le droit de réclamer pour avances ne lui sont acquis qu'a dater du compte définitif rendu par le tuteur après la cessation de ses fonctions et non à dater d'un compte rendu pendant la tutelle dans certains cas prévus par la loi (Arg. C. Nap., art. 474. V. *sup.*, no 1370).

§ 3.—Des frais de compte de tutelle.

1400. Le compte définitif de tutelle est rendu aux dépens du mineur, lorsqu'il a atteint sa majorité ou obtenu son émancipation. Le tuteur doit en avancer les frais (C. Nap., art. 471) ; mais ces frais lui sont remboursés par le mineur.

1401. On appelle les frais du compte dépenses communes (C. proc. civ., art. 532), parce qu'elles sont faites tant pour satisfaire l'oyant que pour *décharger* le rendant compte. Ces frais consistent uniquement dans les frais de voyage, s'il y a lieu, les vacations de l'avoué qui a mis en ordre les pièces du compte, les grosses et les copies, les frais de présentation et affirmation (C. proc. civ., art. 532).

Mais il est évident que l'art. 471 ne s'applique pas aux frais que le mineur est obligé de faire pour contraindre le tuteur à rendre compte, ni aux frais des incidents soulevés par le tuteur ou ses héritiers, et dans lesquels ils succombent; ces frais doivent être supportés par le tuteur et ses héritiers, et sont, comme accessoires des condamnations principales, garanties par l'hypothèque légale (Arg. C. proc. civ., art. 130; Pau, 19 août 1850, J.P.52.2.46), sauf aux juges la faculté de prononcer aussi la compensation des dépens entre les parties, s'il y a lieu, d'après l'art. 131 du même Code.

Toutefois ces dépens sont nécessairement à la charge de l'oyant si la demande en reddition a été formée par le tuteur, car la faute est alors imputable à l'oyant.

1402. Le tuteur doit encore supporter les frais du compte, par exception à la règle générale posée dans l'art. 471, lorsque c'est son exclusion ou sa destitution pour inconduite notoire ou gestion infidèle qui l'a mis dans la nécessité de rendre son compte au tuteur qui l'a remplacé. Il y a eu dol ou faute de sa part; le mineur n'en doit pas souffrir (Arg. C. Nap., art. 1382). Mais il en est autrement quand c'est par un motif légitime d'excuse ou par la mort du tuteur que le changement a lieu.

Le principe général en matière de tutelle, c'est que le tuteur doive être remboursé de toutes ses avances; le principe ne peut souffrir exception que lorsque le tuteur est en faute, lorsqu'il occasionne par son fait au mineur un préjudice quelconque que celui-ci n'aurait pas dû régulièrement supporter.

L'excédant de la recette sur la dépense ou de la dépense sur la recette constitue le reliquat du compte, c'est-à-dire ce dont l'une des parties est débitrice envers l'autre. Ainsi le tuteur peut, après le compte rendu, être débiteur ou créancier de son mineur.

1403. La somme à laquelle s'élève le reliquat dû par le tuteur porte intérêt de plein droit, c'est-à-dire sans sommation ni demande, à compter de la clôture du compte (C. Nap., art. 474). Cette exception au principe du droit commun d'après lequel les intérêts ne courent, à défaut d'une convention particulière sur ce point, qu'à compter du jour où le créancier a poursuivi, par une demande en justice, le paiement de ce qui lui est dû (C. Nap., art. 1153), est une faveur, un privilége fondé sur la nature des rapports qui ont existé entre le tuteur et le pupille, et la répugnance que pourrait éprouver ce dernier à faire assigner celui sous l'autorité duquel il était placé.

1404. Mais si une demande judiciaire a été formée, on rentre dans le droit commun; les intérêts sont alors dus, non pas seulement à dater du jour de la clôture du compte, mais bien du jour où la demande a été signifiée (Pau, 3 mars 1818, S.18,2,369 ; DE FRÉMINVILLE, n° 1111).

1405. Les intérêts du reliquat du compte de tutelle courent de plein droit du jour de la clôture de ce compte, alors même qu'on aurait compris dans l'apurement de ce compte les valeurs mobilières d'une succession échue au mineur, et les sommes que le tuteur a touchées postérieurement à l'époque de la majorité par suite de la prolongation de sa gestion (C. Nap., art. 474 ; Cass., 14 janv. 1836).

1406. Toutefois, il n'est dû d'intérêts au mineur par le tuteur que lorsque, tous comptes faits, il se trouve créancier du tuteur, et encore, pour faire courir ces intérêts, il faut que le compte soit régulièrement rendu ; ainsi, un compte annulé, même par le fait du tuteur, ne peut faire courir les intérêts des sommes dont le tuteur peut ultérieurement être constitué comptable (Amiens, 17 déc. 1824).

A plus forte raison, les sommes dont le tuteur est reconnu débiteur sur une demande en rectification du compte de tutelle, ne produisent intérêts, s'il est de bonne foi, que du jour de la demande et non du jour du compte.

1407. Sous l'ancienne législation le tuteur devait de plein droit les intérêts de toutes sommes dont il se trouvait reliquataire envers son pupille (Cass., 30 avril 1835, S.35.1.555).

1408. Quand le compte est rendu en justice, le tuteur doit, aussitôt après la présentation et l'affirmation de ce compte, nul délai n'étant fixé, payer le reliquat des recettes, s'il en existe, sans attendre le jugement du compte ; sinon, l'oyant peut requérir du juge-commissaire devant lequel le compte a été présenté et affirmé et doit être débattu, un exécutoire de cet excédant, c'est-à-dire une ordonnance qui enjoint au tuteur de payer, et qui est rendue exécutoire par la formule ordinaire : *Au nom de l'Empereur*, sans que cet exécutoire puisse être regardé comme une approbation du compte (C. Proc. civ., art. 535 ; Tarif, 92).

Cet exécutoire n'emporte pas hypothèque judiciaire et n'est susceptible d'appel qu'autant qu'il serait rendu, chose presque impossible, pour une somme supérieure au reliquat, ou que ce reliquat pût se compenser avec une créance particulière du rendant ; autrement, le but du législateur pourrait toujours être paralysé par le mauvais vouloir du rendant compte (Arg. Turin, 1er juin 1812, S.14.2.423 ; CARRÉ, n° 1874).

1409. Cette disposition, tirée de notre ancienne jurisprudence, est d'une justice évidente. En effet, le rendant compte qui se reconnaît débiteur pour son compte ne peut avoir de prétexte pour retarder le paiement de ce reliquat. Même dans ce cas, l'art. 474, C. Nap., produirait encore son effet et ferait courir les intérêts des sommes dont les débats du compte prouveraient que le tuteur était débiteur.

1410. Du reste, les juges du fait peuvent décider que les intérêts de toutes sommes dont le tuteur se trouve reliquataire envers le pupille sont dus, lors même qu'il y aurait eu un premier compte de tutelle rendu, et que le reliquat en aurait été payé. Ces intérêts ne sont pas prescriptibles par cinq ans (Cass., 30 avril 1835, S.35.1.555).

1411. Mais si le mineur devenu majeur, appelé pour recevoir son compte, faisait défaut, le tuteur reliquataire, par suite du compte reçu en l'absence de l'oyant, est autorisé à retenir les fonds, en qualité de dépositaire, sans intérêts et sans être obligé de donner caution, ni de consigner, quoiqu'en ce cas, pour se dispenser de payer les intérêts, les autres rendants compte soient obligés de donner caution ou de consigner (C. proc. civ., art. 542). Ici ne s'applique pas l'art. 474 du C. Nap. (CARRÉ, *Quest.* 188 ; THOMINE, t. 2, p. 37 ; RODIÈRE, t. 1, p. 390 ; MAGNIN, t. 1, n° 729 ; P. GILBERT, *Cod. proc.*, art. 542).

1412. Sous l'ordonnance de 1667, tit. 29, art. 8, le comptable affirmait par serment la sincérité de son compte ; aujourd'hui l'affirmation ne se fait plus par serment, les parties pouvant être valablement représentées par leurs avoués dont les acquiescements et concessions engagent les parties aussi bien que si elles émanaient d'elles-mêmes, à moins qu'elles ne forment une action en désaveu (Arg. C. proc. civ., art. 121; Cass., 24 juillet 1840, J.P.40.2.492).

1413. Quant aux intérêts de ce qui est dû au tuteur par le mineur, ils ne courent que du jour de la sommation de payer qui a suivi la clôture du compte (C. Nap., art. 474), à moins toutefois qu'il n'ait antérieurement formé contre son pupille une demande en paiement du reliquat par lui indiqué et des intérêts du reliquat. Dans ce cas, en effet, il y a même raison de décider à son égard qu'à celui du mineur ; tel est le droit commun. L'art. 474 ne statue, en effet, que pour le cas où aucune demande judiciaire n'a été intentée.

1414. Le jugement qui assure le compte statue définitivement sur les dépens. Ainsi que nous l'avons déjà dit, ils sont ordinairement à la charge de l'oyant, si toutefois le rendant n'est pas en faute grave (V. au reste *suprà*, n° 1402); mais

Il ne peut y avoir de solidarité pour la condamnation aux dépens entre les parties qui succombent.

§ 4.—**Des effets et du redressement du compte de tutelle.**

1415. Le principal effet du compte de tutelle est de fixer la position respective du tuteur et du pupille.

Toute demande en révision du compte régulièrement rendu et apuré est interdite (Ord. 1667; C. proc. civ., art. 541).

Ainsi, lorsque depuis sa majorité le pupille a accepté et débattu le compte que lui a rendu son tuteur, il n'est plus recevable à l'attaquer sous prétexte de ne l'avoir pas examiné ans certains articles avec toute l'exactitude requise.

1416. Pour qu'il y ait rectification d'un compte dans le ns de l'art. 541, C. proc., pour que ce ne soit pas une révision, il faut que les articles sur lesquels porte la critique renferment des erreurs de calcul ou qu'elle soit appuyée sur es documents inconnus à l'époque de l'arrêté du compte.

Le mauvais emploi n'est pas la même chose que le faux emploi dans le sens de l'art. 541, C. proc. (Cass., 2 mars 831, S.-V.31.1.178).

1417. Le faux emploi consiste dans le fait de porter à la recette ou à la dépense une pièce vraie ou fausse en elle-ême, peu importe, mais étrangère au compte.

Le mauvais emploi, au contraire, est le fait de porter deux ois la même somme à la dépense ou à la recette, par exemle, si le produit d'une pièce de terre est porté à la recette, inution faite des frais de culture, et si à la dépense figure e somme pour ces mêmes frais.

1418. Le dol et la surprise qui seraient reconnus avoir été ercés par le tuteur vis-à-vis du mineur, relativement à cerns articles du compte de tutelle, n'emportent même pas ullité du compte entier; il en résulte seulement pour *le mir* une action en *rectification.* Il n'y a nullité de tout le mpte pour cause de dol qu'autant que les faits de dol se ttachent à la signature des parties, qui donne l'être à tous les cles de recette et de dépense dont le compte se compose (Bruxelles, 25 août 1810, S.11.1.122).

1419. La différence essentielle de l'action en *révision* et de action en *redressement* consiste en ce que, pour être recevale à faire réparer les erreurs ou omissions, la partie qui se laint doit les énoncer article par article et non d'une manière nérale et en bloc, ainsi que les anciens édits le permettaient ur l'action en révision.

Toutefois, cette différence repose souvent sur une nuance assez délicate et difficile à saisir. Ainsi, lorsque, sur une demande en rectification d'erreurs ou omissions existant dans un compte général composé de divers comptes particuliers, le tribunal, au lieu de distraire du compte général le montant des erreurs signalées, renvoie les parties devant un commissaire, afin qu'il redresse ces erreurs dans chaque compte particulier, c'est là, non une révision de compte prohibée par la loi, mais une simple rectification d'erreur autorisée par l'art. 541, C. proc. civ. (Cass., 19 fév. 1834).

1420. Du principe que l'erreur de fait vicie tout consentement, il suit que lorsque les erreurs ou omissions ont été commises dans un compte, non-seulement par le fait des juges, mais encore par le fait de la partie, celle-ci est recevable à en demander la rectification, encore bien que, depuis le jugement, elle ait demandé un délai pour satisfaire aux condamnations prononcées contre elle en dernier ressort (Cass., 17 avril 1810, 10 sept. 1812, et 18 juill. 1814, J.P.), ou qu'elle ait payé le reliquat du compte (Metz, 26 août 1819, J.P.).

1421. Mais pour que cette action soit recevable, il faut que les erreurs, faux ou doubles emplois signalés, n'aient pas l'objet du jugement rendu sur le compte. Autrement il y aurait chose jugée, l'appel serait la seule voie ouverte. Il n'est pas même nécessaire que l'erreur, omission, faux ou double emploi se trouve dans le jugement lui-même, il suffit que vice existe dans le chapitre des recettes ou des dépenses; car le vice des bases attaque le jugement (MERLIN, *Quest.*, v° *Compte*).

1422. Cependant il ne faut pas perdre de vue que l'art. 541 est limitatif, et qu'il exclut toute ouverture qu'il ne prévoit pas, lors même qu'elle serait basée sur une erreur de droit.

1423. La demande en rescision d'un compte de tutelle pour cause de lésion, ne peut être formée par de simples conclusions prises à l'audience, incidemment à une instance nullité de ce compte pour vice de forme (Rouen, 28 août 184[illegible], J.P.45.1.55).

1424. La demande en redressement de compte, autorisée par l'art. 541, C. proc. civ., est une demande nouvelle, principale, puisqu'elle a pour objet des prétentions qui n'ont été ni discutées ni jugées; elle est formée comme toute demande principale par citation en conciliation et ajournement, et non par assignation au domicile de l'avoué, lors même qu'elle aurait lieu dans les six mois du jugement rendu sur le compte; c'est du moins ce qui s'induit du rejet d'une proposition contraire du Tribunat (Cass., 19 fév. 1834).

1425. Les juges qui ont procédé à la liquidation d'un compte sont seuls compétents pour rectifier les erreurs, omissions, faux ou doubles emplois. Toutefois, il est certain que cette nouvelle action peut être jugée par une autre chambre ou par des magistrats différents, car tout tribunal est un corps moral, indivisible et solidaire (Cass., 23 nov. 1824, 25.1.170).

1426. La créance du mineur contre son tuteur, principal et intérêts ou accessoires, est garantie au mineur par l'hypothèque légale qui lui est accordée sur les biens de son tuteur (C. Nap., art. 2121); celle du tuteur, au contraire, n'est garantie par aucune sûreté spéciale.

1427. L'hypothèque légale des mineurs frappe, même avec spense d'inscription, aussi bien les immeubles advenus au uteur depuis la cessation de la tutelle, que sur ceux possédés ar lui durant la tutelle, jusqu'à parfait paiement des créances u mineur (Arg. C. Nap., art. 2135; Avis du Conseil d'Etat, mars 1812; Cass., 17 juill. 1844; Lyon, 23 nov. 1850, P.44.2.632, et 52.2.346).

Les créances résultant du redressement d'un compte de telle, obtenu par le mineur dans les dix ans de sa majorité, ouissent, comme le reliquat du compte de tutelle lui-même, u privilége de l'hypothèque légale qui est accordée au mineur. Toutes les créances du mineur contre son tuteur, à rain de la gestion de celui-ci, sont, en effet, garanties par hypothèque légale; et les actions du mineur pouvant être ercées pendant dix ans à partir de la majorité, l'hypothèque ui est affectée à ces actions doit nécessairement subsister endant le même espace de temps; peu importe que, depuis reddition du compte, des créanciers de bonne foi aient pris scription sur les biens du tuteur (Cass., 21 fév. 1838; Oréans, 12 janv. 1839; Toulouse, 7 mars 1855, J.P.38.1.259, 9.1.247, et 55.1.624), ou que le mineur ait, à la fin du mpte, donné à son tuteur une décharge générale de la tue (Toulouse, 18 juill. 1839, J.P.39.2.231).

Mais il en est autrement si le mineur, devenu majeur, a onné au tuteur mainlevée de l'hypothèque légale. On peut, n effet, voir dans cette stipulation un traité, une transaction, qui doit recevoir son exécution, pourvu toutefois que les prescriptions de l'art. 472, C. Nap., aient été observées (V. *suprà*, n° 1364).

1428. La minorité et l'interdiction ne suspendent pas les prescriptions établies par le Code de commerce (MERLIN, v° *Société*, p. 17, n° 590; DELVINCOURT, *Inst. comm.*, p. 133; VAZEILLE, n°s 268 et 269; TROPLONG, n° 1038; LOCRÉ, art. 189, C. comm.; NOUGUIER, *Lett. de change*, t. 1, p. 572.—*Contrà*, PERSIL, sur l'art. 189, n° 16).

1429. Outre l'hypothèque légale, la contrainte par corps peut être prononcée contre le tuteur pour reliquats du compte de tutelle; le père, ou la mère, est le seul mis en dehors de cette mesure rigoureuse (C. proc. civ., art. 126-2°; L. 17 avril 1832, art. 19 (1). L'exécution provisoire peut aussi être ordonnée avec ou sans caution, s'il y a lieu (C. proc. civ., art. 135-6°).

Mais le mineur n'est pas passible de cette voie d'exécution pour ce qu'il doit à son tuteur.

1430. La reddition et l'apurement du compte de tutelle font cesser les diverses incapacités dont le tuteur est frappé pendant la durée de son administration, notamment celle de recevoir aucune libéralité du mineur; mais, pour produire ce résultat, il faut que le compte rendu soit complet et embrasse la gestion tout entière, c'est-à-dire celle du premier tuteur aussi bien que la sienne propre (V. *suprà*, n°s 1361 et s., 1370).

§ 5.—**De la prescription des actions du mineur contre son tuteur.**

1431. Toute action du mineur contre son tuteur, relativement aux faits de la tutelle, se prescrit par dix ans à compter de la majorité (C. Nap., art. 475).

Cette disposition, dérogatoire au droit commun, suivant lequel les actions durent trente ans (C. Nap., art. 2262), est fondée sur des motifs d'équité qui ne pouvaient pas échapper au législateur. Il n'eût pas été juste, en effet, de prolonger indéfiniment les embarras que la tutelle a causés au tuteur, pendant le cours de sa gestion, en laissant subsister sur ses biens, pendant trente années, l'hypothèque à laquelle il est soumis, ni de l'astreindre, lui ou ses héritiers, à conserver pendant le même temps les éléments dont se compose le

(1) La contrainte par corps est supprimée en matière civile, commerciale et contre les étrangers (L. votée par le Corps législatif, le 23 avril 1865, art. 1er).

Elle est maintenue en matière criminelle et de simple police (V. *infrà*, liv. III et IV, 3e vol.).

compte de gestion, car les détails qu'il embrasse, outre qu'ils sont nombreux et compliqués, reposent sur de simples notes qui, le plus souvent, seraient détruites ou égarées, quelquefois même sur de simples souvenirs que le temps aurait effacés, ou au moins rendus très-incertains.

1432. Mais c'est seulement les contestations relatives à la tutelle, qui ont leur source dans la gestion même du tuteur, qui se prescrivent exceptionnellement par dix ans, à compter de la majorité du pupille ; car y sont-elles étrangères, en sont-elles indépendantes, ont-elles une autre cause que la gestion, elles se prescrivent conformément au droit commun, c'est-à-dire tantôt par trente, tantôt par dix, tantôt par cinq ans, ou même par un temps moins long, suivant les distinctions établies au titre de la prescription (C. Nap., art. 2262, 2270, 2271 et suiv.).

1433. Ainsi, lorsqu'il y a eu un compte arrêté ou un traité quelconque entre le tuteur et le mineur devenu majeur, l'action en paiement du reliquat, n'ayant plus pour objet de faire rendre compte, et n'étant plus directement fondée sur les faits de la tutelle, n'est prescriptible que par trente ans, à partir de l'arrêté de compte.

1434. Mais la demande en révision du compte de tutelle, ou en compte nouveau, à raison d'omissions commises dans un premier compte, se prescrit par dix ans, à compter de la majorité, conformément à l'art. 475, C. Nap., qui soumet à cette prescription toute action du mineur contre son tuteur relativement aux faits de la tutelle. Ici ne s'appliquent pas l'art. 2262, C. Nap., et l'art. 541, C. proc. civ., qui ne concernent que les erreurs qu'on ne peut relever qu'à l'aide du compte lui-même (C. Nap., art. 475, 1304; C. proc. civ., art. 541; Poitiers, 20 août 1850, D.50.2.139 ; Demolombe, t. 8, n° 162 ; Marcadé, sur l'art. 475).

1435. Ainsi, lorsque l'action du mineur est fondée, soit r le dol ou la fraude, soit sur la violence, de la part du tuteur envers le mineur, dans le compte même de tutelle qu'il attaque, la prescription applicable n'est plus celle de dix ans, établie par l'art. 475, C. Nap., mais bien celle de dix ans, établie par l'art. 1304 du même Code, c'est-à-dire qu'elle court, non à partir de la majorité du mineur, mais seulement à partir du jour où le dol et la fraude ont été découverts, ou de celui où la violence a cessé (Cass., 10 janv. 1810, et 10 fév. 1830 ; Zachariæ, Aubry et Rau, t. 1, p. 445 ; Duvergier sur Toullier, t. 2, n° 1278, note 1 ; Demolombe, n° 165).

1436. L'action qui appartient au mineur contre son père tuteur, à raison des reprises dotales de sa mère, ne se prescrit que par trente ans, à partir de sa majorité, et non par dix ans comme les actions résultant de la tutelle (Cass., 31 mars 1845, J.P.46.2.415; Lyon, 23 nov. 1850, J.P.52.2. 346).

1437. Mais la prescription décennale est applicable à l'action en répétition du prix d'immeubles de la mère, vendus par le père tuteur depuis la dissolution du mariage et l'ouverture de la tutelle; c'est là, en effet, une action pupillaire (C. Nap., art. 475, 2225; Lyon, 23 nov. 1850, J.P.52.2. 346).

1438. Ainsi, une dette qui a pris naissance avant la tutelle, et n'est devenue exigible qu'après la cessation de la gestion du tuteur, est prescriptible par trente ans, suivant le droit commun; mais si elle est devenue exigible pendant la tutelle, la prescription est de dix ans à partir de la majorité du mineur (Arg. C. Nap., art. 475, 2121, 2135; Paris, 26 mars 1835; Rouen, 18 janv. 1839, S.36.2.259 et 39.2.208; TROPLONG, *Priv.* et *Hyp.*, t. 2, nº 427; DEMOLOMBE, t. 8, nº 171).

1439. Lorsque le mineur décède avant sa majorité, le délai de dix ans court contre ses héritiers majeurs à partir de la cessation de la tutelle, c'est-à-dire du jour du décès du mineur, et non pas seulement à partir de l'époque où il serait devenu majeur; dans cette hypothèse il n'y a pas de raison de suspendre le délai de la prescription, puisque les héritiers du mineur, maîtres de leurs droits, peuvent agir immédiatement; mais si l'héritier du mineur était lui-même mineur, la prescription ne commencerait à courir que du jour de la majorité de cet héritier mineur, parce que la prescription fixée par l'art. 475 n'est pas du nombre de celles qui sont exceptées de la règle générale établie en faveur des mineurs par l'art. 2252, C. Nap. (V. les auteurs cités *suprà*, nº 1436).

1440. La prescription de l'action en reddition d'un compte de tutelle, appartenant à l'un des héritiers contre la succession, court même pendant l'indivision entre cet héritier et ses cohéritiers. Elle n'est pas même interrompue par l'action en partage de l'hérédité formée par cet héritier. Il est, en effet, de principe, que l'interruption de la prescription ne s'étend pas d'une action à une autre (Limoges, 15 juill. 1840, S.-V. 40.2.519; DURANTON, t. 21, nº 315; TROPLONG, *Prescrip.*, t. 2, nº 805).

1441. Si la tutelle a pris fin *ex parte tutoris*, ou par l'émancipation du mineur, la prescription de dix ans court, non pas du jour où la tutelle a pris fin, mais seulement du jour de la majorité du mineur (V. *suprà*, n° 1356).

1442. L'action en reddition de compte pour faits de tutelle est éteinte par dix ans, conformément à l'art. 475, C. Nap., à l'égard même des individus en état d'imbécillité notoire, lorsque aucun jugement ne les a frappés d'interdiction, ou quand le jugement qui les a interdits n'est intervenu qu'après l'accomplissement de cette prescription (Douai, 17 janv. 1845, J.P.46.2.228).

1443. Lorsque le compte de tutelle se balance par un solde au profit du tuteur, l'action de celui-ci contre le mineur pour se faire rembourser de ses avances, ne se prescrit que par trente ans, selon le droit commun. Les motifs qui ont fait restreindre à dix ans l'action du mineur contre son tuteur, ne se rencontrent point dans ce cas. L'art. 475, C. Nap., ne parle, en effet, que de l'action du mineur contre son tuteur. D'ailleurs, les prescriptions étant, en principe, de droit étroit, il n'y a pas lieu de les appliquer par analogie, à défaut d'un texte positif (Toullier, t. 2, n° 1276; Proudhon, t. 2, p. 246; Duranton, t. 3, n° 647; Valette sur Proudhon, t. 2, p. 419; Marcadé, sur l'art. 475; Mourlon, *Rép. écrit.*, t. 1, p. 575. — *Contrà*, Montpellier, 13 avril 1847, J.P.47. 1.650; Vazeille, n° 536; Magnin, n° 738).

Sect. XXIV.—*Formules.*

§ 1er.—Cédule sur requête pour la convocation des membres d'un conseil de famille (C. Nap., art. 406, 409, 411, 420 et 415).

« Nous, Adolphe A..., juge de paix du canton de..., dé-« partement de...,

« Sur l'avis à nous donné par Louis Lanson, cultivateur, « demeurant à..., que madame Rose Lanson, sa sœur, veuve « de monsieur Léon Guy, est décédée, en son domicile, à « Maisons-sur-Seine, le dix juin dernier, laissant pour héri-« tiers deux enfants mineurs, Louis Guy, âgé de dix ans, « et Henriette Guy, âgée de huit ans, issus du mariage de « ladite défunte avec ledit feu sieur Guy; lesdits mineurs Guy, « aujourd'hui orphelins et sans tuteur, ni subrogé tuteur;

« Vu les art. 406 et 420, C. Nap.,

« Autorisons ledit sieur Lanson, ce requérant, à faire citer, « par le premier huissier de ce requis,

« 1°.....—2°.....—3°..... (Noms, prénoms, âges, profes-

« sions, domiciles des trois plus proches parents de la ligne « paternelle) ;

« 4°.....—5°.....—6°.....(Noms, prénoms, âges, profes- « sions, domiciles des deux plus proches parents de la ligne « maternelle qui, avec le requérant, doivent composer cette « ligne) ;

« A comparaître et se trouver le..., dix heures du matin, « en notre cabinet à..., pour se constituer, sous notre prési- « dence, en conseil de famille, à l'effet de procéder à la no- « mination d'un tuteur et d'un subrogé tuteur auxdits mi- « neurs Guy, à peine d'amende (C. Nap., art. 413).

« Fait et délivré en notre cabinet, à..., le cinq juin mil « huit cent quarante-neuf. » (*Signature du juge.*)

§ 2. — **Cédule pour la convocation d'office des membres d'un conseil de famille** (C. Nap., art. 406, 407, 409, 411, 420 et 421).

« Nous, Adolphe A..., juge de paix du canton de..., dé- « partement de...,

« Informé par M. le maire de la commune de..., ou : in- « struit par..., ou : ayant connaissance par nous-même, que « la dame Henriette B..., femme du sieur Firmin Ménard, « cultivateur, demeurant à..., commune de..., est décédée le « quinze mai dernier, et que de son mariage avec ledit sieur « Ménard, sont issus trois enfants mineurs : Pierre Ménard, « âgé de dix-sept ans ; Honoré Ménard, âgé de douze ans ; « et Henriette Ménard, âgée de dix ans ; auxquels ledit sieur « Ménard a négligé jusqu'à ce jour de faire nommer un su- « brogé tuteur, encore bien qu'il se soit immiscé dans la tu- « telle et qu'il ait été invité plusieurs fois par sa famille, et « même par nous, à provoquer cette nomination ;

« Vu les art. 406, 407, 420 et 421, C. Nap.,

« Disons que le conseil de famille desdits mineurs Ménard, « composé de : 1°.....—2°.....—3°.....—4°.....—5°.....— « 6°..... (Désigner les trois plus proches parents de la ligne « paternelle, et les trois plus proches parents de la ligne ma- « ternelle des mineurs, et, à leur défaut, des amis, connus « pour avoir eu des relations habituelles d'amitié avec la « défunte),

« Sera convoqué à comparaître et se trouver le..., dix « heures du matin, en notre cabinet, à...,

« A l'effet de procéder, sous notre présidence, à la nomi- « nation d'un subrogé tuteur auxdits mineurs Guy, à peine « d'amende (art. 413, C. Nap.) ;

« Commettons M..., huissier, à l'effet de notifier la pré-« sente cédule aux susnommés et audit sieur Ménard, pour « ce dernier être présent, si bon lui semble, à la nomination « dont il s'agit, à laquelle il sera procédé tant en son absence « qu'en sa présence.

« Fait et délivré en notre cabinet, à..., le dix novembre « mil huit cent quarante-huit. »

(*Signature du juge.*)

§ 3. — Cédule sur requête pour la convocation d'un conseil de famille pour les cas déterminés par les art. 424, 431, 433, 457, 483, 484, 485 et autres du Code Nap.

« Nous, Adolphe A..., juge de paix du canton de..., dé-« partement de...,

« Sur ce qui nous a été exposé par (nom, prénoms, pro-« fession, demeure de l'exposant), que (énoncer sommaire-« ment le fait);

« Vu les art. 406 et (l'article relatif à l'objet de la convo-« cation);

« Autorisons ledit sieur, ce requérant,

« A faire citer par le ministère de..., huissier audiencier « de cette justice de paix : 1°..., 2°..., 3°..., 4°..., 5°..., « 6°... (les six membres qui ont fait partie des précédentes « délibérations, qui ne peuvent être remplacés qu'en cas de « décès, à peine de nullité de la délibération),

« A comparaître et se trouver le..., dix heures du matin, « en notre cabinet, à..., pour se constituer en conseil de fa-« mille, sous notre présidence, et délibérer sur l'exposé du « requérant;

« Enjoignons, en conséquence, aux six membres du con-« seil de famille sus-dénommés de comparaître aux lieu, jour « et heure indiqués, soit en personne, soit par fondé de pou-« voir spécial, sous les peines de droit (C. Nap., art. 413).

« Fait et délivré en notre cabinet, à..., le deux février mil « huit cent quarante-neuf. »

(*Signature du juge.*)

§ 4. — Signification de la cédule et sommation de comparaître (C. Nap., art. 406, 411).

« L'an..., etc...,

« En vertu d'une cédule délivrée par M. le juge de paix « du canton de..., en date du..., enregistrée, dont copie est « donnée en tête de celle des présentes, et à la requête du

« sieur..., j'ai (immatricule), soussigné, fait sommation : « 1° au sieur..., en son domicile, parlant à...; — 2°, etc...;

« A comparaître et se trouver (indiquer les jour, lieu, « heure et objet de la convocation);

« Leur déclarant que, faute par eux de comparaître en « personne, ou par un fondé de pouvoir spécial, ils encour- « ront l'amende prononcée par la loi (C. Nap., art. 413). »

(*Signature de l'huissier.*)

§ 5.—**Notification au tuteur de sa nomination** (C. proc., art. 882).

« L'an..., le..., à la requête du sieur..., désigné par la « délibération du conseil de famille ci-après énoncée, pour « faire la présente notification, et pour lequel domicile « est élu en sa demeure, j'ai (immatricule de l'huissier au- « diencier de la justice de paix), soussigné, notifié et, avec « celle des présentes, donné copie au sieur..., d'une délibé- « ration du conseil de famille du mineur..., reçue par M. le « juge de paix de..., dûment enregistrée, par laquelle ledit « sieur... est nommé tuteur dudit mineur. A ce que du con- « tenu en ladite délibération le susnommé n'ignore, et ait en « conséquence à entrer en exercice de la tutelle à lui déférée, « je lui ai..., etc. » (*Signature de l'huissier.*)

§ 6.—**Assignation pour faire réformer une délibération du conseil de famille qui n'a pas été unanime** (C. proc., art. 888).

« L'an..., le..., à la requête du sieur..., frère germain « de..., fils mineur de..., et de..., tous deux décédés, demeu- « rant ledit sieur... à..., et j'ai..., soussigné, donné assigna- « tion : 1° au sieur..., au nom et comme tuteur dudit mi- « neur..., demeurant à...;

« —2° Au sieur..., beau-frère dudit mineur, etc.;

« —3° Et au sieur..., appelé à défaut de parents et connu « pour avoir eu des relations habituelles d'amitié avec le « père et la mère dudit mineur,

« A comparaître, etc., etc.,

« Pour, attendu que les susnommés qui ont fait partie du « conseil de famille, convoqué à la requête du tuteur, sous « la présidence de M. le juge de paix du canton de..., le..., « à l'effet de vendre une maison appartenant audit mineur..., « sise à..., rue..., pour payer avec les deniers provenant de « ladite vente, les créanciers de la succession du sieur..., « père dudit mineur, ont été d'avis de vendre ladite maison, « tandis que le requérant et son frère ont été d'un avis con- « traire, mentionné dans ladite délibération ;

« Attendu, au fond, qu'il est de l'intérêt du mineur... de « conserver l'immeuble dont il s'agit, et que les dettes de la « succession de son père ne s'élevant qu'à une somme de..., « il sera plus avantageux pour lui de faire l'emprunt de « cette somme, avec hypothèque sur la maison, que de la « vendre ;

« Attendu aussi qu'il est constaté par le compte sommaire « présenté par le tuteur du mineur... à l'assemblée de famille « que ledit mineur n'a aucune somme disponible, et que ses « revenus sont insuffisants pour le paiement des dettes de la « succession de son père,

« Voir dire et ordonner, que la délibération du conseil de « famille dudit mineur..., reçue par M. le juge de paix de..., « le..., enregistrée, sera rejetée purement et simplement, et « que le tuteur du mineur sera autorisé par le jugement à « intervenir, et sans qu'il en soit besoin d'autre, à emprunter « à un intérêt qui ne pourra excéder cinq pour cent par an, « et pour le terme de quatre ans, la somme de..., pour son « mineur, et à affecter et hypothéquer, à la garantie et au « paiement de la somme empruntée, ladite maison sise à..., « rue..., appartenant audit mineur ; pour, avec les deniers « ainsi empruntés, payer les créanciers sérieux et légitimes « de la succession dudit sieur..., chacun suivant ses droits ; « et pour, en outre, répondre et procéder comme de raison, « à fin de dépens ; et j'ai, aux susnommés, en leurs domiciles « et parlant comme dessus, laissé à chacun séparément copie « du présent, dont le coût est de... »

(*Signature de l'huissier.*)

§ 7.—**Demande en homologation d'une délibération du conseil de famille contre le tuteur** (C. proc., art. 887).

« L'an..., le..., à la requête de..., demeurant à..., ayant « fait partie du conseil de famille du mineur ci-après nommé, « etc., j'ai, etc...,

« Pour, attendu que, par délibération des parents et amis « dudit mineur..., reçue par M. le juge de paix du canton « de..., le..., dûment enregistrée, laquelle autorise à provo- « quer la licitation d'une maison dont le mineur est proprié- « taire pour moitié, il a été dit que le sieur..., en sa qua- « lité de tuteur dudit mineur, poursuivrait l'homologation de « cette délibération dans la huitaine ;

« Attendu que plus de quinze jours se sont écoulés, et que

« le sieur... ne se met pas en devoir de faire prononcer cette « homologation,

« Voir dire et ordonner que la délibération susénoncée « sera homologuée, pour être exécutée selon sa forme et « teneur; et pour, en outre, répondre et procéder comme de « raison, à fin de dépens, auxquels ledit sieur... sera per- « sonnellement condamné, et que, sous aucun prétexte, il ne « pourra employer en compte de tutelle; et je lui ai en son « domicile et parlant comme dessus, laissé copie du présent « exploit, dont le coût est de... »

(*Signature de l'huissier.*)

§ 8.—**Opposition à l'homologation d'une délibération du conseil de famille** (C. proc., art. 888).

« L'an..., le..., à la requête du sieur..., ayant fait partie « du conseil de famille dont sera ci-après parlé, demeurant « à..., j'ai, etc..., soussigné, signifié et déclaré au sieur..., « au nom et comme tuteur du sieur..., en cette qualité, dé- « signé par la délibération du conseil de famille, ci-après « énoncée, pour en poursuivre l'homologation, ledit sieur..., « demeurant à..., en son domicile, parlant à...,

« Que le requérant entend contester la délibération du con- « seil de famille dudit mineur..., reçue par M. le juge de paix « du canton de..., le..., par laquelle le sieur..., en sa qualité, « a été autorisé à provoquer la vente, par licitation, d'une « maison appartenant pour moitié audit mineur..., et en con- « séquence qu'il est opposant, comme par ces présentes il « s'oppose, à ce qu'autrement qu'en sa présence, ou lui dû- « ment appelé, le sieur... en poursuive l'homologation; dé- « clarant au susnommé que ledit requérant proteste de nullité « tout ce qui sera fait au préjudice de ladite opposition, et « je lui ai, etc. »

(*Signature de l'huissier.*)

§ 9.—**Nomination de conseil spécial de tutelle à la mère survivante** (C. Nap., art. 391 et 392).

« L'an..., le lundi trois mars,... heures du matin,

« Par-devant nous, Adolphe A..., juge de paix du canton « de..., département de..., assisté de Me Louis B..., greffier « de cette justice de paix,

« Est comparu dans notre cabinet, à...,

« M. Denis Leclerc, négociant, demeurant à...,

« Lequel a dit et déclaré que, désirant user de la faculté qui

« lui est accordée par l'art. 391, C. Nap., il nomme par ces « présentes, pour conseil spécial de tutelle, à madame Rose-« Sophie Duval, son épouse, M. Paul Merville, ancien négo-« ciant, demeurant à..., sans l'avis duquel il entend qu'elle « ne puisse faire aucun acte relatif à la tutelle des enfants « mineurs nés de leur mariage. »

Ou : « Sans l'avis duquel il entend qu'elle ne puisse faire « aucun acte relatif à la gestion et administration des biens « de ses enfants mineurs. ».

Ou encore : « Sans l'avis duquel il entend qu'elle ne puisse « recevoir aucun capital, ni en faire l'emploi, ni faire aucun « bail à ferme ou à loyer des biens appartenant à ses enfants « mineurs.

« Dont acte : fait et dressé le présent procès-verbal, que « M. Leclerc a signé avec nous et le greffier, après lecture « faite. »

(*Signatures.*)

§ 10. — Nomination d'un tuteur par le survivant des père et mère (C. Nap., art. 397 et 398).

« L'an..., le mardi six mars, dix heures du matin,

« Par-devant nous, Adolphe A..., juge de paix du canton « de..., département de..., assisté de Mᵉ Louis B..., greffier « de cette justice de paix,

« Est comparu, dans notre cabinet, à...,

« M. Noël Hardy, propriétaire, demeurant à...,

« Lequel a dit et déclaré que, voulant user de la faculté « qui lui est accordée par l'art. 397, C. Nap., il nomme par « ces présentes, pour tuteur de Henriette Hardy et Louis « Hardy, ses deux enfants mineurs, issus de son mariage « avec dame Félicité de Maurois, son épouse, décédée, « M. Frédéric de Maurois, son beau-frère, avocat, demeu-« rant à..., qu'il prie d'accepter cette charge, et auquel il « confère tous pouvoirs pour les exercer aux lieu et place du « comparant, et à compter du jour de son décès.

« Dont acte : fait et dressé le présent procès-verbal, que « M. Hardy a signé avec nous et le greffier, après lecture « faite. »

(*Signatures.*)

Nota. — La mère remariée, et non maintenue dans la tutelle des enfants de son premier mariage, ne peut user de la faculté accordée à la mère survivante par l'art. 397 ; si elle a été maintenue dans la tutelle, elle pourra, comme la mère non remariée, faire choix d'un tuteur aux enfants de son premier mariage ; mais ce choix ne sera valable qu'autant qu'il sera confirmé par le conseil de famille.

Le tuteur ainsi élu n'est pas tenu d'accepter la tutelle, s'il n'est d'ailleurs dans la classe des personnes que, à défaut de cette élection spéciale, le conseil eût pu en charger (C. Nap., art. 399, 400 et 401. V. *suprà*, tit. VIII, *de la Puiss. patern.*).

§ 11.—**Nomination d'un subrogé tuteur dans les tutelles légales de père ou de mère survivant ou d'ascendant** (C. Nap., art. 420 et 461).

« L'an mil huit cent quarante-neuf, le lundi six mars, dix « heures du matin ;

« Par-devant nous, Adolphe A..., juge de paix du canton « de..., département de..., assisté de Mᵉ Louis B..., greffier « de cette justice de paix,

« Est comparu, dans notre cabinet, à...,

« M. Alexandre-Adrien Loiseau, propriétaire, demeurant « à...,

« Lequel a dit que, de son mariage avec madame Antoi- « nette-Florence Morin, décédée à..., le..., sont issus Louis- « Adrien Loiseau, âgé de neuf ans, Alexis-Alphonse Loiseau, « âgé de sept ans, et Florence-Amélie Loiseau, âgée de cinq « ans; que, désirant exercer légalement la tutelle de sesdits « enfants dont il déclare faire l'acceptation formelle, il a, sur « notre indication verbale, à ces jour, lieu et heure, convoqué « et réuni à l'amiable; ou, en vertu de notre cédule en date « du..., enregistrée, par-devant nous, leur conseil de famille, « composé des trois plus proches parents dans chaque ligne, « conformément à l'art. 407, C. Nap., pour leur nommer un « subrogé tuteur, et l'autoriser à accepter sous bénéfice d'in- « ventaire la succession échue à sesdits enfants par le décès « de leur mère, et a, ledit comparant, requis acte de ses di- « ligences, et a signé, après lecture, et s'est retiré. »

(*Signature.*)

« Sont aussi comparus, savoir :

Du côté paternel :

« 1°. . . . . ; — 2°. . . . . . . ; — 3°. . . . . ;

Du côté maternel :

« 4°. . . . . ; — 5°. . . . . . . ; — 6°. . . . . .

« Lesquels parents (et amis, s'il y en a, connus pour avoir « eu des relations habituelles d'amitié avec la mère des mi-

« neurs, appelés au conseil à défaut de parents dans la dis-
« tance de deux myriamètres et au delà, ainsi déclaré par les
« comparants), constitués en conseil de famille, sous notre
« présidence, après avoir mûrement délibéré avec nous;

« Vu les art. 420 et 461, C. Nap.;

« Considérant que dans toute tutelle il doit y avoir un subrogé tuteur nommé par le conseil de famille; qu'il doit « être choisi, hors le cas de frère germain, dans celle des « deux lignes à laquelle n'appartient pas le tuteur;

« Considérant que le tuteur ne peut accepter ni répudier « une succession échue aux mineurs sans une autorisation « préalable du conseil de famille,

« Le conseil a été unanimement d'avis de nommer à cette « qualité, comme de fait il nomme par ces présentes, M...., « oncle maternel des mineurs, quatrième membre du conseil, « à l'effet d'agir et de les représenter dans tous les cas où ils « se trouveraient en opposition d'intérêts avec ceux de leur « tuteur, et de faire tous actes conservatoires et de procédure « prescrits par la loi; lequel a déclaré accepter ladite fonc- « tion de subrogé tuteur, et a promis de bien et fidèlement « remplir les devoirs qu'elle lui impose.

« Le conseil a été également d'avis unanime d'autoriser, « comme de fait il autorise le sieur Alexandre-Adrien Loiseau, « tuteur, à accepter sous bénéfice d'inventaire, au greffe du « tribunal de première instance de l'arrondissement de..., « la succession échue à ses enfants mineurs par le décès de « leur mère.

« Dont acte : fait et dressé le présent procès-verbal que « les délibérants et le tuteur, rappelé devant le conseil, ont « signé avec nous et le greffier, après lecture faite. »

(*Signatures.*)

INCIDENT.

Condamnation d'un membre du conseil de famille cité et défaillant (C. Nap., art. 413 et 414).

« Attendu que le sieur Vigneron, demeurant à..., ne com- « paraît ni en personne, ni par fondé de pouvoir, quoique « dûment cité, et attendu plus d'une heure au delà de celle « fixée par notre cédule de convocation, à lui dûment no- « tifiée,

« Nous, juge de paix,

« Vu l'art. 413, C. Nap., ainsi conçu :

« Tout parent, allié ou ami, convoqué, et qui, sans excuse

« légitime, ne comparaîtra point, encourra une amende qui « ne pourra excéder cinquante francs, et sera prononcée « sans appel par le juge de paix ; »

« Donnons défaut contre ledit sieur..., et pour le profit, le « condamnons en cinquante francs d'amende...;

« Et, attendu que le conseil peut en droit délibérer au « nombre de cinq membres, nous avons déclaré les cinq com« parants légalement constitués en conseil de famille sous « notre présidence ;

« Et, après avoir mûrement délibéré avec nous sur l'exposé « du tuteur,

« Le conseil ainsi constitué a été unanimement d'avis « de..., etc., comme ci-dessus. »

Ou : « Ordonnons qu'il sera remplacé au conseil de fa« mille par..., cultivateur demeurant à...; ajournons en con« séquence la délibération au douze mars, présent mois, dix « heures du matin, dans notre cabinet, à..., auxquels jour, « lieu et heure, ledit sieur... (celui qui remplace l'absent) « sera cité, et pour lesquels les cinq comparants ont promis de « comparaître sans citation, et ont lesdits comparants signé « avec nous et le greffier, après la lecture. »

Ou : « Attendu qu'il est de l'intérêt des mineurs d'enten« dre ledit sieur..., et d'avoir son avis, ajournons le conseil « de famille au douze de ce mois, dix heures du matin, en « notre cabinet, à..., auxquels jour, lieu et heure les com« parants ont promis de se trouver sans citation et pour les« quels ledit sieur... sera cité à comparaître. »

S'il existe des parents plus proches que ceux convoqués (C. Nap., art. 409) on dit :

« Attendu qu'il existe des parents plus proches, domiciliés « à..., qui sont..., ajournons la délibération du conseil de « famille au quinze de ce mois, dix heures du matin, dans « notre cabinet, à..., auxquels jour, lieu et heure, les sieur..., « etc..., etc..., seront cités à comparaître, et ont lesdits « comparants signé avec nous et le greffier, après lecture « faite. » (*Signatures.*)

§ 12.—**Nomination d'un tuteur et d'un subrogé tuteur à des mineurs dont les père et mère sont décédés** (C. Nap., art. 405 et 420), **et d'un protuteur, suivant le cas** (art. 417 du même Code).

« L'an..., le lundi..., heures du matin,

« Par-devant nous, Adolphe A..., juge de paix du canton « de..., département de..., assisté de Me Louis B..., greffier « de cette justice de paix,

« Est comparu, dans notre cabinet, à...,

« M. Paul Leduc, propriétaire, demeurant à...,

« Lequel a dit que du mariage de M. Louis-Henri Leduc, « son frère, décédé à..., le..., et de dame Marie-Rose Lam- « bert sa veuve, décédée au même lieu, le..., sont issus deux « enfants mineurs, Henri Leduc, âgé de dix-sept ans, et « Marie Leduc, âgée de quinze ans, aujourd'hui orphelins; « qu'en conséquence de notre indication verbale à ce jour, « lieu et heure (ou, en vertu de notre cédule qu'il a fait « notifier par exploit de..., huissier à..., le... enregistré), « il a convoqué par-devant nous les parents (et amis, s'il y « en a) desdits mineurs, à l'effet de se réunir en conseil de « famille avec nous sous notre présidence, pour nommer un « tuteur et un subrogé tuteur auxdits mineurs Leduc. »

Si les mineurs possèdent des biens dans les colonies ou réciproquement, on ajoute : « Ainsi qu'un protuteur pour « administrer les biens qu'ils possèdent dans les colonies. » Et a, ledit comparant, requis acte de ses diligences, et a signé.

(*Signature.*)

« Sont aussi comparus, savoir :

Du côté paternel :

« 1° . . . ; — 2° . . . ; — 3° . . . ;

Du côté maternel :

« 4° . . . ; — 5° . . . ; — 6° . . . ;

« Lesquels parents (et amis) réunis en conseil de famille, « sous notre présidence, après avoir délibéré avec nous, sur « l'exposé qui précède,

« Considérant que tous mineurs et non émancipés restés « sans père ni mère, comme dans l'espèce, doivent être, aux « termes de l'art. 405, C. Nap., pourvus d'un tuteur, nommé « par le conseil de famille ;

« Considérant que dans toute tutelle il doit y avoir un su- « brogé tuteur, également nommé par le conseil de famille « aux termes de l'art. 420 du même Code ; qu'il doit être « choisi, hors le cas de frère germain, dans celles des deux « lignes à laquelle n'appartient pas le tuteur ,

« Le conseil a été unanimement d'avis de nommer, comme « de fait il nomme, par ces présentes, M. Emile Leduc, pre- « mier membre du conseil, tuteur desdits mineurs Leduc, « pour, par lui, en cette qualité, régir, gouverner et admi-

« nistrer leurs personnes et leurs biens, conformément à la « loi, fonction que ledit sieur Leduc a déclaré accepter, et a « promis de bien et fidèlement remplir les devoirs et obli- « gations qu'elle lui impose, et a signé après lecture faite. »

(*Signature.*)

« Procédant ensuite à la nomination du subrogé tuteur, le « conseil, après avoir délibéré avec nous, hors la présence du « tuteur, a été unanimement d'avis de nommer, à cette qua- « lité, comme de fait il nomme, par ces présentes, M. Adrien « Lambert, oncle maternel des mineurs Leduc, quatrième « membre du conseil, à l'effet d'agir et de les représenter « dans tous les cas où ils se trouveraient en opposition d'in- « térêts avec ceux de leur tuteur, comme aussi pour faire tous « actes conservatoires et de procédure prescrits par la loi;

« Lequel a déclaré accepter ladite fonction, et a promis « de bien et fidèlement s'acquitter des devoirs qu'elle lui « impose.

« Dont acte, etc. »

Si le tuteur n'est pas présent à sa nomination, on remplace ces mots : « Lequel a déclaré accepter..., etc., par ceux-ci: « Et vu l'art. 882 du Code de procédure, le conseil délègue le « sieur D..., troisième membre du conseil, qui accepte, pour « notifier audit sieur Emile Leduc, tuteur, sa nomination, « dans le délai de trois jours, conformément audit art. 882 « précité. »

Et, dans le cas de nomination d'un protuteur, on ajoute:

« Et attendu que les mineurs Leduc possèdent dans l'île de « la Martinique, au quartier de..., une indigoterie et une ca- « féière, etc.; qu'aux termes de l'art. 417, C. Nap., l'adminis- « tration de ces biens doit être séparée de celle qui vient « d'être conférée à leur tuteur; que, dès lors, il y a lieu de « leur nommer un protuteur;

« Le conseil, après en avoir délibéré avec nous, a été una- « nimement d'avis de nommer, comme de fait il nomme par « ces présentes, à cette fonction, M. Adrien Dumouchel, « notaire, demeurant en la ville de..., et commet M. Alphonse « Lambert, cinquième membre du conseil, qui accepte, pour « faire audit M. Dumouchel la notification de la présente dé- « libération, conformément à la loi.

« Dont acte : fait et dressé le présent procès-verbal, que « les membres du conseil de famille ont signé avec nous et le « greffier, après lecture faite. » (*Signatures.*)

§ 13.—**Délibération du conseil de famille sur les excuses proposées par un tuteur absent au moment de sa nomination** (C. Nap., art. 433, 434, 435, 436, 438 et 439).

« L'an. . . , le jeudi. . . , heures du matin,

« Par-devant nous, Adolphe A..., juge de paix du canton « de..., département de..., assisté de Mᵉ Louis B..., greffier « de cette justice de paix,

« Est comparu, dans notre cabinet, à...,

« Le sieur Adrien Lafosse, propriétaire, demeurant à...,

« Lequel a dit qu'étant âgé de cinquante-six ans, et atteint « d'une infirmité grave, il ne peut accepter la tutelle des mi- « neurs Leduc que le conseil de famille lui a conférée par sa « délibération en date du..., enregistrée, et à lui notifiée, à « la requête de..., l'un de ses membres, par exploit de..., « huissier à..., en date du..., enregistré... ; qu'en consé- « quence de notre indication verbale à ces jour, lieu et heure « (ou, en vertu de notre cédule, en date du..., signifiée à sa « requête, par exploit de..., huissier à..., en date du..., en- « registré), il a convoqué à l'amiable par-devant nous (ou il « a fait sommation à...) les membres du conseil de famille « desdits mineurs, à l'effet de se réunir en conseil de famille « avec nous sous notre présidence, pour délibérer sur ses « excuses, et le décharger de la tutelle dont il s'agit, et a « signé. »

(*Signature.*)

« Sont aussi comparus, savoir :

Du côté paternel :

« 1°. . . . . ; — 2°. . . . . ; — 3°. . . . . ;

Du côté maternel :

« — 4°. . . . . ; — 5°. . . . . ; — 6°. . . . . ;

« Lesquels parents et amis réunis en conseil de famille « sous notre présidence, après avoir pris connaissance de « l'exposé qui précède et en avoir délibéré avec nous, hors « la présence du tuteur requérant,

« Vu les actes de naissance et certificats présentés par le « sieur Lafosse, tuteur, ensemble les art. 433 et 434, C. « Nap. ;

« Considérant que les excuses proposées sont légitimes et « dûment justifiées,

« Le conseil a été unanimement d'avis d'accepter, comme « de fait il accepte, la démission du sieur Lafosse des fonc-

« tions de tuteur des mineurs Leduc, et procédant de suite « à son remplacement, a été unanimement d'avis de nom« mer, comme de fait il nomme par ces présentes, aux « lieu et place duit sieur Lafosse, M. Alfred B..., cinquième « membre du conseil, tuteur desdits mineurs Leduc, pour « par lui, en cette qualité, régir, gouverner et administrer « leurs personnes et leurs biens, conformément à la loi, le« quel a déclaré accepter ladite fonction de tuteur, et a pro« mis de bien et fidèlement s'acquitter des devoirs et obliga« tions qu'elle lui impose, et a signé. »

(*Signature.*)

Si les excuses sont rejetées, on dit :

« Considérant que l'infirmité alléguée (pour le cas où il ne « s'agirait que de cette excuse) n'est ni grave ni suffisamment « justifiée,

« Le conseil a été unanimement d'avis de rejeter lesdites « excuses et de maintenir, comme de fait il maintient, le sieur « Lafosse comme tuteur des mineurs Leduc ; qu'en consé« quence, il sera tenu d'administrer la tutelle qui lui est con« férée, et même provisoirement en cas de pourvoi contre la « présente délibération, conformément à la loi.

« Le sieur Lafosse ayant été rappelé devant le conseil, « nous lui avons donné connaissance de la délibération ci« dessus, à laquelle il a déclaré adhérer (ou : contre laquelle « il a fait toutes protestations et réserves, et a signé) et a « promis de bien et fidèlement s'acquitter des devoirs et « obligations qu'elle lui impose, et a signé. »

(*Signature.*)

Ou : « Lequel a représenté au conseil qu'il a cinq enfants « légitimes qui le dispensent, aux termes de l'art. 436, C. « Nap., d'accepter toute autre tutelle que celle de sesdits en« fants (ou tout autre motif prévu par l'un des art. 433, 434, « 435, 436, C. Nap.).

« Dont acte : a signé et s'est retiré.

« Le conseil, après avoir délibéré avec nous sur l'exposé « ci-dessus,

« Vu l'art. 436, C. Nap. ;

« Considérant que le sieur Lafosse, tuteur, n'a pas cinq « enfants dans le sens de la loi, parce que dans ce nombre il « y a deux petits-enfants, qui, en droit, ne peuvent compter « que pour une personne du chef de leur père,

« A été unanimement d'avis de rejeter ladite excuse et de « maintenir la nomination dudit sieur Lafosse comme tuteur

« des mineurs Leduc ; qu'en conséquence, il sera tenu d'ad-« ministrer la tutelle qui lui est conférée, et même provisoi-« rement en cas de pourvoi contre la présente délibération, « conformément à la loi. »

(La réponse du tuteur comme ci-dessus.)

« Dont acte : fait et dressé le présent procès-verbal, que « les délibérants ont signé avec nous et le greffier, après lec-« ture faite. »

(*Signatures.*)

Si le tuteur est présent à la délibération, on dit :

« Lequel a dit qu'étant chargé de deux tutelles, il ne peut « être contraint d'en accepter une troisième ; qu'en consé-« quence, il requiert le conseil de famille d'admettre ses ex-« cuses et de le décharger de la tutelle qu'il vient de lui « conférer, et a signé. »

(*Signature.*)

« Le conseil, après avoir délibéré avec nous sur l'exposé « ci-dessus,

« Vu l'art. 435, C. Nap. ;

« Considérant que l'excuse proposée est légitime et dûment « justifiée,

« A été unanimement d'avis de dispenser le sieur Lafosse « de la tutelle qu'il vient de lui conférer, et, procédant de « suite à son remplacement, le conseil a été d'avis, etc. « (comme ci-dessus).

« Dont acte : fait et dressé le présent procès-verbal, etc. »

(*Signatures.*)

§ 4.—**Nomination d'un curateur au ventre à un enfant posthume** (C. Nap., art. 393).

« L'an..., le lundi..., heures du matin,

« Par-devant nous, Adolphe A..., juge de paix du canton « de..., département de..., assisté de Me Louis B..., greffier « de cette justice de paix,

« Est comparue dans notre cabinet, à...,

« Madame Julie Delacroix, veuve de M. Adrien Viennet, « propriétaire, demeurant à... ;

« Laquelle nous a dit et déclaré qu'elle est enceinte de « deux mois des œuvres du feu sieur..., son mari, décédé le... ; « qu'en vertu de notre indication verbale à ces jour, lieu et « heure, elle a convoqué à l'amiable par-devant nous un « conseil de famille composé en conformité de l'art. 407,

« C. Nap., à l'effet de nommer un curateur au ventre à l'en-
« fant dont elle est enceinte, et a ladite veuve Viennet re-
« quis acte de ses déclaration et diligences, et a signé.

(*Signature.*)

« Sont aussi comparus, savoir :

Du côté paternel :

« 1° — « 2° — « 3° — Noms, prénoms, âges, qualités et demeures des trois parents paternels ou, à leur défaut, d'amis connus pour avoir eu des relations d'amitié avec le défunt;

Du côté maternel :

« 4° — « 5° — « 6° — Noms, prénoms, âges, qualités et demeures des trois parents maternels ou, à leur défaut, d'amis connus pour avoir eu des relations d'amitié avec le défunt et la requérante ;

(Suivre l'ordre de proximité dans chaque ligne.)

« Lesquels parents et amis, réunis en conseil de famille « sous notre présidence, après avoir délibéré avec nous « sur l'objet de leur convocation ;

« Considérant que si, lors du décès du mari, la femme est « enceinte, le conseil de famille doit nommer un curateur au « ventre à l'enfant posthume, à la naissance duquel la mère « en devient tutrice, et le curateur en est, de plein droit, « subrogé tuteur,

« Le conseil a été unanimement d'avis de nommer, comme « de fait il nomme, par ces présentes, M. Frédéric Viennet, « frère du défunt, l'un des délibérants, curateur au ventre à « l'enfant dont madame veuve Viennet déclare être enceinte, « lequel nous a déclaré accepter cette fonction pour l'exercer « suivant les prescriptions de la loi, et a signé. »

(*Signature.*)

« Dont acte : fait et dressé le présent procès-verbal, que « les membres du conseil de famille, et madame veuve Vien- « net, ont signé avec nous et le greffier, après lecture faite. »

(*Signatures.*)

§ 15.—**Nomination d'un tuteur sur le refus de la mère d'accepter la tutelle de ses enfants** (C. Nap., art. 390, 394 et 424).

« L'an..., le..., heures du matin,

« Par-devant nous, Adolphe A..., juge de paix du canton « de..., département de..., assisté de Me Louis B..., greffier « de cette justice de paix ,

« Est comparue, dans notre cabinet, à...,

« Madame Henriette-Amélie Marc, veuve de M. Louis-Paul « Duvernois, propriétaire, demeurant à...

« Laquelle a dit et exposé que, de son mariage avec feu « M. Duvernois, décédé le..., sont issus deux enfants mi- « neurs : Louis Duvernois, âgé de quinze ans, et Amélie Du- « vernois, âgée de quatorze ans, dont la tutelle lui est dé- « férée de droit ; mais qu'étant atteinte d'une infirmité grave, « et dans l'impossibilité de pouvoir administrer convenable- « ment les personnes et les biens de ses enfants, elle décla- « rait se démettre de ladite tutelle, qu'aux termes de l'art. « 394, C. Nap., elle n'était point tenue d'accepter, et y re- « noncer ; qu'en conséquence, elle a, sur notre indication « verbale à ces jour, lieu et heure, convoqué et réuni à l'amia- « ble par-devant nous le conseil de famille de ses mineurs, « régulièrement composé, à l'effet de leur nommer un tuteur « pour la remplacer, et un subrogé tuteur, conformément à « l'art. 420, C. Nap., et a ladite dame veuve Duvernois re- « quis acte de ses déclaration et diligences, et a signé, après « lecture faite. »

(*Signature.*)

« Sont aussi comparus, savoir :

Du côté paternel :

« 1° . . . ; —2° . . . . . ; —3° . . . . . ;

Du côté maternel :

« 4° . . . ; —5° . . . . . ; —6° . . . . . ;

« Lesquels parents réunis en conseil de famille sous notre « présidence, après avoir délibéré avec nous, hors la pré- « sence de la dame veuve Duvernois ;

« Vu la déclaration ci-dessus ;

« Vu les art. 390 et 394, C. Nap. ;

« Considérant que la mère n'est point tenue d'accepter la « tutelle ; que, d'après les motifs allégués par la dame veuve « Duvernois, il lui est impossible d'accepter la tutelle légale « de ses enfants,

« Le conseil a été unanimement d'avis d'accepter, comme « de fait il accepte, par ces présentes, la démission de ladite « dame veuve Duvernois et la répudiation de la tutelle légale « de ses deux enfants mineurs, et procédant de suite à son « remplacement, le conseil a été unanimement d'avis de nom- « mer, comme de fait il nomme, en son lieu et place, pour

« tuteur auxdits mineurs Duvernois, M..., leur oncle paternel, premier membre du conseil, pour, par lui, en cette qualité, régir, gouverner et administrer leurs personnes et leurs biens, et généralement faire ce qu'il jugera convenable à leurs intérêts ; lequel a déclaré accepter cette fonction, et a promis de bien et fidèlement remplir les devoirs et obligations qu'elle lui impose,

« Et a signé. »

(*Signature.*)

« Le conseil, procédant ensuite à la nomination d'un subrogé tuteur, après en avoir délibéré avec nous, hors la présence du tuteur, a été unanimement d'avis de nommer, comme de fait il nomme, par ces présentes, M..., quatrième membre du conseil, subrogé tuteur desdits mineurs Duvernois, pour, par lui, en cette qualité, agir et les représenter dans tous les cas où ils auraient des intérêts opposés à ceux de leur tuteur, comme aussi pour faire tous actes conservatoires et de procédure prescrits par la loi ; lequel a déclaré accepter ladite qualité de subrogé tuteur, et a promis de bien et fidèlement s'acquitter des devoirs qu'elle lui impose, et a signé, après lecture. »

(*Signature.*)

« Dont acte : fait et dressé le présent procès-verbal, et ont les parties signé avec nous et le greffier, après lecture faite. »

(*Signatures.*)

§ 16.—**Nomination d'un protuteur à des enfants mineurs domiciliés dans les colonies au profit desquels une succession est ouverte en France** (C. Nap., art. 417).

« L'an..., le..., heures du matin,

« Par-devant nous, Adolphe A..., juge de paix du canton de..., département de..., assisté de Me Louis B..., greffier de cette justice de paix,

« Est comparu, dans notre cabinet, à...,

« M. Laurent de Neuville, propriétaire, demeurant à... ;

« Lequel a dit que le deux février dernier est décédé, en cette ville, rue..., n°..., M. Firmin Visconti, propriétaire, dont la succession est dévolue en totalité (ou par partie) à Louis-Adrien de Courcy, âgé de quinze ans, et Anne-Henriette de Courcy, âgée de douze ans, enfants mineurs, issus du mariage de M. Adrien Vincent de Courcy et de dame Charlotte de Vaudreuil, décédés ; que ces mineurs, habitant

« à..., colonie française, on ne peut leur faire nommer en « France un tuteur ordinaire ; mais qu'il y a lieu, aux termes « de l'art. 417, C. Nap., de leur nommer un protuteur qui « sera chargé d'administrer les biens qui leur sont échus par « le décès dudit feu sieur Visconti, leur oncle maternel ; qu'en « conséquence, en sa qualité de grand-oncle paternel desdits « mineurs, il a, sur notre indication verbale à ces jour, lieu « et heure, convoqué à cette fin, par-devant nous, à défaut « de parents, cinq amis connus pour avoir eu des relations « habituelles d'amitié avec les père et mère desdits mineurs, « à l'effet de conjointement avec lui requérant se réunir en « conseil de famille avec nous, et sous notre présidence ; et « a, ledit comparant, requis acte de ses diligences, et a « signé. » (*Signature.*)

« Sont aussi comparus, savoir :

Du côté paternel :

« 1° . . . ; — 2° . . . ; — 3° . . . ;

Du côté maternel :

« — 4° . . ; — 5° . . . ; — 6° . . . .

« Lesquels parents et amis, réunis en conseil de famille « sous notre présidence, après avoir délibéré avec nous sur « l'exposé qui précède ;

« Attendu que les mineurs de Courcy, habitant à..., colo- « nie française, sont héritiers pour chacun un quart, ou con- « jointement pour moitié au total, de M. Firmin Visconti, « décédé le..., à..., rue..., n°... ; que les biens dont se com- « pose cette succession sont situés en France ; que dès lors il « y a lieu, aux termes de l'art. 417, C. Nap., de nommer « auxdits mineurs de Courcy un protuteur pour l'administra- « tion de ces biens, qui doit être séparée de celle conférée à « leur tuteur ordinaire,

« Le conseil a été unanimement d'avis de nommer, comme « de fait il nomme par ces présentes, à cette fonction de « protuteur des mineurs de Courcy, M. Laurent de Neuville, « leur oncle paternel, premier membre du conseil, lequel a « déclaré accepter ladite fonction, et a promis de bien fidèle- « ment s'en acquitter en bon père de famille, et a signé après « lecture faite. » (*Signature.*)

« Dont acte : fait et dressé le présent procès-verbal que « les parties ont signé avec nous et le greffier, après lec- « ture faite. » (*Signatures.*)

§ 17.—**Acceptation d'une succession échue à des mineurs** (C. Nap., art. 461 et 776).

« L'an..., le..., heures du matin,

« Par-devant nous, Adolphe A..., juge de paix du canton « de..., département de..., assisté de Me Louis B..., greffier « de cette justice de paix,

« Est comparu, dans notre cabinet, à..., madame Henriette « de Sulleau, veuve de M. Jules Adrien de Courcy, pro- « priétaire, demeurant à...

« Au nom et comme tutrice légale de Paul-Adrien de « Courcy, âgé de quatorze ans et demi, et d'Henriette de « Courcy, âgée de douze ans, ses deux enfants mineurs, issus « de son mariage avec le feu sieur de Courcy;

« Laquelle nous a exposé que madame Amélie de Charan- « cel, veuve de M. Edouard-Adrien de Courcy, aïeule pater- « nelle desdits mineurs dont ils sont habiles à se dire et porter « héritiers pour le tout (ou pour moitié), par représentation « de leur père, est décédée à..., le...; qu'il résulte de l'in- « ventaire fait après le décès de ladite feue dame de Courcy, « par Me... et son collègue, notaires à..., le... (établir ici « sommairement les résultats de l'inventaire); qu'il en résulte « évidemment que cette succession est bonne et avantageuse « pour les mineurs; qu'en conséquence, elle a, sur notre in- « dication verbale à ces jour, lieu et heure, convoqué et réuni « à l'amiable par-devant nous leur conseil de famille, com- « posé conformément à la loi, pour l'autoriser à accepter « pour eux et en leur nom ladite succession sous bénéfice « d'inventaire (comme aussi à faire procéder aux compte, « liquidation et partage de ladite succession, si besoin est, « faire emploi des deniers en provenant, etc.), et lui conférer, « à cet effet, toutes autorisations spéciales et nécessaires, et « a ladite comparante requis acte de ses diligences, et a signé « après lecture faite. » (*Signature.*)

Ou : « Laquelle nous a exposé qu'il résulte de l'inventaire « fait après le décès de sondit mari, par Me... et son collègue, « notaires à..., le..., enregistré (établir ici sommairement les « résultats de l'inventaire); que désirant être autorisée à « accepter sous bénéfice d'inventaire, pour sesdits enfants « mineurs, la succession qui leur est échue à chacun pour « moitié par le décès de leur père, et obtenir toutes autres « autorisations nécessaires pour recueillir et liquider ladite « succession, elle a, à cet effet, sur notre indication, etc.

« (comme ci-dessus), et a signé après lecture faite. »

(*Signature.*)

« Sont aussi comparus, savoir :

Du côté paternel :

« 1°. . . . . .; — 2°. . . . . .; — 3°. . . . .;

Du côté maternel :

«—4°. . . . . .; — 5°. . . . . .; — 6°. . . . .;

« Lesquels parents (et amis, s'il y en a), réunis en conseil « de famille sous notre présidence, après avoir délibéré avec « nous sur l'exposé ci-dessus de la tutrice ;

« Vu l'inventaire ci-dessus daté et l'art. 461, C. Nap.,

« Considérant qu'aux termes de l'art. 461, C. Nap., le « tuteur ne peut accepter ni répudier une succession échue à « des mineurs sans une autorisation préalable du conseil de « famille, et que l'acceptation ne peut avoir lieu que sous bé- « néfice d'inventaire,

« Le conseil a été unanimement d'avis d'autoriser, comme « par ces présentes il autorise, ladite dame veuve de Courcy, « en sa qualité de tutrice, à accepter pour lesdits mineurs de « Courcy, ses enfants, sous bénéfice d'inventaire, la succes- « sion de la dame veuve de Courcy, leur aïeule paternelle, « et dont lesdits mineurs sont habiles à se porter héritiers « pour le tout par représentation de leur père, et à faire à cet « effet toutes déclarations utiles et nécessaires au greffe du « tribunal de première instance de l'arrondissement de..., « comme aussi à faire procéder, si besoin est, aux compte, « liquidation et partage de la succession de la dame veuve de « Courcy, arrêter le compte du commissaire-priseur qui a fait « la vente du mobilier, et placer toutes les sommes qui re- « viendront auxdits mineurs de Courcy dès que, réunies, ces « sommes s'élèveront à mille francs.

« Dont acte : fait et passé le présent procès-verbal, et ont « les délibérants et la dame veuve de Courcy, tutrice légale, « signé avec nous et le greffier, après lecture faite. »

(*Signatures.*)

§ 18.—Répudiation d'une succession échue à des mineurs (C. Nap., art. 461 et 776).

« L'an..., le..., heures du matin,

« Par-devant nous, Adolphe A..., juge de paix du canton « de..., département de..., assisté de Me Louis B..., greffier « de cette justice de paix,

« Est comparu dans notre cabinet, à...,

« M. Auguste Martin, propriétaire, demeurant à...

« Au nom et comme tuteur datif des mineurs Henry Leroy, « âgé de quinze ans, et Marie-Félicité Leroy, âgée de treize « ans, issus du mariage de Alphonse-Henri Leroy et de dame « Clotilde-Anne Desloges, décédés ; nommé à cette fonction « qu'il a acceptée par délibération du conseil de famille des- « dits mineurs, reçue et présidée par nous, suivant procès- « verbal en date du...., enregistré ;

« Lequel a exposé que les mineurs Leroy sont habiles à se « dire et porter héritiers chacun pour un quart, ou pour « moitié au total, par représentation de la dame Desloges, « leur mère, de feu madame Louise-Adrienne de Santeuil, « veuve de M. Paul-Noël Desloges, leur aïeule maternelle, « décédée à..., le... ; qu'il résulte de l'inventaire fait après le « décès de cette dame, par M... et son collègue, notaires, « à..., le..., (établir ici l'actif et le passif de la succession « d'après l'inventaire) ; qu'il y a, dès lors, avantage réel et « nécessité pour les mineurs de renoncer à ladite succession, « pour s'en tenir à leurs droits, reprises et créances ; qu'en « conséquence, et sur notre indication verbale à ces jour, lieu « et heure, il a convoqué et réuni à l'amiable, par-devant « nous, leur conseil de famille, tel qu'il était composé lors « de sa nomination du tuteur, pour délibérer, sous notre prési- « dence, sur son exposé et lui conférer toutes autorisations « spéciales et nécessaires, à l'effet de répudier pour et en leur « nom la succession de ladite veuve Desloges, leur aïeule ma- « ternelle, à laquelle ils sont appelés chacun pour un quart « par la représentation de leur mère, comme aussi à l'effet de « liquider les droits, créances et reprises desdits mineurs « contre cette succession, toucher et recevoir toutes sommes « leur revenant, en donner quittance, et généralement sti- « puler leurs intérêts dans toutes les opérations à ce rela- « tives, et a ledit requérant requis acte de ses diligences, et a « signé, après lecture. » (*Signature.*)

« Sont aussi comparus, savoir :

Du côté paternel :

« 1°. . . . . .; — 2°. . . . . .; — 3°. . . . . ;

Du côté maternel :

« — 4°. . . . . .; — 5°. . . . . .; — 6°. . . . .

« Lesquels parents réunis en conseil de famille, sous notre

« présidence, après avoir mûrement délibéré avec nous sur « l'exposé ci-dessus du tuteur ;

« Vu l'inventaire ci-dessus énoncé, fait après le décès de « la dame veuve Desloges, aïeule maternelle des mineurs, et « l'état sommaire ou aperçu de la succession, fait d'après « ledit acte, ensemble les pièces à l'appui ;

« Attendu que cette succession est mauvaise et qu'elle ne « peut être qu'onéreuse pour les mineurs ; qu'il y a, dès lors, « avantage réel pour eux d'y renoncer pour s'en tenir à leurs « droits, reprises et créances ;

« Le conseil a été unanimement d'avis d'autoriser, comme « de fait il autorise par ces présentes, ledit sieur Martin, en « sa qualité de tuteur desdits mineurs Leroy, à renoncer, « pour eux et en leur nom, à la succession de madame Louise-« Adrienne Santeuil, veuve de M. Paul-Noël Desloges, leur « aïeule maternelle, à laquelle ils sont appelés pour chacun « un quart, ou pour moitié au total, par représentation de « leur père, pour s'en tenir à leurs droits, reprises et créances « contre cette succession ;

« A cet effet, faire et signer toutes déclarations utiles et « nécessaires, et en requérir acte, comme aussi procéder à « l'amiable ou en justice à tous comptes, liquidations et par-« tages des biens meubles et immeubles, entendre, débattre, « clore et arrêter tous comptes avec les autres créanciers, « toucher et recevoir toutes sommes revenant auxdits mineurs, « en donner quittance, passer et signer tous actes, et géné-« ralement stipuler les intérêts desdits mineurs, et faire « tout ce que les circonstances exigeront ; à l'effet de ce que « dessus, former toutes demandes, obtenir tous jugements, « en suivre l'exécution ou en interjeter appel, présenter toutes « requêtes, former toutes oppositions, en donner mainlevée, « passer et signer tous actes et procès-verbaux, élire domicile.

« Dont acte : fait et dressé le présent procès-verbal, que « les parties ont signé avec nous et le greffier, après lecture « faite. » (*Signatures.*)

§ 19.—Tuteur autorisé à reprendre une succession répudiée (C. Nap., art. 462).

Voir la formule, § XVII ci-dessus, et la modifier dans les termes de l'art. 462, C. Nap.

§ 20.—Délibération du conseil de famille sur la conservation de la tutelle à la mère qui convole en secondes noces (C. Nap., art. 395).

« L'an..., le..., heures du matin,

« Par-devant nous, Adolphe A..., juge de paix du canton « de..., département de..., assisté de Me Louis B..., greffier « de cette justice de paix,

« Est comparue dans notre cabinet, à...,

« Madame Amélie Laurent, veuve de M. Alfred Dupont, « propriétaire, demeurant à... ;

« Laquelle nous a exposé qu'au décès de son mari elle a « fait nommer un subrogé tuteur à ses deux enfants mineurs, « issus de son mariage avec le feu sieur Dupont, suivant acte « dressé par nous le dix avril mil huit cent quarante-sept, en- « registré le..., et fait procéder ensuite à l'inventaire fidèle « et description exacte de tous les meubles meublants, habits, « linges, hardes, bijoux, deniers comptants, titres, papiers, « notes et renseignements dépendants de la communauté de « biens qui a existé entre elle et sondit feu mari, et de la suc- « cession de ce dernier, suivant procès-verbal de M.... et son « collègue, notaires à..., en date du..., enregistré ; qu'elle a « convenablement administré la tutelle de ses enfants, mais, « qu'étant sur le point de convoler en secondes noces avec « M..., propriétaire, demeurant à..., elle a, sur notre indi- « cation verbale, à ces jour, lieu et heure, convoqué et réuni « à l'amiable, par-devant nous, le conseil de famille de ses « enfants, tel qu'il était composé lors de la nomination du « subrogé tuteur, pour, conjointement avec nous et sous « notre présidence, délibérer sur son maintien dans la tutelle « de sesdits enfants mineurs pendant son futur mariage avec « ledit sieur..., et a ladite dame veuve Dupont signé, après « lecture, et s'est retirée. »

(*Signature.*)

« Sont aussi comparus, savoir :

Du côté paternel :

1°. . . . . ; — 2°. . . . . ; — 3°. . . . . ;

Du côté maternel :

4°. . . . . ; — 5°. . . . . ; — 5°. . . . . .

« Lesquels parents (et amis s'il y en a), réunis en conseil « de famille sous notre présidence, après avoir délibéré avec « nous sur l'exposé de la veuve Dupont ;

« Attendu que la requérante, en sa qualité de tutrice natu- « relle et légale de ses enfants, a rempli les formalités qui lui « étaient prescrites ; que son administration paraît sage et « prudente, et qu'elle a manifesté constamment de la ten- « dresse pour ses enfants ;

« Attendu que la personne qu'elle se propose d'épouser « inspire de la confiance,

« Le conseil a été unanimement d'avis de maintenir, comme « de fait il maintient par ces présentes, ladite dame veuve « Dupont dans la tutelle de Henriette Dupont, âgée de cinq « ans, et de Paul-Hippolyte Dupont, âgé de huit ans, ses « enfants mineurs, pendant son futur mariage avec ledit « sieur..., que le conseil lui adjoint comme cotuteur.

« La veuve Dupont rappelée au conseil avec le sieur..., « nous leur avons donné lecture de la délibération ci-dessus, « et ledit sieur.... a déclaré accepter cette cotutelle, des « suites de laquelle il s'est engagé à répondre, après son futur « mariage, solidairement avec ladite veuve Dupont, confor- « mément à l'art. 396, C. Nap. »

Si le conseil refuse de conserver la tutelle, on varie ainsi:

« Attendu que (motif du refus),

« Le conseil a été unanimement d'avis qu'il n'y a lieu de « maintenir la veuve Dupont dans la tutelle de ses enfants, « pendant son futur mariage avec... ; procédant, en consé- « quence, à son remplacement pour le cas où le mariage « s'accomplirait, ledit conseil, après en avoir délibéré avec « nous, a été d'avis à l'unanimité de nommer, comme de « fait il nomme par ces présentes, pour tuteur desdits mi- « neurs Dupont, M..., leur oncle paternel et subrogé tuteur, « premier membre du conseil, lequel a déclaré accepter cette « fonction, et a promis de bien et fidèlement remplir les « devoirs et obligations qu'elle lui impose, et a signé, après « lecture faite. »

(*Signature.*)

« Le conseil, considérant que le nouveau tuteur était su- « brogé tuteur ; qu'il y a lieu, dès lors, de procéder à son « remplacement, après en avoir mûrement délibéré avec « nous, a été unanimement d'avis de nommer, comme de « fait il nomme par ces présentes, à la qualité de subrogé « tuteur, M..., cousin germain des mineurs, cinquième « membre du conseil, pour, par lui, en cette qualité, qu'il a « déclaré accepter, agir et les représenter dans tous les cas « où ils se trouveraient en opposition d'intérêts avec ceux de « leur tuteur, comme aussi pour faire tous actes conserva- « toires et de procédure prescrits par la loi, et a signé, après « lecture faite. »

(*Signature.*)

« Dont acte : fait et dressé le présent procès-verbal, que

« les parties ont signé avec nous et le greffier, après lecture « faite. »

(*Signatures.*)

§ 21.—**Nomination d'un tuteur provisoire à des mineurs dont le père a disparu et la mère est décédée** (C. Nap., art. 141, 142, 143).

« L'an..., le..., heures du matin,

« Par-devant nous, Adolphe A..., juge de paix du canton « de..., département de..., assisté de Me Louis B..., greffier « de cette justice de paix,

« Est comparu, dans notre cabinet, à...,

« Le sieur Jacques Lambert, bourrelier, demeurant à...;

« Lequel a dit que du mariage de Joseph Lambert, culti- « vateur, domicilié à..., et de Rose Laurent, sa sœur, décé- « dée, sont issus Louise Lambert, âgé de seize ans, et Joseph « Lambert, âgé de douze ans; que le sieur Lambert ayant « disparu de son domicile depuis le mois d'octobre mil huit « cent quarante-huit sans qu'on ait eu de ses nouvelles, il est « urgent de pourvoir à la surveillance des personnes et des « biens des mineurs; qu'en conséquence, il a, sur notre indi- « cation verbale, à ces jour, lieu et heure, convoqué et réuni « à l'amiable, par-devant nous, les parents (et amis) desdits « mineurs Lambert, pour leur nommer un tuteur provisoire « et un subrogé tuteur (s'il y a lieu), et a ledit comparant « requis acte de ses diligences, et a signé. »

(*Signature.*)

« Sont aussi comparus, savoir :

Du côté paternel :

« 1°. . . . . ; — 2°. . . . . ; — 3°. . . . . ;

Du côté maternel :

« — 4°. . . . ; — 5°. . . . . ; — 6°. . . . . .

« Lesquels parents (et amis, s'il y en a), réunis en conseil « de famille sous notre présidence, après avoir délibéré avec « nous sur la nomination requise d'un tuteur provisoire aux « mineurs Lambert;

« Vu la déclaration ci-dessus des art. 141, 142 et 143, « C. Nap.;

« Attendu que plus de six mois se sont écoulés depuis la « disparition du père des mineurs, et qu'il est urgent de « pourvoir à la surveillance des personnes et des biens des « mineurs;

« Le conseil, à l'unanimité, a été d'avis de déférer, comme

« de fait il défère par ces présentes, la tutelle provisoire des « mineurs Lambert à M..., leur aïeul maternel, quatrième « membre du conseil; lequel a déclaré accepter cette fonc- « tion pour l'exercer, conformément aux lois, et a signé, « après lecture. »

(*Signature.*)

Si les mineurs n'ont pas d'aïeul, on dit :

« Le conseil, à l'unanimité, a été d'avis de nommer, comme « de fait il nomme par ces présentes, M..., deuxième mem- « bre du conseil, tuteur provisoire des mineurs Lambert; « lequel a déclaré accepter cette fonction, et a promis de « bien et fidèlement remplir les devoirs qu'elle lui impose, « conformément aux lois, et a signé. »

(*Signature.*)

« Délibérant ensuite sur la nomination d'un subrogé « tuteur, hors la présence du tuteur, le conseil a été unani- « mement d'avis de nommer, comme de fait il nomme par « ces présentes, à cette qualité, M..., quatrième membre du « conseil, lequel a déclaré l'accepter et a promis de bien et « fidèlement s'en acquitter, et a signé. »

(*Signature.*)

« Dont acte : fait et dressé le présent procès-verbal, et ont « les délibérants et le tuteur, rentré dans le conseil, signé « avec nous et le greffier, après lecture faite. »

(*Signatures.*)

§ 22.—**Destitution de tuteur ou de subrogé tuteur** (C. Nap., art. 446, 447 448 et 426).

« L'an..., le..., heures du matin,

« Par-devant nous, Adolphe A..., juge de paix du canton « de..., départ. de..., assisté de Me Louis B..., greffier de « cette justice de paix,

« Est comparu, dans notre cabinet, à...,

« M. Joseph-Honoré Villeneuve, propriétaire, demeurant « à...,

« Au nom et comme subrogé tuteur des mineurs Aubry, ses « petits-neveux, nommé à cette qualité qu'il a acceptée par « procès-verbal reçu par nous le..., enregistré ;

« Lequel, audit nom, nous a dit que... (exprimer ici les « motifs de la destitution), pour mettre fin à un tel état de « choses, il a, en vertu de notre cédule, par exploit de..., « huissier à..., en date du..., dont l'original enregistré, « représenté par le comparant, est, à sa réquisition, demeuré

« ci-annexé, fait faire sommation tant au sieur Aubry, tuteur, « ou à la dame veuve Aubry, tutrice légale, qu'aux parents « (et amis, s'il y en a), désignés dans ladite cédule, à com- « paraître et se trouver à ces jour, lieu et heure, pour se « constituer en conseil de famille sous notre présidence, à « l'effet de délibérer et donner leur avis sur la destitution « qu'il provoque dudit sieur Aubry (ou de ladite dame Aubry) « de la tutelle légale (ou dative) desdits mineurs Aubry, et a « ledit comparant requis acte de ses diligences, et a signé, « après lecture faite. »

(*Signature.*)

« Sont aussi comparus, savoir :

Du côté paternel :

« 1°. . . . . ; — 2°. . . . . ; — 3°. . . . . ;

Du côté maternel :

« — 4°. . . . ; — 5°. . . . . ; — 6°. . . . .

« Lesquels parents (et amis) réunis en conseil de famille, « sous notre présidence, ont entendu le sieur Aubry, tuteur « (ou la dame Aubry), sur les faits qui lui sont imputés, « dont il lui a été donné connaissance (ainsi que des pièces « justificatives à l'appui, s'il y en a). Lequel a dit (sa ré- « ponse), et a signé, et s'est retiré. » (*Signature.*)

« Le conseil de famille, après avoir mûrement délibéré « avec nous;

« Vu l'article... (l'article applicable);

« Attendu qu'il est constant... (motifs de la destitution), a « été unanimement d'avis de destituer, comme de fait il « destitue, par ces présentes, le sieur Aubry (ou la dame « Aubry) de la tutelle de ses enfants mineurs (ou de la tu- « telle des enfants mineurs D..., s'il s'agit d'un tuteur datif), « de laquelle il devra rendre compte à la première réquisi- « tion de qui de droit, ou le sieur..., de la subrogé tutelle « des mineurs D...

« Le sieur... ayant été rappelé devant le conseil de fa- « mille, nous lui avons communiqué la délibération ci- « dessus contre laquelle il a déclaré protester et faire toutes « réserves de droit (ou : à laquelle il a déclaré adhérer), et a « signé. » (*Signature.*)

« Procédant ensuite à la nomination d'un tuteur (ou d'un « subrogé tuteur) auxdits mineurs Aubry, le conseil, après en « avoir délibéré avec nous, a été unanimement d'avis de

« nommer, comme de fait il nomme par ces présentes, aux « lieu et place dudit sieur Aubry, pour tuteur auxdits mi- « neurs, le sieur Villeneuve, leur grand-oncle maternel, qua- « trième membre du conseil de famille, pour par lui, en cette « qualité, régir, gouverner et administrer leurs personnes et « leurs biens (ou, pour subrogé tuteur, à la majorité des cinq « sixièmes des suffrages au nôtre conformes, le tuteur n'ayant « pas voté, le sieur..., leur cousin germain, deuxième membre « du conseil);

« Lesquels ont déclaré accepter lesdites fonctions de tuteur « et de subrogé tuteur, et promis de bien et fidèlement s'ac- « quitter des devoirs qu'elles leur imposent, et ont signé, « après lecture faite. » (*Signatures.*)

« Dont acte : fait et dressé le présent procès-verbal que « les parties ont signé avec nous et le greffier, après lecture « faite. » (*Signatures.*)

§ 23.—**Destitution d'un tuteur légal qui n'a pas fait nommer de subrogé tuteur à ses mineurs** (C. Nap., art. 421).

« L'an..., le..., heures du matin,

« Par-devant nous, Adolphe A..., juge de paix du canton « de..., département de..., assisté de Me Louis B..., greffier « de cette justice de paix,

« Est comparu (nom, prénoms, profession et demeure du « parent ou créancier requérant) ;

« Lequel a dit que, du mariage de Joseph Lambert, culti- « vateur, demeurant à..., et de dame Rose Laurent, sa sœur, « décédée à..., le..., sont issus Louise Lambert, âgée de seize « ans, et Joseph Lambert, âgé de douze ans ; que depuis le « décès de son épouse, il a négligé de faire nommer un su- « brogé tuteur à ses enfants, quoiqu'il gère publiquement « leur tutelle et même d'une manière frauduleuse ; que, no- « tamment, il s'est permis (exprimer ici les faits imputés au « tuteur) ;

« Que désirant, dans l'intérêt de ses neveux, voir cesser « un tel scandale (ou une telle dilapidation), il a, en vertu de « notre cédule en date du..., convoqué et réuni leur conseil « de famille, composé conformément à l'art. 407, C. Nap., « par-devant nous, à ces jour, lieu et heure, à l'effet de déli- « bérer, s'il y a lieu, sur la destitution, qu'il sollicite, de la « tutelle dudit sieur... ; et enfin, pour nommer un subrogé « tuteur auxdits mineurs..., et a, ledit comparant, requis « acte de ses diligences, et a signé. » (*Signature.*)

« Sont aussi comparus, savoir :

Du côté paternel :

« 1°. . . . . ; — 2°. . . . . ; — 3°. . . . . ;

Du côté maternel :

« — 4°. . . . ; — 5°. . . . . ; — 6°. . . . . ,

« Lesquels parents et amis réunis en conseil de famille, « sous notre présidence, ont entendu le sieur..., tuteur pré- « sent, sur les faits qui lui sont imputés par l'exposé qui pré- « cède, dont nous lui avons donné connaissance ;

« Lequel a répondu : (analyser sa réponse).

« Sur quoi, le conseil de famille, après avoir mûrement « délibéré avec nous,

« Vu les art. 421 et..., C. Nap. ;

« Considérant que (motifs de la délibération),

« A été unanimement d'avis de maintenir le sieur... dans « la tutelle de ses enfants (ou a été d'avis à l'unanimité de « retirer, comme de fait il déclare retirer par ces présentes « audit sieur... la tutelle de ses enfants, et de lui interdire « d'en faire aucun acte à compter de ce jour, et de la gestion « de laquelle il devra rendre compte à la première réquisition « de qui de droit).

« Le sieur... étant ensuite rentré dans le conseil de famille, « nous lui avons communiqué la délibération ci-dessus, à « laquelle il a déclaré adhérer (ou contre laquelle il a déclaré « protester et faire toutes réserves de droit), et a signé. »

(*Signature.*)

Nota. — Si le tuteur n'adhère pas à la délibération, on procède de suite à la nomination d'un tuteur et même d'un subrogé tuteur, suivant les circonstances, comme au § précédent.

« Dont acte : fait et dressé le présent procès-verbal, etc. »

§ 24.—**Tuteur autorisé à faire réprimer l'inconduite d'un mineur** (C. Nap., art. 376, 377 et 468).

« L'an..., le..., heures du matin,

« Par-devant nous, Adolphe A..., juge de paix du canton « de..., département de.... assisté de Me Louis B..., greffier « de cette justice de paix,

« Est comparu, dans notre cabinet, à..., M. Edouard-Paul « de Saint-Germain, propriétaire, demeurant à... ;

« A nom et comme tuteur des mineurs Edouard-Louis Du-

« breuil, âgé de quinze ans, Alfred-Louis Dubreuil, âgé de « quatorze ans, et Henriette Dubreuil, âgée de sept ans, issus « du mariage de M. Edouard-Alfred Dubreuil et de dame Hor- « tense-Alphonsine de Pomereuil, décédés, ses neveux et « nièce, nommé à cette fonction qu'il a acceptée, par délibé- « ration de leur conseil de famille, reçue et présidée par « nous, suivant procès-verbal, en date du..., enregistré ;

« Lequel a dit que Edouard-Louis Dubreuil, l'un de ses « pupilles, tient une conduite déréglée, et se permet des « excès de la plus haute gravité, notamment de...; que ces « excès sont réitérés et journaliers (spécifier leurs motifs), « malgré tous moyens de persuasion employés par le com- « parant ;

« Que, désirant mettre fin à un tel état de choses et en « prévenir de plus graves, il a convoqué et réuni à l'amiable « par-devant nous, sur notre indication verbale, à ces jour, « lieu et heure, le conseil de famille dudit mineur (ou en « vertu de notre cédule de..., etc.), pour délibérer sur les « mesures à prendre pour l'honneur de la famille, et a, le « comparant, requis acte de ses diligences et a signé, après « lecture. »

(*Signature.*)

« Sont aussi comparus, savoir :

Du côté paternel :

« 1° . . ; —2° . . . . . ; —3° . . . . . ;

Du côté maternel :

« 4° . . ; —5° . . . . . ; —6° . . . . . ;

« Lesquels parents réunis en conseil de famille sous notre « présidence, après avoir délibéré avec nous sur l'exposé du « tuteur ;

« Considérant que les faits exposés par le tuteur sont à la « connaissance de chacun des membres du conseil et de no- « toriété publique ; qu'il est urgent, dans l'intérêt du mineur « et pour l'honneur de sa famille, de réprimer une telle con- « duite,

« Le conseil a été unanimement d'avis d'autoriser, comme « de fait, par ces présentes, il autorise le tuteur dudit mi- « neur Dubreuil à le faire détenir pendant un mois, en se « conformant à l'art. 376, C. Nap. »

(Si le mineur est âgé de plus de seize ans, on dit) :

« A requérir sa détention pendant six mois au plus, de

« M. le président du tribunal de première instance de..., « conformément à l'art. 377, C. Nap.

« Dont acte : fait et dressé le présent procès-verbal que « les délibérants et le tuteur ont signé avec nous et le gref- « fier, après lecture faite. »

(*Signatures.*)

§ 25.—**Subrogé tuteur autorisé à consentir au tuteur le bail des biens des mineurs** (C. Nap., art. 450).

« L'an..., le..., heures du matin,

« Par-devant nous, Adolphe A..., juge de paix du canton « de..., département de..., assisté de Me Louis B..., greffier « de cette justice de paix,

« Est comparu, dans notre cabinet, à . . . . , M. Adrien- « Alfred Leduc, cultivateur, demeurant à..., lequel a dit que, « par délibération du conseil de famille des mineurs Louis- « Adrien Duval et Alexandrine Duval, issus du mariage de « Alfred-Louis Duval et de Joséphine Marcel, décédés, « reçue et présidée par nous, suivant procès-verbal, en date « du..., enregistré, il a été nommé tuteur desdits mineurs, « fonction qu'il a acceptée par le même acte; qu'il désire « prendre par bail à ferme les biens de ses pupilles, s'il se « trouve le dernier enchérisseur, lors de l'adjudication publi- « que qu'il en poursuit dans les formes ordinaires, et qui doit « avoir lieu le... ; mais qu'il ne peut obtenir cette adjudica- « tion que par le subrogé tuteur, préalablement autorisé à cet « effet; qu'à cette fin et sur notre indication verbale à ces « jour, lieu et heure, il a convoqué et réuni à l'amiable par- « devant nous leur conseil de famille, composé des mêmes « membres que lors de sa nomination de tuteur, et a, ledit « comparant, requis acte de ses diligences, et a signé. »

(*Signature.*)

« Sont aussi comparus, savoir :

Du côté paternel :

« 1° . . . ; —2° . . . ; —3° . . . . ;

Du côté maternel :

« 4° . . . ; —5° . . . ; —6° . . . . ;

« Lesquels parents (et amis, s'il y en a), réunis en conseil « de famille sous notre présidence, après avoir délibéré avec « nous sur l'exposé du tuteur, et hors sa présence ;

« Vu l'art. 450, C. Nap. ;

« Considérant qu'il est de l'intérêt des mineurs Duval « d'augmenter le nombre des enchérisseurs pour le bail de « leurs biens ; qu'aux termes de l'art. 450, C. Nap., il est « permis au tuteur de s'en rendre adjudicataire, si son con« tradicteur légal, le subrogé tuteur, est autorisé à lui en « passer bail ;

« Le conseil a été unanimement d'avis d'autoriser, comme « de fait il autorise par ces présentes, M..., subrogé tuteur « des mineurs Duval, à consentir audit sieur Leduc, leur « tuteur, le bail de leurs biens, dans le cas où l'adjudication « lui en serait faite comme dernier enchérisseur, à la charge « de remplir, comme tout autre adjudicataire, les clauses, « charges et conditions stipulées dans le procès-verbal d'ad« judication ;

« Dont acte : fait et dressé le présent procès-verbal, que « les délibérants et le tuteur, rentré au conseil, ont signé avec « nous et le greffier, après lecture faite. » (*Signatures.*)

§ 26.—**Règlement par le conseil de famille de la dépense annuelle et de l'administration des biens des mineurs, avec autorisation au tuteur de s'aider d'un ou de plusieurs administrateurs salariés, et obligation de sa part d'employer l'excédant des revenus sur les dépenses** (C. Nap., art. 454, 455 et 456).

« L'an..., le..., heures du matin,

« Par-devant nous, Adolphe A..., juge de paix du canton « de..., département de..., assisté de Me Louis B..., greffier « de cette justice de paix ;

« Est comparu, en notre cabinet, à..., M. Henri-Edouard « Boulard, propriétaire, demeurant à...

« Au nom et comme tuteur des mineurs Paul-André Vien« net, âgé de onze ans, et Henriette-Hortense Viennet, âgée « de dix ans, issus du mariage de M. Paul-Alexis Viennet « et de dame Hortense-Pauline Dupré, décédés, ses neveu et « nièce, nommé à cette fonction qu'il a acceptée par déli« bération du conseil de famille desdits mineurs, reçue et « présidée par nous, suivant procès-verbal en date du...., « enregistré ;

« Lequel a dit que, suivant procès-verbal dressé par Me... « et son collègue, notaires à..., il a été procédé, à sa re« quête, en présence du subrogé tuteur, à l'inventaire fidèle « et description exacte des objets mobiliers, linge, hardes, « bijoux, deniers comptants, titres, papiers et renseigne« ments dépendant des successions et communautés de biens « des père et mère de ses pupilles ; qu'il résulte dudit inven-

« taire que le produit des revenus desdits mineurs peut être « évalué à une somme de six mille francs, et que désirant, « pour se conformer aux art. 454 et 455, C. Nap., faire « régler la somme à laquelle pourra s'élever la dépense an- « nuelle des mineurs, ainsi que l'administration de leurs « biens, et faire déterminer positivement la somme à laquelle « commencera pour lui l'obligation d'employer l'excédant des « revenus sur la dépense, il a, en exécution de notre cédule « du..., par exploit de..., huissier à..., en date du..., dont « l'original enregistré, représenté par le comparant, est, à « sa réquisition, demeuré ci-annexé, après que dessus il a « été fait mention de son annexe, convoqué à ces jour, lieu « et heure par-devant nous, leur conseil de famille, composé « des mêmes membres que lors de sa nomination de tuteur, « pour délibérer avec nous sous notre présidence, sur les « différents chefs de son exposé, et a ledit comparant requis « acte de ses diligences, et a signé, après lecture faite. »

(*Signature.*)

« Sont aussi comparus, savoir :

Du côté paternel :

« 1° . . . ; — 2° . . . ; — 3° . . . . ;

Du côté maternel :

« — 4° . . . ; — 5° . . . ; — 6° . . . . ;

« Lesquels parents, réunis en conseil de famille sous notre « présidence, après avoir mûrement délibéré avec nous sur « les différentes clauses de l'exposé du tuteur, et hors sa « présence ;

« Vu l'inventaire susvisé et les différents actes y relatés ;

« Considérant que le revenu des mineurs peut être évalué « à une somme de six mille francs ; que leur entretien ordi- « naire, les impositions de leurs biens, les dépenses impré- « vues et les frais de gestion peuvent ensemble s'estimer à « douze cents francs, ce qui réduit le revenu à une somme « de quatre mille huit cents francs ;

« Considérant, en droit, que lors de l'entrée en exercice « de toute tutelle, autre que celle des père et mère, le conseil « de famille doit régler par aperçu, et selon l'importance des « biens régis, la somme à laquelle pourra s'élever la dépense « annuelle des mineurs, ainsi que celle d'administration de « leurs biens ;

« Le conseil, à l'unanimité, fixe et arrête la dépense an-

« nuelle des mineurs Viennet à la somme de huit cents francs, « pour chacun d'eux, tant pour leur nourriture et entretien « que pour leur éducation, et les frais de la gestion du tuteur « à celle de quatre cents francs par année (ou) et les frais « d'un administrateur salarié, que le tuteur est autorisé à « s'adjoindre, sous sa responsabilité, à celle de quatre cents « francs ; et attendu que le produit net des revenus présente, « après la dépense annuelle acquittée, un excédant de trois « mille quatre (ou huit) cents francs, qu'il est convenable de « placer au profit desdits mineurs ;

« Le conseil, également à l'unanimité, arrête que le tuteur « sera tenu de faire chaque année, et dans les six mois sui- « vants au plus tard, le placement en capitaux de rentes sur « l'Etat ou en immeubles de ladite somme de trois mille quatre « (ou huit) cents francs et des intérêts annuels de cette somme, « faute de quoi il sera passible de l'intérêt des sommes non « placées.

« Dont acte : fait et dressé le présent procès-verbal que « les délibérants et le tuteur, rappelé dans le conseil, ont « signé avec nous et le greffier, après lecture faite. »

(*Signatures.*)

§ 27.—**Fixation des objets mobiliers que le tuteur est autorisé à conserver en nature** (C. Nap., art. 452 et 453).

« L'an..., le..., heures du matin,

« Par-devant nous, Adolphe A..., juge de paix du canton « de..., département de..., assisté de Me Louis B..., greffier « de cette justice de paix,

« Est comparu, dans notre cabinet, à..., M. Adolphe Quen- « tin, propriétaire, demeurant à....,

« Au nom et comme tuteur légal de Félix Quentin, âgé de « seize ans, Louise-Adrienne Quentin, âgée de quatorze ans, « et Paul-Alfred Quentin, âgé de onze ans, ses trois enfants « mineurs, issus de son mariage avec dame Aline-Sophie « Dutemple, son épouse, décédée à..., le... ;

« Lequel a dit que, désirant user de la faculté à lui accor- « dée par l'art. 450, C. Nap., de conserver en nature tous les « meubles et objets mobiliers dépendant de la communauté « de biens qui a existé entre lui et la feue dame son épouse, « et de la succession de cette dernière, il a, à cette fin, sur « notre indication verbale à ces jour, lieu et heure, convoqué « et réuni à l'amiable, par-devant nous, leur conseil de fa- « mille, composé des mêmes membres qu'à la précédente dé- « libération, et a signé. » (*Signature.*)

« Sont aussi comparus, savoir :

Du côté paternel :

« 1°. . . . . ; — 2°. . . . . ; — 3°. . . . . ;

Du côté maternel :

« — 4° . . ; — 5°. . . . . ; — 6°. . . . .

« Lesquels parents, réunis en conseil de famille sous notre « présidence, après avoir délibéré avec nous sur l'exposé du « tuteur ;

« Vu les art. 452 et 453, C. Nap. ;

« Considérant que les père et mère, tant qu'ils ont la « jouissance propre et légale des biens des mineurs, sont « dispensés de vendre les meubles s'ils préfèrent les garder « pour les remettre en nature, à la charge par eux d'en faire « faire, à leurs frais, une estimation à juste valeur, par un « expert nommé par le subrogé tuteur, et de rendre la valeur « estimative de ceux des meubles qu'ils ne pourraient repré- « senter en nature ;

« Le conseil a été unanimement d'avis d'autoriser, comme « de fait, par ces présentes, il autorise l'exposant à conserver « en nature tous les meubles et objets mobiliers dépendant « desdites communauté et succession, à la charge par lui « d'en faire faire à ses frais une estimation à juste valeur par « un expert nommé par le subrogé tuteur dans les formes de « droit, et de rendre la valeur estimative de ceux des meubles « qu'il ne pourrait représenter en nature.

« Dont acte : fait et dressé le présent procès-verbal, que « les délibérants et le tuteur ont signé avec nous et le greffier, « après lecture faite. » (*Signatures.*)

§ 28.—**Nomination d'un tuteur spécial à chaque mineur ayant des intérêts opposés dans un partage** (C. Nap., art. 838 ; C. proc., art. 968).

« L'an..., le..., heures du matin,

« Par-devant nous, Adolphe A..., juge de paix du canton « de..., département de..., assisté de Me Louis B..., greffier « de cette justice de paix,

« Est comparue dans notre cabinet, à...,

« Madame Henriette Lecomte, veuve de M. Adrien Durand, « propriétaire, demeurant à...

« Au nom et comme tutrice naturelle et légale de Modeste- « Paul Durand, âgé de neuf ans, et de Adèle Durand, âgée « de six ans, ses deux enfants mineurs, issus de son mariage « avec le sieur Durand ;

« Laquelle a dit que Paul Durand, l'un de ses mineurs, « est légataire de M. Albert-Médéric Sauvage, son bisaïeul « paternel, décédé à..., le..., qui était copropriétaire d'un « grand nombre d'immeubles dont le partage est demandé « en justice ; qu'à ce titre, ayant un intérêt opposé à celui de « son frère, il doit, aux termes de l'art. 838, C. Nap., lui « être nommé un tuteur spécial ; qu'en conséquence, et sur « notre indication verbale à ces jour, lieu et heure, elle a « convoqué et réuni à l'amiable par-devant nous (ou) en vertu « de notre cédule du..., notifiée par..., huissier à..., le..., « le conseil de famille de son enfant mineur, composé des « mêmes membres que lors de la nomination du subrogé tu- « teur à ses mineurs, pour lui nommer un tuteur spécial « pour le représenter dans le partage dont il s'agit, et a la « comparante requis acte de ses diligences, et a signé.

(*Signature.*)

« Sont aussi comparus, savoir :

Du côté paternel :

« 1°. . . . . ; — 2°. . . . . ; — 3°. . . . . ;

Du côté maternel :

« — 4°. . . . ; — 5°. . . . . ; — 6°. . . . . .

« Lesquels parents réunis en conseil de famille sous notre « présidence, après avoir mûrement délibéré avec nous ;

« Vu l'exposé ci-dessus de la tutrice, et les art. 838, C. « Nap., et 968, C. de proc. ;

« Considérant que le mineur Paul Durand est légataire de « feu M. Albert-Médéric Sauvage, son bisaïeul paternel, qui « était copropriétaire de la ferme de..., et autres immeubles « à partager ; qu'à ce titre, il a un intérêt opposé à celui de « son frère ;

« Considérant, en droit, que si parmi les héritiers il y a des « intérêts opposés dans un partage, il doit leur être donné à « chacun un tuteur spécial et particulier ;

« Le conseil a été unanimement d'avis de nommer à cette « fonction, comme de fait il nomme par ces présentes, M..., « troisième membre du conseil, lequel a déclaré l'accepter et « a promis de bien et fidèlement remplir les devoirs qu'elle « lui impose.

« Dont acte : fait et dressé le présent procès-verbal, que « les parties et le tuteur spécial ont signé avec nous et le « greffier, après lecture faite. »

(*Signatures.*)

§ 29.—**Tuteur autorisé par le conseil de famille à former une demande en partage** (C. Nap., art. 464, 465, 815, 838, 839, 840).

« L'an..., le..., heures du matin,

« Par-devant nous, Adolphe A..., juge de paix du canton « de..., département de..., assisté de Me Louis B..., greffier « de cette justice de paix,

« Est comparu, dans notre cabinet, à...,

« M. Alexis-Paul Lemercier, propriétaire, demeurant à...;

« Au nom et comme tuteur légal de Félix-Amédée Lemercier, âgé de seize ans, et d'Adolphe-Joseph Lemercier, âgé « de quatorze ans, ses deux enfants mineurs, issus de son « mariage avec dame Emilie-Justine Langlois son épouse, « décédée ;

« Lequel a dit que ses mineurs, héritiers de..., sont propriétaires par indivis avec... (noms, prénoms des copropriétaires), de... (désigner les immeubles) ;

« Qu'il y a un avantage certain pour les mineurs à demander ledit partage (les motifs de cet avantage) ; mais qu'une « telle action, aux termes de l'art. 464, C. Nap., ne pouvant « être introduite en justice sans une autorisation du conseil « de famille, le comparant a, sur notre indication verbale à « ces jour, lieu et heure, convoqué et réuni par-devant nous « leur conseil de famille (ou) en vertu de notre cédule du..., « etc., à l'effet de délibérer et donner son avis sur l'autorisation nécessaire en pareil cas, et a signé. »

(*Signature.*)

« Sont aussi comparus savoir :

Du côté paternel :

« 1°. . . . . ; — 2°. . . . . ; — 3°. . . . . ;

Du côté maternel :

« — 4°. . . . ; — 5°. . . . . ; — 6°. . . . . .

« Lesquels parents (et amis, s'il y en a) réunis en conseil « de famille sous notre présidence, après avoir mûrement « délibéré avec nous,

« Vu les art. 815, 838, 839 et 840, C. Nap. ;

« Considérant que nul ne peut être forcé de rester dans « l'indivision, que tout partage fait avec des mineurs n'est « que provisionnel, lorsqu'il n'est pas fait en justice ;

« Considérant qu'il y a avantage certain pour les mineurs « à demander ledit partage ; qu'en effet (les motifs de cet « avantage) ;

« Le conseil a été unanimement d'avis d'autoriser, comme « de fait, par ces présentes, il autorise M. Lemercier, tuteur « desdits mineurs, à former en justice l'action en partage des « biens dont il s'agit, et à y faire procéder dans les formes de « droit.

« Dont acte : fait et dressé le présent procès-verbal, les « jour, mois et an que dessus, et ont les parties signé avec « nous et le greffier, après lecture faite. »

(*Signatures.*)

§ 30.—Tuteur autorisé par le conseil de famille à faire un emprunt pour le mineur (C. Nap., art. 457, 458, 483).

« L'an..., le..., heures du matin,

« Par-devant nous, Adolphe A..., juge de paix du canton « de... département de..., assisté de Me Louis B..., greffier « de cette justice de paix,

« Est comparu :

« M. Henri-Joseph Jourdain, marchand grainetier, demeu- « rant à... ;

« Agissant au nom et comme tuteur de Joseph Bled et de « Henriette Bled, ses neveu et nièce, mineurs issus du ma- « riage de Paul-Henri Bled et de Rose-Emilie Jourdain, dé- « cédés, nommé à cette fonction qu'il a acceptée, par déli- « bération du conseil de famille, reçue et présidée par nous, « aux termes d'un procès-verbal en date du..., enregistré ;

« Lequel a dit qu'après le décès de la dame veuve Bled, sa « sœur, mère des mineurs, il a été procédé, à sa requête, en « présence du subrogé tuteur, à l'inventaire, au fur et à me- « sure de la levée des scellés, par Me.... et son collègue, « notaires à....., en date, au commencement, du vingt « janvier dernier, et ensuite à la vente mobilière de tous « les objets compris audit inventaire, suivant procès-verbal « du commissaire-priseur, à..., en date du..., enregistré ; « que le produit net de cette vente s'est élevé à sept mille sept « cent quatre-vingt-quinze francs quatre-vingt-cinq centimes, « qui joints à la somme de cent quatre-vingt-seize francs « quinze centimes en deniers, trouvés comptants sous les « scellés, et à celle de quinze cents francs pour loyers et fer- « mages des immeubles dépendant de ladite succession, échus « à Noël dernier, porte l'actif de la succession à neuf mille « sept cent quatre-vingt-douze francs ; mais que le passif, « d'après l'inventaire, s'élève à celle de quatorze mille francs ; « qu'il est urgent de faire face aux quatre mille deux cent

« huit francs que reste devoir la succession, d'autant plus que « déjà une action lui est intentée devant le tribunal civil « de..., pour une somme de deux mille trois cents francs, et « qu'il est, en outre, menacé d'une saisie immobilière pour « celle de quinze cents francs due, en vertu d'un jugement « rendu par le même tribunal, au profit de..., contre feu « madame Bled, mère des mineurs; qu'il pense que, dans « un tel état de choses, il y a un avantage évident à emprun- « ter pour six ans jusqu'à concurrence de la somme de quatre « mille deux cent huit francs, dont reste grevée ladite succes- « sion, somme qu'il est certain de pouvoir rembourser avec « les économies annuelles qu'il espère faire sur les revenus « des biens des mineurs, après avoir pourvu à leur nourriture, « entretien et éducation ;

« Qu'en conséquence et sur notre indication verbale à ces « jour, lieu et heure, il a convoqué et réuni à l'amiable par- « devant nous le conseil de famille desdits mineurs Bled, « pour délibérer et donner son avis sur l'emprunt dont il « s'agit, et a signé. »

(*Signature.*)

« Sont aussi comparus, savoir :

Du côté paternel :

« 1°. . . . . ; — 2°. . . . . ; — 3°. . . . . ;

Du côté maternel :

« — 4°. . . . ; — 5°. . . . . ; — 6°. . . . .

« Lesquels parents et amis, réunis en conseil de famille « sous notre présidence, après avoir mûrement délibéré avec « nous ;

« Vu l'exposé ci-dessus, l'inventaire fait après le décès de « la dame veuve Bled, mère des mineurs, et le compte som- « maire de la gestion du tuteur, ainsi que les actes de pour- « suites y mentionnés et représentés au conseil ;

« Considérant qu'il y a nécessité absolue de rembourser « les quatre mille deux cent huit francs, restant dus par la « succession de madame veuve Bled ; qu'il est urgent d'em- « prunter pour les mineurs jusqu'à concurrence de cette « somme, que le tuteur pourra éteindre dans six ans avec les « économies annuelles qu'il pourra faire sur les revenus des « mineurs ;

« Le conseil a été unanimement d'avis d'autoriser, comme « par ces présentes il autorise, M. Jourdain, tuteur des mi-

« neurs Bled, à emprunter, au taux légal, une somme de « quatre mille deux cent huit fr., pour et au nom desdits « mineurs, remboursable dans six années, et à affecter et hy- « pothéquer, pour sûreté de ladite somme de quatre mille « deux cent huit francs (tel bien qu'il faut désigner), que le « conseil désigne spécialement à cet effet ; en conséquence, « passer et signer tous actes que besoin sera, le tout après « homologation par le tribunal civil de l'arrondissement de... « de la présente délibération que le tuteur est chargé de « poursuivre et obtenir, conformément à l'art. 458, C. Nap.

« Dont acte : fait et dressé le présent procès-verbal que les « parties ont signé avec nous et le greffier après lecture faite. »

(*Signatures.*)

§ 31. — **Consentement à mariage d'un mineur par le conseil de famille** (C. Nap., art. 160).

« L'an..., le..., heures du matin,

« Par-devant nous, Adolphe A..., juge de paix du canton « de..., départ. de..., assité de Me Louis B..., greffier de « cette justice de paix,

« Est comparu, dans notre cabinet, à... :

« M. Edouard Lecoq, ancien notaire, demeurant à...;

« Agissant au nom et comme tuteur de Henriette-Emilie « Dupont, sa nièce mineure, âgée de dix-huit ans, issue du « mariage de M. Adolphe-Emile Dupont et de dame Henriette- « Rose Lecoq, décédés, nommé à cette fonction, qu'il a ac- « ceptée, suivant délibération du conseil de famille de ladite « mineure, reçue et présidée par nous, aux termes de notre « procès-verbal, en date du..., enregistré ;

« Lequel a exposé que M. Paul-Honoré Viennet, âgé de « vingt-six ans, docteur en médecine, demeurant à..., recher- « che en mariage mademoiselle Henriette-Emilie Dupont, « sa pupille, à laquelle ce mariage paraît convenir ; que la « fortune du futur se compose d'immeubles d'une valeur « d'environ soixante-quinze mille francs et d'une somme de « quinze mille francs en deniers comptants ; que les condi- « tions dudit mariage projeté, détaillées dans un projet signé « de l'exposant, par lui représenté, lequel est demeuré ci- « annexé, après que dessus il en a été fait mention, parais- « sent convenables et avantageuses ; qu'en conséquence, il a, « en exécution de notre cédule, par exploit de..., huissier « à..., en date du..., dont l'original est demeuré ci-joint, « après que dessus il a été fait mention de son annexe, con-

« voqué et réuni à ces jour, lieu et heure, par-devant nous, « le conseil de famille de sa mineure, composé des mêmes « membres qu'à la délibération susdatée, à l'effet d'approu- « ver lesdites conditions et donner son consentement audit « mariage, et a, ledit comparant, requis acte de ses diligen- « ces, et a signé, après lecture faite, et s'est retiré. »

(*Signature.*)

« Sont aussi comparus, savoir :

Du côté paternel :

« 1°. . . . . ; — 2°. . . . . ; — 3°. . . . . ;

Du côté maternel :

« — 4°. . . . ; — 5°. . . . . ; — 6°. . . . . .

« Lesquels parents réunis en conseil de famille sous notre « présidence, après avoir mûrement délibéré avec nous, hors « la présence du tuteur ;

« Vu l'exposé du tuteur, et le projet y joint, ainsi conçu :

ART. 1er.

« Les futurs époux adoptent le régime dotal ; néanmoins, « il y aura entre eux une société d'acquêts, composée des « bénéfices et économies que les futurs époux pourront faire « pendant le mariage, tant en meubles qu'en immeubles, « conformément aux dispositions des art. 1581, 1498 et « 1499, C. Nap.

ART. 2.

« Les biens du futur époux se composent (les détailler).

ART. 3.

« Les biens de la future épouse consistent :

« 1° Dans une propriété située..., affermée moyennant « trois mille francs à... (nom du fermier) ;

« 2° Dans une inscription de quinze cents francs de rentes « sur l'Etat, cinq pour cent consolidés, au nom de la fu- « ture, n°... ;

« Et dans ses habits, linge, hardes, bijoux, dentelles, meu- « bles meublants, argenterie et effets mobiliers, le tout d'une « valeur de..., d'après l'estimation qui en a été faite dans « l'inventaire fait après le décès de feu sa mère ; le tout pro- « venant à la future épouse des successions de ses père et « mère.

ART. 4.

« Les biens actuels de la future épouse seront dotaux ; mais

« tous ceux qui pourront lui advenir et échoir dans la suite « par succession, donation, legs ou autrement, lui seront « paraphernaux, et elle en aura, en conséquence, l'administration et la jouissance particulière, sans avoir besoin d'au« torisation de son mari.

ART. 5.

« Les biens immeubles pourront être aliénés, pendant le « mariage, par la future épouse, dûment autorisée de son « mari, mais sous la condition que le prix de cette vente sera « immédiatement employé en acquisition d'autres immeu« bles, lesquels, étant acceptés par la future épouse, auront « également nature de biens dotaux, et ne pourront plus être « aliénés.

ART. 6.

« Le survivant des futurs époux prélèvera, à titre de pré« ciput, avant le partage de la société d'acquêts, tels meubles « et effets mobiliers qu'il voudra choisir, jusqu'à concurrence « d'une somme de trois mille francs, suivant la prisée de « l'inventaire, ou cette somme en deniers comptants, à son « choix.

« La future épouse y aura droit, même en renonçant à la « société d'acquêts, et, en cas d'insuffisance des biens de cette « société, elle pourra exercer la reprise de son préciput sur « les biens provenant du futur.

ART. 7.

« En cas de renonciation à la société d'acquêts par la future « épouse ou ses héritiers, ils reprendront seulement les biens « dotaux ou paraphernaux propres à la future, mais ils n'au« ront aucune reprise à faire pour la partie de ses revenus « qui aura pu tomber dans la société d'acquêts.

« Telles sont les conventions arrêtées entre le tuteur et le « futur époux, soumises à la délibération du conseil de famille.

« Considérant que les conditions du mariage sont avanta« geuses pour la mineure ; que ledit mariage présente, sous « tous les rapports, les convenances et l'avantage qu'on peut « désirer ;

« Le conseil, à l'unanimité, déclare consentir au mariage « de ladite mineure Dupont, avec M. Paul-Honoré Viennet, « aux conditions ci-dessus établies, qu'il approuve sans ré« serve, et autoriser, en conséquence, M. Lecoq, tuteur, à « passer le contrat de mariage suivant le projet par lui remis « et dont les dispositions sont ci-dessus transcrites, à assister

« à la célébration dudit mariage, et y consentir pour le con-
« seil de famille, lui donnant, à cet effet, par ces présentes,
« tout pouvoir utile et nécessaire.

« Dont acte : fait et dressé le présent procès-verbal, que
« les délibérants et le tuteur, rappelé dans le conseil, ont
« signé avec nous et le greffier, après lecture faite. »

(*Signatures.*)

Si le conseil n'est pas unanime, on dit :

« MM. Louis D..., Alexis M... et Prosper X..., ont été
« d'avis d'agréer lesdites propositions et de consentir au ma-
« riage ; mais MM. Paul M..., Joseph D..., Alexandre L...,
« ont été d'avis contraire, les conditions du mariage, suivant
« eux, étant plus onéreuses que profitables à ladite mineure ;

« Sur quoi, nous, juge de paix, après avoir mûrement
« examiné les conditions du mariage, les fortunes et les fa-
« milles des futurs époux, nous sommes réuni à l'avis de
« MM. D..., M... et X... ;

« En conséquence, le conseil, à la majorité de quatre voix
« contre trois, déclare consentir au mariage de ladite mi-
« neure Dupont avec M. Paul-Honoré Viennet, aux conditions
« ci-dessus établies qu'il approuve sans réserves, etc. » (le
reste comme ci-dessus).

§ 32. — Tuteur autorisé à transiger au nom du mineur (C. Nap., art. 467).

« L'an..., le..., heures du matin,

« Par-devant nous, Adolphe A..., juge de paix du canton
« de..., département de..., assisté de Me Louis B..., greffier
« de cette justice de paix,

« Est comparu, dans notre cabinet, à..., M. Edouard-Henri
« Lecoq, ancien notaire, demeurant à...,

« Agissant au nom et comme tuteur de Henriette-Emilie
« Dupont, sa nièce mineure, âgée de dix-huit ans, issue du
« mariage de M. Adolphe-Emile Dupont et de dame Henriette-
« Rose Lecoq, décédés, nommé à cette fonction qu'il a acceptée
« suivant délibération du conseil de famille de ladite mineure,
« reçue et présidée par nous, aux termes d'un procès-verbal,
« en date du..., enregistré ;

« Lequel a exposé qu'aux termes d'un acte passé devant
« Me Morin, notaire à..., le 5 mai 1839, enregistré, M. Alexis
« Deshays, propriétaire, demeurant à..., a institué pour son
« légataire universel le sieur Paul Duchemin, son domestique ;
« que cette disposition a été environnée de circonstances qui

« font présumer qu'elle a été le résultat d'une captation certaine et criminelle ; que M. Deshays est décédé le..., à..., « rue..., n°..., laissant pour seule héritière mademoiselle « Henriette-Emilie Dupont, sa nièce ; que le jour même du « décès dudit sieur Deshays, les scellés ont été apposés à son « domicile à la requête du requérant par M. le juge de paix « du canton de..., suivant son procès-verbal, en date du..., « enregistré ;

« Que le conseil de famille de ladite mineure, par délibé« ration en date du..., enregistrée, a autorisé l'exposant à « demander en justice la nullité du testament dont il s'agit, « et qu'une action par lui formée en conséquence de cette « délibération a été exercée devant le tribunal de première « instance de l'arrondissement de... ;

« Que ce tribunal, par jugement en date du..., ayant or« donné l'interrogatoire sur faits et articles dudit sieur Du« chemin, celui-ci a fait proposer de renoncer au bénéfice du « testament dont il s'agit, moyennant une rente annuelle et « viagère de deux mille francs ou une obligation de trente « mille francs, exigible en 1854 ; que cette offre paraît d'au« tant plus avantageuse, que le succès de la demande est loin « d'être certain ; mais qu'aux termes de l'art. 467, C. Nap., « ne pouvant transiger au nom du mineur qu'après y avoir « été autorisé par le conseil de famille et de l'avis de trois « jurisconsultes désignés par le procureur de la République « près le tribunal de première instance, il a, à cet effet, pré« senté requête à ce magistrat, et que les trois jurisconsultes « par lui nommés ont été d'avis unanime qu'il y avait lieu, « dans l'intérêt de la mineure, d'accepter la dernière partie « de la transaction proposée ; qu'en conséquence, et sur notre « indication verbale à ces jour, lieu et heure, il a convoqué « et réuni à l'amiable, par-devant nous, le conseil de famille « de ladite mineure, pour donner son avis sur ladite transac« tion, et a, ledit comparant, requis acte de ses dilligences, « et a signé, après lecture. »

(Signature.)

« Sont aussi comparus, savoir :

Du côté paternel :

« 1°. . . . . ; — 2°. . . . . ; — 3°. . . . . ;

Du côté maternel :

« — 4°. . . . ; — 5°. . . . . ; — 6°. . . . .

« Lesquels parents réunis en conseil de famille sous notre « présidence, après avoir mûrement délibéré avec nous ;

« Vu l'exposé du tuteur et l'avis des trois jurisconsultes, « y joint, ensemble l'art. 467, C. Nap. ;

« Considérant que le succès de la demande en nullité du « testament est devenu peu probable ; que l'actif net de la « succession de feu M. Deshays peut s'élever à quatre-vingt-« quinze mille francs ; que le sieur Duchemin, légataire uni-« versel, propose au tuteur de renoncer au bénéfice dudit tes-« tament moyennant une rente annuelle et viagère de deux « mille francs, ou une somme de trente mille francs exigibles « en 1854 ; que ces deux propositions, pour éviter les chances « d'un procès dont le succès est très-incertain, ne paraissent « pas exagérées, mais que la dernière paraît préférable dans « l'intérêt de la mineure, eu égard à l'âge du sieur Du-« chemin ;

« Le conseil a été unanimement d'avis d'autoriser M. Lecoq, « tuteur, à traiter et transiger, pour et au nom de la mineure « Dupont, avec ledit sieur Duchemin, de la manière et aux « conditions expliquées dans la consultation susénoncée, à « la charge par ledit sieur Lecoq, tuteur, de demander et « obtenir l'homologation tant du traité à intervenir que de la « présente délibération par le tribunal civil de première in-« stance de l'arrondissement de...

« Dont acte : fait et dressé le présent procès-verbal, que « les délibérants et le tuteur ont signé avec nous et le greffier, « après lecture faite. »

(*Signatures.*)

§ 33.—**Tuteur autorisé à aliéner les biens immeubles appartenant à un mineur** (C. Nap., art. 457, 484 ; C. proc., art. 954).

« L'an..., le..., heures du matin,

« Par-devant nous, Adolphe A..., juge de paix du canton « de..., arrondissement de..., assisté de Me Louis..., greffier « de cette justice de paix,

« Est comparu dans notre cabinet, à...,

« M. Théophile-Alfred Dubourgneuf, propriétaire, demeu-« rant à...,

« Agissant au nom et comme tuteur datif de Félix Des-« champs et d'Adolphe Deschamps, ses neveux, enfants mi-« neurs, issus du mariage de Théophile-Alexis Deschamps et « de Marguerite-Louise Dubourgneuf, décédés ;

« Lequel a dit que les mineurs Deschamps sont propriétaires d'une petite ferme située à..., dite la ferme de..., au moyen de l'acquisition que leurs père et mère en ont faite en commun, depuis leur mariage, de M. Alexis Dumont, négociant, et de madame Louise-Pauline Laurent, son épouse, demeurant à..., suivant contrat passé devant Me..., notaire à..., enregistré, moyennant la somme de cent vingt mille francs de prix principal ; que sur ce prix les époux Deschamps ont payé quatre-vingt-cinq mille francs, aux termes d'une quittance passée devant le même notaire, le..., en suite dudit contrat de vente ; que lesdits mineurs restent conséquemment devoir sur ladite propriété une somme de trente-cinq mille francs exigible depuis six mois ;

« Qu'il résulte en outre de l'inventaire fait après le décès de la dame veuve Deschamps, par Me... et son collègue, notaires à..., et de la vente mobilière de tous les objets compris audit inventaire suivant procès-verbal de..., commissaire-priseur à..., en date du..., enregistré, que l'actif net des biens meubles s'est élevé à une somme de huit mille neuf cent cinquante francs cinquante-cinq centimes, et le passif à celle de onze mille sept cent soixante-quinze fr. vingt-cinq centimes ; que, néanmoins, dans cette somme sont comprises différentes réclamations s'élevant à trois mille cinq cent quarante-cinq francs, susceptibles d'être réduites des deux tiers au moins, par l'effet de la discussion en justice, qui devra nécessairement avoir lieu ultérieurement, ce qui permettrait de balancer l'actif et le passif mobilier ; mais que, quant à la dette de trente-cinq mille francs sur le prix de la ferme de..., seul immeuble dépendant de la succession des père et mère desdits mineurs, il est de toute impossibilité de pouvoir la rembourser, les revenus de cette propriété étant à peine suffisants pour les impositions, réparations, et la nourriture, l'entretien et l'éducation des mineurs ; que, dans un tel état de choses, il est urgent de vendre cette propriété pour le prix à en provenir être employé au remboursement des trente-cinq mille francs restant dus, et le surplus placé en rentes sur l'Etat ou sur hypothèques ;

« Qu'en conséquence, et sur notre indication verbale à ces jour, lieu et heure, il a convoqué et réuni à l'amiable (ou en vertu de notre cédule notifiée par exploit de..., huissier à..., en date du..., enregistré), par-devant nous, le conseil de famille desdits mineurs Deschamps, et a ledit com-

« parant requis acte de ses diligences, et a signé, après lec-
« ture faite. » (*Signature.*)

« Sont ensuite comparus, savoir :

Du côté paternel :

« 1°. . . . . .; — 2°. . . . . .; — 3°. . . . . .;

Du côté maternel :

«— 4°. . . . . .; — 5°. . . . . .; — 6°. . . . . .

« Lesquels parents (et amis, s'il y en a), réunis en conseil « de famille sous notre présidence, après avoir mûrement « délibéré avec nous ;

« Vu l'exposé du tuteur, l'inventaire fait après le décès de « la dame veuve Deschamps et le compte sommaire de la « gestion du tuteur, ensemble les art. 457, 484, C. Nap., et « l'art. 954, C. proc. ;

« Considérant, en droit, que le tuteur, même le père ou la « mère, ne peuvent aliéner ou hypothéquer les biens immeu- « bles des mineurs, sans y être autorisés par un conseil de « famille ;

« Considérant qu'il y a nécessité absolue de vendre les im- « meubles dépendant de la succession des époux Deschamps, « pour le prix à en provenir être employé à payer les trente- « cinq mille francs restant dus sur lesdits immeubles, et le « surplus être placé en rentes cinq pour cent sur l'Etat ou sur « première hypothèque ;

« Le conseil a été unanimement d'avis d'autoriser, comme « de fait il autorise par ces présentes, M. Dubourgneuf, tu- « teur, à faire procéder, en présence du subrogé tuteur des « mineurs et d'après les formalités prescrites par la loi, à la « vente publique de ladite ferme dont il s'agit, appartenant « auxdits mineurs ; toucher et recevoir le prix, en principal « et intérêts, de ladite vente, pour le tout être employé, par « ledit tuteur, à payer les trente-cinq mille francs restant dus « sur le prix d'acquisition de ladite ferme, et le surplus être « placé en rentes sur l'Etat cinq pour cent ou par première « hypothèque ; et, à l'effet de ce que dessus, passer et signer « tous actes que besoin sera, le tout après homologation, par « le tribunal civil, de la présente délibération que le tuteur « est chargé de demander et d'obtenir conformément aux « art. 458, C. Nap. ; 885 et 887, C. proc. civ.

« En ce qui concerne les différentes réclamations s'élevant « à la somme de trois mille cinq cent quarante-cinq francs, « susceptibles de contestation et de réduction :

« Considérant qu'il est de l'intérêt des mineurs que lesdites réclamations soient vérifiées et discutées en justice,

« Le conseil a été unanimement d'avis d'autoriser, comme de fait il autorise par ces présentes, ledit tuteur à discuter et faire vérifier en justice les prétendues dettes dont il s'agit, et même à en provoquer la nullité ; en conséquence, former toutes demandes devant tous tribunaux compétents, défendre à celles qui seraient intentées ; plaider, opposer, constituer tous avoués et avocats, obtenir tous jugements, interjeter appel, passer et signer tels actes que besoin sera, élire domicile, et généralement faire ce qui sera nécessaire pour l'intérêt desdits mineurs.

« Dont acte : fait et dressé le présent procès-verbal, que les parties ont signé avec nous et le greffier, après lecture faite. »

(*Signatures.*)

§ 34. — **Tuteur autorisé à faire adjuger les biens de ses pupilles au-dessous du prix de l'estimation** (C. proc., art. 963 et s.).

« L'an..., le..., heures du matin,

« Par-devant nous, Adolphe A..., juge de paix du canton de..., département de..., assisté de Me Louis B..., greffier de cette justice de paix,

« Est comparu, dans notre cabinet, à... :

« M. Théophile-Alfred Dubourgneuf, propriétaire, demeurant à...,

« Agissant au nom et comme tuteur de Félix Deschamps et d'Adolphe Deschamps, ses neveux, mineurs, issus du mariage de M. Théophile-Alexis Deschamps et de Marie-Louise Dubourgneuf, décédés ;

« Lequel a dit que, par délibération du conseil de famille desdits mineurs, reçue et présidée par nous, aux termes d'un procès-verbal, en date du..., enregistré le..., il a été autorisé par ledit conseil de famille à faire vendre dans les formes de droit, et pour cause de nécessité absolue, la ferme de...; que cette ferme a été estimée, par les experts nommés à cet effet par le tribunal de première instance de l'arrondissement de..., à la somme de..., mais que les enchères faites à la barre du tribunal ne se sont élevées qu'à celle de...; que par un autre jugement du même tribunal, en date du..., enregistré, il a été ordonné que le conseil de famille des mineurs Deschamps serait convoqué par-devant nous à l'effet de donner son avis s'il y a lieu, ou non, de

« passer outre à l'adjudication des immeubles dont il s'agit; « qu'en conséquence, et sur l'indication verbale à ces jour, « lieu et heure, il a convoqué et réuni, par-devant nous, le « conseil de famille des mineurs Deschamps, et a, ledit com- « parant, requis acte de ses diligences et a signé, lecture faite. »

(*Signature.*)

« Sont aussi comparus, savoir :

Du côté paternel :

« 1°. . . . . .; — 2°. . . . . .; — 3°. . . . . .;

Du côté maternel :

«—4°. . . . . .; — 5°. . . . . .; — 6° . . . . .

« Lesquels parents réunis en conseil de famille sous notre « présidence, après avoir mûrement délibéré avec nous ;

« Vu l'exposé du tuteur, la délibération du conseil de fa- « mille, le jugement y énoncé et l'art. 964, C. proc.;

« Considérant que la vente des immeubles dont il s'agit a « été autorisée pour cause de nécessité absolue ; que cette « cause existe toujours, et qu'il n'y a d'autre moyen, dans « les circonstances où se trouvent les mineurs, de pouvoir se « libérer que par la vente de leurs propriétés,

« Le conseil a été unanimement d'avis d'autoriser, comme « de fait il autorise par ces présentes, le tuteur desdits mi- « neurs à faire passer outre à l'adjudication de la ferme « dont il s'agit, à un prix inférieur à l'estimation qui en a « été faite à la somme de... par les experts nommés à cet « effet par le tribunal civil de l'arrondissement de...

« Dont acte : fait et dressé le présent procès-verbal, que « les parties ont signé avec nous et le greffier, après lec- « ture faite. »

(*Signatures.*)

§ 35. — **Restriction d'hypothèque à certains immeubles du tuteur, suffisants pour opérer une pleine garantie en faveur du mineur** (C. Nap., art. 2141, 2143, 2148).

« L'an..., le..., heures du matin,

« Par-devant nous, Adolphe A..., juge de paix du canton « de..., département de..., assisté de Me Louis B..., greffier « de cette justice de paix,

« Est comparu, dans notre cabinet, à...,

« M. Emile-Paul de Thuisy, propriétaire, demeurant à...;

« Lequel a exposé que, suivant une délibération du conseil « de famille, reçue et présidée par nous, aux termes de notre

« procès-verbal, en date du..., enregistré, il a été nommé « tuteur des mineurs Louis-Henri Chauvin et Paul-Alfred « Chauvin, ses neveux, en remplacement de M. Alexandre « Chauvin, leur aïeul maternel, décédé, fonction qu'il a accep- « tée par le même acte ; que, par suite de cette charge, ses « biens se trouvant aujourd'hui grevés en totalité d'une hypo- « thèque légale au profit de ces mineurs, il est dans l'inten- « tion de demander au conseil de famille que cette hypothèque « soit restreinte aux immeubles ci-après (désigner les biens, « leur nature et leur situation), d'une importance supérieure « à celle de la gestion de ladite tutelle ; qu'en conséquence, « et sur notre indication verbale à ces jour, lieu et heure, il « a convoqué et réuni à l'amiable, par-devant nous, le conseil « de famille desdits mineurs Chauvin, composé des mêmes « membres que lors de sa nomination de tuteur, à l'effet de « donner son avis sur la restriction d'hypothèque dont il « s'agit, et a, ledit comparant, requis acte de ses diligences, « et a signé. » (*Signature.*)

« Sont aussi comparus, savoir :

Du côté paternel :

« 1°. . . . ; — 2°. . . . ; — 3°. . . . ;

Du côté maternel :

« — 4°. . . ; — 5°. . . . ; — 6°. . . . .

« Lesquels parents (et amis, s'il y en a), réunis en conseil « de famille sous notre présidence, après avoir mûrement « délibéré avec nous ;

« Vu l'exposé ci-dessus du tuteur et les art. 2141 et 2143, « C. Nap. ;

« Considérant que l'hypothèque générale sur les immeu- « bles du tuteur des mineurs Chauvin excède notoirement « de plus de deux tiers les sûretés suffisantes pour sa gestion ;

« Considérant que les immeubles par lui proposés sont « déjà plus que suffisants pour opérer une pleine garantie en « faveur des mineurs,

« Le conseil a été unanimement d'avis que l'hypothèque « légale des mineurs Chauvin sur les immeubles de leur tu- « teur, pour sûreté de leurs droits, soit restreinte, comme de « fait, par ces présentes, il la restreint à... (désigner les « immeubles) ; qu'en conséquence, tous les autres biens du- « dit tuteur et tous ceux qu'il pourra acquérir ou qui lui « écherront par succession, donation, legs ou à tout autre « titre, soient affranchis de cette hypothèque.

« Dont acte : fait et dressé le présent procès-verbal, dont « l'homologation sera demandée et obtenue par le tribunal « compétent, et ont les délibérants et le tuteur signé avec « nous et le greffier, après lecture faite. »

(*Signatures.*)

§ 36.—**Restriction d'hypothèque par l'acte de nomination du tuteur** (C. Nap., art. 2141, 2142).

On ajoute, après l'acceptation du tuteur, ces mots : « Et a « demandé que l'hypothèque légale des mineurs sur ses biens « fût restreinte à... (désigner les immeubles) plus que suffi- « sante pour sûreté et garantie de sa gestion de ladite tu- « telle, et a signé. »

(*Signature.*)

« Sur quoi le conseil, après avoir mûrement délibéré avec « nous,

« Considérant que les biens du tuteur ont une importance « bien supérieure à celle de la gestion de la tutelle ; qu'il « serait, dès lors, injuste que tous ses immeubles fussent « affectés par l'hypothèque générale créée par la loi en faveur « des mineurs ;

« Considérant, en droit, que l'effet de cette hypothèque « doit être restreinte aux biens suffisants pour opérer une « pleine garantie en faveur des mineurs,

« Est d'avis, à l'unanimité, que l'hypothèque légale résul- « tant de la tutelle conférée par le présent acte soit restreinte « aux immeubles ci-après, savoir (les désigner) ; qu'en con- « séquence, il ne devra être pris d'inscription que sur les- « dits biens, et tous les autres biens dudit tuteur et tous « ceux qu'il pourra acquérir ou qui lui écherront par suc- « cession, donation, legs ou à tout autre titre, demeureront « libres et affranchis de ladite hypothèque.

« Dont acte, etc. » (1).

§ 37. — **Restriction de l'hypothèque légale de la femme sur les biens du mari à certains immeubles** (C. Nap., art. 2144).

« L'an..., le..., heures du matin,

« Par-devant nous, Adolphe A..., juge de paix du canton

(1) Le mineur devenu majeur doit prendre inscription dans l'année qui suit la cessation de la tutelle : s'il ne l'a pas fait, son hypothèque ne date, à l'égard des tiers, que du jour de l'inscription prise ultérieurement (Arg. L. 23 mars 1855, art. 8).

« de..., départ. de..., assisté de Me Louis B..., greffier de « cette justice de paix,

« Sont comparus dans notre cabinet, à...,

« M. Alexandre de Thuisy et dame Marie-Émilie Des- « champs son épouse, demeurant ensemble à...,

« Lesquels ont dit que, sur notre indication verbale à ces « jour, lieu et heure, les comparants ont convoqué et réuni « à l'amiable par-devant nous les quatre plus proches parents « de madame de Thuisy, pour former, sous notre présidence, « un conseil de famille, à l'effet de délibérer et donner son « avis sur la demande en restriction d'hypothèque légale que « ledit sieur de Thuisy se propose de faire (motifs de la de- « mande), et ont lesdits comparants affirmé qu'il n'existe pas « de parents plus proches que ceux dont les noms suivent, « et ont signé, lecture faite. »

(*Signatures.*)

« Sont aussi comparus, savoir :

« 1°. . . . . ; — 2°. . . . . ; — 3°. . . . . ; « — 4°. . . . . ;

« Lesquels parents, réunis en conseil de famille sous notre « présidence, après avoir mûrement délibéré avec nous sur « l'exposé dudit sieur de Thuisy, hors sa présence et celle de « la dame de Thuisy ;

« Vu l'état de toutes les inscriptions hypothécaires prises « au bureau des hypothèques de... contre ledit sieur de « Thuisy et sur ses biens ;

« Vu l'expédition en forme de son contrat de mariage et « l'état des dettes passives ;

« Considérant que la dame de Thuisy, tant comme com- « mune en biens que comme personnellement obligée, est « tenue, en droit, de toutes les dettes précédemment énon- « cées, pour l'acquit desquelles elle peut être personnellement « poursuivie, et que, dans son intérêt et pour sa tranquillité « personnelle et celle de son mari, les dettes auxquelles elle « a participé doivent être acquittées par tous les moyens « possibles,

« Le conseil a été unanimement d'avis que l'hypothèque ré- « sultant dudit contrat de mariage et frappant sur la portion « des droits immobiliers dudit sieur de Thuisy dans la succes- « sion de feu son père soit restreinte seulement sur... (dési- « gner l'immeuble), et que tous les autres biens de sondit « mari et tous ceux qu'il pourra acquérir ou qui lui écherront « par succession, donation, legs ou à tout autre titre, en

« soient quittes et affranchis ; qu'en conséquence, tous con-« servateurs des hypothèques soient tenus d'effectuer la radia-« tion de l'inscription du..., vol..., n°..., prise au profit de « ladite dame de Thuisy contre sondit mari, en en réservant « l'effet sur... (les immeubles désignés), suffisants pour sûreté « et garantie des droits de cette dame ; et, à cet effet, ledit « conseil autorise lesdits époux de Thuisy à se présenter « partout où besoin sera, signer tous actes et registres, don-« ner tous consentements, élire domicile, et généralement « faire ce que les circonstances exigeront, et ont les délibé-« rants signé avec nous et le greffier, après lecture faite. »

(*Signatures.*)

« La dame de Thuisy, rappelée au conseil, a déclaré, en « conséquence de la délibération ci-dessus, dont lecture lui « a été faite par le greffier, consentir, comme de fait elle « consent, à la mainlevée de l'inscription susénoncée, et à en « réserver l'effet seulement sur (désigner les immeubles), et « a signé. » (*Signature.*)

« Dont acte : fait et dressé le présent procès-verbal, dont « l'homologation sera poursuivie par-devant le tribunal com-« pétent, conformément à l'art. 2145, C. Nap., et ont, les « délibérants et les époux de Thuisy, signé avec nous et le « greffier, après lecture faite. » (*Signatures.*)

§ 38.—**Refus de tutelle par la mère survivante** (C. Nap., art. 394).

« L'an 1864, à sept heures du matin, le...

« Par-devant nous, A..., juge de paix du canton de C..., « arrondissement de..., assisté de R..., greffier de cette ju-« ridiction,

« A C..., en notre cabinet,

« A comparu :

« Madame Adélaïde-Octavie T..., propriétaire, demeurant « à L..., veuve de M. Michel-François M..., propriétaire, dé-« cédé en sa demeure à L..., le 8 de ce mois,

« Laquelle a exposé :

« Que de son mariage avec M. M..., son mari, sont issus « trois enfants qui sont encore mineurs, savoir : 1° Edouard-« Alexandre M..., né à..., le... ; 2° Catherine-Solenne M..., « née à..., le... ; 3° et Pierre-Charles M..., né à..., le...,

« Et que, par suite du décès de son mari, elle devient tu-« trice de ses enfants mineurs ;

« Mais que, usant du droit que lui accorde l'art. 394, C. « Nap., elle déclare ne pas accepter la tutelle légale de ses enfants mineurs ci-dessus nommés; ajoutant, ladite dame M..., qu'elle en remplira les fonctions jusqu'à ce qu'elle leur ait fait nommer un tuteur et un subrogé tuteur;

« Et elle a signé, après lecture.

« Nous, juge de paix,

« Vu la déclaration ci-dessus, dont nous avons donné acte à la comparante,

« Déclarons accepter le refus de tutelle que fait la dame M...

« De tout ce que dessus il a été fait et dressé le présent procès-verbal,

« Au lieu ci-dessus indiqué, les jour, mois et an susdits.

« Et, après lecture faite, la dame M... a signé avec nous et le greffier. »

39.—**Tutelle provisoire.—Engagement militaire** (C. Nap., art. 141, 142 et 143; L. du 21 mars 1832).

« L'an 1864, le 30 mai, à deux heures du soir,

« Devant nous, J.-E. A..., juge de paix du canton de C..., arrondissement de..., assisté de Me R..., greffier de cette justice de paix,

« A C..., en notre cabinet,

« A comparu :

« Madame Louise-Honorine M..., sans profession, demeurant à S..., rue..., épouse de M. Louis-Henri M..., menuisier, ayant demeuré à C..., rue...

« Laquelle nous a exposé :

« Que de son mariage avec M. Louis-Henri M... est issu Joseph-Eugène M..., né à C..., le...

« Que son mari, le sieur Louis-Henri M..., ayant disparu de son domicile pour aller en Amérique depuis environ .... ans, sans qu'on ait eu de ses nouvelles, il est urgent de pourvoir à la surveillance de la personne et des biens de son enfant mineur, et surtout pour l'aider à contracter l'engagement militaire dont on va parler;

« Que son enfant mineur Joseph-Eugène M... a l'intention de s'engager volontairement dans l'armée de terre de l'empire français ;

« Qu'en conséquence elle a, sur notre indication verbale à ces jour, lieu et heure, convoqué et réuni à l'amiable pardevant nous le conseil de famille dudit mineur, composé

« de ses parents les plus proches dans les lignes paternelle « et maternelle, pour lui nommer un tuteur provisoire et au- « toriser ce dernier a consentir l'engagement volontaire du « mineur M... dans l'armée de terre de l'empire français.

« Et elle a signé.

« Sont aussi comparus, savoir :

Du côté paternel :

« 1°. . . . . ; — 2°. . . . . ; — 3°. . . . . ;

Du côté maternel :

« 4°. . . . . ; — 5° . . . . ; — 6°. . . . . ;

« Lesquels parents, réunis en conseil de famille sous notre « présidence, après avoir mûrement délibéré avec nous sur « la nomination requise d'un tuteur provisoire au mineur « M..., et sur l'autorisation à accorder au tuteur provisoire « de consentir à l'engagement volontaire du mineur M... « dans l'armée de terre de l'empire français ;

« Vu la déclaration ci-dessus et les art. 141, 142 et 143, « C. Nap., et l'art. 32 de la loi du 21 mars 1832, sur le re- « crutement militaire au titre des engagements ;

« Considérant que plus de six mois se sont écoulés de- « puis la disparition du père du mineur ; qu'il est urgent de « pourvoir à la surveillance de sa personne et de ses biens;

« Considérant que le mineur M... a l'intention de s'enga- « ger dans l'armée de terre; qu'il y a dès lors nécessité de « lui nommer un tuteur provisoire pour l'autoriser à contrac- « ter cet engagement;

« Le conseil de famille, à l'unanimité, a été d'avis de dé- « férer, comme de fait il défère par ces présentes, la tutelle « provisoire du mineur X... à M..., lequel a déclaré accepter « cette fonction pour l'exercer conformément à la loi ;

« Et a déclaré consentir à l'engagement que se propose « de contracter le mineur X... dans l'armée de terre de « l'empire français, conformément à la loi ci-dessus visée du « recrutement militaire, et autoriser en conséquence M..., « tuteur provisoire, à passer acte de cet engagement devant « les autorités civiles et militaires, tous pouvoirs utiles et né- « cessaires lui étant donnés à cet effet.

« Dont acte : fait et dressé le présent procès-verbal, que « les délibérants et le tuteur provisoire ont signé avec nous « et le greffier, après lecture faite. » (*Signatures.*)

§ 40. — **Tutelle. — Mariage d'un enfant naturel mineur** (C. Nap., art. 159, 405).

« L'an 1864, le..., à... heures du matin,

« Devant nous, J.-E. A..., juge de paix du canton nord de C..., assisté de Me C. R..., greffier de cette justice de paix,

« A C..., en notre cabinet, sis rue..., lieu par nous désigné pour la tenue du présent conseil de famille,

« Est comparu :

« M. Pierre-Xavier L..., charpentier, demeurant à...,

« Lequel a dit :

« Que mademoiselle Cécile-Léontine est née..., le..., de Justine L..., journalière, native de..., demeurant à..., et de père non dénommé, ainsi qu'il résulte de son acte de naissance inscrit à la mairie de..., le..., dont une expédition nous a été représentée ;

« Que ladite demoiselle Justine-Léontine L... est décédée à C..., à l'Hôtel-Dieu, le..., ayant son domicile à L...

« Et que mademoiselle Cécile-Léontine, demeurant avec lui, se trouve aujourd'hui orpheline sans tuteur ni subrogé tuteur ;

« Enfin, qu'en conséquence de notre indication verbale à ces jour, lieu et heure, il a convoqué par-devant nous les amis de ladite mineure Cécile-Léontine, à l'effet de se réunir en conseil de famille avec nous et sous notre présidence, pour nommer un tuteur à ladite mineure et l'autoriser à consentir à son mariage avec M. C.-F. M..., ouvrier charpentier, majeur, demeurant à...

« Et a le comparant requis acte de ses diligences, et a signé.

« Sont aussi comparus les amis de mademoiselle Cécile-Léontine ci-après nommés, savoir :

« 1°. . . . . ; — 2°. . . . . ; — 3°. . . . . ;
4°. . . . . ; — 5°. . . . . ; — 6°. . . . . ;

« Lesquels amis réunis en conseil de famille, sous notre présidence, après avoir délibéré avec nous sur l'exposé qui précède, dont lecture a été donnée par le greffier ;

« Considérant que tout mineur non émancipé, resté sans père ni mère, comme dans l'espèce, doit être, aux termes de l'art. 405, C. Nap., pourvu d'un tuteur nommé par le conseil de famille, ou par un conseil d'amis ;

« Le conseil de famille a été unanimement d'avis de nommer, comme de fait il nomme, par ces présentes, M....,

« premier membre du conseil, tuteur de ladite demoiselle « Cécile-Léontine, pour, par lui, en cette qualité, régir, gou- « verner et administrer sa personne et ses biens, conformé- « ment à la loi, fonction que M. D... a déclaré accepter, « promettant de bien et fidèlement en remplir les devoirs « et obligations.

« Et de suite le conseil de famille a donné à M..., tuteur, « tous pouvoirs et autorisations nécessaires à l'effet de con- « sentir au mariage que la mineure Cécile-Léontine se propose « de contracter avec M... ; réitérer ce consentement devant « les autorités civiles et religieuses de la commune de... as- « sister la mineure Cécile-Léontine dans les conventions « matrimoniales qui seront réglées avant l'acte civil, afin de « valider ces conventions, passer et signer tous contrats de « mariage, actes civils et religieux pour arriver à ces fins.

« Dont acte : fait et dressé le présent procès-verbal, que « les délibérants et le tuteur ont signé avec nous et le greffier, « lecture faite. » (*Signatures.*)

§ 41.—**Tutelle et substitution** (C. Nap., art. 1056, 405).

« L'an 1864, le..., à..., heures du soir,

« Devant nous, J.-E. A..., juge de paix du canton de..., « assisté de R..., greffier de cette justice de paix,

« A Ch..., en notre cabinet,

« Ont comparu :

« M. Pierre-Denis-Constant B..., cultivateur, et madame « Madeleine-Appoline G..., son épouse, de lui autorisée, « demeurant à...

« Lesquels ont dit :

« Que madame Marie-Madeleine Do..., veuve de M. Louis- « Charles-Joseph G..., propriétaire, mère de madame B..., « demeurant à..., est décédée en sa demeure à C..., le...,

« Que cette dame a fait deux testaments par actes passés « devant Me..., notaire à..., en présence, pour l'un et pour « l'autre, de quatre témoins, le premier à la date du..., et le « second à la date du..., enregistrés ;

« Le premier est ainsi conçu :

« J'ai deux filles : Marceline-Elisabeth G..., épouse de « Ferdinand-Léon G..., cultivateur, demeurant à..., et Ma- « deleine-Appoline G..., femme de Pierre-Denis-Constant « B..., demeurant à... Je réduis chacune d'elles à sa légi- « time dans ma succession ;

« Mon intention en agissant ainsi n'est pas de déshériter « ma famille ; je veux seulement assurer l'avenir de mes pe- « tits-enfants ; c'est pourquoi je donne et lègue à chacune « pour moitié, à mes deux filles prénommées, la portion dis- « ponible de ma fortune mobilière et immobilière, à la charge « par elles de conserver et rendre ce qu'elles recueilleront de « ce legs à titre universel à leurs enfants nés et à naître au « premier degré seulement, etc.

(Rappeler ce qui a rapport à la substitution.)

« Qu'ils (M. et madame B..., comparants) ont un fils de « leur union, nommé Paul-Charles-Joseph B..., né à..., le...

« Que madame G... n'a point nommé de tuteur chargé de « l'exécution des dispositions ci-dessus énoncées, comme lui « en donnait le droit l'art. 1055, C. Nap. ;

« Que pour satisfaire à l'art. 1056 du même Code et pour « ne pas encourir la déchéance prononcée par l'art. 1057 « dudit Code, ils ont, sur notre indication verbale à ces jour, « lieu et heure, convoqué et réuni à l'amiable, par-devant « nous, les trois plus proches parents de chacun d'eux, pour « former et composer le conseil de famille de leur enfant né « et de ceux à naître, afin de nommer un tuteur chargé de « l'exécution de la substitution dont est grevée madame B... « par les dispositions testamentaires de madame sa mère ;

« Et ils y ont requis acte de leurs diligences, ont signé et « se sont retirés, lecture faite.

« Sont aussi comparus, savoir :

Du côté paternel :

« 1°. . . . . .; — 2°. . . . . .; — 3°. . . . . .;

Du côté maternel :

« 1° . . . . .; — 2°. . . . . .; — 3° . . . . .

« Lesquels parents constitués en conseil de famille avec « nous et sous notre présidence, après avoir mûrement déli- « béré sur l'exposé de M. et de madame B..., dont lecture a « été donnée par le greffier ;

« Vu les expéditions en forme des deux testaments de ma- « dame G... et les art. 1056 et 1057, C. Nap. ;

« Considérant que madame G... n'a point nommé de tu- « teur chargé de l'exécution de la substitution dont est grevée « madame B... ;

« Considérant que dans toute substitution, et pour sa vali-

« dité il doit y avoir un tuteur chargé d'en surveiller l'exé-« cution;

« Le conseil de famille, à l'unanimité, a été d'avis, au nôtre « conforme, de nommer en cette qualité, comme de fait il « nomme par ces présentes, M..., tuteur, chargé de l'exécu-« tion de la substitution dont est grevée madame B...;

« Lequel a déclaré accepter cette charge et a promis de « bien et fidèlement en remplir les devoirs;

« M. et madame B... ayant été rappelés dans le conseil, « il leur a été donné lecture de la présente délibération;

« Dont acte, que les délibérants et les sieur et dame B... « ont signé avec nous et le greffier, lecture faite. »

§ 42.—**Curatelle. — Femme mineure mariée. — Intérêts opposés à ceux de son mari** (C. Nap., art. 476, 482, 483 et suiv.).

« L'an 1864, le..., à deux heures du soir,

« Par-devant nous, J.-E. A..., juge de paix du canton de « C..., assisté de C. R..., greffier de cette justice de paix,

« A C..., en notre cabinet, sis rue...

« A comparu :

« M. Ernest-Henri M..., cultivateur, demeurant à...

« Lequel a dit :

« Que par suite de son mariage célébré à la mairie de la « commune de..., le 10 mars 1863, dont une expédition en « forme nous a été représentée et par nous rendue, madame « Claire-Augustine-Eugénie B..., son épouse, mineure, née « à..., le..., demeurant avec lui, a été émancipée de plein « droit, conformément à l'art. 476, C. Nap.;

« Qu'il est aussi de droit curateur à l'émancipation de son « épouse;

« Qu'il a vendu différents biens immeubles consistant en..., « à lui propres, sis dans l'arrondissement de R..., suivant con-« trat reçu par Me..., notaire à..., le..., à M..., moyennant « le prix principal de..., stipulé payable...

« Que M..., son acquéreur, a le désir de faire purger l'hy-« pothèque légale de sa femme mineure; que pour y arriver, « à cause de l'opposition d'intérêts qui existe entre lui, cu-« rateur ordinaire de son épouse, et celle-ci, pour l'assister « et l'autoriser dans différents actes de procédure, il est né-« cessaire de nommer à madame M... un curateur spécial à « cet effet;

« Qu'en conséquence il a, sur notre indication verbale à « ces jour, lieu et heure, convoqué et réuni à l'amiable par-

« devant nous le conseil de famille de madame M... composé « des trois plus proches parents dans chaque ligne, conformément à l'art. 407, C. Nap.

« Et a ledit comparant requis acte de ses diligences, et a « signé, lecture faite.

« Sont aussi comparus, savoir :

Du côté paternel :

« 1°. . . . ; — 2°. . . . ; — 3°. . . . ;

Du côté maternel :

« 1°. . . . ; — 2°. . . . ; — 3°. . . . ;

« Lesquels parents réunis en conseil de famille, sous notre « présidence, après avoir mûrement délibéré avec nous ;

« Vu :

« L'exposé de M. M... dont le greffier a donné lecture « au conseil de famille ;

« L'acte de naissance de madame M... et l'acte de mariage « de M. et de madame M..., à nous représentés et rendus ;

« L'art. 476, C. Nap. ;

« Considérant que dans l'espèce, par suite de l'exposé de « M. M..., les intérêts de son épouse avec lui sont en opposi« tion ;

« Considérant que lorsque les intérêts d'un mineur sont en « opposition avec ceux de son tuteur, ou de son curateur, il « y a lieu de nommer au mineur un curateur spécial pour « l'assister et l'autoriser à faire différents actes prescrits et « prévus par la loi.

« Considérant que les acquéreurs des biens de M. M... ont « l'intention de purger l'hypothèque légale de madame M... « sur les immeubles à eux vendus par son mari ; qu'il y a « lieu dès lors de nommer un curateur spécial à cette dame « pour l'assister et l'autoriser dans les différents actes prescrits « par la loi en pareil cas,

« Le conseil de famille, à l'unanimité, est d'avis de nommer, « comme de fait il nomme, par ces présentes, pour curateur « spécial à madame M..., M..., à l'effet de l'autoriser et de l'as« sister dans tous les cas et dans tous les actes où elle se trou« verait en opposition d'intérêts avec ceux de M. M..., son « mari et son curateur ordinaire, et de faire avec elle tous actes « conservatoires et de procédure prescrits par la loi ;

« Lequel a déclaré accepter cette fonction de curateur

« spécial et a promis de bien et fidèlement remplir les devoirs « qu'elle lui impose.

« Dont acte. *Fait et dressé* le présent procès-verbal, etc. »

CHAP. III.—DE L'ÉMANCIPATION
(C. Nap., art. 476 à 487).

SECT. Ire.—*Définition et origine de l'émancipation.*

1444. L'émancipation est un acte juridique, d'origine romaine, dont l'effet est d'affranchir un mineur de la puissance paternelle et du pouvoir tutélaire, soit qu'il se trouve soumis à l'une ou à l'autre seulement, soit qu'ils coexistent tous deux en même temps, et par suite de lui donner le droit de se gouverner lui-même et d'administrer librement ses biens dans les limites déterminées par la loi (C. Nap., art. 372, 469, 471 et 476).

1445. L'émancipation, en droit romain, ne mettait pas comme aujourd'hui fin à la tutelle ; au contraire, en résolvant la puissance paternelle, elle y donnait ouverture lorsque le fils de famille était encore impubère (*Just.*, lib. I, tit. 12, § 6, et tit. 13, *Princ.*).

1446. Il en était encore ainsi, en France, dans les anciens pays de droit écrit, et même dans certains pays de coutume, où l'on distinguait l'émancipation qui mettait fin à la puissance paternelle de l'émancipation qui mettait fin à la tutelle (N. DENISART, v° *Emancip.*, §§ 2, 3 et 4).

1447. Le Code Napoléon a consacré en plusieurs points ces mêmes principes, dans ses art. 476 à 487, comme nous le verrons dans les sections suivantes.

SECT. II. — *Dans quels cas et sous quelles conditions l'émancipation peut avoir lieu* (C. Nap., art. 476 à 479).

1448. L'émancipation peut avoir lieu ou de plein droit ou par une déclaration spéciale ; de là deux sortes d'émancipations : l'une légale ou tacite, l'autre expresse. Il en était de même, sous les coutumes qui reconnaissaient au père le droit d'acquérir pour ses enfants.

1449. L'émancipation légale ou tacite est celle qui a lieu par la seule force de la loi et par les circonstances qu'elle précise ; elle s'opère de plein droit par le fait du mariage du mineur (C. Nap., art. 476) ; elle résulte, dans ce cas, du consentement donné au mariage du mineur, par ceux que la loi charge de ce soin ; ce consentement est une reconnaissance implicite de la raison et de la maturité qui ont été reconnues en lui pour être en état de gouverner sa personne et d'administrer ses biens ; l'état du mineur en tutelle n'était point d'ailleurs, dans nos mœurs et nos habitudes sociales, compatible avec la qualité d'époux. Le mariage suppose en effet nécessairement chez les époux une certaine indépendance, qui ne permettait pas, sans tomber dans la contradiction la plus manifeste, de laisser sous l'autorité et la garde d'autrui le mari qui doit seul exercer la puissance maritale, et bientôt peut-être la puissance paternelle. Quant à la femme mineure, son émancipation par le mariage offre d'autant moins de dangers, qu'elle trouve dans son mari lui-même un protecteur naturel et légal (C. Nap., art. 213).

1450. Le mariage emporte l'émancipation d'une manière tellement nécessaire que, bien que l'émancipation ne puisse avoir lieu qu'en faveur des mineurs de quinze ans au moins (C. Nap., art. 477), cependant le mineur qui se marierait avec une dispense d'âge parce qu'il serait encore au-dessous de dix-huit ans, ou même de quinze ans (C. Nap., art. 144, 145), n'en serait pas moins émancipé (Cass., 21 fév. 1821, S. 21.1.188) ; elle est absolue et irrévocable, nonobstant toute stipulation contraire, peu importe même qu'une fois célébré, le mariage vienne à se dissoudre, et que le mineur reste veuf, avec ou même sans enfants.

1451. La révocation de l'émancipation n'a lieu qu'en cas d'émancipation conférée (C. Nap., art. 476 ; Cass., 21 fév. 1021, S. 21.1.188) ; mais si le mariage était annulé, l'époux mineur rentrerait nécessairement en tutelle à partir de la décision judiciaire passée en force de chose jugée. Jusque-là il doit être considéré comme émancipé (Turin, 14 juill. 1807, S. 8.2.43 ; MERLIN, *Rép.*, t. 14, v° *Mariage*, sect. 6, § 1, quest. 3 ; DEMOLOMBE, t. 8, n° 187 ; ZACHARIÆ, AUBRY et RAU, t. 1, p. 484 ; VAZEILLE, *du Mar.*, t. 1, n° 257).

1452. En pays de droit écrit, le fils de famille, à quelque âge qu'il fût parvenu, n'était pas émancipé par le mariage, et pouvait toujours opposer son état de fils de famille ; mais il en était autrement en pays de droit coutumier, surtout dans ceux où le mineur était émancipé de plein droit, à douze ou à quatorze ans, ou à dix-huit ou vingt ans, suivant les localités (NOUV. DENISART, t. 8, v° *Emancip.*, § 5, n° 1).

1453. L'émancipation expresse est celle qui résulte de la

déclaration faite par des personnes auxquelles la loi donne le droit de la conférer ; elle est soumise à des conditions différentes.

1454. Lorsque le mineur a encore ses père et mère, le droit d'émancipation appartient exclusivement au père qui peut l'exercer souverainement, c'est-à-dire sans le concours de sa femme ; mais le mineur a-t-il perdu son père ou sa mère, alors le droit d'émancipation appartient exclusivement au survivant quel qu'il soit, car il a exclusivement la puissance paternelle (C. Nap., art. 372), peu importe que le père après la mort de la mère, ou celle-ci après la mort du père, soit remarié ou non remarié, tuteur ou non tuteur de l'enfant ; tout ce que la loi exige, c'est que le père ou la mère ait l'exercice de la puissance paternelle, dont le droit d'émancipation est pour lui (ou elle) une conséquence nécessaire.

1455. Ainsi, quand même le survivant des père et mère serait excusé, ou même exclu ou destitué, de la tutelle, c'est à lui seul qu'appartient le droit d'émancipation, tant qu'il n'y a pas déchéance de la puissance paternelle, en tant toutefois que l'exercice de ce droit n'est pas de nature à causer un préjudice moral et même matériel aux intérêts du mineur ; car, en pareil cas, le droit d'émancipation n'est pas tellement absolu que les tribunaux ne puissent vérifier si l'émancipation est opérée de bonne foi et en vue de l'intérêt de l'enfant, ou si elle n'est, au contraire, qu'un moyen frauduleux employé par le tuteur pour rendre vaine la destitution qu'il a encourue, souvent par les motifs les plus graves pour cause d'immoralité peut-être et pour déjouer les précautions prises par le conseil famille et ressaisir de fait l'autorité qu'il a perdue de droit. En effet, la fraude fait exception à toutes les règles, et, s'il importe de la déjouer, c'est surtout assurément lorsqu'il s'agit de l'intérêt du mineur et de l'intérêt le plus précieux, la préservation de ses mœurs.

1456. La loi, en donnant à la mère le droit d'émanciper son enfant, à défaut du père, n'entend évidemment parler que du cas où le père est mort, ou déclaré absent, ou déchu de la puissance paternelle, et non, comme le pensent plusieurs auteurs, du cas où le père est seulement dans l'impossibilité momentanée d'exercer la puissance parternelle, soit pour cause d'absence présumée, soit pour cause d'interdiction. La mère, en effet, tant que le père n'est pas décédé, n'exerce alors la puissance paternelle que par délégation, et au nom du père, qui peut d'un moment à l'autre reparaître ou recouvrer la raison et la capacité : donner à l'art. 477, C. Nap., une autre interprétation, c'est évidemment en méconnaître l'esprit et la portée.

1457. Les père et mère peuvent émanciper leur enfant dès qu'il a atteint l'âge de quinze ans révolus : il leur suffit de déclarer, à cet effet, devant le juge de paix du lieu de l'ouverture de la tutelle (ou de celui du domicile du père, si l'émancipation a lieu par le mariage) (C. Nap., art. 108), assisté de son greffier, qu'ils entendent émanciper le mineur. Il est dressé acte de cette déclaration ; aucune autre condition n'est requise pour la validité de l'émancipation (C. Nap., art. 477).

1458. De ce que le droit d'émancipation est une émanation de la puissance paternelle et de ce qu'il est réservé exclusivement au père ou à la mère lorsqu'ils sont vivants, il résulte : 1° que ce droit appartient aux père et mère naturels, relativement à l'enfant qu'ils ont reconnu, comme aux père et mère légitimes (Limoges, 2 janv. 1821. V. *suprà*, n° 1040 à 1049) ;

2° Au père ou à la mère, remarié ou non remarié, tuteur ou non tuteur, soit qu'il ait été dispensé, exclu ou destitué de la tutelle (Arg. Bordeaux, 7 janv. 1852, J. P. 52.1.519). Delvincourt, t. 1, p. 125, distingue entre le cas de dispense de la tutelle et celui d'exclusion ou de destitution. Dans le premier, suivant lui, ce droit d'émancipation existe pour les père et mère ; dans le deuxième, il est anéanti. Mais cette distinction est inadmissible en présence du principe qui reconnaît le droit d'émancipation comme un attribut essentiel de la puissance paternelle, que l'exclusion ou la destitution de la tutelle n'a pu faire perdre aux père et mère, sauf, bien entendu, le droit de contrôle des tribunaux dans le cas où l'exercice du droit d'émancipation serait de nature à causer un préjudice moral ou matériel aux intérêts du mineur. Mais cette exception d'ordre public, bien loin d'anéantir le principe, en reconnaît et sanctionne au contraire l'existence ;

3° Aux père et mère contre lesquels la séparation de corps a été prononcée ; mais dans ce cas il appartient encore aux tribunaux de vérifier si l'émancipation est opérée de bonne foi et en vue de l'intérêt du mineur.

La forme de cette émancipation est très-simple, elle s'opère par la seule déclaration du père ou de la mère, reçue par le juge de paix, assisté de son greffier (C. Nap. art. 477), du domicile, bien entendu, du mineur et non de celui du père ou de la mère ; c'est, en effet, au juge de paix du mineur que l'on doit s'adresser pour tous les actes relatifs à la tutelle (Arg. C. Nap., art. 407, 477 et 478 combinés).

Cette forme est indispensable ; ni l'intervention des magistrats, ni la forme testamentaire, ni aucune autre forme, même par acte notarié, ne pourrait y suppléer à défaut d'un texte formel. Si, en effet, le législateur eût autorisé une autre forme d'émancipation, il s'en serait expliqué comme il a pris soin de le faire en matière de tutelle (C. Nap., art. 392, 398).

1459. Le droit d'émancipation du père et, à défaut de celui-ci, de la mère, est souverain ; il ne doit compte à personne de ses motifs, et le juge de paix ne pourrait pas se refuser à recevoir l'acte d'émancipation qu'il voudrait accorder à l'enfant. Mais si le juge de paix reconnaissait que l'exercice de ce droit, de la part d'un tuteur destitué pour cause d'immoralité ou autre cause analogue, n'a été qu'un moyen frauduleux pour rendre vaine sa destitution ou pour en prévenir l'effet, il devrait en donner avis à la famille du mineur et au procureur impérial à telles fins que de droit (Arg. C. Nap., art. 485).

1460. L'enfant ne peut, dans aucun cas, contraindre son père ou sa mère à l'émanciper. Le mot *pourra* qu'emploie l'art. 477, C. Nap., ne permet aucun doute à cet égard. L'émancipation est, en effet, un acte d'autorité domestique et de puissance paternelle dont l'exercice doit être spontané.

Mais il peut être émancipé à son insu et même malgré lui ; son acceptation n'est pas nécessaire ; c'est encore ce qui ressort clairement de ces mots : la seule déclaration du père... dudit art. 477.

1461. L'émancipation peut être faite par mandataire, aucun texte ne s'y oppose, pourvu que la procuration soit spéciale et authentique et ne laisse aucun doute sur les intentions du père ou de la mère (Arg. C. Nap., art. 36 ; MERLIN, *Emancip.*, n° 4 ; MAGNIN, n° 746 ; DE FRÉMINVILLE, t. 2, n° 1030 ; DEMOLOMBE, t. 8, n° 197. — *Contrà*, BOUSQUET, *Tr. des cons. de fam.*, et MALLEVILLE, art. 477, qui pensent, mais à tort, que l'art. 477 exige la déclaration personnelle des parents).

1462. Mais l'émancipation *per testamentum*, non plus que par acte notarié, n'est pas admise sous le Code (FENET, t. 10, p. 364 ; DEMOLOMBE, t. 8, n° 196).

1463. Lorsque le mineur a perdu son père et sa mère, ou qu'ils se trouvent hors d'état d'exercer la puissance paternelle, le droit d'émancipation n'appartient ni à ses ascendants, considérés individuellement, ni à son tuteur ; ce droit n'appartient qu'au conseil de famille seul, lorsque le mineur, sans distinction de sexe, est âgé de dix-huit ans accomplis (C. Nap., art. 478). Son avis favorable ou défavorable n'est susceptible d'aucun recours.

1464. Le conseil de famille est composé d'après les règles ordinaires ; il doit s'assembler au domicile de la tutelle (V. *suprà*, nos 836 et s., 859 et s.).

1465. L'émancipation conférée par le conseil de famille résulte de la délibération qui l'autorise et de la déclaration que fait, dans le même acte, le juge de paix comme président du conseil de famille, que le mineur est émancipé (C. Nap., art. 478).

Ainsi, le tuteur n'accorde point lui-même l'émancipation, mais il peut la provoquer, c'est-à-dire la proposer au conseil de famille, qui peut l'accorder, s'il en juge le mineur capable (C. Nap., art. 478), c'est-à-dire si le mineur est assez raisonnable, assez intelligent pour se conduire lui-même, pour gérer ses biens, s'il est utile qu'on l'émancipe, ou, dans le cas contraire, la refuser purement et simplement sans que sa décision soit sujette à contrôle autrement que pour vice dans la composition du conseil (Bordeaux, 14 juill. 1838, S.39.2.73 ; DEMOLOMBE, t. 8, n° 215 ; ZACHARIÆ, AUBRY et RAU. V. *suprà*, nos 914, 915, 1458, 1459).

1466. C'est naturellement au tuteur qu'il appartient, en général, de demander l'émancipation du mineur, car il a la garde de sa personne, et il est mieux que tout autre en état de connaître le degré de son intelligence et de sa raison, et d'apprécier les circonstances qui peuvent nécessiter l'utilité de cette mesure dans l'intérêt du mineur. Si donc il requiert, à cet effet, la convocation du conseil de famille, le juge de paix est tenu d'y faire droit (C. Nap., art. 478).

1467. Si le tuteur, par négligence, peut-être par indifférence, ou même par le désir qu'il pourrait avoir de garder plus longtemps le maniement des capitaux du mineur, garde le silence, tout parent du mineur, jusqu'au degré de cousin germain inclusivement, lors même qu'il ne ferait pas partie du conseil de famille, a le droit de requérir le juge de paix de convoquer le conseil de famille pour délibérer à ce sujet, et ce magistrat est également tenu de déférer à cette réquisition (C. Nap. art. 478).

1468. Mais le subrogé tuteur n'a pas le droit de requérir le juge de paix de convoquer le conseil de famille pour délibérer sur l'émancipation du mineur ; car l'art. 479, C. Nap., à la différence de l'art. 406 du même Code, ne parle que du tuteur et des parents et alliés à un certain degré ; il ne peut tirer son droit que de sa parenté au degré légal.

1469. Il en est de même du juge de paix et du procureur impérial, dans le silence de l'art. 479, en ce qui les concerne.

L'émancipation est une affaire de famille que l'autorité publique doit surveiller, mais qu'elle ne peut provoquer. Que le procureur impérial n'ait pas ce droit, cela se conçoit, il est étranger à la famille.

Mais il n'en est pas de même du juge de paix, président-né du conseil de famille, spécialement chargé de veiller aux intérêts du mineur, et néanmoins la loi lui refuse le droit de provoquer d'office l'émancipation sur la réquisition d'autres parents et alliés que de ceux désignés dans l'art. 479, C. Nap., dans le silence de cet article en ce qui le concerne. Si, en effet, le législateur eût entendu lui conférer ce droit, il s'en serait évidemment expliqué dans l'art. 479, C. Nap., comme il l'a fait dans les art. 406, 421 et 446 du même Code; donc, en dehors de ce cas, le juge de paix n'est point investi de ce droit.

1470. Le protuteur chargé de l'administration des biens que le mineur, domicilié en France, possède dans les colonies (C. Nap. art. 417), n'a pas non plus le droit de requérir la convocation du conseil de famille, à l'effet d'émanciper le mineur, à moins qu'il ne soit parent ou allié au degré de cousin germain. Ce droit n'appartient qu'au tuteur chargé de la garde et de l'éducation du mineur (Arg. *Décl.* 14 fév. 1743, art. 10).

1471. Le mineur est également sans droit pour provoquer sa propre émancipation. Le juge de paix n'est conséquemment pas tenu de déférer à sa réquisition ; aucun texte ne l'y oblige (C. Nap., art. 479). Il est vrai qu'autrefois, quand le mineur avait atteint l'âge auquel on était dans l'usage d'accorder des lettres d'émancipation, les parents ne pouvaient s'opposer sans cause à leur entérinement. Mais bien loin d'en conclure avec Toullier, t. 2, n° 1025, que le droit de provoquer l'émancipation appartient au mineur lui-même, il faut en tirer la conséquence que, si le législateur qui connaissait l'usage auquel il est fait allusion ne l'a pas consacré, c'est qu'il ne l'a pas voulu. Il s'explique d'ailleurs d'une manière bien catégorique lorsqu'il dit que les parents, lorsqu'ils jugeront le mineur capable d'être émancipé, pourront requérir le juge de paix de convoquer le conseil de famille pour délibérer à ce sujet (C. Nap., art. 479). Or, il n'ajoute pas que le mineur qui s'en jugera capable pourra lui-même la provoquer ; donc le mineur n'a pas qualité à cet égard.

1472. L'émancipation accordée ou refusée par ceux auxquels la loi confère ce droit, doit l'être d'une manière absolue ; elle ne saurait être conférée ni sous condition, ni pour un certain temps, ni enfin pour un certain acte ni pour certains actes seulement. L'émancipation est, en effet, une modification de l'état et de la capacité de la personne, souverainement réglés par la loi, dont les auteurs de l'émancipation ne sauraient ni modifier ni limiter les effets.

SECT. III.—*De la nomination du curateur à l'émancipation.—Sa mission.—Sa responsabilité* (C. Nap., art. 480 à 482).

1473. Le mari, lorsqu'il est majeur, est curateur de droit, curateur légitime de sa femme mineure émancipée par le mariage (C. Nap., art. 476). S'il est mineur lui-même, ou si, étant majeur, il refuse de procéder avec elle, elle ne reçoit point pour cela un curateur *ad omnes res*, car l'autorité de ce curateur se concilierait mal avec la puissance maritale ; le tribunal lui nomme alors un curateur *ad hoc*, contre lequel la poursuite est exercée (C. Nap., art. 2208).

1474. Mais si, au contraire, le mari était mineur et la femme majeure, celle-ci ne serait évidemment pas de plein droit appelée à la curatelle de son mari, car il n'existe aucun texte qui lui confère, soit directement, soit indirectement, cette fonction ; mais, bien entendu, le conseil de famille peut la lui déférer (Arg. C. Nap., art. 507), et alors la femme, dûment autorisée du juge, soit pour ester en jugement, soit pour contracter (C. Nap., art. 215, 217, 388, 476, 1413, 1417, 1476 et s., 2208), peut agir seule, comme le ferait son mari lui-même s'il était majeur (Arg. C. Nap., art. 222 et 224 ; C. proc., art. 861 et s.).

1475. Le receveur de l'hospice où un enfant est admis en est également curateur de plein droit après son émancipation (L. 15 pluv. an XIII, art. 5. V. *suprà*, nos 1049 et s.).

1476. La curatelle du mari et celle du receveur de l'hospice sont les seules qui soient légitimes. Toute autre curatelle est dative. La loi, en effet, dans aucun autre cas ne défère la tutelle à personne ; elle veut que le curateur soit nommé par le conseil de famille (C. Nap., art. 480).

1477. Le tuteur, quel qu'il soit, légitime, testamentaire ou datif, et *à fortiori* le père pendant le mariage dont les fonctions cessent par l'émancipation, peut être nommé curateur, et il est même convenable de l'appeler à cette fonction, surtout le père ou la mère, s'il le demande. Mais, dira-t-on, le compte de tutelle devant, aux termes de l'art. 480, être rendu au mineur émancipé assisté d'un curateur *qui lui sera nommé par le conseil de famille*, comment le père, tuteur, qui doit rendre ce compte, pourra-t-il s'assister lui-même? Dans cette hypothèse, le conseil de famille doit en même temps nommer un curateur *ad hoc*, en présence duquel le père, curateur général, devra rendre son compte au mineur (Arg. C. Nap., art. 318, 420-2°, 2208).

Le conseil de famille peut donc, lorsqu'il le juge convenable, continuer à l'ancien tuteur ou au père administrateur, la confiance qu'il aurait méritée dans sa gestion ; autrement il faudrait dire, ce qui serait illogique, que le tuteur sortant de charge, fût-ce le père ou la mère, est par cela même qu'il est tenu de rendre son compte, exclu pour toujours de la curatelle ; mais il n'existe à cet égard qu'une raison de simple convenance ; car, en principe, le choix du conseil de famille est libre (DEMOLOMBE, nos 244 et 253).

1478. Avant le Code Napoléon, le tribunal, saisi d'une instance dans laquelle se trouvait partie un mineur émancipé, mais dépourvu de curateur, pouvait lui désigner un curateur aux causes sans être obligé d'en renvoyer la nomination au conseil de famille ; mais sous l'empire du Code Napoléon, qui ne distingue pas les curateurs aux causes des curateurs ordinaires, la nomination doit toujours avoir lieu par le conseil de famille à peine de nullité des actes qui auraient nécessité cette mesure ; car les juridictions sont, en principe, d'ordre public, surtout en matière de tutelle et de curatelle.

1479. La curatelle est une charge publique, obligatoire comme la tutelle, dont elle est véritablement une suite, et en quelque sorte un diminutif ; elle répond au même besoin social (Arg. C. pén., art. 34-4°, et L. 30 juin 1838, art. 34 ; DEMOLOMBE, nos 247 et s.). Quant aux causes d'incapacité, d'exclusion ou de destitution de la curatelle, elles sont encore les mêmes qu'en matière de tutelle ; il y a même raison de décider (Arg. C. Nap., art. 393, 442 et s. ; C. pén., art. 34 et 42).

Mais pour les causes d'excuses, aucun texte ne permet l'assimilation, et elles doivent être abandonnées à l'arbitrage des conseils de famille et des tribunaux (ZACHARIÆ, t. 1, p. 262 ; MARCADÉ, t. 2, art. 481, n° 1. V. *infrà*, n° 480, *in fine*).

1480. On ne doit nommer qu'un seul curateur sans subrogé

tuteur (Arg. C. Nap., art. 480, 482, 840, 935). Le curateur, en effet, n'administre pas ; c'est le mineur émancipé qui agit et qui gère, sous le contrôle et la surveillance de son curateur dans ceux des actes pour lesquels son assistance est requise (V. *infrà*, sect. IV, n° 1481). Aussi, n'est-il soumis à aucune responsabilité spéciale ; seulement, il encourt la responsabilité générale dont est tenu tout mandataire qui ne remplit pas son mandat (C. Nap., art. 1382, 1383 et 1992).

La curatelle finit par la révocation de l'émancipation (V. *infrà*), par la mort du mineur ou par sa majorité ; par la mort, l'incapacité, la destitution du curateur (V. *suprà*, n° 1479).

SECT. IV.—*Des effets de l'émancipation.—Capacité de l'émancipé.*

§ 1er.—Effet général de l'émancipation.—Division.

1481. L'effet général de l'émancipation est de mettre fin, soit à la puissance paternelle proprement dite, soit à la tutelle. Le mineur n'est plus désormais soumis, relativement à sa personne, au droit de garde ni au droit de correction (C. Nap., art. 372, 374, 375 et s., 450, 468). Il peut dès lors avoir et choisir lui-même son domicile (C. Nap., art. 108), et, par conséquent, aussi le lieu de sa résidence ; disposer de sa personne et employer son temps comme bon lui semble ; il peut ne rien faire ou travailler, louer par exemple ses services, prendre même un état quelconque, excepté celui de commerçant pour lequel des conditions spéciales sont exigées (C. comm., art. 2. V. *infrà*, nos 1484, 1510 et s.), et même, dans le silence de la loi à ce sujet, prendre du service dans les armées de terre et de mer, soit comme engagé volontaire, soit comme remplaçant, sans les consentements exigés pour le mineur soumis à la puissance paternelle ou tutélaire, par les art. 19 et 32 de la loi du 21 mars 1832 (Arg. C. Nap., art. 148, 346, 488 ; Décr. 18 fév. 1809, art. 7, et 18 fév. 1810, art. 7 ; DEMOLOMBE, t. 8, nos 264 et 265 ; ZACHARIÆ, AUBRY et RAU, t. 1, p. 488 et 489 ; MASSÉ et VERGÉ, t. 1, p. 477 ; VALETTE, *loc. cit.*, p. 311. — *Contrà*, DE FRÉMINVILLE, t. 2, n° 1088).

1482. Cette liberté toutefois n'est pas absolue ; et le mineur, même émancipé, ne peut, sans le consentement de ses père et mère, de ses autres ascendants, ou du conseil de famille, ni se marier (C. Nap., art. 488), ni se donner en adoption (C. Nap., art. 346), ni contracter des vœux dans une congrégation religieuse ou entrer dans les ordres sacrés (Déc. 18 fév. 1809, art. 7, et 28 fév. 1810, art. 7).

1483. Quant à la capacité du mineur émancipé, relativement à l'administration de ses biens, la loi, craignant de ne pas toujours trouver en lui assez d'expérience pour lui confier sans restriction le libre exercice de ses droits, a cru prudent de graduer, d'après l'importance des actes, la capacité qu'elle lui confère. Ainsi elle distingue : 1° les actes que le mineur émancipé peut faire seul et sans aucune assistance avec la même capacité qu'un majeur (C. Nap., art. 481) ;

2° Les actes pour lesquels l'assistance du curateur est nécessaire au mineur émancipé et lui suffit (C. Nap., art. 480, 482, 840, 935, et L. 24 mars 1806, art. 2) ;

3° Les actes pour lesquels, outre l'assistance du curateur, il doit obtenir l'autorisation du conseil de famille et remplir toutes les autres conditions prescrites pour le mineur en tutelle (C. Nap., art. 483 et 484 ; L. 24 mars 1806, art. 3) ;

4° Enfin les actes qui sont tout à fait interdits au mineur émancipé (C. Nap., art. 567-2°, 904, 1309 et 1398).

§ 2. — Des actes que le mineur émancipé peut faire seul et sans aucune assistance, et de leurs effets (C. Nap., art. 481, 484-2°).

1484. Le mineur émancipé peut en principe général faire seul et avec la même capacité que le majeur tous les actes qui ne sont que de pure administration (C. Nap., art. 481); c'est-à-dire tous les actes qui concernent la tenue de sa personne et de sa maison, l'administration, la jouissance et l'entretien de son patrimoine.

Ainsi il peut, sans assistance ni formalité, passer les baux dont la durée n'excède pas neuf ans, aux conditions naturelles et ordinaires de ces sortes de contrats ; prendre lui-même à loyer ou à ferme le bien d'autrui, tenir maison, exercer une industrie quelconque, un état, excepté pourtant celui de commerçant (C. comm., art 2. V. *suprà*, n° 1481, et *infrà*, n° 1510 et s.); recevoir ses revenus, loyers, fermages, arrérages de rentes au fur et à mesure des échéances et jamais par avance, et en donner décharge ou quittance ; vendre ses récoltes, ses denrées, l'excédant de ses cheptels, la pêche de ses étangs, même les coupes ordinaires de ses bois et en toucher le prix ; disposer, à titre onéreux, de son mobilier, mais il ne peut en recevoir le prix sans l'assistance de son curateur (Arg. C. Nap., art. 482) ; intenter une action mobilière ou y défendre, relative au recouvrement de ses fermages, de ses revenus, etc. ; mais l'assistance de son curateur serait nécessaire pour une action relative au recouvrement d'un capital mobilier (Arg. à *contrario*, C. Nap., art. 482); faire faire sur ses biens toutes les réparations d'entretien, tous les travaux d'amélioration dont le caractère et l'importance ne dépasseraient pas les limites d'une simple administration, et même des constructions nouvelles, s'il était en mesure de pouvoir en acquitter les dépenses sur ses revenus; car il ne pourrait y employer ses capitaux (C. Nap., art. 482); louer des domestiques, acheter des meubles, du linge, un troupeau, des chevaux et équipages, etc., en tant qu'il n'y dépense que ses revenus, car il ne pourrait y employer ses capitaux. Les tribunaux peuvent même alors réduire comme excessifs les engagements ainsi contractés par l'émancipé, bien qu'il soit en état de les remplir sur ses revenus, s'il y a faute ou grave imprudence de la part des fournisseurs ou autres parties contractantes (Arg. C. Nap., art. 484-2°);

Exercer tous les actes conservatoires, former des oppositions, faire faire des protêts, des saisies-arrêts; prendre des inscriptions hypothécaires, les renouveler, interrompre les prescriptions, requérir l'apposition des scellés, assister à leur levée et à l'inventaire; enfin, faire tous autres actes analogues de pure administration, sans être restituable contre ces actes si ce n'est pour cause d'erreur, de violence ou de dol (C. Nap., art. 484-2°, 1109, 1117, 1304); mais lorsqu'ils sont exempts de ces vices, ils ne peuvent être annulés pour cause d'incapacité, ni être réduits pour excès de pouvoir, mais en tant seulement que ces actes n'ont pas constitué le mineur émancipé en dépenses au delà de ses revenus, car autrement, quoique réguliers et valables, ils pourraient être détruits pour cause d'excès (Arg. C. Nap., art. 484-2°...).

1485. Ainsi, la loi ne conférant point au mineur émancipé la disposition de ses capitaux, de quelque source qu'ils proviennent, même de ses économies, il ne peut évidemment ni les recevoir, ni en donner quittance, les dépenser pour quelque cause que ce soit, même pour acquitter des obligations de simple administration, ni conséquemment les placer en acquisition d'immeubles ou en rentes ou en créances, ni intenter les actions y relatives, ni y défendre, bien quelles soient mobilières, qu'avec l'assistance de son curateur (Arg. C. Nap., art. 482).

1486. En résumé, le mineur, ayant la libre disposition de ses revenus, peut en faire l'emploi que bon lui semble, mais il ne peut, en aucun cas et sous aucun prétexte, faire emploi de ses capitaux, même pour un simple acte de pure administration, sans l'assistance de son curateur (V. *infrà*, § 3 et 4).

§ 3.—**Des actes pour lesquels l'assistance du curateur est nécessaire au mineur émancipé et lui suffit** (C. Nap., art. 480 et 482).

1487. Le mineur émancipé ne peut intenter une action immobilière, ni y défendre, même recevoir et donner décharge d'un capital mobilier, sans l'assistance de son curateur qui, au dernier cas, doit surveiller l'emploi du capital reçu (C. Nap., art. 482).

1488. Ainsi, le mineur émancipé a besoin de l'assistance de son curateur, mais elle lui suffit :

1° Pour recevoir et arrêter son compte de tutelle (C. Nap., art. 480. V. *suprà*, n° 1357) ;

2° Pour recevoir un capital mobilier, quelle qu'en soit l'origine, et encore qu'il provienne de ses économies, car la conservation n'en est pas moins précieuse, et pour en donner quittance. Le texte de l'art. 482, C. Nap., est absolu. Le curateur doit en surveiller l'emploi, c'est-à-dire ne consentir à signer la quittance que sous la condition que les fonds seront immédiatement appliqués à un empoi déterminé ou du moins déposés, en attendant, à la caisse des consignations. Autrement, la surveillance du curateur, dont le but est si important, serait stérile et illusoire.

1489. Au reste, l'obligation de surveiller l'emploi n'étant imposée qu'au curateur, le tiers, qui a payé au mineur émancipé, avec l'assistance de celui-ci, est valablement libéré, lors même qu'aucun emploi n'aurait été fait et que le mineur aurait dissipé les fonds : le curateur seul pourrait être responsable (Duranton, t. 3, n° 679 ; de Fréminville, t. 2, n° 1064 ; Demolombe, t. 8, n° 303) ;

1490. 3° Pour intenter une action mobilière relative au recouvrement d'un capital mobilier et pour y défendre, car une défense incomplète de sa part pourrait, en pareil cas, équivaloir à une aliénation ou à une décharge : tous actes pour lesquels il doit être assisté (C. Nap., art. 482) ; mais il en serait autrement s'il s'agissait de plaider relativement au recouvrement de ses fermages, de ses revenus : il pourrait seul les recevoir ;

1491. 4° Pour intenter une action immobilière ou pour y défendre (C. Nap., art. 482) ;

5° Pour partager une succession immobilière, même une succession mobilière, car l'art. 840, C. Nap., ne distingue pas ; toutefois le partage doit être fait en justice, conformément aux art. 466 et s., 838, C. Nap., et 966, C. de proc. civ. ; autrement, il ne serait que provisionnel (C. Nap., art. 840) ;

6° Pour accepter une donation entre-vifs (C. Nap., art. 935), ou un legs, du moins un legs à titre particulier, surtout s'il est grevé de charges par le testateur. MM. Delvincourt, t. 1, p. 126, et Proudhon, t. 2, p. 434, argumentant des art. 463, 464, 465 et 484, 1er alin., C. Nap., comb., enseignent que la capacité du mineur émancipé et celle du tuteur du mineur non émancipé étant identiques, d'après l'art. 484, C. Nap., l'autorisation du conseil de famille est en outre nécessaire au mineur émancipé pour ces sortes d'actes ; mais c'est là une erreur certaine. Le texte formel des art. 482, 840 et 935, C. Nap., ne peut laisser de doute à cet égard (DEMOLOMBE, t. 8, n° 304 ; DURANTON, t. 3, n° 689 ; DE FRÉMINVILLE, t. 2, n° 1038 ; VALETTE sur PROUDHON, t. 2, p. 434, note *a*) ;

1492. 7° Pour saisir immobilièrement les biens de ses débiteurs (DURANTON, t. 21, n° 34) ;

1493. 8° Pour introduire une demande en séparation de biens contre son conjoint et provoquer ainsi le partage de la communauté ou la restitution de ses biens dotaux, ou pour défendre à une pareille demande (C. Nap., art. 1343, 1531, 1563 ; Arg. C. Nap., 840). L'autorisation préalable du président du tribunal de première instance supplée suffisamment à la délibération du conseil de famille, que certains auteurs paraissent exiger dans ce cas. Le mari, s'il était curateur de sa femme, devrait être remplacé par un curateur *ad hoc* (V. *suprà*, n° 1478).

1494. 9° Pour transférer : 1° ses inscriptions de rentes sur l'Etat, de cinquante francs ou au-dessous (L. 24 mars 1806, art. 2) ; 2° ses actions de la Banque de France (Déc. 25 sept. 1813). Mais au-dessus de ce chiffre l'autorisation du conseil de famille est nécessaire dans tous les cas (Mêmes L. et Déc. V. *infrà*, § 4).

1495. Quant aux rentes sur particuliers, qu'elles soient au-dessus comme au-dessous de cinquante francs, le mineur émancipé peut, dans le silence de la loi et eu égard à la capacité qui résulte de l'émancipation, les transporter et les vendre avec la seule assistance de son curateur (Cass., 13 janv. 1840, DEV. 40.2.449 ; ZACHARIÆ, AUBRY et RAU, t. 1, p. 496 ; DEMOLOMBE, t. 8, n° 310. — *Contrà*, DURANTON, t. 3, n° 688).

1496. 10° Pour exercer une demande en nullité de mariage (Turin, 14 juillet 1807), une action en désaveu d'enfant, une action en réclamation de filiation légitime ou naturelle (Arg. C. Nap., art. 481, 484 ; ZACHARIÆ, AUBRY et RAU, t. 1, p. 497 ;

DEMOLOMBE, t. 8, n° 312). Mais s'il échouait en première instance, il devrait consulter le conseil de famille sur la question de renonciation à l'appel, qui n'est qu'un acquiescement tacite.

1497. Le mineur émancipé étant placé par l'art. 484, C. Nap., sur la même ligne que le mineur en tutelle, il est constant que tous les actes passés par le mineur émancipé sans l'accomplissement des formalités exigées par l'art. 482 et 484 comb. sont annulables, indépendamment de toute lésion pour vice de forme (C. Nap., art. 1311,) et par suite aussi pour cause d'incapacité (C. Nap., 1124, 1125).

1498. Comme défendeur à une action immobilière, le mineur émancipé a également capacité pour prêter, avec l'assistance de son curateur, tout consentement qui tient à la défense à l'action, et notamment celui qui a pour objet d'éviter des frais (Cass., 27 mars 1832, DEV.32.1.598).

1499. Quant à la femme mineure, elle peut intenter ses actions immobilières avec la seule assistance de son mari (C. Nap., art. 482) ; en ce cas, il n'est besoin ni d'un curateur étranger, ni du conseil de famille, ni de l'autorité de justice (Pau, 11 mars 1811, S.13.2.1 ; DURANTON, t. 2, n° 505; MARCADÉ, t. 2, p. 299).

1500. Si le mineur émancipé voulant agir, le curateur refuse de l'assister, il doit alors en référer au conseil de famille pour faire enjoindre au curateur de lui prêter son assistance, et même, le cas échéant, pour provoquer, soit la nomination d'un tuteur *ad hoc*, soit le remplacement du curateur qui persisterait dans son refus (DEMOLOMBE, t. 8, n° 314 ; ZACHARIÆ, AUBRY et RAU, t. 1, p. 498).

Si, au contraire, le curateur croyant que le mineur doit agir, celui-ci s'y refuse, le conseil de famille doit, si les faits dénoncés sont de nature à compromettre d'une manière notable les intérêts de l'émancipé, l'appeler devant lui à l'effet de l'engager à agir, et, dans le cas où il ne pourrait pas vaincre sa résistance, le priver du bienfait de l'émancipation pour inaction et abus contre ses intérêts de la demi-capacité à lui conférée (C. Nap., art. 485 et 486 ; Arg. Paris, 13 fév. 1841, DEV.41.2.224 ; Orléans, 15 mai 1847, DEV.47.2.567 ; Paris, 16 déc. 1859, J.P.60, p. 1133 ; DURANTON, t. 3, n° 682; DEMOLOMBE, t. 8, nos 313 à 316).

1501. Le curateur d'un mineur émancipé n'a pas qualité pour intenter en son nom une action ou interjeter un appel dans l'intérêt de l'émancipé ; il ne peut que l'assister (Arg. C. Nap., art. 482).

1502. De même, le mineur assigné seul et sans que le curateur ait été mis en cause, ne peut être condamné par défaut (Arg. Cass., 24 juin 1809, S.10.1.40 ; DURANTON, t. 3, n° 682 ; P. GILBERT, art. 482, C. Nap., n° 10).

1503. Les délais de l'appel ne courent contre le mineur émancipé que du jour où le jugement a été signifié, tant au curateur qu'à l'émancipé (Limoges, 20 avril 1842, J.P.43. 1.163).

§ 4.—**Des actes pour lesquels, outre l'assistance du curateur, le mineur émancipé doit obtenir l'autorisation du conseil de famille et remplir toutes les autres conditions prescrites pour le mineur non émancipé** (C. Nap., art. 457 et s., 483, 484, comb., 1er alin. ; L. 24 mars 1806, art. 3 ; Déc. 5 sept. 1813).

1504. Le mineur émancipé ne peut faire d'emprunt, sous aucun prétexte, sans une délibération du conseil de famille dûment homologuée (C. Nap., art. 457, 483, 484, comb.), pas même pour faire face à ses dépenses dans les limites de ses revenus, quoiqu'il ait capacité pour faire ces dépenses, pas même jusqu'à concurrence d'une année de ses revenus, comme cela se pratiquait autrefois en Bretagne ; ni s'obliger pour autrui, par exemple, consentir un cautionnement, souscrire des billets solidairement avec un tiers (Arg. Paris, 25 août 1843, DEV.43.2.379) ; en ce cas, l'obligation est nulle, et non pas seulement réductible (Bourges, 13 août 1838, J.P. 38.2.520).

1505. Le principe consacré par l'arrêt de la Cour de Bourges devrait toutefois souffrir exception, si l'obligation souscrite au profit d'une personne de bonne foi, par le mineur émancipé, avait un but utile, tel que celui de conserver intact l'honneur de son père et le sien propre, surtout si cet engagement n'était pas excessif et ne dépassait pas les revenus de l'émancipé (Arg. Cass., 17 août 1841, J.P.42.1.268).

1506. Les art. 483 et 484, 1er alinéa, C. Nap., se référant de tous points aux art. 457 et suivants du même Code, il est évident que le mineur émancipé, pas plus que le mineur en tutelle, ne peut, sous aucun prétexte, sans l'assistance du curateur, l'autorisation du conseil de famille et l'homologation du tribunal, non-seulement emprunter, mais encore aliéner, avant la discussion du mobilier (C. Nap., art. 2206), ses immeubles, même ceux provenant de ses économies, ni les hypothéquer, même pour garantir le paiement des obligations qu'il peut valablement contracter seul et sans autorisation ni assistance. Ceux-là seulement sont capables d'hypothéquer un immeuble qui sont capables de l'aliéner (C. Nap., art. 2124). L'hypothèque est, en effet, un droit réel et immobilier qui contient un principe d'aliénation, et n'a jamais été considéré comme un acte de pure administration. C'est par ce motif que l'art. 484, C. Nap., exige ici l'accomplissement des formes ordinaires de la tutelle, tout aussi bien que pour l'emprunt et l'aliénation des immeubles (C. Nap., art. 457 et 484 comb.). Il ne peut non plus transiger sur choses autres que celles dont il a la libre administration ; il lui faut même l'avis de trois jurisconsultes désignés par le procureur impérial (C. Nap., art. 484, 467 et 2045).

1507. Mais l'assistance du curateur et l'autorisation du conseil de famille suffisent au mineur émancipé comme au tuteur pour : 1° aliéner une inscription de rente sur l'Etat, ou une action de la Banque de France dépassant cinquante fr. (L. 24 mars 1806, art. 3 ; Décr. 5 sept. 1813) ; 2° accepter ou répudier une succession (C. Nap., art. 461 et 484 comb.); 3° acquiescer à une demande immobilière (C. Nap., art. 664 et 484 comb.) ; 4° céder ses droits même dans une succession purement mobilière, car une telle cession emporterait acceptation de la succession (Arg. C. Nap., art. 461, 780 et 484 comb.).

1508. Du reste, le conseil de famille ne doit accorder l'autorisation d'emprunter, d'aliéner ou d'hypothéquer les immeubles du mineur émancipé que pour cause d'une nécessité absolue ou d'un avantage évident (Arg. C. Nap., art. 457, 458 et 2206, combinés).

§ 5.—**Des actes qui sont tout à fait interdits au mineur émancipé.**

1509. Le mineur émancipé ne peut, pas plus que le mineur en tutelle ou le tuteur lui-même, disposer de ses biens par donation entre-vifs (C. Nap., art. 903 et 907), si ce n'est par contrat de mariage (C. Nap., art. 1309 et 1398) et avec le consentement de ses ascendants ou de son conseil de famille, ni tester, à moins qu'il n'ait seize ans accomplis, et encore ne le peut-il alors que jusqu'à concurrence seulement de la moitié des biens dont la loi permet au majeur de disposer (C. Nap., art. 904), ni compromettre, alors du moins que le compromis porte sur des objets dont il n'a pas la libre disposition (C. proc. civ., art. 83-6°, 1004. V. *infrà*, liv. II, tit. IX, chap. II).

SECT. V. — *De l'émancipation pour fait de commerce* (C. Nap., art. 487, et C. comm., art. 2), *et de ses effets.*

1510. L'émancipation pour fait de commerce est soumise

à certaines règles spéciales et produit aussi des effets différents.

Si le mineur peut être émancipé à l'âge de quinze ans (C. Nap., art. 477), il ne peut être autorisé à faire le commerce qu'à l'âge de dix-huit ans accomplis et après émancipation spéciale (C. comm., art. 2) ; alors il est réputé majeur pour tous les faits relatifs à son commerce (C. Nap., art. 487 et 1308). Mais pour les actes qui ne s'y rapportent pas, il rentre dans la classe des mineurs ordinaires.

1511. Ainsi il peut, après l'accomplissement de cette double formalité, faire tous les actes relatifs au genre d'affaires ou à la branche de commerce pour laquelle l'autorisation lui a été accordée : vendre, acheter des marchandises, souscrire des billets à ordre, des lettres de change, emprunter pour ses besoins commerciaux et hypothéquer à cet effet ses immeubles, bien que pourtant il soit incapable de les aliéner (C. comm., art. 6) ; c'est une exception au principe que ceux-là seulement peuvent hypothéquer qui sont capables d'aliéner (C. Nap., art. 2124. V. *suprà,* 1506) ; plaider, transiger, s'obliger personnellement et devenir ainsi contraignables par corps (C. Nap., art. 2064 ; L. 19 avril 1832, art. 2, n° 2. V. *suprà*, n° 1429, *ad notam*).

Il ne peut, toutefois, d'après l'art. 6, C. comm., aliéner ses immeubles qu'après l'accomplissement des formalités prescrites par les art. 457 et suiv., C. Nap. (Arg. C. Nap., art. 484) : ce qui d'ailleurs n'enlève pas à ses créanciers, pour faits de commerce, dans les limites de sa capacité commerciale, le droit de faire saisir et vendre ses immeubles, même sans discuter préalablement son mobilier (C. Nap., art. 2206), car il est réputé majeur pour les faits de son commerce (Arg. C. Nap., art. 487 et 1308 comb. ; C. comm., art. 638). Il en est de même de tous points de la femme mariée, mineure et commerçante (Arg. C. comm., art. 638).

1512. Le mineur émancipé ne peut toutefois commencer les opérations de son commerce, ni être réputé majeur quant aux engagements par lui contractés pour faits de commerce, 1° s'il n'a été préalablement autorisé par son père, ou par sa mère, en cas de décès, interdiction ou absence du père, ou, à défaut du père et de la mère, par une délibération du conseil de famille, homologuée par le tribunal civil ; 2° si, en outre, l'acte d'autorisation n'a été enregistré et affiché au tribunal de commerce du lieu où le mineur veut établir son domicile (C. comm., art. 2).

1513. L'autorisation de faire le commerce peut être consignée dans l'acte d'émancipation, ou par acte séparé, reçu par le juge de paix, ou par un notaire : elle peut être limitée à un genre de commerce.

1514. Le consentement du mari est insuffisant pour autoriser la femme mineure à faire le commerce ; il faut celui de ses parents (Arg. C. comm., art. 27 ; Toulouse, 26 mai 1821, S. 22.36 ; PARDESSUS, n° 63 ; DURANTON, t. 2, n° 476. — *Contrà*, Grenoble, 17 fév. 1826, S.26.150 ; MAGNIN, *des Min.*, t. 1, n° 812).

1515. Les mineurs non commençants doivent être autorisés de la même manière pour tous les faits déclarés faits de commerce (C. comm., art. 3, 632, 633).

1516. Mais le mineur artisan n'a pas besoin d'être émancipé pour l'exercice de son industrie, qui n'est pas un fait de commerce. En effet, d'une part, l'émancipation fait cesser l'usufruit légal (C. Nap., art. 384) ; et, d'autre part, l'art. 387, C. Nap., refuse aux père et mère la jouissance des biens que leurs enfants non émancipés ont acquis par un travail et une industrie séparés. L'art. 1308, notamment, dispose que le mineur artisan doit exécuter les engagements pris à raison de son art (DURANTON, t. 3, n° 664 ; BIOCHE et GOUGET, t. 4, n° 60).

1517. A défaut d'accomplissement des formalités prescrites au mineur pour pouvoir exercer le commerce, ses engagements commerciaux deviennent des conventions ordinaires qui peuvent être rescindées ; l'autorisation postérieure ne les validerait pas ; il faudrait une ratification expresse. Conséquemment il ne peut être poursuivi comme banqueroutier si les formalités ci-dessus n'ont pas été accomplies (Cass., 2 déc. 1826, S.27.206).

La femme, majeure comme mineure, ne peut être marchande publique sans le consentement de son mari (C. comm., art. 4, 2, 5, 7, 67 et s. ; C. Nap., 215, 220).

SECT. VI. — *De la cessation et de la révocation de l'émancipation.* — *Formes et effets de cette révocation* (C. Nap., art. 485, 486).

1518. L'émancipation cesse par la mort du mineur émancipé ou par sa majorité ; elle cesse encore si elle est révoquée.

1519. La révocation de l'émancipation, même pour faits de commerce, peut être prononcée lorsque les engagements du mineur ont été réduits en vertu de l'art. 484, C. Nap., ou sont susceptibles de l'être ; en un mot, lorsque sa gestion a été ou *frauduleuse* pour les tiers ou *mauvaise* pour ses propres intérêts, soit par suite d'incapacité, soit par suite de dissipation ou même de mauvaise conduite ; ce sont là, en effet, autant de preuves qu'il n'était pas digne de jouir du bénéfice de l'émancipation (Arg. C. Nap., art. 485) ; mais elle ne peut être révoquée *de plano* par le seul fait, par la seule volonté, par le caprice des parents qui l'ont conférée.

1520. La révocation de l'émancipation est prononcée par ceux qui ont le droit de la conférer (C. Nap., art. 477, 478). Elle s'opère, dit l'art. 485, C. Nap., dans la même forme que celle qui a été suivie pour l'émancipation.

Il ne faut pas conclure de la rédaction vicieuse de l'art. 485, C. Nap., que l'émancipation ne peut être retirée que par la même personne qui l'a conférée ; de telle sorte, par exemple, que le mineur émancipé par son père ne pourrait plus, en cas de décès ou d'interdiction de celui-ci, être privé de l'émancipation ; la pensée évidente de la loi est seulement que l'on doit, pour révoquer l'émancipation, observer les formes qu'il faudrait suivre pour la conférer au moment où on la révoque ; en d'autres termes, que le mineur émancipé par son père ou par sa mère (C. Nap., art. 477), peut, à leur défaut, être privé du bénéfice de l'émancipation par le conseil de famille (C. Nap., art. 478).

1521. La révocation de l'émancipation dans les conditions qui l'autorisent est *souverainement* prononcée, soit par la déclaration du père, soit par celle de la mère, soit même par le conseil de famille, il n'y a pas à distinguer (Arg. C. Nap., 477, 478 et 485 combinés).

1522. Le principe de la révocation de l'émancipation ne reçoit effet qu'au cas de l'émancipation *conférée*, et jamais lorsqu'il s'agit de l'émancipation *légale et tacite* en cas de mariage ; elle est *irrévocable* que le mariage existe encore ou soit dissous, et que, dans ce dernier cas, il y ait ou qu'il n'y ait pas d'enfants. Le texte de l'art. 476, C. Nap., est absolu (Arg. Cass., 21 fév. 1821).

Dès le jour où l'émancipation est révoquée, le mineur rentre en tutelle et y reste jusqu'à sa majorité accomplie (C. Nap., art. 486). Il n'en peut plus sortir par l'effet d'une émancipation nouvelle, le mariage seul peut l'émanciper (C. Nap., art. 476 ; DEMANTE, t. 2, n° 257 *bis*, III ; ZACHARIÆ, AUBRY et RAU, t. 1, p. 501 ; DEMOLOMBE, t. 8, n°s 367, 368).

1523. La révocation de l'émancipation, bien qu'elle replace le mineur en tutelle et en puissance paternelle, ne fait pas revivre ce qui a été anéanti (C. Nap., art. 476, 477, 478 et 480) ; une nouvelle tutelle est déférée, d'après les règles ordinaires, au survivant des père et mère ou à l'ascendant du degré supérieur, ou, à leur défaut, à un tuteur datif par le conseil de famille (C. Nap. art. 390, 402, 405 et 486 combinés. V. les auteurs cités *suprà*, n° 1522).

Le subrogé tuteur doit également être nommé par le conseil de famille (C. Nap., art. 420 et 486 combinés).

Le survivant des époux appelé après la révocation de l'émancipation à la tutelle légale, doit être remplacé, lors de son décès, par le tuteur testamentaire qu'il a choisi (Arg. C. Nap., art. 397 et s. V. *suprà*, nos 806 et s.).

1524. Les créanciers du père ou de la mère ne peuvent attaquer l'émancipation sous prétexte qu'elle leur nuit, en faisant cesser l'usufruit légal de leur débiteur.

1125. L'émancipation peut être retirée au mineur autorisé à faire le commerce, et ce retrait entraîne la révocation de l'autorisation de faire le commerce.

1526. Mais l'autorisation de faire le commerce ne peut être retirée directement et isolément au mineur émancipé ; il y a indivisibilité.

Sect. VII.—*Formules.*

§ 1er. — **Emancipation par un père avec autorisation spéciale de faire le commerce** (C. Nap., art. 477, 487 ; C. comm., art. 2).

« L'an mil huit cent quarante-neuf, le cinq mars,

« Par-devant nous, Adolphe A..., juge de paix du canton « de..., département de..., assisté de Me Louis B..., greffier « de cette justice de paix,

« Est comparu, dans notre cabinet, M. Frédéric de Sollereau, rentier, demeurant à...,

« Lequel nous a dit que de son mariage avec madame « Rose-Sophie Barrey, décédée, est issu, entre autres enfants, « Albert de Sollereau, commis libraire, demeurant à..., âgé « de dix-huit ans révolus, ainsi qu'il est justifié par un extrait « des actes de l'état civil de la commune de..., délivré par..., « le... de ce mois, qu'il nous a représenté : que jugeant cet « enfant dans le cas d'être émancipé et de faire le commerce, « il déclare formellement par ces présentes lui conférer l'é- « mancipation et l'autoriser spécialement à exercer la profes- « sion de libraire, et à faire, relativement à cette profession, « toutes opérations commerciales sans exception ; a ledit com- « parant requis acte de ses déclaration et autorisation, et a « signé. » (*Signature.*)

« Nous, juge de paix,

« Vu les déclaration et autorisation ci-dessus, l'acte de « naissance représenté, et les art. 477 et 487, C. Nap., et « l'art. 2 du Code de commerce,

« Donnons acte à M. de Sollereau de ses déclaration et au- « torisation ; en conséquence, disons que le mineur Albert de « Sollereau, fils du requérant avec la dame Rose Sophie « Barrey, décédée, est maintenant émancipé pour jouir de « tous les effets que la loi y attache, et autorisé à exercer la « profession de libraire et à faire, relativement à cette pro- « fession, toutes opérations commerciales sans exception.

« Dont acte : fait et dressé le présent procès-verbal qui « devra, pour avoir son effet, être homologué par le tribunal « civil de. ., et de plus enregistré et affiché au tribunal de « commerce ; et a ledit sieur Sollereau père signé avec nous « et le greffier, après lecture faite. » (*Signatures.*)

§ 2. — **Emancipation par le père ou par la mère survivante, et nomination d'un curateur par le conseil de famille** (C. Nap., art. 477 et 480).

« L'an mil huit cent quarante-neuf, le jeudi quinze mars, « dix heures du matin,

« Par-devant nous, Adolphe A..., juge de paix du canton « de..., département de..., assisté de Me Louis B..., greffier « de cette justice de paix,

« Est comparue, dans notre cabinet, madame Estelle Du- « mont, veuve de M. Louis-Etienne Dumoutier, rentière, « demeurant à...,

« Laquelle nous a dit que de son mariage avec ledit feu « sieur Dumoutier, décédé à..., le..., est né Louis-Paul Du- « moutier, le..., ainsi qu'il est justifié par un extrait de son « acte de naissance, délivré par..., le..., qu'elle nous a re- « présenté ;

« Que, jugeant cet enfant, aujourd'hui âgé de seize ans et « dix-sept jours, dans le cas d'être émancipé, elle déclare « formellement lui conférer l'émancipation, ainsi que la loi le « lui permet ; et que, pour lui nommer un curateur, elle a, « en conséquence de notre indication verbale à ces jour, lieu « et heure, convoqué à l'amiable et sans citation par-devant « nous son conseil de famille, composé, au désir de la loi, « des mêmes membres qu'aux précédentes délibérations, et « a, ladite dame veuve Dumoutier, requis acte de sa décla- « ration, et a signé, lecture faite. » (*Signature.*)

« Nous, juge de paix,

« Vu la déclaration ci-dessus, l'acte de décès du sieur Du« moutier et l'acte de naissance du mineur Dumoutier, repré« sentés, et l'art. 477, C. Nap.,

« Donnons acte à ladite dame veuve Dumoutier de sa décla« ration ci-dessus; en conséquence, disons que le mineur « Louis Dumoutier, fils de Louis-Etienne Dumoutier, décédé, « et de dame Estelle Dumont, est maintenant émancipé, pour « jouir de tous les effets que la loi y attache, à la charge, « toutefois, de se conformer aux lois, notamment aux arti« cles 481, 482, 483, 484 et autres du C. Nap., sous peine de « rentrer en tutelle.

« Dont acte, et a, ladite dame veuve Dumoutier signé avec « nous et le greffier. » (*Signatures.*)

« Appel fait des membres du conseil de famille, sont com« parus,

Du côté paternel :

« 1° . . . ; — 2° . . . ; — 3° . . . ;

Du côté maternel :

« 4° . . . ; — 5° . . . ; — 6° . . . ;

« Lesquels nous ont dit que, déférant à la convocation de « madame veuve Dumoutier, ils consentent à délibérer devant « nous et avec nous sur la nomination d'un curateur au mi« neur émancipé Dumoutier. En conséquence de ce consen« tement, nous, juge de paix, avons déclaré les six compa« rants légalement constitués en conseil de famille sous notre « présidence.

« Le conseil, ainsi constitué, après avoir délibéré avec « nous,

« Vu l'acte d'émancipation ci-dessus et l'art. 480, C. « Nap.;

« Considérant que tout mineur émancipé doit être pourvu « d'un curateur pour l'assister dans différents cas déterminés « par la loi,

« Est d'avis, à l'unanimité, de nommer, comme de fait il « nomme par ces présentes, pour curateur audit mineur « émancipé Louis Dumoutier, M..., son oncle paternel, pre« mier membre du conseil, et son subrogé tuteur; lequel a « déclaré accepter cette fonction, et a promis de bien et fidèle« ment s'en acquitter.

« Dont acte: fait et dressé le présent procès-verbal, les « jour, mois et an que dessus, et ont, les délibérants et la

« veuve Dumoutier, signé avec nous et le greffier, après lec-
« ture faite. » (*Signatures.*)

§ 3.—Autorisation donnée par un père à son fils, mineur émancipé, pour faire le commerce (C. comm., art. 2).

« Par-devant nous..., assisté de...,

« Est comparu, dans notre cabinet, à..., le sieur Nicolas « Saulnier, âgé de quarante-neuf ans, demeurant à...,

« Lequel a, par ces présentes, déclaré autoriser spéciale-« ment M. Auguste Saulnier, son fils mineur, commis négo-« ciant en rouenneries, demeurant à..., âgé de dix-neuf ans « révolus, et émancipé suivant procès-verbal dressé par nous, « le..., enregistré..., à faire le commerce en gros et en détail « de..., ainsi que toutes opérations commerciales, sans excep-« tion, relatives à ce commerce. En conséquence, vendre et « acheter, faire tous marchés, souscrire et endosser tous « billets, lettres de change et effets de commerce, faire tous « recouvrements ainsi que toutes poursuites et exécutions, et « généralement prendre tous engagements et faire tous actes « permis par les lois aux commerçants, et a signé, après « lecture faite.

« Dont acte : fait et dressé le présent procès-verbal, qui « devra, pour avoir son effet, être homologué par le tribunal « civil de l'arrondissement de..., et de plus être enregistré et « affiché au tribunal de commerce de... (*Signatures.*)

« Et a, ledit sieur Saulnier, requérant, signé avec nous et « le greffier, après lecture faite... »

§ 4.—Émancipation par le conseil de famille et nomination d'un curateur (C. Nap., art. 478 et 480).

« L'an.... le..., heure de...,

« Par-devant nous, Adolphe A..., assisté de...,

« Est comparu, dans notre cabinet, M. Paul-Désiré Boudet, « avocat, demeurant à..., rue..., n°...

« Lequel a dit que Ismael-Alphonse Dubreuil, fils mineur « de Alphonse-Zacharie Dubreuil et de dame Albertine de « Pommerel, décédés, dont il est tuteur, a maintenant atteint « sa dix-huitième année, étant né à..., le..., suivant son acte « de naissance, inscrit sur les registres de l'état civil de la « commune de..., dont une copie en bonne forme nous a été « représentée; que pour satisfaire à l'art. 478, C. Nap., il a, « en conséquence de notre indication verbale, à ces jour, lieu « et heure, convoqué à l'amiable et sans citation, par-devant « nous, le conseil de famille dudit mineur, composé, au désir

« de la loi, des mêmes membres qu'aux précédentes délibé-« rations, à l'exception de..., décédé, qui sera remplacé au « conseil par son fils Louis B..., comme plus proche parent « connu dans la distance de deux myriamètres et même au « delà, dans la ligne paternelle, à l'effet de délibérer s'il y a « lieu de l'émanciper, et a, ledit comparant, requis acte de « ses diligences, et a signé. (*Signature.*)

« Sont aussi comparus, savoir :

Du côté paternel :

« 1°. . . . . ; — 2°. . . . . . ; — 3°. . . . . ;

Du côté maternel :

« 4°. . . . . ; — 5°. . . . . . ; — 6°. . . . .

« Lesquels parents, réunis en conseil de famille sous notre « présidence, après avoir délibéré avec nous,

« Vu l'exposé du tuteur, dont le greffier a donné lecture, « le décès des époux Dubreuil, et l'acte de naissance du mi-« neur Dubreuil, représentés, ensemble les dispositions de « l'art. 478, C. Nap.;

« Considérant que le mineur Dubreuil est, par sa bonne con-« duite et ses connaissances, dans le cas d'être émancipé, le « conseil est d'avis, à l'unanimité, que l'émancipation lui soit « conférée.

« En conséquence et en vertu de l'art. 478, C. Nap.,

« Nous, juge de paix, président du conseil, disons que le « mineur Ismael-Alphonse Dubreuil, né du légitime mariage « de Alphonse-Zacharie Dubreuil et de dame Albertine de « Pommerel, décédés, est maintenant émancipé, pour jouir « des droits attachés à l'émancipation, à la charge par lui de « se conformer aux lois, notamment aux art. 481, 482, 483 « et 484, C. Nap., sous peine de rentrer en tutelle.

« Le conseil, procédant ensuite à la nomination d'un cu-« rateur audit mineur émancipé,

« Vu l'art. 480, C. Nap.;

« Considérant que tout mineur émancipé doit être pourvu « d'un curateur pour l'assister dans les cas déterminés par « la loi, est d'avis, à l'unanimité, de nommer comme de fait « il nomme, par ces présentes, pour curateur audit mineur « émancipé, Ismael-Alphonse Dubreuil, M..., son oncle ma-« ternel, quatrième membre du conseil de famille, lequel a « déclaré accepter cette fonction, et a promis de bien et fidè-« lement la remplir.

« Dont acte..., fait et dressé le présent procès-verbal, que

« les parties ont signé avec nous et le greffier, après lecture « faite. » (*Signatures.*)

§ 5.—**Autorisation donnée à un mineur, émancipé par son conseil de famille, pour faire le commerce** (C. Nap., art. 487, et C. comm., art. 2).

« L'an..., le..., heure de...,

« Par-devant nous, Adolphe A..., juge de paix du canton « de..., département de..., assisté de Me Louis B..., greffier « de cette justice de paix,

« Est comparu le sieur Paul de Seze, commis-libraire, de« meurant à..., mineur émancipé, assisté et autorisé par « M. Stanislas Lebert, rentier, son curateur, demeurant à...

« Lequel a dit qu'étant dans l'intention de faire le com« merce de la librairie, et que n'ayant ni père ni mère, il est « obligé, avant de se livrer régulièrement à ce genre de com« merce, d'obtenir une autorisation spéciale de son conseil « de famille; qu'en conséquence il a, sur notre indication « verbale, à ces jour, lieu et heure, convoqué et réuni à « l'amiable, par-devant nous, son conseil de famille, com« posé au désir de la loi, et a, ledit exposant, requis acte de « ses diligence et déclaration, et a signé, lecture faite. »

(*Signature.*)

« Sont aussi comparus, savoir :

Du côté paternel :

« 1°. . . . . ; — 2°. . . . . , — 3°. . . . . ;

Du côté maternel :

« — 4°. . . ; — 5°. . . . . ; — 6°. . . . . ;

« Lesquels parents, réunis en conseil de famille sous notre « présidence, après avoir délibéré avec nous,

« Vu l'exposé du mineur de Seze, les actes de décès et « d'émancipation représentés, ensemble les art. 487, C. Nap., « et 2, C. comm.;

« Considérant que le mineur a travaillé plusieurs années « dans le genre de commerce qu'il veut embrasser; qu'il y a « acquis une expérience et des connaissances réelles et que sa « conduite et sa fortune permettent d'accorder l'autorisation « qu'il sollicite du conseil de famille,

« Le conseil a été unanimement d'avis d'autoriser, comme « par ces présentes il autorise ledit mineur émancipé, Paul « de Seze, à exercer la profession de libraire et à faire, rela« tivement à cette profession, toutes opérations commerciales « sans exception, etc. (le reste comme au § 3).

« Dont acte : fait et dressé le présent procès-verbal, qui

« devra, pour avoir son effet, être homologué par le tribunal « civil de..., et, de plus, être enregistré et affiché au tribunal « de commerce de..., et ont, les délibérants et le mineur « émancipé de Seze, rentré au conseil, signé avec nous et le « greffier, après lecture faite. » (*Signatures.*)

§ 6. — **Révocation de l'émancipation par le père ou la mère survivante** (C. Nap., art. 485 et 486).

« L'an..., le..., heure de...,

« Par-devant nous..., assisté de...

« Est comparu, dans notre cabinet, M. Alexandre de Berly, « grand-croix de l'ordre impérial de la Légion d'honneur, « propriétaire, demeurant à...,

« Lequel a dit que par procès-verbal dressé par nous le..., « enregistré le..., il a conféré l'émancipation à son fils, Louis-« Clodomir de Berly, âgé de dix-sept ans, né de son mariage « avec Henriette Dubreuil, sa femme, décédée le...; qu'alors « il était persuadé qu'il se conduirait sagement; mais qu'il a « été bientôt désabusé par l'inconduite de son fils, qui s'est « permis non-seulement d'emprunter et d'hypothéquer ses « biens, sans observer aucune formalité, mais encore de con-« tracter des engagements inconsidérés et ruineux, au profit « de..., agent d'affaires, demeurant à Paris, rue Guillaume, « n° 74, par acte sous seing privé, en date du..., enregistré; « mais que ces engagements ont été réduits par jugement du « tribunal de première instance de..., en date du..., enre-« gistré; qu'en conséquence, il déclare révoquer formelle-« ment l'émancipation par lui conférée audit sieur Louis-« Clodomir de Berly, son fils, et a, ledit comparant, requis « acte de sa déclaration, et a signé. » (*Signature.*)

« Vu la déclaration ci-dessus, dont nous avons donné acte « à M. Alexandre de Berly, ensemble les art. 485 et 486, « C. Nap., nous, juge de paix, disons que ledit mineur éman-« cipé, Louis-Clodomir de Berly, est dès ce jour rentré en « tutelle.

« Le conseil, procédant de suite à la nomination d'un su-« brogé tuteur, etc., etc. (comme au § 7 ci-après).

« Dont acte : fait et dressé le présent procès-verbal, que « M. de Berly a signé avec nous et le greffier, après lecture « faite. » (*Signatures.*)

§ 7. — **Révocation de l'émancipation par le conseil de famille** (C. Nap., art. 485 et 486).

« L'an..., le..., heure de...,

« Par-devant nous..., assisté de...

« Est comparu, dans notre cabinet, M. Paul-Désiré de « Montreuil, rentier, demeurant à..., curateur et oncle pater- « nel du mineur émancipé Alfred de Montreuil, né du mariage « de M. Emmanuel de Montreuil et de Henriette de Solereau, « décédés, nommé à cette fonction qu'il a acceptée, par déli- « bération de son conseil de famille, reçue et présidée par « nous, le quinze décembre mil huit cent quarante-sept, « enregistrée ;

« Lequel a dit que, par procès-verbal dressé par nous, « le..., enregistré, madame veuve de Montreuil a conféré « l'émancipation audit sieur de Montreuil, son fils, aujour- « d'hui âgé de dix-huit ans et deux mois, dans la persuasion « où elle était qu'il se conduirait sagement ; mais qu'elle a « été bientôt détrompée par l'inconduite de son fils, qui s'est « permis non-seulement d'emprunter et d'hypothéquer ses « biens, sans observer aucune formalité, mais encore de con- « tracter des engagements ruineux au profit de..., qui ont été « réduits par jugement du tribunal de première instance « de..., en date du..., enregistré ; que madame veuve de « Montreuil étant décédée, et son fils mineur émancipé se « trouvant aujourd'hui sans père ni mère, il a, en consé- « quence de notre indication verbale, à ces jour, lieu et heure, « convoqué à l'amiable et sans citation par-devant nous, le « conseil de famille dudit mineur, composé au désir de la « loi, à l'effet de délibérer sur la révocation qu'il entend pro- « poser au conseil de l'émancipation dudit mineur de Mon- « treuil, à lui conférée par feu madame veuve de Montreuil, « sa mère, et a, ledit comparant, requis acte de ses dili- « gences, et a signé, lecture faite. »

(*Signature.*)

« Sont aussi comparus, savoir :

Du côté paternel :

« 1° . . . . ; 2° . . . . ; 3° . . . . ;

Du côté maternel :

« 4° . . . . ; 5° . . . . 6° . . . .

« Lesquels parents (et amis, s'il y en a), réunis en conseil « de famille sous notre présidence, après avoir délibéré avec « nous,

« Vu l'exposé ci-dessus de M. de Montreuil, l'un d'eux, et « les actes y énoncés, dont le greffier a donné lecture, en- « semble les art. 485 et 486, C. Nap. ;

« Considérant que tout mineur émancipé dont les engage-
« ments auraient été réduits, en vertu de l'art. 484, C. Nap.,
« pourra être privé du bénéfice de l'émancipation, laquelle
« lui sera retirée en suivant les mêmes formes que celles qui
« auront eu lieu pour la lui conférer, le conseil est d'avis, à
« l'unanimité, que l'émancipation conférée au mineur de
« Montreuil, par feu sa mère, lui soit retirée. En conséquence,
« et en vertu de la loi, nous, juge de paix, président du con-
« seil, disons que ledit mineur émancipé de Montreuil est, dès
« ce jour, rentré en tutelle ; et procédant de suite à la nomi-
« nation d'un tuteur et d'un subrogé tuteur, le conseil de
« famille, après avoir délibéré avec nous, a été unanimement
« d'avis de nommer pour tuteur, audit mineur de Montreuil,
« M. de Montreuil, son oncle paternel, premier membre du
« conseil, pour, par lui, en cette qualité, régir, gouverner et
« administrer sa personne et ses biens ; et pour subrogé tuteur,
« à la majorité des quatre cinquièmes des suffrages au nôtre
« conformes, le tuteur n'ayant pas pris part à la délibération,
« M..., oncle maternel dudit mineur, quatrième membre du
« conseil, pour par lui, en cette qualité, agir et représenter
« ledit mineur dans tous les cas où ses intérêts se trouveraient
« en opposition avec ceux de son tuteur, comme aussi pour
« faire tous actes conservatoires et de procédure prescrits par
« la loi. »

« Lesquels ont déclaré accepter lesdites fonctions de tuteur
« et de subrogé tuteur, et ont promis de bien et fidèlement
« s'acquitter des devoirs qu'elles leur imposent.

(*Signatures.*)

« Dont acte : fait et dressé le présent procès-verbal, et ont
« les parties signé avec nous et le greffier, après lecture faite. »

(*Signatures.*)

TITRE X.

DE LA MAJORITÉ, DE L'INTERDICTION ET DU CONSEIL JUDICIAIRE (C. Nap., art. 488 à 515).

CHAP. Ier. — DE LA MAJORITÉ (C. Nap., art. 488).

1527. « La majorité est fixée à vingt et un ans accomplis; à cet âge on est capable de tous les actes de la vie civile, sauf la restriction portée au titre du mariage. » (C. Nap., art. 488.)

1528. La loi détermine, dans cet article, l'âge auquel, devenu maître de ses droits, l'homme peut se gouverner lui-même et disposer librement de ses biens ; elle fixe la majorité à vingt et un ans révolus pour l'un et l'autre sexe, sauf les restrictions portées au titre du contrat de mariage (C. Nap., art. 148 et s.), de l'adoption (C. Nap., art. 343 et 346) ; et de la tutelle officieuse (C. Nap., art. 361).

Les vingt et un ans sont accomplis *de momento ad momentum* lorsque l'acte de naissance indique l'heure ; autrement, *de die ad diem*.

1529. En fixant la majorité à vingt et un ans, le Code s'est conformé à la loi du 20 sept. 1792. Avant cette loi, la majorité était fixée à vingt-cinq ans dans la plupart des coutumes et dans les pays de droit écrit.

La majorité fixée par l'art. 488, C. Nap., n'existe de droit que pour les actes de la *vie civile*. Il est, en effet, certains actes qui tiennent à la majorité politique et à l'exercice des droits politiques, lesquels ne s'acquièrent et ne se conservent que conformément à la loi constitutionnelle (C. Nap., art. 7. V. *suprà*, n° 338).

Par des motifs exceptionnels, la majorité de l'Empereur des Français est fixée à dix-huit ans accomplis (Sénatus-consulte, 17 juill. 1856, tit. 1er, art. 1er. V. *suprà*, tit. IX, chap. II, sect. X).

CHAP. II. — DE L'INTERDICTION

(C. Nap., art. 489 à 512 ; C. pén., art. 29 et 30).

1530. L'interdiction est l'état d'une personne que la loi ou la justice déclare inhabile aux actes de la vie civile, incapable de se gouverner elle-même et d'administrer ses biens, et par suite, placée sous l'autorité d'un tuteur et d'un subrogé tuteur pour gérer et administrer sa personne et ses biens.

1531. L'interdiction est légale ou judiciaire : légale, c'est-à-dire prononcée par la loi ; judiciaire, c'est-à-dire déclarée par la justice. Nous traiterons d'abord, dans une première section, de l'interdiction judiciaire, et ensuite, dans une deuxième, de l'interdiction légale.

SECT. Ire. — *De l'interdiction judiciaire et de ses effets généraux* (C. Nap., art. 489 à 512).

§ 1er. — **Des causes qui peuvent modifier l'interdiction et des personnes qui peuvent être interdites** (C. Nap., art. 489 à 491).

1532. L'interdiction judiciaire ne peut être prononcée que

pour des causes déterminées par la loi, et seulement à la requête des personnes qu'elle désigne.

1533. « Le majeur qui est dans un état habituel d'imbécillité, de démence ou de fureur, doit être interdit, même lorsque cet état présente des intervalles lucides » (C. Nap., art. 489).

1534. L'imbécillité, c'est l'absence d'idées ou l'idiotisme, c'est-à-dire cette faiblesse d'esprit qui, sans aller jusqu'à la perte entière de la raison, fait que l'homme qui en est atteint est incapable de concevoir d'autres idées que celles qui se rapportent à ses besoins physiques. Cet état est continu et n'admet pas d'intervalles lucides.

La démence provient, non de la faiblesse de l'esprit, mais d'un dérangement des facultés morales qui ôte l'usage de la raison.

La fureur est la démence exaltée, exaspérée, qui se porte à des excès dangereux pour le dément lui-même ou pour les autres. Elle n'est pas continue, elle ne pourrait pas l'être, sans épuiser bientôt toutes les forces de l'organisation de l'individu.

Ces trois causes d'interdiction sont les seules qui puissent la motiver. Le législateur les a restreintes, et avec raison ; car l'interdiction, par cela même qu'elle prive une personne de la disposition de ses biens et souvent même de la liberté de ses actions, n'est légitimée en quelque sorte que par l'existence d'une nécessité absolue.

Hors ces cas, il peut quelquefois sans doute y avoir lieu à prendre, dans l'intérêt d'un individu, quelques mesures de précaution, mais il n'y a pas lieu à interdiction. Sous l'empire du Code Napoléon, l'interdiction n'est plus, comme en droit romain, et dans le droit ancien et intermédiaire français, autorisée pour cause de dérèglement des mœurs, d'ivrognerie, de débauche, de simple prodigalité ou de faiblesse d'esprit; mais ces vices, comme la faiblesse d'esprit, surtout chez un vieillard, peuvent donner lieu à la nomination d'un conseil judiciaire (V. *infrà*, chap. III).

1535. Pour motiver l'interdiction, il n'est pas nécessaire d'établir que la personne dont on poursuit l'interdiction est dans un état *continuel et incessant de démence ou de fureur;* la loi veut, mais cela suffit, que cet état soit *habituel*, c'est-à-dire le plus ordinaire, le plus fréquent. Ainsi des intervalles lucides ne font point obstacle à l'interdiction ; ils ne font souvent que la rendre plus nécessaire, dans l'intérêt de la personne qui n'est que dans un état *habituel* de démence ou de fureur, à cause des actes funestes pour lui et sa famille, que le dément peut faire pendant ces intervalles. Mais il ne suffit pas qu'une personne soit sous l'empire de visions et s'égare dans des idées spéculatives d'une fausseté palpable, ni même qu'elle fasse des actes *isolés*, *accidentels* et peu nombreux, de démence ou de fureur, pour qu'elle doive être interdite, si d'ailleurs elle gouverne bien ses affaires, et que le public n'ait rien à craindre de sa déraison. C'est là, au reste, une appréciation de fait abandonnée à la conscience des juges.

1536. Bien que la loi ne parle que des *majeurs*, il est généralement admis que les *mineurs émancipés*, et même les *mineurs non émancipés*, peuvent être interdits, lorsqu'ils sont dans un état habituel d'imbécillité, de démence ou de fureur (Arg. Bruxelles, 17 déc. 1850, J.P.51.1.320).

L'art. 489, C. Nap., n'est pas, en effet, limitatif. Il se réfère seulement au cas le plus ordinaire, *statuit de eo quod plerumque fit*. Au premier coup d'œil, la question peut paraître bizarre, surtout en ce qui concerne les mineurs non émancipés, et l'état de tutelle qui les protége ne laisse guère croire à l'utilité d'une pareille mesure. Cela pourrait être vrai, si l'incapacité du mineur était aussi absolue que celle de l'interdit, mais il n'en est rien. En effet, le mineur, bien qu'en tutelle, peut se marier, l'interdit ne le peut pas ; le mineur âgé de seize ans accomplis peut disposer par testament de la moitié des biens dont il pourrait disposer s'il était majeur (C. Nap., art. 909) ; l'interdit est absolument incapable *de tester*.

1537. Quelquefois l'interdiction du mineur est nécessaire et forcée, par exemple en cas d'opposition à son mariage, fondée sur son état de démence ; car, suivant les art. 174 et 175, C. Nap., l'opposition basée sur cette cause ne peut être reçue qu'à la charge de provoquer l'interdiction : aussi, lors de la discussion au Conseil d'Etat, refusa-t-on d'admettre une proposition tendant à poser en principe que les mineurs ne pourraient être interdits.

Aussi encore, M. Emmery, dans son exposé des motifs au Corps législatif, fit-il remarquer « qu'il peut arriver qu'une « personne soit *en tutelle* lors de son interdiction. »

L'interdiction du mineur, même en tutelle, peut être effectivement très-utile, soit dans l'intérêt public lorsque le mineur est furieux, soit dans son intérêt privé ; il peut être, en effet, de la plus haute importance d'empêcher qu'aussitôt après sa majorité, il ne souscrive des engagements ruineux pour lui, ou qu'il ne ratifie des actes qu'il a faits en minorité. Seulement, il est juste de dire que l'interdiction d'un mineur ne doit être provoquée qu'autant qu'il y a absolue nécessité, et que la plupart du temps il sera prudent d'attendre, au temps rapproché de la majorité, d'autant plus qu'elle ne commencera à produire ses effets qu'à partir de cette époque (Bruxelles, 17 déc. 1850, J.P.51.1.320 ; Paris, 15 juin 1857, DEV.58.2.106 ; MARCADÉ, art. 489, n° 1 ; DEMOLOMBE, t. 8, n° 442).

1538. Le sourd-muet de naissance, qui fait preuve d'intelligence, ne peut plus aujourd'hui, comme en droit romain et dans notre ancien droit français, être interdit, alors même qu'il ne sait ni lire ni écrire (Lyon, 14 janv. 1812, S.13.2.12 ; Toulouse, 18 déc. 1839 ; Rouen, 18 mai 1842 ; Cass., 30 juin 1844 ; Rouen, 23 août 1849, J.P.42.2.60, S.-V.44.1.102, D.50.2.59).

Ce n'est pas, en effet, l'inhabileté de raisonnement, c'est l'incapacité d'administrer qui constitue la faiblesse d'esprit et autorise la mesure dont parle l'art. 489, C. Nap.

De même, la faiblesse d'esprit, même unie à l'épilepsie, ne donne pas lieu de prononcer l'interdiction, à moins que celui qui est atteint de cette double infirmité ne soit incapable de gouverner sa personne et d'avoir une volonté libre qui lui soit propre (Cass., 6 déc. 1831, S.-V.32.1.210. V. *infrà*, n° 1669).

1539. Dans une poursuite dirigée contre un mineur à fin d'interdiction, il y a nécessité d'appeler et le mineur et le père ou tuteur de ce mineur, peu importe que l'action soit sans rapport avec les intérêts pécuniaires du mineur et qu'elle n'ait pour objet que de légitimer des mesures de précaution contre les événements fâcheux que pourrait produire le furieux (Orléans, 20 fév. 1819 ; Dijon, 24 avril 1830). Le mineur ne serait pas suffisamment représenté par son subrogé tuteur, il doit être personnellement appelé (Nîmes, 22 avril 1839, J.P.39.2.490. V. *infrà*, n° 1552).

1540. Le jugement qui déclare que « de l'avis du conseil de famille et de l'interrogatoire du défendeur, il résulte que ce dernier est dans un état d'imbécillité, de démence et de fureur tel qu'il est incapable de gouverner sa personne et d'administrer ses biens, » prononce valablement l'interdiction.

§ 2.—Quelles personnes peuvent ou doivent provoquer l'interdiction et suivant quelles formes (C. Nap., art. 490 et 491).

1541. Tout parent est recevable à provoquer l'interdiction de son parent. Il en est de même de l'un des époux à l'égard de l'autre (C. Nap., art. 490).

Tous les parents, sans distinction de ligne ni de degré, les plus éloignés comme les plus proches, même ceux qui ne sont pas héritiers présomptifs de la personne qu'il s'agit de faire interdire, même le parent qui serait étranger, peuvent provoquer l'interdiction. C'est même un devoir pour eux, car il s'agit plus d'une question de famille que d'une affaire de succession ; et, dans tous les cas, tel qui n'est point aujourd'hui successible peut se trouver, lors de l'ouverture de la succession, le plus proche en degré.

L'art. 490, C. Nap., ne distinguant pas, on doit en conclure que le parent mineur, le parent interdit lui-même, ont également le droit de provoquer l'interdiction de leur parent; seulement, dans l'un et l'autre cas, la demande ne peut être formée que par le père administrateur ou par le tuteur du parent, soit mineur, soit interdit, dûment autorisé à cet effet par le conseil de famille (Arg. par analogie, C. Nap., art. 468; Bruxelles, 15 mai 1807 et 3 août 1808, S.7.2.708 et 13. 2.319; Limoges, 20 janv. 1842, S.42.2.432; Duranton, t. 3, n° 719; Magnin, t. 1, n° 832; Demolombe, t. 8, n°s 450 à 454; Zachariæ, Aubry et Rau, t. 1, p. 459. — *Contrà*, Delvincourt, t. 1, p. 478).

La loi, en ne parlant que des parents, exclut nécessairement les alliés ; c'est qu'en effet l'interdiction, mesure infiniment grave, soit pour la personne qui en est l'objet, soit pour les siens, est une action toute de famille qui ne doit avoir d'autre mobile que des sentiments de famille. Ainsi, un gendre n'a pas qualité pour provoquer l'interdiction de son beau-père, ni réciproquement le beau-père celle de son gendre (Arg. Metz, 14 mars 1843, Dev.43.2.524; Lyon, 24 fév. 1859, Dev. 59.2.655).

1542. Un donataire de biens à venir n'a pas, *à fortiori*, s'il n'est parent, qualité pour provoquer l'interdiction du donateur non plus qu'un créancier ou ami ; mais rien n'empêche le gendre et le beau-père d'agir avec le mandat ou le concours de leur femme ; tout ce que la loi défend, c'est l'exercice d'un droit personnel (Arg. Paris, 15 juin 1857; Besançon, 24 juin 1859, Dev. 58.2.104 et 59.2.672 ; Duranton, t. 3, n° 718 ; Toullier, t. 2, n° 1317; Magnin, t. 1, n° 830 ; Demolombe, t. 8, n° 468).

1543. L'un des époux peut aussi demander l'interdiction de l'autre. Ce droit appartient même à l'époux séparé de corps (Duranton, t. 3, n° 720). En effet, la séparation de corps ne détruit pas le mariage et conséquemment la qualité d'époux ;

mais il en serait autrement s'il y avait eu divorce (Cass., 24 vend. an XII, S.4.1.65).

1544-1545. Du reste, la femme qui veut provoquer l'interdiction de son mari doit y être préalablement autorisée (Arg. C. Nap., art. 215 ; Rouen, 16 flor. an XIII, S.5.2.113 ; Toulouse, 8 fév. 1823, S.23.2.130 ; MERLIN, *Rép.*, t. 1, v° *Aut. mar.*, sect. 7, § 16 ; DELVINCOURT, t. 1, p. 130, note 2 ; DEMOLOMBE, t. 4, n°s 125 et 126, et 8, n° 459.—*Contrà*, ZACHARIÆ, AUBRY et RAU, t. 4, p. 125).

Nous pensons toutefois qu'à défaut d'une autorisation spéciale, elle serait suffisamment autorisée à agir et à ester en jugement, par l'ordonnance du tribunal qui lui permettrait de convoquer le conseil de famille, conformément à l'art. 494, C. Nap. ; il n'est pas nécessaire que cette autorisation soit expresse et préalable à toutes poursuites.

1546. Dans le cas de *fureur*, si l'interdiction n'est provoquée, ni par l'époux, ni par les parents, elle *doit* l'être par le procureur impérial, qui, dans le cas d'*imbécillité* ou de *démence*, peut aussi la provoquer contre un individu qui n'a ni époux, ni épouse, ni parents connus, ou qui seraient dans l'impossibilité de manifester leur volonté, et de remplir dès lors les devoirs de famille dont la loi les a chargés (C. Nap., art. 491).

Notre article fait une distinction importante entre le cas de fureur, d'imbécillité ou de démence. Dans le cas de fureur, le ministère public doit agir par voie d'action principale, alors même que la famille garde le silence. Ce n'est pas seulement pour lui un droit, c'est un devoir, car il y a péril pour la sûreté et le repos publics. Dans le cas d'*imbécillité* ou de *démence*, les mêmes motifs n'existant pas, l'action en interdiction reste une action de famille, et le ministère public ne peut figurer dans l'instance que comme *partie jointe*. Si, dans ce cas, par exception, la loi lui accorde le droit d'agir comme partie principale, ce n'est qu'autant que le dément n'a ni un conjoint, ni aucun parent connu, ou capable de manifester sa volonté, circonstance qui le recommande à la protection spéciale de la loi ; mais alors la provocation de l'interdiction n'est pas pour lui un devoir, ce n'est qu'une pure faculté, dont l'exercice est subordonné aux circonstances.

1547. L'autorité administrative peut également ordonner d'office le placement, dans un établissement d'aliénés, de toute personne interdite ou non interdite, dont l'état d'aliénation peut compromettre l'ordre public ou la sûreté des personnes

(L. 30 juin 1838, art. 18 et 24. V. cette loi pour les règles à suivre dans ce cas).

1548. L'interdiction volontaire, permise dans notre ancien droit, serait nulle aujourd'hui, par la raison que nul ne peut consentir, de quelque manière que ce soit, directement ou indirectement, à une modification de son état personnel (Arg. C. Nap., art. 6); peu importerait d'ailleurs que l'acte eût été homologué par la justice. L'interdiction ne pourrait pas davantage, et par la même raison, être provoquée par le dément lui-même (Arg. C. Nap., art. 501 et 502); mais il pourrait fort bien, dans un moment lucide, faire connaître son état au procureur impérial et le mettre par là à même d'apprécier sa position, et d'agir d'office ou d'engager la famille à agir, suivant les circonstances.

1549. La demande en interdiction s'éteint naturellement par la mort du dément, sans distinguer s'il est mort avant ou après son interrogatoire (Cass., 5 fév. 1851, S.-V.51.1.81).

1550. Le demandeur en interdiction ne peut être déclaré non recevable par cela seul que, dans une circonstance quelconque, il a reconnu la capacité de celui qu'il veut faire interdire. Il s'agit, en effet, pour lui, d'un droit auquel il n'y a pas de renonciation possible (Arg. C. Nap., art. 490; Lyon, 14 juillet 1853, J.P.54.2.80).

§ 3.—**Devant quel tribunal doit être portée la demande en interdiction.—Comment et contre qui elle doit être introduite** (C. Nap., art. 492, 493).

1551. Toute demande en interdiction doit être portée devant le tribunal de première instance (C. Nap., art. 492) dans le ressort duquel est domiciliée la personne à interdire (C. Nap., art. 492; C. proc., art. 59; Cass., 23 juill. 1840, S.40.1.959; DEMOLOMBE, t. 8, nº 482; ZACHARIÆ, AUBRY et RAU, t. 1, p. 459).

1552. La demande doit être dirigée contre la personne qu'il s'agit d'interdire; c'est elle qui est partie essentielle, qui est défenderesse dans l'instance; peu importe d'ailleurs qu'il s'agisse d'un mineur ou d'un interdit; mais alors il est indispensable de mettre en cause, indépendamment du mineur ou de l'interdit, son père ou tuteur; car il est de principe que l'incapable ne peut figurer seul dans une instance qui compromet ses biens ou son état. C'est pour cela aussi que la poursuite dirigée contre une femme par un autre que son mari ne serait valable qu'autant que cette femme aurait été autorisée pour y défendre par son mari ou par la justice, à peine de nullité de la poursuite (C. Nap., art. 215, 221, 222 et 224 combinés). Il n'y a d'exception à cette règle que pour le seul cas où le ministère public agirait d'office, pour cause de fureur, dans l'intérêt de l'ordre public (V. *suprà*, n° 1539).

On ne comprendrait pas, en effet, comment il pourrait être permis à des parents de poursuivre l'interdiction d'une femme en dehors de son mari; les simples convenances et l'intérêt bien entendu de la femme disent assez qu'il est partie essentielle dans une pareille procédure (V. *suprà*, n° 1545).

1553. La procédure en interdiction étant essentiellement *personnelle*, et cette mesure ayant principalement pour objet de protéger celui contre lequel on la provoque, l'instance se trouve naturellement éteinte et caduque par le décès du défendeur, de sorte que les actes funestes pour lui et sa famille, qu'il aurait pu faire de son vivant, doivent être attaqués par voie d'action principale (Cass., 5 fév. 1851, Dev. 51.1.81; Limoges, 27 avril 1853, J.P.54.1.157).

1554. La demande en interdiction est formée, non pas comme les demandes ordinaires, par un *exploit d'ajournement,* mais (sans préliminaire de conciliation) par une simple note non grossoyée, signée d'un avoué, à peine de nullité (Metz, 14 déc. 1824), adressée au président du tribunal (C. proc., art. 890; Cass., 23 mai 1860, Dev.60.1.956). Cette requête doit articuler les faits d'imbécillité, de démence ou de fureur, sur lesquels on se fonde, c'est-à-dire les énoncer séparément, article par article, de manière à en rendre la preuve et l'appréciation plus sûres; elle doit, en outre, contenir les pièces justificatives dont on prétend faire usage, et l'indication des témoins qu'on veut faire entendre (C. Nap., art. 493; C. proc. civ., art. 890).

1555. L'indication des faits et celle des témoins, s'il en existe, sont indispensables en ce que seules elles peuvent mettre le tribunal à même d'apprécier si les causes d'interdiction sont graves et susceptibles d'être prouvées par des témoignages sérieux et importants.

1556. Toutefois, le défaut d'indication de tous les faits et de tous témoins ne serait pas une cause de nullité, cette obligation n'étant prescrite par aucun texte, à peine de nullité (Arg. Agen, 18 fév. 1841, J.P.41.1.649). Malgré cela, il est prudent de se conformer aux prescriptions des art. 493, C. Nap., et 890, C. proc. civ., attendu que le tribunal peut, *de plano*, et doit même, selon nous, écarter la demande.

1557. Le président ordonne la communication de la requête au ministère public, et commet un juge pour faire son rapport à jour indiqué (C. proc. civ., art. 891).

§ 4.—Jugement d'instruction.—Avis du conseil de famille.—Interrogatoire du défendeur.—Enquête.—Nomination d'un administrateur provisoire.—Sa gestion (C. Nap., art. 494 à 497).

1558. Sur le rapport du juge commis, et les conclusions du ministère public, le tribunal peut, *de plano*, et sans être obligé de consulter préalablement la famille, rejeter la demande en interdiction, s'il lui paraît que les faits articulés ne sont point pertinents, que les pièces justificatives sont insuffisantes, ou si le demandeur n'a pas qualité; autrement, le rapport du juge-commissaire et les conclusions du ministère public seraient prématurés, si le tribunal était tenu, dans tous les cas, de continuer l'instruction (C. Nap., art. 494; C. proc., art. 891 et 892).

1559. Mais si le tribunal estime qu'il y a lieu de donner suite à la requête, il ordonne que le conseil de famille, formé selon le mode déterminé à la section 4 du chap. 2 du titre *de la Minorité, de la tutelle et de l'émancipation* (C. Nap., art. 407 et 409), donne son avis sur l'état de la personne dont l'interdiction est demandée (C. Nap., art. 494 ; C. proc. civ., art. 892). Cette mesure n'est toutefois nécessaire qu'autant que l'interdiction est poursuivie à la requête de la famille.

1560. Les parents qui ont provoqué l'interdiction ne peuvent pas faire partie du conseil de famille. Cependant l'époux ou l'épouse, et les enfants de la personne dont l'interdiction est provoquée, peuvent y être admis sans avoir voix délibérative (C. Nap., art. 495).

1561. Le demandeur en interdiction *ne peut faire* partie du conseil de famille, car il ne doit pas être juge du mérite de sa propre demande. Cependant il a paru convenable d'admettre à ce conseil l'époux ou l'épouse et les enfants de la personne dont l'interdiction est demandée, lors même qu'ils l'auraient provoquée, par la raison fort juste qu'ils peuvent, se trouvant journellement près du malade, donner sur son état des renseignements exacts, sauf au conseil à en apprécier le mérite; mais la loi leur refuse *voix délibérative*. Au surplus le demandeur en interdiction, bien qu'exclu du conseil de famille, n'est pas pour cela exclu de la tutelle. Voyez au surplus ce que nous avons dit à cet égard, tit. IX, *de la Tutelle*, chap. II, sect. VI, §§ 1 à 6, et sect. X, §§ 1 et 2.

1562. Mais de ce que l'époux ou les enfants qui ont provoqué l'interdiction ne peuvent assister au conseil de famille qu'avec voix consultative, il n'en résulte pas, comme le prétendent à tort certains auteurs, notamment MM. Chardon, *Puiss. tut.*, n° 215 ; Ducaurroy, Bonnier et Roustain, sur l'art. 495, qu'ils ne puissent y assister avec voix délibérative lorsqu'ils n'ont pas provoqué cette mesure (Arg. Paris, 2 mai 1853, J.P. 53. 2.435). Cette opinion est du reste celle de la généralité des auteurs.

1563. Le conseil de famille peut appeler dans son sein le demandeur et même la personne dont l'interdiction est provoquée, si elle est en état de s'y rendre, sauf à délibérer ensuite en dehors d'eux. C'est ce que nous avons souvent fait dans la pratique. Le conseil de famille n'a qu'une mission, celle de constater l'état mental du défendeur, sans avoir à s'expliquer sur le point de savoir s'il convient ou non de prononcer l'interdiction ; mais il n'y a pas nullité de l'acte qui émet cet avis : c'est encore ce qui se fait assez généralement dans la pratique.

L'avis préalable du conseil de famille, en matière d'interdiction ou de nomination d'un conseil judiciaire, est d'ordre public, et dès lors l'omission de cet avis ou le vice d'une délibération émanée d'individus dépourvus d'aptitude légale entraîne la nullité de toute la procédure qui a suivi (Arg. Cass., 19 août 1851 ; Lyon, 14 juill. 1853, J.P.50.2.554 et 54.2.80).

1564. Après avoir reçu l'avis du conseil de famille, le tribunal *interrogera* le défendeur en la *chambre du conseil.* « S'il ne peut s'y présenter, il sera interrogé dans sa demeure, par l'un des juges à ce commis, assisté du greffier. Dans tous les cas, le procureur impérial *sera présent* à l'interrogatoire » (C. Nap., art. 496).

1565. Le premier acte d'instruction, après l'avis du conseil de famille, est, aux termes de notre article, l'interrogatoire du défendeur. Le jugement qui l'ordonne, la requête et l'avis du conseil de famille, doivent nécessairement lui être signifiés (C. proc. civ., art. 893), au moins vingt-quatre heures avant son interrogatoire (C. proc. civ., art. 329). Il importe, en effet, que le défendeur connaisse d'avance les faits, afin de pouvoir, s'il en est capable, recueillir ses souvenirs et présenter ses observations.

1566. Si le tribunal estime, d'après l'avis unanime du conseil de famille et les premiers éléments d'instruction, qu'il n'y a pas lieu de donner suite à la demande, il peut incontestablement la rejeter purement et simplement, sans procéder à un interrogatoire toujours humiliant pour le défendeur, et devenu dès lors inutile. Mais si, au contraire, le conseil de famille est d'avis qu'il y a lieu d'interdire le défendeur, alors, mais seulement alors, l'interrogatoire est une formalité essentielle, de rigueur, dont le tribunal ne peut se dispenser (Arg. C. Nap., art. 496. ; C. proc. civ., art. 893).

1567. L'interrogatoire doit avoir lieu dans la chambre du conseil, afin de ne pas affecter trop vivement, par la présence du public, la timidité présumable du défendeur, déjà trop affecté de se voir soumis à une épreuve aussi pénible. Il est fait, non par un juge nommé à cet effet, mais par *le tribunal* tout entier, afin que les juges qui le composent puissent apprécier par eux-mêmes l'état du défendeur, ses réponses, ses gestes, son regard, son attitude. L'étude de sa personne les éclairera bien mieux que la simple lecture d'un procès-verbal d'un seul juge dont l'impression peut fort bien ne pas être la même que celle de ses collègues.

1568. Si le défendeur ne peut se déplacer, il doit être interrogé là où il se trouve. L'interrogatoire est alors confié à l'un des juges commis à cet effet, assisté du greffier du tribunal, et en présence du procureur impérial (C. Nap., art. 496; C. proc. civ., art. 1040; Cass., 9 mai 1860, D.60.1.214).

1569. L'interrogatoire doit avoir lieu secrètement hors de la présence du poursuivant et de son avoué (Arg. C. proc. civ., art. 333) ; leur présence pourrait causer du dérangement dans les fonctions intellectuelles du malade. Toutefois, l'accomplissement de cette sage mesure ne pourrait, en l'absence d'un texte qui le défende, être considéré comme une cause de nullité (CARRÉ, Quest. 3023; DEMOLOMBE, t. 8, n° 508).

1570. Après le premier interrogatoire, le tribunal commettra, s'il y a lieu, un administrateur provisoire, pour prendre soin de la personne et des biens du défendeur (C. Nap., art. 497).

La loi, par cette disposition, donne au tribunal la faculté de procéder à plusieurs interrogatoires s'il le juge utile; elle s'en rapporte, à cet égard, à sa sagesse et à son expérience. Il peut même, si les pièces produites sont insuffisantes, et si les faits peuvent être justifiés par témoins, ordonner une enquête (C. proc. civ., art. 893), et toutes autres mesures de nature à éclairer sa religion. L'enquête peut être inutile, surtout lorsque le défendeur a refusé de se laisser interroger, car son refus ne peut pas être considéré par lui seul comme une preuve de démence et conséquemment être interprété contre lui. Le jugement qui ordonne l'enquête doit, comme tous les jugements en pareille matière, être rendu en présence et sur les conclusions du ministère public (C. Nap., art. 515) ; il est, comme tout jugement en matière d'interdiction ou de nomination de conseil judiciaire, susceptible d'opposition (Arg. Besançon, 1er mars 1828, S.28.2.308).

1571. L'enquête se fait dans la forme ordinaire : seulement le tribunal peut ordonner, si les circonstances l'exigent, qu'elle sera faite hors de la présence du défendeur ; mais, dans ce cas, son conseil pourra le représenter (C. proc. civ., art. 891). De ce que l'enquête se fait dans la forme ordinaire, on doit en conclure naturellement que le demandeur est tenu de faire signifier au défendeur le nom des témoins. La loi n'exige pas la présence du procureur impérial à l'enquête comme à l'interrogatoire. Néanmoins, sa présence, quoique dès lors facultative, sera souvent utile. Aussi pensons-nous qu'il est de son devoir, *vu l'état des parties*, d'y assister comme à tous les autres actes d'instruction en cette matière.

1572. Les membres du conseil de famille qui ont donné leur avis sur l'état mental du défendeur peuvent être entendus comme témoins ; il n'y a pas là double emploi ; en effet, comme membres du conseil de famille, ils n'ont émis qu'un avis, tandis que comme témoins ils sont appelés à déposer, sur la foi du serment, sur des faits spéciaux ; leurs témoignages sont les plus importants, en ce sens qu'ils connaissent plus intimement que qui que ce soit le défendeur, et les plus dignes de confiance.

1573. Du reste, le recours à l'enquête est purement facultatif de la part du tribunal (C. proc., art. 893), alors surtout que cette mesure n'est pas demandée ; il en est de même d'un second interrogatoire ou d'un second examen par des gens de l'art ; il suffit que toutes les formalités légales aient été remplies, pour que le tribunal puisse statuer sur la demande, sans se livrer à de nouvelles informations qu'il ne juge pas nécessaires (Arg. Cass., 5 juill. 1837, J.P.38.2.215).

1574. Le tribunal peut, après le premier interrogatoire, commettre, s'il y a lieu, un administrateur provisoire pour prendre soin, jusqu'au jugement définitif, de la personne et des biens du défendeur. Mais cette nomination ne doit être faite que dans le cas de nécessité ou d'urgence, et lorsque le jugement définitif peut être retardé par de nombreuses formalités et des délais assez prolongés. Au reste, les tribunaux ont à cet égard un pouvoir discrétionnaire. Cet administrateur, qui peut être pris hors de la famille, n'est point tuteur, mais seulement comptable judiciaire : à ce titre, il est soumis à la contrainte par corps, sans pouvoir opposer le bénéfice de cession (V. *infrà*, n° 1698) ; mais ses biens ne sont pas, comme ceux d'un tuteur, frappés d'hypothèque légale (Arg. Cass., 27 avril 1824, S.25.1.268). D'ailleurs sa mission n'a pas la même importance que celle du tuteur ; elle est bornée aux actes de pure administration qui ne peuvent être *différés* (Arg. Bruxelles, 30 août 1806, S.18.2.219).

On peut, en quelque sorte, assimiler les pouvoirs donnés à l'administrateur provisoire à ceux dont se trouvent investis les héritiers du tuteur par l'art. 419, C. Nap., jusqu'à ce qu'il ait été pourvu à son remplacement (C. proc. civ., art. 126, 905). Quant aux autres actes urgents et nécessaires, il ne peut les faire, alors même qu'ils porteraient sur des objets mobiliers, sans autorisation de justice.

1575. Les pouvoirs d'administrateur provisoire ou mandataire spécial, nommés en vertu de la loi du 30 juin 1838, art. 32 et 33, à une personne non interdite, placée dans un établissement d'aliénés, ne cessent pas par cela seul que cette personne a été ultérieurement interdite; ils continuent de subsister jusqu'à la nomination d'un tuteur à l'interdit. Par suite, et jusqu'à cette nomination, l'administrateur provisoire ou mandataire spécial a qualité pour agir en justice dans l'intérêt de l'interdit (Arg. Rouen, 13 fév. 1855, J.P.56. 2.238).

1576. Du reste, l'administrateur provisoire peut être autorisé, par le jugement qui le nomme, à emprunter, aliéner et hypothéquer (Amiens, 7 juin 1855 ; Cass., 6 et 19 fév. 1856, J.P.55.2.427 et 56.1.498).

1577. La décision du tribunal qui commet un administrateur provisoire pour prendre soin de la personne et des biens d'un individu dont l'interdiction est prononcée peut être rendue en la chambre du conseil ; c'est seulement pour le jugement définitif d'interdiction que la forme solennelle de la prononciation à l'audience a été imposée (C. Nap., art. 497 et 498 ; Arg. Amiens, 7 juin 1855 ; Cass., 6 et 19 fév. 1856, J.P.55. 2.427 et 56.2.428).

1578. La femme peut être nommée administratrice provisoire de la personne et des biens de son mari (Arg. Cass., 19 fév. 1856, J.P.56.2.428).

1579. Le tribunal seul, dont l'administrateur tient ses pouvoirs, peut le révoquer. Le conseil de famille n'a aucune mission à cet effet, ni en ce qui concerne son administration.

1580. Les fonctions de l'administrateur provisoire cessent:

1° Par le jugement de rejet de la demande en interdiction passé en force de chose jugée ;

2° Par le décès du défendeur ;

3° Par la révocation ou le décès de l'administrateur : dans l'un et l'autre cas, ses héritiers doivent, d'après le droit commun, continuer sa gestion jusqu'à la nomination d'un nouvel administrateur auquel ils rendent compte ;

4° En cas de jugement prononçant l'interdiction, dès que l'interdit est pourvu d'un tuteur et d'un subrogé tuteur régulièrement nommés.

§ 5. — Jugement définitif. — Exécution. — Recours (C. Nap., art. 498 à 501).

1581. Le jugement sur une demande en interdiction ne pourra être rendu qu'à l'audience publique, les parties entendues ou appelées (C. Nap., art. 498). En rejetant la demande en interdiction, le tribunal pourra néanmoins, si les circonstances l'exigent, ordonner que le défendeur ne pourra désormais plaider, transiger, emprunter, recevoir un capital mobilier, ni en donner décharge, aliéner, ni grever ses biens d'hypothèques, sans l'assistance d'un conseil judiciaire qui lui sera nommé par le même jugement (C. Nap., art. 499).

1582. Lorsque toutes les mesures d'instruction sont terminées, les procès-verbaux d'interrogatoire et d'enquête, s'il y en a eu, doivent être signifiés au défendeur avec assignation donnée pour plaider en audience publique (Arg. C. Nap., art. 498).

1583. Jusqu'au jugement définitif, il n'est pas nécessaire, ainsi que nous l'avons déjà fait remarquer, que la procédure soit publique ; il vaut mieux même, dans l'intérêt du défendeur, qu'elle soit faite secrètement. Mais, lorsque le tribunal se croit suffisamment éclairé, le jugement, soit d'admission, soit de rejet de la demande, *doit* être prononcé en audience publique. Il importe, en effet, que le jugement soit public et connu, soit dans l'intérêt du défendeur lui-même, si l'interdiction doit être écartée, soit dans l'intérêt des tiers, si elle doit être admise.

1584. Si le défendeur a constitué avoué, le débat sera contradictoire ; dans le cas contraire, il sera par défaut ; contradictoire ou par défaut, il ne peut être rendu qu'à l'audience publique, après avoir entendu le procureur impérial (C. Nap., art. 498 et 515).

1585. Le tribunal peut alors, suivant les circonstances, ou prononcer l'interdiction, lorsque le défendeur est dans un état d'imbécillité, de démence ou de fureur tel qu'il est incapable de gouverner sa personne ou ses biens, ou la rejeter purement et simplement, s'il estime que le défendeur est en état de se conduire lui-même et d'administrer ses biens, ou enfin, lorsque le défendeur n'est ni assez privé de sa raison pour lui retirer d'une manière générale l'exercice de ses droits, ni assez sain d'esprit pour le lui laisser, ordonner, en rejetant la demande en interdiction, qu'il ne pourra désormais *plaider*, *transiger*, *emprunter*, *recevoir un capital mobilier*, *ni en donner décharge*, *aliéner*, *ni grever ses biens d'hypothèque*, sans l'assistance d'un conseil qu'il lui nomme à cet effet par le même jugement (C. Nap., art. 499, 513. V. *infrà*, ch. III, *du Conseil judiciaire*).

1586. Ce n'est pas seulement pour le défaut de raison que le tribunal peut nommer un conseil, c'est toutes les fois que les circonstances l'exigent (C. Nap., art. 499). Ainsi un sourd-muet ne sachant ni lire ni écrire, et ne pouvant se servir dès lors de l'intelligence dont il jouit, peut être soumis à un conseil judiciaire quoiqu'il ne puisse être interdit (Cass., 21 fruct. an X, S.11.1.1 ; Lyon, 14 janv. 1812, S.13. 2.12; Riom, 4 mai 1825, S.26.2.118 ; MARCADÉ, sur l'art. 499; DEMOLOMBE, t. 8, n° 529 ; ZACHARIÆ, AUBRY et RAU, t. 1, p. 505).

1587. La nomination peut évidemment, bien que la loi ne le dise pas expressément, être demandée et obtenue par une demande *principale* et *directe* ; car il est évident qu'on a le droit de demander d'un tribunal ce que le tribunal a le droit d'accorder (Agen, 4 mai 1836, D.36.2.560 ; MERLIN, *Rép.*, t. 13, v° *Testament*, sect. 1, § 1, art. 1, n° 3 ; ZACHARIÆ, t. 1, p. 274 ; DUCAURROY, t. 1, n° 723 ; MARCADÉ, sur l'art. 499 ; DEMOLOMBE, t. 8, n° 532 ; DEMANTE, t. 2, n° 271 *bis*, I).

1588. Lorsque la demande en interdiction est rejetée purement et simplement, le poursuivant doit être condamné aux dépens (Arg. C. proc. civ., art. 130), et même à des dommages-intérêts, suivant le cas. Les dépens peuvent aussi être compensés, suivant les circonstances (C. proc. civ., art. 131). Ce sont là, au surplus, des points abandonnés à l'appréciation et à la conscience des juges.

1589. Mais si l'interdiction est prononcée, ou même une nomination de conseil, le poursuivant ne doit pas être condamné aux dépens ; car la vérité est qu'il ne succombe pas et qu'il y avait effectivement une mesure judiciaire à prendre. Loin d'avoir mal agi, il a accompli un devoir (V. *inf.*, chap. III, *du Conseil judiciaire*).

1590. Le jugement qui prononce sur l'interdiction est susceptible d'opposition s'il a été rendu par défaut. Il est vrai que l'art. 893, C. proc. civ., ne parle que de l'appel, mais l'opposition est, en cette matière comme en toute autre, de droit commun, à défaut d'un texte formel qui nie à l'interdit par défaut l'exercice de ce droit. Un tel jugement ne peut, par conséquent, être réputé exécuté dans le sens de l'art. 159, C. proc. civ., ni par sa signification à partie par huissier commis, ni par l'affiche dans l'étude des notaires en conformité de l'art. 501, C. Nap. ; et dès lors, l'appel n'en peut être interjeté utilement pendant la durée du délai pour l'opposition (C. proc. civ., art. 455).

1591. En cas d'appel du jugement rendu en première instance, la Cour impériale *pourra*, si elle le juge nécessaire, interroger de nouveau, ou faire interroger par un *commissaire*, la personne dont l'interdiction est demandée (C. Nap., art. 500).

1592. Le jugement, quel qu'il soit, peut être attaqué par la voie de l'appel (DEMOLOMBE, t. 8, n° 536).

1593. L'appel ne peut être interjeté que par le défendeur seul contre le provoquant, lorsque l'interdiction a été prononcée ; un membre du conseil de famille n'y serait pas recevable ; dans le cas contraire, le droit d'appel appartient, non-seulement au provoquant, mais encore à chacun des membres du conseil, de famille qu'il ait voté ou non en faveur de l'interdiction (Nîmes, 3 juin 1846, J.P.48.1.616). D'une part, en effet, l'art. 894, C. proc. civ., ne distingue pas entre les parents qui ont voté pour ou contre l'interdiction, et, d'autre part, le parent qui avait pensé d'abord qu'il n'y avait pas lieu à l'interdiction a pu être éclairé plus tard et changer très-consciencieusement d'opinion ; il est dirigé contre le défendeur à l'interdiction (C. proc., art. 894 ; Nîmes, 3 juin 1846, DEV.48.2.158 ; DEMOLOMBE, n° 539).

1594. Si le jugement a nommé au défendeur à l'interdiction un conseil judiciaire, l'appel peut être interjeté soit par le défendeur contre le provoquant, soit par celui-ci contre le défendeur (Arg. C. Nap., art. 500 et C. proc. civ., art. 894).

Le ministère public ne peut, en aucun cas, porter l'appel

qu'autant qu'il est demandeur principal en interdiction (Arg. Besançon, 15 vent XII, S.4.2.451). Mais s'il est porté, il doit conclure lors de l'arrêt (C. Nap., art. 515).

1595. L'appel de la part du défendeur est facultatif ; s'il laisse écouler le délai légal sans appeler, il n'est plus recevable à le faire, mais il ne faut pas en conclure que le défendeur puisse acquiescer au jugement, ni qu'il puisse se désister d'un appel qu'il aurait interjeté. Il s'agit là, en effet, d'une question d'état qui intéresse essentiellement l'ordre public (Arg. Lyon, 14 juill. 1853, J.P.54.2.80).

1596. L'appel est suspensif de sa nature (C. proc. civ., art. 457) ; toutefois les actes faits par le défendeur seront frappés de nullité, si le jugement est confirmé (C. Nap., art. 502).

1597. En cas d'appel du jugement rendu en première instance, la Cour impériale peut, si elle le juge nécessaire, ordonner que la personne dont l'interdiction est demandée sera de nouveau interrogée, auquel cas l'interrogatoire est fait par la Cour elle-même ou par un juge qu'elle désigne à cet effet (C. Nap., art. 500 et 496). Mais dans ce cas, le juge délégué peut être pris hors du sein de la Cour, un juge de paix, par exemple, ou l'un des juges de première instance qui n'ont pas connu de l'affaire. Aucun texte n'exige non plus la présence du ministère public à l'interrogatoire (Locré, *Exp. du C. Nap. sur l'art.* 500; Toullier, t. 2, n° 1330; Proudhon, t. 2, p. 320).

1598. La Cour peut, comme le tribunal, soit accueillir ou rejeter la demande en interdiction, soit adopter, comme moyen terme, la dation d'un conseil judiciaire, quelle que soit la décision du tribunal de première instance (Arg. C. Nap., art. 499. V. quant aux frais, *suprà*, n°s 1588 et s.).

1599. Les demandes à fin d'interdiction doivent être jugées en audience solennelle, même pour le cas où il s'agit de la simple dation d'un conseil judiciaire (Cass., 23 juill. 1845, J.P.45.2.522), ou d'une demande formée pour justifier une opposition à mariage ; dans ce cas, la demande devant être considérée comme demande principale (Bordeaux, 20 avril 1842, J.P.43.1.63).

Toutefois, il en devrait être autrement dans le cas où la demande pourrait être considérée comme incidente. A cet égard, la jurisprudence est constante.

1600. L'arrêt qui prononce une interdiction peut être frappé d'un recours en cassation, mais ce recours n'est pas, comme l'appel, suspensif de l'exécution. Aux termes de l'art. 501,

C. Nap., « tout arrêt ou jugement portant interdiction ou nomination d'un conseil doit être, à la diligence des demandeurs, levé, signifié à partie, et inscrit dans les dix jours sur les tableaux qui doivent être affichés dans la salle de l'auditoire et dans les études des notaires de l'arrondissement », alors même que le jugement aurait été frappé d'appel avant l'accomplissement de ces formalités ; car si le jugement est confirmé, l'interdiction aura produit son effet, non-seulement du jour de l'arrêt confirmatif, mais du jour du jugement (Arg. C. Nap., art. 502). L'appel n'est en effet réellement suspensif que pour la nomination du tuteur et du subrogé tuteur (C. Nap., art. 505).

1601. La publicité du jugement portant interdiction ou dation d'un conseil judiciaire étant ordonnée uniquement pour prévenir les tiers que l'interdit est désormais incapable de gérer lui-même ses affaires, et qu'ainsi tous les actes qu'il pourra faire à partir du jugement qui prononce l'interdiction seront nuls de droit, est une formalité accessoire et non substantielle dont l'omission puisse annuler l'interdiction ; les parties lésées par suite de la non-observation de cette formalité pourraient seulement exercer un recours contre le poursuivant qui n'aurait pas, dans les dix jours, notifié le jugement ou l'arrêt au secrétaire de la chambre des notaires, et requis du greffier l'apposition de l'affiche, ou contre les notaires ou autres qui auraient négligé de faire l'affiche (Arg. L. 25 vent. an II, art. 18 ; C. Nap., art. 1382 et 1383).

§ 6.—Des effets de l'interdiction dans l'avenir et dans le passé (C. Nap., art. 502, 503 et 504).

1602. L'interdiction ou la nomination d'un conseil aura son effet du jour du jugement. Tous actes passés postérieurement par l'interdit, ou sans l'assistance du conseil, seront *nuls de droit* (C. Nap., art. 502. V. *infrà*, n° 1604).

1603. L'interdiction enlève à l'interdit l'exercice de ses droits ; elle le rend incapable de gouverner et sa personne et ses biens. Le jugement qui la prononce produit son effet, nonobstant appel et même avant d'avoir été signifié et indépendamment du défaut absolu d'affiches. Cette règle est absolue ; aucune condition n'en limite l'application. Seulement il est bien évident que si le jugement qui prononce l'interdiction ou la nomination d'un conseil est infirmé, les actes passés dans l'intervalle de ce jugement à l'arrêt définitif seront valables, le jugement qui reconnaissait l'incapacité disparaissant par le seul fait de l'infirmation, les choses sont remises dans le *statu quo* primitif.

1604. Bien que la nullité prononcée par notre article 502 soit *de droit*, elle doit néanmoins être demandée en justice, car les actes faits par l'interdit ne sont pas *nuls* ou inexistants; ils sont seulement *annulables;* leur validité est *in suspenso* jusqu'à l'expiration des délais de l'appel où jusqu'à l'arrêt de la Cour; ils seront *valables* ou *nuls*, suivant que la Cour *confirmera* ou *infirmera* le jugement de première instance. Il y a plus : la nullité de l'acte doit être demandée, et elle ne peut l'être que par l'interdit, ses héritiers ou ayants cause ; les tiers qui ont contracté avec lui ne peuvent l'invoquer; ils sont censés avoir reconnu à celui avec lequel ils ont traité la capacité de donner un consentement réfléchi (C. Nap., art. 1225). La nullité n'est que relative. Bien plus, elle ne peut être utilement provoquée et prononcée que pendant dix ans, à compter de la cessation de l'interdiction, c'est-à-dire du jour de la prononciation du jugement de première instance, peu importe, nous le répétons, qu'il ait ou non été rendu public dans le délai légal, ou de la mort de l'interdit; après ce temps, elle est couverte (C. Nap., art. 1304). Sous ce double rapport, les actes faits par un interdit sont assimilés à ceux qui émanent d'un mineur, mais ils diffèrent essentiellement en un point, et c'est précisément cette différence que la loi entend indiquer par ces mots : *nuls de droit*. Les actes passés par un mineur ne sont *annulables* que pour cause de lésion (C. Nap., art. 1305) ; ceux, au contraire, qui émanent d'un interdit ou d'une personne pourvue d'un conseil, sont *nuls de droit*, en ce sens qu'ils peuvent être *annulés* pour cause d'incapacité, indépendamment *de toute lésion ;* il suffit pour cela d'établir qu'ils ont été faits postérieurement à l'interdiction ou à la nomination du conseil.

1605. Les actes antérieurs à l'interdiction pourront être annulés si la cause de l'interdiction existait *notoirement* à l'époque où ces actes ont été faits (C. Nap., art. 503).

1606. Le jugement qui prononce l'interdiction ne crée point l'incapacité de l'interdit, il ne fait que constater une incapacité préexistante et la rendre notoire à tous. Toutefois, elle n'a point sur les actes *antérieurs* au jugement qui l'a prononcée un effet aussi radical que sur les actes postérieurs. En effet, la nullité des actes faits depuis l'interdiction est obligatoire pour les juges qui ne peuvent pas ne pas la prononcer lorsqu'elle est demandée et qu'il est constant que ces actes sont *postérieurs* au jugement d'interdiction, tandis que ceux qui ont été faits antérieurement sont valables en principe, car l'interdit n'était alors frappé d'aucune incapacité légale.

1607. Toutefois, comme il peut arriver que l'on ait abusé de l'état dans lequel l'interdit se trouvait, la loi déclare que les actes pourront être annulés. Mais pour en obtenir la nullité, on doit prouver : 1° qu'il y a eu interdiction ; 2° que la cause de cette interdiction existait au moment où l'acte a été fait ; 3° que cette cause était notoire. Lorsque cette triple preuve est faite, l'acte *peut* être annulé, encore bien que le demandeur ne soit pas en état de prouver que l'interdit était privé de raison au moment où il s'est obligé. A quoi servirait, en effet, l'art. 503, C. Nap., si le demandeur était astreint à faire cette preuve? Si le défendeur prétend que l'acte a été fait pendant un intervalle lucide et de bonne foi de sa part, ce qui est possible, c'est à lui à établir la preuve de ce fait, sauf aux juges à examiner si cet acte est empreint du dol et de la mauvaise foi qui doivent en faire prononcer la nullité. Au surplus, ils ont un pouvoir souverain qui échappe à la censure de la Cour de cassation, tant pour l'appréciation de la *notoriété* que pour l'annulation des actes, même en cas de démence *notoire*.

1608. Les actes pourront être annulés, dit l'art. 503. Ils devront donc considérer comme d'un grand poids les preuves de bonne foi que le tiers contractant peut faire valoir, car il se peut que l'acte ait été fait pendant un intervalle lucide, et, dans le doute, s'en tenir au principe que celui qui n'était pas encore interdit jouissait de la plénitude de son état et de ses droits.

1609. Quant aux preuves de la *notoriété*, les juges peuvent les puiser où ils jugent convenable, sans être nullement liés à cet égard par la procédure d'interdiction. Ils doivent même, se dégageant de cette procédure à laquelle le tiers, contre lequel l'annulation est poursuivie, n'a pas été partie, avoir recours à des éléments nouveaux ; c'est à eux à peser toutes les circonstances qui ont précédé ou accompagné l'acte, sa nature et ses conséquences plus ou moins dommageables, la bonne foi plus ou moins grande du tiers contractant.

1610. Bien que l'art. 503 ne semble parler que de cas où la démence aurait été *notoire*, il est évident que, même en l'absence de cette *notoriété*, l'acte passé avec le dément peut être annulé si son état était, à l'époque de cet acte, connu du tiers contractant. Seulement, dans ce cas, à la différence du cas où existe la *notoriété*, c'est au demandeur à prouver que ce tiers avait cette connaissance.

1611. Au surplus, et bien que la loi semble ne disposer

qu'à l'égard des actes antérieurs à une interdiction prononcée, il est certain que l'art. 503 est applicable et peut être invoqué par le dément revenu à la raison, alors même qu'il n'existe pas de jugement prononçant son interdiction. La raison fort simple en est que le dément, ne pouvant être le provocateur de sa propre interdiction, ne peut être rendu victime de l'incurie et de l'insouciance de sa famille. Il est juste que si, pendant sa folie, on a abusé de lui, il puisse, lorsqu'il a recouvré la raison, prouver par témoins et par tous autres moyens qui seraient en son pouvoir, qu'il n'avait pas sa raison au moment où il a contracté, et faire annuler l'acte qu'il a fait, car la démence est destructive du consentement, et le consentement est la première des conditions essentielles à la validité des contrats (C. Nap., art. 1108 et suiv.). Cette preuve ne peut toutefois être admise qu'avec beaucoup de circonspection (V. Marcadé, art. 503; Demolombe, nos 660 et s.).

1612. Le droit ouvert par l'art. 503, C. Nap., à la différence du droit ouvert par l'art. 502, n'est pas éteint par le laps de dix ans écoulé depuis la date de l'acte, l'art. 1304 du même Code n'étant pas applicable dans ce cas, mais seulement par celui de trente ans (Arg. Douai, 17 janv. 1845, Dev.45.2.277).

1613. Après la mort d'un individu, les actes par lui faits ne pourront être attaqués pour *cause de démence* (et, *à fortiori, de fureur* et même *d'imbécillité*), qu'autant que son interdiction aurait été prononcée ou provoquée avant son décès, *à moins que la preuve de la démence ne résulte de l'acte même qui est attaqué*.

1614. Lorsque l'interdiction a été sinon prononcée, du moins provoquée avant le décès d'un individu, ses héritiers ont droit au bénéfice de l'art. 503, C. Nap., et peuvent par conséquent faire annuler les actes qu'il a faits antérieurement à son interdiction, en établissant qu'alors il était *notoirement dans un état habituel de démence, de fureur ou d'imbécillité.*

Mais lorsque l'interdiction n'a été ni prononcée, ni même provoquée contre lui de son vivant, ou a été rejetée, aucun de ses actes ne peut être attaqué pour cause d'imbécillité, de démence ou de fureur ; il est présumé avoir été, à toutes les époques de sa vie, en possession de la plénitude de sa raison, à moins que ses actes ne portent en eux-mêmes la preuve de la démence. Cette preuve étant dès lors indépendante du témoignage des hommes, ne peut être suspecte.

Le législateur a voulu par là punir les héritiers de n'avoir pas provoqué l'interdiction et en outre prévenir le danger qu'il y aurait à permettre après le décès d'un individu une preuve dont l'élément principal aurait disparu après lui.

1615. L'art. 504, C. Nap., ne s'applique qu'aux actes volontaires et non aux jugements ; les héritiers d'un individu ne sont donc pas recevables à en demander la nullité, sous le prétexte qu'il était en etat de démence à l'époque où ces jugements ont été rendus contre lui (Arg. Poitiers, 31 août 1842, J.P.43.1.348).

Du reste, cette disposition, si rigoureuse pour les héritiers et toute de faveur pour les tiers, n'est pas applicable aux donations et testaments qui, d'après l'art. 901, C. Nap., ne sont jamais valables qu'autant qu'ils émanent d'un individu sain d'esprit.

§ 7 — Suite des effets de l'interdiction.—Nomination d'un tuteur et d'un subrogé tuteur à l'interdit.—Durée de cette tutelle (C. Nap., art. 505 à 529; V. *suprà*, nos 1530 et s.).

1616. « S'il n'y a pas d'appel du jugement d'interdiction rendu en première instance, ou s'il est confirmé sur l'appel, il sera pourvu à la nomination d'un tuteur et d'un subrogé tuteur à l'interdit, suivant les règles prescrites au titre de la minorité, de la tutelle et de l'émancipation. L'administrateur provisoire cessera ses fonctions et rendra compte au tuteur s'il ne l'est pas lui-même » (C. Nap., art. 505).

1617. « Le mari est, de droit, tuteur de sa femme interdite » (C. Nap., art. 506).

« La femme peut être nommée tutrice de son mari. En ce cas, le conseil de famille règle la forme et les conditions de l'administration, sauf le recours devant les tribunaux de la part de la femme qui se croirait lésée par l'arrêté de la famille » (C. Nap., art. 507).

« Nul, à l'exception des époux, des ascendants et descendants, n'est tenu de conserver la tutelle d'un interdit au delà de dix ans. A l'expiration de ce délai, le tuteur peut demander et doit obtenir son remplacement » (C. Nap., art. 508).

1618. « L'interdit est *assimilé au mineur*, pour sa personne et pour ses biens ; les lois sur la tutelle s'appliquent à la tutelle des interdits » (C. Nap., art. 509).

1619. Tout interdit, même celui qui a encore ses père et mère, se trouvant frappé d'une incapacité absolue, doit, de même que le mineur, recevoir un tuteur et un subrogé tuteur (C. Nap., art. 405, 420).

1620. En principe, la nomination du tuteur et du subrogé

tuteur ne peut avoir lieu avant la signification du jugement qui prononce l'interdiction, ni même avant l'expiration des huit jours qui suivent cette prononciation, car, pendant ce délai, le jugement n'est point susceptible d'exécution (C. proc. civ., art. 449 et 450) et, dans l'espèce, l'exécution du jugement consiste dans la nomination du tuteur et du subrogé tuteur, à moins toutefois que le jugement n'ait été déclaré *exécutoire par provision*, nonobstant appel, conformément à l'art. 1351-6°, C. proc. civ.

Mais la nomination faite après l'expiration du délai de huitaine, et la signification, avant que le jugement ait été frappé d'appel, sont valables; car c'est l'*appel*, et non le délai d'appel, qui est suspensif de l'exécution du jugement (C. proc. civ., art. 457).

1621. Si l'appel est formé après la nomination, l'entrée en fonction du tuteur et du subrogé tuteur est en suspens; leur nomination est dès lors conditionnelle et subordonnée au sort de l'appel. Mais si cette nomination était postérieure à l'appel, elle serait radicalement nulle, alors même que le jugement serait confirmé.

1622. La tutelle, en matière d'interdiction, est en général *dative*, c'est-à-dire déférée par le conseil de famille. Il n'y a d'exception à cette règle qu'à l'égard du mari, que la loi déclare de plein droit tuteur de sa femme interdite, qu'il soit majeur ou mineur; la loi ne distingue pas. La raison de cette exception est que le mari est le protecteur naturel de sa femme, et que, l'interdiction ne faisant point cesser la puissance maritale, c'eût été y porter gravement atteinte que de déférer la tutelle à tout autre qu'au mari, administrateur légal des biens de celle-ci, dont le domicile de droit est celui de son mari.

1623. Quant à la femme, elle n'est pas tutrice de droit de son mari, mais elle peut être choisie comme tutrice par le conseil de famille. Le Code fait cesser à son égard l'incapacité dont les femmes sont frappées relativement à la tutelle (C. Nap., art. 442). En général, le conseil de famille nommera la femme si elle est digne de cette mission, l'affection qu'elle porte à son mari est une garantie de sa bonne administration; mais le conseil de famille est complétement libre à cet égard, et il n'est pas tenu de motiver la décision par laquelle il nomme un autre tuteur; rien dans la loi ne l'y oblige.

1624. La femme nommée tutrice acquiert le droit d'administrer les biens de son mari, le siens propres et ceux de la communauté; mais elle ne peut ester en jugement, aliéner, hypothéquer ses immeubles propres, accepter ou répudier une succession qui lui serait échue, la partager, faire, en un mot, sans l'autorisation de justice, un acte qui excéderait les bornes d'une simple administration (C. Nap., art. 222 et 223), car l'interdiction ne fait pas cesser la puissance maritale. Quant aux biens personnels du mari ou à ceux de la communauté, elle ne peut les aliéner qu'en observant les formalités prescrites pour l'aliénation des biens des mineurs (C. Nap., art. 509, 457 et suiv., 1421).

1625. Au surplus, le conseil de famille doit régler la forme et les conditions de l'administration de la femme, sauf le recours de celle-ci devant les tribunaux, si elle se croit lésée par la décision de ce conseil (C. Nap., art. 507).

1626. La femme tutrice est tenue, comme tout administrateur, de faire, contradictoirement avec le subrogé tuteur, un inventaire des biens propres de son mari et de ceux de la communauté confiés à son administration. Le mari, tuteur de sa femme, est dispensé de cette formalité, attendu qu'il continue d'être maître de la communauté.

1627. Si la tutelle n'est pas déférée à la femme, ou si elle la refuse, ce qui lui est permis, comme à la mère tutrice légitime, l'administration de la communauté passe nécessairement au tuteur en même temps que celle des biens personnels de l'interdit; car la communauté, quel que soit le droit éventuel de la femme, appartient au mari et fait partie de ses biens. Mais que la femme soit ou ne soit pas nommée tutrice, l'administration de la personne des enfants et la surveillance de leur éducation lui appartiennent exclusivement; la loi ne confie au tuteur que l'administration de la personne et des biens de l'interdit, et non l'exercice de la puissance paternelle, dont la mère se trouve investie par suite de l'interdiction de son mari.

1628. Bien qu'en principe le mineur auquel l'interdit est assimilé, n'ait pas d'autre domicile que celui de son tuteur, cependant, comme le lien conjugal n'est pas rompu, le domicile conjugal continue de subsister.

1629. Le tuteur et le subrogé tuteur à l'interdit sont nommés suivant les règles prescrites aux sections 4, 5, 6 et 7 du titre *de la Minorité, de la tutelle et de l'émancipation.*

1630. Le tuteur de l'interdit, dès qu'il entre en charge, reçoit les comptes de l'administrateur provisoire.

1631. Les droits et les devoirs du tuteur autre que le conjoint, et les limites de ses pouvoirs, ainsi que ceux du subrogé tuteur, sont les mêmes que ceux des tuteurs et subrogés tuteurs ordinaires (V. *suprà*, tit. IX, *de la Tutelle*).

Lorsque les intérêts du tuteur sont en opposition avec ceux de l'interdit, c'est au subrogé tuteur à agir à son lieu et place (Arg. C. Nap., art. 420).

1632. Une différence notable existe entre la tutelle ordinaire et la tutelle des interdits, relativement à la durée de la gestion du tuteur. Dans le premier cas, les fonctions du tuteur cessent avec la minorité ou l'émancipation du mineur; il y a là un *maximum de durée* connu d'avance; la loi a pu, sans injustice, l'imposer au tuteur; dans le deuxième cas, il en est autrement, la durée de la tutelle est indéfinie, puisqu'elle peut durer pendant toute la vie de l'interdit, pendant trente et même cinquante ans; mais la loi n'a pas voulu qu'une charge, qui est gratuite et souvent fort lourde, restât indéfiniment sur la tête du même tuteur. De là, la faculté accordée au tuteur de l'interdit de demander sa décharge après dix ans d'exercice. Toutefois, cette faculté n'a plus lieu lorsque la tutelle est exercée par le conjoint, l'ascendant ou par le descendant de l'interdit, par la raison qu'ils tiennent à l'interdit par des liens plus étroits; aussi la loi a-t-elle pris soin de les excepter (C. Nap., art. 508).

§ 8.—**De la gestion du tuteur.—De l'interdit.—Mariage de ses enfants.—Dot et autres conventions matrimoniales** (C. Nap., art. 510 et 511).

1633. Les revenus d'un interdit doivent être essentiellement employés à adoucir son sort et à accélérer sa guérison. Selon le caractère de sa maladie et l'état de sa fortune, le conseil de famille pourra arrêter qu'il sera traité dans son domicile, ou qu'il sera placé dans une maison de santé, et même dans un hospice (C. Nap., art. 510).

1634. L'accroissement de fortune n'est pour l'interdit, à la différence du mineur, que d'un intérêt secondaire; la meilleure destination que l'on puisse donner à ses revenus, c'est de les employer à accélérer sa guérison, ou tout au moins à le soulager et à le distraire. On ne doit donc épargner aucune des dépenses, même de pur agrément, qui peuvent lui donner de la satisfaction, si le caractère de sa maladie l'exige, et si sa fortune et sa position le permettent.

1635. C'est au conseil de famille à déterminer la somme à laquelle peut s'élever la dépense de l'interdit ainsi que celle de l'administration de ses biens (C. Nap., art. 454 et 509 combinés), à tracer à cet égard des instructions obligatoires pour le tuteur, et à décider, par exemple, suivant les circonstances, que l'interdit sera traité dans son domicile ou qu'il sera placé dans une maison de santé ou dans un hospice (C. Nap., art. 510), et, si les revenus sont insuffisants, appliquer les capitaux de l'interdit à cette destination, et même emprunter ou aliéner ses immeubles si besoin est (Arg. C. Nap., art. 457). Mais, hélas! chose déplorable, qu'on ne saurait trop flétrir, les membres du conseil de famille, pour la plupart successibles, se décident difficilement à autoriser une semblable mesure. Mais, s'il s'agit d'une femme mariée, le mari seul est arbitre du parti qu'il convient de prendre à cet égard.

1636. Lorsqu'il est question du mariage de l'enfant d'un interdit, la dot ou l'avancement d'hoirie et les *autres conventions matrimoniales*, sont réglés par un avis du conseil de famille, homologué par le tribunal sur les conclusions du procureur impérial (C. Nap., art. 511).

1637. Après avoir réglé tout ce qui concerne l'interdit, la loi s'occupe du sort de ses enfants. La dot est ici appelée avancement d'hoirie, parce qu'elle *est prise par avance* sur la portion des biens que l'enfant est appelé à recueillir un jour en qualité d'héritier dans l'hoirie, c'est-à-dire dans la succession de l'interdit.

1638. Notre article ne concerne que le cas où c'est l'interdit lui-même qui doit doter l'enfant sur ses propres biens ou celui où la femme, tutrice de son mari, veut fournir la dot en biens de la communauté; mais il n'est pas applicable au cas où l'enfant se dote de ses biens *personnels* ou est doté par un tiers, ni à celui où, la mère étant interdite, c'est le père qui dote l'enfant de ses biens propres ou de ceux de la communauté (Arg. C. Nap., art. 1422).

1639. La constitution de dot ne peut, dans les prévisions de l'art. 511, C. Nap., se faire qu'en avancement d'hoirie, ce qui exclut toute clause de préciput et hors part.

Le conseil de famille qui, dans le cas de l'art. 511, C. Nap., est appelé à donner son avis, est formé des parents et amis de l'interdit et non de ceux de l'enfant, par la raison que c'est des biens de l'interdit qu'il s'agit de disposer.

Si donc l'enfant est mineur, sans père ni mère, ni ascendant, deux conseils de famille doivent nécessairement être consultés: celui du mineur, pour obtenir le consentement au mariage et faire régler les conventions matrimoniales, et celui de l'interdit, pour fixer le montant de la dot ou de l'avancement d'hoirie.

1640. Bien que l'art. 511, C. Nap., ne se réfère dans ses termes qu'à un mariage projeté et non encore conclu, il n'est cependant pas exclusif de l'avancement d'hoirie à faire, pour tout autre établissement, à un enfant marié *depuis l'interdiction*, notamment pour l'acquisition d'une étude d'avoué ou de notaire, etc. (Arg. Amiens, 6 août 1824; ZACHARIÆ, t. 1, § 126; MARCADÉ, sur l'art. 511.—*Contrà*, MAGNIN, *des Min.*, t. 1, n° 889; CHARDON, *Puiss. patern.*, n° 237).

1641. L'art. 511 s'applique aux enfants d'un sourd-muet illettré et à ceux d'un individu disparu sans donner de ses nouvelles lorsque, l'autre conjoint étant décédé avant ou après la disparition, il n'a pas encore été procédé à la nomination d'un tuteur provisoire. Il y a, en effet, même obligation, même nécessité, et dès lors même motif de décider.

Mais il ne s'applique pas aux petits-enfants d'un interdit, quand même les père et mère seraient décédés dans l'impossibilité de fournir une dot et l'aïeul en état d'en fournir une, car l'obligation de doter, quoique la même en quelque sorte dans l'un et l'autre cas, est cependant moins étroite dans la personne de l'aïeul que dans celle du père; et, dans le silence de la loi, il n'est pas permis d'étendre l'application de notre article.

L'interdit a, de même que le mineur, hypothèque légale sur les biens de son tuteur à raison de sa gestion, et celui-ci est tenu, comme en matière de tutelle, de rendre son compte à l'expiration de ses fonctions.

§ 9.—De la cessation de l'interdiction.—Mainlevée.—Procédure.—Conséquences (C. Nap., art. 512).

1642. L'interdiction cesse avec les causes qui l'ont déterminée; néanmoins la mainlevée n'est prononcée qu'en observant les *formalités prescrites pour parvenir à l'interdiction*, et l'interdit ne peut reprendre l'exercice de ses droits qu'après le jugement de mainlevée (C. Nap., art. 512). Il en était de même sous l'ancien droit (Rennes, 16 déc. 1833).

1643. L'interdit qui a recouvré la raison doit être admis à reprendre l'exercice de ses droits; cependant, par respect pour le jugement qui a prononcé l'interdiction, et plus encore pour la sûreté publique, il faut un jugement de mainlevée (C. proc. civ., art. 896). Ce jugement n'est rendu qu'après l'observation des formalités prescrites pour parvenir à l'interdiction : requête au président, communication au ministère public, nomination d'un juge rapporteur, avis du conseil de famille, interrogatoire, enquête s'il y a lieu, puis jugement public sur le fond, sur les conclusions du ministère public ; mais il n'est pas nécessaire que ce jugement reçoive la même publicité que celui qui la prononce ; car s'il importe aux tiers de ne pas traiter avec un incapable, ils n'ont pas le même intérêt à connaître le jugement qui lève l'incapacité.

1644. L'interdit qui provoque la mainlevée de son interdiction, droit que lui reconnaissent aujourd'hui tous les auteurs, n'a pas besoin d'être assisté de son tuteur, alors surtout qu'il a pour tuteur et pour subrogé tuteur des parents successibles, intéressés par là même à ce qu'il ne reprenne pas l'administration de ses biens (Arg. Cass., 12 fév. 1816; Bordeaux, 8 mars 1822, S.16.1.217 et 22.2.493).

Rien dans la loi n'oblige même l'interdit à appeler en cause le tuteur, non plus que les membres du conseil de famille dont l'avis n'a pas été favorable à la mainlevée, à moins qu'ils n'aient notifié leur opposition à l'homologation de l'avis de parents (Arg. C. proc. civ., art. 888).

1645. C'est devant le tribunal du domicile de la tutelle que doit être portée la demande en mainlevée d'interdiction ; c'est là, en effet, que doit se réunir le conseil de famille ; c'est là que se trouvent les parents et les amis qui ont été appelés à donner leur avis sur la demande en interdiction et qui doivent encore le donner sur celle en mainlevée (Arg. C. Nap., art. 494, 505, 506 et 507).

1646. Le jugement qui ordonne la mainlevée de l'interdiction peut, comme celui qui rejette l'interdiction, être frappé d'appel par tout membre du conseil de famille, contrairement à l'opinion duquel il a été rendu (Arg. Nîmes, 3 juin 1846, J.P.48.1.616).

1647. L'interdit ne peut reprendre légalement l'exercice de ses droits qu'après le jugement de mainlevée passé en force de chose jugée ; ce jugement ne remonte pas, quant à ses effets, au jour de la demande ; de sorte que si la mainlevée n'était accordée que par l'*arrêt infirmatif*, ce serait seulement à partir de cet arrêt que le jugement d'interdiction cesserait de produire ses effets.

1648. L'instance en mainlevée d'interdiction s'éteint par le décès de l'interdit (Arg. Montpellier, 7 janv. 1851, J.P.54. 2.366.)

SECT. II. — *De l'interdiction légale et de ses effets* (C. pén., art. 29; C. instr. crim., art. 465 et 471, V. *suprà*, nos 1616 et s.).

1649. Quiconque a été condamné à la peine des travaux forcés à temps, de la détention ou de la reclusion, est de plein droit, pendant le temps de sa peine, en état d'interdiction légale (C. pén., art. 29).

1650. Les condamnations à des peines afflictives perpétuelles entraînaient autrefois la mort civile; mais la loi du 31 mai 1854 y a substitué la dégradation civique et l'interdiction légale établies par les art. 28 et 29, C. pén. (V. *suprà*, tit. IV, ch. II, sect. II).

1651. Dans le cas d'interdiction légale il est nommé à l'interdit un tuteur et un subrogé tuteur pour gérer et administrer ses biens (M. C., art. 29). Ces mots tuteur et subrogé tuteur ont été substitués lors de la révision de 1832 à celui de curateur employé à la fin de l'art. 29 du texte de 1810.

1652. C'est d'après les formes prescrites pour les nominations des tuteurs et subrogés tuteurs des interdits en général que doit être faite celle des tuteurs et subrogés tuteurs de l'interdit légal, c'est-à-dire dans les formes indiquées aux sections IV, V, VI et VII du titre *de la Minorité*, *de la tutelle et de l'émancipation*.

1653. Dans le cas d'interdiction judiciaire, le mari est de droit tuteur de sa femme, conformément à l'art. 506, C. Nap.; mais il n'y a pas lieu d'appliquer à l'interdiction légale la règle de l'art. 508 du même Code, car la tutelle légale, de même que la tutelle ordinaire, a un *maximum* de durée connu d'avance, tandis que la tutelle judiciaire est indéfinie et peut durer pendant toute la vie de l'interdit, pendant trente et même cinquante ans. Elle ne finit que par le décès ou la destitution du tuteur, ou par le décès de l'interdit et la cessation de sa peine (Arg. C. pén., art. 29).

1654. Suivant l'art. 30, C. pén., les biens du condamné lui sont remis après qu'il a subi sa peine, et le tuteur lui rend alors compte de son administration (V. *suprà*, tit. IX, ch. II, sect. XXIV).

Cette espèce d'interdiction a, comme on le voit par cet article, la même durée que la peine à laquelle elle est attachée; elle cesse de plein droit à l'expiration de cette peine, et il n'est pas besoin d'en réclamer la mainlevée comme pour l'interdiction judiciaire (C. Nap., art. 512).

1655. Il ne peut lui être remis, pendant la durée de sa

peine, aucune somme, aucune provision, aucune portion de ses revenus (C. pén., art. 31) ; d'où il résulte que le conseil de famille n'a conséquemment pas à délibérer sur la manière dont il peut être traité, comme lorsqu'il s'agit de l'interdiction judiciaire.

1656. La loi, *en privant ainsi l'interdit de la disposition de ses biens*, a voulu empêcher que des profusions scandaleuses ne fissent d'un séjour d'humiliations et de deuil un théâtre de joie et de débauche ; c'est une mesure fort sage fondée en raison et en morale tout à la fois.

1657. Mais le conseil de famille peut évidemment autoriser le tuteur à prélever sur les biens de l'interdit les sommes nécessaires pour élever et doter ses enfants, ou pour fournir des aliments à sa femme, à ses enfants, à son père ou à sa mère, s'ils sont dans le besoin (Arg. C. Nap., art. 511, 205 et suiv., 454), et même à l'interdit lui-même, si le conseil de famille consulté à cet effet le juge convenable.

1658. Mais, par exception au principe posé en l'art. 31, C. pén., le Gouvernement peut, aux termes de l'art. 12 de la loi du 30 mai 1854, sur l'exécution de la peine des travaux forcés, accorder aux condamnés aux travaux forcés à temps, qui subissent leur peine dans une colonie, l'exercice dans cette colonie des droits civils ou de quelques-uns de ces droits dont ils sont privés par leur état d'interdiction légale. Il peut aussi les autoriser à jouir ou disposer de tout ou partie de leurs biens (V. *suprà*, tit. IV, ch. II, sect. II).

1659. L'interdit légal jouissant de la plénitude de sa raison, et étant en fait pleinement capable, peut, à la différence de l'interdit judiciaire, valablement tester et se marier ; rien dans la loi ne s'y oppose aujourd'hui, comme sous l'empire du Code pénal de 1791, l'art. 29 du Code pénal de 1810 et de 1832 n'ayant pas reproduit la disposition prohibitive de l'art. 2 du Code pénal de 1791.

1660. Mais il ne peut, pas plus que l'interdit judiciaire, acquiescer, s'obliger, aliéner, par actes entre-vifs. La nullité de ces actes étant d'ordre public, est absolue en ce sens qu'elle peut être invoquée non-seulement par lui ou par ses représentants, mais encore par les tiers qui auraient contracté avec lui.

1661. L'état d'interdiction légale qui résulte de l'art. 29, C. pén., ne concerne que les condamnés contradictoires ; la position des condamnés par contumace est réglée par l'art. 471, C. d'instr. crim.

1662. La contumace reproduit à l'égard de l'accusé trois

effets principaux : 1° suspension de l'exercice de ses droits de citoyen ; 2° séquestre de ses biens ; 3° interdiction de toute action judiciaire (C. d'instr. crim., art. 465).

1663. Le contumax conserve la libre disposition de ses biens jusqu'à l'apposition du séquestre, de sorte que les tiers qui traitent avec lui *sans fraude avant cette époque*, ne peuvent être inquiétés (Arg. Cass., 15 mai 1820 ; BOURGUIGNON, *Jurispr. du C. crim.*, t. 2, p. 385 et 394 ; LEGRAVEREND, t. 2, p. 580 ; CARNOT, sur l'art. 471, C. d'instr. crim.).

1664. Il n'y a lieu de nommer un curateur *ad hoc* au condamné par contumace à une peine afflictive ou infamante, pendant le délai qui lui est accordé pour se présenter, qu'autant que des poursuites sont dirigées contre lui par la régie pour arriver au remboursement des droits d'enregistrement (Arg. Cass., 6 déc. 1836, J.P.37.1.166).

1665. Pendant la durée du séquestre, il peut être accordé des secours à la femme, aux enfants, au père ou à la mère de l'accusé qui sont dans le besoin (C. d'inst. crim., art. 475). C'est au préfet du département que la demande de secours doit être adressée.

CHAP. III. — DU CONSEIL JUDICIAIRE
(C. Nap., art. 499, 513 à 515).

SECT. Ire. — *Ce que c'est.—Pour quelles causes et dans quel cas il y a lieu à la nomination d'un conseil judiciaire. — Prodigue. — Droit romain.—Droit ancien.—Droit nouveau* (C. Nap., art. 499, 513).

1666. On nomme *conseil judiciaire* la personne que désigne le tribunal pour assister les prodigues et autres individus qu'il considère et déclare incapables de faire seuls et librement certains actes importants de la vie civile.

En droit romain, on interdisait le prodigue, et même on n'interdisait que lui.

Il en était de même sous l'ancien droit français. La nomination d'un conseil judiciaire ou demi-interdiction y était à peu près inconnue : seulement il était permis aux juges, dans les pays coutumiers, de défendre à un citoyen de faire, sans l'assistance d'un conseil, tels ou tels actes qu'ils étaient libres de déterminer à leur gré (V. MESLÉ, part. II, chap. 13, n° 7 ; Nouv. DENISART, t. 5, § 2).

1667. L'interdiction pour cause de prodigalité, déjà virtuellement supprimée par l'art. 13 de la constitution de l'an III, n'a pas été non plus admise par le C. Nap. Ce n'est même qu'après une longue discussion que le Conseil d'Etat admit, en en restreignant les effets, la curatelle des prodigalités, reçue dans l'ancien droit français. On l'avait attaquée comme contraire à la liberté civile ; mais l'expérience de tous les siècles était là pour répondre, et certainement le droit romain et notre ancienne jurisprudence, en portant secours au prodigue, loin d'attenter à la liberté individuelle, ni au droit de propriété, avaient, au contraire, très-sagement protégé les intérêts du prodigue lui-même, et ceux de la famille et ceux de l'État, car un prodigue, comme l'a très-bien remarqué le consul Cambacérès, peut devenir un homme dangereux, et l'État ne peut pas être indifférent sur le sort des familles (LOCRÉ, t. 7, p. 327).

Aujourd'hui, la mise sous l'assistance d'un conseil judiciaire est un état réglé par la loi elle-même, et dont les effets et les conséquences ne sont plus simplement abandonnées à l'arbitraire des juges.

1668. Doivent être pourvus d'un conseil judiciaire, les individus qui, sans être précisément dans un cas d'interdiction, sont cependant atteints d'une telle faiblesse d'esprit qu'il serait dangereux de leur laisser le libre exercice de leurs droits (C. Nap., art. 499).

1669. La formule générale de cet article, si *les circonstances l'exigent*, comporte une certaine latitude d'appréciation, et autorise dès lors les tribunaux, dont les décisions sur ce point échappent à la censure de la Cour de cassation, à nommer un conseil judiciaire à toute personne qui, à raison d'une infirmité quelconque d'esprit ou même de corps, serait jugée devoir en être pourvue. C'est ainsi qu'il y a lieu de nommer un conseil judiciaire :

1° A un individu qui, sans avoir perdu le bon sens et la raison, a éprouvé, en raison de son grand âge, un affaiblissement considérable de mémoire et d'idées ;

2° A une femme qui, sans être dans un état d'imbécillité de nature à motiver son interdiction, est cependant parvenue à un état de vieillesse tel qu'elle serait susceptible d'impressions dont on pourrait abuser pour la porter à faire des ventes ou autres actes contre son intention, et sans qu'elle en profitât personnellement ;

3° A un individu dont la faiblesse d'esprit est poussée à un haut degré, bien qu'elle ne soit pas une cause d'interdiction, ou est jointe à des attaques accidentelles d'épilepsie (Cass., 5 juill. 1837, J.P.38.2.215. V. *suprà*, n° 1538) ;

4° Au sourd-muet illettré (V. *suprà*, n° 1538).

1670. La prodigalité est aussi une cause de nomination d'un conseil judiciaire, sans l'avis duquel le prodigue ne peut passer certains actes importants. Il paraît même que c'est le seul motif pour lequel on puisse demander cette nomination, car dans le cas d'imbécillité ou de démence, on doit toujours demander l'interdiction, sauf au tribunal à nommer seulement un conseil (C. Nap., art. 499). Cependant il n'y a pas de doute que les parties, en provoquant l'interdiction, peuvent demander la nomination d'un conseil subsidiairement, c'est-à-dire à défaut d'interdiction (Arg. C. Nap., art. 513). La prodigalité est un vice qui entraîne celui qui en est atteint dans des dépenses folles et excessives, et qui lui font ainsi dissiper rapidement sa fortune sans but utile, ni pour lui, ni pour la société, et qui, suivant l'énergique expression de l'empereur Antonin : *quod ad bona ipsius pertinet, furiosum fecit exitum.* (*L.* 12, § 2, ff. *de Tut. et curat.*, *et L.* 1 ff. *de Curat. furios.*) Elle ne peut pas être définie rigoureusement ; la loi s'en rapporte à cet égard à l'appréciation des juges (Besançon, 9 avril 1808, S. 2.9 ; Cass., 4 juill. 1838, Dev.38.1.654; Demolombe, t. 8, n° 694).

1671. Au reste, dès que la prodigalité est constatée et reconnue, la dation d'un conseil judiciaire est une mesure applicable à toutes personnes sans distinction : homme ou femme, majeur ou mineur, émancipé ou non émancipé, célibataire, veuf ou marié, même à la femme mariée dont le mari est absent, sans toutefois que son absence ait été judiciairement déclarée, et quelle que soit la fortune de la personne, considérable ou modique. Les expressions de l'art. 513 du C. Nap. : « Il peut être défendu aux prodigues de plaider, de transiger, d'emprunter, de recevoir un capital mobilier et d'en donner décharge, d'aliéner, ni de grever leurs biens d'hypothèques, sans l'assistance d'un conseil qui leur est nommé par le tribunal », sont générales et absolues.

1672. Ainsi, lorsqu'un mineur consent, à une époque voisine de sa majorité, des actes de prodigalité de nature à faire craindre qu'une fois majeur il ne consomme sa ruine, il peut être pourvu d'un conseil judiciaire pour le moment où il atteindra sa majorité (Arg. C. Nap., art. 513). Comme dans le cas de démence ou de fureur, c'est au tribunal à apprécier la prodigalité, d'après les actes réitérés et habituels dont on lui fournit la preuve (V. Marcadé, art. 414; Zachariæ, Aubry et Rau, t. 1, p. 505; Demolombe, t. 8, nos 695 et 702).

Sect. II.—*Quelles personnes ont qualité pour provoquer la nomination d'un conseil judiciaire. — Procédure et jugement* (C. Nap., art. 490, 491, 499, 513, 514).

1673. La défense de procéder sans l'assistance d'un conseil peut être provoquée par ceux qui ont droit de demander l'interdiction; leur demande doit être instruite et jugée de la même manière (C. Nap., art. 514, 490, 491).

1674. La nomination d'un conseil judiciaire peut être provoquée par tous ceux qui ont le droit de demander l'interdiction (C. Nap., art. 490, 491, 514).

1675. La demande en nomination d'un conseil judiciaire peut être provoquée par action principale, même dans le cas où elle est fondée sur la faiblesse d'esprit (C. Nap., art. 499) et non sur la prodigalité (C. Nap., art. 513).

Elle peut n'être qu'implicite: aussi elle est censée comprise dans la demande en interdiction; ce qui autorise les tribunaux à nommer un conseil tout en refusant de prononcer l'interdiction (C. Nap., art. 499).

1676. Mais, encore bien qu'aux termes de l'art. 491, C. Nap., le ministère public puisse provoquer l'interdiction, pour cause de fureur ou pour cause de démence, à défaut de parents connus, il n'a pas qualité pour provoquer la nomination d'un conseil judiciaire. Si, en effet, la loi lui a permis d'agir dans ces cas exceptionnels qu'elle a eu soin de déterminer, c'est uniquement parce que l'intérêt public pouvait alors se trouver gravement compromis; mais il n'en est pas de même lorsqu'il ne s'agit que de l'une des causes qui motivent la nomination d'un conseil judiciaire, qui n'est nommé que dans un intérêt essentiellement privé, lequel ne se rattache que d'une manière fort indirecte et sous un point de vue général à l'intérêt public. Aussi a-t-il été jugé avec raison que l'individu dont l'interdiction est poursuivie pour cause de fureur par le ministère public, ne peut, lorsqu'il existe des parents, être placé d'office sous l'assistance d'un conseil judiciaire (Besançon, 25 août 1810). C'est, en effet, la conséquence forcée du principe que lorsqu'il existe des parents connus, le ministère public n'a, en matière d'interdiction, la voie d'action qu'en cas de fureur.

1677. La demande en nomination d'un conseil judiciaire est formée contre celui qui en est l'objet; elle doit être instruite dans les mêmes formes que la demande à fin d'interdiction et jugée de la même manière (C. Nap., art. 514).

La disposition impérative de l'art. 514 du C. Nap., combiné avec l'art. 496 du même Code, ne peut laisser aucun doute sur l'entière assimilation des deux cas.

1678. La demande en nomination de conseil judiciaire à un mineur doit être formée, à peine de nullité, lorsqu'elle a pour auteur un parent autre que le tuteur, contre le mineur assisté du tuteur, et, lorsqu'elle a pour auteur le tuteur lui-même, contre le mineur assisté du subrogé tuteur ou d'un tuteur *ad hoc* (Arg. Bordeaux, 6 juin 1855, J.P.57.409).

1679. L'interrogatoire est de rigueur et doit être considéré comme une mesure d'ordre public, aussi bien pour la dation d'un conseil judiciaire que pour l'interdiction, et l'on ne saurait considérer comme équivalent à cet interrogatoire et comme pouvant en tenir lieu, une lettre émanée de celui contre qui la dation du conseil judiciaire est poursuivie et contenant l'aveu des faits articulés. En conséquence, doit être annulé l'arrêt qui prononce la nomination d'un conseil judiciaire en l'absence d'interrogatoire subi et de sommation faite à la partie de le subir (Arg. C. Nap., art. 514 ; Cass., 26 janv. 1848 ; Bordeaux, 23 août 1854, J.P.48.1.129, et 56.2.70).

1680. Cependant l'on a soutenu et l'on a jugé que l'interrogatoire n'était pas de rigueur en matière d'interdiction (Agen, 18 fév. 1841, J.P.41.1.649 ; *Sic* Duvergier sur Toullier, t. 2, n° 1373, note 6).

Mais cette doctrine nous paraît, par sa généralité, tout à fait inadmissible ; si, en effet, l'interrogatoire peut être jamais utile, c'est assurément dans le cas d'une demande en dation de conseil judiciaire ; car le prodigue, lui, à la différence de l'interdit, a sa raison, il peut répondre, il peut fournir des explications (Arg. cass., 26 juin 1846). Que l'on dise que l'interrogatoire n'est pas de rigueur, en ce sens que la partie dûment intimée qui se refuse obstinément à cet interrogatoire ne puisse ensuite se faire un moyen de cassation de l'accomplissement de cette formalité, cela se conçoit ; soutenir le contraire, ce serait méconnaître tout à la fois les principes, les textes ; mais il ne faut pas conclure de là que l'interrogatoire n'est pas de rigueur en matière de conseil judiciaire comme en matière d'interdiction.

1681. Aucun jugement, en matière d'interdiction ou de nomination de conseil, ne peut être rendu, soit en première instance, soit en cause d'appel, que sur les conclusions du ministère public (C. Nap., art. 515); la société est également intéressée dans ces affaires; car il s'agit, dans l'une comme dans l'autre, d'enlever à un citoyen l'exercice de ses droits civils.

La demande doit être portée devant le tribunal du domicile de la personne que l'on veut faire pourvoir d'un conseil judiciaire. Le jugement est rendu dans la même forme que celui d'interdiction sur les conclusions du ministère public, et non conformément à ces conclusions. Il est susceptible d'opposition ou d'appel, comme en matière d'interdiction.

1682. Lorsque la partie qui a provoqué la nomination du conseil judiciaire vient à décéder après le jugement qui l'a prononcée, mais pendant l'instance d'appel, la réformation du jugement ne laisse pas de pouvoir être demandée par l'appelant, quoiqu'il n'ait plus de contradicteur légitime (Arg. Bordeaux, 23 août 1854, J.P.56.2.70).

1683. C'est le tribunal qui nomme le conseil (C. Nap., art. 513).

Il n'y a donc pas lieu à l'application des principes sur la tutelle, soit légitime, soit testamentaire ou dative. Il ne semble même pas que le mari, tuteur de droit de sa femme interdite, soit de droit son conseil judiciaire. La loi ne le dit pas comme elle le dit pour l'interdiction. Toutefois, à moins de motifs graves, les tribunaux nomment ordinairement, par respect pour le mariage, le mari conseil de sa femme. Le législateur, en chargeant le tribunal du soin de cette nomination, a évidemment craint que la famille, si elle nommait le conseil, ne fût influencée, dans ce choix, par un sentiment d'intérêt personnel, et il a fort sagement agi en cela.

Le tribunal peut donc choisir parmi les parents ou les étrangers : en général, il doit choisir un homme d'une prudence reconnue et exercée dans les affaires; il a toute liberté à cet égard; il en use dans l'intérêt de celui qu'il s'agit de pourvoir (Arg. Paris, 4 août 1849, J.P.50.1.316).

1684. Mais celui qui a été nommé conseil judiciaire peut-il refuser cette mission sans motifs légitimes et s'en démettre après l'avoir acceptée? Sous l'ancienne jurisprudence, l'affirmative n'était pas douteuse, et il doit encore en être de même aujourd'hui, suivant nous, dans le silence absolu des textes sur ce point.

Certains auteurs pensent, au contraire, qu'il faut appliquer dans ce cas les règles établies par la loi en matière de tutelle et de curatelle, sur les causes d'incapacité, d'excuse ou de destitution ; mais il n'y a pas d'analogie possible entre le tuteur, le subrogé tuteur, le curateur, etc., nommés par le conseil de famille et le conseil judiciaire, nommé par la justice. Comment, en effet, concilier l'art. 432, C. Nap., portant que tout citoyen non parent ni allié ne peut être forcé d'accepter que dans le cas où il n'existe pas, dans la distance légale des parents ou alliés en état de gérer la tutelle, avec l'art. 513 qui déroge de tous points aux principes de la tutelle ? On ne peut donc considérer les fonctions de conseil judiciaire que comme une sorte de mandat que le tribunal confère à l'individu qu'il nomme, mandat qui peut être refusé, et dont on peut se démettre, et que, par une conséquence logique, le tribunal lui-même, comme tout mandant, peut ensuite révoquer, s'il y a lieu (MERLIN, *Rép.* t. 16, v° *Cons. jud.*, n° 3 ; ZACHARIÆ, AUBRY et RAU, t. 1, p. 508 ; CHARDON, *Puiss. tutél.*, n° 266 ; DEMOLOMBE, t. 7, n°s 86, 88, et t. 8, n° 710 ; VALETTE, *loc. cit.*, p. 382, 383. — *Contrà*, TOULLIER, 2, p. 132 ; DUSSAUT, 2, n° 285 *bis*).

1685. Le tribunal ne peut nommer qu'un seul conseil ; c'est ce qui ressort clairement des termes comme de l'esprit des art. 499 et 513, C. Nap. (ZACHARIÆ, AUBRY et RAU, t. 1, p. 508 ; DEMOLOMBE, t. 8, p. 711).

1686. La nomination d'un conseil judiciaire n'emporte pas, comme l'interdiction, contre celui qui en est pourvu, la suspension de ses droits de citoyen ; elle ne fait que restreindre l'exercice de ses droits civils (Arg. Constitut. de l'an III, art. 13, § 1er ; Acte constitutif du 22 frim. an VIII, art. 5).

1687. En cas d'intérêts contraires entre le prodigue et son conseil judiciaire, on doit lui nommer *un conseil ad hoc.* Mais il n'y a pas lieu à la nomination *d'un subrogé conseil* (MERLIN, v° *Prodigue*, § 9 ; DEMOLOMBE, t. 8, n°s 713 et 714).

SECT. III.—*Des effets de la nomination du conseil judiciaire* (C. Nap., art. 499, 513 à 515).

§ 1er. — **Des effets des actes pour lesquels l'assistance est requise** (C. Nap., art. 499 et 513).

1688. Le rôle du conseil judiciaire n'est point de remplacer le demi-interdit dans la gestion de son patrimoine, mais de l'assister seulement, c'est-à-dire de prendre part, par sa *présence* et son *consentement*, à la passation de certains actes déterminés par la loi, d'y coopérer en un mot. Un consentement donné après coup n'aurait aucune valeur et, par conséquent, aucun effet.

Mais si l'individu pourvu d'un conseil ne peut agir seul, sans le secours de son conseil, il n'en a pas moins l'exercice de ses *actions en son nom et par lui-même;* son conseil, bien différent d'un tuteur, ne le représente pas, il n'a pas le droit d'agir pour lui à son insu et malgré lui (Paris, 7 mai 1852, J.P.52.2.168), si ce n'est toutefois lorsqu'il s'agit de défendre aux actions intentées contre lui (Cass., 8 déc. 1841 et 27 déc. 1843, J.P.41.2.721 et 44.1.370. — *Contrà*, Paris, 26 juin 1838, J.P.38.2.76. V. *suprà*, n° 1692).

1689. Le conseil judiciaire n'a aucune administration. Aussi n'est-il comptable de rien lorsque cesse son mandat, et conséquemment ses biens ne sont pas frappés de l'hypothèque légale; il est seulement soumis, d'après le droit commun, à la responsabilité générale de tout mandataire.

1690. La nomination d'un conseil judiciaire à une femme mariée ne porte aucune atteinte à l'autorité maritale, et la laisse subsister dans toute sa force (Montpellier, 14 déc. 1841, J.P.42.2.333).

1691. Quant au mari pourvu d'un conseil judiciaire, il ne peut accorder aucune autorisation, car il est incapable de transférer à sa femme une capacité qu'il n'a pas lui-même. La justice seule peut l'autoriser (Cass., 11 août 1840, J.P. 40.2.455).

1692. Si le conseil judiciaire refuse d'assister son pupille qui voudrait agir ou faire un acte quelconque, celui-ci doit l'appeler devant le tribunal, et provoquer soit sa révocation, soit la nomination d'un conseil *ad hoc*, suivant les circonstances (Orléans, 15 mai 1847, Dev.47.2.567; Besançon, 11 janv. 1851, D.51.2.61; Zachariæ, Aubry et Rau, t. 1, p. 509; Dussaut, t. 2, n° 285 *bis*, viii; Demolombe, t. 8, n° 762).

Mais si, au contraire, c'est l'individu pourvu d'un conseil qui refuse d'agir ou de se défendre, ou de passer un acte quelconque, le conseil judiciaire ne peut en aucun cas l'y contraindre; il n'a pas l'initiative d'action; son rôle et son droit, c'est d'assister (Paris, 13 fév. 1841; Cass., 8 déc. 1841, Dev. 41.2.224 et 41.1.60; Toullier, t. 2, n° 1366; Duranton, t. 3, n° 796; Magnin, t. 1, p. 900; Zachariæ, Aubry et Rau, t. 1, p. 508; Marcadé, art. 513; Demolombe, t. 8, n° 763; Valette, *loc. cit.*, p. 388, 389). A moins toutefois qu'il ne s'agisse de défendre aux actions intentées contre son pupille (Cass., 27 déc. 1843 ; Paris, 27 août 1855, Dev. 44. 1.346 et 55.2.678 ; Paris, 26 juin 1857, *le Droit* du 28 juin 1857 ; Zachariæ, Aubry et Rau, t. 1, p. 508 ; Demolombe, t. 8, n° 764. V. *suprà*, n° 1688).

1693. Aux termes des art. 499 et 513, C. Nap., la nomination d'un conseil judiciaire emporte pour celui qui en est pourvu, défense de plaider, transiger, emprunter, recevoir un capital mobilier et d'en donner décharge, d'aliéner, de grever ses biens d'hypothèque sans l'assistance du conseil qui lui est nommé par le tribunal. Cette énumération est précise ; les juges ne peuvent, en conséquence, restreindre ou étendre à leur gré les limites de l'incapacité. Il en était autrement dans notre ancien droit.

L'individu pourvu d'un conseil judiciaire ne peut donc faire valablement aucun des actes énoncés dans les art. 499 et 513, sans l'assistance de son conseil ; à défaut de cette assistance, les actes qu'il fait sont, non pas nuls, *mais annulables* seulement, de même que ceux qui émanent d'un interdit (Bourges, 28 janv. 1842, J.P.42.2.291 ; Merlin, *Quest. de droit*, v° *Tabl. des interdits*, § 1 ; Toullier, t. 2, n° 1383 ; Zachariæ, t. 1, p. 276 ; Demolombe, t. 8, n° 769).

1694. Mais en dehors des actes déterminément spécifiés par ces deux articles, il peut faire seul, et sans assistance, tous les autres, à la différence de l'interdit qui tombe dans une incapacité absolue. Pour le quasi-interdit, l'incapacité, c'est l'*exception* ; la capacité, le droit *commun*.

Ainsi il peut, sans l'assistance de son conseil :

1° Transférer son domicile d'un lieu dans un autre (Cass., 14 déc. 1840, J.P.43.2.428) ;

2° Se donner en adoption ou adopter lui-même un tiers ;

3° Reconnaître un enfant naturel ;

4° Disposer par testament ;

5° Se marier, car il est maître de sa personne (Arg. Pau, 31 juill. 1855, J.P.56.2.23). (C'est au surplus ce qu'a formellement déclaré M. Frémery, orateur du Gouvernement, dans la séance du 28 vent. an XI (19 mars 1803), et faire conséquemment les actes respectueux nécessaires pour obtenir le consentement de ses parents) ; mais il ne peut pas seul plaider sur une opposition à son mariage (Arg. C. Nap., art. 513 ; Toulouse, 2 déc. 1839, J.P.40.1.254 ; Besançon, 11 janv. 1851, D.51.2.61) ;

6° Faire tous actes conservatoires, tels que l'opposition à un commandement, sauf à requérir l'assistance de son conseil pour y donner suite et ester en justice dans l'instance (Arg. C. Nap., art. 513; Montpellier, 1er juill. 1840, J.P.42.2.290);

7° Faire tous les actes d'administration et par conséquent consentir un bail de ses maisons et terres, en se conformant, pour la durée et l'époque du renouvellement des baux, aux art. 1429, 1430 et 1818, C. Nap. (Arg. Toulouse, 23 août 1855, J.P.56.2.305); mais un tel bail peut être annulé, même sur la demande du quasi-interdit, s'il déguise un prêt ou s'il n'a été obtenu par le preneur qu'à l'aide de moyens frauduleux (Cass., 5 août 1840, J.P.40.2.275);

8° Prendre lui-même à bail un appartement;

9° Recevoir ses revenus, loyers, fermages, intérêts, arrérages de rentes, et les employer comme il lui plaît;

10° Louer des domestiques, acheter tout ce qui lui est nécessaire ou utile, car il a la libre disposition de ses revenus;

11° Aliéner ses meubles (Arg. C. Nap., 499 et 513), qui n'ont évidemment trait qu'aux immeubles susceptibles d'hypothèque;

12° Faire faire à ses biens les réparations de pur entretien.

1695. Mais il ne peut, sans l'assistance de son conseil:

1° Doter ses enfants, la constitution de dot étant une aliénation (Montpellier, 1er juill. 1840, J.P.42.2.296);

2° Négocier une lettre de change et contracter ainsi une obligation personnelle et solidaire, sous prétexte de recevoir ses fermages (Caen, 14 juill. 1845, J.P.45.2.372);

3° Se désister seul d'une instance qu'il a formée en justice conjointement avec son conseil, car un désistement est une sorte de transaction qui peut aussi contenir une aliénation indirecte. Si le conseil refuse l'autorisation nécessaire pour le désistement, le demi-interdit peut demander celle de la justice. Mais il ne peut, sans faire préalablement nommer un conseil *ad hoc*, soutenir contre un conseil judiciaire que ses intérêts commandent le désistement.

Le conseil *ad hoc* doit, en général, être nommé par le tribunal (Turin, 12 avril 1808);

4° Renoncer à la prescription (C. Nap., art. 2225; TROPLONG, *Prescript.*, n° 99; DEMOLOMBE, t. 8, n° 733);

5° Faire le remploi des capitaux mobiliers reçus par lui; mais il en est évidemment autrement à l'égard du placement d'un capital formé de l'excédant des revenus sur la dépense, car il a la libre disposition de ses revenus qu'il peut employer comme il lui plaît, d'après la règle *non debet cui plus licet quod minus est non licere;*

6° Consentir valablement une rente viagère pour services rendus, car il ne peut disposer de ses capitaux même indirectement (*Contrà*, Paris, 12 déc. 1835) ;

7° Faire le commerce et contracter une société commerciale, à moins que son conseil ne consente à l'assister dans chacun des actes de son commerce (Arg. C. Nap., art. 499 et 513 ; Cass., 3 déc. 1850, Dev.50.1.777), ce qui serait impraticable, car le vœu de la loi est que l'assistance du conseil judiciaire soit spéciale, c'est-à-dire donnée successivement et séparément pour chacun des actes ; de sorte que l'approbation donnée *post tempus* ne validerait pas l'engagement que le prodigue aurait souscrit ;

8° Se pourvoir, soit par appel, soit par demande en cassation, contre un jugement qui l'a condamné, sauf, en cas d'abus d'autorité de la part du conseil, à demander sa révocation (Bourges, 24 janv. 1842, J.P.42.2.291) ;

9° Stipuler des conventions matrimoniales, car il ne peut à lui seul disposer de ses capitaux ni de ses immeubles, de sorte que s'il se mariait sans contrat il serait évidemment marié sous le régime de la séparation de biens, car il est tout aussi incapable de disposer tacitement qu'expressément, et le régime de la communauté légale a son fondement dans l'intention présumée des parties ;

10° Faire à son conjoint par contrat de mariage une donation entre-vifs, même pour le cas de survie seulement, car toute donation, sous quelque forme qu'on l'envisage, équivaut évidemment à une aliénation tacite ou expresse, actuelle ou à venir (Arg. C. Nap., art. 894, 1083 ; Montpellier, 1er juill. 1840 ; Amiens, 21 juill. 1852 ; Bordeaux, 7 fév. 1855 ; Pau, 21 juill. 1855, J.P.53.2.23 et 56.2.236), et il ne peut à lui seul aliéner ni directement ni indirectement pour quelque cause que ce soit (C. Nap., 499, 513 ; C. proc. civ., art. 897), ni ameublir tout ou partie de ses immeubles présents ou futurs (C. Nap., art. 1505).

1696. Quant à l'hypothèque légale qui pèse sur les biens du mari au profit de la femme (C. Nap., art. 2121), la femme du prodigue l'acquiert dans tous les cas, car elle est indépendante de la volonté du mari, et il n'est pas permis aux époux d'y renoncer (C. Nap., art. 2140).

1697. Le conseil judiciaire est investi du droit, non-seulement d'assister le prodigue qui reçoit un capital mobilier, mais encore de régler l'emploi de ce capital (C. Nap., art. 513). Cette mesure, prise dans l'intérêt du prodigue, deviendrait inefficace s'il en était autrement (Arg. Caen, 6 mai 1850), et la loi veut qu'il veille pour le prodigue qui ne surveille rien et absorbe tout, et particulièrement pour sa femme et ses enfants qui pourraient avoir à souffrir de ses folles dépenses ; c'est ce qui ressort clairement des motifs qui ont fait adopter l'art. 513, C. Nap.

1698. Le prodigue peut être poursuivi par corps à raison de ses engagements, la loi ne l'ayant pas compris dans la nomenclature des personnes exemptes de cette voie de recours (C. Nap., art. 2059 et s.; L. 17 mai 1832).

Cet article est aujourd'hui sans effet, la contrainte par corps n'ayant plus lieu en matière civile et commerciale (V. *suprà*, no 1429).

1699. En principe, le conseil judiciaire ne peut agir seul, par action directe, à l'insu et en l'absence du demi-interdit, qui, à la différence de l'interdit, exerce lui-même et en personne tous ses droits, sauf à prendre l'assistance de son conseil dans les cas spécifiés par la loi. Cette règle souffre toutefois exception lorsqu'il s'agit de défendre aux actions intentées contre son pupille, car autrement il dépendrait du demi-interdit de donner force et effet à toutes les obligations qu'il aurait pu contracter sans l'assistance de son conseil contrairement au vœu de la loi.

Ainsi, le conseil judiciaire poursuivi conjointement avec son pupille et condamné par défaut, en sa qualité, à l'exécution des obligations contractées par celui-ci, peut évidemment, même en l'absence du pupille, former opposition au jugement de condamnation et demander, sur cette opposition, la nullité des engagements contractés par le demi-interdit (Cass., 8 déc. 1841 et 27 déc. 1843, J.P.41.2.721 et 44.1.370).

§ 2. — **De l'effet des actes antérieurs et postérieurs au jugement passés par l'individu pourvu d'un conseil judiciaire** (C. Nap., art. 499, 514 et 515).

1700. Le jugement qui nomme un conseil judiciaire produit effet comme celui qui prononce l'interdiction, à partir du jour de sa prononciation (C. Nap., art. 502), mais pour l'avenir seulement (C. Nap., 499); de sorte que tous les actes passés antérieurement à la dation du conseil pendant la litispendance, par l'individu pourvu d'un conseil, sont valables; il n'y a pas lieu d'appliquer ici, par analogie, la disposition rétroactive de l'art. 503, C. Nap., qui annule les actes antérieurement faits par l'interdit à l'époque où la démence existait notoirement. Les droits acquis des tiers restent donc intacts, sauf, bien entendu, les causes de nullité du droit commun, la violence, le dol ou l'erreur (C. Nap., art. 503).

1701. Il en est de même des actes passés par le prodigue avec l'assistance de son conseil, lorsqu'elle était requise; ces actes sont aussi valables que s'ils avaient été faits par un majeur en pleine possession de ses droits.

1702. Quant aux actes qui, postérieurement au jugement, ont été, dans les cas prévus par les art. 499 et 513, passés sans l'assistance du conseil, ils sont évidemment, de même que ceux passés par l'interdit, *nuls de droit* (C. Nap., 502). Il ne s'agit là toutefois, comme au cas d'interdiction, que d'une nullité relative dans les termes des art. 1312 et 1338, C. Nap. (V. *sup.*, nos 1604 et suiv.).

Ainsi le quasi-interdit peut, à l'exclusion des tiers avec lesquels il a contracté, demander dans le délai de dix ans à partir du jour où la nomination du conseil a été levée, la nullité de ses actes pour cause d'incapacité sans être tenu d'alléguer sa lésion (Arg. C. Nap., art. 502 et 513, 1125 et 1304, comb. — *Contrà*, Paris, 26 avril 1833, D.33.1.207); mais cet arrêt, basé sur notre ancien droit, nous paraît tout à fait inadmissible sous l'empire du Code Napoléon.

La défense de procéder sans l'assistance d'un conseil judiciaire ne peut être levée qu'en observant les mêmes formalités que pour la provoquer (C. Nap., art. 514, 515); mais le prodigue pouvant, sans l'assistance de son conseil judiciaire, transférer son domicile d'un lieu dans un autre, c'est devant le tribunal de son nouveau domicile que la demande en mainlevée du conseil judiciaire doit être portée (Cass., 4 déc. 1840, J.P.43.2.42. V. *suprà*, nos 1645, 1681).

1703. La femme qui avait provoqué l'interdiction de son mari, et sur la demande de qui il a été pourvu d'un conseil judiciaire, est recevable à attaquer par la voie de la tierce opposition le jugement qui, en son absence, prononce en faveur du mari la mainlevée de cette mesure. Il en est ainsi alors surtout que la femme, placée à la tête d'une industrie importante, a été nommée elle-même conseil judiciaire de son mari, et que, commune en biens, la fortune presque entière des époux consiste en acquisitions faites depuis le mariage (Arg. Rennes, 25 juin 1851, J.P.51.2.217).

CHAP. IV. — FORMULES.

§ 1er.—**Avis du conseil de famille sur l'état d'une personne dont l'interdiction est demandée** (C. Nap., art. 494, 495, 499 et 892).

« L'an..., le..., heures du matin,

« Par-devant nous, Adolphe A..., juge de paix du canton « de..., département de..., assisté de Me Louis B..., greffier « de cette justice de paix,

« Est comparu dans notre cabinet, à...,

« M. Alexandre-Paul Dumont, propriétaire, ancien avoué, « demeurant à...,

« Lequel a dit que, par jugement du tribunal civil de pre- « mière instance de..., en date du..., enregistré, il a été or- « donné que le conseil de famille de M. Joseph-Alfred de « Beaulieu, ancien agent de change, demeurant à..., serait « convoqué dans les formes ordinaires, pour donner son avis « sur l'état de la personne dudit sieur de Beaulieu, attendu « les faits de démence ou d'imbécillité, etc., allégués contre « lui audit jugement; qu'en conséquence, et en vertu de « notre cédule du dix de ce mois, notifiée le..., par exploit « de..., huissier à..., enregistré, il a convoqué et réuni à ces « jour, lieu et heure, par-devant nous, les membres du con- « seil de famille par nous désignés, à l'effet de délibérer sous « notre présidence et donner leur avis sur l'état de la personne « dudit sieur de Beaulieu, et a, ledit comparant, requis acte « de ses diligences, et a signé, après lecture faite. »

(*Signature.*)

« Sont aussi comparus, savoir :

Du côté paternel :

« 1° . . . ; —2° . . . ; —3° . . . . ;

Du côté maternel :

« —4° . . . ; —5° . . . ; —6° . . . . ;

« Lesquels parents (et amis, s'il y en a), réunis en conseil « de famille sous notre présidence, après en avoir délibéré « avec nous, hors la présence du requérant. » (Si c'est l'époux ou l'épouse ou les enfants de la personne dont l'interdiction est provoquée, qui convoquent le conseil de famille, on dit) : « En présence du requérant qui n'a pas pris part à la « délibération) ; »

« Vu le jugement ci-devant énoncé, et les pièces de la pro- « cédure y jointes, dont le greffier a donné lecture au conseil ;

« Considérant, que (faits et motifs relatifs à l'interdiction « demandée) ;

« Le conseil est unanimement d'avis que l'état mental du « sieur Joseph-Alfred de Beaulieu exige une interdiction pure « et simple ;

« Dont acte : fait et dressé le présent procès-verbal, que « les délibérants ont signé avec nous et le greffier, après « lecture faite. » (*Signatures.*)

(Ou) « Considérant que l'état du sieur de Beaulieu ne pré- « sente ni démence, ni fureur, ni imbécillité, mais bien un « défaut habituel de réflexion, une légèreté singulière, une « prodigalité dangereuse ;

« Le conseil, à l'unanimité, est d'avis qu'il n'y a pas lieu « de prononcer l'interdiction dudit sieur de Beaulieu ; mais « qu'il est convenable, dans ses propres intérêts, de lui nom- « mer un conseil judiciaire sans l'assistance duquel il ne « pourra plaider, transiger, emprunter, recevoir un capital « mobilier, ni en donner décharge, ni grever ses biens d'hy- « pothèques, sans l'assistance d'un conseil judiciaire.

« Dont acte : fait et dressé le présent procès-verbal, que « les délibérants ont signé avec nous et le greffier, après lec- « ture faite. » (*Signatures.*)

§ 2.—Nomination d'un tuteur et d'un subrogé tuteur à un interdit
(C. Nap., art. 585; C. proc., art. 895).

« L'an mil huit cent quarante-neuf, le mardi, dix heures « du matin,

« Par-devant nous, Adolphe A..., juge de paix du canton « de..., département de..., assisté de Me Louis B..., greffier « de cette justice de paix,

« Est comparu, dans notre cabinet, à..., M. Armand Des- « loges, propriétaire, demeurant à.....;

« Lequel a dit que, par jugement du tribunal de première « instance de l'arrondissement de..., en date du..., dûment « signifié à partie, confirmé sur l'appel (ou dont il n'y a pas « eu d'appel), portant interdiction du sieur Joseph-Alfred de « Beaulieu, il a été ordonné qu'il serait pourvu à la nomina- « tion d'un tuteur et d'un subrogé tuteur audit interdit, sui- « vant les règles prescrites au titre de la minorité, de la tu- « telle et de l'émancipation ; qu'en conséquence, et sur notre « indication verbale à ces jour, lieu et heure, il a convoqué et « réuni à l'amiable, par-devant nous (ou, en vertu de notre « cédule du vingt de ce mois, notifiée le..., par exploit de...,

« huissier à..., enregistrée), il a convoqué et réuni à ces « jour, lieu et heure, par-devant nous, le conseil de famille « dudit interdit, composé des mêmes membres qu'à la pré- « cédente délibération, pour lui nommer un tuteur et un « subrogé tuteur, en conformité du jugement susénoncé, et « a, ledit comparant, requis acte de ses diligences, et a signé « après lecture faite. » (*Signature.*)

« Sont aussi comparus savoir :

Du côté paternel :

« 1°. . . . ; — 2°. . . . ; — 3°. . . . ;

Du côté maternel :

« — 4°. . . ; — 5°. . . . ; — 6°. . . . ,

« Lesquels parents (et amis, s'il y en a) réunis en conseil « de famille sous notre présidence, après avoir délibéré avec « nous sur l'exposé du comparant ;

« Vu ledit exposé, le jugement et les actes de procédure y « énoncés, dont le greffier a donné lecture ;

« Le conseil a été unanimement d'avis de nommer, comme « de fait il nomme par ces présentes, pour tuteur au sieur « Joseph-Alfred de Beaulieu, interdit, M..., son grand-oncle « paternel, troisième membre du conseil, pour, par lui, en « cette qualité, régir, gouverner et administrer sa personne « et ses biens, conformément à la loi ;

« Lequel a déclaré accepter cette fonction, et a promis de « bien et fidèlement en remplir les devoirs, et a signé, lec- « ture faite. » (*Signature.*)

« Le conseil, délibérant ensuite, hors la présence du tuteur, « qui s'est retiré, sur la nomination d'un subrogé tuteur, a « été d'avis à l'unanimité de nommer, comme de fait il « nomme par ces présentes, pour subrogé tuteur à l'interdit « de Beaulieu, M..., son cousin germain, cinquième membre « du conseil, pour, par lui, en cette qualité, agir pour ledit « interdit, dans tous les cas où il aurait des intérêts opposés « à ceux de son tuteur, comme aussi pour faire tous actes « conservatoires et de procédure prescrits par la loi ; lequel a « déclaré accepter ladite qualité de subrogé tuteur, et a « promis de bien et fidèlement s'acquitter des devoirs qu'elle « lui impose, et a signé, lecture faite. » (*Signature.*)

« Dont acte : fait et dressé le présent procès-verbal, que « les parties ont signé avec nous et le greffier, après lecture « faite. » (*Signatures.*)

3. — **Règlement de l'administration du tuteur d'un interdit et forme de son traitement** (C. Nap., art. 507, 509 et 510).

« L'an..., le..., heures du matin,

« Par-devant nous, Adolphe A..., juge de paix du canton « de..., département de..., assisté de Me Louis B..., greffier « de cette justice de paix,

« Est comparu, dans notre cabinet, à..., madame Albertine-Amanda Dutemple, propriétaire, demeurant à..., « épouse de M. Alfred-Edouard Duchemin ;

« Au nom et comme tutrice à l'interdiction de sondit mari, « nommée à cette fonction, qu'elle a acceptée, suivant procès-« verbal dressé par nous, le..., enregistré : ladite interdiction « prononcée par jugement du tribunal de première instance « de l'arrondissement de..., en date du..., enregistré et dû-« ment signifié ;

« Laquelle, audit nom, nous a dit que, sur notre indication « verbale à ces jour, lieu et heure, elle a convoqué et réuni à « l'amiable (ou) qu'en exécution de notre cédule du..., par « exploit de..., huissier à..., en date du..., dont l'original, « enregistré, représenté par la comparante, est, à sa réquisi-« tion, demeuré ci-annexé, après que dessus il a été fait « mention de son annexe, elle a convoqué et réuni le conseil « de famille de l'interdit, composé des mêmes membres « qu'aux précédentes délibérations, à l'effet de délibérer et « donner son avis sur différentes autorisations dont elle a « besoin, en sa qualité de tutrice, pour gérer et administrer « la personne et les biens de son mari, et a, ladite compa-« rante, requis acte de ses diligences, et a signé, lecture « faite. » (*Signature.*)

« Sont aussi comparus, savoir :

Du côté paternel :

« 1° . . ; —2° . . . . . ; — 3° . . . . . ;

Du côté maternel :

« 4° . . ; —5° . . . . . ; —6° . . . . . ;

« Lesquels parents et amis (s'il y en a) réunis en conseil « de famille sous notre présidence, après avoir mûrement « délibéré avec nous sur l'exposé de la tutrice ;

« Vu ledit exposé et les art. 507, 509 et 510, C. Nap ;

« Considérant que, lorsque la femme a été nommée tutrice « de son mari interdit, le conseil de famille doit régler la « forme et les conditions de l'administration, sauf le recours

« devant les tribunaux de la part de la femme qui se croirait « lésée par l'arrêté de la famille ;

« Considérant que l'interdit est assimilé au mineur pour sa « personne et pour ses biens ; que ses revenus doivent être « essentiellement employés à adoucir son sort et améliorer sa « guérison ;

« Considérant que le sieur Duchemin a contracté, avant « son interdiction, des dettes pouvant s'élever à cinq mille « francs qu'il convient d'acquitter tant dans son intérêt que « dans celui de sa famille ;

« Considérant que les époux Duchemin possèdent une in- « scription de rente perpétuelle, sur le grand-livre de la dette « publique, de douze cents francs de revenu ;

« Considérant que l'état de l'interdit exige qu'il soit trans- « féré dans une maison de santé,

« Le conseil a été unanimement d'avis d'autoriser, comme « de fait il autorise par ces présentes, la dame Duchemin, en « sa qualité de tutrice : 1° à accepter sous bénéfice d'inventaire, « pour et au nom de son mari, la succession de Paul-André « Duchemin, son frère, dont il est présomptif héritier pour « moitié; en conséquence à faire au greffier du tribunal de « première instance de l'arrondissement de..., dans le res- « sort duquel la succession dont il s'agit est ouverte, toutes « déclarations à ce nécessaires ;

« — 2° A distraire de la rente perpétuelle de douze cents « francs, celle de..., à la charge par elle de payer, avec le « produit de cette dernière somme, la somme de cinq mille « francs due à..., et à..., pour..., et toutes autres sommes re- « connues légitimes ; et en conséquence à faire opérer par un « agent de change, la division susénoncée de ladite rente, ainsi « que le transfert, et ce..., au cours de la bourse ; signer tous « émargements, donner toutes quittances et décharges ;

« — 3° Et à placer l'interdit dans une maison de santé, « qu'il jugera à propos, de la manière et suivant les arrange- « ments les plus avantageux au bien-être dudit interdit.

« Dont acte : fait et dressé le présent procès-verbal, que « les délibérants et la tutrice rappelée dans le conseil, ont « signé avec nous et le greffier, après lecture faite. »

(*Signatures:*)

Nota. L'interdit étant assimilé par la loi (art. 509, C. Nap.), au mineur pour sa personne et pour ses biens, les formules sur la tutelle lui sont applicables.

§ 4.—Tuteur d'un interdit demandant son remplacement (C. Nap., art. 508).

« L'an..., le..., heures du matin,

« Par-devant nous, Adolphe A..., juge de paix du canton « de..., département de..., assisté de Mᵉ Louis B..., greffier « de cette justice de paix,

« Est comparu, dans notre cabinet, à..., M. Alexis-Paul « Duronceray, propriétaire, demeurant à...;

« Au nom et comme tuteur à l'interdiction de M. Joseph-« Louis Duval, propriétaire, demeurant à..., nommé à cette « qualité, qu'il a acceptée, suivant délibération du conseil de « famille dudit interdit, reçue et présidée par M..., notre « prédécesseur, en date du quinze mars mil huit cent trente-« six, enregistrée;

« Ladite interdiction prononcée par jugement rendu au « tribunal de première instance de l'arrondissement de..., « le..., enregistré et dûment signifié;

« Lequel a dit que désirant user de la faculté qui lui est « accordée par l'art. 508, C. Nap., il déclare se démettre de « ladite tutelle; qu'en conséquence, il a, sur notre indica-« tion verbale, à ces jour, lieu et heure, convoqué et réuni à « l'amiable, par-devant nous, le conseil de famille de l'in-« terdit, pour lui nommer un tuteur, et a, ledit comparant, « requis acte de ses déclaration et diligences, et a signé, lec-« ture faite. » (*Signature.*)

« Sont ensuite comparus, savoir :

Du côté paternel :

« 1°. . . . ; — 2°. . . . ; — 3°. . . . ;

Du côté maternel :

« — 4°. . . ; — 5°. . . . ; — 6°. . . . ;

« Lesquels parents et amis, réunis en conseil de famille sous « notre présidence, après avoir délibéré avec nous, hors la « présence du tuteur;

« Vu l'art. 508, C. Nap.;

« Considérant, en droit, que nul, à l'exception des époux, « des ascendants ou descendants, n'est tenu de conserver la « tutelle d'un interdit au delà de dix ans; qu'à l'expiration « de ce délai, le tuteur peut demander et doit obtenir son « remplacement;

« Considérant que les causes du désistement du tuteur « sont justifiées et autorisées par la loi;

« Le conseil a été unanimement d'avis d'accepter, comme « de fait il accepte par ces présentes, la démission du sieur « Duronceray et la répudiation de la tutelle de l'interdit Du- « val, et de nommer, comme de fait il nomme en son lieu et « place, M. D..., troisième membre du conseil, pour par lui, « en cette qualité, régir, gouverner et administrer la personne « et les biens dudit interdit, conformément à la loi ; lequel « a déclaré accepter cette fonction et a promis de bien et fi- « dèlement remplir les devoirs qu'elle lui impose.

« Dont acte : fait et dressé le présent procès-verbal, que « les délibérants ont signé avec nous et le greffier, après lec- « ture faite. » (*Signatures.*)

§ 5. — **Interdit demandant la mainlevée de son interdiction** (C. Nap., art. 512; C. proc., art. 896).

« L'an..., le..., heures du matin,

« Par-devant nous, Adolphe A..., juge de paix du canton « de..., département de..., assisté de Me Louis B..., greffier « de cette justice de paix,

« Est comparu dans notre cabinet, à...,

« M. Adrien Boucher, ancien avoué, demeurant à...,

« Au nom et comme tuteur à l'interdiction de M. Joseph- « Louis Duval, propriétaire, demeurant à..., nommé à cette « qualité qu'il a acceptée, suivant délibération du conseil de « famille dudit interdit, reçue et présidée par nous, le... (ou) « aux termes d'un procès-verbal dressé par M..., notre pré- « décesseur, en date du quinze mars mil huit cent trente-sept, « enregistré.

« Ladite interdiction prononcée par jugement rendu au « tribunal de première instance de l'arrondissement de..., « le..., et dûment signifié ;

« Lequel a dit que, par un autre jugement du même tribu- « nal, rendu sur sa requête au nom dudit interdit, en date « du..., enregistré, il a été ordonné que son conseil de fa- « mille serait convoqué dans les formes ordinaires, par-devant « nous, pour donner son avis sur l'état dudit interdit deman- « dant la mainlevée de son interdiction ; qu'en conséquence, « et pour l'exécution dudit jugement, il a, sur notre indica- « tion verbale à ces jour, lieu et heure, convoqué son conseil « de famille, composé des mêmes membres qu'aux précé- « cédentes délibérations, pour donner son avis sur l'état dudit « interdit, et a signé, après lecture faite. »

(*Signature.*)

« Sont aussi comparus, savoir :

Du côté paternel :

« 1°. . . . . . ; — 2°. . . . . . ; — 3°. . . . . . ;

Du côté maternel :

« — 4°. . . . . . ; — 5°. . . . . . ; — 6°. . . . . . ;

« Lesquels parents (et amis, s'il y en a), réunis en conseil « de famille sous notre présidence, après avoir délibéré avec « nous, hors la présence du tuteur ;

« Vu l'exposé ci-dessus, le jugement et les pièces de la « procédure y énoncés ;

« Considérant que : (faits et motifs relatifs à la demande),

« Le conseil a été unanimement d'avis que l'état du sieur « Joseph-Louis-Duval permet de donner mainlevée de son in- « terdiction.

« Dont acté : fait et dressé le présent procès-verbal, que « les délibérants ont signé avec nous et le greffier après lec- « ture. »

(*Signatures.*)

§ 6. — **Règlement de la dot, de l'avancement d'hoirie ou autres conventions matrimoniales de l'enfant d'un interdit** (C. Nap., art. 511).

« L'an..., le..., heures du matin ;

« Par-devant nous, Adolphe A..., juge de paix du canton « de..., département de..., assisté de Me Louis B..., greffier « de cette justice de paix,

« Est comparu dans notre cabinet, à..., M. Adrien Bou- « cher, ancien avoué, demeurant à...,

« Agissant au nom et comme tuteur à l'interdiction de « M. Joseph-Louis Duval, propriétaire, demeurant à..., « nommé en cette qualité qu'il a acceptée, par délibération du « conseil de famille dudit interdit, reçue et présidée par nous « le... (ou) aux termes d'un procès-verbal, dressé par..., « notre prédécesseur médiat, en date du..., enregistré ; ladite « interdiction prononcée par jugement rendu au tribunal de « première instance de l'arrondissement de..., enregistré et « dûment signifié,

« Lequel a dit que M. Paul-Alfred Duval, fils de l'interdit, « et de dame Marie-Rose Dupré, son épouse, décédée, se « propose de contracter mariage avec... ; mais que, aux « termes de l'art. 511, C. Nap., l'enfant d'un interdit ne peut « contracter mariage sans avoir fait régler, par un conseil de

« famille, la dot, l'avancement d'hoirie ou autres conventions « matrimoniales ; qu'en conséquence, il a, sur notre indication verbale, à ces jour, lieu et heure, convoqué et réuni « par-devant nous son conseil de famille, composé des mêmes « membres qu'aux précédentes délibérations à l'effet de délibérer sur son exposé, et a ledit comparant signé après lec- « ture, et s'est retiré. » (*Signature.*)

« Sont aussi comparus, savoir :

Du côté paternel :

« 1°. . . . . ; — 2°. . . . . ; — 3°. . . . . ;

Du côté maternel :

« — 4°. . . . ; — 5°. . . . . ; — 6°. . . . .

« Lesquels parents (et amis, s'il y en a), réunis en conseil « de famille sous notre présidence, après avoir mûrement dé- « libéré avec nous ;

« Vu l'exposé du tuteur, le projet y joint, ainsi conçu... » (comme au § 31, *Consentement au mariage d'un mineur*, p. 573).

TITRE XI.

DES MILITAIRES ABSENTS

(L. 11 ventôse an II).

CHAP. Ier. — DISPOSITIONS SPÉCIALES. — LÉGISLATION EXCEPTIONNELLE.

1704. Le Code Napoléon étant la loi générale de tous les Français, le titre de l'absence, qui en fait partie, est, par conséquent, applicable aux Français militaires comme à tous les autres.

Toutefois, l'absence des militaires et des personnes employées à la suite des armées, a donné lieu, avant et depuis le Code Napoléon, à quelques lois spéciales qui forment pour eux une législation exceptionnelle. Ces lois sont au nombre de cinq : la première, du 11 ventôse an II; la seconde, du 16 fructidor an II; la troisième, du 6 brumaire an V; la quatrième, du 21 décembre 1814; et la cinquième, du 13 janvier 1817.

1705. D'après la loi du 11 vent. an II, lorsqu'il s'ouvre une succession à laquelle est appelé un militaire absent, le juge de paix est tenu, immédiatement après l'apposition des scellés sur les effets et papiers délaissés par les père et mère des défenseurs de la patrie, et autres parents, dont ils sont héritiers, d'en avertir ces héritiers, s'il sait à quel corps ou armée ils sont attachés; d'en instruire pareillement le ministre de la guerre, et de copier le double de ses lettres à la suite de son procès-verbal d'apposition de scellés, avant de le présenter à l'enregistrement, sans augmentation de droits (art. 1er).

1706. Le délai d'un mois expiré, si l'héritier ne donne pas de ses nouvelles et n'envoie pas de procuration, l'agent national de la commune (aujourd'hui le maire), dans laquelle la succession est ouverte, doit convoquer, sans frais, devant le juge de paix, la famille et, à son défaut, les voisins et amis, à l'effet de nommer un curateur à l'absent (art. 2).

1707. Ce curateur est chargé de provoquer la levée des scellés, d'assister à leur reconnaissance; il peut faire procéder à l'inventaire et à la vente des meubles, en recevoir le prix à la charge d'en rendre compte soit au militaire absent, soit à son fondé de pouvoir; il administre les immeubles en bon père de famille (art. 3 et 4).

1708. Les mots défenseurs de la patrie, qu'emploie l'art. 1er de la loi du 11 vent. an II, s'appliquent à tous les militaires au service de l'Etat, tant dans l'armée de terre que dans l'armée de mer (Arg. C. Nap., art. 88 et 981). Il n'y a entre eux, en effet, aucune distinction à établir; ils rentrent tous au même titre sous cette dénomination générale de défenseurs de la patrie.

1709. Le décret additionnel du 16 fructidor suivant eut principalement pour but de déclarer commune aux officiers de santé et à tous autres citoyens attachés au service des armées de la République, les dispositions de la loi du 11 ventôse an II; ce décret règle encore (art. 2 et 5) les formes et les conditions de la procuration qui, aux termes de la loi du 11 ventôse (art. 1 et 2), doit être envoyée par le militaire ou autre individu attaché à l'armée, lorsqu'il est averti qu'une succession est ouverte à son profit.

1710. Il n'y a point non plus à distinguer entre les militaires présents au corps et ceux qui en auraient été détachés, et dont on n'aurait plus eu de nouvelles (Cass., 9 mars 1824, D.24.1.93; Bourges, 20 nov. 1826, S.27.2.173). C'est, en effet, principalement dans l'intérêt de ceux-ci qu'a été rendue la loi du 11 vent. an II; aussi cette loi ne doit-elle cesser d'être applicable qu'autant que l'individu, au nom duquel l'application en serait réclamée, aurait légalement cessé d'être militaire ou attaché à l'armée (Cass., 9 mars 1819 et 23 août 1837, S.19.1.343 et 37.1.809).

1711. La loi du 11 vent. an II ne s'occupe en aucune façon des biens qui appartenaient déjà aux militaires avant leur départ pour l'armée ou avant leur éloignement; elle ne s'applique qu'aux successions qui peuvent s'ouvrir à leur profit depuis cette époque (art. 1er); d'où il résulte que l'administration des biens déjà acquis et délaissés ensuite par un militaire, ou une succession échue à ce militaire avant son départ, sont régies par le Code Napoléon, art. 112 et 114, et non point par la loi du 11 vent. an II; de telle sorte que s'il y a lieu de nommer un curateur ou un notaire, suivant les circonstances, le tribunal de première instance est seul chargé de ce soin; mais les successions légitimes ou testamentaires, les donations de biens à venir ou les legs, qui pourraient s'ouvrir au profit d'un militaire (C. Nap., art. 1039, 1089), depuis son départ pour l'armée, restent sous l'empire de la loi du 11 vent. an II, et les formalités tracées par cette loi doivent seules être observées à l'égard de ces successions, donations, legs, etc.

1712. On a longtemps agité devant les tribunaux la question de savoir si la loi du 11 vent. an II « a ou non été abrogée par le Code Napoléon ou par la paix générale de 1815, ou enfin par la loi de 1817, » mais on est généralement tombé d'accord, doctrine et jurisprudence, que ni le Code Napoléon n'avait abrogé cette loi, en ce sens qu'il ne s'occupe en aucune façon de l'absence des militaires, et qu'un décret du 16 mars 1807, postérieur par conséquent à la promulgation du Code Napoléon, a ordonné la publication de la loi du 11 vent. an II, dans les départements situés au delà des Alpes, alors réunis à la France; ni la paix générale de 1815, car la loi de l'an II, à la différence de celle du 6 brum. an V qui ne renfermant que des dispositions extraordinaires véritablement exorbitantes et de circonstance s'assignait d'avance à elle-même son terme, est conçue en termes généraux, pleins de modération et de mesure, et ne limite point la durée de son application (Cass., 9 mars 1819, S.19.1.343; 29 mars 1824, S.24.1.203; 20 juin 1831, S.31.1.286; et 23 août 1837, Dev.37.1.809) : le dernier de ces arrêts surtout tranche la question dans les termes les plus explicites; ni enfin, les lois des 21 déc. 1814 et 13 janv. 1817. Quel a été, en effet, l'objet de ces deux dernières lois? La première, de replacer les militaires absents dans le droit commun relativement aux biens qu'ils possédaient avant leur disparition; et, la seconde, de faciliter aux parties intéressées le moyen de faire cesser, par l'obtention d'un jugement, la déclaration d'absence, les effets qu'une jurisprudence erronée leur avait précédemment attribués, et rien de plus; d'où la conséquence logique que les lois des 21 déc. 1814 et 13 janv. 1817, pas plus que la paix générale de 1815 et le Code Napoléon, n'ont abrogé la loi du 11 vent. an II, relative aux militaires absents, et qu'aujourd'hui, comme avant ces lois, il y a lieu, d'office, conformément à cette dernière loi, à l'apposition des scellés et à la nomination d'un curateur à l'absent, d'après le mode prescrit par l'art. 2 de la loi du 11 vent. an II.

1713. Toutefois la Cour de cassation, par un arrêt de rejet, du 20 juin 1831, S.31.1.286, du pourvoi formé contre un arrêt de la Cour de Nancy, du 1ᵉʳ mars 1827, S.29.2.63, avait paru adopter une opinion qui, tout en reconnaissant la non-abrogation de la loi du 11 vent. an II, par le Code Napoléon et par les lois de 1814 et de 1817, lui aurait fait produire des effets semblables à ceux de l'abrogation; elle décidait, en effet, que, si les héritiers présomptifs des militaires absents se présentaient pour faire déclarer leur absence, et voulaient, en vertu de la loi du 13 janv. 1817, faire cesser à leur égard les mesures transitoires de la loi du 11 vent. an II, tout devait rentrer alors dans l'application du droit commun existant au moment de la promulgation de cette loi, c'est-à-dire que, pour réclamer au nom de l'absent la succession échue depuis sa disparition, ils devaient prouver qu'il existait encore à l'époque où elle s'est ouverte; et que, faute de ce faire, le curateur, antérieurement nommé à l'absent, qui avait éventuellement et pour le cas de son retour administré ladite succession, devait la remettre et s'en dessaisir en faveur de ceux qui, à défaut de preuve de l'existence de l'absent, avaient acquis le droit de la recueillir.

1714. Mais cette opinion apporte à l'application de la loi du 11 ventôse une restriction que repousse la généralité de ses termes.

La Cour de cassation, par l'arrêt précité du 23 août 1837, décide, en effet, que la loi du 11 vent. an II n'a été abrogée ni par le Code Napoléon, ni par la loi du 13 janv. 1817, et par suite que, quand l'absence d'un militaire n'a pas été déclarée, les cohéritiers de ce militaire ne peuvent se faire attribuer la part qui lui revient dans la succession ouverte postérieurement à la loi de 1817, mais que cette part doit être déposée entre les mains d'un curateur chargé de représenter le militaire absent, conformément à la loi de ventôse an II.

1715. Ainsi, la loi du 11 vent. an II n'ayant été abrogée ni par le Code Napoléon, ni par la paix générale, ni par la loi du 13 janv. 1817, il s'ensuit que les cohéritiers d'un militaire absent ne peuvent faire procéder à une levée de scellés en présence seulement d'un notaire, nommé d'après l'art. 113, C. Nap.; qu'ils doivent, au contraire, faire nommer un curateur suivant les formes voulues par la loi de l'an II (Caen, 2 mars 1843, *Rec. de Caen*, t. 7, p. 178, et les arrêts cités *suprà*, n° 1712; MERLIN, *Rép.*, t. 16, p. 45; DEMANTE, t. 1, n° 187 *bis*, I; ZACHARIÆ, AUBRY et RAU, t. 1, p. 572, 573; VALETTE, *Expl.*, p. 75; DEMOLOMBE, t. 2, nos 351 à 353).

1716. Essentiellement limitée par ses termes aux militaires qui ont disparu du 21 avril 1792 au 20 nov. 1815, la loi du 13 janv. 1817 ne pourrait être invoquée à l'égard d'aucun autre militaire ou marin.

Si donc il s'agissait de faire déclarer l'absence d'un militaire ou d'un marin qui se trouverait dans ce cas, c'est à la loi commune qu'il faudrait se référer comme pour tout autre citoyen; les formes indiquées par les art. 115 et s., C. Nap., seraient les seules à suivre.

1717. Comme la loi du 13 janv. 1817, et par le même motif, celle du 6 brum. an V est abrogée, du moins dans ses dispositions spéciales. Elle n'avait suspendu le cours des prescriptions et arrêté l'exécution des jugements en faveur des défenseurs de la patrie que pendant un temps déterminé, que l'on doit calculer à partir du 14 février 1816, date de la publication du traité de paix du 20 novembre précédent (V. ZACHARIÆ, AUBRY et RAU, t. 1er, p. 572, et DEMOLOMBE, t. 8, n° 350). D'où la conséquence que l'absence a cessé d'être, à partir de cette époque, une cause suspensive des prescriptions et un obstacle à l'exécution des jugements, pour les personnes attachées aux armées de terre ou de mer.

1718. Quant à la loi du 11 vent. an II, que n'ont pu atteindre ni le Code Napoléon, ni la publication de la paix générale, ni la loi du 14 janv. 1817, elle subsiste dans toutes ses parties, et régit le présent comme elle a régi le passé: la dérogation qu'elle a admise au principe posé dans les art. 135 et 136, C. Nap., est donc encore aujourd'hui la règle à suivre en faveur du militaire présumé absent, dont on n'a pas reçu de nouvelles, et de ceux qui se trouvent momentanément à de grandes distances sous leurs drapeaux. D'où suit que le droit commun a repris son empire en ce qui concerne l'absence du militaire, du marin et de toutes personnes attachées aux armées de terre et de mer, sauf ces deux points particuliers : l'un, qui consiste en une surveillance spéciale, qui doit être exercée par l'autorité sur les propriétés qui appartiennent à ces citoyens, et qu'ils abandonnent pour le service de l'Etat; l'autre, qui se rapporte aux successions qui s'ouvrent en leur faveur pendant leur absence et qui, par exception aux dispositions des art. **135** et **136**, C. Nap., aux termes desquels ces successions devraient être recueillies par les héritiers qui y seraient appelés concurremment avec le militaire, ou même qui les recueilleraient à son défaut, seront partagées comme si le militaire était présent, la part de ce dernier demeurant réservée pour être confiée, conformément à la loi de ventôse an II, à l'administration d'un curateur. Ce curateur peut et doit agir dans toute l'étendue des pouvoirs qui compètent à un administrateur. Il a donc le droit de faire tous les actes conservatoires, interrompre les prescriptions, prendre ou requérir toute inscription hypothécaire, exercer l'action en complainte, etc., au nom de l'absent.

1719. Le curateur, nommé dans les termes de la loi de ventôse an II, agit sous la surveillance du ministère public, qui peut demander d'office la nullité des actes et de la procédure qui lèsent les droits des militaires absents (Nîmes, 21 fév. 1838, J.P.38).

1720. Du reste, la nomination du curateur au militaire absent ne supplée en aucune manière celle du tuteur et du subrogé tuteur qu'il y aurait lieu de faire si ce militaire était mineur. La nomination du curateur ne serait, dans ce cas, qu'une précaution de plus en faveur de l'absent; et, par suite, elle ne devrait pas empêcher de nommer, en outre, un tuteur et un subrogé tuteur (Bourges, 10 juill. 1821, J.P.).

1721. En résumé, s'agit-il, pendant la présomption d'absence, des biens déjà acquis au militaire avant son départ? il faut appliquer le Code Napoléon (art. 112 et 114) ; s'agit-il, au contraire, de succession et autres droits éventuels, qui s'ouvrent au profit du militaire depuis son départ? la loi du 11 vent an II, qui déroge, en ce point, aux art. 135 et 136, C. Nap., est seule applicable. Mais, après l'absence déclarée, les absents militaires et les absents non militaires sont les uns et les autres indistinctement soumis aux dispositions du Code Napoléon; c'est ce qui résulte des arrêts cités *suprà*, nos 1710, 1712 et 1715.

CHAP. II. — FORMULES.

SECT. Ire. — *Formules d'actes en cas de successions échues à des absents non militaires.*

1722. Dans tous les cas où il s'agit de successions échues à des absents non militaires, c'est suivant les art. 112 et 113, C. Nap., qu'ils doivent être représentés aux levées de scellés. Dans cette hypothèse, les juges de paix délivrent deux actes: le premier est un acte de notoriété, le second un certificat de la non-réclamation ouverte pendant les délais pour faire inventaire et délibérer.

§ 1er.—**Formule d'acte de notoriété délivré par le juge de paix, pour l'exécution de l'art. 859 du Code de proc. civ.** (V. *infrà*, tit. XIII).

§ 2.—**Formule d'attestation de la non-réclamation d'une succession.**

« Nous, Adolphe A..., juge de paix du canton de..., à...,

« Certifions, sur la demande de... (nom, prénoms, profession et demeure du requérant), qu'il ne s'est présenté devant nous aucun héritier présomptif ou autre réclamant, pour obtenir la levée des scellés apposés le..., par nous, sur les meubles, effets mobiliers, titres et papiers, délaissés par..., décédé à..., le...;

« Qu'en conséquence, les délais pour faire inventaire et délibérer sont expirés, ce qui donne lieu à faire représenter dans les formes de droit le nommé..., héritier présomptif du décédé (indiquer ici le degré de parenté et des droits successifs du présumé absent), lequel est présumé absent.

« En foi de quoi, nous avons délivré le présent, pour servir et valoir ce que de droit.

« Fait à..., le..., 185... »

(*Sceau.*) (*Signature du juge de paix.*)

SECT. II.—*Formules d'actes relatifs à l'absence des militaires.*

§ 1er.—**Formule d'apposition de scellés dans l'intérêt et pour la conservation des droits d'un militaire présumé absent** (L. 11 vent. an II, art. 1er).

« L'an..., le..., heure de...,

« Nous, Adolphe A..., juge de paix du canton de..., dé- « partement de..., assisté de M. Louis B..., greffier de cette « justice de paix ;

« Sur l'avis à nous donné à l'instant par.. que le sieur « Frédéric D... est décédé à..., le..., laissant pour héritiers « légitimes (ou simplement, pour héritiers, s'il s'agit de col- « latéraux), 1°..., 2°..., 3°..., et B... D..., soldat à la 4e com- « pagnie du 3e bataillon du régiment de..., en garnison à... « (ou appartenant à tel corps d'armée de...);

« Vu le décret du 11 ventôse an II, concernant les militaires « absents, publié et confirmé par celui du 7 mars 1807 ;

« Attendu qu'aux termes dudit décret, les scellés doivent « être apposés sur les effets et papiers délaissés par les père « et mère des défenseurs de la patrie et autres parents dont « ils sont héritiers ;

« Attendu que ce décret, non abrogé par le Code Napoléon, « ni par aucune loi postérieure, est toujours en vigueur ;

« Ordonnons que les scellés seront de suite apposés au « domicile, et après le décès dudit sieur Frédéric D..., pour « la conservation des droits de B... D..., militaire sous les « drapeaux ;

« En conséquence, nous nous sommes transporté, assisté « comme dit est, à..., où étant, etc. » (V. *infrà*, tit. XII, chap. 1er, *de l'Apposition de scellés*).

Nota benè. A la suite du procès-verbal d'apposition de scellés, on ajoute ces mots : « Ce fait, nous avons écrit au « sieur B... D..., soldat, l'un des héritiers, et à M. le mi- « nistre de la guerre, les lettres dont le double est copié à la « suite du présent procès-verbal. — Il été a vaqué à tout ce « que dessus depuis, etc. »

(*Signature.*)

Copie des lettres au sieur B... D... et à M. le Ministre de la guerre.

« Le *juge de paix du canton de..., à M. B... D... où à M. le ministre de la guerre.* » (Transcrire littéralement ces lettres.)

§ 2. — **Formule de levée de scellés** (V. *infrà*, tit. XII, chap. II).

§ 3.—**Formule de cédule pour la convocation d'office de la famille d'un militaire présumé absent à l'effet de lui nommer un curateur** (L. 11 vent. an II, art. 2).

« Nous, Adolphe A..., juge de paix du canton de..., dé-
« partement de...,

« Vu les art. 1 et 2 de la loi du 11 ventôse an II ;

« Vu notre procès-verbal d'apposition de scellés sur les « effets et papiers délaissés par..., etc.

« Attendu que B... D..., soldat à..., est appelé à recueil- « lir la succession dudit Frédéric D..., comme héritier pré- « somptif ;

« Et attendu que plus d'un mois s'est écoulé depuis l'avis « par nous donné tant audit sieur B... D..., qu'au ministre « de la guerre, de l'ouverture de cette succession, sans que « ledit D... se soit fait représenter par un fondé de pouvoir,

« Disons que le conseil de famille dudit D... composé de « 1°..., 2°..., 3°..., 4°..., 5°..., 6°... (désigner les trois plus « proches parents de la ligne paternelle et les trois plus pro- « ches parents de la ligne maternelle du militaire, présumé « absent, et, à leur défaut, des amis de la commune, lieu du « domicile dudit D... lors de son incorporation sous les dra- « peaux, connus pour avoir eu des relations habituelles « d'amitié avec l'absent, ou ses père et mère), sera convoqué « à comparaître et se trouver le..., dix heures du matin, « en notre cabinet, à..., à l'effet de procéder, sous notre « présidence, à la nomination d'un curateur à l'absence pré- « sumée dudit D..., à peine d'amende (C. Nap., art. 413) ;

« Commettons M..., huissier, à l'effet de notifier la pré- « sente cédule aux susnommés.

« Fait et délivré, en notre cabinet, à..., le... »

(*Signature du juge de paix.*)

§ 4.—**Formule de cédule aux mêmes fins qu'au § 3 ci-dessus, quand elle est requise par une partie intéressée.**

« Nous... (V. *suprà*, § 3),

« Vu l'exposé à nous fait par (nom, prénoms, profession, « demeure de l'exposant, ainsi que son degré de parenté « avec l'absent, s'il est parent), que (énoncer sommairement « le fait, comme ci-dessus, § 3),

« Disons que le conseil de famille » (le reste comme au § 3, ci-dessus).

§ 5.—**Formule de notification de la cédule § 3 ci-dessus et sommation de comparaître.**

« Le..., etc.,

« A la requête de M. le juge de paix du canton de..., demeurant à..., pour lequel élection de domicile est faite au « greffe de la justice de paix, sis à...,

« J'ai (immatricule), soussigné (1), notifié la cédule ci-« dessus (ou de l'autre part) à chacun séparément de... (ré-« péter ici les noms, prénoms, qualité et demeure des six « parents ou amis convoqués), auxquels j'ai donné citation « à comparaître le... de ce mois, heure de (indiquer le lieu « de la réunion), et devant M. le juge de paix, pour procéder « aux fins de ladite cédule; leur déclarant que, faute par « eux de comparaître en personne, ou par un fondé de pou-« voir spécial, ils encourront l'amende prononcée par la loi « (C. Nap., art. 413), et j'ai laissé à chacun des ci-dessus « nommés copie du présent acte et de la cédule qui précède, « en son domicile et en parlant à..., etc. »

(*Signature de l'huissier.*)

§ 6.—**Formule de notification de cédule § 2 ci-dessus et sommation de comparaître.**

« L'an..., etc.,

« En vertu d'une cédule délivrée par M. le juge de paix du « canton de..., en date du..., enregistrée, dont copie est « donnée en tête de celle des présentes, et à la requête du « sieur...,

« J'ai (immatricule), soussigné, fait sommation :

« 1° Au sieur..., en son domicile, parlant à...;

« 2° Etc.,

« A comparaître et se trouver (indiquer les jour, lieu, « heure et objet de la convocation), leur déclarant que, faute « par eux de comparaître en personne, ou par un fondé de « pouvoir spécial, ils encourront l'amende prononcée par « l'art. 413, C. Nap., etc. »

(*Signature de l'huissier.*)

---

(1) Le délai pour la comparution du conseil de famille est de trois jours francs, quand toutes les parties résident dans la commune ou dans la distance de deux myriamètres; mais ce délai doit être augmenté d'un jour par trois myriamètres, toutes les fois que parmi les parties citées il s'en trouve de domiciliées au delà de cette distance (C. Nap., art. 411).

§ 7.—**Formule de nomination d'office d'un curateur au militaire présumé absent** (L. 11 vent. an II, art. 2).

« L'an..., le mercredi dix novembre mil huit cent cin-« quante et un, dix heures du matin,

« Nous, Adolphe A..., juge de paix du canton de..., dé-« partement de..., assisté de Me Louis B..., greffier de cette « justice de paix,

« Vu le procès-verbal d'apposition des scellés sur les effets « et papiers de la succession de feu Frédéric D..., en date « du..., enregistré le...;

« Vu les lettres transcrites à la suite dudit procès-verbal, « adressées par nous, le... du mois dernier, à M. le ministre « de la guerre et à B.... D..., soldat au... régiment d'infan-« terie de ligne, héritier présomptif dudit feu sieur D...;

« Vu, enfin, les art. 1 et 2 de la loi du 11 ventôse an II;

« En exécution de l'art. 2 de cette loi, avons convoqué à « l'amiable, et sans citation préalable, les plus proches pa-« rents paternels et maternels dudit B... D..., militaire ab-« sent, qui sont comparus ainsi qu'il suit :

Ou : « En exécution de notre ordonnance en date du..., etc. « (rapporter ici les termes de l'ordonnance de convocation « du conseil de famille, V. *suprà*, §§ 1 ou 2), notifiée suivant « exploit du ministère de..., en date du..., enregistré,

« Sont comparus ainsi qu'il suit :

Du côté paternel:

« 1°. . . . . ; — 2°. . . . . ; — 3°. . . . . ;

Du côté maternel:

« — 4°. . . . ; — 5°. . . . . ; — 6°. . . . .

« Lesquels nous ont dit que, déférant à notre convocation, « ils consentent à délibérer devant nous et avec nous, sur la « nomination d'un curateur à l'absence dudit B... D...;

« En conséquence de ce consentement, nous avons déclaré « les six comparants légalement constitués en conseil de fa-« mille, sous notre présidence.

« Le conseil de famille, ainsi constitué, après en avoir dé-« libéré, a été unanimement d'avis (ou a été d'avis à la ma-« jorité de... voix contre...) de nommer pour curateur à « l'absence présumée de B... D... le sieur..., demeurant « à..., quatrième membre du conseil de famille, lequel nous « a déclaré accepter cette fonction, et a promis d'en remplir « fidèlement les devoirs, et a signé, lecture faite. »

(*Signature.*)

« Dont acte : fait et dressé le présent procès-verbal, et ont, « les délibérants et le curateur, signé avec nous, juge de « paix, et le greffier, après lecture faite. »

(*Signature.*)

§ 8.–Formule de nomination, à la requête d'une partie intéressée, d'un curateur au militaire présumé absent.

« L'an..., le..., etc.,

« Par-devant nous, Adolphe A..., etc.

« Est comparu dans notre cabinet, à..., le sieur...,

« Lequel a dit et déclaré que... (énoncer les faits qui don- « nent lieu à la convocation du conseil de famille). » (V. *suprà*, tit. IX, chap. II, sect. XXV, § 1 à 42).

Si le curateur nommé refuse d'accepter la charge de curateur, s'il n'est pas présent, si les membres du conseil n'ont pas été unanimes, si un membre cité ne comparaît pas, etc., ces incidents et autres du même genre se constatent dans les formes indiquées *suprà*, tit. IX, chap. II, sect. VI.

TITRE XII.

DES APPOSITIONS ET LEVÉES DE SCELLÉS.

1722 *bis*. Le scellé, dont l'usage nous vient des Romains, est une mesure qui a pour objet d'assurer dans certains cas déterminés par la loi, et surtout en matière de succession, la conservation d'effets mobiliers, titres, papiers, bijoux, etc., qu'il serait facile de détourner dans l'absence des intéressés. Cette mesure consiste à appliquer le sceau d'un juge ou d'un officier public, et l'empreinte de ce sceau prend elle-même le nom de scellé ; elle cesse par la levée.

1723. Le scellé se met sur les secrétaires, armoires, commodes, placards, coffres, portes des appartements, etc., au moyen d'une bande de papier et plus généralement d'une bande de ruban de fil gris ou blanc qui est attachée aux deux bouts par des sceaux ou cachets en cire molle ou ardente, de manière que cette bande couvre les serrures et empêche d'ouvrir les meubles, portes et autres lieux fermés sur lesquels le scellé est apposé. Quelquefois, pour empêcher que les scellés ne soient endommagés par inadvertance ou autrement, principalement les scellés extérieurs, on les couvre d'une plaque de tôle ou d'une planche attachée avec des clous.

CHAP. Ier. — DE L'APPOSITION DES SCELLÉS

(C. Nap., art. 25, 270, 769, 819, 1031; C. comm., art. 455; C. proc. civ., art. 591, 907 à 925; L. 11 vent. an II, art. 1er; Arrêté, 13 niv. an X, art. 1er; L. 25 vent. an XI; Décr. régl., 6 nov. 1813, art. 16, 37; Ord., 20 août 1817).

SECT. Ire.—*Des cas où l'apposition peut et doit avoir lieu.—Par qui le scellé peut être apposé?*

1724. L'apposition des scellés a lieu : 1° après décès (C. proc. civ., art. 907 et s., 911; C. Nap., art. 25, 769, 1031; arrêté, 13 niv. an X, art. 1er; décr. régl., 6 nov. 1810, art. 16, 37, 38; ordonn., 20 août 1817); nécessairement lorsque tous les héritiers ne sont pas présents, ou qu'il y a parmi eux des mineurs ou des interdits (C. Nap., art. 819; C. proc., art. 911), et lorsque les créanciers de la succession la requièrent (C. Nap., art. 820);

2° En cas de faillite (C. comm., art. 455 et suiv.);

3° Quand un individu disparaît et qu'il n'y a personne pour veiller à la conservation de ses effets et papiers (Arg. C. Nap., art. 114);

4° Lors d'une demande en interdiction, quand il n'y a personne près du défendeur pour veiller à la conservation de ses effets; il est, à cet égard, dans le même cas que celui qui a disparu; toutefois, l'apposition des scellés en pareil cas ne peut être autorisée comme mesure conservatoire, avant le moment où il y a lieu à l'application de l'art. 497, C. Nap., que sur des faits graves, et qu'autant qu'il existe pour la justice des motifs d'urgence;

5° Lorsqu'une personne célibataire, vivant seule, a été, par mesure de police, et comme présumée atteinte d'aliénation mentale, enlevée de son domicile, d'office, ou sur la demande de sa famille, et déposée provisoirement dans une maison de santé, conformément à la loi du 30 juin 1838, sur les aliénés; alors surtout que la fortune de cette personne a de l'importance et que les héritiers présumés ne sont pas présents. En pareil cas, le commissaire de police qui a procédé administrativement doit prévenir le juge de paix;

6° Dans le cas de demande en séparation de corps ou de biens (C. Nap., 270 et 387; C. proc. civ., art. 869);

7° Quand, sur une saisie-exécution, il est trouvé des papiers en la demeure du saisi absent, c'est-à-dire non présent sur les lieux au moment de la saisie (C. Nap., art. 591);

8° En cas de dissolution de société;

9° Lorsqu'un particulier étant arrêté comme prévenu d'un crime, par ordre de justice, ses meubles et effets se trouvent à la merci de ses domestiques ou d'étrangers. Il y a, dans ce cas, analogie parfaite avec celui qui a disparu;

10° Lorsque le décédé était: 1° dépositaire public (C. proc. civ., art. 911); 2° officier général ou officier supérieur de toute arme, inspecteur aux revues, intendant ou sous-intendant militaire, officier de santé en chef des armées, retirés ou en activité de service (Arrêté 13 niv. an x, art. 1ᵉʳ; inst. min., 8 mars 1823; circul. min. just., 2 déc. 1844). Cette circulaire explique que le grade d'*officier supérieur* comprend indistinctement tous les officiers placés dans l'ordre hiérarchique après le maréchal de camp, et avant le capitaine; et que, quant aux mots *officiers retirés*, ils comprennent tous les officiers généraux et supérieurs (intendants et sous-intendants militaires), quelle que soit la position où ils se trouvent au moment de leur décès, l'accomplissement de la formalité prescrite par l'arrêté de nivôse an x n'étant pas moins nécessaire pour les officiers et fonctionnaires précités en non-activité, ou rendus à la vie privée, que pour ceux qui sont encore en activité de service.

Aux termes d'une autre circulaire du même ministre, en date du 31 mars 1844, les juges de paix doivent examiner quels sont, parmi les papiers du fonctionnaire décédé, ceux qui doivent être mis sous scellés et ceux qu'il convient d'en affranchir. Dans le doute l'autorité militaire doit être appelée à intervenir pour apprécier le caractère et l'importance des documents qui paraîtraient susceptibles d'être réclamés par l'Etat. Mais cette dernière mesure est le plus souvent impraticable, dans les cantons ruraux et même dans les chefs-lieux de sous-préfecture. Dans le doute sur les papiers qui doivent être mis sous les scellés, le juge de paix ne doit pas hésiter à les y mettre, sauf à les rendre à la famille lors de la levée des scellés qui ne peut avoir lieu qu'en présence d'un délégué du ministre de la guerre, comme on le verra ci-après; 3° titulaire d'une cure, évêque ou archevêque (Décr. rég., 6 nov. 1813, art. 16, 37).

1725. L'apposition des scellés dans les cas ci-dessus ne peut être faite que par les juges de paix des lieux où sont les objets à mettre sous le scellé, et à leur défaut, par leurs suppléants (C. proc. civ., art. 907, 912. V. *inf.*, n° 1763).

1726. Enfin les scellés sont apposés, non plus par le juge de paix agissant comme tel, mais par les agents de l'autorité ou les magistrats chargés d'une instruction cirminelle, soit sur les lieux interdits dans un intérêt d'ordre public, soit sur les objets saisis par suite de crimes, délits ou contraventions, lorsque l'identité de ces objets doit être scrupuleusement constatée (C. inst. crim., art. 11, 16, 35, 37, 38, 48 et s., 59).

1727. L'apposition des scellés, requise pendant le cours d'un inventaire, ne peut avoir lieu que sur les objets non inventoriés, à moins que l'inventaire, lorsqu'il est parachevé, ne soit attaqué comme irrégulier ou frauduleux, et qu'il en soit ainsi ordonné par le président du tribunal (C. proc. civ., art. 923).

L'inventaire, en effet, constatant l'état et la nature des objets qui y sont détaillés, les scellés deviennent inutiles, à moins toutefois que cet inventaire ne soit irrégulier et fait en fraude des héritiers absents ou de mineurs intéressés dans la succession (Arg. Bruxelles, 28 mars 1840, S.40.2.299).

1728. On n'appose les scellés que sur les objets dont on a à craindre la soustraction, comme papiers, bijoux, argenterie, etc.; à l'égard des autres objets qu'on peut laisser en évidence et des effets mobiliers nécessaires à l'usage des personnes qui restent dans la maison ou sur lesquels le scellé ne peut être mis, il suffit d'une description sommaire desdits objets (C. proc. civ., art. 914-8° et 924); mais cette description, suffisante pour constater la consistance du mobilier, ne peut jamais remplacer l'inventaire (Arg. Rennes, 22 déc. 1847, J.P.49.1.19).

1729. S'il n'y a aucun effet mobilier, le juge de paix dresse un procès-verbal de carence (C. proc. civ., art. 924), *sans prisée ni inventaire*. Ainsi se trouve abrogée la disposition du décret du 6 mars 1793 qui attribuait au notaire la confection des procès-verbaux de carence. Le juge de paix doit alors, comme dans le cas d'apposition de scellés, exiger des habitants de la maison le serment prescrit par l'art. 914-9°, C. proc. civ.

1730. Le juge de paix doit encore dresser un procès-verbal de description des effets mis sous les scellés apposés après le décès, sur le territoire français, d'un militaire appartenant à un corps, et ce en présence d'un officier chargé par le conseil d'administration d'assister à la levée des scellés et de signer le procès-verbal de description, lequel tient lieu d'inventaire ; la vente en est faite avec les formalités requises par la loi, et le produit, déduction faite des frais, remis au conseil d'administration pour être versé à la caisse du corps (Inst. min. guerre, 15 déc. 1809, tit. 3, art. 123, approuvée par un décret impérial). Cette mesure est fort sage. Puisse le législateur en étendre le bienfait aux malheureux dont les successions mobilières sont totalement absorbées par les frais ! ! ! Ce vœu sera exaucé avant peu, nous en avons l'espoir, d'après nos informations.

1731. On ne doit pas s'attacher rigoureusement à la lettre de l'art. 924, C. proc. civ. ; sans quoi il n'y aurait jamais, ou fort rarement, lieu à procès-verbal de carence ; car les personnes les plus pauvres laissent toujours quelques effets mobiliers, ne fût-ce que quelques vieilles hardes, un grabat, etc. ; mais le juge de paix peut sans danger dresser un procès-verbal de carence, toutes les fois que les frais des scellés, d'inventaire avec prisée et de vente, absorberaient la valeur des objets compris dans la succession. Si, néanmoins, il y avait des papiers présentant un véritable intérêt, il devrait les mettre sous le scellé, attendu qu'il n'a pas qualité pour en faire l'inventaire, ou en laisser le dépôt à son greffier ou à l'un des héritiers.

1732. Du reste, quelle que soit la cause qui donne lieu à l'apposition des scellés, il doit y être procédé d'après les règles du droit commun, tracées par les art. 907 et suiv., C. proc. civ., pour le cas de décès, à moins que la loi qui prescrit l'opération ou la permet ne contienne des règles particulières, comme dans les cas prévus : 1° par l'arrêté du 13 niv. an x, portant : Art. 1er. « Aussitôt après le décès d'un officier général ou officier supérieur de toute arme, d'un inspecteur aux revues, intendant ou sous-intendant militaire, officier de santé en chef des armées, retirés ou en activité de service, les scellés seront apposés sur les papiers, cartes, plans et mémoires militaires, autres que ceux dont le décédé est l'auteur, par le juge de paix du lieu du décès, en présence du maire de la commune ou de son adjoint, lesquels sont respectivement tenus d'en instruire de suite le général commandant la division militaire et le ministre de la guerre. » (Inst. min., 8 mars 1823) ;

2° Par la loi du 25 vent. an II, portant : Art. 61. « Immédiatement après le décès d'un notaire *ou autre possesseur de minutes*, les minutes et répertoires seront mis sous les scellés par le juge de paix de la résidence, jusqu'à ce qu'un autre notaire en ait été provisoirement chargé par ordonnance du président du tribunal de la résidence ».

3° Par le décret réglementaire du 6 déc. 1813, portant: Art. 16. « En cas de décès du titulaire d'une cure, le juge de paix sera tenu d'apposer le scellé d'office, *sans rétribution pour lui et son greffier, ni autres frais*, si ce n'est le seul remboursement du papier timbré » et de l'enregistrement, bien entendu ; Et, Art. 37. « Le juge de paix du lieu de la résidence d'un archevêque ou évêque, fera d'office, aussitôt qu'il aura connaissance de son décès, l'apposition des scellés dans le palais ou autres maisons qu'il occupait ».

SECT. II.—*Personnes qui ont droit de requérir l'apposition des scellés* (C. proc. civ., art. 909 à 911 ; C. Nap., art. 819 et 820).

1733. Le juge de paix procède à l'apposition des scellés sur réquisition ou d'office (C. Nap., art. 819 et 820; C. proc. civ., art. 909 à 911).

1734. L'apposition des scellés peut être requise par tous ceux qui prétendent droit dans la succession ou dans la communauté (C. proc. civ., art. 809-1°).

1735. Les prétendants droit dans une succession sont:

1° Les héritiers;

2° Les enfants naturels légalement reconnus, à l'exclusion des enfants adultérins qui n'ont droit qu'à des aliments (C. Nap., art. 762) ;

3° A défaut d'héritiers, l'époux survivant ou l'Etat;

4° Le donataire universel ou particulier en propriété ou en usufruit;

5° Le légataire universel, à titre universel ou à titre particulier, en propriété ou en usufruit (C. Nap., art. 731 et suiv., 745, 756 et suiv., 767 et suiv., 1004 et suiv., 1010 et suiv., 1014 et suiv.) ;

6° L'exécuteur testamentaire, s'il y a des héritiers mineurs, interdits ou absents; c'est la disposition expresse de l'art. 1031, C. Nap., qui, quoi qu'en dise Pigeau (*Proc.*, t. 2, p. 547), n'a pas été abrogé par le silence gardé à ce sujet par les art. 909 et suiv., C. proc. civ.). Il en serait autrement, cependant, s'il existait un tuteur ou curateur (AUGIER, vº *Scellés*, § 3, nº 12; CARON, *Juridict. des juges de paix*, nº 1005; GILBERT, C. proc., art. 909, nᵒˢ 10 et 11).

1736. Les héritiers même non réservataires peuvent requérir, à titre de mesure conservatoire, l'apposition des scellés sur les effets et papiers de la succession, encore bien qu'il existe un testament instituant un légataire universel (Douai, 6 avril 1838, 28 mai 1845, 28 déc. 1847, S.-V.45.2.543; 47. 2.746; Nîmes, 27 déc. 1847, S.47.2.746).

Alors, du moins, que le testament est olographe ou mystique, ou qu'il existe des mineurs parmi les héritiers, ou que les héritiers attaquent le testament (Paris, 11 août 1809; Nîmes, 27 déc. 1810, S.10.2.139 et 11.2.240; Paris, 27 août 1839, J.P.39, à sa date; Amiens, 7 mai 1806; Bruxelles, 28 nov. 1810 et 11 mars 1811, S.7.2.1057, 11.2.264 et 11. 2.235). Mais les frais de l'apposition des scellés resteront, bien entendu, à la charge des héritiers, qui doivent en faire l'avance, si le testament vient à sortir effet (Mêmes arrêts que ci-dessus. V. *infrà*, n° 1739).

Toutefois, lorsque le légataire universel a été institué par testament authentique non contesté, ou par testament olographe ou mystique, suivi d'envoi en possession, et qu'il est justifié, par un acte de notoriété, qu'il n'existe pas d'héritier à réserve, le juge de paix peut et doit même refuser l'apposition des scellés, et c'est ce que nous avons toujours fait, en pareil cas, lorsqu'il est résulté pour nous de l'appréciation des faits que cette formalité serait complétement inutile et frustratoire. Nous avons toujours exigé de la partie requérante, en pareil cas, une ordonnance du président du tribunal. M. le garde des sceaux s'est prononcé dans le même sens, le 29 janv. 1829, quant à l'apposition des scellés d'office.

Dans l'espèce, le légataire universel était l'époux survivant. Le garde des sceaux ajoute : « Mais il pourrait aussi y avoir abus à prescrire cette formalité pour tous les cas. Le survivant des époux est directement saisi par la loi; il n'est pas assujetti à demander la délivrance du legs fait à son profit; dès lors l'apposition des scellés, loin d'être commandée dans son intérêt, ne pourrait que lui être préjudiciable. Dans cette occurrence, l'apposition des scellés faite d'office est un acte de prudence dont le magistrat me paraît être l'arbitre. Il doit agir ou s'abstenir, suivant les circonstances et selon qu'il le juge utile. »

1737. L'apposition des scellés n'étant qu'une mesure conservatoire, le porteur d'un testament olographe peut la requérir contre celui qui possède la succession en vertu d'un testament antérieur (Orléans, 4 juin 1823, J.P.).

1738. Le donateur ou le légataire, à quelque titre que ce soit, qui requiert l'apposition des scellés, ou s'y refuse, doit justifier au juge de paix de l'existence du testament ou legs qui l'institue ; l'allégation ou la présomption qu'il en existe un ne suffit pas.

1739. Les héritiers ont qualité pour requérir l'apposition des scellés à leurs frais, encore bien que le légataire en usufruit des effets mobiliers ait été dispensé par le testateur de faire inventaire et de donner caution, ou qu'il représente un inventaire avec prisée dressé par celui-ci (Arg. Paris, 20 vent. an XI ; Bruxelles, 18 déc. 1811 et 10 juin 1812, S.12.2.145 et 13.2.46 ; Toulouse, 23 mai 1831, S.-V.32.3.322 ; DURANTON, t. 4, nº 599 ; MARCADÉ, t. 2, p. 538. V. *suprà*, nº 1736).

1740. L'apposition des scellés peut encore être requise par la femme qui intente une action en séparation de corps et de biens ; mais le juge de paix, dans ce cas, ne doit déférer à sa réquisition que sur la représentation d'une ordonnance du président du tribunal devant lequel la demande est formée ; ce n'est, en effet, qu'en vertu de cette autorisation que ce magistrat peut légalement s'introduire dans le domicile conjugal et s'en faire ouvrir les portes ; mais il doit avec l'ordonnance procéder nonobstant toute demande en référé de la part du mari, qui voudrait s'opposer à l'apposition des scellés (Paris, 20 avril 1811 ; C. Nap., art. 3 ; Bruxelles, 8 mai 1807, 11 août 1808 et 13 août 1812, S.7.2.295, 9.2.47 et C. Nap., art. 4 ; MERLIN, *Rép.*, vº *Sép. de biens*, sect. 2, § 3, art. 2, nº 3 ; TOULLIER, t. 13, nºˢ 58 et suiv. ; DURANTON, t. 14, nº 415 ; PONT et RODIÈRE, *Contr. de mar.*, t. 2, nº 826 ; THOMINE, nº 1016 ; CARRÉ et CHAUVEAU, *Quest.* 2939 ; CHARDON, *Puiss. marit.*, nºˢ 334 et 335).

1741. Mais le mari, qu'il soit demandeur ou défendeur à une séparation de corps, peut, en sa qualité d'administrateur des biens de la communauté, requérir l'apposition des scellés, sans autorisation du juge, non-seulement sur les meubles et effets qui garnissent le domicile conjugal, mais encore sur ceux qui garnissent le domicile temporaire de la femme pendant l'instance en séparation de corps, et la levée ne peut en être ordonnée sans inventaire descriptif, alors même que l'apposition en aurait été illégalement faite (Arg. Angers, 16 juill. 1817, S.18.2.443 ; Amiens, 5 pluv. an XIII, S.5.2.445).

1742. Le mari peut aussi faire apposer les scellés sur une succession qui écherrait à sa femme pendant la procédure en séparation, faire lever tous scellés apposés sur une succession échue à cette dernière, s'il prétend que sous les scellés sont des titres nécessaires à l'administration de la succession.

On objecterait en vain qu'il est possible que par l'événement du procès le mari se trouve sans intérêt (Arg. Angers, 16 juill. 1817, S.18.2.143).

Mais il est sans qualité pour faire apposer les scellés et requérir l'inventaire d'une succession échue à sa femme lorsqu'il y a séparation de corps et de biens entre lui et celle-ci (Arg. Dijon, 15 fév. 1844, S.-V.44.2.552).

1743. Quant à la faculté de requérir l'apposition des scellés sur le mobilier du mari, elle n'appartient pas aux héritiers de la femme décédée, alors que les époux se sont mariés avec exclusion de communauté, et que les apports de la femme, consistant seulement en une somme déterminée et en objets mobiliers, estimés au contrat à prix d'argent, ont été garantis par hypothèque spéciale sur les biens du mari, et que d'ailleurs les héritiers n'allèguent ni ne justifient que leur auteur ait acquis depuis des objets mobiliers déposés au domicile conjugal (Arg. Bourges, 26 oct. 1839, J.P.40.1.234; D.P. 40.2.109).

1744. En cas de contestation sur la question de savoir à la requête de qui, de l'héritier ou de l'exécuteur testamentaire, même avec saisine des biens, les scellés doivent être apposés, l'apposition doit se faire à la requête de l'héritier (Arg. Bruxelles, 9 août 1808).

1745. L'apposition des scellés peut encore être requise par tous créanciers fondés en titre exécutoire, ou autorisés par une permission soit du président du tribunal de première instance, soit du juge de paix du canton où le scellé doit être apposé (C. Nap., art. 820; C. proc. civ., art. 909-2°).

Ainsi, les créanciers à terme non échu peuvent, avec l'autorisation du juge, comme ceux dont la créance est échue, requérir l'apposition des scellés sur les biens de leurs débiteurs (Arg. Besançon, 9 fév. 1827, S. 27.2.129; CARRÉ, *Justice de paix*, n° 998) ; il suffit même pour cela qu'ils aient une apparence de droit (Rouen, 31 août 1839, J.P. 41.1.299). Le juge est, à cet égard, arbitre souverain, de sorte qu'il peut refuser l'autorisation si la créance n'est pas liquide et s'il lui est démontré qu'il y a toute sûreté pour le paiement de cette créance.

1746. La faculté de requérir l'apposition des scellés étant un droit exclusivement attaché à la personne de l'héritier, les créanciers personnels d'un cohéritier sont nécessairement sans qualité pour la requérir au nom de leur débiteur ; leur droit se réduit à former opposition à la levée pour être appelés au partage et non à la levée des scellés et à l'inventaire. Telle était l'ancienne jurisprudence attestée par BOURJON (*Droit comm. de France*, t. 2, p. 698, et sanctionnée par les Cours de Nancy, du 9 janvier 1817, S. 17.2.155, et de Caen, du 12 mai 1844, J.P. 45.2.455 ; CHABOT, *Succ.*, art. 820, n° 4; THOMINE, n° 1074 ; DE FRÉMINVILLE, *des Mineurs*, t. 1, n° 456 ; VAZEILLE, art. 820, n° 3; CARON, n° 997; ROLLAND DE VILLARGUES, v° *Scellés*, n° 20. — *Contrà*, Bourges, 16 mai 1843, J.P. 43.1.240). Dans le cas de cette dernière opinion, il faudrait dire que l'apposition des scellés pourrait également, par arg. de l'art. 1166, C. Nap., être requise par les créanciers d'un créancier du défunt, ce qui est inadmissible et n'est encore venu à *l'esprit de personne, que nous sachions.* Suivant certains auteurs, la doctrine qui consacre le droit de requérir l'apposition des scellés au profit du créancier d'un héritier serait suivie dans la pratique. Nous dirons, nous, vieux praticien, que c'est le contraire qui existe et doit exister dans la pratique.

1747. De la faculté accordée à tout créancier d'une succession de requérir l'apposition des scellés dérive, par analogie, le droit d'employer des mesures pour la conservation des valeurs mobilières qui peuvent se trouver hors du domicile du défunt; spécialement, le créancier vendeur de bois à couper peut s'opposer à ce que la coupe soit continuée, tant que l'héritier n'aura pas pris qualité (Arg. Besançon, 9 févr. 1827, S. 27.2.129).

1748. Enfin, l'apposition des scellés peut être requise en cas d'absence, soit du conjoint, soit des héritiers ou de l'un d'eux, par les personnes qui demeuraient avec le défunt, et par ses serviteurs et domestiques (C. Nap., art. 819 et 820; C. pr. civ., art. 909-3°).

1749. Les prétendants droit et les créanciers *mineurs émancipés* peuvent requérir l'apposition des scellés sans l'assistance de leur curateur, s'ils sont *mineurs non émancipés*, et s'ils n'ont pas de tuteur, ou s'il est absent, elle peut être requise par un de leurs parents (C. pr. civ., art. 910).

1750. Le scellé doit être apposé, soit à la diligence du ministère public, soit sur la déclaration du maire ou adjoint de la commune, et même d'office par le juge de paix, 1° si le mineur est sans tuteur, et que le scellé ne soit pas requis par un parent (C. pr. civ., art. 911-1°).

1751. Si, au contraire, le mineur, intéressé dans une succession, est pourvu d'un tuteur légal, majeur ou mineur, ou datif, peu importe, la loi ne distingue pas, il n'y a pas lieu à l'apposition des scellés d'office, alors même que le mineur n'est pas encore pourvu d'un subrogé tuteur, ou qu'un testament contenant un legs universel avec saisine est représenté. Il n'est *malheureusement* pas permis au juge de paix de prévenir, dans l'intérêt d'un héritier mineur, la vigilance d'un tuteur responsable de l'omission de cette formalité, par le motif qu'elle peut être jugée en certains cas inutile, et qu'elle pourrait souvent aggraver la douleur de la famille du défunt (Arg. *Circ. min.*, 13 messid. an XI; 5 nov. 1818; 20 janv. 1829).

On avait d'abord pensé que l'art. 819, C. Nap., nécessitait une exception à cette règle pour le cas de la tutelle légale du père ou de la mère ; mais cette opinion a été rejetée par le Conseil d'Etat dans un avis du 8 décembre 1821, approuvé le 5 février 1822. « Attendu, porte cet avis, que l'art. 819, C. Nap., répugne à l'extension que l'on voudrait lui donner ; que l'art. 911, C. de proc., a été rédigé à dessein et de manière à rendre désormais impossible toute espèce de doute à cet égard, et qu'il suit des dispositions combinées de ces deux articles que le cas d'enfants ayant pour tuteur leur père ou leur mère est précisément un de ceux où la loi n'admet pas l'apposition d'office des scellés ».

Et M. le garde des sceaux a statué dans ce sens par décision du 29 juill. 1828 ;

2° Si le conjoint ou si les héritiers ou l'un d'eux sont absents (C. Nap., art. 819 ; C. proc. civ., art. 911-2°).

1752. La loi entend ici par le mot *absents*, non-seulement les héritiers présumés ou *déclarés* absents, mais encore ceux qui ne sont pas dans le lieu de leur domicile ou de leur résidence, ou qui ne se trouvent pas actuellement dans le lieu où leur présence est nécessaire, quoiqu'on sache d'ailleurs qu'ils existent et où ils sont.

1753. Si l'absent est dûment représenté par un mandataire, le juge de paix doit attendre une réquisition de ce mandataire ; et, s'il y a absence déclarée et des envoyés en possession provisoire présents, c'est à eux qu'appartient le droit de requérir l'apposition des scellés.

1754. Mais un inventaire *informe*, dressé sans le concours des héritiers présomptifs *absents*, ou celui de leurs mandataires, ne peut empêcher l'apposition des scellés (Arg. Bruxelles, 28 mars 1810, S.10.2.299 ; Berriat, t. 2, p. 689 ; Pigeau, t. 2, p. 629 ; Carré et Chauveau, n° 3094). Du reste, les mineurs et les absents n'ont aucun recours contre le juge de paix ou le ministère public qui n'ont pas provoqué l'apposition des scellés en leur faveur (V. *infrà*, n° 1862).

1755. Immédiatement après l'apposition des scellés sur les effets délaissés par les parents des défenseurs de la patrie et autres employés attachés à l'armée, dont ils sont héritiers, le juge de paix doit en avertir ces héritiers, s'il sait à quel corps ou armée ils sont attachés ; il doit en instruire pareillement le ministre de la guerre et inscrire ses lettres à la suite de son procès-verbal. Le délai d'un mois expiré, si l'héritier ne donne pas de ses nouvelles, et n'envoie pas de procuration, le conseil de famille est convoqué à l'effet de lui nommer un curateur (L. 11 vent. an II; L. 16 fructid. an II. V. *suprà*, tit. XI, *des Militaires absents*) ;

1756. 3° Si le défunt était dépositaire public, auquel cas le scellé ne doit être apposé que pour raison de ce dépôt et sur les objets qui le composent (C. proc., art. 911-3°).

Aux termes de l'art. 61 de la loi du 25 vent. an II sur le notariat, « immédiatement après le décès d'un notaire ou autre possesseur de minutes, les minutes et répertoires sont mis sous les scellés par le juge de paix de la résidence, jusqu'à ce qu'un autre notaire en ait été provisoirement chargé par ordonnance du président du tribunal de la résidence ».

En pareil cas, le cachet du notaire est remis par le juge de paix au délégué de la chambre des notaires ; mais il ne doit pas le briser immédiatement comme l'enseignent à tort certains auteurs, car rien dans la loi ne l'y autorise, et le droit commun le lui défend.

1757. On met au rang des dépositaires les officiers généraux ou autres supérieurs de toute arme (Arr. du Gouvern., 13 niv. an X ; Instr. minist., 8 mars 1823), les curés, évêques et archevêques (V. *suprà*, n° 1732).

1758. Le fonctionnaire qui, par la nature de ses fonctions, a dû être dépositaire de secrets de l'Etat, ou de titres appartenant au Gouvernement, est ou peut être présumé dépositaire de papiers de l'Etat.

En conséquence, lors du décès de ce fonctionnaire, l'Etat peut requérir l'apposition des scellés sur ses papiers, à l'effet de rechercher si, parmi ces papiers, il n'en existe pas qui appartiennent à l'Etat (Paris, 8 mai 1829, S.29.2.245) ; mais, dans ce cas, le juge de paix ne doit pas apposer d'office les scellés, il doit se borner à dénoncer de suite le fait au procureur impérial et au procureur général de son ressort.

1759. En matière de faillite, les scellés peuvent être apposés par le juge de paix, même avant le jugement qui ordonne l'apposition, soit d'office, soit sur la réquisition d'un ou de plusieurs créanciers, mais seulement dans le cas de disparition du débiteur ou de détournement de tout ou partie de son actif (C. comm., art. 457-2°).

D'après l'ancienne loi, le juge de paix pouvait également apposer les scellés sur *la notoriété acquise* (C. comm., art. 450 et s.) ; mais la nouvelle loi du 28 mai 1838, ayant déterminé dans son art. 457 les cas dans lesquels le juge de paix peut apposer les scellés, sans attendre le jugement du tribunal de commerce, il en résulte que la *notoriété acquise* ne suffirait pas pour l'y autoriser en l'absence de l'une des circonstances spéciales indiquées par cet article.

1760. Les scellés peuvent toujours être apposés, avec l'autorisation du juge, comme mesure conservatoire, lorsqu'il y a plainte en détournement ou même soupçon grave.

1761. Le juge de paix peut à toute heure de nuit comme de jour s'introduire dans la maison mortuaire pour une apposition de scellés d'office. Ce magistrat tient, en effet, de la loi (C. proc. civ., art. 921), les pouvoirs les plus étendus en pareille matière, pouvoir dont il peut et doit user, sans que la loi fasse aucune distinction entre le jour et la nuit, toutes les fois qu'il y a péril en la demeure : autrement seraient illusoires les précautions prescrites pour l'apposition des scellés. On pourrait, en effet, profiter de la nuit pour faire disparaître des papiers d'une grande importance, par exemple, un testament, un titre de créance que le défunt avait contre l'un des héritiers, présent à la mort et resté près du corps pendant la nuit. Le juge de paix, dans ce cas, étant chargé par la loi de représenter les incapables et les absents, est, à ce titre, membre de la famille et peut dès lors s'introduire à toute heure de jour et de nuit dans la maison mortuaire qui est devenue le domicile de la famille. C'est en vain qu'on invoquerait en pareil cas l'art. 76 de la constitution du 22 frim. an VIII.

1762. Dans le cas où le juge de paix doit apposer les scellés d'office, il est passible de dommages-intérêts s'il refuse de déférer à l'invitation qui lui serait faite par les parents du mineur ou autres personnes, de remplir cette charge de son ministère. Dans tous les autres cas, il doit attendre la réquisition des parties à laquelle il est tenu de déférer, si elles ont qualité légale, sous peine de dommages-intérêts (V. *suprà*, n° 1754).

SECT. III.—*Formes de l'apposition des scellés* (C. proc. civ., art. 907, 912 à 925).

1763. L'apposition des scellés, quelle que soit la cause qui y donne lieu, ne peut être faite que par le juge de paix *des lieux* ou par ses suppléants (C. proc. civ., art. 907, 912).

Une apposition de scellés serait radicalement nulle s'il y avait été procédé par tout autre officier public, un maire, par exemple, ou par le greffier, en l'absence du juge de paix. Le juge de paix compétent pourrait, de sa seule autorité, briser ces scellés pour les réapposer immédiatement (Décis. min. just., 4 avril 1819).

1764. Par *lieux*, on entend ici les communes où sont les effets et non pas, comme autrefois, le lieu de l'ouverture de la succession ; de sorte que si le défunt a laissé deux maisons dans deux cantons différents, ou si son habitation, étant limitrophe du canton, a des dépendances sur le canton voisin, l'apposition doit être faite dans *chacune* par le juge de paix de chaque *lieu*.

1765. En cas d'absence ou d'empêchement du juge de paix du lieu et de ses suppléants, le président du tribunal peut désigner un juge de paix voisin pour procéder à l'apposition des scellés, et cela même sans qu'il soit besoin d'appeler les parties intéressées. Il n'est pas nécessaire, en ce cas, de s'adresser au tribunal pour qu'il fasse cette désignation.

1766. L'ordonnance qui, en pareil cas, désigne un juge de paix, ne peut être considérée comme une ordonnance de référé contre laquelle on puisse se pourvoir par appel, mais bien comme un acte entièrement discrétionnaire de la part du magistrat qui l'a rendue. (Arg. Bourges, 16 mai 1842, J.P. 43.2.240).

1767. Lorsqu'il y a lieu d'apposer ou de lever les scellés, de faire des inventaires ou tous autres actes judiciaires, dans l'intérieur des palais, châteaux, maisons de l'Etat et leurs dépendances, les officiers de justice qui en sont chargés, doivent se présenter au gouverneur ou à celui auquel, en son absence, appartient la surveillance, lequel pourvoit immédiatement à ce qu'aucun empêchement ne leur soit donné (Ord. 20 août 1817, art. 2).

1768. Cependant il est certains cas où les scellés sont apposés par d'autres officiers publics que le juge de paix. Ainsi, en cas de saisie-exécution d'un individu absent, et alors que l'huissier a été obligé de requérir l'ouverture des pièces ou meubles, l'apposition des scellés sur les papiers qui peuvent se trouver doit être faite par l'officier appelé pour l'ouverture (C. pr. civ., art. 587, 907).

1769. A l'égard des officiers décédés en campagne ou sur le champ de bataille, les scellés sont apposés par les intendants ou sous-intendants militaires (Arrêté du 13 niv. an x, art. 4; ord. 27 juill. 1817).

Lorsqu'un passager à bord d'un navire vient à décéder en mer, c'est l'administration de la marine qui est chargée d'apposer les scellés sur leurs effets.

1770. En matière de prise maritime, les scellés sur les vaisseaux capturés sont apposés par l'officier d'administration du port dans lequel les prises sont amenées. (L. 16 germ. an v, art. 8).

1771. Dans le cas d'apposition de scellés par l'autorité, par suite de saisie de pièces à conviction ou d'interdiction d'un local quelconque dans un intérêt d'ordre public, ce sont les fonctionnaires ou agents qui ont opéré la saisie ou ordonné la fermeture des locaux particuliers qui apposent les scellés ou les font apposer par des agents sous leurs ordres.

1772. L'art. 86, tit. 2, de l'ordonnance du 8 mars 1781, qui règle l'exercice de la juridiction des consuls français en cas de décès d'un Français en pays étranger, est inapplicable aux Etats de la chrétienté. Dans tous les cas, la prétention élevée par un consul étranger d'être admis à requérir la levée des scellés au nom de son gouvernement, qu'il soutient appelé à recueillir la succession par préférence à l'administration des domaines de France, n'ayant pas pour objet la réclamation d'un droit de juridiction, ne saurait tomber sous l'application de l'ordonnance précitée (Arg. Cass., 28 juin 1852, J.P. 52.2.179).

Cette ordonnance n'est même plus exécutée depuis longtemps dans les souverainetés du Levant, par suite des capitulations faites avec la Porte Ottomane, ainsi que le faisait observer, dans l'affaire actuelle, M. l'avocat général Chégaray.

1773. Aux termes de l'art. 6 de l'ardonnance du 26 oct.-12 nov. 1833, sur les fonctions des vice-consuls et agents consulaires, en cas de décès d'un Français, les agents consulaires doivent se borner à requérir, s'il y a lieu, l'apposition des scellés de la part des autorités locales, à assister à toutes les opérations qui en sont la conséquence, et à veiller à la conservation de la succession en tant que l'usage et les lois du pays l'y autorisent. Il faut, du reste, avant toutes choses, consulter les traités diplomatiques.

Il existe, à cet égard, entre la France et la Sardaigne, une convention internationale, du 4 fév. 1852, aux termes de laquelle les consuls généraux, les consuls et vice-consuls respectifs, peuvent, au décès de leurs nationaux, morts sans avoir testé ou désigné d'exécuteur testamentaire, 1° apposer les scellés, soit d'office, soit à la réquisition des parties intéressées, sur les effets mobiliers et les papiers du défunt, en prévenant d'avance de cette opération l'autorité locale compétente, qui peut y assister, et même, si elle le juge convenable, croiser de ses scellés ceux qui ont été apposés par le consul; et dès lors, ces doubles scellés ne peuvent être levés que de concert; 2° dresser aussi, en présence de l'autorité compétente du pays, si elle croit devoir s'y présenter, l'inventaire de la succession; 3° faire procéder, suivant l'usage du pays, à la vente des effets mobiliers en dépendant; enfin, administrer et liquider personnellement, ou nommer, sous leur responsabilité, un agent pour administrer et liquider la succession sans que l'autorité locale ait à intervenir dans ces nouvelles opérations, à moins qu'un ou plusieurs citoyens du pays dans lequel est ouverte la succession, ou les citoyens d'une tierce puissance n'aient à faire valoir des droits dans cette même succession; car, dans ce cas, s'il survient quelques difficultés entre les intéressés, elles seront jugées par les autorités du pays, le consul agissant alors comme représentant la succession.

1774. En général, quand un étranger décède en France, le juge de paix doit, soit d'office, soit sur la réquisition des intéressés, apposer les scellés et en donner avis à l'agent consulaire de la nation à laquelle il appartient. Si une fois les scellés apposés, l'agent consulaire croit devoir (dans le cas où les traités diplomatiques lui en donneraient le droit) *croiser* les scellés, il ne peut le faire qu'après avoir préalablement prévenu et appelé le juge de paix, qui, dans ce cas, doit, de son côté, constater par un procès-verbal l'état de ses propres scellés, l'intervention et l'opération du consul étranger.

1775. En cas de décès en France d'un sujet du royaume des Deux-Siciles, le consul de cette nation a le droit d'assister à l'apposition et à la levée de scellés ainsi qu'à l'inventaire (convention du 17 mai 1847).

1776. Mais la faculté de croiser les scellés n'étant pas accordée, dans ce royaume, aux consuls français, les consuls et agents consulaires napolitains, n'ont pas, en France, le droit de croiser les scellés apposés par suite du décès de leurs nationaux (Circul. just., 20 oct. 1849, explication de celle du 29 janv. 1848).

1777. En cas de décès d'un Portugais en France, c'est au consul seul de sa nation qu'il appartient d'apposer les scellés et de se saisir de l'administration des biens, en l'absence d'autres intérêts français ou étrangers... et cela alors même que l'apposition des scellés par les magistrats français compétents aurait été requise par quelques-uns des prétendants droit portugais (Arg. Paris, 21 août 1852, J.P.53.1.99).

1778. En cas de décès d'un Espagnol en France, c'est au consul de sa nation d'apposer les scellés à son domicile, à moins de réquisition de la part, soit d'un créancier, soit d'un légataire, soit d'un héritier français (Traité d'Utrecht, art. 34; Conv. suppl. du 13 mai 1769, art. 8; Paris, 26 sept. 1839, J.P.39.2.336).

1779. Le juge des référés est compétent pour statuer sur les oppositions formées par un consul étranger et par l'administration des domaines française à la levée des scellés apposés après le décès d'un individu décédé en France (dans l'espèce un Anglais), et dont la qualité d'étranger est mise en question (Arg. Cass., 28 juin 1852, J.P.52.2.179).

Il n'y a violation d'aucune loi dans l'arrêt qui, en pareille occurrence, reconnaît à l'administration française l'avantage du droit apparent, en s'appuyant sur l'art. 768, C. Nap., auquel le consul étranger n'oppose aucun texte précis, et qui décide que la nationalité étrangère du défunt, en la supposant certaine, ne saurait prévaloir à elle seule sur les dispositions de cet article (Même arrêt, et Paris, 15 nov. 1833).

1780. Les scellés peuvent être apposés non-seulement dans la maison où le défunt est décédé; mais aussi dans les diverses habitations qu'il pouvait avoir ou qu'il avait eues peu de moments avant sa mort, encore bien que ces diverses habitations paraissent appartenir à des tiers qui les habitent également, s'il existe de graves présomptions qu'elles contiennent des effets appartenant à la succession (Arg. Bourges, 17 janv. 1831, S.-V.31.2.304).

1781. Toutefois, le juge de paix doit s'arrêter devant un acte d'incommunauté (Caen, 2 mai 1845, J.P.45.2.454), fût-il même constant qu'il y a dans ce lieu des meubles appartenant au défunt. Ce magistrat doit, en pareil cas, en référer au président du tribunal de première instance, qui, quelle que soit sa décision, couvre la responsabilité du juge de paix;

c'est, du reste, la règle que nous avons constamment suivie dans le cours de notre long exercice.

1782. Lorsque l'apposition des scellés est nécessaire, on doit la faire, autant que possible, avant l'inhumation ; tellement que, si elle n'a lieu qu'après la levée du corps, le juge de paix doit constater, par son procès-verbal, le moment où il a été requis d'y procéder, et les causes qui ont retardé soit *la réquisition*, soit *l'apposition* (C. proc. civ., art. 913), afin que l'on puisse, au moyen de ces énonciations, découvrir les fraudes et les soustractions qui auraient pu engager à retarder la réquisition (V. *suprà*, nos 1724 et suiv.).

1783. Le juge de paix doit commencer son opération par l'apposition des scellés sur les objets dont il importe le plus d'assurer la conservation, tels que papiers, l'argent comptant, l'argenterie, les bijoux, qu'on a soin de renfermer dans un meuble sûr fermant à la clef; il les met ensuite sur les ouvertures des appartements et armoires renfermant les effets mobiliers, les marchandises, etc., et termine par la description de ceux des objets qui ne peuvent être mis sous le scellé.

Le procès-verbal d'apposition, écrit par le greffier (Décis. minist. just., 27 sept. 1808), doit contenir :

1° La date des an, mois, jour et heure (C. proc., art. 914), même l'heure à laquelle chaque séance commence et finit (Décr., 10 brum. an XIV, art. 1er et 2) ;

2° Les motifs de l'apposition ;

3° Les noms, profession et demeure du requérant, s'il y en a, et son élection de domicile dans la commune où le scellé est apposé, s'il n'y demeure (C. proc., art. 914) ;

4° S'il n'y a pas de partie requérante, le procès-verbal énoncera que le scellé a été apposé d'office ou sur la réquisition, ou sur la déclaration de l'un des fonctionnaires dénommés dans l'art. 911, C. proc., c'est-à-dire s'il est requis par le ministère public, ou s'il est apposé sur la déclaration du maire ou de l'adjoint de la commune ;

5° L'ordonnance qui permet le scellé, s'il en a été rendu ;

6° Les comparutions et dires des parties ; si, par exemple, l'une d'elles requiert un référé, une perquisition de papiers, d'un testament, d'effets, etc. ;

7° La désignation des lieux, bureaux, coffres, armoires, sur les ouvertures desquels le scellé a été apposé ;

8° Une description sommaire des effets qui ne sont pas mis (ou plutôt qui ne peuvent être mis) sous les scellés (C. proc.

civ., art. 914), ce qui s'applique aux gros meubles en évidence, ou aux objets nécessaires à l'usage des personnes qui restent dans la maison du défunt (Arg. C. proc., art. 924);

9° Le serment, lors de la clôture de l'apposition, par ceux qui demeurent dans le lieu, *qu'ils n'ont rien détourné, vu ni su qu'il ait été rien détourné, directement ou indirectement.* Ils ont, en quelque sorte, détenu les effets; il fallait donc, au moyen du serment, s'assurer de leur fidélité; mais ce serment, qui ne constitue qu'une simple mesure de précaution, n'empêche pas que les héritiers et autres parties intéressées fassent preuve par tous les moyens possibles, et même en déférant un nouveau serment, que les effets de la succession ont été détournés (Turin, 7 fév. 1807, S.15.2.203; Carré et Chauveau, *Quest.* 3077).

10° L'établissement du gardien présenté, s'il a les conditions requises; sauf, s'il ne les a pas, ou s'il n'en est pas présenté, à en établir un d'office par le juge de paix (C. proc., art. 914).

1784. Les juges de paix et leurs suppléants se servent d'un sceau particulier, qui doit rester entre leurs mains, et dont l'empreinte est déposée au greffe du tribunal de première instance (C. proc. civ., art. 908). La disposition de cet article a pour but d'empêcher la fraude et les erreurs qui pourraient résulter de la similitude des cachets (Edit de nov. 1696); mais si le juge de paix a fait usage du sceau ordinaire de la justice de paix ou du sceau d'une mairie, auquel cas il doit s'en saisir jusqu'à la levée des scellés, il n'y a pas nullité de l'opération.

1785. L'application du sceau se fait ordinairement par le juge de paix lui-même, mais l'opération ne serait pas nulle quoiqu'il eût laissé ce soin au greffier; la loi veut seulement qu'il y préside.

1786. Les clefs des serrures sur lesquelles le scellé a été apposé doivent rester, jusqu'à sa levée, entre les mains du greffier de la justice de paix, lequel doit faire mention sur le procès-verbal de la remise qui lui en a été faite; et ne peuvent, le juge ni le greffier, aller, jusqu'à la levée, dans la maison où est le scellé, à peine d'interdiction, à moins qu'ils n'en soient requis, ou que leur transport n'ait été précédé d'une ordonnance motivée (C. proc. civ., art. 915).

1787. Les clefs doivent, d'après notre article, rester entre les mains du greffier, et non du juge de paix, dépositaire du sceau, lequel ne doit jamais s'en dessaisir. Ces précautions ont pour objet d'empêcher tout concert frauduleux et toute manœuvre coupable entre le juge et le greffier.

1788. La loi ne désignant pas les qualités requises de la part des gardiens, on en conclut assez généralement qu'une femme, notamment la veuve commune ou donataire, la servante légataire, peut être constituée gardienne des scellés; mais on oublie qu'alors on renonce à l'exercice de la contrainte par corps, prononcée par la loi contre les gardiens (C. Nap., art. 2060), les femmes en étant dispensées (C. Nap., art. 2066). Selon nous, le juge de paix ne doit constituer pour gardiens des scellés, soit sur la présentation des parties intéressées, soit d'office, *et surtout d'office*, que des individus contraignables par corps (Arg. C. proc. civ., 598; LL. 6 et 21 vend. an III; Décr., 18 juin 1811, art. 38).

Un étranger résidant en France ne peut non plus, et par les mêmes motifs, être établi gardien des scellés; un ambassadeur ne peut même être constitué gardien d'objets trouvés sous les scellés et portant l'adresse d'un sujet du souverain qu'il représente (Paris, 19 mai 1829; C. Nap., art. 9; Delaporte, t. 2, p. 459; Carré, *loc. cit.* — *Contrà*, Thomine, n° 1079; Caron, n° 1021; Chauveau, *Quest.*, 3078 V. *suprà*, n° 1429, *ad notam*).

1789. Lors de l'apposition comme de la levée des scellés, le juge de paix a le droit d'adresser, même à des tiers, les interpellations qu'il juge nécessaires pour arriver à la constatation des valeurs dépendant de la succession (Arg. trib. de la Seine, 17 avril 1857, *Gaz. des trib.* du 19 du même mois).

1790. Il doit y avoir autant de gardiens qu'il a été fait d'appositions de scellés en divers lieux (Carré, *Quest.* 3079).

1791. Le gardien doit donner son consentement à la nomination, et signer le procès-verbal; le juge de paix ayant qualité pour l'instituer, peut le destituer sans que cette mesure puisse donner lieu à aucun recours en justice; il est juge souverain en cette matière.

1792. Le juge de paix a le droit de taxer les frais des gardiens qu'il a établis pour la conservation des scellés, à quelque taux que ces frais puissent s'élever, en se conformant, bien entendu, au tarif de 1807, art. 26.

1793. Le droit d'enregistrement, fixé à 4 fr. par vacations (L. 22 frim. an VII, art. 62, 68, n° 3; et L. 19 juill. 1845, art. 5), est exigible par chaque vacation, dont aucune ne peut excéder 4 heures (Décr. 10 brum. an XIV, art. 4). L'enregistrement de chaque vacation ne doit pas nécessairement précéder la vacation suivante ; il suffit que tous les procès-verbaux soient enregistrés dans le délai de la loi (Cass., 11 sept. 1811; C. Nap., art. 3; CHAMPIONNIÈRE et RIGAUD, *Droits d'enreg.*, t. 4, nos 3749 et 3904 ; MASSON DELONGPRÉ, *C. de l'enreg.*, n° 2438. C'est sur la perception du droit d'enregistrement que doivent se régler les vacations dues au greffier du juge de paix.

1794. Si, lors de l'apposition, il est trouvé un testament ou autres papiers cachetés, le juge de paix en doit constater la *forme extérieure*, le *sceau*, c'est-à-dire l'empreinte du cachet qui a pu y être apposé, et la *souscription*, c'est-à-dire l'indication qu'a pu y mettre le testateur; par exemple, que *tel papier est son testament;* parapher l'enveloppe avec les parties présentes, si elles le savent ou le peuvent, et indiquer les jour et heure où le paquet *sera par lui présenté* (et non par le greffier, comme cela se pratique dans quelques justices de paix), au président du tribunal de première instance; il fait mention du tout sur son procès-verbal, lequel *doit* être signé par les parties, sinon, mention est faite de leur refus ou de la cause qui les empêche de signer (C. proc. civ., art. 916).

1795. Le juge de paix n'est point obligé de suspendre l'apposition des scellés pour faire la présentation du testament au président du tribunal. Seulement, il en demeure chargé sous sa responsabilité personnelle, jusqu'à ce que cette présentation ait été faite.....: aussi doit-il se décharger de cette lourde responsabilité sans retard, sauf à établir garnison intérieure et extérieure, si besoin est, pendant la suspension momentanée de son opération.

1796. La perquisition du testament dont l'existence est annoncée, peut, sur la demande de toute partie *intéressée*, être faite par le juge de paix, avant l'apposition du scellé, et s'il le trouve, il doit procéder ainsi qu'il est dit ci-dessus (C. pr. civ., art. 917).

1797. Par *partie intéressée*, on entend ici toute personne qui croit avoir intérêt à l'existence d'un testament, comme un parent, un ami, un serviteur, etc., et même un étranger qui alléguerait que le défunt lui a fait un legs. Le juge de paix a, sur ce point, en l'absence de règles précises tracées par la loi, un pouvoir souverain d'appréciation (CARON, n° 1009; CARRÉ et CHAUVEAU, *Quest.* 3086; THOMINE, n° 1082).

Mais il ne lui est pas permis de prendre lecture des papiers cachetés, ni même de chercher à en connaître le contenu; si notre art. 917 l'autorise à faire des perquisitions pour découvrir un testament, ce n'est qu'autant que le testament lui a été *annoncé*, et qu'il est requis par la partie *intéressée* de faire les perquisitions nécessaires pour le découvrir (Aix, 28 juill. 1830, S. 30.2.356; CHAUVEAU, *Quest.* 3086 *bis*).

1798. Aux jour et heure indiqués, sans qu'il soit besoin d'aucune assignation, les paquets trouvés cachetés sont présentés par le juge de paix au président du tribunal de première instance, lequel en fait l'ouverture, en constate l'état et en ordonne le dépôt entre les mains du notaire par lui commis, si le contenu concerne la succession (C. proc. civ., art. 918; C. Nap., art. 1007; Tarif, art. 94).

1799. La présentation doit se faire au président du tribunal de l'arrondissement du lieu où l'apposition des scellés est faite et non de celui de l'arrondissement dans lequel la succession est ouverte, nonobstant la disposition de l'art. 1007, C. Nap., qui ne s'applique qu'aux testaments ou paquets cachetés à lui présentés par les parties ou par un notaire et non à ceux présentés par le juge de paix. Notre article 918 dit, en effet, que cette présentation sera faite par le juge de paix en personne; son texte est clair, et cependant sa disposition ne pourrait être exécutée, car ce magistrat n'ayant pas juridiction dans ce cas, hors de l'arrondissement de son ressort, il ne pourrait qu'envoyer les paquets au président du tribunal de l'ouverture de la succession; mais par quelle voie et comment? les parties intéressées seraient-elles appelées à leur ouverture? Nous pensons donc que c'est au président du tribunal du ressort du juge de paix à les ouvrir et à prendre les mesures qu'il croira nécessaires pour les faire arriver à leur destination. Prétendre le contraire, c'est vouloir l'impossible, à moins d'exposer des paquets de la plus haute importance à être perdus, soustraits ou égarés, etc. Telle est, du reste, la marche que nous avons constamment suivie depuis trente-quatre ans que nous exerçons nos honorables fonctions (V. LEPAGE, p. 607; MEYNADIER, v° *Scellés*, ch. v, § 3; THOMINE, n° 1083; CAROU, n° 1008; AUGIER, t. 5, p. 24.—*Contrà*, CARRÉ et CHAUVEAU, *Quest.* 3082; PIGEAU, t. 2, p. 557; BERRIAT, p. 69; FAVARD, t. 5, p. 93, suivant lesquels « le testament doit être envoyé au greffe du tribunal de l'ouverture de la succession pour être présenté au président, » s'il y parvient, bien entendu); mais par qui le testament sera-t-il présenté? Par le juge de paix? Nous avons démontré que cela est impossible. Par le greffier de ce tribunal évidemment? Mais notre art. 918 exige, nous le répétons, que les paquets cachetés, trouvés par le juge de paix lors de l'apposition des scellés, soient présentés par ce magistrat *en personne* au président du tribunal, qui en doit faire l'ouverture en présence du juge de paix.

1800. Si les paquets cachetés paraissent, par leur suscription, ou par quelque autre preuve écrite, appartenir à des tiers, le président du tribunal ordonnera que ces tiers seront appelés dans un délai qu'il fixera pour qu'ils puissent assister à l'ouverture : il la fera au jour indiqué, en leur présence ou à leur défaut ; et si les paquets sont étrangers à la succession, il les leur remettra sans en faire connaître le contenu, ou les cachettera de nouveau pour leur être remis à leur première réquisition (C. proc. civ., art. 919).

1801. Tant que les papiers étrangers à une succession n'ont pas été réclamés par les tiers, il suffit que ces papiers restent en dépôt sous le scellé particulier qui y a été apposé ; ce n'est pas le cas pour le juge d'ordonner que ce scellé sera levé avec description des papiers : ici ne s'applique pas l'art. 925, C. proc. (Paris, 8 sept. 1825, S.26.2.42).

1802. « Si un testament est trouvé ouvert, le juge de paix en constatera l'état et observera ce qui est prescrit en l'art. 916 » (C. proc. civ., art. 920).

Cette disposition ne s'entend évidemment que du testament olographe, car s'il est authentique il n'y a pas nécessité d'en constater l'état ; il y en a minute entre les mains du notaire ; le juge de paix doit donc se borner à mettre sous les scellés l'expédition de cet acte ou à en ordonner le dépôt, *s'il est requis*, jusqu'à la levée des scellés, au greffe de la justice de paix où les parties intéressées pourront en prendre communication. Mention de ce dépôt, que le juge de paix ne doit ordonner d'office qu'autant qu'il n'y a pas de scellés à apposer, doit être consignée sur son procès-verbal.

1803. Si les portes sont fermées, s'il se rencontre des obstacles à l'apposition des scellés, s'il s'élève, soit avant, soit pendant le scellé, des difficultés, il y sera statué en référé par le président du tribunal. A cet effet, le juge de paix doit surseoir et établir garnison extérieure, même intérieure, si le cas y échet ; et il en référera sur-le-champ au président du tribunal.

Il peut néanmoins, s'il y a péril dans le retard, statuer par provision, sauf à en référer ensuite au président du tribunal (C. proc. civ., art. 921).

1804. Les parties sont suffisamment intimées devant le président du tribunal par l'ordonnance de renvoi et d'intimation consignée sur le procès-verbal qu'elles doivent signer avec le juge de paix et le greffier.

1805. Lorsqu'il est trouvé des deniers comptants, et qu'il y a danger de les laisser sous le scellé, le juge de paix, en cas de difficulté sur le choix de la personne à laquelle ils seront remis, doit en référer au président du tribunal (Arg. C. proc. civ., art. 921), qui peut en ordonner le dépôt à la caisse des dépôts et consignations ; mais dans aucun cas, le juge de paix ne peut en ordonner le dépôt, soit chez un notaire, soit chez tout autre officier public, soit même à la caisse des consignations : le président du tribunal seul a qualité.

1806. Si l'apposition des scellés est interrompue, pour quelque cause que ce soit, et renvoyée à un autre jour ou même à une autre heure de la journée, il en doit être fait mention sur le procès-verbal, qui doit être signé sur-le-champ par les parties, le juge de paix et le greffier, pour constater cette interruption (D. 10 brum. an XIV, art. 2).

1807. Dans tous les cas où il est référé par le juge de paix au président du tribunal, soit en matière de scellé, soit en toute autre matière, ce qui est fait et ordonné doit être constaté sur le procès-verbal dressé par le juge de paix ; le président signe ses ordonnances sur ledit procès-verbal (C. proc. civ., art. 922).

Cette constatation sur le procès-verbal dressé par le juge de paix de tout ce qui est relatif aux scellés ou aux diverses circonstances qui s'y rattachent (art. 917, 918, 919, 920 et 921), a pour but d'économiser les frais en évitant la multiplicité des actes. Cependant la plupart des présidents éludent cette sage disposition toutes les fois qu'il leur est remis un testament cacheté ou ouvert (Art. 918, 919, 920 et 921); ils en constatent l'état sur un procès-verbal séparé qui reste déposé au greffe du tribunal. Nous avons souvent voulu lutter contre cette mesure arbitraire, mais presque toujours en vain.

1808. Tant que l'apposition des scellés n'est point terminée, c'est au président seul du tribunal qu'il appartient de connaître des difficultés élevées au sujet des objets qui sont déjà sous le scellé, aussi bien qu'au sujet de ceux qui n'y sont point encore.

Mais la demande en nomination d'un gérant, formée après l'apposition des scellés, doit être portée devant le tribunal civil et non devant le juge des référés (Cass., 27 avril 1825, S.26.1.412).

1809. L'action dirigée par un juge de paix et par son

greffier en paiement des frais faits pour apposition et levée de scellés, doit être, sans égard au chiffre de la somme demandée, portée devant le tribunal civil dans le ressort duquel les opérations ont eu lieu, et non devant le tribunal de paix (Cass., 25 avril 1848, J.P.48.1.407).

1810. Dans les communes où la population est de vingt mille âmes et au-dessus, il sera tenu, au greffe du tribunal de première instance, un registre d'ordre pour les scellés, sur lequel seront inscrits, d'après la déclaration que les juges de paix de l'arrondissement seront tenus d'y faire parvenir dans les vingt-quatre heures de l'apposition, 1° les noms et demeures des personnes sur les effets desquelles le scellé aura été apposé; 2° le nom et la demeure du juge qui a fait l'apposition; 3° le jour où elle a été faite (C. proc. civ., art. 925; Tar. 1er art. 17).

Ce délai n'est pas de rigueur.

Le registre que la loi exige ici, et qui, déposé au greffe, se trouve ouvert au public, peut prévenir beaucoup d'abus; il serait à désirer que le chiffre de vingt mille âmes, beaucoup trop élevé, fût abaissé à trois mille, dans l'intérêt des familles et surtout du commerce.

Sect. IV. — *Des oppositions aux scellés* (C. proc. civ., art. 926 et 927).

1811. Les oppositions aux scellés sont des actes conservatoires par lesquels toute personne prétendant droit dans la succession, demande que la levée des scellés soit différée, qu'on n'y procède qu'en sa présence et que l'on prenne, en la faisant, telles mesures ou précautions nécessaires à ses intérêts. Elles peuvent, à la différence de l'apposition (C. proc. civ., art. 909), être faites sans permission du juge, parce qu'elles n'entraînent aucuns frais qui puissent grever la succession (C. Nap., art. 821), soit par une déclaration sur le procès-verbal de scellé, soit par exploit signifié au greffier du juge de paix (C. proc. civ., art. 926). Dans le premier cas, elle doit être signée de l'opposant ou de son fondé de pouvoir; dans le second, le greffier du juge de paix doit en viser l'original.

1812. L'opposition aux scellés peut être formée par toute partie intéressée, encore qu'elle n'ait ni titre authentique, ni permission du juge, même par la partie qui, comme le créancier d'un successible, n'aurait pas eu qualité pour requérir l'apposition; il suffit d'un droit apparent. Le juge de paix n'est point juge du mérite des oppositions, et par conséquent il ne peut, sous aucun prétexte, se refuser à les recevoir, lui parussent-elles non fondées.

Mais si, pendant la levée des scellés, il survient des oppositions, le juge de paix n'est pas tenu de surseoir ni d'en référer au président du tribunal (Cass., 17 avril 1828, S.28.1.235); il doit seulement les constater sur son procès-verbal.

1813. Toutes oppositions à scellés doivent contenir, *à peine de nullité*, outre les formalités communes à tout exploit: « 1° élection de domicile dans la commune ou dans l'arrondissement de la justice de paix où le scellé est apposé, si l'opposant n'y demeure pas (C. proc. civ., art. 927-1°), pour que les parties intéressées ne soient pas obligées d'aller chercher au loin un opposant dont les droits sont peut-être imaginaires ;

2° « L'énonciation précise de la cause de l'opposition » (M. C., art. 927-2°), c'est-à-dire la nature de la dette à raison de laquelle l'opposition est formée, pour que les parties intéressées puissent prendre leurs mesures en conséquence.

1814. L'opposition à scellés faite dans la forme prescrite par l'art. 926, C. proc. civ., c'est-à-dire par déclaration sur le procès-verbal des scellés, n'a pas besoin d'être notifiée à tous les cohéritiers, parce que son insertion sur le procès-verbal les avertit suffisamment de son existence (Cass., 2 juill. 1838, J.P.38.2.253). Il en est de même de l'opposition formée par exploit entre les mains du greffier du juge de paix (Orléans, 1er déc. 1837, J.P.38.1.17). Elle a pour effet d'interrompre la prescription (Paris, 7 août 1829; Cass., 11 déc. 1833, J.P.29 et 30).

1815. Quand cette opposition a pour objet la conservation des créances contre la succession, aucune partie de l'hérédité ne peut être distraite, et par conséquent aucun partage ne peut avoir lieu au préjudice de l'opposition; tandis que, quand elle a pour objet la conservation des créances contre l'un des ayants droit à la succession, elle a pour effet d'arrêter la portion qui doit échoir à cet ayant droit, et le met dès lors dans l'impossibilité d'en disposer jusqu'à ce que les droits réclamés par l'opposant aient été jugés (Cass., 2 juill. 1838, J.P.38.2.253).

SECT. V.—*Formules.*

§ 1er.—**Ordonnances diverses du juge de paix sur réquisitions, autorisant l'apposition des scellés** (C. Nap., art. 819, 820, 1031, 1414; C. proc. civ., art. 909, 865, 869; D. 1er germ. an XIII, art. 40, etc.).

« L'an..., le..., heures du matin,

« Par-devant nous, Adolphe A..., juge de paix du canton « de.., département de..., assisté de Me Louis B..., greffier « de cette justice de paix ;

« Est comparu, dans notre cabinet à..., le sieur Paul-Adrien Robinet, rentier, demeurant à..., où il déclare faire « élection de domicile. »

1. Ordonnance sur réquisition d'un héritier (C. Nap., art. 819 ; C. proc., art. 909).

« Lequel a dit qu'il est habile à se dire et porter seul et « unique héritier présomptif ; »

(Ou) « Héritier présomptif en partie ;

« De M. Joseph-Adrien Patel, son oncle maternel, décédé « aujourd'hui, en sa demeure, sise à... ; que pour la conser- « vation de ses droits ; »

(Ou) « Que voulant faire constater légalement les forces et « charges de la succession dudit feu sieur Patel ; »

(Ou encore) « Que dans l'intérêt des héritiers présomptifs « absents et de tous autres qu'il appartiendra ; »

« Il requiert, sans entendre prendre, quant à présent, au- « cune qualité, qu'il nous plaise d'apposer sans délai les « scellés sur les meubles et effets, titres et papiers dudit dé- « funt, et a signé. »

(*Signature.*)

« Nous, juge de paix,

« Vu la réquisition ci-dessus et les art. 819 du C. Nap., « et 909, Code proc. ;

« Attendu que le comparant, en la qualité qu'il agit, a « droit de requérir l'apposition des scellés,

« Disons qu'il sera par nous procédé à l'apposition desdits « scellés, cejourd'hui, dix heures du matin, au domicile et « après le décès dudit feu sieur Patel, pour la conservation « des droits du requérant et de tous autres qu'il appartien- « dra, et avons signé avec le greffier. »

(*Signatures.*)

2. Ordonnance sur réquisition d'un légataire universel (C. proc., art. 909).

« Lequel a exposé que, par testament passé devant Me..., « notaire à..., en présence de quatre témoins, le..., enregis- « tré, M. Prosper-Adrien Leclerc, rentier, demeurant à..., « décédé audit lieu cejourd'hui, l'a institué son légataire uni- « versel, et qu'en cette qualité, il requiert l'apposition des « scellés sur les meubles, effets, titres, papiers et rensei- « gnements dépendant de la succession dudit défunt, et a « signé. » (*Signature.*)

« Nous, juge de paix,

« Vu la réquisition ci-dessus, l'expédition en forme du tes-« tament susénoncé, représentée, et l'art. 909 du Code de « procéd. civ.,

« Attendu que le comparant, en sa qualité de légataire « universel, a droit de requérir l'apposition des scellés, au « domicile et après le décès dudit feu sieur Leclerc;

« Disons qu'il y sera par nous procédé à l'instant même, « et avons signé avec le greffier. »

(*Signatures.*)

« Et le...

« En conséquence de notre ordonnance qui précède, etc. »

3. Ordonnance sur réquisition d'un exécuteur testamentaire (C. Nap., art. 1031).

« Lequel a exposé que le sieur Xavier-Stanislas Dupuis, « rentier, décédé à..., le..., l'a nommé son exécuteur testa-« mentaire, aux termes de son testament par lui fait ologra-« phe, en date, à Chartres, du 5 mars 1847, enregistré au « même lieu, le..., et déposé pour minute à Me..., notaire « à..., par M. le président du tribunal de première instance « de l'arrondissement de Chartres, aux termes de son procès-« verbal d'ouverture et de description du testament, en date « du..., laissant des héritiers absents et des mineurs; qu'en « sadite qualité d'exécuteur testamentaire, il s'empresse de « requérir l'apposition des scellés, en la demeure du défunt, « sise à..., rue, n°..., et a signé. »

(*Signature.*)

« Nous, juge de paix,

« Vu la réquisition ci-dessus, l'expédition en forme du tes-« tament susénoncé, et l'art. 1031 du Code Nap.;

« Attendu que le comparant, en sa qualité d'exécuteur « testamentaire, est tenu de faire apposer les scellés dans la « circonstance,

« Disons qu'il y sera par nous procédé à l'instant même, « et avons signé avec le greffier. »

(*Signatures.*)

« Et le..., etc., etc... »

4. Ordonnance sur réquisition d'une veuve, mariée sous le régime dotal (C. proc., art. 909).

« Laquelle a exposé que M. Xavier-Stanislas de Villeneuve, « propriétaire, avec lequel elle était mariée sous le régime « dotal, suivant leur contrat de mariage, passé devant Me..., « notaire à..., le..., enregistré, est décédé cejourd'hui, cinq

« heures du matin, en sa demeure à...; que pour la conser-
« vation des créances et droits matrimoniaux qu'elle peut
« avoir à exercer contre la succession du défunt, ainsi que
« des droits des héritiers légitimes dudit défunt et de tous
« autres qu'il appartiendra, elle requiert qu'il nous plaise
« apposer sans délai les scellés sur les meubles et effets,
« titres, papiers et renseignements dudit défunt, et a signé. »

(*Signature.*)

« Vu la réquisition ci-dessus, et les art. 819, C. Nap., et
« 909, C. de proc., obtempérant à ladite réquisition,

« Nous, juge de paix, assisté du greffier, nous sommes de
« suite transporté en la demeure susdésignée du défunt, à
« l'effet d'y apposer les scellés, où étant arrivé et monté au
« premier étage dans une chambre, etc. »

5. Ordonnance sur réquisition d'un créancier fondé en titre exécutoire (C. proc., art. 909; C. Nap., art. 820).

« Lequel a exposé qu'il est créancier fondé en titre exécu-
« toire de M. Joseph-Laurent Bontemps, rentier, demeurant
« à..., d'une somme de deux mille francs; que son débiteur
« étant décédé hier, à dix heures du soir, il requiert, en vertu
« de son titre, ainsi que la loi le lui permet, qu'il nous plaise
« apposer sans délai les scellés sur les meubles, effets, titres
« et papiers dépendant de la succession dudit défunt, et
« se trouvant dans le domicile où il est décédé, à..., et a
« signé. »

(*Signature.*)

« Nous, juge de paix,

« Vu la réquisition ci-dessus, la grosse en forme exécutoire
« du titre susénoncé, et les art. 820, C. Nap., et 909, C.
« proc.,

« Attendu que le comparant, en la qualité qu'il agit, a
« droit de requérir l'apposition des scellés pour sûreté de sa
« créance,

« Disons que les scellés seront tout présentement apposés
« au domicile, et après le décès dudit feu sieur Bontemps, et
« avons signé avec le greffier. »

(*Signatures.*)

6. Ordonnance sur réquisition d'un créancier chirographaire autorisé par le président du tribunal de première instance (C. Nap., art., 820; C. proc., art. 909).

« Lequel a exposé qu'il est créancier de M. Joseph-Laurent
« Dupont, vigneron, décédé aujourd'hui en sa demeure, sise
« à..., de la somme de huit cents francs, montant d'un mé-
« moire d'épiceries (ou d'un billet, ou toute autre), et que

« pour sûreté, conservation et avoir paiement de ladite somme, « il a obtenu le jour d'hier une ordonnance de M. le président « du tribunal de première instance de l'arrondissement de..., « qui lui a permis de faire apposer les scellés au domicile et « après le décès de son débiteur, laquelle ordonnance, dû- « ment enregistrée, étant au bas de la requête présentée à ce « magistrat, nous a été représentée et est demeurée ci-an- « nexée, après avoir été signée et certifiée sincère et véri- « table par le comparant;

« Qu'en conséquence, il requiert qu'il nous plaise appo- « ser sans délai les scellés sur les meubles, effets, titres, « papiers et renseignements dépendant de la succession du- « dit défunt, et a signé. »

(*Signature.*)

« Nous, juge de paix,

« Vu la réquisition ci-dessus, l'ordonnance de M. le pré- « sident du tribunal de première instance de l'arrondisse- « ment de..., en date du..., enregistrée, ci-annexée;

« Attendu que le comparant, en la qualité qu'il agit, est « légalement autorisé à requérir l'apposition des scellés dont « il s'agit;

« Disons qu'il sera par nous procédé tout présentement à « l'apposition desdits scellés, et avons signé avec le greffier. »

(*Signatures.*)

7. Ordonnance sur réquisition d'un créancier chirographaire, autorisé par le juge de paix (C. Nap., art. 820; C. proc., art. 909).

« Lequel a exposé qu'il est créancier du sieur Denis-André « Samson, cultivateur, décédé le jour d'hier, en sa demeure, « sise à..., de la somme de 1,450 fr., montant d'un billet que « le défunt a souscrit à son profit, le..., stipulé payable le « 15 avril prochain, dûment enregistré le..., f°..., v° C..., « par..., qui a reçu..., dixième compris;

« Que, pour sûreté de cette créance, il a le plus grand in- « térêt à faire apposer les scellés sur les meubles et effets de « son débiteur; qu'en conséquence, il requiert, pour la con- « servation de ses droits et de tous autres qu'il appartien- « dra, qu'il nous plaise lui permettre de faire procéder à « ladite apposition de scellés, et a signé. »

(*Signature.*)

« Nous, juge de paix,

« Vu la réquisition ci-dessus, le billet susénoncé et les art. « 820 du Code Napoléon et 909 du Code de procédure;

« Attendu que le comparant, en sa qualité de créancier, a

« intérêt à faire mettre sous les scellés les meubles et effets « appartenant à son débiteur décédé, lui permettons de faire « procéder à ladite apposition de scellés, et disons qu'il y « sera, par nous, tout présentement procédé, et avons signé « avec le greffier. »

(*Signatures.*)

8. Ordonnance sur réquisition d'une femme pour cause de séparation de biens ou de corps, autorisée par le président du tribunal de première instance (C. proc., art. 865 et 869).

« Laquelle a exposé qu'aux termes de son contrat de ma- « riage[1], reçu par Me... et son collègue, notaires à..., en « date du.., enregistré à..., le..., ses père et mère lui ont « constitué en dot une somme de...; que, par suite des mau- « vaises affaires de son mari (et de son inconduite) sa dot « est en péril, ce qui l'a mise dans la nécessité de demander « sa séparation de biens (ou de corps); que par ordonnance « de M. le président du tribunal de première instance de « l'arrondissement de..., en date du..., enregistrée à..., le..., « elle a été autorisée à faire faire tous actes conservatoires, « notamment à faire apposer les scellés au domicile de son « mari, et dans les lieux en dépendant;

« Qu'en conséquence, elle requiert qu'il nous plaise de « procéder de suite à ladite opération, et à signé, avec Me... « son avoué. »

(*Signatures.*)

« Nous, juge de paix,

« Vu la réquisition ci-dessus et l'ordonnance y énoncée; « disons que les scellés seront par nous apposés cejourd'hui, « heure de midi, en la demeure dudit sieur..., sise à..., et « avons signé avec le greffier. »

(*Signatures.*)

9. Ordonnance sur réquisition d'un subrogé tuteur sur le refus du tuteur légal de faire faire inventaire (C. Nap., art. 420, 451, 819, 1442; C. proc., art. 909).

« Agissant au nom et comme subrogé tuteur de Marie- « Félicité Loiseau et d'Adrien-Paul Loiseau, enfants mi- « neurs, issus du mariage de Adrien-Pascal Loiseau, décédé, « et de dame Pauline-Adrienne Ducoup, sa veuve, vigne- « ronne, demeurant à..., nommé à cette qualité qu'il a accep- « tée suivant délibération du conseil de famille desdits mi- « neurs, reçue et présidée par nous, aux termes d'un procès- « verbal en date du..., enregistré;

« Lequel a dit que, malgré ses instances réitérées, la « veuve Loiseau s'est constamment refusée jusqu'à ce jour à

« faire faire inventaire sous divers prétextes ; que cette con-
« duite donne de justes soupçons au comparant ; que res-
« ponsable, en sa qualité de subrogé tuteur, envers les mi-
« neurs du défaut d'inventaire, et pour la conservation de
« leurs droits et intérêts, et de tous autres qu'il appartien-
« dra, il requiert qu'il nous plaise ordonner que les scellés
« seront apposés sans délai en la demeure de la veuve Loi-
« seau sur les meubles, effets, titres, papiers et renseigne-
« ments, dépendant tant de la communauté desdits époux
« Loiseau que de la succession dudit défunt, et a signé. »

(*Signatures.*)

« Nous, juge de paix,

« Vu la réquisition ci-dessus et les art. 420, 451 et 1442
« du Code Napoléon ;

« Considérant que ledit comparant, en sa qualité de su-
« brogétuteur, a droit de requérir l'apposition des scellés
« dans la circonstance ; qu'en effet, s'il négligeait d'obliger
« la tutrice Loiseau à faire inventaire, il serait solidairement
« tenu avec elle de toutes les condamnations qui pourraient
« être prononcées au profit des mineurs ;

« Disons qu'il sera par nous procédé à l'opération requise
« demain, huit heures du matin, en présence du requérant,
« et avons signé avec ledit requérant et le greffier. »

(*Signatures.*)

10. Ordonnance sur réquisition d'un employé principal de la régie des impôts indirects, sur les effets et papiers d'un comptable (D. 1er germ. an XIII, art. 40).

« Lequel a exposé, etc. » (comme au no 5 ci-dessus, ou *infrà*, p. 718, § 2, n° 1 . Néanmoins, les registres de recettes et autres de l'année courante ne seront pas mis sous les scellés. Le juge de paix devra seulement les parapher, arrêter et les remettre à l'intérimaire, et faire mention du tout sur le procès-verbal.

11. Ordonnance sur réquisition d'un héritier pendant le cours d'un inventaire.

« Lequel a dit que... (les motifs de l'apposition des scel-
« lés) ; qu'en conséquence, il requiert qu'il nous plaise nous
« transporter au domicile susdésigné à l'effet d'apposer les
« scellés, et a signé. »

(*Signature.*)

« Nous, juge de paix,

« Vu la réquisition ci-dessus et l'art. 923 du Code de pro-
« cédure civile,

« Attendu que le comparant a qualité pour requérir l'ap-

« position des scellés dans la circonstance ;

« Attendu que l'inventaire est attaqué, et que l'opération « requise est ordonnée par le président du tribunal de pre- « mière instance de...,

(Ou) « Attendu qu'il est procédé à l'inventaire au domicile « du défunt à la requête de... ; que cet acte n'est pas « achevé ;

« Disons qu'il sera par nous procédé de suite à l'apposi- « tion des scellés au domicile et après le décès dudit feu « sieur..., sis à..., rue..., n°...;

(Ou) « Disons qu'il sera par nous procédé de suite à l'ap- « position des scellés sur les meubles, effets, titres, papiers « et renseignements, non compris dans l'inventaire com- « mencé par Me Vivien, notaire à..., aux risques et périls de « qui il appartiendra, et avons signé avec le greffier. »

(*Signatures.*)

12. Ordonnance sur réquisition d'un syndic après faillite (C. comm., art. 468, 469, 471).

« L'an..., le..., heures du matin,

« Par-devant nous, Adolphe A..., juge de paix du canton « de..., départ. de...,

« Est comparu, dans notre cabinet, à...,

« M. Louis-Alexandre Mousseaux, agréé près le tribunal « de commerce de l'arrondissement de..., syndic de la fail- « lite D... marchand de nouveautés, demeurant à..., rue..., « n°..., nommé à cette qualité par jugement du tribunal de « commerce dudit lieu, en date du..., enregistré, à nous « exhibé et de suite rendu;

« Lequel a dit que, par le jugement susénoncé, ledit sieur « D..., a été déclaré en faillite, et qu'il a été ordonné que « les scellés seraient apposés sur les meubles, effets, titres et « papiers, magasins, etc., du failli ; qu'en conséquence, il « nous requiert de les apposer à l'instant même, pour la con- « servation des droits des créanciers, à l'exception néan- « moins : 1° des livres dudit failli et des effets de portefeuille « à courte échéance ou susceptibles d'acceptation, si aucuns « se trouvent, qui devront être remis au comparant, confor- « mément à l'art. 471 du Code de commerce; — 2° des vê- « tements et effets nécessaires au failli, et des objets néces- « saires à l'exploitation de son fonds de commerce, que M..., « juge-commissaire de ladite faillite, l'a autorisé à ne pas « mettre sous les scellés, desquels objets il sera fait inven-

« taire avec prisée, conformément à l'art. 469 du même « Code, et a signé. » (*Signature.*)

« Nous, juge de paix,

« Vu la réquisition ci-dessus, le jugement susénoncé et « les art. 469 et 471 du Code de commerce, et faisant droit à ladite réquisition ;

« Nous sommes de suite transporté, assisté du greffier et « accompagné du requérant, au domicile susdésigné du failli, « où étant, nous avons trouvé, etc. »

13. Ordonnance sur réquisition d'un créancier après la disparition de son débiteur (C. comm., art. 437).

« L'an, etc.,

« Par-devant nous, etc., assisté, etc.,

« Est comparu, dans notre cabinet, ... :

« M. Paul-Joseph Duval, négociant, demeurant à..., où il « déclare faire élection de domicile ;

« Lequel a exposé que le sieur D..., marchand épicier, « demeurant à..., rue..., n°..., vient de disparaître ; qu'il « est son créancier d'une somme de 1,500 fr. pour marchan- « dises qu'il lui a vendues et livrées, ainsi qu'il en justifie « par ses livres ; qu'il a intérêt, pour la conservation de ses « droits, de faire apposer les scellés sur tous les meubles, « effets, marchandises, titres et papiers existant en son do- « micile ; qu'en conséquence, il nous requiert d'y procéder « dans le plus bref délai, vu l'urgence, et a signé. »

(*Signature.*)

« Nous, juge de paix,

« Vu la réquisition ci-dessus et l'art. 437 du Code de « commerce ;

« Attendu que le sieur... (le débiteur) a quitté son domi- « cile sans en donner avis, et a suspendu ses paiements ; « qu'il est urgent dès lors d'apposer les scellés pour la con- « servation du gage du requérant et de tous autres qu'il « appartiendra,

« Ordonnons qu'il sera par nous, à l'instant même, pro- « cédé à l'apposition requise desdits scellés, et avons signé « avec le greffier. » (*Signatures.*)

§ 2. **Ordonnances diverses d'apposition de scellés d'office** (C. proc., art. 911, 914 ; L. 25 vent. an XI, art. 61 ; Arrêté du gouv., 13 niv. an X, art. 1er, et L. 23 frim. an V).

1. Après le décès ou la disparition d'un dépositaire public (C. proc., art. 911 ; L. 25 vent. an XI, art. 61).

« L'an..., le..., heures du matin,

« Nous, Adolphe A..., juge de paix du canton de..., dé« partement de..., assisté de M. Louis B..., greffier de cette « justice de paix, sur l'avis à nous donné à l'instant que « Me Séraphin Dupré, notaire à.... (ou autre dépositaire « public), est décédé, la nuit dernière, en son domicile à... ;

« Vu l'art. 911, § 3, C. proc. civ, et l'art. 61 de la loi du « 25 vent. an XI ;

« Attendu, en droit, qu'il nous est prescrit de veiller à la « conservation des pièces et actes qui constituent le dépôt « d'un officier public ;

« Ordonnons que les scellés seront de suite apposés sur « les minutes, registres, répertoires et tous autres objets dé« pendant du dépôt public dont ledit feu sieur Dupré était « chargé. En conséquence, nous nous sommes transporté, « assisté du greffier, en l'étude dudit Me Dupré, sise à..., « rue..., n°..., où étant, etc.

2. Après le décès d'un officier général ou supérieur, d'un intendant militaire, d'un chirurgien en chef des armées, retiré ou en activité (C. proc., art. 911 ; arrêté du gouv., 13 niv. an X, art. 1er).

« L'an..., le..., ... heures du matin,

« Nous, Adolphe A..., juge de paix du canton de..., dé« partement de..., assisté, etc.,

« Informé par M... que M..., officier général, était décédé « cejourd'hui, deux heures du matin, en son domicile à..., « rue de l'Orangerie, n° 15 ;

« Vu l'art. 911, § 3, C. proc. civ., et l'art. 1er de l'arrêté « du Gouvernement, du 13 niv. an X ;

« Ordonnons que les scellés seront de suite apposés sur les « papiers, cartes, plans et autres objets appartenant ou in« téressant l'Etat, et pouvant y faire retour, en présence de « M. le maire de la commune de..., ou d'un délégué de ce « magistrat, qui sera invité à se rendre avec nous au domi« cile dudit défunt, suivant qu'il est prescrit par l'arrêté sus« visé du 13 niv. an X ;

« En conséquence, nous nous sommes transporté, assisté « du greffier et accompagné de M..., maire de la commune « de..., au domicile susdésigné dudit défunt, où étant, etc. »

3. Sur l'avis ou la déclaration d'un officier public pour cause d'héritiers mineurs ou d'absents (L. 22 frim. an V; C. proc., art. 911).

« L'an..., le..., ... heures de relevée,

« Nous, Adolphe A..., juge de paix du canton de..., dépar« tement de..., assisté, etc. ;

« Sur l'avis qui nous a été donné par M. le procureur im-

« périal de l'arrondissement de... (ou par M. le maire de la « commune de...), suivant sa lettre du... ci-annexée, que le « sieur Pierre-Joseph Boulanger, vigneron, était décédé en « son domicile, à..., le..., dix heures du soir, laissant pour « héritiers les mineurs Louis-Alfred Léon et Albertine Léon, « ses neveu et nièce, dépourvus de tuteur, et le sieur Armand « Léon, marchand confiseur, demeurant à..., non présent « sur les lieux ;

« Vu l'art. 911, C. proc. ;

« Disons que les scellés seront tout présentement apposés « d'office sur les meubles, effets, titres, papiers et renseigne- « ments dépendant de la succession dudit feu sieur Boulan- « ger ; en conséquence, nous nous sommes de suite trans- « porté, assisté du greffier, au domicile susdésigné dudit « défunt, ou étant, etc. »

4. Après faillite.

« L'an..., etc. ;

« Nous, etc. ;

« En exécution d'un jugement rendu par le tribunal de « commerce de l'arrondissement de..., en date du..., enre- « gistré, dont un extrait nous a été envoyé d'office par le « greffier dudit tribunal, lequel jugement déclare en état de « faillite le sieur D..., marchand de vin, demeurant à..., « rue..., n°... »

(Ou) « informé par la notoriété publique de la disparition « du sieur D...., marchand de vin, demeurant à...., rue..., « n°.... ;

« Vu les art. 457 et 458, C. comm. ;

« Ordonnons que les scellés seront tout présentement ap- « posés sur les magasins, comptoirs, caisses, portefeuilles, « livres, papiers, meubles et effets dudit failli (ou du sieur « D...), et avons signé avec le greffier. » (*Signatures.*)

§ 3.—**Incidents divers qui peuvent surgir dans le cours d'une apposition de scellés** (C. proc., art. 916, 917, 920, 921 et 922).

1° *Dires des parties.*

« Et à l'instant s'est présenté le sieur Jean Dumont, neveu « du défunt ;

« Lequel nous a dit que le sieur..., qui avait requis l'ap- « position des scellés, n'étant pas créancier sérieux du défunt, « il s'opposait formellement à l'apposition des scellés, et re- « quérait qu'il en fût référé devant qui de droit, et a signé « sous toutes réserves. » (*Signature.*)

« Le sieur... a répondu qu'il était porteur d'un billet écrit « et signé par le défunt, et que rien ne pouvait s'opposer à « l'exercice d'un droit qu'il tenait de la loi ; que loin de s'op- « poser à un référé, il le requérait : mais qu'il demandait « qu'il fût établi garnison intérieure et extérieure, pour em- « pêcher le divertissement des effets de la succession pour le « cas où M. le juge de paix ne jugerait pas devoir statuer par « provision, sauf à en référer ensuite à M. le président du « tribunal de première instance, et a signé. »

(*Signature.*)

2° *Ordonnance du juge de paix.*

1re Ordonnance statuant par provision sur opposition à l'apposition des scellés.

« Nous, juge de paix, parties entendues ;

« Vu l'art. 921, C. proc. civ. ;

« Attendu que les obstacles qui se présentent lors des opé- « rations de scellés peuvent être jugés par le juge de paix, « s'il y a péril dans le retard ;

« Attendu que le sieur... prétend droit dans la succession, « ou dans la communauté, comme héritier, pour moitié, du « défunt. »

(Ou) « Attendu que l'héritier à réserve, peut requérir l'ap- « position des scellés, nonobstant tout testament, donation ou « dispositions quelconques, et sans qu'on puisse lui opposer « aucun obstacle pour la conservation de sa propre chose. »

(Ou) « Attendu que l'héritier, mineur émancipé, peut re- « quérir l'apposition des scellés, comme acte conservatoire, « sans l'assistance de son curateur. »

(Ou) « Attendu que le parent de l'héritier, mineur non « émancipé, peut, en l'absence de son tuteur, requérir l'ap- « position des scellés. »

(Ou) « Attendu que l'enfant naturel reconnu peut requérir « l'apposition des scellés, parce qu'il a un droit dans la suc- « cession, soit comme héritier, soit comme créancier. »

(Ou) « Attendu que le légataire peut requérir l'apposition « des scellés, parce qu'il a droit dans la succession en justi- « fiant du testament. »

(Ou) « Attendu que l'exécuteur testamentaire peut requérir « l'apposition des scellés, lors même que les héritiers mi- « neurs, interdits ou absents, sont pourvus de tuteurs, que « c'est une obligation pour lui lorsqu'ils en sont dépourvus. »

Nota. — On ajoute, après chacun des attendu ci-dessus, ce qui suit : « ou tout autre motif. »

« Attendu qu'il y a lieu de craindre le détournement des « valeurs mobilières, même avec des gardiens provisoires,

« Disons qu'il en sera par nous référé à M. le président du « tribunal de première instance de..., demain, dix mai, pré- « sent mois, heure de midi, dans son cabinet, au palais de « justice, et cependant, dès à présent et par provision, disons « qu'il sera procédé et passé outre à l'apposition des scellés « dont il s'agit, et avons signé avec le greffier. »

(*Signatures.*)

2° Ordonnance introductive de référé sur opposition à l'apposition des scellés, et établissement de gardiens provisoires.

« Nous, juge de paix, parties entendues, leur avons donné « acte de leurs dires et réquisitions ci-dessus; et attendu « l'opposition faite par le sieur..., disons, qu'à l'instant « même, nous allons nous transporter devant M. le président « du tribunal de première instance de l'arrondissement de..., « en son cabinet, au palais de justice, pour être par lui sta- « tué sur l'obstacle survenu à l'apposition des scellés;

« Et, attendu que la maison, où nous sommes, a plusieurs « issues, et qu'il serait facile de soustraire des meubles et « effets pendant notre absence, nous avons établi à chacune « des portes d'entrée de ladite maison un gardien, savoir: à « la porte sur..., le sieur..., tailleur d'habits, demeurant « dans ladite maison, et à la porte sur..., le sieur..., vannier, « demeurant à..., à côté de ladite porte; lesquels ont accepté « cette garde, et ont signé avec les parties, nous et le gref- « fier. » (*Signatures.*)

3° Ordonnance. Perquisition de testament sur réquisition.

« Le sieur... nous a requis de faire dans les papiers du « défunt, avant de procéder à l'apposition des scellés, la re- « cherche d'un testament dont l'existence lui a été assurée « par ledit défunt quelques mois avant sa mort, et a signé. »

(*Signature.*)

« Le sieur B..., ou la dame D..., veuve du défunt, a dit « que, loin de s'opposer à la perquisition requise d'un testa- « ment, il la requérait, et a signé. »

(*Signature.*)

« Nous, juge de paix,

« Vu les réquisition et consentement ci-dessus des parties, « et l'art. 917, C. proc. civ.;

« Considérant que les parties ont qualité pour requérir la « recherche du testament annoncé,

« Nous avons fait perquisition dans tous les meubles, se-« crétaires, bureaux et armoires qui nous ont été indiqués « par les parties, comme devant contenir ledit testament, et « nous avons effectivement trouvé dans le tiroir de gauche « d'un secrétaire placé dans le cabinet de travail du défunt, « ayant vue au midi, un paquet cacheté de cire rouge, por-« tant l'empreinte de..., et, pour suscription, ces mots : « « *Ceci est mon testament.* » signé D... (avec ou sans pa-« raphe). Nous avons paraphé l'enveloppe dudit paquet, et « l'avons fait parapher par les parties. »

(Ou) « Une feuille de papier du timbre de..., ou une feuille « de papier ordinaire, non timbré, sur laquelle est rédigé le « testament du défunt, signé D..., commençant par ces « mots..., et finissant par ceux-ci... Ledit testament conte-« nant trente-cinq lignes, douze demi-lignes; les mots... « surchargés, etc.;

« Et attendu que tout testament olographe ou mystique, « ouvert ou cacheté, ou papiers cachetés, trouvés lors de « l'apposition des scellés, doivent être présentés par le juge « de paix au président du tribunal de l'arrondissement des « lieux où sont apposés les scellés, sans pouvoir s'en dessaisir « sur ajournement donné aux intéressés, comme suite de son « opération, ordonnons que ledit paquet (ou le testament « constaté dans notre procès-verbal de scellés de ce jour) sera « par nous présenté à M. le président du tribunal de première « instance de..., le..., heure de midi, dans son cabinet, au « palais de justice, auxquels jour, lieu et heure, les parties « sont intimées de se trouver, si bon leur semble, et ont les-« dites parties signé avec nous et le greffier, après lecture « faite. » (*Signatures.*)

3° *Ordonnances sur référé du président du tribunal de première instance* (1).

1re Ordonnance. Opposition à l'apposition des scellés après décès.

« Nous (nom, prénoms), président du tribunal de première « instance de l'arrondissement de...,

« Etant dans notre cabinet, au palais de justice à...,

« Après avoir entendu M. le juge de paix, en son rapport,

(1) Les juges de paix peuvent appuyer des mêmes motifs leurs décisions dans des cas analogues, sur lesquels ils auraient à statuer provisoirement; ces ordonnances, puisées dans l'excellent ouvrage du président Debelleyme, nous ont été d'un grand secours pour la rédaction des ordonnances de référé dont nous chargeaient le plus souvent MM. les présidents.

« Me..., avoué du sieur..., et Me..., avoué du sieur... (ou les « parties en personne). »

Si les parties ne comparaissent ni en personne, ni par avoué, on dit : « Après avoir entendu M. le juge de paix « en son rapport, donnons défaut contre le sieur... (la partie « ou les parties défaillantes) non comparant ni personne « pour lui, quoique dûment ajourné par le procès-verbal de « M. le juge de paix, et pour le profit ;

« Attendu que l'héritier présomptif requiert l'apposition « des scellés, et que le légataire universel s'y oppose ; que « le testament est olographe ou mystique, et qu'il n'a pas « justifié d'une ordonnance d'envoi en possession (ou tout « autre motif, suivant le cas) ;

« Attendu que, nonobstant l'opposition du sieur..., le juge « de paix, à cause du péril dans le retard, a passé outre à « l'apposition provisoire des scellés ;

« Attendu que l'héritier présomptif prétend que le legs a « été mal à propos qualifié universel, et que l'ordonnance « d'envoi en possession est attaquée par une demande prin- « cipale ;

« Au principal, renvoyons les parties à se pourvoir et, par « provision,

« Déclarons définitive l'apposition des scellés faite par le « juge de paix. »

(Ou), si la cause de l'opposition n'est pas fondée, « di- « sons que les scellés seront levés sans description. »

« Fait à..., le quinze mai mil huit cent quarante-neuf, et « avons signé avec le greffier. »

(*Signatures.*)

2e Ordonnance. Opposition à l'apposition de scellés après décès

« Nous, etc. (comme ci-dessus, première ordonnance),

« Attendu que le sieur..., partie de..., a un titre certain, « et qu'il a intérêt à ce que les scellés soient apposés sur les « meubles et effets, titres et papiers dépendant de la suc- « cession de son débiteur décédé ;

« Au principal, etc. ;

« Renvoyons les parties à se pourvoir, et cependant, dès à « présent, et par provision, disons qu'il sera procédé et passé « outre à l'apposition des scellés après le décès du sieur... ; « et, en cas de résistance, que M. le juge de paix pourra re- « quérir la force armée en nombre suffisant : ce qui sera « exécuté nonobstant appel, et sans y préjudicier.

« Fait à..., le cinq mai mil huit cent quarante-neuf, et « avons signé avec le greffier. » (*Signatures.*)

3° Ordonnance. Ouverture de portes en cas d'absence.

« Nous..., etc. (comme ci-dessus, première ordonnance);

« Attendu que le sieur... prétend droit dans la succession « (ou dans la communauté), en qualité de frère du défunt « (ou autre qualité). »

(Ou) « Attendu que l'héritier à réserve a qualité pour re- « quérir l'apposition des scellés, nonobstant tout testament, « donation ou dispositions quelconques, et sans qu'on puisse « lui opposer aucun obstacle, parce qu'il conserve sa propre « chose ;

(Ou tout autre motif, suivant le cas);

« Attendu qu'aucune personne n'a été trouvée pour ouvrir « les portes du domicile du défunt;

« Au principal;

« Renvoyons les parties à se pourvoir, et cependant, dès « à présent et par provision,

« Ordonnons que, nonobstant l'absence de toute personne « des lieux, il sera procédé à l'ouverture des portes de l'ap- « partement (ou de la maison) qu'occupait le défunt à..., « rue..., n°..., et les lieux en dépendant, par tel serrurier « que M. le juge de paix choisira, et, au besoin, avec l'assis- « tance de la force armée, même en l'absence des parties in- « téressées, à l'effet d'apposer les scellés, sur la réquisition « du sieur... (la personne qui requiert les scellés), sur tous « les objets existant dans lesdits lieux;

« Et notre ordonnance sera exécutée par provision, no- « nobstant appel, et sans y préjudicier.

« Fait à..., le cinq mai mil huit cent quarante-neuf, et « nous avons signé avec le greffier. » (*Signatures.*)

4° Ordonnance. Ouverture de portes en cas de refus.

« Nous, etc. (comme ci-dessus, première ordonnance);

« Attendu que le créancier de la succession (ou) de la « communauté, peut requérir l'apposition des scellés, no- « nobstant tout testament, ou donation, lors même que sa « créance n'est ni liquide, ni exigible, parce qu'il concerne « sa propre chose, »

(Ou) « Attendu que le créancier de l'héritier peut requérir « l'apposition des scellés, comme exerçant les droits de son « débiteur; que l'art. 909, C. proc., n'établit aucune distinc-

« tion; qu'il a intérêt d'empêcher, jusqu'à l'inventaire, le « détournement des valeurs mobilières, pour rendre utile le « droit de s'opposer au partage;

« Attendu que la succession est mobilière, et que le dé« tournement est à craindre;

(Ou tout autre motif, suivant le cas);

« Attendu que le sieur..., trouvé au domicile du défunt, a « refusé d'ouvrir les portes par (le motif du refus, si la cause « en est connue);

« Au principal, etc...;

« Ordonnons que, nonobstant le refus d'ouvrir les portes, « il sera procédé, etc. (comme à la troisième ordonnance ci« dessus), et notre ordonnance sera exécutée par provision, « nonobstant appel et sans y préjudicier.

« Fait à..., le six mai mil huit cent quarante-neuf, et nous « avons signé avec le greffier. » (*Signatures.*)

5° Ordonnance. Apposition de scellés hors du domicile du défunt.

« Nous, etc. (comme ci-dessus, première ordonnance);

« Attendu que les scellés doivent être apposés, non-seule« ment au domicile du défunt, mais dans ses habitations de « campagne ou rurales et dans ses ateliers et magasins. »

(Ou) « Attendu qu'il résulte des documents produits que « des objets dépendant de la succession ont été confiés ou « déposés par le défunt au sieur... »

(Ou) « Ont été détournés ou déposés chez le sieur... »

(Ou) « Que des titres et papiers renfermés dans une caisse « sont déposés chez M[e]..., notaire à...; qu'il importe de les « conserver, de les constater, et de les placer sous les « scellés;

« Au principal, etc.

« Ordonnons que M. le juge de paix se transportera à... « (le lieu), à l'effet d'y apposer les scellés; »

(Ou) « De se faire représenter (désigner les objets réclamés), « et, en cas de refus, à procéder à une perquisition desdits « objets, et disons qu'ils seront réintégrés dans les lieux;

(Ou) « Que le sieur (le possesseur) les conservera provisoi« rement comme séquestre judiciaire; et néanmoins, qu'en « cas de difficultés, il nous en sera référé préalablement.

« Et notre ordonnance, etc. »

6° Ordonnance. Réclamation des tiers.

« Nous, etc.

« Attendu que le sieur... déclare qu'il ne possède aucun

« objet ; » (Ou) « ne possède que (désigner les objets seu- « lement), dépendant de la succession, et s'oppose à la per- « quisition et aux scellés, ou que le sieur... (le tiers récla- « mant) prétend qu'il a toujours été propriétaire des objets « revendiqués ; »

(Ou) « Qu'ils lui ont été vendus, donnés en nantissement, « et qu'il déclare n'avoir en sa possesion que les objets re- « présentés (ajouter un motif spécial à la difficulté) ;

« Au principal, etc.

« Ordonnons qu'il sera procédé à la perquisition, ou qu'il « n'y a lieu à perquisition et apposition de scellés ; »

(Ou) « Donnons acte au sieur... de ses déclarations, et di- « sons que le sieur... conservera, comme séquestre judiciaire, « la possession provisoire de... (désigner les objets) dont il « se reconnaît dépositaire, (ou) que les objets réclamés seront « transportés au domicile du défunt, et mis sous les scellés ;

« Et notre ordonnance, etc. »

7e Ordonnance. Inventaire commencé ou clos, mais attaqué.

« Nous..., etc..., etc... (comme ci-dessus, première ordon- « nance) ;

« Attendu que l'inventaire fait par le testament du défunt, « même le père ou la mère, avec prisée des objets et legs « du mobilier à l'un de ses enfants, n'est pas un obstacle à « l'apposition de scellés ; »

(Ou) « Attendu que l'inventaire n'est pas achevé ; »

(Ou) « Attendu que l'inventaire clos définitivement, est, « ou n'est pas attaqué (C. proc., art. 923).

« Au principal, etc.

« Ordonnons l'apposition des scellés ; »

(Ou) « Ordonnons que les scellés seront apposés sur les « objets non inventoriés seulement ; »

(Ou) « Ordonnons que les scellés seront apposés sur tous « les biens et valeurs de la succession, ou disons qu'il n'y « a lieu à apposition de scellés ;

« Et notre ordonnance, etc. »

8e Ordonnance. Opposition à l'apposition des scellés en cas d'interdiction.

« Nous..., etc... (comme à la première ordonnance ci- « dessus) ;

« Attendu que le sieur... (nom, prénoms, profession, do- « micile), est dans un état d'aliénation mentale qui l'empêche « de pourvoir à l'administration de sa personne et de ses « biens (on ajoute, s'il y a lieu) qu'il a été transféré, par

« ordre de l'autorité municipale ou par les soins de ses pa-
« rents ou de ses amis, dans une maison de santé destinée
« au traitement des aliénés ;

« Qu'il est seul, sans protection, et qu'il n'existe avec lui
« aucune personne ayant capacité pour agir dans son intérêt;

« Qu'ainsi il est urgent de pourvoir à l'administration de sa
« personne, à la conservation de ses biens pendant la procé-
« dure en interdiction ;

« Au principal, etc.

« Disons que, nonobstant l'opposition du sieur..., il sera
« passé outre à l'apposition des scellés au domicile du sieur...
« sur tous les objets mobiliers et papiers qui s'y trouvent; »

On ajoute, s'il y a lieu : « Mais par description seulement
« sur linges, hardes et objets mobiliers à l'usage personnel
« du sieur..., et de sa maison ; »

(Ou) « Mais par description seulement sur les objets mo-
« biliers, ustensiles, marchandises, livres et papiers néces-
« saires à la continuation du commerce ; »

On ajoute, s'il y a lieu :

« Disons que les objets mobiliers, linges et hardes à l'usage
« personnel du sieur..., et la somme de..., nécessaire au paie-
« ment de la pension, du traitement et des soins que son état
« exige, et que sa fortune permet de lui donner, seront retirés
« avant l'apposition des scellés, ou extraits des scellés, et
« remis au directeur de la maison de santé, ou au sieur...,
« que nous autorisons à gérer et administrer provisoirement
« les affaires du sieur... »

On ajoute s'il y a lieu :

« Autorisons le sieur... à gérer et administrer provisoire-
« ment la personne et les biens du sieur... pendant le délai
« de... jours, à charge de tenir écritures et de rendre compte
« de sa gestion ; à la condition de former la demande en in-
« terdiction dans les... jours, de ce jour.

« Et notre ordonnance, etc. (comme à la première ordon-
« nance ci-dessus.) »

9° Ordonnance. Opposition à l'apposition des scellés en cas de disparition.

« Nous, etc. (comme ci-dessus, première ordonnance) ;

« Attendu que le sieur... a disparu de son domicile, sans
« en donner avis, sans faire connaître la cause de son départ,
« et sans pourvoir à l'administration de ses affaires; que
« sa disparition paraît avoir pour cause le désordre de ses
« affaires, et qu'il est urgent de pourvoir à la conservation et

« à la gestion de ses biens et affaires, dans l'intérêt commun. »

On peut ajouter un motif spécial à l'opposition et à la difficulté.

« Au principal, etc...

« Disons que nonobstant l'opposition du sieur..., il sera « passé oûtre à l'apposition des scellés au domicile du sieur..., « sur tous les objets mobiliers, marchandises, registres et pa- « piers qui s'y trouvent ; »

On ajoute, s'il a lieu : « Ainsi que dans les magasins, « ateliers, bureaux et autres lieux par lui occupés ; »

On ajoute, s'il y a lïeu : « Mais par description seulement « pour les meubles, ustensiles, marchandises, livres et papiers « nécessaires à la continuation du commerce qu'il exerçait.

« Disons que les livres seront seulement clos et arrêtés « par le juge de paix ; »

On ajoute, s'il y a lieu : « Autorisons le sieur... à gérer et « administrer les biens et affaires du sieur..., pendant le « délai de... jours, à la charge de tenir écritures nouvelles, « et par jour, des recettes et dépenses, et de rendre compte « quand et à qui il appartiendra.

« Et notre ordonnance, etc. »

10° Ordonnance. Opposition à l'apposition de scellés après faillite.

« Nous..., etc. (comme ci-dessus, première ordonnance).

« 1° Attendu que le sieur... (débiteur) a quitté son domi- « cile sans en donner avis, et a suspendu ses paiements ; qu'il « est urgent d'apposer les scellés pour la conservation du « gage commun (1) ;

« — 2° Attendu que le président du tribunal civil est com- « pétent pour statuer sur les difficultés relatives à l'apposi- « tion et levée des scellés après faillite, parce qu'il s'agit « d'exécution (Paris, 20 nov. 1826) ;

« — 3° Attendu que les scellés doivent être apposés sur les « marchandises données en consignation par le failli, puis-

(1) « En cas de faillite déclarée, le tribunal de commerce ordonne l'apposition des scellés (C. comm., art. 437, 449). Le juge de paix les appose sur la notoriété acquise (art. 450). En cas de doute et de refus par le juge de paix, le créancier obtient l'autorisation du président du tribunal civil, par ordonnance sur requête ; mais si le juge de paix refuse, malgré l'autorisation, si un tiers laissé dans les lieux s'y oppose, ou s'il s'élève un obstacle quelconque, le président du tribunal civil statue en référé. »

DEBELLEYME.

« qu'il en reste propriétaire, sauf compte avec le consignataire, »

(Ou) « Qu'il est articulé que la vente faite au consignataire « n'est qu'une garantie et n'est pas réelle d'après les écritures et la correspondance ;

« — 4° Attendu que la réclamation du sieur..., comme « propriétaire des meubles ou marchandises sur lesquels il « s'agit d'apposer les scellés, n'est pas justifiée ; qu'il ne re-« présente aucun acte de vente, etc., ou qu'elle est justifiée « par, etc. » (Paris, 20 nov. 1826) ;

(Ou) « Attendu que, peu de temps avant ou après la fail-« lite, des objets ont été détournés au préjudice de la masse, « que les syndics peuvent les revendiquer ;

« — 5° Attendu que les syndics peuvent se faire représenter « par mandataires ; que la faillite a été déclarée à..., où se « trouve le principal établissement ; que le failli ayant des « magasins, ou un dépôt à Paris, il y a lieu d'y apposer les « scellés à la requête des mandataires des syndics ; »

(Ou) « Que le sieur... (parent du failli) est décédé à Paris, « et que les syndics peuvent exercer les droits du failli par « mandataires ;

« — 6° Attendu que le sieur... (débiteur) a été personnel-« lement constitué en état de faillite, ce qui ne constitue pas « en état de faillite la maison de commerce à laquelle il ap-« partient comme associé ; qu'ainsi il n'y a lieu à l'apposition « des scellés au lieu de la société, soit que l'acte de société « en dispense en prévoyant le cas de faillite personnelle d'un « associé, soit qu'il ne s'explique pas à ce sujet ; qu'il y a lieu « seulement de procéder à un inventaire, et à une liquidation « des droits de l'associé, à moins que l'acte de société ne « porte, selon l'usage, qu'on réglera les droits selon le der-« nier inventaire commercial, comme en cas de décès de « l'associé. » (Paris, 14 juill. 1827).

— 7° (Ou) « Attendu que le sieur... est séparé de corps, ou « de biens seulement d'avec la dame..., par jugement du..., « et que les meubles et marchandises ont été attribués à la « dame... par la liquidation de ses reprises, ou que la « dame..., est séparée de biens par son contrat de mariage, « avec état annexé des objets mobiliers ; que postérieurement « il est tombé en faillite ; que la dame... s'oppose à l'apposi-« tion des scellés ; que la provision est due auxdits jugement « et liquidation non attaqués ; »

(Ou) « Attendu que le jugement et la liquidation sont

« attaqués et qu'il convient d'autoriser une mesure conserva-« toire ;

« — 8° Attendu que le sieur (un tiers) réclame la propriété « de... (désigner les objets), placés sous les scellés après la « faillite du sieur... ; que la propriété est reconnue ;»

(Ou) « Attendu qu'il est articulé que la preuve de la pro-« priété résulte d'un acte placé sous les scellés ;

« — 9° Attendu qu'il existe sous les scellés des titres et « pièces qui ont été remis au sieur (le failli), comme arbitre, « syndic, liquidateur, ou curateur à succession vacante ; qu'il « est urgent de les remettre au sieur (le réclamant), pour les « produire en justice ou exercer ses droits ;

« — 10° Attendu que la question de propriété est indécise « et qu'il y a lieu de prendre des mesures conservatoires des « objets réclamés, pour éviter la perte, le dépérissement ou « la diminution de valeur ;

« — 11° Attendu que le jugement du tribunal de com-« merce du... a relevé le sieur... de sa faillite et l'a remis au « même état, » (ou) « a prononcé la nullité du jugement « déclaratif de faillite ; que les parties consentent son exécu-« tion ; »

(Ou) « Attendu que ledit jugement n'a point encore été « signifié ; »

(Ou) « Attendu que les sieurs..., qui ont requis l'apposi-« tion des scellés, pour cause de suspension de paiement, con-« sentent, par suite d'un arrangement amiable, avant toute « déclaration de faillite, à la levée des scellés sans descrip-« tion ;

« — 12° Attendu que l'état de faillite ne paralyse pas l'exer-« cice des droits privilégiés du propriétaire ; » (Paris, 18 « juill. 1834) ;

(Ou) « Attendu que le sieur (adjudicataire) entre en pos-« session à compter du...., aux termes de son jugement « d'adjudication ; que la faillite du vendeur ne peut paralyser « l'exercice des droits de l'adjudicataire ;

« Au principal, etc... :

« 1° Disons qu'il sera passé outre à l'apposition des « scellés ;

« — 2° Disons que le juge de référé est compétent ;

« — 3° Disons que les scellés seront apposés chez le sieur... « (consignataire), sur toutes les marchandises données en « consignation, dont il sera, au besoin, fait perquisition et « recherche, (ou) par description seulement sur le procès-

« verbal du juge de paix, (ou) que l'état desdites marchan-
« dises dressé lors de la consignation représenté et reconnu
« par toutes les parties sera annexé audit procès-verbal, et
« que le sieur... (consignataire) sera constitué gardien judi-
« ciaire ;

« — 4° Disons que les scellés seront apposés sur les objets
« réclamés par le sieur..., ou que les scellés seront apposés
« par description seulement sur les objets réclamés par le
« sieur..., lequel les conservera provisoirement comme sé-
« questre et gardien judiciaire, (ou) disons qu'il n'y a lieu à
« apposition de scellés ; »

(Ou) « Même décision ; »

« — 5° Ordonnons qu'il sera passé outre à l'apposition des
« scellés ;

« — 6° Disons qu'il n'y a lieu à apposition des scellés, et
« néanmoins qu'un état sommaire des objets mobiliers, mar-
« chandises et valeurs de la société, sera compris en l'inven-
« taire pour servir à la liquidation des droits de l'associé, (ou)
« disons qu'il sera procédé seulement à la liquidation selon
« le dernier inventaire commercial ;

« — 7° Disons qu'il n'y a lieu à apposition des scellés,
« (ou) qu'il sera passé outre à l'apposition des scellés, (ou)
« par description seulement sur les meubles, linges, hardes et
« objets nécessaires au service journalier de la dame... et de
« sa maison, à la charge par elle de se constituer séquestre
« judiciaire desdits objets ;

« — 8° Disons que les scellés seront provisoirement levés,
« à l'effet d'extraire (désigner les objets), et ordonnons que
« lesdits objets seront provisoirement remis au sieur...,
« comme gardien judiciaire, à la charge de les représenter,
« s'il y a lieu, à qui de droit ; »

(Ou) « Disons qu'il sera procédé à la levée provisoire des
« scellés, à l'effet de rechercher s'il existe, sous lesdits
« scellés, un acte du... (ou) des papiers relatifs à la réclama-
« tion, pour, ledit acte et lesdits papiers représentés, être
« requis et statué ce que de droit ;

« — 9° Même décision ;

« — 10° Autorisons le sieur... à prendre telles mesures de
« conservation nécessaires, notamment (préciser les mesures,
« même fixer, s'il est possible, le *quantum* de la dépense)
« aux risques de qui il appartiendra, et sous la réserve de la
« question de remboursement desdits frais par privilége ; »

(Ou) « Autorisons la vente des marchandises aux enchères »

« ou par le sieur..., courtier de commerce, en présence du « sieur (réclamant), et disons que le prix, déduction faite des « frais de vente, après taxe judiciaire, sera déposé à la caisse « des consignations, à la conservation des droits de qui il appar- « tiendra;

« — 11° Ordonnons qu'il sera procédé à la levée des scellés, « sans description;

« — 12° Ordonnons que dans les... jours, de ce jour, les syn- « dics seront tenus de procéder à la levée des scellés, etc. »

(Ou) « Même ordonnance; »

« Et notre ordonnance, etc. »

4.—Procès-verbal d'apposition de scellés, après décès, sans incidents.

« Et le quinze mai mil huit cent quarante-neuf, dix heures « du matin,

« En exécution de notre ordonnance qui précède, en date « de ce jour,

« Nous sommes transporté, accompagné du sieur..., « requérant, en une maison, sise à..., où étant arrivés et « entrés dans... (désigner la pièce, l'étage, sa vue), nous « avons trouvé le corps dudit défunt, gisant sur un lit, recou- « vert d'un drap.

« Conduit dans une chambre à coucher à côté de celle « d'où nous sortons, éclairée sur une cour par deux croisées, « au midi, nous y avons trouvé (énoncer les personnes pré- « sentes), auxquelles nous avons fait part du sujet de notre « transport, et que nous avons invitées, en conséquence, à « nous indiquer tous les lieux dépendant de l'habitation du « défunt (ou composant l'appartement occupé par le défunt), « lesquels ont déclaré ne point s'opposer à l'apposition de nos « scellés, et ont signé. » (*Signatures.*)

« En conséquence, nous avons de suite procédé à l'apposi- « tion des scellés et à la description des objets en évidence, « ainsi qu'il suit :

1° APPOSITION DE SCELLÉS.

« Nous avons successivement apposé dix scellés aux deux « bouts de dix bandes de ruban de fil blanc, scellés en cire « rouge ardente (ou molle), empreints du sceau de notre jus- « tice de paix, savoir :

Dans la chambre susdésignée du défunt :

« 1° Une bande de ruban couvrant l'entrée de la serrure

« d'une armoire en noyer, fermée avec la clef remise au « greffier, pour rester entre ses mains jusqu'à la levée des « scellés ;

« — 2° Deux bandes de ruban, en haut, bas et milieu, sur « les deux battants d'un placard fermé avec la clef remise au « greffier, pour rester entre ses mains jusqu'à la levée des « scellés ;

« — 3° Une bande de ruban couvrant l'entrée de la porte « dudit cabinet, fermée de deux tours avec la clef remise au « greffier, pour rester entre ses mains jusqu'à la levée des « scellés ;

Dans la chambre à coucher susdésignée, à côté de celle du défunt:

« — 4° Trois bandes en haut, bas et milieu, sur les deux « battants d'une armoire en acajou, fermant à bascule, haut « et bas, au milieu, une serrure fermée à double tour, avec « la clef remise au greffier, pour rester en ses mains jusqu'à « la levée des scellés ;

« — 5° Une bande de ruban couvrant l'entrée de chacun « des quatre tiroirs, deux grands et deux petits, d'une com- « mode en acajou, fermant tous les quatre avec la même clef « que nous avons remise au greffier, pour rester en ses mains « jusqu'à la levée des scellés ;

« — 6° Une bande placée ou milieu à l'intérieur, sur l'ou- « verture de chacune des deux croisées ;

« — 7° Une bande placée à l'extérieur sur l'ouverture de « la porte dudit cabinet, fermée de deux tours, avec la clef « remise au greffier, pour rester en ses mains jusqu'à la le- « vée des scellés.

Dans un salon sis au rez-de-chaussée, ayant vue par deux croisées sur...:

« — 8°. . . . . ; — 9°. . . . . . , etc. »

(On énonce ainsi successivement les différentes pièces et « lieux dépendant de l'appartement ou de l'habitation du dé- « funt, et les meubles sur lesquels les scellés ont été ap- « posés.)

2° DESCRIPTION DES MEUBLES ET EFFETS LAISSÉS EN ÉVIDENCE:

Dans la cuisine, au rez-de-chaussée, éclairée par une croisée sur la cour:

« Une pelle, une pincette, un soufflet, un gril, un couperet, « six casseroles dont deux grandes, trois moyennes et une

« petite ; six couvercles, une tourtière en cuivre rouge, etc.

Dans une pièce à côté de la précédente, aussi éclairée sur la cour, et servant de salle à manger :

« Une table ronde en bois d'acajou, à coulisses, avec trois « allonges en bois blanc, six chaises foncées de paille, etc.

Dans une armoire de la même pièce :

« Trois douzaines d'assiettes à potage, dix douzaines d'as- « siettes plates, deux soupières, quatre compotiers, le tout « en porcelaine blanche ; deux douzaines de tasses à café « avec leurs soucoupes, en porcelaine dorée, etc., etc.

Dans le salon :

« Etc. . . . . ; etc., ... ; etc. . . . .

Suit l'état du linge donné à la lessive.

(On énonce ainsi successivement les meubles décrits en évidence.)

« Lesquels lieux et effets ci-dessus désignés sont tous ceux « à nous indiqués par les comparants, lesquels ont prêté ser- « ment individuellement devant nous qu'ils n'ont rien dé- « tourné, vu ni su qu'il ait été rien détourné directement ni « indirectement, des meubles, effets, titres, papiers et ren- « seignements dépendant de la succession dudit défunt ;

« Et ledit sieur... s'est desdits scellés et de tout ce que « dessus volontairement chargé et a promis de représenter « le tout quand et à qui il appartiendra, et a signé. »

(*Signature.*)

« L'argent comptant trouvé dans le cours de l'apposition « des scellés monte à la somme de..., laquelle a été placée « dans un secrétaire sous les scellés, à l'exception de celle « de..., laissée à..., qui s'en est chargé pour fournir aux « dépenses courantes de la maison, et sans que cela puisse « lui attribuer d'autre qualité que celle qu'il (ou qu'elle) « jugera à propos de prendre par la suite, et a signé. »

(*Signature.*)

« Ce fait, le sieur... a requis qu'il lui fût délivré expédi- « tion ou extrait du procès-verbal.

« Il a été vaqué à tout ce que dessus, depuis dix heures du « matin jusqu'à quatre heures du soir, non compris trans- « port.

« Fait et dressé le présent procès-verbal à..., les jour, « mois et an que dessus, et ont les parties signé avec nous, « et le greffier, après lecture faite. » (*Signatures.*)

§ 5.—**Procès-verbal d'apposition de scellés après décès, avec incidents divers.—Opposition.—Décision provisoire.—Référés.—Garnison extérieure.—Perquisition de testament.—Remise de papiers cachetés, ou testament ouvert ou cacheté, au président du tribunal de première instance** (C. proc., art. 914, 916, 917, 920, 921, 922).

« Et le quatorze mai mil huit cent quarante-neuf, dix « heures du matin,

« En exécution de notre ordonnance qui précède, en date « de ce jour ;

« Nous, juge de paix susdit, assisté du greffier,

« Nous sommes transporté, accompagné du sieur..., re- « quérant, en la demeure susdésignée du défunt (ou du sieur, « si ce n'est pas après décès), où étant arrivé et entré (dé- « signer la pièce, l'étage, sa vue), nous avons trouvé le corps « dudit défunt gisant sur un lit, recouvert d'un drap.

« Conduit dans une chambre, à côté de celle d'où nous « sortons, éclairée sur une cour par deux croisées au midi, « nous y avons trouvé (énoncer les personnes présentes), « auxquelles nous avons fait part du sujet de notre transport « (ou donné lecture des requête et ordonnance susénoncées), « et que nous avons invitées, en conséquence, à nous indi- « quer tous les lieux dépendant de l'habitation du défunt (ou « composant l'appartement occupé par le défunt).

« Le sieur Jean Dumont, neveu du défunt, a dit que le « sieur... qui avait requis l'apposition des scellés, n'étant pas « créancier sérieux de feu son oncle, il s'opposait formelle- « ment à l'apposition des scellés, et requérait qu'il en fût « référé devant qui de droit, et a signé sous toutes réserves. »

(*Signature.*)

« Le sieur... a répondu qu'il était porteur d'un billet « écrit et signé par le défunt, et que rien ne pouvait s'op- « poser à l'exercice d'un droit qu'il tenait de la loi ; que, loin « de s'opposer à un référé, il le requérait, mais qu'il deman- « dait qu'il fût établi garnison intérieure et extérieure, pour « empêcher le divertissement des effets de la succession, pour « le cas où M. le juge de paix ne jugerait pas devoir statuer « par provision, sauf à en référer ensuite à M. le président du « tribunal de première instance, et a signé. » (*Signature.*)

« Nous, juge de paix, parties entendues,

« Vu l'art. 921, C. proc. civ.;

« Attendu que les obstacles qui se présentent, lors des

« opérations de scellés, peuvent être jugés par le juge de « paix, s'il y a péril dans le retard ;

« Attendu que le sieur... prétend droit dans la succession « (ou dans la communauté), comme héritier du défunt ; »

(Ou) « Attendu que l'héritier à réserve peut requérir l'ap- « position des scellés, nonobstant tout testament, donation « ou dispositions quelconques, et sans qu'on puisse lui op- « poser aucun obstacle pour la conservation de sa propre « chose ; »

(Ou) « Attendu que l'héritier mineur émancipé peut re- « quérir l'apposition des scellés, comme acte conservatoire, « sans l'assistance de son curateur ; »

(Ou) « Attendu que le parent de l'héritier mineur non « émancipé peut, en l'absence de son tuteur, requérir l'ap- « position des scellés ; »

(Ou) « Attendu que l'enfant naturel reconnu peut requérir « l'apposition des scellés, parce qu'il a un droit dans la suc- « cession, soit comme héritier, soit comme créancier ; »

(Ou) « Attendu que le légataire peut requérir l'apposition « des scellés, parce qu'il a droit dans la succession en justi- « fiant du testament ; »

(Ou) « Attendu que l'exécuteur testamentaire peut requérir « l'apposition des scellés, lors même que les héritiers mi- « neurs, interdits ou absents, sont pourvus de tuteur ; que « c'est une obligation pour lui lorsqu'ils en sont dépourvus ;

« Attendu qu'il y a lieu de craindre le détournement des « valeurs mobilières même avec des gardiens provisoires ;

« Disons qu'il en sera par nous référé à M. le président du « tribunal de première instance de..., demain, dix mai, pré- « sent mois, heure de midi, dans son cabinet, au palais de « justice, et cependant, dès à présent, et par provision, di- « sons qu'il sera procédé et passé outre à l'apposition des « scellés dont il s'agit, et nous avons signé avec le greffier. »

(*Signatures.*)

Nota. Si le juge de paix ne passe pas outre, on dit :

(Voir *suprà*, p. 722, 2e ordonnance, § 3, intitulé : *Incidents divers*, p. 720, etc.)

« Et, à l'instant, nous avons procédé à l'apposition des « scellés et à la description des objets restés en évidence, « ainsi qu'il suit :

1° APPOSITION DE SCELLÉS.

« Nous avons successivement apposé dix scellés aux deux

« bouts de dix bandes de rubans de fil blanc, scellés en cire « rouge ardente (ou molle), empreints du sceau de notre « justice de paix, savoir :

Dans la chambre susdésignée du défunt:

« 1° Une bande de ruban couvrant l'entrée de la serrure « d'une armoire en noyer, fermée avec la clef, remise au « greffier pour rester en ses mains jusqu'à la levée des « scellés;

« — 2° Deux bandes de ruban, en haut, bas et milieu, sur « les deux battants d'un placard fermé avec la clef, remise « au greffier pour rester en ses mains jusqu'à la levée des « scellés;

Dans un cabinet attenant à ladite chambre :

« — 3° Une bande de ruban couvrant l'entrée de la porte « dudit cabinet, fermée de deux tours avec la clef, remise au « greffier pour rester en ses mains jusqu'à la levée des scellés;

Dans la chambre à coucher susdésignée, à côté de celle du défunt :

« — 4° Trois bandes en haut, bas et milieu, sur les deux « battants d'une armoire en acajou, fermant à bascule, haut « et bas, au milieu une serrure fermée à double tour avec la « clef remise au greffier pour rester en ses mains jusqu'à la « levée des scellés;

« — 5° Une bande de ruban couvrant l'entrée de chacun « des quatre tiroirs, deux grands et deux petits, d'une com- « mode en acajou, fermant tous les quatre avec la même « clef, que nous avons remise au greffier pour rester en ses « mains jusqu'à la levée des scellés.

« Au moment où nous allions apposer les scellés sur un « secrétaire, étant dans la chambre où nous sommes, le « sieur..., ou la dame..., nous a requis de faire dans ce meu- « ble, avant d'y apposer nos scellés, perquisition du testa- « ment dont l'existence lui a été assurée par le défunt, quel- « ques mois avant sa mort, et a signé. » (*Signature.*)

« Le sieur..., ou la dame..., veuve dudit défunt, a dit que « bien loin de s'opposer à la recherche requise d'un testa- « ment, il ou elle la requiert, et a signé. »

(*Signature.*)

« Nous, juge de paix,

« Vu les réquisition et consentement ci-dessus des parties « et l'art. 917 du Code de procédure civile;

« Considérant que les parties ont qualité pour requérir « la recherche du testament annoncé ;

« Nous avons fait perquisition dans tous les meubles, se- « crétaires, bureaux et armoires qui nous ont été indiqués « par les parties, comme devant contenir ledit testament, et « nous avons trouvé dans le tiroir de gauche d'un secrétaire « placé dans le cabinet de travail du défunt ayant vue au « midi, un paquet cacheté de cire rouge, portant l'empreinte « de..., et pour suscription, ces mots : « *Ceci est mon tes- « tament.* » Signé D... (avec ou sans paraphe). Nous avons « paraphé l'enveloppe dudit paquet, et l'avons fait parapher « par les parties. » (Ou) « Une feuille de papier ordinaire, « non timbré, sur laquelle est rédigé le testament du défunt « signé..., commençant par ces mots..., et finissant par ceux- « ci... Ledit testament contenant trente-cinq lignes, douze « demi-lignes ; les mots... surchargés, etc.

« Et attendu que tout testament olographe ou mystique, « ouvert ou cacheté, ou papiers cachetés, trouvés lors de « l'apposition des scellés, doivent être présentés par le juge « de paix, au président du tribunal de l'arrondissement des « lieux où sont apposés les scellés sans pouvoir s'en dessai- « sir sur ajournement donné aux intéressés comme suite de « son opération,

« Ordonnons que ledit paquet (ou le testament constaté « dans notre procès-verbal de scellés de ce jour) sera par « nous présenté à M. le président du tribunal de première « instance de..., le..., heure de midi, dans son cabinet, au « palais de justice, auxquels jour, lieu et heure, les parties « sont intimées de se trouver, si bon leur semble, et ont les- « dites parties signé avec nous et le greffier, après lecture « faite. »

(*Signatures.*)

« Le sieur... (ou la dame) nous a déclaré qu'il s'opposait « à la continuation de l'apposition des scellés, et requérait « qu'il y fût sursis jusqu'après l'ouverture, qui sera faite par « M. le président, dudit testament, et a signé. »

(*Signature.*)

« Le sieur..., requérant, a répondu que la découverte d'un « testament lui était indifférente et étrangère à ses droits de « créancier (ou tout autre motif, s'il s'agit d'un héritier, lé- « gataire, etc.) ; qu'en effet, quelles que fussent les dispo- « sitions du testament, les créanciers de la succession (ou de « la communauté) ne pouvaient voir diminuer leur gage ou

« leurs créances ; qu'en conséquence, il n'y avait pas lieu « d'accorder de sursis, et a signé. »

(*Signature.*)

« Nous, juge de paix, parties entendues,

« Vu l'art. 921 du Code de procédure civile ;

« Attendu que le créancier de la succession (ou de la com- « munauté) peut requérir l'apposition des scellés, nonobstant « tout testament ou donation, lors même que sa créance n'est « ni liquide, ni exigible, pour la conservation de sa propre « chose ; »

(Ou, suivant le cas) : « Attendu que le créancier de l'hé- « ritier peut requérir l'apposition des scellés, comme exer- « çant les droits de son débiteur ; que l'art. 909 n'établit « aucune distinction ; qu'il a intérêt d'empêcher jusqu'à « l'inventaire le détournement des valeurs mobilières, surtout « lorsque, comme dans l'espèce, la succession est purement « mobilière pour rendre utile le droit de s'opposer au par- « tage ; qu'il n'est pas utile que son titre soit exigible (ou « tout autre motif, suivant le cas) ;

« Attendu que les obstacles qui se présentent lors des opé- « rations de scellés, peuvent être jugés par le juge de paix, « s'il y a péril dans le retard, sauf à en référer à M. le prési- « dent du tribunal ;

« Attendu qu'il y a lieu de craindre le détournement des « valeurs mobilières dont se compose la succession, même « avec des gardiens provisoires ;

« Disons qu'il en sera par nous référé à M. le président du « tribunal de première instance de... demain, quinze du cou- « rant, heure de midi, dans son cabinet, au palais de justice ; « et cependant, dès à présent, et par provision, disons qu'il « sera procédé et passé outre à la continuation de notre « opération, et avons signé avec le greffier. »

(*Signatures.*)

Continuant notre opération :

« — 6° Une bande de ruban couvrant l'entrée de la serrure « du secrétaire dont il vient d'être parlé, fermant de deux « tours, avec la clef remise au greffier pour rester en ses « mains jusqu'à la levée des scellés. »

(On énonce ainsi successivement les différentes pièces et meubles sur lesquels les scellés sont apposés.)

2° DESCRIPTION DES MEUBLES ET EFFETS LAISSÉS EN ÉVIDENCE.

Dans la cuisine, au rez-de-chaussée, éclairée par une croisée sur la cour, au nord.

« Une pelle, une pincette, un soufflet, un gril, un couperet, « six casseroles, dont deux grandes, trois moyennes et une « petite, six couvercles, une tourtière en cuivre rouge, etc.

Dans une pièce à côté de la précédente, aussi éclairée sur la cour et servant de salle à manger.

« Une table ronde en bois d'acajou, à coulisses, avec trois « allonges en bois blanc, six chaises foncées de paille, etc.

Dans une armoire de la même pièce.

« Trois douzaines d'assiettes à potage, dix douzaines « d'assiettes plates, deux soupières, quatre compotiers, le « tout en porcelaine, deux douzaines de tasses à café, avec « leurs soucoupes en porcelaine dorée, etc., etc.

Dans le salon, au rez-de-chaussée, ayant vue sur le jardin.

« Etc., . . . etc., ... etc.

Suit l'état du linge donné à la lessive :

« Dix paires de draps, deux douzaines de serviettes à « liteaux, etc., etc.

« L'argent comptant, trouvé dans le cours de l'apposition « des scellés, monte à la somme de..., laquelle a été placée « dans un sac dans le secrétaire de la chambre à coucher du « défunt, sous les scellés, à l'exception de celle de... laissée « à..., qui s'en est chargé pour fournir aux dépenses courantes « de la maison, et sans que cela puisse lui attribuer d'autre « qualité que celle qu'il ou qu'elle jugera à propos de prendre « par la suite, et a signé. (*Signature.*)

(On énonce ainsi successivement les meubles et effets décrits en évidence).

« Lesquels lieux et effets ci-dessus désignés sont tous ceux « à nous indiqués par les comparants, lesquels ont prêté « serment individuellement devant nous, qu'ils n'ont rien « détourné, vu ni su qu'il ait été rien détourné directement « ou indirectement des meubles, effets, titres, papiers et ren- « seignements dépendant de la succession dudit défunt, et « ledit sieur... s'est, desdits scellés, et de tout ce que dessus, « volontairement chargé, et a promis de représenter le tout « quand et à qui il appartiendra, et a signé. »

(*Signature.*)

« Ce fait, le sieur... a requis qu'il lui fût délivré expédition « ou extrait du procès-verbal. Il a été vaqué à tout ce que « dessus depuis dix heures du matin jusqu'à quatre heures « du soir, non compris transport.

« Fait et dressé le présent procès-verbal à..., les jour, mois « et an que dessus, et ont les parties signé avec nous et le « greffier, après lecture faite. »

(*Signatures.*)

§ 6. — Procès-verbal d'apposition de scellés après faillite (C. comm., art. 457, 458, 468).

« L'an. . . . le . . . . . heures du matin ;

« Nous, Adolphe A.., juge de paix du canton de..., départe- « ment de..., assisté de Me Louis B..., greffier de cette justice « de paix ;

« En exécution de notre ordonnance qui précède, en date « de ce jour ; »

(Ou) « En exécution d'un jugement, etc. » (Voir *suprà*, formules, § 1er, ordonn. 12e et 13e, p. 717 et 718) ;

(Ou) « Informés par la notoriété publique, etc. (*Ibid.*);

« Nous sommes transporté au domicile susdésigné dudit « failli, ou étant, nous avons trouvé (désigner les personnes « présentes), auquel nous avons expliqué le sujet de notre « transport, et fait donner par le greffier lecture des jugement « et ordonnance susdatés, et qui a dit ne pas s'opposer à « l'exécution desdits jugement et ordonnance, et a signé. »

(*Signature.*)

« En conséquence, nous avons procédé ainsi qu'il suit :

1° Description des papiers.

Dans une boutique, au rez-de-chaussée, ouvrant sur la rue de..., éclairée par une devanture vitrée.

« Nous avons trouvé les livres du failli au nombre de..., « savoir :

« 1° Un livre journal commençant à la date du..., au « folio 1er, et finissant à la date du..., au folio 295 ;

« 2° Un livre des comptes courants, etc. ;

« 3°... (Constater ainsi successivement et sommairement « l'état de chaque livre ou registre, les effets de commerce et « autres papiers) ;

« Lesquels livres, après avoir été par nous cotés, arrêtés, « signés et paraphés, *ne varientur*, les effets de commerce, etc., « ont été remis au syndic qui le reconnaît et s'en charge.

« Quant aux meubles et objets que le syndic a été autorisé « à ne pas mettre sous les scellés, ils ont été par lui inven- « toriés, suivant le procès-verbal qu'il en a dressé en notre « présence, et que nous avons signé avec ledit syndic.

(Ou, si le syndic n'est pas présent) : « Lesquels livres, « effets de commerce et autres papiers, nous avons réunis et « fait mettre dans... (désigner le meuble) sur lequel les scellés « ont été apposés.

APPOSITION DE SCELLÉS.

« Nous avons apposé successivement quatre scellés aux « deux bouts de quatre bandes de ruban blanc, scellés en « cire rouge, empreints du sceau de notre justice de paix.

Dans la boutique susdésignée.

« 1° Une bande de ruban couvrant l'entrée de la serrure « d'un placard, dans lequel nous avons réuni et renfermé les « livres, effets de commerce et autres papiers trouvés dans « ladite boutique, fermée avec la clef, remise au greffier pour « rester en ses mains jusqu'à la levée des scellés;

Dans une chambre au premier étage ayant vue sur un jardin.

« 2° Trois bandes de ruban en haut, bas et milieu, sur les « deux battants d'une armoire en noyer fermant à bascule, « haut et bas, au milieu un crochet et une serrure fermée à « un tour et demi, avec la clef remise au greffier pour rester « en ses mains jusqu'à la levée des scellés. »

On énonce ainsi successivement les différentes pièces et meubles sur lesquels les scellés ont été apposés.

DESCRIPTION DES MARCHANDISES, MEUBLES ET EFFETS LAISSÉS EN ÉVIDENCE.

Comme aux formules, § 5 ou 6 ci-dessus, p. 736 à 743.

« Fait et dressé le présent procès-verbal, à..., les jour, « mois et an que dessus, et ont, les comparants, signé avec « nous et le greffier, après lecture faite. »

(*Signatures.*)

§ 7. — **Procès-verbal de description d'effets, requise pour valoir apposition de scellés** (C. proc., art. 909, 911, 924).

« L'an . . . . le . . . . heures du matin;

« Nous, Adolphe A..., juge de paix du canton de..., dépar- « tement de..., assisté de M. Louis B..., greffier de cette « justice de paix,

« En exécution de notre ordonnance qui précède, en date « de ce jour; »

(Ou) « Informé que le sieur Pierre-Louis Poirier, vigneron, « demeurant à..., était décédé cejourd'hui, à deux heures du « matin, en sa demeure, à..., et qu'il laissait des héritiers « absents;

« Vu l'art. 909 (ou 911, C. proc. civ.),

« Nous sommes transporté (d'office) au domicile du défunt, « où étant entré dans une chambre, au deuxième étage, « ayant vue sur une cour, à l'est, nous avons trouvé le corps « du défunt gisant sur un lit, auprès duquel était une femme, « qui nous a dit avoir été appelée près du défunt depuis sa « mort.

« Conduit par cette femme dans une chambre servant de « cuisine, à droite de celle d'où nous sortons, éclairée sur un « petit jardin, au midi, nous y avons trouvé le sieur Alfred « D..., propriétaire de l'appartement occupé par le défunt « (ou le sieur Paul Laurent, vigneron, demeurant à..., « neveu du défunt, requérant (ou la veuve), auquel nous « avons fait part du sujet de notre transport, et qui nous a « requis de faire procéder à la description sommaire des « meubles et effets délaissés par ledit feu sieur..., attendu « qu'ils sont d'une valeur trop minime pour nécessiter l'appo- « sition des scellés (ou) attendu qu'ils sont nécessaires à son « usage, et a signé. »

(*Signature.*)

« Examen fait des meubles et effets mobiliers étant tant « dans la chambre du défunt que dans... (désigner les pièces) « nous avons reconnu que ces meubles et effets étaient d'une « trop faible importance pour nécessiter une apposition de « scellés (ou que ces meubles et effets étaient nécessaires à « l'usage de...); en conséquence nous en avons fait la des- « cription, ainsi qu'il suit :

Dans la chambre à coucher du défunt, susdésignée:

« Un lit composé de..., une armoire en bois de chêne, un « buffet en bois de couleur, etc.

Dans un cabinet, etc.

(On énonce ainsi successivement les différentes pièces, les meubles et effets trouvés dans les lieux dépendant de l'appartement du défunt.)

« Lesquels meubles et effets ci-dessus décrits sont tous

« ceux à nous indiqués par le comparant, lequel, après « serment par lui prêté devant nous, qu'il n'a rien détourné, « vu ni su qu'il ait été rien détourné directement ni indirec- « tement des meubles, effets, titres, papiers et renseigne- « ments dépendant de la succession dudit défunt, s'est de « tout ce que dessus volontairement chargé et a promis de le « représenter quand et à qui il appartiendra.

« Il a été vaqué à tout ce que dessus, depuis.... heures « du... jusqu'à... du..., par simple vacation, non compris « transport.

« Fait et dressé le présent procès-verbal de description « pour valoir scellés, à..., les jour, mois et an susdits, et le « sieur... a signé avec nous et le greffier, après lecture « faite. » (*Signatures.*)

§ 8.—**Procès-verbal de carence** (C. proc., art. 911, 924).

« L'an...., le..., heures du matin,

« Nous, Adolphe A..., juge de paix du canton de..., dépar- « tement de..., assisté de Me Louis B..., greffier de cette « justice de paix,

« En exécution de notre ordonnance qui précède en date « de ce jour, »

(Ou) « Informé que le sieur Joseph-Pierre Parent, jour- « nalier, était décédé cejourd'hui, à sept heures du matin, en « son domicile à..., laissant pour héritiers deux enfants mi- « neurs non pourvus de tuteur, ni de subrogé tuteur (ou des « héritiers absents) ;

« Vu l'art. 909 (ou 911) du Code de procédure civile,

« Nous sommes transporté (d'office) au domicile du « défunt, où étant entré dans une chambre, au rez-de- « chaussée, ayant vue sur un jardin, au midi, nous avons « trouvé le corps du défunt gisant sur un bois de lit garni « de paille.

« A l'instant est comparu devant nous le sieur André B..., « propriétaire de la chambre (ou de l'appartement, s'il y a « plusieurs pièces), habitée par le défunt, auquel nous avons « fait part du sujet de notre transport, et qui a répondu que « ledit défunt ne laisse aucuns effets, papiers, argent, si ce « n'est les modiques habillements et vêtements servant à sa « personne, d'une valeur trop minime pour nécessiter l'appo- « sition des scellés; (ou que les effets que laisse le sieur « Parent sont de trop peu de valeur pour nécessiter l'appo- « sition des scellés), et a signé. » (*Signature.*)

« Examen fait des objets étant dans ladite chambre et dans « un petit cabinet à côté, qui sont les seuls lieux occupés par « le défunt, nous n'avons rien trouvé que les objets qui « suivent : deux chaises en bois blanc, un pantalon en drap, « six mauvaises chemises, deux mauvais gilets, un bois de lit, « deux mauvais draps, etc., le tout, d'après l'estimation qu'en « a faite le greffier, pouvant valoir vingt-cinq francs ; ces « objets étant d'une trop faible importance pour qu'on puisse « en faire l'objet d'une apposition, d'une levée de scellés et « d'inventaire, nous nous sommes borné à la description « ci-dessus, et nous les avons laissés à la garde du sieur..., « lequel a affirmé devant nous qu'il n'a rien détourné, vu ni « su qu'il ait été rien détourné directement ni indirectement, « et a promis de les représenter, quand et à qui il appartiendra.

« Fait et dressé le présent procès-verbal de carence, à..., « les jour, mois et an que dessus, et a le sieur..., gardien, « signé avec nous et le greffier, après lecture faite. »

(*Signatures.*)

§ 9. — **Opposition aux scellés sur le procès-verbal par déclaration au greffe** (C. proc., art. 926).

« Et le dix-sept mai mil huit cent quarante-neuf,

« Est comparu, au greffe de la justice de paix du canton « de..., le sieur Séraphin Dupré, marchant quincaillier, de- « meurant à..., rue..., n°..., où il déclare faire élection de « domicile ;

« Lequel a dit qu'il s'oppose aux reconnaissance et levée « de scellés apposés après le décès du sieur D..., si ce n'est « en sa présence ou lui dûment appelé ; et ce pour sûreté, « conservation et avoir paiement de la somme de trois cents « francs, à lui due pour marchandises de son commerce, sui- « vant facture qu'il lui a donnée.

« Et a, ledit sieur D..., signé sous toutes réserves, avec « nous, greffier, les jour, mois et an que dessus. »

(*Signatures.*)

§ 10. — **Demande en distraction de certains effets placés sous les scellés** (C. proc., art. 915) (1).

« Et le mardi vingt mai, dix heures du matin,

« Par-devant nous, Adolphe A..., juge de paix du canton

---

(1) Cette ordonnance ne doit être accordée par le juge de paix qu'autant que le procès-verbal des scellés n'est pas clos : autrement il devrait en référer au président du tribunal, conformément à l'art. 928, C. proc. civ. (Voir *infrà.*)

« de..., département de..., assisté de Me Louis B..., greffier « de cette justice de paix,

« Est comparu à...; dans la ferme séparée de l'habitation « dudit feu sieur..., où il est présentement procédé,

« Le sieur Louis-Adrien Landrin, fils de Paul-Adrien « Landrin, dénommé, qualifié et domicilié, ainsi qu'il est dit « au procès-verbal d'apposition des scellés des autres parts;

« Lequel nous a dit qu'il est à sa connaissance que son « père était porteur d'un billet de la somme de... environ, « souscrit par le sieur B..., demeurant à..., et endossé par « M..., de qui le défunt le tenait;

« Qu'il croit que ledit billet est payable demain, et doit se « trouver dans le secrétaire (ou autre meuble) étant dans la « chambre à coucher dudit défunt, et sur lequel nous avons « apposé nos scellés; que pour en obtenir le paiement ou le « faire protester, s'il y a lieu, il requiert notre transport dans « les lieux où nous avons apposé nos scellés, pour lever le « scellé mis sur le secrétaire dont il s'agit et y faire perqui- « sition du billet, afin de le lui remettre pour en toucher le « montant ou le faire protester faute de paiement, et a signé « après lecture. »

(*Signature.*)

« Nous, juge de paix, vu la réquisition ci-dessus et l'art. « 915, C. proc. civ.;

« Attendu qu'il importe de pouvoir présenter au paie- « ment le billet dont s'agit;

« Attendu qu'il y aurait péril dans le retard;

« Ordonnons notre transport à l'instant même dans la « maison où est décédé ledit sieur Paul-Adrien Landrin, sise « à..., rue..., n°..., pour faire perquisition du billet dont il « s'agit, dans le secrétaire placé dans la chambre du défunt, « et sur lequel nous avons apposé nos scellés, et avons signé « avec le greffier après lecture faite. »

(*Signatures.*)

« Et le même jour, vingt mai mil huit cent quarante-neuf, « onze heures du matin,

« En exécution de notre ordonnance ci-dessus;

« Nous, juge de paix susdit, assisté du greffier, nous « sommes transporté dans la maison susdésignée dudit feu « sieur Landrin, où étant, et introduit dans la chambre à « coucher dudit défunt, nous y avons trouvé le requérant et « la dame..., veuve du défunt, gardienne des scellés (dési- « gner ainsi les personnes présentes), et avons, à leur réqui-

« sition et en leur présence, reconnu sain et entier le scellé « apposé sur le secrétaire étant dans ladite chambre, et « comme tel levé et ôté, et ensuite, à l'aide de la clef du se- « crétaire, restée entre les mains du greffier, nous avons ou- « vert ledit secrétaire, fait perquisition du billet annoncé y « être renfermé, et nous avons trouvé, en effet, un billet, en « date, à Chartres, du..., de la somme de..., souscrit par le « sieur B..., demeurant à..., à l'ordre du sieur M..., qui l'a « passé audit défunt sieur Landrin, ledit billet causé valeur « reçue comptant et stipulé payable au 21 mai présent mois, « et nous avons remis présentement ce billet au sieur Louis- « Adrien Landrin, requérant, qui le reconnaît et s'en charge « pour en toucher le montant ou le faire protester, s'il y a « lieu, et nous avons aussitôt réapposé nos scellés sur le se- « crétaire, et nous nous sommes retiré après avoir signé avec « ledit sieur Landrin, la veuve Landrin, etc., et le greffier, « après lecture faite. » (*Signatures.*)

§ 11.—**Opposition à la levée des scellés, par exploit** (C. proc., art. 926; C. Nap., art. 821).

« L'an..., le..., à la requête du sieur..., etc., pour lequel « domicile est élu en ma demeure, j'ai... (immatricule), sous- « signé, signifié et déclaré à M.... parlant à...;

« Que ledit sieur... est opposant, comme par ces présentes « il s'oppose, à ce qu'il soit procédé aux reconnaissance et « levée de scellés apposés après le décès du sieur..., si ce « n'est en sa présence ou lui dûment appelé ; et ce pour sû- « reté, conservation et avoir paiement de la somme de..., due « par le défunt pour..., à ce que mondit sieur le greffier « n'en ignore, lui déclarant que ledit sieur... proteste dès à « présent de nullité tout ce qui sera fait au préjudice de « la présente opposition, et même de prendre à partie tous « les officiers qui passeraient outre ; et je lui ai, etc. »

(*Signature de l'huissier.*)

§ 12. — **Mention de l'opposition par exploit à la suite du procès-verbal d'apposition de scellés.**

« Du dix-huit mai mil huit cent quarante-neuf, opposition « à la requête de..., qui a élu domicile en sa demeure, à..., « aux reconnaissance et levée des scellés apposés, après le « décès du sieur D..., par exploit de..., huissier à..., dont la « copie est ci-jointe.

« Le greffier de la justice de paix. »

(*Signature.*)

§ 13. — **Sommation à un tiers d'être présent à l'ouverture d'un paquet, qui, par sa soscription, paraît lui appartenir** (C. proc., art. 919).

« L'an..., le..., à la requête du sieur..., demeurant à..., « créancier sérieux et légitime du sieur..., décédé à..., et « ayant fait apposer les scellés sur les meubles et effets, titres « et papiers dépendant de la succession dudit défunt, pour « lequel sieur.. domicile est élu chez Me..., avoué, etc., « j'ai... (immatricule), soussigné, signifié, et avec celle des « présentes donné copie au sieur..., demeurant à..., en son « domicile, en parlant à...,

« D'une ordonnance de M. le président du tribunal de pre« mière instance de..., en date du..., enregistrée, étant en « suite du procès-verbal de l'apposition des scellés faite après « le décès dudit sieur..., et en date... au commencement « du..., aussi enregistré; à ce que du contenu en ladite or« donnance le susnommé n'ignore; et à pareilles requête, « demeure et élection de domicile que dessus, j'ai, huissier « susdit et soussigné, fait sommation audit sieur..., en son « domicile et parlant comme dessus, de comparaître... (jour, « date), heures du matin, par-devant M. le président du tri« bunal de..., en son cabinet à,.., au palais de justice,

« Pour, si bon lui semble, assister à l'ouverture qui sera « faite par mondit sieur le président d'un paquet, etc., ledit « paquet trouvé lors de l'apposition des scellés faite après le « décès dudit sieur..., pour, après lecture prise par M. le pré« sident du contenu, ce paquet être remis au sieur..., si les « papiers qui y sont renfermés sont étrangers à la succession « dudit sieur...; à ce que, pareillement, le susnommé n'en « ignore, lui déclarant que, faute par lui de comparaître, il « sera procédé à l'ouverture dudit paquet, tant en absence « que présence, et statué ce qu'il appartiendra; et j'ai, au « susnommé, en son domicile et parlant comme dessus, laissé « copie certifiée de l'ordonnance susénoncée et du présent « exploit, dont le coût est de... » (*Signature de l'huissier.*)

CHAP. II. — DE LA LEVÉE DES SCELLÉS
(C. proc. civ., art. 928 à 940).

1816. La levée des scellés est l'acte par lequel le juge de paix, après avoir reconnu que les scellés *sont sains et entiers*, ou, dans le cas contraire, après avoir constaté *leur état*, les rompt ou les brise successivement, afin de remettre les effets à la disposition des ayants droit, ou des notaire et commissaire-priseur chargés de procéder à leur inventaire et prisée suivant qu'elle a lieu avec ou sans description.

1817. La levée des scellés peut n'être pas complète et définitive, mais seulement partielle ou provisoire, soit pour la remise des titres appartenant à des tiers (D. 6 pluv. an XII, art. 1 et 3), soit pour extraire les effets à courte échéance et les livres d'un failli mis sous les scellés (C. comm. art. 471). Les levées provisoires se font sans rien préjuger ni sur les droits ni sur les qualités des parties intéressées ; il suffit de reconnaître les scellés, et on les réappose après l'extraction des pièces, le tout en présence des parties ou elles dûment appelées ; ce qui du reste ne peut avoir lieu qu'en vertu d'une ordonnance de référé du président du tribunal de première instance (C. proc. civ., art. 928), du moment où le procès-verbal d'apposition des scellés est définitivement clos et arrêté (Arg. même Cod., art. 915).

Il est du tout dressé procès-verbal par le juge de paix assisté de son greffier.

SECT. Ire. — *Personnes qui ont droit de requérir la levée des scellés* (C. proc. civ., art. 930).

1818. La levée des scellés ainsi que l'inventaire des objets mobiliers dépendant d'une succession peuvent être requis par tous ceux qui prétendent droit dans la succession ou dans la communauté (C. proc., art. 909, 930) ; c'est-à-dire : 1° par l'époux survivant commun en biens, l'héritier légitime ou son héritier, l'enfant naturel légalement reconnu, le conjoint survivant et l'Etat appelés à défaut de parents, les donataires ou légataires universels, à titre universel ou particulier, soit en propriété, soit en usufruit, les envoyés en possession provisoire des biens d'un absent ;

2° Par les exécuteurs testamentaires, s'il y a des héritiers mineurs, interdits ou absents (C. Nap., art. 1031, 1033) ;

3° Par le curateur à une succession vacante (Arg. C. Nap., art. 813 ; C. proc. civ., art. 1000 et 1001) ;

4° Par celui qui a titre apparent, encore que ce titre soit allégué de nullité (Paris, 7 déc. 1829, S.20.2.78) ;

5° Par tous créanciers fondés en titre exécutoire, ou autorisés par une permission du président du tribunal de première instance de l'arrondissement où le scellé a été apposé (C. Nap., art. 820 ; C. proc. civ., art. 909 et 930) ;

6° Par le mari, comme chef de la communauté, défendeur en séparation de corps, s'il prétend que sous les scellés apposés sur une succession échue à l'épouse demanderesse sont des titres nécessaires à l'administration de la succession; on objecterait en vain que l'événement du procès peut le rendre sans intérêt (Arg. Angers, 16 juill. 1817, S.18.2.143);

7° Par le propriétaire de l'appartement du défunt, à l'expiration du congé ou bail, après les trois jours de l'inhumation ou de l'apposition, ou à défaut de garantie suffisante pour le paiement des loyers, mais seulement en vertu d'une ordonnance du président du tribunal de première instance, qui doit demeurer annexée à la réquisition (Arg. DEBELLEYME, 2e cah., p. 226. V. *suprà*, nos 1733 à 1761);

8° Enfin, par tous ceux qui ont droit de les faire apposer, excepté toutefois les serviteurs et domestiques du défunt et les personnes qui demeurent avec lui, auxquels la loi permet de requérir l'apposition en cas d'absence, soit du conjoint, soit des héritiers ou de l'un d'eux (C. proc. civ., art. 909-3° et 930).

1819. La levée des scellés peut être requise par tous ceux qui prétendent droit à cette succession, alors même que ce droit serait susceptible d'être contesté; ainsi elle peut être requise par celui qui prétendrait, en sa qualité d'héritier de l'adoptant, exercer dans la succession de l'adopté et contre le légataire universel de celui-ci le droit de retour établi par l'art. 351 du C. Nap. (Arg. Bordeaux, 4 janv. 1851, J.P.51.1.599).

1820. Mais le juge de paix doit refuser la levée des scellés:

1° Si le conjoint, les héritiers ou quelques-uns d'eux sont mineurs non émancipés, et dépourvus de tuteurs et de subrogés tuteurs (C. proc. civ., art. 929);

2° S'il y a des absents non représentés, intéressés dans la succession, à moins que leur existence ne soit pas reconnue, la succession, en ce cas, étant dévolue exclusivement à ceux avec lesquels les absents auraient eu droit de concourir ou à ceux qui l'auraient recueillie à leur défaut (C. Nap., art. 136.) Cette règle est la même qu'il s'agisse d'un *absent présumé* ou d'un *absent déclaré*;

3° Si la partie requérante, quelle que soit sa qualité ou le titre en vertu duquel elle agit, lui est inconnue et qu'elle ne lui justifie pas de ses droits et qualités dans la succession par la représentation d'un acte de notoriété, qui doit demeurer annexé à sa réquisition pour la garantie du juge de paix;

4° Si le mineur émancipé n'est pas assisté de son curateur.

On argumenterait en vain de la qualité que la loi lui reconnaît de requérir l'apposition sans cette assistance ; car dans ce dernier cas il peut nuire à ses intérêts, tandis que dans le premier il ne fait qu'un acte conservatoire de ces mêmes intérêts.

1821. Lorsque les scellés ont été apposés, par suite de disparition d'une personne, à la requête du ministère public ou d'office, ils ne peuvent être levés qu'à la requête des héritiers qui auraient fait déclarer l'absence et obtenu l'envoi en possession provisoire, et ce au fur et à mesure de l'inventaire du mobilier et des titres de l'absent, en présence du procureur impérial près le tribunal de première instance, ou d'un juge de paix requis par ce dernier (C. Nap., art. 126).

1822. Les citoyens dont les titres, sentences ou procédures confiés aux notaires, avoués, défenseurs officieux, huissiers, agents d'affaires et autres détenteurs, se trouvent sous les scellés, peuvent requérir le juge de paix ou tel autre officier qui les aura apposés, de les lever *de suite* pour leur remettre les pièces qu'ils réclament, en constatant cette remise par le procès-verbal (L. 6 pluv. an II), en présence, bien entendu, des parties intéressées ou elles dûment appelées, et encore avec l'autorisation du président du tribunal de première instance, si ces pièces sont réclamées après la clôture du procès-verbal d'apposition de scellès (Arg. C. proc. civ., art. 928, 930 et 931).

1823. En cas de contestation sur la question de savoir à la requête de qui, de l'héritier ou de l'exécuteur testamentaire, même avec saisine des biens, les scellés doivent être levés, la préférence est due à l'exécuteur testamentaire (C. Nap., art. 1031 ; DELAPORTE, t. 4, p. 447 ; VAZEILLE, n° 8).

1824. Lorsque les héritiers légitimes, maîtres de leurs droits, offrent somme suffisante pour l'acquittement des legs, l'exécuteur testamentaire n'a point à s'immiscer dans la succession, encore qu'il ait été chargé par le testateur de vendre tous les biens et de liquider la succession, et par suite ne peut demander la levée des scellés, ni y assister (Arg. Bruxelles, 16 mars 1811, S.12.2.41; DURANTON, n° 297; VAZEILLE, n° 1er; ROLLAND DE VILLARGUES, n° 67).

Mais les héritiers ne pourraient faire cesser la saisine en offrant seulement caution (COIN-DELISLE, n° 3) ; ni requérir une apposition de scellés nouvelle, sous prétexte que la délivrance n'aurait pas été complète (Arg. Orléans, 20 août 1853, J.P.55.1.91).

1825. L'arrêté d'une administration centrale de département, qui, sur la demande d'un héritier apparent, ordonne la levée des scellés apposés sur les titres et effets de la succession d'un détenu révolutionnaire, ne fait point obstacle à ce que des tiers fassent valoir leurs droits à cette succession (Arg. Conseil d'Etat, 3 sept. 1836).

1826. La veuve, donataire et légataire universelle, doit, s'il n'y a que des héritiers collatéraux, être admise par préférence à ces héritiers à faire procéder à la levée des scellés, et cela, encore qu'il ait été formé par les héritiers une demande en nullité de la donation et du testament (Paris, 7 déc. 1829, S.30.2.75; CHAUVEAU, quest. 3112 *bis*).

1827. Les difficultés sur le droit de provoquer la levée des scellés sont de la compétence exclusive du tribunal de première instance du lieu où les scellés ont été apposés, encore bien que la cause soit connexe à la dissolution et au partage d'une société commerciale (Arg. Bruxelles, 21 juill. 1812, S.14.2.159).

L'appel du jugement rendu en matière de scellés est valablement signifié au domicile élu dans l'acte d'opposition aux scellés (Arg. Bourges, 24 août 1808).

SECT. II. — *Personnes qui doivent ou peuvent assister à la levée des scellés* (C. proc. civ., art. 932 à 934).

1828. Quels que soient ceux qui ont requis la levée des scellés, elle doit être faite en présence :

1° Du conjoint survivant;

2° Des héritiers présomptifs ;

3° De l'exécuteur testamentaire, si le testament est connu ;

4° Des légataires universels ou à titre universel soit en propriété, soit en usufruit, s'ils sont connus ;

5° Enfin de tous ceux qui ont droit de requérir la levée des scellés (V. *suprà*, chap. Ier, sect. II, p. 690), qui demeurent dans la distance de cinq myriamètres (C. proc. civ., art. 931); lesquels, à l'exception des créanciers, peuvent assister à toutes les vacations de la levée des scellés, en personne ou par un mandataire (C. proc. civ., art. 932, 1er alinéa). Mais lorsqu'ils demeurent hors de cette distance, on appelle pour eux, à la levée des scellés et à l'inventaire, un notaire nommé d'office par le président du tribunal de première instance (C. proc. civ., art. 928 et 931).

1829. Toutefois, le légataire universel envoyé en possession n'est pas tenu d'appeler à la levée des scellés les héritiers naturels non-réservataires (Arg. Dijon, 30 frim., an XII,

S. 4.2.660) ; mais il est convenable qu'il les y appelle. C'est, du reste, ce qui arrive assez fréquemment dans la pratique. Néanmoins, le juge de paix ne devrait pas refuser la levée des scellés, à défaut de l'accomplissement de cette formalité.

1830. L'enfant naturel légalement reconnu peut assister aux scellés, à l'inventaire et aux autres actes conservatoires de la succession (Arg. Paris, 14 fruct. an XI; TOULLIER, t. 4, n° 281; FAVARD DE LANGLADE, t. 5, p. 95).

1831. L'enfant né après le divorce des époux et dont l'état peut être contesté, a droit d'assister à la levée des scellés apposés après le décès de l'un d'eux (Arg. Paris, 6 août 1811).

1832. Le prétendant droit d'une succession qui demande à assister à la levée des scellés peut être écarté, s'il ne justifie de sa qualité d'héritier par aucune présomption ou apparence de droit (Rouen, 10 avril 1837; J.P.41.1.299), ou s'il ne fait qu'alléguer la possibilité de l'existence d'un testament en sa faveur. Mais il en serait autrement si le prétendant droit avait un titre apparent, quoique contesté (Bruxelles, 18 mai 1807, S.15.2.202; CARRÉ, *Quest.* 3116; PIGEAU, t. 2, p. 638 ; FAVARD DE LANGLADE, t. 5, p. 96; ROLLAND DE VILLARGUES, v° *Scellés*, n° 64).

1833. Le mari a qualité suffisante pour représenter sa femme à la levée des scellés, ainsi qu'à l'inventaire, dans une succession à laquelle elle est appelée comme héritière; le mari procède, dans ce cas, comme maître des actions mobilières et possessoires de sa femme (C. Nap., art. 1414 et 1428).

Il en est encore ainsi s'il n'y a qu'une simple exclusion de communauté entre le mari et la femme. Mais si la femme est séparée de biens, ou si, étant mariée sous le régime dotal, elle ne s'est pas constitué en dot les successions qui devaient lui échoir, elle doit comparaître personnellement à la levée des scellés et à l'inventaire; son mari ne pourrait l'y représenter sans une procuration spéciale.

1834. Mais on n'est pas tenu d'appeler ou de faire représenter ceux des héritiers présomptifs qui seraient absents et dont l'existence ne serait pas reconnue (C. Nap., art. 136), sauf le cas où ceux-ci seraient militaires : il faut alors les faire représenter à l'inventaire par un curateur nommé par le conseil de famille, à moins qu'on ne fasse déclarer l'absence ou le décès de ces militaires. (L. 11 vent. an II; Arg. Poitiers, 5 juill. 1826, J.P. — V. *Militaires absents*, tit. XI, ch. 1er).

1835. Toute personne peut se faire représenter par un mandataire à la levée des scellés et à l'inventaire (Arg. C. proc.

civ., art. 932), même le tuteur, le curateur, le subrogé tuteur : cette faculté est de droit commun. Toutefois, le tuteur et le subrogé tuteur, ayant des intérêts opposés, doivent avoir chacun un mandataire (ROLLAND DE VILLARGUES, n° 111).

1836. Mais il n'est pas permis à l'un des héritiers, ni à toute autre personne, de se porter fort dans une levée de scellés, ni un inventaire, pour des héritiers qui ne se présentent pas. On doit rapporter une procuration (C. proc. civ., art. 932), sinon les non-présents doivent être représentés par un notaire (Arg. C. proc. civ., art. 931).

1837. Le notaire qui représente les présumés absents ne peut représenter en même temps les *non-présents et les défaillants* (Arg. C. proc. civ., art. 931 et 942).

1838. A défaut d'administrateur provisoire nommé aux personnes non interdites placées dans les établissements d'aliénés, le président, à la requête de la partie la plus diligente, commet un notaire pour les représenter dans les levées de scellés et dans les inventaires (L. 30 juin 1838, art. 36).

1839. La nomination d'un notaire, hors des cas prévus par la loi (C. proc. civ., art. 931), pour représenter une ou plusieurs des parties intéressées aux opérations relatives à la levée des scellés, n'est pas une cause de nullité de ces opérations ; elle ne pourrait être considérée que comme frustratoire, et, par suite, donnant lieu de mettre les frais qu'elle aurait occasionnés à la charge de ceux qui l'auraient provoquée (Cass., 17 avril 1828 ; S.28.1.235 ; CHAUVEAU, quest, 3119 *bis*).

1840. Les opposants ne peuvent assister, soit en personne, soit par un mandataire, qu'à la première vacation : ils sont tenus de se faire représenter, aux vacations suivantes, par un seul mandataire pour tous ; s'ils ne peuvent en convenir, il est nommé d'office par le *juge de paix* (C. proc. civ., art. 932, 2e alinéa).

Si parmi ces mandataires se trouvent des avoués près le tribunal de première instance du ressort, ils doivent justifier de leurs pouvoirs par la représentation du titre de leur partie, et l'avoué le plus ancien, suivant l'ordre du tableau, des créanciers fondés en titre authentique, assiste de droit pour tous les opposants ; si aucun des créanciers n'est fondé en titre authentique, l'avoué le plus ancien des opposants fondés en titre privé doit assister de préférence aux avoués des créanciers sans titres, par le motif que les créanciers munis de titres ayant une créance liquide doivent être préférés aux autres (C. proc., art. 932-3°).

L'ancienneté doit être définitivement réglée à la première vacation (C. proc., art. 932-3°), de sorte que s'il ne s'était alors présenté que des avoués de créanciers porteurs de titres privés, le plus ancien d'entre eux ne pourrait être déplacé à la seconde vacation par un avoué plus ancien que lui, quand même celui-ci serait porteur d'un titre authentique.

1841. Si l'un des opposants a des intérêts différents de ceux des autres, ou des intérêts contraires, si, par exemple, il a une créance contestée par les autres créanciers, ou veut contester les leurs, ou revendiquer des objets qu'ils soutiennent appartenir à la succession, il peut assister à la levée des scellés et à l'inventaire, en personne, ou par un mandataire particulier, à ses frais (C. proc., art. 933).

1842. Les opposants pour la conservation des droits de leur débiteur ne peuvent assister à la première vacation, ni concourir au choix d'un mandataire commun pour les autres vacations (C. proc., art. 934).

Ainsi, le créancier personnel d'un héritier ou d'un créancier du défunt qui a formé opposition à tort ou à raison, peu importe, à la levée des scellés apposés sur les effets de la succession, n'a pas le droit d'y assister, et ne doit pas, dès lors, être intimé d'y assister ; le seul droit que lui donne son opposition est d'assister au partage (Arg. Douai, 26 mars 1824 ; D.A. 11.880).

1843. A l'égard des tiers réclamant des droits, titres, valeurs et objets mobiliers, ils ne peuvent assister à la levée des scellés et à l'inventaire ; ils sont représentés par l'avoué le plus ancien des créanciers opposants (Debelleyme, 2e cah., p. 233).

1844. L'ordonnance qui commet un notaire pour représenter des héritiers non présents, doit être annexée au procès-verbal de levée de scellé, et non à l'inventaire (Circ. minist., 28 avril 1832).

1845. Quant aux procurations, elles doivent être annexées à l'inventaire, et non au procès-verbal de levée de scellés (Circ. min. just., 28 avril 1832).

1846. Les employés de l'enregistrement n'ont pas le droit d'assister à la levée des scellés, ni à l'inventaire des papiers particuliers d'un notaire décédé. La vérification qui serait faite à cette époque pourrait être déclarée *intempestive*, surtout par rapport aux actes sous seing privé non enregistrés, que l'on trouverait dans l'étude. Il convient, dans ce cas, d'attendre que le dépôt en soit fait entre les mains d'un officier public contre lequel on puisse agir comme dépositaire (Décis. min. fin., 12 janv. 1818).

SECT. III.—*Formes et délais de la levée des scellés* (C. proc. civ., art. 928, 931, 935 à 940; C. comm, art. 479).

1847. La levée des scellés, qu'elle soit requise avec ou sans description, ne *peut* avoir lieu que trois jours *francs* après l'inhumation si le scellé a été apposé auparavant, et trois jours après l'apposition si elle a été faite depuis l'inhumation, *à peine de nullité* des procès-verbaux de levée de scellés et d'inventaire, et de dommages-intérêts contre ceux qui les auraient faits et requis : le tout, à moins que pour des *causes urgentes* et dont il en est fait mention dans son ordonnance, il n'en soit autrement ordonné par le président du tribunal de première instance de l'arrondissement où les scellés ont été apposés (C. proc., art. 928).

La décence publique et le temps moralement nécessaire aux parties intéressées exigeaient cette mesure déjà consacrée dans deux règlements des 8 juill. 1693 et 18 juill. 1733: aussi le juge de paix ne doit-il y déférer que sur la représentation d'une ordonnance dûment en forme du président (V. *infrà*, sect. IV, § 1er).

1848. Dans le cas où un cadavre, après une première sépulture, a été exhumé, pour être transporté dans un pays lointain, ou pour en faire l'autopsie, et se trouve encore déposé dans la maison mortuaire, les opérations de levée de scellés et d'inventaire ne peuvent avoir lieu avant la deuxième inhumation (Arg. trib. de la Seine, 30 sept. 1835, D.P.36.3.15).

1849. En matière de faillite, la levée des scellés a lieu dans les trois jours de la nomination des syndics (C. comm., art. 479).

1850. En cas de *minorité ou d'interdiction*, le tuteur doit requérir la levée des scellés dans les *dix jours de sa nomination*, dûment connue de lui, et faire procéder *immédiatement à l'inventaire en présence du subrogé tuteur* (C. proc. civ., art. 451 et 509), à peine de dommages-intérêts (Arg. C. Nap., art. 1382, 1383).

1851. En cas de tutelle légale du survivant des père et mère, ou du mari d'une femme interdite, la loi ne précise pas clairement le délai dans lequel il doit être procédé à l'inventaire; mais on peut induire de la combinaison des art. 420, 421, 451 et 1442, C. Nap., que l'inventaire, et conséquemment la levée des scellés, doivent également avoir lieu dans les dix jours de la nomination du subrogé tuteur, nomination que le tuteur est tenu de provoquer dans le plus bref délai, dans le mois de l'ouverture de la tutelle au plus tard, sous peine de destitution pour s'être immiscé dans la tutelle sans avoir fait nommer de subrogé tuteur (Arg. Metz, 24 janv. 1843, J.P.44.2.91).

On ne peut être trop rigoureux à cet égard, car plus l'inventaire est rapproché de la mort, plus on peut espérer qu'il sera fidèle et sincère : C'est une observation que tout juge de paix doit avoir soin de faire lors de la nomination du subrogé tuteur. Quant à nous, nous n'y avons jamais manqué, dans l'intérêt des mineurs confiés à notre surveillance et à notre sollicitude paternelle, et les résultats ont presque toujours répondu à notre légitime attente.

1852. Quant à l'héritier majeur, à la veuve commune, à l'époux survivant, aux successeurs irréguliers et au grevé de restitution, ils doivent, au plus tard, faire procéder à la levée des scellés et à l'inventaire, dans les trois mois du jour de l'ouverture de la succession (Arg. C. Nap., art. 769, 773, 795, 1059, 1456).

1853. La levée des scellés doit être nécessairement faite par des magistrats et officiers du même ordre que ceux qui les ont apposés.

Si le scellé est levé par un notaire en qualité de suppléant du juge de paix qui l'a apposé, ce notaire ne peut en même temps procéder à l'inventaire. Il n'y a point, il est vrai, d'incompatibilité entre les fonctions de suppléant de juge de paix et celles de notaire (Lett. du garde des sceaux, 22 janv. 1827); mais l'incompatibilité existe entre les fonctions de notaire et celles de juge de paix : or, le suppléant devient juge de paix lorsqu'il en exerce les fonctions. De là, la conséquence que le notaire ne peut procéder en même temps et à la levée des scellés comme suppléant, et à l'inventaire comme notaire.

Il en serait autrement si le scellé ayant été apposé par le notaire suppléant du juge de paix, la levée était faite ensuite par le juge de paix lui-même ou un autre suppléant.

1854. En matière de crimes, délits ou contraventions, les scellés sont levés, autant que possible, en présence des prévenus ou accusés, qui peuvent ainsi contrôler l'identité des objets séquestrés; ils signent ou sont mis en demeure de signer, lorsqu'ils sont présents, le procès-verbal qui est dressé de cette opération (Arg. Instr. crim., art. 38, 39).

1855. Dans les matières civiles, les formalités pour parvenir à la levée des scellés sont :

1° Une réquisition à cet effet consignée sur le procès-verbal du juge de paix, laquelle peut être faite par avoué (Tarif, art. 94);

2° Une ordonnance du juge, indicative des jour et heure où la levée sera faite;

3° Une sommation d'assister à cette levée, faite au *conjoint survivant*, *aux présomptifs héritiers* (même aux présomptifs héritiers absents, présumés ou déclarés, la loi ne distingue pas) (Arg. C. Nap., art. 137, et C. proc. civ., art. 931), *à l'exécuteur testamentaire*, *aux légataires universels et à titre universel s'ils sont connus*, *aux opposants* (C. proc. civ., art. 931-1°), et à l'enfant naturel légalement reconnu, qu'on le considère comme héritier ou comme créancier (Arg. Paris, 14 fruct. an II, 28 janv. 1820 et 21 oct. 1830; TOULLIER, t. 4, n° 281; DEBELLEYME, *loc. cit.*).

1856. Il n'est pas besoin d'appeler les intéressés, c'est-à-dire les personnes sus-nommées, demeurant hors de la distance de cinq myriamètres, ou dont le domicile est inconnu (Arg. C. Nap., art. 137, et C. proc. civ., art. 931 combinés); mais on doit appeler pour eux, à la levée et à l'inventaire, un notaire nommé d'office par le président du tribunal de première instance (C. proc. civ., art. 931-2°).

1857. Les opposants sont appelés aux domiciles par eux élus (C. proc. civ., art. 931-3°, 927 et 942; *Tarif*, 78 et 94).

1858. Si les parties intéressées domiciliées dans le rayon de cinq myriamètres et les créanciers opposants dûment intimés et le notaire commis ne se présentent pas, le juge de paix donne défaut contre eux, et il est procédé en leur absence, sans qu'il soit nécessaire de faire commettre un autre notaire (DEBELLEYME, 1er cah., p. 135; ROLLAND DE VILLARGUES, n° 132).

1859. Si, au contraire, ils n'ont pas été légalement intimés, le juge de paix doit surseoir, dresser procès-verbal et renvoyer l'opération et les parties à un autre jour.

1860. Néanmoins, la sommation n'est pas nécessaire lorsque toutes les parties intéressées et les créanciers opposants sont convenus d'un jour fixe avec le juge de paix, pour la levée des scellés et l'inventaire, et ont pris dans leur réquisition, consignée sur le procès-verbal de ce magistrat, l'engagement d'y assister sans sommation préalable pour éviter des frais.

1861. Les scellés ne peuvent être levés qu'à la requête des parties intéressées, et ne peuvent le juge de paix ni le greffier, aller jusqu'à la levée dans la maison où est le scellé, à peine d'interdiction, à moins qu'ils n'en soient requis, ou que leur transport n'ait été précédé d'une ordonnance motivée (C. proc. civ., art. 915. V. *infrà*, sect. IV, § 1er) ; si ce n'est, toutefois, en cas d'urgence extrême, comme si le feu prenait dans la maison, si un animal avait été enfermé sans nourriture, etc.

1862. Le juge de paix, qui procède à la levée des scellés après le décès du titulaire d'un majorat, est tenu de se faire représenter avant la levée des scellés, le certificat constatant la notification du décès au garde des sceaux, et de faire mention dudit certificat dans l'intitulé du procès-verbal de levée des scellés, à peine d'interdiction (Déc., 4 mai 1807, art. 12, ord. du 31 oct. 1830, art. 3), si la qualité du décédé est, bien entendu, à sa connaissance (Lettre du procureur général du sceau des titres, du 16 oct. 1809).

1863. La levée des scellés a lieu en une seule fois ou successivement, selon qu'elle se fait avec ou sans description ; elle peut même n'être que partielle et provisoire.

1864. La levée des scellés se fait avec description ou inventaire, dans tous les cas où cette formalité est prescrite par la loi ou requise par l'une des parties intéressées.

1865. Elle ne peut avoir lieu qu'au fur et à mesure de l'inventaire :

1° Lorsque les scellés ont été apposés à la requête d'un individu qui prétend avoir des droits sur la succession, en vertu d'un titre contesté par l'héritier (Arg. Paris, 1er déc. 1808, S.9.2.155) ;

2° Lorsque le successible n'a accepté ou ne veut accepter la succession que sous bénéfice d'inventaire (C. Nap., art. 794) ;

3° Quand une succession échoit à l'un des époux *communs en biens* ou en sociétés d'acquêts, et même *non communs en biens*, afin de constater les reprises qu'il peut exercer ultérieurement (C. Nap., art. 1414, 1499, 1504 et 1532) ;

4° Lorsque la femme survivante veut conserver la faculté de renoncer à la communauté (C. Nap., art. 1453 et s.) ;

5° Lorsqu'il y a des personnes intéressées dans la succession non maîtresses de leurs droits (C. Nap., art. 937 et 940) ;

6° Lorsqu'à défaut d'héritier au degré successible, la succession est réclamée par le conjoint survivant, l'enfant naturel ou l'Etat (C. Nap., art. 758, 767, 768, 769 et 773) ;

7° Lorsque la succession est vacante (C. Nap., art. 813; (C. proc. civ., art. 1000);

8° En cas d'absence (C. Nap., art. 126);

9° En cas de faillite (C. comm., art. 479). Il est procédé, en pareil cas, conformément aux règles tracées par le C. comm., pour la levée des scellés. Aux termes de l'art. 481 de ce Code, en cas de déclaration de faillite après décès, lorsqu'il n'a pas été fait d'inventaire antérieur à cette déclaration, ou en cas de décès du failli avant l'ouverture de l'inventaire, il est procédé à cet inventaire, conformément à l'art. 480, C. comm., en présence des héritiers ou eux dûment appelés; mais *quid*, si l'un des héritiers se trouvait à l'étranger? En pareil cas, la sommation faite à cet héritier devrait-elle subir le délai de distance édicté par l'art. 73, C. proc. civ.? Le tribunal civil de la Seine, devant lequel la question s'est présentée, a décidé, par jugement du 20 mars 1857, et avec raison, qu'une semblable interprétation détruirait toute l'économie de l'art. 481, C. comm., qui veut, dans l'intérêt de la masse, dont les droits sont préférables à ceux des héritiers, que l'inventaire ait lieu immédiatement, sans égard au délai édicté par l'art. 73, C. proc. civ., inapplicable, en pareil cas, et qu'il suffirait qu'il fût fait sommation aux héritiers, au domicile mortuaire, d'être présents à la levée des scellés, pour qu'il pût être passé outre par le syndic à la confection de l'inventaire (*Gaz. des trib.*, 2 avr. 1857).

10° Lorsqu'il y a un exécuteur testamentaire (C. Nap., art. 1031);

11° Après la séparation de corps ou de biens (C. Nap., art. 270, 1463);

12° Lorsqu'il y a des créanciers opposants aux scellés (Arg. C. Nap., art. 820 et suiv.; C. proc. civ., art. 909, 931 et 941);

13° Lorsqu'il y a substitution universelle ou à titre universel faite par le défunt (Arg. Nap., art. 1058);

14° Lorsqu'il n'y a d'institué que des légataires à titre universel (Arg. Bruxelles, 6 mai 1813).

1866. La levée des scellés se fait sans description :

1° Si la cause de l'apposition cesse avant qu'ils soient levés, ou pendant le cours de leur levée (C. proc., art. 940), par exemple, si depuis l'apposition des scellés sur les meubles d'une succession échue à un mineur ou interdit, cet incapable a été pourvu d'un tuteur ou d'un subrogé (Aix, 28 juill. 1830, S.30.2.356);

2° Si les successeurs universels sont majeurs et s'accordent pour demander cette levée sans description, afin d'éviter les frais et d'empêcher de pénétrer le secret des affaires de la succession ;

3° Si le légataire qui poursuit la levée des scellés est désintéressé ;

4° Si l'héritier remet à l'exécuteur testamentaire une somme suffisante pour acquitter les legs particuliers (C. Nap., art. 1027).

Mais serait évidemment insuffisant le consentement émané du notaire nommé d'office pour représenter des héritiers non présents, ou du mandataire chargé seulement de requérir la levée des scellés.

1867. Le procès-verbal de levée de scellés doit contenir :

1° La date ;

2° Les noms, profession, demeure et élection de domicile du requérant ;

3° L'énonciation de l'ordonnance délivrée pour la levée ;

4° L'énonciation de la sommation prescrite par l'art. 931, ci-dessus ;

5° Les comparution et dires des parties ;

6° La nomination des notaires, commissaires-priseurs et experts qui doivent opérer ;

7° La reconnaissance des scellés, s'ils sont sains et entiers ; s'ils ne le sont pas, l'état des altérations, sauf à se pourvoir ainsi qu'il appartiendra, pour raison desdites altérations ;

8° Les réquisitions à fin de perquisitions, le résultat desdites perquisitions et toutes autres demandes sur lesquelles il y aura lieu de statuer (C. proc. civ., art. 936 ; C. pén., art. 249 et suiv.).

1867. L'ordonnance de levée de scellés et le procès-verbal peuvent être faits à la suite de celui d'apposition et sur la même feuille de papier timbré. (L. 13 brum., an VII, art. 23; décis. min. fin., 20 avril 1813 ; Inst. rég., 28 avril 1813, n° 634).

1868. Dans le cas où les scellés sont *reconnus altérés*, le juge de paix doit constater l'état de ces altérations avec le plus grand soin, interpeller le gardien qu'il a nommé, prendre tous les renseignements possibles pour en découvrir l'auteur ou la cause des altérations, et en donner de suite avis au procureur impérial, en lui transmettant la partie de son procès-verbal qui constate ces altérations, à moins qu'il ne soit constant qu'elles n'ont eu lieu que par imprudence, sans malveillance, et qu'il n'a rien été soustrait du meuble ou de l'appartement sur lequel était apposé le scellé (C. pén., art. 249, 250 à 253 ; C. inst. crim., art. 8 et 48).

1869. Les perquisitions ont lieu pour découvrir, soit un testament, soit des objets appartenant à des tiers et réclamés par ceux-ci, soit des objets déplacés ou détournés ; mais, dans ce dernier cas, le juge de paix doit agir avec beaucoup de circonspection dans celles qu'il serait appelé à faire dans des maisons tierces ; si la personne dans le domicile de laquelle les recherches doivent être faites, s'y oppose, il doit recevoir sa déclaration et en référer sur ce point au président du tribunal en établissant gardiens aux portes jusqu'à l'exécution de l'ordonnance (Arg. C. proc. civ. art. 921.)

1870. Le choix d'un ou de deux notaires et d'un ou de deux commissaires-priseurs ou experts appartient au conjoint commun en biens, aux héritiers, même bénéficiaires, à l'exécuteur testamentaire, et aux légataires universels ou à titre universel (C. proc. civ., art 935). Ce choix n'appartient aux associés du défunt ou à ses créanciers que lorsque la levée des scellés ne se fait qu'à leur requête sans conjoint ni héritiers. Mais, en cas de dissentiment des divers ayants droit, le juge de paix reçoit les dires des parties sur son procès-verbal et en réfère au président du tribunal de première instance qui, après avoir entendu le juge de paix dans son rapport, et les parties ou leurs avoués en leurs dires et observations, statue sur le dissentiment des ayants droit (C. proc., art. 935). Suivant M. le président DE BELLEYME, 2e cahier, p. 238, note 3e, le président du tribunal doit choisir parmi les officiers présentés par les parties, à moins de motifs graves, et d'après les usages de la chambre des notaires de l'arrondissement.

1871. Le droit de procéder à la prisée ou estimation des meubles après décès, et particulièrement lors des inventaires, appartient exclusivement aux notaires, greffiers, commissaires-priseurs, huissiers. Il n'est pas permis aux simples particuliers de faire de semblables prisées, sauf le cas où, à raison de la nature des objets, il y aurait nécessité d'appeler des experts ayant des connaissances spéciales (LL. 21-26 juill. 1790, 17 sept. 1793, art. 1er ; 27 vent. an 9, art. 1er ; 28 avril 1816, art. 89 ; C. proc., art. 935 et 936 ; Arg. Bourges, 8 juin 1832 ; Bruxelles, 2 mai 1839 ; S.V. 32.2.35.2.284 ; 40.2.100.

1872. Mais il en est autrement de la prisée des meubles que les père et mère d'un mineur déclarent vouloir garder pour les remettre en nature, ainsi que l'art. 453 du C. Nap. les y autorise; l'estimation, en ce cas, peut être faite par toute personne désignée par le subrogé tuteur, serment préalablement prêté devant le juge de paix (C. Nap., art. 453; Rennes, 14 janv. 1835; Nîmes, 22 fév. 1837; Bruxelles, 2 mai et Grenoble, 5 déc. 1839; S.V.37.2.179; J.P.40.1.539. V. *suprà*, tit. IX, chap. II, *De la tutelle.*

1873. L'officier public chargé de procéder à une prisée après décès peut toutefois, pour s'éclairer sur la valeur et la prisée des objets mobiliers, se faire assister d'un homme de l'art, tel qu'un cultivateur, pour la prisée de récoltes, d'un troupeau, etc. Mais nous ne pouvons admettre avec la Cour d'Orléans (Arrêt du 22 août 1837 et la Cour de cass., arrêt de rejet du 19 déc. 1838, J.P.37.2.474 et 39.1.38), qu'un notaire chargé de procéder à un inventaire après décès puisse se faire assister d'un tel expert, en remplacement et au préjudice des officiers publics que désigne la loi, et lui faire prêter serment de donner son avis en son âme et conscience. C'est là, selon nous, une violation flagrante des lois des 26 juill. 1790, 17 sept. 1793, 28 avril 1816, 5 juin 1851; et des art. 453 du C. Nap., 935 et 936 du C. proc. civ. (Arg. Bourges, 8 juin 1832; Bruxelles, 2 mai 1839 (S.V.32.2.476).

1874. Le notaire ne peut pas davantage, selon nous, procéder à l'estimation et à la prisée des objets mobiliers en même temps qu'il en fait l'inventaire, quoi qu'en dise la Cour de Grenoble, arrêt du 5 déc. 1839 (J.P.40.2.180).

Que le greffier du juge de paix puisse, en même temps qu'il rédige le procès-verbal de la levée des scellés, procéder, comme expert priseur, à l'estimation des objets inventoriés, cela se conçoit et est reconnu d'ailleurs comme légal par décision du garde des sceaux du 8 avril 1835, et par le rapport de M. Gillon, séance des députés du 1er mars 1834, parce que son rôle comme greffier cesse dès que le scellé est levé, et que celui d'expert priseur ne commence qu'après la levée du scellé tandis que le rôle du notaire chargé de procéder à l'inventaire et celui de l'expert priseur, au contraire, commencent et finissent toujours en même temps.

Mais, dans ce cas, le greffier n'a pas droit à deux vacations; il ne peut prétendre qu'à celle qui est taxée par le tarif au taux le plus élevé.

1875. Les scellés sont levés successivement, et au fur et à mesure de la confection de l'inventaire : ils sont ensuite réapposés à la fin de chaque vacation (C. proc. civ., art. 937) : sur les seuls objets, bien entendu, qui ne sont pas encore constatés par l'inventaire, afin d'en empêcher la soustraction et la confusion.

1876. Lorsque des objets de même nature ont été réunis pour être inventoriés successivement suivant leur ordre, ils doivent, dans ce cas, être replacés sous les scellés (C. proc. civ., art. 938) ;

1877. Le juge de paix a le droit de s'opposer à ce qu'après la prisée du mobilier, les papiers soient emportés par le notaire, pour être l'inventaire continué et terminé dans son étude, alors même que les parties consentiraient à ce mode de procéder : la présence du juge de paix est indispensable jusqu'à la clôture définitive de l'opération (Arg. C. proc. civ., art. 937 et 938) ; en cas de contestation, le juge de paix doit en référer au président pour mettre sa responsabilité à l'abri des reproches que pourrait lui attirer un tel oubli de ses devoirs.

1878. S'il est trouvé, dans le cours de l'opération, des objets et papiers étrangers à la succession et réclamés par des tiers, ils doivent être remis aux ayants droit ; mais s'ils ne peuvent être remis à l'instant, soit parce que les héritiers s'y refusent, soit pour toute autre cause, ou s'ils ne sont pas réclamés, le juge de paix doit, dans l'un comme dans l'autre cas, constater l'existence de ces objets et papiers, et en faire une description sommaire sur le procès-verbal de levée de scellés (C. proc. civ., art. 939).

Si ces objets et papiers ne sont pas réclamés, il n'y a pas lieu d'en dresser un état descriptif; alors est inapplicable la disposition de l'art. 939, qui est relative au cas seulement où ils seraient réclamés par des tiers et ne pourraient être remis à l'instant. Il suffit qu'ils restent en dépôt sous le scellé particulier qui y a été apposé (Paris, 8 sept. 1825, S.26.2.42 ; CHAUVEAU, n° 2137 *ter*).

1879. Lorsqu'il y a opposition à la remise des objets et papiers étrangers à la succession, trouvés sous les scellés, le juge de paix en fait la description sur son procès-verbal, et renvoie les parties à se pourvoir devant juge compétent (Arg. C. proc. civ., art. 939).

1880. D'après le *Dictionnaire du Notariat*, le juge de paix, à moins qu'il n'en soit requis, n'aurait pas le droit d'examiner les papiers ni même d'en prendre connaissance ; le notaire seul aurait ce droit. Nous ne pouvons partager ces principes, qui, par leur généralité, tendent évidemment à substituer le notaire au juge de paix dans la levée des scellés, portent une atteinte réelle au caractère et aux attributions de ce magistrat, et sont contraires à l'esprit des art. 916, 917, 918, 919, 920, 936, 937, 938 et 939, C. proc. civ., combinés.

En effet, le juge de paix, dans le cours de la levée et de l'apposition des scellés, est le représentant légal des parties intéressées à la conservation des choses mises sous le scellé; son mandat subsiste non-seulement jusqu'à ce que chaque objet ait été reconnu et décrit, soit dans ses procès-verbaux d'apposition et de levée des scellés, soit dans l'inventaire: il subsiste même jusqu'à la clôture de ce dernier acte; le juge de paix a le premier rôle à remplir dans ces opérations; il y doit présider; il réappose les scellés à la fin de chaque vacation; s'il est découvert un testament olographe, ou autres papiers, c'est lui qui doit les représenter au président, et non le notaire; s'ils sont ouverts, il en constate l'état, et, s'ils sont cachetés, il en constate la forme extérieure, le sceau et la suscription, paraphe l'enveloppe avec les parties, et indique le jour où ils seront par lui présentés au président. Si les papiers ne sont pas cachetés et qu'ils intéressent des tiers, c'est encore sur son procès-verbal et non dans l'inventaire que la description doit en être faite, ainsi que la mention de la remise aux ayants droit, si elle n'est pas contestée; enfin, c'est sur son procès-verbal que toutes les demandes, dires, réquisitions, référés, etc., sont constatés dans le cours de la levée des scellés faite au fur et à mesure de l'inventaire (V. *suprà*, nos 1875 et suiv.).

Est-il possible qu'investi d'attributions aussi étendues, le juge de paix ne puisse, dans l'intérêt des parties qu'il représente, et dont il est l'intermédiaire naturel et légal, prendre connaissance des papiers mis sous le scellé, par la seule raison que la levée des scellés se fait en même temps que l'inventaire? Telle n'a pu être l'intention du législateur. Si donc un tel refus avait lieu, le juge de paix devrait de suite le constater, arrêter l'opération et en référer au président.

Sect. IV.—*Formules.*

§ 1er. — **Réquisition de levée de scellés provisoire avant les trois jours de l'inhumation ou de l'apposition** (C. proc., art. 928) (1).

« Par-devant nous, Adolphe A..., juge de paix du canton

(1) Ces ordonnances sont rendues sur référé introduit par un dire sur le procès-verbal d'apposition de scellés, avec ajournement du juge de paix à toutes les parties. Ce mode est le seul régulier, économique, et réunit dans le procès-verbal tout ce qui est relatif à l'opération. On ne

« de..., département de..., assisté de Me Louis B..., greffier « de cette justice de paix;

« Est comparu, dans notre cabinet, à...,

« Le sieur Alexis-André Dupart, rentier, demeurant à... « (degré de parenté avec le défunt), fils de Pierre-Joseph Du- « mont, dénommé, qualifié et domicilié ainsi qu'il est dit au « procès-verbal d'apposition de scellés des autres parts, après « le décès dudit défunt;

« Lequel nous a dit qu'il y a congé des lieux occupés par « le défunt pour (l'époque), » ou « que le bail des lieux oc- « cupés par le défunt expire le... (l'époque); qu'ainsi il est « urgent de lever les scellés pour rendre les lieux libres;

(Ou) « qu'il est urgent de rechercher sous les scellés un « testament qui contiendrait des dispositions pour les funé- « railles, dont l'existence paraît certaine;

(Ou) « qu'il est urgent d'extraire des scellés des billets à « échéance, pour en faire le recouvrement; des deniers pour « faire un paiement; des pièces pour produire en justice ou « éviter des déchéances, etc.;

(Ou) « qu'il est urgent de remettre les titres, registres et « papiers que le défunt possédait comme syndic, liquida- « teur, etc.;

(Ou) « qu'il a été trouvé, lors de l'apposition des scellés, « une somme ou des valeurs importantes, et que le logement « occupé par le défunt n'offre aucune sûreté;

(Ou) « que les scellés ont été enlevés à une fenêtre par la « force du vent, ou autre accident, ou volontairement et par « délit (dans ce cas, le juge de paix pourrait rendre lui-même « une ordonnance, vu l'urgence);

(Ou) « que la cave où sont des scellés est inondée, que le « mur de... menace ruine, ou qu'un pilier fléchit, etc.; qu'il « est dès lors urgent de procéder à la réparation de..., etc.»

(Ou) « qu'il est unique héritier du défunt, et que les scellés « n'ont été apposés que pour cause de son absence;

---

peut agir par requête; l'art. 77 du tarif ne l'autorise que pour la nomination du notaire qui représente les absents, et non pour l'autorisation de levée provisoire, et ce n'est pas par oubli, l'ordonnance est consignée sur le procès-verbal. En général, en matière de scellé ou d'inventaire, on ne peut agir par requête que lorsqu'il n'y a plus de scellés ou avant ou après l'inventaire; autrement, les autorisations sont requises, ajournées et consignées sur le procès-verbal du juge de paix ou du notaire, s'il n'y a pas ou s'il n'y a plus de scellés (Debelleyme, 2e cahier, p. 217, note 2e).

« Qu'en conséquence, il requiert qu'il nous plaise introduire « à l'instant même un référé devant M. le président du tri- « bunal de première instance de..., pour voir ordonner que « les scellés seront levés dès à présent et provisoirement, et a « signé. »

(*Signature.*)

« Nous, juge de paix susdit,

« Vu la réquisition ci-dessus et l'art. 928, C. proc. civ.;

« Attendu qu'il est urgent de rechercher s'il existe un tes- « tament sous les scellés, afin d'en assurer l'exécution (ou « toute autre cause),

« Disons qu'il en sera par nous référé à l'instant même, « parties présentes, à M. le président du tribunal de pre- « mière instance de l'arrondissement de..., dans son cabinet, « au palais de justice, à...

« Fait à..., les jour, mois et an que dessus, et nous avons « signé avec le greffier. » (*Signatures.*)

ORDONNANCES DU PRÉSIDENT.

« Nous (nom, prénoms), président du tribunal de pre- « mière instance de l'arrondissement de...,

« Après avoir entendu M. le juge de paix, en son rapport, « et Me..., avoué du sieur... (ou la partie requérante), etc.;

« 1° Attendu qu'il y a congé des lieux occupés par le dé- « funt pour (date), » ou « que le bail des lieux occupés par « le défunt expire le... (date); qu'ainsi il est urgent de lever « les scellés pour rendre les lieux libres;

« — 2° Attendu qu'il est urgent de rechercher s'il existe « un testament sous les scellés, afin d'en assurer l'exécution;

(Ou) « Attendu qu'il est urgent d'extraire des scellés des « billets à échéance, pour en faire le recouvrement; des de- « niers pour en faire un paiement; des pièces pour produire « en justice ou éviter des déchéances, etc.;

« — 3° Attendu qu'il est urgent de remettre les titres, re- « gistres et papiers que le défunt possédait comme syndic, « liquidateur, etc.;

« — 4° Attendu qu'il a été trouvé, lors de l'apposition des « scellés, une somme ou des valeurs importantes, et que le « logement occupé par le défunt n'offre aucune sûreté;

« — 5° Attendu que les scellés ont été enlevés à...; qu'il « est urgent de les rétablir;

« — 6° Qu'il est nécessaire de procéder à une réparation « urgente,

« Au principal, renvoyons les parties à se pourvoir et par « provision,

« Ordonnons que les scellés seront levés dès à présent et « provisoirement, à l'effet :

« 1° De vider les lieux et de satisfaire aux charges locatives;

« —2° De rechercher et extraire le testament, pour être « ensuite procédé ainsi que de droit;

« —2° De rechercher tous les billets à échéance, pour en « suivre le recouvrement; en conséquence, autorisons le..., « à poursuivre ledit recouvrement, pour en rendre compte « quand et à qui il appartiendra ;

« —4° A l'effet d'extraire les titres, etc., et de les remettre « aux réclamants après compte fait et acquitté de ce qui peut « être dû par eux au défunt; en cas de difficultés, il nous en « sera référé sur la représentation des papiers ;

« —5° A l'effet d'extraire les deniers comptants et valeurs « des scellés et de les déposer à la caisse des consignations ;

« —6° A l'effet de rétablir les scellés dans les lieux où ils « ont été enlevés et d'en constater la cause et les suites ;

« —7° A l'effet de déposer les objets dans une autre partie « de l'habitation, dans un autre lieu, pour procéder aux ré- « parations ;

« Parties intéressées présentes à la recherche, ou dûment « appelées par..., huissier audiencier. »

On peut ajouter : « En présence de Me..., notaire, que nous « commettons pour représenter les ayants droit non présents;

« Et disons qu'après la recherche ou l'enlèvement, les scellés « seront immédiatement réapposés, par le juge de paix, dans « les lieux où les objets auront été transportés, ou dans les « lieux où ils se trouvent, tous droits et moyens des parties « respectivement réservés.

« Et notre ordonnance sera exécutée par provision, nonob- « stant appel, et nous avons signé. » (*Signature.*)

§ 2.—Réquisition de levée de scellés, sans description, par héritiers majeurs, et ordonnance.

« L'an..., le..., heures du matin,

« Par-devant nous, Adolphe A..., juge de paix du canton « de..., département de..., assisté de Me Louis B..., greffier « de cette justice de paix,

« Est comparu, dans notre cabinet, à...,

« M. Denis-Alphonse Duronceray, propriétaire, demeurant « à...;

« Agissant comme maître des actions mobilières et posses-« soires de madame Alphonsine de Rouvray, son épouse, « avec laquelle il est commun en biens, aux termes de leur « contrat de mariage, passé devant Me..., notaire à..., le..., « dont il nous a représenté une expédition, que nous lui avons « à l'instant même rendue; et au besoin comme mandataire « spécial, à l'effet des présentes, de ladite dame, son épouse, « suivant sa procuration passée devant Me..., notaire à..., « le..., enregistrée : le brevet de laquelle procuration, léga-« lisé par le président du tribunal de première instance de « l'arrondissement de..., est demeuré ci-annexé après avoir « été par ledit comparant certifié véritable, et signé en notre « présence.

« Ladite dame, seule et unique héritière de dame Marie-« Adrienne Dubourgneuf, veuve de feu M. Alexis-Julien de « Saint-Georges, sa tante maternelle, par représentation de « dame Stéphanie Dubourgneuf, sa mère, décédée, laquelle « était sœur germaine de ladite dame veuve de Saint-Georges, « décédée à..., le..., sans héritiers à réserve, ainsi que le con-« state un acte de notoriété passé en minute devant Me..., « notaire à..., le..., enregistré.

« Lequel nous a dit que les scellés par nous apposés « d'office, le..., au domicile et après le décès de ladite feue « dame veuve de Saint-Georges, (ou : sur la déclaration, ou « sur la réquisition de..., domestique de ladite défunte), « avaient pour cause unique l'absence du comparant; que « cette cause ayant cessé, il requiert au nom qu'il agit la « levée pure et simple desdits scellés, et a ledit requérant « fait élection de domicile en la demeure de ladite défunte et « a signé, après lecture faite. » (*Signature.*)

« Nous, juge de paix susdit,

« Vu la réquisition ci-dessus, les actes y énoncés et l'art. « 940, C. proc. civ.;

« Attendu que la cause de l'apposition des scellés dont il « s'agit a cessé; que le comparant a qualité pour en requérir « la levée pure et simple, sans description;

« Attendu qu'il n'y a point d'opposant à la levée desdits « scellés et que plus de trois jours francs se sont écoulés de-« puis leur apposition, faite le même jour de l'inhumation,

« Ordonnons que les scellés, par nous apposés, le..., après « le décès de ladite dame veuve de Saint-Georges, seront « reconnus et levés purement et simplement, sans descrip-« tion, le..., en présence du requérant;

« Fait à..., les jour, mois et an que dessus, et nous avons « signé avec le greffier. »

(*Signatures.*)

§ 3. – **Réquisition de levée de scellés, sans description, par un époux commun en biens.— Héritiers majeurs et ordonnance** (C. proc., art. 940).

« Et le vingt-cinq mai, dix heures du matin,

« Par-devant nous, Adolphe A..., juge de paix du canton « de..., département de..., assisté de Me Louis B..., greffier « de cette justice de paix,

« Sont comparus, dans notre cabinet, à...,

« 1° M. Jules-Henry Boulay, propriétaire, demeurant à...,

« Agissant en son nom personnel, tant à cause de la com- « munauté de biens qui a existé entre lui et madame Louise- « Henriette Laffond, son épouse, décédée, aux termes de leur « contrat de mariage, passé devant Me..., notaire à..., le..., en- « registré, dont il nous a représenté une expédition, que nous « lui avons à l'instant rendue, que comme ayant droit, d'a- « près le même contrat, à la totalité des bénéfices de ladite « communauté, en qualité de survivant;

« 2° M. Alfred Laffond père, propriétaire, demeurant « à...;

« 3° M. Jules Boullard, receveur de rentes, demeurant « à...;

« Agissant, en ces présentes, comme mandataire spécial « du sieur Louis-Alexis Laffond fils, négociant, demeurant « à..., suivant sa procuration passée devant Me..., notaire « à..., le..., enregistrée; le brevet original de laquelle pro- « curation, légalisé par M. le président du tribunal de pre- « mière instance de l'arrondissement de..., est demeuré ci- « annexé, après avoir été par ledit mandataire certifié véritable « et signé en notre présence;

« 4° Et madame Henriette-Aglaé Laffond, veuve de « M. Louis-Paul Landry, rentière, demeurant à...;

« Ledit sieur Alfred Laffond père, habile à se porter héri- « tier pour un quart de ladite dame Boulay, sa fille, décédée « sans postérité;

« Et M. Alexis-Adrien Laffond fils, et madame veuve Lan- « dry, habiles à se porter héritiers de ladite dame Boulay, « leur sœur germaine, pour les trois autres quarts, ou chacun « pour trois huitièmes;

« Lesquels nous ont dit que les scellés par nous apposés « d'office, le..., après le décès de ladite dame Boulay, avaient

« pour cause unique l'absence, sans procuration, de l'un « d'eux; que ledit sieur... (l'héritier) se présente, ou que le « sieur... se présente muni de la procuration spéciale dudit « sieur (l'héritier);»

(Ou) « que les créanciers opposants consentent, et au be- « soin requièrent la levée des scellés sans description, par « suite d'arrangement avec les héritiers;

(Ou) « le défaut de représentant de l'héritier mineur; qu'il « est aujourd'hui pourvu d'un tuteur (ou d'un subrogé tu- « teur);

« Que cette cause ayant dès lors cessé, et plus de trois « jours francs étant écoulés depuis l'inhumation, faite après « l'apposition des scellés, ils requièrent, en leurs qualités « susdites, la levée desdits scellés sans description;

S'il y a des mineurs, on ajoute :

« En présence du sieur Jean Boulay, propriétaire demeu- « rant à...,

« Au nom et comme tuteur des mineurs... (les désigner), « nommé à cette qualité qu'il a acceptée par délibération du « conseil de famille de ces mineurs, reçue et présidée par « M. le juge de paix du canton de..., suivant son procès- « verbal dressé par lui, le..., enregistré; de laquelle déli- « bération une expédition nous a été représentée et par nous « à l'instant rendue;

« Et ont, lesdits requérants, déclaré faire élection de do- « micile en la demeure du sieur Boulay, l'un d'eux, et ont « signé après lecture faite. »

(*Signatures.*)

« Nous, juge de paix susdit,

« Vu la réquisition ci-dessus et l'art. 940, C. proc.;

« Attendu que la cause de l'apposition des scellés dont il « s'agit a cessé; que les requérants sont majeurs, présents « ou dûment représentés, et ont droit d'en requérir la levée « sans description;

« Attendu qu'il n'y a point d'opposant à la levée desdits « scellés;

« (Ou) « que les créanciers opposants consentent et au « besoin la requièrent sans description;

(Ou) « Attendu que la cause de l'apposition des cellés est « le défaut de représentant d'un héritier mineur; que ce « mineur est aujourd'hui pourvu d'un tuteur, et que plus de « trois jours francs se sont écoulés depuis l'inhumation de la « dame Boulay, faite depuis leur apposition;

« Ordonnons que les scellés par nous apposés le..., après « le décès de ladite dame Boulay, seront reconnus et levés « sans description, le mardi, vingt-six du courant (ou à l'ins- « tant même), en présence des requérants. »

S'il y a des mineurs, on ajoute : « et du subrogé tuteur « des mineurs...

« Fait à..., les jour, mois et an que dessus, et avons signé « avec le greffier. »

(*Signatures.*)

§ 4. — **Réquisition de levée de scellés, sans description, par un époux survivant, légataire à titre universel.—Héritiers majeurs et ordonnance** (C. proc., art. 940).

« Et, le vingt-quatre mars mil huit cent quarante-neuf, dix « heures du matin,

« Par-devant nous, Adolphe A..., juge de paix du canton « de..., département de..., assisté de Me Louis B..., greffier « de cette justice de paix,

« Sont comparus, en notre cabinet, à...:

« 1° M. Armand-Louis Dupont, rentier, demeurant à...;

« — 2° Et Madame Marie-Anne Mannet, veuve de « M. Alexandre Chalamel, rentière, demeurant à..., seuls « héritiers du sieur Pascal-Nicolas Dupont, leur frère, décédé « à..., le..., sans héritiers à réserve ;

« M. Dupont, pour la totalité de la moitié dévolue à la ligne « paternelle, ou pour trois quarts au total, en qualité de « frère germain du défunt, comme étant issus l'un et l'autre « du mariage de M. Félix Dupont avec madame Rose Marcel, « veuve en premières noces de M. Frédéric Mannet;

« Et madame veuve Chalamel, pour moitié dans la moitié « afférente à la ligne maternelle, ou un quart au total, en « qualité de sœur utérine du défunt sieur Dupont, comme « étant issue du mariage de ladite dame Marcel avec le sieur « Leroy;

« De plus, ladite dame veuve Chalamel, légataire à titre « universel du quart des biens, meubles et immeubles com- « posant la succession du défunt sieur Pascal-Nicolas Dupont, « aux termes de son testament par lui fait olographe, en date, « à..., du..., enregistré à..., le..., déposé pour minute à « Me..., notaire à..., par M. le président du tribunal de pre- « mière instance de l'arrondissement de..., aux termes de son « procès-verbal d'ouverture et de description du testament, « en date du..., enregistré;

« Duquel legs à titre universel madame veuve Chalamel, « comparante, a été envoyée en possession, aux termes d'une « ordonnance du même président, rendue le..., au moyen « de ce que ledit feu sieur Dupont, son frère utérin, n'a « laissé aucun héritier à réserve, ainsi que le constate un « acte de notoriété passé en minute devant M^e..., notaire « à..., le..., enregistré;

« Lesquels nous ont dit que les scellés par nous apposés à « la requête du sieur Armand-Louis Dupont, l'un des com- « parants, le..., après le décès dudit feu sieur Dupont, « avaient pour cause unique l'absence de ladite dame veuve « Chalamel, sa cohéritière; que cette cause ayant cessé et « plus de trois jours francs étant écoulés depuis l'apposition « des scellés, ils requièrent, en leurs qualités susdites, la « levée pure et simple, sans description, desdits scellés, et « ont, lesdits requérants, déclaré faire élection de domicile « à... (lieu du domicile du défunt), et ont signé après lec- « ture faite. »

(*Signatures.*)

« Nous, juge de paix susdit,

« Vu la réquisition ci-dessus, les actes y énoncés, et l'art. « 940, C. proc. civ.;

« Attendu que la cause de l'apposition des scellés dont il « s'agit, a cessé; que les deux requérants sont majeurs, et « ont droit d'en requérir la levée pure et simple, sans « description;

« Attendu qu'il n'y a point d'opposant à la levée desdits « scellés, et que plus de trois jours francs se sont écoulés « depuis leur apposition faite le jour même de l'inhumation;

« Ordonnons que les scellés par nous apposés le..., après « le décès dudit sieur Dupont, seront reconnus et levés pure- « ment et simplement, sans description, cejourd'hui, à deux « heures de relevée.

« Fait à..., les jour, mois et an que dessus, et nous avons « signé avec le greffier. »

(*Signatures.*)

§ 5.—**Réquisition de levée de scellés après le décès d'un officier général ou supérieur, avec description par le juge de paix, et ordonnance** (Arrêté du Gouv. du 13 niv. an x, art. 1er et 2; Inst. min., 8 mars 1823).

« Et le trente mars mil huit cent quarante-neuf, dix heures « du matin,

« Par-devant nous, etc., assisté de..., etc.,

« Est comparu, dans notre cabinet, à...,

« M. Adrien-Alphonse Dubreuil, capitaine d'état-major au « ministère de la guerre, demeurant à..., et faisant élection « de domicile au greffe de notre justice de paix;

« Lequel nous a dit qu'aux termes d'une délégation de « M..., lieutenant général commandant la première division « militaire, à Paris, en date du..., à nous représentée, il a « été chargé de poursuivre la levée des scellés par nous ap- « posés d'office dans l'intérêt de l'Etat, en conformité de « l'arrêté du Gouvernement du 13 nivôse an x, et d'une « instruction ministérielle du 8 mars 1823, au domicile, et « après le décès de M..., maréchal de camp en retraite, dé- « cédé à..., le...;

« Qu'en exécution de cette délégation, il requiert qu'il nous « plaise ordonner la reconnaissance et levée desdits scellés, « et faire en sa présence la description sommaire de tous les « objets pouvant intéresser l'Etat et y faire retour, et a signé « après lecture faite. »

(*Signatures.*)

« Nous, juge de paix,

« Vu la réquisition ci-dessus, la délégation y énoncée, la- « quelle est demeurée annexée au présent, et les arrêtés du « Gouvernement et instruction ministérielle susdatés,

« Ordonnons que les scellés par nous apposés dans le ca- « binet du défunt sur les plans, cartes, mémoires et autres « objets pouvant appartenir ou intéresser l'Etat, seront par « nous reconnus et levés avec description sur le présent « procès-verbal, le..., heure de midi, en présence du requé- « rant et des intéressés dans la succession du défunt que le- « dit requérant est chargé d'y appeler, conformément à la « loi.

« Fait à.... les jour, mois et an susdits, et nous avons signé « avec le greffier. »

(*Signatures*).

§ 6.—**Réquisition de levée de scellés après le décès d'un militaire présent au corps, avec description par le juge de paix, et ordonnance** (Inst. min., 15 nov. 1809, tit. 3, art. 123).

« Et le..., heure..., etc.,

« Par-devant nous, etc., assisté de..., etc.,

« Est comparu, dans notre cabinet, à...., M. Adrien- « Alphonse Dubreuil, capitaine au 13e régiment de chasseurs, « demeurant à...., où il élit domicile ;

« Lequel nous a dit que, suivant délibération du consei

« d'administration de son régiment, en date du..., il était « chargé de poursuivre la levée des scellés par nous apposés « le..., sur les meubles et effets délaissés par M. Alexandre « Déranlot, officier audit régiment, décédé le... ; qu'en exé- « cution de cette délibération, il requiert qu'il nous plaise « ordonner la reconnaissance et levée desdits scellés, et de « faire en sa présence la description sommaire de tous les « objets qui s'y trouveront, dont il fera faire la vente dans les « formes de droit, ainsi qu'il en est chargé, et a signé, lecture « faite. » (*Signature.*)

« Nous, juge de paix susdit,

« Vu la réquisition ci-dessus, la délibération y énoncée, « laquelle est demeurée annexée au présent, et l'art. 123, tit. « 3, de l'instruction du ministre de la guerre, en date du « 15 nov. 1809 ;

« Attendu que le comparant a qualité pour requérir la levée « des scellés avec description,

« Ordonnons que lesdits scellés seront par nous reconnus « et levés le lundi, quinze du présent mois, neuf heures du « matin, en présence du requérant et des parties intéressées « qu'il est chargé d'y appeler.

« Fait à...., les jour, mois et an que dessus, et nous avons « signé avec le greffier. »

(*Signatures.*)

§ 7.—**Réquisition de levée de scellés avec inventaire par un légataire universel chargé de restitution en faveur de ses enfants nés et à naître, et ordonnance.**

« Et le..., heures de...,

« Par-devant nous, Adolphe A..., juge de paix du canton « de..., département de..., assisté de Me Louis B..., greffier « de cette justice de paix,

« Est comparu, dans notre cabinet, à..., M. Frédéric-Adrien « de Renneval, propriétaire, demeurant à.....

« Au nom et comme légataire universel, en toute propriété, « des biens meubles et immeubles composant la succession « de M. Stanislas-Alexandre de Renneval, son frère, décédé « à..., le... ; mais à la charge de restitution, pour la totalité « de ce qui fait l'objet de ce legs, au profit de ses enfants nés « et à naître, aux termes du testament du feu sieur de « Renneval, par lui fait olographe, en date, à...., du.... en- « registré à.... le..., et déposé pour minute à Me..., notaire « à... ; par ordonnance de M. le président du tribunal de « première instance de l'arrondissement de..., contenue en

« son procès-verbal d'ouverture et de constatation dudit tes-« tament, en date du...., enregistré ;

« Duquel legs universel, M. de Renneval, comparant, a été « envoyé en possession, aux termes d'une autre ordonnance « du même président, rendue le...., au moyen de ce que ledit « feu sieur de Renneval, son frère, n'a laissé aucun héritier à « réserve, ainsi que le constate un acte de notoriété, passé en « minute devant ledit Me..., notaire à..., le..., enregistré ;

« Lequel a dit que, suivant procès-verbal, en date du..., « enregistré, les scellés ont été par nous apposés à sa requête « (ou d'office, ou à la requête de...) après le décès dudit feu « sieur.... ; que désirant faire procéder aux reconnaissance « et levée desdits scellés, au fur et à mesure de l'inventaire « des meubles, effets, titres et papiers dépendant de la suc-« cession dudit défunt, ainsi qu'aux prisée et estimation des « objets qui en seront susceptibles (on peut désigner les offi-« ciers publics qui devraient y procéder), il nous requiert « d'ordonner la levée desdits scellés aux jour et heure qu'il « nous plaira fixer, et a signé, lecture faite. »

(*Signature.*)

« Nous, juge de paix susdit,

« Vu la réquisition ci-dessus, les actes y énoncés, et les « art. 930, 931 et 937, C. proc. civ.;

« Attendu que le comparant, en sa qualité de légataire uni-« versel, a droit de requérir la levée de scellés et l'inven-« taire dont il s'agit ; que plus de trois jours francs se sont « écoulés depuis l'inhumation faite après leur apposition ;

« Attendu qu'il n'y a point d'opposant à la levée desdits « scellés ;

« Ordonnons que le..., présent mois, dix heures du matin, « les scellés par nous apposés le..., dans la maison où est « décédé le même jour ledit sieur..., seront par nous recon-« nus et levés successivement au fur et à mesure de l'inven-« taire qui en sera fait par les officiers publics choisis par « les parties (ou nommés d'office), en présence des héritiers « (tuteur et subrogé tuteur, suivant le cas), conformément à « la loi.

« Fait à..., les jour, mois et an que dessus, et nous avons « signé avec le greffier. » (*Signatures.*)

§ 8. — **Réquisition de levée de scellés, avec inventaire, par une veuve tutrice légale et légataire.**

« Et le..., ... heures de...,

« Par-devant nous..., etc., assisté de..., etc.,

« Est comparue, dans notre cabinet, à..., madame Caroline-« Rose Choret, veuve de M. Alfred Lanson, avec lequel elle « était séparée, quant aux biens, aux termes de leur contrat « de mariage, passé devant Me..., notaire à..., le..., enre-« gistré (ou : suivant jugement rendu au tribunal de pre-« mière instance de l'arrondissement de..., le..., dûment « enregistré, signifié et exécuté), madame veuve Lanson, de-« meurant à..., où elle fait élection de domicile ;

« Et agissant en son nom personnel, tant à cause de ses « reprises et créances qu'elle peut avoir à exercer contre la « succession de son mari, que comme légataire, à titre uni-« versel, du feu sieur Lanson, de la moitié, en usufruit, de « tous ses biens, meubles et immeubles, aux termes de son « testament passé devant Me..., notaire à..., en présence de « quatre témoins, le..., enregistré ;

« Et encore, au nom et comme tutrice légale de Armand « Lanson, âgé de seize ans, et de François-Alexis Lanson, « âgé de quinze ans, ses deux enfants mineurs, issus de son « mariage avec le feu sieur Alfred Lanson ;

« Madame veuve Lanson, assistée de Me..., avoué près le « tribunal de première instance de l'arrondissement de..., y « demeurant, rue..., n°...;

« Laquelle a dit que, suivant procès-verbal, en date du..., « enregistré..., les scellés ont été par nous apposés à sa re-« quête (ou d'office, ou à la requête du...), après le décès « dudit feu sieur Lanson, son mari ;

« Que, désirant faire procéder aux reconnaissance et levée « desdits scellés, au fur et à mesure de l'inventaire des meu-« bles, effets, titres et papiers dépendant de la succession du-« dit défunt, ainsi qu'aux prisée et estimation des objets qui « en seront susceptibles (on peut désigner les officiers publics « qui devront y procéder), elle nous requiert d'ordonner la « levée desdits scellés aux jour et heure qu'il nous plaira « fixer, et a signé, lecture faite. » (*Signature.*)

« Nous, juge de paix susdit,

« Vu la réquisition ci-dessus, les actes y énoncés, et les « art. 930, 931 et 937, C. proc. civ.;

« Attendu que la comparante, en sa qualité de légataire « et de tutrice légale de ses enfants, a droit de requérir la « levée des scellés et l'inventaire dont il s'agit ; que plus de « trois jours francs se sont écoulés depuis l'inhumation faite « après leur apposition ;

« Attendu qu'il n'y a point d'opposant à la levée desdits « scellés ;

« Ordonnons que le mardi vingt-deux mai, présent mois, « dix heures du matin, les scellés par nous apposés le..., « dans la maison où est décédé le même jour ledit sieur..., « seront par nous reconnus et levés successivement, au fur « et à mesure de l'inventaire qui en sera fait par les officiers « publics choisis par les parties (ou nommés d'office), en pré- « sence des héritiers (tuteur et subrogé tuteur, suivant le « cas), conformément à la loi.

« Fait à..., les jour, mois et an que dessus, et nous avons « signé avec le greffier. »

§ 9. — **Réquisition de levée de scellés avec inventaire, par un créancier** (C. proc., art. 930, 931 et 937).

« Et le..., heures du matin,

« Par-devant nous, etc., assisté de..., etc.,

« Est comparu, dans notre cabinet, à...,

« Le sieur Frédéric-Louis D..., négociant, demeurant à..., « élisant domicile en la demeure de Me..., avoué, sise à...,

« Agissant comme créancier sérieux et légitime de M. Sé- « bastien David, décédé le..., en sa demeure, à...,

« En cette qualité ayant fait apposer les scellés, après son « décès,

« Lequel a dit que, depuis le quinze avril dernier, jour où « les scellés ont été apposés à sa requête, après le décès de « son débiteur, ses héritiers n'ont fait aucune diligence pour « les faire lever ; qu'il est de l'intérêt de l'exposant, et même « des ayants droit dans la succession dudit défunt, de faire « procéder aux reconnaissance et levée desdits scellés, et à « l'inventaire de tous les meubles, effets, titres, papiers et « renseignements dépendant de la succession dudit feu sieur « David, et aux prisée et estimation de ceux des objets qui « en seront susceptibles ; qu'en conséquence il requiert qu'il « nous plaise de lui délivrer une ordonnance indicative des « jour et heure où il sera par nous procédé auxdites reconnais- « sance et levée de scellés, et a signé, lecture faite. »

(*Signature.*)

« Nous, juge de paix susdit,

« Vu la réquisition ci-dessus, notre procès-verbal d'appo- « sition de scellés après le décès du sieur Sébastien David, « en date du..., enregistré, et les art. 930, 931 et 937, C. « proc. civ. ;

« Attendu que le comparant, en sa qualité de créancier « sérieux et légitime du défunt, a droit de requérir la levée « des scellés et l'inventaire dont il s'agit;

« Attendu que plus d'un mois s'est écoulé depuis leur « apposition, sans que les héritiers du défunt en aient sollicité la levée,

« Ordonnons que le..., ... heures du matin, les scellés par « nous apposés le..., dans la maison où est décédé, le même « jour, ledit sieur..., seront par nous reconnus et levés suc- « cessivement, au fur et à mesure de l'inventaire qui en sera « fait par les officiers publics choisis par les parties (ou « nommés d'office), en présence des héritiers (tuteur et sub- « rogé tuteur, suivant le cas), conformément à la loi.

« Fait à..., les jour, mois et an que dessus, et nous avons « signé avec le greffier. »

(*Signatures.*)

§ 10.—Réquisition de levée de scellés, avec inventaire, par le tuteur d'un interdit.

« Et le..., etc.,

« Par-devant nous..., etc., assisté de..., etc.,

« Est comparu...

« M. Léon-Silvère Pothin, propriétaire, demeurant à...,

« Agissant au nom et comme tuteur à l'interdiction de « M. Félix-Désiré Benoist, propriétaire, demeurant à...., « nommé à cette qualité, qu'il a acceptée, par délibération « du conseil de famille dudit interdit, reçue et présidée par « nous, suivant procès-verbal en date du..., enregistré;

« Ladite interdiction prononcée par jugement rendu au tri- « bunal civil de première instance de l'arrondissement de..., « le..., enregistré, signifié, publié et inséré par extrait dans « le journal d'affiches de..., n°..., ainsi que le constate un « exemplaire de ce journal, signé par l'imprimeur, visé par le « maire de..., et enregistré à..., le..., au droit de...;

« Extrait duquel jugement a été déposé au greffe du même « tribunal et à la chambre des notaires de..., suivant deux « actes, en date du..., enregistrés;

« Lequel a dit que, suivant procès-verbal en date du..., « enregistré, les scellés ont été par nous apposés à sa requête « (ou à la requête de... ou d'office), au domicile de l'interdit; « que désirant faire procéder aux reconnaissance et levée « desdits scellés au fur et à mesure de l'inventaire des meu- « bles, effets, titres, papiers et renseignements appartenant « audit interdit, ainsi qu'aux prisée et estimation des objets

« qui en sont susceptibles, il nous requiert d'ordonner la « levée desdits scellés aux jour et heure qu'il nous plaira « fixer, et a signé, lecture faite. »

(*Signature.*)

« Nous, juge de paix susdit,

« Vu la réquisition ci-dessus, les actes y énoncés et les « art. 939, 931 et 937, C. proc. civ.;

« Attendu que le comparant, en sa qualité de tuteur de « l'interdit, a droit de requérir la levée des scellés et l'inven- « taire dont il s'agit;

« Attendu qu'il n'y a point d'opposition à la levée desdits « scellés,

« Ordonnons que le..., ... heures du matin, les scellés par « nous apposés le..., dans la maison qu'occupait ledit inter- « dit, seront par nous reconnus et levés successivement, au « fur et à mesure de l'inventaire qui en sera fait par les officiers « publics choisis par les parties (ou nommés d'office), en pré- « sence du subrogé tuteur dudit interdit.

« Fait à..., les jour, mois et an que dessus, et nous avons « signé avec le greffier. »

(*Signatures.*)

§ 11.—**Réquisition de levée de scellés, avec inventaire, par un curateur à une succession vacante** (C. Nap., art. 812; C. proc., art. 998 et 1000).

« Et le.... ... heure de..., etc.,

« Par-devant nous, etc., assisté de..., etc.,

« Est comparu, dans notre cabinet, à...,

« M. Léon-Marc Landry, receveur de rentes, demeurant « à..., où il élit domicile,

« Agissant au nom et comme curateur à la succession « réputée vacante de M. Jules Bernard, propriétaire, demeu- « rant à..., décédé en cette ville le..., sans que, pendant les « délais de la loi, personne se soit présenté pour réclamer sa « succession. »

(Ou) « Décédé ayant laissé pour seul et unique héritier « connu M. Léon Bernard, son cousin, rentier, demeurant « à..., lequel, par acte dressé au greffe du tribunal civil de « première instance de l'arrondissement de..., le..., a renoncé « purement et simplement à la succession dudit feu sieur « Jules Bernard, son cousin, et sans que, depuis cette renon- « ciation, personne se soit présenté, pendant les délais de la « loi, pour réclamer ladite succession.

« Ledit sieur Landry, nommé à cette qualité de curateur,

« suivant jugement rendu par le tribunal civil de première « instance de l'arrondissement de..., le..., enregistré; laquelle « qualité il a acceptée aux termes d'un acte dressé au greffe « du même tribunal, le..., enregistré... : desquelles nomina- « tion et acceptation ledit sieur Landry nous a justifié,

« Lequel a dit que, suivant procès-verbal en date du..., « enregistré, les scellés ont été par nous apposés à sa requête « (ou d'office, ou à la requête de...), après le décès dudit « feu sieur Jules Bernard; que, désirant faire procéder aux « reconnaissance et levée desdits scellés, au fur et à mesure « de l'inventaire des meubles, effets, titres et papiers dépen- « dant de la succession dudit défunt, ainsi qu'aux prisée et « estimation des objets qui en seront susceptibles (on peut « désigner les officiers publics qui devront y procéder), il nous « requiert d'ordonner la levée desdits scellés aux jour et « heure qu'il nous plaira fixer, et a signé, lecture faite. »

(*Signature.*)

« Nous, juge de paix susdit,

« Vu la réquisition ci-dessus, les actes énoncés et les « art. 930, 931 et 937, C. proc. civ.;

« Attendu que le comparant, en sa qualité de curateur, a « droit de requérir la levée des scellés et l'inventaire dont il « s'agit; que plus de trois, etc.;

« Attendu qu'il n'y a point d'opposant à la levée desdits « scellés,

« Ordonnons que le..., ... heures du matin, les scellés « par nous apposés le..., dans la maison où est décédé le « même jour ledit sieur..., seront par nous reconnus et levés « successivement au fur et à mesure de l'inventaire qui en « sera fait par les officiers publics choisis par les parties (ou « nommés d'office), en présence des héritiers (tuteur et su- « brogé tuteur, suivant le cas), conformément à la loi.

« Fait à..., les jour, mois et an que dessus, et nous avons « signé avec le greffier. » (*Signatures.*)

§ 12.—Réquisition de levée de scellés, avec inventaire, par suite de séparation de biens ou de corps.

« Et le..., etc.;

« Par-devant nous, etc., assisté de..., etc.;

« Est comparue...

« Madame Agathe-Monique Richard, épouse séparée, « quant aux biens, de M. Valentin-Jules Didier, ancien com- « missaire-priseur, avec lequel elle demeure à...;

« Agissant en conséquence du jugement qui a prononcé « leur séparation de biens, rendu au tribunal civil de pre- « mière instance de l'arrondissement de..., le..., enregistré et « signifié, et comme autorisée à la poursuite de ses droits et « actions par ordonnance de M. le président du même tri- « bunal, en date du..., enregistrée; ladite dame Richard, « assistée de Me..., avoué près le même tribunal, demeurant « à..., son conseil,

« Laquelle a dit que, suivant procès-verbal en date du..., « enregistré, les scellés ont été par nous apposés à sa requête « (ou d'office ou à la requête de...), en la maison occupée par « ledit sieur D...; que désirant faire procéder aux reconnais- « sance et levée desdits scellés, au fur et à mesure de l'in- « ventaire des meubles, effets, titres et papiers dépendant de « la succession dudit défunt, ainsi qu'aux prisée et estimation « des objets qui en seront susceptibles (on peut désigner les « officiers publics qui devront y procéder), elle nous requiert « d'ordonner la levée desdits scellés aux jour et heure qu'il « nous plaira fixer, et a signé, lecture faite. »

(*Signature.*)

« Nous, juge de paix susdit,

« Vu la réquisition ci-dessus, les actes y énoncés, et les « art. 930, 931 et 937, C. proc. civ.;

« Attendu que la comparante, en sa qualité susdite, a droit « de requérir la levée de scellés et l'inventaire dont il s'agit;

« Attendu qu'il n'y a point d'opposant à la levée desdits « scellés,

« Ordonnons que le..., ... heures de..., les scellés par « nous apposés le..., dans la maison dudit sieur Didier, se- « ront par nous reconnus et levés successivement, au fur et « à mesure de l'inventaire qui en sera fait par les officiers « publics choisis par les parties (ou nommés d'office), en « présence dudit sieur Didier ou lui dûment appelé.

« Fait à..., les jour, mois et an que dessus, et nous avons « signé avec le greffier. »

(*Signatures.*)

13.—Intitulé de procès-verbal de levée de scellés, avec inventaire, à la requête d'une veuve commune en biens.—Donataire en usufruit.—Enfants mineurs.—Héritier majeur, présence du subrogé tuteur.

« Et le...,

« Nous, etc., assisté de..., etc.,

« En exécution de notre ordonnance qui précède, étant en

« suite de la réquisition de ladite dame veuve..., ci-après « nommée, qualifiée et domiciliée, nous sommes transportés « en la demeure où est décédé ledit sieur..., où étant ar- « rivés à l'heure susdite, nous y avons trouvé réunis :

« 1° Madame Rose-Sophie D..., veuve de M. Adrien- « Jules B..., propriétaire, demeurant à..., requérante,

« Agissant en son nom personnel,

« — 1° A cause de la communauté de biens qui a existé « entre elle et son mari, aux termes de leur contrat de ma- « riage passé devant Me..., notaire à..., le..., enregistré; »

(Ou bien) « A cause de la communauté de biens qui a « existé entre elle et son mari, d'après les dispositions du Code « Napoléon, à défaut de contrat de mariage qui ait réglé les « clauses et conditions civiles de leur union ;

« Laquelle communauté elle se réserve d'accepter ou de « répudier par la suite, ainsi qu'elle avisera,

« —2° A cause des reprises et créances qu'elle peut avoir « à exercer contre ladite communauté ou la succession de « sondit mari ;

« —3° Et comme donataire en usufurit de la moitié des « biens composant la succession de son mari, aux termes du « contrat de mariage susénoncé;

« Et encore au nom et comme tutrice légale de Jules- « Armand B..., âgé de quatorze ans et trois mois, de Alfred- « Hyacinthe B..., âgé de douze ans, et de Armandine B..., « âgé de dix ans, ses trois enfants mineurs, issus de son ma- « riage avec le feu sieur B...; Madame veuve B..., assistée de « Me Manoury, avoué près le tribunal de première instance « de..., y demeurant, rue..., n°..., son conseil, à ce présent;

« 4° M. Alfred-Thomas B..., marchand de draps, demeu- « rant à...,

« Lesdits trois mineurs B..., et le sieur Alfred-Thomas « B..., habiles à se dire et porter héritiers, chacun pour un « quart, de M. B..., leur père ;

« Lesquels comparants nous ont requis, en leurs susdites « qualités, de procéder aux reconnaissance et levée des scellés « apposés après le décès dudit feu sieur B..., leur mari et père, « successivement, au fur et à mesure de l'inventaire de tout « ce qui se trouvera sous lesdits scellés et en évidence, par « Me..., notaire à..., et Me..., commissaire-priseur, demeu- « rant à..., qu'ils nomment à cet effet, en présence du su- « brogé tuteur ci-après nommé desdits mineurs B..., offrant « aussi, ladite dame veuve B..., de représenter les scellés

« sains et entiers, ainsi que les objets en évidence confiés à « sa garde, et ont signé, lecture faite. (*Signatures.*)

« 3° M. Adrien-Jean Dorval, propriétaire, demeurant à...;

« Au nom et comme subrogé tuteur des mineurs B..., ses « neveux, nommé à cette qualité qu'il a acceptée par déli- « bération du conseil de famille de ces mineurs, reçue et prési- « dée par nous, suivant procès-verbal en date du..., enre- « gistré ;

« Lequel a dit qu'il consent à assister aux opérations re- « quises par la dame veuve B..., tutrice légale, sous toutes « réserves de droit, et qu'il approuve les nominations de « notaire et de commissaire-priseur faites par cette dernière, « et ledit sieur Thomas B... et a signé, lecture faite. »

(*Signature.*)

« Nous, etc. » (Voir ordonnance ci-après, § 14.)

§ 14.—Intitulé de procès-verbal de levée de scellés, avec inventaire, à la requête d'une veuve mariée sous le régime dotal. — Curateur au ventre.—Notaire commis pour représenter un héritier non présent.

« Et le..., heure de...,

« Nous etc..., assisté de..., etc.,

« En exécution de notre ordonnance qui précède, étant en « suite de la réquisition de madame veuve Aubin, ci-après « nommée, qualifiée et domiciliée, nous sommes transportés « en la maison où est décédé ledit sieur Aubin, où étant « arrivés à l'heure susdite, nous y avons trouvé réunis :

« 1° Madame Hélène-Marie Samson, veuve de M. Césaire- « Paul Aubin, propriétaire, avec lequel elle était mariée sous « le régime dotal, suivant leur contrat de mariage passé de- « vant Mᵉ..., notaire à..., le..., enregistré (ou comme demeu- « rant lors de leur mariage à..., qui était alors régi par le « droit romain) (ou bien dans l'étendue de la coutume de « Normandie) ;

« Ladite dame demeurant à...,

« Agissant en son nom, à cause des créances et droits ma- « trimoniaux qu'elle peut avoir à exercer contre la succession « de son mari ;

(S'il y a communauté d'acquêts, on ajoute «Et à cause de la « communauté d'acquêts qui a existé entre elle et son défunt « mari, aux termes de leur contrat de mariage susénoncé, et « qu'elle se réserve d'accepter ou de répudier, ainsi qu'elle « avisera par la suite) ;

« Laquelle a dit que, suivant procès-verbal en date du...,

« enregistré, les scellés ont été par nous apposés à sa requête « après le décès dudit feu sieur Aubin, son mari ;

« Que désirant faire procéder aux reconnaissance et levée « desdits scellés, au fur et à mesure de l'inventaire des meu- « bles, effets, titres et papiers dépendant de la succession dudit « défunt, ainsi qu'aux prisée et estimation des objets qui en « seront susceptibles, par Me..., notaire, à..., et Me..., commis- « saire-priseur, à..., qu'elle nomme pour y procéder ; qu'en « conséquence, elle nous requiert de procéder aux opérations « par elle requises et par nous ordonnées, et a signé, lecture « faite. » (*Signature.*)

«—2° M. Victor-Achille Delaunois ;

« Au nom et comme curateur au ventre à l'enfant dont « madame veuve Aubin a déclaré être enceinte des œuvres « du feu sieur..., son mari ; ledit sieur Delaunois nommé à « cette qualité qu'il a acceptée, suivant une délibération du « conseil de famille, réuni sous notre présidence, suivant le « procès-verbal que nous avons dressé à la date du..., en- « registré ;

« Ledit enfant à naître, pourvu qu'il naisse viable, habile « à se dire et porter seul héritier du feu sieur Aubin, son « père ;

«—3° Me..., notaire à..., y demeurant, commis à l'effet de « représenter M. Emile-Adrien Aubin, propriétaire demeu- « rant à..., par ordonnance de M. le président du tribunal « civil de première instance de l'arrondissement de..., en « date du..., enregistrée, et dont l'original est demeuré ci- « annexé, après que dessus il en a été fait mention par le « greffier ;

« Ledit sieur Emile-Adrien Aubin, habile à se dire et porter « seul héritier du feu sieur Césaire-Paul Aubin, son frère, « mais pour le cas seulement où l'enfant dont madame veuve « Aubin est enceinte ne naîtrait pas viable ;

« Lesquels ont dit qu'ils consentent à assister aux opéra- « tions requises par la dame veuve Aubin, sous toutes ré- « serves de droit, et qu'ils approuvent les nominations de « notaire et de commissaire-priseur faites par cette dernière « et ont signé, après lecture faite. »

(*Signatures.*)

« — 4° Le sieur François Boucher, gardien des scellés ;

« Lequel a offert de nous les représenter sains et entiers, « tels que nous les lui avons confiés, ainsi que les objets en

« évidence et décrits en notre procès-verbal d'apposition, et « a signé, lecture faite. »

(*Signature.*)

« Nous, juge de paix,

« Vu les comparutions, dires, réquisitions, nominations, « consentement et offres des comparants, dont nous leur « avons donné acte, pour la conservation des droits res« pectifs des parties et de tous autres qu'il appartiendra, « sans que les qualités ci-devant exprimées puissent nuire « ni préjudicier à qui que ce soit, nous avons procédé aux « opérations requises et par nous ordonnées, ainsi qu'il « suit... »

§ 15.—**Intitulé de procès-verbal de levée de scellés, avec inventaire, à la requête d'une veuve séparée de biens et légataire.—Enfants mineurs.—Petits-enfants.—Un mari agissant seul pour sa femme.—Subrogé tuteur représenté par un mandataire.**

« Et le..., ... heures du matin,

« Nous..., etc., assisté de..., etc.,

« En exécution de notre ordonnance qui précède, étant en « suite de la réquisition du sieur..., ci-après nommé, qua« lifié et domicilié, nous sommes transportés à..., en la maison « où est décédé ledit sieur..., sis à..., où étant arrivés, nous « y avons trouvé réunis :

« 1° Madame Alexandrine-Rose Duval, veuve de M. Paul-« Louis Déranlot, avec lequel elle était séparée, quant aux « biens, aux termes de leur contrat de mariage passé devant « Me..., notaire à..., le..., enregistré. » (Ou) « Suivant juge« ment rendu au tribunal de première instance de l'arron« dissement de..., dûment enregistré, signifié et exécuté;

« Madame veuve Déranlot, demeurant à..., assistée de « Me..., avoué à...;

« Agissant en son nom personnel, tant à cause des reprises « et créances qu'elle peut avoir à exercer contre la succession « de son mari, que comme légataire, à titre universel, du « feu sieur Déranlot, de la moitié, en usufruit, de tous ses « biens, meubles et immeubles, aux termes de son testament « passé devant Me..., notaire à..., en présence de quatre « témoins, le..., enregistré;

« Laquelle nous a dit qu'en vertu de notre ordonnance « susénoncée, et par exploit de..., huissier à..., en date du..., « enregistré, elle a fait donner sommation à... (indiquer les « noms et qualités des personnes sommées), de comparaître « à ces jour, lieu et heure, pour être présents aux reconnais-

« sance et levée de nos scellés et à l'inventaire des meubles, « titres, papiers et renseignements dépendant de la succes- « sion dudit feu sieur Déranlot, ainsi qu'aux prisée et esti- « mation des objets qui en seraient susceptibles, par Me..., « notaire à..., et Me..., commissaire-priseur, demeurant à..., « qu'elle a fait appeler à cet effet; ledit exploit dont l'original « contenant déclaration aux susnommés que, faute de compa- « raître, il serait contre eux donné défaut et procédé ainsi que « de droit, nous a été représenté et est demeuré ci-annexé, « après que dessus mention a été faite de son annexe;

« Qu'en conséquence, elle nous requiert de procéder aux re- « connaissance et levée de nos scellés successivement, au fur « et à mesure de l'inventaire de tout ce qui se trouvera sous « lesdits scellés et en évidence, offrant ladite dame veuve « Déranlot de représenter les scellés sains et entiers, ainsi « que les objets en évidence confiés à sa garde, et a signé, « après lecture. »

(*Signature.*)

« — 2° M. Stanislas-Louis Déranlot, huissier près le tribu- « nal de première instance de..., demeurant à...;

« — 3° M. Aimable-Alfred Duchemin, propriétaire, demeu- « rant à...;

« Agissant comme maître des actions mobilières et posses- « soires de madame Henriette-Marie Déranlot, son épouse, « avec laquelle il est commun en biens, aux termes de leur « contrat de mariage passé devant Me..., notaire à..., le..., « dont une expédition en bonne forme a été représentée.

(Ou) « Avec laquelle il est commun en biens, aux termes « de la loi, à défaut de contrat de mariage qui ait réglé les « clauses et conditions civiles de leur union, ainsi qu'il le « déclare, et que les autres parties le reconnaissent;

« — 4° M. Jules-André Dumas, propriétaire, demeurant « à...;

« Au nom et comme tuteur légal de Lucien Dumas, né « à..., le..., et de Opportune-Monique Dumas, née à..., le..., « ses deux enfants mineurs issus de son mariage avec ma- « dame Pauline-Irénée Déranlot, son épouse décédée;

« Ledit sieur Stanislas-Louis Déranlot et la dame Duche- « min, frère et sœur germains, habiles à se dire et porter « héritiers chacun pour un tiers, du feu sieur Paul-Louis « Déranlot, leur père, décédé;

« Et les mineurs Dumas, habiles à se porter héritiers con- « jointement pour un tiers, ou chacun pour un sixième, du feu

« sieur Déranlot, leur aïeul maternel, par représentation de « ladite dame Dumas, leur mère, fille de M. Déranlot;

« Lesquels ont dit qu'ils consentent, sous toutes réserves de « droit, aux levée de scellés et inventaire requis par ladite « dame veuve Déranlot, et qu'ils approuvent les nominations « de notaire et de commissaire-priseur faites par cette dame, « et ont signé, après lecture. »

(*Signatures.*)

« — 5° Et M. Stanislas Duval, praticien, demeurant à..., « mandataire spécial de M. Léon Lubin, rentier, demeurant « à..., suivant sa procuration, passée devant Me..., notaire « à..., le..., enregistrée, et contenant le pouvoir d'assister « aux opérations de levée de scellés et d'inventaire dont il « s'agit, faire tous dires, déclarations, réserves, défenses et « protestations ; le brevet original de laquelle procuration, lé- « galisé par M. le président du tribunal de première instance « de l'arrondissement de..., est demeuré annexé à l'intitulé « de l'inventaire qui doit être fait au fur et à mesure de la « levée des scellés ;

« Ledit sieur Léon Lubin, subrogé tuteur des mineurs « Dumas, nommé à cette qualité qu'il a acceptée par délibé- « ration du conseil de famille de ces mineurs, reçue et pré- « sidée par M. le juge de paix du canton de..., suivant son « procès-verbal dressé par lui..., le..., enregistré, de laquelle « délibération une expédition nous a été représentée ;

« Lequel a dit qu'il consent à assister aux opérations de « levée de scellés et d'inventaire, et qu'il approuve les no- « minations de notaire et commissaire-priseur, faites par la « veuve du défunt, et a signé, lecture faite. »

(*Signature.*)

« Nous, juge de paix, etc. » (Voir l'ordonnance ci-dessus, § 14).

§ 16. — **Intitulé de procès-verbal de levée de scellés, avec inventaire, à la requête d'un exécuteur testamentaire. — Frères germain et utérin. — L'un d'eux légataire à titre universel par testament olographe. — Créancier opposant.**

« Et le..., ..., heures du matin,

« Nous, etc...., assisté de..., etc.,

« En exécution de notre ordonnance qui précède, étant en « suite de la réquisition du sieur..., ci-après nommé, qualifié « et domicilé, nous sommes transporté à..., en la maison où « est décédé ledit sieur..., sise à..., où étant arrivé, nous y « avons trouvé réunis :

« 1° M. Jules-Léon de Furcy, ancien notaire, demeurant « à..., où il fait élection de domicile, et encore au domicile « du défunt, ci-après nommé;

« Au nom et comme exécuteur testamentaire avec saisine « de M. Ignace-Jean Julien, en son vivant rentier, demeurant « à..., aux termes de son testament par lui fait olographe, en « date, à..., du..., enregistré à..., le..., et déposé pour mi« nute à Me..., notaire à..., par M. le président du tribunal « de première instance de..., aux termes de son procès-verbal « d'ouverture et de description dudit testament, en date « du..., enregistré, dont un extrait nous a été représenté, en « cette qualité ayant fait le comparant apposer les scellés « après le décès du défunt;

« Lequel nous a dit qu'en vertu de notre ordonnance sus« énoncée, et par exploit de..., huissier à..., en date du..., « enregistré, il a fait donner sommation à... (indiquer les « noms et qualités des personnes sommées) de comparaître à « ces jour, lieu et heure, pour être présents aux reconnais« sance et levée de nos scellés et à l'inventaire des meubles, « effets, titre, papier et renseignement dépendant de la suc« cession dudit feu sieur..., ainsi qu'aux prisée et estimation « des objets qui en seraient susceptibles, par Me..., notaire « à..., et Me..., commissaire-priseur demeurant à..., qu'il a « fait appeler à cet effet, ledit exploit dont l'original conte« nant déclaration aux susnommés, que faute de comparaître, « il serait contre eux donné défaut, et procédé ainsi que de « droit, nous a été représenté, et est demeuré ci-annexé, « après que dessus mention a été faite de son annexe;

« Qu'en conséquence, il nous requiert de procéder aux « opérations de reconnaissance et levée de nos scellés, succes« sivement au fur et à mesure de l'inventaire, de tout ce qui « se trouvera sous lesdits scellés et en évidence, et a signé, « après lecture. »

(*Signature.*)

« — 2° M. Alexandre Julien, marchand de nouveautés, de« meurant à...;

« — 3° M. Denis-Nicolas Bertin, huissier, demeurant à..., « lesdits sieurs Alexandre Julien et Bertin, habiles à se dire « et porter seuls héritiers du feu sieur Ignace-Jean Julien, « leur frère, savoir:

« M. Julien pour la totalité de la moitié dévolue à la ligne « paternelle, et pour moitié de l'autre moitié dévolue à la « ligne maternelle, ou pour trois quarts au total en qualité

« de frère germain du défunt, comme étant issus l'un et « l'autre du mariage de M. Félix Julien avec madame Alexan- « drine-Rose André, veuve en premières noces de M. Léon « Bertin,

« Et M. Bertin pour moitié dans la moitié afférente à la « ligne maternelle, ou un quart au total, en qualité de frère « utérin du défunt Julien, comme étant issu du mariage de « ladite dame André avec le sieur Bertin;

« Et encore le sieur Alexandre-Julien, légataire à titre « universel du quart des biens, meubles et immeubles, com- « posant la succession du défunt sieur Ignace-Jean Julien, « aux termes de son testament olographe susénoncé;

« Lesquels ont dit qu'ils consentent à assister aux opéra- « tions de levée de scellés et d'inventaire requises par le « sieur de Furcy, en sa qualité susdite, sous toutes réserves « de droit, et qu'ils approuvent les nominations des officiers « publics, faites par ledit sieur de Furcy, et ont signé, lec- « ture faite; (*Signatures.*)

« — 4° Le sieur Joseph Landry, ancien avoué, demeu- « rant à...,

« Agissant comme créancier opposant aux termes d'un « exploit signifié à sa requête au greffe de cette justice de « paix, par..., huissier à..., en date du..., enregistré, et dont « mention a été faite par nous, juge de paix, à la suite du « procès-verbal d'apposition des scellés, conformément à la « loi;

« Lequel a dit qu'en sa qualité de créancier sérieux et lé- « gitime du défunt, il consent à assister aux opérations de « levée de scellés et d'inventaire dont il s'agit, sous la ré- « serve de ses droits et actions, et a signé, lecture faite;

(*Signature.*)

« — 5° Le sieur..., gardien des scellés;

« Lequel a offert de nous les représenter sains et entiers, « tels que nous les lui avons confiés, ainsi que les objets en « évidence décrits dans notre procès-verbal d'apposition, et a « signé, lecture faite; »

(*Signature.*)

« Nous, juge de paix,

« Vu les comparutions, dires, réquisitions, nominations, « consentement et offres des comparants, dont nous leur « avons donné acte, pour la conservation des droits respectifs « des parties et de tous autres qu'il appartiendra, sans que « les qualités ci-devant exprimées puissent nuire ou préju-

« dicier à qui que ce soit, nous avons procédé aux opérations « requises et par nous ordonnées, ainsi qu'il suit. »

§ 17.—Ouverture et clôture de vacation.

1° Intitulé de procès-verbal de levée de scellés.

« Et le jeudi vingt-cinq mai mil huit cent quarante-neuf, à « dix heures du matin ;

« Nous, Adolphe A..., juge de paix du canton de..., dépar- « tement de..., assisté de Me Louis B..., greffier de cette jus- « tice de paix ;

« En exécution de notre ordonnance qui précède, étant en « suite de la réquisition du sieur..., ci-après nommé, qua- « lifié et domicilié,

« Nous sommes transporté en la demeure où est décédé « ledit sieur..., sise à..., où étant arrivé, nous y avons trouvé « réunis :

« 1°. . . . . ; — 2° . . . . . . »

2° Clôture ordinaire de vacation.

« Il a été vaqué tant à la rédaction de l'intitulé du pré- « sent procès-verbal qu'à l'inventaire des objets décrits en « évidence (pour les vacations suivantes, on met seulement : « A tout ce que dessus), depuis dix heures du matin jusqu'à « quatre heures du soir, par double vacation (ou jusqu'à sept « heures du soir, par triple vacation, pour accélérer, à la de- « mande des parties).

« Ce fait, tous les objets inventoriés et ceux restant à in- « ventorier, ainsi que les scellés, sont restés en la garde et « possession du sieur..., gardien institué par notre procès- « verbal d'apposition, qui le reconnaît et s'en charge pour « en faire la représentation quand et à qui il appartiendra, « et la vacation, pour la continuation des levée de scellés et « d'inventaire, a été remise et indiquée, du consentement de « toutes les parties, à demain, vendredi, vingt-six mai pré- « sent mois, dix heures du matin, en la maison où nous opé- « rons et où lesdites parties ont promis de se trouver, et ont « signé, après lecture faite. »

(*Signatures.*)

3° Ouverture ordinaire de vacation.

« Et le..., ... heures du matin,

« En conséquence de l'assignation prise par la clôture de « la précédente vacation,

« Nous, juge de paix susdit,

« Agissant et assisté comme dit est des autres parts, nous « avons procédé ès mêmes requêtes, présences et qualités que « ci-devant, à la continuation de la levée des scellés au fur et « à mesure de l'inventaire, ainsi qu'il suit :

« 1°. . . . . ; — 2°. . . . . . »

4° Ouverture de vacation par suite de changement.

« Et le...,

« En conséquence de l'assignation prise par la clôture de « la dernière vacation,

« Nous, juge de paix susdit, agissant et assisté comme dit « est des autres parts, avons procédé ès mêmes requêtes, « présences et qualités que ci-dessus, à l'exception du sieur..., « actuellement représenté par le sieur..., en vertu des pou- « voirs contenus en la clôture de la dernière vacation de l'in- « ventaire (dans les vacations suivantes, on dit : le sieur..., « agissant toujours comme mandataire du sieur...), à la con- « tinuation de la levée des scellés au fur et à mesure de « l'inventaire, ainsi qu'il suit :

« 1°. . . . . ; — 2°. . . . . . »

5° Clôture d'une vacation de classement et arrangement de papiers et marchandises.

« Il a été vaqué à l'examen, classement et arrangement « des papiers trouvés sous les scellés (ou des marchandises « dépendant du fonds de commerce de..., que le défunt fai- « sait valoir), depuis dix heures du matin jusqu'à quatre « heures du soir, par double vacation.

« Ce fait, tous les papiers ont été déposés dans (désigner « le meuble), sur lequel meuble, fermé avec la clef remise « au greffier, les scellés ont été réapposés. »

6° Clôture de vacation portant indication pour continuer les opérations de levée de scellés et d'inventaire dans une autre maison du lieu de l'ouverture du procès-verbal.

« Et la vacation a été remise au mardi, trente mai, pré- « sent mois, à dix heures du matin, pour continuer la pré- « sente opération, en une maison, sise à... (ou dans une « ferme, sise à...), dont le défunt était propriétaire ou loca- « taire, et dans laquelle il existe différents meubles et effets « mobiliers, dépendant de la succession dudit défunt, (ou « desdites communautés et successions), et ont lesdites par- « ties, le commissaire-priseur et le gardien, signé avec nous « et le greffier, après lecture faite. »

(*Signatures.*)

7° Ouverture de vacation par suite de l'indication ci-dessus.

« Et le...,

« En conséquence de l'assignation prise par la clôture de « vacation qui précède,

« Nous avons procédé, ès mêmes requêtes, présences et « qualités que ci-dessus, en une maison, sise à..., rue..., où « nous nous sommes exprès transporté avec les parties, le « notaire et le commissaire-priseur, à la continuation de « notre opération, ainsi qu'il suit :

« 1°. . . . . . . ; — 2°. . . . . . . »

8° Clôture définitive.

« Ce fait, tous les effets, tant ceux en évidence que ceux « qui étaient sous nos scellés, ensemble les titres et papiers « ayant été décrits, prisés, inventoriés et compris dans l'in- « ventaire fait par ledit notaire en notre présence, au fur et à « mesure de la levée desdits scellés, tout le contenu audit in- « ventaire, tant en objets mobiliers qu'en papiers, est resté « en la garde et possession de...., qui le reconnaît et s'en « charge, aux lieu et place dudit sieur... (le gardien), qui en « est déchargé, ainsi que le greffier de la garde des clefs par « lui laissées aux meubles au fur et à mesure de la levée des « scellés).

« En conséquence, nous avons clos et arrêté définitivement « le présent procès-verbal, et ont les parties, sous toutes ré- « serves et protestations exprimées en l'inventaire, signé avec « le commissaire-priseur, le gardien des scellés, nous et le « greffier, après lecture faite. »

(*Signatures.*)

§ 18.—**Procès-verbal de levée de scellés provisoire.**

« Et le lundi douze mars mil huit cent qurante-neuf, dix « heures du matin,

« Nous, Adolphe A..., juge de paix du canton de..., dé- « partement de..., assisté de Me Louis B..., greffier de cette « justice de paix,

« En exécution de l'ordonnance de référé qui précède, de « M. le président du tribunal civil de première instance de « l'arrondissement de..., en date du..., enregistré, nous « sommes transporté avec le ci-après nommé, requérant, en « la demeure où est décédé le..., le sieur Noël Robert, ren- « tier, sise à..., et où nous avons apposé nos scellés, à l'effet « de... (rapporter ici textuellement les termes de l'ordon- « nance), où étant arrivé, nous y avons trouvé réunis :

« 1° Le sieur Louis-Alfred D..., propriétaire..., demeurant « à..., requérant;

« — 2° Madame Marie-Henriette B..., veuve de M. Noël « Robert, rentière, demeurant à...;

« — 3° Et Me..., notaire à..., nommé d'office par la sus- « dite ordonnance pour représenter à l'opération ordonnée « les héritiers du défunt, non présents ;

« Lesquels nous ont réitéré la réquisition qui précède du « sieur Louis-Alfred D..., l'un des comparants, de lever « provisoirement les scellés par nous apposés après le décès « dudit feu sieur Robert, pour y faire perquisition de... (dé- « signer les objets), conformément à l'ordonnance de référé « susénoncée de M. le président, ladite dame veuve Robert « offrant de nous représenter sains et entiers les scellés con- « fiés à sa garde, et ont signé, après lecture. »

(*Signatures.*)

« Nous, juge de paix,

« Vu les comparutions, dires et réquisitions des parties, « dont nous leur avons donné acte, l'ordonnance de référé « susénoncée de M. le président du tribunal de première « instance de l'arrondissement de..., et l'art. 928, C. proc. « civ.,

« Nous avons procédé à l'opération ordonnée, ainsi qu'il « suit :

« Introduit dans la chambre à coucher du défunt, désignée « dans notre procès-verbal d'apposition qui précède, nous « avons reconnu sains et entiers les scellés apposés sur le « secrétaire, étant dans ladite chambre, et comme tels levés et « ôtés, et ensuite, avec la clef dudit meuble représentée par le « greffier, nous l'avons ouvert, fait perquisition des... (dé- « signer les objets) annoncés y être renfermés et nous avons « trouvé... (désigner les objets), que nous avons remis à..., « qui le reconnaît et s'en charge pour en toucher le montant « ou les faire protester (si ce sont des billets, on répète ici ce « qui a été prescrit par l'ordonnance de référé), et nous « avons aussitôt réapposé nos scellés sur le secrétaire.

(On procède de même pour les autres scellés qu'on lève).

« Ce fait, tous les scellés et objets décrits en évidence sont « restés en la garde de ladite dame veuve Robert, gardienne « instituée par notre procès-verbal d'apposition, qui le re- « connaît et s'en charge pour en faire la représentation « quand et à qui il appartiendra.

« Fait et dressé le présent procès-verbal, après avoir vaqué « par simple vacation, et ont les parties signé avec nous et « le greffier, après lecture faite. » (*Signatures.*)

§ 19.—**Procès-verbal de levée de scellés sans description ou inventaire** (C. proc., art. 940).

« Et le..., etc.,

« Nous, etc., assisté de..., etc.,

« En exécution de notre ordonnance qui précède, étant en « suite de la réquisition du ci-après nommé, qualifié et domi- « cilié, nous sommes transporté en la maison où est décédé « ledit sieur..., où étant arrivé, nous y avons trouvé « réunis :

« 1° M. Albert Besnard, rentier, demeurant à..., où il « fait élection de domicile;

« — 2° M. Louis-André Couriot, marchand épicier, de- « meurant à...;

« — 3° Madame Félicité Couriot, veuve de M. Médéric « Damas, employé des contributions indirectes, demeurant « à...;

« — 4° M. Charles-Silvain Couriot, cultivateur, demeu- « rant à...;

« M. Albert Besnard, habile à se dire et porter héritier « dudit sieur Joseph-Athanase Besnard, son fils, issu de son « mariage avec dame Henriette-Louise Couriot, son épouse « décédée, pour la moitié dévolue à la ligne paternelle, et « encore ayant droit à l'usufruit du tiers de la moitié dévolue « aux héritiers collatéraux de la ligne maternelle, en vertu « des art. 753 et 754, C. Nap.;

« Et lesdits sieurs Couriot et dame Damas, habiles à se « dire et porter seuls héritiers du feu sieur Joseph-Athanase « Besnard, leur cousin, chacun pour un tiers dans la moitié « afférente à la ligne maternelle, qu'ils représentent seuls, « sauf les droits d'usufruit de M. Besnard père;

« Lesquels nous ont requis, en leurs susdites qualités, de « procéder aux reconnaissance et levée de scellés pure et « simple sans description, sous leur responsabilité person- « nelle et solidaire, offrant ledit sieur (le gardien) de nous « représenter les scellés sains et entiers, ainsi que les objets « en évidence confiés à sa garde, et ont, lesdites parties, « signé, après lecture faite. » (*Signatures.*)

On peut encore, pour abréger, commencer ainsi cet intitulé :

« Et le...,

« Nous, etc., assisté de..., etc.,

« En exécution de notre ordonnance qui précède, étant en « suite de la réquisition du sieur...,

« Nous sommes transporté en la maison où est décédé, « le..., ledit sieur..., où étant arrivé...., heure...;

« Nous y avons trouvé réunis les susnommés en ladite re- « quête; lesquels, en leurs qualités susdites, nous ont re- « quis, etc. (comme ci-dessus);

« En conséquence, nous avons, en présence de tous les « requérants, reconnu sains et entiers, et comme tels levé et « ôté, les deux (le nombre) scellés apposés dans la chambre à « coucher du défunt, sise au premier étage, ayant vue, au « midi, par deux croisées, sur (désigner les meubles), et les « clefs desdits meubles ont été remises par le greffier aux « héritiers.

« Nous avons ensuite reconnu que les meubles et effets en « évidence dans ladite chambre sont les mêmes que ceux « décrits dans le procès-verbal des scellés.

(On procède de la même manière pour toutes les pièces.)

On peut généraliser et dire : « Nous avons reconnu sains et « entiers les six scellés (le nombre total) apposés dans : « 1° la...; 2°... (désigner toutes les pièces et les meubles), « sur..., et comme tels levé et ôté, et les clefs desdits meubles « ont été remises par le greffier aux héritiers.

« Nous avons ensuite reconnu que les meubles et effets en « évidence dans les lieux occupés par le défunt sont les « mêmes que ceux décrits dans le procès-verbal des scellés.

« Notre opération étant terminée, nous avons déchargé « ledit sieur... de la garde des scellés, et donné acte au gref- « fier de la remise des clefs aux héritiers, qui sont restés en « possession tant desdits objets en évidence que de ceux qui « étaient sous les scellés, ainsi qu'ils le reconnaissent.

« Il a été vaqué à tout ce que dessus, depuis dix heures « du matin jusqu'à trois heures de relevée, par double va- « cation.

« Fait, clos et arrêté le présent procès-verbal, les jour, « mois et an que dessus, et ont les parties signé avec nous « et le greffier, après lecture faite. »

(*Signatures.*)

§ 20. — **Procès-verbal de levée de scellés, avec inventaire, sans incidents** (C. proc., art. 929, 931 et 937).

« Et le..., etc.... ;

« Nous..., etc..., assisté de..., etc.

« En exécution de notre ordonnance qui précède, étant en

« suite de la réquisition de la dame veuve..., ci-après nom-« mée, qualifiée et domiciliée,

« Nous sommes transporté en la demeure, où est décédé « ledit sieur..., sise à..., où étant arrivé, nous y avons « trouvé réunis :...

« 1° Madame Barbe-Luce Colombe, veuve de M. Henri-« Noël Dujardin, d'avec lequel elle était séparée, quant aux « biens, aux termes de leur contrat de mariage passé devant « Me..., notaire à..., le..., enregistré... ; madame veuve « Dujardin, rentière, demeurant à..., où elle fait élection de « domicile, assistée de Me..., avoué près le tribunal civil de « première instance de l'arrondissement de..., y demeurant, « rue..., n°..., son conseil ;

« Agissant en son nom personnel, tant à cause des re-« prises et créances qu'elle peut avoir à exercer contre la « succession de son mari que comme légataire, à titre uni-« versel, du feu sieur Dujardin, de la moitié, en usufruit, « de tous les biens, meubles et immeubles, aux termes de « son testament reçu par Me..., notaire à..., en présence de « quatre témoins, le..., enregistré ;

« Laquelle nous a dit qu'elle a fait appeler à l'amiable les « enfants et représentants légaux des petits-enfants du dé-« funt et autres intéressés dans la succession, pour assister « à l'inventaire qu'elle se propose de faire ainsi qu'il est « expliqué en sa requête, et nous a requis, en conséquence, « de procéder aux reconnaissance et levée des scellés, or-« données par notre ordonnance susénoncée, au fur et à « mesure de l'inventaire de tout ce qui se trouvera sous les « scellés et en évidence, par Me..., notaire à..., et Me..., « commissaire-priseur, demeurant à..., qu'elle nomme pour « y procéder, offrant ladite dame veuve Dujardin, requé-« rante, de représenter les scellés sains et entiers, ainsi que « les objets en évidence, confiés à sa garde, et a signé, après « lecture. » (*Signature.*)

« — 2° M. Michel-Léon Dujardin, propriétaire, demeu-« rant à... ;

« — 3° M. Alfred-Mathias Martin, cultivateur, demeu-« rant à... ;

« Agissant comme maître des actions mobilières et posses-« soires de madame Henriette-Marie Dujardin son épouse, « avec laquelle il est commun en biens, aux termes de leur « contrat de mariage passé devant Me..., notaire à..., le..., « enregistré, dont une expédition nous a été représentée ;

« — 4° de M. Alexandre-Henri Duval, négociant, demeu-
« rant à... ;

« Au nom et comme tuteur légal de Stéphanie-Albertine « Duval, née à..., le..., et de Stanislas-Marie Duval, né à..., « le..., ses deux enfants mineurs, issus de son mariage avec « madame Albertine-Rose Dujardin, son épouse, décédée ;

« Lesdits sieurs Michel-Léon Dujardin, et dame Martin, « frère et sœur germains, habiles à se dire et porter héri- « tiers, chacun pour un tiers, du feu sieur Henri-Noël Dujar- « din, leur père, décédé à..., le...;

« Et les mineurs Duval, habiles à se porter héritiers con- « jointement pour un tiers, ou chacun pour un sixième, du « feu sieur Dujardin, leur aïeul maternel, par représenta- « tion de ladite dame Duval, leur mère, fille de M. Dujardin ;

« Lesquels ont dit que, sous toutes réserves de droit, ils « consentent aux levée de scellés et inventaire requis par « ladite dame veuve Dujardin, par les officiers publics par « elle choisis, et ont signé, lecture faite. »

(*Signatures.*)

« — 5° M. Denis-Albert Bertin, propriétaire, demeu- « rant à... ;

« Au nom et comme subrogé tuteur des mineurs Duval, « nommé à cette qualité qu'il a acceptée par délibération « du conseil de famille de ces mineurs, reçue et présidée par « M. le juge de paix du canton de..., suivant son procès- « verbal dressé par lui, en date du..., enregistré, dont une « expédition nous a été représentée ;

« Lequel a dit qu'il consent, sous toutes réserves de droit, « à assister aux opérations de levée de scellés et d'inventaire « dont il s'agit, par les officiers publics désignés à cet effet « par la veuve, et a signé, lecture faite. »

(*Signature.*)

« — 6° M. Etienne-Ives Dujardin, cultivateur, demeu- « rant à..., enfant naturel du sieur Henri-Noël Dujardin, et « de la demoiselle Marie-Anne Laurent, reconnu suivant « acte passé devant M^e..., notaire à..., le..., enregistré, dont « une expédition nous a été représentée, et, en cette qualité, « habile à réclamer un tiers du quart de la succession du feu « sieur Dujardin, son père, en vertu de l'art. 757, C. Nap., « ou 6/72. Au moyen de quoi, lesdits sieurs Dujardin et la « dame Martin ne se trouvent avoir droit à la succession de « leur père que pour chacun 22/72, et les petits-enfants Du- « val individuellement que pour 11/72; lequel dit sieur

« Etienne-Ives Dujardin a dit que, sous toutes réserves, il « consent à assister aux opérations de levée de scellés et « d'inventaire dont il s'agit, et a signé, lecture faite. »

(*Signature.*)

« Nous, juge de paix,

« Vu les comparutions, dires, réquisitions, nominations et « offres des comparants, dont nous leur avons donné acte, « pour la conservation des droits respectifs des parties et de « tous autres qu'il appartiendra, sans que les qualités ci-« devant exprimées puissent nuire ou préjudicier à qui que ce « soit, nous avons procédé aux opérations requises et par « nous ordonnées, ainsi qu'il suit :

Dans la cave.

« Les vins, le bois à brûler et autres objets en évidence « s'étant trouvés tels qu'ils ont été décrits dans notre procès-« verbal d'apposition de scellés, ont été inventoriés et prisés, « ainsi qu'il est porté en l'inventaire fait par Me..., notaire « à..., et Me..., commissaire-priseur, demeurant à...;

Dans la cuisine, au rez-de-chaussée, éclairée par une croisée sur la cour :

« Les meubles et objets en évidence s'étant trouvés tels « qu'ils ont été décrits dans notre procès-verbal d'apposition « de scellés, ont été inventoriés et prisés, ainsi qu'il est établi « audit inventaire.

Dans une pièce à côté de la précédente, éclairée par deux croisées au midi, et servant de salle à manger :

« Les meubles et objets en évidence s'étant trouvés tels « qu'ils ont été décrits en notre procès-verbal d'apposition « de scellés, ont été inventoriés et prisés, ainsi qu'il est porté « en l'inventaire.

Dans une pièce, au premier étage, servant de chambre à coucher, éclairée par deux croisées sur le jardin, à l'est :

« Les meubles, effets et autres objets en évidence s'é-« tant..., etc. (on parcourt ainsi toutes les pièces).

On peut encore généraliser ainsi, ce qui se fait dans les successions peu importantes, et dire :

« Les meubles et objets mobiliers en évidence dans les dif-« férentes pièces de l'appartement (ou de la maison) occupé « par le défunt s'étant trouvés tels qu'ils ont été décrits en « notre procès-verbal d'apposition de scellés, ont été inven-

« toriés et prisés, ainsi qu'il est porté en l'inventaire fait par « Me..., etc.

Dans la chambre à coucher susdésignée du défunt :

« Nous avons reconnu sains et entiers, et comme tels levé « et ôté successivement les scellés apposés sur la commode, « le placard et le secrétaire de cette pièce : ouverture faite « de ces meubles par le greffier avec les clefs dont il était dé- « positaire et qu'il a laissées auxdits meubles, les effets, « linges et hardes y étant ont été inventoriés et prisés, ainsi « qu'il est porté en l'inventaire.

« Il a été vaqué, tant à la rédaction du présent procès-ver- « bal qu'aux description et prisée des objets en évidence et « de ceux trouvés sous les scellés, levés en la présente vaca- « tion, depuis dix heures du matin jusqu'à quatre heures de « relevée, par double vacation.

« Ce fait, tous les objets inventoriés et les scellés subsis- « tants sont restés en la garde et possession du sieur..., gar- « dien institué par notre procès-verbal d'apposition, qui le « reconnaît et s'en charge pour les représenter quand et à « qui il appartiendra, et a signé, lecture faite. »

(*Signature.*)

« Et la vacation pour la continuation des levée de scellés « et d'inventaire, a été remise et indiquée, du consentement « de toutes les parties, à demain, vendredi, vingt du cou- « rant, dix heures du matin, en la maison où nous opérons, « et où lesdites parties ont promis de se trouver, et ont signé, « après lecture faite. » (*Signatures.*)

« Et le vendredi, dix heures du matin, etc.

« En conséquence de l'assignation (ou de l'intimation) « prise par la clôture de la précédente vacation ;

« Nous, juge de paix susdit, agissant et assisté comme dit « est des autres parts ;

« Nous sommes transporté en la maison susdésignée dudit « défunt Dujardin, où étant arrivé à l'heure susdite, nous « avons procédé, ès mêmes requêtes, présences et qualités « que ci-devant, à la continuation de la levée des scellés au « fur et à mesure de l'inventaire, ainsi qu'il suit :

ARGENTERIE, BIJOUX, DENIERS COMPTANTS.

Dans une pièce, au premier étage, servant de salon, éclairée par trois croisées, sur le jardin et la cour :

« Nous avons reconnu sains et entiers, et comme tels levé

« et ôté les deux scellés apposés sur le bureau et le secré« taire de cette pièce, et ouverture faite de ces meubles par « le greffier avec les clefs dont il était chargé, et qu'il a lais« sées auxdits meubles, les bijoux, argenterie et deniers « comptants y étant ont été inventoriés et prisés; la prisée « de l'argenterie et des bijoux s'est élevée à la somme de..., « et les deniers comptants, à celle de..., le tout, ainsi qu'il est « constaté en l'inventaire.

ANALYSE DES PAPIERS ET DÉCLARATIONS ACTIVES ET PASSIVES.

« Il a été ensuite procédé aux examen, classement, arran« gement et inventaire des papiers trouvés sous les scellés, « sous dix cotes, et aux déclarations actives et passives, ainsi « qu'il est constaté audit inventaire.

« Il a été vaqué à tout ce que dessus depuis dix heures du « matin jusqu'à six heures du soir, par triple vacation.

« Ce fait, tous les meubles et effets, tant ceux en évidence « que ceux qui étaient sous nos scellés ayant été décrits, « prisés et inventoriés ensemble les titres et papiers compris « dans l'inventaire, fait par ledit Me..., notaire à..., en notre « présence, au fur et à mesure de la levée desdits scellés, « tout le contenu audit inventaire, tant en objets mobiliers « qu'en papiers, est resté en la garde et possession de..., qui « le reconnaît et s'en charge aux lieu et place de... (le gar« dien), qui en est par conséquent déchargé, pour par..., les « représenter quand et à qui il appartiendra;

« En conséquence, nous avons clos et arrêté définitivement « le présent procès-verbal, et ont les parties, sous toutes « réserves et protestations exprimées en l'inventaire, signé « avec le commissaire-priseur, le gardien des scellés, nous « et le greffier, après lecture faite. »

(*Signatures.*)

§ 21.—**Procès-verbal de levée de scellés avec divers incidents.—Référés.—Remise d'une vacation à l'autre.—Décision en cas d'altération de scellés.—Opposition.—Revendication exercée par un tiers.—Nomination d'administrateur provisoire, etc.** (C. proc., art. 931, 934, 936, 939).

« Et le..., etc...;

« Nous, etc..., assisté de..., etc.,

« En exécution de notre ordonnance qui précède, étant en « suite de la réquisition de la dame veuve ci-après nommée, « qualifiée et domiciliée;

« Nous sommes transporté en la demeure où est décédé

« ledit sieur..., où étant arrivé, à l'heure susdite, nous y « avons trouvé réunis :

« 1° Madame Hortense Davoust, veuve de M. Jules Du- « breuil, propriétaire, demeurant à..., où elle fait élection de « domicile ;

« Agissant en son nom personnel, tant à cause de la com- « munauté de biens qui a existé entre elle et le feu sieur « Dubreuil, son mari, aux termes de leur contrat de mariage « passé devant Mᵉ..., notaire à..., le..., enregistré, dont une « expédition nous a été représentée, et des reprises et « créances qu'elle peut avoir à exercer contre ladite commu- « nauté ou la succession de son mari, que comme donataire, « à titre universel, du feu sieur Dubreuil, en usufruit, de « tous ses biens, meubles et immeubles, avec dispense de « donner caution, aux termes de son testament passé devant « Mᵉ..., notaire à..., en présence de quatre témoins, le..., « enregistré, dont une expédition nous a été également re- « présentée ;

« Laquelle nous a dit qu'en vertu de notre ordonnance sus- « énoncée, et par exploit de..., huissier à..., en date du..., « enregistré, elle a fait donner sommation à... (indiquer les « noms et qualités des personnes sommées) de comparaître « à ces jour, lieu et heure pour être présents aux reconnais- « sance et levée de nos scellés et à l'inventaire des meubles, « effets, titres, papiers et renseignements dépendant de la « succession dudit feu sieur Dubreuil, ainsi qu'aux prisée et « estimation des objets qui en seraient susceptibles, par Mᵉ..., « notaire à..., et Mᵉ..., commissaire-priseur, demeurant à..., « qu'elle a fait appeler à cet effet ; ledit exploit dont l'ori- « ginal contenant déclaration aux susnommés que, faute de « comparaître, il serait contre eux donné défaut et procédé « ainsi que de droit, nous a été représenté et est demeuré « ci-annexé après que dessus mention a été faite de son an- « nexe ; qu'en conséquence elle nous requiert de procéder aux « reconnaissance et levée de nos scellés, successivement au « fur et à mesure de l'inventaire de tout ce qui se trouvera « sous lesdits scellés et en évidence, offrant ladite dame Du- « breuil de représenter les scellés sains et entiers, ainsi que « les objets en évidence confiés à sa garde, et a signé, « après lecture faite. »

(*Signature.*)

« — 2° M. Armand Dubreuil, capitaine au 7ᵉ régiment de « lanciers, en garnison à... ;

« — 3° M. Alfred-Henri Aumont, propriétaire, demeu-« rant à...;

« Agissant comme maître des actions mobilières et posses-« soires de madame Henriette-Marie Dubreuil, son épouse, « avec laquelle il est commun en biens, aux termes de leur « contrat de mariage passé devant Me..., notaire à..., le..., « dont une expédition a été représentée;

« — 4° M. Noël-Michel Delagrange, rentier, demeurant « à...;

« Au nom et comme tuteur légal de Louis-Ismaël Dela-« grange, né à..., le..., et de Clotilde-Marie Delagrange, née « à..., le..., ses deux enfants mineurs, issus de son mariage « avec madame Henriette-Noémie Dubreuil, son épouse, dé-« cédée;

« Lesdits sieurs Armand Dubreuil et dame Aumont, frère « et sœur germains, habiles à se dire et porter héritiers, « chacun pour un tiers, du feu sieur Jules Dubreuil, leur « père, décédé;

« Et les mineurs Delagrange, habiles à se porter héritiers « du feu sieur Dubreuil, leur grand-oncle, par représenta-« tion de ladite dame Delagrange, leur mère, laquelle était « fille dudit feu sieur Armand-Henri Dubreuil, leur aïeul « maternel, frère germain dudit défunt sieur Jules Dubreuil;

« Lesquels ont dit qu'ils consentent, sous toutes réserves « de droit, aux levée de scellés et inventaire requis par ladite « dame veuve Dubreuil; mais qu'ayant, comme celle-ci, le « droit de choisir les officiers publics qui doivent procéder « aux inventaire et prisée, ils nomment pour notaire Me..., « et déclarent agréer pour faire la prisée Me..., commissaire-« priseur, choisi par la dame veuve Dubreuil, et ont signé, « après lecture. » (*Signatures.*)

« Et, par la dame veuve Dubreuil, il a été répondu que, si « elle a fait choix de Me..., notaire, pour procéder à l'inven-« taire dont il s'agit, c'est qu'elle a pensé qu'ayant été no-« taire du défunt, il pouvait mieux qu'un autre connaître « les affaires de la succession, et que, par le même motif, « elle persistait dans le choix par elle fait dudit notaire, et a « signé, lecture faite. »

(*Signature.*)

« — 5° M. Paul Benoist, propriétaire, demeurant à...;

« Au nom et comme subrogé tuteur des mineurs Dela-« grange, nommé à cette qualité, qu'il a acceptée, par déli-« bération du conseil de famille de ces mineurs, reçue et

« présidée par M. le juge de paix du canton de..., suivant « son procès-verbal, dressé par lui le..., enregistré, dont « une expédition nous a été représentée ;

« Lequel a dit qu'il consent, sous toutes réserves de droit, « à assister aux opérations requises et ordonnées, et de- « mande que le notaire qui devra procéder à l'inventaire soit « nommé d'office par M. le président du tribunal civil, et a « signé, lecture faite. »

(*Signature.*)

« Sont aussi comparus MM..., créanciers opposants à la « levée de nos scellés, suivant leurs déclarations en date « des..., consignées des autres parts à la suite de notre pro- « cès-verbal d'apposition desdits scellés, ou suivant exploits « d'opposition notifiés au greffe de cette justice de paix par- « lant à Me..., greffier, les..., et dont les originaux dûment « enregistrés nous ont été représentés ;

« Lesquels ont dit qu'ils comparaissent au désir de la som- « mation qui leur a été faite en exécution de notre ordon- « nance, et consentent sous toutes réserves de leurs droits et « actions, qu'il soit procédé à l'instant même, à la levée des- « dits scellés au fur et à mesure de l'inventaire, déclarant « lesdits opposants, nommer pour les représenter auxdites « opérations de levée de scellés et d'inventaire, M..., l'un « d'eux, qui a déclaré accepter, et ont signé, après lecture. »

(*Signatures.*)

« Nous, juge de paix,

« Donnons acte aux comparants, ès noms et qualités qu'ils « agissent, de leurs comparutions, dires, nominations, pro- « testations, consentements et réserves ; et, en outre, à la- « dite dame veuve Dubreuil et aux opposants, de la remise « par eux à nous faite des originaux de sommation et oppo- « sition susénoncés ;

« Et, attendu que les parties n'ont pu s'entendre sur le « choix du notaire qui doit procéder à l'inventaire, disons « qu'il en sera référé à M. le président du tribunal civil de « première instance de l'arrondissement de..., le jour de de- « main, heure de midi, en son cabinet, au palais de justice, « où les parties ont promis de comparaître.

« La vacation pour la continuation du présent procès-ver- « bal a été remise au... de ce mois, dix heures du matin, en « la maison où nous opérons et où toutes les parties ont « promis de se trouver et d'y faire trouver les officiers pu-

« blics qui seront nommés par M. le président, et ont lesdits « comparants signé avec nous et le greffier, après lecture. »

(*Signatures.*)

« Et le..., heure de midi,

« Nous (noms, prénoms), président du tribunal de pre-« mière instance de l'arrondissement de...

« Après avoir entendu M. le juge de paix, en son rapport, « Me... et Me..., avoués des parties;

« Attendu que le notaire présenté par la dame veuve Du-« breuil mérite la préférence en considération de la qualité « et de l'intérêt des parties;

« Au principal, renvoyons les parties à se pourvoir, et par « provision,

« Disons qu'il sera procédé à l'inventaire par Me..., no-« taire à..., et, à la prisée, par Me..., commissaire-priseur, « demeurant à...

(Ou) « Disons qu'il sera procédé à l'inventaire par Mes..., « notaires à... (les deux notaires désignés par les parties), « et par..., etc.

« Et notre ordonnance sera exécutée par provision, no-« nobstant appel.

« Fait en notre cabinet, au palais de justice, les jour, mois « et an que dessus, et nous avons signé avec le greffier, lec-« ture faite. » (*Signatures du président et du greffier.*)

« Et le..., etc.

« Nous..., etc., assisté de..., etc.

« En conséquence de l'assignation prise par la clôture de « la précédente vacation,

« Nous sommes transporté en la maison où est décédé « ledit sieur Jules Dubreuil, où étant arrivé, à l'heure sus-« dite, nous y avons trouvé la dame veuve Dubreuil, les sieurs « Armand Dubreuil, Alfred-Henri Aumont, Paul Benoist, et « MM... (les opposants), agissant ès mêmes noms, qualités, « sous toutes réserves de droit;

« Lesquels nous ont requis de procéder de suite aux re-« connaissance et levée des scellés apposés après le décès « dudit sieur Dubreuil, au fur et à mesure de l'inventaire, « par Me..., notaire à..., nommé d'office à cet effet par l'or-« donnance sur référé qui précède, ainsi qu'à la prisée des « objets qui en seront susceptibles, par Me..., commissaire-« priseur, dont les parties sont convenues, et ont signé, lec-« ture faite. » (*Signatures.*)

« Nous, juge de paix,

« Vu les comparutions, dires et réquisitions des comparants dont nous leur avons donné acte, l'ordonnance de référé qui précède, et les comparutions des notaire et commissaire-priseur susnommés, pour la conservation des droits respectifs des parties et de tous autres qu'il appartiendra, sans que les qualités ci-devant exprimées puissent nuire ou préjudicier à qui que ce soit, nous avons procédé aux opérations requises et par nous ordonnées, en présence desdites parties, du mandataire des créanciers opposants, et des notaire et commissaire-priseur, ainsi qu'il suit :

Dans la cave :

« Les vins, le bois à brûler et les autres objets en évidence s'étant trouvés tels qu'ils ont été décrits dans notre procès-verbal d'apposition de scellés, ont été prisés et inventoriés ainsi qu'il est porté en l'inventaire fait par les notaire et commissaire-priseur susnommés.

Dans la cuisine, au rez-de-chaussée, éclairée par une croisée sur la cour, à l'est :

« Les meubles et effets en évidence s'étant trouvés tels qu'ils ont été décrits dans notre procès-verbal d'apposition de scellés, ont été prisés et inventoriés ainsi qu'il est porté en l'inventaire.

« A l'instant est comparu le sieur..., opposant suivant sa déclaration consignée en notre procès-verbal d'apposition de scellés ;

« Lequel a dit que la veuve, les héritiers et les créanciers opposants étant présents, il demande que remise lui soit faite présentement des huit couverts en argent et six cuillers à café en vermeil par lui prêtés au défunt quelques jours avant son décès, et qu'il s'est empressé de réclamer lors de l'apposition des scellés, et a signé, lecture faite. »

(*Signature.*)

« Après avoir entendu sur cette réclamation les parties, avons reconnu en leur présence sain et entier, et comme tel levé et ôté le scellé apposé sur le secrétaire de la chambre du défunt, désigné des autres parts, dans lequel se trouve l'argenterie; et ensuite, à l'aide de la clef restée entre les mains du greffier, ouverture faite de ce meuble, nous en avons extrait huit couverts d'argent et six cuillers à café en vermeil, marqués des lettres initiales du nom du sieur..., et

« que celui-ci a déclaré reconnaître pour lui appartenir; la « demoiselle B..., domestique, et la dame veuve Dubreuil « ont déclaré que ces objets avaient été réellement, en leur « présence, prêtés audit défunt par ledit sieur..., et ont signé, « lecture faite. » (*Signatures.*)

« Les autres parties ont dit que, d'après la déclaration « de la dame veuve Dubreuil et de la demoiselle B..., elles ne « s'opposaient pas à ce que les huit couverts et les six cuillers « à café réclamés par le sieur..., lui soient remis sous la ré- « serve des droits des créanciers, et sans que le présent con- « sentement puisse leur être imputé comme acceptation de « qualité de leur part, et ont signé, lecture faite. »

(*Signatures.*)

« Le sieur..., créancier opposant, au nom des autres « créanciers qu'il représente, a dit qu'il est constant que les « objets réclamés par le sieur... lui appartiennent réellement, « et que la remise doit lui être faite à l'instant même, et a « signé. »

(*Signature.*)

« Vu les réclamation, reconnaissance, dires, réquisitions et « consentement ci-dessus dont nous avons donné acte aux « parties, nous avons remis présentement les huit couverts « d'argent et les six cuillers à café en vermeil dont il s'agit, « au sieur..., requérant, qui le reconnaît et en donne par le « présent bonne et valable décharge à la succession, et nous « avons aussitôt réapposé nos scellés sur le secrétaire, et « a ledit sieur... signé, après lecture. »

(*Signature.*)

Dans le salon, au rez-de-chaussée, éclairé par deux croisées, au midi :

« Les meubles effets et autres objets en évidence s'é- « tant, etc. »

On parcourt ainsi toutes les pièces et on procède comme ci-dessus.

« Il a été vaqué à tout ce que dessus, depuis dix heures « du matin jusqu'à quatre heures du soir.

« Ce fait, tous les objets inventoriés et ceux à inventorier, « ainsi que les scellés, sont restés en la garde et possession « de ladite dame veuve Dubreuil, qui le reconnaît et s'en « charge pour les représenter quand et à qui il appartiendra, « et a signé, lecture faite. »

(*Signature.*)

« Et la vacation pour la continuation des levée de scellés « et d'inventaire a été remise et indiquée, du consentement « de toutes les parties et créanciers, à demain... dix heures « du matin, en la maison où nous opérons, et où lesdites « parties ont promis de se trouver, et ont signé avec nous et « le greffier, après lecture faite. »

(*Signatures.*)

« Et le..., ... heures du matin,

« Nous, etc.,

« En conséquence de l'assignation (ou de l'intimation) « prise par la clôture de la dernière vacation;

« Nous sommes transporté en la maison susdésignée du « défunt, sise à..., où étant arrivé à l'heure susdite, nous « avons procédé, ès mêmes requêtes, présences et qualités « qu'en l'intitulé du présent procès-verbal, à la continuation « de la levée des scellés au fur et à mesure de l'inventaire, « ainsi qu'il suit :

Dans une pièce au premier étage, servant de chambre à coucher, et éclairée par deux croisées sur la cour :

« Les meubles et objets mobiliers en évidence s'étant « trouvés tels qu'ils ont été décrits en notre procès-verbal « d'apposition de scellés, ont été inventoriés et prisés ainsi « qu'il est porté audit inventaire.

Dans une pièce, etc.:

« Les meubles, etc.,

On parcourt ainsi toutes les pièces, et l'on procède comme ci-dessus;

« A l'instant, le sieur Benoist, subrogé tuteur, nous a dit « qu'il vient d'être informé que différents effets de la suc- « cession dudit défunt ont été soustraits et emportés de ladite « maison où nous opérons; qu'en conséquence, il requiert « que ces différents effets soient à l'instant rapportés; et, « dans le cas où ils ne le seraient, il nous a déclaré qu'il « s'oppose formellement à la continuation de nos opérations « jusqu'à ce qu'il en ait été référé et statué, nous invitant et « requérant même de faire en cette circonstance ce qui est « de notre ministère pour acquérir, autant qu'il nous sera « possible, à l'instant et sans désemparer, la preuve des di- « vertissements, soustractions et détournements qu'il vient de « nous dénoncer, et a signé. » (*Signature.*)

« Nous, juge de paix, déférant à cette réquisition (constater « la suite donnée à cette demande et les résultats obtenus).

Dans la chambre à coucher susdésignée :

« Nous avons reconnu sains et entiers, et comme tels levé « et ôté les scellés sur (désigner les meubles), et ouverture « faite de ces meubles par le greffier avec les clefs dont il « était dépositaire et qu'il a laissées auxdits meubles, les « effets, linges et autres objets y étant ont été inventoriés et « prisés ainsi qu'il est porté en l'inventaire.

Dans une pièce, au premier étage, servant de cabinet, éclairée par deux croisées sur le jardin, au midi :

« Nous avons reconnu sains et entiers, et comme tels levé « et ôté les scellés apposés sur un bureau et un placard, et « ouverture faite desdits bureau et placard par le greffier avec « les clefs dont il était dépositaire, et qu'il a laissées dans les « les serrures, les bijoux, argenterie et deniers comptants « y étant, ont été inventoriés et prisés; la prisée de ces ob- « jets s'est élevée à la somme de..., et les deniers comp- « tants, à celle de..., le tout ainsi qu'il est constaté en l'in- « ventaire.

« Ayant examiné le scellé apposé sur un autre placard de « cette pièce, nous avons remarqué et fait remarquer aux « parties et aux notaire et commissaire-priseur que l'em- « preinte du sceau de la partie gauche dudit scellé est dé- « chirée; la dame veuve Dubreuil, gardienne de nos scellés, « par nous interpellée de déclarer si elle savait comment « et par qui cette altération avait été faite, et après serment « par elle prêté de dire vérité, elle nous a répondu qu'elle « l'ignorait; mais qu'elle était certaine que cette altération « ne pouvait être que le résultat d'un accident ou d'une im- « prudence, et a signé, lecture faite. »

(*Signature.*)

« Ouverture faite de ce placard avec la clef remise par le « greffier, nous avons reconnu que rien n'a été dérangé, et « que l'altération dudit scellé n'est que le résultat d'un ac- « cident ou d'une imprudence dont il ne peut résulter le « moindre soupçon des mauvaises intentions de la part de « celui qui l'a commise, et nous avons en conséquence con- « tinué notre opération, ainsi que nous aurions fait sans cet « incident.

(On procède ainsi pour la reconnaissance et levée de chaque scellé).

« Il a été ensuite procédé aux examen, classement, arran- « gement et inventaire des papiers trouvés dans les scellés,

« et aux déclarations actives et passives, ainsi qu'il est cons-
« taté audit inventaire.

(S'il y a lieu, on se pourvoit en référé devant le président du tribunal pour obtenir les autorisations de vendre les meubles, d'agir sans attributions de qualités, de gérer et administrer la succession, etc. Voir les §§ 21, 22 et 23 ci-après).

« Ce fait, tous les meubles et effets, tant ceux en évi-
« dence que ceux qui étaient sous nos scellés, ensemble les
« titres et papiers, ayant été décrits, inventoriés et prisés,
« et compris dans l'inventaire fait, en notre présence, au fur
« et à mesure de la levée desdits scellés, tout le contenu au-
« dit inventaire, tant en objets mobiliers qu'en papiers, est
« resté en la garde et possession de ladite dame Dubreuil,
« veuve dudit défunt, qui le reconnaît et s'en charge. (Si
« le gardien des scellés était étranger, on ajoute) : Aux lieu
« et place dudit sieur..., qui en est par conséquent déchargé,
« pour, par elle, les représenter quand et à qui il appar-
« tiendra.

« Il a été vaqué à tout ce que dessus depuis dix heures du
« matin jusqu'à six heures du soir pour terminer, à la réqui-
« sition expresse des parties, par triple vacation.

« En conséquence, nous avons clos et arrêté définitivement
« le présent procès-verbal, à..., les jour, mois et an que des-
« sus, et ont les parties signé avec nous et le greffier, après
« lecture faite. »

(*Signatures.*)

§ 22.—**Procès-verbal de levée de scellés après faillite** (C. comm., art. 479, 480).

« Et le..., heures du matin,

« Nous, etc..., assisté de..., etc.;

« En exécution de notre ordonnance, qui précède, étant
« en suite de la réquisition du ci-après nommé, qualifié et
« domicilié, nous sommes transporté au domicile du sieur
« Adrien D...., marchand de..., sis à..., rue..., n°..., où
« étant arrivé à l'heure susdite, nous y avons trouvé réunis :

« 1° M..., agréé près le tribunal de commerce de l'arron-
« dissement de...., syndic de la faillite dudit sieur D....,
« nommé à cette fonction qu'il a acceptée, par jugement du
« même tribunal, en date du..., enregistré ;

« Lequel nous a dit qu'en vertu de notre ordonnance sus-
« énoncée, et par exploit de..., huissier à..., en date du...,
« il a fait sommation au sieur D..., failli, de comparaître et

« se trouver à ces jour, lieu et heure, pour assister, si bon « lui semble, aux reconnaissance, levée de scellés et inven- « taire dont il s'agit, ainsi qu'aux prisée et estimation qui « en seraient susceptibles ; ledit exploit dont l'original enre- « gistré à...... le..., contenant déclaration que, faute de « comparaître, il serait contre lui donné défaut et procédé « ainsi que de droit, nous a été représenté et est demeuré ci- « annexé après que dessus mention a été faite de son annexe; « qu'en conséquence, il nous requiert de procéder aux re- « connaissance et levée de nos scellés successivement, au fur « et à mesure de l'inventaire qui sera dressé par le compa- « rant et de la prisée qui sera faite par Me..., greffier, par « lui requis à cet effet, de tous les objets qui se trouveront « sous lesdits scellés et en évidence, et a signé, lecture faite. »

« — 2° Le sieur Adrien D..., marchand de..., demeurant « à..., rue..., n°..., failli ;

« Lequel nous a dit qu'il comparaît au désir de notre or- « donnance susénoncée et qu'il consent à assister aux opé- « rations de levée de scellés et d'inventaire dont il s'agit, et « a signé, lecture faite. »

(*Signature.*)

« — 3° Le sieur M..., gardien des scellés ;

« Lequel a offert de nous représenter lesdits scellés sains « et entiers, tels que nous les lui avons confiés, ainsi que les « objets en évidence décrits en notre procès-verbal d'apposi- « tion, et a signé, lecture faite. »

(*Signature.*)

« Nous, juge de paix,

« Vu les comparutions, dires, réquisitions, nominations, « consentement et offres des parties dont nous leur avons « donné acte, à la conservation des droits et intérêts desdites « parties et de tous autres qu'il appartiendra, nous avons « procédé aux opérations requises et par nous ordonnées, « ainsi qu'il suit :

Dans la cuisine, au rez-de-chaussée, éclairée par une croisée sur la cour :

« Les meubles et objets en évidence s'étant trouvés tels « qu'ils ont été décrits dans notre procès-verbal d'apposition « de scellés, ont été inventoriés par le syndic et prisés par « Me..., greffier de cette justice de paix, ainsi qu'il est porté « en son procès-verbal d'inventaire.

Dans une boutique, au rez-de-chaussée, éclairée sur la cour :

« Les meubles, marchandises et autres objets en évidence « décrits dans notre procès-verbal d'apposition, ont été in- « ventoriés et prisés ainsi qu'il est porté audit inventaire. « Nous avons reconnu sains et entiers, et comme tels levé et « ôté les scellés apposés sur... (désigner les meubles) ; ou- « verture faite de ces meubles par le greffier avec les clefs « dont il était dépositaire et qu'il a laissées auxdits meubles, « les marchandises, effets mobiliers et autres objets y étant, « ont été prisés et inventoriés, ainsi qu'il est porté en l'in- « ventaire.

(On parcourt ainsi toutes les pièces et l'on procède comme ci-dessus, et s'il s'élève des incidents dans le cours de l'opération, on les constate, comme il est dit ci-dessus, § 21).

« Il a été ensuite procédé par le syndic aux examen, classe- « ment, arrangement et inventaire des livres, effets de porte- « feuille et autres papiers, trouvés sous les scellés, ainsi « qu'aux déclarations actives et passives de la faillite.

« Les livres du failli, au nombre de..., intitulés, le premier : « journal, etc. (décrire sommairement les livres), ont été par « nous arrêtés, signés et paraphés, *ne varientur*.

« Nous avons également coté et paraphé les autres papiers « inventoriés sous quinze cotes, ainsi qu'il est porté en l'in- « ventaire du syndic.

« Ce fait, tous les meubles, effets et marchandises, tant « ceux en évidence que ceux qui étaient sous nos scellés, en- « semble les livres, effets de portefeuille, titres et papiers « ayant été décrits, inventoriés et prisés, et compris en l'in- « ventaire dressé par le failli, en notre présence, au fur et à « mesure de la levée desdits scellés, nous avons reçu du gar- « dien et du failli le serment, qu'ils ont individuellement prêté « devant nous, que ledit acte est véritable et comprend « toutes les valeurs dudit sieur D...; qu'ils n'ont rien pris ni « directement ou indirectement, vu ni su qu'il ait été rien « pris ou détourné par qui que ce soit des biens dépendant « de la faillite.

« Tout le contenu audit inventaire, à l'exception des livres « et papiers dont le syndic s'est saisi, est resté en la garde « et possession du sieur..., qui le reconnaît et s'en charge, « pour, par lui, les représenter quand et à qui il appartiendra.

« Fait et arrêté le présent procès-verbal, à..., les jour, « mois et an que dessus ;

« Il a été vaqué à tout ce que dessus depuis dix heures du « matin jusqu'à six heures du soir, par triple vacation,

« Et ont le syndic, lesdits sieurs D..., failli et M..., gar« dien, signé avec nous et le greffier, après lecture faite. »

(*Signatures.*)

§ 23.—Ordonnance d'autorisation de gérer et administrer la succession.

« En procédant, madame veuve... a dit que, provisoire« ment et en attendant la liquidation des communauté et « succession dont il s'agit, il est nécessaire, dans l'intérêt de « tous, qu'une seule personne soit chargée de gérer et admi« nistrer les biens et affaires desdites communauté et succes« sion, de recevoir les loyers, fermages et revenus, etc.; « qu'elle pense que c'est à elle qu'il est le plus convenable « d'accorder les autorisations nécessaires à cet effet, comme « étant celle des parties qui représente le plus grand intérêt, « et qui est le plus en état de suivre cette administration; re« quérant que ces opérations lui soient conférées par ces « présentes;

« Et a signé, après lecture. »

(*Signature.*)

« Les autres parties ont répondu que les autorisations de« mandées par madame veuve... ne leur paraissent pas in« dispensables, quant à présent, puisqu'elles sont toutes « présentes pour signer les quittances nécessaires; qu'au « surplus, elles se réservent de consentir ultérieurement ces « autorisations, si elles le jugent alors convenable.

« Et ont signé après lecture. »

(*Signatures des parties.*)

« A quoi madame veuve... a dit qu'elle persiste dans ses « demande et réquisition, pour qu'il y soit fait droit sur-le« champ, attendu qu'il est urgent de pourvoir à l'adminis« tration des immeubles, et qu'il est impossible, pour chaque « acte de cette administration, de réunir le consentement et « la signature de toutes les parties.

« Et a signé, après lecture. »

(*Signature.*)

1° Ordonnance d'ajournement des parties en référé.

« Nous, juge de paix,

« Vu la nature des demande et réquisition de Madame « veuve... et les réponses et protestations des autres parties,

« Disons qu'il en sera par nous référé, le douze de ce

« mois, heure de midi, à M. le président du tribunal de pre-
« mière instance de l'arrondissement de..., en son cabinet, au « palais de justice, à l'effet d'être par lui ordonné ce qu'il « appartiendra. »

2° Ordonnance du président.

« Nous (nom et prénoms du président), président du tribu- « nal civil de première instance de l'arrondissement de..., en « notre cabinet, au palais de justice,

« Après avoir entendu M. le juge de paix en son rapport,

« Me..., avoué de..., et Me..., avoué de..., (ou) le sieur..., « (ou) donnons défaut contre..., non comparant, ni personne « pour lui, quoique dûment intimé;

« Vu les réquisition et dires portés en la vacation qui pré- « cède du procès-verbal de levée de scellés, dont la minute « nous a été représentée par M. le juge de paix,

« Au principal, renvoyons les parties à se pourvoir, et, par « provision,

« Attendu que la dame... présente par ses droits dans la « succession ou la communauté (ou, si c'est un tiers), ses « connaissances spéciales des affaires et du commerce du « défunt, les garanties d'une bonne gestion,

« Autorisons d'office ladite dame..., jusqu'à ce que la « liquidation et le partage de la communauté d'entre elle et « son mari, et de la succession de ce dernier soient terminés, « à gérer et administrer les biens et affaires desdites commu- « nauté et succession, tant activement que passivement;

« En conséquence, faire toutes locations verbales, donner « et accepter tous congés, recevoir tous loyers, fermages et « revenus, échus, à échoir, signer tous états de lieux, donner « toutes quittances et décharges, exercer, au besoin, toutes « poursuites, contraintes et diligences nécessaires aux effets « ci-dessus, passer et signer tous actes, le tout sans attribu- « tion de qualité et à la charge, par ladite dame veuve..., « de rendre compte exact, quand et à qui il appartiendra,

« Disons que la présente ordonnance sera exécutée par « provision, nonobstant appel, et sans y préjudicier.

« Fait à..., au palais de justice, le... »

§ 24.—Ordonnance d'autorisation pour agir sans attribution de qualité.

« Avant la clôture du présent procès-verbal, Madame « veuve... a fait observer qu'il est dans l'intérêt de toutes les « parties et des créanciers desdites communauté et succession

« de faire procéder dans le plus court délai : 1° à la vente « du mobilier décrit en l'inventaire ; — 2° à la vente du fonds « de commerce de..., que le feu sieur..., son mari, faisait « valoir, ensemble des marchandises et effets mobiliers qui « en font partie ; qu'en conséquence, elle requiert qu'il nous « plaise de nous transporter devant M. le président du tribu- « nal civil de première instance de l'arrondissement de..., « aux jour et heure qu'il nous plaira de choisir, pour voir « dire qu'il sera, par M. le président, ordonné qu'à la requête, « poursuite et diligence de ladite dame, en présence des « autres parties, ou elles dûment appelées, il sera procédé : « 1° à la vente du mobilier compris dans l'inventaire, fait en « même temps que ces présentes, par Me..., notaire à..., « après les publications et annonces nécessaires, et aux « charges, clauses et conditions qui seront insérées au cahier « des charges qui sera dressé à cet effet ; comme aussi qu'elle « pourra toucher et recevoir les prix desdites ventes, et toutes « les sommes dues aux communauté et succession, payer « toutes celles qu'elles peuvent devoir, régler tous comptes, « notamment celui du commissaire-priseur, lui donner « décharge, etc., le tout sans attribution de qualités, et a « signé après lecture. »

(*Signature.*)

« MM..., ès dits noms et qualités, ont dit que, sous toutes « réserves, ils consentent au référé et aux autorisations « demandées par Madame veuve..., et ont signé, après lec- « ture. » (*Signatures.*)

1° Ordonnance d'ajournement des parties en référé.

« Nous, juge de paix, faisant droit aux réquisitions de la « dame veuve...,

« Et attendu le consentement de toutes les parties,

« Disons que nous nous transporterons en référé devant « M. le président du tribunal de première instance de l'arron- « dissement de..., en son cabinet, au palais de justice, le... « de ce mois, heure de midi, pour, sur notre rapport à M. le « président, être par lui statué ce qu'il appartiendra. »

2° Ordonnance du président.

« Nous, etc., président du tribunal civil de première « instance de l'arrondissement de..., en notre cabinet, au « palais de justice ;

« Après avoir entendu M. le juge de paix, en son rapport, « Me..., avoué de..., et Me..., avoué de...,

« Au principal, renvoyons les parties à se pourvoir, et, « par provision,

« Attendu qu'il est dans l'intérêt de toutes les parties et « dans celui des créanciers qu'il soit, dans le plus court « délai, procédé à la vente :

« 1° Du fonds de commerce de..., que le feu sieur... faisait « valoir, ensemble des marchandises et ustensiles en dépen- « dant;

« — 2° Et des effets mobiliers compris audit inventaire;

« Attendu qu'il est urgent de pourvoir à l'administration « de la succession du feu sieur... et de la communauté de « biens qui a existé entre lui et la dame..., aujourd'hui sa « veuve;

« Attendu, d'ailleurs, le consentement donné par toutes « les parties;

« Par tous ces motifs, autorisons madame veuve... à faire « procéder, en présence de M..., subrogé tuteur de ses enfants « mineurs et des autres héritiers de son défunt mari, ou eux « dûment appelés, à la vente publique : 1° des effets mobi- « liers compris en l'inventaire susdaté, par le ministère de « M..., commissaire-priseur, qui a fait la prisée; — 2° et du « fonds de commerce de..., que le défunt sieur faisait valoir, « ensemble des marchandises et ustensiles en dépendant, en « l'étude et par le ministère de Me..., notaire à..., sur une « seule publication, aux charges, clauses et conditions qui « seront insérées au procès-verbal d'enchères qui sera dressé « à cet effet;

« Comme aussi autorisons madame veuve... à toucher et « recevoir le prix de ces vente et adjudication, ainsi que « toutes les sommes qui peuvent être dues auxdites commu- « nauté et succession, payer celles qui seront dues par elle, « entendre et arrêter tous comptes, notamment celui du « commissaire-priseur, donner tous congés, donner décharge « et quittance de toutes sommes reçues, faire mainlevée de « toutes inscriptions, oppositions et saisies, remettre tous « titres et pièces;

« A défaut de paiement, ou en cas de difficultés et contes- « tations, exercer toutes poursuites et contraintes nécessaires, « citer et comparaître devant tous juges et tribunaux, obte- « nir tous jugements et arrêts, les faire mettre à exécution « par toutes les voies et moyens de droit; aux effets ci-des- « sus, passer et signer tous actes.

« Le tout sans qu'il puisse en résulter, pour lesdits veuve

« et héritiers, aucune attribution de qualité, et sauf à eux à « prendre, par la suite, celles qu'ils aviseront.

« La présente ordonnance sera exécutée par provision no- « nobstant appel, et sans y préjudicier.

« Fait au palais de justice, à..., le...

« Et a signé. »

(*Signature.*)

§ 25.—**Ordonnances d'autorisations diverses** (1)

« Nous..., etc., président du tribunal de première instance « de l'arrondissement de...,

« Après avoir entendu M. le juge de paix en son rapport, « et Me..., avoué de...; Me..., avoué de...,

« Au principal, renvoyons les parties à se pourvoir, et par « provision,

« Attendu que les parties sont encore dans les délais pour « prendre qualités, et qu'il est urgent, dans l'intérêt com- « mun :

1° Congé :

« De donner congé des lieux occupés par le défunt pour « faire cesser les loyers ;

2° Cession, résiliation du bail, sous-location :

« De céder bail, » ou « de consentir la résiliation du bail, » « ou de sous-louer les lieux aux conditions les plus avanta- « geuses pour faire cesser les loyers ;

3° Vente du mobilier :

« De vendre les objets mobiliers dépendant de la succes- « sion pour rendre les lieux libres ou pour payer les frais ;

(Ou) « De les vendre au-dessous de l'estimation » ou « du « tarif ;

---

(1) Le juge de paix peut en référer au moment de l'apposition des scellés, comme pendant les scellés ou l'inventaire, non-seulement pour les difficultés spéciales à l'apposition des scellés, mais encore pour toutes mesures ou autorisations urgentes et provisoires, parce qu'elles sont souvent nécessaires à l'instant même de l'apposition des scellés, par exemple, la continuation du commerce, le recouvrement de billets à échéance, un congé à donner, des billets ou des ouvriers à payer (C. proc., art. 944).

Ces autorisations s'accordent : 1° par référé introduit sur le procès-verbal d'apposition des scellés ;—2° par référé sur le procès-verbal de levée de scellés, ou d'inventaire, s'il n'y a pas de scellés ;—3° sur requête, après la clôture de la levée de scellés ou de l'inventaire (C. proc., art. 948). DEBELLEYME.

Dans un autre lieu :

« Que les lieux ne sont pas convenables pour procéder à « cette vente ;

Réunion d'objets dans divers lieux :

« Qu'il est utile de réunir à... (le lieu) les objets existant « dans différents lieux pour procéder plus avantageusement « à une seule vente ;

Exposition et annonces :

« Qu'il est nécessaire de faire précéder la vente d'annon- « ces, et même d'une exposition publique des objets à vendre ;

4° Gestion du fonds de commerce :

« De continuer le commerce pour éviter la perte de l'acha- « landage et des marchandises ;

« Que le sieur... est désigné par tous les intéressés ou (en « cas de contestation) présente par ses droits dans la succes- « sion, ou la communauté, ou (s'il s'agit d'un tiers) par ses « connaissances spéciales du commerce, les garanties d'une « bonne gestion ;

(Ou) « Attendu qu'il est urgent d'accorder l'autorisation de « continuer le commerce ;

5° Vente du fonds de commerce :

« De vendre le fonds de commerce, les ustensiles, objets « mobiliers et marchandises servant à son exploitation, et de « céder le bail des lieux dans lesquels il s'exerce, pour évi- « ter la perte de l'achalandage ;

6° Gestion de la succession :

« De gérer provisoirement les biens et affaires de la suc- « cession, pour éviter tout préjudice ;

« Que le sieur... est désigné par tous les intéressés, ou « (en cas de contestation) présente par ses droits dans la suc- « cession, ou la communauté, ou (si c'est un tiers) ses con- « naissances spéciales des affaires et du commerce du défunt, « les garanties d'une bonne gestion ;

« De vendre les coupes de bois selon l'usage du précédent « propriétaire ;

« De vendre les denrées, pour prévenir leur détérioration ;

« De vendre les chevaux, bestiaux inutiles, pour faire ces- « ser les dépenses journalières de nourriture ;

7° Compte du notaire ou du commissaire-priseur :

« Que, par suite, il est nécessaire d'arrêter le compte du

« notaire ou du commissaire-priseur qui procédera à la vente « du fonds de commerce ou du mobilier ;

8° Paiement des frais et des dettes privilégiés :

« D'acquitter les frais et dettes privilégiés, les droits de « mutation, etc., pour éviter les poursuites ;

« — 9° Attendu qu'il est urgent de vendre les obligations « de la ville de Paris, ou les actions de la Banque de France, « ou les actions de la compagnie de..., pour acquitter les « frais privilégiés et les dettes de la succession, et arrêter les « poursuites ;

« — 10° Attendu que les portraits de famille, les armes « et prix d'honneur, les décorations, ne doivent pas être ven- « dus, même en cas d'insolvabilité, et doivent être remis à « l'héritier du nom, ou partagés entre les héritiers directs, s'il « y a lieu, et qu'il peut être donné des copies des portraits ;

« — Attendu que (tels meubles) sont désignés pour l'usage « personnel du mineur ;

(Ou) « que (l'époux) survivant a le droit de prendre son « préciput en nature, même en cas de renonciation à la com- « munauté, ou que les créanciers requièrent la vente comme « nécessaire au paiement des dettes, sauf le recours de la « femme contre les héritiers ;

(Ou) « que le légataire, ou le donataire à titre universel « du mobilier, ou le légataire, ou le donataire particulier de « (tel objet) s'oppose à la vente, ou que les créanciers requiè- « rent la vente pour le paiement des dettes ;

« 12° Attendu que le sieur... (héritier ou tiers) réclame la « propriété de (tels meubles), et que la demande principale « est régulièrement formée ;

« — 13° Attendu que le sieur... (héritier) s'est rendu adju- « dicataire des objets mobiliers pour la somme de...; qu'il « n'est pas justifié de la nécessité de pourvoir à ce recouvre- « ment, dont il sera tenu compte à la liquidation ;

« — 14° Attendu que les parties ne sont point d'accord sur « la personne qui conservera les papiers inventoriés,

« Autorisons le sieur... (noms, prénoms, profession, domi- « cile),

1° Congé :

« A donner congé des lieux occupés par le défunt ;

2° Cession, résilliation de bail, sous-location :

« A céder ou résilier le bail, ou sous-louer les lieux aux « meilleures conditions possibles ;

« En conséquence, et s'il est nécessaire, à transporter tout « le mobilier dans un lieu convenable, jusqu'à ce qu'on ait « pu procéder à la vente ou distribution;

3° Vente du mobilier :

« A vendre par un commissaire-priseur, et dans les formes « prescrites par la loi, les objets mobiliers inventoriés et esti- « més après le décès, et dépendant de la succession et de la « communauté ;

(Ou « même au-dessous de l'estimation ou du tarif;

Dans un autre lieu :

« Par exemple, à l'hôtel des commissaires-priseurs ;

Réunion d'objets situés dans divers lieux :

« A réunir les objets qui existent dans (le lieu), et (le lieu), « pour les vendre conjointement dans (le lieu) ;

Objets exceptés :

« A l'exception des objets que la veuve... est autorisée à « retenir par son contrat de mariage... ou le testament..., « son coucher, etc.;

Exposition et annonces :

« A exposer les tableaux, collections, bibliothèques, objets « d'art, etc., dans (le lieu), et à distribuer un catalogue ou « des annonces en nombre convenable;

Retrait du Mont-de-Piété :

« Autorisons le commissaire-priseur, qui procédera à la « vente, à retirer du mont-de-piété les objets mobiliers en- « gagés, à les joindre à la vente et à se rembourser des « avances par préférence sur le prix de la vente ;

Remise d'objets à des tiers :

« A remettre provisoirement au sieur... les objets par lui « réclamés, ou à lui légués et inventoriés par distinction, jus- « qu'à ce qu'il ait été statué définitivement sur la réclamation « ou la délivance, à la charge par lui de s'en constituer sé- « questre judiciaire ;

4° Gestion du fonds de commerce :

« A gérer provisoirement le fonds de commerce de..., dé- « pendant de la succession, rue... : en conséquence faire « tous achats et ventes, recevoir tous deniers qui peuvent « être dus à raison de l'exploitation dudit fonds, faire tous « actes d'administration provisoire, payer toutes dettes rela- « tives audit commerce, à la charge de rendre compte ;

« Disons que les registres et papiers nécessaires à l'exploi« tation dont s'agit seront extraits des scellés par M. le juge « de paix, ou ne seront pas placés sous les scellés, mais remis « audit sieur..., après avoir été constatés et décrits très« sommairement par M. le juge de paix, et les scellés réap« posés ;

(Ou) « Déclarons définitive l'autorisation provisoire accor« dée par M. le juge de paix de gérer le fonds de commerce ;

5° Vente du fonds de commerce :

« A vendre en l'étude et par le ministère de Me..., notaire, « le fonds de commerce dépendant de la succession ou de la « communauté, avec le matériel, les marchandises, usten« siles et autres objets mobiliers qui font partie de cet éta« blissement, le tout aux enchères et en prenant pour mise à « prix la prisée tant du matériel que du fonds incorporel « dans l'inventaire ;

« Céder, par suite, le bail ou location des lieux en subro« geant le cessionnaire activement et passivement aux droits « et obligations qui en résultent, ou bien louer par suite les « lieux où s'exploite le fonds de commerce pour neuf ans au « plus ; dresser le cahier des charges, stipuler le mode et les « époques de paiement du prix d'adjudication, le toucher, en « donner quittance ;

6° Gestion de la succession :

« Autorisons le sieur... (nom, prénoms, profession, domi« cile), du consentement de toutes les parties, ou (en cas de « contestation) d'office, faute par les parties de s'être enten« dues sur le choix d'un administrateur,

« A gérer et administrer les biens et affaires de la succes« sion, tant activement que passivement ;

Recettes et paiement :

« En conséquence, recevoir ou acquitter tous capitaux et « intérêts, arrérages de rentes sur l'État et sur particuliers, « billets à ordre, loyers et fermages échus et à échoir, en « donner ou recevoir quittance et décharge ;

Locations :

« Donner et accepter tous congés, faire toutes locations « verbales ou par écrit dans les termes de la loi, faire toutes « expulsions, introduire tous référés ;

Réparations :

« Faire toutes réparations, locations ou grosses réparations « urgentes, en payer le montant ;

« Continuer et mettre à fin les constructions commencées « par le défunt, après avoir fait constater et estimer l'état des « constructions au jour du décès par..., expert que nous « nommons et dispensons d'office du serment ;

Coupe de bois, vente de denrées :

« A vendre aux enchères publiques, en observant les for- « malités prescrites, les coupes de bois de l'année..., dans la « propriété de..., en se conformant aux aménagements de « ladite propriété ;

« A vendre, mais à l'amiable, en bloc, par lots, ou en dé- « tail, les denrées et produits de toute espèce provenant de la « propriété de..., tant des années précédentes, et se trouvant « dans les granges, greniers et magasins qui en dépendent, « sans que la vente puisse être faite au-dessous du prix des « mercuriales du marché principal des lieux, que de l'année « actuelle, après récolte ou sur pied, aux mêmes conditions ;

Chevaux, bestiaux, voitures, ustensiles aratoires :

« Vendre les chevaux, bestiaux, voitures et instruments « aratoires dépendant de la succession, ou de l'exploitation « de... ;

Arrêtés de comptes :

« Recevoir, débattre et arrêter tous comptes (il faut une « mention spéciale pour arrêter le compte du commissaire- « priseur ou du notaire), en recevoir ou payer les reliquats ; « de toutes sommes reçues ou payées donner ou recevoir « quittance ou décharge ;

Remise des titres et papiers :

« Remettre ou se faire remettre tous les titres et pièces, « en retirer ou donner décharge ;

Exercice des poursuites :

« Exercer toutes poursuites pour parvenir au paiement des « sommes dues, obtenir jugements et arrêts, les faire mettre « à exécution, former opposition, prendre inscription, en « donner mainlevée et consentir radiation ; faire tous actes « conservatoires et de pure administration ; passer et signer « tous actes que besoin sera ;

Nomination de gardes :

« Nommer et faire recevoir tous gardes des propriétés dé- « pendant des succession et communauté, poursuivre en « justice tous les délinquants ;

Paiement des frais et dettes privilégiés :

« Payer tous les frais et dettes privilégiés et autres, mais « après taxe judiciaire pour ceux qui en sont susceptibles, « acquitter les droits de mutation et toutes contributions an- « nuelles ;

Reddition du compte :

« A la charge par ledit administrateur provisoire de tenir « régulièrement écritures nouvelles, jour par jour et par « ordre de dates, de ses recettes et dépenses, et de rendre « compte de son administration, quand et à qui il appar- « tiendra ;

7° Compte du notaire ou du commissaire-priseur :

« A entendre débattre et arrêter le compte du notaire et « du commissaire-priseur, en toucher le reliquat, déduction « faite de ses frais de vente seulement après leur taxe judi- « ciaire ;

8° Paiement des frais et dettes privilégiés :

« A payer les frais et dettes privilégiés, mais après taxe « judiciaire pour ceux qui en sont susceptibles, et notamment « les frais de scellés et d'inventaire, les frais funéraires, « gages de domestiques, droits de mutation, frais de justice ;

« — 9° Autorisons le sieur (l'héritier ou le gérant) à ven- « dre à la Bourse, par le ministère de..., agent de change, les « actions de..., jusqu'à concurrence d'une somme de..., né- « cessaire pour payer les frais et dettes privilégiés ;

« — 10° Disons que les portraits de famille, armes et prix « d'honneur et les décorations ne seront point vendus, et res- « teront provisoirement en la possession du sieur... (l'héri- « tier du nom) ;

« — 11° Disons qu'il sera sursis ou passé outre à la vente « des objets réclamés ;

« — 12° Disons qu'il sera sursis à la vente des objets ré- clamés ;

« — 13° Disons qu'il sera sursis au recouvrement du prix « des objets mobiliers achetés par le sieur (héritier) ;

« — 14° Disons que les titres et papiers inventoriés seront « remis au sieur... (héritier), ou à Me..., notaire, qui en ai- « dera au besoin les ayants droit ;

« Et notre ordonnance sera exécutée par provision nonob- « stant appel, et sans y préjudicier.

« Fait au palais de justice, à..., le... »

(*Signature du président.*)

TITRE XIII.

DES ACTES DE NOTORIÉTÉ.

CHAP. Ier. — DÉFINITION. — DROIT ANCIEN. — DROIT NOUVEAU. — CARACTÈRE ET FORMES. — RESPONSABILITÉ.

1881. On appelle acte de notoriété un acte passé devant un officier public et par lequel, sur la déclaration de témoins notables, on constate un fait notoire et on supplée à un acte écrit qu'on est dans l'impossibilité de produire.

Dans l'ancien droit, on désignait sous le nom d'actes de notoriété, les attestations données par des officiers de justice ou par des avocats ou praticiens du siége, sur quelque point obscur de la coutume ou sur un usage local; ils étaient faits les uns en exécution d'un arrêt de cour souveraine, les autres sur la simple réquisition des parties. Ces derniers n'étaient à vrai dire que des certificats qui avaient beaucoup moins d'autorité que les premiers.

Ce n'est qu'après l'abolition des enquêtes par turbes que l'usage des actes de notoriété est devenu fréquent. Ces actes étaient rédigés par le lieutenant général ou particulier du siége, sur la réquisition des parties, dans la forme d'un procès-verbal. Ils contenaient l'attestation de douze anciens juges, avocats ou praticiens; ils devaient être motivés. On les appelait parfois certificats d'usage, par la raison sans doute qu'ils n'ont été introduits que par l'usage, et que jamais aucune loi ne les a autorisés.

Depuis le Code Napoléon, tous ces actes de notoriété sur un point de droit ou de jurisprudence, toutes ces attestations quasi-judiciaires sur le sens d'une loi ou d'une coutume, ont cessé d'être en usage quoique dans le principe on y ait eu recours dans quelques occasions. Du reste les Cours de cassation et de Rennes ont formellement jugé qu'un acte de notoriété, bien que dressé en pays étranger, peut, suivant les circonstances, qu'il appartient aux juges d'apprécier, être considéré comme ne faisant pas force probante relativement aux faits qui y sont énoncés; qu'un pareil acte délivré par des négociants étrangers est sans caractère et ne peut suppléer à des actes authentiques, et enfin que les tribunaux ne peuvent sans excès de pouvoir délivrer des arrêts en forme d'actes interprétatifs du sens de quelque article de coutume ou de loi (Cass., 27 déc. 1837; Rennes, 3 décembre 1834, et Cass., 14 avril 1824, J.P.37.1.449), et il est aujourd'hui constant que les tribunaux, non-seulement ne font plus d'actes de notoriété, mais qu'ils refusent de délivrer même pour être produits devant les tribunaux étrangers des attestations sur des points de droit. On ne peut qu'approuver une aussi sage mesure.

1882. Les actes de notoriété n'ont pas tous le même caractère ; ils ne sont pas tous soumis aux mêmes formes; ils ne sont, en général, soumis à aucun contrôle ; ce n'est que par exception que, dans le cas de l'art. 70, C. Nap., l'homologation du tribunal de première instance est nécessaire (V. *infrà*, n° 1993).

1883. Les juges de paix ont, dans plusieurs cas, concurremment avec les notaires, le droit de faire des actes de notoriété. Quelquefois aussi ils ont un droit exclusif. Leur compétence est générale pour constater toute espèce de faits relatifs à l'identité des personnes, à l'absence, au décès, au droit de succéder, aux majorats.

Si c'est le juge de paix qui dresse l'acte de notoriété, il doit être assisté de son greffier.

Cependant, dans les cas prévus par l'art. 155 du C. Nap., c'est-à-dire lorsqu'il s'agit de suppléer par un acte de notoriété à un acte respectueux, on s'est demandé si le juge avait besoin du concours du greffier. La raison de douter venait de ce que le tarif n'alloue aucun émolument au greffier pour son assistance, mais cette considération n'est pas décisive. En effet, il est constant que le juge de paix doit être assisté du greffier dans le cas prévu par l'art. 70, C. Nap. (Arg. décr. 16 fév. 1807, art. 6).

Pourquoi en serait-il autrement dans l'hypothèse de l'art. 155 ? Si la loi eût voulu faire une exception dans ce cas, elle l'eût dit. Son silence confirme la règle, loin d'y déroger.

1884. Lorsqu'un premier jugement a homologué un acte de notoriété qui fixe l'âge d'un individu, et qu'un second jugement a ordonné que le même individu serait inscrit sur les registres de l'état civil comme étant né à une époque autre que celle déterminée par le premier, ces deux jugements sont en premier ressort, et c'est par la voie d'appel, et non par celle de requête civile, que le ministère public peut les attaquer (Arg. Bastia, 30 août 1841, J.P.42.2.639).

1885. Le nombre des témoins qui doivent concourir à l'acte

de notoriété varie suivant les circonstances et les espèces. Dans le plus grand nombre de cas deux témoins suffisent, la loi en exige quatre dans le cas de l'art. 155 du C. Nap., et sept dans le cas de l'art. 70 du même Code et de l'art. 9 du décret du 1er mars 1808.

Quant au nombre de témoins exigés pour le cas d'absence et d'adoption, on peut, dans le silence absolu de la loi, en appeler quatre ou sept.; mais nous pensons avec Pigeau (*Tr. de proc. civ.*, t. 2, p. 317), que quatre témoins *notables* suffisent, la confiance des tribunaux, en pareil cas, devant être plutôt déterminée par la moralité des témoins et par la considération dont ils sont environnés que par leur nombre.

Quand il s'agit de constater un fait ancien, il est bon que les témoins aient pu connaître le fait, et d'indiquer leur âge. Ordinairement, c'est la partie intéressée qui produit les témoins; mais dans le cas de l'art. 155 du C. Nap., c'est le juge de paix qui le requiert d'office (V. *infrà*, n° 1898).

Il faut que les témoins aient une connaissance personnelle des faits qu'ils attestent.

Ils doivent être pris, suivant les circonstances, dans le lieu du domicile de la partie intéressée à l'acte ou dans celui où le fait à constater s'est passé. En général, on ne doit pas admettre comme témoins les personnes intéressées aux faits qu'il s'agit de prouver, leurs proches parents ou alliés, ni leurs serviteurs. Ce n'est que par exception que l'art. 71, C. Nap., admet la déclaration faite par témoins de l'un ou de l'autre sexe, parents ou non parents.

1886. Les témoins ne sont pas astreints à faire leur déclaration sous serment. Une formalité aussi sérieuse ne peut être exigée que lorsque la loi l'a prescrite, mais chaque témoin doit signer l'acte de notoriété, soit au bas de sa déclaration, soit à la fin du procès-verbal suivant qu'il s'agit de constater un fait singulier ou des faits complexes.

1887. Quoique les témoins qui concourent à un acte de notoriété ne soient pas des témoins proprement dits, et qu'ils ne puissent pas être poursuivis pour faux témoignage, cependant ceux qui auraient donné une fausse attestation pourraient en certaines circonstances, par exemple, s'ils l'avaient fait sciemment, être condamnés à des dommages-intérêts envers les tiers qui, par suite de cette attestation, auraient éprouvé un préjudice quelconque (Arg. C. Nap., art. 1382; Nancy, 20 mars 1841).

1888. Quant à l'officier public qui reçoit l'acte de notoriété, il ne peut en aucun cas être responsable de la fausseté de la déclaration des témoins (Arg. jugement du tribunal de la Seine, 10 fév. 1842, rendu contre la Caisse des dépôts et consignations).

1889. Les actes de notoriété peuvent être délivrés en brevet (L. 25 vent. an XI, art. 20); il est cependant le plus souvent nécessaire, ou au moins convenable, d'en conserver minute. C'est à l'officier public qu'il appartient d'apprécier l'opportunité de la mesure, à moins d'une disposition de loi formelle. Lorsqu'on veut produire avec l'acte de notoriété des papiers de famille, des pièces qui, sans faire titre, confirment les déclarations des témoins, le juge de paix doit les parapher et en faire mention dans l'acte.

CHAP. II. — DES CAS DANS LESQUELS IL PEUT ÊTRE PRODUIT DES ACTES DE NOTORIÉTÉ.—JUGE DE PAIX. — NOTAIRE. — COMPÉTENCE.

(C. Nap., art. 70 à 72, 155, et Lois diverses).

1890. Les actes de notoriété ont une grande importance et sont d'un usage fréquent dans la pratique des affaires; il n'en résulte pas une preuve légale, car les témoins peuvent se tromper sur la notoriété, et la notoriété sur le fait lui-même. Néanmoins la nécessité les a fait accepter dans certains cas où la preuve réelle serait impossible. Alors l'acte de notoriété acquiert l'autorité et produit les effets de la preuve dont il tient lieu, pour l'objet spécial auquel il se réfère.

1891. Les actes de notoriété sont nécessaires et autorisés par la loi :

1° En matière d'actes de l'état civil, pour suppléer à l'acte de naissance qu'un des futurs époux est dans l'impossibilité de se procurer et pour rectification de l'orthographe d'un nom ou de prénoms (C. Nap., art. 70 et suiv.);

2° Pour constater l'absence d'un ascendant auquel il doit être fait un acte respectueux (C. Nap., art. 155);

3° Pour rectifier des erreurs commises dans l'orthographe des noms, prénoms ou dates de naissance des individus désignés dans les inscriptions de rentes perpétuelles ou viagères (Déc. min. fin., 2 juill. 1814, approuvée par le roi);

4° Pour suppléer à l'acte de naissance qu'un pensionnaire de l'Etat est dans l'impossibilité de se procurer (V. *infrà*, sect. XIV, § 1er);

5° Pour établir l'identité des personnes auxquelles ont été conférés des grades dans la Légion d'honneur (Ord. 28 avr. 1831, art. 2) ;

6° Pour retrait de cautionnement ou en matière de pensions et de rentes sur le grand-livre (Déc. 18 sept. 1806, art. 1er ; L. 28 flor. an VII, art. 6 et 13) ;

7° Pour obtenir le paiement des arrérages et soldes de pensions militaires et civiles (Déc. 1er juill. 1809, art. 1 à 5 ; ord. 16 oct. 1822 et 17 août 1824 ; L. 9 juin 1853, Régl. gén., 9 nov. 1853) ;

8° Pour constater les services rendus hors de France (L. 9 juin 1853 ; Régl. gén., 9 nov. suiv.) ;

9° Pour suppléer à un intitulé d'inventaire ou pour rectifier les erreurs ou omissions qui ont pu s'y glisser (L. 28 avril 1816, art. 43) ;

10° Pour la création d'un majorat (Déc. 1er mars 1808) ;

11° Pour l'obtention de l'indemnité des émigrés (L. 27 avr. 1825 ; ord. 1er mai suivant, et des colons de Saint-Domingue, L. 30 avr. 1826 ; ord. 9 mai suivant) ;

12° Pour constater les ressources des demandeurs en concession de terrain en Algérie (Déc., 23 avril 1852) ;

13° En matière d'adoption (C. Nap., art. 345) ;

14° Pour faire rejeter d'un état d'inscription d'hypothèques celles qui n'ont été portées que par ressemblance de noms, etc.

SECT. Ire. — *Actes de notoriété pour suppléer à l'acte de naissance qu'un des futurs époux est dans l'impossibilité de se procurer* (C. Nap., art. 70 à 72).

1892. Lorsqu'un des futurs époux se trouve dans l'impossibilité de se procurer son acte de naissance, il peut le suppléer en rapportant un acte de notoriété délivré par le juge de paix du lieu de sa naissance, ou par celui de son domicile (C. Nap., art. 70).

Cet acte doit contenir la déclaration faite par sept témoins, de l'un ou de l'autre sexe, parents ou non parents, des prénoms, nom, profession et domicile du futur époux, et de ceux de ses père et mère, s'ils sont connus ; le lieu, et, autant que possible, l'époque de sa naissance, et les causes qui empêchent d'en rapporter l'acte. Les témoins doivent signer l'acte de notoriété avec le juge de paix et *le greffier*, et s'il en est qui ne puissent ou ne sachent signer, il en est fait mention (C. Nap., art. 71). Il doit être homologué. A cet effet, il est présenté au tribunal de 1re instance du lieu où doit se célébrer le mariage. Le tribunal, après avoir entendu le procureur impérial, donne ou refuse son homologation, selon qu'il trouve suffisantes ou insuffisantes les déclarations des témoins et les causes qui empêchent de rapporter l'acte de naissance (C. Nap., art. 72).

1893. L'acte de notoriété ne devant, en principe, être admis que pour le cas où la loi l'a spécialement autorisé, ne peut, par conséquent, servir à prouver la filiation de celui qui l'a obtenu, ni lui procurer les droits de famille, tels que celui de succéder; il n'est bon que pour le mariage (Arg. Colmar, 11 janv. 1831).

Toutefois, comme cet acte peut former contre ceux qui l'ont signé un commencement de preuve par écrit, il est bon que le juge de paix mentionne dans son procès-verbal que « *le présent acte n'est délivré qu'en exécution et en conformité de l'art. 70 C. Nap., et seulement pour remplir l'objet de cet article.* »

1894. Lorsqu'un militaire veut se marier, le ministre de la guerre exige un acte de notoriété constatant la fortune de la personne que ce militaire doit épouser. Cette déclaration est faite ou devant le maire ou devant un notaire, par des parents ou même par des tiers.

1895. C'est encore un acte de notoriété que doit produire le militaire qui veut faire constater son identité, alors qu'il y a eu omission ou interposition de ses prénoms dans un acte civil en opposition avec son acte de naissance. Dans ce cas, comme dans celui de l'art. 73, C. Nap., c'est, suivant une décision du ministre de la guerre, le juge de paix qui doit délivrer cet acte, sur la déclaration de sept témoins (*Conf.* Biret, *Acte de notor.*; Augier, *Encycl. des juges de paix*, n° 10).

1896. L'identité d'un membre de la Légion d'honneur peut encore être attestée par un acte de notoriété, pour rectifier les erreurs de noms dans les pièces qui doivent être produites à la Grande Chancellerie de la Légion d'honneur.

1897. Mais, dans le cas où le nom d'un des futurs n'est pas orthographié dans son acte de naissance comme celui de son père, et dans celui où l'on a mis quelqu'un des prénoms de ses parents, on peut se dispenser d'un acte de notoriété. Il en est de même dans les cas où les omissions d'une lettre ou d'un prénom se trouvent dans l'acte de décès des père et mère ou aïeux. Il suffit, dans ces différents cas, du témoignage des père et mère ou aïeux assistant au mariage et attestant l'identité, ou de la déclaration à serment des parties et des témoins (Avis Cons. d'État, 30 mars 1808).

SECT. II.—*Actes de notoriété pour constater l'absence d'un ascendant auquel il doit être fait un acte respectueux* (C. Nap., art. 155).

1898. Lorsqu'aux termes de l'art. 155, C. Nap., l'ascendant auquel eût dû être fait l'acte respectueux est absent, son absence doit être constatée par un acte de notoriété délivré par le juge de paix du lieu où l'ascendant a eu son dernier domicile connu. Cet acte doit contenir la déclaration de quatre témoins *appelés d'office* par le juge de paix (C. Nap., art. 155). L'homologation n'est pas nécessaire.

1899. L'acte de notoriété, autorisé par notre art. 155, diffère sous deux rapports, comme on voit, de celui autorisé par l'art. 70 du même Code. En effet, d'une part, le nombre de témoins n'est pas le même, et, d'un autre côté, la convocation de ces témoins se fait d'office dans le cas de l'art. 155, ce qui n'a pas lieu dans le cas prévu par l'art. 70.

Cependant, si le lieu du dernier domicile de l'ascendant n'est pas connu, l'acte de notoriété prescrit par l'art. 155, C. Nap., peut être remplacé par un autre acte de notoriété passé devant notaire, ou devant le juge de paix. C'est ce que décide un avis du Conseil d'Etat du 4 thermid. an XIII : « Considérant, porte cet avis, que si, comme cela arrive souvent dans les classes pauvres, par l'ignorance du dernier domicile, on ne peut recourir à l'acte de notoriété prescrit par l'art. 155, et destiné à constater l'absence du domicile connu; dans ce cas, la raison suggère de se contenter de la déclaration des témoins; que déjà, dans beaucoup d'occasions semblables, des officiers de l'état civil de Paris ont procédé aux mariages sur des actes de notoriété passés ou devant notaires ou devant les juges de paix, par des témoins que les parties ont produits; qu'il n'en est résulté aucun inconvénient, ni plainte; qu'il en est, au contraire, résulté beaucoup, lorsque, dans des cas pareils, on a voulu être plus rigoureux et exiger davantage. »

Il y a plus : d'après le même avis du Conseil d'Etat, l'acte de notoriété peut être suppléé par la déclaration faite *avec serment* par l'époux et par les témoins, devant l'officier de l'état civil, qu'ils ignorent le lieu du dernier domicile des ascendants auxquels il aurait dû être fait des actes respectueux, et ce dernier mode d'attestation, beaucoup plus simple et moins dispendieux, est généralement suivi aujourd'hui.

1900. La disposition de l'art. 155, C. Nap., est applicable aux enfants naturels légalement reconnus, en cas d'absence de leurs père et mère. C'est la disposition expresse de l'art. 158 du même Code. Mais elle n'est pas applicable à l'épouse qui veut se marier pour suppléer à l'acte de décès de l'autre époux, alors même qu'il prétendrait que celui-ci est mort à la guerre, dont les événements rendent la preuve du décès souvent très-difficile. Il y aurait un extrême danger à admettre, comme preuve de décès, de simples actes de notoriété fournis après coup, et résultant, le plus souvent, de quelques témoignages achetés à la faiblesse (Avis Cons. d'Etat, 12 germ. an XIII).

SECT. III.—*Actes de notoriété pour rectifier des erreurs commises dans l'orthographe des noms, prénoms ou dates de naissance, d'individus désignés dans les inscriptions de rentes perpétuelles ou viagères* (Déc. min. fin., 2 juill. 1814, approuvée par le roi).

1901. Cet acte est délivré sur l'attestation de deux témoins mâles, majeurs, jouissant des droits civils en France.

SECT. IV.—*Actes de notoriété pour suppléer à l'acte de naissance qu'un pensionnaire de l'Etat est dans l'impossibilité de se procurer* (V. sup., sect. Ire).

SECT. V.—*Actes de notoriété pour établir l'identité des personnes auxquelles ont été conférés des grades dans la Légion d'honneur* (Ord. 28 avril 1831, art. 2).

1902. On ne doit appeler à déposer dans ces sortes d'actes, comme dans les actes de notoriété, en général, que des personnes qui ont la connaissance directe des faits à certifier, et on doit exposer avec soin les circonstances propres à établir l'identité (Circ. Grand Chancelier de la Légion d'honneur, 8 févr. 1832).

SECT. VI. — *Actes de notoriété à produire au Trésor public pour retrait de cautionnement en matière de pensions et rentes sur le grand-livre* (Déc. 18 sept. 1806, art. 1er; L. 28 flor. an VII, art. 6 et 13).

1903. Lorsque, après le décès ou l'interdiction d'un comptable, d'un officier public ou d'un officier ministériel, ses héritiers ou ayants droit veulent retirer son cautionnement, ils doivent produire, indépendamment du certificat d'inscription ou des tiers constatant le paiement du cautionnement, et des certificats *de quitus*, d'affiche et de non-opposition, prescrits par les lois des 25 nivôse et 6 ventôse an XIII, un certificat de propriété ou un *acte de notoriété*, contenant les noms, prénoms et domiciles des héritiers ou ayants droit, la qualité en laquelle ils procèdent et possèdent, l'indication de leurs portions dans le cautionnement à rembourser, et l'époque de leur jouissance (Décr. 18 sept. 1806, art. 1er, § 1er).

Ce certificat doit être délivré par le notaire détenteur de la minute, lorsqu'il y a eu inventaire, ou partage par acte public, ou transmission gratuite, à titre entre-vifs ou par testament (M. Décr. et art., § 2).

Mais il doit l'être par le juge de paix du domicile du décédé, à l'exclusion d'un notaire, sur l'attestation de *deux témoins*, lorsqu'il n'existe aucun desdits actes en forme authentique (M. Décr. et art., § 3).

Les mêmes dispositions s'appliquent aux héritiers ou ayants droit d'un rentier inscrit sur le grand-livre de la dette publique. Ainsi, ils doivent produire un certificat de propriété délivré par le notaire détenteur de la minute, lorsqu'il y a eu inventaire ou partage par acte public ou transmission gratuite, à titre entre-vifs ou par testament. Ce certificat doit être légalisé par le président du tribunal de 1re instance (L. 28 flor. an VII, art. 6, § 1 et 2).

Mais lorsqu'il n'y a ni inventaire, ni partage, ni donation entre-vifs, ni testament en la forme authentique, réglant les droits des héritiers, *c'est le juge de paix seul du domicile* du défunt qui a qualité pour délivrer aux ayants droit l'acte de notoriété nécessaire pour la remise du nouvel extrait d'inscription (M. L. et art., § 3), à peine de nullité (Paris, 30 juill. 1853, J.P.53.2.145).

Si la mutation s'est opérée par jugement, le greffier dépositaire de la minute doit délivrer le certificat (M. L., art. 6, § 4).

1904. Quant aux successions ouvertes à l'étranger, les certificats délivrés par les magistrats autorisés par les lois du pays sont admis lorsqu'ils sont rapportés dûment légalisés par les agents du Gouvernement français (M. L. et art., § 5).

Lorsqu'un créancier inscrit au grand-livre de la dette publique signale des inexactitudes dans ses nom et prénoms et en demande la rectification, il doit joindre à sa demande un acte de notoriété reçu par un notaire qui en doit garder minute sur l'attestation de deux témoins (L. 8 fructid. an V, art. 1er; Arrêté du gouv. 27 frim. an XI).

1905. Lorsqu'un rentier ou pensionnaire de l'Etat déclare ne pouvoir produire son acte de naissance, le notaire certificateur doit admettre, comme en tenant lieu, un acte de notoriété qui constate ses nom, prénoms, lieu, date de naissance et profession, ainsi que le motif pour lequel il ne peut se procurer ledit acte ; il est fait mention de l'acte de notoriété dans le certificat de vie (Lett. du pay. gén. de la dette publ., 31 mars 1807 ; Inst. aux notaires certificateurs).

1906. Les certificats de propriété destinés aux retraits des fonds versés dans la caisse des retraites de la vieillesse sont délivrés dans les formes et suivant les règles ci-dessus prescrites par la loi du 28 flor. an VII (L. 28 mai 1853).

SECT. VII. —*Actes de notoriété pour obtenir le paiement des arrérages et soldes de pensions militaires et civiles* (Déc. 1er juill. 1809, art. 1er à 5; Ord. 16 oct. 1822 et 17 juin 1824; L. 9 août 1853; Rég. gén. 9 nov. 1853).

1907. Aux termes du décr. du 1er juill. 1809, lorsque les héritiers d'un officier décédé veulent obtenir le paiement des sommes acquises à ce militaire, à l'époque de son décès, à titre de solde d'autorité, solde de retraite, traitement de réforme ou autres attributions d'un service personnel, ils doivent produire avec l'acte de décès du titulaire un acte de notoriété dressé par le juge de paix du domicile de l'officier décédé, sur l'attestation de deux témoins (Décr. 1er juill. 1809, art. 1 et 2).

1908. Si le défunt n'a pas laissé d'enfants, et qu'il existe un testament authentique, portant nomination d'un héritier ou d'un légataire universel, l'héritier ou le légataire doit rapporter un extrait de ce testament qui lui aura été délivré par le notaire ; et, si le testament est olographe ou mystique, l'expédition d'envoi en possession qui aura été délivrée par le président du tribunal de première instance, conformément à l'art. 1008 du C. Nap. (M. décr., art. 3 et 4).

1909. Quant aux successions ouvertes à l'étranger, les certificats délivrés par les magistrats autorisés par les lois du pays doivent être produits dûment légalisés par les agents du Gouvernement français (L. fond. 28 flor. an VII).

1910. C'est encore aux juges de paix qu'il appartient de délivrer à l'héritier d'un ecclésiastique, décédé pensionnaire de l'Etat, qui réclame le paiement des arrérages échus de la pension, l'acte de notoriété attestant sa qualité, sur l'attestation de deux témoins (Arg. L. 28 flor. an VII, art. 6).

1911. Un acte de notoriété est également nécessaire aux veuves et orphelins de militaires qui croient avoir droit à la pension accordée par l'art. 8 de la loi du 17 août 1822. Cet acte est délivré par le juge de paix du canton où est situé le domicile légal de la veuve, sur la déclaration de celle-ci, affirmée par serment, de ses revenus à l'époque du décès de son mari, sous peine, en cas de fausse déclaration, de voir rayer la pension inscrite et d'être poursuivie en restitution des arrérages indûment perçus, le tout sans préjudice des peines plus graves prononcées par les lois. Le juge de paix annexe à son procès-verbal de déclaration et du serment les extraits d'inventaires et autres documents authentiques qui peuvent servir à vérifier la déclaration (Ord. 16 oct. 1822).

1912. Il en est de même à l'égard des veuves et orphelins de tous fonctionnaires civils, généralement quelconques, ayant droit à une pension de retraite, que cette pension soit ou non liquidée (Arg. ord. 17 août 1824 ; L. 9 juin 1853 et règl. gén. 9 nov. suivant).

SECT. VIII. —*Actes de notoriété pour constater les services civils* (L. 9 juin 1853 et règ. gén., 9 sept. suiv.)

1913. Un acte de notoriété est encore utile pour constater les services civils rendus hors d'Europe, lorsque les archives dont on aurait pu extraire les justifications du droit à pension ont été détruites par un événement de force majeure ou que les fonctionnaires supérieurs sont décédés (Règl. gén. 9 nov. 1853, art. 31, 1° *in fine*).

1914. Mais les actes de notoriété ne sont en aucun cas admis pour la justification des services militaires et civils en France (Arg. règl. gén. 9 nov. 1853, art. 31, 2°...).

1915. A défaut d'un procès-verbal en due forme dressé dans les cas spécifiés aux paragraphes 1 et 2 de l'art. 11, 1 et 2 de l'art. 14 de la loi du 19 juin 1853, qui constate l'événement donnant ouverture au droit de pension, cette constatation peut s'établir par un acte de notoriété rédigé sur la déclaration des témoins de l'événement ou des personnes qui ont été à même d'en connaître et d'en apprécier les conséquences. Cet acte doit être corroboré par les attestations conformes de l'autorité communale et des supérieurs immédiats du fonctionnaire (Règl. gén. 9 juin 1853, art. 35).

SECT. IX. — *Actes de notoriété pour suppléer à un intitulé d'inventaire ou pour rectifier les erreurs ou omissions qui ont pu s'y glisser.*

1916. Lorsqu'un acte de notoriété est requis à défaut d'inventaire et pour y suppléer, cet acte doit énoncer qu'il n'a pas été fait d'inventaire et qu'il a été dressé à son défaut. Cet acte, qui produit les mêmes effets quant aux qualités et aux droits des héritiers, doit contenir, comme l'inventaire, les nom, prénoms, profession et demeure du tuteur et du subrogé tuteur, s'il y a des mineurs ou interdits; la mention des dispositions universelles ou à titre universel que le défunt aurait faites, s'il était marié et sous quel régime. Ces renseignements font connaître plus complétement l'état de la succession.

Lorsque l'acte de notoriété est requis par le donataire ou le légataire universel immédiatement après le décès, pour prouver que le don ou legs ne doit pas éprouver de réduction, il suffit d'y exprimer que le défunt ne laisse pas d'héritiers à réserve, c'est-à-dire ni ascendants ni descendants.

1917. On peut aussi dresser un acte de notoriété pour rectifier les erreurs ou omissions qui ont pu être commises dans l'intitulé d'inventaire. Ainsi, si l'on a exprimé d'une manière inexacte les noms, prénoms, professions et demeures de quelques-uns des héritiers ou le titre de leur parenté, ces inexactitudes peuvent être réparées par un acte de notoriété, auquel on doit annexer ou au moins énoncer les expéditions des actes de l'état civil sur lesquels s'appuie la rectification; si l'erreur porte sur les droits dans la succession d'un ou de plusieurs héritiers, il est utile de faire intervenir à l'acte de notoriété celui ou ceux des héritiers auxquels on avait attribué de trop fortes parts et de leur faire approuver la rectification.

1918. L'acte de notoriété doit être fait dans ces deux cas à la suite de l'inventaire, et il convient d'en faire mention en marge de l'intitulé de l'inventaire, afin que le notaire ne délivre plus d'extraits de cet inventaire sans mentionner l'acte rectificatif.

Si la rectification n'est pas consentie par ceux auxquels profitait l'erreur, l'héritier réclamant doit former une demande en justice et obtenir jugement.

Si le notaire qui reçoit l'acte de notoriété n'est pas celui qui a dressé l'inventaire, l'acte de notoriété doit être déposé et annexé à la suite dudit inventaire.

1919. Dans le cas d'absence ou de mauvais vouloir des héritiers auxquels on a attribué des parts trop fortes, on doit énumérer dans l'acte de notoriété les actes de l'état civil qui établissent la filiation et les droits de l'héritier au préjudice duquel l'erreur a été commise. Mais alors le notaire ne peut faire aucun changement à l'intitulé, et doit continuer d'en délivrer des expéditions, sans mention, jusqu'à ce que la rectification ait été consentie par celui contre lequel elle est demandée, ou qu'elle ait été ordonnée par jugement.

1920. Si l'on a considéré comme existant et fait représenter à l'inventaire, par un notaire, un individu non présent, et qui ensuite ne fait pas connaître son existence, les personnes intéressées peuvent, en s'appuyant sur l'art. 136, C. Nap., former une demande en justice pour obtenir la rectification de l'intitulé de l'inventaire.

L'acte de notoriété est alors utile pour constater la disparition et l'absence sans nouvelles ; mais il ne suffit pas ; il faut nécessairement que la rectification soit ordonnée par jugement, alors même que l'absent aurait laissé des enfants, sans qu'il soit besoin de faire déclarer l'absence. Il ne s'agit pas, en effet, d'absence, mais d'une succession de droits dévolus à d'autres qu'à l'absent.

1921. L'acte de notoriété est encore nécessaire : 1° si la famille du défunt n'est pas connue dans le lieu où s'ouvre la succession, pour que les héritiers puissent requérir la levée des scellés et l'inventaire ; 2° à l'enfant naturel qui, à défaut de parents au degré successible, a droit à la totalité de la succession de ses père et mère ; 3° au conjoint qui recueille la succession, à défaut de parents au degré successible et d'enfants naturels ; 4° à l'héritier qui réclame une succession présumée vacante ou en déshérence, et qui a besoin de constater sa qualité d'héritier ; il n'est pas nécessaire que le réclamant annexe à l'acte de notoriété les actes de l'état civil établissant sa filiation et ses droits ; car il doit les produire devant le tribunal appelé à statuer sur sa demande (Arg. *Lett. du Proc. imp. de Paris*, du 22 pluv. an XIII, à la Chambre des Notaires).

SECT. X. — *Actes de notoriété relatifs à la création d'un majorat* (Déc. 1er mars 1808, art. 9).

1922. Lorsqu'une personne ayant des titres héréditaires se propose d'affecter des biens à la formation d'un majorat, transmissible à sa descendance, elle doit produire un acte de notoriété pour justifier du revenu de ces biens, lorsqu'elle ne peut le faire par des baux ayant au moins une durée de vingt-sept ans (Décr. 1er mars 1808 ; Ord. 10 fév. 1824).

Cet acte doit être reçu par le juge de paix de la situation des biens ou un notaire, sur la déclaration de sept *notables* de l'arrondissement et constater la *commune renommée*, c'est-à-dire qu'il est notoire pour tous, dans la contrée, que le revenu des biens s'élève à la valeur déterminée par l'état estimatif. Une loi du 12 mai 1835 a supprimé les majorats ; ils ont été rétablis par diverses lois individuelles depuis 1852.

SECT. XI.—*Actes de notoriété concernant l'indemnité des émigrés* (L. 27 avril 1825; Ord. 1er mai 1825), *et des colons de Saint-Domingue* (L. 30 avril 1826; Ord. 9 mai 1826).

1923. Tout prétendant droit à l'indemnité accordée aux émigrés était tenu de produire un acte de notoriété dressé par le juge de paix de la situation des biens, ou par celui du domicile du réclamant, signé de cinq *notables*, c'est-à-dire de cinq personnes jouissant des droits civils et de la considération que suppose leur position sociale (L. 27 avr. 1825 ; Ord. 1er mai suivant).

Il en était de même relativement à l'indemnité affectée aux colons de St-Domingue (L. 30 avr. 1826; Ord. 9 mai suivant).

La seule différence qui existe entre les formalités exigées dans ce cas et celles déterminées pour l'indemnité des émigrés, c'est que l'acte de notoriété peut être délivré aux colons de Saint-Domingue par tout juge de paix indistinctement.

Au surplus, les délais pour réclamer, soit l'indemnité des émigrés, soit l'indemnité des colons de Saint-Domingue, étant expirés depuis longtemps (L. 27 avr. 1825, art. 9; L. 30 avr. 1826, art. 4), il n'y a plus lieu aujourd'hui à délivrer les actes de notoriété dont il s'agit ici.

SECT. XII.—*Actes de notoriété pour constater les ressources des demandeurs en concession de terres en Algérie* (Décr. 23 avril 1852).

1924. Les actes de notoriété destinés à constater les ressources des demandeurs en concession de terres doivent être, tant en France qu'en Algérie, passés devant les juges de paix.

Dans les localités de l'Algérie où il n'existe pas de juges de paix, ces actes sont délivrés, soit par les commissaires civils, soit par les commandants de place, suivant le territoire (Décr. 23 avr. 1852, art. 1er).

Il est alloué à tous greffiers de justice de paix, pour vacation, par chaque acte, deux francs. Ces actes, délivrés en Algérie par les fonctionnaires indiqués au 2e § de l'article précédent, ne donnent droit à aucune rétribution (Même décr., art. 2, § 1er).

SECT. XIII.—*Actes de notoriété en matière d'adoption.*

1925. En matière d'adoption, la loi n'exige pas d'acte de notoriété; cependant il peut être fort utile d'en produire, lorsqu'il s'agit d'attester la moralité de celui qui veut adopter, ou d'établir que des soins ont été donnés et des secours fournis pendant six ans au moins à l'enfant adoptif, ou que celui-ci a sauvé la vie à l'adoptant (C. Nap., art. 345).

Dans ces différentes hypothèses, il n'y a pas de règles positives, et par conséquent aucune formalité n'est de rigueur.

SECT. XIV. — *Des actes de notoriété pour faire rejeter d'un état d'inscriptions d'hypothèques celles qui n'ont été portées que par ressemblance de noms* (Voy., pour les formes de cet acte, *suprà*, sect. IX, n° 1917).

SECT. XV.—*Formules.*

§ 1er.—**Notoriété pour suppléer à l'acte de naissance qu'un futur époux est dans l'impossibilité de se procurer** (C. Nap., art. 70, 71, 72).

« L'an mil huit cent quarante-neuf, le douze janvier, dix « heures du matin,

« Par-devant nous, Adolphe A..., juge de paix du canton « de..., département de..., assisté de M. Louis B..., greffier « de cette justice de paix,

« Est comparu :

« Le sieur Jacques-Etienne D..., rentier, né à Nantes, de- « meurant à..., rue..., n° 15, fils majeur de Louis D... et de « Denise M..., tous deux décédés ;

« Lequel nous a exposé qu'étant sur le point de contracter « mariage, et se trouvant dans l'impossibilité de se procurer « son acte de naissance, il a, en conséquence de l'indication « par nous verbalement faite de ces jour, lieu et heure, amené « devant nous les sept témoins ci-après nommés, pour rece- « voir leurs déclarations et attestations à l'effet de suppléer à « son acte de naissance, le tout conformément à la loi, et a « signé, lecture faite. » (*Signature.*)

« Et, à l'instant, sont aussi comparus lesdits témoins, « savoir :

(On désigne ici les sept témoins, de l'un ou de l'autre sexe, par leurs noms, prénoms, âges, professions et demeures, et l'on indique leurs qualités de parents ou d'amis.)

« Lesquels, après lecture à eux faite par le greffier de « l'exposé qui précède du sieur D... et des art. 70 et 71 du « C. Nap., nous ont déclaré, certifié et attesté connaître par- « faitement ledit sieur Jacques-Etienne D..., requérant, et « savoir qu'il est né à Nancy, le vingt-deux ou le vingt-trois « septembre mil huit cent dix, du légitime mariage de Louis « D... et de Denise M..., et qu'il a été constamment l'objet des « soins les plus empressés desdits sieur et dame D..., dont il

« a été constamment considéré et publiquement reconnu « comme l'enfant légitime ;

« Qu'il est impossible audit D... de produire l'acte de sa « naissance pour le mariage qu'il est sur le point de contrac- « ter, parce que les registres de l'état civil de l'année où il « est né ont été brûlés (égarés ou détruits) lors de l'inva- « sion de 1814 (ou) parce que, malgré les différentes de- « mandes qu'il en a faites, il n'a reçu aucune réponse.

« Desquelles comparution, déclaration et attestation, nous « avons donné acte aux comparants pour servir et valoir ce « que de raison à qui de droit, et avons renvoyé ledit sieur « D... à se pourvoir à fin d'homologation, conformément à « l'art. 72 du C. Nap.

« Dont acte : fait à..., les jour, mois et an que dessus, et « ont les comparants signé avec nous et le greffier, après « lecture. » (*Signatures.*)

§ 2. — **Acte de notoriété pour rectification de l'orthographe d'un nom** (D. 16 fév. 1807, art. 5).

« L'an mil huit cent quarante-neuf, le cinq janvier,

« Par-devant nous, Adolphe A..., juge de paix du canton « de..., département de..., assisté de M. Louis B..., greffier « de cette justice de paix,

« Sont comparus :

« 1° M. Louis Morin, architecte ;

« — 2° Et M. Joseph Dupin, ancien notaire ;

« Tous deux habitants notables de la commune de..., les- « quels ont, par ces présentes, certifié et attesté pour vérité « et notoriété à tous ceux qu'il appartiendra, parfaitement « connaître M. Louis-Anatole Couvreur, marchand de vins, « demeurant à..., et savoir que c'est par erreur si, dans plu- « sieurs actes, obligations et inscriptions, et notamment dans « une inscription au grand-livre de la dette publique, vol. 15, « n° 1050, cinq pour cent consolidés, de la somme de deux « mille francs, appartenant audit sieur Couvreur, son nom « de famille a été écrit *Couvreux* au lieu de *Couvreur*, seule « véritable manière de l'écrire, et qu'il y a bien identité de « personne entre ledit sieur Louis-Anatole Couvreur et la per- « sonne dénommée Louis-Anatole *Couvreux* dans ladite in- « scription. A l'appui de leur déclaration, les comparants ont « présenté une copie de l'acte de naissance dudit sieur Cou- « vreur, inscrit aux registres des actes de l'état civil de la « commune de..., à la date du..., et la copie de l'acte de cé-

« lébration de son mariage, inscrit aux registres des actes de « l'état civil de la même commune, à la date du...; desquels « actes résulte la preuve que le nom dudit sieur Couvreux « doit être Couvreur et non Couvreux. Dont acte : fait à..., « les jour, mois et an que dessus, et ont les deux compa- « rants signé avec nous, juge de paix, et le greffier, après « lecture. » (*Signatures.*)

§ 3.—Acte de notoriété pour rectification de prénoms.

« L'an mil huit cent quarante-neuf, le dix mai...

« Par-devant nous, Adolphe A..., juge de paix du canton « de..., assisté de M. Louis B..., greffier de cette justice de « paix, sont comparus :

« M...

« Et M...

« Tous deux habitants notables de la commune de..., les- « quels ont, par ces présentes, certifié et attesté pour vérité « et notoriété à tous ceux qu'il appartiendra parfaitement « connaître Louis-Alfred Turbat, célibataire majeur, demeu- « rant à..., fils de Constantin Turbat et de Clémence de Chan- « teloup, et savoir que c'est par erreur si, dans plusieurs « actes, et notamment dans l'acte de tutelle reçu par M. le « juge de paix du canton de..., en date du..., enregistré, il « a été désigné Alfred-Paul, au lieu de Louis-Alfred qui sont « ses véritables prénoms, et l'ordre dans lequel ils doivent « être écrits.

« Les comparants certifient, en conséquence, qu'il y a par- « faite identité de personne entre le sieur Louis-Alfred Tur- « bat et la personne dénommée Alfred-Paul Turbat dans ledit « acte de tutelle; à l'appui de leur déclaration les compa- « rants ont présenté une copie de l'acte de naissance dudit « sieur Turbat, inscrit aux registres des actes de l'état civil « de la commune de..., à la date du..., dans lequel il est « bien dénommé Louis-Alfred et non Alfred-Paul.

« Dont acte, fait à..., les jour, mois et an que dessus, et « ont les comparants signé avec nous et le greffier, après « lecture. » (*Signatures.*)

§ 4. — Acte de notoriété pour suppléer à un acte de décès (Avis du Conseil d'Etat, 24 mess. an XIII).

« L'an mil huit cent quarante-neuf, le quinze janvier, dix « heures du matin,

« Par-devant nous, Adolphe A..., juge de paix du canton

« de..., département de..., assisté de M. Louis B..., greffier « de cette justice de paix,

« Est comparu :

« Le sieur Paul Duval, rentier, demeurant à..., lequel, « après avoir prêté serment en la forme ordinaire, nous a « déclaré ignorer le lieu du décès ou du dernier domicile de « Louis Duval, son père, et nous requérir d'entendre et de « recueillir le témoignage des quatre témoins ci-après nom- « més à l'effet de suppléer à l'acte de décès dudit Louis Du- « val, son père, conformément à l'avis du Conseil d'Etat « du 27 messid. an XIII, et a signé, lecture faite.

« Sont à l'instant comparus lesdits témoins, savoir :

« 1°. . . . . . . ; — 2°. . . . . . . ;

« 3°. . . . . . . ; — 4°. . . . . . . ;

« Lesquels, après lecture à eux faite de l'exposé qui pré- « cède du sieur Paul Duval et de l'art. 13 de l'avis précité « du Conseil d'Etat, nous ont certifié et attesté par serment « prêté en la forme ordinaire l'exactitude du fait déclaré « par ledit sieur Duval.

« Dont acte : fait à..., les jour, mois et an que dessus, et « ont les comparants signé avec nous, juge de paix, et le gref- « fier, après lecture. » (*Signatures.*)

§ 5. — Acte de notoriété après décès pour suppléer à un intitulé d'inventaire ou constater le nombre et la qualité des héritiers (L. 28 avril 1816, art. 43).

« L'an mil huit cent quarante-neuf, le deux janvier, onze « heures du matin...

« Par-devant nous, Adolphe A..., juge de paix du canton « de..., département de..., assisté de M. Louis B..., greffier « de cette justice de paix,

« Sont comparus :

« M. Denis Leclerc, âgé de quarante-cinq ans, rentier, de- « meurant à... Et M. Paul Laurent, âgé de trente-neuf ans, « ancien huissier, demeurant à... Lesquels ont, par ces « présentes, certifié et attesté pour vérité et notoriété qu'ils « ont parfaitement connu M. Louis Lelong, en son vivant « rentier, demeurant à..., Et savoir qu'il est décédé à..., le « quinze novembre mil huit cent quarante-huit, ainsi que le « constate d'ailleurs son acte de décès, inscrit aux registres « des actes de l'état civil de la commune de..., dont une co- « pie en forme nous a été représentée, et par nous à l'instant « rendue (ou dont une copie en forme représentée par les « comparants est, à leur réquisition, demeurée ci-annexée

« après que, sur icelle, il a été fait mention de son annexe) ;
« Qu'après son décès, il n'a point été fait d'inventaire, et « qu'il a laissé pour seuls et uniques héritiers, chacun pour « moitié, ses deux enfants ci-après nommés, issus de son « mariage avec madame Louise Morin, restée sa veuve, « savoir :

« M. Louis Lelong, marchand épicier, demeurant à Paris, « rue Saint-Denis, n° 15,

« Et mademoiselle Hortense Lelong, âgée de douze ans, « sous la tutelle de sa mère, demeurant avec elle à Paris.

« Dont acte : fait à..., les jour, mois et an que dessus, et « ont les déclarants signé avec nous, juge de paix, et le gref- « fier, après lecture. » (*Signatures.*)

§ 6.—**Acte de notoriété** (Idem).

« L'an mil huit cent quarante-neuf, le quinze janvier, à « deux heures de relevée ;

« Par-devant nous, Adolphe A..., juge de paix du canton « de..., département de..., assisté de M. Louis B..., greffier « de cette justice de paix ;

« Sont comparus :

« M. Denis Leclerc, âgé de quarante-cinq ans, rentier, de- « meurant à..., et M. Paul Laurent, âgé de trente-neuf ans, « ancien huissier, demeurant à..., lesquels ont, par ces pré- « sentes, certifié et attesté pour vérité et notoriété, à tous « ceux qu'il appartiendra, avoir parfaitement connu M. Léon « Dupart, en son vivant marchand boucher, demeurant à..., « rue de..., n° 19, et savoir qu'il est décédé, en son domicile, « à..., le..., ainsi que le constate, d'ailleurs, son acte de « décès, inscrit aux registres des actes de l'état civil de la « commune de..., dont une copie en forme nous a été repré- « sentée et par nous à l'instant rendue (ou) dont une copie « en forme, représentée par les comparants, est demeurée, à « leur réquisition, ci-annexée, après que sur icelle il a été fait « mention de son annexe ;

« Qu'il était fils légitime de Paul Dupart et de Rose Renard, « tous deux décédés ; qu'il n'a laissé aucun ascendant, ni des- « cendant, aucun frère ni sœur, ni descendant d'eux ;

« Qu'après son décès, il n'a point été fait d'inventaire, et « qu'il a laissé pour seuls héritiers collatéraux, savoir : dans « la ligne paternelle, et chacun pour un quart à prendre « dans la moitié afférente à cette ligne, ou chacun pour un « huitième au total :

« M. Louis Dupart, jardinier, demeurant à...;
« Mme Marie Dupart, femme de André Duval, journalier, « avec lequel elle demeure à...;
« M. Pascal Laurent, huissier, demeurant à...;
« Et Mme René-Laurent, femme de Louis Noël, marchand « épicier, demeurant à...;
« Tous quatre cousins et cousines germains dudit feu sieur « Léon Dupart; les deux premiers, comme enfants de Joseph « Dupart, oncle du défunt et frère de son père, et les deux « derniers comme enfants de dame Hortense Dupart, décédée, « femme de Louis Laurent, tante du défunt et sœur de son « père;
« Et dans la ligne maternelle, chacun pour un tiers dans « la moitié afférente à cette ligne, ou chacun pour un sixième « au total:
« Henri Bardel, Louis Bardel et Edouard Bardel, mineurs, « sous la tutelle de Mme Marie Moncel, leur mère, veuve de « M. Henri-Joseph Bardel, négociant, demeurant à...
« Tous trois cousins au cinquième degré du défunt, Léon « Dupart, comme arrière-petit-fils de Nicolas Renard, aïeul « maternel du défunt.
« A l'appui de leurs déclarations ont rapporté, 1° (désigner « ici chaque acte de l'état civil venant à l'appui de l'acte de « notoriété). Lesquelles pièces ont été par nous paraphées *ne* « *varientur* et à l'instant rendues (ou) sont, à la réquisition « des comparants, demeurées annexées à ces présentes, après « qu'il a été fait mention, sur chacune desdites pièces, de « leur annexe.
« Dont acte : fait à..., les jour, mois et an que dessus, et « ont les comparants signé avec nous, juge de paix, et le « greffier, après lecture. »

(*Signatures.*)

§ 7. — **Acte de notoriété pour constater l'absence d'un ascendant auquel il doit être fait un acte respectueux** (C. Nap., art. 155).

« L'an mil huit cent quarante-neuf, le sept janvier, dix « heures du matin,
« Par-devant nous, Adolphe A..., juge de paix du canton « de..., département de..., assisté de M. Louis B..., greffier « de cette justice de paix,
« Sont comparus, sur notre convocation d'office :
1° — « Le sieur Louis-Alexandre Perrier, âgé de trente-« cinq ans, rentier, demeurant à...;

« — 2° Marie-Hortense Blacque, veuve Denis, âgée de « quarante ans, rentière, demeurant à...;

« — 3° Frédéric Forget, âgé de trente-huit ans, meunier, « demeurant à...;

« — 4° Et Joseph-Prosper David, âgé de cinquante ans, « architecte, demeurant à...;

« Tous Français, habitants notables desdites communes, « lesquels, pour rendre hommage à la vérité, nous ont déclaré, « certifié et attesté que Louis-Frédéric A..., propriétaire, « demeurant ci-devant à Paris, rue Saint-Roch, n° 5, aïeul « paternel de Joseph A..., tanneur, demeurant à..., fils légi- « time de Pierre A... et de Marie Boni, décédés, est absent « de son domicile depuis six années, sans que le lieu de sa « résidence actuelle soit connu et que la famille dudit A... « n'a fait, jusqu'à ce jour, aucune démarche pour faire con- « stater légalement son absence,

« Desquels faits, que les comparants nous ont affirmés « véritables, nous avons délivré le présent acte de noto- « riété pour servir audit Joseph A... aux fins du mariage « qu'il se propose de contracter avec Mlle Henriette D..., « rentière, demeurant à..., en exécution de l'art. 155, C. « Nap.,

« Dont acte : fait à... les jour, mois et an que dessus, et « ont les déclarants signé avec nous, juge de paix, et le « greffier, après lecture. »

(*Signatures.*)

§ 8.—**Acte de notoriété pour une adoption, constatant que l'adopté a reçu de l'adoptant dans sa minorité, et pendant six ans au moins, des secours et des soins non interrompus** (C. Nap., art. 345).

« L'an mil huit cent quarante-neuf, le cinq janvier, dix « heures du matin,

« Par-devant nous, Adolphe A..., juge de paix du canton « de..., département de..., assisté de Me Louis B..., greffier « de cette justice de paix,

« Sont comparus,

« 1°... 2°... 3°... 4°... 5°... 6°... 7°... (noms, prénoms, « âges, qualités et demeures des sept témoins, Français et ma- « jeurs), tous habitants notables desdites communes..., les- « quels ont, par ces présentes, certifié et attesté que Denis « B..., âgé de vingt-six ans, étudiant en droit, demeurant à « Paris, rue Saint-Jacques, n° 10, fils de... et de..., a reçu « dans sa minorité et pendant sept années consécutives, « depuis l'année mil huit cent quarante jusqu'à l'année mil huit

« cent quarante-sept, des soins et des secours non interrompus, du sieur Louis M..., âgé de cinquante-cinq ans, « propriétaire, sans profession, demeurant à..., tant pour « les aliments, vêtements, logement, qu'il lui a fournis dans « sa propre maison, que par l'éducation qu'il lui a fait « donner,

« Desquels faits, que les comparants ont affirmés véritables, « nous avons dressé le présent acte de notoriété, pour servir « ce que de droit,

« Dont acte : fait à..., les jour, mois et an que dessus, et « ont lesdits comparants signé avec nous et le greffier, après « lecture. »

(*Signatures.*)

§ 9. — **Acte de notoriété pour une adoption, constatant que l'adopté a sauvé la vie de l'adoptant dans un événement singulier** (C. Nap., art. 345).

« L'an mil huit cent quarante-neuf, le cinq janvier, dix « heures du matin,

« Par-devant nous, Adolphe A..., juge de paix du canton « de..., département de..., assisté de Me Louis B..., greffier « de cette justice de paix,

« Sont comparus :

« 1°... 2°... 3°... 4°... 5°... 6°... 7°... (noms, prénoms, « âges, professions et demeures des sept témoins, Français « et majeurs), tous habitants notables desdites communes,

« Lesquels ont, par ces présentes, certifié et attesté que le « dix novembre mil huit cent quarante-huit, le sieur Louis « M..., âgé de trente ans, architecte, demeurant à..., se rendant à bord du bateau à vapeur *le Neptune*, capitaine Dupont, eut le malheur de tomber dans la Seine, en voulant « aborder ledit bâtiment, en relâche au Pecq, mais qu'il fut « promptement retiré des flots par le courage et le dévouement « du sieur Etienne A..., âgé de dix-sept ans, employé des « droits réunis, demeurant en ladite commune du Pecq, canton de Saint-Germain-en-Laye, qui se jeta à l'eau pour le « sauver,

« Desquels faits, que les comparants ont affirmés véritables, « nous avons dressé le présent acte de notoriété pour servir « ce que de droit,

« Dont acte : fait à..., les jour, mois et an que dessus, et « ont lesdits comparants signé avec nous, juge de paix, et le « greffier, après lecture. »

(*Signatures.*)

§ 10. — **Modèle officiel d'acte de notoriété pour parvenir au paiement des arrérages de pension sur l'Etat après décès** (L. 28 flor. an VII, art. 13).

« Je soussigné, Louis-Alexandre A..., juge de paix du canton de..., arrondissement de..., certifie, en exécution de la loi du 28 floréal an VII, sur l'attestation de... (noms, prénoms, âges, professions et domiciles de deux témoins), qu'après le décès de... (nom, prénoms, âge, profession et domicile du décédé), il n'a point été fait d'inventaire, et qu'il n'a laissé pour seuls et uniques héritiers que les sieurs... (noms, prénoms, domiciles et qualités des héritiers, l'indication de la portion à laquelle chacun d'eux a droit, et l'époque de sa jouissance) ;

« Et qu'en cesdites qualités, ils ont seuls droit de toucher et recevoir la totalité des arrérages qui peuvent être dus et échus jusqu'au jour du décès dudit..., de la pension annuelle de..., dont il jouissait sur les revenus de l'Etat, comme ancien militaire, ou ex-employé, ou ex-curé, etc.,

« En foi de quoi j'ai délivré le présent, à la réquisition desdits héritiers (ou de l'un d'eux se portant fort pour les autres), qui ont déclaré que, depuis l'obtention de sa pension jusqu'au jour de son décès, ce pensionnaire n'a joui d'aucun traitement, sous quelque dénomination que ce soit, ni d'aucune autre pension ou solde de retraite, soit à la charge de l'Etat, soit sur les fonds de la caisse des invalides de la guerre ou de la marine.

« Fait à..., le..., etc.;

« Et ont lesdits déclarants signé avec moi, juge de paix, après lecture. » (*Signatures.*)

§ 11.—**Acte de notoriété pour parvenir à la mutation d'une rente sur l'Etat après décès** (L. 28 flor. an VII, art. 6).

« Nous, Adolphe A..., juge de paix du canton de..., département d...,

« Certifions, en vertu de la loi du 28 floréal an VII, art. 6, et sur l'attestation des sieurs (noms, prénoms, qualités et demeures de deux témoins), que le sieur Léon Denis, rentier, demeurant à..., est décédé le quinze décembre mil huit cent quarante-huit, en son domicile *ab intestat;* qu'après son décès, il n'a pas été fait d'inventaire, et que madame Rose Dutheil, sa veuve, demeurant à..., et les sieurs Louis Denis, marchand épicier, demeurant à..., et mademoiselle Hortense Denis, mineure, sous la tutelle de ladite dame veuve Denis, sa mère, et demeurant avec elle, ayant

« pour subrogé tuteur M. Noël Lelong, son oncle paternel, « demeurant à..., nommé à cette qualité qu'il a acceptée, « suivant délibération du conseil de famille de ladite mineure, « reçue et présidée par M. le juge de paix du canton de..., « aux termes de son procès-verbal, en date du..., enregistré, « sont propriétaires de la rente inscrite au livre de la dette « publique sous le nom dudit feu sieur Léon Denis, série..., « n°..., et qu'ils ont droit à la propriété de cette rente, savoir : « ladite dame veuve Denis, pour une moitié, comme com- « mune en biens avec sondit feu mari, et lesdits sieur Louis et « demoiselle Hortense Denis, pour l'autre moitié, ou chacun « pour un quart, au total.

« Fait à, le quinze décembre mil huit cent quarante-neuf, « et ont les déclarants signé avec nous, après lecture. »

(*Signatures.*)

§ 12 —**Modèle officiel d'un acte de notoriété pour parvenir au remboursement d'un cautionnement après décès** (D. 10 sept. 1806, art. 1er).

« Je, soussigné, Adolphe A..., juge de paix du canton de..., « département de..., certifie, conformément au décret du 18 « sept. 1806, art. 1er, et sur l'attestation de (noms, prénoms, « professions et domiciles de deux témoins), que le sieur « Paul Boudard, notaire à la résidence de..., est décédé à..., « le..., *ab intestat;* qu'après son décès il n'a pas été fait « d'inventaire et que la dame Marie Noël, sa veuve, de- « meurant à..., et les sieurs Louis et Joseph Boudard, pro- « priétaires, demeurant à..., ses enfants et ses seuls héritiers, « sont propriétaires du capital et des intérêts du cautionne- « ment que ledit sieur Boudard a fourni en sadite qualité de « notaire, et qu'ils ont droit d'en recevoir le remboursement, « savoir : la dame veuve Boudard, pour une moitié, comme « commune en biens avec ledit défunt, et lesdits sieurs Louis « et Joseph Boudard, pour l'autre moitié, ou chacun pour un « quart, au total.

« Fait à..., le deux février mil huit cent quarante-huit, « et ont les déclarants signé avec moi, juge de paix, après « lecture. »

(*Signatures.*)

Nota. — Ces deux derniers actes ne peuvent être délivrés par le juge de paix qu'autant qu'il n'existe aucun acte de transmission de propriété passé devant notaire, et qu'il n'a pas été fait d'inventaire, ainsi que nous l'avons observé *suprà*, n° 1903. Ils doivent être légalisés par le sous-préfet de l'arrondissement de sa résidence.

§ 13.—**Certificat d'individualité** (D. 26 fruct. an XIII, art. 2).

« Nous, soussigné, Jacques-Etienne A..., juge de paix du « canton de..., département de...,

« Certifions que Joseph Dupart, rentier, demeurant à..., « ici présent, porteur d'un extrait d'inscription cinq pour « cent consolidé (ou d'un extrait d'inscription viagère, ou « d'un certificat d'inscription de pension), délivré en son nom « pour la somme annuelle de..., sous le n°..., est véritable- « ment l'individu ci-dessus dénommé, pour nous être parfai- « tement connu, et a signé avec nous, juge de paix, à..., le « cinq février mil huit cent quarante-huit. »

(*Signatures.*)

§ 14.—**Certificat de propriété.**

« *Livret de la caisse d'épargne ou de prévoyance de...,* « *n°...,*

« Au nom de M... (François-Joseph),

« Somme de...

« Nous, Jacques-Etienne A..., juge de paix du canton de..., « département de..., assisté de Mᵉ Louis B..., greffier de cette « justice de paix,

« Vu le livret de la caisse d'épargne et de prévoyance « de..., dont le libellé précède,

« L'acte de décès de M..., arrivé à..., le..., et sur l'attes- « tation de MM...,

« 1°. . . . . . . ; — 2°. . . . . .

« Que M... est décédé en son domicile, à..., le...; qu'a- « près son décès il n'a point été fait d'inventaire; qu'il a « laissé pour seul et unique héritier son fils M..., demeu- « rant à...;

« En vertu de la loi sur les caisses d'épargne, certifions « que mondit sieur M..., fils, a seul droit à la toute pro- « priété et jouissance du livret de la caisse d'épargne ci- « dessus mentionné, comme seul et unique héritier de son « père, lequel était veuf, lors de son décès, de..., décédée « avant d'avoir pris ledit livret.

« Dont acte:

« Fait et dressé à..., le...

« Et après lecture faite, les témoins attestants ont signé « avec nous et le greffier. » (*Signatures.*)

Nota. — Ce cadre peut servir pour les rentes sur l'Etat, les actions industrielles nominatives, les changements et les rectifications de noms et prénoms, en ayant soin de viser les lois qui sont relatives à ces sortes d'actes.

TITRE XIV.

DES PENSIONS DE RETRAITE ET SECOURS DES JUGES DE PAIX, DE LEURS VEUVES ET ENFANTS ORPHELINS.

SECT. Ire.—*Notions générales.*

1926. Les pensions des magistrats et de leurs veuves ont été successivement régies par les lois des 3-22 août 1790, 15 germinal an XI, les décrets des 13 sept. 1806, 2 oct. 1807, et par les ordonnances des 23 sept. 1814, 9 janv. 1815, 14 août 1816, 2 janv. 1817, 15 mai 1818, art. 13, 22 fév. 1821, 16 oct. 1822, 17 août 1824, 2 mai 1848, 19 mai 1849, art. 31, et 3 juin 1853 ; mais les lois et décrets antérieurs à cette dernière loi ont été abrogés par l'art. 36 de ladite loi.

1927. L'Etat, porte l'art. 1er de la loi du 3-22 août 1790, qui forme encore aujourd'hui la base de notre législation sur les pensions, doit récompenser les services rendus au corps social, quand leur importance et leur durée méritent ce témoignage de reconnaissance.

1928. Le décret du 2 oct. 1807 se borne à poser le principe, en laissant au Gouvernement le droit de fixer la pension due au magistrat pour chaque cas particulier ; mais l'ordonnance du 23 sept. 1814, en réglementant tous les droits, contient, pour ainsi dire, toute la législation en cette matière.

1929. Les caisses de retraites du ministère de la justice, se composant, depuis le 1er janvier 1832 :

1° D'une retenue de 5 % sur le traitement des juges de paix ;

2° De la retenue du 1er mois de leur traitement ;

3° De la retenue, pendant le premier mois, de toutes les augmentations de traitement obtenues, soit dans les mêmes fonctions, soit par suite de promotion à une place supérieure, ont été supprimées à partir du 1er janvier 1854. Leur actif est demeuré acquis à l'État (L. 9 juin 1853, art. 1er) ; mais les mêmes retenues ont été maintenues par l'art. 3 de ladite loi de 1853.

1930. Les greffiers n'y ont pas droit, attendu que, ne supportant sur leur traitement aucune retenue, ils ne contribuent pas à former la caisse des retraites (Déc. min. just., 25 sept. 1831 ; VICTOR FOUCHER sur CARRÉ, Organ., 2. 159).

A partir du 1er janvier 1854, ont été inscrites au grand-livre de la dette publique :

1° Les pensions existantes ou en cours de liquidation à la charge des caisses supprimées, pour services terminés avant le 1er janvier 1854 ;

2° Les pensions et indemnités concédées pour cause de réforme, en vertu de l'art. 4 de la loi du 1er mai 1822 et du décret du 2 mai 1848 ;

3° Les pensions et les secours annuels concédés à titre de réversibilité aux veuves et orphelins des pensionnaires inscrits en vertu des deux paragraphes précédents (L. 9 juin 1853, art. 2).

1931. Toute demande de pension est adressée au ministre de la justice. Cette demande doit, à peine de déchéance, être présentée avec les pièces à l'appui dans le délai de cinq ans à partir de la promulgation de la loi du 9 juin 1853, pour les droits ouverts antérieurement, et, pour les droits qui s'ouvriront postérieurement, à partir, savoir : pour le titulaire, du jour où il aura été admis à faire valoir ses droits à la retraite, ou du jour de la cessation de ses fonctions, s'il a été autorisé à les continuer après cette admission, et pour la veuve, du jour du décès du juge de paix.

Les demandes de secours annuels pour les orphelins doivent être présentées dans le même délai, à partir de la promulgation de la loi du 9 mai 1853, ou du jour du décès de leur père ou de celui de leur mère (M. L., art. 22).

1932. Les pensions sont liquidées d'après la durée des services, en négligeant sur le résultat final du décompte les fractions de mois et de franc. Les services civils ne sont comptés que de la date du premier traitement d'activité et à partir de l'âge de vingt ans accomplis (M. L., art. 23).

1933. La liquidation est faite par le ministre compétent, qui la soumet à l'examen du Conseil d'Etat avec l'avis du ministre des finances. Le décret de concession est rendu sur la proposition du ministre compétent. Il est contre-signé par lui et par le ministre des finances. Il est inséré au *Bulletin des lois* (M. L., art. 24).

1934. La jouissance de la pension commence du jour de la cessation du traitement, ou du lendemain du décès du juge de paix; celle du secours annuel, du lendemain du décès du juge de paix ou du décès de la veuve.

Il ne peut, en aucun cas, y avoir lieu au rappel de plus de trois années d'arrérages antérieurs à la date de l'insertion au *Bulletin des lois* du décret de concession (M. L., art. 25).

1935. Les pensions sont *incessibles*. Aucune saisie ou retenue ne peut être opérée du vivant du juge de paix, que jusqu'à concurrence d'un cinquième pour débet envers l'Etat, ou pour des créances privilégiées aux termes de l'art. 2101, C. Nap., et d'un tiers dans les circonstances prévues par les art. 203, 205, 206, 207 et 214 du même Code (M. L., art. 26).

1936. La démission, la destitution, la révocation d'emploi, emportent déchéance du droit à la pension ; mais la remise en activité fait revivre le premier service qui est compté avec le nouveau pour la retraite (M. L., art. 27).

1937. Lorsqu'un juge de paix retraité est remis en activité dans le même service, c'est-à-dire est renommé juge de paix, le paiement de la pension est supendu.

Lorsqu'il est remis en activité dans un service différent, il ne peut cumuler sa pension et son traitement que jusqu'à concurrence de 1 500 francs.

Après la cessation de ses fonctions, il peut rentrer en jouissance de son ancienne pension, ou obtenir, s'il y a lieu, une nouvelle liquidation basée sur la généralité de ses services (M. L., art. 28).

1938. Le droit à l'obtention ou à la jouissance d'une pension est supendu par les circonstances qui font perdre la qualité de Français, durant la privation de cette qualité. La liquidation ou le rétablissement de la pension ne peut donner lieu à aucun rappel pour les arrérages antérieurs (M. L., art. 29).

1939. Les pensions et les secours annuels sont payés par trimestre ; ils sont rayés des livres du Trésor après trois ans de non-réclamation, sans que leur rétablissement donne lieu à aucun rappel d'arrérages antérieurs à la réclamation.

La même déchéance est applicable aux héritiers ou ayants cause des pensionnaires qui n'auront pas produit la justification de leurs droits dans les trois ans qui suivront la date du décès de leur auteur (Même L., art. 30).

SECT. II.—*Conditions et quotité de la pension des juges de paix, de leurs veuves et de leurs enfants orphelins.*

§ 1er.—Conditions et quotité de la pension des juges de paix.

1940. Les juges ont droit à la pension de retraite par ancienneté à soixante ans d'âge et après trente ans accomplis de services (Même L., art. 5).

1941. Les juges de paix peuvent exceptionnellement obtenir pension quels que soient leur âge et la durée de leur activité :

1° Lorsqu'ils ont été mis hors d'état de continuer leur service, soit par suite d'un acte de dévouement dans un intérêt public, ou en exposant leurs jours pour sauver la vie d'un de leurs concitoyens, soit par suite de lutte ou combat soutenu dans l'exercice de leurs fonctions ;

2° Ceux qu'un accident grave, résultant notoirement de l'exercice de leurs fonctions, met dans l'impossibilité de les continuer (Même L., art. 11, §§ 1 et 2).

1942. Cependant, est dispensé de la condition d'âge établie au 1er § de l'art. 5, le titulaire qui est reconnu par le ministre de la justice hors d'état de continuer ses fonctions (M. L., art. 5, § 5).

1943. La pension est basée sur la moyenne des traitements et émoluments de toute nature soumis à retenue, dont l'ayant droit a joui pendant les six dernières années d'exercice (M. L., art. 6).

1944. La pension est réglée, pour chaque année de services civils, à un soixantième du traitement moyen.

En aucun cas, elle ne peut excéder les deux tiers du traitement moyen, sans pouvoir dépasser 6,000 fr. (M. L., art. 6 et 7).

1945. Aucune pension n'est liquidée qu'autant que le juge de paix aura été préalablement admis à faire valoir ses droits à la retraite par le ministre de la justice (M. L., art. 19).

§ 2. — Conditions et quotité de la pension des veuves des juges de paix.

1946. Les veuves des juges de paix ont droit à une pension : 1° lorsqu'au décès de leur mari, celui-ci avait trente ans de services susceptibles d'être récompensés, soit que la pension du mari ait été liquidée ou que la liquidation n'en ait pas encore été faite, pourvu que le mariage ait été contracté six ans avant la cessation des fonctions du mari.

La pension de la veuve est du tiers de celle que son mari avait obtenue ou à laquelle il aurait eu droit. Elle ne peut être inférieure à 100 francs, sans toutefois excéder celle que le mari aurait obtenue ou pu obtenir.

Le droit à pension n'existe pas pour les veuves dans le cas de séparation de corps prononcée sur la demande du mari (M. L., art. 13).

1947. Ont droit à pension :

1° La veuve du juge de paix qui, dans l'exercice ou à l'occasion de ses fonctions, a perdu la vie dans un naufrage ou dans un des cas spécifiés au § 1er de l'art. 11 de la loi du 9 juin 1853, soit immédiatement, soit par suite de l'événement;

2° La veuve dont le mari a perdu la vie par un des accidents prévus au § 2 dudit art. 11, ou par suite de cet accident.

Dans le premier cas, la pension est des deux tiers de celle que le mari aurait obtenue ou pu obtenir par application de l'art. 12, § 1er de la loi du 9 juin 1853.

Dans le second cas, la pension est du tiers de celle que le mari aurait obtenue ou pu obtenir en vertu dudit article, § 2.

Dans les cas spécifiés au présent article, il suffit que le mariage ait été contracté antérieurement à l'événement qui a amené la mort ou la mise à la retraite du mari (M. L., art. 14).

§ 3. — Conditions et quotité des secours auxquels ont droit les orphelins mineurs des juges de paix.

1948. Les orphelins mineurs des juges de paix ayant obtenu leur pension, ou ayant accompli la durée de services exigée par l'art. 5 de la loi du 9 juin 1853, ou ayant perdu la vie dans un des cas prévus par les §§ 1 et 2 de l'art. 14, ont droit à un secours annuel lorsque la mère est ou décédée, ou inhabile à recueillir la pension, ou déchue de ses droits. Ce secours est, quel que soit le nombre des enfants, égal à la pension que la mère aurait obtenue ou pu obtenir conformément aux art. 13, 14 et 15 de la loi de 1853. Il est partagé entre eux par égales portions, et payé jusqu'à ce que le plus jeune des enfants ait atteint l'âge de vingt et un ans accomplis, la part de ceux qui décéderaient ou celle des majeurs faisant retour aux mineurs.

S'il existe une veuve et un ou plusieurs orphelins mineurs provenant d'un mariage antérieur du juge de paix, il est prélevé sur la pension de la veuve, et, sauf réversibilité en sa faveur, un quart au profit de l'orphelin du premier lit, s'il n'en existe qu'un en âge de minorité, et la moitié s'il en existe plusieurs (M. L., art. 16).

SECT. III.—*Pièces à produire par les juges de paix, leurs veuves et orphelins mineurs.*

§ 1er.—Pièces à produire par les juges de paix.

1949. Ces magistrats doivent produire : 1° une demande

circonstanciée, établissant clairement leur position et leurs droits, d'après les principes développés dans les deux sections précédentes; — 2° leur acte de naissance; — 3° un état de service indiquant, dans des colonnes séparées, la durée de leurs services judiciaires, administratifs, législatifs et militaires (V. *infrà*, sect. IV, § 1er, 1er modèle); — 4° des certificats légalisés par qui de droit, constatant, d'une manière *claire et précise*, le jour de l'entrée en exercice et celui de la cessation de chacun des services.

Ces certificats sont délivrés, pour les services judiciaires, par le greffier en chef du tribunal civil du ressort du magistrat; — pour les services administratifs, par le chef de l'administration à laquelle le magistrat aura appartenu, ou par le secrétaire général en fonction; — enfin, pour les services rendus dans les armées de terre ou de mer, par les chefs du ministère de la guerre ou de la marine pour ce autorisés, ou par la production d'un congé ou d'une dispense de service; — 5° une déclaration du réclamant, portant qu'il ne jouit d'aucune pension sur les fonds de retenue des divers ministères ou d'administrations publiques : dans le cas où il en aurait une, il doit en faire connaître le montant, ainsi que les services pour lesquels cette pension a été accordée; — 6° une déclaration d'élection de domicile; — 7° enfin, un certificat de deux officiers de santé constatant que les infirmités dont le réclamant était atteint au moment où il a cessé son service ne lui permettaient plus de continuer l'exercice de ses fonctions : le réclamant n'est tenu de fournir cette dernière pièce que dans le cas où il ne compterait pas trente années de services admissibles, aux termes des règlements, dans la liquidation d'une pension. Ils doivent produire, en outre, une déclaration d'élection de domicile.

1950. Dans le cas où les pièces produites présenteraient des différences, soit dans l'orthographe des noms, soit dans l'ordre ou le nombre des prénoms, soit dans l'indication des dates et des lieux de naissance, ces différences devront être expliquées dans un acte d'individualité fait sur l'attestation de trois témoins au moins, devant le juge de paix du canton de la résidence du réclamant (Inst. min. just., 22 août 1824, art. 8. Voy. *suprà*, *Acte de notoriété*, tit. XIII, chap. II, sect. XV, §§ 2 et 3).

1951. Ces pièces doivent être remises, par les juges de paix, au procureur impérial, qui, après s'être assuré de leur régularité, les transmet au procureur général, qui envoie le tout au ministre de la justice, avec ses observations et son avis motivé (*Ib.*, art. 1er).

§ 2.—Pièces à produire par les veuves des juges de paix.

1952. Les veuves de juges de paix doivent produire: 1° une demande (voy. *suprà*, n° 1950) ; — 2° leur acte de naissance ; — 3° l'acte de célébration de leur mariage ; — 4° l'acte de décès de leur mari ; — 5° et un acte de notoriété constatant qu'il n'y a pas eu entre eux séparation de corps, prononcée sur la demande de leur mari, et qu'elles ne jouissent d'aucune pension sur les fonds de retenue des divers ministères ou administrations publiques. Si elles en ont une, elles devront en indiquer le montant, ainsi que les services pour lesquels cette pension a été accordée ; elles doivent produire, en outre, un acte de notoriété constatant qu'il n'y a ou qu'il n'y a pas d'enfants en âge de minorité provenant d'un mariage antérieur du juge de paix décédé (Même L., art. 16) ; — 6° une déclaration d'élection de domicile ; — 7° un certificat d'inscription sur le registre des pensionnaires du ministère de la justice de la pension qui avait été accordée à leur mari.

Si, au moment du décès du mari, sa pension n'avait pas encore été liquidée, la veuve doit fournir un état des services de son mari avec les certificats à l'appui ou un acte de notoriété, dressé par un officier public pour y suppléer.

1953. Pour la rectification et la transmission des pièces, voy. *suprà*, n°s 1951 et 1952.

§ 3.—Pièces à produire par les enfants orphelins des juges de paix.

1954. Les tuteurs des orphelins de juges de paix doivent produire, pour leurs pupilles : 1° une demande (voy. *suprà*, n° 1950) ; — 2° leurs actes de naissance ; — 3° les actes de décès de leurs père et mère ; — 4° une déclaration faite devant le juge de paix de leur domicile légal ou du domicile légal de leurs tuteurs, et les titres de services et justifications indiquées ci-dessus §§ 1 et 2.

1955. Pour la rectification et la transmission des pièces, voy. *suprà*, n°s 1951 et 1952.

1956. Les renseignements transmis par les procureurs généraux et les procureurs impériaux, ou ceux qui existent au ministère de la justice, suppléent aux autres justifications,

SECT. IV.—*Modèles d'états de services.*

§ 1er.—1er **Modèle.**

ÉTAT des services de M... (indiquer ici les nom, prénoms et qualités du réclamant), *né à..., département de..., le..., et pour lesquels il réclame une pension sur les fonds spéciaux de retenue du ministère de la justice.*

NUMÉROS des pièces justificatives.	DÉSIGNATION des services civils et militaires.	DATES		MOTIFS de la cessation du service.	DURÉE DES SERVICES									OBSERVATIONS.
					judiciaires.			législatifs et administratifs			militaires			
		de l'entrée en exercice.	de la cessation des fonctions.		Ans.	Mois.	Jours.	Ans.	Mois.	Jours.	Ans.	Mois.	Jours.	

Certifié sincère et véritable, et conforme aux pièces produites à l'appui de ma demande d'une pension.

A. . . . ., le. . . . . 1850.

(*Signature du réclamant.*)

Vu par nous, Procureur impérial, près le tribunal civil de. . . . .

A. . . . ., le. . . . . 18 .

(*Signature.*)

Vu par nous, Procureur général près la Cour d'appel, séant à. . . . .

A. . . . ., le. . . . . 1850.

(*Signature.*)

§ 2.—2e **Modèle.**

ÉTAT des services de M... (indiquer ici les nom, prénoms et qualités du juge de paix), *décédé à..., le..., et pour lesquels la dame* (indiquer ici les nom et prénoms de la veuve du juge de paix), *sa veuve, née à..., département de..., le..., mariée le..., demande une pension sur les fonds spéciaux de retenue du ministère de la justice.*

(Même cadre, même certifié et mêmes visa qu'au 1er modèle, § 1er ci-dessus.)

§ 3.—3e **Modèle.**

ÉTAT des services de M... (indiquer ici les nom, prénoms et qualités du juge de paix), *décédé à..., le..., et pour lesquels M...*, (indiquer ici les noms et prénoms des enfants du décédé), *son fils* (*ou sa fille ou ses fils*), *né à..., département de..., le..., demande* (*ou demandent*) *un secours sur les fonds spéciaux de retenue du ministère de la justice.*

(Même cadre qu'au 1er modèle, § 1er ci-dessus.)

Certifié sincère et véritable, et conforme aux pièces produites à l'appui de ma (ou de notre) demande d'un secours.

A. . . , le. . . , 18 .

(*Signature du réclamant.*)

Vu par nous Procureur impérial près le tribunal civil de l'arrondissement de. . . . .

A. . . , le. . . , 18 .

(*Signature.*)

Vu par nous Procureur général près la Cour d'appel, séant à. . .

A. . . , le. . . , 18 .

(*Signature.*)

Nota. Si c'est une pension que réclament les enfants orphelins, on suivra le modèle n° 2.

FIN DU TOME PREMIER.

TABLE DES MATIÈRES DU TOME PREMIER.

NOTIONS PRÉLIMINAIRES.

LIVRE Ier.

PRINCIPES GÉNÉRAUX DU DROIT ET DE COMPÉTENCE EN MATIÈRE EXTRA-JUDICIAIRE CIVILE.

FIN DE LA TABLE DES MATIÈRES

www.ingramcontent.com/pod-product-compliance
Lightning Source LLC
LaVergne TN
LVHW020957300926
849160LV00007B/183
9782013534697